Norden und Picardie
Seiten 192 – 205

Champagne
Seiten 206 – 217

Elsass und Lothringen
Seiten 218 – 233

Reims •

NORDOSTFRANKREICH

Strasbourg (Straßburg) •

Troyes •

Burgund und Franche-Comté
Seiten 326 – 351

Massif Central
Seiten 352 – 371

Dijon •

ZENTRALFRANKREICH UND ALPEN

ont-
and

Lyon •

Grenoble •

D1665246

Rhône-Tal und Französische Alpen
Seiten 372 – 391

SÜDFRANKREICH

Languedoc-Roussillon
Seiten 476 – 497

Provence und Côte d'Azur
Seiten 498 – 531

Ajaccio •

Korsika
Seiten 532 – 543

FRANKREICH

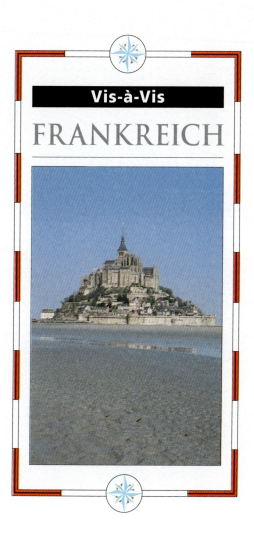

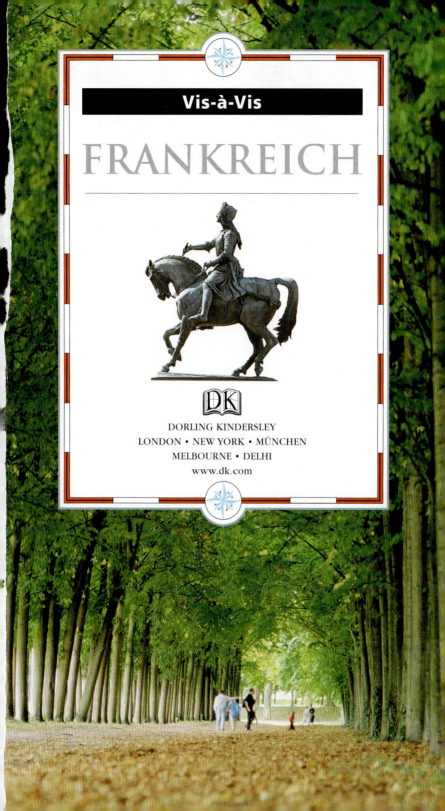

Vis-à-Vis

FRANKREICH

DK

DORLING KINDERSLEY
LONDON • NEW YORK • MÜNCHEN
MELBOURNE • DELHI
www.dk.com

Ein Dorling Kindersley Buch

www.traveldk.com

Texte John Ardagh, Rosemary Bailey, Judith Fayard, Lisa Gerard-Sharp, Colin Jones, Alister Kershaw, Alec Lobrano, Anthony Roberts, Alan Tillier, Nigel Tisdall

Fotografien Max Alexander, Neil Lukas, John Parker, Kim Sayer

Illustrationen Stephen Conlin, John Lawrence, Maltings Partnership, John Woodcock

Kartografie Dorling Kindersley Cartography

Redaktion und Gestaltung *Bei Dorling Kindersley London:* Rosemary Bailey, Janis Utton, Tanya Colbourne, Fiona Morgan, Anna Streiffert, Celia Woolfrey, Joy FitzSimmons, Erika Lang, Clare Sullivan; Douglas Amrine.

Aktualisierte Neuauflage 2011/2012

Programmleitung Dr. Jörg Theilacker, Dorling Kindersley Verlag
Projektleitung Stefanie Franz, Dorling Kindersley Verlag
Übersetzung Dr. Eva Dempewolf, Gisela Sturm, Andreas Stieber und Verlagsbüro Simon & Magiera, München
Redaktion Dr. Elfi Ledig, München; Gerhard Bruschke, München
Schlussredaktion Philip Anton, Köln
Satz und Produktion Dorling Kindersley Verlag
Lithografie Colourscan, Singapur
Druck South China Printing Co. Ltd., China

ISBN 978-3-8310-1929-8
12 13 14 15   14 13 12 11

◁ **Pappelallee im Parc de Marly, westlich von Paris**
◁ ◁ **Umschlag: UNESCO-Welterbe Mont-St-Michel** *(siehe S. 256–263)*

Inhalt

Büste Karls des Großen (747–814)

Frankreich stellt sich vor

Paris und Île de France

Nordostfrankreich

Weinlese im Elsass *(siehe S.232f)*

Westfrankreich

Das Fischerdorf St-Jean-de-Luz in den Pyrenäen *(siehe S.452f)*

Zentralfrankreich und Alpen

Südwestfrankreich

Südfrankreich

Zu Gast in Frankreich

Grund-informationen

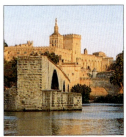

Palais des Papes, Avignon *(S. 504f)*

Benutzerhinweise

Dieser Reiseführer will Ihren Frankreich-Besuch zu einem unvergesslichen Erlebnis machen. Er liefert praktische Hinweise und Insider-Informationen. Das Kapitel *Frankreich stellt sich vor* beschreibt das Land im historischen und kulturellen Kontext. In 15 Regionen-Kapiteln plus *Paris und Île de France* werden die Sehenswürdigkeiten anhand von Texten, Fotos und Illustrationen vorgestellt. Specials machen Sie mit regionaler Küche, Weinen, Stränden etc. bekannt. Infos zu Hotels und Restaurants gibt es unter *Zu Gast in Frankreich*. Die *Grundinformationen* enthalten viele praktische Tipps, etwa zum Nahverkehr.

Paris und Île de France

Das Zentrum von Paris ist in fünf Kapitel eingeteilt. Jedes bietet am Anfang eine Liste der beschriebenen Sehenswürdigkeiten. Ein weiteres Kapitel widmet sich der Île de France. Alle Sehenswürdigkeiten eines Kapitels sind nummeriert und auf der Stadtteilkarte eingetragen. Die folgenden detaillierten Beschreibungen folgen dieser Nummerierung.

Sehenswürdigkeiten auf einen Blick listet die Sehenswürdigkeiten eines Stadtteils auf – Kirchen, Museen und Sammlungen, historische Gebäude, Plätze und Parks.

Alle Seiten zu Paris und zur Île de France haben eine grüne Farbcodierung.

Die Orientierungskarte zeigt die Lage des Stadtteils, in dem Sie sich befinden.

1 Stadtteilkarte
Die im jeweiligen Kapitel beschriebenen Sehenswürdigkeiten sind auf der Karte mit Nummern versehen. Sie finden die Sehenswürdigkeiten des Zentrums auch im Stadtplan (siehe Seiten 154–169).

2 Detailkarte
Sie zeigt die Sehenswürdigkeiten eines Stadtteils aus der Vogelperspektive.

Routenempfehlungen (rote Linien) führen Sie durch die interessantesten Straßen des Viertels.

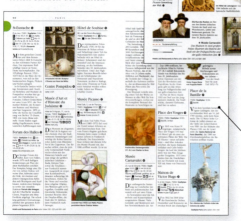

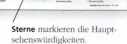

Sterne markieren die Hauptsehenswürdigkeiten.

3 Detaillierte Informationen
Die Sehenswürdigkeiten von Paris und der Île de France werden genau beschrieben. Sie finden Adressen, Telefonnummern, Öffnungszeiten, Eintrittspreise und Infos über behindertengerechte Zugänge.

1 Einführung
Hier werden Landschaft, Geschichte und Charakter jeder Region beschrieben. Die Einführung gibt einen kurzen Abriss zur Entwicklung des Gebiets und wie es sich heute präsentiert.

Die Regionen Frankreichs
Neben Paris und der Île de France wurde Frankreich in diesem Buch in 15 Regionen eingeteilt, denen je ein Kapitel gewidmet ist. Die interessantesten Reiseziele sind auf der *Regionalkarte* mit Nummern versehen.

Jede Region Frankreichs kann anhand der Farbcodierung *(siehe vordere Umschlaginnenseiten)* leicht gefunden werden.

2 Regionalkarte
Diese Karte zeigt das Straßennetz und gibt eine Übersicht über die gesamte Region. Die Nummern der Sehenswürdigkeiten stehen auf der Karte. Hier finden Sie auch Tipps für die Erkundung des Gebiets per Auto, Bus oder Zug.

3 Detaillierte Informationen
Die Reihenfolge der Orte und Reiseziele in einem Regionen-Kapitel entspricht ihrer Nummerierung auf der Regionalkarte. Bei interessanten Orten und Städten finden Sie jeweils detaillierte Informationen zu den einzelnen Sehenswürdigkeiten.

Textkästen versorgen Sie mit Hintergrundinformationen.

Die Infobox auf den Doppelseiten der Highlights enthält zahlreiche praktische Informationen für die Planung eines Besuchs.

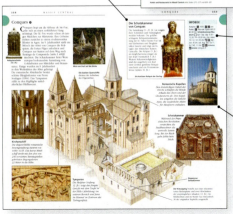

4 Hauptsehenswürdigkeiten
Highlights werden auf zwei oder mehr Seiten beschrieben. Historische Gebäude sind im Aufriss abgebildet. Interessante Orte und Stadtzentren werden zur besseren Orientierung in 3-D-Perspektive dargestellt.

Frankreich
stellt sich vor

Frankreich entdecken

Gotischer Putto in Nordfrankreich

Die Kapitel dieses Reiseführers sind in 15 farbcodierte Regionen plus Paris und die Île de France unterteilt. Diese Unterteilung basiert auf historischen Regionen, die oft geografisch und landschaftlich definiert wurden. Alle Regionen sind auf ihre Weise attraktiv. Sie unterscheiden sich in Bezug auf Architektur, Küche, Traditionen, Musik, Kleidungsgewohnheiten und Dialekt (manchmal sogar auch Sprache). Im Folgenden erhalten Sie einen kurzen Überblick, was Sie in Frankreich wo erwartet.

Als ob sie im Wasser stünde – die Pyramide du Louvre, Paris *(siehe S. 101)*

Paris und Île de France

- Kunst im Louvre
- Café-Kultur *par excellence*
- Faszinierendes Versailles

Das Flair von Paris kann man zu jeder Jahreszeit genießen. **Louvre** *(siehe S. 100–103)*, **Musée Picasso** *(siehe S. 90f)* und **Centre Pompidou** *(siehe S. 92f)* stehen wohl auf der Liste vieler Besucher, während andere lieber auf den **Eiffelturm** *(siehe S. 113)* steigen oder auf den *grands boulevards* entlangschlendern wollen. Man kann auch Berühmtheiten der Stadt nachspüren – vom **Montmartre** *(siehe S. 132f)* bis zum **Cimetière du Père Lachaise** *(siehe S. 135)*. Was immer Sie tun – überall finden Sie nette Cafés und Bistros, vor allem an der **Rive Gauche** *(siehe S. 116–127)* und im **Marais** *(siehe S. 80–93)*. Für einen schönen Tagesausflug von Paris aus bietet sich Louis' XIV prunkvolles Schloss in **Versailles** *(siehe S. 174–177)* an.

Les Deux Magots *(siehe S. 118)*, eines der berühmtesten Pariser Cafés

Norden und Picardie

- Quirlige Häfen am Kanal
- Gotische Kathedralen
- Erlesene Kunst in Lille

Die Landschaft nördlich von Paris wellt sich sanft in Richtung Flandern und zu den Klippen und Sandstränden um die Kanalhäfen von **Dunkerque** *(siehe S. 197)*, **Calais** *(siehe S. 196f)* und **Boulogne-sur-Mer** *(siehe S. 196)*. Aufregend sind die Pferderennen und Wetten in **Chantilly** *(siehe S. 204f)* und **Le Touquet** *(siehe S. 196)*, beschaulich die Seen und Wälder im **Somme-Tal** *(siehe S. 199)* – auch wenn hier noch Schützengräben des Ersten Weltkriegs mahnen. Gotische Kathedralen erheben sich in **Amiens** *(siehe S. 200)* – die größte Frankreichs – und in **Lille** *(siehe S. 198)*. Lille besitzt zudem eine der besten Kunstsammlungen.

Champagne

- Perlender Champagner
- Königliches Reims
- Gotische Kirchen in Troyes

Champagner-Etikett von Heidsieck

Champagner war und ist noch immer ein Synonym für Luxus. Besuchen Sie die Kellereien in **Épernay** *(siehe S. 211)* und die der *grandes marques* in **Reims** *(siehe S. 210f)*. In Reims stehen auch einige bedeutende Bauwerke, die Kathedrale *(siehe S. 212f)* ist weltbekannt. Die frühere Regionshauptstadt **Troyes** *(siehe S. 216f)* bietet viele gotische Kirchen, während der Bergfried von **Chaumont** *(siehe S. 217)* noch an seine früheren Besitzer erinnert: die Grafen der Champagne. Wer grüne Wildnis liebt, ist im **Vallée (Val) de la Meuse** *(siehe S. 214)* in den Ardennen richtig. Die Region um den **Lac du Der-Chantecoq** *(siehe S. 215)* ist wegen ihrer zahlreichen Fachwerkkirchen bekannt.

Elsass und Lothringen

• Elsässische Weinroute
• Malerische Fachwerkstädte
• Strasbourg – Knotenpunkt Europas

Der ansprechende Landstrich mit Weinbergen und Obstgärten grenzt an Deutschland und die Schweiz. Die Fachwerkarchitektur, etwa in **Colmar** *(siehe S. 227)*, lässt sich am besten entlang der 180 Kilometer langen **Route des Vins** *(siehe S. 232f)* entdecken. Im Winter kann man in den **Vogesen** *(siehe S. 225)* Ski fahren. Der nahe See von **Gérardmer** *(siehe S. 225)* ist im Sommer ein Dorado für Wassersportler. Die Region ist voller Burgen und Schlösser, darunter das **Château du Haut-Koenigsbourg** *(siehe S. 228f)*. Größte Stadt ist **Straßburg** *(siehe S. 230f)*.

Mont-St-Michel, das Wahrzeichen der Normandie *(siehe S. 256–261)*

Mit dem Boot in der Altstadt von Straßburg *(siehe S. 230f)*

Normandie

• D-Day-Strände
• Cidre und Calvados
• Majestätischer Mont-St-Michel

In Claude Monets Garten in **Giverny** *(siehe S. 266)* kann man den berühmten Seerosenteich seiner Gemälde in natura sehen. Das stürmische Wetter und die wogende See inspirierten die Impressionisten, die es nach **Dieppe** *(siehe S. 263)*, **Le Havre** *(siehe S. 262)* und **Honfleur** *(siehe S. 262)* zog, während Orte wie **Cabourg** *(siehe S. 255)*, **Deauville** *(siehe S. 255)* und **Trouville** *(siehe S. 255)* Großstädter anlockten. Am D-Day landeten die Alliierten an den Stränden. Bekannt ist die Normandie für Cidre, Calvados, Butter und Käse. Keinesfalls versäumen: **Mont-St-Michel** *(siehe S. 256–261)* und die Kathedrale von **Rouen** *(siehe S. 264f)*.

Bretagne

• Sandstrände und Felsen
• Geheimnisvolles Carnac
• Malerische Fischereihäfen

Frankreichs keltische Ecke im Nordwesten besitzt eine eigene Sprache und Kultur. Die Felsküsten und Sandstrände, die der Atlantik umspült, und die hübschen Fischerdörfer machen aus der Bretagne ein begehrtes Urlaubsziel für Familien. Hier tritt auch die Frühgeschichte mit Dolmen und Menhiren zutage. Besonders faszinierend: die Anlage bei **Carnac** *(siehe S. 278)*.

Um die bretonische Kultur kennenzulernen, sollten Sie **Quimper** *(siehe S. 274)* besuchen, Crêpes essen, Cidre trinken und möglichst einen *pardon* erleben – das Fest zu Ehren eines Heiligen, bei dem Prozessionen stattfinden (meist zwischen März und Oktober). Infos gibt es im **Musée de Bretagne** *(siehe S. 285)* in Rennes.

Loire-Tal

• Märchenhafte Renaissance-Schlösser
• Kathedrale von Chartres
• Das Rennen von Le Mans

Die Loire-Schlösser sind ein Sinnbild französischer Eleganz. Hier kultivierte der französische Adel den Stil der Renaissance. Städte wie **Saumur** *(siehe S. 292)* sind für ihren Wein bekannt. **Tours** *(siehe S. 296f)* und **Chartres** *(siehe S. 307–311)*, dessen Kathedrale herrliche Bleiglasfenster besitzt, sind geschichtsträchtige Orte. In **Orléans** *(siehe S. 312)* befreite Jeanne d'Arc Frankreich von den Engländern. Alljährlich wird deshalb das zehn Tage dauernde Jeanne-d'Arc-Festival begangen, das bis zum 8. Mai, dem Tag der Befreiung der Stadt, dauert. Im Norden liegt **Le Mans** *(siehe S. 291)*. Die hübsche alte Stadt ist für das 24-Stunden-Rennen im Juni bekannt.

Château de Chenonceau *(siehe S. 298f)* am Fluss Cher im Loire-Tal

Weinanbau, Côte de Nuits, Teil der Côte d'Or in Burgund *(siehe S. 320f)*

Burgund und Franche-Comté

- **Kulinarisches Paradies**
- **Imposante Abteien**
- **Wander- und Skigebiet**

Burgund steht für gutes Leben – mit *bœuf bourguignon* und Spitzenweinen, die mit zu den teuersten der Welt gehören. **Dijon** *(siehe S. 340–342)* präsentiert sich als glänzendes Vermächtnis der burgundischen Herzöge. Das **Hôtel-Dieu** in Beaune *(siehe S. 346f)* ist ein architektonisches Juwel. Der Reichtum des Klerus zeigt sich auch in den Kirchen und Abteien, etwa in **Vézelay** *(siehe S. 336f)*. Die Seen, Berge, Wälder und Wasserfälle der **Franche-Comté** *(siehe S. 349–351)* ziehen Wanderer, Kanuten und Skifahrer an.

Massif Central

- **Wild-romantische Landschaft**
- **Dramatisch: Gorges du Tarn**
- **Die Schätze von Ste-Foy**

Ein Outdoor-Paradies: Vulkan-Plateaus, heiße Quellen, Seen und als Highlight der Berglandschaft die **Gorges du Tarn** *(siehe S. 370f)*. Die **Cevennen** *(siehe S. 371)*, eines der bevölkerungsärmsten Gebiete Frankreichs, sind für Wildblumen und Raubvögel bekannt. Abgeschiedene Dörfer und alte Kirchen liegen auf Hügeln oder schmiegen sich in Täler. Die Abbaye de Ste-Foy in **Conques** *(siehe S. 368f)* besitzt eine bedeutende Sammlung von sakralen Kunstschätzen.

Rhône-Tal und Französische Alpen

- **Lyons hübsche *bouchons***
- **Grenoble und seine Skipisten**
- **Elegantes Évian-les-Bains**

In **Lyon** *(siehe S. 378–381)* beginnt Südfrankreich. Die zweitgrößte französische Stadt, in der Saône und Rhône zusammenfließen, besitzt mediterranes Flair. Das einstige Militärzentrum des römischen Gallien ist nun Treffpunkt der Feinschmecker und für seine *bouchons* (Bistros) sowie die Weine aus dem **Beaujolais** *(siehe S. 377)* und von der Rhône bekannt. Landschaftlich faszinierend ist das höhlenreiche Gebiet der **Ardèche** *(siehe S. 384f)*. Im Osten liegen **Grenoble** *(siehe S. 388f)*, die Alpen und das elegante Kurbad **Évian-les-Bains** *(siehe S. 391)* am Lac Léman.

Poitou und Aquitaine

- **Kanäle im Marais Poitevin**
- **Historisches Poitiers**
- **Bordeaux und die Châteaux-Weine**

Die flache Landschaft mit vielen Sandstränden zieht sich vom Hafen von **La** Rochelle *(siehe S. 416)* und der beliebten Ferieninsel **Île d'Oléron** *(siehe S. 417)* zum Baskenland. La Rochelle kann im Sommer überlaufen sein. Als Alternative bietet sich der **Marais Poitevin** *(siehe S. 408f)* mit seinem Kanalnetz an – ein faszinierendes Ökosystem. Historische Zentren sind **Poitiers** *(siehe S. 412f)* mit dem ältesten Chorgestühl Frankreichs und **Bordeaux** *(siehe S. 420–423)*, in dessen Hafen seit alters die Châteaux-Weine verschifft werden.

Périgord, Quercy und Gascogne

- **Markt von Sarlat**
- **Die Höhlen von Lascaux**
- **»Weltraumpark« in Toulouse**

Hier liegt das bukolische Frankreich mit den Flüssen Dordogne, Lot und Tarn – im Sommer eine Gegend mit vielen Wassersportangeboten. Jeder Ort hat einen Wochenmarkt, wo man etwa *foie gras* oder Pflaumen aus **Agen** *(siehe S. 440)* findet. Bekannt ist der Mittwochsmarkt in **Sarlat-la-Canéda** *(siehe S. 432f)* – die Architektur des Orts kann man jederzeit bewundern. **Rocamadour** *(siehe S. 436f)* und **Moissac** *(siehe S. 442f)* sind weitere Highlights. Die Höhlen von **Lascaux** *(siehe S. 402f)* bieten faszinierende Relikte der menschlichen Frühgeschichte. **Toulouse** *(siehe S. 446f)*, die größte Stadt, ist wegen ihrer Würste und des »Weltraumparks« bekannt.

Wein aus dem Rhône-Tal

Der Markt von Sarlat *(siehe S. 432f)* bietet u. a. *foie gras* und Pflaumen

Pyrenäen

- **Die Strände von Biarritz**
- **Fauna und Flora im Parc National des Pyrénées**
- **Die Grotte von Lourdes**

Die Bergkette der Pyrenäen erstreckt sich vom Atlantik bis zum Mittelmeer und bildet die natürliche Grenze zu Spanien. An der Atlantikküste liegt das **Baskenland** *(siehe S. 449)* mit dem für seinen Schinken bekannten **Bayonne** *(siehe S. 452)* und mit **Biarritz** *(siehe S. 452)*, einst ein glamouröses Ferienziel der Reichen und Schönen. Der **Parc National des Pyrénées** *(siehe S. 460f)* im Herzen der Pyrenäen ist ein Wanderparadies und im Winter bei Skifahrern beliebt. Das Wunder von **Lourdes** *(siehe S. 458f)* zieht das ganze Jahr über Pilger an.

In den Pyrenäen *(siehe S. 448–463)* findet man noch intakte Natur

Languedoc-Roussillon

- **Collioure – Anziehungspunkt für Künstler**
- **Märchenhaftes Carcassonne**
- **Pont du Gard, ein römisches Brückenwunder**

Das Hügelland mit Olivenbäumen, Weinbergen, Zypressen, Sonnenblumen und ausgebleichten Bauernhäusern ist sonnenverwöhnt. Hier stoßen die Pyrenäen ans Mittelmeer. An der **Côte Vermeille** *(siehe S. 482)* liegt der Ferienort **Collioure** *(siehe S. 483)*, zu dem sich schon früh Künstler hingezogen fühlten. Im Norden befindet

Bilderbuchstadt: das restaurierte Carcassonne *(siehe S. 488f)*

sich die vorbildlich restaurierte Festungsstadt **Carcassonne** *(siehe S. 488f)*. Romantiker zieht es vielleicht nach **Montségur** *(siehe S. 463)*, der letzten Zuflucht der Katharer. Die einstige Römerstadt **Nîmes** *(siehe S. 496f)* besitzt ein gut erhaltenes Amphitheater und einen imposanten Aquädukt, den **Pont du Gard** *(siehe S. 495)*. Er war die höchste Brücke, die die Römer je erbauten.

Provence und Côte d'Azur

- **Französische Riviera**
- **Filmfestival von Cannes**
- **Casino von Monte-Carlo**

St-Tropez *(siehe S. 516)*, **Nice (Nizza)** *(siehe S. 526f)*, **Menton** *(siehe S. 529)* – die französische Riviera gehört zu

den weltberühmten Küstenstreifen. In **Antibes** *(siehe S. 521)* kann man Traumyachten bewundern, beim Filmfestival von **Cannes** *(siehe S. 520)* die Stars. Spielernaturen zieht es nach **Monte-Carlo** *(siehe S. 530f)*. Im August ist die Küste komplett überlaufen. Landeinwärts liegen schöne alte Städte, etwa **Avignon** *(siehe S. 503)* mit dem Papstpalast, **Aix** *(siehe S. 511)*, der Regierungssitz von König René, oder das römisch geprägte **Arles** *(siehe S. 508f)*. Traumhaft ist die **Camargue** *(siehe S. 510f)* mit ihren Stieren und Pferden.

Korsika

- **Kräuterduft der Macchie**
- **Herrliche Sandstrände**
- **Befestigte Städte**

Bergland, Felsbuchten und Sandstrände – auf Korsika kann man vor allem im Frühling, wenn Kräuterduft die Luft erfüllt, herrlich wandern. An der Küste gibt es befestigte Städte, etwa **Bonifacio** *(siehe S. 543)* und das in einer Traumbucht liegende **Porto** *(siehe S. 541)*. Napoléon Bonaparte wurde in **Ajaccio** *(siehe S. 542)* geboren. Im Museu di a Corsica in **Corte** *(siehe S. 540)* erfährt man alles zur Inselgeschichte. Der Ort ist ein guter Ausgangspunkt zum unberührten Bergland Castagniccia.

Der Hafen von St-Tropez *(siehe S. 516)* an der Côte d'Azur

Frankreich auf der Karte

Frankreich hat 62,8 Millionen Einwohner. Mit
547 026 Quadratkilometern Fläche ist es eines
der größten Länder Europas. Hinzu kommen die
französischen Gebiete in Übersee. Wichtigster
Verkehrsknotenpunkt ist Paris (mit zwei internationalen Flughäfen). Weitere Zentren sind Bordeaux, Lille, Lyon, Nice (Nizza) und Toulouse.
Hochgeschwindigkeitszüge verbinden die großen Städte mit dem restlichen Europa. Zur Insel
Korsika verkehren Fähren. England erreicht man
ebenfalls auf dem Wasserweg oder per Zug
durch den Kanaltunnel.

Frankreich

*Frankreich liegt in
Mitteleuropa und
grenzt an sechs
Staaten: Spanien im
Süden jenseits der
Pyrenäen, Italien und
die Schweiz jenseits der
Alpen, Luxemburg und
Belgien im Norden und Deutsch-
land auf der anderen Seite des
Rheins. Von Großbritannien trennt
Frankreich der Ärmelkanal* (La
Manche).

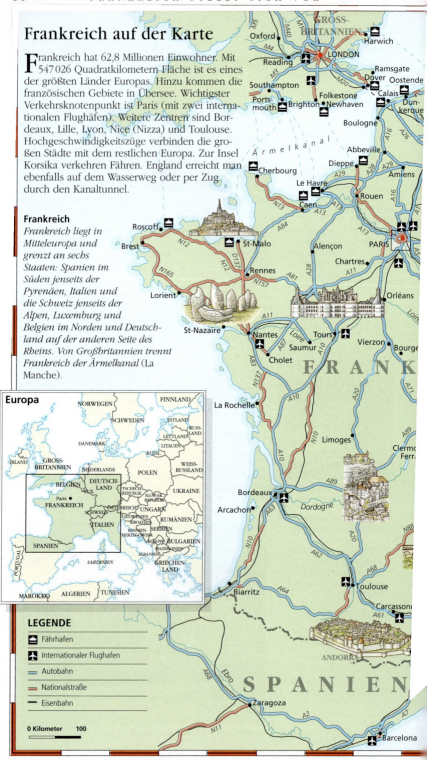

LEGENDE

🛳 Fährhafen

✈ Internationaler Flughafen

━ Autobahn

━ Nationalstraße

━ Eisenbahn

0 Kilometer   100

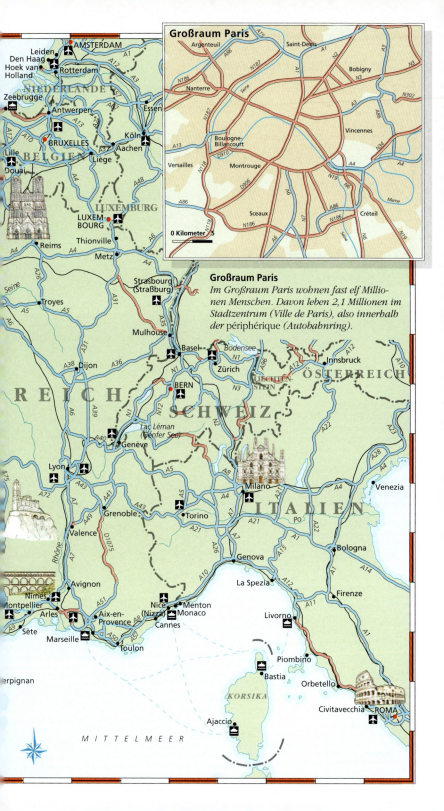

Großraum Paris

Argenteuil · Saint-Denis · Nanterre · Bobigny · Boulogne-Billancourt · Versailles · Montrouge · Vincennes · Sceaux · Créteil

0 Kilometer 5

Großraum Paris

Im Großraum Paris wohnen fast elf Millionen Menschen. Davon leben 2,1 Millionen im Stadtzentrum (Ville de Paris), also innerhalb der périphérique *(Autobahnring).*

AMSTERDAM · Leiden · Den Haag · Hoek van Holland · Rotterdam · Zeebrugge · Antwerpen · Essen · Köln · NIEDERLANDE · BRUXELLES · Aachen · Lille · BELGIEN · Liège · Douai · LUXEMBURG · LUXEMBOURG · Reims · Thionville · Metz · Troyes · Strasbourg (Straßburg) · Mulhouse · Basel · Bodensee · Zürich · Innsbruck · ÖSTERREICH · Dijon · BERN · LIECHTENSTEIN · SCHWEIZ · REICH · Genève · Lac Léman (Genfer See) · Lyon · Milano · Venezia · Grenoble · Torino · ITALIEN · Valence · Genova · Bologna · Avignon · La Spezia · Firenze · Nîmes · Nice (Nizza) · Menton · Monaco · Montpellier · Aix-en-Provence · Cannes · Livorno · Arles · Marseille · Toulon · Piombino · erpignan · Bastia · Orbetello · KORSIKA · Civitavecchia · ROMA · Ajaccio · MITTELMEER · Po · Seine · Rhône · Marne

Die Regionen Frankreichs

Über 75 Millionen Besucher kommen jährlich nach Frankreich. Die größte französische Stadt ist Paris, gefolgt von Lyon, Marseille und dem Ballungsraum Lille-Lens-Valenciennes. Loire, Seine, Garonne und Rhône sind die längsten Flüsse. Dieser Reiseführer gliedert Frankreich in 15 Regionen. Paris und die Île de France werden separat behandelt. Offiziell gliedert sich das »französische Mutterland« in Europa in 22 *régions* und 96 *départements*.

In Frankreich unterwegs

Trotz seiner Größe ist Frankreich ein angenehmes Reiseland. Es gibt ein gut ausgebautes Eisenbahnnetz. Der Hochgeschwindigkeitszug TGV *(siehe S. 680f)* verkürzt die Reisezeit auf den Hauptstrecken beträchtlich. Die Benutzung der Autobahnen ist nicht billig, lohnt sich aber bei weiterer Entfernungen. Es gibt allerdings auch längere Abschnitte ohne Autobahngebühr. Umgehungsstraßen sind in der Regel kostenlos. Interessanter ist es sicherlich, auf Nebenstraßen durchs Land zu fahren *(siehe S. 685–687)*. Auch kleinere Straßen sind meist in gutem Zustand und übersichtlich ausgeschildert.

LEGENDE

Autobahn

Nationalstraße

Nebenstraße

0 Kilometer   100

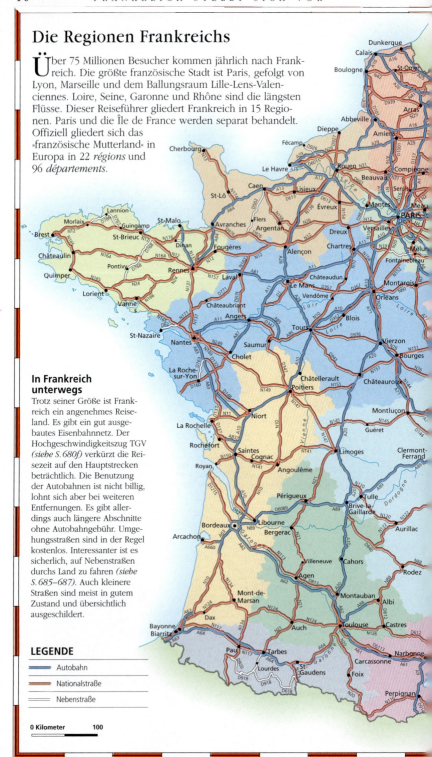

Frankreichs Regionen

Jedem Kapitel dieses Buchs und damit jeder Region ist eine eigene Farbe zugeordnet. Frankreich ist in fünf große Gebiete aufgeteilt – Nordostfrankreich, Westfrankreich, Zentralfrankreich und Alpen, Südwestfrankreich und Südfrankreich. Hinzu kommen noch Paris und die Île de France.

LEGENDE

Paris und Île de France

Nordostfrankreich

Norden und Picardie

Champagne

Elsass und Lothringen

Westfrankreich

Normandie

Bretagne

Loire-Tal

Zentralfrankreich und Alpen

Burgund und Franche-Comté

Massif Central

Rhône-Tal und Französische Alpen

Südwestfrankreich

Poitou und Aquitaine

Périgord, Quercy und Gascogne

Pyrenäen

Südfrankreich

Languedoc-Roussillon

Provence und Côte d'Azur

Korsika

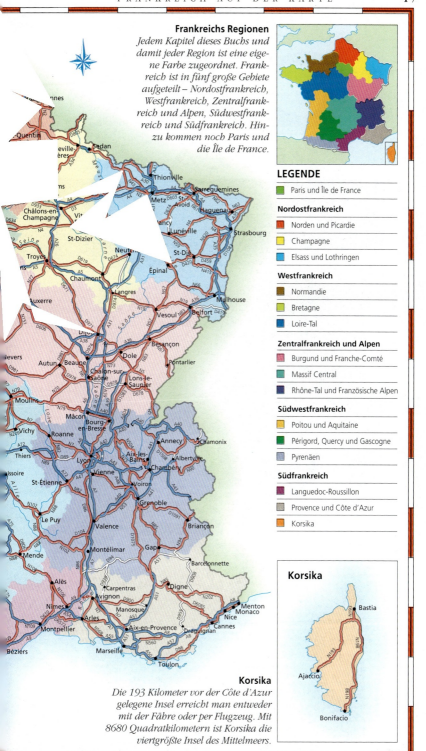

Korsika

Die 193 Kilometer vor der Côte d'Azur gelegene Insel erreicht man entweder mit der Fähre oder per Flugzeug. Mit 8680 Quadratkilometern ist Korsika die viertgrößte Insel des Mittelmeers.

Ein Porträt Frankreichs

Die Franzosen halten ihren Lebensstil für den besten und ihr Land für das zivilisierteste überhaupt. Millionen von Besuchern können dem nur zustimmen. Küche und Weine werden zu Recht hochgelobt. Französische Kultur, Literatur, Kunst und Architektur sind grandios – und zuweilen provokativ. Im Land des savoir-vivre fühlt sich jeder Besucher wohl.

Die französische Landschaft besteht aus kargen Bergplateaus, aber auch aus fruchtbarem Ackerland. Urige Dörfer gehören ebenso dazu wie elegante Boulevards. Die regionalen Identitäten sind nicht minder breit gefächert: Das Land umfasst die Bretagne mit ihrer keltischen Vergangenheit und den mediterranen Süden, das germanische Elsass-Lothringen und die Bergregionen der Auvergne und der Pyrenäen. Im Zentrum liegt Paris. Das Spektrum anderer Großstädte reicht vom Industriekonglomerat Lille im Norden bis zu Marseille, der größten Hafenstadt des Mittelmeerraums. Die Unterschiede zwischen Norden

Marianne, Frankreichs Nationalfigur

und Süden, Stadt und Land sind tief verwurzelt. Man hält gern an ihnen fest – trotz aller Zukunftsorientiertheit mit TGV und Internet. Doch je städtischer und industrieller sich das Leben in Frankreich entwickelt, desto stärker wird auch der Wunsch, die alten, traditionellen Lebensformen aufrechtzuerhalten.

Die Vorstellung vom guten Leben auf dem Land (douceur de vivre) – lange, gedeckte Tische in der Abendsonne, an denen Wein und Anekdoten fließen – finden Einheimische und Besucher gleichermaßen verlockend. Doch das Landleben hat sich verändert. War 1945 jeder dritte Franzose in der Land-

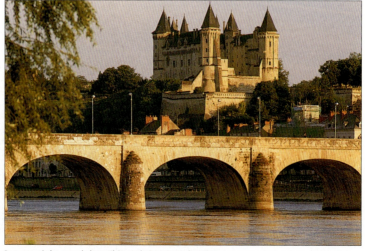

Das romantische, gut erhaltene Château de Saumur an der Loire

◁ Café-Kultur in St-Tropez *(siehe S. 516)*, einem der beliebtesten Badeorte des Landes

wirtschaft tätig, so sind es heute nur noch vier Prozent. Früher exportierte Frankreich vor allem Luxusgüter wie Parfüm und Cognac, nun sind es Autos, Telekommunikation, Atomstrom und Flugzeuge.

Der beliebte Roller *(moto)*

Doch die Franzosen halten an ihren Wurzeln fest. Viele leisten sich ein Häuschen auf dem Land. Im internationalen Vergleich besitzen Franzosen die höchste Zahl an Zweitwohnsitzen. In Regionen wie der Provence haben wohlha-

Parfüm-Klassiker

bende Pariser und Ausländer alte Gehöfte aufgekauft und in schicke Sommerresidenzen umgewandelt. Auch zahlreiche Künstler und Kunsthandwerker zieht es aufs Land.

Seit die katholische Kirche an Einfluss verliert, verändert sich das soziale Gefüge. Heute besuchen noch neun Prozent der Bevölkerung den Gottesdienst. Viele Paare leben vor der Hochzeit zusammen. Sie werden steuerlich wie Verheiratete behandelt. Abtreibungen wurden legalisiert.

Der französische Feminismus unterscheidet sich von dem anderer Länder. Sex-Appeal wird auch von eingefleischten Feministinnen akzeptiert. Offiziell sind Frauen gleichberechtigt – allerdings ist die Haltung Frauen gegenüber eher traditionell. Auch wird der Umgang zwischen den Geschlechtern von einer gewissen »Galanterie« bestimmt. Als 1991 Edith Cresson erste Premierministerin Frankreichs wurde, war dies ein Meilenstein. Doch sie war unpopulär. Der Korruptionsskandal in der von ihr geleiteten EU-Kommission 1999 (mit Rücktritt der gesamten Kommission) erschwerte die Gleichstellung von Frauen in der französischen Politik. Erst Ségolène Royal, die 2007 im Wahlkampf gegen Nicolas Sarkozy antrat (und 47 Prozent der Stimmen bekam), schlug wieder eine Bresche für Politikerinnen.

Gesellschaft und Politik

Das gesellschaftliche Leben war in Frankreich schon immer förmlich – Händeschütteln, die Benutzung von Titeln, der Gebrauch des formellen *vous* etc. Bei der jüngeren Generation macht sich allerdings eine Veränderung bemerkbar. Man spricht sich schneller mit Vornamen an und duzt sich öfter. Die Kleidung wurde eben-

Der Pariser Mai 1968 veränderte die Gesellschaft

Ausgedehntes Sonnenblumenfeld in Elsass-Lothringen

falls legerer, obwohl Franzosen nach wie vor großen Wert auf korrekte Garderobe legen.

Ein Faible für Formalitäten ist geblieben, Paragrafen bestimmen in Frankreich fast alles. Die Franzosen gehen allerdings mit der Bürokratie recht nonchalant um. Gesetze und Verordnungen sind dazu da, um umgangen, uminterpretiert und mit Achselzucken und einem Lächeln abgetan zu werden. Der gängige »Sport«, die umständlichen Wege der Bürokratie abzukürzen, hat sogar einen eigenen Namen: *le système D.*

Charles de Gaulle
(1890–1970)

Die Spaltung in Links und Rechts, die die französische Politik lange Zeit kennzeichnete, wurde in den 1990er Jahren von einem auf die Mitte ausgerichteten Kurs abgelöst. Zu den Vätern dieser Richtung gehörte der Sozialist François Mitterrand, Staatspräsident von 1981 bis 1995. In diesem Sinn regierte auch der Konservative Jacques Chirac ab 1997 in einer *Cohabitation* mit einer Linksregierung unter Premierminister Lionel Jospin. Die Parlaments- und Präsidentenwahlen 2002 waren von Ängsten in Bezug auf Einwanderer und die nationale Sicherheit sowie von Korruptionsskandalen geprägt. Die konservativen Parteien gewannen Stimmen, auch der rechte Front National war erfolgreich. Lionel Jospin schied nach dem ersten Wahlgang aus, Chirac wurde im zweiten Wahlgang wiedergewählt. 2003 festigte er Frankreichs Beziehung zu Deutschland durch die gemeinsame ablehnende Haltung gegenüber dem Irak-Krieg. 2005 stimmte die Bevölkerung gegen die EU-Verfassung.

Hohe Arbeitslosigkeit führte zu wachsendem Rassismus, der sich oft gegen dunkelhäutige Einwanderer wendet, die zum Großteil aus den früheren Kolonien stammen. Anfang 2006 kam es zu Ausschreitungen in den Banlieues von Paris, die sich ausweiteten. Auch die Studenten demonstrierten gegen berufliche Nachteile.

2007 wurde Nicolas Sarkozy neuer Präsident. Er reformierte die Verfassung und kehrte in die Kommandostruktur der NATO zurück.

Couturier Thierry Mugler bei einer Modenschau

Kunst und Kultur

Kultur spielt in Frankreich eine große Rolle. Schriftsteller, Intellektuelle, Künstler und Modeschöpfer genießen hohes Ansehen. Der Staat finanzierte zahlreiche Kunstzentren in der Provinz und stellte Mittel für Experimente zur Verfügung. Die Franzosen sind eine Kino-Nation und wehren sich noch entschieden gegen Hollywood. Auch weitere Kultursparten – von der Musikindustrie bis hin zur französischen Sprache selbst – sind einer protektionistischen Haltung unterworfen.

Avantgardekunst und -literatur sowie moderne Architektur werden in Frankreich stark gefördert. Zu den wichtigsten Projekten der jüngeren Vergangenheit zählen die aufsehenerregende Louvre-Pyramide und La Grande Arche in Paris, aber auch postmoderne Wohngebäude in Marseille, Nîmes und Montpellier.

Modernes Leben

Modernen Errungenschaften stehen die Franzosen durchaus aufgeschlossen, aber nicht uneingeschränkt positiv gegenüber. Frankreichs Landwirtschaft ist eine der modernsten der Welt. Zugleich wird der Kleinbauer hochverehrt. Nach wie vor halten die Franzosen an ihren Sommerferien unumstößlich fest, sodass sich im August das ganze Land entweder auf dem Weg zum Urlaubsort oder an der Küste befindet.

Zwei Veränderungen gingen jedoch auch an den französischen Bürgern nicht spurlos vorbei. Das Internet ist inzwischen auch aus Frankreich nicht mehr wegzudenken. Einschneidend war darüber hinaus die Einführung des Euro.

Die Franzosen sind begeisterte, mode- und qualitätsbewusste Konsu-

Traditionelle bretonische Tracht, die z. B. bei *pardons* getragen wird

Blick durch La Grande Arche, Teil der riesigen Bürostadt am Rand von Paris

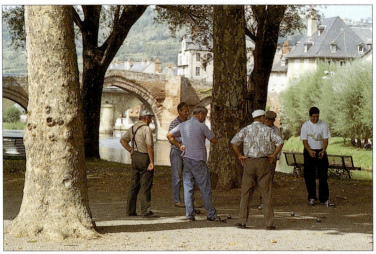

Das traditionelle *Boules*-Spiel (auch *pétanque*) ist sehr beliebt – vor allem im Süden

menten. Sogar in kleinen Städten gibt es stilvolle Boutiquen. Auf den Märkten werden frische regionale Produkte verkauft. Doch auch die größten Supermärkte Europas stehen hier: An deren Theken findet man Hunderte Käsesorten. Ähnliches gilt für Wurst und Fleisch. Auch das riesige Angebot an Obst und Gemüse dokumentiert die französische Lebensart.

Melonen, Pfirsiche und Aprikosen aus Frankreichs Süden

Infolge des modernen Lebensstils haben sich allerdings die Essgewohnheiten verändert. Früher aß man jeden Tag ein mehrgängiges Menü. Heute ernähren sich viele Franzosen unter der Woche recht einfach – ein schnelles Gericht, etwa Steak oder Pasta, zu Hause oder ein Snack in der Stadt. (Die vielen Fast-Food-Lokale zeugen davon.) Doch in der Freizeit spielen Mahlzeiten immer noch eine große Rolle – nicht nur um des Essens willen, sondern vor allem wegen des Vergnügens, ein Mahl im Kreis der Familie oder mit guten Freunden zu genießen. Große Küche zelebriert man allerdings nur für besondere Anlässe: Ein- oder zweimal pro Woche heißt es »schwelgen« – sei es bei einem romantischen Dinner zu zweit oder beim großen Familienessen am Sonntagmittag. Bei diesen Anlässen sind die Franzosen dann in ihrem Element und bestätigen, dass sie die Kunst des *savoir-vivre* beherrschen wie keine andere Nation.

Einsames Gehöft – eine nostalgische Reminiszenz

Klassische französische Küche

Ein typisch französisches Essen besteht aus mindestens drei Gängen: *Entrées* oder *hors-d'œuvres* (Vorspeisen) sind etwa Suppen, Eierspeisen, Salate oder *charcuterie* wie Fleisch- und Wurst-pasteten oder Schinken. Vor dem Hauptgericht kann es noch einen Zwischengang mit Fisch geben. Ansonsten enthalten *les plats* (Hauptgerichte) Fleisch oder Fisch, serviert mit Kartoffeln, Reis oder Nudeln sowie mit Gemüse. Vor dem Dessert gibt es eine Käseplatte. Als Nachtisch stehen meist Sorbets, Obstkuchen oder cremi-ge bzw. schokoladige Kreationen zur Auswahl. Das Tages-menü eines Lokals ist oft die preisgünstigste Version. Informationen zu fran-zösischen Restaurants siehe S. 596–599.

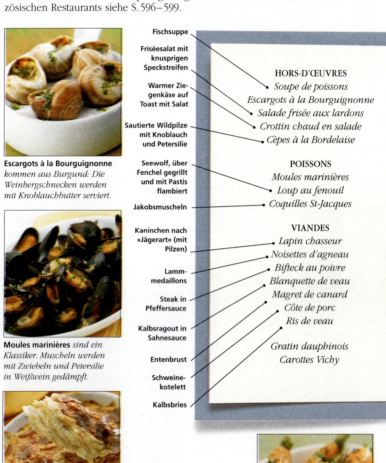

Fischsuppe

Friséesalat mit knusprigen Speckstreifen

Warmer Zie-genkäse auf Toast mit Salat

Sautierte Wildpilze mit Knoblauch und Petersilie

Escargots à la Bourguignonne *kommen aus Burgund: Die Weinbergschnecken werden mit Knoblauchbutter serviert.*

Seewolf, über Fenchel gegrillt und mit Pastis flambiert

Jakobsmuscheln

Kaninchen nach »Jägerart« (mit Pilzen)

Lamm-medaillons

Steak in Pfeffersauce

Kalbsragout in Sahnesauce

Moules marinières *sind ein Klassiker. Muscheln werden mit Zwiebeln und Petersilie in Weißwein gedämpft.*

Entenbrust

Schweine-kotelett

Kalbsbries

HORS-D'ŒUVRES
Soupe de poissons
Escargots à la Bourguignonne
Salade frisée aux lardons
Crottin chaud en salade
Cèpes à la Bordelaise

POISSONS
Moules marinières
Loup au fenouil
Coquilles St-Jacques

VIANDES
Lapin chasseur
Noisettes d'agneau
Bifteck au poivre
Blanquette de veau
Magret de canard
Côte de porc
Ris de veau

Gratin dauphinois
Carottes Vichy

Gratin dauphinois *besteht aus geschichteten Kartoffelscheiben mit Sahne, überbacken mit Gruyère.*

Carottes Vichy *werden in Wasser (traditionell: Vichy-Wasser) mit Zucker zube-reitet. So erhalten die Karotten eine köstliche süße Glasierung.*

Französisches Frühstück

Nur wenige Franzosen essen Herzhaftes wie Müsli, Eier oder Wurst zum Frühstück. Das klassische *petit déjeuner* besteht oft nur aus einem Stück Baguette mit Butter und Marmelade. Beliebt sind auch Croissants, die in den Kaffee getunkt werden, bzw. das *pain au chocolat* (Blätterteig mit Schoko-Füllung). Ein *brioche* ist ein süßes »luftiges« Hefebrötchen. Dazu trinkt man Kaffee oder Tee bzw. Schokolade (Kinder). In Hotels bekommt man meist noch frischen Obstsaft dazu. Zum Frühstück präferieren die Franzosen meist *café au lait*, einen Espresso mit warmer Milch.

Typisches französisches Frühstück

Menu à €20

Céleri rémoulade — Selleriesalat mit Remoulade
Salade de pissenlits — Löwenzahnsalat
Soupe à l'oignon — Zwiebelsuppe mit Croûtons – mit Käse gratiniert
Cuisses de grenouilles — Froschschenkel

Quenelles de brochet — Hechtklößchen
Bœuf bourguignon
Andouillettes — Kleine Würste, meist gegrillt
Coq au vin

Fromage ou dessert

Café

Tagesmenü

Fromage

DESSERTS
Tarte Tatin — Apfel-Tarte
Île flottante — Schaumgebäck in Sahnesauce
Crêpes flambées — Crêpes, mit Likör flambiert
Clafoutis — Pfannkuchen mit Früchten, oft mit Kirschen
Crème caramel — Eiercremespeise mit Karamellsauce
Crème brulée

Bœuf Bourguignon *ist in Rotwein geschmortes Rindfleisch – mit Schinken, Schalotten und Champignons.*

Coq au vin *wird mit Brandy flambiert. Dann wird das Hähnchen mit Pilzen und Zwiebeln in Wein geschmort.*

Fromage *– die Käseplatte gilt als Aushängeschild eines guten Restaurants. Oft wird eine Auswahl an regionalen Käsesorten (Kuh-, Schafs- und Ziegenkäse) angeboten: etwa Frischkäse, Blauschimmel, reife Sorten etc.*

Crème brûlée *ist eine kalorienreiche Eiercremespeise mit einer Haube aus karamellisiertem braunem Zucker.*

Französische Weine

**Rücken-
trage**

Schon in vorrömischer Zeit wurde in Frankreich Wein gekeltert, doch waren es die Römer, die für die Verbreitung der Rebstöcke und der Herstellungsmethoden sorgten. Angebotsbreite und Qualität der Weine aus Bordeaux, Burgund, dem Rhône-Tal und vor allem der Champagne haben französischen Wein in aller Welt bekannt gemacht. Doch auch der einfache französische Tischwein kann exzellent munden. Viele der guten und preiswerten Weine kommen aus den südlichen Regionen.

Traditioneller Weinanbau

Weinbaugebiete

Jedes der zehn Hauptweinbaugebiete ist einzigartig, was mit Traubensorten, Klima und *terroir* (dem Boden) zusammenhängt. *Appellation contrôlée* ist eine gesetzlich kontrollierte Ursprungsbezeichnung.

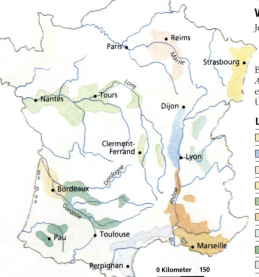

Reims
Paris
Marne
Strasbourg
Loire
Nantes
Tours
Dijon
Clermont-Ferrand
Lyon
Dordogne
Bordeaux
Garonne
Rhône
Pau
Toulouse
Marseille
Perpignan

0 Kilometer 150

LEGENDE

- Bordeaux
- Burgund
- Champagne
- Elsass
- Loire-Tal
- Provence
- Jura und Savoyen
- Südwesten
- Languedoc-Roussillon
- Rhône-Tal

Weinetikett

Selbst das bescheidenste Etikett verrät etwas über die Qualität des Weins. Es trägt den Namen des Winzers und besagt, ob der Wein aus einem gesetzlich kontrollierten Anbaugebiet (*appellation contrôlée* oder VDQS) kommt oder ob es sich um normalen *vin de pays* oder *vin de table* handelt. Möglicherweise hat der edle Tropfen auch eine regionale Klassifizierung wie etwa die *crus classés* in Bordeaux. Die Form und die Farbe der Glasflasche ist auch ein Hinweis darauf, welchen Wein sie enthält.

Weingut oder Winzer

Erzeugerabfüllung – kein Wein einer Kooperative oder eines Händlers.

Abbildungen können realistisch oder Fantasieprodukte sein

Menge

Jahrgang – von Französisch *vendange* (Weinernte)

appellation contrôlée

Weinherstellung

Wein entsteht aus dem Saft frisch gepflückter Trauben. Natürliche bzw. Zuchthefe verwandelt beim Gärungsprozess den Traubenzucker in Alkohol. Vor der Flaschenabfüllung wird die Hefe bzw. der Bodensatz herausgefiltert.

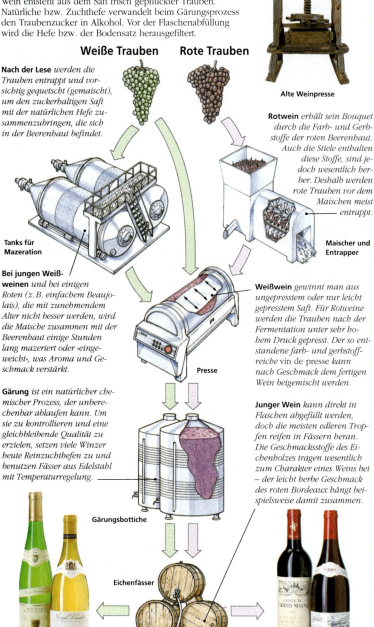

Weiße Trauben   Rote Trauben

Nach der Lese *werden die Trauben entrappt und vorsichtig gequetscht (gemaischt), um den zuckerhaltigen Saft mit der natürlichen Hefe zusammenzubringen, die sich in der Beerenhaut befindet.*

Alte Weinpresse

Rotwein *erhält sein Bouquet durch die Farb- und Gerbstoffe der roten Beerenhaut. Auch die Stiele enthalten diese Stoffe, sind jedoch wesentlich herber. Deshalb werden rote Trauben vor dem Maischen meist entrappt.*

Tanks für Mazeration

Maischer und Entrapper

Bei jungen Weißweinen *und bei einigen Roten (z.B. einfachem Beaujolais), die mit zunehmendem Alter nicht besser werden, wird die Maische zusammen mit der Beerenhaut einige Stunden lang mazeriert oder »eingeweicht«, was Aroma und Geschmack verstärkt.*

Presse

Weißwein *gewinnt man aus ungepresstem oder nur leicht gepresstem Saft. Für Rotweine werden die Trauben nach der Fermentation unter sehr hohem Druck gepresst. Der so entstandene farb- und gerbstoffreiche* vin de presse *kann nach Geschmack dem fertigen Wein beigemischt werden.*

Gärung *ist ein natürlicher chemischer Prozess, der unberechenbar ablaufen kann. Um sie zu kontrollieren und eine gleichbleibende Qualität zu erzielen, setzen viele Winzer heute Reinzuchthefen zu und benutzen Fässer aus Edelstahl mit Temperaturregelung.*

Junger Wein *kann direkt in Flaschen abgefüllt werden, doch die meisten edleren Tropfen reifen in Fässern heran. Die Geschmacksstoffe des Eichenholzes tragen wesentlich zum Charakter eines Weins bei – der leicht herbe Geschmack des roten Bordeaux hängt beispielsweise damit zusammen.*

Gärungsbottiche

Eichenfässer

Unterschiedlich gefärbtes Glas kennzeichnet die Anbaugebiete

Typische Flaschenformen für Bordeaux (links) und Burgunder

Maler

Frankreichs Landschaften haben schon im 19. Jahrhundert viele große Maler zu bedeutenden Werken inspiriert. Seit vor gut 100 Jahren im Wald von Fontainebleau, in der Bretagne und in Südfrankreich Künstlerkolonien entstanden, sind Malerei und Tourismus eng miteinander verbunden. Wer sich in Kunstgeschichte etwas auskennt, wird bei einer Fahrt durch Frankreich viele Landschaften wiedererkennen, die durch Gemälde Berühmtheit erlangten.

Jean-Baptiste-Camille Corot *schuf 1871 den* Belfried von Douai *in der Tradition klassischer Landschaftsmalerei.*

Norden und Picardie

Gustave Courbet, *ein Sozialist und früher Vertreter des Realismus, fing in den Klippen bei Étretat nach einem Sturm (1869) die berühmte Küstenlandschaft ein.*

Normandie

Paris und Île de France

Bretagne

Loire-Tal

Émile Bernard *faszinierten der wilde, urtümliche Charakter der bretonischen Landschaft und der ausgeprägte Individualismus ihrer Bewohner. Sein Gemälde* La Ronde bretonne *(1892) zeigt die keltischen Sitten dieser Region.*

Poitou und Aquitaine

Der Neo-Impressionist und Pointillist **Paul Signac** *liebte Schiffe, das Meer und die französische Küste. Sein Gemälde* Einfahrt zum Hafen von La Rochelle *(1921) verdeutlicht die Technik, die Natur mit Tausenden von Farbpunkten wiederzugeben.*

Périgord, Quercy und Gascogne

Pyrenäen

Languedoc-Roussillon

Théodore Rousseau, *Hauptvertreter der Schule von Barbizon (siehe S. 181) für Landschaftsmalerei, kam 1830 in die Auvergne, wo er en plein air (im Freien) zu malen begann. Sein Werk* Sonnenuntergang, Auvergne *(um 1830) zeigt seine präzise Beobachtungsgabe.*

Nur wenige Monate vor seinem Tod (1890) malte **Vincent van Gogh** Die Kirche von Auvers. *Er vermerkte, dass der Bau «von ins Violette gehender Blauheit zu sein scheint, von reinem Kobalt».*

Beim Eiffelturm *(1926) experimentierte* **Robert Delaunay** *mit den abstrakten Eigenschaften der Farben. Seine Frau, die Künstlerin Sonia Delaunay, sagte: «Der Eiffelturm und das Universum waren für ihn ein und dasselbe.»*

Gustave Courbet *hat Szenen aus dem Alltagsleben realistisch wiedergegeben. Hier sein Bild* Junge Damen aus dem Dorf überreichen in einem Tal bei Ornans einer Kuhhirtin Almosen *(1851/52).*

Elsass und Lothringen

Champagne

Burgund und Franche-Comté

Maurice Utrillo *malte* Die Kirche von Saint-Bernard *im Sommer 1924, als er im Haus seiner Mutter weilte. Die düsteren Farben und die Leere reflektieren sein unglückliches Leben.*

Massif Central

Rhône-Tal und Französische Alpen

Provence und Côte d'Azur

Henri Matisse' *Landschaft bei Collioure (1905) zeigt die lebhaften Farben des kleinen katalanischen Fischerdorfs. Hier begründete Matisse den Fauvismus, einen Malstil von außergewöhnlich leuchtender, expressiver Farbkraft.*

Die französische Riviera hat viele Künstler angelockt (siehe S. 472f). *Auch* **Raoul Dufy** *schätzte ihre Reize und hat sie in* La Jetée promenade à Nice *(1928) mit blauem Himmel und Palmen dargestellt.*

0 Kilometer   100

Schriftsteller

Denkmal für Baudelaire

Schriftsteller und Intellektuelle genießen in Frankreich von jeher hohes Ansehen. Eine besonders illustre Institution ist die Académie Française, deren 40 Mitglieder (meist Schriftsteller) sich wiederholt zu nationalen Fragen geäußert und sogar öffentliche Ämter bekleidet haben. Das Werk vieler französischer Romanautoren ist tief in ihrer Heimat verwurzelt. Was für Gustave Flaubert die Normandie, war für Jean Giono die Provence. Viele Romane bieten wunderbare Einblicke in die regionalen Charakteristika des Landes.

Colettes Haus in Burgund

Roman

Ackerland in der Beauce, wo Zolas Roman *Die Erde* spielt

Der erste bedeutende französische Autor war im 16. Jahrhundert der Satiriker Rabelais *(siehe S. 295)*. Viele Schriftsteller der Aufklärung stellten dann Vernunft, Klarheit und Objektivität in den Mittelpunkt ihrer

Marcel Proust, Autor von *Auf der Suche nach der verlorenen Zeit*

Werke. Das 19. Jahrhundert war das Goldene Zeitalter des realistischen Romans, das in Frankreich namhafte Literaten hervorgebracht hat: Balzac mit seinem grandiosen Sittengemälde, Stendhal, der mit *Le Rouge et le noir (Rot und Schwarz)* eine bissige Satire auf den Ehrgeiz verfasste, und Victor Hugo, dessen Epos *Les Misérables (Die Elenden)* eine tief greifende Veränderung der Gesellschaft fordert. George Sand wagte sich mit Romanen wie *La mare au diable (Das Teufelsmoor)* auf neues Terrain. Flaubert schuf sein Meisterwerk *Madame Bovary*. Zola beschrieb in *Germinal* und *La Terre (Die Erde)* das Leben der Unterschicht. Marcel Proust verband in *À la recherche du temps perdu (Auf der Suche nach der verlorenen Zeit)*

frühe poetische Berufung mit einem Porträt der Hautevolee. Auch andere Autoren haben ihre Jugend literarisch verarbeitet: Alain-Fournier mit *Le Grand Meaulnes (Der große Meaulnes)* und Colette mit *La Maison de ma mère (Das Haus meiner Mutter)*.

Nach dem Ersten Weltkrieg entwickelte sich eine neue Romanform. Jean Gionos *Que ma joie demeure (Bleibe, meine Freude)* und François Mauriacs *Thérèse Desqueyroux* untersuchten die Beziehung zwischen Landschaft und Charakter. Als zentrales Thema wählte Mauriac, ebenso wie George Bernanos in seinem *Journal d'un curé de campagne (Tagebuch eines Landpfarrers)*, den geistigen Kampf des Individuums. Ein weiterer führender Schriftsteller war André Gide. In den 1960er Jahren stellten Alain Robbe-Grillet u. a. einen experimentellen Stil vor: Beim Nouveau Roman treten Charaktere und Handlung zurück. 2008 erhielt Jean-Marie Gustave Le Clézio den Nobelpreis.

Die Elenden (1862) als Musical in den 1980er Jahren

Drama

Die drei klassischen Dramatiker der französischen Literatur lebten im 17. Jahrhundert: Molières Komödien nahmen die menschliche Eitelkeit aufs Korn. Corneille und Racine verfassten Tragödien in Versform. Im 18. Jahrhundert folgten Marivaux, Verfasser psychologischer Komödien, und Beaumarchais, dessen *Le Barbier de Séville (Der Barbier von Sevilla)* und *Le mariage de Figaro (Die Hochzeit des Figaro)* später berühmte Opern wurden. Victor Hugos Dramen zählen zu den kraftvollsten Stücken ihrer Zeit. Die Liste der wichtigsten Dramatiker des 20. Jahrhunderts reicht von Jean Anouilh, dem Autor urbaner Komödien, bis hin zu Jean Genet. In den 1960er Jahren wurden der Rumäne Eugène Ionesco und der Ire Samuel Beckett zu Pionieren eines neuen Genres, des sogenannten absurden Theaters. Auch heute erfreut sich das experimentelle Theater regen Zuspruchs.

Sartre und de Beauvoir 1969 im Restaurant La Coupole in Paris

Molière, Dramatiker im 17. Jahrhundert

Dichtung

Der größte französische Dichter im 16. Jahrhundert war Ronsard, der Sonette über Natur und Liebe verfasste. Auch Lamartine, ein Poet im frühen 19. Jahrhundert, besang die Natur (in *Le Lac* freilich beklagt er eine verlorene Liebe). Jahrzehnte später riefen Baudelaire *(Les Fleurs du mal/Die Blumen des Bösen)* und Rimbaud *(Le Bateau ivre/Das trunkene Schiff)* Aufsehen hervor. Der Nobelpreisträger von 1904, Frédéric Mistral, dichtete in seiner provenzalischen Heimatmundart. Als bedeutendster Lyriker des 20. Jahrhunderts gilt Paul Valéry.

Philosophie

Frankreich hat eine Reihe bedeutender humanistischer Denker hervorgebracht. Einer der ersten war

Romane von Albert Camus, der 1957 den Nobelpreis erhielt

Montaigne, ein Moralist des 16. Jahrhunderts, der die literarische Form des Essays einführte. Ihm folgten Descartes, der Meister der Logik, und Pascal. Im 18. Jahrhundert traten zwei grandiose Denker auf den Plan: Voltaire, der überragende Liberale, und Rousseau, der die Rückkehr zur Natur predigte. Im 20. Jahrhundert benutzten Sartre, de Beauvoir und Camus den Roman als philosophisches Vehikel: Anfang der 1940er Jahre wurde Sartre mit *L'Être et le néant (Das Sein und das Nichts)* zum geistigen Kopf des Existenzialismus. Camus' Roman *L'Étranger (Der Fremde)* war nicht minder einflussreich. In den 1970er und 1980er Jahren beherrschten die Ideen der Strukturalisten (Barthes, Foucault) die Szene. Abgelöst wurden sie in den 1990er Jahren von Poststrukturalisten wie Derrida, Kristeva, Deleuze und Lyotard.

Ausländische Autoren

Viele ausländische Schriftsteller haben Frankreich besucht und sich inspirieren lassen – angefangen von Petrarca, der im 14. Jahrhundert in Avignon weilte, bis hin zu Goethe, der sich 1770/71 im Elsass aufhielt. Im 20. Jahrhundert lockte die Riviera u. a. Graham Greene, Ernest Hemingway und Katherine Mansfield an. 1919 eröffnete die Amerikanerin Sylvia Beach ihre Buchhandlung »Shakespeare and Company« in Paris. 1922 veröffentlichte sie als Erste James Joyce' Meisterwerk *Ulysses*.

Hemingway mit Sylvia Beach und Freunden, 1923

Romanische und gotische Architektur

Frankreich ist reich an mittelalterlichen Bauten – angefangen von kleinen romanischen Kirchen bis hin zu prächtigen gotischen Kathedralen. Während eines ersten »Baubooms« herrschte im 11. Jahrhundert der auf die römische Architektur zurückgehende romanische Stil mit massiven Wänden, Rundbogen und schweren Gewölben vor. Spitz- und Strebebogen, die Erfindung französischer Architekten, ermöglichten dann die wesentlich höheren Bauten der Gotik mit größeren Fenstern.

Zur Orientierung

① *Romanische Kirchen/Abteien*

⑬ *Gotische Kathedralen*

Stilmerkmale der Romanik

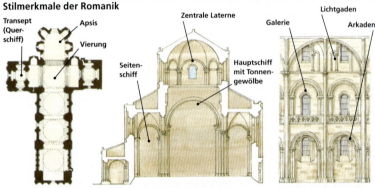

Transept (Querschiff)   Apsis   Vierung   Seitenschiff   Zentrale Laterne   Hauptschiff mit Tonnengewölbe   Galerie   Lichtgaden   Arkaden

*Der Grundriss der Kirche in **Angoulême** besitzt Kreuzform und gerundete östliche Apsis – typisch romanische Merkmale.*

*Das Hauptschiff der Kathedrale von **Le Puy** ist deutlich höher als die Seitenschiffe. Fenster in den Seitenschiffen und in der zentralen Laterne lassen Licht einströmen.*

*Die Wände der Langhauserker in **Saint-Étienne** tragen ein dreistöckiges Bauwerk mit Arkaden, Galerie und Lichtgaden.*

Stilmerkmale der Gotik

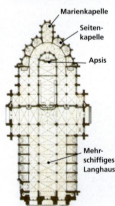

Marienkapelle   Seitenkapelle   Apsis   Mehrschiffiges Langhaus   Strebepfeiler   Kreuzrippengewölbe   Strebebogen   Maßwerk   Triforium   Spitzbogen

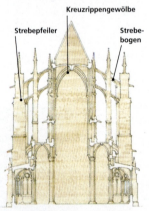

*Der Grundriss der Kathedrale von **Amiens** zeigt, dass Langhaus und Apsis von Kapellen gesäumt sind.*

*Dieser Ausschnitt der Kathedrale von **Beauvais** verdeutlicht, wie das Mittelschiff dank der Strebebogen extrem hoch gebaut werden konnte.*

*Wie in **Reims** machten Spitzbogen Fensteröffnungen möglich – typisch für die Gotik.*

Romanische Architektur

① St-Étienne, Caen *S. 254*
② Mt-St-Michel, Normandie *S. 258f*
③ St-Pierre, Angoulême *S. 419*
④ Notre-Dame, Le Puy *S. 365*
⑤ St-Pierre, Moissac *S. 442f*
⑥ St-Sernin, Toulouse *S. 447*
⑦ Ste-Foy, Conques *S. 368f*
⑧ Sacré-Cœur, Paray-le-Monial *S. 345*
⑨ St-Philibert, Tournus *S. 344*
⑩ St-Étienne, Nevers *S. 338*
⑪ Ste-Madeleine, Vézelay *S. 336f*
⑫ Marmoutier, Saverne *S. 233*

Gotische Architektur

⑬ Notre-Dame, Strasbourg *S. 230*
⑭ Notre-Dame, Reims *S. 212f*
⑮ Notre-Dame, Laon *S. 205*
⑯ Notre-Dame, Amiens *S. 202f*
⑰ St-Pierre, Beauvais *S. 200*
⑱ St-Denis, Île de France *S. 172f*
⑲ Sainte-Chapelle, Paris *S. 84f*
⑳ Notre-Dame, Paris *S. 86f*
㉑ Notre-Dame, Chartres *S. 308–311*
㉒ St-Étienne, Bourges *S. 313*

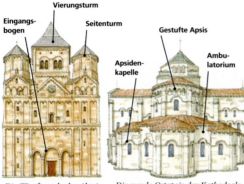

*Die Westfassade der Abtei-kirche von **Marmoutier** wirkt mit ihren Türmen, Fenstern und dem Portal wie eine Festung.*

*Die runde Ostapsis der Kathedrale von **Nevers** ist von einem halbkreis-förmigen Ambulatorium mit Kapel-len umgeben. Die Seitenkapellen wurden nachträglich angebaut.*

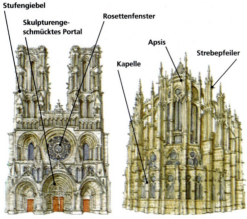

*Die Westfassade der Kathe-drale von **Laon** dominieren die verzierten Portale und ein Rosettenfenster.*

*Der Chor der Kathedrale von **Beauvais** ist mit den zierlichen Strebepfeilern und der Höhe ein Glanzstück der Hochgotik.*

Glossar

Basilika: Kirchenbauform mit Mittelschiff und Seitenschiffen, wobei das Mittelschiff die Sei-tenschiffe überragt.

Lichtgaden (Obergaden): Wand-abschnitt der Basilika mit Fens-tern, die Licht einlassen.

 Rosette: Großes, kreisrundes Fenster, oft mit Bleiglas, über dem Portal.

Strebewerk: Typische Skelett-bauweise von gotischen Ka-thedralen. Das äußere Strebewerk besteht aus Strebepfeilern und -bogen (Schwib-bogen).

Portikus: Von Pfeilern gestützte Vorhalle.

Tympanon: Oft mit Figuren (Relief) geschmücktes Bogenfeld (Gie-bel) über dem Portal.

Gewölbe: Gekrümmte Decke über einem Raum.

Transept oder Querhaus: Flügel-bauten einer kreuzförmigen Kirche, die das Langhaus im rechten Winkel schneiden.

Vierung: Mittelpunkt des kreuz-förmigen Grundrisses.

Laterne: Durchbrochener, oft reich verzierter Kuppelaufbau.

Triforium: Laufgang in der Wand.

Kreuzrippengewölbe: Gewölbe-form, bei der sich zwei Tonnen-gewölbe rechtwinklig kreu-zen und die Schnittkanten durch Rippen verstärkt sind.

Apsis: Oft halbkreisförmiger Abschluss der Kirche.

Style flamboyant: Letzte Phase der französischen Gotik.

 Wasserspeier: Skurrile Figuren, oft für Regen-ablaufrinnen.

Arkade: Von Pfeilern getragener Bogen.

Ambulatorium: Chorumgang.

Maßwerk: Gotische Zierformen.

Kapitell: Oberer, abschließen-der Teil von Säulen, Pfeilern oder Pilas-tern.

Labels on images:

Vierungsturm
Eingangs-bogen
Seitenturm
Gestufte Apsis
Apsiden-kapelle
Ambu-latorium

Stufengiebel
Skulpturenge-schmücktes Portal
Rosettenfenster
Apsis
Strebepfeiler
Kapelle

Ländliche Architektur

Französische Bauernhäuser sind ganz und gar Produkte des Landes. Aus Stein, Lehm oder Holz erbaut, ändert sich ihre Architektur folglich mit der topografischen Lage: von den steilen, mit glatten Ziegeln gedeckten Dächern im Norden bis zu den breiten Mönchdächern des Südens. Trotz dieser Vielfalt lassen sich die französischen Bauernhäuser in drei Kategorien einteilen: die *maison bloc*, bei der Wohnhaus und Nebengebäude unter demselben Dach liegen, die *maison haute*, bei der der Wohnbereich über Stall oder Weinkeller liegt, und das Gehöft, dessen Gebäude um einen Hof angeordnet sind.

Hölzerne Fensterläden im Elsass

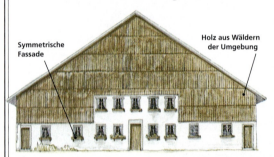

Symmetrische Fassade

Holz aus Wäldern der Umgebung

Das Chalet *ist die typische Bauform im Jura, in den Alpen und Vogesen. Im Winter leben Mensch und Tier gemeinsam in der* maison bloc. *Spalten zwischen den Giebelbalken ließen Luft um das im Speicher aufbewahrte Getreide zirkulieren. Eine aufgeschüttete Erdrampe ermöglichte die direkte Zufahrt. Viele Getreidespeicher verfügten über einen Dreschboden.*

Fachwerkhäuser *sind typisch für Normandie, Champagne, Picardie, für das Elsass und Baskenland. Die Abstände zwischen den Holzbalken wurden mit einer über Zweiggeflecht verarbeiteten Lehmschicht, manchmal auch mit Backsteinen geschlossen. Der regionale Stil kommt am besten im Rahmenwerk zum Ausdruck.*

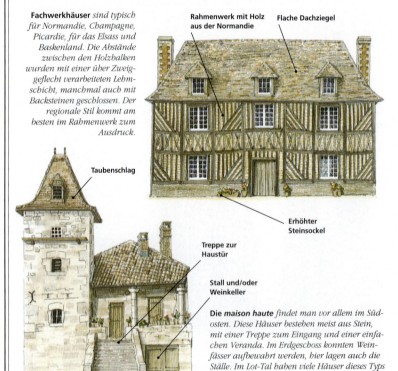

Rahmenwerk mit Holz aus der Normandie

Flache Dachziegel

Taubenschlag

Erhöhter Steinsockel

Treppe zur Haustür

Stall und/oder Weinkeller

Die *maison haute* *findet man vor allem im Südosten. Diese Häuser bestehen meist aus Stein, mit einer Treppe zum Eingang und einer einfachen Veranda. Im Erdgeschoss konnten Weinfässer aufbewahrt werden, hier lagen auch die Ställe. Im Lot-Tal haben viele Häuser dieses Typs zudem einen Taubenschlag.*

Das Langhaus *ist die älteste Form der* maison bloc. *Hier leben Mensch und Vieh an entgegengesetzten Enden des Gebäudes, das ursprünglich nur einen Raum umfasste. Erst im 19. Jahrhundert wurde es üblich, eine Trennwand einzuziehen. In dieser bretonischen Version haben Wohnhaus und Stall eigene Türen.*

Steine aus der Region

Schieferplatten

Eingang zum Wohnhaus

Eingang zum Stall

Mönchdach mit Taubenschlag

Mas *lautet die generelle Bezeichnung für provenzalische Bauernhäuser. In der Camargue heißt so ein Gehöft mit intensiver Schafhaltung, bei dem die Nebengebäude zwar zusammengebaut, aber unterschiedlich hoch sind. Häufig gehört auch hier ein Taubenschlag dazu.*

Ocker und Beige sind die Farben des Südens

Verputzte Fassade

Kiesel und Backstein

Fachwerk und Backstein

Sogenannter Stampfbau: *pisé*

Sonnengetrocknete Lehmziegel

Kieselsteine im Kalkmörtel

Backstein, Feuerstein und Kalkstein

Wände

Kalkstein, Granit, Sandstein und Kiesel – alles wurde als Baumaterial genutzt. Wo kein Stein zur Verfügung stand, baute man Fachwerkhäuser, deren Zwischenräume mit Lehm gefüllt wurden. Alternativ dazu gab es den Stampfbau (*pisé*), bei dem Lehm, Kiesel und Stroh zu Ziegeln gepresst wurden. Auch reine Lehmziegel fanden Verwendung, während man gebrannte Ziegel nur selten antrifft – sie waren wegen der aufwendigen Herstellung zu teuer. Oft wurde Backstein zusammen mit Kalkstein oder Kies vermauert.

Glatte Terrakottaziegel

Dachpfannen (häufig in der Picardie)

Mönchziegel aus Lehm in Südfrankreich

Dächer

Im Norden Frankreichs sind die Dächer steil, damit das Regenwasser besser abfließen kann. Im Süden werden die Dächer mit Mönchziegeln gedeckt. Diese werden mit geringerer Neigung gelegt, damit die Ziegel nicht herabrutschen.

Das Jahr in Frankreich

Aufgrund ihrer bäuerlichen Wurzeln haben die Franzosen ein intensives Verhältnis zur Natur und zu den Jahreszeiten. Dank des milden Klimas feiert man viel im Freien. Geschichte und Tradition werden hochgehalten und sind Anlass zu *fêtes*, etwa dem Nationalfeiertag (Sturm auf die Bastille, 14. Juli). Für kulturell interessierte Besucher gibt es Kunstfestivals – von kleinen Events bis hin zum Theaterfestival in Avignon. Wichtige Termine sind auch Sportveranstaltungen wie die Tour de France. Das ganze Jahr über gibt es etwas, was man mit gutem Essen und Wein feiern kann. Im Sommer verlagern sich die Aktivitäten aufs Land.

Frühling

Der Frühling ist die Zeit, in der sich die Straßencafés füllen. An Ostern gibt es viele katholische Prozessionen. Das weltberühmte Filmfestival in Cannes findet im Mai statt – in dem Monat, in dem auch viele Messen und Tagungen abgehalten werden.

März

International Half Marathon, beginnt und endet am Château de Vincennes.
Tinta' Mars (*2 Wochen*), Langres. Cabaret und Musicals.
Grenoble Jazz Festival (*2 Wochen*). Jazzkonzerte.
Banlieues Blues Jazz Festival (*März*), Saint-Denis. Jazz und Blues.
Sechs-Nationen-Turnier (Rugby), Stade de France, Paris.

Rugby-ball

Formel-1-Rennwagen beim Grand Prix von Monaco (*Mai/Juni*)

Festival d'Amiens (*Mitte März/Anfang Apr*). Berühmtes Jazzfestival an mehreren Orten.

April

Festival de Pâques (*Osterwoche*), Deauville. Kammermusikfestival (*siehe S. 255*).
Feria Pascale (*Osterwoche*), Arles. Feier zum Beginn der Stierkampfsaison (*siehe S. 508f*).
Lourdes-Pilgerfahrt (*Palmsonntag bis Okt, siehe S. 459*).
Floréal Musical (*Anfang Apr–Mitte Mai*). Musikfestival.
Frühlingsfest in Bourges (*siehe S. 313*). Zeitgenössische Musik.

Europa Jazz Festival (*Ende Apr–Anfang Mai*), Le Mans. Jazzmusiker aus der ganzen Welt treten auf.
Jeanne-d'Arc-Festival (*Ende Apr–Anfang Mai*), Orléans. Festzüge und Gottesdienste (*siehe S. 312*).
Internationaler Paris-Marathon, von der Place de la Concorde bis zur Avenue Foch.

Mai

Frischer Spargel

Spargelernte, vor allem an der Loire.
Grand Prix de Monaco (*Wochenende an Himmelfahrt, siehe S. 530*).
La Bravade (*16.–18. Mai*), St-Tropez (*siehe S. 516*).

La-Bravade-Prozession zu Ehren des hl. Torpes in St-Tropez (*Mai*)

Cannes Film Festival *(2. u. 3. Woche)*.
Zigeunerwallfahrt *(Ende Mai)*, Stes-Maries-de-la-Mer *(siehe S. 510)*.
Fête de la Transhumance *(Ende Mai)*. Viehauftrieb zu den Sommerweiden.
Internationales Gartenfest *(Mitte Mai–Mitte Okt)*, Chaumont-sur-Loire.
Nîmes Feria *(Pfingsten)*. Stierkämpfe und Straßenmusik *(siehe S. 496)*.
Grandes Eaux Musicales *(Apr–Okt: So; Juli–Sep: Sa/So)*, Klassik im Versailler Schlosspark.

Traditioneller Auftrieb der Herden zu den Sommerweiden *(Ende Mai)*

Historienspiele Puy-du-Fou *(Mai–Sep)*. Audio-Führungen und Pferdeshows erwecken französische Geschichte zum Leben *(siehe S. 290)*.

Fußball-Cup-Finale *(2. Woche)*, Stade de France, Paris.
Le Printemps des Arts *(Mitte Mai–Juni)*, um Nantes. Barockmusik und Tanz.

Sommer

Mitte Juli beginnen die Sommerferien. Sie dauern bis Anfang September – dann kehren alle zur Arbeit oder in die Schule zurück *(la rentrée)*. Vor allem im August hat jedes Dorf seine *fête*. Es gibt Feste, Flohmärkte und Sportevents.

Juni

French Tennis Open *(Ende Mai–Anfang Juni)*, Stade Roland Garros, Paris.
Internationales Musikfestival von Strasbourg *(Juni–Juli)*.
Internationale Segelwoche *(Anfang Juni)*, La Rochelle.

24-Stunden-Rennen von Le Mans *(2. oder 3. Wochenende, siehe S. 291)*.
Fête de la Musique *(21. Juni)*. Musik im ganzen Land.
Fête de St-Jean *(24. Juni)*. Musik und Feuerwerk in ganz Frankreich.
Christopher Street Day *(23. Juni)*, Paris.
Tarasque-Festival *(4. Wochenende)*, Tarascon *(siehe S. 507)*.

Juli

Festival d'Art Lyrique *(Juni–Juli)*, Aix-en-Provence *(siehe S. 511)*.
Theaterfestival Avignon *(ganzer Juli, siehe S. 503)*.
Paris-Plage *(Mitte Juli–Mitte Aug)*. Paris bekommt einen Strand.

Im Juni ist Rosensaison

Stierkampf, Mont-de-Marsan *(Juli)*

Tombées de la Nuit *(1. Woche)*, Rennes. Kunstfestival.
Troménie *(2. So im Juli)*, Locronan. Büßer-Prozession *(siehe S. 273)*.
Musikfestival Comminges *(Juli–Ende Aug, siehe S. 462)*.
Jazzfestival in Nizza (Nice) *(Ende Juli)*.
Mont-de-Marsan Feria *(3. Wochenende)*. Stierkämpfe und Musik *(siehe S. 425)*.
Internationales Jazzfestival *(2. Julihälfte)*, Antibes und Juan-les-Pins *(siehe S. 521)*.
Jazz Vienne *(1. Julihälfte)*, Vienne *(siehe S. 382)*.
Pablo-Casals-Festival *(Ende Juli–Mitte Aug)*, Prades *(siehe S. 480)*.
Tour de France *(erste 3 Wochen)*. Großes Finale auf den Champs-Élysées, Paris.
Francofolies *(Mitte Juli)*, La Rochelle. Musikfestival.

Radrennfahrer auf der letzten Etappe der Tour de France *(Juli)*

Urlaub am Strand von Cannes an der Côte d'Azur

August

Fête de St-Louis (*um den 25. Aug*), Sète (*siehe S. 492*).
Les Rendezvous de l'Erdre (*letztes Wochenende*), Nantes. Jazz und Bootsparade (*siehe S. 290*).
Mimos (*1. Woche*), Périgueux. Internationales Mimenfestival.

Darsteller beim Festival von Avignon

Fête du Jasmin (*1. Wochenende*), Grasse (*siehe S. 517*). Festwagen, Musik und Tanz.
Foire aux Sorciers (*1. So im Aug*), Bué (bei Bourges). Kostümierte Hexen, Zauberer und Folk-Bands.
Lavendel-Bootsparade (*1. oder 2. Wochenende*), Digne (*siehe S. 517*).

Fête de la Véraison (*1. oder 2. Wochenende*), Châteauneuf-du-Pape. Mittelalterliches Erntedankfest zum Ende der Obsternte der Region (*siehe S. 502f*).
Festival Interceltique (*2. Woche im Aug*), Lorient. Keltische Kunst und Musik.
Feria (*Mitte Aug*), Dax. Stierkämpfe (*siehe S. 425*).
St-Jean-Pied-de-Port-Basque Fête (*Mitte Aug, siehe S. 454*).

Herbst

In Weinbaugebieten gibt die Weinlese Anlass zu ausgelassenen Feiern. Jedes Dorf hat sein eigenes Weinfest. Im November, wenn der junge Wein fertig ist, wird erneut gefeiert. Die Jagdsaison auf Wild beginnt. Im Südwesten fängt man – zum Entsetzen aller Naturfreunde – Singvögel in Netzen.

September

Deauville American Film Festival (*1. Hälfte*).
Kathedralenfest der Picardie (*Mitte Sep*). Konzerte in den Kathedralen der Region.
»Musicades« (*1. Hälfte*), Lyon. Klassikkonzerte.
Le Puy »Roi de l'Oiseau« (*2. Woche*). Fest im Stil der Renaissance (*siehe S. 365*).
Weinlese in allen Weinregionen Frankreichs.
Journées du Patrimoine (*3. Wochenende*). Rund 14 000 historische Gebäude sind öffentlich zugänglich.

Zeremonielle Amtseinführung der Chevaliers, Hospice de Beaune (*Nov*)

Oktober

Dinard British Film Festival (*1. Woche, siehe S. 281*).
Nuit Blanche (*1. Sa*), Paris. Nacht der Museen.
Prix de l'Arc de Triomphe (*1. So*), Longchamp, Paris. Pferderennen.
Paprikafest in Espelette (*4. Wochenende, siehe S. 453*), Baskenland.
Musik in der Abbaye de Fontevraud (*siehe S. 294*).

November

Internationales Weinfest in Dijon (*1. Hälfte*). Traditionelle Gastronomiemesse.
Apfelfest (*Mitte Nov*), Le Havre.
Weinauktion und Les Trois Glorieuses (*3. Wochenende*), Beaune (*siehe S. 346*).
Trüffelsaison (*bis März*), Périgord, Quercy und Provence.

Winter

**Advents-
kranz**

Weihnachten finden traditionsgemäß in vielen Kirchen Krippenspiele statt. Überall gibt es Weihnachtsmärkte. In den Alpen und Pyrenäen, aber auch in den Vogesen und im Massif Central sind die Skipisten überfüllt. In Flandern und Nizza feiert man Karneval.

Dezember

Critérium International de la Première Neige (*Anfang Dez*), Val d'Isère. Erstes Skirennen der Saison.

Januar

Rallye Monte-Carlo (*meist Mitte Jan, siehe S. 530*).
Karneval in Limoux (*bis März*). Straßenfest mit mittelalterlichem Ursprung.
Modenschauen, Paris.

Skiläufer in den Französischen Alpen

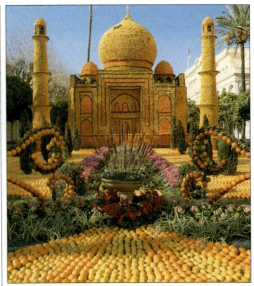

Nachbildung des Taj Mahal beim Zitronenfest in Menton (*Feb*)

Festival du Cirque (*Ende Jan*), Monaco. Internationales Zirkusfestival.
Festival de la Bande Dessinée (*letztes Wochenende*), Angoulême. Comicfestival.

Februar

Zitronenfest (*Mitte Feb – März*), Menton (*siehe S. 529*).
Karneval und Blumenschlacht in Nizza (*Ende Feb – Anfang März, siehe S. 526*).
Pariser Karneval (*variabel*), Quartier St-Fargeau.
Mimosenfest (*3. So im Feb*), Bormes-les-Mimosas.

Karneval und Blumenschlacht in Nizza (*Feb/März*)

Parade am 14. Juli unter dem Arc de Triomphe

Feiertage

Jour de l'an Neujahr (*1. Jan*)
Pâques Ostern (*März/Apr*)
Ascension Christi Himmelfahrt (*6. Do nach Ostern*)
Pentecôte Pfingsten (*2. So u. Mo nach Himmelfahrt*)
Fête du Travail (*1. Mai*)
Fête de la Victoire Siegestag (*8. Mai*)
14. Juillet Nationalfeiertag (*14. Juli*)
Assomption Mariä Himmelfahrt (*15. Aug*)
Toussaint Allerheiligen (*1. Nov*)
Armistice Waffenstillstand von 1918 (*11. Nov*)
Noël Weihnachten (*25. Dez*)

Klima

Mit seiner Lage im Westen Europas gehört Frankreich zur gemäßigten Klimazone. Im Nordwesten sind atlantische Einflüsse prägend, die vorherrschenden Westwinde bewirken feuchte, milde Winter. Im Osten sind die Winter oft frostig, zudem gibt es hier häufig auch Sommerstürme. Im Süden herrscht Mittelmeerklima: heiße, trockene Sommer und milde, manchmal aber stürmische Winter.

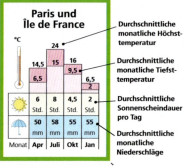

Paris und Île de France

°C			
14,5	24	16	
6,5	15	9,5	6,5
			2

6 Std.	8 Std.	4,5 Std.	2 Std.
50 mm	58 mm	55 mm	55 mm
Monat	Apr	Juli	Okt	Jan

- Durchschnittliche monatliche Höchsttemperatur
- Durchschnittliche monatliche Tiefsttemperatur
- Durchschnittliche Sonnenscheindauer pro Tag
- Durchschnittliche monatliche Niederschläge

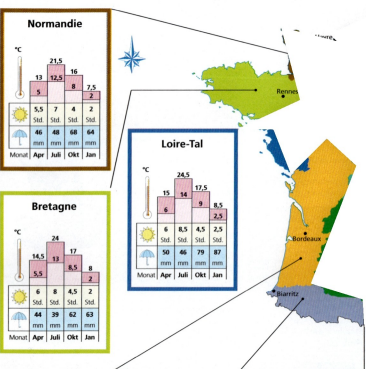

Normandie

°C			
13	21,5	16	
5	12,5	8	7,5
			2

5,5 Std.	7 Std.	4 Std.	2 Std.
46 mm	48 mm	68 mm	64 mm
Monat	Apr	Juli	Okt	Jan

Bretagne

°C			
14,5	24	17	
5,5	13	8,5	8
			2

6 Std.	8 Std.	4,5 Std.	2 Std.
44 mm	39 mm	62 mm	63 mm
Monat	Apr	Juli	Okt	Jan

Loire-Tal

°C			
15	24,5	17,5	
6	14	9	8,5
			2,5

6 Std.	8,5 Std.	4,5 Std.	2,5 Std.
50 mm	46 mm	79 mm	87 mm
Monat	Apr	Juli	Okt	Jan

Rennes

Bordeaux

Biarritz

Poitou und Aquitaine

°C			
16,5	26	19	
6,5	14,5	9	9,5
			2,5

6,5 Std.	9 Std.	5,5 Std.	2,5 Std.
72 mm	47 mm	88 mm	100 mm
Monat	Apr	Juli	Okt	Jan

Pyrenäen

°C			
15	25	19	
5	13,5	7,5	10
			0,5

5 Std.	7,5 Std.	5,5 Std.	3,5 Std.
98 mm	62 mm	78 mm	93 mm
Monat	Apr	Juli	Okt	Jan

Périgord, Quercy und Gascogne

°C			
15	27	19	
6	14,5	9	8,5
			2

6 Std.	9 Std.	4,5 Std.	2,5 Std.
60 mm	50 mm	57 mm	66 mm
Monat	Apr	Juli	Okt	Jan

Norden und Picardie

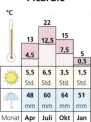

°C	Apr	Juli	Okt	Jan
Max	13	22	15	5
	4,5	12,5	7,5	0,5
☀ Std.	5,5	6,5	3,5	1,5
☂ mm	48	60	64	51
Monat	Apr	Juli	Okt	Jan

Champagne

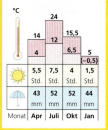

°C	Apr	Juli	Okt	Jan
Max	14	24	15,5	5
	4	12	6,5	(−0,5)
☀ Std.	5,5	7,5	4	1,5
☂ mm	43	52	52	44
Monat	Apr	Juli	Okt	Jan

Elsass und Lothringen

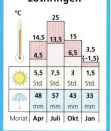

°C	Apr	Juli	Okt	Jan
Max	14,5	25	15	3,5
	4,5	13,5	6,5	(−1,5)
☀ Std.	5,5	7,5	3	1,5
☂ mm	48	57	43	33
Monat	Apr	Juli	Okt	Jan

Burgund und Franche-Comté

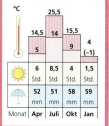

°C	Apr	Juli	Okt	Jan
Max	14,5	25,5	15,5	4
	5	14	9	(−1)
☀ Std.	6	8,5	4	1,5
☂ mm	52	51	58	59
Monat	Apr	Juli	Okt	Jan

Rhône-Tal und Französische Alpen

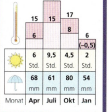

°C	Apr	Juli	Okt	Jan
Max	15	26,5	17	6
	6	15	8	(−0,5)
☀ Std.	6	9,5	4,5	2
☂ mm	68	61	80	54
Monat	Apr	Juli	Okt	Jan

Provence und Côte d'Azur

°C	Apr	Juli	Okt	Jan
Max	17	26,5	21	12,5
	10	19,5	13	5
☀ Std.	7,5	11	6,5	5
☂ mm	62	16	108	83
Monat	Apr	Juli	Okt	Jan

Massif Central

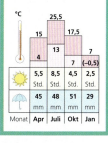

°C	Apr	Juli	Okt	Jan
Max	15	25,5	17,5	7
	4	13	7	(−0,5)
☀ Std.	5,5	8,5	4,5	2,5
☂ mm	45	48	51	29
Monat	Apr	Juli	Okt	Jan

Languedoc-Roussillon

°C	Apr	Juli	Okt	Jan
Max	17,5	28,5	20	11
	8	17	10,5	2
☀ Std.	7,5	11	6	4,5
☂ mm	55	20	110	72
Monat	Apr	Juli	Okt	Jan

Korsika

°C	Apr	Juli	Okt	Jan
Max	17,5	28,5	21,5	13,5
	8,5	18	12,5	5
☀ Std.	7	11	6,5	4,5
☂ mm	66	15	107	62
Monat	Apr	Juli	Okt	Jan

Reims · Strasbourg · Dijon · Lyon · Clermont-Ferrand · Nîmes · Nice · Bastia

Die Geschichte Frankreichs

Frankreich grenzt als einziges Land Europas sowohl an Nordsee und Atlantik als auch ans Mittelmeer. Daher war es von Anfang an einer Vielfalt kultureller Einflüsse ausgesetzt. Obwohl die bäuerliche Bevölkerung für ihre ausgeprägte Bodenständigkeit bekannt ist, war das Land bereits vor Ankunft der Gallier ein »Schmelztiegel« für Einwanderer aus dem gesamten europäischen Raum. Galliens Eroberung durch Cäsar hinterließ bleibende Spuren, obwohl Barbareneinfälle im 4. und 5. Jahrhundert einen Großteil des römischen Erbes vernichtet haben. Die folgenden Jahrhunderte regierten die Franken. Nach dem Aussterben der Linie (10. Jh.) blieb Frankreich politisch und sozial gespalten.

Fleur-de-lys, das Königswappen

Die Entstehung Frankreichs
Im Mittelalter, einer Zeit großer wirtschaftlicher und kultureller Blüte, gelang es den Kapetingern, das Land Stück um Stück zu einen. Die Pest und der Hundertjährige Krieg brachten schwere Rückschläge. Dennoch erholte sich Frankreich und erlebte trotz der Religionskriege in der Renaissance und der nachfolgenden Regierungszeit von Louis XIV einen Aufschwung. Im 18. Jahrhundert, der Zeit der Aufklärung, wurde französische Kultur zum Vorbild für ganz Europa. 1789 setzte die Revolution der Monarchie ein vorläufiges Ende und leitete einschneidende Reformen ein, von denen Napoléon viele beibehielt oder sogar fortführte. Doch die Revolution war auch der Anfang einer Periode der Instabilität bis zu de Gaulles Fünfter Republik 1958: Seit 1789 hat Frankreich fünf Republiken, zwei Kaiserreiche und die Restauration des Königtums erlebt.

Die Modernisierung im 19. und 20. Jahrhundert ging nur langsam voran. Eisenbahnbau, Militärdienst und radikale Schulreformen mussten mühsam durchgesetzt werden.

Lange Zeit stand die französische Außenpolitik im Zeichen der »Erbfeindschaft« mit Deutschland. Die Verluste im Ersten Weltkrieg waren für beide Seiten fatal. Im Zweiten Weltkrieg stand das Land 1940 bis 1944 unter deutscher Besatzung. Seit den 1950er Jahren haben sich die deutsch-französischen Beziehungen kontinuierlich gebessert. Heute bilden die beiden Länder eine stabile Achse in Europa.

Karte von Frankreich: Marmoreinlegearbeit aus dem Jahr 1684

◁ *La République* (1848) von Charles Landelle (1821–1908)

Prähistorisches Frankreich

Früheste Spuren menschlichen Lebens in Frankreich sind rund zwei Millionen Jahre alt. Prähistorische Funde ergaben, dass Homo sapiens ab etwa 40 000 v. Chr. als Jäger und Sammler durch das Land streifte. Nach der letzten Eiszeit (seit ca. 10 000 v. Chr.) vollzog sich ein Wandel in der Lebensweise: Die Menschen wurden sesshaft, hielten Haustiere und bauten Getreide an. Metallverarbeitung ermöglichte die Herstellung von Werkzeugen und Waffen. Im ersten vorchristlichen Jahrtausend kamen Kelten aus dem Osten nach Frankreich und entwickelten ein hierarchisches System, das Krieger, Bauern, Handwerker und Druiden unterschied.

Bronzezeitliche Vase, Bretagne

Frankreich um 8000 v. Chr.

☐ Frühere Küstenlinie
☐ Heutige Küstenlinie

Megalithfelder von Carnac *(4500 v. Chr.) Ob die rund 3000 in Reihen und Kreisen aufgestellten Menhire von Carnac (siehe S. 278) astronomischen oder kultischen Zwecken dienten, ist unbekannt.*

Die geschnitzten Pferdeköpfe aus den Pyrenäen stammen aus der Zeit um 9000 v. Chr.

Das Mammut, hier eine Skulptur aus Tierknochen, war ein dickhäutiger Riese, der nach der letzten Eiszeit ausstarb.

Cromagnonmensch
Der über 25 000 Jahre alte Schädel wurde 1868 bei Cro-Magnon in der Dordogne entdeckt. Verglichen mit dem Neandertaler war der Cromagnonmensch hochgewachsen, robust und hatte einen großen Kopf. Sein Aussehen dürfte schon dem unseren ähnlich gewesen sein.

Prähistorische Kunst

Erst vor gut einem Jahrhundert erkannte man das wahre Alter der französischen Höhlenfunde, die nicht nur aus Wandmalereien bestehen, sondern auch skulpturale Objekte umfassen. Die mit Feuersteinwerkzeugen hergestellten Venus-Figurinen hatten vermutlich rituelle Bedeutung.

ZEITSKALA

Darstellung von Urrindern in Lascaux

2 000 000 v. Chr.	30 000 v. Chr.	25 000	20 000
2 000 000 v. Chr. Erste frühmenschliche Gesellschaften	**30 000** Cromagnonmensch		
	400 000 Der Homo erectus entdeckt das Feuer	**28 000** Erste Venus-Figurinen, vermutlich Fruchtbarkeitsgöttinnen	*Primitives Steinwerkzeug*

Torbogen, Roquepertuse
Die Religion war bei den Kelten von großer Bedeutung. Wie dieser Torbogen (3. Jh. v. Chr.) zeigt, trieben sie mit den abgeschlagenen Köpfen (vermutlich ihrer Feinde) einen Kult.

Prähistorisches Frankreich

Die Höhlenmalereien von Lascaux im Périgord *(siehe S. 434)* zählen zu den schönsten der Welt. Weitere Höhlenzeichnungen findet man bei Les Eyzies *(siehe S. 434f)*, im Vallée des Merveilles bei Tendes, in der Alpes-Maritimes *(siehe S. 529)* und in der Grotte du Pech Merle im Lot-Tal *(siehe S. 438)*. Die Menhire bei Filitosa auf Korsika *(siehe S. 542f)* sind etwa 4000 Jahre alt.

Die Malereien *in der Grotte von Lascaux stammen von 16000–14000 v. Chr. Man sieht u. a. Urrinder und Mammuts.*

Die Beute des prähistorischen Jägers ist hier in Gestalt einer Herde von Gämsen in einen Knochen eingeritzt.

Der verzierte Knochen wurde in Laugerie Basse in der Dordogne gefunden. Er zeigt einen Mann mit Speer auf Bisonjagd.

Kupferaxt *(um 2000 v. Chr.) Vor der Erfindung der härteren und besser formbaren Bronze stellten die Menschen Werkzeuge aus Kupfer her.*

Bronzerüstung
Die Menschen der Bronze- und Eisenzeit waren kriegerisch. Sogar die Römer fürchteten sich vor den Galliern. Die Rüstung der Kelten war leicht und funktional – hier abgebildet ein Brustpanzer (750–475 v. Chr.).

Die Venus-Figurine aus Südwestfrankreich wurde um 20 000 v. Chr. aus einem Mammutstoßzahn hergestellt.

15 000 Jäger leben von der Jagd auf Mammuts, Nashörner und Rentiere. Die Wandmalereien und Ritzzeichnungen in den Höhlen von Lascaux und Val Camonica/Mont Bego entstehen	**7000–4500** Neolithische »Revolution«: Ackerbau, Megalithfelder und Menhirgruppen	**600** Griechische Kolonie bei Marseille. Mediterrane Luxusgüter werden gegen Metalle und Sklaven eingetauscht. Erste städtische Siedlungen
15 000	**10 000**	**5000**
10 000 Ende der Eiszeit; weite Landstriche werden bewohnbar	**1200–700** Ankunft der Kelten während der Bronze- und Eisenzeit	
10 000–6000 Das Mammut stirbt aus. Der Mensch jagt Waldtiere wie Bären und Auerochsen	**500** Keltische Adlige begraben ihre Toten mit Reichtümern wie dem Schatz von Vix *(siehe S. 334)*	

Keltischer Helm

Römisches Gallien

Zwischen 125 und 121 v. Chr. hatten die Römer den südlichsten Teil von Frankreich annektiert. In den Gallischen Kriegen (58–51 v. Chr.) brachte Cäsar dann den Rest des Landes in römische Hand. Die Provinz Gallien blühte auf: Es entstanden Städte mit öffentlichen Gebäuden und Vergnügungszentren wie Thermen und Amphitheater. Auf dem Land wurden große Häuser errichtet. Im 3. Jahrhundert n. Chr.

Römisches Mosaik aus Vienne

mehrten sich die Einfälle von »Barbaren«. Ab dem 5. Jahrhundert siedelten sich germanische Stämme in ganz Gallien an.

Frankreich um 58 v. Chr.

☐ *Römisches Gallien*

Kaiser Augustus wurde an diesem Altar als lebende Gottheit verehrt.

Römisches Dolce Vita
Die Römer brachten Luxus und Komfort nach Gallien und sorgten für die Verbreitung des Weinbaus. Dieses Gemälde von Couture zeigt, wie man sich im 19. Jahrhundert römische Dekadenz vorstellte.

Vercingétorix
Der König der gallischen Averner war Cäsars hartnäckigster militärischer Gegner. Diese Bronzestatue steht in Alise-Sainte-Reine (siehe S. 334), wo sich Vercingétorix dem römischen Feldherrn ergab.

La Turbie
Das Monument bei Monaco ließ der römische Senat 6 v. Chr. errichten – zur Erinnerung an den Sieg, den Augustus 14/13 v. Chr. über die Alpenstämme errang. Die Ruine wurde wegen der Steine geplündert und nach 1920 wiederaufgebaut.

ZEITSKALA

125–121 v. Chr. Rom erobert Südgallien

31 v. Chr. Augustus teilt die gallischen Provinzen ein: *Gallia Celtica, Gallia Aquitania* und *Gallia Belgica*

Kaiser Augustus

200 v. Chr.	100 v. Chr.	0	100 n. Chr.

58–51 v. Chr. Cäsars Gallische Kriege führen zur Entstehung des römischen Gallien

Julius Cäsar

16 v. Chr. In Nîmes wird die Maison Carrée errichtet *(siehe S. 496f)*

52/51 v. Chr. Aufstand unter Vercingétorix

43 n. Chr. Lugdunum (Lyon) wird Hauptstadt der drei gallischen Provinzen

Tanzendes Mädchen

Unbeeinflusst vom römischen »Naturalismus« lebte die keltische Kunst lange Zeit fort. Diese Bronzestatuette einer jungen Frau stammt aus dem 1. oder 2. Jahrhundert n.Chr.

Eine Augustusstatue krönte einst das Bauwerk.

Gallo-römisches Frankreich

Auf gallo-römische Reste stößt man überall, vor allem in der Provence. Außer in La Turbie *(siehe S. 529)* gibt es ein Amphitheater in Arles *(siehe S. 508f)* und ein Theater sowie einen Triumphbogen in Orange *(siehe S. 502)*. Sehenswert sind zudem die Ruinen in Autun in Burgund *(siehe S. 339)*, der Temple d'Auguste et Livie in Vienne *(siehe S. 382)*, Les Arènes in Nîmes *(siehe S. 496f)* und die Reste Vesunnas in Périgueux *(siehe S. 431)*.

Les Arènes in Nîmes *(um 100 n.Chr.) werden heute noch genutzt.*

Emailbrosche
Die gallo-römische Brosche stammt aus der zweiten Hälfte des 1. Jahrhunderts v.Chr.

Claudius-Tafeln
48 n.Chr. überredete Kaiser Claudius den Senat, den Galliern das römische Bürgerrecht zu gewähren. Die Gallier verzeichneten dies dankbar auf Steintafeln, die bei Lyon gefunden wurden.

Die Namen der 44 Stämme, die Augustus unterwarf, sind mit einer Widmung an den Kaiser hier eingemeißelt.

Kaiser Augustus
Augustus, der erste römische Kaiser (27 v.Chr.– 14 n.Chr.), wahrte die Pax Romana. Dieser Frieden erlaubte es den Galliern, sich ihrer Kultur zu besinnen.

177 n.Chr. Hinrichtung christlicher Märtyrer in Lyon. Die hl. Blandine wird den Löwen vorgeworfen, die sie nicht anrühren

Hl. Blandine

360 Der gallische Präfekt Julian wird römischer Kaiser. Lutetia nennt sich jetzt Paris

| **200** | **300** | **400** |

275 Erste Barbareneinfälle

313 Unter Kaiser Konstantin, dem ersten christlichen Kaiser, wird das Christentum Staatsreligion

406 Einfälle von »Barbaren« aus dem Osten. Franken und germanische Stämme siedeln auf gallischem Boden

476 Der Sturz des letzten römischen Kaisers führt zum Untergang des Weströmischen Reichs

Das Reich der Kirche

Der Untergang des Römischen Reichs wurde von Instabilität und Vandalen-einfällen begleitet. Weder die fränkischen Merowinger (486–751) noch die Karolinger (751–987) konnten dauerhaften Frieden sichern. Inmitten dieser politischen Unruhen bot die Kirche einen Hort der Ruhe und Kontinuität. Als geistiges Zentrum christlicher Gelehrter und Künstler trugen die Klöster dazu bei, die Werte des klassischen Altertums fortzuführen. Sie förderten landwirtschaftliche Neuerungen und den Weinbau. Einige wurden mächtig und beherrschten das Land.

Goldener Kelch (9. Jh.)

Frankreich im Jahr 751

☐ Karolinger-Reich

Ställe, darüber die Quartiere der Laienbrüder

Karl der Große *(ca. 747–814) Der größte Karolinger schuf ein Reich, das auf streng autokratischer Herrschaft basierte. Er besaß fast grenzenlose Macht, konnte aber weder lesen noch schreiben.*

Bäckerei

Der große Krankensaal fasste bis zu 100 Patienten. Daneben lag die Marienkapelle.

Kloster Cluny

Die 910 vom Herzog von Aquitanien gegründete Benediktinerabtei Cluny *(siehe S. 345)* wurde Ausgangspunkt einer bedeutenden Klosterreform. Als Zentralinstanz hatte Cluny (hier eine Rekonstruktion nach Conant) großen Einfluss auf Klöster in ganz Europa.

Hl. Benedikt
Er stellte die Benediktinerregel auf: Mönche sollten ihre Zeit in Arbeit und Gebet einteilen.

ZEITSKALA

481 Der Franke Chlodwig wird erster Merowingerkönig

508 Paris wird Hauptstadt des Frankenreichs

um 590 Der hl. Kolumban, ein irisch-schottischer Wandermönch, gründet in Frankreich mehrere Klöster

732 Schlacht von Poitiers: Karl Martell schlägt die Araber und verhindert ein Vordringen des Islam

| 500 | 600 | 700 |

496 Der Frankenkönig Chlodwig konvertiert zum Christentum

629–637 Von Paris aus eint Dagobert I., der letzte einflussreiche Herrscher der Dynastie der Merowinger, das fränkische Großreich

Dagobert I.

751 Pippin III. wird erster König der Karolinger

Chlodwigs Taufe
Der fränkische König Chlodwig konvertierte als erster »Barbaren-herrscher« zum Christentum. 496 ließ er sich in Reims taufen.

Die Abteikirche (Baubeginn 1088) war bis zum Bau der Peterskirche in Rom (16. Jh.) das größte Gotteshaus Europas.

Friedhofs-kapelle

Klösterliches Frankreich

Das Reich der Kirche hat in den schlichten Zister-zienserabteien Burgunds, etwa in Fontenay, überlebt *(siehe S. 332f).* Von Cluny ist außer den schönen Kapitellen wenig erhalten *(siehe S. 345).* Wer das klös-terliche Frankreich kennenlernen will, folgt am besten dem mittelalterlichen Pilger-weg Richtung Santiago de Compostela *(siehe S. 400f),* der an Klöstern wie Vézelay *(siehe S. 336f),* Le Puy *(siehe S. 364f),* Conques *(siehe S. 368f),* Mois-sac *(siehe S. 442f)* und St-Sernin in Toulouse *(siehe S. 446f)* vorbeiführt.

Kapitell in Cluny

Klösterliche Kunst
Im Skriptorium (Kloster-schreibstube) kopierten und illustrierten begabte Mönche Manuskripte für die Kloster-bibliothek.

Klösterliche Arbeit
Die Mönche des Zisterzienser-ordens durften körperliche Ar-beit nicht scheuen. Sie betrieben Landwirtschaft, bauten Wein an und brannten Schnaps.

1096 Erster Kreuzzug

Karolingische Soldaten

987 Hugues Capet, erster Herrscher der Kapetinger

1066 Die Normannen erobern England

| 800 | 900 | 1000 |

843 Vertrag von Verdun: Das Frankenreich wird in Frankreich, Deutschland und Lothringen aufgeteilt

910 Gründung des Benedikti-nerklosters Cluny

1077 Teppich von Bayeux

Wilhelm der Eroberer auf dem Teppich von Bayeux

800 Karl der Große wird zum Kaiser des Heiligen Römischen Reichs gekrönt

Frankreich zur Zeit der Gotik

Der gotische Baustil mit seinen mächtigen Kathedralen *(siehe S. 32f)* entstand im 12. Jahrhundert – der Zeit der Kreuzzüge, wachsenden Wohlstands und einer erstarkenden Monarchie. Die rivalisierenden Königshöfe von Frankreich und Burgund *(siehe S. 343)* wurden, was Mode und Etikette betraf, beispielgebend für Europa. In *chansons de geste* besangen Troubadoure die Ritterlichkeit.

Mittelalterliche Ritter im Kampf

Frankreich im Jahr 1270

☐ *Königliche Besitztümer*

☐ *Andere Lehen*

Ziborium von Alpais

Alpais, ein berühmter Goldschmied (12. Jh.) aus Limoges, fertigte den Kelch, in dem die geweihten Hostien aufbewahrt wurden.

Winde zum Hochziehen der Steinblöcke

Höfische Liebe

Ritterliche Tugendlehre und Standesethos verlangten, dass der Ritter seine Dienste einer angebeteten, aber unerreichbaren Dame antrug. So entstand die höfische Dichtung.

Der König überwachte in Begleitung eines Architekten persönlich den Bau der Kathedrale.

Tuchhändlerfenster

Vom Wohlstand profitierten auch Tuchmacher und -händler. Dieses Bleiglasfenster in der Kirche von Semur-en-Auxois (siehe S. 335) zeigt Wollwäscher.

ZEITSKALA

um 1100 Erste Fassung des Heldenepos *Rolandslied*

1117 Heimliche Heirat zwischen dem Gelehrten Abelard und seiner Schülerin Héloise. Ihr Onkel, der Kanoniker Filibert, verweigert die Zustimmung und zwingt beide in ein Kloster

1154 Heinrich Plantagenet, Graf von Anjou und König von England (Henry II), gründet das Angevinische Reich

1100	1125	1150	1175

1115 Der hl. Bernhard gründet die Zisterzienserabtei Clairvaux

1120 Wiederaufbau der Abtei von St-Denis. Beginn des gotischen Baustils

König Philippe II Auguste, der das Emblem Fleur-de-lys einführte

1180–1223 Regierungszeit von Philippe II Auguste

Kreuzzüge
Um das Heilige Land von den Türken zurückzugewinnen, begannen Philippe II Auguste von Frankreich, Richard Löwenherz und Friedrich Barbarossa 1189 den dritten Kreuzzug.

Éléonore d'Aquitaine
Éléonore, die willensstarke Herzogin des unabhängigen Aquitanien, trug nicht unwesentlich zum französisch-englischen Konflikt bei. 1137 heiratete sie den frommen Louis VII von Frankreich. Als dieser von einem Kreuzzug zurückkehrte, kam es zur Trennung. Nachdem die Ehe 1152 annulliert worden war, heiratete Éléonore Henri d'Anjou, der zwei Jahre später erfolgreich Anspruch auf den englischen Thron erhob. Aquitanien wurde englisch, es entstand das Angevinische Reich.

Éléonore *und Henry II sind in Fontevraud (S. 294) begraben.*

Zum Schmuck gotischer Kathedralen trug die spitzenartige Ornamentik bei.

Steinmetze bearbeiteten die Steine vor Ort.

Hl. Bernhard (1090–1153)
Bernhard von Clairvaux, Berater des Papstes, predigte rigorose Einfachheit im Lebenswandel.

Reliquien
Jede größere mittelalterliche Kirche konnte mit mindestens einer Reliquie aufwarten. Der Reliquienkult brachte Pilger und damit Reichtum.

Kathedralenbau
In blühenden Handelsstädten wie Chartres *(siehe S. 308–311)* und Amiens *(S. 202f)* errichteten Steinmetze mächtige gotische Kathedralen, deren erstaunliche Höhe und lichte Helligkeit Zeichen von Gläubigkeit und Wohlstand waren.

Louis IX auf dem Totenbett

1226 Louis IX wird König

1270 Louis IX stirbt während des achten Kreuzzugs in Tunis

1305 Das Papsttum richtet sich in Avignon ein

1200	1225	1250	1275	1300

1214 Schlacht von Bouvines. Philippe II Auguste beginnt, die Engländer aus Frankreich zu vertreiben

1259 England verliert die Normandie, Maine, Anjou und Poitou an Frankreich

1285 Philippe IV le Bel wird König

1297 Louis IX wird heiliggesprochen (Saint Louis)

Hundertjähriger Krieg

Der Hundertjährige Krieg (1337–1453), den England und Frankreich um französische Gebiete führten, hatte verheerende Auswirkungen. Hungersnöte und Pestepidemien verschlimmerten das Elend. Einige Zeit sah es so aus, als würden der englische König und der Herzog von Burgund Frankreich unter sich aufteilen. Dann trat 1429/30 die junge Jeanne d'Arc auf den Plan. Mit ihr wendete sich das Schicksal Frankreichs – binnen einer Generation waren die Engländer vertrieben.

Öffentliche Hinrichtung, Abbildung in Froissarts Chronik (14. Jh.)

Frankreich im Jahr 1429

☐ *Frankreich*
☐ *Englisches Burgund*

Engel mit Trompeten kündigen das Jüngste Gericht an.

Soldaten
Nur die Aussicht auf Plünderungen trieb viele Männer in den Kriegsdienst. Französische wie englische Soldaten lebten auf Kosten der Zivilbevölkerung.

Die Seligen, die erlöst aus ihren Gräbern auferstehen, werden in den Himmel geführt.

Der schwarze Tod
1348–52 tötete die Pest vier bis fünf Millionen Menschen – rund ein Viertel der französischen Bevölkerung. Es gab kein Heilmittel, nur den Glauben an Gebet und Prozessionen.

ZEITSKALA

1346 Schlacht von Crécy, Sieg der Briten

1356 Niederlage Frankreichs in der Schlacht bei Poitiers

1328 Philippe VI, erster Monarch aus dem Haus Valois

Flammenwerfer (14. Jh.)

1325　　　　**1350**　　　　**1375**

1337 Beginn des Hundertjährigen Kriegs

Opfer der Pest

1348–52 Pestepidemie

1358 Aufstand der Bürger in Paris unter Étienne Marcel. Bauernaufstand in Nordfrankreich

Mittelalterliche Medizin

Für die Zustände auf der Erde (also auch für die Pest) machte man gemeinhin den Lauf der Gestirne verantwortlich. Viele Diagnosen beruhten auf einer astrologischen Deutung. Als wichtigstes Allheilmittel galt der Aderlass.

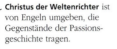

Englische Bogenschützen

Die Königstruppen kämpften gegen England, doch die französischen Herzogtümer unterstützten jeweils die Seite, die ihnen mehr Vorteile versprach. In den Schlachten brachten die Langbogen der englischen Bogenschützen die französische Kavallerie in Bedrängnis.

Christus der Weltenrichter ist von Engeln umgeben, die Gegenstände der Passionsgeschichte tragen.

Erzengel Michael, hier mit Flügeln aus Pfauenfedern, hält die Seelenwaage. Die Sünder wiegen deutlich schwerer als die Gerechten.

Johannes der Täufer ist hier in Begleitung der zwölf Apostel und der Jungfrau Maria (in blauem Kleid) zu sehen.

Die Verdammten, deren Gesichter stark verzerrt sind, kommen in die Hölle.

Das Jüngste Gericht

Krieg, Pest und Hungersnöte ließen viele Menschen glauben, das Ende der Welt sei nahe. Geistliche Gemälde wie dieses herrliche Polyptychon (15. Jh.), das Rogier van der Weyden für das Hôtel-Dieu in Beaune *(siehe S. 346f)* malte, spiegeln die Moral der Zeit wider.

Ketzertum

Die allgemeine Furcht zeigte sich in antisemitischen Pogromen und Angriffen auf angebliche Ketzer, die man auf dem Scheiterhaufen verbrannte.

1415 Schlacht von Agincourt. Henry V von England schlägt die Franzosen

1429 Jeanne d'Arc greift ein: Charles VII wird König

1453 Ende des Hundertjährigen Kriegs. Nur Calais bleibt in englischem Besitz

| 1400 | 1425 | 1450 |

1411 *Les Très Riches Heures du Duc de Berry*, Stundenbuch von Paul und Jean de Limbourg *(siehe S. 204)*

1419 Charles VI von Frankreich ernennt Henry V von England zu seinem Erben

1431 Jeanne d'Arc wird von den Engländern als Hexe verbrannt

Jeanne d'Arc

Französische Renaissance

Als Folge der französischen Eroberung Italiens (1494) gelangten die Ideen der italienischen Renaissance nach Frankreich, wo sie sich unter François I entfalteten. Als Kind der Renaissance war François nicht nur belesen und in den Künsten bewandert, sondern auch an Sport und Krieg interessiert. Er lud Künstler wie Leonardo da Vinci und Cellini an den Hof und schätzte Rabelais' Satiren. Enormen Einfluss übte die Witwe von Henri II aus, die Italienerin Katharina von Medici (1519–1589), die Frankreich durch ihre Söhne François II, Charles IX und Henri III mitregierte. Sie war in den Religionskriegen (1562–93) eine Drahtzieherin zwischen Katholiken und Protestanten.

Maskierter Lautenspieler

Frankreich im Jahr 1527

☐ *Königliche Besitztümer*
☐ *Andere Lehen*

Die Ecktürme sind gotische Bauelemente, die eine rein dekorative Rolle spielen.

Galerie François I, Fontainebleau
Die Künstler von Fontainebleau verbanden italienische Spätrenaissance mit französischen Stilelementen.

Graue Eminenz
Katharina von Medici bestimmte 1559–89 die französische Politik.

Azay-le-Rideau
Das Loire-Schloss wurde 1518 begonnen *(siehe S. 296).* Der italienische Einfluss ist ebenso erkennbar wie die Tatsache, dass es als Wohnbau, nicht als Burg gedacht war.

ZEITSKALA

1470 Erste Druckerpressen in Frankreich

Leonardo da Vincis Entwurf für ein Luftkissenfahrzeug

1519 Leonardo da Vinci stirbt in den Armen François' I am französischen Hof in Amboise

1536 Calvins *Christianae religionis institutio* wird die Grundlage des reformierten Glaubens

1470	1480	1490	1500	1510	1520	1530

1477 Endgültige Niederlage der Herzöge von Burgund, die ein eigenes Reich zwischen Frankreich und Deutschland angestrebt hatten

1494–1559 Frankreich und Österreich kämpfen in den Italienischen Kriegen um Besitztümer in Italien

1515 François I besteigt den Thron

Goldmünze mit der Fleur-de-lys und dem Salamander François' I

Goldene Duftkugel
Während der Pest trugen vornehme Leute mit Gewürzen und Kräutern (z.B. Zimt und Amber) gefüllte Duftkugeln bei sich, um die »krank machende« Luft zu vertreiben.

Französische Renaissance

In Paris stammen viele Kirchen und die eindrucksvolle Place des Vosges *(siehe S. 91)* aus der Zeit der Renaissance. Gleiches gilt für zahllose Schlösser an der Loire und in Burgund. Die schönsten sind Chenonceau *(siehe S. 298f)* und Tanlay *(siehe S. 331)*. Salers *(siehe S. 363)* ist ein gut erhaltenes Renaissance-Städtchen. Das Zentrum von Toulouse *(siehe S. 446f)* besitzt elegante Renaissance-Palais.

Die Treppe ist nach italienischem Vorbild gerade gebaut – zur Zeit der Wendeltreppen eine Neuerung.

Ballsaal mit flämischen Wandteppichen

Dieser Kamin ziert das Zimmer François' I im Château de Chenonceau.

Roter Saal

François I und Italien
François I – hier beim Empfang von Raffaels Gemälde Die Heilige Familie *(1518) – sammelte in Fontainebleau Kunstwerke italienischer Meister. Seine Lieblingsmaler waren Michelangelo, Leonardo da Vinci und Tizian.*

Neues Frankreich
Cartiers Expedition nach Kanada (1534) markiert den Beginn des Expansionsdrangs und der Suche nach Kolonien (siehe S. 282).

1559 Der Vertrag von Cateau-Cambrésis beendet die Italienischen Kriege

1572 Bartholomäusnacht in Paris: Tausende von Hugenotten werden hingerichtet

1589 Ermordung Henris III. Der Hugenotte Henri IV wird erster Bourbonenkönig

1598 Das Edikt von Nantes gewährt Protestanten bedingte Religionsfreiheit

1608 Gründung von Quebec

1540	1550	1560	1570	1580	1590	1600

1539 Mit dem Edikt von Villers-Cotterêts wird Französisch offizielle Landessprache

1562 Beginn der Religionskriege zwischen Katholiken und Protestanten (Hugenotten)

Bartholomäusnacht in Paris

1593 Henri IV konvertiert zum katholischen Glauben und beendet die Religionskriege

Le Grand Siècle

Frankreich im Jahr 1661

☐ Königreich Frankreich
☐ Avignon (päpstliche Enklave)

Emblem des Sonnenkönigs

Mit dem Ende der Religionskriege begann für Frankreich eine Epoche außerordentlicher Macht. Die Kardinäle Richelieu und Mazarin ebneten der absoluten Monarchie Louis' XIV den Weg. Parallel zur politischen Entwicklung gelangten auch die Künste zu nie gekanntem Glanz: Es entstanden pompöse Barockbauten, die Theaterstücke von Molière und Racine sowie die Musik von Lully. Versailles (siehe S. 174–177) wurde der prächtigste Palast Europas. Doch die Baukosten und die schier endlosen Kriege des Königs belasteten die Staatskasse. Gegen Ende seiner Regierungszeit stand das Land vor dem Bankrott.

Molière *(1622–1673)*
Der Schauspieler und Dramatiker Molière führte am Hof Louis' XIV viele Stücke auf. Manche Satiren wurden verboten. Nach seinem Tod entwickelte sich aus seiner Truppe das französische Staatstheater, die Comédie Française.

Madame (die Gattin von Monsieur) als Flora

Monsieur, der Bruder des Königs

Madame de Maintenon
Nach dem Tod seiner ersten Frau Marie-Thérèse heiratete der König 1648 heimlich seine Mätresse Mme de Maintenon, die damals bereits 49 Jahre alt war.

Der Sonnenkönig mit Familie
Louis XIV, der sich für einen König von Gottes Gnaden hielt, beauftragte 1665 seinen Hofmaler Jean Nocret mit der Ausführung dieser Allegorie, die den König im Kreis seiner Familie als Sonnengott Apollon zeigt.

ZEITSKALA

Kardinal Richelieu

1610–17 Maria von Medici regiert für Louis XIII

1624 Kardinal Richelieu wird leitender Minister

1634 Gründung der Académie Française

1642/43 Tod von Louis XIII und Kardinal Richelieu. Thronfolger wird Louis XIV; Mazarin leitet die Staatsgeschäfte

1610	1620	1630	1640	1650

1617 Louis XIII besteigt mit 17 Jahren den Thron

1631 Gründung von *La Gazette*, der ersten Zeitung Frankreichs

1637 Descartes' Abhandlung über die Methode

1635 Durch Richelieu wird Frankreich in den Dreißigjährigen Krieg verwickelt

1648–52 La Fronde: Bürgerkrieg in Frankreich

Das Stundenbuch Louis' XIV

Nach freizügiger Jugend wurde Louis später immer religiöser. Sein Stundenbuch (1688–93) befindet sich im Musée Condé (siehe S. 205).

Königliche Hochzeit

Louis XIII und Anna von Österreich heirateten 1615. Nach dem Tod Louis' regierte Anna im Namen des jungen Louis XIV mithilfe von Kardinal Mazarin.

Louis XIV als Apollon

Anna von Österreich als Kybele

Barocke Figurine

Königlicher Glanz spiegelte sich auch in der Kunst wider. Die Christusfigur aus Jaspis steht auf einem reich verzierten Sockel.

Architektur des Grand Siècle

Paris ist reich an imposanten Bauten des »Großen Jahrhunderts« wie dem Hôtel des Invalides *(siehe S. 114)*, dem Dôme *(siehe S. 115)* und dem Palais du Luxembourg *(siehe S. 126f)*, doch das Schloss von Versailles *(siehe S. 174–177)* übertrifft sie alle. An die glanzvolle Zeit erinnern auch das Palais Lascaris in Nizza *(siehe S. 526)* und die Corderie Royale in Rochefort *(siehe S. 417)*. Etwa zur selben Zeit begann der Festungsbaumeister Vauban mächtige Zitadellen zu errichten, z. B. die Festung in Neuf-Brisach *(siehe S. 226f)*.

Versailles' Räumlichkeiten sind typisch barock.

Der Dauphin, der Sohn des Königs

Königin Marie-Thérèse als Juno

Grande Mademoiselle, die Cousine des Königs, als Diana

Der Dramatiker Jean Racine (1639–1699)

1680 Gründung des Staatstheaters Comédie Française

1661 Mazarin stirbt; Louis XIV herrscht allein

1685 Aufhebung des Edikts von Nantes (1598): erneute Verfolgung der Hugenotten

1709 Letzte große Hungersnot in der Geschichte Frankreichs

1660	1670	1680	1690	1700

1662 Finanzminister Colbert reformiert Wirtschaft und Finanzen (Merkantilismus)

1682 Der französische Hof zieht nach Versailles

1689 Beginn der Kriege Louis' XIV

1686 Eröffnung des Café Le Procope, des ersten Cafés in Paris

Kanone (17. Jh.)

Aufklärung und Revolution

Im 18. Jahrhundert stellten Philosophen der Aufklärung wie Voltaire und Rousseau aristokratische und kirchliche Autorität infrage. Ihre Essays fanden in ganz Europa und in den Kolonien Verbreitung. Obwohl Frankreich nicht nur Ideen, sondern auch materielle Güter exportierte, wuchsen die Staatsschulden ins Unermessliche. Soziale Unruhen folgten und gipfelten im Jahr 1789 in der Revolution. Unter dem Motto »Liberté, Égalité, Fraternité« breiteten sich die Reformen der jungen Republik in anderen Teilen Europas aus.

Teller mit der Hinrichtung von Louis XVI

Frankreich im Jahr 1789

☐ *Königreich Frankreich*

☐ *Avignon (päpstliche Enklave)*

Voltaire (1694–1778)
Der Meister der Satire schrieb Essays und den Roman Candide. *Seine Kritik zwang ihn zeitweise ins ausländische Exil.*

National-versammlung

Jakobinerclub

Die Guillotine
Die Erfindung wurde 1792 als humane Alternative zu anderen Formen der Bestrafung von Kapitalverbrechen eingeführt. Zuvor war gefoltert worden.

Auf der Place de la Révolution (siehe S. 98) wurde Louis XVI 1793 hingerichtet.

Tuileries

Das Café Le Procope war das Stammlokal von Voltaire und Rousseau.

Palais Royal
Die Privatresidenz des Herzogs von Orléans (siehe S. 99) wurde 1789 Zentrum der Revolutionsbewegung. Hier standen auch mehrere Druckerpressen.

ZEITSKALA

1715 Nach dem Tod Louis' XIV besteigt Louis XV den Thron

1743–64 Mme de Pompadour, die Mätresse Louis' XV, nutzt ihren Einfluss bei Hof dazu, Künstler und Philosophen zu fördern

1715	1725	1735	1745	1755

1720 Letzte Pestepidemie in Frankreich; besonders betroffen ist Marseille

Schutztracht der Ärzte während der Pest

1751 Veröffentlichung des ersten Bands von Diderots *Enzyklopädie*

1756–63 Siebenjähriger Krieg: Frankreich verliert Kanada und andere koloniale Besitztümer

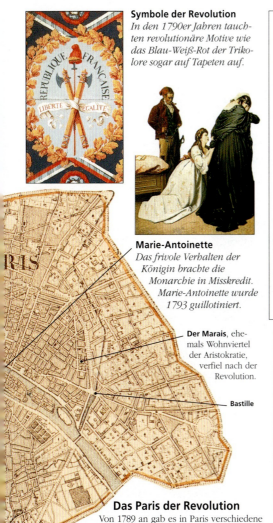

Symbole der Revolution
In den 1790er Jahren tauchten revolutionäre Motive wie das Blau-Weiß-Rot der Trikolore sogar auf Tapeten auf.

Marie-Antoinette
Das frivole Verhalten der Königin brachte die Monarchie in Misskredit. Marie-Antoinette wurde 1793 guillotiniert.

Der Marais, ehemals Wohnviertel der Aristokratie, verfiel nach der Revolution.

Bastille

Das Paris der Revolution
Von 1789 an gab es in Paris verschiedene politische Clubs, etwa den der linken Jakobiner, sowie viele revolutionäre Zeitungen. Bald waren überall die Klänge der »Marseillaise«, des Revolutionslieds, zu hören.

Frankreich im 18. Jahrhundert
Das Palais de l'Élysée von 1718 *(siehe S. 108)* ist ein Paradebeispiel für die Pariser Architektur im 18. Jahrhundert. Sehenswert sind auch die Saline Royale in Arc-et-Senans *(siehe S. 350)*, das Grand Théâtre in Bordeaux *(siehe S. 422)*, die eleganten Palais in Condom *(siehe S. 440)* und die Kaufmannshäuser in Ciboure *(siehe S. 453)*. Das Château de Laàs in Sauveterre-de-Béarn birgt prachtvolle Möbel und Kunstschätze *(siehe S. 454)*.

Das Grand Théâtre *in Bordeaux ist ein imposantes Beispiel für den eleganten Baustil der Zeit.*

Revolutionskalender
Die neue Zeitrechnung richtete sich nach Ereignissen des Jahres. Diese Radierung zeigt den Erntemonat Messidor.

1768 Annexion von Korsika

1789 Sturm auf die Bastille und Errichtung einer konstitutionellen Monarchie. Ende der Feudalordnung

1783 Erster Ballonflug der Gebrüder Montgolfier

Modell der Bastille

1765	1775	1785	1795

1774 Louis XVI wird König

Wahlkarte für den Nationalkonvent

1794 Sturz von Robespierre; Ende der Schreckensherrschaft

1762 Rousseaus *Émile* und *Du contrat social*

1778–83 Frankreich unterstützt im Amerikanischen Unabhängigkeitskrieg die 13 Kolonien

1792 Louis XVI wird gestürzt; Errichtung der Ersten Republik

Napoleonisches Frankreich

Légion d'Honneur

Zwei Generationen Napoléons beherrschten Frankreich von 1800 bis 1870. Napoléon Bonaparte krönte sich 1804 zum Kaiser Napoléon I. Er dehnte sein Reich über fast ganz Westeuropa aus und setzte seine Geschwister auf die Throne der eroberten Staaten. 1814 musste er abdanken, doch im Anschluss an die Restauration der Bourbonen, die Revolution von 1830 und die Julimonarchie kehrte die Familie 1848 in die Politik zurück. Louis Napoléon (der Neffe Napoléons I) wurde Präsident der Zweiten Republik und nannte sich später Kaiser Napoléon III. Unter seiner Regierung wandelte sich Paris zur modernen Metropole. Die Industrialisierung Frankreichs begann.

Europa im Jahr 1812

- *Napoleonischer Einfluss*
- *Abhängige Staaten*

Der Lorbeerkranz, die Krone der römischen Kaiser

Napoléon, der Erste Konsul, wird von Chronos, dem Gott der Zeit, gekrönt.

Musée du Louvre
Der Louvre (1792 eröffnet) gelangte erst unter Napoléon zu voller Blüte. Er kümmerte sich um Neuanschaffungen und die Organisation des Museums.

Die Trikolore (Revolutionsflagge) war landesweit zu sehen.

Kaiserliche Insignien
Napoléon I schuf eine neue Aristokratie, der auch eigene Wappen erlaubt waren. Doch nur sein eigenes trug eine Krone. Der Adler wurde 1800 als kaiserliches Symbol aufgenommen.

Orden der Légion d'Honneur

ZEITSKALA

1804 Kaiserkrönung Napoléons; Einführung des *Code civil* (Zivilgesetzbuch)

1800 Gründung der Bank von Frankreich

Joséphines Bett in Malmaison

1809 Scheidung Napoléons von Joséphine. Sie behält das Château Malmaison

1814 Napoléon wird von den Alliierten (England, Russland, Österreich und Preußen) geschlagen und in die Verbannung nach Elba geschickt

1800	1810	1820

1802 Der Vertrag von Amiens bringt vorläufig Frieden

1802 Gründung der Légion d'Honneur (Ehrenlegion)

1806 Baubeginn des Arc de Triomphe

1803 Erneute Kriege zur Schaffung des napoleonischen Reichs

1815 ›Herrschaft der hundert Tage‹: Napoléon kehrt aus Elba zurück, wird bei Waterloo geschlagen und nach Sankt Helena verbannt

Julirevolution
Dreitägige blutige Straßenkämpfe beenden im Juli 1830 die Bourbonenherrschaft.

Die Napoléons
Das Fantasie-Gruppenporträt zeigt Napoléon I (sitzend), seinen Sohn »Napoléon II«, der nie regierte (rechts), und Napoléons Neffen (Napoléon III) sowie dessen Sohn.

Der Code civil von Napoléon ist hier als Tafel abgebildet.

Napoléon als Feldherr
Napoléon, der schon Ende der 1790er Jahre militärische Siege errang, blieb Zeit seines Lebens ein großer Feldherr.

Empire-Mode

In Architektur, Mobiliar, Design und Mode kamen antike Formen auf. Die Frauen trugen klassische Tuniken, die oft eine Schulter – oder mehr – unbedeckt ließen. David und Gérard waren die beliebtesten Porträtmaler der Zeit, Delacroix und Géricault schufen romantische Meisterwerke.

Madame Récamier *unterhielt einen bekannten Salon und war für ihre Schönheit und ihren Geist berühmt.*

Ruhm und Ehre
Obwohl er als Revolutionär begann, entwickelte Napoléon eine Vorliebe für kaiserlichen Pomp. Doch er setzte auch Reformen durch, so den *Code civil* und ein neues Schulsystem, und gründete die Bank von Frankreich.

1832 Beginn einer Cholera-Epidemie

1838 Daguerre macht fotografische Versuche

1848 Revolution von 1848: Ende der Julimonarchie und Errichtung der Zweiten Republik

1851 Staatsstreich Louis Napoléons

1852 Louis Napoléon wird zum Kaiser Napoléon III gekrönt

| 1830 | 1840 | 1850 | 1860 |

1830 Julirevolution: Der Bourbone Charles X wird vom ·Julikönig· Louis-Philippe abgelöst

1840 Eisenbahnbau

Zug auf der Strecke Paris–St-Germain

1853 Haussmann modernisiert Paris

1857 Baudelaire *(Die Blumen des Bösen)* und Flaubert *(Madame Bovary)* sind wegen Gefährdung der öffentlichen Moral angeklagt

1859/60 Annexion von Nizza und Savoyen

Belle Époque

Jugendstil-Vase von Lalique

Die Jahrzehnte vor dem Ersten Weltkrieg sind als Belle Époque bekannt, als eine Art Goldenes Zeitalter. Doch auch diese Ära war von politischen Unruhen geprägt: Arbeiteraufstände, die sozialistische Bewegung und die Dreyfus-Affäre spalteten das Land in Linke und antisemitische Rechte. Erfindungen wie Elektrizität und Impfungen erleichterten den Menschen das Leben.

Auch die Kunst erreichte mit Impressionismus und Jugendstil (Art nouveau), den realistischen Romanen Gustave Flauberts und Émile Zolas, mit Cabaretrevuen und Cancan sowie mit der Geburt des Kinos (1895) eine neue Blütezeit.

Frankreich im Jahr 1871

☐ *Gebiet der Dritten Republik*

☐ *Elsass-Lothringen*

Weltausstellung

3,2 Millionen Besucher kamen 1889 zur Weltausstellung nach Paris. Die atemberaubende Eisenkonstruktion des Ingenieurs Eiffel beherrschte das Ausstellungsgelände und war seinerzeit sehr umstritten.

Apollonstatue von Aimé Millet

Grüne Kupferkuppel

Bühnenhaus

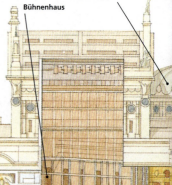

Hinterbühne

Peugeot *(1899)*
Automobil und Fahrrad brachten neue Mobilität und wurden zum beliebten Zeitvertreib. Peugeot, Renault und Citroën wurden vor 1914 gegründet.

Im Zuschauerraum des Hauses fanden über 2000 Besucher Platz.

ZEITSKALA

1869 Eröffnung des Suezkanals, erbaut von Ferdinand de Lesseps

Frauen gehen 1871 auf die Barrikaden

1871 Der Aufstand der Pariser Kommune führt zur Dritten Republik

1880–90 Kampf um die afrikanischen und asiatischen Kolonien

1889 Bau des Eiffelturms; Weltausstellung in Paris

1865	1870	1875	1880	1885	1890

1870/71 Deutsch-Französischer Krieg; Napoléon III unterliegt bei Sedan. Elsass-Lothringen fällt an Deutschland

1874 Anfänge des Impressionismus

1881–86 Jules Ferrys Erziehungsreformen

1885 Pasteur entdeckt den Impfstoff gegen Tollwut

1890 Peugeot baut eines der ersten Automobile

Plakatkunst

Der Jugendstil revolutionierte die Kunst. Beliebt waren Entwürfe von Alfons Mucha. Dieses Plakat (1897) wirbt für Bier, das man als Gebräu des verlorenen Elsass-Lothringen zum »patriotischen« Getränk erklärte.

Belle Époque

Belle-Époque-Gebäude sind u. a. das Hotel Negresco in Nizza *(siehe S. 526)*, das Grand Casino in Monte-Carlo *(siehe S. 530)* und das Hôtel du Palais in Biarritz *(siehe S. 452)*. Das Musée d'Orsay in Paris *(siehe S. 120f)* stellt Jugendstil-Objekte und -Möbel aus.

Operntreppe

Das Treppenhaus war mit Marmorsäulen und einem Deckenfresko geschmückt. Wie dieses Gemälde (1887) von Béroud zeigt, war es Treffpunkt der eleganten Welt.

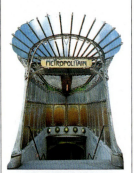

Guimards *Métro-Eingang ist ein schönes Beispiel für die runden Formen des Jugendstils.*

Kaiserlicher
Pavillon

Großes Foyer mit
Balkonen und reich
verzierter Decke

Haupttreppe

Opéra National de Paris Garnier

Das 1875 feierlich eröffnete Opernhaus entwickelte sich rasch zum gesellschaftlichen Mittelpunkt der Hautevolee. Die opulente Innenausstattung stand der extravaganten Fassade von Charles Garnier in nichts nach.

Göttliche Sarah

Die Schauspielerin Sarah Bernhardt (1844–1923) war die ungekrönte Königin der Pariser Bühne.

1895
Die Brüder Lumière zeigen erstmals Filme

Karikatur von Zola

1894–1906 In die Affäre um den angeblichen Verrat des jüdischen Offiziers Dreyfus wird auch Zola verwickelt

1909 Blériot überfliegt Ärmelkanal

1918 Waffenstillstand

1917 Pétain unterdrückt den »Aufstand« der Frontsoldaten

1916 Kampf um Verdun

| 1895 | 1900 | 1905 | 1910 | 1915 |

1905 Offizielle Trennung von Kirche und Staat

1898 Marie und Pierre Curie entdecken das Radium

1913 Erster Band von Prousts *Auf der Suche nach der verlorenen Zeit* erscheint

1914 Beginn des Ersten Weltkriegs

Französischer Rekrut, 1916

1919 Vertrag von Versailles

Französische Avantgarde

Trotz der Verwüstungen zweier Weltkriege behielt das Land seinen Status als Zentrum der Avantgarde. Vor allem Paris war ein Magnet für junge Schriftsteller, Maler und Musiker. In den Cafés saßen amerikanische Autoren und Musiker zusammen mit französischen Surrealisten und Filmemachern. Auch die Riviera lockte die Künstler an: Matisse und Picasso, Hemingway und Scott Fitzgerald mischten sich unter die Industriellen und Aristokraten, die mit dem Automobil oder dem berühmten Train bleu ankamen. Als 1936 der bezahlte Urlaub eingeführt wurde, konnten auch Arbeiter der neuen Mode des Sonnenbadens frönen.

Frankreich im Jahr 1919

☐ *Französisches Staatsgebiet*

Afrikanischer Schöpfungsgott

Art déco 1925
Bei der Ausstellung der angewandten Künste (1925) war erstmals der Art-déco-Stil zu sehen.

Tänzer in Kostümen aus Karton

Jazz
In Paris fanden sich 1925 amerikanische Jazzmusiker wie Dizzy Gillespie (links) ein, der in den 1940er Jahren den Bebop mitbegründete.

Citroën Déesse *(1956)*
Das elegante Auto wurde zum Symbol der neuen französischen Konsumgesellschaft.

Kostüme und Bühnenbild des Kubisten Léger wirkten betont mechanisch.

ZEITSKALA

1920 Gründung der Kommunistischen Partei Frankreichs; Tzaras *Dadaistisches Manifest* erscheint

1928 Premiere des *Andalusischen Hunds* von Luis Buñuel und Salvador Dalí

Flugzeug der Air France, 1937

1933 Anfänge der Air France

1937 Premiere der *Großen Illusion* von Jean Renoir

1920   1930

1924 Olympiade in Paris; André Breton veröffentlicht das *Surrealistische Manifest*

Ausschnitt eines Plakats für die Olympiade 1924

1936–38 Die »Volksfront« stellt ein radikalsozialistisches Programm vor, das u. a. bezahlten Urlaub fordert

1929–39 Weltwirtschaftskrise

1938 Münchner Abkommen

Coco Chanel *(1883–1971)*
Mit eleganten, aber bequemen Kleidern revolutionierte Chanel (Aufnahme von Man Ray) in den 1920er Jahren die Mode.

Zweiter Weltkrieg

Nach dem Zusammenbruch der Dritten Republik wurden Paris sowie der Norden und Teile Westfrankreichs von deutschen Truppen besetzt (bis 1944). Südostfrankreich bildete unter Führung der Kollaborateure Marschall Pétain und Pierre Laval den Vichy-Staat. Doch der Widerstand ruhte nicht: Charles de Gaulle und Jean Moulin organisierten die Zusammenarbeit der einzelnen Résistance-Gruppen.

Par Avion
Frankreich führte 1927 die Luftpost ein.

Erster Mann und erste Frau

Deutsche Soldaten ließen sich in den Jahren 1940–44 gern vor dem Eiffelturm fotografieren.

La Création du monde

Anfang des 20. Jahrhunderts feierte das experimentelle Theater Triumphe. *La Création du monde* (1923) der Ballets Suédois präsentierte Kostüme von Léger und Musik von Milhaud. Auch Diaghilevs Ballets Russes arbeiteten mit vielen Avantgardekünstlern zusammen.

Das Thema Afrika basierte auf Texten von Blaise Cendrars.

Josephine Baker *(1906–1975)*
Die Mistinguett und Josephine Baker waren in den 1920er Jahren die Königinnen des Varietés.

1940 Deutscher Westfeldzug, Fall Frankreichs; Vichy-Regierung unter Pétain; de Gaulle flieht nach London

1942 Frankreich wird von Deutschland kontrolliert

1949 Beitritt Frankreichs zur NATO. Gründung des Europarats

1958 Römische Verträge: Gründung der Europäischen Wirtschaftsgemeinschaft (EWG)

1956 Edith Piaf feiert spät einen großen Erfolg in der Carnegie Hall, New York

1940

1950

1944 D-Day: Alliierte Truppen landen in der Normandie (Juni). Befreiung von Paris (August)

1939 Deutschland beginnt den Zweiten Weltkrieg

1946 Sartre stellt *Les Temps modernes* vor. Erstes Filmfestival in Cannes

1945 Kriegsende; Einführung des Frauenstimmrechts; Vierte Republik

1954 Nach der Schlacht von Dien Bien Phu zieht sich Frankreich aus Indochina zurück. Algerienkrieg

Edith Piaf

Frankreich der Moderne

S eit den 1950er Jahren hat sich die französische Gesellschaft grundlegend verändert: Es gibt immer weniger Bauern, alte Industriezweige sind im Rückgang begriffen. Dienstleistungs- und Hightech-Betriebe konnten hohe Zuwachsraten verzeichnen. Projekte mit einem hohen Prestigewert waren die Concorde, der TGV, La Défense, das Centre Pompidou und der Kanaltunnel – alle zusammen haben dem Land internationale Anerkennung eingebracht. In den Bemühungen um ein vereintes, gemeinsam agierendes Europa spielt Frankreich seit Jahrzehnten eine führende Rolle.

Zitronenpresse von Philippe Starck

Frankreich heute

☐ *Frankreich*
☐ *Europäische Union*

Centre Pompidou *(1977)*
Der seinerzeit umstrittene Bau hat das historische Viertel Beaubourg stark verändert. Als Kunstzentrum trug das Centre Pompidou zum Wiederaufstieg einer heruntergekommenen Gegend bei (siehe S. 92f).

La Grande Arche wurde 1989 eröffnet – zur Zweihundertjahrfeier der Französischen Revolution.

Einkaufszentrum

Nouvelle-Vague-Filme
Regisseure wie Godard und Truffaut erneuerten das Kino. Jules et Jim *(1961) ist ein Klassiker des neuen Stils.*

La Défense

Der Bau des riesigen modernen Geschäftszentrums La Défense *(siehe S. 130)* am Stadtrand von Paris wurde in den 1960er Jahren begonnen. Heute zählt es zu den bevorzugten Standorten vieler multinationaler Konzerne.

ZEITSKALA

1960 Erste französische Atombombe. Entkolonialisierung Schwarzafrikas

1962 Algerien wird unabhängig (Verträge von Évian)

1963 Erstes französisches Atomkraftwerk

1967 Die EWG beschließt die Subventionierung europäischer Landwirte

1968 Studentenunruhen

1969 Pompidou löst de Gaulle als Präsident ab

1973 Die Sechsergemeinschaft der EG wird auf neun Mitglieder erweitert

1976 Erste Flüge der Concorde

1974 Giscard d'Estaing wird Präsident

1980 Monets Garten in Giverny wird öffentlich zugänglich *(siehe S. 266)*

1977 Jacques Chirac wird Bürgermeister von Paris. Eröffnung des Centre Pompidou

1981 Der Sozialist Mitterrand wird Präsident und führt 1981–95 die Regierung

1987 Mitterrand und Thatcher beschließen den Bau des Kanaltunnels. Prozess gegen den einstigen SS-Offizier Klaus Barbie in Lyon

1989 Zweihundertjahrfeier der Französischen Revolution

1960   1970   1980

F. Mitterrand

EU-Flagge
Seit den Anfängen in den 1950er Jahren ist Frankreich eine der treibenden Kräfte für ein vereintes Europa.

TGV

Der TGV (Train à Grande Vitesse) ist einer der schnellsten Züge der Welt (siehe S.680f) und verkörpert die Bestrebungen nach mehr Hightech und verbessertem Transport.

Die Tour Areva (ehemals Tour Fiat, 178 m) zählt zu den höchsten Gebäuden Europas.

Mode von Lacroix

Trotz schwindender Nachfrage nach Haute Couture bleibt Paris eine bedeutende Modemetropole. Die Modelle – hier ein Entwurf von Christian Lacroix – zeugen von den Fertigkeiten französischer Couturiers.

Mai 1968

Die Ereignisse im Mai 1968 begannen als Protest linksgerichteter Studenten gegen das Establishment, beeinflussten dann jedoch große Bevölkerungsteile. Rund neun Millionen Arbeiter und führende Intellektuelle, darunter der Literat Jean-Paul Sartre, forderten bessere Bezahlung, bessere Studienbedingungen und die Reform von Institutionen.

Die Studentenunruhen, *die ihren Ausgang in Nanterre nahmen, führten zu Krawallen in ganz Frankreich.*

Das Palais de la Défense
war der erste Bau – er beherbergt das Zentrum für Industrie.

2002 In der ersten Runde der Präsidentschaftswahl erhält der Front National mehr Stimmen als die Sozialisten; darauf wird Jacques Chirac wiedergewählt

1994 Eröffnung des Kanaltunnels

Prinz Albert II von Monaco

2008 Jean-Marie Gustave Le Clézio erhält den Nobelpreis für Literatur

‚0	2000	2010	2020

1991 Edith Cresson wird erste Premierministerin

1996 Mitterrand stirbt nach langer Krankheit

2002 Der Euro ersetzt den Franc

2003 Einstellung aller Concorde-Flüge nach dem Absturz einer Maschine 2000

2007 Nicolas Sarkozy wird Präsident

2005 Prinz Rainier III von Monaco stirbt, Nachfolger wird sein Sohn Prinz Albert II

2010 Französische Gastronomie wird UNESCO-Welterbe

Französische Könige und Kaiser

Nach dem Zusammenbruch des Römischen Reichs übernahmen mit Chlodwig die Merowinger die Regierung in Gallien. Ihnen folgten die Karolingerkönige, die Ende des 10. Jahrhunderts von den Kapetingern abgelöst wurden. Im 14. Jahrhundert fiel die Krone an das Haus Valois (eine Nebenlinie der Kapetinger), nach den Religionskriegen (16. Jh.) an die Bourbonen. Die Revolution von 1789 beendete deren Herrschaft, doch kehrte die Dynastie 1814–30 kurzzeitig auf den Thron zurück. Das 19. Jahrhundert stand im Zeichen der Bonapartes: Napoléon I und Napoléon III. Seit dem Sturz von Napoléon III 1870 ist Frankreich Republik.

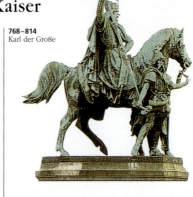

768–814 Karl der Große

954–986 Lothar

743–751 Childerich III.

716–721 Chilperich II.

695–711 Childebert II.

898–929 Karl IV. der Einfältige

1137–80 Louis VII

566–584 Chilperich I.

674–691 Theuderich III.

884–888 Karl III. der Dicke

558–562 Chlothar I.

655–668 Chlothar III.

879–882 Ludwig III.

987–996 Hugues Capet

447–458 Merowech

1031–60 Henri I

458–482 Childerich I.

628–637 Dagobert I.

840–877 Karl II. der Kahle

1060–1108 Philippe I

400	500	600	700	800	900	1000	110
MEROWINGER				**KAROLINGER**		**KAPETINGER**	
400	500	600	700	800	900	1000	110

751–768 Pippin III. der Kurze

996–1031 Robert II. der Fromme

721–737 Theuderich IV.

986–987 Ludwig V.

711–716 Dagobert III.

936–954 Ludwig IV. der Überseeische

691–695 Chlodwig III.

888–898 Odo von Paris

668–674 Childerich II.

882–884 Karlmann

637–655 Chlodwig II.

584–628 Chlothar II.

877–879 Ludwig II. der Stotterer

562–566 Charibert I.

511–558 Childebert I.

814–840 Ludwig I. der Fromme

482–511 Chlodwig I.

1108–37 Louis VI le Gros

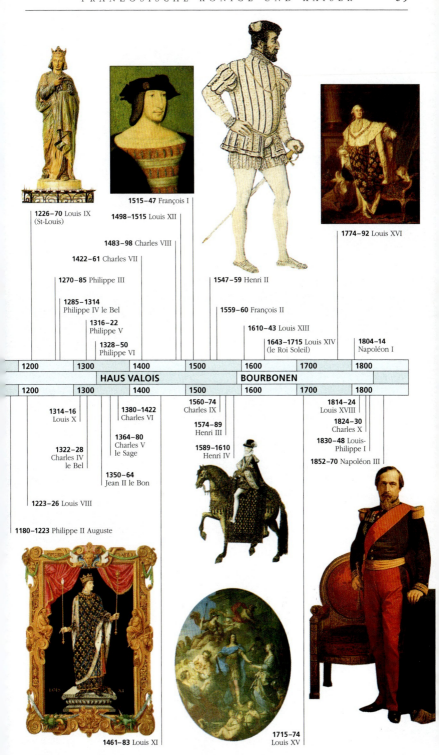

1226–70 Louis IX
(St-Louis)

1515–47 François I

1498–1515 Louis XII

1483–98 Charles VIII

1774–92 Louis XVI

1422–61 Charles VII

1270–85 Philippe III

1547–59 Henri II

1285–1314
Philippe IV le Bel

1316–22
Philippe V

1559–60 François II

1610–43 Louis XIII

1328–50
Philippe VI

1643–1715 Louis XIV
(le Roi Soleil)

1804–14
Napoléon I

1200	1300	1400	1500	1600	1700	1800

HAUS VALOIS   BOURBONEN

1200	1300	1400	1500	1600	1700	1800

1314–16
Louis X

1380–1422
Charles VI

1560–74
Charles IX

1814–24
Louis XVIII

1824–30
Charles X

1574–89
Henri III

1322–28
Charles IV
le Bel

1364–80
Charles V
le Sage

1589–1610
Henri IV

1830–48 Louis-
Philippe I

1852–70 Napoléon III

1350–64
Jean II le Bon

1223–26 Louis VIII

1180–1223 Philippe II Auguste

1461–83 Louis XI

1715–74
Louis XV

Paris und
Île de France

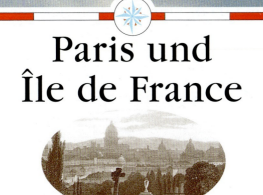

Paris und Île de France stellen sich vor

Die Hauptstadt Frankreichs lockt mit vielen Museen und Denkmälern. Zu den bekanntesten Sehenswürdigkeiten zählen Louvre, Eiffelturm und Centre Pompidou. Die Île de France, die Paris umschließt, bedeckt eine Fläche von rund 12 000 Quadratkilometern und ist mit Kleinstädten, »Schlafstädten« und mehreren Châteaux durchsetzt. Das prunkvollste Schloss ist Versailles. Weiter draußen gehen die Vorstädte in Ackerland und Wälder über. Dort liegt auch Schloss Fontainebleau.

Zur Orientierung

Arc de Triomphe

**CHAMPS-ÉLYSÉES
UND INVALIDES**
Seiten 104 – 115

*Opéra Nationa
de Paris Garnie*

Eiffelturm

Musée d'Orsay

Der Eiffelturm, *der für die Weltausstellung von 1889 entstand, war seinerzeit mehr als umstritten. Heute ist er das berühmteste Wahrzeichen der Stadt (siehe S. 113).*

Das Musée d'Orsay, *das 1986 eröffnet wurde (siehe S. 120f.), befindet sich in einem früheren Bahnhof (19. Jh.). Hier sind bedeutende Kunstwerke aus dem 19. und 20. Jahrhundert (Impressionismus) zu sehen, darunter Jean-Baptiste Carpeaux' Vier Weltteile (1867–72).*

◁ Blick über die Dächer auf Sacré-Cœur *(siehe S. 134)*

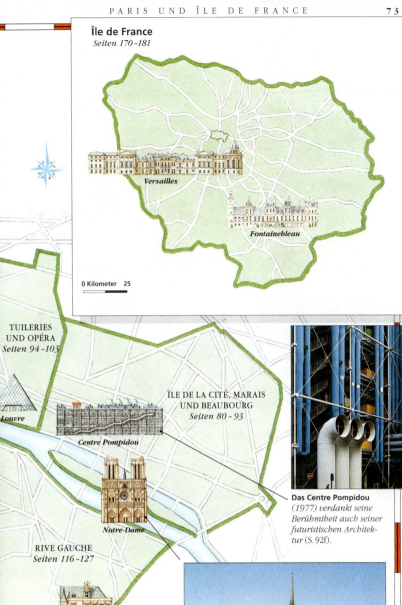

Île de France
Seiten 170–181

Versailles

Fontainebleau

0 Kilometer 25

Louvre

Centre Pompidou

Notre-Dame

*Musée National
du Moyen Âge*

Das Centre Pompidou
*(1977) verdankt seine
Berühmtheit auch seiner
futuristischen Architek-
tur (S. 92f).*

0 Kilometer 1

Notre-Dame *ist ein herrliches Beispiel gotischer Architektur. Ab 1163 zog sich der Bau der Kathedrale über
zwei Jahrhunderte hin (siehe S. 86f). Den Vierungsturm entwarf Viollet-le-Duc im 19. Jahrhundert.*

Flusspanorama

L a Mistinguett, die »Königin des Varietés«, bezeichnete die Seine einmal als »hübsche Blondine mit lachenden Augen«. Der Fluss vermag zu betören, doch geht seine Beziehung zu Paris weit über einen Flirt hinaus.

Keine andere europäische Großstadt weist eine ähnlich enge Bindung zu »ihrem« Fluss auf wie Paris. Die Seine bildet den Dreh- und Angelpunkt des Lebens: Von ihr aus werden Entfernungen gemessen und Hausnummern gezählt. Sie teilt die Stadt in Rive Droite (Nordufer) und Rive Gauche (Südufer), die sich deutlich unterscheiden. Diese Grenze ist mindestens so bedeutsam wie offizielle Einteilungen.

Eine zweite Trennungslinie ist geschichtlich bedingt: Während der Ostteil der Stadt auf historischen Wurzeln gründet, wurde die Westhälfte vorwiegend im 19. und 20. Jahrhundert architektonisch geprägt. Nahezu alle erwähnenswerten Bauten liegen entweder direkt an der Seine oder sind nur einen Steinwurf von ihr entfernt. Die Kais sind von eleganten Apartmenthäusern, prächtigen Stadtpalais, weltberühmten Museen und Denkmälern gesäumt.

Vor allem jedoch bedeutet der Fluss Leben. Jahrhundertelang war er die Verkehrsader der Stadt. Obwohl sich das hektische Treiben inzwischen auch auf die Straßen verlagert hat, gehört die Seine noch immer den Lastkähnen und den berühmten *bateaux-mouches*, den Ausflugsbooten, die dem Besucher die Stadt aus einer ganz besonderen Perspektive zeigen.

Das Quartier Latin mit seinen Kais liegt am linken Ufer der Seine. Das schon im Mittelalter von der Universität beherrschte Viertel ist nach den Studenten benannt, die damals Lateinisch sprechen mussten.

Skulptur auf dem Pont Alexandre III

Siehe S. 76f

CHAMPS-ÉLYSÉES UND INVALIDES

TUILERIES UND OPÉRA

Siehe S. 78f

ÎLE DE LA CITÉ, MARAIS UND BEAUBOURG

RIVE GAUCHE

Die Karte zeigt die Flussabschnitte, die auf den folgenden Seiten vorgestellt werden.

Les Bouquinistes sind eine Pariser Institution. An den Bücherständen am Seine-Ufer finden Liebhaber antiquarischer Bücher und Stiche immer etwas.

0 Kilometer 2

LEGENDE

Beschreibung *siehe S. 76–79*

◁ **Pont Alexandre III** *(siehe S. 109)* mit reichem Skulpturenschmuck

Vom Pont de Grenelle zum Pont de la Concorde

Die imposanten Bauten an diesem Flussabschnitt stammen großteils aus der napoleonischen Zeit und der industriellen Revolution. Der Eleganz von Eiffelturm, Petit Palais und Grand Palais stehen jüngere Bauten wie das Palais de Chaillot, die Wolkenkratzer am linken Seine-Ufer und das Musée du Quai Branly kaum nach.

Palais de Chaillot
Der spektakuläre Bau (1937) mit den Kolonnaden-Flügeln beherbergt heute verschiedene Museen sowie ein Theater (siehe S. 110f).

Das Palais de Tokyo ist mit Figuren von Bourdelle verziert (siehe S. 110).

Bateaux Parisiens Tour Eiffel Vedettes de Paris Île de France

Trocadéro Ⓜ

Den Pont de Bir-Hakeim ziert am Nordende ein dynamisches Standbild von Wederkinch.

Passerelle Debilly

Pont d'Iéna

Die Maison de Radio-France (1960) ist ein imposanter Rundbau, in dem neben Aufnahmestudios auch ein Rundfunkmuseum untergebracht ist.

Passy Ⓜ

Musée du Quai Branly

Eiffelturm *Er ist das bekannteste Wahrzeichen der Stadt.*

Champ-de-Mars Tour Eiffel RER

Pont de Bir-Hakeim

Prés. Kennedy-Radio-France RER

Bir-Hakeim Ⓜ

Die Freiheitsstatue erhielt die Stadt 1885 geschenkt. Sie blickt nach Westen – in Richtung ihres New Yorker Ebenbilds.

Pont de Grenelle

LEGENDE

Ⓜ	Métro-Station
RER	RER-Station
◻	Batobus-Anlegestelle
⛴	Anlegestelle für Ausflugsboote

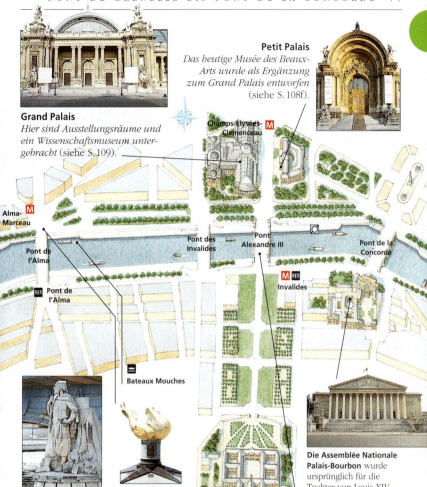

Petit Palais
*Das heutige Musée des Beaux-
Arts wurde als Ergänzung
zum Grand Palais entworfen*
(siehe S. 108f).

Grand Palais
*Hier sind Ausstellungsräume und
ein Wissenschaftsmuseum untergebracht* (siehe S. 109).

Champs-Élysées-
Clemenceau **Ⓜ**

Alma-
Marceau **Ⓜ**

Pont de
l'Alma

Pont des
Invalides

Pont
Alexandre III

Pont de la
Concorde

Ⓡ Pont de
l'Alma

Ⓜ Ⓡ

Invalides

🚢 Bateaux Mouches

**Die Assemblée Nationale
Palais-Bourbon** wurde
ursprünglich für die
Tochter von Louis XIV
errichtet. Seit 1830 ist sie
Sitz der Nationalver-
sammlung des französi-
schen Parlaments.

Am Zouave, einer
Statue am Brücken-
pfeiler, lässt sich der
Wasserstand ablesen.

Die Freiheitsflamme
erinnert an die fran-
zösische Résistance
während des Zwei-
ten Weltkriegs.

Dôme des Invalides
Blick vom Pont Alexandre III auf die Goldkuppel (siehe S. 115).
In der Krypta des Invalidendoms ist Napoléon beigesetzt.

Pont Alexandre III
*Skulpturen zieren die
nach dem russischen
Zaren benannte
Brücke* (siehe S. 109).

Vom Pont de la Concorde zum Pont de Sully

An den Ufern und auf den Inseln dieses Seine-Abschnitts liegt das historische Herz der Stadt. Die Île de la Cité, der kulturelle Kern des mittelalterlichen Paris, spielt auch heute noch eine bedeutende Rolle im städtischen Leben.

Jardin des Tuileries
Er ist ein symmetrisch angelegter Garten (siehe S. 98f).

Musée du Louvre
Bevor hier das größte Museum der Welt einzog, war der Louvre der weitläufigste Königspalast in ganz Europa (siehe S. 100–103).

Pont de la Concorde

Assemblée Nationale Ⓜ

Passerelle Solférino

Quai d'Orsay ⓇⓇ

Pont Royal

Pont du Carrousel

Passerelle des Arts

Musée de l'Orangerie
Das Museum besitzt herrliche Gemälde aus dem 19. Jahrhundert (siehe S. 98).

Musée d'Orsay
Der einstige Bahnhof beherbergt die exklusive Sammlung französischer Impressionisten (siehe S. 120f).

Bateaux Vedettes du Pont Neuf

Batobus-Fahrten

Einstieg: **Eiffelturm.** Stadtplan 6 D3. Ⓜ Bir-Hakeim. **Champs-Élysées.** Stadtplan 7 A1. Ⓜ Champs-Élysées-Clemenceau. **Musée d'Orsay.** Stadtplan 8 D2. Ⓜ Assemblée Nationale. **Louvre.** Stadtplan 8 D2. Ⓜ Palais Royal-Musée du Louvre. **Hôtel de Ville.** Stadtplan 9 B4. Ⓜ Hôtel de Ville. **Notre-Dame.** Stadtplan 9 B4. Ⓜ St-Michel. **St-Germain-des-Prés.** Stadtplan 8 E3. Ⓜ St-Germain-des-Prés. **Jardin des Plantes.** Stadtplan 13 C1. Ⓜ Jussieu.
Abfahrt: Mitte Feb–Mitte März, Mitte Nov–Mitte Dez: tägl. 10.30–16.30 Uhr (Mitte Dez–Anfang Jan bis 17 Uhr); Mitte März–Mitte Mai, Sep–11. Nov: tägl. 10–19 Uhr (Juni–Aug bis 21 Uhr); alle 15–30 Min. www.batobus.com

Die Passerelle des Arts ist ein Nachbau (1984) der ersten schmiedeeisernen Brücke der Stadt (1804).

Das Hôtel des Monnaies in den Räumen der 1778 errichteten Münze beherbergt eine umfangreiche Münz- und Medaillensammlung.

Sightseeing-Fahrten auf der Seine

Bateaux Vedettes Pont Neuf

Einstieg: **Square du Vert-Galant** (Pont Neuf). **Stadtplan 8 F3.** 📞 *01 46 33 98 38.* Ⓜ *Pont Neuf.* RER *Châtelet/St-Michel.* 🚌 *27, 58, 67, 70, 72, 74, 75.* **Abfahrt** 15. März–31. Okt: tägl. 10.30, 11.15, 12, 13.30–22.30 Uhr (alle 30 Min.); Nov–14. März: Mo–Do 10.30, 11.15, 12, 14–18.30 (alle 45 Min.), 20, 21, 22 Uhr, Fr–So 10.30, 11.15, 12, 14–18.30, 20, 21–22.30 Uhr (alle 30 Min.). **Dauer** 1 Std. Snacks erhältlich. **www. vedettesdupontneuf.fr**

Bateaux Mouches

Einstieg: **Pont de l'Alma. Stadtplan** 6 F1. 📞 *01 42 25 96 10.* Ⓜ *Alma-Marceau.* RER *Pont de l'Alma.* 🚌 *28, 42, 63, 72, 80, 81, 92.* **Abfahrt** Apr–Sep: tägl. 10.15–23 Uhr (alle 30 Min.); Okt–März: 10.15–21 Uhr (alle 45 Min.). **Lunch-Fahrt** Sa, So, Feiertage 13 Uhr (Zustieg bis 12.15 Uhr). **Dinner-Fahrt** tägl. 19.30–20.30 Uhr. **Dauer** 2:15 Std. Jackett und Krawatte sind erwünscht. **www.bateaux-mouches.fr**

Vedettes de Paris Île de France

Haupteinstieg: **Port du Suffren. Stadtplan** 6 D3. 📞 *01 44 18 19 50.* Ⓜ *Trocadéro, Bir-Hakeim.* RER *Champ-de-Mars–Tour Eiffel.* 🚌 *22, 30, 32, 42, 44, 63, 69, 72, 82, 87.* **Abfahrt** tägl. 10– 22 Uhr (Okt–Feb 11–18 Uhr, Sa bis 21 Uhr) (alle 30 Min.). **Dauer** 1 Std. **Champagner-Fahrt** Do–Sa 18 Uhr (3 Champagner-Sorten auf einstündiger Fahrt). **Gourmand-Fahrt** tägl. zwischen 14 u. 18 Uhr. **Dauer** 1 Std. **www. vedettesdeparis.com**

Bateaux Parisiens Tour Eiffel

Einstieg: **Pont d'Iéna** u. **Quai de Montbello** (Apr–Nov). **Stadtplan** 6 D2. 📞 *08 25 01 01 01.* Ⓜ *Trocadéro, Bir-Hakeim.* RER *Champ-de-Mars–Tour Eiffel.* 🚌 *42, 82.* **Abfahrt** Apr–Sep: tägl. 10–22 Uhr (Apr–Sep alle 30 Min., Okt–März alle 60 Min.) **Lunch-Fahrt** tägl. 12.15 Uhr. **Dauer** 2:15 Std. **Dinner-Fahrt** tägl. 19–20.15 Uhr. **Dauer** 3 Std. (Jackett und Krawatte). Bateaux Parisiens sind luxuriöse Bateaux Mouches. **www. bateauxparisiens.com**

Île de la Cité

Bereits um 200 v.Chr. siedelten Menschen auf dieser Insel – ein keltischer Volksstamm mit Namen Parisii (siehe S.82f).

Conciergerie

Während der Revolution war das Gebäude mit den markanten Türmen ein berüchtigtes Gefängnis (siehe S.83).

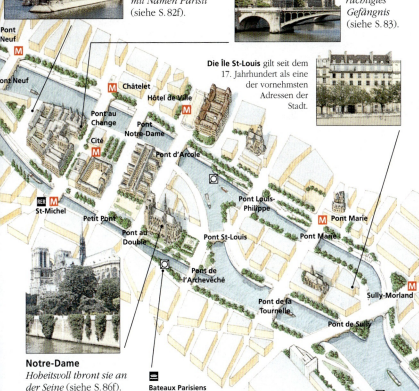

Die Île St-Louis gilt seit dem 17. Jahrhundert als eine der vornehmsten Adressen der Stadt.

Notre-Dame

Hoheitsvoll thront sie an der Seine (siehe S.86f).

Île de la Cité, Marais und Beaubourg

Das rechte Seine-Ufer wird vom Forum des Halles und dem Centre Pompidou dominiert, die Beaubourg zum beliebten Treffpunkt gemacht haben. Unter den neuen Beton- und Glaskuppeln der einstigen Großmarkthallen liegen die Boutiquen, in denen sich die jungen Leute von Paris einkleiden. Das Forum soll allerdings bis 2014 neu gestaltet werden. Von hier scheinen alle Straßen zum Centre Pompidou zu führen, einer avantgardistischen Konstruktion aus Röhren, Kabelkanälen und Metall, die das Musée d'Art Moderne beherbergt. In den umliegenden Straßen befinden sich jede Menge Galerien.

Wappen und Motto der Stadt Paris

Der angrenzende Marais, ehemals Wohnviertel des Hochadels, verfiel nach der Revolution 1789 zu architektonischem Ödland und wurde erst in den 1960er Jahren wiederentdeckt. Obwohl er inzwischen zu den edelsten Adressen zählt und die Mieten gestiegen sind, konnten sich hier einige kleine Cafés, Bäckereien und Handwerker halten.

Notre-Dame, Palais de Justice und Sainte-Chapelle sind die Attraktionen der Île de la Cité geblieben, die dem wachsenden Verkehrsaufkommen jedoch hohen Tribut zollen musste. Am östlichen Ende führt eine Brücke zur Île St-Louis mit ihren hübschen baumbestandenen Quais.

Sehenswürdigkeiten auf einen Blick

Inseln und Plätze
Forum des Halles **13**
Île St-Louis **7**
Place de la Bastille **21**
Place des Vosges **19**

Kirchen
Notre-Dame S. 86f **6**
Sainte-Chapelle **4**
St-Eustache **12**
St-Gervais−St-Protais **9**

Historische Gebäude
Conciergerie **2**
Hôtel de Ville **10**
Palais de Justice **3**
Tour St-Jacques **11**

Museen und Sammlungen
Centre Pompidou S. 92f **14**
Crypte Archéologique **5**
Hôtel de Sens **8**
Hôtel de Soubise **16**
Maison de Victor Hugo **20**
Musée Carnavalet **18**
Musée d'Art et d'Histoire du Judaïsme **15**
Musée Picasso **17**

Brücke
Pont Neuf **1**

Anfahrt
Métro-Stationen sind Châtelet, Hôtel de Ville und Cité. Die Busse 47 und 29 durchqueren Beaubourg bzw. Marais. Über die Île de la Cité und die Île St-Louis fahren mehrere Buslinien.

LEGENDE
Detailkarte S. 82f
Detailkarte S. 88f
Métro-Station
Batobus-Anlegestelle
RER-Station

◁ **Blick auf die Conciergerie** *(siehe S. 83)* und den Pont au Change

Im Detail: Île de la Cité

Auf der Île de la Cité liegen die Anfänge von Paris. Im 3. Jahrhundert v. Chr. besiedelten keltische Stämme die ovale Seine-Insel. Nach dem Stamm der Parisier wurde schließlich die Stadt benannt. Die Insel bot einen idealen Brückenkopf zwischen Nord- und Südgallien und ließ sich darüber hinaus gut verteidigen. Später bauten Römer, Franken und Kapetinger die Siedlung aus, die heute das Herz der Stadt bildet. Reste der alten Bauten sind noch in der Krypta der mittelalterlichen Kathedrale Notre-Dame zu sehen. Am anderen Ende der Insel liegt Sainte-Chapelle, ein weiteres Meisterwerk gotischer Architektur.

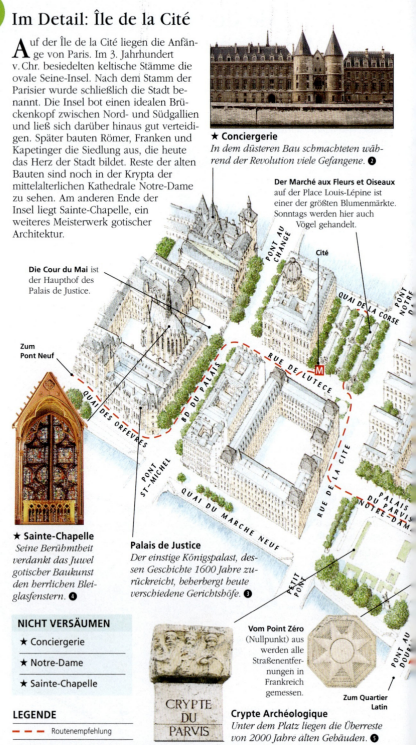

★ Conciergerie
In dem düsteren Bau schmachteten während der Revolution viele Gefangene. ❷

Der Marché aux Fleurs et Oiseaux auf der Place Louis-Lépine ist einer der größten Blumenmärkte. Sonntags werden hier auch Vögel gehandelt.

Die Cour du Mai ist der Haupthof des Palais de Justice.

Cité

QUAI DE LA CORSE

PONT AU CHANGE

PONT NOTRE DAME

Zum Pont Neuf

RUE DE LUTECE

M

QUAI DES ORFEVRES

BD DU PALAIS

PONT ST-MICHEL

QUAI DU MARCHE NEUF

RUE DE LA CITE

PALAIS DU PARVIS NOTRE-DAME

★ Sainte-Chapelle
Seine Berühmtheit verdankt das Juwel gotischer Baukunst den herrlichen Bleiglasfenstern. ❹

Palais de Justice
Der einstige Königspalast, dessen Geschichte 1600 Jahre zurückreicht, beherbergt heute verschiedene Gerichtshöfe. ❸

PETIT PONT

Vom Point Zéro (Nullpunkt) aus werden alle Straßenentfernungen in Frankreich gemessen.

PONT AU DOUBLE

Zum Quartier Latin

NICHT VERSÄUMEN

★ Conciergerie

★ Notre-Dame

★ Sainte-Chapelle

CRYPTE DU PARVIS

Crypte Archéologique
Unter dem Platz liegen die Überreste von 2000 Jahre alten Gebäuden. ❺

LEGENDE

- - - Routenempfehlung

Das Hôtel-Dieu, ein Krankenhaus, wurde 651 n. Chr. vom damaligen Bischof von Paris gegründet.

Zur Orientierung
Siehe Stadtplan 8, 9

★ **Notre-Dame**
Die Kathedrale ist ein Meisterwerk mittelalterlicher französischer Architektur. ❻

Das Musée de Notre-Dame wurde 1951 gegründet. Seine Exponate illustrieren die Geschichte der Kathedrale.

Vom Square Jean XXIII, einem ruhigen Platz mit neogotischem Brunnen (1844), genießt man einen wunderbaren Blick auf die Ostfassade der Kathedrale.

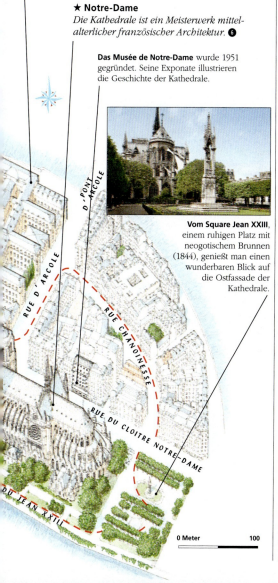

0 Meter 100

Pont Neuf, älteste Brücke der Stadt

Pont Neuf ❶

75001. **Stadtplan** 8 F3. Ⓜ *Pont Neuf, Cité.*

Trotz des Namens (Neue Brücke) ist der Pont Neuf, den Künstler unsterblich machten, die älteste Brücke der Stadt. Den Grundstein legte 1578 Henri III, eingeweiht wurde er 1607 von Henri IV, dessen Statue den mittleren Brückenteil ziert.

Conciergerie ❷

2, bd du Palais, 75001. **Stadtplan** 9 A3. 🆔 *01 53 40 60 80.* Ⓜ *Cité.* ⏰ *tägl. 9.30–18 Uhr (Nov–Feb: 9–17 Uhr; letzter Einlass 30 Min. vor Schließung).* ⚫ *1. Jan, 1. Mai, 25. Dez.* 🎫 *Kombi-Ticket mit Sainte-Chapelle (siehe S. 84) erhältlich.* 📷 ✏ *tel. erfragen.* 📱 **www.monum.fr**

Heute ist die historische Conciergerie Teil des riesigen Justizpalast-Komplexes. 1391–1914 diente sie als Gefängnis. 1610 wurde hier François Ravaillac, der Mörder Henris IV, gefangen gehalten. Zur Zeit der Revolution saßen in der Conciergerie mehr als 4000 Gefangene, darunter auch Marie-Antoinette, die 1793 in einer winzigen Zelle auf ihre Hinrichtung wartete, und Charlotte Corday, die den Revolutionär Marat in der Badewanne erstochen hatte.

In der gotischen Salle des Gens d'Armes wohnten einst die königlichen Garden. Durch die Renovierung im 19. Jahrhundert blieben die Folterkammer (11. Jh.), der Bonbec-Turm sowie der Uhrenturm (14. Jh.) erhalten.

Stadtplan Paris *siehe Seiten 154–169*

Skulpturenrelief am Palais de Justice

Palais de Justice ❸

4, bd du Palais (Eingang: Sainte-Chapelle), 75001. **Stadtplan** 9 A3.
📞 01 44 32 52 52. Ⓜ Cité.
🕐 Mo–Fr 9–18 Uhr. ⬤ Feiertage u. Ferien im Aug.

Der monumentale Gebäudekomplex des Justizpalasts erstreckt sich über die gesamte Breite der Île de la Cité. Mit seinen gotischen Türmen bietet er einen beeindruckenden Anblick.

Die Stätte war schon zur Zeit der Römer bebaut und diente als Gouverneurssitz. Bis Charles V nach einer blutigen Revolte den Hof 1358 in den Marais verlegte, war sie königliche Residenz. Im April 1793 begann das Revolutionstribunal von der Première Chambre Civile (dem Obersten Gerichtshof) aus Recht zu sprechen. Heute verkörpert der Ort Napoléons bedeutendstes Vermächtnis – das französische Gesetzeswesen.

Crypte Archéologique ❺

Pl du Parvis Notre-Dame–pl Jean-Paul II, 75004. **Stadtplan** 9 A4.
📞 01 55 42 50 10. Ⓜ Cité.
🕐 Di–So 10–18 Uhr (letzter Einlass 30 Min. vor Schließung). ⬤ 1. Jan, 1. u. 8. Mai, 1. u. 11. Nov, 25. Dez. 📷 ⛔

Unter dem *parvis* (Vorplatz) von Notre-Dame liegt die 120 Meter lange Krypta, die 1980 als Archäologiemuseum öffentlich zugänglich gemacht wurde. Die Gebäude und Straßen datieren meist aus gallo-römischer Zeit. Erhalten sind Teile der Stadtmauer von Lutetia (3. Jh. v. Chr.) und Reste der ersten Kathedrale. Modelle erklären die Entwicklung der Stadt seit ihren Ursprüngen (3. Jh. v. Chr.) bis zur Gegenwart.

Notre-Dame ❻

Siehe S. 86f.

Sainte-Chapelle ❹

6, bd du Palais, 75001. **Stadtplan** 9 A3. 📞 01 53 40 60 80. Ⓜ Cité.
🕐 März–Okt: tägl. 9.30–18 Uhr; Nov–Feb: tägl. 9–17 Uhr. ⬤ 1. Jan, 1. Mai, 25. Dez. 📷 Kombi-Ticket mit Conciergerie (siehe S. 83) erhältlich; keine spitzen Objekte erlaubt.
📷 ⛔ 🏠 www.monum.fr

Zeitlos und zauberhaft: Die Sainte-Chapelle wird zu den größten architektonischen Meisterwerken der westlichen Welt gerechnet. Den Gläubigen des Mittelalters galt die Kirche als »Tor zum Himmel«. Noch heute überwältigt die Leuchtkraft der 15 Bleiglasfenster die Besucher. Schlanke Strebepfeiler, die 15 Meter hoch in die sternenübersäte Decke ragen, betonen die vertikale Leichtigkeit der Oberen Kapelle. In einem Kaleidoskop aus Rot, Gold, Grün und Blau illustrieren die Fenster über 1000 biblische Szenen. Von links (Nähe Eingang) beginnend, ist die Heilige Schrift von der Genesis über die Kreuzigung bis hin zur Apokalypse zu verfolgen.

Louis IX ließ die 1248 vollendete Doppelkapelle bauen, um darin die Dornenkrone und Splitter vom Kreuz Christi (heute in der Schatzkammer von Notre-Dame) zu verwahren. Der fromme König, der später heiliggesprochen wurde, hatte die Reliquien dem Kaiser von Konstantinopel abgekauft und dafür das Dreifache dessen bezahlt, was der gesamte Bau der Sainte-Chapelle kostete.

Die Kirche setzt sich aus zwei Kapellen zusammen: In der düsteren Unteren Kapelle beteten Diener und Bürgerliche, während die herrliche Obere Kapelle, die man über eine schmale Wendeltreppe erreicht, der königlichen Familie und ihrem Gefolge vorbehalten war. Eine versteckte Öffnung erlaubte es dem König, unbeobachtet am Gottesdienst teilzunehmen. Während der Revolution wurde der Bau stark beschädigt. Ein Jahrhundert später renovierte der Architekt Viollet-le-Duc die Kirche. Heute finden hier Konzerte klassischer Musik statt – bei großartiger Akustik.

Innenraum der Oberen Kapelle, Sainte-Chapelle

Île St-Louis ❼

75004. **Stadtplan** 9 B–C4/5.
Ⓜ *Pont Marie, Sully Morland.*
St-Louis-en-l'Île 🄲 *01 46 34 11
60.* ⏰ *Di–So 9–12, 15–19 Uhr.*
🔴 *Feiertage.* **Konzerte.**
www.saintlouisenlile.com

Geht man von der Île de la
Cité über den Pont St-
Louis, gelangt man auf die Île
St-Louis. Auf der kleinen Insel
mit ihren ruhigen Straßen befinden sich exquisite Restaurants und Läden, darunter der
berühmte Eiscreme-Hersteller
Berthillon. Fast jedes Gebäude auf der Insel stammt aus
dem 17. Jahrhundert. Die
Pläne für die im klassizistischen Stil 1726 fertiggestellte
Kirche **St-Louis-en-l'Île** entwarf Louis Le Vau. Sehenswert sind die Eisenglocke
(1741) am Eingang sowie die
eiserne Turmspitze. St-Louis-
en-l'Île ist die Schwesterkirche
der Kathedrale von Karthago
(Tunesien), in der St-Louis
(hl. Ludwig) beigesetzt ist.

In der Kirche St-Louis-en-l'Île

Hôtel de Sens ❽

1, rue du Figuier, 75004. **Stadtplan**
9 C4. 🄲 *01 42 78 14 60.* Ⓜ *Pont
Marie.* ⏰ *Mi, Do 10–19.30, Di, Fr, Sa
13–19.30 Uhr.* 🔴 *Feiertage.* 📷

Eines der wenigen mittel-
alterlichen Gebäude, die
in Paris erhalten sind, ist das
Hôtel de Sens, Sitz der Kunst-
bibliothek Forney. Das Palais
wurde im 16. Jahrhundert

befestigt und diente anschließend den Bourbonen, den
Guises und Kardinal de Pelle-
vé als Residenz.

St-Gervais – St-Protais ❾

Pl St-Gervais, 75004. **Stadtplan**
9 B3. 🄲 *01 48 87 32 02.* Ⓜ *Hôtel
de Ville.* ⏰ *tägl. 5.30–22 Uhr.*
Orgelkonzerte.

Die Ursprünge der Kirche
reichen ins 6. Jahrhundert
zurück. Benannt ist sie nach
zwei römischen Soldaten, die
unter Nero den Märtyrertod
erlitten. Die Kirche von 1621
besitzt die älteste klassizistische Fassade der Stadt – mit
dorischen, ionischen und
korinthischen Säulen. Die da-
hinterliegende spätgotische
Kirche ist Kennern geistlicher
Musik ein Begriff. Für ihre
Orgel komponierte
François Couperin
(1668–1733) seine bei-
den Messen.

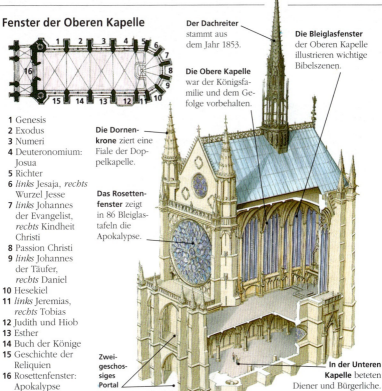

Fenster der Oberen Kapelle

Der Dachreiter
stammt aus
dem Jahr 1853.

Die Bleiglasfenster
der Oberen Kapelle
illustrieren wichtige
Bibelszenen.

Die Obere Kapelle
war der Königsfa-
milie und dem Ge-
folge vorbehalten.

**Die Dornen-
krone** ziert eine
Fiale der Dop-
pelkapelle.

**Das Rosetten-
fenster** zeigt
in 86 Bleiglas-
tafeln die
Apokalypse.

1 Genesis
2 Exodus
3 Numeri
4 Deuteronomium:
 Josua
5 Richter
6 *links* Jesaja, *rechts*
 Wurzel Jesse
7 *links* Johannes
 der Evangelist,
 rechts Kindheit
 Christi
8 Passion Christi
9 *links* Johannes
 der Täufer,
 rechts Daniel
10 Hesekiel
11 *links* Jeremias,
 rechts Tobias
12 Judith und Hiob
13 Esther
14 Buch der Könige
15 Geschichte der
 Reliquien
16 Rosettenfenster:
 Apokalypse

**Zwei-
geschos-
siges
Portal**

**In der Unteren
Kapelle** beteten
Diener und Bürgerliche.

Stadtplan Paris *siehe Seiten 154–169*

Notre-Dame ❻

Kein anderes Bauwerk ist mit der Geschichte von Paris enger verbunden als Notre-Dame. 1159 erteilte der Bischof von Sully den Auftrag zum Bau der Kathedrale. Mit der Grundsteinlegung 1163 begannen für zahllose gotische Architekten und Steinmetze zwei arbeitsreiche Jahrhunderte. Seither war die Kathedrale Zeuge großer Ereignisse der französischen Geschichte, u. a. der Krönung Henrys VI (1422) und Napoléons (1804). Während der Revolution wurde der Bau entweiht und zum »Tempel der Vernunft« erklärt. Im 19. Jahrhundert nahm Viollet-le-Duc größere Restaurierungen vor und ergänzte Dachreiter sowie Wasserspeier.

★ Westfassade und Portale
Die wunderschön proportionierte Westfassade ist ein Glanzstück der französischen Gotik.

387 Stufen führen zur Spitze des Südturms, der die berühmte Emmanuel-Glocke beherbergt.

★ Galerie des Chimères
Viele groteske Wasserspeier (chimères) blicken drohend von der Fassade herab.

★ Westliches Rosettenfenster
Das Fenster zeigt Maria in einem Medaillon aus Rot- und Blautönen.

NICHT VERSÄUMEN

★ Galerie des Chimères

★ Rosettenfenster

★ Strebewerk

★ Westfassade und Portale

Die 28 Figuren der Königsgalerie stellen die judäischen Könige dar.

Marienportal
Die Muttergottes mit Heiligen und Königen wurde im 13. Jahrhundert gefertigt.

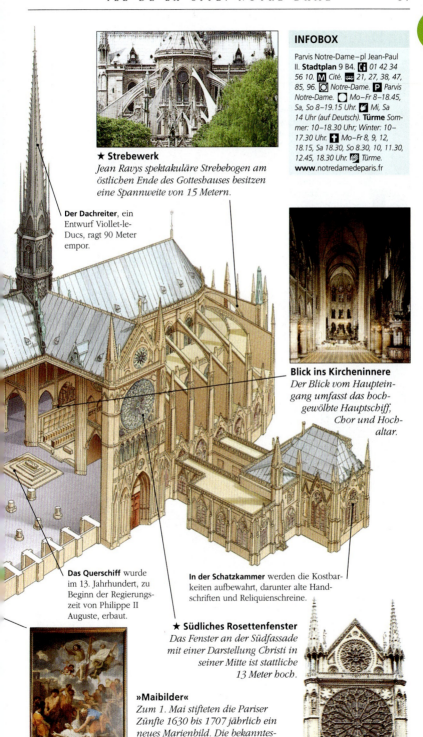

INFOBOX

Parvis Notre-Dame–pl Jean-Paul II. **Stadtplan** 9 B4. 01 42 34 56 10. Cité. 21, 27, 38, 47, 85, 96. Notre-Dame. Parvis Notre-Dame. Mo–Fr 8–18.45, Sa, So 8–19.15 Uhr. Mi, Sa 14 Uhr (auf Deutsch). **Türme** Sommer: 10–18.30 Uhr; Winter: 10–17.30 Uhr. Mo–Fr 8, 9, 12, 18.15, Sa 18.30, So 8.30, 10, 11.30, 12.45, 18.30 Uhr. Türme. www.notredamedeparis.fr

★ Strebewerk

Jean Ravys spektakuläre Strebebogen am östlichen Ende des Gotteshauses besitzen eine Spannweite von 15 Metern.

Der Dachreiter, ein Entwurf Viollet-le-Ducs, ragt 90 Meter empor.

Blick ins Kircheninnere

Der Blick vom Haupteingang umfasst das hochgewölbte Hauptschiff, Chor und Hochaltar.

Das Querschiff wurde im 13. Jahrhundert, zu Beginn der Regierungszeit von Philippe II Auguste, erbaut.

In der Schatzkammer werden die Kostbarkeiten aufbewahrt, darunter alte Handschriften und Reliquienschreine.

★ Südliches Rosettenfenster

Das Fenster an der Südfassade mit einer Darstellung Christi in seiner Mitte ist stattliche 13 Meter hoch.

»Maibilder«

Zum 1. Mai stifteten die Pariser Zünfte 1630 bis 1707 jährlich ein neues Marienbild. Die bekanntesten Bilder stammen von Charles Le Brun und Le Sueur.

Stadtplan Paris *siehe Seiten 154–169*

Im Detail: Marais

Dank seiner Nähe zum Louvre, der Lieblingsresidenz Charles' V, gewann das frühere Sumpfgebiet (*marais* heißt »Sumpf«) an Bedeutung. Seine Blütezeit erlebte es im 17. Jahrhundert, als es zur bevorzugten Adresse der vermögenden Klasse wurde. Damals entstanden herrschaftliche Wohnhäuser, die *hôtels*. Viele von ihnen wurden restauriert und beherbergen heute Museen. Schicke Designerboutiquen finden sich zwischen edlen Restaurants und Läden.

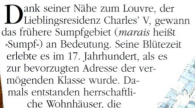

Zum Centre Pompidou

★ **Musée Picasso**
Das Anwesen eines Salzsteuereintreibers (17. Jh.) beherbergt die umfangreichste Picasso-Sammlung der Welt. ⑰

Die Rue des Francs-Bourgeois von 1334 ist nach den *francs*, den Armenhäusern, benannt (Nr. 34 und 36).

Das Musée Cognacq-Jay birgt eine wunderbare Sammlung von Gemälden und Möbeln aus dem 18. Jahrhundert.

Im Hôtel de Lamoignon von 1584 befindet sich die historische Stadtbibliothek.

Die Rue des Rosiers im Herzen des ältesten jüdischen Viertels der Stadt wird von Wohnhäusern, Läden und Restaurants gesäumt. Die meisten Bauten datieren aus dem 18. Jahrhundert.

LEGENDE

– – – Routenempfehlung

0 Meter ———————— 100

★ **Musée Carnavalet**
Das Museum in zwei großen Palais illustriert die Historie der Stadt seit der Frühgeschichte und der gallo-römischen Zeit. ⑱

Hotels und Restaurants in Paris siehe Seiten 550–555 und 600–606

★ **Place des Vosges**
Der historische Platz im Herzen des Marais besticht durch harmonische Symmetrie. ⑲

Zur Orientierung
Siehe Stadtplan 9, 10

Maison de Victor Hugo
Der Dichter wohnte an der Place des Vosges 6, wo heute ein Museum an ihn erinnert. ⑳

RUE DE BEARN

RUE DE TURENNE

BOURGEOIS

RUE DE

RUE DE BIRAGUE

Zur Métro Sully-Morland

NICHT VERSÄUMEN

★ Musée Carnavalet

★ Musée Picasso

★ Place des Vosges

Das Hôtel de Sully mit Orangerie und schönem Innenhof ist ein Renaissance-Bau.

Hôtel de Ville ⑩

Pl de l'Hôtel de Ville, 75004. **Stadtplan** 9 B3. ☎ 01 42 76 40 40. Ⓜ *Hôtel de Ville.* ⬤ *nur für Gruppen nach tel. Anmeldung (01 42 76 54 04).* ⬤ *Feiertage, offizielle Anlässe.* ♿

D as Hôtel de Ville ist heute Sitz der Stadtverwaltung. Es wurde im 19. Jahrhundert im Stil des 1871 während der *Commune de Paris* niedergebrannten Rathauses wiederaufgebaut. Seine mit Figuren geschmückte Fassade und die Türmchen sind ein schönes Beispiel für die Architektur der Dritten Republik.

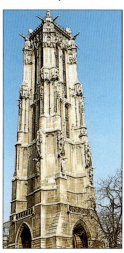

Tour St-Jacques (16. Jh.)

Tour St-Jacques ⑪

Square de la Tour St-Jacques, 75004. **Stadtplan** 9 A3. Ⓜ *Châtelet.* ⬤ *für die Öffentlichkeit.*

D er spätgotische Turm von 1522 ist der einzige erhaltene Teil einer spätgotischen Kirche, die seinerzeit als Sammelplatz für Wallfahrten nach Santiago de Compostela diente. Revolutionäre zerstörten das Gotteshaus 1797. Vorher hatte der Philosoph, Mathematiker, Physiker und Schriftsteller Blaise Pascal im Turm Experimente durchgeführt. Am Fuß des mittlerweile renovierten Baus erinnert eine Statue an den Wissenschaftler.

Stadtplan Paris *siehe Seiten 154–169*

St-Eustache ⑫

Pl du Jour, 75001. **Stadtplan** 9 A1.
☎ *01 42 36 31 05.* Ⓜ *Les Halles.*
ⓇⒺⓇ *Châtelet-Les Halles.* ◯ *Mo–Fr
9.30–19, Sa 10–19, So 9–19 Uhr.*
✝ *Mo–Fr 12.30, Mo–Sa 18, So
9.30, 11, 18 Uhr.* **Konzerte.**
www.saint-eustache.org

Mit dem gotischen Grund-
riss und dem Renais-
sance-Dekor zählt St-Eustache
zu den schönsten Pariser Kirchen. Das imposante fünf-
schiffige Innere ist Notre-
Dame nachempfunden. Die
105-jährige Bauzeit (1532–
1637) fiel in die Blüte der Renaissance, was sich in den
harmonischen Bogen, Pfeilern
und Säulen spiegelt.
　In St-Eustache fanden wichtige Zeremonien statt: Kardinal Richelieu und Madame de
Pompadour wurden hier ge-
tauft. Der Fabeldichter La
Fontaine, Colbert (Erster Minister unter Louis XIV), der Dramatiker Molière, der Komponist Rameau und Mirabeau
sind hier beigesetzt. 1855 erlebte die Kirche die Uraufführung von Berlioz' *Te Deum*,
1866 von Liszts *Messe sole-
nelle.* Heute finden regelmäßig Orgelkonzerte sowie
Laienchor-Aufführungen statt.

Forum des Halles ⑬

75001. **Stadtplan** 9 A2. Ⓜ *Les
Halles.* ⓇⒺⓇ *Châtelet-Les Halles.* **Le
Forum des Images** *2, rue du Cinéma.* ◯ *Di–Fr 12.30–23.30, Sa, So
14–23.30 Uhr.*
www.forumdeshalles.com

Das heutige Forum des
Halles, kurz »Les Halles«,
wurde 1979 nach heftigen
Kontroversen am Platz der
alten Markthallen errichtet.
Der Komplex belegt eine Fläche von sieben Hektar, teilweise über, teilweise unter
der Erde. Im zweiten und
dritten Untergeschoss befinden sich Boutiquen und Kaufhäuser, zudem zwei Multiplexe sowie das cinephile
Zentrum **Forum des Images**.
Auf der Oberfläche wurden
Gärten, Pergolen und Mini-
Pavillons angelegt. Die schon
lang geplanten Erneuerungs-
arbeiten des gesamten Komplexes begannen 2010.

St-Eustache mit der Skulptur
L'Écoute von Henri de Miller

Centre Pompidou ⑭

Siehe S. 92f.

Musée d'Art et d'Histoire du Judaïsme ⑮

Hôtel de St-Aignan, 71, rue du
Temple, 75003. **Stadtplan** 9 C2.
☎ *01 53 01 86 60.* Ⓜ *Rambuteau.*
◯ *Mo–Fr 11–18, So 10–18 Uhr.*
◉ *jüd. Feiertage.* ⬚ ⬚ ⬚ ⬚
www.mahj.org

Das Museum im eleganten
Hôtel de St-Aignan ver-
eint ehemals über die Stadt
verstreute Sammlungen und
würdigt die Kultur französischer Juden vom Mittelalter
bis in die Gegenwart. Der Besucher erfährt, dass die jüdische Gemeinschaft Frank-
reichs schon seit der
Römerzeit besteht und
dass einige der größten
jüdischen Gelehrten –
Rashi, Rabenu Tam
sowie die Tosafisten –
aus Frankreich stamm-
ten. Ausgestellt ist exquisites Kunsthandwerk,
darunter aufwendige Sil-
berarbeiten, Hüllen für
die Thora und verschie-
dene religiöse Objekte.
Des Weiteren gibt es Fo-
tografien, Gemälde und
historische Dokumente,
darunter Berichte über
die Dreyfus-Affäre, die
Ende des 19. Jahrhun-
derts Frankreich stark
bewegte.

Hôtel de Soubise ⑯

60, rue des Francs-Bourgeois,
75003. **Stadtplan** 9 C2. Ⓜ *Rambuteau.* ◉ *für die Öffentlichkeit.*

Das repräsentative Palais
wurde 1705–09 für die
Princesse de Rohan erbaut
und beherbergt einen Teil des
Nationalarchivs (der andere
befindet sich im Hôtel de
Rohan). Sehenswert sind der
Innenhof und die Innenausstattung, an der berühmte
Künstler des 18. Jahrhunderts
mitwirkten. Unter den Highlights: Natoires *Rocaille*-Arbei-
ten im Schlafzimmer der
Prinzessin und Napoléons
Testament, in dem er festlegt,
dass seine Überreste in Frankreich bestattet werden sollen.
Leider haben nur Wissen-
schaftler Zutritt.

Musée Picasso ⑰

Hôtel Salé, 5, rue de Thorigny,
75003. **Stadtplan** 10 D2. ☎ *01 42
71 25 21.* Ⓜ *St-Sébastien-Froissart.*
◉ *wg. Renovierung bis 2012.* ⬚
www.musee-picasso.fr

Mit dem Tod Pablo Picas-
sos (1881–1973) fiel rund
ein Viertel seiner Arbeiten an
den französischen Staat. Der
vom Franco-Regime geächtete
Künstler hatte einen Großteil
seines Lebens in Frankreich
verbracht. Der französische
Staat richtete mit diesem Erbe
das Musée Picasso ein, das
1986 eröffnet wurde. Es ist im

Lesende Frau (1932) von Pablo Picasso
porträtiert Marie-Thérèse Walter

Hôtel Salé (*salé* heißt »salzig«) untergebracht, das 1656 für den Salzsteuereintreiber Aubert de Fontenay erbaut wurde und zu den hübschesten Gebäuden im Marais zählt.

Die Sammlung, die mehr als 200 Gemälde, 158 Skulpturen, 88 Keramiken und etwa 3000 Zeichnungen und Radierungen umfasst, zeigt die Schaffensbreite des Künstlers und bietet einen guten Überblick über sein Werk. Glanzlichter der Sammlung sind: Picassos *Selbstporträt* aus der Blauen Periode, das er im Alter von 20 Jahren malte, *Stillleben mit Flechtstuhl*, das die Technik der Collage innerhalb der Kubisten einführte, das neoklassizistische Bild *Flöten des Pan* sowie *Die Kreuzigung*.

Das Museum verleiht ständig einen Teil der Werke an Museen in aller Welt für Sonderausstellungen, sodass nie der komplette Bestand des Museums zu besichtigen ist.

Prachtvolles Deckengemälde (17. Jh.) von Charles Le Brun

Musée Carnavalet ⓲

23, rue de Sévigné, 75003. **Stadtplan** 10 D3. ☎ 01 44 59 58 58. Ⓜ St-Paul. ◐ Di–So 10–18 Uhr (Räume unterschiedl. geöffnet; tel. erfragen). ● Feiertage. ◙ ☑ tel. erfragen. ⬚ www.carnavalet.paris.fr

Die umfangreiche Sammlung zur Geschichte der Stadt seit prähistorischer Zeit verteilt sich auf zwei Palais.

Zu bewundern sind mit Stilmöbeln und Kunstobjekten ausgestattete Räume. Viele Gemälde und Skulpturen stellen Persönlichkeiten dar. An-

hand von Stichen kann der Besucher die Pariser Baugeschichte nachvollziehen.

Das Hôtel Carnavalet ließ sich Nicolas Dupuis 1548 als Stadtpalais errichten. Die Schriftstellerin Madame de Sévigné wohnte 1677–96 in dem Haus und hielt hier ihre literarischen Zirkel ab. Im Obergeschoss, das der Zeit Louis' XIV gewidmet ist, sind Stücke aus ihrem Besitz zu sehen.

Das 1989 eröffnete, benachbarte Hôtel le Peletier (17. Jh.) enthält Rekonstruktionen von Mobiliar des frühen 20. Jahrhunderts sowie Exponate aus der Zeit der Revolution und Napoléons. In der Orangerie gibt es eine Abteilung zur Frühgeschichte und zur gallo-römischen Zeit.

Im Parc de Bercy wurde 1992 ein Dorf aus der Jungsteinzeit entdeckt. Die Fundstücke, darunter Einbäume, sind hier zu sehen.

Place des Vosges ⓳

75003, 75004. **Stadtplan** 10 D3. Ⓜ Bastille, St-Paul.

Die 1605 von Henri IV angelegte, symmetrische Place des Vosges (140 mal 140 Meter) gilt als einer der schönsten Plätze der Welt. Die 36 Häuser – neun auf jeder Seite – sind über Arkaden errichtet, die heute Antiquitätenläden und Cafés beherbergen. Im Lauf der Jahrhunderte war der Platz Zeuge großer Ereignisse. 1615 etwa fanden hier die Feierlichkeiten zur Hochzeit von Louis XIII mit Anna von Österreich statt.

Maison de Victor Hugo ⓴

6, pl des Vosges, 75004. **Stadtplan** 10 D4. ☎ 01 42 72 10 16. Ⓜ Bastille. ◐ Di–So 10–18 Uhr. ● Feiertage. ▨ ▰ *Bibliothek*. www.musee-hugo.paris.fr

Von 1832 bis 1848 lebte der französische Dichter, Dramatiker und Romancier im zweiten Stock des ehemaligen

Hôtel de Rohan-Guéménée, des größten Hauses an der Place des Vosges. Hier verfasste er größere Passagen von *Die Elenden* und vollendete andere Werke. Das Museum zeigt die Rekonstruktion der Wohnung Hugos mit seinem Schreibtisch und selbst gefertigten Möbeln sowie Zeichnungen und Dokumenten seines Lebens – von der Kindheit bis zum Exil 1852–70.

Victor Hugos Büste von Auguste Rodin

Place de la Bastille ㉑

75004. **Stadtplan** 10 E4. Ⓜ Bastille.

Von dem berühmt-berüchtigten Gefängnis, das der revolutionäre Mob am 14. Juli 1789 stürmte, steht kein Stein mehr. Die 52 Meter hohe Colonne de Juillet erinnert an die Opfer der Julirevolution von 1830. An der Südseite des Platzes (120, rue de Lyon) steht die **Opéra National de Paris (Bastille)**, die 1989 zur Zweihundertjahrfeier der Revolution eröffnet wurde.

Der »Genius der Freiheit« krönt die Colonne de Juillet

Stadtplan Paris *siehe Seiten 154–169*

Centre Pompidou ⑭

Beim Centre Pompidou ist das Innere nach außen gekehrt: Rolltreppen und Aufzüge, Belüftungsröhren und Wasserleitungen, sogar die Stahlstreben liegen offen an der Außenseite. Dieser Kunstgriff der Architekten Richard Rogers, Renzo Piano und Gianfranco Franchini schafft im Inneren frei gestaltbare Ausstellungsflächen für das Musée National d'Art Moderne und andere Sammlungen. Präsentiert werden Matisse, Picasso, Miró und Pollock sowie bedeutende Künstler des Fauvismus, Kubismus und Surrealismus. Das Centre Pompidou wurde zur Jahrtausendwende komplett renoviert.

LEGENDE

☐ Ausstellungsfläche

☐ Keine Ausstellungsfläche

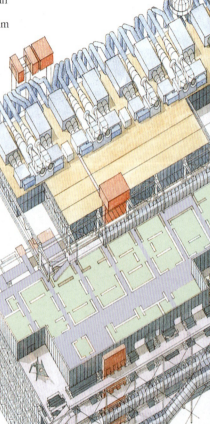

Das »Durcheinander« von Glas und Stahl ist ein Besuchermagnet. Durch das 1977 erbaute Kunstzentrum marschieren jährlich Millionen.

Mobile auf zwei Ebenen *(1955)*
Der amerikanische Künstler Alexander Calder erhob das Mobile zu einer eigenen Kunstform.

Zum Atelier Brancusi ↙

Kurzführer

Die Dauerausstellung nimmt die 4. und 5. Etage ein: Werke von 1905–1960 sind im 5., zeitgenössische Kunst im 4. Stockwerk. Im 1. und 6. Stock sind Wechselausstellungen. In der 1., 2. und 3. Etage ist die Bibliothek. Im Untergeschoss befindet sich das »Forum« mit Veranstaltungszentrum, Kino und einem Bereich für Kinderworkshops.

Die Trauer des Königs *(1952)*
Im hohen Alter schuf Matisse diese Gouache, aufgezogen auf Leinwand.

Bassin und
Skulpturenterrasse

**Die Schriftstellerin Sylvia
von Harden** *(1926)*
*Der anatomisch-präzise
Malstil von Otto Dix macht
das Porträt zur Karikatur.*

INFOBOX

Centre d'Art et de Culture
Georges Pompidou, pl G. Pompidou, 75004. **Stadtplan** 9 B2.
🅒 *01 44 78 12 33.* Ⓜ *Rambuteau, Châtelet, Hôtel de Ville.*
🚌 *21, 29, 38, 47, 58, 69, 70,
72, 74, 75, 76, 81, 85, 96.*
Ⓡ️Ⓔ️Ⓡ️ *Châtelet-Les Halles.* 🅿 *Centre G. Pompidou.* ⭕ *Mi–Mo
11–21 Uhr (Wechselausstellungen variieren), Atelier Brancusi:
Mi–Mo 14–18 Uhr, Bibliothek:
Mo, Mi–Fr 12–22 Uhr (Sa, So
11–22 Uhr).* 🚫 ♿ 🖼 📷 🍴
💻 📷 **www.cnac-gp.fr**

Le Duo *(1937)*
*Georges Braques
kubistische Technik
zeigt – wie die Picas-
sos – verschiedene
Ansichten eines
Motivs vereint.*

**Mit dem schwarzen
Bogen** *(1912)*
*In den Werken von
Wassily Kandinsky
wird der Übergang zur
abstrakten Kunst
nachvollziehbar.*

Strawinsky-Brunnen
*Der 1983 eingeweihte
Brunnen steht auf der
Place Igor Stravinsky in der
Nähe des Centre Pompidou.
Er wurde von Jean Tinguely
und Niki de Saint Phalle
entworfen, die beide mit
Werken im Centre Pom-
pidou vertreten sind.*

Atelier Brancusi

Das Atelier Brancusi in der
Rue Rambuteau ist eine Nachbildung der Werkstatt des ru-
mänischen Künstlers Constantin Brancusi (1876–1957), der
in Paris lebte und arbeitete. Er
vermachte sein gesamtes Werk
dem französischen Staat, allerdings unter der Bedingung,
dass sein Atelier im Originalzustand nachgebaut würde.
Die Sammlung enthält über
200 Skulpturen und Plinthen,
1600 Fotografien (sie werden
im turnusmäßigen Wechsel gezeigt) und die Werkzeuge
Brancusis. Auch persönliche
Gegenstände des Künstlers
sind ausgestellt.

**Das Atelier Brancusi, entworfen
von Renzo Piano**

Stadtplan Paris *siehe Seiten 154–169*

Tuileries und Opéra

Die Großzügigkeit der *grands boulevards*, die im 19. Jahrhundert nach Plänen von Baron Haussmann angelegt wurden, gleicht die Betriebsamkeit der Bankiers, Theaterbesucher, Urlauber und Einkaufswütigen aus, die die Gegend um die Oper bevölkern. Angelockt werden die Massen von den zahlreichen Läden und Kaufhäusern. In den schönen glasüberdachten *galeries* oder *passages*, die in den 1970er Jahren liebevoll restauriert wurden, hat sich das Flair des 19. Jahrhunderts noch erhalten. Die edelsten Boutiquen befinden sich in der Galerie Vivienne. Etwas mehr historisches Flair findet man in der Passage des Panoramas, der Passage Verdeau und der Passage des Princes. Hier gibt es unterschiedliche Läden, die etwa zum Kauf von Delikatessen

Vestalische Jungfrau vor der Oper

verführen oder antiquarische Bücher und Briefmarken anbieten.

Das Tuileries-Viertel zwischen Opéra und Seine wird im Westen von der Place de la Concorde und im Osten vom Louvre begrenzt. Zu den immensen Kunstschätzen des Louvre gelangt man durch I.M. Peis Glaspyramide. Elegante Palais und Gärten prägen das Viertel. Neben den schönen Künsten und den Denkmälern der Monarchie versucht die Moderne, ihren Platz mit exorbitantem Luxus zu behaupten. Die Place Vendôme mit ihren Juweliergeschäften und dem noblen Hotel Ritz vereint Reichtum und Schick. Parallel zum Jardin des Tuileries verlaufen zwei der prächtigsten Shopping-Meilen, die Rue de Rivoli und die Rue St-Honoré, in denen Boutiquen, Buchläden und Fünf-Sterne-Hotels nebeneinanderliegen.

Sehenswürdigkeiten auf einen Blick

Museen und Sammlungen
Galerie Nationale du Jeu de Paume ❻
Grévin ❸
Musée de l'Orangerie ❽
Musée des Arts Décoratifs ⓫
Musée du Louvre S. 100–103 ⓮

Plätze, Parks und Gärten
Jardin des Tuileries ❾
Place de la Concorde ❼
Place Vendôme ❺

Denkmal
Arc de Triomphe du Carrousel ⓬

Historische Gebäude
Opéra National de Paris Garnier ❷
Palais Royal ⓭

Kirchen
La Madeleine ❶
St-Roch ❿

Einkaufspassage
Les Passages ❹

Anfahrt
Die Gegend wird von der Métro angefahren (Stationen u. a. Tuileries, Pyramides, Palais Royal, Madeleine und Opéra). Bus 72 verkehrt in der Rue de Rivoli und am Quai du Louvre. Die Linien 21, 27, 29 und 81 fahren die Avenue de l'Opéra entlang.

LEGENDE
🟧 Detailkarte S. 96f
Ⓜ Métro-Station
ℹ Information

0 Meter 500

◁ Blick auf die Place de la Concorde mit dem Obelisken *(siehe S. 98)*

Im Detail: Opéra

Es heißt, wenn man nur lang genug im Café de la Paix (gegenüber der Opéra) sitzen bleibt, wird die ganze Welt an einem vorüberziehen. Tagsüber drängen sich Geschäftsleute und Besucher auf den *grands boulevards*, an denen sich auch die großen Kaufhäuser befinden. Abends ziehen Clubs und Theater ein anderes Publikum an. In den Cafés am Boulevard des Capucines herrscht immer reger Betrieb.

Statue von Gumery
am Opernhaus

★ **Opéra National de Paris Garnier**
Das majestätische Opernhaus (1875) spiegelt die Opulenz des Zweiten Kaiserreichs wider. ❷

NICHT VERSÄUMEN

★ La Madeleine

★ Opéra National de Paris Garnier

26, place de la Madeleine ist die Adresse für Gourmets: Fauchon verkauft die exklusivsten Delikatessen der Stadt.

RUE TRONCHET

RUE VIGNON

RUE GODOT DE MAUROY

RUE CAUMARTIN

RUE AUBER

RUE EDOUARD VII

BD DES CAPUCINES

PL DE LA MADELEINE

BD DE LA MADELEINE

Ⓜ Madeleine

★ **La Madeleine**
Das Architekturmodell der Madeleine ist im Musée Carnavalet (siehe S. 91) zu besichtigen. ❶

14, boulevard des Capucines war im Dezember 1895 Schauplatz der ersten öffentlichen Filmvorführung durch die Gebrüder Lumière.

Hotels und Restaurants in Paris *siehe Seiten 550–555 und 600–606*

Zur Orientierung
Siehe Stadtplan 4, 7, 8

Im Musée de l'Opéra werden die Partituren aller hier aufgeführten Ballette und Opern aufbewahrt, aber auch Nijinskys Ballettschuhe.

PL DIAGHILEV

SCRIBE

L CH. RNIER

PL DE L'OPÉRA

M

Opéra

RUE DAUNOU

Die Place de l'Opéra, eine der belebtesten Kreuzungen der Stadt, basiert auf einem Entwurf Haussmanns.

LEGENDE

– – – Routenempfehlung

0 Meter   100

Marochettis *Himmelfahrt der Maria Magdalena* **(1837)** in La Madeleine

La Madeleine ❶

Pl de la Madeleine, 75008. **Stadtplan** 3 C5. **☎** *01 44 51 69 00.* **Ⓜ** *Madeleine.* **◯** *Mo–Fr 12.30, 18.30, Sa 12.30, So 11, 18 Uhr.* ◙ ⬛ *Konzerte.*

Mit dem Bau der Madeleine, die einem griechischen Tempel nachempfunden ist, wurde 1764 begonnen. 1845 wurde die Kirche geweiht. Zwischenzeitlich wollte man den Bau in eine Bank, eine Börse, ein Theater oder einen Ruhmestempel zu Ehren Napoléons verwandeln. Eine Kolonnade von korinthischen Säulen umgibt den Bau. Der Innenraum mit den Skulpturen zeigt viel Marmor und Gold.

Opéra National de Paris Garnier ❷

Pl de l'Opéra. 75009. **Stadtplan** 4 D/E4. **☎** *0892 89 90 90.* **Ⓜ** *Opéra.* **◯** *tägl. 10–16.30 Uhr (bei Matineen bis 13 Uhr).* ● *Feiertage.* ◙ ⬛ *www.operadeparis.fr*

Als gigantische Hochzeitstorte bezeichneten boshafte Stimmen das Gebäude, das Charles Garnier 1862 entwarf. Der Krieg und die Aufstände von 1871 verzögerten die Eröffnung, sie fand erst 1875 statt. Der Bau besitzt ein grandioses Treppenhaus aus weißem Carrara-Marmor mit prächtigem Kronleuchter und einen in Rot und Gold gehaltenen Zuschauerraum. Das Deckengemälde (1964) schuf

Chagall. Die Opéra Garnier bietet nach der gelungenen Renovierung viel Ballett. Opern werden mit der Opéra National de Paris (Bastille) *(siehe S. 153)* koproduziert.

Grévin ❸

10, bd Montmartre, 75009. **Stadtplan** 4 F4. **☎** *01 47 70 85 05.* **Ⓜ** *Grands Boulevards.* **◯** *Mo–Fr 10–18.30, Sa, So 10–19 Uhr.* ◙ ⬛ *www.grevin.com*

Tafel vor dem Grévin

Das 1882 eröffnete Wachsfigurenkabinett zeigt historische Szenen, etwa Louis XIV in Versailles oder die Verhaftung von Louis XVI. Man trifft auf alle möglichen Berühmtheiten aus Kunst, Politik, Film und Sport. Das Holografiemuseum (im ersten Stock) überrascht durch optische Tricks. Im Museum gibt es zudem ein Theater.

Les Passages ❹

75002. **Stadtplan** 4 F5. **Ⓜ** *Bourse.*

Die meisten der im frühen 19. Jahrhundert entstandenen überdachten Einkaufspassagen (*galeries* oder *passages*) liegen zwischen Boulevard Montmartre und Rue St-Marc. Sie beherbergen eine bunte Mischung kleiner Läden, die von Designerschmuck bis zu antiquarischen Büchern und Künstlerbedarf alles verkaufen. Besonders sehenswert ist die Galerie Vivienne mit ihrem hübschen Mosaikboden.

Place Vendôme ❺

75001. **Stadtplan** 8 D1.
Ⓜ *Tuileries.*

Als anschauliches Beispiel für die Eleganz der Stadt im 18. Jahrhundert kann dieser Platz des Architekten Jules Hardouin-Mansart gelten, der 1698 angelegt wurde. Ursprünglich war vorgesehen, hinter den mit Arkaden geschmückten Fassaden Akademien und Botschaften unterzubringen, doch stattdessen richteten sich Bankiers prunkvoll ein. Berühmte Anwohner waren Frédéric Chopin, der 1849 im Haus Nr. 12 starb, und César Ritz, der 1898 in Nr. 15 sein Hotel gründete.

Galerie Nationale du Jeu de Paume ❻

Jardin des Tuileries, pl de la Concorde, 75008. **Stadtplan** 7 C1.
Ⓒ *01 47 03 12 50.* Ⓜ *Concorde.*
Ⓞ *Di 12–21, Mi–Fr 12–19, Sa 10–19 Uhr.* Ⓐ *1. Jan, 1. Mai, 25. Dez.*
🖼♿🛇🗷
ⓦ*www.jeudepaume.org*

Für Jeu de Paume – ein Ballspiel – ließ Napoléon III 1851 an der Nordseite der Tuilerien zwei Tennisplätze errichten. Später wurde daraus ein Museum für den französischen Impressionismus. Es beherbergt das Centre National de la Photographie und Kunstausstellungen. Sein Gegenstück ist das Hotel de Sully *(siehe S. 89).*

Place de la Concorde ❼

75008. **Stadtplan** 7 C1.
Ⓜ *Concorde.*

Der Platz, der zu den historisch bedeutendsten Europas zählt, war bis Mitte des 18. Jahrhunderts Sumpf-

Monets *Seerosen* sind im Musée de l'Orangerie zu bewundern

gebiet. 1775 beauftragte Louis XV den Architekten Jacques-Ange Gabriel mit der Planung eines würdigen Standorts für ein Reiterstandbild seiner Majestät, woraufhin der acht Hektar große, damals nach dem König benannte Platz angelegt wurde.

Keine 20 Jahre später ersetzte man das Denkmal durch die Guillotine (die sogenannte »Schwarze Witwe«). Der Platz erhielt den Namen Place de la Révolution. Am 21. Januar 1793 wurde Louis XVI hier hingerichtet. In den folgenden Jahren rollten über 1300 Köpfe, darunter die von Marie-Antoinette, Madame du Barry, Charlotte Corday (der Mörderin Marats), aber auch die der Revolutionsführer Danton und Robespierre. Als die Schreckensherrschaft 1794 vorüber war, tauften die Stadtväter den Platz in Place de la Concorde (Eintracht) um. Jahrzehnte später erhielt Louis-Philippe vom ägyptischen Vizekönig einen 3200 Jahre alten Obelisken und ließ ihn hier aufstellen. An der Nordseite stehen zwei der klassizistischen Palais von Gabriel: das Hôtel de la Marine und das vornehme Hôtel Crillon.

Der 3200 Jahre alte Obelisk aus Luxor

Musée de l'Orangerie ❽

Jardin des Tuileries, pl de la Concorde, 75008. **Stadtplan** 7 C1.
Ⓒ *01 44 77 80 07.* Ⓜ *Concorde.*
Ⓞ *Mi–Mo 9–18 Uhr.* Ⓐ *1. Mai, 25. Dez.* ♿🛇 *nach Voranmeldung.* 📷
ⓦ*www.musee-orangerie.fr*

Ein Teil von Claude Monets *Seerosen*-Gemälden bedeckt die Wände zweier ovaler Räume des Museums. Die meisten seiner *Seerosen* entstanden zwischen 1899 und 1912 im Garten des Künstlers in Giverny bei Paris.

Zudem birgt das Museum die Walter-Guillaume-Sammlung: 27 Bilder von Renoir, darunter *Junge Mädchen am Klavier,* ausdrucksstarke Arbeiten von Soutine, 14 Werke von Cézanne, frühe Werke von Picasso und neun Gemälde von Rousseau, darunter *Die Hochzeit.* Darüber hinaus sind einige Werke von Sisley und Modigliani zu sehen.

Jardin des Tuileries ❾

75001. **Stadtplan** 8 D1. Ⓜ *Tuileries, Concorde.* Ⓞ *Apr–Sep: 7–19 Uhr; Okt–März: 7.30–19.30 Uhr.*

Die klassizistische Parkanlage gehörte früher zum Palais des Tuileries, den die Kommunarden 1871 zerstörten. Im 17. Jahrhundert entwarf der Hofgärtner Le Nôtre die Allee sowie die Formbäume und -sträucher, bei denen Symmetrie oberstes Gebot ist. Im Zug von Überholungsarbeiten ist nun ein neuer Garten mit Bäumen und mit modernen Skulpturen entstanden.

St-Roch ⑩

296, rue St-Honoré, 75001. **Stadtplan** 8 E1. **C** 01 42 44 13 20. **M** *Tuileries.* ◯ *tägl. 8.30–19 Uhr.* ● *Feiertage.* 📷 *Konzerte.*

L ouis XIV legte 1653 den Grundstein zu der imposanten Kirche nach dem Entwurf von Jacques Lemercier, dem Architekten des Louvre. St-Roch ist voller sakraler Kunstwerke, von denen viele aus abgerissenen Kirchen und Klöstern stammen. Der Dramatiker Pierre Corneille, der Hofgärtner André Le Nôtre und der Philosoph Denis Diderot sind hier beigesetzt.

Viens *Predigt des hl. Dionysius vor den Galliern* (1767) in St-Roch

Musée des Arts Décoratifs ⑪

Palais du Louvre, 107, rue de Rivoli, 75001. **Stadtplan** 8 E2. **C** 01 44 55 57 50. **M** *Palais Royal, Tuileries.* ◯ *Di–So 11–18 Uhr (Do bis 21 Uhr).* ● *Feiertage.* **Bibliothek, Musée de la Mode et du Textile** und **Musée de la Publicité** ◯ *wie oben.* 📷 *www.lesartsdecoratifs.fr*

D as Museum im Nordwestflügel des Palais du Louvre (mit Musée de la Publicité

Daniel Burens Marmorsäulen im Hof des Palais Royal

und Musée de la Mode et du Textile) zeigt dekorative Kunst ab dem Mittelalter. Sehenswert sind die Jugendstil- und Art-déco-Räume, eine Rekonstruktion der Wohnung der Modeschöpferin Jeanne Lanvin und die Möbel im Stil Louis' XIV, Louis' XV und Louis' XVI. Auch die Moderne ist vertreten. Vom Restaurant aus sieht man die Tuileries-Gärten.

Arc de Triomphe du Carrousel ⑫

Pl du Carrousel, 75001. **Stadtplan** 8 E2. **M** *Palais Royal.*

N apoléon ließ den Triumphbogen aus rosa Marmor zur Erinnerung an einige Siege – vor allem an die Schlacht von Austerlitz 1805 – errichten. Die Quadriga, die 1828 hinzukam, zeigt Kopien der Pferde von San Marco, die Napoléon aus Venedig mitbrachte und 1815 nach der Niederlage bei Waterloo zurückgeben musste.

Palais Royal ⑬

Pl du Palais-Royal, 75001. **Stadtplan** 8 E1. **M** *Palais Royal.* ● *für die Öffentlichkeit.*

D er ehemalige Königspalast kann auf eine turbulente Vergangenheit zurückblicken. Er wurde Anfang des 17. Jahrhunderts für Kardinal Richelieu erbaut und fiel mit dessen Tod an die Krone. Louis XIV verbrachte hier seine Kindheit. Im 18. Jahrhundert war er Sitz der Herzöge von Orléans und sah viele Feierlichkeiten, aber auch Glücksspiel. Von hier aus ertönte der Ruf nach Freiheit, der am 14. Juli 1789 zum Sturm auf die Bastille führte.

Im West- und Ostflügel sind heute Staats- und Verfassungsrat sowie das Kultusministerium untergebracht. Westlich des Palais (2, rue de Richelieu) befindet sich die Comédie Française, die Louis XIV 1680 ins Leben rief. Der hintere Teil, in dem einst Colette und Jean Cocteau lebten, beherbergt edle Geschäfte.

Eine vergoldete Siegesgöttin krönt den Arc de Triomphe du Carrousel

Stadtplan Paris siehe Seiten 154–169

Musée du Louvre ⑭

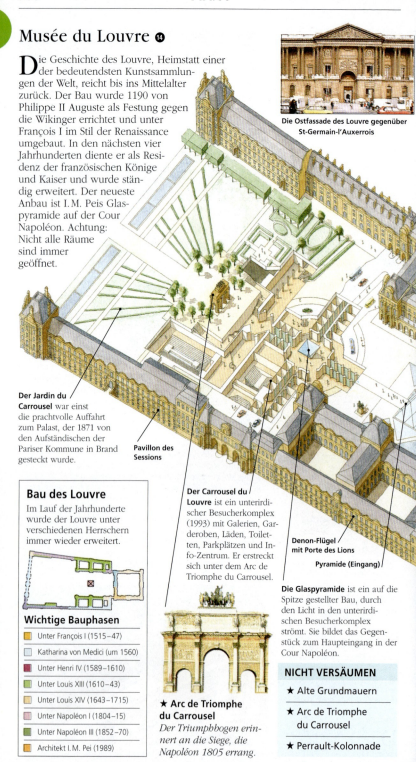

Die Geschichte des Louvre, Heimstatt einer der bedeutendsten Kunstsammlungen der Welt, reicht bis ins Mittelalter zurück. Der Bau wurde 1190 von Philippe II Auguste als Festung gegen die Wikinger errichtet und unter François I im Stil der Renaissance umgebaut. In den nächsten vier Jahrhunderten diente er als Residenz der französischen Könige und Kaiser und wurde ständig erweitert. Der neueste Anbau ist I. M. Peis Glaspyramide auf der Cour Napoléon. Achtung: Nicht alle Räume sind immer geöffnet.

Die Ostfassade des Louvre gegenüber St-Germain-l'Auxerrois

Der Jardin du Carrousel war einst die prachtvolle Auffahrt zum Palast, der 1871 von den Aufständischen der Pariser Kommune in Brand gesteckt wurde.

Pavillon des Sessions

Bau des Louvre
Im Lauf der Jahrhunderte wurde der Louvre unter verschiedenen Herrschern immer wieder erweitert.

Wichtige Bauphasen

🟧	Unter François I (1515–47)
⬜	Katharina von Medici (um 1560)
🟥	Unter Henri IV (1589–1610)
🟩	Unter Louis XIII (1610–43)
🟨	Unter Louis XIV (1643–1715)
🟪	Unter Napoléon I (1804–15)
🟩	Unter Napoléon III (1852–70)
🟧	Architekt I. M. Pei (1989)

Der Carrousel du Louvre ist ein unterirdischer Besucherkomplex (1993) mit Galerien, Garderoben, Läden, Toiletten, Parkplätzen und Info-Zentrum. Er erstreckt sich unter dem Arc de Triomphe du Carrousel.

★ Arc de Triomphe du Carrousel
Der Triumphbogen erinnert an die Siege, die Napoléon 1805 errang.

Denon-Flügel mit Porte des Lions

Pyramide (Eingang)

Die Glaspyramide ist ein auf die Spitze gestellter Bau, durch den Licht in den unterirdischen Besucherkomplex strömt. Sie bildet das Gegenstück zum Haupteingang in der Cour Napoléon.

NICHT VERSÄUMEN

★ Alte Grundmauern

★ Arc de Triomphe du Carrousel

★ Perrault-Kolonnade

Glaspyramide

1981 wurden Pläne für Umbau und Erweiterung des Louvre gemacht. Dazu gehörten u.a. die Verlegung des Finanzministeriums aus dem Richelieu-Trakt des Louvre an einen anderen Ort und die Neugestaltung der Eingangshalle nach Plänen von I.M. Pei (1989).

Die Glas-Metall-Pyramide lässt den Blick auf die umliegenden Palastgebäude frei und bringt gleichzeitig Licht in den darunterliegenden Besucherkomplex.

INFOBOX

Stadtplan 8 E2. *Zugang über Pyramide, Porte des Lions und Carrousel (Passage Richelieu nur mit Tickets). Ticket-Automaten am Carrousel du Louvre.* Ⓜ *Palais Royal, Musée du Louvre.* 🚌 *21, 24, 27, 39, 48, 68, 69, 72, 80, 95.* RER *Châtelet-Les Halles.* 🚤 *Louvre.* Ⓟ *Carrousel du Louvre (Einfahrt in der av du General Lemonnier), pl du Louvre, rue St-Honoré.* 🕐 *Mo, Mi–So 9–18 Uhr (Mi, Fr bis 22 Uhr).* ⚫ *1. Jan, 1. Mai, 25. Dez.* ♿ *1. So im Monat frei.* ♿ *teilweise (01 40 20 53 17).* 📷 *Infos unter 01 40 20 84 58.* 🎭 **Lesungen, Filme, Konzerte** *Infos unter 01 40 20 55 55.* 🍴 📧 📱 www.louvre.fr
Tickets online bei:
www.ticketweb.com
http://louvre.fnacspectacles.com
www.ticketnet.fr

Cour Marly heißt der glasüberdachte Hof, in dem die *Rosse von Marly* zu sehen sind *(siehe S. 103)*.

Richelieu-Trakt

Cour Puget

Die Napoléon-Halle liegt unter der Pyramide.

Cour Khorsabad

Sully-Trakt

Cour Carrée

Cour Napoléon

★ **Perrault-Kolonnade**
Die majestätischen Säulenreihen der Ostfassade entwarf Claude Perrault, der Mitte des 17. Jahrhunderts zusammen mit Louis Le Vau am Louvre arbeitete.

Die Salle des Caryatides verdankt ihren Namen den vier Monumentalstatuen, die Jean Goujon 1550 als Stützen für die obere Galerie anfertigte. Der Raum wurde für Henri II erbaut und ist der älteste Teil des Palasts.

Der Louvre Charles' V
Um 1360 ließ Charles V die turmbewehrte Festung Philippes II Augustes zu einer königlichen Residenz umbauen.

★ **Alte Grundmauern**
Zu sehen sind die mittelalterlichen Turmmauern und der Unterbau der Zugbrücke von Philippes II Augustes Festung.

Stadtplan Paris *siehe Seiten 154–169*

Musée du Louvre: Sammlungen

Angesichts des Umfangs der Sammlungen des Louvre empfiehlt es sich, vorab Schwerpunkte festzulegen. Die Kollektion europäischer Malerei (1200–1850) bietet einen umfassenden Überblick. In den renovierten Abteilungen für orientalische, ägyptische, griechische, etruskische und römische Kunst findet man seltene Schätze und zahlreiche Neuerwerbungen. Das Spektrum der *objets d'art* reicht von Möbeln bis Juwelen.

Das *Floß der Medusa* (1819) von Théodore Géricault

Europäische Malerei 1200–1850

Nordeuropäische Malerei (flämische, niederländische, deutsche und englische Meister) ist gut repräsentiert. Zu den frühesten flämischen Bildern zählt Jan van Eycks *Madonna des Kanzlers Nicholas Rolin* (um 1435), das den Kanzler von Burgund vor der Muttergottes zeigt. Hieronymus Boschs *Narrenschiff* (1500) thematisiert die Sinnlosigkeit menschlichen Daseins.

Mona Lisa (um 1504) von Leonardo da Vinci

Herausragende Stücke der niederländischen Sammlung sind Rembrandts *Selbstbildnis*, sein *Christus in Emmaus* (1648) und *Bathseba* (1654). Mit wichtigen Arbeiten vertreten sind auch deutsche Meister des 15. und 16. Jahrhunderts: Dürer mit einem jugendlichen *Selbstbildnis* (1493), Lucas Cranach mit seiner *Venus* (1529) und Hans Holbein mit einem Porträt des *Erasmus von Rotterdam*.

Umfangreich ist die Kollektion italienischer Gemälde, die die Zeit zwischen 1200 und 1800 abdeckt. Werke von Cimabue und Giotto, den Vätern der Renaissance, findet man hier ebenso wie Fra Angelicos *Krönung Mariä* (1430–32) und Raffaels *Porträt des Grafen Baldassare Castiglione* (1514/15). Zu sehen sind auch einige Werke von Leonardo da Vinci, wobei die *Hl. Anna selbdritt* sowie die *Felsgrottenmadonna* ebenso bestechen wie die *Mona Lisa*.

Die Sammlung französischer Maler reicht vom 14. Jahrhundert bis 1850. Spätere Werke sind im Musée d'Orsay *(siehe S. 120f)*. Berühmt ist Jean Fouquets *Porät von Charles VII* (um 1450). Antoine Watteau, der große Maler der Melancholie des 18. Jahrhunderts, ist ebenso vertreten wie J. H. Fragonard, Meister des Rokoko, dessen frivole Motivwahl in den *Badenden* (1770) zum Ausdruck kommt.

Europäische Skulpturen 1100–1850

Unter den frühen flämischen und deutschen Skulpturen der Sammlung sieht man Tilman Riemenschneiders *Mariä Verkündigung* (spätes 15. Jh.) und eine lebensgroße Statue der nackten Maria Magdalena von Gregor Erhart (frühes 16. Jh.). Adriaen de Vries' langgliedrige Figuren *Merkur und Psyche* (1593) waren für den Hof Rudolfs II. in Prag bestimmt.

Den Beginn der französischen Kollektion bilden frühromanische Arbeiten wie die Christusfigur eines burgundischen Bildhauers (12. Jh.) und ein Haupt des Apostels Petrus. Das *Grabmal des Philippe Pot* (eines hochrangigen Beamten aus Burgund) mit den acht schwarz gekleideten Trauernden zählt zu den ungewöhnlicheren Exponaten. Diane de Poitiers, die Mätresse Henris II., hatte im Hof ihres westlich von Paris gelegenen Schlosses eine große Statue ihrer Namenspatronin Diana (Göttin der Jagd) stehen – heute befindet sie sich im Louvre.

Grabmal des Philippe Pot (spätes 15. Jh.) von Antoine Le Moiturier

**Die *Rosse von Marly* (1745)
von Guillaume Coustou**

Die Cour Puget ist Standort der Werke des französischen Bildhauers Pierre Puget (1620–1694). Hier sieht man eine Statue des Milon von Kroton, jenes griechischen Athleten, der von einem Löwen gefressen wurde. Die *Rosse von Marly* bäumen sich jetzt in der Cour Marly – umgeben von anderen Meisterwerken französischer Bildhauerkunst wie Jean-Antoine Houdons Büsten berühmter Männer, darunter Diderot und Voltaire. Bei den Italienern finden sich Exponate wie Michelangelos *Sklaven* und Benvenuto Cellinis *Nymphe von Fontainebleau*.

Orientalische, ägyptische, griechische, etruskische und römische Artefakte

Im Rahmen einer Generalüberholung des Louvre stieg die Bandbreite der antiken Stücke, die von der Steinzeit bis zum Niedergang des Römischen Reichs reichen. Unter den Exponaten befindet sich auch griechische und römische Glaskunst aus dem 6. Jahrhundert v.Chr. Zu den bedeutendsten Objekten aus Mesopotamien zählt die älteste Gesetzessammlung der Welt: der Kodex Hammurabi (um 1700 v.Chr.).

Die Assyrer sind mit Reliefarbeiten und einer imposanten Rekonstruktion eines Teils des Palasts von Sargon II.

(722–705 v.Chr.) vertreten, dessen geflügelte Stiere jeder Hobbyarchäologe kennt. Ein schönes Beispiel persischer Kunst bilden die Keramiken (5. Jh. v.Chr.), die die Bogenschützengarde des Perserkönigs zeigen.

Die meisten ägyptischen Kunstwerke wurden für Verstorbene gefertigt, die man für ein Leben nach dem Tod ausstattete. Beispiele wie lebensecht erscheinender Grabbeigaben sind der *Sitzende Schreiber* und Skulpturen von Ehepaaren.

Die Abteilung, die dem antiken Griechenland, Rom und Etrurien gewidmet ist, enthält zahlreiche Fragmente. Darunter ragen einige Stücke hervor: ein stark geometrischer Kopf von den Kykladen (um 2700 v.Chr.) und eine elegante, goldgehämmerte Schale mit einem Schwanenhals (2500 v.Chr.). Die berühmtesten Statuen – die *Nike von Samothrake*

***Venus von Milo*, spätes
3. bis frühes 2. Jh. v. Chr.**

und die *Venus von Milo* – entstammen der hellenistischen Epoche (3. bis frühes 2. Jh. v.Chr.).

Glanzstück der etruskischen Kollektion ist der Terrakottasarkophag eines Ehepaars, das einem Festmahl beizuwohnen scheint. Höhepunkt der römischen Abteilung ist ein Bronzekopf von Kaiser Hadrian (2. Jh.).

Objets d'art

Der Begriff *objets d'art* deckt ein breites Spektrum von dekorativer Kunst ab: Schmuck, Möbel, mechanische und Sonnenuhren, Gobelins, Miniaturen, Silber- und Glaswaren, Bestecke, byzantinische und Pariser Elfenbeinschnitzereien, Limousiner Email, Porzellan, französisches und italienisches Steingut, Teppiche, wissenschaftliche Instrumente, Tabaksdosen, Waffen und Rüstungen. Der Louvre hat über 8000 solcher Gegenstände aus allen Epochen und Regionen.

Viele der wertvollen Objekte stammen aus der Abtei St-Denis, in der die französischen Könige gekrönt wurden. Zu den Schätzen zählen eine Steinplatte (1. Jh.) mit einer Einfassung aus Gold und Edelsteinen (9. Jh.), eine Porphyrvase, die Suger, der Abt von St-Denis, in Form eines Adlers in Gold fassen ließ, und das goldene Zepter, das um 1380 für Charles V gefertigt wurde.

Zum französischen Kronschatz gehören u.a. die Kronen, mit denen Louis XV und Napoléon gekrönt wurden, Zepter, Schwerter und andere Reichsinsignien. Ebenfalls ausgestellt ist der »Regent«, einer der reinsten Diamanten der Welt, den Louis XV 1722 zu seiner Krönung trug.

Einen Raum nehmen die Gobelins mit dem Titel *Die Jagden des Kaisers Maximilian* (1530) ein. Die Sammlung französischer Möbel stammt aus dem 16. bis 19. Jahrhundert und ist nach Epochen bzw. nach den Kunstsammlern geordnet, die ihre Kollektion dem Museum hinterließen. Gezeigt werden Objekte von Kunstschreinern wie André-Charles Boulle, der Ende des 17. Jahrhunderts für Louis XIV tätig war.

***Sitzender Schreiber* (um 2500 v.Chr.),
eine ägyptische Grabbeigabe**

Vergoldete Bronze-
statuen verschiedener
Künstler schmücken
den Platz vor dem
Palais de Chaillot

Champs-Élysées und Invalides

Die Seine fließt hier durch ein Gebiet, das an Monumentalität kaum zu überbieten ist – von den imposanten Bauten von Les Invalides (18. Jh.) bis zu den vom Jugendstil geprägten Straßen um den Eiffelturm. Zwei Prachtboulevards beherrschen das Viertel nördlich der Seine: die Champs-Élysées mit ihren Nobelhotels und -läden, die nur wenig an Exklusivität verloren haben, und die elegante Rue du Faubourg-St-Honoré mit dem Élysée-Palast. Im 19. Jahrhundert wurde das Dorf Chaillot eingemeindet. Viele der Palais aus der Zeit des Zweiten Kaiserreichs beherbergen heute Botschaften oder Konsulate. Die Straßen um die Place du Trocadéro und das Palais de Chaillot werden von Museen und Cafés gesäumt.

Laterne am Pont Alexandre III

Sehenswürdigkeiten auf einen Blick

Historische Gebäude und Straßen
29, avenue Rapp ⑰
Avenue des Champs-Élysées ❷
Champ-de-Mars ⑱
École Militaire ⑲
Les Égouts ⑭
Hôtel des Invalides ㉑
Palais de l'Élysée ❸

Museen und Sammlungen
Cité de l'Architecture
et du Patrimoine ⑩
Grand Palais ❺
Musée Dapper ⑪
Musée d'Art Moderne de la
Ville de Paris ❼
Musée de l'Armée ㉒
Musée du Quai Branly ⑮
Musée Galliera ❽
Musée Maillol ㉗
Musée National des Arts
Asiatiques Guimet ❾
Musée Rodin ㉕
Palais de Chaillot ⑬
Petit Palais ❹

Kirchen
Dôme des Invalides ㉔
Sainte-Clotilde ㉖
St-Louis-des-Invalides ㉓

Denkmäler und Brunnen
Arc de Triomphe ❶
Eiffelturm S. 113 ⑯

Moderne Architektur
UNESCO ⑳

Park
Jardins du Trocadéro ⑫

Brücke
Pont Alexandre III ❻

Anfahrt
Hier liegen die Métro-Stationen Étoile, Trocadéro und Champs-Élysées. Die Busse 42 und 73 fahren auf den Champs-Élysées, die Linien 82 und 69 entlang der Avenue de Suffren bzw. der Rue St-Dominique.

LEGENDE
Detailkarte S. 106f
Ⓜ Métro-Station
RER RER-Station
Ⓞ Batobus-Anlegestelle
ⓘ Information

Im Detail: Champs-Élysées

Die französischen Gärten, die die Champs-Élysées zwischen der Place de la Concorde und dem Rond-Point säumen, haben sich kaum verändert, seit sie vom Architekten Jacques Hittorff 1838 angelegt wurden. Sie bildeten den Rahmen für die Weltausstellung von 1855, zu der auch das Palais de l'Industrie errichtet wurde. Diesen Kristallpalast ersetzte man später durch das Grand Palais und das Petit Palais – Paradestücke der Dritten Republik zur Weltausstellung von 1900. Heute flankieren sie den eindrucksvollen Blick von der Place Clemenceau über den Pont Alexandre III zum Invalidendom.

Das Théâtre du Rond-Point an den Champs-Élysées ist Sitz der Marcel-Maréchal-Theaterkompanie.

In der Avenue Montainge residieren Christian Dior und andere Haute-Couture-Größen.

Franklin D. Roosevelt

★ Avenue des Champs-Élysées
Die Prachtstraße war nach den Weltkriegen Schauplatz von Siegesfeiern. ❷

★ Grand Palais
In der von Charles Girault entworfenen und von 1897 bis 1900 erbauten Halle mit ihrer prächtigen Glaskuppel finden noch heute Ausstellungen statt. ❺

Das Restaurant Lasserre ist im Stil eines Luxusdampfers der 1930er Jahre dekoriert.

Das Palais de la Découverte, ein Wissenschaftsmuseum, wurde zur Weltausstellung im Jahr 1937 eröffnet.

RUE JEAN GOUJON

RUE FRANÇOIS 1ER

AV FRANKLIN D. ROOSEVELT

AV DU GENERAL EISENHOWER

AV DES

COURS LA REINE

PL DU CANADA

PONT DES INVALIDES

NICHT VERSÄUMEN

★ Avenue des Champs-Élysées

★ Grand Palais

★ Petit Palais

LEGENDE

- - - Routenempfehlung

0 Meter   100

Die Jardins des Champs-Élysées mit ihren Brunnen, Blumenrabatten und Pavillons erfreuen sich seit dem 19. Jahrhundert großer Beliebtheit.

CHAMPS-ÉLYSÉES UND INVALIDES

Zur Orientierung
Siehe Stadtplan 2, 3, 6, 7

Champs-Élysées-Clemenceau

Zur Place de la Concorde

Ostfassade des Arc de Triomphe

Arc de Triomphe ❶

Pl Charles de Gaulle, 75008. **Stadtplan** 2 D4. **M** *Charles de Gaulle-Étoile.* **☎** *01 55 37 73 77.* **Museum** ○ *Apr–Sep: tägl. 10–23 Uhr; Okt–März: tägl. 10–22.30 Uhr (letzter Einlass: 22 Uhr).* ● *1. Jan, 1. u. 8. Mai, 14. Juli, 11. Nov, 25. Dez.* ♿ ◙ ▦ ⎙ *www.monum.fr*

Nach der Schlacht von Austerlitz 1805 versprach Napoléon seinen Leuten, sie würden »durch Triumphbogen heimkehren«. Der Grundstein zum heute berühmtesten Triumphbogen der Welt wurde 1806 gelegt. Seine Vollendung verzögerte sich jedoch bis 1836, weil die Pläne des Architekten Jean Chalgrin geändert wurden und Napoléons Stern inzwischen untergegangen war.

Der 50 Meter hohe Bogen besitzt Reliefs, Schilde, Skulpturen und Inschriften siegreicher Schlachten. Von der Aussichtsplattform bietet sich ein wunderbarer Blick. Zu Ehren der Toten des Ersten Weltkriegs leuchtet seit dem 11. November 1920 die ewige Flamme am Grab des Unbekannten Soldaten.

★ Petit Palais
Im Petit Palais sind die städtischen Kunstsammlungen untergebracht – von objets d'art des 19. Jahrhunderts bis zu Gemälden der Schule von Barbizon. ❹

Zu Les Invalides

Pont Alexandre III
Die reich verzierte Brücke versinnbildlicht den Optimismus der Belle Époque in der Zeit um 1900. ❻

Der Triumph Napoléons, verherrlicht in einem Relief von J.-P. Corot

Stadtplan Paris *siehe Seiten 154–169*

Baron Haussmann

1852 ernannte Napoléon III den Juristen und Staatsbeamten Georges-Eugène Haussmann (1809–1891) zum Präfekten von Paris.

17 Jahre lang war Haussmann für die Modernisierung der Stadt verantwortlich. In Zusammenarbeit mit den besten Architekten und Ingenieuren seiner Zeit ließ er viele der engen und schmutzigen Gassen einebnen, um so ein modernes und großzügiges Stadtbild schaffen zu können. Im Rahmen dieses Plans wurde das eine Ende der Champs-Élysées völlig neu gestaltet. Es entstand ein Stern aus zwölf Avenuen, die sich am Arc de Triomphe treffen.

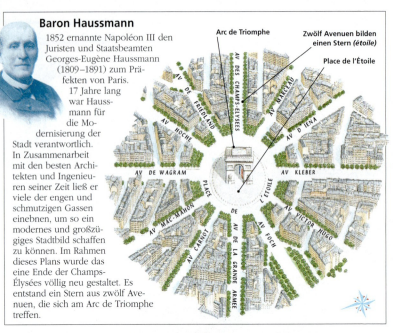

Arc de Triomphe

Zwölf Avenuen bilden einen Stern (*étoile*)

Place de l'Étoile

Avenue des Champs-Élysées ❷

75008. **Stadtplan** 3 A5–7 B1. Ⓜ *Charles de Gaulle-Étoile, George V, Franklin D. Roosevelt, Champs-Élysées-Clemenceau, Concorde.*

Die majestätische Avenue wurde vom Landschaftsarchitekten André Le Nôtre um 1660 entworfen. Er benannte sie nach den elysischen Gefilden (in der griechischen Mythologie der Himmel für Helden). Die drei Kilometer lange Straße führt in einer geraden Linie von der Place de la Concorde bis zum Arc de Triomphe. Im 19. Jahrhundert wurde der damalige Reiterweg in einen eleganten Boulevard umgewandelt. Heute liegen an der Straße mit dem starken Verkehrsaufkommen zahlreiche Läden und Cafés. Die Champs-Élysées haben einen besonderen Platz im Herzen der Franzosen. Hier finden an den bedeutenden Nationalfeiertagen Paraden statt, außerdem endet auf den Champs-Élysées die Tour de France.

Palais de l'Élysée ❸

55, rue du Faubourg-St-Honoré, 75008. **Stadtplan** 3 B5. Ⓜ *St-Philippe du Roule.* ⬤ *für die Öffentlichkeit.*

Der 1718 erbaute, in einem reizenden Park gelegene Élysée-Palast dient seit 1873 als offizieller Wohnsitz des französischen Präsidenten. Im Lauf der Jahrhunderte wurde er stark verändert. Madame de Pompadour, die Mätresse Louis' XV, ließ ihn prunkvoll erweitern. Nach der Revolution fanden hier Bälle statt. Napoléons Frau Joséphine und seine Schwester

Élysée-Wache

Caroline lebten hier. Heute residiert der Präsident in einer Wohnung im ersten Stock.

Petit Palais ❹

Av Winston Churchill, 75008. **Stadtplan** 7 B1. Ⓒ *01 53 43 40 00.* Ⓜ *Champs-Élysées-Clemenceau.* ⬤ *Di–So 10–18 Uhr.* ⬤ *Feiertage.* 📷 📹 *für Ausstellungen.* 🅿 ♿ 🛍 **http://petitpalais.paris.fr**

Das für die Weltausstellung von 1900 als Pavillon für französische Kunst erbaute Palais wurde 2005 renoviert und beherbergt das Musée des Beaux-Arts de la Ville de Paris. Der Architekt Charles Girault plante zudem einen halbkreisförmigen Hof und Garten, ähnlich der Anlage

Grand Palais

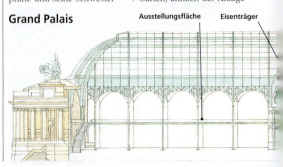

Ausstellungsfläche   Eisenträger

Hotels und Restaurants in Paris siehe Seiten 550–555 und 600–606

Pont Alexandre III – die Brücke wurde 1896–1900 für die Weltausstellung erbaut

des Grand Palais. Die Dauerausstellung befindet sich auf der Champs-Élysée-Seite, darunter die Dutuit-Sammlung mit Kunsthandwerk und Gemälden aus Mittelalter und Renaissance. Möbel (18. Jh.) bilden den Grundstock der Tuck-Kollektion. Die Städtischen Sammlungen beeindrucken mit Werken von Ingres, Delacroix, Courbet und

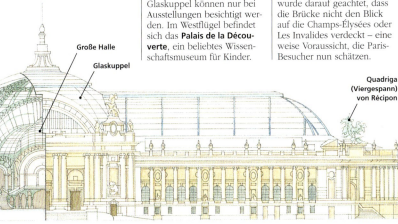

Eingang zum Petit Palais

den Landschaftsmalern der Schule von Barbizon. Wechselausstellungen gibt es im Cours-de-la-Reine-Flügel.

Grand Palais ❺

3, av du Général Eisenhower, 75008. **Stadtplan** 7 A1. ☎ 01 44 13 17 17. Ⓜ Champs-Élysées-Clemenceau. ☐ bei Ausstellungen meist: Mi–Mo 10–20 Uhr. ☐ 1. Mai, 25. Dez. 🖼 🚫 🚫 ♿ 📷 🎫 ☎ www.grandpalais.fr
Palais de la Découverte av F. D. Roosevelt, 75008. ☎ 01 56 43 20 20 bzw. 21. Ⓜ F. D. Roosevelt. ☐ Di–Sa 9.30–18, So, Feiertage 10–19 Uhr. 🖼 ☐ 🎫 www.palais-decouverte.fr

B ei dem Bau treffen eine imposante klassizistische Fassade und eine Jugendstil-Eisenkonstruktion aufeinander. Er wurde mit dem gegenüberliegenden Petit Palais errichtet und wird von einem großen Glasdach geschmückt. Die Große Halle und die Glaskuppel können nur bei Ausstellungen besichtigt werden. Im Westflügel befindet sich das **Palais de la Découverte**, ein beliebtes Wissenschaftsmuseum für Kinder.

Pont Alexandre III ❻

75008. **Stadtplan** 7 A1.
Ⓜ Champs-Élysées-Clemenceau.

M it dem üppigen Jugendstil-Dekor (vergoldete und bronzene Laternen, Putten, Nymphen und geflügelte Pferde schmücken beide Enden) ist die 1896–1900 erbaute Brücke die reizvollste der Stadt. Sie wurde zur Weltausstellung von 1900 fertiggestellt und sollte an die französisch-russische Allianz von 1892 erinnern. Benannt ist sie nach Zar Alexander III., der 1896 den Grundstein legte.

Vom Stil her spiegelt die Brücke das Grand Palais wider, zu dem sie am rechten Seine-Ufer führt. Ihre Konstruktion ist ein technisches Wunderwerk des 19. Jahrhunderts: Ohne Zwischenpfeiler spannt sie sich in einem sechs Meter hohen Stahlbogen über die Seine. Bei der Planung wurde darauf geachtet, dass die Brücke nicht den Blick auf die Champs-Élysées oder Les Invalides verdeckt – eine weise Voraussicht, die Paris-Besucher nun schätzen.

Große Halle

Glaskuppel

Quadriga (Viergespann) von Récipon

Stadtplan Paris siehe Seiten 154–169

Musée d'Art Moderne de la Ville de Paris ❼

Palais de Tokyo, 11, av du Président Wilson, 75116. **Stadtplan** 6 E1. 📞 01 53 67 40 00. Ⓜ *léna, Alma-Marceau*. 🕐 *Di–So 12–18 Uhr (Do bis 22 Uhr bei Wechselausstellungen).* 🚫 *1. Jan.* 🎫 *für Wechselausstellungen.* ♿🛒🎬📷 **www**.mam.paris.fr

Das Museum im Ostflügel des Palais de Tokyo zeigt die wichtigsten Kunstrichtungen des 20. Jahrhunderts. Gut vertreten sind Fauvisten und Kubisten. Highlights sind das 600 Quadratmeter große Wandbild *Elektrizität* von Raoul Dufy für die Weltausstellung von 1937 und Matisse' *Tanz* (1932). Sehenswert sind auch die Art-déco-Möbel.

Musée Galliera ❽

10, av Pierre 1er de Serbie, 75116. **Stadtplan** 6 D1. 📞 01 56 52 86 00. Ⓜ *léna, Alma-Marceau*. 🕐 *wg. Renovierung bis Frühjahr 2012.* 🎫 *Kinderhort.* **www**.galliera.paris.fr

Das 1892 für die Duchesse Maria de Ferrari Galliera errichtete Neorenaissance-Palais birgt ein Modemuseum (Musée de la Mode et du Costume). Die mehr als 100 000 Kleidungsstücke und Accessoires umfassende Sammlung reicht vom 18. Jahrhundert bis in die Gegenwart. Damen der Gesellschaft wie Baronin Hélène de Rothschild und Gracia Patricia von Monaco haben den Museumsfundus durch Spenden ebenso bereichert wie einige Couturiers (u. a. Balmain und Balenciaga), die der Sammlung Entwürfe überließen.

Um alle Stücke zeigen zu können, wechselt das Museum ein- bis zweimal pro Jahr die Exponate aus. Die jeweiligen Ausstellungen können einem Modeschöpfer, aber auch anderen Themen gewidmet sein.

Die Wasserspiele der Place du Trocadéro vor dem Palais de Chaillot

Musée Dapper ⓫

35, rue Paul-Valéry, 75016. **Stadtplan** 1 B2 📞 01 45 00 91 75. Ⓜ *Victor Hugo*. 🕐 *Mi–Mo 11–19 Uhr.* 🎫 **www**.dapper.com.fr

Das Musée Dapper ist nicht nur Museum, sondern auch Forschungszentrum für Völkerkunde. Hier erfährt man vieles über afrikanische Kunst und Kultur, sieht einen »afrikanischen« Garten und farbenfrohe afrikanische Kunstwerke. Der Schwerpunkt liegt auf Volkskunst vor der Kolonialisierung, doch es gibt auch Ausstellungsstücke neueren Datums. Highlights sind sicher die Stammesmasken, darunter furchterregende und zu rituellen Zwecken genutzte Masken ebenso wie »Theatermasken« für komische Darstellungen.

Jardins du Trocadéro ⓬

75016. **Stadtplan** 5 C2–6 D2. Ⓜ *Trocadéro*. Cinéaqua 📞 01 40 69 23 23. 🕐 *tägl. 10–19 Uhr.* 🎫 **www**.cineaqua.com

Die schöne Grünanlage, deren Mittelpunkt ein rechteckiger Zierteich bildet, ist rund zehn Hektar groß. Die Stein- und vergoldeten Bronzefiguren beeindrucken vor allem bei Dunkelheit, wenn die Fontänen angestrahlt werden. Unter den Statuen befinden sich Georges Braques *Frau* sowie Georges Lucien Guyots *Pferd*.

Beiderseits des Teichs fallen die Hänge sanft zur Seine und zum Pont d'Iéna ab. Hier liegt das Aquarium Cinéaqua mit Haibecken, einem Streichelbecken für Kinder u. a.

Palais de Chaillot ⓭

Pl du Trocadéro, 75016. **Stadtplan** 5 C2. Ⓜ *Trocadéro*. **Théâtre National de Chaillot** 📞 01 53 65 30 00. **Musée de l'Homme** 📞 01 44 05 72 72. 🕐 *Mi–Mo 9.45–17.15 Uhr.* **www**.mnhn.fr **Musée national de la Marine** 📞 01 53 65 69 69. 🕐 *tägl. 11–18 Uhr (Sa, So bis 19 Uhr).* **www**.musee-marine.fr

In dem Palais, dessen riesige, kolonnadengeschmückte Flügelbauten in stattlichen Pavillons enden, gibt es drei Museen und ein Theater. Léon Azéma, Louis-Auguste Boileau und Jacques Carlu entwarfen den klassizistischen Bau für die Weltausstellung von 1937. Das Palais ist mit zahlreichen Skulpturen und Reliefs geschmückt. Die

Musée National des Arts Asiatiques Guimet ❾

6, pl d'Iéna, 75016. **Stadtplan**
6 D1. 📞 01 56 52 53 00. Ⓜ Iéna.
🕐 Mi–Mo 10–18 Uhr. 🚫📷♿
📷 Panthéon Bouddhique, 19 av
d'Iéna. 📞 01 40 73 88 00.
www.guimet.fr

Als eines der führenden
Museen für asiatische
Kunst besitzt das Guimet eine
reiche Sammlung kambodscha-
nischer Kunstschätze und ist
zugleich asiatisches Kulturzentrum. Es wurde von Émile
Guimet 1879 in Lyon gegründet und zog 1884 nach Paris.

Buddha-Kopf im Musée Guimet

Cité de l'Architecture et du Patrimoine ❿

Palais de Chaillot, pl du Trocadéro,
75016. **Stadtplan** 5 C2. 📞 01 58
51 52 00. Ⓜ Trocadéro. 🕐 Mi–Mo
11–19 Uhr (Do bis 21 Uhr). 🚫📷
🚻📷 **www**.citechaillot.fr

Das Museum dokumentiert
die Geschichte der Archi-
tektur in Frankreich. Zu den
Höhepunkten gehören 3-D-
Modelle von Kathedralen, wie
etwa der von Chartres *(siehe
S. 308–311).* Sehenswert ist
auch die Rekonstruktion eines
von Le Corbusier eingerichteten Apartments.

Palais de Chaillot

Théâtre National de Chaillot

Place du Trocadéro

Musée national de la Marine

Musée de l'Homme

Cinéaqua

Cité de l'Architecture et du Patrimoine

Palais de Chaillot

Jardins du Trocadéro

Trocadéro-Wasserspiele

Wände der Pavillons zieren
Inschriften des Lyrikers und
Essayisten Paul Valéry. Der
parvis (Hof) zwischen den
beiden Pavillons weist Skulpturen, Zierteiche und Springbrunnen auf. Von hier führen
Stufen zum **Théâtre National
de Chaillot** hinab.

Das **Musée de l'Homme** im
Westflügel, Nachfolger des
Musée d'Ethnographie du
Trocadéro, präsentiert alle
Aspekte der Menschheits-
geschichte.

Das **Musée national de la
Marine** widmet sich der französischen Seefahrt. Im Ostflügel ist die **Cité de l'Architecture et du Patrimoine** *(siehe
oben)* untergebracht.

Stadtplan Paris siehe Seiten 154–169

Les Égouts ⑭

Gegenüber 93, quai d'Orsay,
75007. **Stadtplan** 6 F2. 📞 01 47
05 10 29. Ⓜ Alma-Marceau.
🕐 Sa–Mi 11–16 Uhr (Sommer bis
17 Uhr). 🕐 letzte 3 Wochen im Jan;
auch bei Starkregen. 🎫 ♿ 🚻

Zu den verdienstvollsten
Taten des Baron Hauss-
mann zählt der Ausbau der
Pariser Kanalisation. Die
2400 Kilometer Abwasserka-
näle (égouts) würden von
Paris bis nach Istanbul reichen. Heute sind die aus dem
Zweiten Kaiserreich stammenden Katakomben eine Besu-
cherattraktion.

Man kann ein kleines Ge-
biet um den Quai d'Orsay
besichtigen. Im Kanalisations-
museum kann man in das unterirdische Paris eintauchen
und historische Geräte sehen.

Musée du Quai Branly ⑮

37, quai Branly, 75007. **Stadtplan**
6 E2. 📞 01 56 61 70 00. Ⓜ Alma-
Marceau. 🚇 Pont de l'Alma. 🕐 Di,
Mi, So 11–19, Do–Sa 11–21 Uhr.
🎫 ♿ **Theater, Film,
Bibliothek.** www.quaibranly.fr

Das 2006 eröffnete
Museum beher-
bergt Sammlungen
afrikanischer, asia-
tischer, ozeani-
scher und ameri-
kanischer Kunst
– mit mehr als
300 000 Exponaten
(auch aus dem Musée
de l'Homme) ist es
ein imposanter Kon-
trapunkt zu den vie-

**Azteken-Maske,
Musée du Quai Branly**

len Pariser Museen mit westlicher Kunst. Besonders gut
vertreten ist Afrika, etwa mit
Stein-, Holz- und Elfenbein-
masken sowie zeremoniellen
Werkzeugen. Der Gebäude-
komplex nach einem Entwurf
von Jean Nouvel steht auf
Stelzen. Der Glasbau bezieht
seine grüne Umgebung als
natürliche Kulisse für die
Sammlung mit ein.

Eiffelturm ⑯

Siehe S. 113.

**Der Jugendstil-Eingang von
29, avenue Rapp**

29, avenue Rapp ⑰

75005. **Stadtplan** 6 E2.
Ⓜ Pont de l'Alma.

Als Musterbeispiel für den
Jugendstil brachte das
Haus Nr. 29 in der Avenue
Rapp seinem Architekten
Jules Lavirotte 1901 den ersten Preis beim Concours des
Façades de la Ville de Paris
ein. Die Keramik-Ziegel-Fas-
sade ist mit Tier- und Pflanzenmotiven verziert, unter die
sich Frauenfiguren mischen.
Die Figuren bestehen aus
mehrfarbigem Sandstein
und verleihen dem
Gebäude einen ge-
wissen erotischen
Touch, der seiner-
zeit recht anstößig
war. Ein weiteres
Gebäude von Lavi-
rotte (mit Wachturm)
steht am nicht weit
entfernten Square
Rapp.

Champ-de-Mars ⑱

75007. **Stadtplan** 6 E3. Ⓜ École
Militaire. 🚇 Champ-de-Mars–
Tour Eiffel.

Der weitläufige Park er-
streckt sich vom Eiffel-
turm bis zur École Militaire
und diente einst als Parade-
platz für die Offiziersanwär-
ter. Später fanden hier Pferderennen, Ballonstarts und
Massenveranstaltungen zur
Feier des 14. Juli statt. Die
erste Jubiläumsfeier erfolgte
1790 in Anwesenheit eines

finster dreinblickenden, weil
kurze Zeit zuvor abgesetzten
Louis XVI.

Ende des 19. Jahrhunderts
wurde der Platz zur Ausstellungsfläche, auf der 1889
auch die Weltausstellung stattfand und der Eiffelturm errichtet wurde.

École Militaire ⑲

1, pl Joffre, 75007 **Stadtplan** 6 F4.
Ⓜ École Militaire. 🕐 nur mit Son-
dererlaubnis (schriftlich bei der Mili-
tärbehörde anfragen).

Die königliche Militär-
akademie wurde 1751
von Louis XV und Madame
de Pompadour für verarmte
Offizierssöhne gegründet.
Jacques-Ange Gabriel sollte
einen Bau entwerfen, der sich
mit dem Hôtel des Invalides
Louis' XIV messen konnte. Da
die Finanzierung des Projekts
Probleme bereitete, führte
Louis XV eine Kartenspiel-
steuer ein und rief eine Lotte-
rie ins Leben.

Mit zehn korinthischen
Säulen und einer viereckigen
Kuppel sticht der mittlere
Pavillon ins Auge, ein Bei-
spiel für den französischen
Klassizismus. Allegorien von
Frieden, Sieg, Kraft und
Frankreich schmücken das
Hauptgesims.

Einer der Kadetten der Akademie war Napoléon I. Sein
Abschlusszeugnis enthielt den
Satz: »Sofern es die Umstände
gestatten, steht ihm eine
große Zukunft bevor.«

**Die Planung der École Militaire
(Stich aus dem Jahr 1751)**

Eiffelturm ⑯

Blick vom Trocadéro auf den Eiffelturm

Der Eiffelturm wurde zur Weltausstellung im Jahr 1889 und zum 100. Jahrestag der Revolution eröffnet. Der 324 Meter hohe Turm sollte das Stadtbild nur vorübergehend prägen. Der Entwurf des Ingenieurs Gustave Eiffel wurde von Zeitgenossen heftig kritisiert. Bis zur Fertigstellung des Empire State Building (1931) war die Tour Eiffel das höchste Bauwerk der Welt.

INFOBOX

Champ-de-Mars–Tour Eiffel, 75007. **Stadtplan** 6 D3. 🄲 01 44 11 23 23. Ⓜ Bir-Hakeim. 🚌 42, 69, 72, 82, 87. ⓇⒺⓇ Champ-de-Mars. ⃝ Tour Eiffel. ⃝ Mitte Juni–Aug: 9–0.45 Uhr; Sep–Mitte Juni: tägl. 9.30–23.45 Uhr (Aufzüge ca. 1,5 Std. früher). 🈴 🈴 🄾 🍴 🄴 www.tour-eiffel.fr

Auf der dritten Plattform, 276 Meter über dem Erdboden, gibt es einen überdachten und einen Freiluftbereich.

★ **Aussichtsplattform**
An klaren Tagen beträgt die Sicht über 70 Kilometer. Mit etwas Glück kann man sogar den Turm der Kathedrale von Chartres sehen.

»Heldentaten«

Vom ersten Tag an hat der Turm Abenteurer zu Verrücktheiten animiert. 1912 startete der Pariser Schneider Reichelt einen Flugversuch. Als »Flügel« diente ihm ein Cape. Er stürzte vor einer Menschenmenge in den Tod.

Reichelt

Die Doppeldeckeraufzüge haben ein begrenztes Fassungsvermögen, weshalb es in der Hochsaison zu langen Warteschlangen kommen kann. Das Warten erfordert Geduld. Das Hochfahren setzt Schwindelfreiheit voraus.

NICHT VERSÄUMEN

★ Aussichtsplattform

★ Eiffel-Büste

Die zweite Plattform (115 m) ist über 359 Stufen oder mit dem Aufzug von der ersten Plattform aus erreichbar.

Das Restaurant Le Jules Verne bietet exzellente Küche, kombiniert mit einem atemberaubenden Panoramablick.

Cineiffel
Das kleine audiovisuelle Museum zeigt historische Filme zum Eiffelturm.

★ **Eiffel-Büste**
Antoine Bourdelle ehrte Gustave Eiffel (1832–1923) mit dieser Büste, die 1929 am Fuß des Turms aufgestellt wurde.

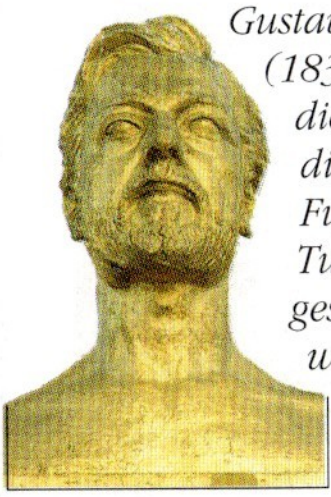

Die erste Plattform auf 57 Meter Höhe erreicht man über 360 Stufen oder mit dem Aufzug. Hier befindet sich ein Postamt.

Les Invalides

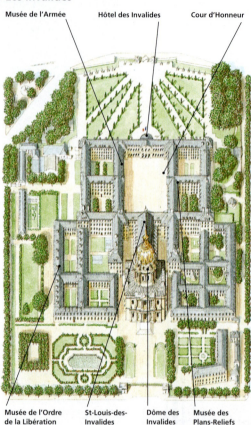

Musée de l'Armée **Hôtel des Invalides** **Cour d'Honneur**

Musée de l'Ordre de la Libération **St-Louis-des-Invalides** **Dôme des Invalides** **Musée des Plans-Reliefs**

sehrten errichtet. Der Entwurf stammte von Libéral Bruand. Die Fertigstellung erfolgte 1676 durch Jules Hardouin-Mansart, der für Louis XIV später den Invalidendom mit der goldglänzenden Kuppel als persönliches Bethaus anbauen ließ. Damals waren dort fast 6000 Soldaten untergebracht. Heute sind es kaum noch hundert.

Die Fassade gehört zu den eindrucksvollsten Sehenswürdigkeiten der Stadt. Neben dem Musée de l'Armée beherbergt es auch das Musée de l'Ordre de la Libération, das dem Wirken von General Charles de Gaulle im Zweiten Weltkrieg ein Denkmal setzt. Im Musée des Plans-Reliefs im rechten Flügel befinden sich Modelle französischer Festungsanlagen.

Musée de l'Armée ㉒

Hôtel des Invalides, 75007. **Stadtplan** 7 A3. ☎ 08 10 11 33 99. Ⓜ *Invalides, La Tour-Maubourg, Varenne.* ◯ *tägl. 10–18 Uhr (Winter bis 17 Uhr); Kombi-Ticket für alle anderen Museen von Les Invalides.* ● *1. Mo im Monat, 1. Jan, 1. Mai, 1. Nov, 25. Dez.* ♿ 📷 🎧 ♿ 🛍 🚻 🏪 **www.**invalides.org

Das Museum mit umfassender militärgeschichtlicher Sammlung erstreckt sich auf zwei Gebäude des Innenhofs sowie den »Priests-Flügel« (Exponate zum Zweiten Weltkrieg). Mit der Ausstellung zur napoleonischen Ära wird an Triumphe und Niederlagen Frankreichs erinnert. Neben Uniformen und Waffen sind die Totenmaske und das präparierte Pferd Napoléons zu sehen. Zudem gibt es Elfenbein-Jagdhörner, Waffen aus Japan und ein Modell der Landung der Alliierten in der Normandie 1944.

UNESCO ⑳

7, pl de Fontenoy, 75007. **Stadtplan** 6 F5. ☎ 01 45 68 10 60. Ⓜ *Ségur, Cambronne.* ◯ *nur Führungen: u. a. Mi 15 Uhr (englisch).* ● *Feiertage.* ♿ 📷 🏪 🛍 **www.**unesco.org

Hier liegt das Hauptquartier der UNESCO (United Nations Educational, Scientific and Cultural Organization). Ihr Ziel ist, durch Förderung von Erziehung, Wissenschaft und Bildung zur Sicherung des Friedens beizutragen. Das Gebäude ist ein Schatzkästchen moderner Kunst: Wandbilder von Picasso, Keramiken von Joan Miró und Skulpturen von Henry Moore prägen den Charakter. Sehenswert ist die schlichte Gartenanlage des Japaners Noguishi. Es gibt auch Ausstellungen und Filme.

Hôtel des Invalides ㉑

75007. **Stadtplan** 7 A3. ☎ 01 44 42 38 77. Ⓜ *La Tour-Maubourg, Invalides, Varenne.* ◯ *tägl. 10–18 Uhr (Winter bis 17 Uhr).* ● *1. Jan, 1. Mai, 1. Nov, 25. Dez.* 📷 *tel. unter 01 44 42 37 72.* **www.**invalides.org

Das imposante Bauwerk, das dem ganzen Viertel den Namen gab, wurde 1670 im Auftrag von Louis XIV als Unterkunft für die Kriegsver-

Fassade des Musée de l'Armée im Innenhof von Les Invalides

Altar von St-Louis-des-Invalides mit Bannern

St-Louis-des-Invalides ㉓

Hôtel des Invalides, 75007. **Stadtplan** 7 A3. Ⓜ *Invalides, La Tour-Maubourg, Varenne.* Ⓒ *01 44 42 37 65.* ☐ *tägl. 10–17.30 Uhr (im Winter bis 16.30 Uhr).*

St-Louis ist auch als »Soldatenkirche« bekannt. Die Kapelle wurde 1679–1708 nach einem Entwurf von Bruand durch Jules Hardouin-Mansart erbaut. Das Innere hat die Form eines griechischen Kreuzes.

Die kostbare Orgel (17. Jh.) stammt von Alexandre Thierry. Das Instrument wurde bei der Uraufführung von Berlioz' *Requiem* am 5. Dezember 1837 gespielt.

Dôme des Invalides ㉔

Hôtel des Invalides, 129, rue de Grenelle, 75007. **Stadtplan** 7 A3. Ⓒ *08 10 11 33 99.* Ⓜ *Invalides, La Tour-Maubourg, Varenne.* 🚌 *28, 63, 69, 80, 82, 83, 87, 92, 93 nach Les Invalides.* RER *Invalides.* ☐ *Tour Eiffel.* ☐ *tägl. 10–17 Uhr (Apr, Juni, Sep bis 18 Uhr; Juli, Aug bis 19 Uhr).* ● *1. Mo im Monat, 1. Jan, 1. Mai, 17. Juni, 1. Nov, 25. Dez.* 📷 ♿ *teilweise.* 🎥 🖥 🛒

Der Baumeister Jules Hardouin-Mansart erhielt 1676 von Louis XIV den Auftrag, die für Kriegsversehrte dienende Invalides-Anlage von Libéral Bruand um einen

Dom zu erweitern. Die Kirche war ausschließlich als königliche Grablege und privates Bethaus des Sonnenkönigs bestimmt.

Als ein Höhepunkt französischer Baukunst des *grand siècle* (17. Jh.) fügt sich der Dom meisterlich in seine Umgebung ein. Der Plan, die königliche Familie hier zu bestatten, wurde nach dem Tod Louis' XIV verworfen. Hauptattraktion ist das Grab Napoléons. 20 Jahre nach seinem Tod auf St. Helena überführte man seine Gebeine auf Befehl von König Louis-Philippe nach Frankreich. In sechs Särgen stehen sie in der Krypta auf einem Granitpodest in einen Sarkophag aus rotem Porphyr.

Der Dom mit seiner 1715 erstmals vergoldeten Kuppel

Musée Rodin ㉕

79, rue de Varenne, 75007. **Stadtplan** 7 B3. Ⓒ *01 44 18 61 10.* Ⓜ *Varenne.* ☐ *Di–So 10–17.45 Uhr (im Winter bis 16.45 Uhr); Garten bis 18, im Winter bis 17 Uhr.* ● *1. Jan, 1. Mai, 1. u. 25. Dez.* 📷 *1. So im Monat frei.* ♿ *teilweise.* 🖥 🛒 www.musee-rodin.fr

Der französische Bildhauer Auguste Rodin (1840–1917) lebte von 1908 bis zu seinem Tod im Hôtel Biron, einem Herrenhaus aus dem 18. Jahrhundert. Als Dank für die Überlassung der Villa als Wohnstätte und Atelier vermachte der Künstler sein Werk

dem Staat. Das Atelier kann besichtigt werden. Einige Skulpturen stehen im Garten: *Die Bürger von Calais, Der Denker, Das Höllentor (siehe S. 120)* und *Balzac.* Die chronologisch geordneten Exponate umfassen alle Perioden des Künstlers. Highlights sind *Der Kuss* und *Eva.*

Sainte-Clotilde ㉖

12, rue de Martignac, 75007. **Stadtplan** 7 B3. Ⓒ *01 44 18 62 60.* Ⓜ *Solférino, Varenne, Invalides.* ☐ *tägl. 9–19 Uhr.* ● *staatliche Feiertage.* ***Konzerte.*** www.seinte-clotilde.com

Die neogotische Kirche entstand 1846–56 nach Entwürfen des Architekten Franz Christian Gau. Angeregt wurde er durch die damals weitverbreitete Hinwendung zum Mittelalter, die Schriftsteller wie Victor Hugo populär gemacht hatten.

Wandgemälde von James Pradier und Glasmalereien mit Szenen aus dem Leben der Schutzheiligen schmücken das Innere. 1858–90 wirkte hier der Komponist César Franck als Organist.

Musée Maillol ㉗

61, rue de Grenelle, 75007. **Stadtplan** 7 C4. Ⓒ *01 42 22 59 58.* Ⓜ *Rue du Bac, Sèvres-Babylone.* ☐ *tägl. 10.30–19 Uhr (Fr bis 21.30 Uhr).* ● *Feiertage.* ♿ 🖥 🛒 www.museemaillol.com

Dina Vierny, die Muse von Aristide Maillol, schuf dieses Museum. Verschiedene Werke Maillols sind hier zu sehen – Zeichnungen, Gemälde, Skulpturen und dekorative Kunst.

Dina Vierny zeigt auch ihre Privatsammlung mit naiver Kunst, Werken von Matisse, Dufy, Picasso und Rodin. Es gibt gute Sonderausstellungen. Der Bouchardon-Brunnen vor dem Haus ist sehenswert.

Rodins *Denker* im Museumsgarten

Rive Gauche

Mehrere Jahrzehnte lang war das linke Ufer der Seine das Viertel der Künstler, Schriftsteller, Philosophen und radikalen Denker. Die Cafés verströmen immer noch das Flair jener legendären Pariser Boheme, doch mit Yves Saint Laurent und den Boutiquen in der Rue Jacob gewann die Schickeria die Oberhand.

Das Quartier Latin zwischen Seine und Jardin du Luxembourg bietet Buchhandlungen, Galerien und Cafés. Der Boulevard St-Michel an der Grenze zwischen Quartier Latin und St-Germain-des-Prés ist heute eine

Uhr im Musée d'Orsay

einzige Einkaufszone, in der sich Fast-Food-Lokale und Billigläden aneinanderreihen. Gleich dahinter beginnt jedoch ein Gassenlabyrinth mit ausländischen Delikatessenläden und Avantgarde-Theatern. Dort hat sich der alte Charakter des Stadtteils erhalten. Über alldem thront die Sorbonne, die 1253 gegründete Universität von Paris. Eine Wohnung am Jardin du Luxembourg ist der Traum vieler Pariser. Es ist ein einladendes Viertel mit malerischen Sträßchen, einem Park mit Spazierwegen, Grünflächen und Alleen – Treffpunkt von Studenten und *Boules*-Spielern.

Sehenswürdigkeiten auf einen Blick

Kirchen
Panthéon ⑬
St-Étienne-du-Mont ⑫
St-Germain-des-Prés ⑤
St-Julien-le-Pauvre ⑩
St-Séverin ⑨

St-Sulpice ⑮
Val-de-Grâce ⑰

Museen und Sammlungen
Musée National du Moyen Âge ⑧
Musée d'Orsay S. 120f ①
Musée Eugène Delacroix ⑥

Brunnen
Fontaine de l'Observatoire ⑯

Historische Gebäude und Straßen
Boulevard St-Germain ②
École Nationale Supérieure des Beaux-Arts ④
Palais du Luxembourg ⑭
Quai Voltaire ③
Rue de l'Odéon ⑦
La Sorbonne ⑪

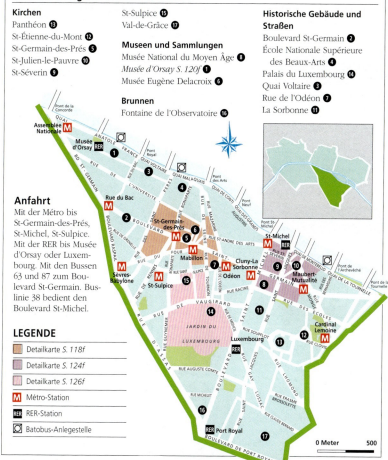

Anfahrt
Mit der Métro bis St-Germain-des-Prés, St-Michel, St-Sulpice. Mit der RER bis Musée d'Orsay oder Luxembourg. Mit den Bussen 63 und 87 zum Boulevard St-Germain. Buslinie 38 bedient den Boulevard St-Michel.

LEGENDE
	Detailkarte S. 118f
	Detailkarte S. 124f
	Detailkarte S. 126f
Ⓜ	Métro-Station
RER	RER-Station
Ⓞ	Batobus-Anlegestelle

◁ **Blick vom Jardin du Luxembourg auf das Panthéon** (*siehe S. 125*)

Im Detail: St-Germain-des-Prés

Nach dem Zweiten Weltkrieg wurden die Bars und Cafés von St-Germain-des-Prés zum Inbegriff des intellektuellen Lebens. Philosophen, Literaten, Schauspieler und Musiker trafen sich hier in Nachtclubs und Kneipen, die vom Lebensgefühl des Existenzialismus und vom Jazz geprägt waren. Heute wirkt das Viertel eleganter als zu jener Zeit, in der Jean-Paul Sartre und Simone de Beauvoir, Juliette Gréco und die jungen Cinephilen der Nouvelle Vague von sich reden machten. Die Cafés Les Deux Magots und Café de Flore sind immer noch en vogue. Einige der Gebäude aus dem 17. Jahrhundert stehen noch. In diesem Viertel findet man auch Antiquitäten, Bücher und Mode.

Leierkastenspieler, St-Germain-des-Prés

Das Café Les Deux Magots war in den 1920er Jahren Treffpunkt der Künstler und Literaten.

Das Café de Flore, das einstige Stammlokal von Sartre, Simone de Beauvoir und anderen Intellektuellen, hat noch die klassische Art-déco-Ausstattung.

RUE DE RENNES

RUE DU DRAGON

RUE DU SABOT

RUE BONAPARTE

BD ST.

RUE DU FOUR

St-Germain-des-Prés

Brasserie Lipp – auch Politiker gehen gern in die renommierte, mit bunten Keramikfliesen dekorierte Brasserie.

★ St-Germain-des-Prés
In der ältesten Kirche von Paris ist der Philosoph René Descartes bestattet. ❺

★ Boulevard St-Germain
Cafés, Läden, Kinos, Restaurants und Buchhandlungen bestimmen den mittleren Abschnitt der Hauptstraße des linken Seine-Ufers. ❷

NICHT VERSÄUMEN

★ Boulevard St-Germain

★ Musée Delacroix

★ St-Germain-des-Prés

LEGENDE

– – – Routenempfehlung

Zur Orientierung
Siehe Stadtplan 7, 8

★ Musée Eugène Delacroix
Das Museum ist dem Werk des romantischen Malers Eugène Delacroix (1798–1863) gewidmet, der früher hier lebte. ❻

Das Palais Abbatial diente von 1586 bis zum Ausbruch der Revolution 1789 als Residenz der Äbte.

In der Rue de Buci standen jahrhundertelang königliche Tennishallen. Heute gibt es dort einen Markt.

RUE DE BUCI

RUE MAZARINE

GERMAIN

RUE DE MONTFAUCON

RUE DE SEINE

RUE DE L'ANCIENNE COMEDIE

RUE MABILLON

RUE FELIBIEN

Odéon

CARREFOUR DE L'ODEON

Mabillon

Der Marché St-Germain ist ein überdachter Viktualienmarkt.

0 Meter   100

Musée d'Orsay ❶

Siehe S. 120f.

Boulevard St-Germain ❷

75006, 75007. **Stadtplan** 8 D4.
Ⓜ *Solférino, Rue du Bac, St-Germain-des-Prés, Mabillon, Odéon.*

Der berühmteste Boulevard des linken Seine-Ufers, der Rive Gauche, durchquert drei Stadtteile zwischen der Île St-Louis und dem Pont de la Concorde. Hinter der homogenen Architektur – das Ergebnis der Stadtplanung von Baron Haussmann (19. Jh.) – verbirgt sich die gesamte Vielfalt unterschiedlicher Lebensstile von der Boheme bis zum Bürgertum. Von Osten her führt der Boulevard am Musée National du Moyen Age und an der Sorbonne vorbei. Verkehrsreich und sehr geschäftig ist die Kreuzung von St-Michel und St-Germain-des-Prés.

Quai Voltaire ❸

75006, 75007. **Stadtplan** 8 D3.
Ⓜ *Rue du Bac.*

Der Quai Voltaire ist heute die Adresse angesehener Antiquitätenhändler. Viele berühmte Leute lebten in den schönen Häusern aus dem 18. Jahrhundert, u. a. Voltaire (Haus Nr. 27), Richard Wagner, Jean Sibelius und Oscar Wilde (Nr. 19).

Wie die Tafelinschrift besagt, starb Voltaire 1778 in diesem Haus

Stadtplan Paris *siehe Seiten 154–169*

Musée d'Orsay ❶

Im Jahr 1986 – gut 47 Jahre nach Schließung der als Bahnhof für die Verbindung nach Orléans dienenden Gare d'Orsay von Victor Laloux – wurde der prächtige Fin-de-Siècle-Bau als Museum wiedereröffnet. In den 1970er Jahren wäre der Bahnhof fast abgerissen worden. Nach dem Umbau ist ein großer Teil der Originalarchitektur erhalten geblieben. Das Museum präsentiert eine reichhaltige Kunstsammlung aus der Zeit von 1848 bis 1914. Schwerpunkte der Sammlung sind Malerei und Plastik, ergänzt durch Möbel, Kunstgewerbe, Kino sowie Zeitungswesen. Es gibt auch eine Reihe mit Klassikkonzerten, die ab und an mittags und abends im Auditorium zu hören sind.

Statuette der 14-jährigen Tänzerin (1881) von Edgar Degas

Das Höllentor (1880–1917)
Rodins berühmte Plastik greift frühere Werke wie Der Denker und Der Kuss auf.

Le Moulin de la Galette (1876)
Renoir malte das Bild unter freiem Himmel, um den durch die Bäume gefilterten Lichteinfall festzuhalten.

Der Tanz (1867/68)
Als die dynamische Plastik von Carpeaux 1869 der Öffentlichkeit vorgestellt wurde, provozierte sie einen Skandal.

LEGENDE

◻ Architektur/dekorative Kunst	◻ Naturalismus/Symbolismus
◻ Skulpturen	◻ Art nouveau (Jugendstil)
◻ Malerei vor 1870	◻ Wechselausstellungen
◻ Impressionismus	◻ Kein Ausstellungsbereich
◻ Neo-Impressionismus	

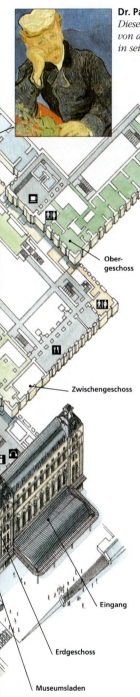

Dr. Paul Gachet *(1890)*
Dieses Porträt seines Arztes (eines von drei Bildern) schuf van Gogh in seinem Todesjahr.

Kurzführer

*Das Erdgeschoss ist der zwei-
ten Hälfte des 19. Jahrhunderts
gewidmet. Das Mittelge-
schoss zeigt Exponate des
Jugendstils sowie Ge-
mälde und Skulptu-
ren um 1900. Im
Obergeschoss sind
Impressionisten zu
besichtigen.*

**Ober-
geschoss**

Zwischengeschoss

Eingang

Erdgeschoss

Museumsladen

INFOBOX

1, rue de la Légion d'Honneur,
75007. **Stadtplan** 8 D2 📷 *01
40 49 48 14.* Ⓜ *Solférino.* 🚌 *24,
68, 69, 84 zum Quai A. France; 73
zur Rue Solferino; 63, 83, 84, 94
zum Boulevard St-Germain.* RER
📷 ⭕ *Musée d'Orsay.* 🅿 *Quai
A. France.* ⭕ *Di–So 9.30–18 Uhr
(Do bis 21.45 Uhr; letzter Einlass:
1 Std. vor Schließung).* ⭕ *1. Jan,
1. Mai, 25. Dez.* 📷 📷 ♿ 📷
🍴 📷 📷 *Konzerte.*
www.musee-orsay.fr

Überblick:
Musée d'Orsay

Viele Exponate wurden aus
dem Louvre und dem Jeu de
Paume übernommen. Die
Malerei bis 1870 befindet
sich im Erdgeschoss mit
Thomas Coutures berühm-
tem Werk *Die Römer der
Verfallszeit.* Klassizistische
Meisterwerke wie *Die Quelle*
von Ingres hängen neben
romantischen Bildern wie
der turbulenten *Tigerjagd*
von Delacroix. Diese exotischen Visionen kontrastieren mit dem realistischen
Werk von Künstlern wie
Courbet oder dem Frühwerk
von Degas und Manet, ins-
besondere mit der berühm-
ten *Olympia.*

Der Hauptteil des Muse-
ums enthält eine Fülle von
Skulpturen, von Daumiers
satirischen Büsten der Parla-
mentsabgeordneten bis hin
zu Carpeaux' überschwängli-
chem *Tanz* und Rodins *Höllentor.* Im Mittelgeschoss
stößt man auf dekorative
Kunst und Architektur. Dort
hängen auch Exponate der

Blaue Seerosen (1919) von
Claude Monet

Künstler des Jugendstils –
mit der Schlangenlinie als
Stilmerkmal in den Gold-
schmiede- und Glasarbeiten
eines René Lalique ebenso
wie in den Entwürfen eines
Hector Guimard, der die
charakteristischen Bogen-
eingänge zur Pariser Métro
schuf.

Zu den Höhepunkten der
Sammlung gehören Monets
Bilderzyklus *Die Kathedrale
von Rouen (siehe S. 267)*
und Renoirs *Le Moulin de la
Galette.* Bei den Post-Im-
pressionisten hängen van
Goghs *Kirche von Auvers,*
Werke von Cézanne, Seurats
Zirkus, Gauguins farben-
prächtige
Bilder, Tou-
louse-Lautrecs
Darstellungen
der Pariser
Bars und
Rousseaus
Traumwelten.
Ein Beispiel
für die Malerei
ab 1900 ist
*Luxe, Calme et
Volupté* von
Matisse.

Frühstück im Freien (1863) von Édouard Manet

Fassade der École Nationale Supérieure des Beaux-Arts

École Nationale Supérieure des Beaux-Arts 4

14, rue Bonaparte, 75006. **Stadtplan** 8 E3. 🚇 01 47 03 50 00. Ⓜ St-Germain-des-Prés. 🅾 nur für Gruppen nach Voranmeldung (01 47 03 50 00). 🌐 📱 *Bibliothek*. www.ensba.fr

Die französische Kunsthochschule liegt direkt an der Seine, Ecke Rue Bonaparte/Quai Malaquais. Zu dem Gebäudekomplex gehört auch das Palais des Études (19. Jh.). Studenten aus aller Welt strömen durch den Innenhof, vorbei an einer Kapelle (17. Jh.), um in die Ateliers zu gelangen. Viele amerikanische Architekten haben sich hier im vergangenen Jahrhundert mit der Kunst auseinandergesetzt.

St-Germain-des-Prés 5

3, pl St-Germain-des-Prés. 75006. **Stadtplan** 8 E4. 🚇 01 55 42 81 33. Ⓜ St-Germain-des-Prés. 🅾 tägl. 8–19 Uhr. *Konzerte*.

Die älteste Pariser Kirche wurde 542 als Basilika zur Aufbewahrung von Reliquien erbaut. Unter den Benediktinermönchen entwickelte sie sich zur mächtigen Abtei. Im 11. Jahrhundert wurde sie umgebaut. 1794 brannte sie fast gänzlich nieder. Im 19. Jahrhundert wurde sie restauriert. Der älteste Glockenturm Frankreichs ist noch erhalten. Marmorsäulen (6. Jh.), die gotischen Gewölbe und romanischen Bogen im Inneren bilden eine faszinierende Mischung aus Baustilen. René Descartes, der Philosoph des 17. Jahrhunderts, ist hier bestattet.

Musée Eugène Delacroix 6

6, rue de Furstenberg, 75006. **Stadtplan** 8 E4. 🚇 01 44 41 86 50. Ⓜ St-Germain-des-Prés. 🅾 Mi–Mo 9.30–17 Uhr. ● 1. Jan, 1. Mai, 25. Dez. 🌐 📱 👤 www.musee-delacroix.fr

Hier lebte Eugène Delacroix von 1857 bis zu seinem Tod 1863. Der nonkonformistische Maler der Romantik schuf hier die *Grablegung* und *Der Weg nach Golgatha*. Zudem malte er Fresken für eine Seitenkapelle in St-Sulpice.

Wohnung und Gartenatelier beherbergen ein Bildnis von George Sand, Selbstbildnisse des Künstlers und Skizzen. Zudem werden Wechselausstellungen veranstaltet.

Jakobs Kampf mit dem Engel von Delacroix, St-Sulpice *(siehe S. 127)*

Rue de l'Odéon 7

75006. **Stadtplan** 8 F5. Ⓜ Odéon.

Die 1779 eröffnete Zufahrt zum Théâtre de l'Odéon besaß als erste Pariser Straße Rinnsteine. Viele Häuser aus dem 18. Jahrhundert sind noch erhalten. Shakespeare & Company, die Buchhandlung von Sylvia Beach, residierte von 1921 bis 1940 in Nr. 12 – sie war ein Anziehungspunkt für Schriftsteller wie Joyce, Pound und Hemingway.

Musée National du Moyen Âge 8

6, pl Paul-Painlevé. **Stadtplan** 9 A5. 🚇 01 53 73 78 16. Ⓜ St-Michel, Odéon, Cluny-La Sorbonne. RER St-Michel. 🅾 Mi–Mo 9.15–17.45 Uhr. ● 1. Jan, 1. Mai, 25. Dez. 🌐 📱 👤 *Konzerte*. www.musee-moyenage.fr

Das frühere Musée Cluny bietet eine einzigartige

In Stein gemeißelte Köpfe der Könige von Judäa (um 1220)

St-Séverin 9

1, rue des Prêtres-St-Séverin, 75005. **Stadtplan** 9 A4. 🚇 01 42 34 93 50. Ⓜ St-Michel. 🅾 tägl. 11–19.30 Uhr. 👤 *Konzerte*.

Die prachtvolle Kirche St-Séverin, ein perfektes Beispiel für den spätgotischen Flamboyant-Stil, verdankt ihren Namen einem Eremiten, der hier lebte (6. Jh.). Der im frühen 16. Jahrhundert vollendete Bau besitzt ein Doppelschiff, das den Altarraum umschließt. Das Beinhaus im Garten hat noch ein mittelalterliches Giebeldach.

Wasserspeier von St-Séverin im Flamboyant-Stil

Die Schule, Holzschnitzarbeit (englisch, frühes 16. Jh.)

Die Dame mit dem Einhorn

Die sechs einzigartigen Gobelins sind Paradebeispiele für den Millefleurs-Stil im 15. und frühen 16. Jahrhundert, der durch anmutige Darstellungen von Mensch und Tier und frische, harmonische Farben besticht.

Poetisch-anmutig: Einhorn auf einem der sechs Gobelins

Mischung: gallo-römische Ruinen in einer mittelalterlichen Villa mit einer der weltweit schönsten Kunstsammlungen zum Mittelalter. Es wurde nach dem burgundischen Abt von Cluny benannt. Dieser, Pierre de Chalus, erwarb die Ruine 1330. Der heutige Bau entstand 1485–98.

Zu den Höhepunkten der Sammlung gehören kostbare Gobelins von bestechender Schönheit. Das Highlight der Skulpturenabteilung bildet die Galerie der Könige. Die sehenswerte Goldschmiedeabteilung enthält eines der wertvollsten Stücke: die *Goldene Rose von Basel* (1330). Zudem findet man schöne Glasmalereien, Schnitzereien, Stundenbücher und Emailarbeiten.

St-Julien-le-Pauvre ⑩

1, rue St-Julien-le-Pauvre, 75005. **Stadtplan** 9 A4. 🗐 *01 43 54 52 16*. Ⓜ *St-Michel*. ◯ *tägl. 9.30–13.30, 15–18 Uhr*. ✝ *Di–Sa 12.15 Uhr*. **Konzerte**.

Zunächst diente die von 1165 bis 1220 erbaute Kirche auch als Versammlungssaal der Universität. Bei den Studentenprotesten von 1524 wurde sie beschädigt, weitere Versammlungen wurden daraufhin per Parlamentsbeschluss verboten. 1889 ging die Kirche in den Besitz der griechisch-orthodoxen Melchiten über. Heute dient sie als Konzertsaal für klassische und Kirchenmusik.

La Sorbonne ⑪

47, rue des Écoles, 75005. **Stadtplan** 9 A5. 🗐 *01 40 46 22 11*. Ⓜ *Cluny-La Sorbonne, Maubert-Mutualité*. 🗐 *nur nach Vereinbarung (schriftliche Anfragen an den Service des Visites)*.

Die Sorbonne, bis 1969 Hauptsitz der Pariser Universität, wurde 1253 von Robert de Sorbon, Beichtvater Louis' IX, für mittellose Theologiestudenten gegründet.

Aus den bescheidenen Anfängen entwickelte sich ein Zentrum für Theologie. 1469 entstand hier mit drei Druckerpressen aus Mainz die erste französische Druckerei. Weil sie die liberalen Ideen des 18. Jahrhunderts ablehnte, schloss man die Sorbonne während der Revolution. Napoléon ließ sie 1806 wieder öffnen. Seit die Sorbonne 1969 in 13 Teiluniversitäten gegliedert wurde, finden hier nur noch wenige Vorlesungen statt.

St-Étienne-du-Mont ⑫

Pl Ste-Geneviève, 75005. **Stadtplan** 13 A1. 🗐 *01 43 54 11 79*. Ⓜ *Cardinal Lemoine*. ◯ *Mo 12–19.30 Uhr, Di–So 8.45–19.30 Uhr (Sa/So zur Mittagszeit geschlossen)*. ◯ *Mo im Juli/Aug*. 📷 ✝

Die bemerkenswerte Kirche beherbergt den Schrein der hl. Geneviève, der Schutzpatronin von Paris, sowie die sterblichen Überreste der Dichter Racine und Pascal. Neben gotischen Stilmerkmalen weist der Innenraum auch zahlreiche Elemente der Renaissance auf, etwa den Lettner.

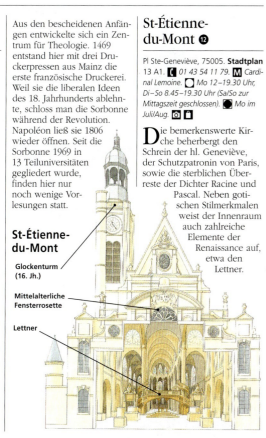

St-Étienne-du-Mont

Glockenturm (16. Jh.)

Mittelalterliche Fensterrosette

Lettner

Stadtplan Paris *siehe Seiten 154–169*

Im Detail: Quartier Latin

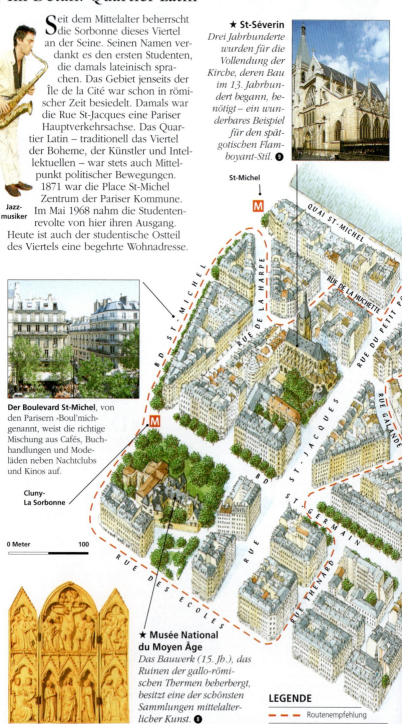

Seit dem Mittelalter beherrscht die Sorbonne dieses Viertel an der Seine. Seinen Namen verdankt es den ersten Studenten, die damals lateinisch sprachen. Das Gebiet jenseits der Île de la Cité war schon in römischer Zeit besiedelt. Damals war die Rue St-Jacques eine Pariser Hauptverkehrsachse. Das Quartier Latin – traditionell das Viertel der Boheme, der Künstler und Intellektuellen – war stets auch Mittelpunkt politischer Bewegungen. 1871 war die Place St-Michel Zentrum der Pariser Kommune. Im Mai 1968 nahm die Studentenrevolte von hier ihren Ausgang. Heute ist auch der studentische Ostteil des Viertels eine begehrte Wohnadresse.

Jazzmusiker

★ **St-Séverin**
Drei Jahrhunderte wurden für die Vollendung der Kirche, deren Bau im 13. Jahrhundert begann, benötigt – ein wunderbares Beispiel für den spätgotischen Flamboyant-Stil. ⑨

St-Michel

QUAI ST-MICHEL

RUE DE LA HUCHETTE

RUE DU PETIT PONT

BD ST-MICHEL

RUE DE LA HARPE

RUE GALANDE

ST-JACQUES

Der Boulevard St-Michel, von den Parisern »Boul'mich« genannt, weist die richtige Mischung aus Cafés, Buchhandlungen und Modeläden neben Nachtclubs und Kinos auf.

BD ST-GERMAIN

Cluny-La Sorbonne

RUE THENARD

0 Meter   100

RUE DES ECOLES

★ **Musée National du Moyen Âge**
Das Bauwerk (15. Jh.), das Ruinen der gallo-römischen Thermen beherbergt, besitzt eine der schönsten Sammlungen mittelalterlicher Kunst. ⑧

LEGENDE

– – – Routenempfehlung

Hotels und Restaurants in Paris *siehe Seiten 550–555 und 600–606*

Zur Orientierung
Siehe Stadtplan 8, 9, 12, 13

★ **St-Julien-le-Pauvre**
*Die Kirche wurde im
17. Jahrhundert umgebaut
und war in der Revoluti-
on eine Lagerhalle.* ❿

**In der Rue du
Fourre** fanden
im Mittelalter die
Vorlesungen im
Freien statt.

Maubert-
Mutualité

NICHT VERSÄUMEN

★ Musée National du
Moyen Âge

★ St-Julien-le-Pauvre

★ St-Séverin

Panthéon ⓭

Pl du Panthéon, 75005. **Stadtplan**
13 A1. 🔲 01 44 32 18 00. Ⓜ *Maubert-Mutualité, Cardinal Lemoine.*
ℝ𝔼ℝ *Luxembourg.* ⭘ *Apr–Sep: 10–
18.30 Uhr; Okt–März: tägl. 10–
18 Uhr.* ● *1. Jan, 1. Mai, 25. Dez.*
📷 🎥 www.monum.fr

Nachdem Louis XV 1744
von schwerer Krankheit
genesen war, ließ er aus
Dank eine Kirche zu Ehren
der hl. Geneviève errichten.
Den klassizistischen Entwurf
lieferte Baumeister Jacques-
Germain Soufflot. Der Bau
wurde 1764 begonnen und
1790, zehn Jahre nach dem
Tod Soufflots, unter Leitung
von Guillaume Rondelet voll-

Innenraum
*Der Innenraum hat die
Form eines griechischen
Kreuzes mit vier Seiten-
schiffen. In der Mitte ist
die riesige Kuppelhalle.*

endet. Nach Ausbruch der
Revolution wandelte man die
Kirche in einen Ehrentempel
mit den Gräbern der großen
Helden um. 1806 führte
Napoléon den Bau wieder
seiner ursprünglichen Bestim-
mung zu, doch 1885 wurde
das Panthéon erneut – und
endgültig – säkularisiert.

Die nach dem Pantheon in
Rom gestaltete Fassade besitzt
im Ziergiebel ein Relief von
David d'Angers. Es zeigt die
weibliche Allegorie des Vater-
lands. Im Panthéon befinden
sich die Gräber von Voltaire,
Rousseau und Zola, ebenso
die Urnen von Pierre und
Marie Curie, Alexandre
Dumas und An-
dré Malraux.

Kuppel
*Das Fres-
ko in der
steinernen
Kuppel stellt
die* Himmel-
fahrt der hl. Geneviève *dar,
ein Werk, das 1811 im Auftrag von Napoléon entstand.*

Laterne

Kuppel-
galerien

Eingang

Krypta
*Dorische Säulen stützen die
weitläufige Krypta. Zu den
zahlreichen Persönlichkeiten,
die hier bestattet sind, gehören
Voltaire und Émile Zola.*

Stadtplan Paris siehe Seiten 154–169

Im Detail: Luxembourg

Etwas abseits des Trubels von St-Germain-des-Prés liegt dieses hübsche historische Viertel wie eine Oase im Herzen der modernen Stadt. Der Jardin du Luxembourg und das Palais du Luxembourg prägen sein Gesicht. Im 19. Jahrhundert machte der Eigentümer, der Comte de Provence (später Louis XVIII), den Garten öffentlich zugänglich. Gegen eine geringe Gebühr durfte jeder Besucher sich sogar an seinen Früchten laben. Garten, Palast und die angrenzenden Häuserzeilen im Norden bilden noch heute eine Attraktion, zu der die Menschen in Scharen pilgern.

NICHT VERSÄUMEN

- ★ Palais du Luxembourg
- ★ St-Sulpice

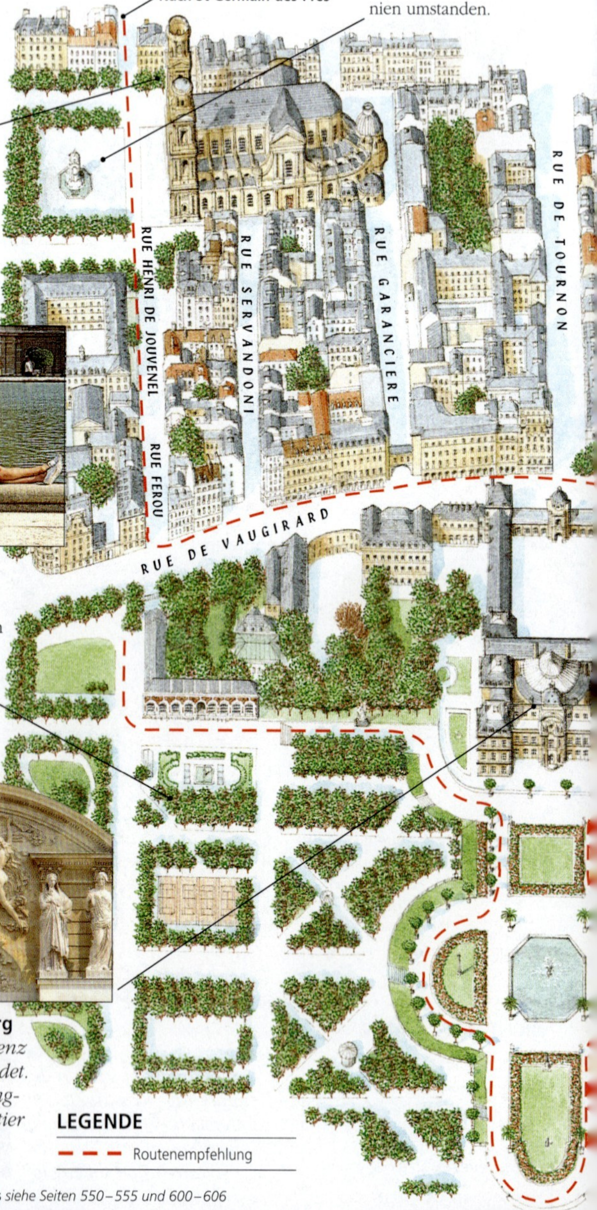

Nach St-Germain-des-Prés
RUE HENRI DE JOUVENEL
RUE SERVANDONI
RUE GARANCIERE
RUE DE TOURNON
RUE FEROU
RUE DE VAUGIRARD

Die Place St-Sulpice wurde 1754 angelegt und ist von alten Kastanien umstanden.

★ St-Sulpice
Ein ganzes Jahrhundert und sechs Baumeister erforderte der Bau dieser gewaltigen Kirche im klassizistischen Stil. ⓯

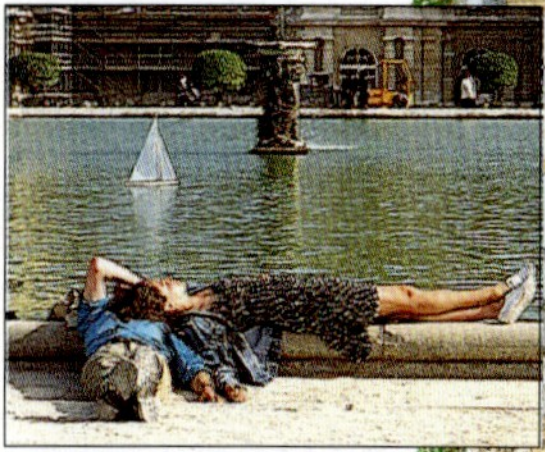

Im Jardin du Luxembourg kann man entspannen, in der Sonne liegen, Modellboote auf dem Teich fahren lassen und Skulpturen (19. Jh.) bewundern.

0 Meter 100

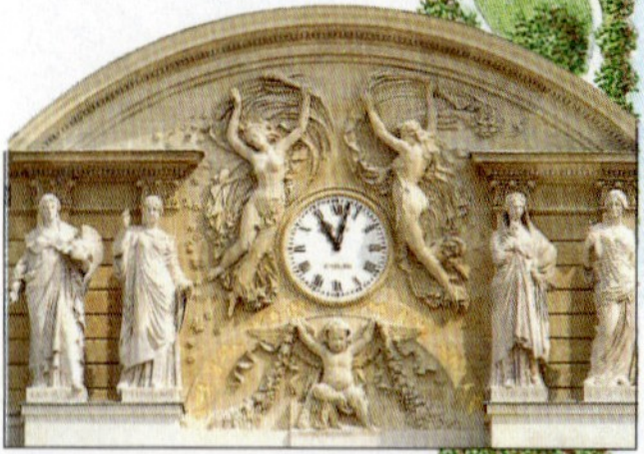

★ Palais du Luxembourg
Die einstige Königsresidenz wurde oft zweckentfremdet. Sie diente u. a. als Gefängnis, aber auch als Quartier der Luftwaffe. ⓮

LEGENDE

– – – Routenempfehlung

Hotels und Restaurants in Paris *siehe Seiten 550–555 und 600–606*

Zur Orientierung
Siehe Stadtplan 8, 12, 13

Die Fontaine de Médicis (17. Jh.) entstand in Anlehnung an eine italienische Grotte – vermutlich nach Entwürfen von Salomon de Brosse.

Die Statue von Sainte Geneviève, Schutzpatronin von Paris, wurde 1845 von Michel-Louis Victor errichtet – als Dank für die Rettung vor den Hunnen.

Palais du Luxembourg ⑭

15, rue de Vaugirard, 75006. **Stadtplan** 8 E5. 📞 01 44 54 19 49. Ⓜ Odéon. **RER** *Luxembourg.* 📅 nur Gruppen (3 Monate im Voraus buchen; 01 42 34 20 60). www.senat.fr **Museum** ◯ tägl. bei Ausstellungen. 📷 www.museedeluxembourg.fr

Das Palais, Sitz des französischen Senats, wurde für Maria von Medici, die Witwe von Henri IV, in Erinnerung an ihre Heimatstadt Florenz gebaut. Der Entwurf von Salomon de Brosse imitierte den Palazzo Pitti. Obwohl Maria vor der Fertigstellung (1631) aus Paris verbannt worden war, blieb das Palais bis zur Revolution Königsresidenz. Im Zweiten Weltkrieg war es Hauptquartier der deutschen Luftwaffe. Das Musée du Luxembourg im Ostflügel zeigt Kunstausstellungen.

St-Sulpice ⑮

Pl St-Sulpice, 75006. **Stadtplan** 8 E5. 📞 01 42 34 59 98. Ⓜ St-Sulpice. ◯ tägl. 7.30–19.30 Uhr. 📷 *Konzerte*.

Über 100 Jahre dauerte der Bau der imposanten Kirche (ab 1646). Die schlichte Fassade besitzt zwei elegante Säulenreihen und zwei ungleiche Türme. Durch die Bogenfenster dringt Tageslicht ins Innere. In einer Seitenkapelle sind Fresken von Eugène Delacroix zu sehen, etwa *Jakobs Kampf mit dem Engel (siehe S. 122)* und *Die Vertreibung des Heliodorus aus dem Tempel.*

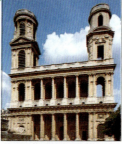

Die Westfront von St-Sulpice mit den beiden Türmen

Brunnenskulptur von Carpeaux

Fontaine de l'Observatoire ⑯

Pl Ernest Denis, av de l'Observatoire, 75006. **Stadtplan** 12 E2. **RER** *Port Royal.*

Am Südende des Jardin du Luxembourg steht einer der schönsten Brunnen von Paris. 1873 schuf Jean-Baptiste Carpeaux das bronzene Mittelstück: Vier Frauen halten die Weltkugel mit den vier Kontinenten (Ozeanien entfiel aus Gründen der Symmetrie). Darum herum gruppieren sich Delfine, Pferde, Schildkröten und andere Figuren.

Val-de-Grâce ⑰

1, pl Alphonse-Laveran, 75005. **Stadtplan** 12 F2. 📞 01 40 51 51 92. Ⓜ Gobelins. **RER** *Port Royal.* ◯ Di, Mi, Sa, So 12–18 Uhr. 📅 Aug. 📷 🚫 außer für das Kirchenschiff. ♿ *Konzerte*.

Die schöne Kirche ist Teil eines Militärkrankenhauses und war ein Geschenk an Anna von Österreich, als sie ihrem Gemahl Louis XIII den Thronfolger gebar. Den Grundstein legte der junge Louis XIV im Jahr 1645 selbst.
Die Kirche besticht durch ihre vergoldete Kuppel. Das riesige Fresko mit mehr als 200 Figuren stammt von Pierre Mignard. Die sechs Marmorsäulen um den Altar erinnern an Berninis Säulen für den Petersdom.

Stadtplan Paris *siehe Seiten 154–169*

Abstecher

Ein Großteil der Sehenswürdigkeiten liegt etwas abseits des Zentrums, im Bereich der Ringautobahn (périphérique). In Montmartre, dem einstigen Mekka der Künstler, begegnet man den Spuren der Boheme. Montparnasse ist voller Cafés. Am Abend drängen sich hier die Theaterbesucher. Oasen der Ruhe sind Parks, Gärten und der Friedhof Père Lachaise mit den Gräbern von Chopin, Oscar Wilde und Jim Morrison. Auf moderne Architektur trifft man in La Défense, der Fondation Le Corbusier und in den Museen. Ein lohnender Ausflug für die ganze Familie ist das Wissenschaftsmuseum in La Villette.

Sehenswürdigkeiten auf einen Blick

Museen und Sammlungen
Cité Nationale de l'Histoire de l'Immigration 25
Galerie-Musée Baccarat 6
Musée Gustave Moreau 9
Musée Marmottan Monet 5
Musée National d'Histoire Naturelle 24

Kirchen und Moscheen
Mosquée de Paris 27
Sacré-Cœur 11
St-Alexandre-Nevsky 7

Parks und Gärten
Bois de Boulogne 2
Jardin des Plantes 25
Parc André Citroën 28
Parc des Buttes-Chaumont 17
Parc Monceau 8
Parc Montsouris 23

Friedhöfe
Cimetière de Montmartre 13
Cimetière du Montparnasse 30
Cimetière du Père Lachaise 18

Historische Viertel
Canal St-Martin 16
Montmartre S. 132f 10
Montparnasse 29

Historische Gebäude und Straßen
Catacombes 31
Château de Vincennes 21
Moulin Rouge 12
Rue la Fontaine 4

Moderne Architektur
Bercy 19
Bibliothèque Nationale de France 22
La Défense 1
Fondation Le Corbusier 3
Institut du Monde Arabe 26

Markt
Marché aux Puces de St-Ouen 14

Themenpark
Cité des Sciences et de l'Industrie S. 136f 15

LEGENDE

☐ Zentrum von Paris
═ Autobahn

0 Kilometer 4

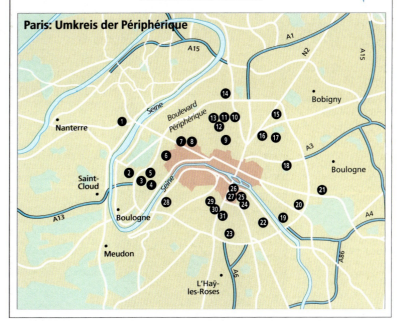

Paris: Umkreis der Périphérique

◁ **Die schmale Rue St-Rustique windet sich den Hügel zur Kirche Sacré-Cœur** (siehe S. 134) hinauf

Westen

La Défense ❶

La Grande Arche. 📞 01 49 07 27 27.
🚇 La Défense. ⏰ tägl. 10–19 Uhr
(Apr–Sep: bis 20 Uhr). 🏷️ ♿ 🍴 ■
Siehe **Die Geschichte Frankreichs**
S. 66f. **www**.grandearche.com

Das Hochhausviertel im
Westen ist der größte Bü-
rohauskomplex Europas.
Unter dem hohlen Würfel der
Grande Arche würde Notre-
Dame Platz finden. Der nach
Entwürfen des dänischen Ar-
chitekten Otto von Spreckel-
sens Ende der 1980er Jahre
gebaute Bogen enthält eine
Ausstellungshalle und ein
Konferenzzentrum.

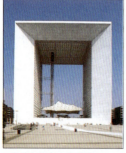

La Grande Arche in La Défense

Bois de Boulogne ❷

75016. 🚇 Porte Maillot, Porte Dau-
phine, Porte d'Auteuil, Sablons.
⏰ 24 Std. tägl. 🏷️ für Spezialgärten
u. Museum. ♿

Der 865 Hektar große
Park zwischen
den westlichen Ausläu-
fern der Stadt und der
Seine lädt zum Wandern,
Radfahren, Reiten, Boot-
fahren und Picknicken
ein. Auch ein Abstecher
auf die Pferderennbahn
ist möglich. Früher war
der Bois de Boulogne
Teil der riesigen Forêt
du Rouvre. Mitte des
19. Jahrhunderts beauf-
tragte Napoléon III
Baron Haussmann mit
der Neugestaltung in
Anlehnung an den Lon-
doner Hyde Park. Die
Anlage umfasst mehrere
Parks wie den Jardin

d'Acclimatation, einen Vernü-
gungspark für Kinder, den Pré
Catalan und die Gärten von
Bagatelle mit vielen architektonischen Gags. Es gibt auch
eine Villa aus dem 18. Jahrhundert mit Rosengarten.

Tagsüber strömen Familien,
Jogger und Spaziergänger in
den Bois – nach Einbruch der
Dunkelheit verkehren hier
jedoch recht zweifelhafte
Gestalten. Man sollte ihn
dann besser meiden.

Fondation Le Corbusier ❸

8–10, sq du Docteur-Blanche, 75016.
📞 01 42 88 41 53. 🚇 Jasmin.
⏰ Mo 13.30–18, Di–Fr 10–12.30,
13.30–18 (Fr bis 17 Uhr), Sa 10–
17 Uhr. ● Feiertage, Aug. 24. Dez–
2. Jan. 🏷️ **Filme, Videos**.
www.fondationlecorbusier.fr

In Auteuil stehen die Villen
La Roche und Jeanneret, die
ersten beiden Häuser eines
der einflussreichsten Architekten des 20. Jahrhunderts:
Charles-Édouard Jeanneret,
besser bekannt als Le Corbusier. Die kubistisch geformten
Gebäude wurden Anfang der
1920er Jahre aus weißem
Beton auf Pfählen erbaut. Ihre
Fenster verlaufen über die
ganze Front. Die Raumstruk-
tur sorgt für Weite und Licht.

La Roche gehörte dem
Kunstmäzen Raoul La Roche.
Die beiden Villen bilden
heute ein Dokumentationszentrum zu Le Corbusier.

**Jugendstil-Fenster in der
Rue la Fontaine**

Rue la Fontaine ❹

75016. **Stadtplan** 5 A4.
🚇 Michel-Ange Auteuil, Jasmin.
🚇 Radio-France.

Die Rue la Fontaine und
die Straßen ringsum wir-
ken wie das Aushängeschild
für preiswerte Architektur mit
dekorativen Details, wie sie
Anfang des 20. Jahrhunderts
verbreitet waren. Haus Nr. 14
ist das Castel Béranger, mit
dem Hector Guimard der
Durchbruch gelang. Danach
gestaltete er Eingänge der
Métro im Jugendstil.

Musée Marmottan Monet ❺

2, rue Louis Boilly, 75016. 📞 01 44
96 50 33. 🚇 Muette. ⏰ Di–So
11–18 Uhr (Di bis 21 Uhr). ● 1. Jan,
1. Mai, 25. Dez. 🏷️ ♿ ■
www.marmottan.com

Die Villa (19. Jh.) des
Kunsthistorikers
Paul Marmottan wurde
1932 in ein Museum
umgewandelt. Der Ei-
gentümer vermachte sie
mitsamt Bildern und
Mobiliar aus der Zeit
von der Renaissance bis
zum Ersten Kaiserreich
dem Institut de France.

1971 erwarb das Mu-
seum eine der bedeu-
tendsten Sammlungen
des impressionistischen
Malers Claude Monet,
eine Schenkung des
Sohns von Monet. Sie
enthält einige seiner

Künstlich angelegte Insel im Bois de Boulogne

berühmtesten Bilder, etwa *Impression – Sonnenaufgang* (daher der Name »Impressionismus«), die *Kathedrale von Rouen (siehe S. 267)* und mehrere Werke aus der *Seerosen*-Serie *(siehe S. 98)*. Zu besichtigen sind auch spätere, in Giverny entstandene Arbeiten, darunter *Die japanische Brücke* und *Die Trauerweide* – Bilder mit ungestüm-ausdrucksvollem Pinselstrich und leuchtender Farbgebung.

Auch ein Teil der privaten Sammlung Monets wurde dem Museum überlassen. Sie enthält Werke von Pissarro, Renoir und Sisley. Zudem sind mittelalterliche Handschriften und burgundische Gobelins (16. Jh.) zu sehen.

Am dritten Dienstag im Monat gibt es Kammermusik.

Galerie-Musée Baccarat ❻

11, pl des États-Unis, 75116.
🕻 01 40 22 11 00. Ⓜ *Boissière.*
◯ *Mo, Mi–Sa 10–18.30 Uhr (letzter Einlass 30 Min. vor Schließung).*
● *Feiertage.* ♿ 🅿 📷 🎫 *nach Vereinbarung.* **www**.baccarat.fr

Die Galerie-Musée Baccarat präsentiert über 1200 Produkte der Firma Baccarat, die 1764 in Lothringen gegründet wurde, darunter Serviceteile, die für die europäischen Herrscherhäuser gefertigt wurden (auch in Baccarat gibt es ein Museum). Zu sehen sind auch zeitgenössische Meisterstücke aus den Werkstätten, etwa edle Vasen, Kandelaber, Dekantier-Gefäße und Parfümflacons, Uhren und Schmuck.

Bei den Kristallkunstwerken kann man die technischen Fertigkeiten und Feinheiten der Verzierung bewundern, beispielsweise zarte Gravuren, Vergoldungen oder auch Email-Glasuren.

Le Vase d'Abyssinie (Kristall und Bronze) aus dem Haus Baccarat

Norden

St-Alexandre-Nevsky

St-Alexandre-Nevsky ❼

12, rue Daru, 75008. **Stadtplan** 2 F3. 🕻 01 42 27 37 34. Ⓜ *Courcelles, Ternes.* ◯ *Di, Fr, So 15–17 Uhr.*
🎫 🛈 *Sa 18, So 10.30 Uhr.*

Die imposante russisch-orthodoxe Kirche mit den fünf Kuppeln aus Kupfergold ist das Wahrzeichen der russischen Gemeinde in Paris. Entworfen wurde die 1861 vollendete Kathedrale von Mitgliedern der Akademie der schönen Künste in St. Petersburg. Zar Alexander II. und in Paris ansässige Russen finanzierten sie.

Eine Ikonenwand (Ikonostase) teilt die Kirche in zwei Teile. Der Grundriss in Form des griechischen Kreuzes und die Mosaiken und Fresken sind neobyzantinisch, die Fassade und die Goldkuppel traditionell russisch-orthodox.

Kolonnade am Naumachia-Becken im Parc Monceau

Parc Monceau ❽

Bd de Courcelles, 75017. **Stadtplan** 3 A3. 🕻 01 42 27 08 64. Ⓜ *Monceau.* ◯ *tägl. 7–20 Uhr (im Sommer bis 22 Uhr).*

Die grüne Oase gibt es schon seit 1778. Der Duc de Chartres beauftragte den Künstler, Philosophen und Landschaftsgärtner Louis Carmontelle mit der Gestaltung der Gartenanlage. Das Ergebnis war eine exotisch anmutende Landschaft mit einigen Parkbauten im deutschen und englischen Stil.

1852 wurde der Park Staatseigentum und öffentliche Grünanlage. Es gibt noch einige Originalelemente, etwa das Naumachia-Becken, die ornamentale Nachbildung eines Bassins, das die Römer zur Inszenierung von Seegefechten nutzten.

Musée Gustave Moreau ❾

14, rue de la Rochefoucauld, 75009. **Stadtplan** 4 E3. 🕻 01 48 74 38 50. Ⓜ *Trinité.* ◯ *Mi–Mo 10–12.45, 14–17.15 Uhr.* ● *Feiertage.*
♿ 📷 🎫 **www**.musee-moreau.fr

In dem schmucken Stadthaus lebte früher der Symbolist Gustave Moreau (1826–1898). Eine seiner wichtigsten Arbeiten, *Jupiter und Semele*, ist hier zu sehen, daneben weitere große Gemälde sowie einige der 7000 Zeichnungen, 1000 Ölbilder und Aquarelle, die Moreau dem Staat vermachte.

Stadtplan Paris *siehe Seiten 154–169*

Montmartre ❿

Über 200 Jahre lang war Montmartre das Viertel der Künstler. Anfang des 19. Jahrhunderts ließen sich Théodore Géricault und Camille Corot hier nieder. Im 20. Jahrhundert verewigte Maurice Utrillo die Straßen von Montmartre auf seiner Leinwand. Heute malen Straßenkünstler für die Besucher, doch ein Teil des Viertels hat sich noch einen quasi dörflichen Charme aus der Vorkriegszeit bewahrt. Der Name Montmartre – *mons martyrium* – erinnert an die Märtyrer, die dort um 250 n.Chr. getötet wurden.

Straßenkünstler

Weinberg am Montmartre
Im letzten Weinberg von Paris wird die Lese immer am ersten Samstag im Oktober zelebriert.

Lamarck-Caulaincourt

RUE ST-VINC
RUE DES SAULES
RUE DE L'ABREUVOIR
RUE CORTO
RUE ST-RUS
RUE
NORVINS
RUE LEPIC
PL.J.B CLEMENT
RUE POULBOT
RUE DE LA MRE
RAVIGNAN
PLACE E. GOUDEAU
RUE
RUE DREVET
RUE
RUE DES TROIS FRERES
RUE

Au Lapin Agile
»Zum flinken Kaninchen« war früher ein Treffpunkt für Literaten. Heute ist es ein Nachtclub.

À la Mère Catherine
Es war das Lieblingsrestaurant der russischen Kosaken, die vor lauter Durst immer »Bistro!« (»Schnell!«) riefen – daher der Name »Bistro«.

Espace Dalí Montmartre
Rund 330 Werke des surrealistischen Malers und Bildhauers sind hier zu sehen.

Place du Tertre
Er ist das Herz von Montmartre – heute voller Porträtmaler. Hier stellten schon im 19. Jahrhundert Künstler ihre Bilder aus.

LEGENDE

− − − Routenempfehlung

0 Meter   100

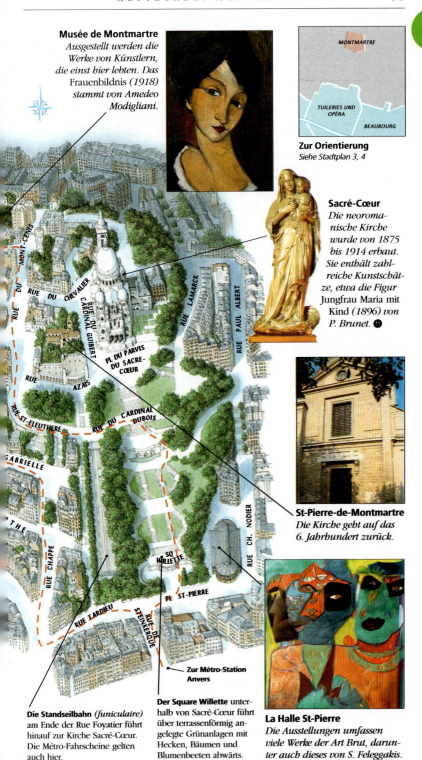

Musée de Montmartre
Ausgestellt werden die Werke von Künstlern, die einst hier lebten. Das Frauenbildnis (1918) stammt von Amedeo Modigliani.

Zur Orientierung
Siehe Stadtplan 3, 4

Sacré-Cœur
Die neoromanische Kirche wurde von 1875 bis 1914 erbaut. Sie enthält zahlreiche Kunstschätze, etwa die Figur Jungfrau Maria mit Kind (1896) von P. Brunet. ⓫

St-Pierre-de-Montmartre
Die Kirche geht auf das 6. Jahrhundert zurück.

Die Standseilbahn (*funiculaire*) am Ende der Rue Foyatier führt hinauf zur Kirche Sacré-Cœur. Die Métro-Fahrscheine gelten auch hier.

Der Square Willette unterhalb von Sacré-Cœur führt über terrassenförmig angelegte Grünanlagen mit Hecken, Bäumen und Blumenbeeten abwärts.

— Zur Métro-Station Anvers

La Halle St-Pierre
Die Ausstellungen umfassen viele Werke der Art Brut, darunter auch dieses von S. Feleggakis.

Stadtplan Paris *siehe Seiten 154–169*

Sacré-Cœur ⓫

Parvis de Notre-Dame, 75018. **Stadt-plan** 4 F1. 📞 01 53 41 89 00.
Ⓜ *Abbesses (dann mit dem Funiculaire bis Sacré-Cœur), Anvers.* 🚌 *30, 31, 80, 85.* 🅿 *Bd de Clichy, Rue Custine.* **Basilika** 🕐 *tägl. 6–22.30 Uhr.* **Kuppel und Krypta** 🕐 *tägl. 9–19 Uhr (Winter bis 18 Uhr).* 🚫 ✝ *Mo–Do, Sa 7, 11.15, 18.30, 22, Fr 15, So 11, 18, 22 Uhr.* **www**.sacre-coeur-montmartre.com

Die Basilika von Sacré-Cœur, die dem »heiligen Herzen Jesu« geweiht ist, war das Ergebnis eines Gelübdes. Die beiden Investoren Alexandre Legentil und Rouhault de Fleury gelobten den Bau einer Sühnekirche, wenn Frankreich der Krieg mit Preußen erspart bliebe. Der Krieg brach aus, Paris wurde erobert, doch es gab keine Besatzung. 1875 begann der Bau nach Plänen von Paul Abadie. Der »Zuckerbäcker-Bau«, der auf Ablehnung stieß, zählt zu den bedeutendsten Bauwerken der römisch-katholischen Kirche Frankreichs.

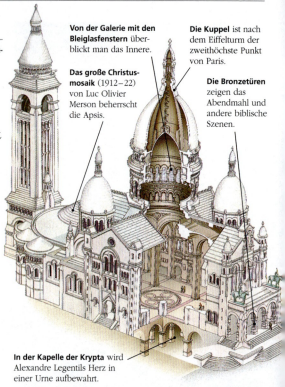

Von der Galerie mit den Bleiglasfenstern überblickt man das Innere.

Die Kuppel ist nach dem Eiffelturm der zweithöchste Punkt von Paris.

Das große Christus-mosaik (1912–22) von Luc Olivier Merson beherrscht die Apsis.

Die Bronzetüren zeigen das Abendmahl und andere biblische Szenen.

In der Kapelle der Krypta wird Alexandre Legentils Herz in einer Urne aufbewahrt.

Moulin Rouge ⓬

82, bd de Clichy, 75018. **Stadt-plan** 4 E1. 📞 01 53 09 82 82.
Ⓜ *Blanche.* 🕐 *Abendessen 19 Uhr, Shows tägl. 21 u. 23 Uhr.* 🚫
www.moulinrouge.com

Das Moulin Rouge (1885) ist seit 1900 ein Revuetheater. Henri de Toulouse-Lautrec hat den Cancan und seine Tänzerinnen, darunter Jane Avril, in Bildern festgehalten. Noch heute treten Tänzerinnen in glitzernden Shows auf.

Cimetière de Montmartre ⓭

20, av Rachel, 75018. **Stadtplan** 4 D1. 📞 01 53 42 36 30. Ⓜ *Place de Clichy.* 🕐 *Mo–Sa 8.30–17.30, So 9–17.30 Uhr (im Sommer bis 18 Uhr).* ♿

Seit Anfang des 19. Jahrhunderts ist dieser Friedhof letzte Ruhestätte vieler Künstler. Die Komponisten Hector Berlioz und Jacques Offenbach (der Meister des Cancan), der deutsche Dichter Heinrich Heine, der russische Tänzer Vaslav Nijinsky und der Regisseur François Truffaut sind nur einige Prominente, die hier begraben sind.

Am Square Roland-Dorgelès auf dem Montmartre gibt es noch den Friedhof St-Vincent. Hier hat der Maler Maurice Utrillo seine letzte Ruhestätte gefunden.

Afrikanischer Stand auf dem Marché aux Puces in St-Ouen

Marché aux Puces de St-Ouen ⓮

Rue des Rosiers, St-Ouen, 75018. Ⓜ *Porte de Clignancourt.* 🕐 *Sa–Mo 9–18 Uhr. Siehe* **Shopping** *S. 149.* **www**.les-puces.com

Der älteste und größte Pariser Flohmarkt an der Porte de Clignancourt bedeckt eine Fläche von sechs Hektar. Im 19. Jahrhundert kamen Lumpenhändler und Landstreicher außerhalb der Stadttore zusammen, um ihre Waren feilzubieten. Heute ist das Areal in verschiedene Märkte gegliedert. Sehenswert sind die Möbel und Objekte im Stil des Zweiten Kaiserreichs. Schnäppchen sind rar, aber das schreckt Kauflustige nicht ab, die am Wochenende in Massen einfallen.

Cité des Sciences et de l'Industrie ⓯

Siehe S. 136f.

Canal St-Martin **16**

🅜 *Jaurès, J. Bonsergent, Goncourt.*

Ein Spaziergang über die Quais am Canal St-Martin vermittelt einen Eindruck, wie das Arbeiterviertel Ende des 19. Jahrhunderts aussah. Dank des 1825 eröffneten, fünf Kilometer langen Kanals konnten die Schiffe den längeren Weg über die Seine-Schleife umgehen. Am Quai de Jemmapes sieht man noch Reste alter Lagerhallen und Fabrikgebäude aus Backstein und Eisen. Dort stößt man auch auf das legendäre Hôtel du Nord, Schauplatz des 1930 entstandenen gleichnamigen Films von Marcel Carné. Der Kanalbetrieb ist auf einige Lastkähne reduziert. Es gibt Fußgängerbrücken aus Eisen und Gärten. Bei Jaurès trifft der Kanal auf den Canal de l'Ourcq. Von hier aus ist es ein hübscher Spaziergang zum Parc de la Vilette *(siehe S. 136)*.

Parc des Buttes-Chaumont **17**

Rue Manin, 75019 (Eingang Rue Armand Carrel). 🅜 *Botzaris, Buttes-Chaumont.* ⭘ *tägl. 7–20.15 Uhr (Juni–Aug: bis 22.15 Uhr).*

Für viele ist er der hübscheste und ungewöhnlichste Park. In den 1860er Jahren verwandelte Baron Haussmann die Schutt- und Geröllhalde über dem Galgenberg in Gartenanlagen nach englischem Vorbild. Sein damaliger Partner, der Landschaftsgärtner Adolphe Alphand, leitete später die Umgestaltung der von Haussmann *(siehe S. 108)* angelegten großen Pariser Straßen, die mit Sitzbänken, Straßenlaternen, Zeitungskiosken und Urinalen versehen wurden.

An der Parkgestaltung waren auch der Ingenieur Darcel und der Landschaftsgärtner Barillet-Deschamps beteiligt. Es entstanden ein See mit einer Insel aus Natur- und Kunstgestein, ein römischer Tempel, ein Wasserfall und Bachläufe mit Fußgängerbrücken zur Insel. Heute kön-

Boote im Port de l'Arsenal

nen Besucher auch Boote und Reiteesel mieten. Wer mag, legt sich einfach in der Sonne auf den schön gepflegten Rasen.

Osten

Cimetière du Père Lachaise **18**

16, rue du Repos, 75020. 🅒 *01 55 25 82 10.* 🅜 *Père Lachaise, A. Dumas.* 🚌 *26, 62, 69 bis Pl Gambetta.* 🅿 *Pl Gambetta.* ⭘ *tägl. 8–17.30 Uhr (Apr–Nov: bis 18 Uhr; So u. Feiertage bis 21 Uhr).*

Der schönste Friedhof von Paris liegt auf einem Hügel. Das Areal gehörte Père de La Chaise, dem Beichtvater Louis' XIV. Napoléon ließ es 1803 aufkaufen. Der Friedhof musste im 19. Jahrhundert sechsmal erweitert werden. Viel Prominenz liegt hier begraben: der Romancier Honoré de Balzac, der Komponist Frédéric Chopin, der Sänger Jim Morrison, die Sängerin Edith Piaf sowie die Schauspieler Simone Signoret und Yves Montand.

Bercy **19**

75012. 🅜 *Bercy, Cour St-Émilion.* **Cinémathèque Française** 51, rue de Bercy. 🅒 *01 71 19 32 00.* ⭘ *Mo–Sa 10–19, So 10–20 Uhr.*

Das ehemalige Weinhandelszentrum an der Seine östlich des Stadtzentrums wurde in ein ultramodernes Viertel umgewandelt. Eine neue Métro-Linie (Nr. 14) verbindet Bercy mit der Innenstadt. Mittelpunkt des Viertels ist das Palais Omnisports de Paris-Bercy (POPB). Hier finden zahlreiche Kultur- und Sportveranstaltungen statt, u. a. nationale Meisterschaften, aber auch Opern und Rockkonzerte. Die auffallende Pyramidenform ist längst zu einem Wahrzeichen im Osten von Paris geworden.

Die Skyline von Bercy bietet zahlreiche spannende Bauwerke, z. B. Chemetovs gewaltige Gebäude für das Finanzministerium oder Frank Gehrys American Center, in dem seit 2005 die Cinémathèque Française mit Museum untergebracht ist. Hier finden auch Filmvorführungen statt. Die neuen Gebäude gruppieren sich um den rund 70 Hektar großen Parc de Bercy, eine grüne Oase mit einem alten Karussell.

Zahlreiche Weinhandlungen und Kellereien entlang dem Cours St-Émilion haben inzwischen – umgewandelt zu Läden, Restaurants und Bars – wieder geöffnet. Eine der alten Lagerhallen, der Pavillon de Bercy, beherbergt nun das Musée des Arts Forains. An der Marina de Bercy fahren Boote auf der Seine ab.

American Center von Frank Gehry, heute Sitz der Cinémathèque Française

Stadtplan Paris *siehe Seiten 154–169*

Cité des Sciences et de l'Industrie ⑮

Hübsches Spielgerät im Parc de la Villette

Das populäre Museum für Wissenschaft und Technik liegt im größten der einstigen Schlachthöfe von La Villette. Hier entstand ein urbaner Park mit fünfstöckiger Hightech-Architektur (40 Meter hoch, über drei Hektar groß), deren Inneres Adrien Fainsilber mit Wasserspielen, Licht und Vegetation belebt hat. Herzstück des Museums ist die Explora-Ausstellung, die in die Welt der Wissenschaft einführt. Besucher können Weltraum, Erde und Meere multimedial erkunden. Die Wissenschaftsstadt für Kinder bietet Kinos, Doku-Zentrum, Bibliothek und Läden.

Planetarium
In dem Saal (260 Sitze) kann man dank neuester 3-D-Videotechnik eine Sonnenfinsternis oder Flüge über die Marsoberfläche erleben.

Le Nautile
Das detailgetreue Modell von Le Nautile, *dem neuesten französischen U-Boot zu Forschungszwecken, zeigt, wie sich die Technik zur Erforschung der Meere weiterentwickelt hat.*

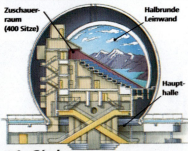

★ Ariane
Im Raketenmodell wird der Start in den Weltraum simuliert. Hier erfährt man auch, wie der Alltag im Raumschiff abläuft.

Zuschauerraum (400 Sitze)

Halbrunde Leinwand

Haupthalle

★ La Géode
Das gewaltige Kugelkino mit der halbrunden Riesenleinwand von 1000 Quadratmetern zeigt IMAX-Filme zu den Themen Natur, ferne Länder, Geschichte und Weltraum.

Der Wassergraben wurde so angelegt, dass Tageslicht in die unteren Ebenen dringen kann. Die Spiegelung im Wasser steigert das wuchtige Erscheinungsbild des Baus.

Die Haupthalle mit netzartig aufstrebenden Schächten, Brücken, Aufzügen und Galerien hat die beeindruckende Atmosphäre einer Kathedrale.

NICHT VERSÄUMEN

★ Ariane

★ Cité des Enfants

★ La Géode

Das Kuppeldach
Die zwei Glaskuppeln von 17 Metern Durchmesser filtern das in die Haupthalle dringende Sonnenlicht.

INFOBOX

30, av Corentin-Cariou, 75019.
01 40 05 80 00. Porte de la Villette. 75, 139, 150, 152, 249, PC. Di–Sa 10–18, So 10–19 Uhr. **Shows, Filme, Videos, Bibliothek, Konferenzen.**
www.cite-sciences.fr

Das Gewächshaus in Würfelform – 32 Meter hoch und breit – verbindet das Parkgelände mit dem Museumsgebäude.

Mirage
Ein Modell des in Frankreich gebauten Kampfflugzeugs in Originalgröße ist eines der Exponate.

Zu La Géode

Fußgängerbrücken
Über den Wassergraben führen Brücken von den verschiedenen Ausstellungsebenen zu La Géode und zum Parkgelände.

★ Cité des Enfants
Auf dem weiten Gelände der Kinderstadt können die Kleinen spielerisch ihre Umwelt erleben. Größere Kinder können sich in Form von Experimenten mit der Welt von Naturwissenschaft und Technik vertraut machen.

Bibliothèque Nationale de France

Cité Nationale de l'Histoire de l'Immigration ⑳

293, av Daumesnil, 75012. ☎ 01 53 59 58 60. Ⓜ Porte Dorée.
🕐 Di–So 10–17.30 Uhr (Sa, So bis 19 Uhr). ⚫ 1. Mai. 🎫 ♿ teilweise. ⬜
www.histoire-immigration.fr

Das Museum im Palais de la Porte Dorée widmet sich der Geschichte der Einwanderung nach Frankreich. Das Palais liegt in einem 1931 von Albert Laprade und Léon Jaussely entworfenen Artdéco-Gebäude. Im Keller befindet sich ein tropisches Aquarium mit Schildkröten und Krokodilen.

Château de Vincennes ㉑

Av de Paris, 94300 Vincennes.
☎ 01 48 08 31 20. Ⓜ Château de Vincennes. RER Vincennes. 🕐 tägl. 10–17 Uhr (Mai–Aug: bis 18 Uhr).
⚫ 1. Jan, 1. Mai, 1. u. 11. Nov, 25. Dez. **Kapelle und Donjon (Hauptturm)** 🎫 📷 obligatorisch. ⬜ www.chateau-vincennes.fr

Bis zum 17. Jahrhundert war das Château de Vincennes die Residenz der französischen Könige. Die größte mittelalterliche Festung Europas, die gotische Kapelle und die Pavillons (17. Jh.) sind unbedingt sehenswert.
Jenseits des Schlossgrabens liegt der Bois de Vincennes. In den einstigen Jagdgründen befinden sich heute ein Forst und eine Trabrennbahn.

Bibliothèque Nationale de France ㉒

Quai François-Mauriac, 75706.
☎ 01 53 79 59 59. Ⓜ Bibliothèque François Mitterrand. 🕐 Mo–Sa 10–19 Uhr, So 13–19 Uhr. ⚫ Feiertage, 2 Wochen Mitte Sep. 🎫 ♿ 🍴 ⬜ www.bnf.fr

Die vier Türme in Buchform beherbergen zehn Millionen Bücher. Die Leihbibliothek umfasst über 400 000 Nachschlagewerke, digitalisierte Bilder und ein Tonarchiv.

Süden

Parc Montsouris ㉓

Bd Jourdan, 75014. ☎ 01 45 88 28 60. Ⓜ Porte d'Orléans. RER Cité Universitaire. 🕐 tägl. 8–20.30 Uhr (im Winter bis 17.30 Uhr).

Der zweitgrößte englische Garten der Stadt wurde 1865–78 von Adolphe Alphand angelegt. Der Park mit Lokal, Grünflächen und See ist sehr beliebt. Viele Vogelarten finden hier Zuflucht.

Schädel eines Dimetrodons

Musée National d'Histoire Naturelle ㉔

2, rue Buffon, 75005. **Stadtplan** 13 C2. ☎ 01 40 79 54 79. Ⓜ Jussieu, Austerlitz. 🕐 Mi–Mo 10–18 Uhr. ⚫ 1. Mai. 🎫 ♿ teilweise. ⬜ ⬜ 📷 *Bibliothek*. www.mnhn.fr

Highlight ist die Abteilung zur Evolutionsgeschichte. Auch sehenswert: die paläontologische Abteilung mit Skeletten, Nachbildungen von Tieren und einer Ausstellung zur Entwicklung der Wirbeltiere, die paläobotanische Abteilung mit pflanzlichen Versteinerungen, die Mineralienabteilung mit (Edel-)Steinen und die entomologische Abteilung mit Insektenversteinerungen. Im Gebäude, in dem der Wissenschaftler Buffon 1772–88 lebte, ist ein Buchladen untergebracht.

Jardin des Plantes ㉕

57, rue Cuvier, 75005. **Stadtplan** 13 C1. ☎ 01 40 79 56 01. Ⓜ Jussieu, Austerlitz. 🕐 tägl. 8–17.30 Uhr (im Winter bis 17 Uhr).

Der botanische Garten entstand 1626. Jean Hérouard und Guy de La Brosse, die Leibärzte Louis' XIII, legten den königlichen Heilkräutergarten an. Es folgte eine Schule für Botanik, Naturgeschichte und Heilkunde. 1640 wurde der Garten öffentlich zugänglich. Er gehört zu den größten Pariser Parks und enthält ein naturgeschichtliches Museum, eine botanische Schule und einen Zoo.
Neben von Statuen flankierten Wegen gibt auch eine Anlage mit Gebirgsflora aus Korsika, Marokko, den Alpen und dem Himalaya sowie eine Sammlung von Wild- und Heilpflanzen. Aus den englischen Kew Gardens kam die erste Libanonzeder hierher.

Straßenmarkt in der Rue Mouffetard, nahe Jardin des Plantes

Institut du Monde Arabe 🟤

1, rue des Fossés St-Bernard, 75005.
Stadtplan 9 C5. 📞 *01 40 51 38 38.* Ⓜ️ *Jussieu, Cardinal Lemoine.*
Museum und Ausstellungen
⭕ *Di–So 10–18 Uhr.* **Bibliothek**
⭕ *Di–Sa 13–20 Uhr.* 🖼️ 📷 ♿
🖥️ 🍴 www.imarabe.org

Das prachtvolle moderne Bauwerk entstand nach Plänen von Jean Nouvel – eine gelungene Mischung aus Hightech und traditioneller arabischer Architektur. Vom vierten bis zum siebten Stock ist eine Sammlung arabischer Kunst aus dem 9. bis zum 19. Jahrhundert mit Glaswaren, Keramik und Skulpturen zu sehen. Höhepunkt ist sicher die Sammlung kostbarer Astrolabien, Messgeräten zur Winkelmessung am Himmel, wie sie die Astronomen des alten Arabien benutzten.

Institut du Monde Arabe mit gläserner Außenwand und Sonnenregulatoren

Mosquée de Paris 🟤

Pl du Puits de l'Ermite, 75005.
📞 *01 45 35 97 33.* Ⓜ️ *Place Monge.* ⭕ *Sa–Do 9–12, 14–18 Uhr.* ● *muslimische Feiertage.*
📷 🖥️ 🍴 *Bibliothek.*
www.mosquee-de-paris.org

Die Bauwerke aus den 1920er Jahren bilden das Zentrum der muslimischen Gemeinde von Paris. Die einst nur von Studenten benutzte Moschee wurde erweitert und beherbergt heute das beste türkische Dampfbad der Stadt, ein Restaurant und einen schönen *salon de thé.*

Parc André Citroën 🟤

Rue Balard, 75015. 📞 *01 40 71 74 03.* Ⓜ️ *Javel, Balard.* ● *Mo–Fr 7.30 Uhr bis Sonnenuntergang (Sa, So u. Feiertage ab 9 Uhr).*

Landschaftsplanern und Architekten ist hier eine faszinierende Mischung gelungen. Im Norden gibt es Wildblumenwiesen, im Süden den Mineral- und Skulpturengarten. Überall stößt man auf moderne Wasserskulpturen.

Tour Montparnasse

Montparnasse 🟤

75014 u. 75015. **Stadtplan** 11 u. 12. Ⓜ️ *Vavin, Raspail, Edgar Quinet.*
Tour Montparnasse ⭕ *tägl. 9.30–23 Uhr.*

Der Name des Viertels geht auf einen Scherz zurück, der daran erinnert, dass im 17. Jahrhundert Kunststudenten ihre Arbeiten auf einem »Berg« aus Trümmern präsentierten. (In der griechischen Antike war der Parnass der Dichtung, Musik und Schönheit geweiht.) Im 19. Jahrhundert lockten die Cabarets und Bars scharenweise Besucher an, indem sie zollfreie Getränke anboten. Kunst und Ausgelassenheit prägten die 1920er und 1930er Jahre, als Hemingway, Picasso, Giacometti, Cocteau, Matisse und Modigliani »Montparnos« waren. Die Belle Époque fand mit dem Zweiten Weltkrieg ein jähes Ende. Das moderne *quartier* wird von der **Tour Montparnasse** dominiert.

Cimetière du Montparnasse 🟤

3, bd Edgar Quinet, 75014. **Stadtplan** 12 D3. 📞 *01 44 10 86 50.*
Ⓜ️ *Edgar Quinet.* ⭕ *Mitte März–Nov: Mo–Fr 8–18, Sa 8.30–18, So 9–18 Uhr (Dez–Mitte März: jeweils bis 17.30 Uhr).*

Auf dem 1824 eröffneten Friedhof liegen u. a. Serge Gainsbourg, Charles Baudelaire, Jean-Paul Sartre, Simone de Beauvoir und Guy de Maupassant begraben.

Catacombes 🟤

1, av du Colonel Henri Rol-Tanguy, 75014. **Stadtplan** 12 E3. 📞 *01 43 22 47 63.* Ⓜ️ *Denfert-Rochereau.* ⭕ *Di–So 10–17 Uhr.* ● *Feiertage.*
🖼️ 📷 www.catacombes.paris.fr

Haufenweise Schädel und Knochen lagern in den Katakomben, einem Labyrinth von Tunneln aus der Zeit der Römer. In den 1680er Jahren wurden die Gebeine vom Friedhof von Les Halles aus hygienischen Gründen hierher überführt.

Schädel und Knochen in den Katakomben

Stadtplan Paris siehe Seiten 154–169

Shopping

Für viele Menschen ist Paris der Inbegriff von Luxus und Lebensart. Elegant gekleidete Frauen und Männer sitzen vor der Kulisse prächtiger Gebäude an der Seine vor einem Glas Wein oder Café. Andere kaufen in den luxuriösen Boutiquen ein. Günstige Produkte gibt es in den Ausverkaufsmonaten Januar und Juli. Wenn Ihr Budget es erlaubt, sollten Sie sich dann einen Ausflug in die weltberühmten Pariser Modeboutiquen gönnen und anschließend die verlockend arrangierten Schlemmereien kosten. Auch wer nur zum Sehen durch Straßen und Märkte schlendert, kann dieser Lust in Paris ungehindert frönen. Den letzten Schrei finden Sie sicherlich in der Rue du Faubourg-St-Honoré, deren Glasvitrinen mit erlesenen Stücken der Haute Couture dekoriert sind. Spaß macht es auch, an den Bücherständen an der Seine zu schmökern. Im Folgenden finden Sie eine Auswahl der besten und berühmtesten Einkaufsmöglichkeiten in Paris.

Mode in der Avenue Montaigne

Öffnungszeiten

Meist haben Läden montags bis samstags von 10 bis 19 Uhr geöffnet. Viele Kaufhäuser sind donnerstags länger offen. Die Boutiquen schließen bisweilen um die Mittagszeit für ein oder zwei Stunden. Märkte und kleine Läden haben montags oft zu. Einige Geschäfte machen im Sommer zu, meist im August. Das erfährt man am Aushang an der Ladentür.

Bezahlung und Mehrwertsteuer

Bargeld gibt es bei den Geldautomaten der Banken, die eigentlich alle Kreditkarten sowie Maestro-/EC-Karten akzeptieren. Vor allem Visa/Carte Bleue und MasterCard sind als Kreditkarten in Frankreich weitverbreitet.

Die meisten Produkte und Dienstleistungen enthalten eine Mehrwertsteuer (TVA) von 19,6 Prozent (oder ermäßigt von 5,5 Prozent, seit Juli 2009 gilt diese auch für Restaurants). Besucher, die nicht aus der EU kommen, können eine Mehrwertsteuer-Rückerstattung erhalten, falls sie in Frankreich Waren im Wert von mindestens 175 Euro (pro Tag/Laden) erwerben. Größere Geschäfte werden Besuchern das entsprechende Formular für den Zoll (*bordereau de détaxe* oder *bordereau de vente*) aushändigen. Dieses Formular muss bei der Ausreise beim Zoll vorgelegt werden, um die Erstattung zu erhalten.

Das international bekannte Logo von Chanel

Sonderangebote

Die Saison-Schlussverkäufe (*soldes*) finden im Januar und Juli statt – wobei man auch schon vor Weihnachten reduzierte Angebote findet. Wenn Sie mit *Stock* ausgezeichnete Ware entdecken, bedeutet dies, dass die Produkte verbilligt wurden, um das Lager zu räumen. *Dégriffé* finden Sie als Schild bei preiswerten Markenprodukten, bei denen das Label herausgeschnitten wurde). Meist sind dies Stücke aus der Vorjahres-Kollektion. *Fripes* lesen Sie, wenn es sich bei den Produkten um Secondhand-Ware handelt.

Zentrum der Pariser Mode

Die Haute-Couture-Häuser liegen am rechten Seine-Ufer, um die Rue du Faubourg-St-Honoré und die Avenue Montaigne.

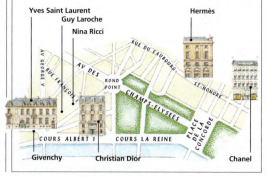

Grands Magasins

Paris eignet sich wunderbar für einen Bummel durch kleine Spezialitäten- und Fachgeschäfte. Doch wenn Sie wenig Zeit haben, sollten Sie den *grands magasins* den Vorzug geben. Einige arbeiten noch mit einem Bon-System. Der Verkäufer einer Abteilung gibt Ihnen einen Bon, damit gehen Sie zur Kasse. Mit der Rechnung können Sie dann Ihren Einkauf in der Abteilung abholen. Das kann zeitraubend sein. Deshalb sollten Sie eher morgens einkaufen gehen, keinesfalls am Sams-

Die Fassade des Kaufhauses Au Printemps stammt aus dem Jahr 1865

Designermode von Kenzo an der Place des Victoires

tag, wenn in den Kaufhäusern Hochbetrieb herrscht. Übrigens: Franzosen halten wenig vom höflichen Schlangestehen. Es kann auch passieren, dass Sicherheitskräfte Ihre Taschen kontrollieren wollen, wenn Sie ein Kaufhaus verlassen. Das sind Stichproben – Sie werden keineswegs automatisch als Dieb verdächtigt.

In allen Kaufhäusern kann man auch essen – ansonsten haben sie weniger gemeinsam. **Au Printemps** ist für seine modernen Haushaltswaren, die riesige Kosmetikabteilung und die große Auswahl an Männermode bekannt. Auch die Damen- und die Kinderabteilung sind gut bestückt. Dienstags um 10 Uhr gibt es eine Modenschau (auch jeden Freitag von April bis Oktober – diese allerdings nur auf Einladung). Das schöne Restaurant unter der Kuppel ist ein angesagter

Ort für schicke (geschlossene) Abendpartys. Doch auch ein Restaurantbesuch beim Einkauf lohnt sich.

BHV (Le Bazar de l'Hôtel de Ville) ist ein Shopping-Paradies für Heimwerker. **Le Bon Marché** am linken Seine-Ufer war das erste Pariser Kaufhaus – heute ist es das eleganteste von allen. Die Abteilungen mit Markenware sind eine Wonne. Edle Accessoires und die Hausmarken haben ein gutes Preis-Leistungs-Verhältnis. Die exklusive Lebensmittelabteilung bietet Restaurantqualität für Essen zum Mitnehmen.

Galeries Lafayette ist wohl das bekannteste Kaufhaus mit Mode von preiswert bis teuer. Die Trend-Boutiquen im ersten Stock präsentieren Kollektionen junger innovativer Designer.

Galeries Lafayette-Gourmet ist die Lebensmittelabteilung mit köstlichen Delikatessen. Direkt gegenüber liegt die

Cartier ist eines der weltweit teuersten Geschäfte

Abteilung für Haushaltswaren, die eine große Auswahl an Artikeln bietet.

Der **Virgin Megastore** ist ein Pariser Neuzugang – mit einer exzellenten Auswahl an CDs und Büchern. **FNAC** ist ebenfalls auf CDs, Bücher (fremdsprachige gibt es in der Filiale bei Les Halles) und auf Elektronik spezialisiert, während **FNAC Digitale** die neueste Digital-Technologie verkauft.

Adressen

Au Printemps
64, bd Haussmann, 75009. **Stadtplan** 4 D4. ☎ 01 42 82 50 00.

BHV
52–64, rue de Rivoli, 75004. **Stadtplan** 9 B3. ☎ 01 42 74 90 00.

Le Bon Marché
24, rue de Sèvres, 75007. **Stadtplan** 7 C5. ☎ 01 44 39 80 00. www.treeslbm.com

FNAC
Forum des Halles, 1, rue Pierre Lescot, 75001. **Stadtplan** 9 A2. ☎ 0825 02 00 20. ww.fnac.com

FNAC Digitale
77–81, bd St-Germain, 75006. **Stadtplan** 9 A5. ☎ 0825 02 00 20.

Galeries Lafayette
40, bd Haussmann, 75009. **Stadtplan** 4 E4. ☎ 01 42 82 34 56. www.galerieslafayette.com

Virgin Megastore
52–60, av des Champs-Élysées, 75008. **Stadtplan** 2 F5. ☎ 01 42 56 15 96. www.virginmegastore.fr

Stadtplan Paris *siehe Seiten 154–169*

Kleidung und Accessoires

Für die meisten Menschen ist Paris gleichbedeutend mit Mode – und Pariser Mode ist die ultimative Eleganz. In dieser Stadt hat man wie nirgendwo sonst den Eindruck, dass die Frauen ein Gespür für Trends haben und stets nach der neuesten Mode gekleidet sind. Auch die Männer zeigen – obwohl weniger trendbewusst – Stil. Sie mischen Basics und Farben mit *élan*. Um die richtige Kleidung zum richtigen Preis zu finden, muss man wissen, wo man suchen soll. Doch: Für jede Luxusboutique in der Avenue Montaigne stehen zehn junge Designer bereit, die der nächste Jean-Paul Gaultier werden wollen – und Hunderte imitieren sie.

Haute Couture

Paris ist die Stadt der Haute Couture. So nennt man die Kreationen aus den neun Haute-Couture-Häusern, die bei der Fédération Française de la Couture registriert sind. Haute-Couture-Modelle sind Einzelstücke und unterliegen strengen Regelungen. Übrigens: Einige bekannte Top-Designer gehören gar nicht zu den Auserwählten. Astronomische Preise machen die Haute Couture für nur sehr wenige Menschen erschwinglich – doch hier schlägt das Herzblut der Modebranche. Von der Haute Couture kommen die Impulse für Prêt-à-porter und Massenproduktion.

Damenmode

Die meisten Modehäuser befinden sich in oder um die Rue du Faubourg-St-Honoré und die Avenue Montaigne: **Christian Dior**, **Pierre Cardin**, **Chanel**, **Christian Lacroix**, **Versace**, **Givenchy**, **Nina Ricci**, **Giorgio Armani** und **Yves Saint Laurent**.

Hermès bietet klassische Mode. **Max Maras** italienische Eleganz kommt in Frankreich an – kein Mann kann einem Anzug von Giorgio Armani widerstehen. Der Flagship-Store von **Prada** liegt auf dem rechten Seine-Ufer, obwohl zahlreiche Modehäuser das linke präferieren.

Viele Modeschöpfer haben zusätzlich zum »seriösen« Haupthaus auf dem rechten Seine-Ufer noch einen Ableger an der Rive Gauche – und alle betreiben hier Prêt-à-porter-Läden. Edelste Qualität findet man bei **Georges Rech** und **Jil Sander**. Die Strickwaren von **Sonia Rykiel** sind ein Traum. **Barbara Bui** bietet sanfte feminine Couture. In St-Germain-des-Prés findet man bei **Comptoir des Cotonniers** hervorragende Basics. **Vanessa Bruno** verkauft Mode mit einem sehr femininen Touch.

Prêt-à-porter-Mode gibt es auch an der Place des Victoires. Hier residiert **Kenzo** (obwohl es einen neuen Flagship-Store am Pont Neuf gibt) zusammen mit anderen Japanern. **Comme des Garçons** ist für seine Unisex-Mode bekannt. In der nahen Rue du Jour stößt man auf die zeitlose Eleganz von **Agnès B**.

Im Marais gibt es viele aufstrebende Designer. Schauen Sie sich einmal in der Rue des Rosiers um, etwa in dem wunderbaren Laden von **L'Éclaireur**. **Nina Jacob** findet man in der benachbarten Rue des Francs-Bourgeois. Der Shop von **Azzedine Alaïa** liegt gleich um die Ecke.

Um die Bastille haben sich viele trendy Boutiquen angesiedelt – und auch einige bekannte Modenamen, darunter **Jean-Paul Gaultier**. **Isabel Marants** Boutique ist für originelles Design bekannt.

Ausgefallene Klamotten von Nachwuchs-Designern gibt es bei **Colette**, **Stella Cadente** und **Zadig & Voltaire**.

Kindermode

Für Kinder gibt es Kleidung in allen Stilen und zu unterschiedlichsten Preisen. Viele Top-Designer haben auch Kinderboutiquen, darunter sind u. a. **Kenzo**, **Baby Dior**, **Agnès B.** Markenklamotten für die Kleinen gibt es bei **Jacadi** und **Du Pareil au Même**. **Tartine et Chocolat** bietet Overalls. **Bonpoint** ist ein Muss für schicke kleine Pariser. **Petit Bateau** ist bei Groß und Klein beliebt. Ganz trendy: der Kinder-Conceptstore von **Bonton**.

Kleine Füßchen kann man sehr gut bei **Froment-Leroyer** beschuhen.

Herrenmode

Männer sind weniger auf Haute Couture fixiert. Sie bevorzugen gute Markenware. Auf dem rechten Seine-Ufer findet man diese bei **Giorgio Armani**, **Pierre Cardin**, **Lanvin** (auch gute Accessoires) und **Yves Saint Laurent**. An der Rive Gauche bedienen **Michel Axael** und **Jean-Charles de Castelbajac** Krawatten-Fans. **Francesco Smaltos** elegante Mode wird auch von Filmstars getragen. Yohji Yamamotos Kreationen für **Y3** sind ein Fashion-Statement. **Gianni Versace** bietet klassischen italienischen Stil. Trendbewusste Pariser tragen Anzug, Seidenhemd und Krawatte von **Charvet**.

Vintage- und Secondhand-Mode

Mit etwas Verspätung hat der Vintage-Rausch auch in Paris Einzug gehalten. Es gibt einige wunderbare Boutiquen, in denen man nach Retro-Sachen stöbern kann. Das beste Angebot hat **Didier Ludot**, eine wahre Fundgrube an schicker alter Haute Couture. Das Dépôt-Vente de Buci-Bourbon ist ein weiterer Tipp.

Billiger sind natürlich die Secondhand-Läden. Pariserinnen peppen ihr Outfit auch bei den saisonalen Verkäufen auf – so erwerben sie preiswert Qualitätsware. Vorjahreskollektionen finden Sie bei **Réciproque** in Passy oder bei **Alternatives** im Marais.

Viele preisgünstige Stücke aus Lagerverkäufen und anderen Reduktionen gibt es bei **Le Mouton à Cinq Pattes**.

Schmuck

In den berühmten Modehäusern findet man auch den edelsten Schmuck. Die Juwelen von **Chanel** sind Klassiker, die von **Christian Lacroix** sind witzig. Die Boutique YSL ist ein Tipp für Accessoires.

Zu den teuersten Juwelieren von Paris zählen **Boucheron**, **Mauboussin** und **Poiray**. Hier kaufen Leute, die Schmuck als Anlage sehen. Weitere seriöse Adressen sind **Harry Winston** und **Cartier**. **Dinh Van** bietet traumhafte Stücke. **Mikimoto** ist der Perlenspezialist. Bei **H. Stern** findet man innovatives Design mit (Halb-)Edelsteinen. Wer eher außergewöhnlichen Schmuck und Accessoires der anderen Art sucht, ist in der **Daniel Swarovski Boutique** richtig, dem Laden der Swarovski-Kristalldynastie.

Schuhe und Taschen

Schuhe in allen Stilen erhalten Sie bei **Miu Miu**. Sexy Stilettos bieten **Rodolphe Ménudier** und **Christian Louboutin**. Bei **Carel** kann man hübsche Basics erwerben. **Jonak** ist ein Muss für gut imitierte Designerschuhe.

Bei den Damenhandtaschen sind **Chanel** und **Dior** wohl unschlagbar, allerdings recht teuer – obwohl sich auch **Goyard** auf diesem Preislevel bewegt. Günstiger wird es da schon bei **Furla**. Stofftaschen von **Jamin Puech** oder **Vanessa Bruno** sind eine Zierde für jede Pariserin. Wenn Sie weniger Geld ausgeben, aber dennoch eine hübsche, modische Tasche erwerben wollen, sollten Sie zu **Lollipops** gehen.

Lingerie

Modische Dessous gibt es bei **Fifi Chachnil**, deren Laden in allen Farben erstrahlt. **La Boîte à Bas** verkauft edle französische Strumpfwaren. **Princesse Tam Tam** bietet gute Qualität zu vernüftigem Preis. Anbetungswürdige Designer-Lingerie findet man im Kult-Laden **Sabbia Rosa**. Doch die ultimativen Dessous kauft (oder bestellt) man bei **Cadolle**, dem Laden, der einst den Bra erfand.

AUF EINEN BLICK

Damenmode

Agnès B
2–3–6–19, rue du Jour,
75001. **Stadtplan** 9 A1.
☎ 01 45 08 56 56.
Mehrere Filialen.

Azzedine Alaïa
7, rue de Moussy, 75004.
Stadtplan 9 C3.
☎ 01 42 72 19 19.

Barbara Bui
23, rue Étienne-Marcel,
75001. **Stadtplan** 9 A1.
☎ 01 40 26 43 65.
www.barbarabui.com

Chanel
42, av Montaigne, 75008.
Stadtplan 3 A5.
☎ 01 47 23 47 12.
www.chanel.com
Mehrere Filialen.

Christian Dior
30, av Montaigne, 75008.
Stadtplan 6 F1.
☎ 01 40 73 73 73.
www.dior.com

Christian Lacroix
73, rue du Faubourg-St-Honoré, 75008. **Stadtplan** 3 B5. ☎ 01 42 68 79 04. www.christian-lacroix.com

Colette
213, rue St-Honoré,
75001. **Stadtplan** 8 D1.
☎ 01 55 35 33 90.
www.colette.fr

Comme des Garçons
54, rue du Faubourg-St-Honoré, 75008.
Stadtplan 2 E3.
☎ 01 53 30 27 27.

Comptoir des Cotonniers
59, rue Bonaparte, 75006.
Stadtplan 8 E3.
☎ 01 43 26 07 56.
Mehrere Filialen.

L'Éclaireur
3 ter, rue des Rosiers,
75004. **Stadtplan** 9 C3.
☎ 01 48 87 10 22.

Georges Rech
54, rue Bonaparte, 75006.
Stadtplan 8 E3.
☎ 01 43 26 84 11.
www.georges-rech.fr
Mehrere Filialen.

Giorgio Armani
18, av Montaigne, 75008.
Stadtplan 6 F1.
☎ 01 42 61 55 09
www.giorgioarmani.com

Givenchy
3, av Georges V, 75008.
Stadtplan 2 E5.
☎ 01 44 31 50 00.
www.givenchy.com

Hermès
24, rue du Faubourg-St-Honoré, 75008.
Stadtplan 3 C5.
☎ 01 40 17 46 00.
www.hermes.com
Mehrere Filialen.

Isabel Marant
16, rue de Charonne,
75011. **Stadtplan** 10 F4.
☎ 01 49 29 71 55.

Jean-Paul Gaultier
6, rue Vivienne, 75002.
Stadtplan 8 F1.
☎ 01 42 86 05 05.
Mehrere Filialen.

Jil Sander
56, av Montaigne, 75008.
Stadtplan 6 F1.
☎ 01 44 95 06 70.

Kenzo
3, pl des Victoires, 75001.
Stadtplan 8 F1.
☎ 01 40 39 72 23.
Mehrere Filialen.

Max Mara
31, av Montaigne, 75008.
Stadtplan 6 F1.
☎ 01 47 20 61 13.
Mehrere Filialen.

Nina Jacob
23, rue des Francs-Bourgeois, 75004.
Stadtplan 10 D3.
☎ 01 42 77 41 20.

Nina Ricci
39, av Montaigne, 75008.
Stadtplan 6 F1.
☎ 01 40 88 67 60.
www.ninaricci.fr

Pierre Cardin
27, av de Marigny, 75008.
Stadtplan 3 B5.
☎ 01 42 66 68 98.

www.pierrecardin.com
Eine von zwei Filialen.

Prada
10, av Montaigne, 75008.
Stadtplan 6 F1.
☎ 01 53 23 99 40.

Sonia Rykiel
175, bd St-Germain,
75006. **Stadtplan** 8 D4.
☎ 01 49 54 60 60.
www.soniarykiel.com
Mehrere Filialen.

Stella Cadente
93, quai de Valmy, 75010.
Stadtplan 9 C4.
☎ 01 42 09 66 60.
www.stella-cadente.com

Vanessa Bruno
25, rue St-Sulpice, 75006.
Stadtplan 8 E5.
☎ 01 43 54 41 04.

Versace
41, rue François 1er,
75008. **Stadtplan** 2 F5.
☎ 01 47 42 88 02.
www.versace.com

Yves Saint Laurent
38, rue du Faubourg-St-Honoré, 75008.
Stadtplan 3 C5.
☎ 01 42 65 74 59.
Mehrere Filialen.

Zadig & Voltaire
9, rue du 29 Juillet, 75001.
Stadtplan 8 D1.
☎ 01 42 92 00 80.
Mehrere Filialen.

Stadtplan Paris siehe Seiten 154–169

AUF EINEN BLICK

Kindermode

Bonpoint
15, rue St-Honoré, 75001.
Stadtplan 9 A2.
01 49 27 94 82.
www.bonpoint.com
Mehrere Filialen.

Bonton
82, rue de Grenelle,
75007. **Stadtplan** 6 F3.
01 44 39 09 20.

Du Pareil au Même
1, rue St-Denis, 75001.
Stadtplan 9 B3.
01 42 36 07 57.
Mehrere Filialen.

Froment-Leroyer
7, rue Vavin, 75006.
Stadtplan 12 E1.
01 43 54 33 15.
www.froment-leroyer.fr
Mehrere Filialen.

Jacadi
17, rue Tronchet, 75008.
Stadtplan 3 C5.
01 42 65 84 98.
www.jacadi.fr

Petit Bateau
116, av des Champs-
Élysées, 75008.
Stadtplan 2 E4.
01 40 74 02 03.

Tartine et Chocolat
84, rue du Faubourg-
St-Honoré, 75008.
Stadtplan 3 B5.
01 45 62 44 04.

Herrenmode

Charvet
28, pl Vendôme, 75001.
Stadtplan 4 D5.
01 42 60 30 70.

Francesco Smalto
44, rue François 1er,
75008. **Stadtplan** 2 F5.
01 47 20 96 04.
www.smalto.com

Gianni Versace
41, rue François 1er,
75008. **Stadtplan** 2 F5.
01 47 42 88 02.
www.versace.com

Giorgio Armani
(siehe S. 143).

**Jean-Charles de
Castelbajac**
10, rue de Vauvilliers,

75001. 01 55 34
10 10. www.jc-de-
castelbajac.com

Kenzo
(siehe S. 143).

Lanvin
22, rue du Faubourg-
St-Honoré, 75008.
Stadtplan 10 F4.
01 44 71 33 33.
www.lanvin.com
Mehrere Filialen.

Michel Axael
121, bd St-Germain,
75006. **Stadtplan** 8 E4.
01 43 26 01 96.

Pierre Cardin
(siehe S. 143).

Y3
47, rue Étienne-
Marcel, 75001.
Stadtplan 9 A1.
01 45 08 82 45.

Yves Saint Laurent
12, pl St-Sulpice, 75006.
Stadtplan 8 D4.
01 43 26 84 40.

Vintage-
und Secondhand-
Mode

Alternatives
18, rue du Roi-de-Sicile,
75004. **Stadtplan** 9 C3.
01 42 78 31 50

**Depôt-Vente de
Buci-Bourbon**
6, rue de Bourbon-le-
Château, 75006.
Stadtplan 8 E4.
01 46 34 45 05.

Didier Ludot
19–24, Galerie Mont-
pensier, 75001.
Stadtplan 8 E1.
01 42 96 06 56.
www.didierludot.com

**Le Mouton à
Cinq Pattes**
8, rue St-Placide, 75006.
Stadtplan 8 D5.
01 45 48 86 26.
Mehrere Filialen.

Réciproque
95, rue de la Pompe,
75016.
Stadtplan 5 A1.
01 47 04 30 28.

Schmuck

Boucheron
26, pl Vendôme, 75001.
Stadtplan 4 D5.
01 42 61 58 16.
www.boucheron.com

Cartier
13, rue de la Paix, 75002.
Stadtplan 4 D5.
01 58 18 23 00.
Mehrere Filialen.

**Daniel Swarovski
Boutique**
7, rue Royale, 75008.
Stadtplan 3 C5.
01 40 17 07 40.
www.daniel-swarovski.
com

Dinh Van
16, rue de la Paix, 75002.
Stadtplan 4 D5.
01 42 61 74 49.
Mehrere Filialen.

H. Stern
3, rue Castiglione, 75001.
Stadtplan 8 D1.
01 42 60 22 27.
www.hstern.net
Mehrere Filialen.

Harry Winston
29, av Montaigne, 75008.
Stadtplan 6 F1.
01 47 20 03 09
www.harrywinston.com

Mauboussin
20, pl Vendôme, 75001.
Stadtplan 4 D5.
01 44 55 10 00.
www.mauboussin.com

Mikimoto
8, pl Vendôme, 75001.
Stadtplan 4 D5.
01 42 60 33 55.

Poiray
1, rue de la Paix, 75002.
Stadtplan 4 D5.
01 42 61 70 58.

Schuhe/Taschen

Carel
4, rue Tronchet, 75008.
Stadtplan 4 D4.
01 43 66 21 58.
Mehrere Filialen.

**Christian
Louboutin**
38–40, rue de Grenelle,
75007. **Stadtplan** 6 F3.
01 42 22 33 07.

Furla

Furla
8, rue de Sèvres, 75006.
Stadtplan 7 C5.
01 40 49 06 44.
Mehrere Filialen.

Goyard
233, rue St-Honoré,
75001. **Stadtplan** 3 C5.
01 42 60 57 04.

Jamin Puech
26, rue Cambon, 75001.
Stadtplan 4 D5.
01 40 20 40 28.

Jonak
70, rue de Rennes, 75006.
Stadtplan 12 D1.
01 45 48 27 11.

Lollipops
60, rue Tiquetonne,
75002. **Stadtplan** 9 A1.
01 42 33 15 72.
www.lollipops.fr

Miu Miu
219, rue St-Honoré,
75001. **Stadtplan** 8 D1.
01 58 62 53 20.
www.miumiu.com

**Rodolphe
Ménudier**
14, rue de Castiglione,
75001. **Stadtplan** 8 D1.
01 42 60 86 27.

Vanessa Bruno
25, rue St-Sulpice, 75006.
Stadtplan 8 E5.
01 43 54 41 04.

Lingerie

La Boîte à Bas
27, rue Boissy-d'Anglas,
75008. **Stadtplan** 3 C5.
01 42 66 26 85.

Cadolle
14, rue Cambon, 75001.
Stadtplan 4 D5.
01 42 60 94 22.

Fifi Chachnil
231, rue St-Honoré,
75001. **Stadtplan** 8 D1.
01 42 61 21 83.
Mehrere Filialen.

Princesse Tam Tam
9, bd St-Michel, 75006.
Stadtplan 8 F5.
01 42 34 99 31.
Mehrere Filialen.

Sabbia Rosa
73, rue des Sts-Pères,
75006. **Stadtplan** 8 D4.
01 45 48 88 37.

Geschenke und Souvenirs

Die Stadt ist bekannt für hübsche kleine Läden – mit einem Angebot von Designer-Stücken bis zu Briefbeschwerern in Form des Eiffelturms. Läden in der Rue de Rivoli und um die Sehenswürdigkeiten bieten Souvenirs aller Art. Ein Tipp: **Les Drapeaux de France**.

Parfümerien

Viele Läden bieten Parfüms zu Sonderpreisen an, etwa **Eiffel Shopping** in der Nähe des Eiffelturms. Die Filialen von **Sephora** sind gut sortiert. Gleiches gilt für die Kaufhäuser, wo man exklusive Kosmetikserien findet.

Bei **Parfums Caron** gibt es Düfte aus der Zeit um 1900 – das Geschäft ist einmalig. Hübsch verpackte Wässerchen aus naturbelassenen Essenzen erhält man bei **Annick Goutal**. **Guerlain** ist in Bezug auf Schönheitspflege führend. Die eleganten Läden von **L'Artisan Parfumeur** sind auf exklusiv designte Flacons mit außergewöhnlichen Duftnoten spezialisiert.

Porzellan

Man stößt in Paris eigentlich überall auf elegantes Geschirr und hübsche Haushaltswaren. Geschäfte mit Luxus-Serien findet man in der Rue Royale. Die Jugendstil- und Art-déco-Vasen von **Lalique** sind weltweit begehrte Sammlerstücke. Silberwaren gibt es bei **Christofle**.

Porzellan und Kristallwaren findet man bei **Lumicristal**, der die Marken Baccarat, Daum und Limoges führt – oder man geht gleich zu **Baccarat**. **La Chaise Longue** hat witzige Geschenkartikel. **Bô** bietet eine große Auswahl moderner Produkte, die das Zuhause in neuem Licht erstrahlen lassen.

Buchläden

Einige der großen Kaufhäuser haben Buchabteilungen. Es gibt auch einige deutsche Buchhandlungen wie **Buchladen** und **Marissal**. Bei **Shakespeare & Co** und im **Red Wheelbarrow Bookstore** trifft sich ein internationales Publikum. **La Hune** ist auf Fachbücher zu Kunst, Kino, Mode und Fotografie spezialisiert. **Gilbert Joseph** verkauft u. a. auch Schulbücher.

Fachgeschäfte

Zu den hübschesten Tabakläden in Paris gehört **A La Civette**. Hier wird eine große Auswahl an Zigarren hinter Fenstern mit spezieller Luftbefeuchtung geboten.

Einer der bekanntesten Spielzeugläden ist **Au Nain Bleu**. Der Name **Cassegrain** steht für Qualität bei Schreibwarenutensilien und Papierprodukten.

AUF EINEN BLICK

Geschenke

Les Drapeaux de France
1, pl Colette, 75001.
Stadtplan 8 E1.
01 40 20 00 11.

Parfümerien

Annick Goutal
16, rue de Bellechasse, 75007.
Stadtplan 7 C3.
01 45 51 36 13.
Mehrere Filialen.

L'Artisan Parfumeur
24, bd Raspail, 75007.
Stadtplan 12 D1.
01 42 22 23 32.
Mehrere Filialen.

Eiffel Shopping
9, av de Suffren, 75007.
Stadtplan 6 D3.
01 45 66 55 30.

Guerlain
68, av des Champs-Élysées, 75008. **Stadtplan** 2 F5.
01 45 62 52 57.
www.guerlain.com

Parfums Caron
34, av Montaigne, 75008.
Stadtplan 6 F1.
01 47 23 40 82.

Sephora
70, av des Champs-Élysées 75008. **Stadtplan** 7 B1.
01 53 93 22 50.
www.sephora.fr

Porzellan

Baccarat
11, pl de la Madeleine, 75008. **Stadtplan** 3 C5.
01 42 65 36 26.

Bô
8, rue St-Mérri, 75004.
Stadtplan 9 B2.
01 42 74 55 10.

La Chaise Longue
30, rue Croix-des-Petits-Champs, 75001.
Stadtplan 8 F1.
01 42 96 32 14.

Christofle
24, rue de la Paix, 75002.
Stadtplan 4 D5.
01 42 65 62 43.

Lalique
11, rue Royale, 75008.
Stadtplan 3 C5.
01 53 05 12 12.

Lumicristal
22 bis, rue de Paradis, 75010.
01 42 46 60 29.

Buchläden

Buchladen
3, rue Burq, 75018.
Stadtplan 4 E1.
01 42 55 42 13.

Gilbert Joseph
26, bd St-Michel, 75006.
Stadtplan 8 F5.
01 44 41 88 88.

La Hune
170, bd St-Germain, 75006. **Stadtplan** 8 D4.
01 45 48 35 85.

Marissal
42, rue Rambuteau, 75003. **Stadtplan** 9 C2.
01 42 74 3747.
www.marissal.com

Red Wheelbarrow Bookstore
22, rue St-Paul, 75004.
Stadtplan 10 D4.
01 48 04 75 08.
www.theredwheelbarrow.com

Shakespeare & Co
37, rue de la Bûcherie, 75005. **Stadtplan** 9 A4.
01 43 25 40 93.

Fachgeschäfte

A La Civette
157, rue St-Honoré, 75001. **Stadtplan** 8 F2.
01 42 96 04 99.

Au Nain Bleu
5, bd Malesherbes, 75008.
Stadtplan 3 C5.
01 42 65 20 00.
www.aunainbleu.com
Mehrere Filialen.

Cassegrain
422, rue St-Honoré, 75008.
Stadtplan 3 C5.
01 42 60 20 08.
www.cassegrain.fr.

Stadtplan Paris *siehe Seiten 154–169*

Delikatessen

Paris ist nicht nur die Stadt der Mode, sondern auch die des guten Essens. Typisch sind *foie gras*, die Wurstwaren einer *charcuterie*, Käse und Wein. Manche Straßen scheinen nur aus Lebensmittelläden zu bestehen – man kann in kürzester Zeit alles für ein Picknick zusammenstellen, etwa in der Rue Montorgueil *(siehe Stadtplan 9 A1)*. In der Rue Rambuteau beim Centre Pompidou gibt es Fischhändler und Delikatessenläden.

Backwaren

In der französischen Hauptstadt gibt es eine große Auswahl an Brot und Backwaren. Die *baguette* ist der Klassiker. Ein *bâtard* ist ähnlich, nur dicker, eine *ficelle* hingegen dünner. Unter *fougasse* versteht man ein flaches Krustenbrot, das oft mit Zwiebeln, Käse oder Kräutern gefüllt ist.

Croissants gibt es *ordinaire* oder *au beurre* (mit Butter). *Pain au chocolat* ist mit Schokolade gefüllt und wird zum Frühstück verzehrt. *Chausson aux pommes* besitzt eine Apfelfüllung, auch Varianten mit Birnen, Pflaumen und Rhabarber sind erhältlich. *Pain aux raisins* ist eine Rosinenschnecke.

Poilâne verkauft wohl das einzige Brot in Paris, das den Namen des Bäckers trägt (des verstorbenen Lionel, des Bruders von Max). Sein herzhaft schmeckendes Brot ist sehr beliebt.

Nach anderer Meinung bäckt **Ganachaud** das beste Brot. Es gibt 30 Sorten, darunter Walnussbrot und Früchtebrot, die in altmodischen Öfen gebacken werden.

Les Panetons ist eine Bäckereikette. Es gibt Fünfkornbrot, Sesambrötchen und *mouchoir aux pommes*, eine Variation des traditionellen *chausson*.

Viele der jüdischen Delikatessengeschäfte verkaufen gutes Roggenbrot bzw. Pumpernickel. Besonders beliebt ist **Sacha Finkelsztajn**.

Le Moulin de la Vierge bietet Öko-Brot aus dem Holzkohleofen und gehaltvolle Kuchen. **J. L. Poujauran** ist für sein Olivenbrot und das Nuss-Rosinen-Brot bekannt.

Pierre Hermé ist der »Chanel der Torten«. Die Makronen von **Ladurée** sind legendär.

Schokolade

Französische Schokolade ist eine besondere Leckerei. **Christian Constants** zuckerreduzierte Kreationen bestehen aus purem Kakao und sind der Hit bei Schoko-Liebhabern. **Dalloyau** bietet preisgünstige Schokoladensorten (und auch gute Pâtisserie und Wurstwaren). **Fauchon** ist wegen seiner Gourmet-Artikel weltbekannt. Seine Schokoladen und Pâtisserie-Produkte sind reiner Genuss. Robert Linxe von **La Maison du Chocolat** erfindet ständig neue Schokoladensorten mit exotischen Zutaten. **Richart** präsentiert hübsch verpackte, sehr teure Pralinen, oft mit Bitterschokolade verziert oder mit Likör gefüllt.

Charcuteries und Foie gras

Die *charcuteries* verkaufen meist Käse, Schnecken, Trüffeln, geräucherten Lachs, Kaviar und Wein sowie Wurstwaren. **Fauchon** besitzt eine gute Wurstwarenabteilung. Gleiches gilt für das Kaufhaus **Le Bon Marché**. **Hédiard** ist wie Fauchon ein Luxusgeschäft für Gourmets. In der **Maison de la Truffe** werden *foie gras*, Würste und Trüffeln angeboten. Für Beluga-Kaviar, Tee aus Georgien und russischen Wodka ist man bei **Petrossian** richtig.

Das Umland von Lyon und die Auvergne sind die französischen Regionen, die für ihre Wurstwaren bekannt sind. **Chretienne Jean-Jacques** verkauft Produkte aus dieser Gegend. **Maison Pou** ist ein blitzsauberer, beliebter Laden, der *pâté en croute* (Pastete im Brotteig), *boudins* (schwarze und weiße Blutwurst), Lyoner, Schinken und *foie gras* anbie-

tet. Gleich bei den Champs-Élysées versorgt **Vignon** die Kunden mit exzellenter *foie gras* und Lyonern sowie mit kleinen Speisen.

Neben Trüffeln und Kaviar gilt *foie gras* als die ultimative Delikatesse. Viele Geschäfte verkaufen die Stopfleber. Gute Qualität bekommt man bei **Comtesse du Barry** (sechs Filialen in Paris). **Divay** ist relativ preisgünstig. **Labeyrie** bietet *foie gras* in hübschen Geschenkpackungen an.

Käse

Zu den Käsefavoriten gehört sicher Camembert – doch Frankreich ist das Land vieler leckerer Käsesorten. Ein freundlicher Käsehändler wird sie gern beraten. **Marie-Anne Cantin** gehört zu den Persönlichkeiten, die traditionelle Herstellungsmethoden propagieren und verteidigen. Ihre feinen Käsesorten verkauft sie in einem vom Vater geerbten Geschäft. Zu den beliebten Käsehändlern gehört auch **Alléosse**, der nur traditionell hergestellten Käse verkauft. **Crèmerie Quatrehomme** bietet Käse von verschiedenen Bauernhöfen. Im Angebot ist – saisonabhängig – ein delikater getrüffelter Brie. **Le Jardin Fromager** gehört zu den besten Pariser Käsehändlern. Sein *chèvre* (Ziegenkäse), aber auch seine Camemberts *au lait cru* (aus Rohmilch) sind superb.

Barthelemy in der Rue de Grenelle verkauft einen Roquefort von außergewöhnlicher Qualität. **Androuët** ist eine Pariser Institution mit mehreren Filialen in der Stadt. Probieren Sie den vollmundigen Munster oder einen sehr reifen Brie. **La Fermette** ist ein hübscher Laden, der erstaunliche Molkereiprodukte anbietet. Das Personal verpackt Käse »geruchsneutral« in Plastikschalen für den »gefahrlosen« Heimtransport.

Die Einheimischen stehen häufig vor **La Fromagerie d'Auteuil** Schlange, um den sagenhaft guten *livarot* sowie den eher herben *chèvre* zu erwerben.

Wein

Die Weinhandlungskette, die praktisch an jeder Pariser Ecke anzutreffen ist, heißt **Nicolas** – mit einer Riesenauswahl an Weinen für jeden Geldbeutel. In der Regel ist das Personal freundlich und hilfsbereit. Testen Sie aber auch einmal die Auswahl an Champagnern bei **Legrand Filles et Fils**. Eine Besichtigung der **Caves Taillevent** in der Rue du Faubourg-St-Honoré lohnt sich ebenso. In den überwältigend großen Kellern lagern einige der teuersten Weine. **Cave Péret** in der Rue Daguerre bietet eine gute und große Auswahl an Weinen. Das fachkundige Personal wird Sie gern beraten.

In St-Germain gibt es ein herrliches Geschäft: **Ryst-Dupeyron** verkauft Whisky, Wein und Portwein – und den von Monsieur Ryst selbst hergestellten Armagnac. Monsieur wird Ihnen auch eigens eine Flasche für besondere Gelegenheiten abfüllen.

Zu den bekannten Weinhandlungen zählen **Lavinia**, eine der größten in Europa, und der kleine Laden von **Renaud Michel** an der Place de la Nation, der trotz seiner geringen Größe ein gutes Sortiment führt. Das Personal von **Les Caves Augé** ist ausgesprochen hilfsbereit.

AUF EINEN BLICK

Backwaren

Ganachaud
226, rue des Pyrénées, 75020.
📞 01 43 58 42 62.

J. L. Poujauran
20, rue Jean-Nicot, 75007.
Stadtplan 6 F2.
📞 01 43 17 35 20.

Ladurée
75, av des Champs-Élysées, 75008.
Stadtplan 2 F5.
📞 01 40 75 08 75.

Le Moulin de la Vierge
105, rue Vercingétorix, 75014. **Stadtplan** 11 A4.
📞 01 45 43 09 84.

Les Panetons
113, rue Mouffetard, 75005. **Stadtplan** 13 B2.
📞 01 47 07 12 08.

Pierre Hermé
72, rue Bonaparte, 75006.
Stadtplan 8 E4.
📞 01 43 54 47 77.

Poilâne
8, rue du Cherche-Midi, 75006. **Stadtplan** 8 D4.
📞 01 45 48 42 59.
www.poilane.fr

Sacha Finkelsztajn
27, rue des Rosiers, 75004. **Stadtplan** 9 C3.
📞 01 42 72 78 91.

Schokolade

Christian Constant
37, rue d'Assas, 75006.
Stadtplan 12 E1.
📞 01 53 63 15 15.

Dalloyau
101, rue de la Faub.-St-Honoré, 75008. **Stadtplan** 3 B5. 📞 01 42 99 90 00.

La Maison du Chocolat
225, rue de la Faub.-St-Honoré, 75008. **Stadtplan** 2 E3. 📞 01 42 27 39 44.

Richart
258, bd St-Germain, 75007. **Stadtplan** 7 C2.
📞 01 45 55 66 00.

Charcuteries und Foie gras

Chretienne Jean-Jacques
58, rue des Martyrs, 75009. **Stadtplan** 4 F2.
📞 01 48 78 96 45.

Comtesse du Barry
1, rue de Sèvres, 75006.
Stadtplan 8 D4.
📞 01 45 48 32 04.

Divay
4, rue Bayen, 75017.
Stadtplan 2 D2.
📞 01 43 80 16 97.

Fauchon
26, pl de la Madeleine, 75008. **Stadtplan** 3 C5.
📞 01 70 39 38 00.

Hédiard
21, pl de la Madeleine, 75008. **Stadtplan** 3 C5.
📞 01 43 12 88 88.

Labeyrie
11, rue d'Auteuil, 75016.
Stadtplan 5 A5.
📞 01 42 24 17 62.

Le Bon Marché
24, rue de Sèvres, 75007.
Stadtplan 7 C5.
📞 01 44 39 80 00.

Maison de la Truffe
19, pl de la Madeleine, 75008. **Stadtplan** 3 C5.
📞 01 42 65 53 22.

Maison Pou
16, av des Ternes, 75017.
Stadtplan 2 D3.
📞 01 43 80 19 24.

Petrossian
18, bd La Tour-Maubourg, 75007. **Stadtplan** 7 A2.
📞 01 44 11 32 22.

Vignon
14, rue Marbeuf, 75008.
Stadtplan 2 F5.
📞 01 47 20 24 26.

Käse

Alléosse
13, rue Poncelet, 75017.
Stadtplan 2 E3.
📞 01 46 22 50 45.

Androuët
23, rue Mouffetard, 75005. **Stadtplan** 2 E3.
📞 01 46 87 85 05.

Barthelemy
51, rue de Grenelle, 75007. **Stadtplan** 8 D4.
📞 01 45 48 56 75.

Crèmerie Quatrehomme
62, rue de Sèvres, 75007.
Stadtplan 7 C5.
📞 01 47 34 33 45.

La Fermette
86, rue Montorgueil, 75002. **Stadtplan** 9 A1.
📞 01 42 36 70 96.

La Fromagerie d'Auteuil
58, rue d'Auteuil, 75016.
Stadtplan 5 A5.
📞 01 45 25 07 10.

Le Jardin Fromager
53, rue Oberkampf, 75011. **Stadtplan** 10 E1.
📞 01 48 05 19 96.

Marie-Anne Cantin
12, rue du Champ-de-Mars, 75007.
Stadtplan 6 F3.
📞 01 45 50 43 94.

Wein

Cave Péret
6, rue Daguerre, 75014.
Stadtplan 12 D4.
📞 01 43 22 08 64.

Les Caves Augé
116, bd Haussmann, 75008.
Stadtplan 3 C4.
📞 01 45 22 16 97.

Caves Taillevent
199, rue du Faubourg-St-Honoré, 75008.
Stadtplan 2 F3.
📞 01 45 61 14 09.

Lavinia
3–5, bd de la Madeleine, 75008. **Stadtplan** 4 D5.
📞 01 42 97 20 20.

Legrand Filles et Fils
1, rue de la Banque, 75002. **Stadtplan** 8 F1.
📞 01 42 60 07 12.

Nicolas
35, bd Malesherbes, 75008. **Stadtplan** 3 C5.
📞 01 42 65 00 85.

Renaud Michel
12, pl de la Nation, 75012.
📞 01 43 07 98 93.

Ryst-Dupeyron
79, rue du Bac, 75007.
Stadtplan 8 D3.
📞 01 45 48 80 93.

Stadtplan Paris siehe Seiten 154–169

Kunst und Antiquitäten

In Paris kann man Kunst und Antiquitäten sowohl in Läden und Kunstgalerien erwerben als auch auf Flohmärkten und in Avantgarde-Galerien. Viele der renommierten Antiquitätenläden und Kunstgalerien liegen um die Rue du Faubourg-St-Honoré. Am linken Seine-Ufer befindet sich Le Carré Rive Gauche, ein Komplex von 30 Antiquitätenhändlern.

Ausfuhrpapiere

Für *objets d'art*, die älter als 50 Jahre sind und einen bestimmten Wert übersteigen, brauchen Sie zur Ausfuhr ein *Certificat pour un bien culturel* (das vom Händler zur Verfügung gestellt wird) sowie eine *licence d'exportation*, falls Sie in ein Land außerhalb der EU exportieren. Die großen Antiquitätengeschäfte können Sie dabei beraten. Das **Centre des Renseignements des Douanes** gibt eine Broschüre mit Infos heraus: *Bulletin Officiel des Douanes*.

Antiquitäten

Falls Sie Interesse an Antiquitäten haben, sollten Sie die Gegenden mit den meisten Läden abklappern: das Carré Rive Gauche um den Quai Malaquais oder **L'Arc en Seine** und **Anne-Sophie Duval** (für Jugendstil- und Art-déco-Objekte). Die Rue Jacob gehört zu den besten Tipps für gut erhaltene Objekte – ob modern oder antik. Beim Louvre liegt der **Louvre des Antiquaires** mit 250 Läden, die hauptsächlich teure Qualitätsmöbel anbieten. Viele renommierte Geschäfte sind um die Rue du Faubourg-St-Honoré angesiedelt, darunter **Didier Aaron**, Experten für Möbel aus dem 17. und 18. Jahrhundert. **Village St-Paul** ist eine Gruppe von Läden, die auch sonntags geöffnet haben. Im Süden findet man **Le Village Suisse**, einen Komplex mit vielen Kunst- und Antiquitätenhändlern.

Kunstgalerien

Etablierte Kunstgalerien findet man um die Avenue Montaigne. **Louise Leiris** wurde von D. H. Kahnweiler eröffnet, dem Händler, der Georges Braque und Pablo Picasso »entdeckte«. Die Galerie zeigt kubistische Werke.
Am linken Seine-Ufer bietet **Galerie Maeght** eine grandiose Auswahl an Bildern, die auch bei kleinerem Budget erschwinglich sind. Hier gibt es zudem Kunstbücher.
Die Rue Louise-Weiss (bekannt als Scène Est) ist das Areal für neueste Kunsttrends. Die Galerie **Air de Paris** ist sehr beliebt.
Im Marais sind **Yvon Lambert** und **Galerie du Jour Agnès B** gute Adressen, um die Bastille sind es **Lavignes-Bastille** und **L et M Durand-Dessert**. Hier kann man auch Kunstkataloge junger Artisten (oder ihre Werke) erstehen.

Auktionen

Das große Pariser Auktionshaus seit 1858 ist **Drouot-Richelieu**. Es ist etwas gewöhnungsbedürftig, da hier fast nur Händler bieten – mit rasender Geschwindigkeit. *La Gazette de L'Hôtel Drouot* informiert über anstehende Auktionen. Drouot-Richelieu gibt auch einen Katalog heraus. Es werden nur Bargeld oder französische Schecks akzeptiert.
Auf die Gebote wird eine Kommission von 10 bis 15 Prozent erhoben. Besichtigungen sind am Vortag von 11 bis 18 Uhr und am Tag der Auktion von 11 bis 12 Uhr möglich.

AUF EINEN BLICK

Ausfuhrpapiere

Centre des Renseignements des Douanes
[0811 20 44 44.
www.douane.gouv.fr

Antiquitäten

Anne-Sophie Duval
5, quai Malaquais, 75006.
Stadtplan 8 E3.
[01 43 54 51 16.
www.annesopieduval.com

L'Arc en Seine
31, rue de Seine, 75006.
Stadtplan 8 E3.
[01 43 29 11 02.

Didier Aaron
118, rue du Faubourg-St-Honoré, 75008.
Stadtplan 3 C5.
[01 47 42 47 34.

Louvre des Antiquaires
2, pl du Palais Royal, 75001. Stadtplan 8 E2.
[01 42 97 27 27.

Village St-Paul
Zwischen Quai des Célestins, Rue St-Paul u. Rue Charlemagne, 75004.
Stadtplan 9 C4.

Le Village Suisse
78, av de Suffren, 75015.
Stadtplan 6 E4. www.levillagesuisseparis.com

Kunstgalerien

Air de Paris
32, rue Louise-Weiss, 75013. Stadtplan 14 E4.
[01 44 23 02 77.

Galerie du Jour Agnès B
44, rue Quincampoix, 75004. Stadtplan 9 B2.
[01 44 54 55 90.

Galerie Maeght
42, rue du Bac, 75007.
Stadtplan 8 D3.
[01 45 48 45 15.

L et M Durand-Dessert
28, rue de Lappe, 75011.
Stadtplan 10 F4.
[01 48 06 92 23.

Lavignes-Bastille
27, rue de Charonne, 75011. Stadtplan 10 F4.
[01 47 00 88 18.

Louise Leiris
47, rue de Monceau, 75008.
Stadtplan 3 A3.
[01 45 63 28 85.

Yvon Lambert
108, rue Vieille-du-Temple, 75003. Stadtplan 10 D2.
[01 42 71 09 33.

Auktionen

Drouot-Richelieu
9, rue Drouot, 75009.
Stadtplan 4 F4.
[01 48 00 20 20.
www.drouot.com

Märkte

Herrliche Auslagen – auf Pariser Märkten isst das Auge mit. Es gibt mehrere überdachte Lebensmittelmärkte in der Stadt, Märkte, auf denen die Stände regelmäßig wechseln, sowie ständige Straßenmärkte. Auf einigen kann man handeln. Im Folgenden sind ein paar der berühmtesten mit ungefähren Öffnungszeiten aufgelistet. Wenn Sie über einen Markt bummeln, sollten Sie nicht vergessen, auf Ihr Geld zu achten.

Lebensmittelmärkte

Franzosen kaufen täglich ein – Lebensmittelmärkte sind daher voller frischer Produkte. Die meisten Gemüsemärkte haben dienstags bis samstags von 8 bis 13 Uhr und von 16 bis 19 Uhr geöffnet. Achten Sie auf verdorbene Produkte. Kaufen Sie am besten lose Ware (keine abgepackte). Minimale Sprachkenntnisse sind hilfreich, etwa *pas trop mûr* (nicht zu reif) oder *pour manger ce soir* (für heute Abend).

Flohmärkte

Es heißt, dass man auf den Pariser Flohmärkten keine Schnäppchen mehr machen kann. Das mag sein – doch es ist noch immer ein Riesenspaß. Ob man etwas findet, hängt vom Glück oder auch von guten Kenntnissen ab. Manchmal haben die Händler keine Ahnung vom Wert ihrer Objekte – was für Sie hilfreich sein kann oder aber auch nicht. Der größte und berühmteste Flohmarkt – mit einigen kleineren Märkten – ist der Marché aux Puces de St-Ouen. Vorsicht: Hier halten sich gern Taschendiebe auf.

Marché d'Aligre

Place d'Aligre, 75012. **Stadtplan** 10 F5. **M** *Ledru-Rollin.* 🕐 *Di–Sa 9–13, 14–19.30, So 9–13.30 Uhr.*
Er erinnert ein wenig an einen marokkanischen Basar – und er ist auch der geschäftigste und billigste Markt der Stadt. Die Händler verkaufen hier die Gewürze des Orients, nordafrikanische Oliven und Erdnüsse. Es gibt auch einige muslimische Metzger. Die Stände auf dem Platz bieten meist Secondhand-Klamotten und allerlei Trödel an. Auf diesem Markt sieht man fast nur Pariser, da sich eigentlich sehr wenige Besucher hierher verirren.

Marché des Enfants Rouges

39, rue de Bretagne, 75003. **Stadtplan** 10 D2. **M** *Temple, Filles-du-Calvaire.* 🕐 *Di–Sa 8.30–13, 16–19.30 Uhr (Fr bis 20 Uhr), So 8.30–14 Uhr.*
Der Gemüsemarkt geht auf das Jahr 1620 zurück. Er ist bekannt für absolut frische Waren. Sonntagmorgens trifft man hier auf Straßensänger und Akkordeonspieler.

Marché St-Germain

4–8, rue Lobineau, 75005. **Stadtplan** 8 E4. **M** *Mabillon.* 🕐 *Di–Sa 8–13, 16–20, So 8–13.30 Uhr.*
St-Germain gehört zu den wenigen überdachten Pariser Märkten, er wurde schön renoviert. Man kann hier u. a. italienische, mexikanische, griechische und asiatische sowie Öko-Produkte kaufen.

Rue Lepic

75018. **Stadtplan** 4 F1. **M** *Blanche, Lamarck-Caulaincourt.* 🕐 *tägl. 9–19 Uhr.*
Der Obst- und Gemüsemarkt in der Rue Lepic befindet sich nahe zum Montmartre. Die gewundene alte Straße erinnert an frühere Zeiten.

Rue Montorgueil

75001, 75002. **Stadtplan** 9 A1. **M** *Les Halles.* 🕐 *tägl. 9–19 Uhr (Zeiten können sich ändern).*
Die gepflasterte Rue Montorgueil ist das einzige Überbleibsel der alten Markthallen von Les Halles. Hier gibt es Exotisches wie grüne Bananen oder Yamswurzeln und eine Vielzahl weiterer Delikatessen. Nicht gerade billig.

Rue Mouffetard

75005. **Stadtplan** 13 B2. **M** *Pl Monge.* 🕐 *Di–So 8–13 Uhr.*
Sie ist eine der ältesten Pariser Marktstraßen. Obwohl die Rue Mouffetard mittlerweile von Besuchern überlaufen ist, hat sie doch noch Charme. Ein afrikanischer Markt liegt nahebei in einer Seitenstraße der Rue Daubenton.

Rue Poncelet

75017. **Stadtplan** 2 E3. **M** *Ternes.* 🕐 *Di–Sa 8–12, 16–19.30, So 8–12.30 Uhr.*
Die Marktstraße liegt etwas abseits der Sehenswürdigkeiten und hat daher noch viel französisches Flair. Gute Auswahl an Bäckereien, Pâtisserien und *charcuteries*.

Marché de la Porte de Vanves

Av Georges-Lafenestre u. av Marc-Sangnier, 75014. **M** *Porte de Vanves.* 🕐 *Sa u. So 7–17 Uhr.*
Der Markt an der Porte de Vanves ist klein, bietet aber interessanten Trödel und qualitative Secondhand-Möbel. Am besten kommt man früh am Samstagmorgen, dann hat man eine gute Auswahl. An der nahen Place des Artistes stellen Künstler ihre Werke aus.

Marché aux Puces de Montreuil

Porte de Montreuil, 93 Montreuil, 75020. **M** *Porte de Montreuil.* 🕐 *Sa–Mo 8–18 Uhr.*
Frühaufsteher sind auf dem Flohmarkt an der Porte de Montreuil im Vorteil. Der Bereich mit Secondhand-Kleidung zieht viele junge Leute an. An den Ständen wird aber alles verkauft – von gebrauchten Fahrrädern über Trödel bis zu exotischen Gewürzen.

Marché aux Puces de St-Ouen

(siehe S. 134.)
Er ist der bekannteste, der am meisten überlaufene und auch der teuerste aller Flohmärkte. Der Marché aux Puces umfasst zudem eine Reihe weiterer Märkte, Einheimische verkaufen auch von ihren geparkten Autos aus. Das Herzstück besteht aus einer Anzahl großer Gebäude, die voller Stände sind. Einige sind recht edel, andere verkaufen ziemlichen Schrott. Einen *Guide des Puces*, Flohmarktführer, gibt es beim Infostand des Marché Biron in der Rue des Rosiers.

Rue de Seine und Rue de Buci

75006. **Stadtplan** 8 E4. **M** *Odéon.* 🕐 *Di–Sa 8–13, 16–19, So 9–13 Uhr.*
Die Waren sind teuer, die Stände oft umlagert: Hier gibt es Qualitätsware (Früchte und Gemüse). Zudem: ein großer Blumenladen und zwei exzellente Pâtisserien.

Stadtplan siehe Seiten 154–169

Unterhaltung

Ob klassisches Drama, Ballett, Avantgarde-Theater, Oper, Jazz, Kino oder Disco – Unterhaltung gibt es in Paris für alle. Manchmal ist sie auch kostenlos: Performance-Künstler treten am Centre Pompidou auf, Straßenmusiker spielen in der Métro und an vielen anderen Ecken dieser lebendigen Stadt.

Die Pariser bummeln am liebsten über die Boulevards und lassen in Cafés bei einem Drink genüsslich das Leben vorbeiziehen. Wer exquisites Amüsement erleben will, kann einem der berühmten Nachtclubs einen Besuch abstatten.

Für Fans von Sportveranstaltungen gibt es Tennis, die Tour de France und Pferderennen. Wer es aktiver mag, geht in eines der Sport- und Fitness-Center. Man kann auch jederzeit auf das *Boules*-Spiel in den öffentlichen Anlagen ausweichen.

Gläserne Fassade der Opéra National de Paris (Bastille)

Tickets

Häufig gibt es vor Vorstellungsbeginn noch Karten an der Kasse. Für Konzerte empfiehlt es sich allerdings, bei **FNAC** oder im **Virgin Megastore** Karten vorzubestellen. Theaterkassen sind von 11 bis 19 Uhr geöffnet. Kreditkarten werden akzeptiert. Auch eine telefonische Reservierung ist möglich.

Theater

Ob hehre Comédie Française, Slapstick oder Avantgarde – die Bühnenkunst genießt in Paris hohes Ansehen. Die 1680 durch Königserlass gegründete **Comédie Française**, die Bastion des französischen Theaters, will das Interesse des Publikums für die Klassik erhalten. Das **Odéon Théâtre de l'Europe**, einst das zweite Haus der Comédie Française, zeigt Werke ausländischer Autoren in Originalfassung. Das **Théâtre National de Chaillot** liegt in einem unterirdischen Saal im Art-déco-Bau des Palais de Chaillot. Dort werden Adaptionen europäischer Klassiker aufgeführt. Das **Théâtre National de la Colline** ist auf zeitgenössische Dramen spezialisiert.

Zu den freien Bühnen zählt die **Comédie des Champs-Élysées**. Das **Palais Royal** ist schon ein ganzes Jahrhundert lang ein Tempel des Amüsements. In den *café-théâtres* wie dem **Théâtre d'Edgar** und **Le Point Virgule** kann man neue Talente entdecken.

Im Sommer werden Besucherattraktionen wie das Centre Pompidou, Les Halles und St-Germain-des-Prés durch Straßentheatergruppen belebt. Im Shakespeare-Garten im Bois de Boulogne finden Open-Air-Aufführungen mit den Dramen des Meisters und alter französischer Klassiker statt.

Klassische Musik

Noch nie war Klassik so spannend. Die Produktionen reichen von Opern über klassische Musik bis hin zu zeitgenössischen Werken. 1989 wurde die **Opéra National de Paris (Bastille)** eröffnet. Sie hat 2700 Sitzplätze und bietet klassisches und modernes Musiktheater. Die renovierte **Opéra National de Paris Garnier** zeigt meist Ballett.

Wichtigster Konzertsaal mit 2300 Plätzen sowie Heimstatt des Orchestre de Paris und des philharmonischen Orchesters von Radio France ist die **Salle Pleyel**. Das **Théâtre des Champs-Élysées** und das **Théâtre du Châtelet** sind für Programmvielfalt und erstklassige Qualität bekannt. Kammermusik gibt es im **Théâtre de la Ville** und in der

Veranstaltungskalender

Empfehlenswerte Veranstaltungskalender sind *Pariscope*, *Zurban* und *L'Officiel des Spectacles*. Sie erscheinen jeden Mittwoch und sind am Kiosk erhältlich. Auch die Tageszeitung *Le Figaro* bringt mittwochs einen guten Überblick. Ebenfalls am Kiosk gibt es *The City*, ein vierteljährlich erscheinendes Magazin auf Englisch.

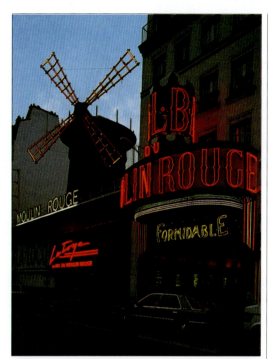

Die berühmte Ansicht des Moulin Rouge

Salle Gaveau. Die **Cité de la Musique** im Parc de la Villette gegenüber dem Konservatorium lädt zur Entdeckung der Musik in allen Aspekten ein. Sie vereint Konzertsäle, eine Mediathek und das Musikmuseum.

Tanz

Missfallen oder Begeisterung des Tanztheaterpublikums macht sich in Frankreich laut Luft. Es gibt ablehnende Buhs, die tobende Menge verlässt den Saal während der Vorstellung.

Die **Opéra National de Paris Garnier** hat ihr eigenes Ensemble: das Ballet de l'Opéra de Paris, das weltweit als eines der besten klassischen Ballett-Ensembles Bekanntheit erlangt hat. Bei günstigen Eintrittspreisen ist das **Théâtre de la Ville** dank staatlicher Subventionspolitik inzwischen zur wichtigsten Pariser Bühne für modernen Tanz avanciert.

Die **Maison des Arts de Créteil** zeigt Aufführungen renommierter Gastkompanien und eigene Produktionen.

Clubs und Cabarets

Auch die Pariser Clubs tendieren dazu, die weltweiten musikalischen Entwicklungen zu übernehmen. Nur in wenigen Clubs hört man wirklich innovative Musik, so in Edith Piafs einstiger Stammkneipe **Balajo** und im hippen **Showcase** beim Pont Alexandre III.

La Locomotive mit House-Partys auf drei Etagen liegt voll im Trend. **Les Bains** ist ein Nachtclub für Leute aus der Szene und dem Show-business. In dem früher für lateinamerikanische Darbietungen bekannten **La Java** treten nun englischsprachige Comedians auf.

Für die Wahl eines französischen Cabarets gibt es eine Faustregel: je bekannter, desto besser. **Folies Bergère**, das älteste Pariser Cabaret, ist wohl auch das berühmteste der Welt. Gleich danach kommen **Lido** und **Moulin Rouge**, das als Wiege des Cancans gilt. **Paradis Latin** ist wohl das »französischste« Cabaret der ganzen Stadt. Hier wird die Show durch Spezialeffekte und eindrucksvolle Bühnenbilder belebt.

Rock, Jazz und World Music

Aufführungen auf Spitzenniveau finden meist in den riesigen Konzerthallen statt, etwa im **Palais Omnisports Paris-Bercy** oder im **Zénith**. Das legendäre **Olympia** mit seiner guten Akustik bietet eine intime Atmosphäre. Pariser Rockbands wie Mano Negra oder Les Négresses Vertes kann man in **La Cigale** oder **Élysée-Montmartre** im Viertel Pigalle hören.

Die Pariser Jazz-Szene verteilt sich auf viele Clubs, in denen Künstler von Weltrang auftreten. Für alle Jazzfans ist das **New Morning** ein Muss, in dem es auch afrikanische und brasilianische Rhythmen zu hören gibt. Dixieland wird in **Le Petit Journal St-Michel** gespielt. Liebhaber von World Music können in der **Chapelle des Lombards** abtanzen und dort auch erstklassige Konzerte erleben.

Angestrahlte Fassade der Opéra National de Paris Garnier

Stadtplan Paris siehe Seiten 154–169

Kino

Paris ist eine Weltmetropole des Films. Vor mehr als 100 Jahren ging hier der erste Kinematograf in Betrieb. Ende der 1950er Jahre entstand die Nouvelle Vague (»neue Welle«), eine avantgardistische Bewegung junger französischer Cinephiler, die den Film revolutionierten, darunter François Truffaut und Jean-Luc Godard.

Heute gibt es über 370 Kinosäle in der Stadt. Sie sind in etwa 100 größeren Kinozentren zusammengefasst. Häufig lässt sich der Kinobesuch angenehm mit einem Essen im Restaurant sowie Shopping verbinden. Die dichteste Konzentration an Kinosälen bieten die Champs-Élysées, die neueste amerikanische Streifen, französische Autorenfilme und Filmklassiker zeigen.

Unter den Kinos der großen Boulevards nahe der Opéra National de Paris Garnier sind zwei erwähnenswert: **Le Grand Rex** mit barockem Dekor und 2800 Sitzplätzen und das renovierte **Max Linder Panorama**. An der Place de Clichy halten sich noch einige Kinos. Die größte Konzentration auf dem rechten Seine-Ufer befindet sich im Forum des Halles. Die größte Leinwand Frankreichs bietet **La Géode** in La Villette.

Auf dem linken Seine-Ufer musste das Quartier Latin seinen Rang als Zentrum der Filmkunsttheater an Odéon–St-Germain-des-Prés abtreten. Das neue Multiplex **MK2 Bibliothèque** bietet 14 Säle, Läden, Bars und einen Ausstellungsbereich.

Die Kuppel des Kinopalasts Le Grand Rex, der über 2800 Sitzplätze verfügt

Sport

In Paris finden viele internationale Sportveranstaltungen statt. Im Juli, wenn die Teilnehmer der Tour de France auf ihren Rädern in Paris einfahren, gerät die ganze Stadt in Taumel. Von Mai bis Juni steht sie im Zeichen des internationalen Tennisturniers **Roland Garros**. Der Prix de l'Arc de Triomphe für Pferderennen wird am ersten Sonntag im Oktober auf dem **Hippodrome Longchamp** ausgetragen.

Im **Palais Omnisports Paris-Bercy** finden die Paris Tennis Open und viele Rockkonzerte statt. Das **Stade de France** in St-Denis bietet die unterschiedlichsten Veranstaltungen und ebenfalls Rockkonzerte. **Parc des Princes** ist die Adresse der besten Pariser Fußballmannschaft, des Teams von Paris St-Germain.

Berühmte Pariser Cafés

Das Bild von Künstlern, Literaten und Intellektuellen in den Cafés an der Rive Gauche hat das Image der Metropole geprägt. Vor dem Ersten Weltkrieg verbrachten Trotzki und Lenin ihre Zeit in der Rotonde und im Dôme am Montparnasse. In den 1920er Jahren beherrschten die Surrealisten die Szene. Später kamen die amerikanischen Schriftsteller, allen voran Ernest Hemingway und Scott Fitzgerald, zu deren Lieblingsplätzen La Coupole gehörte. Nach 1945 zog es Sartre und andere Existenzialisten weiter nordwärts in die Cafés von St-Germain-des-Prés.

Entspannte Zeitungslektüre im Straßencafé

AUF EINEN BLICK

Tickets

FNAC
26, av des Ternes, 75017.
Stadtplan 2 D3.
Forum Les Halles, 1, rue
Pierre Lescot, 75001.
Stadtplan 9 A2.
℡ 0825 02 00 20.
www.fnac.com.

Virgin Megastore
52–60, av des Champs-
Élysées, 75008.
Stadtplan 2 F5.
℡ 01 49 53 50 00.
www.virginmegastore.fr

Theater

Comédie des Champs-Élysées
15, av Montaigne, 75008.
Stadtplan 6 F1.
℡ 01 53 23 99 19.

Comédie Française
1, pl Colette, 75001.
Stadtplan 8 E1. ℡ 08
25 10 16 80. www.co-
medie-francaise.fr

Odéon Théâtre de l'Europe
Ateliers Berthier, 8, bd Berthier, 75017. **Stadtplan**
4 D1. ℡ 01 44 85 40 40.
www.theatre-odeon.fr

Palais Royal
38, rue Montpensier,
75001. **Stadtplan** 8 E1.
℡ 01 42 97 59 85.

Le Point Virgule
7, rue Ste-Croix de la Bretonnerie, 75004. **Stadt-
plan** 9 C3.
℡ 01 42 78 67 03.

Théâtre d'Edgar
58, bd Edgar-Quinet,
75014. **Stadtplan** 12 D2.
℡ 01 42 79 97 97.

Théâtre National de Chaillot
Pl du Trocadéro, 75016.
Stadtplan 5 C2.
℡ 01 53 65 30 00.

Théâtre National de la Colline
15, rue Malte-Brun, 75020.
℡ 01 44 62 52 52.

Klassische Musik

Cité de la Musique
221, av Jean-Jaurès, 75019.
℡ 01 44 84 44 84.
www.cite-musique.fr

Opéra National de Paris (Bastille)
120, rue de Lyon, 75012.
Stadtplan 10 E4.
℡ 08 92 89 90 90.
www.operadeparis.fr

Opéra National de Paris Garnier
Pl de l'Opéra, 75009.
Stadtplan 4 E5.
℡ 08 92 89 90 90.

Salle Gaveau
45, rue la Boétie, 75008.
Stadtplan 3 B4.
℡ 01 49 53 05 07.
www.sallegaveau.com

Salle Pleyel
252, rue du Faubourg-St-
Honoré, 75008. **Stadt-
plan** 2 E3. ℡ 01 42 56
13 13. www.sallepleyel.fr

Théâtre des Champs-Élysées
15, av Montaigne, 75008.
Stadtplan 6 F1.
℡ 01 53 23 99 19.

Théâtre du Châtelet
Place du Châtelet, 75001.
Stadtplan 9 A3. ℡ 01
40 28 28 40. www.
chatelet-theatre.com

Théâtre de la Ville
2, pl du Châtelet, 75004.
Stadtplan 9 A3. ℡ 01
42 74 22 77. www.
theatredelaville-paris.com

Tanz

Maison des Arts de Créteil
Pl Salvador Allende,
94000 Créteil.
℡ 01 45 13 19 19.
www.maccreteil.com

Opéra National de Paris Garnier
(siehe klassische Musik).

Théâtre de la Ville
(siehe klassische Musik).

Clubs und Cabarets

Les Bains
7, rue du Bourg-L'Abbé,
75003.
Stadtplan 9 B1.
℡ 01 53 01 40 60.

Balajo
9, rue de Lappe, 75011.
Stadtplan 10 E4.
℡ 09 54 94 54 09.
www.balajo.fr

Folies Bergère
32, rue Richer, 75009.
℡ 0892 68 16 50.
www.foliesbergere.com

La Java
105, rue du Faubourg-du-
Temple, 75010.
℡ 01 42 02 20 52.

La Locomotive
90, bd de Clichy, 75018.
Stadtplan 4 D1.
℡ 01 56 55 52 04.

Lido
116 bis, av des Champs-
Élysées, 75008. **Stadt-
plan** 2 E4. ℡ 01 40 76
56 10. www.lido.fr

Moulin Rouge
82, bd de Clichy, 75018.
Stadtplan 4 E1.
℡ 01 53 09 82 82.
www.moulinrouge.fr

Paradis Latin
28, rue du Cardinal-Le-
moine, 75005. **Stadtplan**
9 B5. ℡ 01 43 25 28 28.

Showcase
Port des Champs-Élysées,
75007. **Stadtplan** 7 A1.
℡ 01 45 61 09 76.
www.showcase.fr

Rock, Jazz und World Music

Chapelle des Lombards
19, rue de Lappe, 75011.
Stadtplan 10 F4.
℡ 01 43 57 24 24.

La Cigale
120, bd Rochechouart,
75018. **Stadtplan** 4 F2.
℡ 01 49 25 89 99.

Élysée-Montmartre
72, bd Rochechouart,
75018. **Stadtplan** 4 F2.
℡ 01 44 92 45 36.

New Morning
7–9, rue des Petites-
Écuries, 75010.
℡ 01 45 23 51 41.

Olympia
28, bd des Capucines,
75009. **Stadtplan** 4 D5.

℡ 08 92 68 33 68.
www.olympiahall.com

Palais Omnisports Paris-Bercy
8, bd de Bercy, 75012.
Stadtplan 14 F2.
℡ 08 92 39 04 90.
www.ticketnet.fr

Le Petit Journal St-Michel
71, bd St-Michel, 75005.
Stadtplan 12 F1.
℡ 01 43 26 28 59.

Zénith
211, av de Jean-Jaurès,
75019. ℡ 0890 71 02
07. www.le-zenith.com

Kino

La Géode
26, av Corentin-Cariou,
75019.
📞 08 92 684540.

Le Grand Rex
1, bd Poissonnière, 75002.
📞 01 42 36 83 96.
www.legrandrex.com

Max Linder Panorama
24, bd Poissonnière,
75009.
📞 08 92 68 00 31.

MK2 Bibliothèque
128–162, av de France,
75013. 📞 08 92 69 84
84. www.mk2.com

Sport

Hippodrome de Longchamp
Bois de Boulogne, 75016.
℡ 01 44 30 75 00.

Palais Omnisports Paris-Bercy
(siehe Rock).

Parc des Princes
24, rue du Commandant-
Guilbaud, 75016.
℡ 3275.

Stade de France
93210 La Plaine St-Denis
℡ 08 92 70 09 00.
www.stadedefrance.fr

Stade Roland Garros
2, av Gordon-Bennett,
75016 ℡ 01 47 43 48
00. www.fft.fr

Stadtplan Paris *siehe Seiten 154–169*

Stadtplan

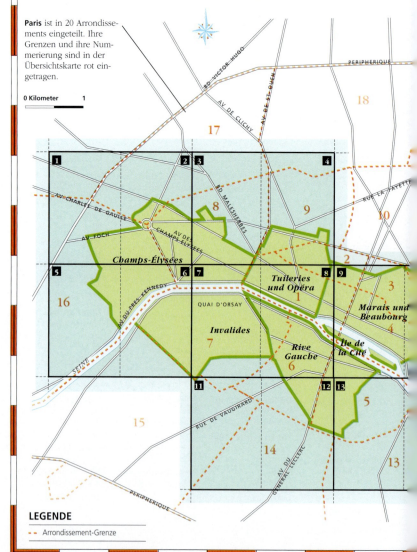

Die Verweise bei Sehenswürdigkeiten, Läden und Veranstaltungsorten im Paris-Kapitel beziehen sich auf den nachfolgenden *Stadtplan.* Sie gelten auch für Pariser Hotels *(siehe S. 550 – 555)* und Restaurants *(siehe S. 600 – 606)* sowie für nützliche Adressen in den Kapiteln *Zu Gast in Frankreich* und *Grundinformationen.* Im *Stadtplan* finden Sie die Hauptsehenswürdigkeiten, Hotels und Restaurants sowie Shopping-Möglichkeiten und Veranstaltungsorte. Die unten stehende Übersichtskarte zeigt die Viertel von Paris, die der *Stadtplan* abdeckt, mit den Nummern der Arrondissements. Die Legende für den *Stadtplan* finden Sie auf der gegenüberliegenden Seite.

Paris ist in 20 Arrondissements eingeteilt. Ihre Grenzen und ihre Nummerierung sind in der Übersichtskarte rot eingetragen.

0 Kilometer   1

PERIPHERIQUE

BD VICTOR HUGO

AV DE LA GRANDE ARMEE

AV DE CLICHY

18

17

1   **2** **3**   **4**

AV CHARLES DE GAULLE

BD MALESHERBES

8

9

RUE LA FAYETTE

AV FOCH

AV DES CHAMPS-ELYSÉES

Champs-Élysées

10

2

5   **6** **7**   **8** **9**

Tuileries und Opéra

AV DULBRES-KENNEDY

16

QUAI D'ORSAY

1

3

Marais und Beaubourg

Invalides

4

Rive Gauche

7

6

Île de la Cité

SEINE

11   **12** **13**

5

RUE DE VAUGIRARD

15

14

AV DU GENERAL LECLERC

13

PERIPHERIQUE

LEGENDE

- - Arrondissement-Grenze

Mehr über Paris? Vis-à-Vis Paris *ISBN 978-3-8310-1810-9*

So funktioniert das Verweissystem

Die erste Zahl gibt an, welcher Ausschnitt des *Stadtplans* gemeint ist.

Hôtel de Ville ⓾

4, pl de l'Hôtel de Ville, 75004.
Stadtplan 9 B3 *01 42 76 40 40.*
Ⓜ *Hôtel de Ville.* ◯ *nur für Gruppen, nach telefonischer Anmeldung (01 42 76 54 04).* ● *Feiertage, offizielle Anlässe.* ♿

Buchstabe und Zahl bezeichnen das Planquadrat bzw. geben die horizontale und vertikale Koordinate an.

Zahlen mit Pfeil verweisen auf die Anschlusskarte.

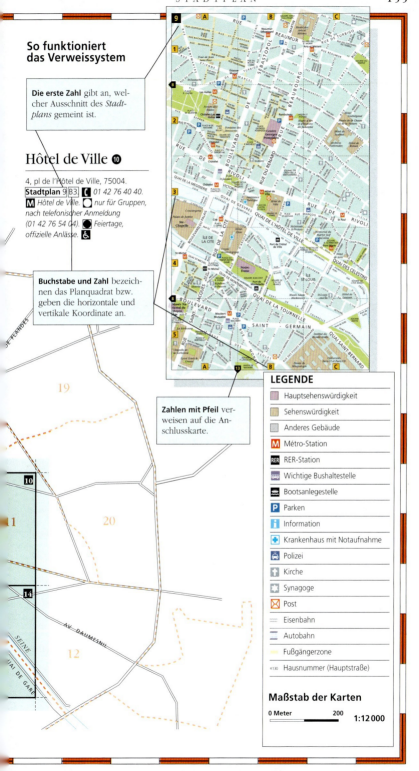

LEGENDE

▨	Hauptsehenswürdigkeit
▨	Sehenswürdigkeit
▨	Anderes Gebäude
Ⓜ	Métro-Station
RER	RER-Station
🚌	Wichtige Bushaltestelle
🚢	Bootsanlegestelle
P	Parken
ℹ	Information
✚	Krankenhaus mit Notaufnahme
🚓	Polizei
✝	Kirche
✡	Synagoge
⊠	Post
=	Eisenbahn
‒	Autobahn
―	Fußgängerzone
«130	Hausnummer (Hauptstraße)

Maßstab der Karten

0 Meter   200   1:12 000

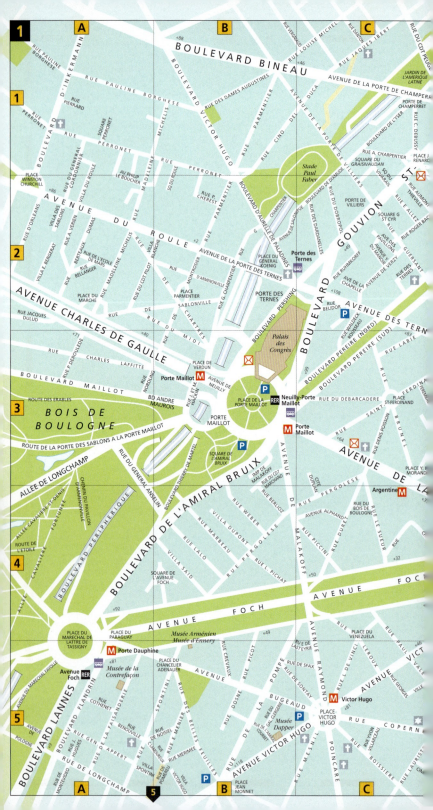

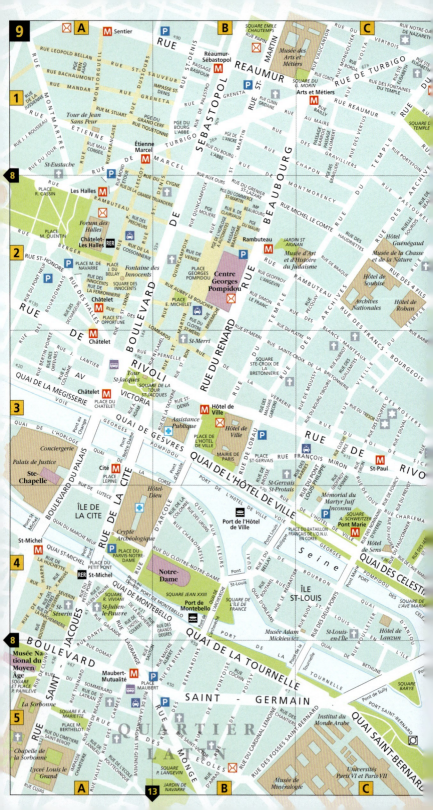

Île de France

Mitten im Herzen Frankreichs erstreckt sich das Gebiet der Île de France weit über die Vororte von Paris hinaus. Malerische Landschaften prägen eine geschichtsträchtige Region, die für die *gloire de la France* von jeher von besonderer Bedeutung ist.

Nachdem König François I 1528 Fontainebleau in ein Renaissance-Schloss umgebaut hatte, stieg der Stellenwert der Region beim Adel. Als 1661 Louis XIV mit dem Bau von Versailles begann, war auch die Rolle der Île de France als politisches Zentrum des Landes gesichert. Das Schloss, an dem Le Nôtre, Le Vau, Le Brun und Jules Hardouin-Mansart bauten, ist heute die meistbesuchte Sehenswürdigkeit Frankreichs. Es ist ein Symbol der Macht des Sonnenkönigs – und noch immer Schauplatz von Staatsempfängen. Rambouillet ist eng mit dem Namen von Louis XVI verbunden. Es wird heute vom Präsidenten als Sommerresidenz genutzt. Malmaison war Lieblingswohnsitz von Kaiserin Joséphine. Château d'Écouen bietet Einblick in das Leben während der Renaissance. Im Süden besticht Vaux-le-Vicomte mit einer barocken Gartenanlage. Große Maler wie Corot, Rousseau, Pissarro und Cézanne haben sich von der Landschaft mit ihren Pappelalleen inspirieren lassen.

Sehenswürdigkeiten auf einen Blick

Châteaux und Museen
Château de Dampierre **8**
Château de Fontainebleau
  S. 180f **13**
Château de Malmaison **5**
Château de Rambouillet **9**
Château de Sceaux **7**
Château de Vaux-le-Vicomte **11**
Château de Versailles
  S. 174–177 **6**
Musée National de la
  Renaissance **2**

Städte
Provins **12**
St-Germain-en-Laye **4**

Klöster und Kirchen
Abbaye de Royaumont **1**
Basilique St-Denis **3**

Themenpark
Disneyland Resort Paris **10**

LEGENDE
Großraum Paris
Zentrum von Paris
✈ Internationaler Flughafen
Autobahn
Nationalstraße
Nebenstraße

0 Kilometer   20

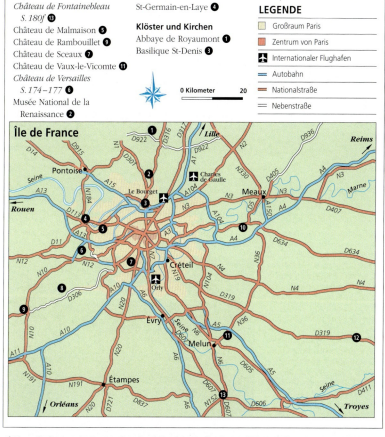

Île de France

◁ Die großartige barocke Gartenanlage des Château de Vaux-le-Vicomte *(siehe S. 178f)*

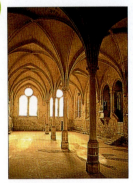

Das gotische Refektorium der Abbaye de Royaumont

Abbaye de Royaumont ❶

Fondation Royaumont, Asnières-sur-Oise, Val-d'Oise. ☎ 01 30 35 59 70. ◯ tägl. 🖼 ♿ ⓘ Infos unter 01 30 35 59 00. 🎵 **Konzerte.**
www.royaumont.com

Royaumont, die schönste Zisterzienserabtei der Île de France, liegt von Wäldern umgeben 30 Kilometer nördlich von Paris. Das Mauerwerk und die strengen Formen der Abtei spiegeln die asketischen Lehren des hl. Bernhard wider. Doch anders als die Abteien in Burgund wurde diese 1228 von den Gründern Louis IX und dessen Mutter, Blanche de Castille, großzügig angelegt. »St-Louis« überhäufte sie mit Reichtümern und erwählte sie zur königlichen Grablege. Die Abtei behielt ihre Verbindungen zur Königsfamilie bis zur Revolution, dann wurden große Teile zerstört. Danach diente sie als Baumwollspinnerei und Waisenhaus, bis sie als Kulturzentrum wiederbelebt wurde. Die Säulen sind noch vorhanden, zusammen mit einem Eckturm und dem größten Kreuzgang Frankreichs, der einen klassischen Garten umgibt.

Château de Royaumont, der Amtssitz des Abts, steht abseits und ähnelt einer italienischen Villa. Die Anlage besitzt Mönchswerkstätten, Teiche und Kanäle. An Sommerwochenenden finden in der Abtei Konzerte statt (Infos unter 01 34 68 05 50).

Musée National de la Renaissance ❷

Château d'Écouen, Val-d'Oise. ☎ 01 34 38 38 50. ◯ Mi–Mo 9.30–12.45, 14–17.45 Uhr. ⬤ 1. Jan, 1. Mai, 25. Dez. **Park** ◯ tägl. 8–19 Uhr (Winter bis 18 Uhr); keine Tiere erlaubt. 🖼 ♿ 🖼 🍴 **www**.musee-renaissance.fr

Das eindrucksvolle, von einem Graben umgebene Schloss liegt etwa auf halbem Weg zwischen St-Denis und Royaumont. Heute ist der großartige Bau von Écouen ein Renaissance-Museum und bietet das adäquate Ambiente für die Sammlung von Gemälden, Wandteppichen, Truhen und Täfelungen (16. Jh.).

Écouen wurde 1538 für Anne de Montmorency erbaut, den Berater François' I, Oberbefehlshaber der Armee und zweitmächtigsten Mann im Königreich. Er ließ sein Schloss von Künstlern und Handwerkern der Schule von Fontainebleau ausschmücken. Deren Einfluss ist an den mit Bibelszenen und klassischen Motiven verzierten Kaminen zu erkennen. Besonders imposant ist die Kapelle, deren Decke mit dem Wappen von Montmorency bemalt ist.

Die Ausstellung im ersten Stock bietet eine der prächtigsten Kollektionen von Wandteppichen (16. Jh.). Überwältigend sind die fürstlichen Gemächer, die Bibliothek und die Keramiken aus Lyon, Nevers, Venedig, Faenza und Iznik sowie eine Ausstellung von mathematischen Instrumenten. Neu erworben wurden 153 Kupferstiche (16./17. Jh.) aus Frankreich, Italien und Deutschland.

Basilique St-Denis ❸

2, rue de Strasbourg, St-Denis, Seine-St-Denis. ☎ 01 48 09 83 54. Ⓜ Basilique de St-Denis (Linie 13). ◯ tägl. ⬤ 1. Jan, 1. Mai, 25. Dez. 🖼 ♿ ✝ So 8.30, 10 Uhr. **www**.monum.fr

Der Legende nach erfasste hier der enthauptete hl. Denis im Todeskampf seinen Kopf mit den Händen. Dem gemarterten Bischof zum Gedenken baute man an der Stelle eine Kapelle. Mit der Beisetzung Dagoberts I. in der Basilika 638 entstand eine Verbindung zwischen der Königsfamilie und St-Denis, die zwölf Jahrhunderte lang bestehen sollte. Die meisten französischen Könige sind hier beigesetzt. Alle französischen Königinnen wurden hier gekrönt.

Die frühgotische Basilika ruht auf karolingischen und romanischen Krypten. Die Skulptur von Charles V (1364)

Statue Louis' XVI in St-Denis

Westflügel des Musée National de la Renaissance

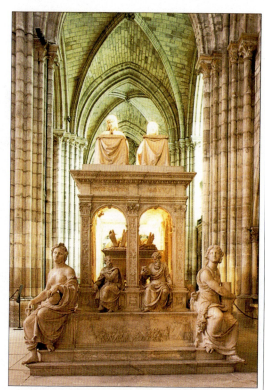

Renaissance-Grabmal von Louis XII und Anne de Bretagne in St-Denis

Château de Malmaison ⑤

Rueil-Malmaison, Hauts-de-Seine.
☎ 01 41 29 95 55. ◯ tägl. 10–
12.30, 14–17.45 (Sa, So bis
18.15 Uhr; im Winter 30 Min. kürzer). ● 1. Jan, 25. Dez. 🖼 🔊 teilweise. www.chateau-malmaison.fr

Der Landsitz Richelieus (17. Jh.) liegt 15 Kilometer westlich von Paris und wird heute eher mit Napoléon in Verbindung gebracht. Das von Parkanlagen umgebene Schloss war der Rückzugsort von Joséphine. Sie kaufte ihn, um dem Zeremoniell der kaiserlichen Residenzen in den Tuilerien und in Fontainebleau zu entgehen. Die Kaiserin war begeistert von dem Anwesen, doch Napoléon bezeichnete den Haupteingang verächtlich als Dienstboteneingang und ließ sich eine Zugbrücke an der Rückseite des Schlosses bauen.

Die schönsten Zimmer sind die mit Fresken geschmückte Bibliothek und der Salon de Musique mit Bildern aus der Privatsammlung Joséphines. Bemerkenswert ist der Kontrast zwischen Napoléons einfachem Schlafzimmer und dem üppigen Schlafgemach, in dem Joséphine starb. Viele Zimmer bieten einen Blick auf den Park und den Rosengarten, den Joséphine nach ihrer Scheidung kultivierte.

Es gibt viele Erinnerungsstücke – von Davids Porträt von Napoléon bis zu Gérards Bild von Joséphine. Das nahe Château Bois Préau beherbergt ein Museum, das sich Napoléons Exil widmet.

ist imposant, ebenso ein Bildnis von Blanche de France (12. Jh.). Die Heiterkeit der Figuren steht in Kontrast zum realistisch abgebildeten Schmerz im Mausoleum von Louis XII und Anne de Bretagne. Die Figuren sind unbekleidet und mit dem Ausdruck des Todes im Gesicht. Darüber ist das bekleidete Königspaar zu sehen, wie es die eigene Nacktheit betrachtet – ein ungewöhnliches Grabmal.

St-Germain-en-Laye ④

Yvelines. 🚶 42 000. 🚊 🚌 👤 Maison Claude Debussy, 38, rue au Pain.
☎ 01 39 73 02 64. 🚲 Di, Mi,
Fr–So. www.saintgermainenlaye.fr

Wahrzeichen von St-Germain-en-Laye ist das Château, der Geburtsort von Louis XIV. Die Burg wurde 1122 von Louis VI erbaut. Davon sind heute nur noch der Hauptturm und die Kapelle St-Louis vorhanden. Unter François I und Henri II wurden die oberen Stockwerke geschleift. Übrig blieb ein fünfeckiger Bau mit Burggraben. Henri IV ergänzte das Gartenhaus und die Terrassen, bevor er 1682 nach Versailles zog. Louis XIV beauftragte Le Nôtre mit der Gestaltung des Parks.

Heute ist im Schloss das **Musée d'Archéologie Nationale** untergebracht, in dem archäologische Funde von vorgeschichtlicher Zeit bis zur Zeit der Merowinger ausgestellt sind. Die Sammlung zeigt u.a. eine 22 000 Jahre alte Frauenfigur, ein Megalithgrab, einen gallo-römischen Mosaikfußboden, keltischen Schmuck und einen Bronzehelm (3. Jh.).

🏛 **Musée d'Archéologie Nationale**
Château de St-Germain-en-Laye.
☎ 01 39 10 13 00. ◯ Mi–Mo.
🖼 🔊 🚲 👤 www.musee-archeologienationale.fr

Das Bett von Kaiserin Joséphine im Château de Malmaison

Château de Versailles ❻

Flötenspieler im Garten

Das Schloss, dessen Bau 1668 von Louis XIV begonnen wurde, entstand aus Erweiterungen des Jagdschlosses von Louis XIII. Den ersten Umbau leitete Louis Le Vau, der das Gebäude ergänzte und einen vergrößerten Innenhof schuf. 1678 übernahm Jules Hardouin-Mansart die Leitung der Arbeiten. Er fügte Nord- und Südflügel und den Spiegelsaal hinzu. 1770 ließ Louis XV die Oper (Opéra Royal) anbauen. Seit der Renovierung 2009 kann man hier Konzerte und Opern hören. Der Park wurde von André Le Nôtre erweitert, der die Anlage durch Wasserflächen und eine originelle Einbindung von Bodenunebenheiten auflockerte.

★ Gartenanlage
Geometrisch angeordnete Wege und Formbüsche sind charakteristisch für den Garten.

Die Orangerie wurde unter dem Parterre du Midi als Winterunterstand für exotische Pflanzen erbaut.

Bassin de Latone
Balthazar Marsys Statue der Göttin Latona thront über vier Marmorbecken.

Parterre d'Eau

★ Schloss
Unter Louis XIV stieg Versailles zum Machtzentrum Frankreichs auf.

Fontaine de Neptune
In der Mitte des Brunnens steht ein geflügeltes Ungeheuer.

Im Königsgarten von
Louis XVIII aus dem
19. Jahrhundert befindet sich ein sehenswertes Spiegelbecken.

Colonnade
*Hardouin-Mansart
erbaute 1685 den
runden Säulengang
aus Marmor.*

INFOBOX

Versailles, Yvelines. 📞 01 30 83
78 00. 🚌 171 von Paris. 🚊 Versailles-Rive Gauche. 🚆 Versailles-
Chantiers, Versailles-Rive Droite.
Schloss ◯ Di–So 9–18.30 Uhr
(im Winter bis 17.30 Uhr). ● Feiertage. 📷
Grand Trianon u. Petit Trianon
◯ tägl. 12–18.20 Uhr (im Winter
bis 17.30 Uhr). ● Feiertage. 📷
♿ 📷 🚻 🍴 🛍
Gärten ◯ tägl. 8–20.30 Uhr (im
Winter bis 18 Uhr). 📷
🎵 Grandes Eaux Musicales
(Apr–Okt), Grandes Eaux Nocturnes (Mitte Juni–Aug: Sa).
www.chateauversailles.fr

Auf dem Grand Canal
feierte Louis XIV seine
Bootsfeste.

Petit Trianon
*Das kleine Schloss
wurde 1762 als
Rückzugsort für
Louis XV gebaut.
Marie-Antoinette
schätzte es sehr.*

Bassin de Neptune
*Figurengruppen versprühen
Wasserfontänen in den
barocken Garten Le Nôtres.*

★ Grand Trianon
*Louis XIV ließ
1687 das Lustschloss aus Stein
und rötlichem
Marmor erbauen,
um dem Hofzeremoniell zu entkommen und
ungestört die Gesellschaft von Madame de Maintenon zu genießen.*

NICHT VERSÄUMEN

★ Gartenanlage

★ Grand Trianon

★ Schloss

Château de Versailles: Salons und Gemächer

Die Prunkgemächer befinden sich im ersten Stock der riesigen Anlage. Um den Marmorhof sind die königlichen Privaträume angeordnet. Auf der Gartenseite liegen die Staatsräume, in denen das Hofleben stattfand. Charles Le Brun stattete sie mit farbigem Marmor, Steinmetzarbeiten, Schnitzereien, Skulpturen, Wandgemälden, Samt sowie versilberten und vergoldeten Möbeln üppig aus. Jedes Zimmer, angefangen vom Salon d'Hercule, ist einer griechischen Gottheit gewidmet. Den Höhepunkt bildet der Spiegelsaal. Nicht alle Räume sind immer geöffnet (informieren Sie sich vorab).

★ **Schlafgemach der Königin**
Hier brachten die Königinnen ihre Kinder – vor Zuschauern – zur Welt.

Den Marmorhof ziert ein vergoldeter Balkon.

Eingang

Eingang

Der Salon du Sacre ist mit Napoléon-Porträts von Jacques-Louis David geschmückt.

LEGENDE

- ☐ Südflügel
- ☐ Krönungssaal
- ☐ Gemächer von Madame de Maintenon
- ☐ Gemächer der Königin und Privatsuiten
- ☐ Staatsräume
- ☐ Gemächer des Königs und Privatsuiten
- ☐ Nordflügel
- ☐ Keine Ausstellungsfläche

★ **Salon de Vénus**
In dem mit Marmor verzierten Raum steht eine Statue von Louis XIV.

Treppe zum Kassenbereich

★ **Chapelle Royale**
Die obere Etage der Kapelle war der königlichen Familie vorbehalten, das Erdgeschoss dem Hofstaat. Das Innere ist mit korinthischen Säulen, weißem Marmor, Vergoldungen und barocken Wandmalereien geschmückt.

NICHT VERSÄUMEN

- ★ Chapelle Royale
- ★ Galerie des Glaces
- ★ Salon de Vénus
- ★ Schlafgemach der Königin

★ Galerie des Glaces
Staatsempfänge wurden im 70 Meter langen Spiegelsaal an der Westfassade gegeben. 1919 wurde hier der Versailler Vertrag unterzeichnet.

Salon de l'Œil-de-Bœuf

Im Schlafgemach des Königs starb 1715 Louis XIV.

Das Cabinet du Conseil diente dem König als Empfangsraum für seine Minister und seine Familie.

Salon de la Guerre
Die Kriegsthematik dieses Raums wird noch verstärkt durch Antoine Coysevox' Stuckrelief. Es zeigt, wie Louis XIV dem Sieg entgegenreitet.

Die Bibliothek von Louis XVI besitzt eine klassizistische Täfelung und den Globus des Königs.

Salon d'Apollon
Louis' XIV Thronsaal wurde von Le Brun entworfen und dem Gott Apollon gewidmet. Hier hängt auch eine Kopie des berühmtesten Porträts des Sonnenkönigs, das Hyacinthe Rigaud 1710 schuf.

Salon d'Hercule

ZEITSKALA

Louis XV

1667 Baubeginn des Grand Canal		**1793** Hinrichtung von Louis XVI und Marie-Antoinette	**1833** Louis-Philippe macht das Schloss zum Museum
1668 Bau des neuen Schlosses durch Le Vau	**1722** Rückkehr des zwölfjährigen Louis XV nach Versailles		

1650	1700	1750	1800	1850

1671 Innenausstattung durch Le Brun	**1715** Nach dem Tod Louis' XIV verlässt der Hof Versailles	**1789** König und Königin werden gezwungen, nach Paris überzusiedeln	**28. Juni 1919** Unterzeichnung des Versailler Vertrags
1661 Erweiterung des Schlosses durch Louis XIV	**1682** Louis XIV und Marie-Thérèse ziehen nach Versailles	**1774** Louis XVI und Marie-Antoinette leben in Versailles	

Château de Sceaux ❼

Sceaux, Hauts-de-Seine. ☎ *01 41 87 29 50.* ☐ *Mi–Mo.* ⬤ *Feiertage; Mittagspause.* ♿ ◻
www.domaine-de-sceaux.fr

Der Parc de Sceaux ist eine Mischung aus französischem Garten, Waldflächen und Parkanlagen, die Le Nôtre schuf. Hier wird Wasser wirkungsvoll eingesetzt. Es gibt Wasserfälle und einen Springbrunnen in Form einer beweglichen Treppe, von der das Wasser in ein achteckiges Becken herabfließt. Von dort gelangt es weiter in den Grand Canal, der den Blick auf den Pavillon de Hanovre lenkt. Das Gartenhaus ist eines von mehreren im Park. Dort steht auch Mansarts Orangerie. Sie ist sowohl der Rahmen für Ausstellungen als auch für klassische Konzerte.

Das Schloss wurde 1670 für den Finanzminister Colbert erbaut, dann abgerissen und 1856 neu errichtet. Es beherbergt das Musée de l'Île de France, das die Geschichte der Region mit Gemälden, Skulpturen, Möbeln und Keramiken würdigt.

Château de Dampierre ❽

Dampierre-en-Yvelines, Yvelines. ☎ *01 30 52 53 24.* ☐ *Apr–Mitte Okt: tägl.* ⬤ *So mittags.* ◻ ◻ ♿ *teilweise.* **www**.chateau-de-dampierre.fr

Nach Versailles und Rambouillet ist Dampierre das meistbewunderte Schloss südwestlich von Paris. Das Äußere des 1675 für den Duc de Chevreuse erschaffenen Baus stellt eine von Hardouin-Mansart entworfene Komposition aus rötlichen Ziegeln und kühlem Stein dar. Die Innenräume erinnern an Versailles, vor allem die königlichen Gemächer und der Speisesaal.

Sehenswert ist die mit Fresken geschmückte, im 19. Jahrhundert nach römischen Vorbildern neu gestaltete Salle des Fêtes. Von den Räumen überblickt man den Park von Le Nôtre.

Château de Rambouillet

Château de Rambouillet ❾

Rambouillet, Yvelines. ☎ *01 34 83 00 25.* ☐ *Mi–Mo.* ⬤ *1. Jan, 1. Mai, 1. u. 11. Nov, 25. Dez u. bei Anwesenheit des Präsidenten; Mittagspause.* ◻ ◻
http://chateau-rambouillet. monuments-nationaux.fr

Das Schloss grenzt an das Waldgebiet der Forêt de Rambouillet, ein früheres königliches Jagdrevier. Der efeubewachsene Bau aus roten Ziegelsteinen wirkt mit seinen fünf Türmen kurios – er diente als feudale Burg, als Landhaus sowie als königliche und kaiserliche Residenz. Seit 1897 ist er Sommerwohnsitz des Präsidenten.

Die Räume sind mit Möbeln im Empire-Stil sowie Aubusson-Tapisserien ausgestattet. Vor der Hauptfassade liegt die Parkanlage. In der Nähe steht die königliche Molkerei: ein Geschenk von Louis XVI an Marie-Antoinette, die darin Milchmagd spielte.

Umgebung: Etwa 28 Kilometer nördlich, an der D11, liegt das **Château de Thoiry** mit Safaripark und einem modernen Abenteuerspielplatz.

Disneyland Resort Paris ❿

Marne-la-Vallée, Seine-et-Marne. ☎ *0825 30 02 22.* ☐ *tägl.* **RER** *Marne-la-Vallée-Chessy.* ▯ *TGV ab Lille oder Lyon.* ▭ *von beiden Flughäfen.* ◻ ♿
www.disneylandparis.com

Das 500 Hektar große Areal besteht aus zwei Themenparks und bietet sieben Hotels, diverse Läden, Lokale und Tagungszentren. Das Parkgelände mit den fünf verschiedenen »Ländern« ist für Kinder am interessantesten. Die Walt Disney Studios sind eine Hommage an das Kino.

Minnie Mouse

Château de Vaux-le-Vicomte ⓫

Maincy, Seine-et-Marne. ☎ *01 64 14 41 90.* ▭ *Shuttle vom Bahnhof in Melun.* ☐ *Mitte März–Mitte Nov: tägl.* ◻ ⓫
www.vaux-le-vicomte.com

Nördlich von Melun und nahe Fontainebleau liegt dieses Schloss hübsch in länd-

---

Porzellan aus Sèvres

1756 eröffneten Madame de Pompadour und Louis XV eine Porzellanmanufaktur, die die königlichen Residenzen mit Porzellan(kunst) versorgte. So begann die Produktion von edlen Servicen, Statuetten, Vasen im etruskischen Stil und Kameen. Bemaltes Porzellan zeigte meist Schlösser oder mythologische Szenen. Sèvres-Porzellan ist berühmt für seine Haltbarkeit und seine leuchtenden Farben.

Le Pugilat (1832): eine Vase aus Sèvres

Hotels und Restaurants in der Île de France *siehe Seiten 555f und 606f*

André Le Nôtre

Le Nôtre (1613–1700) gilt als der größte französische Landschaftsarchitekt. Seiner Gartenbaukunst verdankt die Île de France viele Parkanlagen, etwa in Dampierre, Sceaux und Vaux-le-Vicomte. In Vaux perfektionierte er das Konzept des französischen Gartens: Wege, die von Statuen und Formbüschen gesäumt sind, Wasserspiele mit Springbrunnen und Bassins sowie Terrassen und geometrisch bepflanzte Beete, die wie Stickereien erscheinen. Seine geniale Begabung hat Le Nôtre in der symmetrischen Komposition der Gartenanlage von Versailles am überzeugendsten verwirklicht.

licher Umgebung. Nicolas Fouquet, unter Louis XIV Geldgeber des Hofs, hatte Le Vau und Le Brun beauftragt, ein Schloss zu errichten. Das Ergebnis, einer der schönsten französischen Prachtbauten des 17. Jahrhunderts, führte allerdings auch zu seinem Untergang. Da der Luxusbau sämtliche Königsschlösser in den Schatten stellte, ließen der erzürnte Louis und seine Minister Fouquet verhaften.

Das Innere ist eine vergoldete Komposition aus Fresken, Stuck, Säulenfiguren und Büsten. Der Salon des Muses besticht mit Le Bruns Deckenfresken, die Nymphen und Sphinxe darstellen. Die Grande Chambre Carrée ist im Louis-XIII-Stil ausgeführt, besitzt Wandtäfelungen und einen beeindruckenden Fries, der das alte Rom evoziert. Anders als Versailles oder Fontainebleau verbreiten die Räume dieses Schlosses aber eine familiäre Stimmung – es wirkt überschaubar.

Bekannt ist Vaux-le-Vicomte für die Gärten von Le Nôtre. Bei den grandiosen Terrassen, künstlichen Seen und Brunnen kommt die Malerausbildung des Landschaftsgärtners voll zur Geltung.

Von Mai bis Oktober werden Führungen bei Kerzenlicht abgehalten. Dazu gibt es klassische Musik im Garten.

Provins ⑫

Seine-et-Marne. 🏠 12 000. 🚉 🚌
🛈 Chemin de Villecran (01 64 60 26 26). 🚂 Sa. **www**.provins.net

Als Außenposten des Römischen Reichs sicherte Provins die Grenze zwischen der Île de France und der Champagne. Die Stadt, ein UNESCO-Welterbe, hat ihr mittelalterliches Aussehen bewahrt. Die Ville Haute (Oberstadt) liegt zwischen mit Verteidigungsgräben bewehrten Befestigungsanlagen (12. Jh.). Die Mauern im Westen sind am besten erhalten. Hier, zwischen den Stadttoren Porte de Jouy und Porte St-Jean, wird der Mauerring durch viereckige und runde Türme ergänzt.

Die Tour César, ein Wehrturm, dominiert das Stadtbild. Der Graben und ein Teil der Befestigungen wurden im Hundertjährigen Krieg von den Engländern ergänzt. Durch das Wachhäuschen gelangt man zum Wehrgang mit Blick über die Place du Chatel, einen von Giebelhäusern umsäumten Platz, bis zu den Weizenfeldern.

Provins ist stolz auf seine purpurnen Rosen. Im Juni finden im Rosengarten eine Feier und ein mittelalterliches Fest (mit Falknern) statt.

Château de Vaux-le-Vicomte mit einem Teil des von Le Nôtre entworfenen Gartens

Château de Fontainebleau ⑬

**Deckendetail der
Salle de Bal**

F ontainebleau ist das Produkt verschiedener Stilepochen. Louis VII ließ hier eine Abtei errichten, die Thomas Becket 1169 weihte. Ein mittelalterlicher Turm steht noch, doch das heutige Schloss geht auf François I zurück. Der König, ein Jagdliebhaber, ließ ein Renaissance-Schloss im florentinisch-römischen Stil erbauen. Für die Besichtigung braucht man mehr als einen Tag – die *grands appartements* (Prunkgemächer) sind ein guter Einstieg. Fontainebleaus Charme beruht auch auf seiner schönen Lage inmitten von Waldgebieten.

Erdgeschoss

Jardin de Diane
Eher romantisch als klassisch: Die jagende Diana schmückt den Brunnen im Garten.

**★ Escalier du
Fer-à-Cheval**
Die hufeisenförmige Treppe von Jean Androuet du Cerceau (1634) liegt am Ende der Cour du Cheval Blanc. Ihre ausgeklügelte Konstruktion erlaubte Pferdegespannen die Durchfahrt unter den Bogen.

LEGENDE

▢	Petits Appartements
▢	Galerie des Cerfs
▢	Musée Chinois
▢	Musée Napoléon
▢	Grands Appartements
▢	Salle Renaissance
▢	Appartements de Madame de Maintenon
▢	Grands Appartements des Souverains
▢	Escalier de la Reine/ Appartements des Chasses
▢	Chapelle de la Trinité
▢	Appartement Intérieur de l'Empereur

**Die Cour du
Cheval Blanc**
war früher ein einfacher Innenhof. François I ließ ihn zur Hauptzufahrt ausbauen.

**Eingang
zum Museum**

NICHT VERSÄUMEN

★ Escalier du
  Fer-à-Cheval

★ Galerie François I

★ Salle de Bal

Die Chapelle de la Sainte Trinité
wurde 1550 von Henri II entworfen. Die Kapelle erhielt unter Henri IV Deckengewölbe und Fresken. Sie wurde von Louis XIII vollendet.

Porte Dorée
Das mittelalterliche Portal wurde von Gilles Le Breton für François I als »Eingangstor« zum Wald umgestaltet.

Cour Oval

Obergeschoss

INFOBOX

Seine-et-Marne. 📞 01 60 71 50 70. ◐ Apr–Sep: Mi–Mo 9.30–18 Uhr (Okt–März: bis 17 Uhr). 🖼️ ♿ 📷 🏠 **Gärten** ◐ Nov–Feb 9–17 Uhr; März, Apr, Okt: 9–18 Uhr; Mai–Sep: 9–19 Uhr. ● 1. Jan, 1. Mai, 25. Dez. **www.** musee-chateau-fontainebleau.fr

★ Salle de Bal
Der 1552 von Primaticcio entworfene Ballsaal wurde unter Henri II fertiggestellt. Seine Embleme zieren die Kassettendecke aus Walnussholz.

Les Appartements de Napoléon I beherbergen in der Salle de Trône, der einstigen Chambre du Roi, den prächtigen Thron.

Cour de la Fontaine

Der Jardin Anglais ist ein romantischer englischer Garten mit Zypressen und Pisangstauden. Er wurde im 19. Jahrhundert von Maximilien-Joseph Hurtault neu gestaltet.

★ Galerie François I
Die Galerie entstand zu Ehren der italienischen Künstler der Schule von Fontainebleau. Rosso Fiorentinos allegorische Fresken sollten »ein zweites Rom« evozieren.

Schule von Barbizon
Seit den 1840er Jahren, als eine Gruppe von Landschaftsmalern um Théodore Rousseau und Millet beschloss, nur noch naturalistisch zu malen, zieht es Künstler nach Fontainebleau. Die Malergruppe ließ sich im Dorf Barbizon nieder. Heute ist die Auberge Ganne, das ehemalige Atelier Rousseaus, ein Museum.

Frühling in Barbizon
von Jean-François Millet (1814–1875)

Nordost-
frankreich

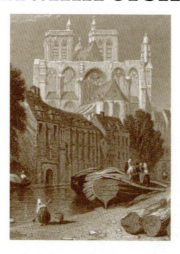

Nordostfrankreich im Überblick

Die weiten Ebenen des Nordostens beginnen am Ärmelkanal und grenzen an die Ardennen und die Vogesen im Elsass. Neben den Kriegsdenkmälern befinden sich hier die bedeutendsten gotischen Kathedralen Frankreichs. Die Region ist bekannt für die Weine der Champagne und des Elsass – doch auch das Bierbrauen hat hier Tradition. Die einstige Schwerindustrie ist nun Geschichte. Lille ist als Verkehrsknotenpunkt von Bedeutung. Auf der Karte sehen Sie einige der wichtigsten Sehenswürdigkeiten.

Zur Orientierung

Die Kathedrale von Amiens *ist für ihre Schnitzereien und für das höchste Mittelschiff Frankreichs berühmt (siehe S. 202f).*

Kathedrale von Amiens

NORDEN UND PICARDIE
Seiten 192 – 205

Kathedrale von Beauvais

Château de Compiègne

Kathedr... von Re...

Der Stolz von Beauvais *ist die gotische Kathedrale mit ihrer astronomischen Uhr (siehe S. 200), die den Zweiten Weltkrieg heil überstand.*

Fachwerkhäuser *und Renaissance-Villen säumen die Straßen und Gassen der nach dem Brand von 1524 wiederaufgebauten Altstadt von Troyes (siehe S. 216). Die Kathedrale besitzt schöne Bleiglasfenster.*

Kathedra... von Troye...

◁ Mohn blüht heute auf den einstigen Schlachtfeldern an der Somme *(siehe S. 190f)*

Das Gedenken an den Ersten Weltkrieg *hat im Nordosten Frankreichs, der von ehemaligen Schlachtfeldern übersät ist, Tradition. Das Mahnmal von Douaumont bei Verdun (siehe S. 190f) mit seinen 15 000 Soldatengräbern ist eines von vielen.*

Haut-Koenigsbourg *wurde zur Zeit Kaiser Wilhelms II. sorgfältig wiederaufgebaut, als Elsass-Lothringen unter deutscher Herrschaft stand. Die Anlage ist eines der beliebtesten Reiseziele im Elsass (siehe S. 228f).*

Straßburg, *Sitz des Europäischen Parlaments, bietet eine herrliche, von schönen historischen Gebäuden umgebene gotische Kathedrale (siehe S. 230f).*

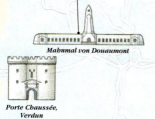

Mahnmal von Douaumont

Porte Chaussée, Verdun

Place Stanislas, Nancy

Kathedrale von Straßburg

CHAMPAGNE
Seiten 206 – 217

ELSASS UND LOTHRINGEN
Seiten 218 – 233

Haut-Koenigsbourg

0 Kilometer   50

Regionale Spezialitäten

Die Küche im Nordosten ist herzhaft: Es gibt Eintöpfe mit Rindfleisch, leckere Schweinswürste und aromatischen Schinken, Klöße und Sauerkraut – was den Einfluss der deutschen und flämischen Küche zeigt. Vom Atlantik und aus den Seen und Flüssen kommt frischer Fisch. Gemüse und Obst gibt es im Überfluss. Es wird oft zu Quiches (etwa der bekannten *quiche lorraine*) oder *tartes* (Obstkuchen) verarbeitet. Beliebt sind kalorienreiche Kuchen sowie Gebäck, etwa der *Kougelhopf* mit Rosinen, Mandeln und Kirschwasser oder Makronen, *madeleines* und *babas au rhum*.

Lauch – frisch vom Markt

Zum Reinbeißen: Mirabellen und Pflaumen

Norden und Picardie

Die Atlantikküste bietet der Küche alles an Seafood. Beliebt sind Muscheln mit Pommes frites. Heringe werden eingelegt, gegrillt oder geräuchert genossen, Nordsee-Shrimps gebraten. Hähnchen in Biersauce ist ein gängiges Gericht. Ente wird für Pasteten und Terrinen verarbeitet. Geräucherter

Aal ist eine beliebte Vorspeise. Die Gärtnereien der Picardie *(hortillons)* sind für ihr gutes Gemüse bekannt, das oft für köstliche Suppen verwendet wird. Lauch oder Chicorée, gekocht oder gratiniert, begleitet viele Speisen. Typisch sind auch würzige Käsesorten wie Maroilles.

Der Nordosten ist Bierland. Der Gerstensaft wird hier auf traditionelle Art in kleinen Brauereien hergestellt.

Champagne

In der lieblich-rauen Champagne stehen Wild, *charcuterie* und Süßwasserfische auf der Speisekarte. Natürlich ist die Region vor allem wegen des Champagners bekannt, der auch als Luxuszutat in einige Gerichte kommt. In den Waldgebieten der Ardennen gibt es Wildschweine, Rotwild, Kaninchen, Wachteln, Rebhühner

Siegle (Roggenbrot) · **Brioche** · **Ancienne** · **Madeleines** · **Boule de campagne Poîlane**

Tarte d'abricots

Auswahl an typischen Brotsorten und Kuchen

Typische Gerichte

Ein Klassiker der Region ist *choucroute garnie*, ein deftiges Gericht aus Wein-Sauerkraut mit Speck, Würsten und Schweinebauch. Geräucherte Koteletts und *saucisses de Strasbourg* (eine Art dicke Frankfurter Würstchen) werden am Ende der Kochzeit zugegeben. Überhaupt die Wurstwaren: Sie reichen von den *saucisses de Strasbourg* bis zur Bratwurst (aus Kalb- und Schweinefleisch), von *lewerzurscht* (Leberwurst), *andouillettes* (mit Kutteln), *boudin noir* (Blutwurst) bis zu *boudin blanc* («weiße Blutwurst», also ohne Blut). Es gibt Räucherschinken, Kochschinken und variantenreiche Terrinen, darunter *presskopf* oder *potjevleesch* (Wurstsülze). *Langue lucullus* ist die mit *foie gras* (Gänsestopfleber) gefüllte, geräucherte Ochsenzunge – eine Köstlichkeit aus Valence.

Rote Bete

Ficelle picardie *ist ein Pfannkuchen mit Pilz- und Schinkenfüllung in Crème fraîche und mit Käse überbacken.*

Auslage in einer nordfranzösischen *charcuterie*

und Teiche bereichern die Speisekarte mit Hechten, Forellen, Flusskrebsen und Karpfen, oft in Bier gekocht und als Festmahl aufgetischt. In der Region werden Kraut, Kartoffeln und Rüben angebaut. An Obst gibt es u. a. Heidelbeeren, Quitten, Pflaumen und – in Lothringen – Mirabellen. Letztere werden auch zu Marmelade und zu *eau de vie* (Obstschnaps) verarbeitet. Der Munster, ein würziger Käse, wird aus Kuhmilch hergestellt.

Bekannte Elsässer Weißweine sind der trockene Riesling, der aromatische Muscat und der Gewürztraminer (mehr Infos zu Elsässer Weinen *siehe S. 232f*).

und Fasane, die einerseits für Braten, andererseits für Pasteten und Terrinen verwendet werden. Hier ist auch die Heimat des berühmten Ardenner Räucherschinkens. Der *jambon de Reims* ist dagegen ein Kochschinken, veredelt mit Senf, Champagner und Essig. In Troyes isst man gern *andouillettes* (Kuttelwürste), meist mit Zwiebeln oder in Senfsauce serviert. Aus den kleinen Seen östlich von Troyes kommt frischer Fisch. In den Bächen der Ardennen tummeln sich Forellen. Chaource und Langres sind die besten Käsesorten der Region.

Elsass und Lothringen

W eite Wiesen, Obstgärten, Fichtenwälder und Flüsse liefern die Zutaten der Elsässer Küche, deren Haupt-

bestandteil Schweinefleisch ist – als Braten oder in Form von Schinken und Würsten. Im Winter gibt es auch herzhafte Wildgerichte. Gänsezucht ist im Elsass weitverbreitet. In Straßburg wurde *foie gras* erfunden. Flüsse

Auf dem Fischmarkt im Hafen von Boulogne

Auf der Speisekarte

Anguille au vert: Aal mit Kräutern und Kartoffeln.

Cassolette de petits gris: Schnecken in Champagner.

Flamiche aux poireaux: Lauchkuchen.

Flammekueche: »Flammkuchen« mit Schinken, Zwiebeln und Crème fraîche.

Marcassin à l'Ardennaise: Wildschwein mit Sellerie.

Potée champenoise: Eintopf mit Schweinefleisch, Schinken, Würsten und Bohnen.

Potée Lorraine: Schweinefleisch-Eintopf mit Gemüse.

Zewelwai: Zwiebelkuchen.

Truite à l'Ardennaise *ist eine mit Brotstücken und Schinkenstreifen gefüllte Forelle – in der Folie gegart.*

Carbonnade de bœuf *ist Rindfleisch mit karamellisierten Zwiebeln – drei Stunden lang in Bier geschmort.*

Babas au rhum *sind Hefeküchlein mit Rosinen – in Rum getränkt und mit Schlagsahne serviert.*

Weinregion Champagne

Seit seiner »Erfindung« durch den Mönch Dom Pérignon im 17. Jahrhundert verkörpert Champagner puren Luxus. Nur die in dieser Region nach traditioneller Flaschengärung hergestellten Schaumweine gelten als Champagner *(siehe S. 210)* – nur wenige gehören zur Spitzenklasse. Gleichbleibende Qualität garantiert die Verschneidekunst der Kellermeister, die mehrere Jahrgänge mischen *(cuvée)*. Die »großen Namen« *(grandes marques)* sind bezüglich Prestige und Preis führend. Kleinere Winzer produzieren allerdings auch gute Tropfen.

Weinfass mit Schnitzerei, Épernay

Zur Orientierung

Weinregion Champagne

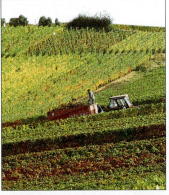

Traubenlese, Montagne de Reims

Weinbaugebiete

Die Champagne ist ein kleines Weinbaugebiet, das zum großen Teil im Département Marne liegt. In einzelnen Arealen wachsen Weine mit bestimmten Eigenarten. Das Département Aube produziert 25 Prozent des Champagners sowie den exklusiven Rosé des Riceys.

Champagner im Überblick

Lage und Klima
Das kühl-trockene Klima lässt den Geschmack entstehen, den andere Schaumweine selten erreichen. Kalkböden sowie Ost- und Nordlagen verleihen dem Champagner den charakteristischen, relativ hohen Säuregehalt.

Rebsorten
Es gibt roten **Pinot Noir** und **Pinot Meunier** und weißen **Chardonnay**. Die meisten Champagner bestehen aus einer Mischung der drei Sorten. Blanc de Blancs wird aus Chardonnay, der weiße Blanc de Noirs aus roten Trauben gewonnen.

Erzeuger
Grandes marques sind: Bollinger, Gosset, Krug, Moët & Chandon, Joseph Perrier, Louis Roederer, Pol Roger, Billecart-Salmon, Veuve Clicquot, Taittinger, Ruinart, Laurent Perrier und Salon. *Négociants, Genossenschaften und Winzer:* Boizel, M. Arnould, Bricout, Drappier, Ployez-Jacquemart, H. Blin, Cattier, Gimmonet, André Jacquart, Chartogne-Taillet, Alfred Gratien, Emile Hamm, Vilmart, B. Paillard, P. Gerbais.

Gute Jahrgänge
2005, 2003, 2000, 1998, 1996, 1990.

Eine bekannte Marke – mit der klassischen Artbezeichnung *brut (trocken)*. Brut non dosage *und* brut sauvage *sind noch trockener.*

LEGENDE

🟩	Appellation Champagne
🟩	Vallée de la Marne
🟧	Montagne de Reims
⬜	Côte de Sézanne
🟨	Côte des Blancs
⬜	Aube

Aisr
Soissons
Château Thierry
La Ferté-sous-Jouarre
Petit Morin
Grand Morin
Nogent-sur-Seine

0 Kilometer 15

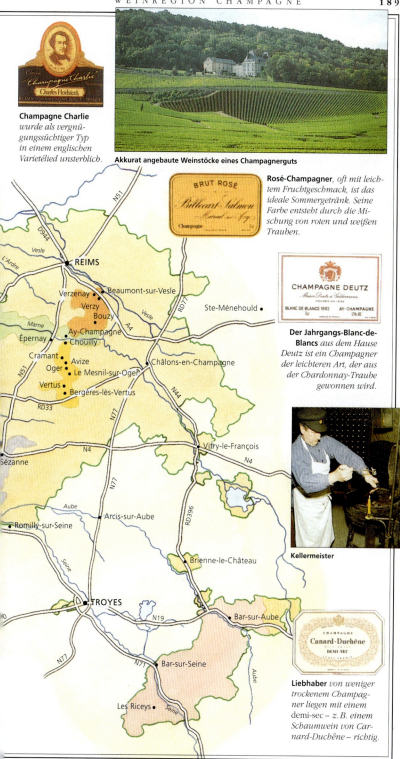

Champagne Charlie *wurde als vergnügungssüchtiger Typ in einem englischen Varietélied unsterblich.*

Akkurat angebaute Weinstöcke eines Champagnerguts

Rosé-Champagner, *oft mit leichtem Fruchtgeschmack, ist das ideale Sommergetränk. Seine Farbe entsteht durch die Mischung von roten und weißen Trauben.*

Der Jahrgangs-Blanc-de-Blancs *aus dem Hause Deutz ist ein Champagner der leichteren Art, der aus der Chardonnay-Traube gewonnen wird.*

N51

D944

Vesle

L'Ardre

REIMS

Verzenay • • Beaumont-sur-Vesle

Verzy

Bouzy

Vesle

RD77

• Ste-Ménehould

Marne

A4

Ay-Champagne

Épernay • • Chouilly

Cramant •

Oger • • Avize

• Le Mesnil-sur-Oger

Vertus • • Bergères-lès-Vertus

RD33

Châlons-en-Champagne

N77

N44

N4

Vitry-le-François

Sézanne

N77

N4

Aube

Arcis-sur-Aube

RD396

• Romilly-sur-Seine

Seine

• Brienne-le-Château

Kellermeister

TROYES

N19

• Bar-sur-Aube

N77

N71

Bar-sur-Seine

Aube

Seine

Les Riceys •

Liebhaber *von weniger trockenem Champagner liegen mit einem demi-sec – z.B. einem Schaumwein von Carnard-Duchêne – richtig.*

Die Schlacht an der Somme

Die vielen Soldatenfriedhöfe im Gebiet der Somme erinnern eindringlich an das massenhafte Töten im Ersten Weltkrieg an der Westfront. Bei der Schlacht an der Somme zwischen dem 1. Juli und dem 18. November 1916 gab es über eine Million Tote, Verwundete oder Vermisste. Die Angriffe britischer und französischer Verbände gegen die zu befestigten Stellungen ausgebauten Schützengräben der Deutschen brachten den bedrängten Franzosen bei Verdun etwas Erleichterung. Ein Durchbruch wurde allerdings nicht erzielt: Die Alliierten konnten lediglich 16 Kilometer vorrücken.

Britischer Soldat

Zur Orientierung

▨ *Schlachtfeld an der Somme*

In der Beaumont-Hamel-Gedenkstätte zu Ehren des Königlichen Neufundland-Regiments steht ein großes bronzenes Karibu.

Das Mahnmal von Thiepval *wurde von Sir Edwin Lutyens entworfen. Es dominiert die Gegend um Thiepval, eines der am heftigsten umkämpften Gebiete. Die Gedenkstätte erinnert an 73 367 gefallene Briten.*

Albert *war 1916 Ziel schweren Artilleriebeschusses. Heute ist die Stadt Ausgangspunkt für den Besuch der Schlachtfelder. Die Basilika mit der Marienstatue wurde beschädigt, ist aber restauriert worden. Sie war Orientierungspunkt für Tausende von Soldaten.*

Der Minenkrater von Lochnagar, entstanden durch die am 1. Juli 1916 zur Explosion gebrachte größte britische Mine, liegt auf einer Anhöhe bei La Boiselle.

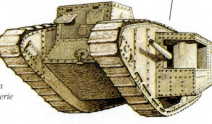

Das britische Panzerdenkmal *an der Straße von Albert nach Bapaume erinnert an den ersten Kriegseinsatz von Panzern am 15. September 1916. Der Angriff war nur bedingt erfolgreich. Es waren zu wenige Panzer, um in den durch Artillerie bestimmten Krieg eingreifen zu können.*

Kriegspropaganda *wurde von beiden Seiten für den Rückhalt bei der Zivilbevölkerung eingesetzt. Diese französische Postkarte zeigt ein beliebtes Motiv: Unter den Augen einer sanft assistierenden Krankenschwester küsst ein sterbender Soldat die französische Flagge – im Glauben an die gerechte Sache.*

Delville Wood, Mahnmal und Museum der Südafrikaner, verdeutlicht die Rolle der Commonwealth-Truppen an der Somme.

INFOBOX

ℹ 9, rue Léon Gambetta, 80300 Albert. 📞 03 22 64 10 30. www.ville-albert.fr
Basilique Albert, Beaumont-Hamel-Gedenkstätte, Gedenkstätten in Delville Wood, La Boiselle, Thiepval u. Pozières
🔘 tägl. **Ulster-Turm** 🔘 Feb–Märs: Di–So; Apr–Nov: tägl. **Südafrikanisches Denkmal**, Delville Wood, Longueval. 📞 03 22 85 02 17. 🔘 Feb–Nov: Di–So.
● Feiertage. **Historial de Péronne** 📞 03 22 83 14 18. 🔘 Mai–Sep: tägl.; Okt–Apr: Di–So.
● Mitte Dez–Mitte Jan. 🅿 ♿ 🖉 🖥 🎫 www.historial.org

Roter Mohn *wächst auf den Schlachtfeldern. Dschingis Khan brachte die weiße Mohnblume aus China mit, die sich nach einer Schlacht rot gefärbt haben soll. Die Blumen sind heute Symbol des Gedenkens.*

LEGENDE

- ◼ Alliierte Truppen
- ◻ Deutsche Truppen
- ◻ Frontverlauf vor dem 1. Juli 1916
- ◻ Frontverschiebung Juli–September 1916
- ◻ Frontverschiebung September–November 1916

0 Kilometer   5

Die Schützengräben *reichten von der Nordsee bis zur Schweiz. Man konnte nur überleben, indem man sich eingrub. In einigen Gegenden sind noch Gräben vorhanden, auch in der Beaumont-Hamel-Gedenkstätte.*

Bapaume
D929
N17
A1
D1017
A2
Flers
Morval
Ginchy
Canal du Nord
ricourt
Maurepas
D1017
D917
de la Somme
A1
D1
Péronne

Norden und Picardie

Pas-de-Calais · Nord · Somme · Oise · Aisne

Die Sehenswürdigkeiten der nördlichsten Region Frankreichs legen Zeugnis von einer glanzvollen, teils stürmischen Geschichte ab: Hoch emporstrebende Kathedralen, imposante Schlösser und die Gedenkstätten für die Soldaten des Ersten Weltkriegs prägen die ebene Landschaft.

Die Häfen Dunkerque, Calais und Boulogne sowie der Badeort Le Touquet gehören zu den Anziehungspunkten des Küstenabschnitts zwischen Somme-Mündung und belgischer Grenze. Boulogne ist vom Meer geprägt. Seine weißen, bis nach Calais reichenden Klippen gehören zu den aufregendsten Landschaften an der Côte d'Opale.

An der Grenze zu Belgien dominiert der flämische Einfluss: ein ungewohntes Stück Frankreich mit Windmühlen und Kanälen. Wichtigste Stadt ist Lille, eine moderne Großstadt mit einer bewegten Geschichte und einem hervorragenden Kunstmuseum. Südwestlich davon zeigt sich die Anmut der flämischen Architektur in Arras, der Hauptstadt des Artois. Zwischen Arras und Somme liegen die Schlachtfelder des Ersten Weltkriegs und die Gedenkstätten.

Hauptattraktion der Picardie sind die Kathedralen. Die Kirche Notre-Dame in Amiens ist ein Meisterwerk der Gotik, dessen Großartigkeit sich in der schwindelerregenden Architektur der Kathedrale von Beauvais weiter südlich wiederholt. An den Kathedralen von Noyon, Senlis und des auf einem Hügel liegenden Laon lässt sich die Entwicklung gotischer Architektur ablesen. Zwei näher an Paris gelegene Schlösser sollten nicht außer Acht bleiben: Der Stolz von Chantilly, dem Zentrum des französischen Reitsports, sind eine Gartenanlage von Le Nôtre und ein Schloss aus dem 19. Jahrhundert mit großartigen Kunstschätzen. Das am Rand eines Waldgebiets liegende Compiègne besitzt ein üppig ausgestattetes Königsschloss, das bei französischen Herrschern von Louis XV bis Napoléon III sehr beliebt war.

Soldatenfriedhof in der Vallée de la Somme, einer Gegend, die den Ersten Weltkrieg nicht vergessen hat

◁ Katamarane am Strand von Le Touquet Paris-Plage *(siehe S. 196)*

Überblick: Norden und Picardie

Die nördliche Ecke Frankreichs – das Tor zu England und Belgien – ist gekennzeichnet durch Handel und Industrie. Dabei hat Lille neben Hightech-Unternehmen auch viel Kultur zu bieten. Ruhige Ecken sind nicht weit entfernt: Die Küste zwischen dem historischen Hafen Boulogne-sur-Mer und der Vallée de la Somme hat eine artenreiche Vogelwelt und ist ideal zum Baden. Im Landesinneren gibt es eindrucksvolle gotische Kathedralen, etwa in Amiens und Beauvais, die mit Mahnmalen versehenen Schlachtfelder des Ersten Weltkriegs sind erschütternd. Etwas weiter südlich, an der Strecke nach Paris, liegen die glanzvollen Schlösser von Compiègne und Chantilly – mit dem überaus faszinierenden Musée Condé.

LEGENDE

══	Autobahn
══	Schnellstraße
▬	Nationalstraße
═	Nebenstraße
▬	Panoramastraße
┄	Eisenbahn (Hauptstrecke)
──	Eisenbahn (Nebenstrecke)
▬	Staatsgrenze
┅	Regionalgrenze

Straßencafé auf der historischen Grand' Place im Herzen von Arras

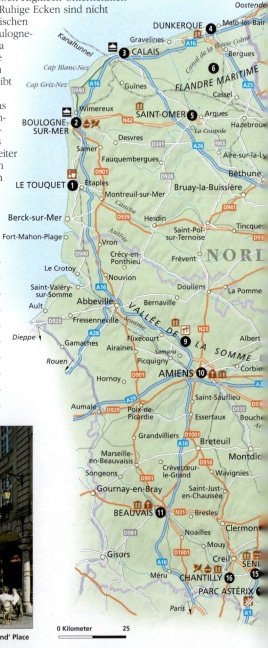

0 Kilometer 25

Weitere Zeichenerklärungen *siehe hintere Umschlagklappe*

Sehenswürdigkeiten auf einen Blick

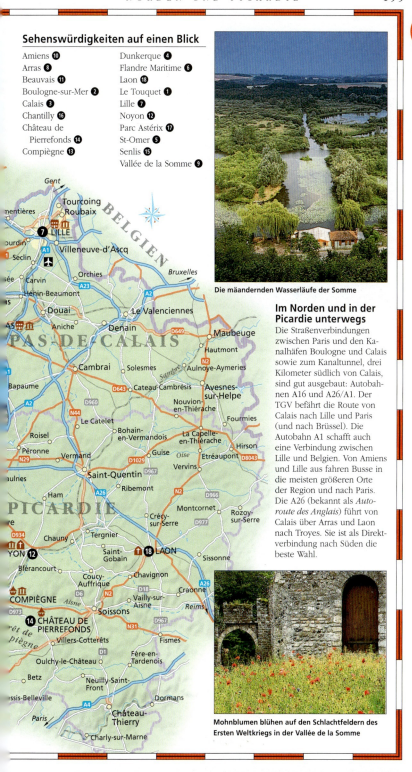

Die mäandernden Wasserläufe der Somme

Im Norden und in der Picardie unterwegs

Die Straßenverbindungen zwischen Paris und den Kanalhäfen Boulogne und Calais sowie zum Kanaltunnel, drei Kilometer südlich von Calais, sind gut ausgebaut: Autobahnen A16 und A26/A1. Der TGV befährt die Route von Calais nach Lille und Paris (und nach Brüssel). Die Autobahn A1 schafft auch eine Verbindung zwischen Lille und Belgien. Von Amiens und Lille aus fahren Busse in die meisten größeren Orte der Region und nach Paris. Die A26 (bekannt als *Autoroute des Anglais*) führt von Calais über Arras und Laon nach Troyes. Sie ist als Direktverbindung nach Süden die beste Wahl.

Mohnblumen blühen auf den Schlachtfeldern des Ersten Weltkriegs in der Vallée de la Somme

Ebbe am Strand von Le Touquet

Le Touquet ❶

Pas-de-Calais. 🏃 6500. 🚉 🚌
ℹ️ *Palais des Congrès (03 21 06 72 00).* 🛒 *Do u. Sa (Juni–Mitte Sep: auch Mo).* **www.**letouquet.com

Der Ferienort – eigentlich Le Touquet Paris-Plage – wurde im 19. Jahrhundert gegründet und war zwischen den Kriegen sehr beliebt. Ein 1855 angelegter Pinienwald umgibt die Stadt und schützt die Luxusvillen des Viertels. Am Sandstrand im Westen findet man Hotels und Ferienhäuser neben sehr eleganten Läden und Restaurants. Rennplatz und Casino sorgen für eine luxuriöse Atmosphäre, die von Unterhaltungs- und Sportanlagen, z.B. für Golf, Reiten und Strandsegeln, unterstrichen wird.

Auf den Hügeln liegt **Montreuil**, ein Ort mit weiß getünchten Häusern (17. Jh.), vielen Restaurants und einer schattigen Allee auf dem ehemaligen Schutzwall.

Boulogne-sur-Mer ❷

Pas-de-Calais. 🏃 45 000. 🚉 🚌
ℹ️ *Parvis de Nausicaa (03 21 10 88 10).* 🛒 *Mi u. Sa (pl Dalton), So (pl Vignon).* **www.**tourisme-boulognesurmer.com

Der Fischereihafen lohnt einen Besuch. Die Attraktionen liegen alle innerhalb der alten Stadtmauer der Haute Ville. Durch die Porte des Dunes führt der Weg zur

Place de la Résistance mit Palais de Justice, Bibliothèque und Hôtel de Ville.

Die riesige Kuppel der **Basilique de Notre-Dame** (19. Jh.) ist weithin sichtbar. In der Kirche findet sich eine edelsteingeschmückte Holzstatue der Schutzheiligen von Boulogne: Notre-Dame de Boulogne. Sie trägt einen *soleil*, eine runde Kopfbedeckung, wie sie auch die Frauen der Stadt bei der jährlichen Grande Procession tragen. Nahbei liegt das **Château** (13. Jh.), das einst für die Grafen von Boulogne errichtet wurde und in dem heute ein Geschichtsmuseum ist.

Im Zentrum säumen Läden, Hotels und Fischrestaurants den Quai Gambetta am Ostufer des Flusses Liane. Im Norden befinden sich der Strand und **Nausicaa**, ein riesiges Meeresmuseum.

Nördlich der Stadt erinnert die 1841 errichtete **Colonne de la Grande Armée** an die von Napoléon geplante Invasion Englands. Von ihrer Spitze aus hat man einen großartigen Blick entlang der Küste nach Calais. Mit den Felsnasen **Cap Gris-Nez** und **Cap**

Blanc-Nez ist dies der landschaftlich reizvollste Teil der Côte d'Opale (Opalküste).

⛴ **Château**
Rue de Bernet. 📞 *03 21 10 02 20.* 🕐 *Di–So.* ⬤ *1. Jan, 1. Mai, 25. Dez.* ♿

🐟 **Nausicaa**
Bd Sainte-Beuve. 📞 *03 21 30 99 99.* 🕐 *tägl.* ⬤ *3 Wochen im Jan, 25. Dez.* ♿ 🅿️ 📷 **www.**nausicaa.fr

Calais ❸

Pas-de-Calais. 🏃 80 000. 🚉 🚌
🚌 ℹ️ *12, bd Clemenceau (03 21 96 62 40).* 🛒 *Mi, Do u. Sa.*
www.calais-cotedopale.com

Calais ist ein betriebsamer Ausgangspunkt für Kanalüberquerungen. Es wurde nach dem Krieg lieblos wiederaufgebaut und erscheint auf den ersten Blick wenig ansprechend. Viele Besucher sehen nur den Einkaufskomplex neben dem Kanaltunnel. Das **Musée des Beaux-Arts** besitzt Werke der niederländischen und flämischen Schule. Zu sehen sind Vorstudien zu Rodins Denkmal *Die Bürger von Calais* (1895), das vor dem Hôtel de Ville im Stil der

Das windgepeitschte Cap Blanc-Nez an der Côte d'Opale

Die Bürger von Calais **von Auguste Rodin (1895)**

flämischen Renaissance steht. Es erinnert an sechs Bürger, die 1347 während der Belagerung von Calais durch Edward III bereit waren, ihr Leben zu opfern, um die Stadt zu retten. Die **Cité Internationale de la Dentelle et de la Mode** erinnert an das Spitzenhandwerk der Stadt. Das **Musée de la Guerre** informiert über den Zweiten Weltkrieg.

🏛 **Musée des Beaux-Arts**
25, rue Richelieu. 📞 *03 21 46 48 40*. ⬤ *Mi–Mo (So nachmittags).* ● *Feiertage.* 📷 ♿

🏛 **Cité Internationale de la Dentelle et de la Mode**
135, quai du Commerce. 📞 *03 21 00 42 30*. ⬤ *Do–Di 10–18 Uhr (im Winter bis 17 Uhr).* 📷 ♿

🏛 **Musée de la Guerre**
Parc St-Pierre. 📞 *03 21 34 21 57.* ⬤ *Mai–Sep: So 10–18 Uhr (Winter: tägl. 11–17 Uhr).* 📷 ♿

Dunkerque ❹

Nord. 🗠 *200 000.* 🚆 🚍 ⛴
ℹ *Rue de l'Amiral Ronarc'h (03 28 66 79 21).* 🛥 *Mi u. Sa.*
www.ot-dunkerque.fr

Dunkerque (Dünkirchen) ist ein charmanter flämischer Industriehafen. Die Place du Minck ist ein guter Ausgangspunkt für Sightseeing. Das **Musée Portuaire** informiert über den Hafen. Im Zentrum erinnert eine Statue an den Seeräuber Jean Bart (17. Jh.), der in der **Église St-Eloi** beigesetzt ist. Vom Glockenturm (1440) hat man eine gute Aussicht. Das **Mémorial**

du Souvenir erinnert an die Evakuierung von 350 000 Soldaten. **Lieu d'Art et d'Action Contemporaine** zeigt Keramik- und Glaskunst.

🏛 **Musée Portuaire**
9, quai de la Citadelle. 📞 *03 28 63 33 39.* ⬤ *Mi–Mo.* ● *1. Jan, 1. Mai, 25. Dez.* 📷 ♿

Der Hafen von Dunkerque

🏛 **Le Mémorial du Souvenir**
Place du Général de Gaulle.
📞 *03 28 59 21 65.* ⬤ *Mi–Mo.* ● *1. Jan, 1. Mai, 25. Dez.* 📷 ♿ *nur Erdgeschoss.*

🏛 **Lieu d'Art et d'Action Contemporaine**
Av des Bains. 📞 *03 28 29 56 00.* ⬤ *Mi–Mo.* ● *Feiertage.* 📷 ♿

St-Omer ❺

Pas-de-Calais. 🗠 *15 000.* 🚆 🚍
ℹ *4, rue du Lion d'Or (03 21 98 08 51).* 🛥 *Sa.* **www.**tourisme-saintomer.com

Kultiviert und etwas altmodisch erscheint St-Omer. Man stößt auf mit Pilastern verzierte Häuser (17./18. Jh.). Eines von ihnen, das **Hôtel Sandelin**, ist heute ein Museum. Kunstwerke aus dem 13. Jahrhundert und eine große Orgel gibt es in der Kathedrale. Die **Bibliothèque Municipale** besitzt Handschriften aus der Abtei St-Bertin (15. Jh.) östlich der Stadt.

Fünf Kilometer von St-Omer entfernt, informiert **La Coupole** in einem Bunker über den Zweiten Weltkrieg.

🏛 **Hôtel Sandelin**
14, rue Carnot. 📞 *03 21 38 00 94.* ⬤ *Mi–So (Zeiten tel. erfragen).* ♿ *nur Erdgeschoss.*

🏛 **Bibliothèque Municipale**
40, rue Gambetta. 📞 *03 21 38 35 08.* ⬤ *Di–Sa.* ● *Feiertage.*

🏛 **La Coupole**
📞 *03 21 93 07 07.* ⬤ *tägl.* ● *letzte Woche im Dez, 1. Woche im Jan.*

Wege über den Kanal

Calais ist nur 36 Kilometer von der englischen Küste entfernt. Die Idee einer Kanalüberquerung – der Kanal heißt auf Französisch »La Manche« (der Ärmel) – hat zu kühnen Unternehmungen geführt. Die erste Überquerung im Ballon gelang 1785 Jean Pierre Blanchard. 1875 wurde der Kanal erstmals von M. Webb durchschwommen. Der legendär gewordene Flug Louis Blériots folgte 1909. Pläne für einen Tunnel, die erstmals 1751 aufkamen, konnten 1994 mit der Bahnverbindung zwischen Fréthun und Folkestone verwirklicht werden.

Kinder beobachten den Start Blériots 1909

Flandre Maritime 6

Nord. 5000. Lille. Bergues. Dunkerque. Bergues, Le Beffroi, pl Henri Billiaert (03 28 68 71 06).

Südlich von Dunkerque breitet sich eine flache, landwirtschaftlich genutzte Ebene aus – das Urbild einer flämischen Landschaft mit Kanälen, Radfahrern und Windmühlen. Die **Noordmeulen** (1127), etwas nördlich von Hondschoote, gilt als die älteste Windmühle Europas. Von Hondschoote führt die D3 westlich den Canal de la Basse Colme entlang nach Bergues, einer wollverarbeitenden Stadt mit flämischen Kunstwerken (16./17. Jh.) im **Musée Municipal**. Weiter südlich liegt das reizende **Cassel** mit kopfsteingepflasterter Grande Place und Häusern aus dem 16. bis 18. Jahrhundert. Vom Jardin Public sieht man bis nach Belgien.

🏛 Musée Municipal
1, rue du Mont de Piété, Bergues.
03 28 68 13 30. Mi–Mo. Nov–März.

Lille 7

Nord. 220000. Palais Rihour (03 59 57 94 00). tägl. www.lilletourism.com

Auch nach der Anbindung an den Eurostar und der Wahl zur europäischen Kulturhauptstadt 2004 hat Lille

Blumenstände in den Arkaden der Vieille Bourse in Lille

Musiker auf der Place du Général-de-Gaulle im Herzen von Vieux Lille

die flämische Tradition nicht vergessen – der flämische Name Rijssel wird noch verwendet, auch französisch-flämischer Dialekt ist manchmal zu hören. Hightech-Unternehmen und das Euralille-Einkaufszentrum liegen am Bahnhof, wo Eurostar, TGV und Thalys haltmachen. Die U-Bahn der Stadt (VAL) ist ein vollautomatischer Zug ohne Fahrer.

Der Reiz von Lille liegt in Vieux Lille, dem historischen Zentrum mit seinen Kopfsteinpflaster-Plätzen und Gassen voller schicker Läden, Cafés und Restaurants. Mittelpunkt der Altstadt ist die Place du Général-de-Gaulle mit ihren imposanten Fassaden, darunter die **Vieille Bourse** (Alte Börse, 17. Jh.). Daneben stehen die **Nouvelle Bourse** (Neue Börse) und die **Opéra**, beide frühes 20. Jahrhundert. Auch die Zitadelle von Vauban ist sehenswert.

🛏 Musée de l'Hospice Comtesse
32, rue de la Monnaie. 03 28 36 84 00. Mi–So, Mo nachmittags.

Der Bau wurde 1237 als Krankenhaus errichtet, heute wird er für Ausstellungen genutzt. Die Krankenstube (1470) besitzt ein Tonnengewölbe, im Gemeinschaftsflügel gibt es eine Küche mit Delfter Fliesen. Auch alte Musikinstrumente sind zu sehen.

🏛 Palais des Beaux-Arts
Place de la République. 03 20 06 78 00. Mi–So, Mo nachmittags.

Das Museum präsentiert eine exzellente Sammlung mit Schwerpunkt auf flämischen Künstlern, darunter Rubens, van Dyck und Dirk Bouts. Highlights sind van Goyens *Schlittschuhläufer*, Goyas *Der Brief*, Delacroix' *Medea* sowie Werke von Courbet und den Impressionisten.

Arras ❽

Pas-de-Calais. 🏠 45 000. 🚃 🚌
ℹ️ *Hôtel de Ville, pl des Héros
(03 21 51 26 95).* 🕐 *Mi u. Sa.*
www.ot-arras.fr

Das Zentrum der Hauptstadt der Region Artois besitzt zwei Plätze, die von Häusern (17. Jh.) mit flämischen Fassaden umrahmt werden. Sie wurden nach dem Krieg schön restauriert. Jedes Haus an der **Grand' Place** und an der Place des Héros unterscheidet sich von seinem Nachbarn. Einige originale Aushängeschilder der Geschäfte sind erhalten.

Das **Hôtel de Ville**, das im Stil der Spätgotik wiederaufgebaut wurde, steht an der Westseite der Place des Héros. In seiner Eingangshalle befinden sich zwei Riesen, Colas Dédé und Jacqueline, die bei Volksfesten durch die Stadt getragen werden. Vom Keller aus kann man mit einem Aufzug in den Glockenturm fahren oder eine Führung durch die unterirdischen Gänge (*les boves*) machen. Diese wurden schon im 10. Jahrhundert aus dem Kalkstein herausgehauen und dienten im Ersten Weltkrieg als Armeelager.

Zur Abbaye St-Vaast gehören eine klassizistische Kathedrale (18./19. Jh.) sowie das **Musée des Beaux-Arts**, in dem mittelalterliche Schnitzereien, etwa

Madonnenfigur an einer Straße im Somme-Tal

zwei Engel (13. Jh.), zu sehen sind, außerdem *arras* (Wandteppiche) und Kunstwerke der Schule von Arras (19. Jh.), einer Gruppe von Landschaftsmalern, die von Corot beeinflusst war.

🏛 **Hôtel de Ville**
Place des Héros. 📞 *03 21 51 26 95.*
🕐 *Juli/Aug: tägl.* 📷 *»les boves«.* ♿

🏛 **Musée des Beaux-Arts**
22, rue Paul Doumer. 📞 *03 21 71 26 43.* 🕐 *Mi–Mo.* ● *Feiertage.* 📷

Vallée de la Somme ❾

Somme. 🚁 🚃 🚌 *Amiens.* ℹ️ *Rue Louis XI, Péronne (03 22 71 22 71).*
www.somme-tourisme.com

Bekannt geworden ist die sich durch die Picardie schlängelnde Somme wegen der Schlachten, die hier im Ersten Weltkrieg tobten (*siehe S. 190f*). Doch das Somme-Tal besitzt auch eine herrliche Landschaft, ausgedehnte Feuchtgebiete und eine vielfältige Tierwelt. Kleine Seen und Wälder machen das Tal für Camping, Wandern und Angeln ideal. An das Massensterben im Ersten Weltkrieg erinnern die Schlachtfelder und Commonwealth-Friedhöfe entlang der Somme. Informationen zur Geschichte erhält man im **Historial de la Grande Guerre** in Péronne.

Bootsfahrt auf der Somme

Der Parc Mémorial Beaumont-Hamel bei Albert zeigt ein Schlachtfeld. Der Vimy Ridge Canadian Memorial bei Arras erinnert an das dortige Blutbad. Notre-Dame de Lorette, der französische Nationalfriedhof, ist das Wahrzeichen der Region.

Westlich von Amiens liegt **Samara**, der größte archäologische Park Frankreichs. Er ist nach dem lateinischen Namen für Amiens benannt und zeigt Rekonstruktionen prähistorischer Wohnstätten. In Ausstellungen werden frühe Kulturtechniken erläutert, etwa die Bearbeitung von Feuerstein, Färben oder das Mahlen von Getreide. Flussabwärts lohnt sich ein Besuch der Église St-Vulfran in Abbeville. Das Portal der spätgotischen Westfront zieren Steinmetzarbeiten aus dem 16. Jahrhundert.

St-Valéry-sur-Somme ist mit Hafen, historischer Altstadt und Meerpromenade ein charmanter Urlaubsort. Für Vogelliebhaber gibt es die Maison de l'Oiseau an der D3 Richtung Cayeux-sur-Mer und den Parc Ornithologique de Marquenterre bei Le Crotoy. Im Sommer fährt ein kleiner Zug durch die Dünen.

🏛 **Historial de la Grande Guerre**
Château de Péronne. 📞 *03 22 83 14 18.* 🕐 *Okt–März: Di–So; Apr–Sep: tägl.* ● *Mitte Dez–Mitte Jan.*
📷 ♿ 🌐 **www**.historial.org

🏛 **Samara**
La Chaussée-Tirancourt. 📞 *03 22 51 82 83.* 🕐 *Mitte März–Mitte Nov: tägl.* 📷 ♿ **www**.samara.fr

Steinmetzarbeiten (16. Jh.), Église St-Vulfran in Abbeville, Somme-Tal

Amiens ❿

Somme. 🏛 135 000. 🚉 🚌
🛈 6 bis, rue Dusevel (03 22 71 60
50). 🚌 Mi u.Sa.
www.amiens-tourisme.com

Amiens, die Hauptstadt der Picardie, hat mehr zu bieten als nur die **Cathédrale Notre-Dame** *(siehe S. 202f)*. St-Leu ist eine Fußgängerzone mit niedrigen Häusern und Kanälen, an denen sich Restaurants, Bars und Kunsthandwerker niedergelassen haben. Weiter östlich befinden sich **Les Hortillonnages**, Gärtnereien in einem unter Naturschutz stehenden Sumpfgebiet.

Im **Musée de Picardie** sind mittelalterliche Figuren sowie Skulpturen aus dem 19. Jahrhundert ausgestellt. Zur Gemäldesammlung zählt eine Serie von Porträts, die im 16. Jahrhundert als Auftragsarbeiten entstanden – sie wurden als Spende für die Kathedrale vergeben. Im Süden liegt der von Jules Verne (1828–1905) eingeweihte Cirque d'Hivers. Sein renoviertes Wohnhaus, die **Maison de Jules Verne**, zeigt mehr als 700 Objekte zu Leben und Werk des berühmten Autors.

🏛 **Musée de Picardie**
48, rue de la République. 📞 03 22
97 14 00. ⬜ Di–So. ⬤ 1. Jan,
1. Mai, 1. Nov, 11. Nov, 25. Dez.
📷 ♿

🏛 **Maison de Jules Verne**
2, rue Charles Dubois. 📞 03 22 45
45 75. ⬜ tägl. 10–12.30, 14–
18.30 Uhr (im Sommer Mo nachmittags, im Winter Mo geschl.). 📷

Die Uhr zeigt Christus im Kreis der Apostel.

Mechanische Figuren zeigen Szenen des Letzten Gerichts.

Sonnwendanzeiger

Uhr, die das Weltalter anzeigt

Astronomische Uhr in der Kathedrale von Beauvais

Beauvais ⓫

Oise. 🏛 58 000. 🚉 🚌 🚌 🛈 1,
rue Beauregard (03 44 15 30 30). 🚌
Mi. u. Sa. **www**.beauvaistourisme.fr

Beauvais ist eine moderne Stadt mit einem besonderen Juwel: Die **Cathédrale St-Pierre** wurde zwar nie vollendet, doch sie ist ein Meisterwerk des himmelstürmenden Strebens der gotischen Architektur. 1227 begannen die Arbeiten an dem Gotteshaus, dessen Höhe alle Vorgänger in den Schatten stellen sollte. Eine ungenügende Abstützung ließ Anfang des 14. Jahrhunderts das Chorgewölbe noch vor der Fertigstellung zweimal einstürzen. Aufgrund von Kriegen und Geldmangel konnte das Querschiff erst 1550 fertiggestellt werden. Nachdem ein Turm hinzufügt wurde, brach 1573 die Vierung zusammen. Dennoch ist das heute vorhandene Gebäude ein Meisterwerk, dessen Gewölbe 48 Meter über dem Boden schwebt. Im Querschiff sind noch viele Bleiglasfenster (16. Jh.) erhalten. Beim Nordportal befindet sich eine in den 1860er Jahren aus 90 000 Teilen zusammengesetzte astronomische Uhr. Dort, wo das Mittelschiff geplant war, stehen noch die Relikte der Kirche Basse-Œuvre (10. Jh.).

Das Bischofspalais beherbergt das **Musée Départemental de l'Oise**, das archäologische Funde, mittelalterliche Skulpturen und Gobelins ausstellt. Die **Galerie Nationale**

Viollet-le-Duc

Der Architekturtheoretiker (1814–1879) würdigte in seinem 1854 erschienenen Architekturlexikon mittelalterliche Bautechniken. Er zeigte, dass Bogen und Maßwerkformen gotischer Kathedralen nicht nur Schmuck, sondern Lösungen baulicher Probleme waren. Viollet-le-Duc restaurierte das Château de Pierrefonds, Notre-Dame in Paris *(siehe S. 86f)* und Carcassone *(siehe S. 488f)*.

Mittelalterliche Architekten, gezeichnet von Viollet-le-Duc

de la Tapisserie präsentiert Teppiche der staatlichen Sammlung.

🏛 Musée Départemental de l'Oise

Ancien Palais Épiscopal, 1 rue du Musée. **(** 03 44 11 43 83. ⬜ Mi–Mo. ⬤ 1. Jan, Ostern, 1. Mai, 9. Juni, 25. Dez. 🖼

🏛 Galerie Nationale de la Tapisserie

22, rue St-Pierre. **(** 03 44 15 39 10. ⬜ Di–So. 🖼 ⬤ 1. Jan, 25. Dez.

Noyon ⓬

Oise. 🚶 15 000. 🚉 ℹ Place Bertrand Labarre (03 44 44 21 88). 🛒 Mi u. Sa, 1. Di im Monat. **www**.noyon-tourisme.com

Noyon ist schon lange Zeit ein religiöses Zentrum. Die 1150–1290 erbaute **Cathédrale de Notre-Dame** ist die fünfte an dieser Stelle. Sie zeigt den Übergang vom romanischen zum gotischen Baustil. Ein Museum zur Geschichte der Region, das **Musée du Noyonnais**, ist in einem Teil des ehemaligen Bischofspalais untergebracht. Bei der Ostfassade der Kathedrale befindet sich in einem Fachwerkhaus von 1506 die Bibliothek des Domkapitels.

In Noyon wurde 1509 der Reformator Jean (Johannes) Calvin geboren. Ihm ist das **Musée Jean Calvin** gewidmet.

🏛 Musée du Noyonnais

Ancien Palais Épiscopal, 7, rue de l'Evêché. **(** 03 44 44 03 59. ⬜ Mi–Mo. ⬤ 1. Jan, 11. Nov, 25. Dez. 🖼

Blick in das Hauptschiff der Cathédrale de Notre-Dame, Noyon

In der Forêt de Compiègne

Compiègne ⓭

Oise. 🚶 42 000. 🚉 🚌 ℹ Place de l'Hôtel de Ville (03 44 40 01 00). 🛒 Mi u. Sa. **www**.mairie-compiegne.fr

In Compiègne nahmen die Burgunder 1430 Jeanne d'Arc gefangen. Das Hôtel de Ville (16. Jh.) beherrscht mit seinem Turm das Zentrum, doch die Stadt ist vor allem wegen ihres königlichen **Château** bekannt. Das Schloss wurde von Jacques-Ange Gabriel als Sommerresidenz für Louis XV entworfen und unter Louis XVI fertiggestellt. Napoléon ließ es restaurieren, Napoléon III und Kaiserin Eugénie liebten es. Führungen zeigen die offiziellen und die Privatgemächer, darunter die Schlafzimmer von Napoléon I und Marie-Louise.

Im Schloss befinden sich das Musée du Second Empire und das Musée de l'Impératrice, in denen Möbel und Porträts ausgestellt sind. Das Musée de la Voiture zeigt historische Kutschen, Fahrräder und frühe Automobile.

Im Süden und Osten breitet sich die **Forêt de Compiègne** mit alten Eichen- und Buchenbeständen bis nach Pierrefonds aus. Östlich der D130 blickt man von den Les Beaux Monts auf das Schloss.

Nördlich der N31 liegt die Clairière de l'Armistice: die Stelle, an der am 11. November 1918 der Waffenstillstand unterzeichnet wurde, der den Ersten Weltkrieg beendete. Im kleinen **Musée Wagon de l'Armistice** kann man den

Eisenbahnwaggon besichtigen, in dem die Zeremonie stattfand. Am 22. Juni 1940 demütigte Hitler die Franzosen, die hier die Kapitulation unterschreiben mussten.

♜ Château de Compiègne

Pl du Général-de-Gaulle. **(** 03 44 38 47 02. ⬜ Mi–Mo. ⬤ 1. Jan, 1. Mai, 1. Nov, 25. Dez. 🖼 **www**.musee-chateau-compiegne.fr

🏛 Musée Wagon de l'Armistice

Clairière de l'Armistice (Richtung Soissons). **(** 03 44 85 14 18. ⬜ Mi–Mo. ⬤ Jan: Mo vormittags, 1. Jan, 25. Dez. 🖼

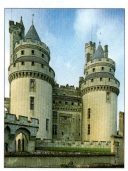

Château de Pierrefonds

Château de Pierrefonds ⓮

Oise. **(** 03 44 42 72 72. ⬜ tägl. ⬤ 1. Jan, 1. Mai, 1. u. 11. Nov, 25. Dez. 🖼 🎵 **Konzerte**.

Das gewaltige Château de Pierrefonds thront über dem kleinen Dorf. Louis d'Orléans ließ im 14. Jahrhundert hier eine mächtige Burg erbauen. 1813 war sie eine Ruine, die Napoléon I für weniger als 3000 Francs kaufte. Napoléon III beauftragte 1857 Viollet-le-Duc mit der Restaurierung – 1884 erstand Pierrefonds als Museum für Festungsbau wieder auf.

Äußerlich ist das Schloss mit Burggraben, Ziehbrücke, Türmen und Wehrgängen die präzise Rekonstruktion einer mittelalterlichen Befestigung. Das Innere spiegelt die romantischen Vorstellungen Viollet-le-Ducs und seines Auftraggebers wider. Es gibt Führungen und eine historische Ausstellung.

Amiens: Kathedrale

Der Bau der größten Kathedrale Frankreichs wurde um 1220 begonnen, finanziert von den Einnahmen aus dem Anbau von Färberwaid, einer wegen ihres blauen Farbstoffs begehrten Pflanze. Die Kirche sollte den Kopf Johannes' des Täufers bewahren, den die Kreuzfahrer 1206 nach Frankreich gebracht hatten und der noch heute zu besichtigen ist. Schon nach 50 Jahren war Notre-Dame vollendet, ein Meisterwerk gotischer Baukunst. Die Kathedrale wurde in den 1850er Jahren von Viollet-le-Duc *(siehe S. 200)* restauriert. Das UNESCO-Welterbe überstand zwei Weltkriege. Berühmt sind ihre wertvollen Skulpturen und Reliefs.

★ Westfassade
Die Galerie der Könige, eine Reihe von 22 Kolossal-statuen, verläuft entlang der Westfassade. Es ist un-klar, ob die Figuren die Könige Frankreichs oder die Israels darstellen sollen.

Das Portal des hl. Firmin ist mit Figuren und Szenen aus dem Leben des Märtyrers geschmückt, der das Christentum in die Picardie brachte und erster Bischof von Amiens wurde.

Der Kalender zeigt die Sternzeichen mit den entsprechenden, monatlich zu verrichtenden Arbeiten – ein Bild des Alltagslebens im 13. Jahrhundert.

Der weinende Engel
Die 1628 von Nicolas Blasset geschaffene Skulptur im Chorumgang war im Ersten Weltkrieg eine populäre Abbildung.

NICHT VERSÄUMEN

* ★ Chorgestühl
* ★ Chorschranken
* ★ Mittelschiff
* ★ Westfassade

Hauptportal
Szenen des Jüngsten Gerichts zieren das Tympanon mit dem Beau Dieu, einer Christus-statue, zwischen den Türen.

Türme

Die Westfassade hat zwei unterschiedlich hohe Türme. Der Südturm wurde 1366 fertiggestellt, der Nordturm 1402. Der Glockenturm wurde 1627 und 1887 erneuert.

Das Maßwerk des Rosettenfensters stammt aus dem 16. Jahrhundert.

INFOBOX

Cathédrale Notre-Dame, place Notre-Dame. ☎ 03 22 80 03 41.
◐ Apr–Sep: tägl. 8.30–18.30 Uhr; Okt–März: tägl. 8.30–17.30 Uhr.
● 1. Jan, letzter So im Sep.
✝ tägl. 9 Uhr (Mi 12 Uhr), So 9, 10.15, 11.30, 18 Uhr. 📷

Eine doppelte Reihe von 22 eleganten Stützpfeilern stabilisiert das Bauwerk.

★ Mittelschiff

Das Mittelschiff weist eine beeindruckende Höhe von 42 Metern auf und wird von 126 schlanken Pfeilern gestützt.

★ Chorgestühl

Die 110 Chorstühle aus Eichenholz (1508–19) sind mit über 4000 biblischen, mythologischen und realistischen Figuren geschmückt.

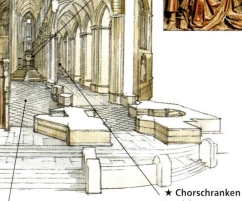

★ Chorschranken

Im Wandelgang zeigen Schnitzereien (15./16. Jh.) Szenen aus dem Leben des hl. Firmin und Johannes' des Täufers.

Der Fußboden wurde 1288 ausgelegt und im späten 19. Jahrhundert erneuert. Früher bewegten sich Gläubige auf Knien darüber.

Senlis ⑮

Oise. 🚶 17 000. 🚌 ℹ️ *Pl du Parvis Notre-Dame (03 44 53 06 40).* 🛒 *Di u. Fr.* www.senlis-tourisme.fr

In Senlis, zehn Kilometer östlich von Chantilly, lohnt sich ein Besuch der gotischen Kathedrale und der Altstadt. Die **Cathédrale Notre-Dame** wurde in der zweiten Hälfte des 12. Jahrhunderts erbaut. Ihr Hauptportal mit Szenen der Himmelfahrt Mariä hat den Bau anderer Kathedralen, z. B. in Amiens *(siehe S. 202f)*, beeinflusst. Die Spitze des Südturms stammt aus dem 13. Jahrhundert. Das verzierte Querschiff (16. Jh.) kontrastiert deutlich mit der Strenge früherer Bauabschnitte.

Gegenüber der Westfassade führt ein Tor zu den Ruinen und Gartenanlagen des Château Royal. Auf diesem Gelände befindet sich in einem ehemaligen Priorat das **Musée de la Vénerie** mit Jagdbildern, alten Waffen und Trophäen.

Das **Musée d'Art** erinnert an die römische Vergangenheit des Orts und besitzt eine exzellente Sammlung frühgotischer Skulpturen. Im Westen der Stadt gibt es Reste eines römischen Amphitheaters.

🏛 **Musée de la Vénerie**
Château Royal, pl du Parvis Notre-Dame. 📞 *03 44 32 00 81.* ⏰ *Mi nachmittags–Mo.* ⬤ *1. Jan, 1. Mai, 25. Dez.* 🚫 obligatorisch.

🏛 **Musée d'Art et d'Archéologie**
Ancien Évêché, 2, pl Notre-Dame. 📞 *03 44 32 00 81.* ⏰ *Mi nachmittags–Mo.* ⬤ *1. Jan, 1. Mai, 25. Dez.* 🚫

Les Très Riches Heures du Duc de Berry, ausgestellt in Chantilly

Chantilly ⑯

Oise. 🚶 12 000. 🚌 🚕 ℹ️ *60, av du Maréchal Joffre (03 44 67 37 37).* 🛒 *Mi u. Sa.* www.chantilly-tourisme.com

Die Hauptstadt des Pferderennsports in Frankreich ist mit ihrem Schloss, dem Park und den umliegenden Wäldern ein beliebtes Ausflugsziel. Das Schloss hat gallo-römische Ursprünge. In seiner heutigen Form geht es auf das Jahr 1528 zurück, als der berühmte Oberbefehlshaber von Frankreich, Anne de Montmorency, die alte Burg ersetzen und das Petit Château bauen ließ. Unter dem Prinzen von Condé (1621–1686) wurde es renoviert. Le Nôtre legte einen Garten an, der sogar bei Louis XIV Neid erregte. Nach der Zerstörung

Pferderennen in Chantilly

Chantilly ist die Hauptstadt des Pferderennsports in Frankreich, ein Beweis der alten Liebe der Oberschicht zur Welt der Pferde. Fürst Louis-Henri de Bourbon, der Erbauer der monumentalen Grandes Écuries in Chantilly, glaubte fest daran, als Pferd wiedergeboren zu werden. Pferderennen wurden um 1830 aus England übernommen und erfreuten sich bald großer Beliebtheit. Das erste Rennen wurde 1834 abgehalten. Heute werden auf dem Land und in den umliegenden Wäldern an die 3000 Pferde trainiert. Jedes Jahr im Juni richten die Freunde des Galopprennsports ihre Blicke nach Chantilly. Die Elite der Jockeys und ihre Vollblüter kämpfen dann um die beiden historischen Trophäen, den Prix du Jockey-Club und den Prix de Diane-Hermès.

Prix Equipage de Hermès, eines der vielen Rennen in Chantilly

während der Revolution und dem Wiederaufbau wurde das Grand Château in den 1820er und 1830er Jahren Zentrum für die Jagdfeste der Oberschicht. Später ersetzte man es durch ein Schloss im Stil der Neorenaissance.

Heute bilden Grand Château und Petit Château das **Musée Condé**, in dem Kunstschätze aus der Sammlung des letzten Eigentümers, des Herzogs von Aumale, ausgestellt sind. Darunter befinden sich Arbeiten von Raffael, Botticelli, Poussin und Ingres sowie eine Sammlung von Porträts der Brüder Clouet (16. Jh.). Zu den kostbarsten Stücken zählt die illuminierte Handschrift *Les Très Riches Heures du Duc de Berry* (15. Jh.), von der eine Reproduktion zu sehen ist. Es gibt Führungen durch die offiziellen Räume mit Darstellungen von Affen und Schlachtszenen.

Die Stallungen (Grandes Écuries) wurden 1719 von Jean Aubert entworfen und boten 240 Pferden und 500 Hunden Platz. Neben der Reitbahn beherbergen sie heute das **Musée Vivant du Cheval**, in dem Pferdezüchtungen zu sehen sind.

Asterix und Freunde, Parc Astérix

🏛 **Musée Condé**
Château de Chantilly. 📞 03 44 62 62 62. ☐ Mi–Mo. ♦️📷

✖ **Musée Vivant du Cheval**
Grandes Écuries du Prince de Condé, Chantilly. 📞 03 44 57 13 13. ☐ Mi–Mo (im Winter nur vormittags). ♦️♿
www.museevivantducheval.fr

Parc Astérix ⑰

Plailly. 📞 03 44 62 34 34. ☐ Juni–Aug: tägl. (andere Monate bitte tel. erfragen; 0826 30 10 40). ♿
www.parcasterix.fr

In der Nähe des Flughafens Charles de Gaulle befindet sich ein befestigtes gallisches Dorf mit eigener Zollkontrolle, eigener Währung und eigenem Radiosender (Menhir FM). Einer der beliebtesten Themenparks Frankreichs ist Asterix, dem Gallier, und all den anderen von Goscinny und Uderzo geschaffenen Comic-Helden gewidmet. Die Römer versuchen vergeblich, die mit allen Wassern gewaschenen Gallier zu unterwerfen, und so finden hier herrliche Schlachten statt.

Doch in dem Park geht es nicht nur um Comics, sondern auch um französische Geschichte. Ein Gang entlang der Via Antiqua und durch die Römerstadt ist außerordentlich lehrreich. Die Rue de Paris zeigt, wie sich Paris im Lauf der Jahrhunderte verändert hat.

Die neuzeitlichen Vergnügungen reichen vom Delfinarium bis zur Hochgeschwindigkeitsachterbahn. Jedes Jahr kommt eine neue Attraktion hinzu.

Laon ⑱

Aisne. 🚶 26.000. 🚉 ℹ️ *Hôtel-Dieu, pl du Parvis Gautier de Montagne (03 23 20 28 62).* ☐ Mi, Do u. Sa. www.tourisme-paysdelaon.com

Die Hauptstadt des Départements Aisne liegt auf einer Anhöhe inmitten weiter Ebenen. Auf dem höchsten Punkt befindet sich die Alt-

Die Fußgängerzone Rue Châtelaine, eine Einkaufsstraße in Laon

Rosettenfenster (13. Jh.) der Cathédrale de Notre-Dame, Laon

stadt. Am besten erreicht man sie mit der Poma, einer automatischen Standseilbahn, die vom Bahnhof zur Place du Général-Leclerc hinauffährt.

Die Fußgängerzone Rue Châtelaine führt zur **Cathédrale de Notre-Dame**. Zwar hat die 1235 fertiggestellte Kathedrale während der Revolution zwei ihrer sieben Türme eingebüßt, dennoch ist sie ein grandioses Meisterwerk der Frühgotik. Besonders sehenswert sind die Portale, das vierstöckige Mittelschiff und die Renaissance-Umgrenzungen der Seitenkapellen. Das große Rosettenfenster der Apsis zeigt eine beachtenswerte Darstellung der Glorifizierung der Kirche. An den Westtürmen befinden sich Ochsenfiguren – zur Erinnerung an die Tiere, die die zum Bau benötigten Steine den Berg hinaufzogen.

Auch die mittelalterlichen Reste der Stadt sind beeindruckend: Eine Promenade umgibt die **Citadelle** (16. Jh.) im Osten. Im Süden führt der Wall an der Porte d'Ardon und der Porte des Chenizelles vorbei zur **Église St-Martin**. Hier, von der Rue Thibesard aus, hat man eine gute Aussicht über die Stadt.

Südlich von Laon liegt der Chemin des Dames, der nach den Töchtern von Louis XV benannt ist, die diese Route oft benutzten. Besser bekannt ist er allerdings als Schlachtfeld im Ersten Weltkrieg. Denkmäler erinnern an diese Zeit.

Champagne

Marne · Ardennes · Aube · Haute-Marne

Bei der Champagne denkt man unwillkürlich an Glanz und Feierlichkeit oder an die grandiose Kathedrale von Reims. Die Champagne umfasst jedoch auch die ländliche Idylle zweier gegensätzlicher Landstriche: die Ebene, die im Süden in eine liebliche Seen- und Wiesenlandschaft übergeht, und die raueren Wälder und Berge der Ardennen im Norden.

Das »heilige Dreieck der Champagne« mit den Eckpunkten Épernay, Reims, Châlons-en-Champagne (früher: Châlons-sur-Marne) wirkt auf Genießer wie ein Magnet. Edler Champagner wird hier durch Delikatessen wie gefüllte Forelle, Ardenner Schinken und die berühmten *andouillettes* (Würste aus Innereien) optimal ergänzt.

Die Route Touristique du Champagne führt durch Weinberge und endlose Getreidefelder, die im Süden in das Seengebiet mit Eichenwäldern, Grasniederungen und Flüssen übergehen. An der Grenze zu Belgien liegen die Ardennen, die in Anlehnung an die keltische Bezeichnung für »dichten Wald« benannt sind. Durch dieses wilde Grenzland mit zerklüfteten Tälern und Hügeln windet sich die Meuse (Maas). Hier gibt es Grenzbefestigungen wie die Zitadelle von Sedan und die sternförmige Bastion von Rocroi oder die Maginotlinie, die vor dem Zweiten Weltkrieg errichtete Verteidigungslinie mit Bunkern.

Die Ardennen bieten eine reizvolle Landschaft. Kulturell interessanter ist die Champagne mit ihren restaurierten Altstädten und den vielen Kirchen, von der überragenden gotischen Kathedrale in Reims bis zu den für die Region typischen Fachwerkkirchen. Letztere sind oft mit leuchtenden Bleiglasfenstern aus der Schule von Troyes ausgestattet, die für die Gegend charakteristisch sind.

Typische Fachwerkkirche der Champagne am Lac du Der-Chantecoq

◁ Rosettenfenster der Cathédrale St-Étienne in Châlons-en-Champagne *(siehe S. 216)*

Überblick: Champagne

Der schäumende Champagner lockt Liebhaber in das »heilige Dreieck« zwischen Épernay, Reims und Châlons-en-Champagne. Die großen Kirchen der Region ziehen kulturell Interessierte an. Reims besitzt viele gute Restaurants. Troyes, die ehemalige Hauptstadt der Champagne, eignet sich gut als Ausgangspunkt für die Erkundung der Gegend. Die urtümlichen, waldbedeckten Ardennen (Ardennes) im Norden sind bei Wanderern und Naturliebhabern beliebt. Von Rethel aus werden Bootsfahrten auf dem Ardennenkanal nördlich von Reims angeboten. Auf den Seen östlich von Troyes gibt es Wassersportmöglichkeiten.

Angler an einem Kanal in Montier-en-Der

In der Champagne unterwegs

Die Hauptverbindungsstraße der Region ist die A26, auf der man die Strecke Calais–Reims in weniger als drei Stunden zurücklegen kann. Man erreicht jeden Winkel der Champagne bis hinunter nach Troyes und Langres (über die A5) auf gut ausgebauten Straßen. Die Autobahn A4 verbindet Reims mit Paris und dem Elsass. Die Zugfahrt von Paris nach Reims dauert mit dem TGV nur noch 45 Minuten. Die Weinbaugebiete lassen sich am besten auf den zahlreichen als »Route de Champagne« beschilderten Straßen erkunden.

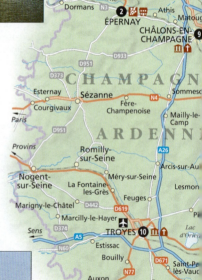

Windmühle in Verzenay, Parc Naturel de la Montagne de Reims

Weitere Zeichenerklärungen *siehe hintere Umschlagklappe*

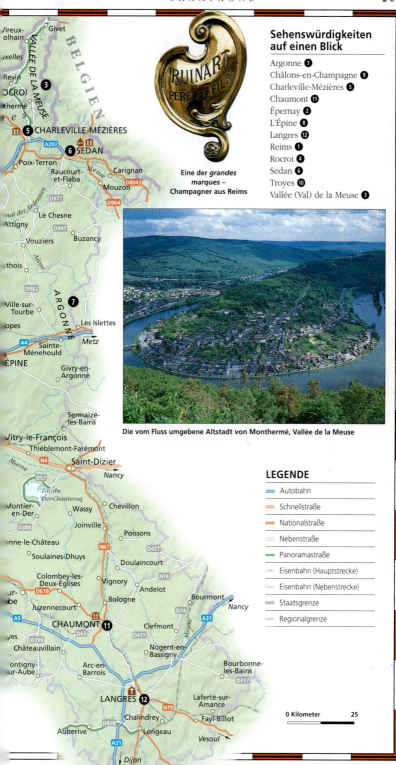

RUINART
PÈRE ET FILS

Eine der *grandes marques* –
Champagner aus Reims

Sehenswürdigkeiten
auf einen Blick

Argonne **7**

Châlons-en-Champagne **9**

Charleville-Mézières **5**

Chaumont **11**

Épernay **2**

L'Épine **8**

Langres **12**

Reims **1**

Rocroi **4**

Sedan **6**

Troyes **10**

Vallée (Val) de la Meuse **3**

Die vom Fluss umgebene Altstadt von Monthermé, Vallée de la Meuse

LEGENDE

▬▬ Autobahn

▬▬ Schnellstraße

▬▬ Nationalstraße

▬▬ Nebenstraße

▬▬ Panoramastraße

▬▬ Eisenbahn (Hauptstrecke)

▬▬ Eisenbahn (Nebenstrecke)

▬▬ Staatsgrenze

▬▬ Regionalgrenze

0 Kilometer   25

Vergoldeter Reliquienschrein (1896) des hl. Rémi, Basilique St-Rémi, Reims

Reims ❶

Marne. 🏛 185 000. ✈ 🚌 🚉.
🏛 2, rue Guillaume de Machault
(0892 70 13 51). 🚢 tägl.
www.reims-tourisme.com

Reims produziert einige der berühmtesten Champagnermarken. Einige stammen aus dem Areal um die Basilique St-Rémi. Ein weiterer Grund für das Ansehen der Stadt ist älter: Seit dem 11. Jahrhundert wurden alle Monarchen Frankreichs in der gotischen **Cathédrale Notre-Dame** (siehe S. 212f).

Auch wenn die architektonische Einheitlichkeit von Reims im Zweiten Weltkrieg weitgehend zerstört wurde, sind einige bemerkenswerte Bauten erhalten. Die **Cryptoportique**, Teil des Forums, und die Porte Mars, ein Triumphbogen, erinnern an die römische Vergangenheit der Stadt. Im **Musée de la Reddition** – Eisenhowers französischem Hauptquartier im Zweiten Weltkrieg – wurde 1945 die deutsche Kapitulation entgegengenommen. Das **Musée des Beaux-Arts** besitzt eine ansehnliche Sammlung von Ölgemälden aus dem 15. und 16. Jahrhundert mit biblischen Szenen, Porträts der beiden Cranachs sowie Landschaften von Corot. Ebenfalls vertreten sind die Schule von Barbizon, die Impressionisten und moderne Meister.

1996 feierte Reims die Taufe des ersten Frankenkönigs Chlodwig vor 1500 Jahren.

🏛 Ancien Collège des Jésuites und Planetarium

1, pl Museux. 📞 03 26 35 34 70.
Collège 📅 *Planetarium*.
Das 1606 gegründete, wenig bekannte Kollegium war bis 1976 ein Hospiz. Danach dienten seine romantischen Weinkeller und barocken Innenräume u. a. als Filmschauplatz, etwa für die Zola-Verfilmung *Germinal* (1992) und für *Bartholomäusnacht* (1993) mit Isabelle Adjani.

Zu den Highlights zählen die Intarsien an der Decke im Refektorium und die Küche, der einzige Raum mit einer Feuerstelle. Eine doppelte Wendeltreppe führt in eine barocke Bibliothek. Seit 1979 gibt es hier ein **Planetarium**.

🔒 Basilique St-Rémi

Pl St-Rémi. ⬜ tägl. ♿
Die älteste Kirche von Reims steht in einem modernen Stadtviertel. Sie war einst eine karolingische Basilika und St-Rémi (440–533) geweiht. Sie besitzt einen frühgotischen Chor, Kranzkapellen und romanische Kapitelle im nördlichen Querschiff.

Porte Mars, eine Erinnerung an die römische Vergangenheit von Reims

Champagner: Traditionelle Flaschengärung

Das Perlen des Champagners wird durch eine zweifache Gärung erreicht. Nur Schaumweine aus der Champagne mit dieser Gärung dürfen sich Champagner nennen.

Die erste Gärung: Der Ausgangswein wird traditionell in Eichenfässern bei 20 bis 22 °C fermentiert. Dann wird er abgesaugt und bei niedriger Temperatur gelagert, um gänzlich klaren zu können, bevor er mit Weinen anderer Jahrgänge verschnitten wird (Ausnahme: Jahrgangs-Champagner). Nach dem Abfüllung in Flaschen wird *liqueur de tirage* (Zucker, Wein und Hefe) beigemischt.

Die zweite Gärung: Die Flaschen werden längere Zeit kühl gelagert. Die Hefe verwandelt dabei den Zucker in Alkohol und Kohlensäure und setzt sich dann ab. Die schräg liegenden Flaschen werden täglich gedreht und leicht gerüttelt, damit sich der Hefesatz (Trub) in den Hals der Flasche absenkt *(remuage)*. Schließlich wird die abgelagerte Hefe durch *dégorgement* (Enthefen) entfernt. Bevor der endgültige Korken eingesetzt wird, kommt zur Regulierung der Süße noch etwas Zuckersirup *(liqueur d'expédition)* hinzu.

Mumm-Champagner aus Reims

🏛 Musée St-Rémi

53, rue Simon. 📞 *03 26 85 23 36.*
🕐 *nachmittags.* ⬤ *1. Jan, 1. Mai,
14. Juli, 1. u. 11. Nov, 25. Dez.* ▨

Das Museum ist in der ehe-
maligen Abtei neben der
Kirche untergebracht und um-
fasst das einst gotische Stifts-
haus (17. Jh.) mit Kreuzgang.
Zu sehen sind archäologische
Artefakte, Wandteppiche mit
Szenen aus dem Leben von
St-Rémi sowie Waffen vom
16. bis 19. Jahrhundert.

🏰 Fort de la Pompelle

8 km südöstl. von Reims. 📞 *03 26
49 11 85.*

Das Fort, das nach dem
Deutsch-Französischen Krieg
1870 errichtet wurde, beherbergt ein Museum mit einer
Sammlung von Zaumzeug aus
dem Deutschen Kaiserreich.

Épernay ❷

Marne. 👥 *28 000.* 🚉 🅿 ℹ *7, av de
Champagne (03 26 53 33 00).* ⬤ *Mi,
Sa, So.* **www**.*ot-epernay.fr*

Der Hauptgrund, Épernay
zu besuchen, sind die
Kellereien. Die glanzlose
Stadt mit dem höchsten Pro-
Kopf-Einkommen Frankreichs
lebt von der Champagner-
industrie. Die Gegend um die
Avenue de Champagne ist

Statue von Dom Pérignon bei Moët

voller neuer Villen im Stil der
Renaissance. Die Villa **Moët &
Chandon** stammt allerdings
aus dem Jahr 1743. Sie ist die
größte *maison* und im Besitz
von Moët-Hennessy. Zum
Unternehmen gehören noch
weitere Marken, z.B. Mercier,
Krug, Pommery, Veuve Clicquot und Canard Duchêne.

Die Wahl zwischen einem
Besuch bei Moët & Chandon
oder bei **Mercier** fällt nicht
leicht (beide sind in der Avenue de Champagne angesie-
delt). Bei Mercier steht das
große Fass, das 1889 für die
Pariser Weltausstellung gebaut
wurde. Man fährt mit einer
elektrischen Bahn durch die
Keller.

De Castellane in der Avenue
de Verdun ist etwas zurück-
haltender und bietet eine
persönlich gestaltete Tour mit
berauschender *dégustation.*

🏰 Moët & Chandon

20, av de Champagne. 📞 *03 26
51 20 20.* 🕐 *Apr–Mitte Nov: tägl.;
Mitte Nov–März: Mo–Fr.* ▨ ▨
obligatorisch. **www**.*moet.com*

🏰 Mercier

70, av de Champagne. 📞 *03 26
51 22 22.* 🕐 *Mitte März–Nov: tägl.;
Dez–Mitte März: Do–Mo.* ▨ ♿
▨ **www**.*champagnemercier.com*

🏰 De Castellane

57, rue de Verdun. 📞 *03 26 51 19
19.* 🕐 *tägl. (Jan–März: nur Sa, So).*
▨ *teilweise.* ▨ *obligatorisch.*
www.*castellane.com*

Dégorgement *bedeutet Ent-
hefung. Der Flaschenhals wird
eingefroren. Beim Öffnen
»schießt« die Kohlensäure den
gebildeten Eispfropfen mit den
Ablagerungen aus der Flasche.*

Geschicktes Marketing *beschert dem Champagner
seit etwa 1900 anhaltenden Erfolg.*

Wenn der Hefesatz *entfernt ist, werden die Flaschen mit
neuen Korken versehen und liegend eingelagert. Mehr-
jährige Lagerung erhöht die Qualität des Champagners.*

Reims: Kathedrale

Die großartige gotische Cathédrale Notre-Dame in Reims ist vor allem wegen ihrer Größe und vollendeten Harmonie berühmt. Die Bauarbeiten begannen 1211, Vorgängerbauten gab es hier jedoch bereits seit 401. Reims war der Schauplatz vieler Krönungen – vom Mittelalter bis 1825 (Krönung von Charles X). Als Charles VII 1429 die Krone aufgesetzt wurde, war auch Jeanne d'Arc anwesend. Während der Revolution wurde einiges zerstört. Die Renovierung der Schäden des Ersten Weltkriegs war erst 1996 abgeschlossen – rechtzeitig zur 1500-Jahr-Feier anlässlich der Taufe des Frankenkönigs Chlodwig in Reims. Diese Taufe wird als die erste französische Königskrönung angesehen.

Mittelschiff
Im Vergleich zu Chartres (siehe S. 308–311) ist das Mittelschiff in Reims höher. Die Kapitelle der anmutigen Säulen sind mit Efeu- und Beerenmotiven verziert.

★ Rosettenfenster
Am schönsten ist das Fenster (13. Jh.) bei Sonnenuntergang. Es zeigt die Jungfrau Maria, umgeben von Aposteln und Engeln. Die Rosette ist in ein größeres Fenster eingebettet.

Westfassade

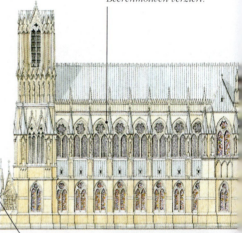

Südfassade

★ Lächelnder Engel
Das Gotteshaus wird auch »Kathedrale der Engel« genannt. Über dem linken Portal steht dieser Engel mit ausgebreiteten Flügeln. Er ist die bekannteste der vielen Figuren, die den Bau schmücken.

★ Königsgalerie
Bemerkenswert ist die mit über 2300 Statuen geschmückte Westfassade in Reims. Die Königsgalerie umfasst 56 Skulpturen französischer Könige.

Palais du Tau

Das Erzbischofspalais befindet sich direkt neben der Kathedrale. Es ist nach seinem T-förmigen Grundriss benannt (tau = griechisch »t«). In das 1690 von Mansart und Robert de Cotte errichtete Bauwerk sind eine gotische Kapelle und die Salle du Tau (Bankettsaal) integriert, beides Räume, die bei den Krönungsfeierlichkeiten eine wichtige Rolle spielten. Der zukünftige König verbrachte die letzte Nacht vor seiner Krönung im Palais. Nach der Zeremonie gab es in der Salle du Tau ein Bankett. Dieser Saal mit seinem imposanten Tonnengewölbe und den Arras-Wandteppichen aus dem 15. Jahrhundert ist der schönste Raum des Gebäudes.

Heute beherbergt das Palais ein Museum für die Wandteppiche und die Statuen der Kathedrale. Einer der Gobelins aus dem 15. Jahrhundert zeigt die Taufe von Chlodwig, dem ersten christlichen König.

Die Salle du Tau – der Bankettsaal

INFOBOX

Cathédrale Notre-Dame, place du Cardinal Luçon. 03 26 47 55 34. tägl. 7.30–19.30 Uhr. Mo–Fr 8, 19, Sa 8, So 9.30, 11 Uhr. nach Voranmeldung.
Palais du Tau 03 26 47 81 79. Di–So. 1. Jan, 1. Mai, 1. u. 11. Nov, 25. Dez.
www.cathedrale-reims.com

Apsisgalerie
Die Steinmetzarbeiten (claire-voie) *der Apsisgalerie sind von mythologischen Tieren gekrönt.*

Südliches Querschiff

Die Kapellenkränze der Apsis werden von Strebebogen gestützt und sind mit achteckigen Pfeileraufsätzen verziert.

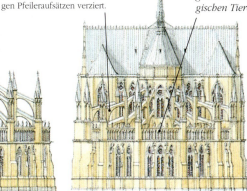

Apsis

Seitenquerschnitt

Die Fenster im Lichtgaden waren Vorläufer des gotischen Maßwerks. Dünne Steinsäulen teilten das Licht und ließen auf diese Art dekorative Schattenmuster entstehen.

Unter den Fialen der Strebepfeiler stehen Erzengel, die symbolischen Beschützer der Kathedrale.

NICHT VERSÄUMEN

★ Königsgalerie

★ Lächelnder Engel

★ Rosettenfenster

Chagall-Fenster
Die Fenster der Axialkapelle (20. Jh.) wurden von Marc Chagall entworfen und von ortsansässigen Handwerkern ausgeführt. Das abgebildete Fenster zeigt die Kreuzigung Jesu.

Der *sentier touristique*, ein Weg entlang den Befestigungen von Rocroi

Vallée (Val) de la Meuse ❸

Ardennes. 🏛 8900. 🚉 Revin.
🛈 2, rue Victor Hugo, Revin (03 24 40 19 59). www.meuselavallee.org

L andschaftlich reizvoll windet sich die Meuse (Maas) durch die wilden Schluchten, Wälder und Felsformationen der Ardennen. In einer doppelten Flussschleife liegt die Stadt **Revin**, deren Vieille Ville (Altstadt) von der nördlichen Biegung umschlossen wird. Vom Quai aus blickt man zum **Mont Malgré Tout** und auf eine Route mit Aussichtspunkten. Etwas südlich ragt der Felsen **Dames de la Meuse** auf.

Zu beiden Seiten der Meuse liegt **Monthermé** mit der Vieille Ville am linken Ufer. Kletterer und Wanderer werden von den Felsenschluchten um die **Roche à Sept Heures** angelockt. Die etwas weiter entfernt aufragenden, zerklüfteten Bergrücken der **Rocher des Quatre Fils d'Aymon** erscheinen wie das Schattenbild der vier Reiter in lokalen Sagen.

Rocroi ❹

Ardennes. 🏛 2600. 🚉 🚉 Revin.
🛈 14, pl d'Armes (03 24 54 20 06).
🛒 Di u. 1. Mo im Monat.
www.otrocroi.com

D ie auf dem Ardenner Plateau gelegene, sternförmige Zitadelle von Rocroi wurde 1555 unter Henri II errichtet und 1675 von Vauban ausgebaut *(siehe S. 226f).* Der

sentier touristique führt an den Wällen entlang. Im Naturschutzgebiet von Rièzes wachsen Orchideen und fleischfressende Pflanzen.

Charleville-Mézières ❺

Ardennes. 🏛 58000. 🚉 🚉
🛈 4, pl Ducale (03 24 55 69 90).
🛒 Di, Do u. Sa.
www.charleville-tourisme.com

A n dem als »Tor zu den Ardennen« bekannten Flussübergang hat sich das mittelalterliche Mézières 1966 mit dem gegenüberliegenden klassizistischen Charleville vereinigt. Mézières schmiegt sich an die Biegung der Meuse. Von der Avenue de St-Julien sieht man die Befestigungen, die die gotische **Notre-Dame de l'Espérance** umgeben.

Mittelpunkt von Charleville ist die **Place Ducale**. Das Meisterwerk der Stadtplanung unter Louis XIII erinnert an

die Place des Vosges in Paris *(siehe S. 91).* Der Dichter Arthur Rimbaud wurde 1854 unweit von hier geboren. Sein Geburtshaus liegt in der Rue Bérégovoy 12, das Haus seiner Kindheit am Quai du Moulinet 7.

Ein Stück den Kai entlang befindet sich Vieux Moulin, das Rathaus, das Rimbaud zum Gedicht *Das trunkene Schiff* inspiriert hat. Es beherbergt das kleine **Musée Rimbaud** mit Manuskripten und Fotos des Dichters.

🏛 **Musée Rimbaud**
Quai Arthur Rimbaud. 📞 03 24 32 44 65. 🛒 Di–So. 🔴 1. Jan, 1. Mai, 25. Dez. 🎟 1. So im Monat frei.

Sedan ❻

Ardennes. 🏛 23000. 🚉 🚉
🛈 Château Fort, pl du Château (03 24 27 73 73). 🛒 Mi u. Sa.

Ö stlich von Charleville liegt das **Château de Sedan** (11. Jh.), die größte Burganlage Europas. Im Deutsch-Französischen Krieg kapitulierte Napoléon III 1870 in Sedan. 83000 französische Soldaten kamen in preußische Gefangenschaft. Im Mai 1940, eine Woche nach dem Fall von Sedan, erreichten deutsche Truppen die französische Küste.

Teile des sieben Stockwerke hohen Hauptturms entstammen noch dem Mittelalter. Highlights sind die Schutzwälle und die Befestigungen aus dem 16. Jahrhundert sowie der großartige Dachstuhl aus dem 15. Jahrhundert in einem

Bildnis des in Charleville geborenen Dichters Rimbaud (19. Jh.)

der Türme. Eine Abteilung des bunt gemischten **Musée du Château** im Südflügel ist der Militärgeschichte gewidmet.

Die ganze Anlage ist von Schieferdachhäusern umgeben, die dicht gedrängt bis ans Ufer der Meuse reichen. Sie spiegeln den einstigen Reichtum der Stadt wider – zu der Zeit, als sie eine Hochburg der Hugenotten war.

🏛 **Musée du Château**
1, pl du Château. 📞 *03 24 27 73 73*. 🕐 *Mitte März–Mitte Sep: tägl.; Mitte Sep–Mitte März: Wochenende.* 📷 *Di–Fr nachmittags.*

Umgebung: Etwas südlich liegt das **Fort de Villy-la-Ferté**, eines der wenigen Forts der Maginotlinie. Es war 1940 Ziel von Angriffen und erlitt bei den Kampfhandlungen schwere Schäden.

Befestigter Innenhof des Château de Sedan

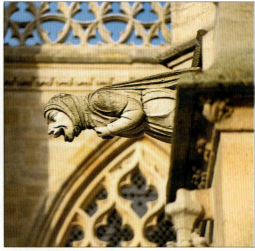

Ein Wasserspeier der Basilique de Notre-Dame de l'Épine

Argonne ❼

Ardennes u. Meuse. 🚍 *Châlons.* 🚍 *Ste-Ménehould.* ℹ *5, pl du Général Leclerc, Ste-Ménehould (03 26 60 85 83).* www.argonne.fr

Östlich von Reims liegen die Argonnen mit malerischen Tälern und Wäldern sowie vielen Abteien und Prioraten, da das Gebiet Grenzland der Bistümer Lothringen und Champagne war. Die ehemalige Benediktinerabtei **Beaulieu-en-Argonne** (13. Jh.) ist heute eine Ruine mit einer imposanten Weinpresse, von der aus man einen schönen Blick über die Wälder hat. Nördlich liegt **Les Islettes**, das

für Fayencen und Fliesen bekannt ist. Die hügelige Gegend war im Deutsch-Französischen Krieg stark umkämpft und im Ersten Weltkrieg ein Abschnitt der Westfront. Im Gebiet **Butte de Vauquois** nördlich von Les Islettes steht ein Kriegsdenkmal.

L'Épine ❽

Marne. 🏠 *600.* 🚍 *Châlons.* 🚍 ℹ *Mairie (03 26 66 96 99).*

Ein Besuch von L'Épine erfolgt meist wegen der **Basilique de Notre-Dame de l'Épine**. Die im Stil einer Kathedrale erbaute spätgotische Kirche ist seit dem Mittelalter ein Wallfahrtsort. Sogar französische Könige kamen hierher, um der Jungfrau Maria zu huldigen.

Die drei Portale der Fassade erinnern an die Kathedrale von Reims. Eine Vielzahl schaurig gestalteter Wasserspeier symbolisiert böse Geister und die Todsünden, die durch die Präsenz des Heiligen im Inneren verscheucht werden. Leider sind die gewagtesten Figuren zerstört, da sie im 19. Jahrhundert als obszön eingestuft wurden. Im Halbdunkel des gotischen Innenraums befinden sich ein Lettner aus dem 15. Jahrhundert und die Wunder wirkende Marienstatue.

Fachwerkkirchen der Champagne

Im Gebiet um den Lac du Der-Chantecoq stößt man auf zwölf Fachwerkkirchen aus Romanik und Renaissance mit charakteristischen spitzen Giebeln und *caquetoirs* genannten Holzportalen. Die Innenräume sind oft mit Schnitzereien und Bleiglasfenstern in den leuchtenden Farben der Schule von Troyes geschmückt. Landstraßen verbinden die Kirchen von Bailly-le-France, Châtillon-sur-Broué, Lentilles, Vignory, Outines, Chavanges und Montier-en-Der.

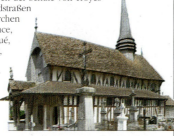

Die Fachwerkkirche von Lentilles (16. Jh.)

Châlons-en-Champagne ⑨

Marne. 🏛 48000. 🚉 🚌
ℹ 3, quai des Arts (03 26 65 17 89).
🎪 Mi, Sa; Fr u. So vormittags.
www.chalons-tourisme.com

Vom Wasser der Marne und einiger kleinerer Kanäle umgeben, entfaltet das verschlafene Châlons mit seinen Fachwerkhäusern einen eigenen Charme. In den Weinbergen der Umgebung wächst ein Blanc de Blancs.

Der Quai de Notre-Dame bietet eine schöne Aussicht auf alte Brücken und die Türme von **Notre-Dame-en-Vaux**, einem Meisterwerk zwischen Romanik und Gotik. Hinter der Kirche liegen die mittelalterliche Altstadt und das **Musée du Cloître de Notre-Dame-en-Vaux**. Die gotische **Cathédrale St-Étienne** am Kanal besitzt ein barockes Portal und eine romanische Krypta. Am Fluss sieht man die Gartenanlagen des **Petit Jard**, von denen man auf das **Château du Marché**, ein von Henri IV erbautes Zollhaus, blickt. Das örtliche Tourismusbüro organisiert schöne Bootsfahrten auf dem Fluss.

🏛 **Musée du Cloître de Notre-Dame-en-Vaux**
Rue Nicolas Durand. 📞 03 26 69 38 53. ⬜ Mi–Mo. ● 1. Jan, 1. Mai, 1. u. 11. Nov, 25. Dez.
🎨 ✔

Troyes ⑩

Aube. 🏛 62000. 🚉 🚌 ℹ 16, bd Carnot (03 25 82 62 70). 🎪 tägl.
www.tourisme-troyes.com

Troyes zeigt sich als heitere Stadt mit einem historischen Zentrum in Form eines Champagnerkorkens, das voller gotischer Kirchen und Innenhöfe (16. Jh.) ist. Es ist bekannt für seine Würste (*andouillettes*), seine Textilindustrie und die den Fabriken angeschlossenen Läden.

Hinter der spätgotischen Westfassade der **Cathédrale St-Pierre-et-St-Paul** verbirgt sich ein großartiger Innenraum. Das Mittelschiff ist in lilarotes Licht getaucht, das

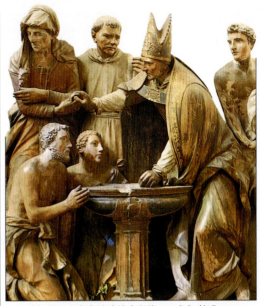

Figurengruppe in der Cathédrale St-Pierre-et-St-Paul in Troyes

durch das Rosettenfenster (16. Jh.) einfällt. Es wird wirkungsvoll ergänzt durch das aus der Apsis herüberscheinende tiefe Blau und das Türkis des Fensters mit der Wurzel Jesse.

Nicht weit entfernt glitzert die **Église St-Nizier** mit ihrem burgundischen Ziegeldach im alten Stadtviertel hinter der Kathedrale. Die gotische **Basilique St-Urban** weist mächtige Strebebogen und schöne Glasfenster auf, die restauriert wurden. Die **Église Ste-Madeleine** ist wegen ihres mit Blattwerk, Trauben und Feigen besetzten Lettners berühmt. Sehenswert sind auch einige der Bleiglasfenster. Die

Die Rue Larivey, eine Straße mit Fachwerkhäusern in Troyes

malerisch überdachte Ruelle des Chats verbindet die Rue Charbonnet mit der Rue Champeaux.

In einem der am besten erhaltenen Teile der Altstadt steht die **Église St-Pantaléon** direkt gegenüber einem herrschaftlichen Renaissance-Haus. Der recht düstere Innenraum der Kirche ist im Stil der Gotik und der Renaissance gehalten und beherbergt Plastiken aus dem 16. Jahrhundert.

🏛 **Musée d'Art Moderne**
14, pl St-Pierre. 📞 03 25 76 26 80.
⬜ Di–So. ● Feiertage. 🎨 ♿
Im ehemaligen Bischofspalais neben der Kathedrale ist ein Museum für moderne Kunst mit einer Statue von Rodin und einer exzellenten Sammlung fauvistischer Gemälde untergebracht.

🏛 **Hôtel du Petit Louvre**
Rue de la Montée St-Pierre.
Nur Innenhof ⬜ tägl.
Am Quai Dampierre steht das schön restaurierte Bürgerhaus, zu dessen Besonderheiten die Fassade, das mit halbrunden Ziegeln gedeckte Dach und der Turm zählen. Der Innenhof, die Treppe und der Brunnen wurden im Stil der Renaissance errichtet.

Hotels und Restaurants in der Champagne siehe Seiten 558–561 und 610–612

Umgebung: Der 25 Kilometer entfernte Park **Lac et Fôret d'Orient** bietet Erholung. In diesem Areal gibt es Sumpf- und Naturschutzgebiete sowie Seen. Lac d'Orient, der größte künstliche See Europas, ist bei Seglern sehr beliebt. Auf dem Lac Amance kann man Wasserski fahren, am Lac du Temple gut angeln.

Chaumont ⓫

Haute-Marne. 🏛 26 000. 🚊
ℹ *pl du Général de Gaulle (03 25 03 80 80)*. 🚌 *Mi–Sa.*
www.ville-chaumont.fr

Die ehemalige Residenz der Grafen der Champagne genoss im 13. Jahrhundert großes Ansehen. Die am Abhang einer Schlucht liegende Altstadt wird vom Palais de Justice und der Tour Hautefeuille beherrscht.

Die **Tour Hautefeuille**, Hauptturm der mittelalterlichen Burg, erinnert an die Vergangenheit des heutigen Verwaltungszentrums. Diesen Eindruck verstärken die schönen Renaissance-Bürgerhäuser, deren Treppenaufgänge mit zahlreichen Türmchen verziert sind.

Bemerkenswert ist die **Basilique St-Jean-Baptiste**, die im Inneren durch ein dichtes Netz von Gewölberippen und eine imposante Treppe mit Turmaufsätzen verblüfft. In der Nähe des Eingangs befindet sich eine winzige Kapelle mit einer *mise au tombeau* (1471), einer Grablegung Jesu. Das linke Querschiff weist eine bizarre Wurzel Jesse auf. Das im Halbdunkel stehende Renaissance-Steinrelief zeigt den liegenden Jesus, aus dessen Körper ein Familienbaum wächst.

Umgebung: 23 Kilometer nordwestlich liegt **Colombey-les-Deux-Églises**, das vor allem mit dem Namen Charles de Gaulle (1890–1970) verbunden ist. Die Familie de Gaulle kaufte hier 1933 das Gut **La Boisserie**, das im Krieg schwer beschädigt wurde. Nach dessen Instandsetzung kam de Gaulle regelmäßig aus Paris hierher, um seine Memoiren zu schreiben und

Cathédrale St-Mammès in Langres

seine Rückkehr auf die politische Bühne vorzubereiten. Am 9. November 1970 starb er hier. Heute ist das Gebäude ein Museum.

Auf dem Friedhof der Dorfkirche ruht der General und einstige Präsident von Frankreich (1958–69) in einer einfachen Grabkammer. Ein 1972 errichtetes Lothringer Kreuz aus Granit ragt in den Himmel. An dessen Sockel gibt es das neue **Mémorial**, das sich dem Leben von Charles de Gaulle widmet.

🏛 **La Boisserie**
Colombey-les-Deux-Églises. 📞 *03 25 01 52 52.* ⬜ *Feb–Nov: Mi–Mo.*
📷 ♿

🏛 **Mémorial Charles de Gaulle**
📞 *03 25 01 52 52.* ⬜ *Apr–Okt: tägl.; Feb–Nov: Mi–Mo.* 📷

Langres ⓬

Haute-Marne. 🏛 10 000. 🚊
🚊 ℹ *Square Olivier Lahalle (03 25 87 67 67)*. 🚌 *Fr.*
www.tourisme-langres.com

Langres liegt auf einem Felsen hinter Chaumont im Süden der Champagne. Die alte Bischofsstadt ist der Geburtsort von Denis Diderot (1713–1784). Langres wirbt damit, ein Kurort zu sein, dessen Nähe zu den Quellen der Seine und der Marne mystische Kräfte verleiht.

Praktisch die ganze Stadt ist umgeben von mittelalterlichen Befestigungsmauern. Von den Türmen und Wehrgängen aus erblickt man romantische Stadttore und schmucke Renaissance-Villen. Auf den Mauern hat man freien Blick über das Marne-Tal, auf das Plateau von Langres, die Vogesen und gelegentlich sogar auf den Mont Blanc.

Bei der Porte Henri IV steht die **Cathédrale St-Mammès**. Das Dunkel des burgundisch-romanischen Innenraums wird von den Säulenkapitellen der Apsis, die angeblich aus einem Jupiter geweihten Tempel stammen, ausgeglichen. Das Musée d'Art et d'Histoire wartet mit einer interessanten Sammlung auf.

In der Sommersaison ist Langres gut besucht und bietet historische Festspiele, Theater und Feuerwerk.

Denkmal für General de Gaulle in Colombey-les-Deux-Églises

Elsass und Lothringen

Meurthe-et-Moselle · Meuse · Moselle
Bas-Rhin · Haut-Rhin · Vosges

Elsass und Lothringen waren jahrhundertelang von Frankreich und Deutschland umkämpft. Diese Vergangenheit spiegelt sich in der Vielzahl von Militäranlagen und Soldatenfriedhöfen wider. Doch heute prägen charmante Dörfer, historische Städte und versteckt liegende Weingüter das Gesicht der Region.

Durch das Elsass im Nordosten von Frankreich (mit dem Rhein als Grenzfluss) verläuft die Wasserscheide zwischen den Vogesen und dem Schwarzwald. Das hügelige Lothringen ist weniger wohlhabend und wirkt französischer als das Elsass.

Umkämpftes Gebiet

Bedingt durch die Deutsch-Französischen Kriege mussten das Elsass und Teile Lothringens seit 1871 viermal die Nationalität wechseln. Die jahrhundertelangen Auseinandersetzungen haben in Lothringen befestigte Grenzstädte wie Metz, Toul und Verdun hervorgebracht. Das Elsass ist dagegen mit Burgen gespickt: von der Burg Haut-Koenigsbourg – einer bedeutenden Attraktion – bis zur Ruine der Festung von Saverne. Die Region als Ganzes verbindet ein starkes Identitätsbewusstsein. Man ist stolz auf das regionale Brauchtum und pflegt die Dialekte. Die elsässische Route des Vins führt durch die Ausläufer der Vogesen vorbei an Weingütern und Dörfern. Die Hauptstadt Strasbourg (Straßburg) ist eine moderne Metropole mit einem Zentrum aus dem 16. Jahrhundert. In Nancy, der historischen Hauptstadt Lothringens, herrschen elegante Gebäude aus dem 18. Jahrhundert vor. Überregional berühmt ist die Küche der Region. Lothringen bietet gute Biersorten und Quiche Lorraine. Im Elsass serviert man in gemütlichen Weinstuben Sauerkraut und Weißwein.

Dorfbewohner in Hunspach, einem Ort nördlich von Straßburg in den nördlichen Vogesen

◁ Fachwerkhäuser mit blumengeschmückten Balkonen an der Route des Vins im Elsass *(siehe S. 232f)*

Überblick: Elsass und Lothringen

Liebhaber von Kunst und Architektur werden in den reizenden mittelalterlichen Städten und hervorragenden Museen gewiss auf ihre Kosten kommen. In Lothringen kann man über alte Festungsanlagen klettern und in Kurbädern den Alltag hinter sich lassen.

Das Elsass bietet dagegen die Wälder und Berge der Vogesen sowie malerische Dörfer und gute Weine. Eine der landschaftlich schönsten Straßen des Elsass ist die Route des Vins *(siehe S. 232f)*. Sie ist während der Weinlese besonders beliebt, ihr zu folgen lohnt sich aber zu jeder Jahreszeit.

Sehenswürdigkeiten auf einen Blick

Betschdorf **18**
Château du Haut-
　Koenigsbourg **13**
Colmar **10**
Eguisheim **9**
Gérardmer **5**
Guebwiller **7**
Metz **3**
Mulhouse (Mülhausen) **6**
Nancy **4**
Neuf-Brisach (Neubreisach) **8**
Obernai **15**
Ribeauvillé **12**
Riquewihr (Reichenweier) **11**
Saverne **17**
Sélestat (Schlettstadt) **14**
Strasbourg (Straßburg) **16**
Toul **2**
Verdun **1**

Sonnenblumenfeld in der Nähe des Dorfs Turckheim

Weitere Zeichenerklärungen *siehe hintere Umschlagklappe*

Das malerische Riquewihr, ein Dorf an der Route des Vins

Im Elsass und in Lothringen unterwegs

Es gibt gute Bahn- und Straßenverbindungen zwischen Straßburg, Colmar und Nancy sowie in die Schweiz und nach Deutschland. Die Hauptzugangsstraßen in die Region sind die N4, A31 und A35, die A4 nach Paris, die N59 und der Tunnel unter den Vogesen. Die Fahrt über die Vogesen und entlang der Route des Vins sollte man per Auto oder Bustour (von Colmar oder Straßburg aus) machen.

LEGENDE

▬	Autobahn
▬	Schnellstraße
▬	Nationalstraße
▬	Nebenstraße
▬	Panoramastraße
┄	Eisenbahn (Hauptstrecke)
┄	Eisenbahn (Nebenstrecke)
▓	Staatsgrenze
┄	Regionalgrenze
△	Gipfel

Der Ossuaire de Douaumont wacht über die endlos vielen Kreuze auf dem Schlachtfeld von Verdun

Verdun ❶

Meuse. 🚶 20 000. 🚉 🚌 🛈 Pl de
la Nation (03 29 84 14 18). ⛴ Fr.
www.verdun-tourisme.com

Die Stadt wird immer mit
der grausamen Schlacht
bei Verdun (1916/17) in Verbindung gebracht werden, bei
der in einem Jahr kontinuier-
lichen Gemetzels ungefähr
eine Million Soldaten ihr
Leben ließen. Um die Moral
der Franzosen zu untergra-
ben, versuchte die deutsche
Armee, die Forts von Douaumont und Vaux zu erobern
und in Verdun einzumarschie-
ren. Die Franzosen kämpften
mit allen Mitteln gegen die
Eroberung der Stadt. Das
Blutvergießen hielt bis zum
Ende des Ersten Weltkriegs
an. Erst 1918 zogen sich die
Deutschen aus ihrer Stellung,
fünf Kilometer von Verdun
entfernt, zurück.

Die Gegend in den Hügeln
nördlich von Verdun ist heute
mit Mahnmalen übersät. Neun
Dörfer wurden hier dem Erdboden gleichgemacht. Das
Musée-Mémorial de Fleury
erzählt ihre Geschichte. Im
Ossuaire de Douaumont
haben 130 000 französische
und deutsche unbekannte
Soldaten ihre letzte Ruhestätte
gefunden. Die eindrücklichste
Erinnerung an die Schlacht ist
Rodins geflügelte Siegesgöttin
in Verdun, die sich nicht
triumphierend in die Lüfte erheben kann, weil sie sich in
einem toten Soldaten verfan-
gen hat.

Verdun wurde im Lauf der
Jahrhunderte zum Schutz vor
Eindringlingen immer weiter

befestigt. Die mit Zinnen bewehrte **Porte Chaussée**, ein
mittelalterliches Tor nahe dem
Fluss, bewacht noch immer
den östlichen Zugang zur
Stadt.

Obwohl die **Citadelle de
Verdun** im Krieg schwer beschädigt wurde, ist ihr aus
dem 12. Jahrhundert stam-
mender Turm noch vorhan-
den. Er ist der letzte erhaltene
Bestandteil der ursprünglichen Abtei, die Vauban seinem neuen Festungsbau
eingliederte. Heute zeigt das
Museum **Citadelle Souterraine**
eine audiovisuelle Darstellung
von der Rolle Verduns im
Ersten Weltkrieg und den
Schrecken des Stellungskriegs.
Die Führung endet mit der
Erläuterung, wie die Wahl des
»Unbekannten Soldaten« für
das symbolische Grabmal
unter dem Arc de Triomphe
in Paris *(siehe S. 107)* zustan-
de kam.

Das Stadtzentrum Verduns
wird von der Kathedrale geprägt. Die Bombardierungen
von 1916 legten zugemauerte
romanische Elemente frei.

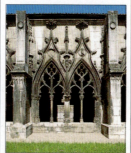

Kreuzgang (16. Jh.) der Église
St-Gengoult in Toul

🏛 **Citadelle Souterraine**
Av du 5ème R.A.P. 📞 03 29 86 14
18. ◯ tägl. 🚫 Jan. 🈂 ⚿

Toul ❷

Meurthe-et-Moselle. 🚶 17 000.
🚉 🚌 🛈 Parvis de la Cathédrale (03
83 64 90 60). ⛴ Mi u. Fr.
www.toul.fr

Umgeben von dunklen
Wäldern, liegt die acht-
eckige Festungsstadt Toul
zwischen Mosel und Canal de
la Marne. Toul war neben
Verdun und Metz schon im
4. Jahrhundert Bistum. Im frühen 18. Jahrhundert baute
Vauban die Zitadelle, von der
noch der Verteidigungsring
und die **Porte de Metz** erhalten sind.

Der Bau der **Cathédrale
St-Étienne** wurde im 13. Jahrhundert begonnen und zog
sich über 300 Jahre hin. Die
Kathedrale wurde im Zweiten
Weltkrieg schwer beschädigt,
doch der Champagne-Stil
blieb in den Arkaden und
Galerien erhalten. Die spätgotische Fassade wird von zwei
achteckigen Türmen flankiert.
In der Rue du Général-Gen-
goult hinter der gotischen
Église St-Gengoult stehen
schöne Renaissance-Häuser.

Die Weingüter nördlich der
Stadt produzieren die bekann-
ten »grauen« Côtes-de-Toul-
Weine der Region.

Umgebung: In der Nähe von
Neufchâteau südlich von Toul
liegt **Domrémy-la-Pucelle**, der
Geburtsort von Jeanne d'Arc.
Neben ihrem Geburtshaus
gibt es eine Ausstellung zum

Leben der Nationalheldin. Von Metz oder Toul aus erreicht man den riesigen **Parc Régional de Lorraine** mit Wäldern, Weinbergen, Sümpfen, Getreidefeldern, Weiden und Seen. Die Gasthäuser sind bekannt für Quiche Lorraine und *potée lorraine* bekannt. Letzteres Gericht ist ein deftiger Eintopf.

Jupiter tötet ein Ungeheuer,
Säule von Merten in La Cour d'Or

Metz ❸

Moselle. 🚶 130000. ✈ 🚆 🚌
ℹ 2, place d'Armes (03 87 55 53 76). 🛍 Sa.
http://tourisme.metz.fr

D as nüchterne, aber sympathische Metz liegt am Zusammenfluss von Mosel und Seille. Es gibt 20 Brücken über die Flüsse und Kanäle. Die gallo-römische Gründung, heute Verwaltungssitz des Départements Moselle, war häufig umkämpft: 1871 wurde sie von Deutschland annektiert, 1918 von Frankreich zurückgewonnen.

Auf einem Berg oberhalb von Mosel und Altstadt liegt die gotische **Cathédrale St-Étienne**. Im Inneren erhellt das durch gotische und moderne Bleiglasfenster (einige von Chagall) einfallende Licht die Wände. Nordwestlich der Kathedrale führt eine schmale Holzbrücke zur Insel Petit Saulcy, auf der das älteste noch bespielte Theater Frankreichs steht. Auf der anderen Seite wirkt die den Fluss überspannende **Porte des Allemands** mit den Wehrtürmen und dem Portal (13. Jh.) wie eine mittelalterliche Burg.

In der Vieille Ville (Altstadt) säumen stolze Bürgerhäuser mit Arkaden (14. Jh.) die Place St-Louis. Hier steht eine der ältesten Kirchen Frankreichs, die **Église St-Pierre-aux-Nonnains**. Außenmauern und Fassade stammen aus römischer Zeit, einige Bereiche gehörten zu einem Nonnenkloster (7. Jh.). Nahebei sieht man die im 13. Jahrhundert von Tempelrittern erbaute und mit Fresken ausgestattete **Chapelle des Templiers**.

Das im Mai 2010 eröffnete **Centre Pompidou-Metz** ist eine Zweigstelle des Centre Pompidou in Paris *(siehe S. 92f)*, die moderne europäische Kunst zeigt.

🏛 **Musée de la Cour d'Or**
2, rue du Haut-Poirier. 📞 03 87 68 25 00. 🕐 Mi–Mo. 🔴 Feiertage. 📷
Die auch als Musée d'Art et d'Histoire bekannte Sammlung liegt in den Petits-Carmes, einem säkularisierten Kloster (17. Jh.) mit gallo-römischen Thermen und mittelalterlicher Scheune für den Zehnten. Zu sehen sind merowingische Steinmetzarbeiten, bemalte gotische Decken sowie deutsche, flämische und französische Gemälde.

Weißstörche

Bis vor Kurzem war der Weißstorch – traditionell ein Glückssymbol – im Nordosten Frankreichs häufig zu sehen. Die Vögel verbringen den Winter in Afrika und kommen dann zurück, um hier zu brüten. Ihr Überleben ist allerdings durch die fortschreitende Trockenlegung von Sümpfen sowie durch Pestizide und Stromleitungen gefährdet. Die Bemühungen, sie wieder anzusiedeln, ließen u. a. in Molsheim und Turckheim Aufzuchtstationen entstehen.

Die Chapelle des Templiers in Metz mit restaurierten Fresken

Place Stanislas in Nancy mit der Statue von Stanislaus Leszczynski, Herzog von Lothringen

Nancy ➍

Meurthe-et-Moselle. 🏤 105 000.
✈ 🚊 🚌 ℹ 14, place Stanislas
(03 83 35 22 41). 🛒 Di–Sa.
www.ot-nancy.fr

Die historische Hauptstadt Lothringens liegt an der Meurthe und am Canal du Marne. Im 18. Jahrhundert ließ Stanislaus Leszczynski, Herzog von Lothringen (siehe S. 302), Nancy ausbauen und verschönern. Eine zweite Blütezeit erlebte die Stadt um 1900, als der Glaskünstler Émile Gallé die Schule von Nancy gründete, eine Vorläuferin der Jugendstil-Bewegung in Frankreich.

Wichtigster Anziehungspunkt in Nancy ist die **Place Stanislas**, die in den 1750er Jahren angelegt wurde. Der Platz ist von vergoldeten schmiedeeisernen Gittern und Toren umgeben, die 2005 restauriert wurden. Er wird von schönen *hôtels particuliers* und Restaurants gesäumt. Ein Arc de Triomphe führt von hier zur Place de la Carrière, einem von Bäumen eingefassten Platz. Hier liegt das gotische **Palais du Gouvernement**, das an der Seite Arkaden besitzt. Im Parc de la Pépinière kann man Rodins Statue des

in Nancy geborenen Landschaftsmalers Claude Lorrain sehen. Die Grande Rue gewährt einen Blick auf das mittelalterliche Nancy. Von den Befestigungen ist heute nur noch die nach der Revolution als Gefängnis genutzte Porte de la Craffe erhalten.

🔒 Église et Couvent des Cordeliers et Musée Régional des Arts et Traditions Populaires

64–66, Grande Rue. 🌐 03 83 32 18 74. 🕐 Mi–Mo. 🔴 1. Jan, Ostern, 1. Mai, 14. Juli, 1. Nov, 25. Dez. 🎫
Die Herzöge von Lothringen sind in der Krypta beigesetzt. Das benachbarte ehemalige Kloster beherbergt ein Museum, das Volkskunst, Möbel, Trachten und Handwerksgegenstände ausstellt.

🏛 Musée des Beaux-Arts

3, place Stanislas. 🌐 03 83 85 30 72. 🕐 Mi–Mo. 🔴 Feiertage. 🎫 ♿ 📷
Nach Renovierung und Erweiterung besitzt das Museum 40 Prozent mehr Ausstellungsfläche. Es präsentiert eine Sammlung europäischer Kunst vom 14. bis zum 20. Jahrhundert, darunter Werke von Delacroix, Manet, Monet, Utrillo und Modigliani. Bezaubernd: die Glaskunst von Daum.

🏛 Musée Historique Lorraine

Palais Ducal, 64, Grande Rue.
🌐 03 83 32 18 74. 🕐 Di–So.
🔴 1. Jan, 1. Mai, 14. Juli, 1. Nov, 25. Dez. 🎫
Hier ist eine Sammlung von archäologischen Funden, Skulpturen und Gemälden zu sehen, darunter auch zwei Bilder von Georges de la Tour.

🏛 Musée de l'École de Nancy

36–38, rue de Sergent Blandan.
🌐 03 83 40 14 86. 🕐 Mi–So.
🔴 1. Jan, 1. Mai, 14. Juli, 1. Nov, 25. Dez. 🎫 ♿
Das im Jugendstil eingerichtete Museum zeigt Möbel, Stoffe und Schmuck sowie die wunderschönen Glasobjekte von Émile Gallé, dem Gründer der Schule von Nancy.

Der Arc de Triomphe auf der Place Stanislas

Route des Crêtes

Die Bergstraße (83 km Länge) verbindet die Vogesentäler vom Col du Bonhomme bis Cernay, östlich von Thann, und führt oft durch Wald. Sie wurde im Ersten Weltkrieg angelegt und eng an der Westseite der Vogesen entlanggeführt, um französische Truppenbewegungen vor den Deutschen zu verbergen. Die vielen Höhenzüge (crêtes) bieten bei klarem Wetter wunderschöne Ausblicke.

Ausblick von der Route des Crêtes

Gérardmer ❺

Vosges. 👥 10 000. 🚐 🚉 🚕 4,
place des Déportés (03 29 27 27 27).
🏠 *Do u. Sa.* **www**.gerardmer.net

Die Stadt, die sich male-
risch am Ufer eines Sees
an die nach Lothringen hin
abfallenden Hänge der Vogesen schmiegt, wirkt wie eine
Postkartenidylle. Im November 1944, kurz vor seiner Befreiung, wurde Gérardmer
von den Deutschen zerstört,
später wiederaufgebaut.

Die traditionellen Erwerbs-
zweige der Holzverarbeitung
und Schnitzerei sind hier
noch lebendig, während die
Textilindustrie immer mehr
vom Tourismus verdrängt
wird.

Im Winter kann man in den
Vogesen Ski fahren. Im Sommer bietet der See viele Möglichkeiten für Wassersport.
Attraktiv ist die Stadt nicht
zuletzt wegen der vielen Spazierwege um den See und der
Bootsausflüge. Begehrt ist
auch der hier produzierte
Käse. Der Géromée schmeckt
ähnlich wie der berühmte
Munster.

In Gérardmer, der »Perle der
Vogesen«, wurde das älteste
Tourismusbüro (1875) Frank-
reichs eingerichtet. Viele
Besucher werden von den
Wandermöglichkeiten in den
Vogesen angelockt. Beliebt ist
der Weg entlang der ein-
drucksvollen **Route des
Crêtes**, auf die man am Col
de la Schlucht trifft.

Alte Schmiede im Écomusée d'Alsace in Ungersheim

Mulhouse ❻

Haut-Rhin. 👥 120 000. ✈ 🚉 🚌
🛈 *9, avenue Foch (03 89 35 48 48).*
🏠 *Di, So u. Sa.*
www.tourisme-mulhouse.com

Die nicht sonderlich ver-
lockende Industriestadt
Mulhouse (Mülhausen) wurde
im Zweiten Weltkrieg schwer
beschädigt. Sie besitzt zahlreiche technische Museen
und Einkaufspassagen sowie
elsässische Gasthäuser und
Schweizer Weinstuben. Für
Besucher ist Mülhausen meist
Ausgangspunkt für Fahrten in
die Berge des Sundgau an
der Schweizer Grenze.

Das **Musée de l'Impression
sur Étoffes** (14, rue Jean-
Jacques Henner) stellt Textilien aus. Im **Musée Français
du Chemin de Fer** (2, rue Alfred Glehn) sind Lokomotiven
zu sehen. Im kürzlich renovierten **Musée National de
l'Automobile** (192, avenue de
Colmar) stehen Bugattis und
Ferraris sowie der Rolls-Royce
von Charlie Chaplin. An der
Place de la République beherbergt das ehemalige Rathaus,
ein Renaissance-Bau, das
Musée Historique.

Schwein einer alten Rasse im
Écomusée d'Alsace in Ungersheim

Umgebung: Im nördlich von
Mülhausen gelegenen Ungersheim zeigt das **Écomusée
d'Alsace** das bäuerliche Leben
anhand von Originalbauten,
die hierherverbracht und
restauriert wurden. Man sieht
u. a. ein befestigtes Wohnhaus
(12. Jh.) aus Mülhausen mitsamt gotischem Garten. Die
Bauernhöfe wirtschaften auf
althergebrachte Weise. Handwerker arbeiten nach traditionellen Methoden in Original-
werkstätten.

🏛 **Écomusée d'Alsace**
Chemin du Grosswald. 📞 *03 89 62
43 00.* 🔲 *Apr–Dez: tägl.* 📷 ♿ 🅿

Der Lac de Gérardmer bietet viele Möglichkeiten zur Freizeitgestaltung

Guebwiller 7

Haut-Rhin. 11 800. 73, rue de la République (03 89 76 8041). Di u. Fr. www.ville-guebwiller.fr

Umgeben von Weinbergen und blumenübersäten Tälern, ist Guebwiller auch als »Tor zum Tal der Blumen« bekannt. Die Industriestadt scheint ihrer ländlichen Umgebung allerdings weit entrückt. Ihre Bauten sind erhaben, doch es sind eher die Weinkeller und Kirchen, die einen Besuch lohnen.

Die an einem hübschen Platz gelegene **Église Notre-Dame** vereint barocke Verspieltheit mit klassizistischer Eleganz, während die **Église des Dominicains** gotische Fresken und einen prachtvollen Lettner vorzuweisen hat. Am interessantesten ist sicher die reich verzierte romanische **Église St-Léger**.

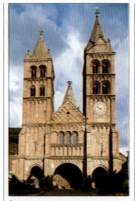

Église St-Léger in Guebwiller

Umgebung: Das Lauch-Tal nordwestlich von Guebwiller ist wegen seiner Blumenpracht als »Le Florival« bekannt. **Lautenbach** dient häufig als Ausgangspunkt für Wanderungen durch die *zone de tranquillité*. Im Dorf steht eine rosafarbene romanische Kirche, deren Portal eine Allegorie der Leidenschaft zeigt. Vom Kirchplatz gelangt man hinunter zum Fluss, zu einem Stauwehr und einem öffentlichen Waschplatz *(lavoir)*.

Neuf-Brisach 8

Haut-Rhin. 2100. Palais du Gouverneur, 6, place d'Armes (03 89 72 56 66). 1. u. 3. Mo im Monat. www.tourisme-rhin.com

Nahe der deutschen Grenze steht die achteckige Zitadelle von Neuf-Brisach (Neubreisach), das Meisterwerk des Militärarchitekten Vauban. Das in sternförmiger Anordnung mit symmetrischen Türmen angelegte Bauwerk wurde 1698–1707 errichtet. Mittelpunkt ist die Place d'Armes mit der 1731–36 hinzugefügten Église

Zitadelle von Neuf-Brisach

Porte de Bâle

Der äußere Befestigungsring verläuft um zwei Wallgräben.

Die Place d'Armes, früher ein Exerzierplatz, war der innerste Rückzugsort.

Die Porte de Strasbourg wurde einst von einer Zugbrücke geschützt.

Bastion

Die Festung ist in 48 *îlôts* (Karrees) aufgeteilt.

In der Porte de Belfort befindet sich das Musée Vauban. Ein Spazierweg führt zur Porte de Colmar.

Die Mauern sind neun Meter hoch und an der Basis 4,5 Meter breit.

Porte de Bâle

Der berühmte Isenheimer Altar von Matthias Grünewald in Colmar

St-Louis. Diese zeigt die gewohnte Ehrerbietung Vaubans gegenüber seinem Gönner Louis XIV. Ihre Stellung im Zentrum brachte zum Ausdruck, dass die Kirche dem Sonnenkönig, und nicht dem Heiligen, geweiht war.

Das **Musée Vauban** in der Porte de Belfort präsentiert ein Modell der Zitadelle, das auch die heute von Wald bedeckten Außenanlagen zeigt. Sie waren wichtiger Bestandteil von Vaubans Konzept – die Zitadelle konnte nie eingenommen werden.

🏛 **Musée Vauban**
Place Porte de Belfort. 📞 03 89 72 03 93. ⏰ Mai–Okt: Mi–Mo; Nov–Apr: nur Gruppen nach Voranmeldung. 📷 ♿

Eguisheim ⑨

Haut-Rhin. 🏙 1500. 🚉 ℹ 22a, Grand'Rue (03 89 23 40 33). www.ot-eguisheim.fr

Eguisheim ist ein kleines, bezauberndes Örtchen, das von drei konzentrischen Befestigungsringen umgeben ist. Im Zentrum des Orts steht die achteckige **Burg** der Grafen von Eguisheim. Die Statue davor zeigt Bruno Eguisheim, der 1002 hier geboren wurde und als Papst Leo IX. in die Geschichte einging. Später wurde er heiliggesprochen.

Die Grand'Rue ist von Fachwerkhäusern gesäumt, auf denen zum Teil das Datum ihrer Entstehung festgehalten ist. Nahe der Burg steht der **Marbacherhof**, früher ein klösterlicher Getreidespeicher

und Abgabestelle für den Zehnten. Die Pfarrkirche an einem benachbarten Platz besitzt noch ein romanisches Tympanon.

Der Ort hat etwas Märchenhaftes und ist zugleich sehr weltlich: In einladenden Hinterhöfen werden Kostproben verschiedener *grands crus* angeboten. Ein ausgeschilderter Spazierweg führt von der Rue de Hautvilliers außerhalb der Stadtmauern durch schön angelegte Weingärten.

Colmar ⑩

Haut-Rhin. 🏙 68 000. 🚉 🚌 ℹ 4, rue d'Unterlinden (03 89 20 68 92). 🛒 Mo, Mi, Do u. Sa. www.ot-colmar.fr

Colmar ist die am besten erhaltene Stadt im Elsass. Im 16. Jahrhundert war sie ein bedeutendes Handelszentrum mit Binnenhafen. Weinhändler transportierten damals ihre Ware auf den Wasserwegen

des Kanalviertels, das auch als **Petite Venise** bezeichnet wird. Dieses »Klein-Venedig« lässt sich gut auf einer der Bootsfahrten erkunden, die vom Gerberviertel bis zur Rue des Tanneurs führen. Hier, an der Place de l'Alsacienne Douane, steht auch das **Koïfhüs**, ein von Fachwerkhäusern umgebenes Zollhaus.

Im nahen Viertel um die Place de la Cathédrale liegen alte Wohnhäuser aus dem 16. Jahrhundert. Die gotische **Église St-Martin** besitzt ein sehenswertes Südportal. Ein Stück weiter ragt an der Place des Dominicains die gotische **Église Dominicaine** empor. Im Inneren kann man die *Madonna im Rosenhag* (1473) des aus Colmar stammenden Malers Martin Schongauer bewundern.

Das **Musée d'Unterlinden** befindet sich an der Place d'Unterlinden. Das ehemalige Dominikanerkloster stellt Werke der frühen oberrheinischen Kunst aus. Das interessanteste Objekt der Sammlung ist sicher der Isenheimer Altar, ein Wandelaltar mit drei Schautafeln (16. Jh.) von Matthias Grünewald.

In der historischen Altstadt findet man in der malerischen Rue des Têtes die ehemalige Weinbörse. Wegen der grotesken Köpfe an den Giebeln wird das Renaissance-Bürgerhaus auch Maison des Têtes genannt. In der Rue Mercière steht das Wahrzeichen der Stadt, die **Maison Pfister** mit ihrem schlanken Treppenturm und mit Arkaden an der hübschen, blumengeschmückten Fassade.

Am Quai de la Poissonerie in Petite Venise, Colmar

Riquewihr ⓫

Haut-Rhin. 👥 1100. 🚉 🛈 2, rue de 1ère Armée (03 89 73 23 23). 🚆 Fr. www.ribeauville-riquewihr.com

Der Wein wächst bis an den Ortsrand von Riquewihr (Reichenweier), dem charmantesten Dorf an der Route des Vins *(siehe S. 232f)*. Die Winzer des Orts pflanzen am Ende jeder Rebenzeile Rosen – nicht nur weil sie schön anzusehen sind, sondern weil sie Parasitenbefall ankündigen. Das Dorf gehörte bis zur Revolution den Grafen von Württemberg und ist durch Wein zu Wohlstand gekommen. Angebaut werden Pinot Gris, Gewürztraminer und Riesling. Riquewihr ist eine bunte Mischung aus Gassen, Balkonen und schmucken Innenhöfen. Mit seinen alten Mauern und Wachtürmen wirkt es wie ein Freilichtmuseum.

Vom Hôtel de Ville führt die **Rue du Général de Gaulle** an Fachwerk- und Steinhäusern aus Mittelalter und Renaissance vorbei. Von Tragsteinen gestützte Erker, verzierte Portale und mittelalterliche Wirts-hausschilder bestimmen das Bild. Rechts liegt die idyllische **Place des Trois Églises**. Hinter der Wehranlage gelangt man zu den Weinbergen und zum **Dolder**, einem Turm aus dem 13. Jahrhundert, sowie zur **Tour des Voleurs** (beides Museen), wo sich der zweite Befestigungsring befindet. Sehenswert ist der **Cour des Bergers**, ein um die Befestigungen (16. Jh.) angelegter Garten. Die Romantik trübt nur der rege Besucherstrom im Sommer und während des Weihnachtsmarkts.

Das hübsche Dorf Riquewihr inmitten von Weinbergen

Ribeauvillé ⓬

Haut-Rhin. 👥 4800. 🚉 🚆 🛈 1, Grand'Rue (03 89 73 23 23). 🚆 Sa. www.ribeauville-riquewihr.com

Ribeauvillé wird von drei Burgruinen überragt und erscheint etwas überladen und herausgeputzt. Zum Teil dürfte dies mit dem Verkauf der elsässischen *grands crus*, vor allem des Rieslings, begründet sein. In der Nähe des Parks und im unteren Teil der Stadt gibt es reichlich Möglichkeiten für Weinproben *(siehe S. 232f)*.

In der Grand'Rue steht das **Pfifferhüs** (Nr. 14), früher die Herberge der Stadtmusikanten. Für die Einwohner ist Ribeauvillé die Hauptstadt des *Kougelhopf*, einer Elsässer Kuchenspezialität.

In der Oberstadt winden sich enge Gassen an den Läden von Kunsthandwerkern und Weinhändlern vorbei. Zudem gibt es Renaissance-Brunnen, bemalte Fassaden und die gotische Pfarrkirche **St-Grégoire-le-Grand**. Von diesem Teil des Orts führt ein ausgeschilderter Weg in die Weinberge.

Château du Haut-Koenigsbourg ⓭

Orschwiller. 📞 03 88 82 50 60. 🕐 tägl. ⬤ 1. Jan, 1. Mai, 25. Dez. 🎥 🕐 tägl. 12, 15 Uhr (deutsch). ♿ 🏠 🚻 www.haut-koenigsbourg.fr

Oberhalb des Dorfs St-Hippolyte liegt das beliebteste Reiseziel im Elsass, das Château du Haut-Koenigsbourg. Die erste Burg an dieser Stelle ließ 1114 Kaiser Friedrich von Hohenstaufen errichten. Sie wurde 1462 zerstört, aber von den Habsburgern wiederaufgebaut und erweitert. Die zweite Burg brannte 1633 nieder. Ende des letzten Jahrhunderts beauftragte Kaiser Wilhelm II. den Architekten Bodo Erhardt mit der Restaurierung. Das Ergebnis seiner Arbeit war eine detailgetreue Rekonstruktion der Originalgebäude.

Mit Zugbrücke, Burgturm und Ringmauern wirkt die Anlage wie eine »echte« mittelalterliche Burg. Die Cour d'Honneur ist eine atemberaubende Nachbildung mit einem Ecktürmchen und von Arkaden umrahmten Galerien. Im Inneren erwarten einen dunkle »gotische« Räume. Besonders fantastisch wirkt die Grande Salle mit neogotischer Empore und Vertäfelungen. Von den Wehrgängen aus überblickt man auf der einen Seite die Rheinebene bis zum Schwarzwald und zu den Alpen, auf der anderen die Weinberge und Dörfer der Vogesen.

Oberer Garten

Westbastion

Westflügel

Äußere Ringmauer

Chapelle St-Sébastien bei Dambach-la-Ville an der Route des Vins

Sélestat ⑭

Bas-Rhin. 🚶 17 000. 🚉 🚌
🛈 Commanderie Saint-Jean, bd Leclerc (03 88 58 87 20). 🗓 Di u. Sa. www.selestat-tourisme.com

Das Sélestat (Schlettstadt) der Renaissance war der geistige Mittelpunkt des Elsass, nicht zuletzt durch das Wirken von Beatus Rhenanus, einem Freund von Erasmus von Rotterdam. Die **Bibliothèque Humaniste** besitzt eine Sammlung früher Drucke, darunter das erste Buch, das Amerika erwähnt (1507). Nahebei liegen Cour des Prélats (ein efeubewachsenes Stadthaus) und Tour de l'Horloge (ein mittelalterlicher Uhrturm). Die **Église Ste-Foy** (12. Jh.) besitzt einen achteckigen Glockenturm. Ihr gegenüber erhebt sich die mit »burgundischen Ziegeln« glänzende **Église St-Georges**.

🏛 **Bibliothèque Humaniste**
1, rue de la Bibliothèque.
📞 03 88 58 07 20. 🕐 Mo, Mi–Sa vormittags (Juli, Aug: Mi–Mo, außer So vormittags).
🗓 Feiertage. 🌐 www. bibliotheque-humaniste.eu

Umgebung: Eine durch Weinberge führende Landstraße verbindet das mittelalterliche **Dambach-la-Ville** mit Andlau und Ittersweiler mit den strahlend roten Ziegeldächern. Das malerische Dorf **Ebersmunster** besitzt eine Abteikirche mit Zwiebelturm. Das barocke Innere blitzt nur so von vergoldetem Stuck.

Obernai ⑮

Bas-Rhin. 🚶 11 000. 🚉 🚌
🛈 Place du Beffroi (03 88 95 64 13). 🗓 Do. www.obernai.fr

Am nördlichsten Punkt der Route des Vins liegt Obernai, in dem viel vom ursprünglichen Elsass erhalten ist: Die Einwohner sprechen elsässischen Dialekt, an Festtagen tragen die Frauen Tracht, und die Gottesdienste in der neogotischen **Église St-Pierre-et-St-Paul** sind gut besucht. An der Place du Marché gibt es noch einen Renaissance-Brunnen. In der **Halle aux Blés** (16. Jh.), einem früheren Getreidespeicher, ist jetzt ein Restaurant untergebracht. Die benachbarte Place de la Chapelle ist Standort des **Hôtel de Ville** und des gotischen **Kapellturms**. In den Seitenstraßen sieht man Fachwerkhäuser aus Mittelalter und Renaissance. Ein Spaziergang an den Cafés der Rue du Marché vorbei führt zum Park an der Stadtmauer.

Elsässische Kinder in Tracht

Umgebung: Odile, die Schutzpatronin des Elsass, wurde im 7. Jahrhundert in Obernai geboren und westlich der Stadt auf dem **Mont Sainte-Odile** beigesetzt.

Das frühere Bistum **Molsheim** liegt zehn Kilometer nördlich. Hauptanziehungspunkt ist der Metzig, das ehemalige Zunfthaus der Metzger im Stil der Renaissance.

Das **Mémorial de l'Alsace-Moselle** bei Schirmeck erinnert an die über 20 000 Toten des Konzentrationslagers Natzweiler-Struthof.

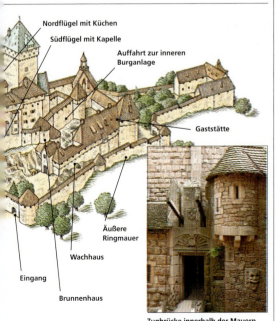

Nordflügel mit Küchen
Südflügel mit Kapelle
Auffahrt zur inneren Burganlage
Gaststätte
Äußere Ringmauer
Wachhaus
Eingang
Brunnenhaus

Zugbrücke innerhalb der Mauern von Haut-Koenigsbourg

Hotels und Restaurants im Elsass und in Lothringen siehe Seiten 561f und 612–614

Strasbourg (Straßburg) ⑯

Statue in der Kathedrale

S traßburg, das auf halbem Weg zwischen Paris und Prag liegt, wird oft als »Knotenpunkt Europas« bezeichnet. Die Stadt, einer der Hauptsitze der EU, ist kosmopolitisch – nicht von ungefähr war die berühmte Kathedrale sowohl katholisch als auch protestantisch. Das futuristisch anmutende Palais de l'Europe (Europaparlament) wurde etwas entfernt vom historischen Zentrum errichtet. Bei einer Bootsfahrt auf den Wasserwegen kann man die Altstadt erkunden. Dabei kommt man an den Ponts-Couverts vorbei, überbauten Brücken mit mittelalterlichen Wachtürmen, von denen aus die vier Kanäle der Ill einzusehen sind, und am malerischen früheren Gerberviertel Petite France. Hier gibt es noch alte Mühlen und zahllose Brücken über das Wasser.

Boot auf dem Kanal

Das Hauptportal an der Westfassade der Kathedrale

⛪ Cathédrale Notre-Dame

Als Meisterwerk erscheint die aus Sandstein erbaute Kathedrale in den Worten Goethes »ganz groß, und bis in den kleinsten Teil notwendig schön, wie Bäume Gottes«. Die Bauarbeiten begannen im späten 11. Jahrhundert (der Chor ist romanisch, das Mittelschiff gotisch), konnten aber erst 1439 mit der Fertigstellung der 1277 angefangenen Westfassade abgeschlossen werden. Die drei Portale sind mit Statuen verziert. Die

Krönung bildet das Rosettenfenster. Durch das Südportal gelangt man zum gotischen Pilier des Anges, dem Engelspfeiler (um 1230) neben der astronomischen Uhr: Jeden Tag um 12.31 Uhr bewegen sich mechanische Figuren nach dem Musik eines Glockenspiels. Auf der Aussichtsplattform finden an Sommerabenden Orgelkonzerte statt.

An der Place de la Cathédrale steht das schöne Bürgerhaus Maison Kammerzell, das heute ein Restaurant ist.

🏛 Palais Rohan

2, place du Château. 📞 03 88 80 50 50. 🕐 Mi.–Mo. ⬤ 1. Jan, Karfreitag, 1. Mai, 1. u. 11. Nov, 25. Dez. ♿ www.musee-strasbourg.org
Das klassizistische Palais wurde 1730 von Robert de Cotte, dem königlichen Architekten, geplant und war für die Fürstbischöfe von Straßburg vorgesehen. Der Bau beherbergt drei Museen: das Musée des Beaux-Arts, das Musée Archéologique und das Musée des Arts Décoratifs, in dem eine der schönsten Porzellansammlungen Frankreichs zu finden ist.

Das Musée d'Art Moderne et Contemporain am Wasser

INFOBOX

Bas-Rhin. 🚶 273 000. ✈ 12 km
südwestl. von Straßburg.
🚉 Place de la Gare (08 92 35 35
35). 🚌 Place des Halles (03 88 23
43 23). 🛈 17, place de la
Cathédrale (03 88 52 28 28).
🎭 Mi u. Fr. 🎼 Internationales
Musikfestival (Juni/Juli).
www.ot-strasbourg.fr

🏛 Musée de l'Œuvre Notre-Dame

3, place du Château. 📞 03 88 52
50 00. ☐ Di–So. ● 1. Jan, Karfreitag, 1. Mai, 1. Nov, 25. Dez. 📷
♿ Erdgeschoss.

Das sehenswerte Museum
der Straßburger Kathedrale
präsentiert einen großen
Teil der Originalskulpturen
des Gotteshauses sowie
Bleiglasfenster aus dem
11. Jahrhundert. In dem
reizvollen Giebelhaus ist
eine umfangreiche
Sammlung von Wer-
ken elsässischer Kunst
aus Mittelalter und Re-
naissance zu sehen.

🏛 Musée d'Art Moderne et Contemporain

1, place Hans-Jean Arp. 📞 03 88
23 31 31. ☐ Di–So. ● 1. Jan, Kar-
freitag, 1. Mai, 1. u. 11. Nov, 25. Dez.
📷 ♿ 🍴 🛈 Konzerte, Filme.
Adrien Fainsilbers Kultur-
Flaggschiff für das 21. Jahr-
hundert ist ein Wunder aus
Glas und Licht, vor allem
nachts, wenn es auf dem
Wasser zu schweben scheint.
Die Sammlung reicht von
1860 bis zur Gegenwart. Das
Art Café lohnt einen Besuch.

Palais de l'Europe

PLACE DE LA REPUBLIQUE

QUAI FINKMATT
QUAI JACQUES STURM
QUAI SCHOEPFLIN

Pont du Théâtre

RUE DE LA FONDERIE
RUE DU FIL

AV DE ... MALREAUX
A LA LIBERTE

AVENUE DE LA MARSEILLAISE

PLACE ST-PIERRE LE JEUNE

🅿 PLACE BROGLIE

PLACE DU PETIT BROGLIE

Pont de la Poste

Hôtel de Ville

RUE BRÛLEE

QUAI LEZAY MARNESIA

RUE DE LA MESANGE

RUE BRÛLEE

Pont St-Étienne

RUE DU DOME

RUE DES JUIFS
RUE DES PUCELLES
RUE DES FRÈRES

PLACE DU TEMPLE NEUF

PLACE ST-ETIENNE   St-Étienne

PLACE DU MARCHÉ NEUF

3 Maison Kammerzell 🛈

PLACE DU MARCHE GAYOT

Pont St-Guillaume

4 Cathédrale Notre-Dame 🅿

PLACE DE LA CATHÉDRALE

RUE DES ÉCRIVAINS

🅿 PLACE GUTENBERG

R DES SERRURIERS

R DU VIEUX-MARCHÉ AUX POISSONS

5 Musée de l'Œuvre Notre-Dame

6 Palais Rohan

QUAI DES BATELIERS
QUAI DES VEAUX

🅿

RUE DE LA DIVISION LECLERC

Musée Historique

RUE DE LA DOUANE

PLACE DU CORBEAU

SAINT-THOMAS
Pont St-Nicolas
CHARLES FREY

7 Musée Alsacien

QUAI ST-NICOLAS

RUE DE LA 1er ARMÉE

R DES BOUCHERS

COLMAR

Zeichenerklärung
siehe hintere Umschlagklappe

Zentrum von Strasbourg

🏛 Musée Historique

3, place de la Grande Boucherie.
📞 03 88 52 50 00. ☐ Di–So.
● 1. Jan, Karfreitag, 1. Mai, 1. u.
11. Nov, 25. Dez. 📷 ♿
Das Museum behandelt die
politische, wirtschaftliche und
militärische Geschichte Straß-
burgs.

🏛 Musée Alsacien

23, quai St-Nicolas. 📞 03 88 52 50
00. ☐ Mi–Mo. ● 1. Jan, Karfreitag,
1. Mai, 1. Nov, 25. Dez. 📷
In mehreren Renaissance-
Gebäuden sind Exponate zu
Brauchtum, Volkskunst und
Handwerk zu sehen.

Die Ponts-Couverts mit den
mittelalterlichen Wachttürmen

Die Elsässer Route des Vins

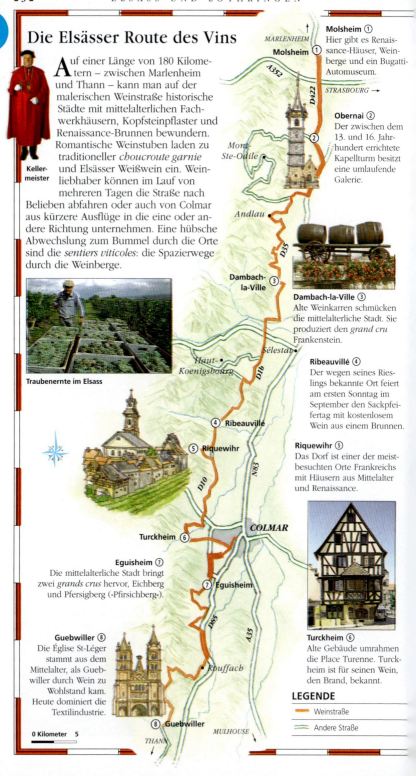

Keller-meister

Auf einer Länge von 180 Kilometern – zwischen Marlenheim und Thann – kann man auf der malerischen Weinstraße historische Städte mit mittelalterlichen Fachwerkhäusern, Kopfsteinpflaster und Renaissance-Brunnen bewundern. Romantische Weinstuben laden zu traditioneller *choucroute garnie* und Elsässer Weißwein ein. Weinliebhaber können im Lauf von mehreren Tagen die Straße nach Belieben abfahren oder auch von Colmar aus kürzere Ausflüge in die eine oder andere Richtung unternehmen. Eine hübsche Abwechslung zum Bummel durch die Orte sind die *sentiers viticoles*: die Spazierwege durch die Weinberge.

Traubenernte im Elsass

MARLENHEIM
Molsheim ①
Mont Ste-Odile
Andlau
Dambach-la-Ville ③
Haut-Koenigsbourg
Sélestat
④ Ribeauvillé
⑤ Riquewihr
COLMAR
Turckheim ⑥
⑦ Eguisheim
Rouffach
⑧ Guebwiller
MULHOUSE
THANN

A352
D422
STRASBOURG →
D35
D1b
N83
D10
D83
A35

Molsheim ①
Hier gibt es Renaissance-Häuser, Weinberge und ein Bugatti-Automuseum.

Obernai ②
Der zwischen dem 13. und 16. Jahrhundert errichtete Kapellturm besitzt eine umlaufende Galerie.

Dambach-la-Ville ③
Alte Weinkarren schmücken die mittelalterliche Stadt. Sie produzieren den *grand cru* Frankenstein.

Ribeauvillé ④
Der wegen seines Rieslings bekannte Ort feiert am ersten Sonntag im September den Sackpfeifertag mit kostenlosem Wein aus einem Brunnen.

Riquewihr ⑤
Das Dorf ist einer der meistbesuchten Orte Frankreichs mit Häusern aus Mittelalter und Renaissance.

Eguisheim ⑦
Die mittelalterliche Stadt bringt zwei *grands crus* hervor, Eichberg und Pfersigberg (»Pfirsichberg«).

Guebwiller ⑧
Die Église St-Léger stammt aus dem Mittelalter, als Guebwiller durch Wein zu Wohlstand kam. Heute dominiert die Textilindustrie.

Turckheim ⑥
Alte Gebäude umrahmen die Place Turenne. Turckheim ist für seinen Wein, den Brand, bekannt.

LEGENDE

—— Weinstraße
—— Andere Straße

0 Kilometer   5

Elsässer Wein

Die Weine sind oft trocken und körperreich. Es gibt meist weiße Rebsorten, nur Pinot Noir wird zum Rotwein.

Elsässer Spätlese

Überblick

Lage und Klima
Von den Vogesen geschützt, hat das Elsass ein warmes Klima und den geringsten Niederschlag in Frankreich.

Rebsorten
Das Elsass ist bekannt für seine vielfältigen Rebsorten. Der **Gewürztraminer** mit seinem ausgefallenen, fruchtigen Charakter ergibt den typischen Wein, während der **Riesling** oft als der beste angesehen wird. Muscat ist eine weitere aromatische Sorte. Zum Essen passen **Pinot Gris** und der trockene **Pinot Blanc**. Der **Pinot Noir** ist der einzige Rotwein.

Körperreiche, süße Spätlesen sind eine Elsässer Spezialität.

Erzeuger
Albert Boxler, Marcel Deiss, Rolly Gassmann, Beyer, Meyer-Fonne, Kuentz-Bas, Domaine Weinbach, Dopff & Irion, Olivier Zind-Humbrecht, Charles Schléret, Domaines Schlumberger, Domaine Ostertag, Domaine Trimbach, Hugel & Fils, Cave de Turckheim.

Gute Jahrgänge
2004, 2003, 2001, 1998, 1996, 1995.

Die Kapelle (12. Jh.) des Château du Haut-Barr bei Saverne

Saverne ⑰

Bas-Rhin. 🏠 10 500. 🚆 🚌
🛈 37, Grand'Rue (03 88 91 80 47).
🛒 Di u. Do. www.ot-saverne.fr

Saverne liegt umgeben von Hügeln reizvoll zwischen dem Fluss Zorn und dem Marne-Rhein-Kanal. Die Stadt war ein Lehen der Fürstbischöfe von Straßburg, das aus Sandstein erbaute Château des Rohan eine Sommerresidenz. Heute beherbergt das Schloss das **Musée du Château des Rohan** mit einer Sammlung zur Geschichte der Region. Die Grand'Rue wird von zahlreichen Spezialitätenrestaurants und Renaissance-Fachwerkhäusern geprägt.

🏛 **Musée du Château des Rohan**
Château des Rohan. 📞 03 88 91 06 28. ◻ März–Nov: Mi–Mo nachmittags (Mitte Juni–Mitte Sep: ganztägig); Dez–Feb: So nachmittags. 📷 ♿ teilweise.

Umgebung: Im Südwesten erhebt sich die Ruine des **Château du Haut-Barr** («Auge des Elsass»), das früher den Col de Saverne beherrschte.

In Marmoutier, sechs Kilometer südlich von Haut-Barr, befindet sich eine romanische Kirche.

Betschdorf ⑱

Bas-Rhin. 🏠 3600. 🛈 1, rue des Francs (03 88 54 44 92).
www.betschdorf.com

Betschdorf (45 km nördlich von Straßburg) grenzt an die Forêt de Haguenau. Ein Großteil der Einwohner lebt in Fachwerkhäusern aus dem 18. Jahrhundert, der Zeit, in der die Keramikindustrie dem Städtchen Wohlstand brachte. Generationen von Töpfern haben die Technik der blaugrauen Glasierung an ihre Söhne weitergegeben. Die Frauen übernahmen die kobaltblaue Bemalung. Ein Töpfereimuseum zeigt das ländliche Handwerk. In Betschdorf kann

Steingut, Betschdorf

man sehr gute *tartes flambées* essen: heiße Törtchen mit Käse oder Obstauflage.

Umgebung: Ein weiterer Töpferort, **Soufflenheim**, liegt zehn Kilometer südwestlich. Die angebotenen Tonwaren sind meist mit Blumenmotiven bemalt.

Im Norden, nahe der deutschen Grenze, liegt das malerische, von vielen Fachwerkhäusern geprägte Städtchen **Wissembourg**. Die Église St-Pierre et St-Paul ist nach der Kathedrale in Straßburg die zweitgrößte Kirche im Elsass.

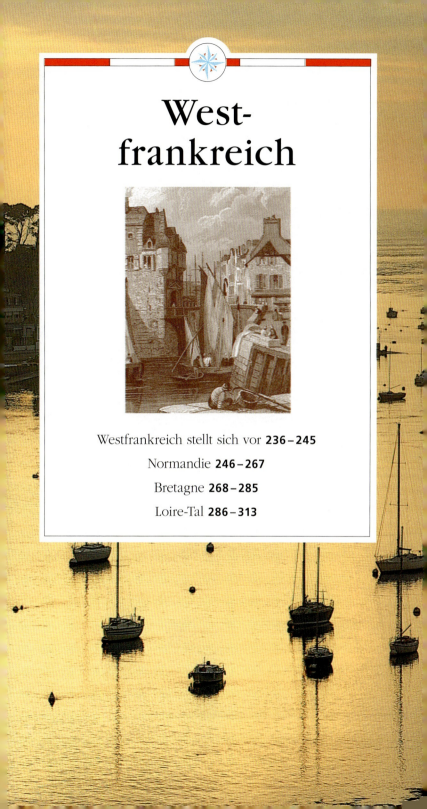

West-frankreich

Westfrankreich im Überblick

Der Westen spielte in der Geschichte Frankreichs unterschiedliche Rollen. Das Loire-Tal war Herzland des alten Königreichs, aus der Bretagne kamen wiederholt Unabhängigkeitsbestrebungen. Neben Erdölverarbeitung und Schwerindustrie sind Landwirtschaft und Fischerei Haupteinnahmequellen. Besucher zieht es vor allem an die Strände, in die idyllische Natur und an die Schlösser der Loire. Auf der Karte unten finden Sie einige interessante Reiseziele.

Zur Orientierung

Der eindrucksvolle Mont-St-Michel *ist seit dem 11. Jahrhundert das Ziel von Wallfahrern. Heute pilgern jedes Jahr fast eine Million Besucher über den Damm zur Inselabtei* (siehe S. 256–261).

Pfarrkirche von Guimiliau

Mont-St-Michel

BRETAGNE
Seiten 268–285

Megalithe von Carnac

Die Megalithe von Carnac *geben Zeugnis von der frühen Besiedlung der Bretagne. Die Granitblöcke stammen aus der Zeit um 4000 v.Chr. und dienten wohl religiösen oder astronomischen Zwecken* (siehe S. 279).

◁ **Stimmungsvoll: Abenddämmerung in der Bretagne**

Die Tapisserie de Bayeux (siehe S. 252f) zeigt die Eroberung Englands durch Guillaume le Conquérant (William the Conqueror, Wilhelm der Eroberer) aus französischer Sicht. Unter den 58 lebensnah dargestellten Szenen sieht man auch die entscheidende Schlacht von Hastings im Jahr 1066. Hier eilen zwei Boten zu Guillaume, um ihm eine Nachricht zu überbringen.

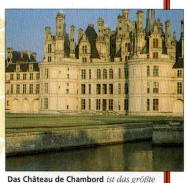

Tapisserie de Bayeux

Kathedrale von Rouen

Das Château de Chambord *ist das größte und ausgefallenste der Loire-Schlösser* (siehe S. 302f). *François I ließ das Jagdschloss 1519 in eine luxuriöse Residenz umbauen. Der prachtvolle Bau wurde 1685 von Louis XIV vollendet. Seine 440 Zimmer sind mit 365 Kaminen ausgestattet – einen für jeden Tag des Jahres.*

NORMANDIE
Seiten 246 – 267

Kathedrale von Chartres

Kathedrale von Le Mans

Château de Chambord

Château de Villandry

Château de Chenonceau

LOIRE-TAL
Seiten 286 – 313

0 Kilometer   50

Regionale Spezialitäten

Die Atlantikküste, das Hinterland mit Milchwirtschaft, Ackerbau und Obstbau sowie die fischreichen Flüsse des Loire-Tals prägen die Küche Westfrankreichs. In der Bretagne und im Loire-Tal gedeiht Gemüse. Die Normandie ist ein Obstparadies. Seafood von der windgepeitschten bretonischen Atlantikküste oder den Kanalhäfen der Normandie spielt eine Schlüsselrolle bei den Speisen. Die Fleischgerichte reichen von Entengerichten aus Rouen *(Canard Rouennais)* über Kaninchen bis zum Wild aus der Sologne (Loire). Zudem gibt es exzellenten Käse. Auch Butter spielt in der Küche eine große Rolle.

Knackige Äpfel

Käsehändler mit Produktpalette, Normandie

gedeiht hier reichlich. Im Herbst wachsen Waldpilze. Das Meer bietet Seezunge, Scholle und Makrele. Aus der Normandie stammen 80 Prozent der französischen Kammmuscheln und eine Vielfalt an Schaltieren.

Der Camembert ist der bekannteste Käse. Auch nicht zu verachten sind der cremige Pont-l'Évêque, der würzige Livarot, der herzhafte Brillat-Savarin – und Petit-Suisse, frischer Ziegenkäse

mit Zucker. In der Normandie reifen die Äpfel für den Cidre und den Calvados – den Ersten trinkt man zum Essen, den Zweiten *(trou normand)* danach.

Bretagne

Tausende Kilometer Küstenlinie sind der Grund für den bretonischen Reichtum an Seafood. Gourmets präferieren bretonische Austern und Muscheln. Diese

Normandie

Die Weiden der Normandie mit den braun-weißen Kühen und die vielen Obstbäume versorgen die regionale Küche mit Kalbfleisch, Milch, Käse, Sahne, Butter sowie Äpfeln, Birnen und mehr. Gern gegessen werden Ente sowie Salzlamm aus dem Marschland beim Mont-St-Michel. Gemüse

Artischocken   **Grüner Spargel**   **Brunnen-kresse**

Schalotten   **Brokkoli**

Radieschen

Gemüseauswahl aus Westfrankreich

Typische Gerichte

Auf der Speisekarte Westfrankreichs steht viel Seafood. Beliebt ist *plateau de fruits de mer* mit Austern, Krebsen, Langusten, Shrimps und verschiedenen Muscheln, serviert auf Eis. Austern werden meist roh gegessen, beträufelt mit Essig- oder Zitronensaft. Es gibt sie allerdings auch gefüllt, gratiniert oder in Pastetenform. Fisch wird oft gegrillt oder in Meersalz (das Beste ist *sel de Guérande*) gebacken bzw. in Cidre pochiert sowie mit *beurre blanc* (Buttersauce mit Zwiebeln, Weinessig und Sahne) serviert. Ein Hochgenuss ist Hummer *à l'armoricaine*. Auch *Cotriade*, der bretonische Fischeintopf mit fangfrischem Fisch, Zwiebeln und Kartoffeln, ist lecker. *Moules marinières* (Muscheln in Weißweinsauce) ist ein Klassiker. Unbedingt probieren: *gigot de sept heures* – sieben Stunden lang geschmortes Lamm.

Birnen

Homard à l'armoricaine *ist Hummer in Tomaten-Zwiebel-Sauce – mit einem Schuss Brandy.*

Bretonische Austern auf einem der vielen Fischmärkte

werden teilweise auch gezüchtet. In den Netzen finden sich Barsche, Thunfische, Sardinen, Kammmuscheln und Hummer. Die Schweinezucht liefert saftige Braten, geräucherte Würste, Schinken – und *boudin noir* (Blutwurst), meist mit Äpfeln serviert. Köstlich sind auch die Salzlämmer *(pre-salé)* von der Île d'Ouessant, traditionell mit grünen Bohnen als Beilage. Die Bretagne ist auch für ihre Artischocken und ihr Wintergemüse (Kohlsorten, Zwiebeln und Kartoffeln) bekannt.

Crêpes können herzhaft oder süß sein. Eine Spezialität sind *galettes* (aus Buchweizen) – entweder mit Käse, Schinken, Spinat oder Pilzen oder aber mit süßen Füllungen und/oder einem Schuss Alkohol. Letztere heißen *crêpes dentelles*.

Loire-Tal

Die große Region bietet viele Zutaten für die regionale Küche. Rinderzucht gibt es in Anjou, Schafzucht bei Berry. Freilandhühner aus Touraine und Orléanais

Käse und Wurst auf dem Markt in Loches, Loire-Tal

werden zu *poulet fermier de Loué* verarbeitet. Die Wälder und Seen der Sologne liefern Rotwild, Wildschweine, Fasane, Rebhühner und Wildenten. Bekannt sind *rillettes* (in Schmalz gebratenes Schweinehackfleisch) und der Schinken aus der Vendée. Seafood kommt aus dem Atlantik, die Loire bietet Hecht, Alse, Schleie, Salm, Aal und Neunauge. In den Sandsteinhöhlen von Saumur werden Pilze gezüchtet. Besonders geschätzt wird der Spargel aus der Sologne. Beliebte Ziegenkäse der Region sind St-Maure de Touraine, der mit Asche bedeckte Valençay und die kleinen Crottins de Chavignol.

Auf der Speisekarte

Alose à l'oseille: Alse in Sauerampfersauce.

Côte de veau vallée d'Auge: Kalbfleisch in einer Sahnesauce mit Pilzen und Cidre oder Calvados.

Far aux pruneaux: Eierkuchen mit Dörrpflaumen.

Kig ha farz: Fleisch- oder Gemüseeintopf mit Buchweizenklößen.

Marmite Dieppoise: Fischeintopf mit Cidre oder mit Weißwein und Sahne.

Tergeule: Gebackener Reispudding mit Zimt.

Tripes à la mode de Caen: Kuttelgericht mit Cidre.

Sole Normande *ist Seezunge mit Mayonnaise, garniert mit Muscheln, Austern, Pilzen und Shrimps.*

Canard Rouennais *ist gebratene Duclair-Ente in einer Sauce mit Entenleber und Schalotten.*

Tarte Tatin *ist ein karamelisierter, gestürzter Apfelkuchen, eine Kreation des Hôtel Tatin im Loire-Tal.*

Weinregion Loire

Von einigen Ausnahmen abgesehen, werden im Anbaugebiet der Loire eher durchschnittlich gute als hervorragende Weine hergestellt. Die fruchtbaren Böden der weiten Ebenen im »Garten Frankreichs« sind gut geeignet für den Anbau von Obst und Gemüse, jedoch weniger für die Kultivierung großer Weine. Im kühlen Atlantikklima wachsen allerdings einige trockene Rot- und Roséweine, süße Weißweine und auch Perlweine heran. Eindeutig in der Überzahl sind hier die trockenen Weißweine, die meist jung getrunken werden. Jahrgangsweine haben daher an der Loire keine besondere Bedeutung.

Cabernet Franc, Rebsorte der Loire

Zur Orientierung

☐ *Weinregion Loire*

Dieser Süßwein *aus den Quarts de Chaume ist außerhalb Frankreichs kaum bekannt.*

Muscadet *»sur lie« wurde mit der Maische mazeriert (siehe S. 27) und ist somit etwas kräftiger.*

Weinbaugebiete

Die etwa 1000 Kilometer lange Loire fließt von ihrer Quelle in der Ardèche nördlich durch Zentralfrankreich an den Weinbergen von Sancerre und Pouilly-Fumé vorbei und dort westwärts durch Touraine und Anjou, bis sie die küstennahen Ebenen des Pays Nantais, die Heimat des Muscadet, erreicht.

Châteaubriant · Nozay · Erdre · Ancenis · ANGERS · Savennières · Chaume · Faye d'Ar · St-Nazaire · Loire · NANTES · Bonnezeaux · Pornic · Cholet · Montaigu · La Roche-sur-Yon · ATLANTISCHER OZEAN · Les Sables-d'Olonne · Sèvre-Niortaise · Part · Th

LEGENDE

☐ Pays Nantais
☐ Anjou-Saumur
☐ Haut-Poitou
☐ Touraine
☐ Zentrales Weinbaugebiet

0 Kilometer   15

Clos de l'Echo, Produzent von guten trockenen Rotweinen

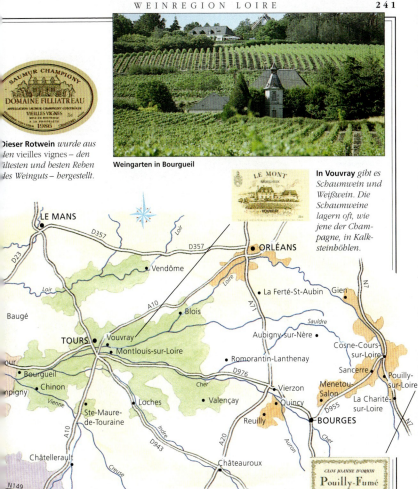

Dieser Rotwein *wurde aus den vieilles vignes – den ältesten und besten Reben des Weinguts – hergestellt.*

Weingarten in Bourgueil

In Vouvray *gibt es Schaumwein und Weißwein. Die Schaumweine lagern oft, wie jene der Champagne, in Kalksteinhöhlen.*

Klassischer Wein *mit entsprechendem Preis: Der Pouilly-Fumé wird wegen seines »rauchigen« Charakters gerühmt.*

Loire-Weine im Überblick

Lage und Klima
Fruchtbare Böden bringen Obst, Gemüse, Getreide hervor, Trauben wachsen auf den kärgeren. Das kühle, vom Atlantik beeinflusste Klima gibt den Weinen eine gewisse Säure.

Rebsorten
Aus der Traube **Melon de Bourgogne** werden einfache Weißweine gewonnen. **Sauvignon** ergibt spritzige, feinsäuerliche, trockene Weine. Die besten sind Sancerre, Pouilly-Fumé oder Touraine. Trockene und halbtrockene Weine aus **Chenin Blanc** sind Anjou, Savennières, Vouvray, Montlouis und Saumur sowie die bekannten weißen

Süßweine Bonnezeaux, Vouvray und Quarts de Chaume. Leichte Rote ergeben **Gamay** und die fruchtige Rebe **Cabernet Franc**.

Erzeuger
Muscadet: Sauvion, Guy Bossard, Michel Bregeon. *Anjou, Savennières, Vouvray:* Richou, Ogereau, Nicolas Joly, Huet, Domaine des Aubuissières, Bourillon-Dorléans, Blot, Domaine Gessey. *Touraine* (weiß): Pibaleau. *Saumur-Champigny* (rot): Filliatreau, Château du Hureau. *Chinon, Bourgueil:* Couly-Dutheil, Loiseau, Sancerre. *Pouilly-Fumé, Menetou-Salon:* Francis Cotat, Vacheron, Mellot, Pinard.

Von der Burg zum Schloss

Die großen Burgen des Loire-Tals verloren mit der Erfindung der Feuerwaffen ihre Funktion und entwickelten sich zu dekorativen Schlössern, in denen Geschmack und Komfort zum Thema wurden. Als Symbole ihrer einstigen Bedeutung blieben die Türme, Wälle, Gräben und Ziehbrücken jedoch erhalten. Dazu kamen in der Renaissance Balkone und Erker, die den Burgen mehr Eleganz verliehen.

Salamander-Emblem von François I

Schiefer- und Steinmauern

Wehranlage ohne Zinnen

Angers (siehe S. 291) *wurde 1230–40 unter Louis IX auf einem Felshügel im Stadtzentrum errichtet. 1585 ließ Henri III die Zinnen von 17 Wehrtürmen, die ursprünglich 30 Meter hoch waren, abtragen.*

Dekorativer Rundturm, einst wichtig zur Verteidigung

Laufgänge mit Kragsteinen zur Verteidigung

Chaumont (siehe S. 306) *wurde 1445–1510 von der Familie Amboise im Stil der Renaissance wiedererrichtet und nach 1833 restauriert. Die Elemente einer Verteidigungsanlage wie Türme und Torhäuser dienen in erster Linie dekorativen Zwecken.*

Verzierter Turm

Azay-le-Rideau (siehe S. 296), *eines der elegantesten und schönsten Renaissance-Schlösser, wurde von Schatzmeister Gilles Berthelot und seiner Gattin Philippa Lesbahy 1518–27 erbaut. Es ist eine Mischung aus traditionellen Baustilen und solchen der Renaissance. Herausragend ist das große, dreistöckige Treppenhaus mit Erkerfenstern und reich verzierten Giebeln.*

Renaissance-Fenster

Lisenen

Giebelfenster

Zylindrischer Turm

Ussé (siehe S. 295) *wurde 1462 von Jean de Bueil als Wehranlage mit offenen Brüstungen für Kanonen und Schießscharten errichtet. Die Espinays, Kammerherren am Hof Louis' XI und Charles' VIII, kauften das Schloss und gestalteten den Innenhof im Stil der Renaissance mit Dachfenstern und Stützpfeilern um. Im 17. Jahrhundert wurde der Nordflügel des Schlosses abgerissen, um eine große Terrasse anzulegen.*

Bretonische Traditionen

Die Bretagne erhielt ihren Namen von den keltischen Briten, die im 5. und 6. Jahrhundert aus Cornwall und Wales kamen. Sie prägten auch die Bräuche, die Sprache und die Religion der Gallier. Die Bretagne widerstand Karl dem Großen, den Wikingern, Normannen, Engländern und der französischen Herrschaft bis 1532. Bretonisch wird noch in manchen Schulen gelehrt. Viele Feste verbinden die Einwohner mit der keltischen Tradition.

Bretonische Musik *besitzt viele keltische Elemente. Das dudelsackartige* biniou *und die einer Oboe ähnliche* bombarde *hört man bei lokalen Festen.*

Kopfschmuck aus Bigouden

Pardons *sind jährlich stattfindende Bittprozessionen zu Ehren eines örtlichen Heiligen. Der Name ‹pardon› verweist auf die Vorstellung, dass die Sünden des vergangenen Jahres dabei vergeben werden. Einige* pardons, *etwa die in Ste-Anne-d'Auray und Ste-Anne-la-Palud, ziehen Tausende von Pilgern an. Die meisten finden zwischen April und September statt.*

Coiffe aus Spitze   **Filzhut**   **Coiffe aus Leinen**   **Typische Haube**

Holzschuhe

Die bretonischen Trachten, *die man bei Hochzeiten und* pardons *sowie auf vielen Bildern Gauguins sieht, unterscheiden sich u.a. beim Kopfschmuck. Quimper (siehe S. 274) und Pont l'Abbé in Bigouden (siehe S. 273) besitzen schöne Trachtensammlungen.*

Bestickte Schürze

Bretonische Hose

Flora und Fauna der Bretagne

Die bretonische Küste mit ihren Klippen und Buchten besitzt eine sehr vielfältige Flora und Fauna. Da hier zum Teil bei Flut das Wasser bis zu 15 Meter hoch steigt – so hoch wie nirgendwo sonst in Frankreich –, bietet die Küste verschiedene Lebensräume. Die meisten Schaltiere leben in der tiefsten Zone an Felsen und im schlammigen Sand, wo sie fast immer vom Wasser umspült werden. Auf mittlerer Ebene findet man Schnecken und Entenmuscheln sowie verschiedene Seetangarten, die auch außerhalb des Wassers längere Zeit überleben können. In den höher gelegenen Abschnitten der zerklüfteten Felsen finden einige Seevögel und Pflanzen ideale Lebensbedingungen.

Seestern

Klippen bei der Pointe du Raz

Die Île de Bréhat bei Ebbe

Küstenlandschaft

Die Küstenansicht zeigt einige der Charakteristika der bretonischen Küste. Wenn Sie die Küste entlanglaufen, achten Sie auf Ebbe und Flut, vor allem wenn Sie sich am Fuß der Felsen bewegen.

Im salzigen Marschland blühen im Sommer die typischen Marschblumen.

Auf den Dünen fixiert das harte Dünengras den Sand.

Schlick und Sand bergen unzählige Muscheln, die Nahrung aus dem Wasser filtern.

Die Felsen bieten ideale Nistplätze für Seevögel.

Austernbänke

Austern beginnen ihr Leben zunächst als schwimmende Larven. Der erste Schritt der *ostréiculture*, der Austernzucht, besteht darin, ihnen einen vom Meer umspülten Platz zu bieten, an dem sie sich niederlassen. Sind sie größer, werden sie zu den Austernbänken gebracht, in denen sie bleiben, bis sie geerntet werden.

Austernbänke bei Cancale

Oben auf den Klippen bilden sich Matten mit vielerlei Gräsern und Blumen.

Die Tidenbecken werden zweimal täglich geflutet – ideale Bedingungen für Weichtiere und Schwämme.

Flora und Fauna der Küste

Bedingt durch die Beschaffenheit der Küste, findet man hier die unterschiedlichsten Arten von Tieren und Pflanzen. Die Felsen bieten vielen kleinen Lebewesen natürlichen Schutz vor Wind und Wasser. Im Schlamm gibt es genügend Nahrung und deshalb vielfältiges Leben, auch wenn es sich meist unter der Oberfläche abspielt.

Klippen

Die Felsentaube *ist eine in den Klippen lebende Verwandte der Stadttaube.*

Die Grasnelke *ist eine Frühlingsblume, die in Küstennähe zu finden ist.*

Felsen und Tidenbecken

Verschiedene Arten von Seetang *erscheinen täglich bei Ebbe auf dem Meeresgrund.*

Die Napfschnecke *ist nachtaktiv und schabt winzige Pflanzen von den Felsklippen.*

Die Meergrundel *reagiert ausgesprochen sensibel. Sie versteckt sich, sobald sich irgendwas bewegt.*

Schlick und Sand

Krebse *leben in verschiedenen Meerestiefen. Einige sind sehr gute Schwimmer.*

Zahllose Muscheln *leben im schlammigen Sand.*

Der Brachvogel *pickt mit seinem zangenartigen Schnabel die Schaltiere aus dem Schlick.*

Normandie

Eure · Seine-Maritime · Manche · Calvados · Orne

Das gängige Bild der Normandie ist das einer ländlichen Idylle mit Apfelbäumen und glücklichen Kühen, mit Cidre und würzigem Käse – doch zu dieser Region gehören auch die sturmumtosten Küsten des Cotentin und die Wälder des Seine-Tals. Zu den bedeutendsten Sehenswürdigkeiten zählen die Abteikirchen von Caen, die Insel Mont-St-Michel und Monets Garten in Giverny.

Die Normandie erhielt ihren Namen von den Wikingern, den »Nordmännern«, die im 9. Jahrhundert die Seine hinaufsegelten. Aus den Plünderern wurden im Lauf der Zeit allerdings Siedler. Als Hauptstadt wählten sie Rouen. Die Stadt im Osten der Region wird von einer altehrwürdigen Kathedrale geprägt. Hier windet sich die Seine an den alten Abteien von Jumièges und St-Wandrille vorbei bis zur Küste, die im 19. Jahrhundert das Freiluftatelier der Maler des Impressionismus war.

Nördlich von Rouen liegen die Kreidefelsen der Côte d'Albâtre und landeinwärts das Pays d'Auge mit seinen hübschen Fachwerkhäusern. Der westliche Teil der Normandie ist eher ländlich geprägt, eine *Bocage*-Landschaft mit kleinen, von Hecken umgebenen Feldern und Buchenwäldern. Caen mit zwei großen Abteien aus dem 11. Jahrhundert, die zur Zeit von Guillaume le Conquérant (William the Conqueror) und seiner Gattin Matilda erbaut wurden, lohnt einen Besuch. Im nahen Bayeux erzählt der weltberühmte Wandteppich die Geschichte der Eroberung Englands durch Guillaume le Conquérant. Erinnerungen an eine andere Invasion, die D-Day-Landung von 1944, werden an der Côte de Nacre und auf der Halbinsel Cotentin wach. Tausende von alliierten Soldaten drangen hier zur von deutschen Truppen besetzten Küste vor und leiteten das Ende des Zweiten Weltkriegs ein. An der Spitze der Halbinsel Cotentin liegt der Hafen von Cherbourg. Am westlichsten Punkt der Normandie befindet sich der berühmte Mont-St-Michel.

Fachwerkhaus im Dorf Beuvron-en-Auge nahe Lisieux

◁ Saftige Weiden und braun-weiße Kühe sind typisch für die Normandie

Überblick: Normandie

Die historischen und landschaftlichen Sehenswürdigkeiten der Normandie lassen sich ideal
mit dem Auto oder per Fahrrad erkunden. Entlang
der Côte d'Albâtre und der Halbinsel Cotentin findet
man wunderschöne Küstenabschnitte und Strände,
weiter im Süden liegt der berühmte Mont-St-Michel.
Folgt man landeinwärts dem Flusslauf der Seine,
kommt man an Apfelgärten und Fachwerkhäusern
vorbei und erreicht Rouen und schließlich Monets
Garten bei Giverny.

Apfelblüte im Pays d'Auge

LEGENDE

	Autobahn
	Schnellstraße
	Nationalstraße
	Nebenstraße
	Panoramastraße
	Eisenbahn (Hauptstrecke)
	Eisenbahn (Nebenstrecke)
	Regionalgrenze

Cap de la Hague

Barfleur
Beaumont-Hague
CHERBOURG 2
D901
Saint-Vaast-la-Hougue
Les Pieux
COTENTIN 1
Valognes
D902
N13
Sainte-Mère-Église
D650
D14
D2
CÔTE DE NACRE
Arromanches-les-Bains
ÄRMEL-
Grandcamp-les-Bains 7
D514
Carentan
BAYEUX 8
Luc-sur-Mer
Saint-Jean-de-Daye
D572
N13
Lessay
Balleroy
Vire
Saint-Lô
CA
Marigny
Caumont-l'Éventé
Évrecy
D562
D971
COUTANCES 3
N174
Thury-Harcc
Agon-Coutainville
D13
A84
D577
Bréhal
Percy
BASSE-NORMA
GRANVILLE
Gavray
Clécy
GRANVILLE 4
Saint-Pair-sur-Mer
Villedieu-les-Poêles
Vire
SUISS
NORMANDI
La Haye-Pesnel
Vassy
Sartilly
Tinchebray
D924
Flers
Brécey
Collines de Normandie
Put
AVRANCHES 5
D962
Briouze
PARC RÉGIONAL
MONT-ST-MICHEL 6
Mortain
Dinan
Ducey
D976
Saint-Hilaire-du-Harcouët
Domfront
A84
Saint-James
Le Teilleul
Juvigny-sous-Andaine
Ba-de-
D976
Rennes

Sehenswürdigkeiten auf einen Blick

Ansicht der Côte d'Albâtre

In der Normandie unterwegs

Die Normandie kann man von Calais aus schnell und direkt über die A16 erreichen. Sie verbindet sich mit der A28, A29 und A13 nach Paris und führt weiter in westlicher Richtung nach Caen und auf die A84. Nationalstraßen und Zugverbindungen gibt es zu den Hafenstädten Dieppe, Le Havre, Caen und Cherbourg. Insgesamt ist das öffentliche Verkehrsnetz jedoch begrenzt. Die Region hat viele kleinere Straßen, die vor allem im Pays d'Auge und auf der Halbinsel Cotentin landschaftlich reizvoll sind. Die größeren Flughäfen sind Rouen, Le Havre und Caen.

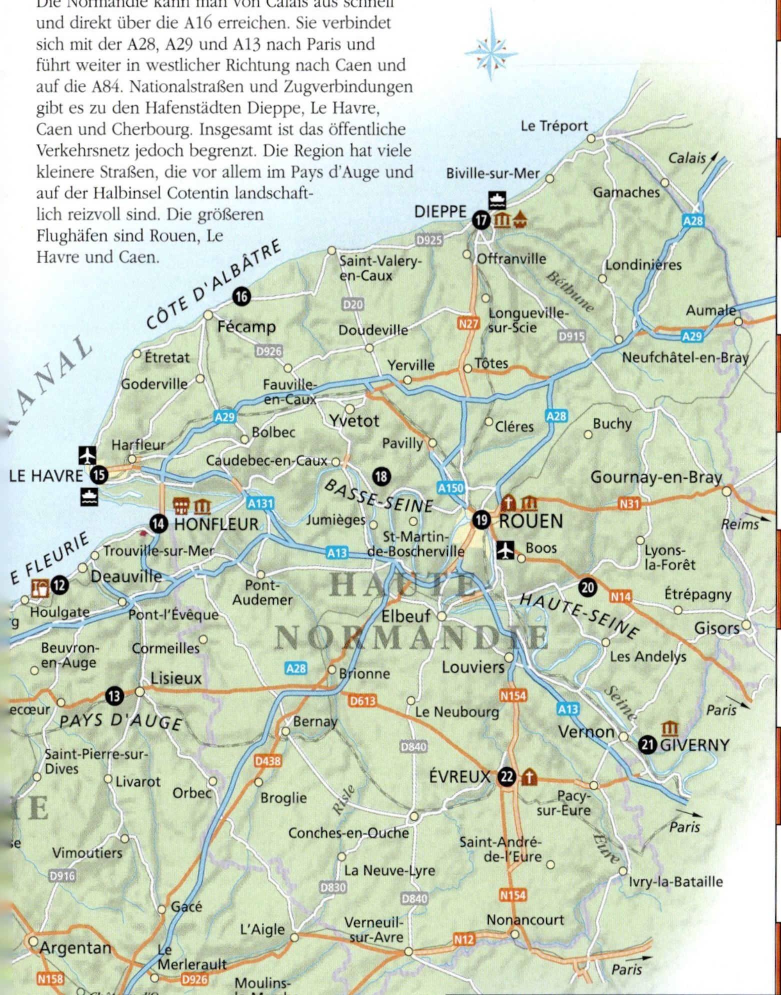

Le Tréport
Biville-sur-Mer
Calais
Gamaches
DIEPPE 17
Offranville
Londinières
Saint-Valery-en-Caux
Béthune
CÔTE D'ALBÂTRE
16
Longueville-sur-Scie
Aumale
Fécamp
Doudeville
Yerville
A28
A29
Étretat
Neufchâtel-en-Bray
Goderville
Fauville-en-Caux
Tôtes
D915
Yvetot
Cléres
Buchy
Harfleur
Bolbec
Pavilly
A28
Caudebec-en-Caux
LE HAVRE 15
A131
BASSE-SEINE
18
Gournay-en-Bray
14 **HONFLEUR**
Jumièges
A150
St-Martin-de-Boscherville
19 **ROUEN**
Lyons-la-Forêt
Trouville-sur-Mer
A13
Boos
Étrépagny
E FLEURIE
12
Deauville
Pont-Audemer
20
N14
Gisors
Houlgate
Pont-l'Évêque
Cormeilles
HAUTE-SEINE
Les Andelys
Beuvron-en-Auge
A28
Lisieux
Brionne
Louviers
Paris
13
Bernay
D613
Le Neubourg
A13
Vernon
PAYS D'AUGE
D840
21 **GIVERNY**
Saint-Pierre-sur-Dives
D438
Livarot
Broglie
ÉVREUX 22
Pacy-sur-Eure
Orbec
Conches-en-Ouche
Saint-André-de-l'Eure
Vimoutiers
La Neuve-Lyre
Paris
D916
Gacé
D830
D840
Ivry-la-Bataille
Argentan
L'Aigle
Verneuil-sur-Avre
Nonancourt
N158
Le Merlerault
D926
N12
Paris
Château d'O
Moulins-la-Marche
Mortrée
Courtomer
Tourouvre
Sées
MANDIE-MAINE
Mortagne-au-Perche
N12
Le Mêle-sur-Sarthe
Alençon
Rémalard
A28
Mamers
D338
Bellême
Le Mans

HAUTE NORMANDIE

N27
D925
D20
D926
A29
N31
Reims
N154
Risle
Seine
Eure

0 Kilometer   25

Les Andelys im Morgendunst

Die schroffen Felsen der Halbinsel Cotentin

Cotentin ❶

Manche. ✈ 🚉 🚌 ⛴ *Cherbourg.*
ℹ *2, quai Alexandre III (02 33 93 52 02).* **www**.manchetourisme.com

Die Halbinsel Cotentin besitzt relativ unberührte Sandstrände. Die Felsen von Cap de la Hague und Nez de Jobourg sind wild und zerklüftet. Letztere sind interessant für Vogelbeobachter – es gibt in großer Anzahl Tölpel und Sturmtaucher. Entlang der Ostküste erstreckt sich der weite Sandstrand von »Utah Beach«, an dem amerikanische Truppen als Teil der alliierten Armee am 6. Juni 1944 landeten. Weiter landeinwärts erinnert auch die Kirche Ste-Mère-Église mit dem **Musée Airborne** an dieses Ereignis. Gleich außerhalb von Ste-Mère-Église bietet das **Ferme Musée du Cotentin** einen Einblick in das Landleben um 1900. Weiter im Norden, in der Marktstadt Valognes, würdigt das **Musée Régional du Cidre et du Calvados** den Erfolg bei der Herstellung von Cidre und Calvados.

Zwei Fischereihäfen beherrschen die nordöstliche Ecke der Halbinsel: Barfleur und St-Vaast-la-Hougue. Letzterer ist berühmt für seine Austern und ideal als Ausgangspunkt für Bootsfahrten zur Île de Tatihou. Das Val de Saire eignet sich für Ausflüge. Vom Aussichtspunkt La Pernelle hat man den schönsten Blick über die Küste. Im Westen der Halbinsel bietet Barne-ville-Carteret Sandstrände. Es gibt Bootsausflüge zu den Kanalinseln. Die Marschlandschaft östlich von Carentan bildet das Zentrum des Parc Régional des Marais du Cotentin et du Bessin.

🏛 **Musée Airborne**
14, rue Eisenhower, Ste-Mère-Église. 📞 02 33 41 41 35. ◯ Feb–Nov: tägl. ● Dez–Jan. 🚫♿
www.airborne-museum.org

🏛 **Ferme Musée du Cotentin**
Route de Beauvais, Ste-Mère-Église. 📞 02 33 95 40 20. ◯ Juni–Sep: tägl. (Schulferien im Feb–Mai u. Ferien im Okt: tägl. nachmittags). 🚫

🏛 **Musée Régional du Cidre et du Calvados**
Rue du Petit-Versailles, Valognes. 📞 02 33 40 22 73. ◯ Apr–Sep: Mi–Mo (Juli/Aug: tägl.). ● So vormittags. 🚫

Cherbourg ❷

Manche. 🏙 42 000. ✈ 🚉 🚌 ⛴
ℹ *2, quai Alexandre III (02 33 93 52 02).* ⛴ Di, Do u. Sa.
www.ot-cherbourgcotentin.fr

Cherbourg war seit Mitte des 19. Jahrhunderts ein strategisch bedeutender Seestützpunkt. Die französische Marine nutzt noch heute die Hafenanlagen. Von hier verkehren auch Transatlantiklinien sowie Fähren über den Kanal nach England und Irland. Vom **Fort du Roule** kann man den Hafen überblicken. Das **Musée de la Zweiten** erinnert an den D-Day und die Befreiung Cherbourgs. Am belebtesten sind die Place Gé-néral-de-Gaulle (Markt) und die Einkaufsstraßen Rue Tour-Carrée und Rue de la Paix. Die Kunstsammlung der Stadt im **Musée Thomas-Henry** präsentiert schöne flämische Arbeiten (17. Jh.) sowie Porträts von Jean-François Millet, der in Gréville-Hague geboren wurde. Im **Parc Emmanuel Liais** gibt es botanische Anlagen und das **Musée d'Histoire Naturelle**. Seit 2002 erwartet die **Cité de la Mer** mit dem Tiefsee-Aquarium und dem größten zu besichtigenden U-Boot der Welt Besucher.

🏛 **Musée de la Libération**
Fort du Roule. 📞 02 33 20 14 12. ◯ Mai–Sep: Mo nachmittags–Sa, So nachmittags; Okt–Apr: Mi–So nachmittags. ● Feiertage. 🚫♿

🏛 **Musée Thomas-Henry**
Rue Vastel. 📞 02 33 23 39 30. ◯ Mai–Sep: tägl.; Okt–Apr: Mi–So nachmittags. ● Feiertage. 🚫♿

🏛 **La Cité de la Mer**
Gare Maritime Transatlantique.
📞 02 33 20 26 26. ◯ tägl. ● 25. Dez, 1. Jan, 3 Wochen im Jan. 🚫🅿🍴♿
www.citedelamer.com

Stadtzentrum von Cherbourg

Coutances ❸

Manche. 🏙 11 500. 🚉 🚌
ℹ *Place Georges Leclerc (02 33 19 08 10).* ⛴ Do. **www**.coutances.fr

Von römischer Zeit an bis zur französischen Revolution war Coutances die Hauptstadt der Halbinsel Cotentin. Bischof Geoffroi de Montbray initiierte um 1040 den Bau der **Cathédrale Notre-Dame** mit ihrem 66 Meter hohen Turm, ein schönes Beispiel gotischer Baukunst in der Normandie. Die Kosten übernahm die Familie de Hauteville, die in Sizilien ein Königreich gegründet hatte. Die Stadt wurde im Zweiten Weltkrieg stark zerstört. Die Kathedrale sowie die Kirchen St-Nicolas und St-Pierre blieben jedoch ebenso erhalten wie die schönen Gartenanlagen mit vielen seltenen Pflanzen.

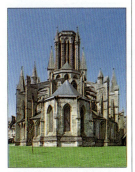

Rückansicht der Kathedrale von Coutances

Granville ❹

Manche. 🏠 13 500. 🚉 🚌 ⛴
ℹ️ *4, cours Jonville (02 33 91 30 03).*
📅 *Sa.* **www**.ville-granville.fr

Schutzwälle umgeben die Oberstadt von Granville, die auf einem Felsen über der Baie du Mont-St-Michel liegt. Die Stadt entwickelte sich aus Festungsanlagen, die die Engländer 1439 errichtet hatten.

Die Seefahrertradition der Stadt kann im **Musée de Vieux Granville** im ehemaligen Torhaus verfolgt werden. Die Wände in den Kapellen der **Église de Notre-Dame** sind mit den Gaben der Seeleute geschmückt, die sie einst ihrer Schutzpatronin Notre-Dame du Cap Lihou darbrachten.

Die Unterstadt von Granville ist ein Badeort mit Casino, Promenaden und Parkanlagen. Vom Hafen aus fahren Boote zu den Granitfelsen der Îles Chausey.

Das **Musée Christian Dior** befindet sich in Les Rhumbs, wo der Modeschöpfer seine Kindheit verbracht hat.

🏛 **Musée de Vieux Granville**
2, rue Lecarpentier. 📞 02 33 50 44 10. ◻ *Apr–Sep: Mi–Mo; Okt– März: Mi, Sa u. So nachmittags.* ● *1. Nov, 22. Dez–Jan.* 🚫

🏛 **Musée Christian Dior**
Villa les Rhumbs. 📞 02 33 61 48 21. ◻ *Mai–Sep: tägl.* 🚫

D-Day-Landung

Am Morgen des 6. Juni 1944 begann die Landung der Alliierten im von den Deutschen besetzten Frankreich. Die Invasion in der Normandie hieß »Operation Overlord«. Fallschirmspringer gingen nahe Ste-Mère-Église und Pegasus Bridge nieder. Vom Meer her wurden mit Decknamen versehene Küstenabschnitte angegriffen. US-Truppen landeten in »Utah« und »Omaha« im Westen, während britische und kanadische Truppen, unterstützt von Truppen Frankreichs, bei »Sword«, »Gold« und »Juno« landeten. Auch 60 Jahre später sind die Codenamen an der Küste noch

Amerikanische Truppen bei der Landung in der Normandie

gebräuchlich. Pegasus Bridge, wo das erste französische Haus befreit wurde, ist heute Ausgangspunkt für Besichtigungen der Gedenkstätten. Bei Arromanches-les-Bains sieht man Reste des künstlichen Hafens, der damals von den Engländern angelegt wurde. In der Nähe von La Cambe, Ranville und St-Laurent-sur-Mer befinden sich Soldatenfriedhöfe. Die Museen in Bayeux, Caen, Ste-Mère-Église und Cherbourg dokumentieren die Invasion und die Schlacht um die Normandie.

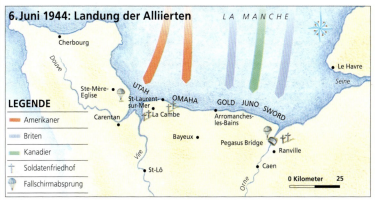

6. Juni 1944: Landung der Alliierten

LA MANCHE

Cherbourg

Douve

Ste-Mère-Église

UTAH

St-Laurent-sur-Mer

OMAHA

GOLD JUNO

SWORD

Le Havre

Seine

Carentan

La Cambe

Arromanches-les-Bains

LEGENDE

- Amerikaner
- Briten
- Kanadier
- ✝ Soldatenfriedhof
- Fallschirmabsprung

Bayeux

Pegasus Bridge

Ranville

Vire

St-Lô

Caen

Orne

0 Kilometer　25

Am Ende des D-Day waren 135 000 Soldaten an der Küste gelandet, 10 000 Soldaten verloren ihr Leben

Avranches ❺

Manche 🏛 9500. 🚪 🚌 🚶 2, rue Général-de-Gaulle (02 33 58 00 22).
🛒 Sa. **www**.ot-avranches.com

Seit dem 6. Jahrhundert ist Avranches ein religiöses Zentrum, bekannt als letzte Station für Besucher auf dem Weg zum Mont-St-Michel. Die Ursprünge der Abtei liegen in einer Vision, die Bischof Aubert von Avranches hatte. Der Erzengel Michael soll ihm 708 befohlen haben, eine Kirche zu errichten. Auberts Totenschädel mit dem Fingerzeig des Engels ist Teil des Kirchenschatzes von **St-Gervais**.

Den besten Blick auf den Mont-St-Michel hat man vom **Jardin des Plantes**. Im **Musée des Manuscrits du Mont-St-Michel** gibt es 203 illuminierte Handschriften, die nach der Revolution vom Mont-St-Michel gerettet wurden, und weitere 14 000 Manuskripte. Das **Musée d'Art et d'Histoire** informiert über die Regionalgeschichte und besitzt eine Sammlung zum Mont-St-Michel. Gleich außerhalb der Stadt liegt das **Musée de la Seconde Guerre Mondiale**.

🏛 **Musée des Manuscrits du Mont-St-Michel**
Pl d'Estouteville. 📞 02 33 7 57 00.
⭕ Di–So (Juli/Aug: tägl.). ⬤ Jan, 1. Mai, 1. Nov, 25. Dez. 🎫

🏛 **Musée d'Art et d'Histoire**
Place Jean de Saint-Avit. ⭕ tägl.
⬤ Feb–Mai, Okt–Dez: Mo 🎫

Reste des Mulberry Harbour an der Côte de Nacre

Mont-St-Michel ❻

Siehe S. 256–261.

Côte de Nacre ❼

Calvados. ✈ Caen. 🚪 🚌 Caen, Bayeux. ⛴ Caen-Ouistreham.
🚶 Place St-Pierre, Caen (02 31 27 14 14). 🛒 Sa. **www**.ville-caen.fr

Der Küstenabschnitt zwischen der Mündung von Orne und Vire wird seit dem 19. Jahrhundert Côte de Nacre (Perlmuttküste) genannt. Bekannt wurde die Küste vor allem durch die Landung der Alliierten am D-Day, dem Beginn der »Operation Overlord« *(siehe S. 251)*. Die Soldatenfriedhöfe, Gedenkstätten, Museen und die Überreste von Mulberry Harbour bei Arromanches-les-Bains sind Besucherattraktionen. Die Küste ist auch ein beliebtes Urlaubsziel, das lange Sandstrände und hübsche Ferienorte wie Courseulles-sur-Mer oder Luc-sur-Mer besitzt. Beide sind preiswerter und angenehmer als die Ferienorte an der östlicher gelegenen Côte Fleurie.

Bayeux ❽

Calvados. 🏛 15 500. 🚪 🚌
🚶 Pont-St-Jean (02 31 51 28 28).
🛒 Mi u. Sa.
www.bayeux-bessin-tourism.com

Bayeux war die erste Stadt, die 1944 von den Alliierten befreit wurde. Sie erlitt im Krieg keine Beschädigungen. Rund um die Rue St-Martin und die Rue St-Jean, heute Fußgängerzone, befindet sich der historische Stadtkern mit

Tapisserie de Bayeux

Der 70 Meter lange Wandteppich, eine Bildergeschichte der Unterwerfung Englands durch Guillaume le Conquérant, wurde von Bischof Odo von Bayeux in Auftrag gegeben. Er zeigt Szenen aus dem Leben im 11. Jahrhundert sowie die dramatische Verteidigung Englands durch König Harold II in der Schlacht von Hastings. Er ist gleichermaßen Kunstwerk, historisches Dokument, frühe Propaganda und unterhaltsame »Lektüre«.

Harolds Gefolge bricht nach Frankreich auf, um Guillaume le Conquérant mitzuteilen, dass er Thronnachfolger ist.

Bäume mit verschlungenen Ästen grenzen einige der 58 Szenen voneinander ab.

Gebäuden aus dem 15. bis 19. Jahrhundert. Über der Stadt erhebt sich die gotische **Cathédrale Notre-Dame**. Die Krypta aus dem 11. Jahrhundert besitzt Fresken aus dem 15. Jahrhundert, die musizierende Engel mit ihren Instrumenten zeigen. Ursprünglich stand hier eine romanische Kirche, die 1077 geweiht wurde. Zu diesem Anlass entstand wohl auch der berühmte Wandteppich von Bayeux, der von Bischof Odo, einer der bedeutendsten Persönlichkeiten der Stadt, in Auftrag gegeben wurde. Dieser Wandteppich ist heute im **Centre Guillaume-le-Conquérant – Tapisserie de Bayeux** zu sehen, das auch über die Ereignisse informiert, die zur Eroberung Englands durch die Normannen führten.

Im Südwesten der Stadt befindet sich das renovierte **Musée Mémorial de la Bataille de Normandie**, das die Schlacht um die Normandie im Zweiten Weltkrieg dokumentiert, u. a. mit einem Film, der Zusammenschnitte aus Wochenschauen zeigt.

🏛 **Centre Guillaume-le-Conquérant**
Rue de Nesmond. 📞 02 31 51 25 50. 🕐 tägl. 🔴 1. u. 2. Jan, 25. u. 26. Dez. 🎫 ♿

🏛 **Musée Mémorial de la Bataille de Normandie**
Bd Fabian-Ware. 📞 02 31 51 46 90. 🕐 tägl. 🔴 1. Jan, 25. u. 26. Dez, 2. Hälfte im Jan. 🎫 ♿

Die Abbaye-aux-Hommes in Caen

Caen ❾

Calvados. 🚶 115000. 🛫 🚉 🚌
🚢 ℹ Place St-Pierre (02 31 27 14 14). 🗓 Fr u. So. **www**.ville-caen.fr

Mitte des 11. Jahrhunderts war Caen die bevorzugte Residenz von Guillaume le Conquérant (William the Conqueror) und seiner Gattin Matilda. Obwohl die Stadt im Zweiten Weltkrieg zu zwei Dritteln zerstört wurde, blieben viele Zeugnisse aus alter Zeit erhalten. Das Herrscherpaar ließ zwei Abteien und ein Schloss am Nordufer der Orne errichten – Sehenswürdigkeiten, die einen Besuch von Caen trotz seiner Industriegebiete und der Nachkriegsbauten lohnen. An der Südseite des Schlosses wurde im 13. und 14. Jahrhundert die **Église St-Pierre** erbaut, die im 16. Jahrhundert im Stil der Renaissance nach Osten hin erweitert wurde. Der oft kopierte Glockenturm (14. Jh.) erlitt im Zweiten Weltkrieg Schäden, wurde später aber restauriert.

Im Vieux Quartier von Caen bildet die enge Rue du Vaugeux, heute Fußgängerzone, mit ihren Fachwerkhäusern das historische Herz. Ein Spaziergang über die Rue St-Pierre oder den Boulevard du Maréchal-Leclerc führt ins Einkaufszentrum der Stadt.

Die Engländer speisen ein letztes Mal an Land, bevor sie sich mit Jagdhunden und Falken einschiffen.

Lateinische Inschriften begleiten die wichtigsten Szenen und verdeutlichen die heroischen Ideale der Beteiligten.

Wilde Schnurrbärte unterscheiden die Engländer von den glatt rasierten Normannen.

Fabelwesen »kommentieren« das Geschehen vom Rand des Teppichs aus.

Die bunte Wolle, mit der das Leinen bestickt ist, hat seit dem 11. Jahrhundert kaum an Farben verloren.

Zentrum von Caen

Abbaye-aux-Dames ⑥
Abbaye-aux-Hommes ①
Château Ducal ③
Église de la Trinité ⑤
Église St-Étienne ②
Église St-Pierre ④

0 Meter 250

Zeichenerklärung *siehe hintere Umschlagklappe*

⛪ Abbaye-aux-Hommes

Esplanade Jean-Marie Louvel.
📞 02 31 30 42 81. ⭘ tägl.
● 1. Jan, 1. Mai, 25. Dez.
teilweise. 📷 obligatorisch.
Das 1063 begonnene Männer-
kloster war bei Williams Tod
20 Jahre später fast vollendet.
Die Abteikirche **Église St-
Étienne** ist ein Meisterwerk
normannischer Romanik mit
einer strengen Westfassade,
die von Spitztürmen (13. Jh.)
überragt wird. Das Kirchenschiff erhielt im 12. Jahrhundert ein Gewölbedach, das
schon den Stil der Gotik anti-
zipiert.

⛪ Abbaye-aux-Dames

Place de la Reine Mathilde. 📞 02
31 06 98 98. ⭘ tägl. ● 1. Jan,
1. Mai, 25. Dez. 📷 obligatorisch.
Auch Matildas Frauenkloster
besitzt eine Kirche: **Église de
la Trinité** im normannisch-ro-
manischen Stil. Sie ist heute
von Bauten aus dem 18. Jahrhundert umgeben. 1060 war
Baubeginn, 1066 Weihung.
Matilda ist im Chor unter
schwarzem Marmor begraben
– mit der schön restaurierten
Abtei aus hellen Caen-Steinen
eine würdige Ruhestätte.

🏛 Château Ducal

Esplanade du Château. **Musée des
Beaux-Arts** 📞 02 31 30 47 70.
⭘ Mi–Mo. **Musée de Normandie**
📞 02 31 30 47 50. ⭘ Juni–Sep:
tägl.; Okt–Mai: Mi–Mo. ● 1. Jan,
1. Mai, Himmelfahrt, 1. Nov, 25. Dez
(beide Museen). 📷 &
Die Ruinen des Schlosses von
Caen, einer der größten Festungen Europas, bieten Grünflächen, Museen und Aussicht
über die Stadt. Eine Kunstsammlung mit meist französischen und italienischen Gemälden (17. Jh.) befindet sich
im **Musée des Beaux-Arts**. Das
Musée de Normandie zeigt
das Leben in der Region
sowie typisches Handwerk.

🏛 Mémorial de Caen

Esplanade Général Eisenhower.
📞 02 31 06 06 45. ⭘ Mitte Jan–
Dez: tägl. ● 25. Dez, 2 Wochen im
Jan. 📷 & www.memorial-caen.fr
Nordwestlich von Caen, nahe
der N13 (Ausfahrt 7), befindet
sich das Mémorial de Caen,
ein Museum, das die Ereignisse am D-Day im Zweiten
Weltkrieg dokumentiert. Es
gibt eine Vielzahl audiovisuel-
ler und interaktiver Exponate
und eine sehr gute Zusam-
menstellung aus Archiv- und
Spielfilmmaterial. Weiterhin
werden kulturelle, religiöse
und politische Konflikte der
zweiten Hälfte des 20. Jahrhunderts beleuchtet.

Das fruchtbare Tal der Orne in der Suisse Normande

Hotels und Restaurants in der Normandie *siehe Seiten 563–566 und 614–618*

Suisse Normande

Calvados u. Orne. ✈ Caen. 🚉 🚌
Caen, Argentan. ℹ 2, place St-Sauveur, Thury-Harcourt (02 31 79 70
45). www.ot-suisse-normande.com

Auch wenn sie den Schwei-
zer Bergen wenig ähneln,
sind die Täler und Schluchten, die die Orne auf ihrem
Weg nordwärts nach Caen in
die Landschaft geschnitten
hat, ein beliebtes Erholungsgebiet zum Wandern, Klettern
und für Wassersport – oder
für eine Spazierfahrt über
Land. Eindrucksvollster Punkt
ist der Oëtre-Felsen nahe der
D329, von dem aus man in
die Rouvre-Schluchten hinun-
terblickt.

Parc Naturel Régional de Normandie-Maine ⓫

Orne u. Manche. ✈ Alençon. 🚉
🚌 Argentan. ℹ Carrouges (02 33
27 40 62). www.parc-naturel-
normandie-maine.fr

Der südliche Teil der Zen-
tralnormandie wurde in
Frankreichs größten Regionalpark eingebunden. Zwischen
Ackerland und Eichen-Buchen-
Wäldern stößt man auf
kleine Städte, etwa Domfront
auf einem Felsvorsprung über
der Varenne, das an einem
See gelegene Bagnoles-de-
l'Orne mit Casino und Sport-
einrichtungen und, weiter im
Osten, Sées mit gotischer Kathedrale. Die Maison du Parc
bei Carrouges informiert über
Möglichkeiten zum Wandern,

Plakat von Deauville (um 1930)

Klettern, Reiten, Rad- und Kanufahren im Regionalpark.

🎎 **Maison du Parc**
Carrouges. ☎ 02 33 81 13 33.
🕐 Juni–Sep: Di–So; Okt–Mai:
Di–Fr. ⬤ Feiertage.

Umgebung: Bei Mortrée liegt
das Château d'O, ein Renais-
sance-Schloss mit schönen
Fresken (17. Jh.). Der nahe
Haras du Pin (17. Jh.) ist
Frankreichs Nationalgestüt
und wird auch »Versailles der
Pferde« genannt. Hier gibt es
ganzjährig Pferdeschauen und
Dressurreiten.

Côte Fleurie ⓬

Calvados. ✈ 🚉 🚌 Deauville.
ℹ Place de la mairie, Deauville (02
31 14 40 00). www.deauville.org

Die Côte Fleurie (Blumen-
küste) zwischen Viller-
ville und Cabourg ist voller
Ferienorte, deren Blumen-

pracht im Sommer erblüht.
Trouville, einst ein kleines
Fischerdorf, wurde Mitte des
19. Jahrhunderts von den
Schriftstellern Gustave Flaubert und Alexandre Dumas
entdeckt. Seit 1870 gibt es
hier Grandhotels, eine Bahn-
station sowie eine Vielzahl
von Strandvillen im Pseudo-
Schweizer-Stil. Lange Zeit
stand Trouville im Schatten
von **Deauville**, dessen Entwicklung um 1860 vom Duc
de Morny vorangetrieben
wurde. In Deauville gibt es
ein Casino, eine Rennbahn
sowie die Strandpromenade
Les Planches.

Ruhiger gelegen sind die
Erholungsgebiete im Westen,
etwa Villers-sur-Mer oder
Houlgate. **Cabourg** ist berühmt für das Grand Hôtel
aus der Zeit um 1900. Hier
verbrachte Marcel Proust viele
Sommer. Es diente dem
Schriftsteller als Vorlage für
das Hotel Balbec in seinem
Roman *Auf der Suche nach
der verlorenen Zeit*.

Pays d'Auge ⓭

Calvados. ✈ Deauville. 🚉 🚌
Lisieux. ℹ 11, rue d'Alençon,
Lisieux (02 31 48 18 10).
www.lisieux-tourisme.com

Im Hinterland der Côte
Fleurie liegt das Pays
d'Auge, eine typisch normannische Landschaft mit fruchtbaren Feldern, Tälern, Apfel-
hainen, Bauernhöfen und
Herrenhäusern. Größter Ort
ist **Lisieux** mit einer Kathedrale, die der hl. Theresa von Lisieux (1925 heiliggesprochen)
geweiht ist. Alljährlich kommen Hunderttausende Pilger.
Die Orte in der Umgebung,
z. B. St-Pierre-sur-Dives oder
Orbec, sind attraktiv.

Das Pays d'Auge erkundet
man am besten auf den klei-
neren Straßen. Zwei ausge-
schilderte Touristenrouten
sind dem Cidre und dem
Käse gewidmet. Malerische
Bauernhöfe, Herrensitze und
Schlösser geben Zeugnis vom
Reichtum des Landstrichs.
Sehenswert sind **Crèvecœur-
en-Auge** und **St-Germain-de-
Livet** sowie das Fachwerkdorf
Beuvron-en-Auge.

Äpfel für den Cidre

Obstplantagen sind in der Normandie ein vertrautes Bild,
ihre Früchte Bestandteil der regionalen Küche. Keine *pâtisserie*, die etwas auf sich hält, versäumt es, ihre *tarte normande* anzubieten. An jeder Landstraße findet man Schilder mit »Ici Vente Cidre« (»Cidre-Verkauf«). Der größte Teil
der Apfelernte wird für Cidre und für Calvados verwendet,
einen Apfelbrand, der mindestens zwei Jahre im Eichenfass
reifen muss. Ein anderer regionaler Obstbrand wird aus
Birnen gemacht und ist als *poiré* bekannt.

Apfelsorten – von sauren Cidre-Äpfeln bis hin zu süßen Tafeläpfeln

Mont-St-Michel ❻

Abtei
(10. Jh.)

Das UNESCO-Welterbe Mont-St-Michel gehört zu den Top-Sehenswürdigkeiten Frankreichs. Die Insel Mont-Tombe (Hügelgrab), die später mit dem Festland durch einen Damm verbunden wurde, liegt an der Mündung des Couesnon an der stragisch wichtigen Grenze zur Bretagne. Gekrönt wird sie von einer befestigten Abtei, die ihre Höhe fast verdoppelt. Im 8. Jahrhundert war der Mont-St-Michel noch ein schlichtes Oratorium, aus dem sich das Benediktinerkloster entwickelte, das im 12. und 13. Jahrhundert von überragender Bedeutung war. Pilger *(miquelots)* kamen von weit her, um den hl. Michael zu ehren. Das Kloster war im Mittelalter ein Zentrum der kirchlichen Lehre. Da die Bucht durch den Damm immer mehr versandet, soll er bis 2012 durch eine Stelzenbrücke ersetzt werden.

Hl. Michael

Abtei
(11. Jh.)

Abtei
(Mitte
18. Jh.)

Chapelle St-Aubert
Die kleine Kapelle (15. Jh.) auf einem Felshügel ist St-Aubert, dem Gründer des Mont-St-Michel, gewidmet.

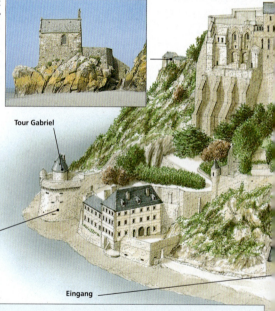

Tour Gabriel

★ Befestigungen
Die Angriffe der Engländer im Hundertjährigen Krieg führten zum Bau der Befestigungsmauern und -türme.

Eingang

ZEITSKALA

Teppich von Bayeux (Detail)

700	1000	1300	1600	1900
966 Gründung der Benediktinerabtei durch Herzog Richard I	**1211–28** Bau von La Merveille	**1434** Letzter Angriff englischer Streitkräfte	**1789** Französische Revolution: Die Abtei wird zum Gefängnis	**1874** Die Abtei wird zum Nationaldenkmal erklärt
				1922 Rekonstruktion der Abteikirche
1017 Beginn der Bauarbeiten für die Abteikirche	**1516** Verfall der Abtei		**1877–79** Bau des Damms	**1895–97** Glockenturm, Spitzturm und Statue des hl. Michael
708 St-Aubert baut auf dem Mont-Tombe ein Oratorium	**1067–70** Mont-St-Michel wird im Teppich von Bayeux dargestellt			**2007** Auszug der Benediktiner, Einzug der Fraternité de Jérusalem

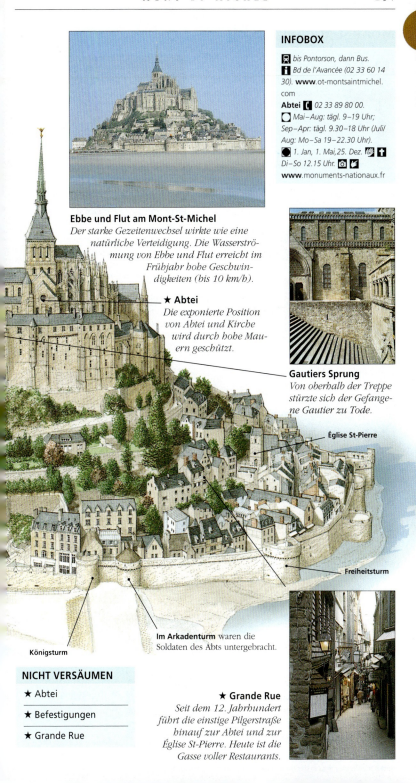

INFOBOX

🚊 bis Pontorson, dann Bus.
ℹ️ Bd de l'Avancée (02 33 60 14
30). **www**.ot-montsaintmichel.
com
Abtei 📞 02 33 89 80 00.
🕐 Mai–Aug: tägl. 9–19 Uhr;
Sep–Apr: tägl. 9.30–18 Uhr (Juli/
Aug: Mo–Sa 19–22.30 Uhr).
⚫ 1. Jan, 1. Mai,25. Dez. 🎟️ ⛪
Di–So 12.15 Uhr. 📷 📹
www.monuments-nationaux.fr

Ebbe und Flut am Mont-St-Michel
*Der starke Gezeitenwechsel wirkte wie eine
natürliche Verteidigung. Die Wasserströ-
mung von Ebbe und Flut erreicht im
Frühjahr hohe Geschwin-
digkeiten (bis 10 km/h).*

★ **Abtei**
*Die exponierte Position
von Abtei und Kirche
wird durch hohe Mau-
ern geschützt.*

Gautiers Sprung
*Von oberhalb der Treppe
stürzte sich der Gefange-
ne Gautier zu Tode.*

Église St-Pierre

Freiheitsturm

Im Arkadenturm waren die
Soldaten des Abts untergebracht.

Königsturm

★ **Grande Rue**
*Seit dem 12. Jahrhundert
führt die einstige Pilgerstraße
hinauf zur Abtei und zur
Église St-Pierre. Heute ist die
Gasse voller Restaurants.*

Mont-St-Michel: Abtei

Das heutige Gebäude gibt Zeugnis von der Zeit, als die Abtei einerseits Benediktinerkloster war und andererseits 73 Jahre lang nach der Revolution ein Gefängnis für politische Gefangene. 1017 begann man auf dem höchsten Punkt der Insel mit dem Bau einer romanischen Kirche – über einem Vorgängerbau (10. Jh.), der Kapelle Unserer lieben Frau, die heute noch unterhalb der Kirche liegt. Im 13. Jahrhundert wurde das dreistöckige Kloster La Merveille angefügt.

Kreuz im Chor

★ Kirche
Vier Pfeiler des romanischen Schiffs sind erhalten, drei wurden 1776 beim Bau der Westterrasse entfernt.

Refektorium
In dem langen, schmalen Raum, der durch hohe Fenster Licht erhält, nahmen die Mönche ihr Mahl ein.

★ La Merveille
Der Klosterkomplex auf drei Ebenen wurde in nur 16 Jahren erbaut.

Rittersaal
Rippengewölbe und verzierte Säulen sind typisch für die Gotik.

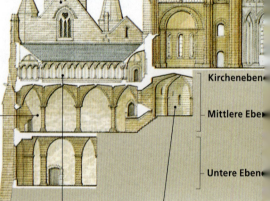

Kirchenebene

Mittlere Ebene

Untere Ebene

Die Krypta der 30 Kerzen
ist eine von zwei Krypten (11. Jh.), die zur Abstützung des Querschiffs der Hauptkirche erbaut wurden.

★ Kreuzgang
Der Kreuzgang ist ein wundervolles Beispiel für den anglo-normannischen Stil des frühen 13. Jahrhunderts.

Besichtigung der Abtei

Die Ebenen in der Abtei spiegeln die Klosterhierarchie wider. Die Mönche lebten ganz oben, zwischen Kirche, Kloster und Refektorium. Der Abt empfing seine adligen Gäste auf mittlerer Ebene. Soldaten und Pilger, auf der sozialen Leiter tiefer stehend, wurden unten empfangen. Führungen durch das Kloster beginnen an der Westterrasse auf Kirchenebene und enden im Almosensaal, in dem Almosen an die Armen verteilt wurden. Heute sind hier eine Buchhandlung und ein Souvenirladen.

Kirchenebene

Kreuzgang
Refektorium
Klosterkirche
Westterrasse
Gautiers Sprung
Große innere Treppe

Mittlere Ebene

Rittersaal
Gästesaal
Krypta der 30 Kerzen
Unsere liebe Frau
Chapelle St-Étienne
Wohnung des Abts
Krypta des hl. Martin

Das Kircheninnere
1446–1521 wurde ein gotischer Chor errichtet, der von den Krypten mit ihren massiven Pfeilern abgestützt wird.

Untere Ebene

Keller
Almosensaal
Klostergarten
Wohnräume des Abts
Wache

Die Krypta des hl. Martin
(11. Jh.) besitzt ein Tonnengewölbe, das dem ursprünglichen Stil der romanischen Abtei entspricht.

Die Wohnung des Abts lag direkt neben dem Eingang. Vornehme Besucher wurden im Gästeraum der Abtei empfangen, ärmere Pilger dagegen im Almosensaal.

Westterrasse
Führungen starten an der Westterrasse. Die Fraternité de Jérusalem, eine kleine Mönchsgemeinschaft, lebt in der Abtei und empfängt Besucher.

NICHT VERSÄUMEN

★ Kirche

★ Kreuzgang

★ La Merveille

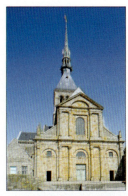

Mont-St-Michel bei Nacht ▷

Honfleur ⓮

Calvados. 🏘 8500. 🚉 *Deauville.*
ℹ *Quai Lepaulmier (02 31 89 23 30).* 🛒 *Mi, Do, Sa, So.*
www.ot-honfleur.fr

Im 15. Jahrhundert war Honfleur ein Hafen, der sich zu einer der reizvollsten Städte der Normandie entwickelte. Um das Vieux Bassin (Altes Dock, 17. Jh.) stehen sechs Stockwerke hohe Häuser. Im 19. Jahrhundert wurde Honfleur Künstlertreff. Eugène Boudin, der Küstenlandschaften malte, wurde 1824 hier geboren. Maler wie Courbet, Sisley, Pissarro, Renoir und Cézanne kamen nach Honfleur und trafen sich oft in der Ferme St-Siméon, heute ein Luxushotel. Immer noch stehen die Maler am Kai von Honfleur. In den **Greniers à Sel**, zwei Salzlagerhäusern von 1670, finden Ausstellungen statt. Sie liegen östlich des Vieux Bassin in l'Enclos, im 13. Jahrhundert die Verteidigungsanlage der Stadt.

Das **Musée d'Ethnographie et d'Art Populaire Normand** präsentiert Exponate zur Seefahrt und, nebenan, im früheren Gefängnis, normannische Möbel. Westlich, an der Place Ste-Catherine, steht eine Holzkirche, die von Schiffszimmerleuten im 15. Jahrhundert erbaut wurde. Das **Musée Eugène Boudin** dokumentiert die Atmosphäre Honfleurs und der Seine-Mündung mit Bildern von Boudin bis Raoul Dufy. Von Saties Musik kann man sich in **Les Maisons Satie** inspirieren lassen.

🎫 Greniers à Sel

Rue de la Ville. ℹ 02 31 89 23 30.
🚫 Gruppen u. Ausstellungen. 🔒 obligatorisch, außer bei Ausstellungen im Sommer. 📷 ♿

🏛 Musée d'Ethnographie et d'Art Populaire Normand

Quai St-Étienne. 📞 02 31 89 14 12. 🕐 Apr–Sep: Di–So; Mitte Feb–März, Okt–Mitte Nov: Di–Fr nachmittags, Sa/So. 🚫 1. Mai. 📷 ♿

🏛 Musée Eugène Boudin

Place Erik Satie/Rue de l'Homme de Bois. 📞 02 31 89 54 00. 🕐 Mitte März–Sep: Mi–Mo; Okt–Mitte Feb–Mitte März: Mi–Mo nachmittags, Sa/So. 🚫 1. Mai, 14. Juli, 25. Dez. 📷 ♿

🏛 Les Maisons Satie

67, bd Charles V. 📞 02 31 89 11 11. 🕐 Mi–Mo. 🚫 Jan–Mitte Feb. ♿

Quai St-Étienne in Honfleur

Le Havre ⓯

Seine-Maritime. 🏘 190 000. 🚂 🚢 🚉 🚌 ℹ 186, boulevard Clemenceau (02 32 74 04 04). 🛒 tägl.
www.lehavretourisme.com

Das strategisch günstig an der Seine-Mündung gelegene Le Havre ließ François I 1517 anlegen, da der Hafen von Honfleur immer mehr versandete. Im Zweiten Weltkrieg wurde die Stadt von Bomben der Alliierten fast völlig zerstört, doch abgesehen vom Industriegebiet am Hafen besitzt sie immer noch Anziehungskraft. Viele Yachten liegen hier vor Anker. Der Strand ist sehr sauber.

Nach 1950 wurden große Teile des Zentrums von Auguste Perret wiederaufgebaut, dessen **Église St-Joseph** (ein UNESCO-Welterbe) am Boulevard François I in den Himmel ragt. Das **Musée Malraux** am Strand präsentiert Werke von Raoul Dufy. In der Nähe liegt der größte Skateboard-Park Frankreichs.

🏛 Musée Malraux

2, bd Clemenceau. 📞 02 35 19 62 62. 🕐 Mi–Mo. 🚫 Feiertage. 📷

Côte d'Albâtre ⓰

Seine-Maritime. 🚉 🚌 🚢 ℹ Quai du Carénage, Dieppe (02 32 14 40 60). **www.dieppetourisme.com**

Die Alabasterküste erhielt ihren Namen von den Kalkfelsen und dem milchigen Wasser der Küste zwischen Le Havre und Le Tréport. Sie ist vor allem wegen der **Falaise d'Aval**, westlich von Étretat, bekannt, wo die Steilküste einen erodierten »Torbogen« aufweist. Guy de Maupassant, der 1850 nahe Dieppe geboren wurde, verglich die Formation mit einem Elefanten, der seinen Rüssel ins Meer taucht. Von Étretat führen Straßen nach Osten, entlang der Küste und durch bewaldete Täler nach Dieppe.

Fécamp ist die einzige größere Stadt. Ihre Benediktinerabtei war einst ein berühmter Wallfahrtsort, da hier im 7. Jahrhundert ein Baumstamm angeschwemmt worden sein soll, der einige Tropfen von Blut Christi enthielt. Er befindet sich im Reliquienschrein beim Eingang zur Kapelle Notre-Dame in der Abteikirche La Trinité. Das **Palais Bénédictine** wurde 1882 für den Wein- und Spirituosenhändler Alexandre Le Grand in Pseudo-Gotik errichtet. Le Grand produzierte den berühmten Kräuterlikör Bénédictine, dessen von den Mön-

Frau mit Sonnenschirm (1880) von Boudin, Musée Eugène Boudin

Die Klippen von Falaise d'Aval – wie ein Elefant, der seinen Rüssel ins Wasser taucht

chen entwickeltes Rezept er wiederentdeckte. Heute befinden sich im Palais eine Brennerei sowie ein Museum für Kunst und Kuriositäten. In der angrenzenden Halle kann man den Likör probieren.

🏛 Palais Bénédictine
110, rue Alexandre Le Grand, Fécamp. 📞 02 35 10 26 10. ⏰ tägl. 🌙 Jan, 1. Mai, 25. Dez. 🎫🔲

Blick vom Schloss auf Dieppe

Dieppe ⑰

Seine-Maritime. 🏘 36 000. 🚉
🚌 ⛴ ℹ Quai du Carénage (02 32 14 40 60). 🛒 Di, Do u. Sa.
www.dieppetourisme.com

Dieppe liegt an einer flachen Stelle der Steilküste des Pays de Caux und war als Hafen- und Festungsstadt am Ärmelkanal von historischer Bedeutung. Noch heute ist es ein beliebtes Seebad. Der Aufschwung der Stadt begann im 16. und 17. Jahrhundert, als Jehan Ango die Schiffe der Engländer und Portugiesen plünderte und der Handelsposten Petit Dieppe an der westafrikanischen Küste gegründet wurde. Damals zählte Dieppe schon 30 000 Einwoh-

ner. Zu ihnen gehörten auch 300 Handwerker, die Elfenbeinschnitzerei betrieben. Die Vergangenheit Dieppes als Seefahrer- und Handelsstadt dokumentiert das **Château-Musée** im Schloss (15. Jh.) oberhalb der Stadt. Hier gibt es historische Landkarten, Schiffsmodelle, Elfenbeinschnitzereien sowie Gemälde zu sehen, die über die Entwicklung Dieppes zum Seebad im 19. Jahrhundert informieren.

Von Paris aus ist Dieppe die nächstgelegene Küstenstadt. Entsprechend früh wurden hier Promenaden und Badeeinrichtungen angelegt. Heute besitzt Dieppe ein großes Angebot an Freizeitvergnügungen. Sehenswert sind die **Église St-Jacques** und **L'Estran – La Cité de la Mer**, ein Ausstellungszentrum zum Thema »Meer«.

🏛 Château-Musée
📞 02 35 06 61 99. ⏰ Juni–Sep: tägl.; Okt–Mai: Mi–Mo. 🌙 1. Jan, 1. Mai, 1. Nov, 25. Dez. 🎫🔲
www.mairie-dieppe.fr

🏛 L'Estran – La Cité de la Mer
37, rue de l'Asile Thomas.
📞 02 35 06 93 20. ⏰ tägl.
🌙 1. Jan, 25. Dez. 🎫♿

Basse-Seine ⑱

Seine-Maritime u. Eure. ✈ Le Havre, Rouen. 🚉 🚌 Yvetot. ⛴ Le Havre.
ℹ Yvetot (02 35 95 08 40).

Zwischen Rouen und Le Havre windet sich die Seine Richtung Meer und wird von drei Brücken überquert: dem Pont de Brotonne, dem Pont de Tancarville und dem

Pont de Normandie, der 1995 fertiggestellt wurde und Le Havre mit Honfleur verbindet. Größe und Stil dieser modernen Brücken erinnern an die kühne Architektur der Abteien, die am Ufer der Seine im 7. und 8. Jahrhundert entstanden. Diese Anlagen markieren heute den Weg, der sich für die Fahrt durch das untere Seine-Tal empfiehlt.

Westlich von Rouen, in **St-Martin-de-Boscherville**, liegt die Église de St-Georges, die bis zur Revolution zu einem kleinen befestigten Kloster gehörte. Von hier führt die D67 nach Süden zum Küstenort La Bouille.

Fährt man nach Norden, so kann man von Mesnil-sous-Jumièges mit der Fähre jede Stunde zu den großartigen Ruinen der **Abbaye de Jumièges** übersetzen. Das Kloster wurde 654 gegründet. Es hatte einst 900 Mönche und 1500 Laienbrüder. Die Abteikirche stammt aus dem 11. Jahrhundert. Am Weihefestakt im Jahr 1067 nahm auch Guillaume le Conquérant teil.

Die D913 führt durch die Wälder des Parc Régional de Brotonne zur **Abbaye de St-Wandrille** aus dem 7. Jahrhundert. Das Musée de la Marine de Seine in **Caudebec-en-Caux** widmet sich auf eindrucksvolle Weise dem Alltagsleben an der Seine in den vergangenen 120 Jahren.

Mönch aus der Abbaye de St-Wandrille

Rouen ⑲

Rouen wurde am niedrigsten Punkt, an dem die Seine überbrückt werden konnte, gegründet. Es entwickelte sich dank Seehandel und Industrialisierung zu einer wohlhabenden Stadt. Trotz großer Zerstörungen im Zweiten Weltkrieg ist es reich an Sehenswürdigkeiten, die alle von der Cathédrale Notre-Dame aus zu Fuß zu erreichen sind. Zunächst war Rouen keltische Handelsstation, dann römische Garnison. Später wurde es von den Wikingern besiedelt, 911 schließlich Hauptstadt des Herzogtums Normandie. Im Hundertjährigen Krieg wurde Rouen belagert, 1419 dann von Henri V eingenommen. 1431 wurde auf der Place du Vieux-Marché Jeanne d'Arc verbrannt.

Rouen, eine blühende Stadt an der Seine

Überblick: Rouen

Von der Kathedrale geht man auf der Rue du Gros-Horloge nach Westen, vorbei an der großen Stadtuhr zur Place du Vieux-Marché mit der Église Ste-Jeanne d'Arc, die nach dem Zweiten Weltkrieg erbaut wurde. Die Rue Rollon führt zum gotischen **Palais de Justice** (15. Jh.), einst Sitz des normannischen Parlaments, und zur Rue des Carmes. In der Rue Damiette und der Rue Eau-de-Robec sieht man Fachwerkhäuser. Nördlich davon, an der Place Général-de-Gaulle, steht das **Hôtel de Ville** (18. Jh.).

🔒 Cathédrale Notre-Dame

Das Meisterwerk der Gotik besticht vor allem durch seine berühmte Westfassade *(siehe*

Cathédrale Notre-Dame, Rouen

S. 267) und die beiden ungleichen Türme: die nördliche Tour St-Romain und die später angefügte Tour du Beurre, deren Bau durch eine Buttersteuer finanziert wurde. Über dem Mittelturm erhebt sich ein neogotisches Spitzdach von 1876. Sowohl der nördliche Portail des Libraires als auch der südliche Portail de la Calende (beide 14. Jh.) mit ihren Figuren und Ornamenten sind sehenswert, ebenso das Grabmal von Richard Löwenherz, dessen Herz hier beigesetzt wurde. Die ungewöhnliche, halbkreisförmige

Krypta (11. Jh.) wurde erst 1934 wiederentdeckt. Der Chor und die Kanzel wurden durch die schweren Stürme 1999 stark beschädigt.

🔒 Église St-Maclou

Die Kirche im gotischen Flamboyant-Stil besitzt eine reich geschmückte Westfassade mit Balken am Gebäude und einem fünfbogigen Portal, dessen mit Schnitzereien

Zentrum von Rouen

Balken des Baus sind mit Schnitzereien versehen, die einen makabren Reigen an grinsenden Totenschädeln, Totengräbern, Skeletten sowie Knochen zeigen.

🏛 Musée d'Histoire Naturelle

198, rue Beauvoisine. ☎ 02 35 71 41 50. ◻ Di–So nachmittags. ♿
Das naturgeschichtliche Museum ist mit rund 800 000 Objekten das zweitgrößte seiner Art in Frankreich.

🔒 Église St-Ouen

Die gotische Kirche St-Ouen, einst Teil einer Benediktinerabtei, beeindruckt vor allem durch ihren weiten Innenraum mit Bleiglasfenstern (14. Jh.). Dahinter befindet sich ein Park, der sich ideal für eine Ruhepause eignet.

Krug im Musée de la Céramique

🏛 Musée des Beaux-Arts

Square Verdrel. ☎ 02 35 71 28 40. ◻ Mi–Mo. ● Feiertage (außer Ostern u. Pfingsten). ♿
Die Kunstsammlung der Stadt verfügt über Meisterwerke von Caravaggio und Velázquez sowie Bilder von Théodore Géricault, Eugène Boudin und Raoul Dufy. Auch Monets *Kathedrale von Rouen* und *Das Portal, trübes Wetter* sind hier zu sehen.

🏛 Musée de la Céramique

Hôtel d'Hocqueville,1, rue Faucon. ☎ 02 35 07 31 74. ◻ Mi–Mo. ● Feiertage. ♿

INFOBOX

Seine-Maritime. 🏠 109 000.
✈ 11 km südöstl. von Rouen.
🚆 Gare rive droite, pl Bernard Tissot (08 92 35 35 35). 🚌 25, rue des Charrettes (08 25 07 60 27). ℹ 25, place de la Cathédrale (02 32 08 32 40). 🚢 Di–So.
Jeanne d'Arc-Festival (Ende Mai). www.rouentourisme.com

Rouen-Fayencen (farbig glasierte Tonwaren) sowie rund 1000 Stücke französischen und ausländischen Porzellans sind in dem Haus aus dem 17. Jahrhundert ausgestellt. Die vielfältigen Exponate dokumentieren die Geschichte der Keramik bis zu ihrem Höhepunkt im 18. Jahrhundert.

🏛 Musée Le Secq des Tournelles

Rue Jacques-Villon. ☎ 02 35 88 42 92. ◻ Mi–Mo. ● Feiertage. ♿ nur Erdgeschoss.
Das in einer Kirche (15. Jh.) untergebrachte Museum präsentiert altes Schmiedehandwerk, von Schlüsseln bis zu Korkenziehern, von gallorömischen Nägeln bis zu Gasthausschildern.

🏛 Musée Flaubert

51, rue de Lecat. ☎ 02 35 15 59 95. ◻ Di–Sa. ● Feiertage. ♿
Flauberts Vater war Chirurg am Krankenhaus von Rouen. Sein Geburtshaus zeigt heute Erinnerungsstücke an den Literaten Flaubert in Kombination mit medizinischem Gerät (17.–19. Jh.).

Zentrum von Rouen (Karte)

AMIENS
⑫ Musée d'Histoire Naturelle
RUE BEAUVOISINE
RUE LOUIS RICARD
RUE DE JOYEUSE
PLACE DE LA ROUGEMARE
RUE DES MINIMES
RUE BOURG-L'ABBÉ
PLACE DU GENERAL DE GAULLE
🅿 ⑪ Hôtel de Ville
⑩ Église St-Ouen
RUE DES FAULX
RUE EAUX-DE-ROBEC
RUE D'AMIENS
Musée National de l'Éducation
RUE DAMIETTE
PLACE BARTHELEMY
⑨ Aître St-Maclou
RUE MARTAINVILLE
⑧ Église St-Maclou
ALSACE-LORRAINE
RUE VICTOR HUGO
S AUGUSTINS
✈ Flughafen 11 km

Zeichenerklärung siehe hintere Umschlagklappe

verzierte Türen biblische Szenen zeigen. Hinter der Kirche befindet sich ein *aître* (Beinhaus), eines der wenigen Beispiele eines mittelalterlichen Friedhofs für Pestopfer. Die

Gustave Flaubert

Gustave Flaubert (1821–1880) wurde in Rouen geboren und wuchs hier auf. In seiner Heimatstadt spielen einige Szenen seines berühmtesten Romans *Madame Bovary*. Das Œuvre über die Frau eines Landarztes, die sich durch ihre Liebschaften hoffnungslos verstrickt, erschien 1857 und provozierte einen Skandal, der Flaubert schlagartig berühmt machte. Sein ausgestopfter grüner Papagei, heute im Musée Flaubert zu sehen, stand stets auf seinem Schreibtisch.

Flauberts Papagei

Château Gaillard und das Dorf Les Andelys an einer Seine-Schleife

Haute-Seine ⑳

Eure. ✈ Rouen. 🚆 Vernon, Val de Reuil. 🚌 Gisors, Les Andelys. ℹ️ Les Andelys (02 32 54 41 93). **http://**office-tourisme.ville-andelys.fr

Südöstlich von Rouen verläuft die Seine, an deren nördlichem Ufer es viel Interessantes zu sehen gibt. Mitten in der Forêt de Lyons, einst Jagdrevier der Herzöge der Normandie, liegt das Städtchen **Lyons-la-Forêt** mit Fachwerkhäusern und einem überdachten Markt aus dem 18. Jahrhundert.

Im Süden folgt die D313 dem Lauf der Seine nach **Les Andelys**, das von den Ruinen des Château Gaillard überragt wird, das Richard Löwenherz, Herzog der Normandie, 1197 errichten ließ, um Rouen gegen die Franzosen zu verteidigen. 1204 nahmen die Franzosen die Burg ein.

Giverny ㉑

Eure. 🚶 600. ℹ️ 36, rue Carnot, Vernon (02 32 51 39 60). **www**.cape-tourisme.fr

Der impressionistische Maler Claude Monet mietete 1883 ein Haus in dem kleinen Dorf Giverny und arbeitete hier bis zu seinem Tod im Alter von 86 Jahren. Das Haus, heute die **Fondation Claude Monet**, und der Garten sind öffentlich zugänglich. Das Haus ist in den Originalfarben gehalten, die Monet so bewunderte. Der Garten ist als Studienobjekt des Malers berühmt. Im Gebäude sind allerdings nur Kopien seiner Werke ausgestellt. Originale aus dem 19. und 20. Jahrhundert hängen im nahe gelegenen **Musée de l'Impressionisme**.

🏛 **Fondation Claude Monet**
Giverny, Gasny. 📞 02 32 51 28 21. ⭕ Apr–Nov: tägl. 📷 **www**.fondation-monet.com

🏛 **Musée de l'Impressionisme**
99, rue Claude Monet, Giverny. 📞 02 32 51 94 65. ⭕ Mai–Nov. 📷 ♿

Évreux ㉒

Eure. 🚶 55000. 🚆 🚌 ℹ️ 1, place du Général de Gaulle (02 32 24 04 43). 📅 Mi u. Sa. **www**.ot-pays-evreux.fr

Obwohl Évreux im Krieg stark zerstört wurde, ist es eine hübsche Stadt inmitten von Feldern und Wiesen. Im Zentrum steht die **Cathédrale Notre-Dame** mit Fenstern aus dem 14. und 15. Jahrhundert. Ihr Stil ist großteils gotisch. Im Kirchenschiff gibt es zudem romanische Rundbogen sowie Renaissance-Wandbilder (Seitenkapellen). Nebenan liegt das **Musée de l'Ancien Évêché** im früheren Bischofspalais. Es zeigt römische Bronzestatuen von Jupiter und Apollon sowie dekorative Kunst (18. Jh.).

Monets Garten – heute wieder in seiner ursprünglichen Form zu sehen

Monets Kathedralenzyklus

Fast 30 Gemälde der Kathedrale von Rouen hat Monet in den 1890er Jahren gemalt. Einige davon befinden sich im Musée d'Orsay in Paris *(siehe S. 120f)*. Monet studierte die Lichteffekte der Fassade und hielt sowohl Details als auch die riesige Fläche fest.

Dabei trug er erst Farbe auf und konturierte später. Monet sagte, er habe diesen Zyklus geplant, als er bei einer Landkirche beobachtete, »wie die Sonnenstrahlen langsam den Dunst durchdrangen, der die goldenen Steine wie einen Schleier umhüllt hatte«.

Harmonie in Blau und Gold *(1894)*

Monet wählte nur einen Standort für die Serie aus und verfolgte stets diesen südwestlichen Blick. Die Nachmittagssonne wirft Schatten auf die Fassade, die Portale und Fensterrose besonders akzentuieren.

Die Studien Monets *von Rouen entstanden gleichzeitig mit seinen Gemälden.*

Harmonie in Braun *(1894)* bietet als einziges Bild eine Frontalansicht der Westfassade. Analysen zeigen, dass es wie die anderen aus südwestlicher Perspektive begonnen wurde.

Harmonie in Blau *(1894) zeigt, verglichen mit* Harmonie in Blau und Gold, *die Steine der Westfassade im Licht eines dunstigen Morgens weniger stark konturiert.*

Das Portal, trübes Wetter *(1894) ist eine von verschiedenen Variationen in Grau, die die Kathedrale »farbloser« im Licht eines wolkenverhangenen Tages zeigen.*

Bretagne

Finistère · Côtes d'Armor · Morbihan · Ille-et-Vilaine

*D*ie in den Atlantik ragende nordwestliche Ecke Frankreichs unterschied sich lange Zeit vom restlichen Land. Den Kelten war das Gebiet als Armorica (Meerland) bekannt. Die Mär versunkener Städte und die Artus-Sage sind mit der Region verbunden. Prähistorische Megalithe ragen in der Landschaft auf. Das Mittelalter schimmert in der Bretagne durch die Moderne hindurch.

Die lange, zerklüftete Küstenlinie hat sicherlich den Charakter dieser Region am stärksten geprägt. Schöne Strände, stets sauber gespült durch die gewaltige Flut, säumen die Nordküste mit ihren Fischereihäfen und Austernbänken. Die Südküste ist etwas sanfter, das Klima milder und die Landschaft von bewaldeten Flusstälern durchzogen, während die dem offenen Atlantik ausgesetzte Westküste ein Schauspiel bietet, das ihren Namen Finistère (Ende der Welt) rechtfertigt.

Im Landesinneren liegt das einst bewaldete Argoat, heute eine Gegend mit Feldern, Wäldern und Mooren. Der Parc Naturel Régional d'Armorique umfasst nahezu das ganze innere Finistère. Hier ist auch die bretonische Kultur noch lebendig. In Quimper und im Pays Bigouden sind keltische Musik und Trachten sowie Crêpes und Cidre auch heute noch in den Alltag integriert.

Die östliche Bretagne macht einen weniger abgelegenen Eindruck. Vannes, Dinan und Rennes, die bretonische Hauptstadt, besitzen sehr gut erhaltene Fachwerkhäuser. Der befestigte Hafen von St-Malo an der Côte d'Émeraude erinnert an die alte Seefahrertradition der Region, während die Schlösser in Fougères und Vitré davon zeugen, dass sich die Bretagne bis 1532 mit Festungsanlagen gegen Frankreich schützte.

Frauen in bretonischer Tracht mit den typischen *coiffes* (Hauben)

◁ Die charakteristischen rosafarbenen Granitfelsen der Côte de Granit Rose *(siehe S. 278)* im Norden der Bretagne

Überblick: Bretagne

Für Ferien am Meer ist die Bretagne ideal. Sie bietet reizvolle Entdeckungsfahrten entlang der Küste an der nördlich gelegenen Côte d'Émeraude sowie der Côte de Granit Rose. Die Südküste prägen bewaldete Täler und die prähistorischen Sehenswürdigkeiten von Carnac und am Golfe du Morbihan. Die befestigten Kirchhöfe *(siehe S. 276f)* geben einen Einblick in die Kultur der Bretagne, ebenso die Stadt Quimper mit ihrer Kathedrale, Rennes, die Regionalhauptstadt der Bretagne, und das Château Fougères. Im Sommer kann man mit dem Boot auf eine der Inseln fahren.

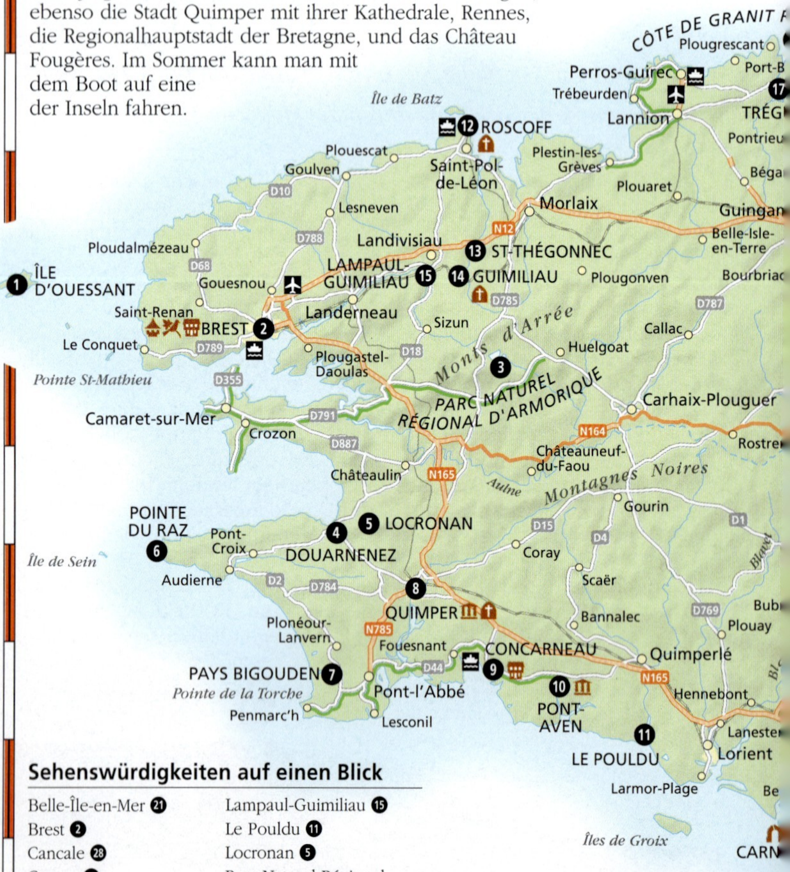

Sehenswürdigkeiten auf einen Blick

- Belle-Île-en-Mer 21
- Brest 2
- Cancale 28
- Carnac 19
- Combourg 30
- Concarneau 9
- Côte d'Émeraude 26
- Côte de Granit Rose 16
- Dinan 29
- Douarnenez 4
- Forêt de Paimpont 25
- Fougères 32
- Golfe du Morbihan 23
- Guimiliau 14
- Île de Bréhat 18
- Île d'Ouessant 1
- Josselin 24
- Lampaul-Guimiliau 15
- Le Pouldu 11
- Locronan 5
- Parc Naturel Régional d'Armorique 3
- Pays Bigouden 7
- Pointe du Raz 6
- Pont-Aven 10
- Presqu'île de Quiberon 20
- Quimper 8
- Rennes 31
- Roscoff 12
- St-Malo 27
- St-Thégonnec 13
- Tréguier 17
- Vannes 22
- Vitré 33

LEGENDE

- Autobahn
- Schnellstraße
- Nationalstraße
- Nebenstraße
- Panoramastraße
- Eisenbahn (Hauptstrecke)
- Eisenbahn (Nebenstrecke)
- Regionalgrenze

Weitere Zeichenerklärungen *siehe hintere Umschlagklappe*

In der Bretagne unterwegs

Die Schnellstraßen N12 und N165 umringen die Region, die N12 und die N24 führen direkt nach Rennes und an die Küste. Von Paris aus erreicht man die Bretagne über die A11/A81. Brest, Nantes und Rennes haben Flughäfen. Von Paris und Lille aus bietet der TGV beste Zugverbindungen.

Leuchtturm auf der Île de Bréhat, Côte de Granit Rose

Fachwerkhäuser im mittelalterlichen Stadtkern von Rennes

Mehr über die Bretagne? Vis-à-Vis Bretagne ISBN 978-3-8310-0420-1

Île d'Ouessant ❶

Finistère. ⛰ 930. ✈ Ouessant (via Brest). 🚆 Brest, dann Fähre. 🚌 Le Conquet, dann Fähre. ℹ Bourg de Lampaul, Ouessant (02 98 48 85 83). www.ot-ouessant.fr

Heidemoor bei Ménez-Meur, Parc Naturel Régional d'Armorique

Ein bretonisches Sprichwort lautet: »Wer Ouessant sieht, der sieht sein eigenes Blut.« Die auch Ushant genannte Insel ist unter Seeleuten wegen der Strömungen und Stürme gefürchtet. Im Sommer prägt angenehmes Klima den westlichsten Ort Frankreichs. Selbst der stürmische Winter ist gelegentlich mild. Die windgepeitschte Insel ist als Teil des Parc Naturel Régional d'Armorique beliebter Rastplatz von Zugvögeln. Man kann sie – wie auch eine kleine Robbenkolonie – gut von Pern und der Landspitze Pen-ar-Roc'h aus beobachten.

Zwei Museen beleuchten die von Schiffsunglücken begleitete Inselgeschichte. In Niou Uhella zeigt das **Écomusée d'Ouessant** aus Treib- und Wrackholz gefertigte, oft weiß-blau bemalte Möbel. Beim Phare du Créac'h informiert das **Musée des Phares et Balises** über bretonische Leuchttürme.

🏛 Écomusée d'Ouessant
Maison du Niou. ☎ 02 98 48 86 37. ◌ Mai–Okt: tägl.; Nov–Apr: Di–So nachmittags. 🚫 ♿

🏛 Musée des Phares et Balises
Pointe de Créac'h. ☎ 02 98 48 80 70. ◌ tägl. (im Winter nur nachmittags). 🚫

Brest ❷

Finistère. ⛰ 148 000. ✈ 🚆 🚌 🚢 nur zu den Inseln. ℹ Place de la Liberté (02 98 44 24 96). ◌ tägl. www.brest-metropole-tourisme.fr

Den Naturhafen von Brest, Frankreichs geschichtsträchtigen Hafen am Atlantik, schützt die Presqu'île de Crozon. Das im Zweiten Weltkrieg stark zerstörte Brest ist heute eine moderne Stadt, vor der Handelsschiffe, Yachten und Fischerboote kreuzen. Von der Promenade Cours Dajot blickt man auf die Rade de Brest. Das Musée de la Marine im **Château** zeigt historische Karten, Schiffsmodelle, Galionsfiguren und nautische Instrumente.

Am anderen Ufer des Penfeld – über den Pont de Recouvrance, Europas größte Hebebrücke – erreicht man die **Tour de la Motte Tanguy** (14. Jh.). Am Port de Plaisance liegt **Océanopolis** mit drei riesigen Pavillons, die Klimagebiete simulieren (Polargebiet, gemäßigte und tropische Zone).

⚓ Château de Brest
☎ 02 98 22 12 39. ◌ Apr–Sep: tägl.; Okt–Dez, Feb/März: tägl. nachmittags. 🚫

🏰 Tour de la Motte Tanguy
Square Pierre Peron. ☎ 02 98 00 88 60. ◌ Juni–Sep: tägl.; Okt–Mai: Mi–Do, Sa/So nachmittags. ● 1. Jan, 1. Mai, 25. Dez.

🐟 Océanopolis
Port de Plaisance du Moulin Blanc. ☎ 02 98 34 40 40. ◌ Mai–Anfang Sep: tägl.; Sep–Apr: Di–So. ● 1. Jan, 25. Dez. 🚫 ♿ 🍴 🛍 www.oceanopolis.com

Traditioneller Bootsbau, Le Port Musée, Douarnenez

Parc Naturel Régional d'Armorique ❸

Finistère. ✈ Brest. 🚆 Châteaulin, Landernau. 🚌 Le Faou, Huelgoat, Carhaix. ℹ Le Faou (02 98 81 90 08). www.armoris.fr

Der Regionalpark erstreckt sich von den Heidemooren der Monts d'Arrée westlich zur Presqu'île de Crozon und zur Île d'Ouessant. Das Schutzgebiet besteht aus Feldern, Heide, Überresten alter Eichenwälder und unberührter Landschaft. Die malerische Küste des Parks ist ideal für Wanderer, Reiter und Radfahrer. Ein guter Ausgangspunkt für Wanderungen landeinwärts ist **Huelgoat**. Reizvolle Aussicht bietet der **Ménez-Hom** (300 m) am Beginn der Halbinsel Crozon.

In **Le Faou** befindet sich das Informationszentrum des Parks. In **Ménez-Meur** gibt es ein Gut mit Haus- und Wildtieren sowie ein bretonisches Pferdemuseum. Weitere 16 kleine Museen im Park widmen sich Jagd, Fischfang und Gerberei.

Das **Musée de l'École Rurale** in Trégarvan stellt eine Landschule Anfang des 20. Jahrhunderts nach. Weitere Museen widmen sich dem mittelalterlichen Klosterleben oder dem Leben der bretonischen Landpriester. Zeitgenössisches Kunsthandwerk ist in der **Maison des Artisans** in Brasparts zu sehen.

Douarnenez ➍

Finistère. 🏘 16 700. 🚍 🚶 1, rue du Docteur Mével (02 98 92 13 35). ⛴ Mo–Mi. www.douarnenez-tourisme.com

Zu Beginn des 20. Jahrhunderts war Douarnenez Frankreichs führender Fischereihafen für Sardinen. Heute ist der Tourismus die Haupteinnahmequelle.

Die nahe kleine **Île Tristan** verdankt ihren Namen der tragischen Liebesgeschichte von Tristan und Isolde. Im 16. Jahrhundert war sie Stützpunkt des berüchtigten Briganten La Fontenelle.

Port du Rosmeur bietet Cafés, gute Fischrestaurants und Bootsausflüge. Frühmorgens steigt im nahen Nouveau Port die lebhafte *criée* (Fischauktion). Der Port-Rhu wurde in ein schwimmendes Museum – **Le Port Musée** – mit über 100 Booten und einigen Schiffswerften verwandelt. Einige der größeren Schiffe können besichtigt werden.

🏛 **Le Port Musée**
Place de l'Enfer. 📞 02 98 92 65 20. ⛑ Apr–Okt: tägl. 📷 ♿ www.port-musee.org

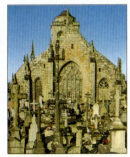

Église St-Ronan mit Friedhof (15. Jh.), Locronan

Locronan ➎

Finistère. 🏘 1000. 🚶 Place de la Mairie (02 98 91 70 14). www.locarnon.org

Vom 15. bis zum 17. Jahrhundert wurde Locronan durch die Herstellung von Segeltuch wohlhabend. Als Louis XIV dieses bretonische Monopol beendete, verarmte die Stadt. Was blieb, sind die eleganten Renaissance-Bauten, die heute Besucher anlocken. Auf Locronans gepflastertem Hauptplatz steht die Église St-Ronan (spätes 15. Jh.), die dem irischen Missionar Ronan geweiht ist. In der Rue Moal befindet sich die **Chapelle Notre-Dame-de-Bonne-Nouvelle** mit Kreuzweg und Brunnen.

Dem hl. Ronan zu Ehren findet jährlich im Juli eine *Troménie* (Prozession) und alle sechs Jahre die *Grande Troménie* statt.

Pointe du Raz ➏

Finistère. ✈ Quimper. 🚍 Quimper, dann Bus. 🚶 Audierne (02 98 70 12 20), Maison du Site (02 98 70 67 18). www.pointeduraz.com

Die wilde Pointe du Raz ragt bei Cap Sizun als schmale, fast 80 Meter hohe Landzunge in den Atlantik. Der Blick auf die Felsen und das tobende Meer ist atemberaubend. Weiter westlich liegt – baumlos flach – die Île de Sein, dahinter der Leuchtturm von Ar Men. Die Insel erhebt sich rund 1,50 Meter aus dem Meer und hat etwa 260 Bewohner. Von Audierne aus erreicht man sie nach einstündiger Bootsfahrt.

Die schroffen Klippen der Pointe du Raz

Pays Bigouden ➐

Finistère. 🚍 Pont l'Abbé. 🚶 Pont l'Abbé (02 98 82 37 99).

Die Halbinsel des Pays Bigouden bildet die Südwestspitze der Bretagne. Die Region ist bekannt für ihre *pardons (siehe S. 243)* und die *coiffes* (Hauben), die die Frauen noch heute bei Festen tragen. Das **Musée Bigouden** ist damit reich bestückt.

Entlang der Baie d'Audierne ist die Landschaft mit kleinen Weilern und einsamen Kapellen gesprenkelt. Der Kalvarienberg von **Notre-Dame-de-Tronoën** ist der älteste der Bretagne (15. Jh.). Einen herrlichen Blick aufs Meer bieten die **Pointe de la Torche** (ideal zum Surfen) und der **Eckmühl-Leuchtturm**.

🏛 **Musée Bigouden**
Le Château, pont l'Abbé. 📞 02 98 66 09 03. ⛑ Osterferien–Mai: Mo–Sa; Juni–Sep: tägl. ● 1. Mai. 📷

Quimper

Finistère. 🚶 67.000. 🛩 🚌 🚃
ℹ️ Place de la Résistance (02 98
53 04 05). 🚉 Mi u. Sa.
www.quimper-tourisme.com

Die alte Hauptstadt von Cornouaille ist unverkennbar bretonisch. Die Läden bieten neben bretonischen Sprachbüchern auch Literatur, Musikinstrumente und Trachten an. Es gibt die besten Crêpes und den besten Cidre. Der Name der Stadt geht auf das bretonische Wort *kemper* zurück, das die Vereinigung zweier Flüsse bedeutet: Steir und Odet fließen in der beschaulichen Domstadt zusammen.

Westlich der Kathedrale prägen Fachwerkhäuser, Läden und Crêperien die Fußgängerzone **Vieux Quimper**. An der Hauptstraße Rue Kéréon liegt die Place au Beurre, nördlich von ihr die Rue des Gentilshommes mit vornehmen *hôtels particuliers* (Stadtresidenzen).

In Quimper werden seit 1690 Fayencen – kunstvolle, handbemalte Töpferwaren – hergestellt. Zu den häufigsten Schmuckmotiven zählen blau und gelb umrahmte Blumen und Tiere. Fayencen werden für Sammler in aller Welt gefertigt. Im Südwesten befindet sich die älteste Produktionsstätte, die **Faïenceries HB-Henriot**, die man ganzjährig besichtigen kann.

🔒 Cathédrale St-Corentin

Die 1240 begonnene und Corentin, dem Schutzheiligen der Stadt, gewidmete Kathedrale ist der älteste gotische Bau der Region. Das farbenfroh bemalte Innere wurde restauriert. Der Chor steht in leichtem Winkel zum Hauptschiff – wohl, um sich in jetzt verschwundene Bauten einzufügen. Die zwei Türme der Westfassade kamen erst 1856 hinzu. Zwischen ihnen steht ein Reiterstandbild von König Gradlon, dem mythischen Gründer der versunkenen Stadt Ys. Nach deren Überschwemmung wählte Gradlon Quimper zur Hauptstadt und Corentin zum Schutzheiligen.

Das Martyrium des hl. Triphin (1910) von Sérusier (Schule von Pont-Aven)

Typischer Fayenceteller aus Quimper

🏛 Musée des Beaux-Arts

40, place St-Corentin. ☎ 02 98 95 45 20. ⬤ Juli/Aug: tägl.; Sep–Juni: Mi–Mo. ⬤ Feiertage; Nov–März: So vormittags. ♿
www.musee-beauxarts.quimper.fr

Quimpers Kunstmuseum ist eines der besten der Region. Die Stärken der Sammlung liegen in Werken des späten 19. und frühen 20. Jahrhunderts (etwa Jean-Eugène Bulands *Besuch in Ste-Marie de Bénodet*), die die Romantisierung der Bretagne zeigen. Ebenfalls zu sehen: Werke der Schule von Pont-Aven und Gemälde regionaler Künstler wie J.J. Lemordant und Max Jacob.

🏛 Musée Départemental Breton

1, rue de Roi-Gradlon. ☎ 02 98 95 21 60. ⬤ Juni–Sep: tägl.; Okt–Mai: Di–Sa, So nachmittags. ♿ &
Das Bischofspalais (16. Jh.) beherbergt eine Sammlung bretonischer Trachten, Möbel und Fayencen, ebenso *coiffes* (Hauben) aus Cornouaille, Himmelbetten, Kleiderschränke sowie frühe Tourismusplakate aus der Zeit um 1900, die für die Bretagne werben.

Concarneau ❾

Finistère. 🚶 20.000. 🚌 ⛴ nur zu den Inseln. ℹ️ Quai d'Aiguillon (02 98 97 01 44). 🚉 Mo u. Fr.
www.tourismeconcarneau.org

Highlight des Fischereihafens ist die **Ville Close** (befestigte Stadt) aus dem 14. Jahrhundert, die auf einer Hafeninsel errichtet und von einer Brustwehr umschlossen ist. Man erreicht sie von der Place Jean-Jaurès über eine Brücke. Teile der Brustwehr sind begehbar. In den engen Straßen liegen viele Läden und Restaurants. Das **Musée de la Pêche** in der alten Hafenkaserne erläutert die Geschichte der Fischerei.

🏛 Musée de la Pêche

3, rue Vauban. ☎ 02 98 97 10 20. ⬤ Feb–Sep: tägl. ⬤ Feiertage. ♿ &

Fischerboote in Concarneaus betriebsamem Hafen

Hotels und Restaurants in der Bretagne siehe Seiten 566–568 und 618–620

Pont-Aven ⑩

Finistère. 👥 3000. 🚉 🚌 5, place de l'Hôtel de Ville (02 98 06 04 70). 📅 Di u. Sa. www.pontaven.com

Pont-Aven, einst ein Marktflecken mit »14 Mühlen und 15 Häusern«, lockte Ende des 19. Jahrhunderts durch seine malerische Lage an der bewaldeten Aven-Mündung viele Künstler an. 1888 entwickelte Paul Gauguin (zusammen mit den geistesverwandten Malern Émile Bernard und Paul Sérusier) den Synthetismus, einen grobflächigen, farbenfrohen Malstil. Die sogenannte Schule von Pont-Aven ließ sich bis 1896 hier (und im nahen Le Pouldu) von Landschaft und Menschen der Bretagne inspirieren.

Die künstlerische Tradition der Stadt pflegen die rund 50 Galerien sowie das informative **Musée de Pont-Aven** mit Werken der Schule von Pont-Aven. Die umliegenden Wälder beflügelten die Künstler. Sie bieten hübsche Wanderwege, etwa durch den Bois d'Amour zur **Chapelle de Trémalo**, in der die Christusfigur hängt, die Gauguin zum Gemälde *Der gelbe Christus* inspirierte.

🏛 Musée de Pont-Aven

Pl de l'Hôtel de Ville. ☎ 02 98 06 14 43. ◯ tägl. ● Anfang Jan–Mitte Feb; zwischen Ausstellungen. 🚫 ♿ 📷 🚻

Notre-Dame-de-Kroaz-Baz, Roscoff

Le Pouldu ⑪

Finistère. 👥 4000. 🚌 🛈 Pouldu Plage, rue C. Filiger (02 98 39 93 42).

Der kleine Hafenort an der Mündung der Laïta bietet sich für schöne Küsten- und Flusswanderungen an. Attraktion ist die **Maison de Marie Henry**, die Rekonstruktion des Gasthofs, in dem u. a. Gauguin 1889–93 wohnte. Die Künstler bemalten jede Handbreit des Speiseraums (einschließlich der Fensterscheiben) mit Stillleben, Porträts und Karikaturen – was man 1924 unter mehreren Tapetenschichten entdeckte.

🏛 Maison de Marie Henry

10, rue des Grands Sables. ◯ nur bei Sonderausstellungen geöffnet; informieren Sie sich im Tourismusbüro Pouldu Plage (siehe oben). 📷

Roscoff ⑫

Finistère. 👥 3690. 🚉 🚌 ⛴ 🛈 Quai d'Auxerre (02 98 61 12 13). 📅 Mi. www.roscoff-tourisme.com

Das frühere Korsarennest Roscoff ist heute ein blühender Kanalhafen und Ferienort. Der alte Hafen zeigt den Wohlstand der vergangenen Seefahrerzeit, vor allem in der Rue Amiral-Réveillère und an der Place Lacaze-Duthiers. Dort zeugen die Granitfassaden der Reederhäuser (16./17. Jh.) sowie die Kanonen und Karavellen von **Notre-Dame-de-Kroaz-Baz** (16. Jh.) von der Zeit, in denen Roscoffs Freibeuter so berüchtigt waren wie jene von St-Malo *(siehe S. 282).*

Die berühmten Zwiebelverkäufer (Johnnies) überquerten 1828 erstmals den Kanal und verkauften ihre Zwiebeln. Die **Maison des Johnnies** erzählt ihr Leben. Das **Thalado** informiert über Seetang. Vom Hafen führt eine kurze Bootsfahrt zur **Île de Batz**. Nahe der Pointe de Bloscon befindet sich ein tropischer Garten.

🏛 Maison des Johnnies

48, rue Brizeux. ☎ 02 98 61 25 48. ◯ Mitte Juni–Sep: Mo–Fr, So nachmittags; Okt–Mitte Juni: Di vormittags, Do nachmittags. 📷

🏛 Thalado

5, rue Victor Hugo. ☎ 02 98 69 77 05 48. ◯ tägl. ◯ Sep–Mitte Juli: So. 📷

Paul Gauguin in der Bretagne

Schnitzerei, Chapelle de Trémalo

Das Leben Paul Gauguins (1848–1903) liest sich wie ein romantischer Roman: Mit 35 Jahren beendete er seine Laufbahn an der Börse, um künftig von der Malerei zu leben. Er wohnte und arbeitete 1886–94 in der Bretagne – in Pont-Aven und Le Pouldu, wo er Landschaft und Menschen auf die Leinwand bannte. Hier öffnete er sich dem »naiv-innigen« bretonischen Katholizismus, den er in seinen Werken ausdrücken wollte. Dies wird im *Gelben Christus* offensichtlich, einem Gemälde, das von einer Schnitzerei in der Chapelle de Trémalo angeregt wurde. Das Bild zeigt die Kreuzigung als lebendiges Geschehen in bretonischer Landschaft. Das gleiche Motiv griff Gauguin in vielen jener Phase auf, so auch in *Jakob ringt mit dem Engel* (1888).

Der gelbe Christus (1889) von Paul Gauguin

St-Thégonnec ⓭

Finistère. 🚏 🔲 *tägl.* ♿

In einer der besterhaltenen, befestigten Kirchhofanlagen der Bretagne erblickt man nach dem Eintritt durch den Triumphbogen links das Beinhaus. Geradeaus liegt der Kalvarienberg (1610), der in höchstem Maß das Geschick bretonischer Steinmetze belegt. Unter den zahlreichen lebendig gestalteten Figuren um die Kreuzachse fällt in einer Nische die Statue des hl. Thégonnec auf, den ein Gefährt von Wölfen zieht.

Guimiliau ⓮

Finistère. 🔲 *tägl.* ♿

Nahezu 200 Figuren aus dem 16. Jahrhundert, viele davon in Gewändern, schmücken Guimiliaus üppig verzierten Kalvarienberg (1581–88). Eine Darstellung erzählt die Leidensgeschichte des Dienstmädchens Katell Gollet, das von Dämonen gequält wurde, da sie für ihren Liebhaber eine Hostie gestohlen hatte. Die dem hl. Miliau gewidmete Kirche besitzt ein reich verziertes Südportal. Der Eichenbaldachin des schönen Taufbeckens stammt aus dem Jahr 1675.

Taufstein von Guimiliau (1675)

Lampaul-Guimiliau ⓯

Finistère. 🔲 *tägl.* ♿

Nach dem Eintritt durch das mächtige Tor erkennt man links Kapelle und Beinhaus, rechts den Kalvarienberg. Hier verdient die Kirche die meiste Aufmerksamkeit. Ihr Inneres ist mit aufwendigen Schnitzereien und Bemalungen versehen, u. a. mit naiven Passionsszenen entlang dem Kreuzbalken (16. Jh.), der Chor und Schiff trennt.

Enclos Paroissiaux

Vom 15. bis ins 18. Jahrhundert entstanden die *enclos paroissiaux* (befestigte bzw. umwehrte Kirchhöfe) als Ausdruck religiöser Inbrunst der Bretonen. Damals gab es wenige städtische Zentren, dafür zahlreiche ländliche Siedlungen, die durch Seehandel und Tuchproduktion zu Wohlstand kamen. In kleinen Dörfern errichtete man großartige religiöse Bauten, deren Fertigstellung teilweise 200 Jahre dauerte. Sie entsprangen religiösem Eifer und dem eher irdischen Verlangen, die Nachbarn zu übertrumpfen. Einige der schönsten Kirchhöfe liegen – als »Circuit des Enclos Paroissiaux« ausgeschildert – im Elorn-Tal.

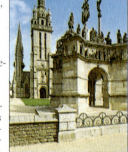

Der Kirchhof *innerhalb der Steinmauer ist geweihtes Gelände. Die Mauerumrundung führt zum Triumphbogen (hier dem von Pleyben).*

Der kleine Friedhof sagt etwas über die Größe der Gemeinde, die diese Anlage baute.

Enclos Paroissial von Guimiliau

Ein *enclos paroissial* besitzt drei Merkmale: den Triumphbogen als Eingang zum geweihten Bezirk, den Kalvarienberg mit Passions- und Kreuzigungsszenen sowie das Beinhaus neben dem Kirchenportal.

Der Kalvarienberg *gilt als bretonische Besonderheit. Womöglich geht er auf die Kreuze auf Menhiren (siehe S. 279) zurück. Er bietet eine Bibelstunde in Form eines Rundgangs. Bei diesem Beispiel (St-Thégonnec) tragen die Statuen die Kleidung des 17. Jahrhunderts.*

Die Enclos Paroissiaux *der Bretagne liegen im Elorn-Tal. Neben St-Thégonnec, Guimiliau und Lampaul-Guimiliau gibt es Kirchhöfe in Bodilis, La Martyre, La Roche-Maurice, Ploudiry, Sizun und Commana. Weiter entfernt liegen Plougastel-Daoulas und Pleyben. Guéhenno gehört bereits zur Region Morbihan.*
🛈 *14, avenue Maréchal Foch, Landivisiau (02 98 68 33 33).*

Das Kircheninnere *wurde meist mit Bildnissen und Szenen aus dem Leben örtlicher Heiliger, beschnitztem Balkenwerk sowie Möbeln ausgestattet. Hier ist der Altar von Guimiliau zu sehen.*

Im Beinhaus lagerte man die aus dem kleinen Friedhof geborgenen Gebeine. Das nahe am Kirchenportal gelegene Beinhaus galt als Brücke zwischen Leben und Tod.

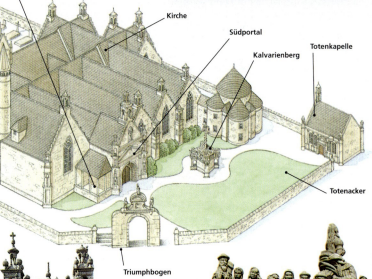

Kirche

Südportal

Kalvarienberg

Totenkapelle

Totenacker

Triumphbogen

Der Triumphbogen *von St-Thégonnec, Symbol des Zutritts der Gerechten in den Himmel, signalisiert den Gläubigen, dass sie geweihten Boden betreten.*

Steinskulpturen, *die biblischen Motiven entlehnt sind, sollten inspirieren. Wind und Wetter haben die Botschaften oft unleserlich gemacht, doch die Skulpturen von St-Thégonnec sind gut erhalten.*

Die Kapelle Notre-Dame thront auf den Felsen über dem Strand von Port-Blanc, Côte de Granit Rose

Côte de Granit Rose ⑯

Côtes d'Armor. ✈ 🚌 🚆 *Lannion.*
🛈 *Quai d'Aiguillo (02 96 46 41 00).*
🚌 *Do.* **www.ot-lannion.fr**

Die Küste zwischen Paimpol und Trébeurden heißt wegen der rosafarbenen Felsen Côte de Granit Rose. Besonders beeindruckend sind sie zwischen Trégastel und Trébeurden. Der Granit ist auch in den Nachbarstädten zu sehen. Der Streifen zwischen Trébeurden und Perros-Guirec zählt zu den beliebtesten Urlaubszielen der Bretagne.

Weiter östlich liegen ruhige Strände und Buchten, etwa bei **Trévou-Tréguignec** und **Port-Blanc.** Vom Hafen **Paimpol** brachen einst riesige Fangflotten nach Island und Neufundland auf, um Kabeljau und Wale zu fischen.

Tréguier ⑰

Côtes d'Armor. 🏠 2950. 🛈 *67, rue Ernest-Renan (02 96 92 22 33).*
🚌 *Mi.*

Tréguier liegt auf einem Hügel über der Mündung der Flüsse Jaundy und Guindy, abseits der Ferienorte der Côte de Granit Rose. Der typisch bretonische Marktflecken kann mit der **Cathédrale St-Tugdual** (14./15. Jh.) aufwarten. Die Kirche besitzt einen gotischen und einen romanischen Turm sowie einen dritten aus dem 18. Jahrhundert, den König Louis XVI finanzierte.

Umgebung: In der Chapelle St-Gonery in Plougrescant ist vor allem die bemalte Holzdecke aus dem 15. Jahrhundert sehenswert.

Île de Bréhat ⑱

Côtes d'Armor. 🏠 420. 🚌 🚆 *Paimpol, dann Bus zur Pointe de l'Arcouest (im Winter Mo–Sa, im Sommer tägl.), dann Fähre.*
🛈 *Place de la République (02 96 20 83 16).* **www.paimpol-goelo.com**

Eine 15-minütige Überfahrt führt von der Pointe de l'Arcouest zur autofreien Île de Bréhat. Die 3,5 Kilometer lange Insel besteht eigentlich aus zwei durch eine Brücke verbundenen Eilanden. In dem milden Klima gedeihen Mimosen und Obstbäume. Im Hauptort **Port-Clos** gibt es einen Fahrradverleih. Bootstouren werden angeboten. Die **Chapelle St-Michel** auf dem höchsten Punkt der Insel lockt zu einem Spaziergang.

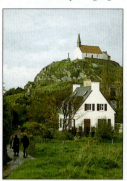

Die Chapelle St-Michel, ein Wahrzeichen der Île de Bréhat

Carnac ⑲

Morbihan. 🏠 4600. 🚌 🛈 *74, avenue des Druides (02 97 52 13 52).*
www.ot-carnac.fr

Mit knapp 3000 Menhiren und dem **Musée de Préhistoire** zählt Carnac zu den bedeutendsten prähistorischen Stätten. Im Ort steht die **Église St-Cornély** (17. Jh.), die dem Patron der Horntiere geweiht ist. An der Holzdecke sieht man Szenen aus dem Leben des Heiligen. Carnac ist ein beliebter Urlaubsort.

🏠 **Maison des Mégalithes**
📞 *02 97 52 29 81.* 🕐 *tägl.* 📷 *im Sommer.* 🎫 *Apr–Sep: obligatorisch.*
🏛 **Musée de Préhistoire**
10, pl de la Chapelle. 📞 *02 97 52 22 04.* 🕐 *Feb–Juni, Sep–Dez: Mi–Mo; Juli/Aug: tägl.* ● *1. Jan, 1. Mai, 25. Sep, 25. Dez.* 📷 🚫

Presqu'île de Quiberon ⑳

Morbihan. 🏠 5200. ✈ *Quiberon (via Lorient).* 🕐 *Juli/Aug.* 🚌 🚆 *Quiberon.* 🛈 *14, rue de Verdun (08 25 13 56 00).* 🚌 *Sa, Mi (Sommer).*
www.quiberon.com

Sturmgepeitschte Felsen säumen die raue Westküste (Côte Sauvage) der schmalen Halbinsel Quiberon. Im Osten liegen geschützte Buchten. Vom Fischereihafen und Ferienort **Quiberon** an der Südspitze legt die Autofähre zur Belle-Île ab. 1795 wurden hier 10 000 royalistische Soldaten nach dem misslungenen Versuch, das Rad der Revolution zurückzudrehen, getötet.

Prähistorische Stätten in der Bretagne

Steinzeitmenschen ordneten bereits 4000 v. Chr. bei Carnac Tausende Granitblöcke in geheimnisvollen Linien und Mustern an. Sinn und Zweck sind umstritten. Vermutlich waren es Kultstätten, doch die Anordnungen *(alignements)* lassen auch auf einen astronomischen Kalender schließen. Kelten, Römer und Christen interpretierten sie im Sinn ihrer Religionen.

Megalithe

Es gibt viele verschiedene Megalithformen für unterschiedliche Zwecke. Man benennt sie heute noch mit bretonischen Begriffen wie *men* (Stein), *dole* (Tisch) und *hir* (lang).

Menhire, *die verbreitetsten Megalithe, stehen allein oder linear angeordnet. Kreisförmig sind sie als Cromlechs bekannt.*

Dolmen *sind zwei senkrechte Steine, auf denen ein dritter ruht. Sie dienten als Grabkammern («Table des Marchands» von Locmariaquer).*

Allée couverte *sind reihenförmige, aufrechte und bedeckte Steine, die eine geschlossene Allee bilden (Carnac).*

Ein Tumulus *ist ein Dolmen, der mit Erde bedeckt wurde, um ein Hügelgrab zu bilden.*

Gavrinis

Carnac

BAIE DE QUIBERON

Quiberon

LEGENDE

Megalithische Stätte

Alignement

0 Kilometer 10

Bedeutende megalithische Stätten

Anordnung von Menhiren *(alignement)* bei Carnac

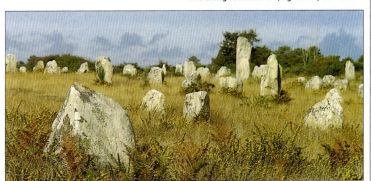

Verschieden geformte Menhire auf einem Feld bei Carnac

Belle-Île-en-Mer ㉑

Morbihan. 🏠 5200. ✈ *Quiberon (via Lorient).* ⛴ *von Quiberon.* ℹ *Quai Bonnelle (02 97 31 81 93).* 🗓 *Sa u. So.* www.belle-ile.com

Die größte Insel der Bretagne liegt 14 Kilometer südlich vor Quiberon (von dort in ca. 45 Minuten mit der Autofähre erreichbar). Ihre Küste besitzt zerklüftete Felsen und schöne Strände. Landeinwärts liegen felsiges Hochland und geschützte Täler. In Le Palais, der größten Stadt, steht die **Citadelle Vauban**, eine sternförmige Festung (16. Jh.). Schöne Ausblicke bietet die Côte Sauvage.

Kreuzgang von St-Pierre in Vannes

Vannes ㉒

Morbihan. 🏠 58.000. 🚉 🚌 ℹ *Quai Tabarly (08 25 13 56 10).* 🗓 *Mi u. Sa.* www.tourisme-vannes.com

Vannes an der Spitze des Golfe du Morbihan war Hauptstadt der Veneti, eines seefahrenden Volks, das 54 v. Chr. von Cäsar besiegt wurde. Im 9. Jahrhundert schlug Nominoë, der erste Herzog der Bretagne, hier seine Zelte auf. Die Stadt wahrte ihre Bedeutung bis zum Unionsvertrag mit Frankreich (1532), als Rennes zur bretonischen Hauptstadt aufstieg. Gut erhalten ist das mittelalterliche Viertel der Stadt. Vannes ist ein idealer Ausgangspunkt, um den Golfe du Morbihan zu erkunden.

Die östlichen Mauern des alten Vannes erblickt man von der Promenade de la Garenne aus. An beiden Mauerenden

Bretonischer Schiffer

stehen die alten Stadttore: die Porte-Prison im Norden und die Porte-Poterne im Süden.

Von der Porte St-Vincent gelangt man zu den alten, noch betriebenen Marktplätzen. Auf der **Place des Lices** fanden im Mittelalter Turniere statt. In den Straßen um die Rue de la Monnaie stehen gut erhaltene Häuser aus dem 16. Jahrhundert. Die im 13. Jahrhundert begonnene **Cathédrale St-Pierre** wurde im Lauf der Zeit radikal umgebaut. Die Kapelle der Sakramente beherbergt das Grab von Vincent Ferrier, einem 1419 in Vannes verstorbenen spanischen Heiligen.

Gegenüber der Westseite der Kathedrale liegt der überdachte Markt **La Cohue**, einst ein wichtiger Treffpunkt. Teile des Gebäudes stammen aus dem 13. Jahrhundert. Innen zeigt ein Museum Kunst und Kunsthandwerk in Zusammenhang mit der Geschichte der Region.

Im Château Gaillard aus dem 15. Jahrhundert hütet das **Musée d'Histoire** eine reiche Sammlung von Funden aus

den archäologischen Stätten Morbihans, darunter Geschmeide, Waffen und Tonwaren. Daneben befindet sich eine Galerie mit Kunsthandwerk aus Mittelalter und Renaissance.

> 🏛 **Musée d'Histoire**
> Château Gaillard, 2, rue Noé.
> 📞 *02 97 01 63 00.* 🕐 *tägl. (Mitte Mai – Mitte Juni: nur nachmittags).* ⊘ *Feiertage.* 📷

Umgebung: Südlich der Stadt unterhält der Vergnügungspark **Parc du Golfe** u. a. mit einer Schmetterlingssammlung, einem Automatenmuseum und einem Aquarium mit über 400 Fischarten. Nordöstlich von Vannes, nahe der N166, stehen die Überreste der **Tours d'Elven** (15. Jh.).

Golfe du Morbihan ㉓

Morbihan. ✈ *Lorient.* 🚉 🚌 ⛴ *Vannes.* ℹ *Quai Tabarly (08 25 13 56 10).* www.tourisme-vannes.com

Das bretonische *morbihan* (»kleines Meer«) ist eine treffende Bezeichnung für die landumschlungenen Wasserflächen. Der Golf ist nur durch einen Kanal zwischen Locmariaquer und Rhuys mit dem Atlantik verbunden. Ihn sprenkeln Inseln, von denen 40 bewohnt sind. Fähren steuern regelmäßig von Conleau bzw. Port-Blanc aus die größten Inseln **Île d'Arz** und **Île aux Moines** an.

Etwa die Hälfte der kleinen Golfhäfen lebt von Fischfang, Austernzucht und Fremdenverkehr. Beachtlich ist die An-

Der malerische Fischereihafen Le Bono am Golfe du Morbihan

Junge Feriengäste am Strand von Dinard, einem beliebten Urlaubsort

zahl megalithischer Stätten. Ein Grabhügel auf der Insel **Gavrinis** weist Steinmetzarbeiten auf *(siehe S. 279)*. Bootsfahrten nach Gavrinis gibt es von Larmor-Baden aus, Rundfahrten starten von Locmariaquer, Auray, Vannes und Port-Navalo.

Das mittelalterliche Château de Josselin am Ufer des Flusses Oust

Josselin 24

Morbihan. 🏘 2500. 🚌 ℹ 26, rue de Trente (02 97 22 36 43). 🛒 Sa.
www.josselin-communaute.fr

Oberhalb des Flusses Oust liegt das mittelalterliche **Château** von Josselin. Das Schloss, das seit Ende des 15. Jahrhunderts im Besitz der Familie de Rohan ist, weist nur noch vier von einst neun Türmen auf. In die innere Granitfassade wurde ein »A« gefügt, eine Widmung für Anne de Bretagne (1477–1514), Herrscherin während des Goldenen Zeitalters der Bretagne. Bei Führungen sieht man das im 19. Jahrhundert renovierte Schlossinnere. In den Ställen bezaubert ein Puppenmuseum mit 500 Exponaten. In der

Stadt birgt die **Basilique Notre-Dame-du-Roncier** das Mausoleum des Schlossherrn Olivier de Clisson (1336–1407). Westlich von Josselin liegt in Kerguéhennec auf dem Grund eines Schlosses (18. Jh.) ein moderner Skulpturenpark.

🏰 **Château de Josselin**
📞 02 97 22 36 45. 🕐 Apr–Mitte Juli, Sep: tägl. nachmittags; Mitte Juli–Aug: tägl.; Okt: Sa, So nachmittags. 📷 ♿
www.chateaudejosselin.com

Forêt de Paimpont 25

Ille-et-Vilaine. 🚶 Rennes. 🚌 Montfort-sur-Meu. 🚌 Rennes. ℹ Plélan (02 99 06 86 07).
www.broceliande-tourisme.info

Der Wald wird auch Forêt de Brocéliande genannt und bildet den letzten Überrest des dichten Urwalds, der einst große Teile von Armorika bedeckte. Er steht im Zusammenhang mit der Artus-

Der sagenhafte Zauberer Merlin und die Fee Viviane

Sage. Viele Besucher begeben sich tatsächlich auf die Suche nach der Zauberquelle, an der der Zauberer Merlin die Fee Viviane traf. Vom Dorf **Paimpont** aus kann man in Wald und Mythenwelt vordringen.

Côte d'Émeraude 26

Ille-et-Vilaine u. Côtes d'Armor. 🚶 ✈ Dinard–St-Malo. 🚌 🚌 ⛴ ℹ 2, bd Féar (02 99 46 94 12).
www.ot-dinard.com

Zwischen Le Val-André und der Pointe du Grouin (nahe Cancale) säumen Sandstrände, Felsenkaps und traditionsreiche Badeorte die bretonische Nordküste. Selbst ernanntes Kronjuwel der Smaragdküste ist **Dinard**, das um 1850 »entdeckt« wurde und noch heute die Reichen der Welt anzieht.

Westlich gibt es Sommerfrischen wie St-Jacut-de-la-Mer, St-Cast-le-Guildo, Sables d'Or-le-Pins und Erquy – alle mit schönen Stränden. In der Baie de la Frênaye bietet der Wachturm des mittelalterlichen **Fort La Latte** einen guten Ausblick. Einen noch besseren hat man vom nahen Leuchtturm von **Cap Fréhel**.

Östlich von Dinard führt die D186 über den **Barrage de la Rance** nach St-Malo. Der 1966 gebaute Damm erzeugte als erster Strom aus dem Tidenhub. Hinter St-Malo gruppieren sich Strände und kleine Buchten um La Guimorais. Um die Pointe du Grouin schimmert das Meer tatsächlich smaragdfarben.

Die Seefahrer von St-Malo

St-Malo verdankt seinen Seefahrern Wohlstand und Ruhm. 1534 entdeckte der im nahen Rothéneuf geborene Jacques Cartier die Mündung des St.-Lorenz-Stroms in Kanada und beanspruchte das Gebiet für Frankreich. Bretonische Seeleute segelten 1698 nach Südamerika, um die Îles Malouines (heute als Malvinas oder Falklandinseln bekannt) zu kolonisieren. Im 17. Jahrhundert war St-Malo Frankreichs größter Hafen und berühmt für seine Korsaren – Freibeuter mit königlichem Auftrag, Schiffe zu kapern. Die schillerndsten Figuren unter ihnen waren der säbelrasselnde René Duguay-Trouin (1673–1736), der 1711 den Portugiesen Rio de Janeiro abnahm, und der furchtlose Robert Surcouf (1773–1823), dessen Schiffe jene der britischen East India Company verfolgten. Mit den erbeuteten Reichtümern ließen die Schiffseigner große Herrenhäuser errichten.

Der Seefahrer Jacques Cartier (1491–1557)

St-Malo ㉗

Ille-et-Vilaine. 🚶 53 000. 🚃🚉 🚌🚢 ℹ️ *Esplanade St-Vincent (08 25 13 52 00).* 🛒 *Di–Fr.*
www.saint-malo-tourisme.com

Die einst befestigte Insel St-Malo liegt an der Mündung des Flusses Rance. Der Name der Stadt geht auf den walisischen Mönch Maclou zurück, der im 6. Jahrhundert als Missionar hierherkam. Vom 16. bis 19. Jahrhundert brachten Seefahrer dem Hafen Reichtum und Macht ein. Das 1944 bombardierte St-Malo wurde sorgfältig restauriert. Es ist heute wichtiger Handels- und Fährhafen sowie auch Urlaubsort.

Eine Brustwehr mit schönen Ausblicken auf St-Malo und die Inseln vor der Küste umkränzt die alte Stadt. Steigen Sie die Treppen der **Porte St-Vincent** hoch, und wandern Sie im Uhrzeigersinn vorbei an der mächtigen **Grande Porte** (15. Jh.).

Ein Gewirr enger Straßen mit Häusern aus dem 18. Jahrhundert, in denen Andenkenläden und Fischlokale untergebracht sind, durchzieht die Altstadt. Die Rue Porcon-de-la-Barbinais führt zur **Cathédrale St-Vincent**, deren Mittelschiff (12. Jh.) zum farbig leuchtenden Glas des Altarraums kontrastiert. An der Cour la Houssaye steht die restaurierte Maison de la Duchesse Anne (15. Jh.).

Blick bei Ebbe durch das Tor des Fort National auf St-Malo

⚓ Château de St-Malo

Pl Châteaubriand, nahe der Marina.
📞 *02 99 40 71 57.* ☐ *Apr–Sep: tägl.; Okt–März: Di–So.* ● *1. Jan, 1. Mai, 1. u. 11. Nov, 25. Dez.* 🎫
Im großen Bergfried (1424) des Schlosses präsentiert ein Museum die Geschichte der Stadt und die Abenteuer der Korsaren. Die Wachtürme bieten imposante Blicke auf die Küste. An der nahen Place Vauban wurde ein tropisches Aquarium in die Wehranlage eingefügt. Am Stadtrand bietet das Grand Aquarium ein Haifischbecken sowie simulierte U-Boot-Fahrten.

⊞ Fort National

📞 *02 99 85 34 33.* ☐ *Juni–Sep: tägl. bei Ebbe.* 🎫
Das Fort wurde 1689 von Vauban, dem Militärarchitekten Louis' XIV., errichtet. Es

lässt sich bei Ebbe zu Fuß erreichen und gewährt eine gute Sicht auf St-Malo und seine Festungsanlagen. Bei Ebbe kann man zum **Petit Bé Fort** (von Ostern bis Mitte Nov geöffnet) und zur Insel **Grand Bé** spazieren, wo der in St-Malo geborene Schriftsteller François-René de Chateaubriand begraben liegt. Von der Anhöhe aus fällt der Blick auf die Côte d'Émeraude (*siehe S. 281*).

⊞ Tour Solidor

St-Servan. 📞 *02 99 40 71 58.* ☐ *Apr–Okt: tägl.; Nov–März: Di–So.* ● *1. Jan, 1. Mai, 1. u. 11. Nov, 25. Dez.* 🎫
Im westlich gelegenen St-Servan ragt die dreitürmige Tour Solidor (1382), einst Zollhaus und während der Revolution Gefängnis. Der Turm ist ein den Seefahrern, die Kap Hoorn umschifften, gewidmetes Museum mit Schiffsmodellen und nautischen Instrumenten.

Umgebung: Bei Ebbe gibt es schöne Strände um St-Malo und die Vororte St-Servan und Paramé. Eine Fähre läuft im Sommer Dinard (*siehe S. 281*) und die Kanalinseln an. Bootsausflüge führen zu den Îles Chausey, zur Île de Cézembre, zum Cap Fréhel und die Rance hinauf nach Dinan. In Rothéneuf lohnt **Manoir Limoëlou**, das Haus des Seefahrers Jacques Cartier, einen Besuch. An der Küste beein-

Den Geschmack der Austern von Cancale priesen schon die Römer.

druckt Les Rochers Sculptés, Gesichter und Figuren, die von Abbé Foré Ende des 19. Jahrhunderts in den Fels gehauen wurden.

Manoir Limoëlou
Rue D. Macdonald-Stuart, Limoë-lou-Rothéneuf. 02 99 40 97 73. Juli/Aug: tägl.; Sep–Juni: Mo–Sa.

Cancale 28

Ille-et-Vilaine. 5350. 44, rue du Port (02 99 89 63 72). So. www.cancale-tourisme.fr

Der kleine Hafenort bietet bezaubernde Ausblicke über die Baie du Mont-St-Michel. Er hat sich der Austernzucht verschrieben. Das schon von den Römern gelobte Aroma der Cancale-Austern soll vom starken Tidenhub der Bucht herrühren. Vom *sentier des douaniers* (Pfad der Küstenwache, GR34) entlang den Klippen kann man die Austernbänke sehen.

In den vielen Bars und Restaurants an den bevölkerten Quais du Port de la Houle, an dem die Fischerboote bei Flut anlegen, kann man die Austern kosten. Für Fans gibt es das **Musée de l'Huître, du Coquillage et de la Mer**.

Musée de l'Huître, du Coquillage et de la Mer – La Ferme Marine
Aurore. 02 99 89 69 99. Mitte Feb–Juni, Mitte Sep–Okt: Mo–Fr; Juli–Mitte Sep: tägl.

Dinan 29

Côtes d'Armor. 10000. 9, rue du Château (02 96 87 69 76). Do. www.dinan-tourisme.com

Auf einem Hügel über dem bewaldeten Rance-Tal präsentiert sich Dinan als moderne Marktstadt mit mittelalterlichem Kern. Die ummauerte Vieille Ville mit ihren gut erhaltenen Fachwerkhäusern und gepflasterten Straßen beeindruckt als unverfälschtes Ensemble – besonders gut ist sie von der **Tour d'Horloge** (15. Jh.) in der Rue d'Horloge aus zu sehen. In der Nähe bewahrt die **Basilique St-Saveur** das Herz des Kriegers Bertrand du Guesclin (14. Jh.), Dinans berühmtestem Sohn.

Hinter der Kirche eröffnen Les Jardins Anglais den Blick auf die Rance und den sie überspannenden Viadukt. Weiter nördlich verläuft die mit Geranien geschmückte Rue du Jerzual durch das Stadttor (14. Jh.) steil hinab zum Hafen. Der einst umtriebige, Tuch verschiffende

Hafen ist heute ein stilles Wasser. Hier kann man zu einer hübschen Bootspartie aufbrechen oder dem Treidelpfad zur restaurierten **Abbaye St-Magloire** (17. Jh.) bei Léhon folgen.

Das **Musée du Château** erläutert Dinans Geschichte. Gleich daneben steht die **Tour de Coëtquen** (15. Jh.). Von hier aus bieten sich Spaziergänge über die Promenade des Petits Fossés und Promenade des Grands Fossés an.

Musée du Château
Château de la Duchesse Anne, rue du Château. 02 96 39 45 20. tägl. Jan, 1. Woche im Feb, Feiertage.

Autor und Diplomat: François-René de Chateaubriand (1768–1848)

Combourg 30

Ille-et-Vilaine. 5000. 23, place Albert Parent (02 99 73 13 93). Mo. www.combourg.org

Das kleine Combourg liegt malerisch neben einem See, überschattet vom mächtigen **Château de Combourg**, (Baubeginn 11. Jh.). Die heutigen Gebäude stammen aus dem 14./15. Jahrhundert. 1761 erwarb der Comte de Chateaubriand das Schloss. Sein Sohn, der Autor und Diplomat François-René de Chateaubriand (1768–1848), verbrachte darin seine Kindheit, die er später in seinen *Erinnerungen* schilderte.

Das nach der Revolution verlassene Schloss wurde im 19. Jahrhundert restauriert. Bei Führungen sieht man auch einen Raum mit Besitztümern von Chateaubriand.

Château de Combourg
23, rue des Princes. 02 99 73 22 95, 02 99 73 29 81. Juli/Aug: tägl. nachmittags; Apr–Juni, Sep/Okt: So–Fr nachmittags. www.combourg.net

Blick auf Dinan und die gotische Brücke über die Rance

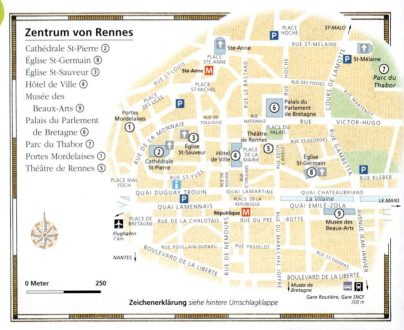

Zentrum von Rennes

Cathédrale St-Pierre ②
Église St-Germain ⑧
Église St-Sauveur ③
Hôtel de Ville ④
Musée des
  Beaux-Arts ⑨
Palais du Parlement
  de Bretagne ⑥
Parc du Thabor ⑦
Portes Mordelaises ①
Théâtre de Rennes ⑤

0 Meter   250

Zeichenerklärung siehe hintere Umschlagklappe

Rennes ③

Ille-et-Vilaine. 210000. 11, rue St-Yves (02 99 67 11 11). Di–Sa.
www.tourisme-rennes.com

Das von den Galliern ge-
gründete und von den
Römern kolonisierte Rennes
liegt günstig am Zusammenfluss von Vilaine und Ille. Es
wurde nach der Vereinigung
der Bretagne mit Frankreich
(1532) Regionshauptstadt.
1720 zerstörte eine sechs
Tage wütende Feuersbrunst
Rennes bis auf einen kleinen

Der lebhafte Markt an der Place
des Lices im Herzen von Rennes

Teil. Ihn ergänzen nun Gebäude aus dem 18. Jahrhundert.
Um den historischen Kern
gruppieren sich die Hoch-
häuser und Hightech-Firmen
des modernen Rennes. Es gibt
zwei Universitäten und eine
lebendige Kulturszene.

Beim Bummel durch die
von der Place des Lices abge-
henden Straßen meint man
fast, die Atmosphäre vor dem
großen Brand zu spüren.
Zugleich wirkt der alte Kern
(heute Fußgängerzone) durch
Bars, Crêperien und Designer-
shops jugendlich. Am West-
ende der Rue de la Monnaie
wachen die **Portes Mordelaises**, einst Teil der Stadtbe-
festigung. In der **Cathédrale
St-Pierre**, dem dritten Kirchen-
bau (1844) an dieser Stelle,
verdient das geschnitzte flämische Altarblatt (16. Jh.) Beachtung. Unweit erhebt sich die
Église St-Sauveur. Südlich der
Rue St-George steht die Église
St-Germain mit bretonischem
Glockenturm und hölzernem
Gewölbe. Die Place de la
Mairie zieren das **Hôtel de
Ville** (frühes 18. Jh.) und das
klassizistische **Théâtre de
Rennes**. Der **Parc du Thabor**,
einst Teil eines Benediktinerklosters, lädt zu Spaziergang
und Picknick ein.

Fachwerkhäuser säumen die
engen Straßen des alten Rennes

Palais du Parlement
de Bretagne

Place du Parlement. Führungen
vom Tourismusbüro (02 99 67 11 66).
www.parlement-bretagne.com
Der von Salomon de Brosse
entworfene Justizpalast von
Rennes (erbaut 1618–55) war
bis zur Revolution Sitz der
Regionalregierung. Das Gebäude diente bis 1994, als es
bei Demonstrationen der
Fischer gegen die Fangpreise
schweren Schaden erlitt, als
Strafgericht. Die Renovierung
ist mittlerweile abgeschlossen.
Das Palais ist wieder oberster
Gerichtshof der Region. Hier
finden auch Konzerte statt.

🏛 Musée des Beaux-Arts

20, quai Zola. 📞 02 23 62 17 47.
◻ Di–So. ● Feiertage. 📷
www.mbar.org

Musée de Bretagne 10, cours des
Alliés. 📞 02 23 40 66 70. ◻ Di–So
nachmittags. ● Feiertage. 📷 ♿
www.musee-bretagne.fr

Das **Musée des Beaux-Arts**
präsentiert eine Kunstsammlung vom 14. Jahrhundert bis
zur Gegenwart. Ein Raum widmet sich bretonischen Themen. Vertreten sind Gauguin,
Bernard und andere Mitglieder der Schule von Pont-Aven
(*siehe S. 275*) sowie Picasso
mit drei Werken, darunter die
anmutige *Badende*, die er
1928 in Dinard gemalt hat.

Die Sammlungen des
Musée de Bretagne, das wie
auch das Wissenschaftsmuseum und Planetarium im Kulturzentrum untergebracht ist,
umfassen traditionelle Trachten und Möbel, prähistorische
Megalithe, Exponate zum Aufstieg von Rennes sowie zur
Entwicklung des regionalen
Handwerks und der Fischerei.

Umgebung: Südlich der Stadt
verfolgt das **Écomusée du
Pays de Rennes** die Bauerntra-
dition bis ins 17. Jahrhundert
zurück. 16 Kilometer südöstlich liegt **Châteaugiron**, ein
bezauberndes mittelalterliches
Dorf mit Schloss und Häusern
mit hölzernem Dachgesims.

🏛 Écomusée du Pays de Rennes

Ferme de la Bintinais, Route de
Châtillon-sur-Seiche. 📞 02 99 51
38 15. ◻ Di–Fr (Sa, So nur nachmittags, im Winter kürzere Zeiten).
● Feiertage. 📷 ♿ www.
ecomusee-rennes-metropole.fr

♜ Château de Châteaugiron

📞 02 99 37 89 02. ◻ Mitte Juni–
Mitte Sep: tägl.; Rest des Jahres nach
Vereinbarung (02 99 37 89 02). 📷

Fougères ❷

Ille-et-Vilaine. 🏘 23 000. 🚌
ℹ 2, rue Nationale (02 99 94 12 20).
🚌 Sa. www.ot-fougeres.fr

Die Festungsstadt Fougères
befindet sich nahe der
Grenze zur Normandie auf
einem Hügel über dem Fluss
Nançon. Im Tal (und mit der
Haute Ville durch alte Wälle
verbunden) liegt das impo-

Die mächtigen Wehranlagen des Château de Fougères

sante **Château de Fougères**
(11.–15. Jh.). Die beste Aussicht aufs Schloss bietet der
Garten der Place aux Arbres
hinter der **Église St-Léonard**
(16. Jh.). Von hier kann man
zum Fluss und zu den mittelalterlichen Häusern um die
Place du Marchix hinabstei-
gen. Auch ein Besuch der
gotischen **Église St-Sulpice** mit
ihrem pfeilspitzen Turm und
der holzgetäfelten Innenausstattung (18. Jh.) ist lohnend.

Ein Gang um die massiven
Außenbefestigungen des
Schlosses enthüllt den bauli-
chen Ehrgeiz der mit 13 Türmen und über drei Meter
dicken Mauern versehenen
Anlage. Wer die Brustwehre
und Türme ersteigt, kann sich
leicht in die Rolle der Vertei-
diger zurückversetzen. Ein
Gutteil von Balzacs Roman
Die Königstreuen (1829) spielt
im und um das Schloss.

♜ Château de Fougères

Place Pierre-Simon. 📞 02 99 99 79
59. ◻ Feb–Dez: tägl. 📷

Fachwerkhäuser in der Rue
Beaudrairie von Vitré

Vitré ❸

Ille-et-Vilaine. 🏘 16 000. 🚉 🚌
ℹ Pl Général de Gaulle (02 99 75 04
46). 🚌 Mo u. Sa. www.ot-vitre.fr

Die befestigte Stadt ruht
hoch über dem Vilaine-
Tal. Bleistiftdünne Türmchen
spicken Vitrés mittelalterliches
Château, dem sich malerische
Gebäude (15./16. Jh.) beige-
sellen. Das Schloss wurde
vom 15. bis 16. Jahrhundert
auf einem dreieckigen Grundriss neu errichtet. Teile der
Brustwehr sind begehbar. Ein
Museum mit lokalen Exponа-
ten befindet sich in der Tour
St-Laurent. Östlich, in der Rue
Beaudrairie und der Rue
d'Embas, prägen Fachwerk-
häuser mit Vorbau und be-
merkenswerten Mustern das
Bild. An der fein gearbeiteten
Südfassade der im Flamboyant-Stil gestalteten **Cathédrale
de Notre-Dame** (15./16. Jh.)
fällt eine Steinkanzel auf. Die
Promenade du Val (die Rue
Notre-Dame hinab) läuft an
der Mauer entlang.

Das südöstlich von Vitré an
der D88 gelegene **Château
des Rochers-Sévigné** war
Heim von Madame de Sévig-
né, der berühmten Brief-
schreiberin und Chronistin
des höfischen Lebens von
Louis XIV. Park, Kapelle und
einige ihrer Gemächer sind
zugänglich.

♜ Château de Vitré

📞 02 99 75 04 54. ◻ Mai–Sep:
Mi–Mo; Okt–Apr: Mi–Mo (Sa nur
nachmittags). ● 1. Jan, Ostern,
1. Nov, 25. Dez. 📷

♜ Château des Rochers-Sévigné

📞 02 99 96 76 51. ◻ ● wie
Château de Vitré. 📷 ♿ teilweise.

Loire-Tal

Indre · Indre-et-Loire · Loir-et-Cher · Loiret · Eure-et-Loir
Cher · Vendée · Maine-et-Loire · Loire-Atlantique · Sarthe

Entlang dem Fluss durchzieht das weite, für seine Prunkschlösser berühmte Loire-Tal, heute Welterbe der UNESCO, das Kernland Frankreichs. Kultivierte Städte, fruchtbare Landschaften, köstliche Küche und Weine gehören zu der mit geschichtlichen und architektonischen Relikten reich gefüllten Schatzkammer.

Das üppige Loire-Tal ist ein glanzvolles Schaustück des königlichen Frankreich. Im 13. Jahrhundert zog Orléans Dichter, Troubadoure und andere Künstler an den französischen Hof. Da dieser im Mittelalter nie lange Zeit an einem Ort residierte, entstanden viele prächtige Schlösser entlang der Loire. Chambord und Chenonceau, die beiden größten Renaissance-Schlösser, prangen inmitten von Wäldern.

Die zentrale Lage sowie das umfassende kulturelle und gastronomische Angebot machen Tours zum Hauptreiseziel der Region. An zweiter Stelle folgt das nahe gelegene Angers. Unverfälscht wirken die historischen Städte Saumur, Amboise, Blois und Beaugency, aufgereiht wie Perlen am Band des Flusses. Dort befindet sich das »klassische« Loire-Tal mit zahlreichen Schlössern sowie dem Renaissance-Garten von Villandry und den Märchentürmen von Ussé. Etwas weiter nördlich thronen die Kathedralenstädte Le Mans und Chartres mit mittelalterlichen, von Stadtmauern umschlossenen Kernen.

Im Westen liegt die windige Hafenstadt Nantes, das Tor zum Atlantischen Ozean.

Südlich stößt man auf die unberührte Küste der windumtosten Vendée, ein Paradies für Windsurfer und Naturfreunde. Landeinwärts kann man die Nebenflüsse der Loire und die wasserreiche Sologne, Höhlenwohnungen, verträumte Weiler und kleine romanische Kirchen entdecken. Einladende Gasthäuser servieren opulente Wild- und Fischgerichte, dazu einen leichten Vouvray oder schweren bis fruchtigen Bourgueil. In dieser Region gilt selbst übermäßiger Genuss nicht als Sünde.

Die Loire bei Montsoreau, südöstlich von Saumur

◁ **Das märchenhafte Château de Saumur** *(siehe S. 292)* überragt die Stadt und die Loire

Überblick: Loire-Tal

Die üppige, von Frankreichs großartigsten Schlössern durchzogene Landschaft zieht viele Besucher an. An zahlreichen Orten werden Flussfahrten angeboten. An den Sandstränden der Atlantikküste findet man viele Badeorte. In der Vendée sowie in den Tälern von Loir und Indre machen Familien Ferien auf dem Land. Um Bourgueil, Chinon, Muscadet, Saumur und Vouvray sind weinselige Ausflüge angesagt. Charmante Ausgangsorte für Kulturliebhaber sind Amboise, Blois, Beaugency und Saumur.

Ländliche Szenerie bei Vouvray

Das Château de Villandry (16. Jh.) mit seinen berühmten Gärten

LEGENDE

— Autobahn
— Schnellstraße
— Nationalstraße
— Nebenstraße
— Panoramastraße

⊣⊢ Eisenbahn (Hauptstrecke)
--- Eisenbahn (Nebenstrecke)
— Regionalgrenze
△ Gipfel

Weitere Zeichenerklärungen *siehe hintere Umschlagklappe*

Sehenswürdigkeiten auf einen Blick

Abbaye Royale de Fontevraud **7**
Amboise **18**
Angers **3**
Azay-le-Rideau **11**
Beaugency **21**
Blois **20**
Bourges **27**
Chambord **19**
Chartres **24**
Chenonceau **17**
Chinon **8**
Langeais **10**
Le Mans **4**
Loches **15**
Loir **23**
Montrésor **16**
Montreuil-Bellay **6**
Nantes **1**
Orléans **25**
St-Benoît-sur-Loire **26**
Saumur **5**
Tours **13**
Ussé **9**
Vendée **2**
Vendôme **22**
Villandry **12**
Vouvray **14**

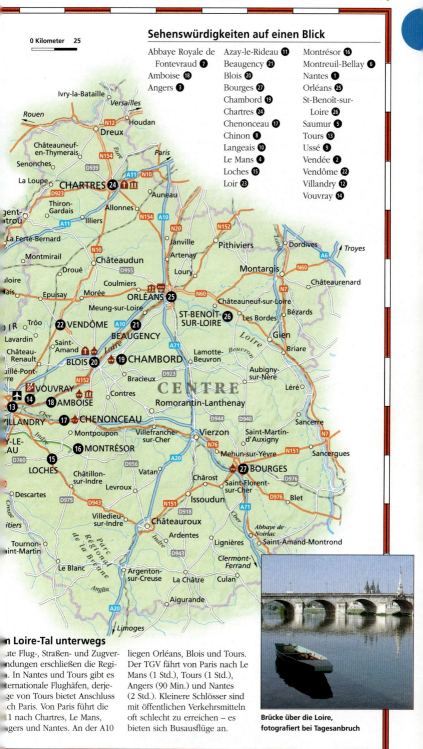

0 Kilometer   25

n Loire-Tal unterwegs

ute Flug-, Straßen- und Zugver-
ndungen erschließen die Regi-
. In Nantes und Tours gibt es
ternationale Flughäfen, derje-
ge von Tours bietet Anschluss
ch Paris. Von Paris führt die
1 nach Chartres, Le Mans,
gers und Nantes. An der A10

liegen Orléans, Blois und Tours.
Der TGV fährt von Paris nach Le
Mans (1 Std.), Tours (1 Std.),
Angers (90 Min.) und Nantes
(2 Std.). Kleinere Schlösser sind
mit öffentlichen Verkehrsmitteln
oft schlecht zu erreichen – es
bieten sich Busausflüge an.

**Brücke über die Loire,
fotografiert bei Tagesanbruch**

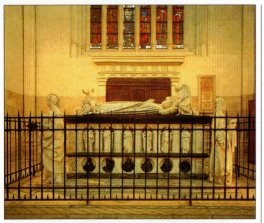

Grab von François II und Marguerite de Foix in der Cathédrale St-Pierre

Nantes ❶

Loire-Atlantique. 👥 272 000. ✈ 🚊
📍 🚌 3, cours Olivier-de-Clisson
(08 92 46 40 44). 🛒 Di – So.
www.nantes-tourisme.com

Über Jahrhunderte stritt
sich Nantes mit Rennes
um den Titel »Hauptstadt der
Bretagne«. Seine Beziehungen
zu den Plantagenets und zu
Henri IV verbanden Nantes mit
der »königlichen« Loire.
Obwohl es in den 1790er Jahren ausgegliedert und Hauptstadt des Pays de la Loire
wurde, ist Nantes bretonisch
geblieben.

Die Stadt zeigt sich vielsei-
tig – mit Hochhäusern, Kanälen und Jugendstil-Plätzen.
Schicke Bars und Restaurants
drängen sich im Zentrum. Die
1434 begonnene, 1893 vollendete **Cathédrale St-Pierre et
St-Paul** schmücken gotische
Portale mit Reliefdekor. In
einem Renaissance-Grab ruht
François II, letzter Herzog der
Bretagne.

Im **Château des Ducs de
Bretagne** wurde 1477 Anne
de Bretagne geboren. Hier
unterzeichnete 1598 Henri IV
das Edikt von Nantes, das den
Protestanten Religionsfreiheit
zugestand. Nach der Renovierung 2005 beherbergt das
Château nun das interaktive
Musée d'Histoire, das in
32 Räumen die Geschichte
der Stadt erläutert. Highlights
sind Turners Gemälde von
der Loire bei Nantes und eine
virtuelle Reise ins Jahr 1757.

🏛 **Château des Ducs de
Bretagne**
Place Marc Elder. ☎ 02 51 17 49
99. 🕐 Juli, Aug: tägl.; Sep – Juni:
Mi – Mo. 🌐

Umgebung: Von Nantes aus
fahren Boote über die Flüsse
Erdre und Sèvre Nantaise,
vorbei an Schlössern, Mus-
cadet-Weinbergen und sanft
hügeliger Landschaft.

Das 1793 beim Vendée-Auf-
stand dem Erdboden gleich-
gemachte **Clisson** (30 km südöstlich von Nantes) wurde in
italienischem Stil mit klassizistischen Villen, Uhrtürmen und
roten Ziegeldächern wiederaufgebaut. Auf einem Felsvorsprung über der Sèvre Nantaise liegt die Ruine des
Château de Clisson (13. Jh.).

🏛 **Château de Clisson**
☎ 02 40 54 02 22. 🕐 Mi – Mo
(Okt – Apr: nur nachmittags).
⬤ 1. Mai, Weihnachtsferien. 🌐 🌐

Vendée ❷

Vendée u. Maine-et-Loire.
✈ Nantes. 📍 🚊 La Roche-sur-Yon.
📍 02 51 47 88 20.
www.vendee-tourisme.com

Die Vendée beschwört
Erinnerungen an die Ge-
genrevolution, die 1793 – 99
über Westfrankreich fegte. Sie
wurde in der Vendée, einer
Bastion des Ancien Régime,
von Aufständen gegen die
städtische republikanischen
Werte eingeleitet. Bei einem
blutigen Massaker kamen
1793 an einem einzigen Tag
80 000 Royalisten ums Leben,
als sie bei St-Florent-le-Vieil
über die Loire setzen wollten.
Die Vendée-Bauern waren
standhafte Royalisten. Noch
heute sind konservative Werte
und religiöser Eifer in der
Region verbreitet.

Le Puy du Fou, in Les
Epesses südlich von Cholet,
dokumentiert die Geschichte
mit einer Live-Show. Seriöser
informiert wird man in Logis
de la Chabotterie bei St-Sul-
pice-de-Verdon und im Musée
du Textile in Cholet, das sich
der Flachs- und Hanfherstel-
lung in der Region widmet.

Die Vendée ist eine Oase
des Grünen Tourismus. Reit-
wege und Naturpfade durchziehen im Osten und Norden
von La Roche-sur-Yon den
bocage vendéen, trocken ge-
legtes bewaldetes Marschland.
Die Küste zwischen der Loire
und La Rochelle besitzt Sandstrände. **Les Sables-d'Olonne**,
das einzige bedeutende Seebad, ist Ausgangspunkt für
Bootsfahrten zu
den Salzmarschen oder zur
nahe gelegenen **Île d'Yeu**. Im

Hafen der Île de Noirmoutier, Vendée

Hotels und Restaurants im Loire-Tal *siehe Seiten 568 – 572 und 620 – 625*

Norden verbindet bei Ebbe der Gois-Damm das Marschland der **Île de Noirmoutier** mit dem Festland.

Landeinwärts bergen die trocken gelegten Sümpfe des **Marais Poitevin** *(siehe S. 408f)* Vogelschutzgebiete und Weiler. Einige von ihnen (Maillé, Maillezais, Vix) haben sehenswerte Kirchen. Das landesweit größte Netz von künstlichen Wasserwegen trug der Gegend den Beinamen *Venise verte* ein. In Coulon kann man Boote mieten.

*Apokalypse-***Wandteppich, Angers**

Angers ❸

Maine-et-Loire. 🏚 *156 000.*
✈ 🚌 *7, place Kennedy (02 41 23 50 00).* 🛒 *Di–So.*
www.angersloiretourisme.com

Angers, historische Hauptstadt des Anjou, war die Heimstatt der Plantagenets. Die Stadt besitzt ein **Château** aus dem 13. Jahrhundert *(siehe S. 242)*, das den wohl weltweit schönsten und längsten (103 m) mittelalterlichen Wandteppich hütet. Er zeigt apokalyptische Kampfszenen zwischen Engeln und Hydren.

Die **Cathédrale St-Maurice** in der Nähe des Schlosses zieren eine romanische Fassade und Bleiglasfenster (13. Jh.). Die nahe Maison d'Adam besitzt Schnitzereien, darunter einen Lebensbaum. Die **Galerie David d'Angers** in den Ruinen einer Kirche (13. Jh.) widmet sich ihrem Namensgeber, einem hier geborenen Bildhauer. Über dem Fluss, im Hôpital St-Jean, das 1174–1854 als Armenkrankenhaus diente, liegt das **Musée Jean Lurçat**. Das kostbarste Exponat, den Wandteppich *Chant du monde*, schuf Lurçat 1957. Gleichfalls hier präsentiert das **Musée de la Tapisserie Contemporaine** verschiedene Exponate.

♜ **Château d'Angers**
📞 *02 41 86 48 77.* ◯ *tägl.* ◯ *1. Jan, 1. Mai, 1. u. 11. Nov, 25. Dez.* 🎫 ✔

🏛 **Galerie David d'Angers**
33 bis, rue Toussaint. 📞 *02 41 05 38 90.* ◯ *Juni–Sep: tägl.; Okt–Mai: Di–So.* ● *Feiertage.*

🏛 **Musée Jean Lurçat / Musée de la Tapisserie Contemporaine**
4, bd Arago. 📞 *02 41 24 18 45.* ◯ *Juni–Sep: tägl.; Okt–Mai: Di–So.* ● *Feiertage.* 🎫 ♿

Umgebung: Von Angers sind das **Château de Serrant** und das **Château du Plessis-Bourré**, ein Lustschloss in feudalem Outfit, etwa 20 Kilometer entfernt. Richtung Osten kann man sich entlang der Loire in einem der zahlreichen Fischlokale stärken.

♜ **Château de Serrant**
St-Georges-sur-Loire. 📞 *02 41 39 13 01.* ◯ *Mi–Mo 9.45–12, 14–17.15 Uhr (Mitte Mai–Sep: tägl. ohne Mittagspause).* 🎫 ✔ *obligatorisch.* 📷
www.chateau-serrant.net

♜ **Château du Plessis-Bourré**
Ecuillé. 📞 *02 41 32 06 72.* ◯ *Apr–Juni, Sep: Do nachmittags–Di; Juli/Aug: tägl.; Feb, März, Okt, Nov: Do–Di nachmittags.* 🎫 ✔ *obligatorisch.*
www.plessis-bourre.com

Le Mans ❹

Sarthe. 🏚 *150 000.* ✈ 🚌 🚐
🚌 *Rue de l'Étoile (02 43 28 17 22).*
🛒 *Di–So.*
www.lemanstourisme.com

Seit der Konstrukteur Bollée erstmals einen Motor unter eine Autohaube setzte, ist der Name Le Mans mit Motoren verknüpft. Bollées Sohn rief den Vorläufer des 24-Stunden-Rennens *(siehe S. 37)* ins Leben. Zusammen mit dem

Himmelfahrts-Fenster in der Cathédrale St-Julien, Le Mans

Musée Automobile ist er die Hauptattraktion der Stadt. Frankreichs größte gallo-römische Mauern umringen die Cité Plantagenet. Der beste Blick auf die Altstadt bietet sich vom Quai Louis-Blanc aus. Das einst verlassene Viertel ist renoviert und wurde für Verfilmungen wie *Cyrano de Bergerac* genutzt. Reizvoll sind die Renaissance-Villen, die Arkadengassen und die winzigen Höfe. Blickfang ist die gotische **Cathédrale St-Julien**, deren romanisches Portal dem von Chartres kaum nachsteht. Innen öffnet sich das angevinische Schiff zu einem gotischen Chor. Reliefverzierte Kapitelle und ein Fenster (12. Jh.) mit Himmelfahrtsszenen runden das Bild ab.

🏛 **Musée Automobile**
Circuit des 24 Heures du Mans.
📞 *02 43 72 72 24.* ◯ *März–Dez: tägl.* 🎫 ♿

Die Rennstrecke von Le Mans im Magazin *Illustration* **von 1933**

Saumur ❺

Maine-et-Loire. 🚉 32 000. 🚗
🚆 🛈 Place de la Bilange (02 41 40
20 60). 🕒 Do u. Sa.
www.saumur-tourisme.com

Saumur ist berühmt für sein Märchenschloss, die Kavallerieschule, Pilzzucht und Schaumweine. Palais erinnern an seine Blüte im 17. Jahrhundert. Damals war Saumur protestantische Hochburg und wetteiferte mit Angers um den Rang als »Hauptstadt des Anjou«.

Stadt und Fluss überragt das **Château de Saumur**. Die heutige Anlage begründete Louis I von Anjou im 14. Jahrhundert. König René, sein Enkel, ließ sie ein Jahrhundert später umbauen. Eine Sammlung zeigt u. a. Porzellan- und Reitkunstexponate. Die Kavallerieschule von 1814 führte zur Gründung des **Musée des Blindés**, in dem über 150 gepanzerte Vehikel ausgestellt sind. In der **École Nationale d'Équitation** kann man die

Blick auf das Château de Saumur und den Kirchturm von St-Pierre

König Renés Wappen

Ställe besichtigen und beim Morgentraining zusehen. Die renommierte Cadre-Noir-Formation zeigt bisweilen abends Reitvorführungen.

Interessant ist der nahe unterirdische **Parc Pierre et Lumière**, in dessen Tuffhöhlen bekannte Sehenswürdigkeiten der Region in die Wände gehauen sind. Europas größter Dolmen und eine Sammlung prähistorischer Exponate sind in Bagneux zu besichtigen.

Probieren Sie unbedingt den lokalen Schaumwein – er gilt als der beste Frankreichs, der außerhalb der Champagne produziert wird.

🏰 **Château de Saumur**
☎ 02 41 40 24 40. 🕒 Di–So (mit 1 Std. Mittagspause außer Juli/Aug).

École Nationale d'Équitation
St-Hilaire-St-Florent. ☎ 02 41 53 50 60. 🕒 Apr–Mitte Okt: Di–Sa. 🔴 Feiertage. 🅿 ♿ 🚻 obligatorisch. 💻 **www**.cadrenoir.fr

Umgebung: Die Prioratkirche **Église Notre-Dame** (11. Jh.) bei Cunault besitzt ein schönes Westportal und aufwendig verzierte Kapitelle. Ein unterirdisches Fort und zahllose Tunnel und Höhlen können beim **Château de Brézé** besichtigt werden.

Montreuil-Bellay ❻

Maine-et-Loire. 🚉 4500. 🚗 🚆
🛈 Pl du Concorde (02 41 52 32 39).
🕒 Di (Mitte Juni–Mitte Sep: auch So). **www**.ville-montreuil-bellay.fr

Montreuil-Bellay ist eines der anmutigsten Städtchen der Region. Es liegt am Fluss Thouet, 17 Kilometer südlich von Saumur. Die gotische Stiftskirche ragt über Herrenhäuser und umgebende Weinberge (unbedingt an einer Weinprobe teilnehmen). Die **Chapelle St-Jean** war einst Hospiz und Pilgerzentrum.

Mit seinen 13 Türmen, den Mauern und Schutzwällen gleicht das 1025 errichtete **Château de Montreuil-Bellay** einem Bollwerk. Hinter dem befestigten Tor liegt ein entzückendes Haus aus dem 15. Jahrhundert. Es besitzt eine mittelalterliche Gewölbeküche, einen Weinkeller und einen Andachtsraum mit Fresken (15. Jh.).

🏰 **Château de Montreuil-Bellay**
☎ 02 41 52 33 06. 🕒 Apr–Okt: Mi–Mo (Juli/Aug: tägl.). 🅿 ✂

Höhlenwohnungen

In den weichen Kalkstein (Tuff) des Loire-Tals, vor allem um Saumur, Vouvray und entlang dem Loir, wurden einige der erstaunlichsten Höhlenbehausungen Frankreichs gehauen. Sie wurden in Felsflanken oder den Untergrund getrieben und gewährten jahrhundertelang billige, sichere Unterkunft. Heute sind sie als *résidence secondaire* (Zweitwohnung) beliebt oder dienen als Weinlager und zur Pilzzucht. Einige beherbergen Lokale und Hotels, alte Steinbrüche bei Doué-la-Fontaine sogar einen Zoo und ein Amphitheater (15. Jh). Bei Rochemenier nahe Saumur gibt es ein Höhlendorfmuseum. Vom zentralen Schacht geht ein Gewirr von Höhlen ab: Speicher, Weinkeller, Wohnungen und eine Kapelle. Kaminaufsätze kündigen das unterirdische Dorf im nahen La Fosse an. Hier wohnten bis vor 20 Jahren drei Familien, heute ist der Ort Museum.

Eingang zu einer typischen Höhlenwohnung

Höfisches Leben in der Renaissance

Zur Regierungszeit von François I (1515–47) erlebte die französische Renaissance ihren Höhepunkt. Die Zeit war vom Schlösserbau sowie humanistischen und künstlerischen Interessen geprägt. Der Hof reiste jeweils zwischen den Palästen von Amboise, Blois und Chambord hin und her. Die Zeit vertrieb man sich mit Jagen, Falknerei, aufwendigen *fêtes champêtres* (ländlichen Festen) und dem *jeu de paume*, einem Vorläufer des Tennis. Nachts frönte man Festessen, Bällen, Dichtung und Amouren.

Lauten- und Mandolinenmusik, *Vorträge italienischer Lieder und Maskeraden waren beliebt. Bei den Bällen spielten Musiker auf. Man tanzte Pavane und Gaillarde.*

Mit Possen *belustigten Triboulet und Caillette, die Narren François' I, den Hof: Höflinge quälten Caillette, indem sie ihn mit den Ohren an einen Pfosten nagelten und so zum Schweigen brachten.*

Renaissance-Festgelage

Das Abendessen begann in der Regel vor 19 Uhr bei Klängen italienischer Musik. Texte wurden vorgetragen, Hofnarren unterhielten das Gefolge.

Die Höflinge benutzten beim Abendessen ihre eigenen Messer. Gabeln waren selten, obwohl ihre Verwendung sich von Italien aus verbreitete.

Zum königlichen Festmahl gehörten Räucheraal, Pökelschinken, Kalbfleischpastete, Suppen mit Ei und Safran, Wildbraten, gekochtes Fleisch sowie Fischgerichte mit Zitronen- oder Stachelbeersauce.

Die Kosten für die Gewänder aus Damast, Satin und Seide trieben die Höflinge oftmals in Verschuldung.

Diane de Poitiers *(1499–1566) wurde die Mätresse Henris II, als dieser ein zwölfjähriger Knabe war. Zwei Jahre später heiratete er Katharina von Medici, doch Diane blieb bis zu seinem Tod die Dame seines Herzens.*

Die Liebe *stellten Künstler der Renaissance mit vielerlei Symbolen dar, hier mit geflügelten Herzen.*

Der Kreuzgang Grand Moûtier

Abbaye Royale de Fontevraud ❼

Maine-et-Loire. 🚌 von Saumur.
📞 02 41 51 73 52. ⏰ tägl.
🚫 1. Jan, 1. Mai, 1., 11. Nov, 25. Dez.
🌐 www.abbaye-fontevraud.com

Die Abbaye Royale de Fontevraud, Europas größte mittelalterliche Abtei, geht auf den Wanderprediger Robert d'Arbrissel zurück, der im frühen 12. Jahrhundert eine Benediktinerkongregation gründete. Mönche, Nonnen,

Tour Evraud

Die Schornsteinköpfe auf den Türmen der Küche ähneln Pfefferstreuern.

In Kaminerkern befanden sich die Herde.

(siehe S. 51)

Die Plantagenets

Der Name des Geschlechts der Grafen von Anjou verweist auf den Ginster *(genêt)*, der den Helm von Geoffroi von Anjou schmückte. Er heiratete Matilda, Tochter Henrys I von England. Als 1154 ihr Sohn Henry – er ehelichte Éléonore d'Aquitaine *(siehe S. 51)* – den Thron von England bestieg, wurde das englische Haus Plantagenet begründet, das 300 Jahre lang Frankreichs und Englands Geschicke verband.

Zwei Plantagenets: Henry II von England und Éléonore d'Aquitaine

Adlige, Landstreicher und reuige Prostituierte zählten zur Gemeinschaft. Der asketische Stifter vertraute die Leitung (meist) adligen Äbtissinnen an. Das Kloster war Zuflucht vieler Aristokratinnen, darunter auch Éléonore d'Aquitaine. Nachdem die Abtei von 1804 bis 1963 als Gefängnis gedient hatte, ließ der Staat sie aufwendig restaurieren. Ein Streifzug durch Gebäude, Orangerie und Gärten entführt in das klösterliche Leben, dessen Mittelpunkt die 1119 eingeweihte romanische Abteikirche bildete. Sie besitzt herrlich verzierte Kapitelle, ihr von vier Kuppeln gekröntes Schiff macht sie zu einem der herausragendsten Beispiele einer Kuppelbasilika. Innen zeigen Bildnisse aus dem 13. Jahrhundert Mitglieder der Familie Plantagenet: Henry II von England, seine Gattin Éléonore d'Aquitaine, ihren Sohn, den des Englischen nicht mächtigen Kreuzritter Richard Löwenherz, sowie Isabelle d'Angoulême, Witwe seines hinterhältigen Bruders König John I von England.

In den Renaissance-Bauten um den **Kreuzgang Grand Moûtier** lebte eine der größten Nonnengemeinschaften Frankreichs. Im ehemaligen **Priorat St-Lazare**, heute ein Hotel *(siehe S. 569)*, wohnten die Krankenschwestern. Die Mönchsbezirke von **St-Jean de l'Habit** existieren nicht mehr. Als seltenes Beispiel weltlicher romanischer Architektur verblieb in der **Tour Evraud** die achteckige Küche mit ihren Schornsteinen.

Heute ist die Abtei ein Kulturzentrum, in dem regelmäßig Konzerte und Ausstellungen stattfinden.

Chinon ❽

Indre-et-Loire. 👥 9000. 🚉 🚌
ℹ Place Hofheim (02 47 93 17 85).
🛒 Do. www.chinon.com

Das Château de Chinon ist eng mit der Geschichte von Jeanne d'Arc verknüpft. Hier überredete die Heilige 1429 den Dauphin, den späteren Charles VII – sie erkannte ihn trotz seiner Verkleidung –, ihr ein Heer anzuvertrauen, um die Engländer aus Frankreich zu vertreiben. Zuvor war das Schloss Lieblingsresidenz der Plantagenet-Könige gewesen. Obwohl das **Château** heute eine Ruine ist, beeindruckt sein Anblick vom gegenüberliegenden Ufer der Vienne.

Der Stadtkern, Chinons Schmuck-

Historische Tracht, Markt von Chinon

stück, gleicht einer mittelalterlichen Bilderbuchkulisse. Die **Rue Voltaire** wird von Häusern aus dem 15./16. Jahrhundert gesäumt und lag einst innerhalb der Burgmauern. Sie bietet einen Querschnitt durch die Stadtgeschichte. In Nr. 12 erzählen im **Musée Animé du Vin** animierte Figuren von

Weinanbau im Gebiet von Chinon

der Weinherstellung. In **Nr. 44**, in dem das Musée d'Art et d'Histoire untergebracht ist, soll 1199 Richard Löwenherz verstorben sein. Der großartigste Bau, das **Palais du Gouverneur**, besitzt einen doppelten Treppenaufgang. Reizend wirkt die **Maison Rouge** am Grand Carroi.

In der **Hostellerie Gargantua** (15. Jh.), heute ein Gasthof *(siehe S. 569)*, betrieb der Vater von Rabelais seine Advokatenpraxis. Der Schriftsteller lebte nahebei in der Rue de la Lamproie. Während des historischen Markts am dritten Augustsamstag tragen die Händler alte Tracht. Es gibt Volkstänze und Musik.

🏛 **Musée Animé du Vin**
12, rue Voltaire. ☎ 02 47 93 25 63. ◯ Mitte März–Mitte Okt: tägl. 🎦

Umgebung: Fünf Kilometer südwestlich von Chinon liegt **La Devinière**. Hier wurde François Rabelais, der berühmte Renaissance-Dichter, geboren.

🏛 **La Devinière**
Seuilly. ☎ 02 47 95 91 18. ◯ Mi– Mo. ⬤ 1. Jan, 25. Dez. 🎦 🅿

Château d'Ussé ❾

Indre-et-Loire. 🚉 *Chinon, dann Taxi.* ☎ 02 47 95 54 05. ◯ Mitte Feb– Mitte Nov: tägl. 🎦 🅿
www.chateaudusse.fr

Das Märchenschloss erhebt sich in ländlicher Idylle über dem Fluss Indre. Seine romantischen weißen Türmchen, Spitztürme und Schornsteine inspirierten Charles Perrault zu seiner Fassung von *Dornröschen*.

Das im 15. Jahrhundert angelegte Schloss befindet sich in Privatbesitz *(siehe S. 242)*. Das Interieur enttäuscht jedoch. Lieblos präsentiert sind die *Dornröschen*-Illustrationen. Der Eichenwald von Chinon umrahmt die Schlosskapelle. Ihre Aubusson-Gobelins kamen alle abhanden. Dafür entschädigt eine Madonna in Della-Robbia-Terrakottatechnik.

Château de Langeais ❿

Indre-et-Loire. 🚉 *Langeais.* ☎ 02 47 96 72 60. ◯ tägl. ⬤ 25. Dez. 🎦 🅿
www.chateau-de-langeais.com

Im Gegensatz zu den Nachbarstädten wirkt Langeais angenehm bescheiden. Sein mittelalterliches Château ist mit Zugbrücke und Fallgatter als Wehrburg angelegt und macht keine Zugeständnisse an die Renaissance. Seit Louis XI den Bau 1465–69 errichten ließ, erfuhr er kaum Veränderungen. Im kleinen Burghof lassen die Ruinen eines von Foulques Nerra 994 angelegten Verlieses die Besucher schaudern.

Son et lumière in der Salle de la Chapelle dreht sich um Charles VIII und seine Kindbraut Anne de Bretagne, die hier 1491 heirateten. Viele Räume besitzen Fliesenböden, überall hängen wertvolle flämische und Aubusson-Gobelins (15./16. Jh.)

François Rabelais

Rabelais (um 1494–1553), Geistlicher, Arzt, Diplomat, Gelehrter und Dichter, zeichnete sich durch Scharfsinn und Toleranz aus. Bekannt wurde er durch seine Satiren (die er als »Heilmittel« für seine Patienten schrieb). *Pantagruel* und *Gargantua* spielen in der Gegend von Chinon.

Pantagruel, der als Kind die Milch von 17 913 Kühen bekam (Doré, 1854)

Château d'Azay-le-Rideau ⓫

Indre-et-Loire. 🚉 🚕 *Azay-le-Rideau.* 📞 02 47 45 42 04. ◻ *tägl.* ⬤ *1. Jan, 1. Mai, 25. Dez.* 📷 🏛
Son et lumière *Juli/Aug.*

A zay-le-Rideau, das von Balzac als »facettenreicher Diamant an der Indre« gepriesen wurde, ist das betörendste Loire-Schloss. Philippa Lesbahy, die Frau des korrupten Finanzministers von François I, ließ es im frühen 16. Jahrhundert anlegen. Trotz des gotischen Anscheins (*siehe S. 54f und 242*) kann man hier klar den Übergang zur Renaissance erkennen: Die Ecktürmchen z. B. dienen nur der Dekoration. Azay war ein Lustschloss – bei schönem Wetter bewohnt, im Winter verlassen. Den verspielten Eindruck verstärkt das mit Seerosen bewachsene Netz von Gräben und Wehren, ein Zitat der alten Burggräben.

Innen bezaubert luftiges Villenflair. Schwacher Zedernduft steigt in die Nase. Umgeben von Stilmöbeln, Familienporträts und Wandteppichen wähnt man sich im Obergeschoss des Schlosses in einem Renaissance-Museum. Das Erdgeschoss zeigt Möbel aus dem 19. Jahrhundert, die aus der Zeit der Schlossrestaurierung stammen.

Das Dorf erinnert mit Weinproben daran, dass man sich mitten im Weinbaugebiet befindet. Dank der Licht-und-Ton-Schau (*son et lumière*) des Schlosses wirkt Azay auch nachts belebt.

Der *jardin d'ornement* des Château de Villandry

Château de Villandry ⓬

Indre-et-Loire. 🚉 *Tours, dann Taxi.* 📞 02 47 50 02 09. **Château** ◻ *Mitte Feb – Mitte Nov, Weihnachtsferien: tägl.* **Gärten** ◻ *tägl.* 📷 🏛 🍴 *März– Okt.* www.chateauvillandry.com

V illandry, vollendetes Beispiel für die Architektur des 16. Jahrhunderts, wurde als letztes großes Renaissance-Schloss im Loire-Tal erbaut. Joachim Carvallo restaurierte die Gärten im 19. Jahrhundert. Ornamental gestutzte Sträucher und Blumen bilden ein Ensemble auf drei Ebenen: vom Küchengarten (*jardin potager*) über den Ziergarten (*jardin d'ornement*) zum Wassergarten (*jardin d'eau*). Schilder erklären Herkunft und Bedeutung der Pflanzen: Der Gartenkürbis etwa symbolisiert Fruchtbarkeit, der Kohl sexuelle Verdorbenheit. Auch wegen ihrer Heilkräfte zog man Pflanzen: Kohl als Mittel gegen Kater, Piment zur Anregung der Verdauung.

Die Wurzeln der insgesamt 52 Kilometer langen Buchsbaumhecken, die die Wege säumen und den Garten begrenzen, sind so empfindlich, dass dieser ganze Bereich per Hand gejätet werden muss – und zweimal im Jahr auch so gepflegt wird.

Ein Chocolatier in Tours

Tours ⓭

Indre-et-Loire. 👥 *140.000.* ✈ 🚉 🚌 ℹ *78, rue Bernard Palissy (02 47 70 37 37).* ◻ *Di – So.* www.ligeris.com

B ürgerlicher Wohlstand, intelligente Restaurierung und eine muntere Studentenszene machen Tours zu einer ansprechenden Stadt. Das über einer Römerstadt erbaute Tours wurde im 4. Jahrhundert unter Bischof Martin zum Zentrum der frühen Christen. Als Louis XI es 1461 zur Hauptstadt von Frankreich wählte, sorgten Waffenherstellung und Manufakturen für die wirtschaftliche Blüte. Zur Regierungszeit von Henri IV verlor Tours jedoch die königliche Gunst und trat die Hauptstadtrolle an Paris ab.

Bombardierungen – 1870 von Preußen sowie im Zweiten Weltkrieg – beschädigten die Stadt schwer. 1960 hatte

Das Château d'Azay-le-Rideau spiegelt sich im Fluss Indre

Hotels und Restaurants im Loire-Tal *siehe Seiten 568 – 572 und 620 – 625*

die Mittelschicht das historische Zentrum verlassen: Es verkam völlig, das mittelalterliche Bauwerk verfiel. Seine Verjüngungskur verdankt Tours Jean Royer, der 1958 das Bürgermeisteramt antrat.

Um die Fußgängerzone der **Place Plumereau** im stimmungsvollen mittelalterlichen Kern drängen sich Cafés, Läden und Galerien. In Straßen wie der Rue Briçonnet sind fachwerkverzierte Fassaden, versteckte Höfe und alte Türme zu entdecken. Ein Torweg leitet zur Place St-Pierre-le-Puellier mit unterirdischen gallo-römischen Ruinen und einer in ein Café verwandelten Kirche. Einige Straßen weiter, an der Place Châteauneuf, zeugt von der ersten Kirche des hl. Martin nur noch die romanische **Tour Charlemagne**. Westlich davon liegt die Rue du Petit-St-Martin, der Nabel des Künstlerviertels.

Die Fassade der im frühen 13. Jahrhundert begonnenen und im 16. Jahrhundert vollendeten **Cathédrale St-Gatien** zeigt spätgotischen Flamboyant-Stil. Obwohl sie schwarz verrußt ist, beeindruckt sie ebenso wie die mittelalterlichen Bleiglasfenster.

Cathédrale St-Gatien in Tours

Im einstigen Erzbischofspalais überblickt das **Musée des Beaux-Arts** klassizistische Gärten und eine mächtige Libanonzeder. Zu den Highlights der Sammlung zählen Mantegnas *Auferstehung* und *Christus in Gethsemane*. Ein Raum ist dem modernen Künstler Olivier Debré gewidmet. Weiter westlich, in der **Église St-Julien**, kann man ein kleines Weinmuseum in den Klosterzellen besichtigen. Das nebenan liegende **Musée du Compagnonnage** präsentiert Kunsthandwerk.

Auf der anderen Seite der Rue Nationale steht der schönste Renaissance-Bau der Stadt, das **Hôtel Goüin**, heute Geschichtsmuseum. Es ist wegen Renovierung bis ca. Ende 2012 geschlossen.

🏛 **Musée des Beaux-Arts**
18, place François-Sicard. 📞 02 47 05 68 73. ◻ Mi–Mo. ● 1. Jan, 1. Mai, 1. u. 11. Nov, 25. Dez. ⬚

🏛 **Musée du Compagnonnage**
8, rue Nationale. 📞 02 47 2162 20. ◻ tägl. ● 1. Jan, 1. Mai, 14. Juli, 1. u. 11. Nov, 25. Dez. ⬚

Umgebung: Außerhalb des Céré la Ronde an der D764 liegt im **Château de Montpoupon** (15. Jh.) das Musée du Vendeur. Es erläutert die Rolle von Pferden bei der Jagd.

Backgammon-Spieler in Tours, Place Plumereau

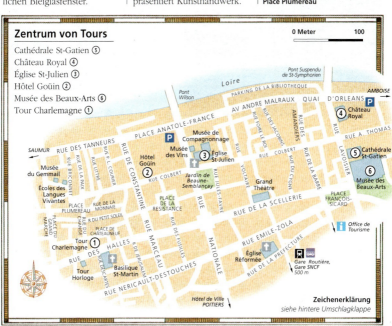

Zentrum von Tours

Cathédrale St-Gatien ⑤
Château Royal ④
Église St-Julien ③
Hôtel Goüin ②
Musée des Beaux-Arts ⑥
Tour Charlemagne ①

0 Meter   100

Zeichenerklärung
siehe hintere Umschlagklappe

Château de Chenonceau 🟐

An das romantische Lustschloss Chenonceau legten seit der Renaissance Aristokratinnen Hand an. Eine prächtige Platanenallee führt zu dem symmetrischen Garten und dem Schloss, dessen feierlicher Anblick Flaubert sagen ließ, es »schwebe auf Luft und Wasser«. Die 60 Meter lange Galerie überspannt auf Brückenbogen den Cher, dessen träge Wasser die elegante Schönheit des Schlosses spiegeln. Herrlich möblierte Räume, luftige Schlafzimmer, erlesene Gemälde und Wandteppiche machen das Innere nicht weniger prachtvoll.

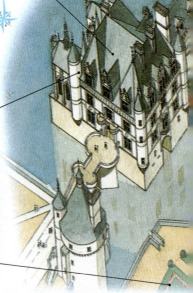

Pavillon mit Ecktürmen
Den Bau legen Catherine Briçonnet und ihr Gatte Thomas Bohier 1513–21 über einer alten Wassermühle an.

Kapelle
Über Stützpfeiler mit Reliefdekor (Blatt- und Muschelmuster) wölbt sich eine Kuppeldecke. Die bei Bombenangriffen 1944 zerstörten Bleiglasfenster wurden 1953 ersetzt.

Garten der Katharina von Medici
Unter Katharina als Schlossdame fanden hier rauschende Empfänge und Maskenbälle statt.

ZEITSKALA

Katharina von Medici

1533 Katharina von Medici (1519–1589) heiratet Henri II (1519–1559). Chenonceau wird königliches Loire-Schloss

1559 Nach Henris Tod fällt Diane in Ungnade. Katharina zwingt ihr im Tausch gegen Chenonceau das Château de Chaumont auf

1789 Die Revolutionäre verschonen Chenonceau, ein Verdienst Madame Dupins

1500	1600	1700	1800

1575 Louise de Lorraine (1554–1601) heiratet Henri III, Katharinas dritten Sohn

1547 Henri II schenkt Chenonceau seiner lebenslangen Mätresse Diane de Poitiers

1513 Thomas Bohier erwirbt das mittelalterliche Chenonceau. Seine Frau Catherine Briçonnet lässt es im Stil der Renaissance umbauen

1863 Madame Pelo... lässt das Schloss origin... getreu restaurie...

1730–99 Madame Dupin, Gattin eines Gutsverwalters, macht Chenonceau zum Treffpunkt von Intellektuellen

INFOBOX

Chenonceau. von Tours.
02 47 23 90 07. tägl.
nur Erdgeschoss.
Ausstellungen, Konzerte, nächtliche Spaziergänge.
www.chenonceau.com

Entstehung von Chenonceau

Die einzelnen Schlossherrinnen hinterließen eigene Spuren. Catherine Briçonnet, Gattin des Erstbesitzers, ließ den Türmchenpavillon und einen der ersten geraden Treppenaufgänge Frankreichs anlegen. Diane de Poitiers, Mätresse Henris II, fügte den symmetrischen Garten und die Brücke über den Fluss hinzu. Katharina von Medici wandelte die Brücke in eine italienisch angehauchte Galerie um. Louise de Lorraine, die Witwe Henris III, erbte 1590 das Schloss und ließ die Decke ihres Schlafzimmers in Schwarz und Weiß, den Farben der Trauer, streichen. Madame Dupin rettete das Schloss vor der Zerstörung durch die Revolution, Madame Pelouze ließ Chenonceau 1863 restaurieren.

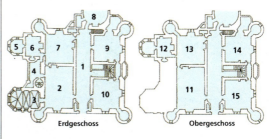

Erdgeschoss · Obergeschoss

Kurzführer

Die Hauptwohnbereiche liegen im viereckigen Türmchenpavillon über dem Cher. Vier Haupträume gehen vom Vestibül im Erdgeschoss ab: die Salle des Gardes und die Chambre de Diane de Poitiers, beide mit flämischen Wandteppichen (16. Jh.), die Chambre de François I mit einem Gemälde van Loos und der Salon Louis XIV. Das Obergeschoss, zu dem die italienische Treppe führt, beherbergt weitere Luxuszimmer, darunter die Chambre de Catherine de Médici und die Chambre de Vendôme.

1 Eingangshalle
2 Salle des Gardes
3 Kapelle
4 Terrasse
5 Librairie de Catherine de Médici
6 Cabinet Vert
7 Chambre de Diane de Poitiers
8 Grande Galerie
9 Chambre de François I
10 Salon Louis XIV
11 Chambre des Cinq Reines
12 Cabinet des Estampes
13 Chambre de Catherine de Médici
14 Chambre de Vendôme
15 Chambre de Gabrielle d'Estrées

Grande Galerie
Katharina von Medici ließ die Galerie 1570–76 im florentinischen Stil anlegen.

1913 Die Familie Menier kauft das Schloss, das heute noch im Besitz der Chocolatiers ist

1941 Ein Bombenangriff beschädigt die Kapelle von Chenonceau

Diane de Poitiers

Zimmer der Katharina von Medici

Vouvray ⑭

Indre-et-Loire. 🚶 *3500.* ℹ️ *12, rue Rabelais (02 47 52 68 73).* 🚌 *Di u. Fr.*

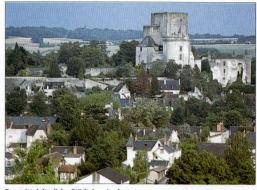

Das mittelalterliche Städtchen Loches

Aus dem Dorf Vouvray, östlich von Tours, kommt jener Weißwein, den Renaissance-Schriftsteller Rabelais mit Taft verglich. 1829 sang der schottische Dichter Walter Scott in seinem Roman *Quentin Durward* ein Loblied auf die trockenen Weißweine. Wenig hat sich seither an der Qualität geändert. Die edlen Tropfen reifen auch heute noch in Kastanienfässern. Das bekannteste Weingut ist **Huet**, seit 1990 wird hier Bio-Wein produziert. Gaston Huet geriet 1990 in die Schlagzeilen, als er, unterstützt von lokalen Winzern, dagegen protestierte, dass TGV-Trassen durch Vouvrays Weinbaugebiete verlegt werden sollten. Man einigte sich schließlich auf einen Kompromiss: Heute verlaufen Tunnel unter den Weinbergen.

Im **Château de Moncontour**, wo christliche Mönche im 4. Jahrhundert erstmals Weinstöcke anpflanzten, gibt es ein Weinbaumuseum in den Kellern, die in das Tuffgestein geschlagen wurden.

Huet

11–13, rue de la Croix-Buisée.
📞 *02 47 52 78 87.* 🕐 *Juli/Aug: Mo–Sa für Weinproben; Kellerbesichtigung nach Voranmeldung.* ⚫ *Feiertage.*

⛵ Château de Moncontour

Route de Rochecorbon. 📞 *02 47 52 60 77.* 🕐 *Ostern–Sep: tägl.; Okt–Ostern: Mo–Fr,* 🏷️ 🔲 *Anschließend sind Weinproben möglich.* **www**.moncontour.com

Loches ⑮

Indre-et-Loire. 🚶 *7000.* 🚂 🚌
ℹ️ *Place de la Marne (02 47 91 82 82).* 🚌 *Mi u. Sa.*
www.loches-tourainecotesud.com

Das mittelalterliche Städtchen mit spätgotischen Toren und verzierten Fassaden liegt abseits des Schlösserpfads im Indre-Tal. Seine Festung *(donjon)* besitzt die tiefsten Verliese im Loire-Tal. Das **Logis Royal** erinnert an Charles VII und Agnès Sorel, seine Mätresse. Hier bat einst Jeanne d'Arc Charles VII, sich in Reims krönen zu lassen. Die Kapelle von Anne de Bretagne zieren Hermeline und ein Alabasterbildnis von Agnès Sorel.

⛵ Logis Royal de Loches

📞 *02 47 59 01 32.* 🕐 *tägl.* ⚫ *1. Jan, 25. Dez.* 🏷️ 🔲

Jeanne d'Arc, die Nationalheldin

Die jungfräuliche Kriegerin und Märtyrerin Jeanne d'Arc ist *die* Nationalheldin Frankreichs. Ihr angeblich gottgewollter Feldzug zur Vertreibung der Engländer aus Frankreich im Hundertjährigen Krieg hat Dramatiker und Dichter von Voltaire bis Brecht inspiriert. Im Auftrag »überirdischer« Stimmen machte sie sich zur Fürsprecherin des Dauphins, des ungekrönten Charles VII. Angesichts der Allianz zwischen England und Burgund, die den größten Teil Nordfrankreichs besetzt hatte, war er ins Königsschloss an der

Loire geflüchtet. Jeanne überzeugte ihn von ihrer Mission, zog die französischen Truppen zusammen und siegte 1429 bei Orléans über die Engländer. Dann beschwor sie Charles VII, sich in Reims krönen zu lassen. 1430 wurde Jeanne gefangen gesetzt und an die Engländer ausgeliefert. Als Hexe und Ketzerin verurteilt, starb sie 1431 mit 19 Jahren in Rouen auf dem Scheiterhaufen. Als Märtyrerin wurde sie 1920 heiliggesprochen.

Die älteste bekannte Darstellung von Jeanne d'Arc (1429)

Porträt von Jeanne d'Arc *in der Maison de Jeanne d'Arc (siehe S. 312). Am 8. Mai 1429 befreite Jeanne Orléans von den Engländern – was jährlich in Orléans gefeiert wird.*

Montrésor ⑯

Indre-et-Loire. 🏠 400. ℹ️ 43, Grande Rue (02 47 92 70 71). **www**. tourisme-valindrois-montresor.com

Seinem Ruf, eines der schönsten Dörfer Frankreichs zu sein, wird Montrésor gerecht. Es liegt am Indrois im hübschesten Tal der Touraine. Das einstige Lehen der Kathedrale von Tours wurde 1849 eine polnische Enklave. Der polnische Graf Branicki kaufte das **Château**, das im 15. Jahrhundert über einer

Bauernhof und Mohnfelder nahe dem Dorf Montrésor

Festungsanlage (11. Jh.) von Foulques Nerra entstanden war. Seither ist es in Familienbesitz. Das Interieur blieb fast unverändert.

🏰 **Château de Montrésor**
📞 02 47 92 60 04. ⬜ Apr–11. Nov: tägl.; Dez–März: Sa u. So nachmittags. 🚫 📷

Château de Chenonceau ⑰

Siehe S. 298f.

Amboise ⑱

Indre-et-Loire. 🏠 12 000. 🚉 🚌 ℹ️ Quai du Général de Gaulle (02 47 57 09 28). 🛒 Fr u. So. **www**.amboise-valdeloire.com

Nur wenige Bauten sind so geschichtsträchtig wie das **Château d'Amboise**. Es war Wohnstätte von Louis XI, Geburts- und Sterbeort von Charles VIII. François I sowie die zehn Kinder von Katharina von Medici wuchsen hier auf. 1560 war es Schauplatz der Verschwörung von Amboise, einem gescheiterten Komplott der Hugenotten gegen François II. Besuchern zeigt man den Balkon, an

Blick über die Loire auf Amboise

dem die Leichen von zwölf der 1200 Verschwörer baumelten. Die **Tour des Minimes**, der einstige Schlosseingang, besitzt eine spiralenförmige Rampe. Auf den Wällen steht die gotische **Chapelle St-Hubert**, das Grab Leonardo da Vincis. Er lebte unter dem Schutz François' I im nahen **Clos-Lucé**. Dort sind Modelle seiner Entwürfe zu sehen.

🏰 **Château d'Amboise**
📞 08 20 20 50 50. ⬜ tägl. ● 1. Jan, 25. Dez. 🚫 📷 **www**.chateau-amboise.com

🏛 **Clos-Lucé**
2, rue de Clos-Lucé. 📞 02 47 57 00 73. ⬜ tägl. ● 1. Jan, 25. Dez. 🚫 ♿ teilweise. **www**.vinci-closluce.com

Die romantische Heldin *Jeanne d'Arc war ein beliebtes Thema bei Malern. Dieses Gemälde stammt von François Léon Benouville (1821–1859).*

Tod auf dem Scheiterhaufen – *Szene aus Otto Premingers Historienfilm* Heilige Johanna *(1957) mit Jean Seberg in der Hauptrolle.*

Château de Chambord ⑲

Der Schriftsteller Henry James sagte einst: »Chambord ist wahrhaft königlich – königlich in seinen Ausmaßen, seiner großartigen Atmosphäre und seiner Gleichgültigkeit gegenüber normalen Maßstäben.« Die größte Residenz an der Loire entstand aus einem Jagdhaus in der Forêt de Boulogne. François I ließ es 1519 abreißen und – vermutlich nach einem Entwurf Leonardo da Vincis – den Grundstein für Chambord legen. 1537 hatten 1800 Arbeiter und drei Steinmetzmeister den mittleren Schlossturm, die Nebentürme und die Dachterrassen fertig. François wollte eigentlich die Loire umleiten lassen, nahm jedoch mit dem näheren Cosson vorlieb. Sein Sohn Henri II setzte das Werk fort. Unter Louis XIV wurde das 400-Zimmer-Anwesen 1685 vollendet.

Château de Chambord, im Vordergrund der Cosson, ein Nebenfluss der Loire

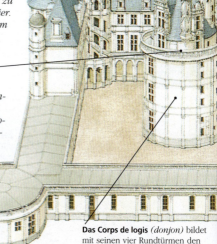

Der Kapellenbau wurde – kurz bevor François I 1547 starb – begonnen. Der zweite Stock wurde unter Henri II, das Dach unter Louis XIV erbaut.

Salamander
François I machte den Salamander zu seinem Wappentier. Das Emblem ist im Schloss 800-mal vertreten.

★ Dachterrassen
Die Silhouette der Kuppeln lässt an eine verkleinerte orientalische Stadtkulisse denken. Viele verlängerte Schornsteinköpfe, Miniaturspitztürme, muschelförmige Kuppeln und verschwenderisch gestaltete Giebel überragen die Dachterrassen.

NICHT VERSÄUMEN
★ Dachterrassen
★ Gewölbewachstuben
★ Große Wendeltreppe

Das Corps de logis *(donjon)* bildet mit seinen vier Rundtürmen den Kern der Anlage.

ZEITSKALA

1519–47 François I lässt das Jagdhaus des Grafen von Blois abreißen und Schloss Chambord anlegen

1547–59 Henri II lässt Westflügel und zweiten Stock der Kapelle zufügen

1725–33 Stanislaus Leszczynski, König von Polen im Exil, später Herzog von Lothringen, wohnt hier

1748 Marschall Moritz von Sachsen erwirbt Chambord. Nach seinem Tod zwei Jahre später verfällt das Schloss wieder

1500	1600	1700	1800	1900

1547 Tod von François I

1669–85 Louis XIV schließt den Bau ab, dann gibt er ihn auf

1670 In Chambord wird Molières *Bürger als Edelmann* aufgeführt

1840 Chambord wird *monument historique*

1970er Jahre Chambord wird restauriert, die Gräben werden neu ausgehoben

Molière

★ Gewölbewachstuben

Die Wachstuben sind in Form eines griechischen Kreuzes um die Wendeltreppe gruppiert. Sie waren Schauplatz von Bällen und Theateraufführungen. Salamander zieren die Decken.

INFOBOX

🚉 Blois, dann Taxi oder Bus.
📞 02 54 50 40 00.
🕐 Jan–März: tägl. 10–17 Uhr;
Apr–Sep: tägl. 9–18 Uhr;
Okt–März: tägl. 10–17 Uhr.
🚫 1. Jan, 25. Dez.
📷📹 **Son et lumière** »*Rêve de Lumières*« (Juni–Sep: abends).
www.chambord.org

Die Laterne, ein 32 Meter hoher Turmaufsatz, der von gebogenen Strebepfeilern gestützt wird, überragt die Terrasse.

Im Schlafgemach von François I findet sich eine Notiz, die vom König im Liebeskummer auf eine Glastafel gekratzt wurde: ›Souvent femme varie, bien fol est qui s'y fie.‹ (»Gar oft schwanken die Launen der Frau, ein Narr ist, wer ihr traut.«)

Cabinet de François I
Das Arbeitszimmer (cabinet) *des Königs ließ Königin Cathérine Opalinska, Gemahlin von Stanislaus I. Leszczynski (dem Schwiegervater Louis' XV), im 18. Jahrhundert in ein Oratorium umwandeln.*

★ Große Wendeltreppe

Vermutlich entwarf Leonardo die doppelte Wendeltreppe, damals eine Neuheit. Sie ermöglichte, dass auf- und absteigende Personen einander nicht begegneten.

Schlafgemach Louis' XIV
Dieser Schlafraum liegt in den Prunkgemächern des Sonnenkönigs, dem weitläufigsten Wohnbereich des Schlosses.

Blick von der Loire auf Cathédrale St-Louis und Hôtel de Ville von Blois

Blois ⑳

Loir-et-Cher. 🚶 52 000. 🚆 🚌
ℹ 23, place du château (02 54 90
41 41). 🗓 Di, Do u. Sa.
www.ville-blois.fr

Die Stadt war einst Lehen der Grafen von Blois und gewann im 15. Jahrhundert als Kronbesitz Bedeutung. Die historischen Fassaden strahlen Atmosphäre aus. Schloss, Kathedrale und Fluss begrenzen das architektonische Altstadtjuwel, das hügelige Vieux Blois, heute teilweise Fußgängerzone. Auf vier gut ausgeschilderten Wegen kann man zu Fuß die Herrenhäuser und malerischen Innenhöfe erkunden, die Blois so charmant machen.

Das vom Nordufer der Loire zurückgesetzte **Château Royal de Blois** war Hauptresidenz der Könige, bis Henri IV 1598 den Hof nach Paris verlegte. Als Louis XIV Versailles (siehe S. 174–177) bauen ließ, sank der Stern von Blois endgültig. Trotz ihrer Verschiedenheit bilden die vier Schlossflügel

ein harmonisches Ensemble. Aus dem 13. Jahrhundert überdauerte nur die Salle des États Généraux. In diesem besterhaltenen und größten gotischen Saal Frankreichs versammelten sich Kronrat und Hof. Der anschließende Louis-XII-Flügel (15. Jh.) verbindet gotische Formgebung mit dem Geist der Renaissance. Ihn zieren Wappentier (Stachelschwein) und Motto des Königs. Im Flügel von François I (16. Jh.), einem Meisterwerk der Renaissance, zieht sich eine Wendeltreppe durch einen achteckigen Turm. Der schlichte Flügel des Gaston d'Orléans (17. Jh.) steht dazu in Kontrast.

Von der bewegten Vergangenheit erzählen historische Gemälde, darunter eine Zeichnung von der Ermordung des Herzogs von Guise. Er wurde eines katholischen Komplotts gegen Henri III verdächtigt und 1588 im Zimmer des Königs von

Wappen Louis' XII

Wachen erdolcht. Vier der 237 geschnitzten Wandpaneele in Katharina von Medicis Arbeitszimmer bergen Geheimtüren. Hier soll sie ihr Gift aufbewahrt haben.

Wendeltreppe François' I
Die 1515–24 angelegte Wendeltreppe ist ein Glanzstück der frühen französischen Renaissance.

Von der Galerie aus konnte man Turnieren und Empfängen im Innenhof zusehen.

François' I Salamandermotiv ziert die Balustraden.

Die Wendeltreppe im Inneren des Turms steigt deutlich steiler an als die Balustraden.

Louis-XII-Flügel des Château Royal de Blois

Hotels und Restaurants im Loire-Tal siehe Seiten 568–572 und 620–625

Den Ostteil der Stadt beherrscht die gotische **Cathédrale St-Louis**. Sie wurde 1678 bei einem Sturm fast vollständig zerstört und im 17. Jahrhundert wiederaufgebaut. Das 1700 errichtete ehemalige Bischöfliche Palais beherbergt heute das **Hôtel de Ville** (Rathaus). Die umgebenden Terrassengärten bieten einen schönen Blick über Stadt und Fluss. Gegenüber der Kathedrale liegt die **Maison des Acrobates** mit geschnitzten mittelalterlichen Charakteren, darunter auch Akrobaten.

An der Place Louis-XII, dem Marktplatz, fallen Fassaden aus dem 17. Jahrhundert, Balkone und Fachwerkhäuser ins Auge. Die Rue Pierre-de-Blois, eine pittoreske Gasse, schlängelt sich zum mittelalterlichen jüdischen Getto. Die Rue des Juifs säumen vornehme *hôtels particuliers*, etwa das mit Galerien, Renaissance-Torbogen und Innenhof versehene **Hôtel de Condé** und das **Hôtel Jassaud** mit einem Hochrelief über dem Toreingang aus dem 16. Jahrhundert. In der Rue du Puits-Châtel mit ihren vielen Renaissance-Häusern liegt das galeriengesäumte **Hôtel Sardini**, dessen frühere Besitzer Bankiers der Renaissance waren. An der ansprechenden Place Vauvert steht ein sehenswertes Fachwerkhaus.

⛪ **Château Royal de Blois**
📞 02 54 90 33 33. ⏰ tägl. 9–12.30, 13.30–17.30 Uhr (Apr–Sep: 9–18.30 Uhr). ● 1. Jan, 25. Dez.
📷 🎭 **Son et lumière** Juni–Mitte Sep.

Überdachter gotischer Durchgang in der Rue Pierre-de-Blois

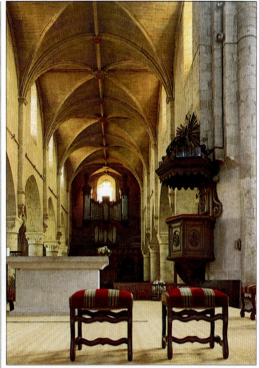

Schiff der Abteikirche Notre-Dame in Beaugency

Beaugency ㉑

Loiret. 🗺 7700. 🚌 🚗 ℹ 3, pl du Dr Hyvernaud (02 38 44 54 42). 🏠 Sa. www.beaugency.fr

Beaugency, ein mittelalterliches Ensemble und das östliche Tor zum Loire-Tal, bietet sich als ruhiger Ausgangspunkt für die Erkundung der Région Orléanais an. Über steinerne Uferböschungen kann man – ein seltenes Vergnügen – entlang der Loire wandern. Der Quai de l'Abbaye eröffnet einen guten Blick auf die Brücke (11. Jh.), bis in jüngste Zeit die einzige Loire-Brücke zwischen Blois und Orléans. Als strategisch wichtigen Punkt eroberten sie die Engländer im Hundertjährigen Krieg viermal, bis Jeanne d'Arc 1429 die Stadt zurückeroberte.

Im Zentrum fallen die Ruinen eines Wachturms (11. Jh.) an der **Place St-Firmin** auf. Dort erhebt sich auch ein Glockenturm (16. Jh.). Die zugehörige Kirche fiel der Revolution zum Opfer. Auch eine Statue von Jeanne d'Arc ist zu sehen. Den Platz säumen Stilbauten wie das über einer Feudalburg errichtete **Château Dunois**. Darin stellt das Regionalmuseum historische Kleider, Möbel und Spielzeug aus (wg. Restaurierung derzeit geschlossen).

Gegenüber dem Château Dunois liegt die romanische Abteikirche **Notre-Dame**. Hier wurde 1152 die Ehe zwischen Éléonore d'Aquitaine und Louis VII geschieden und so Éléonores Eheschließung mit dem künftigen Henry II von England der Weg geebnet.

In der Rue du Change steht der mittelalterliche Glockenturm, dahinter das **Hôtel de Ville**, dessen Renaissance-Fassade das Stadtwappen ziert. Zu einem Bummel lockt das alte Mühlenviertel zwischen Rue du Pont und Rue du Rü.

⛪ **Château Dunois (Musée Daniel Vannier)**
3, pl Dunois. 📞 02 38 44 55 23.
● wg. Renovierung.

Schlössertour durch die Sologne

Die Sologne ist eine verschwiegene, von Weingütern umgebene Wald- und Marschlandschaft. Weinliebhaber können einen der ausgezeichneten Loire-Weine verkosten. In der Saison gibt es hervorragende Wildgerichte aus den Wäldern der Region, die seit Jahrhunderten beliebte Jagdgründe sind. Wer sich für die Jagd interessiert, kann sich in den Schlössern der Sologne über Jagdhunde ebenso informieren wie über Trophäen der Vergangenheit. Die hier vorgestellte mehrtägige Route führt zu verschiedenartigen Loire-Schlössern. Die fünf Châteaux bieten – vom Feudalstil über grazile Renaissance-Details bis zum eleganten Klassizismus – einen reizvollen Überblick über regionale Baustile. Einige Schlösser sind bewohnt, können aber dennoch besichtigt werden.

Château de Beauregard ②

Beauregard wurde um 1520 als Jagdschloss für François I errichtet. Die Galerie zeigt 327 königliche Porträts.

Château de Chaumont ①

Château de Chaumont ①

Das Schloss mit Verschönerungen im Renaissance-Stil eröffnet einen Blick über die Loire *(siehe S. 242).*

0 Kilometer   5

LEGENDE

━━ Routenempfehlung

═══ Andere Straße

Pontlevoy

Vendôme ㉒

Loir-et-Cher. 🏛 18.500. 🚉 🚌
🛈 *47, rue Poterie (02 54 77 05 07).*
🏪 *Fr u. So.* **www.vendome.eu**

Vendôme, einst Pilgerstation auf dem Weg nach Santiago de Compostela, ist durch den Anschluss an den TGV Ziel moderner Wallfahrer. Seither ziehen es viele, die in Paris arbeiten, als Wohnsitz der teuren Hauptstadt vor.

Vendôme besitzt Charme. Um alte Steinhäuser fließt der Fluss Loir, in dem sich üppige Gärten und schicke Restaurants spiegeln. Größtes Baudenkmal ist die 1034 gegründete Abteikirche **La Trinité.** Vom ursprünglichen Bau blieb nur der Glockenturm. Das Kirchenportal ist ein Meisterwerk des gotischen Flamboyant-Stils. Das Innere enthüllt romanische Kapitelle und Chorgestühl aus dem 14. Jahrhundert. Hoch über

dem Fluss liegt das verfallene **Château,** das unter den Grafen von Vendôme im 13. und 14. Jahrhundert erbaut wurde. Unten kann man Boote mieten und auf den Seitenarmen des Flusses an eleganten Gebäuden, einem mittelalterlichen Waschhaus und einer 250 Jahre alten Platane vorbeirudern.

Rochambeau, Held des Nordamerikanischen Unabhängigkeitskriegs

Loir ㉓

Loir-et-Cher. ✈ *Tours.* 🚉 *Vendôme.*
🚌 *Montoire-sur-le-Loir.* 🛈 *16, place Clemenceau, Montoire-sur-le-Loir (02 54 85 23 30).*

Nördlich der majestätischen Loire verströmt der Fluss Loir eher ländlichen Charme. Auf der reizvollsten Strecke zwischen Vendôme und Trôo gibt es Höhlenwohnungen *(siehe S. 292),* Wanderpfade, Weinproben, Angelmöglichkeiten und Bootsausflüge.

Das befestigte Dorf **Les Roches-l'Évêque** umfasst in Felsen gehauene Höhlenwohnungen. Flussabwärts liegt **Lavardin** mit romanischer Kirche, Fachwerkhäusern, gotischer Brücke und verfallenem Château. Romanische Fresken zieren die Chapelle St-Gilles in **Montoire-sur-le-Loir,** einst die Kapelle einer Aussätzigenkolonie. **Trôo** ist bekannt für die romanische Église de

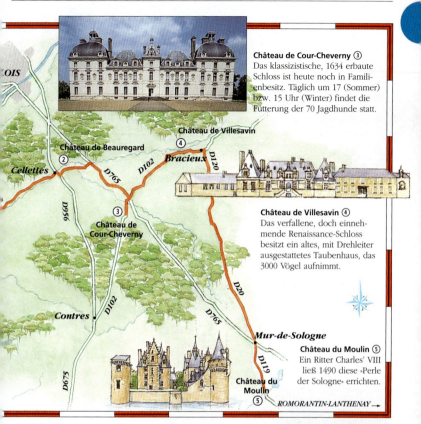

Château de Cour-Cheverny ③
Das klassizistische, 1634 erbaute Schloss ist heute noch in Familienbesitz. Täglich um 17 (Sommer) bzw. 15 Uhr (Winter) findet die Fütterung der 70 Jagdhunde statt.

Château de Villesavin ④
Das verfallene, doch einnehmende Renaissance-Schloss besitzt ein altes, mit Drehleiter ausgestattetes Taubenhaus, das 3000 Vögel aufnimmt.

Château du Moulin ⑤
Ein Ritter Charles' VIII ließ 1490 diese »Perle der Sologne« errichten.

St-Martin und sein Labyrinth aus Höhlenwohnungen.

Freskengeschmückte romanische Kapellen gibt es in **St-Jacques-des-Guérets**, gegenüber von Trôo, und in **Poncé-sur-le-Loir** weiter flussabwärts. Die Weine Jasnières und Côteaux du Vendômois werden hier gekeltert. Weinproben bieten die etwas verschlafenen Orte **Poncé** und **La-Chartre-sur-le-Loir** an. Als Weinkeller genutzte Höhlen befinden sich in den Felsen am gegenüberliegenden Ufer.

Im Norden durchziehen Pfade und Bäche die **Forêt de Bercé**. Westlich, am Südufer des Loir, im Städtchen **Le Lude** bezaubert das romantische Schloss (15. Jh.) mit Fontänenspielen.

Etwa 20 Kilometer westlich von Le Lude stiftete Henri IV 1603 in **La Flèche** das Jesuitenkolleg Prytanée Nationale Militaire. Zu seinen berühmtesten Schülern zählte der Philosoph René Descartes.

Chartres ㉔

Eure-et-Loir. 🏠 42 400. 🚉 🚌
ℹ Place de la Cathédrale (02 37 18 26 26). 🍴 Di–Do, Sa, So.
www.chartres-tourisme.com

Über der gotischen Kathedrale von Chartres (siehe S. 308–311), der größten Europas, sollte man die anderen Kirchen nicht vergessen.

Mittelalterliche Bleiglasfenster bezaubern in der Benediktinerkirche **St-Pierre**. **St-Aignan** wird von einer Reihe schöner Fresken geziert. Am Fluss liegt die **Église de St-André**, die heute für Ausstellungen und Konzerte genutzt wird. Das **Musée des Beaux-Arts** zeigt eine exzellente Sammlung von Mobiliar (17./18. Jh.) sowie Gemälde von Vlaminck.

Chartres besitzt eines der landesweit ersten denkmalgeschützten Stadtensembles: Fachwerkhäuser und kopfsteingepflasterte Straßen wie

Eines der alten Waschhäuser am Fluss Eure

die Rue des Écuyers blieben auf diese Weise erhalten. Steile Stufen (tertres) führen zum Fluss Eure hinab – mit Blick auf Mühlen, Brücken, Waschhäuser und die Kathedrale.

In der Grenier de Loens neben der Kathedrale befindet sich das Centre International du Vitraux. In den Lagerhäusern (13. Jh.) finden Wechselausstellungen statt.

🏛 **Musée des Beaux-Arts**
29, cloître Notre-Dame. 📞 02 37 36 41 39. ⏰ Mi–Mo. ● So vormittags, 1. Jan, 1. u. 8. Mai, 1. u. 11. Nov, 25. Dez. 📷 📷

Chartres: Kathedrale

Statuen
Die Statuen am Königsportal repräsentieren Figuren aus dem Alten Testament.

Der Kunsthistoriker Émile Male meinte, dass »sich in Chartres der Geist des Mittelalters offenbart«. Der 1020 begonnene, ursprünglich romanische Bau wurde 1194 ein Opfer der Flammen. Nur Südturm, Westseite und Krypta überdauerten. Von den Schätzen im Inneren blieb der *Schleier der Jungfrau* erhalten. Begeistert errichteten Bauern und Adel die Kirche in nur 25 Jahren neu. Nach 1250 erfolgten nur wenige Ergänzungen. Chartres erlitt keinerlei Schaden durch Religionskriege und die Französische Revolution. Die »in Stein gehauene Bibel« ist Welterbe der UNESCO.

Detail des Vendôme-Fensters

NICHT VERSÄUMEN

★ Königsportal

★ Mittelalterliche Bleiglasfenster

★ Südportal

Der höhere Hauptturm stammt vom Beginn des 16. Jahrhunderts. Sein spätgotischer Flamboyant-Stil kontrastiert mit dem ernsten romanischen Stil des zweiten Turms.

Gotisches Mittelschiff
Das Längsschiff besitzt die Breite der romanischen Krypta und hat eine Höhe von 37 Metern.

★ Königsportal
Das mittlere Tympanon des Königsportals (1145–55) zeigt die Maiestas Domini.

Die untere Partie der Westfront ist ein Teil des romanischen Bauwerks aus dem 11. Jahrhundert.

Labyrinth

Labyrinth

In den Boden des Längsschiffs ist – wie oft in mittelalterlichen Kathedralen – ein Labyrinth (13. Jh.) eingelassen. Pilger bewegten sich früher auf den Knien die Windungen entlang. Für die 262 Meter lange Wegstrecke entlang den elf unterbrochenen konzentrischen Kreisen brauchte man mindestens eine Stunde.

INFOBOX

Place de la Cathédrale.
02 37 21 75 02. tägl. 7.30–19.30 Uhr. Di, Fr 9, Mo–Sa 11.45, 18.15 Uhr (Sa 18 Uhr), So 9.15 (auf Latein), 11, 18 Uhr (Krypta).
www.cathedrale-chartres.fr

Madonnenfigur
Die im 16. Jahrhundert aus dunklem Birnenholz geschnitzte, von Kerzen erleuchtete Figur gehört zu den imposantesten Heiligendarstellungen der Kathedrale von Chartres.

Deckengewölbe
Ein Netzwerk von Rippen trägt das Dach.

★ Mittelalterliche Bleiglasfenster
Sie bedecken eine Fläche von über 2600 Quadratmetern.

★ Südportal
Die Figuren über dem Portal (1197–1209) beziehen sich auf das Neue Testament.

Krypta
Die größte französische Krypta stammt weitgehend aus dem 11. Jahrhundert. Sie birgt die Reliquie Schleier der Jungfrau und umschließt Kapellen und das St-Lubin-Gewölbe (9. Jh.).

Chartres: Bleiglasfenster der Kathedrale

Königshaus, Adel und Zünfte spendeten zwischen 1210 und 1240 die weltbekannten Bleiglasfenster von Chartres. 176 Fenster bebildern biblische Erzählungen und das Alltagsleben des 13. Jahrhunderts. Während der beiden Weltkriege wurden die Fenster sicherheitshalber ausgelagert. Seit den 1970er Jahren gibt es ein Restaurierungsprogramm. Ein Teil der Fenster wurde ausgebessert und neu verbleit.

Bleiglasfenster über der Apsis

Fenster der Erlösung
Sechs Szenen illustrieren Passion und Kreuzestod Christi (um 1210).

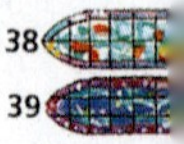

★ Wurzel Jesse
Das Fenster (12. Jh.) zeigt den Ahnenbaum Christi. Der Baum wurzelt bei Jesse, Davids Vater, und rankt zum thronenden Jesus empor.

★ Westliche Rosette
Das Fenster (1215) zeigt das Jüngste Gericht *mit Jesus im Zentrum.*

LEGENDE

1 Wurzel Jesse
2 Inkarnation
3 Passion und Auferstehung
4 Nördliche Rosette
5 Westliche Rosette
6 Südliche Rosette
7 Fenster der Erlösung
8 St-Nicholas
9 Joseph
10 St-Eustache
11 St-Lubin

12 Noah
13 Johannes der Täufer
14 Maria Magdalena
15 Guter Samariter und Adam und Eva
16 Mariä Himmelfahrt
17 Fenster der Vendôme-Kapelle
18 Marienwunder
19 St-Apollinaris
20 Modernes Fenster
21 St-Fulbert

22 St-Antoine und St-Paul
23 Blaue Jungfrau
24 Leben der Jungfrau
25 Tierkreiszeichen
26 St-Martin
27 St-Thomas Becket
28 St-Margaret und St-Catherine
29 St-Nicholas
30 St-Rémy
31 St-Jacob
32 Karl der Große

33 St-Théodore und St-Vincent
34 St-Étienne
35 St-Chéron
36 St-Thomas
37 Friedensfenster
38 Modernes Fenster
39 Der verlorene Sohn
40 Hesekiel und David
41 Aaron
42 Verkündigung
43 Jesaja und Moses
44 Daniel und Jeremias

Nördliche Rosette
Sie zeigt die Lobpreisung der Jungfrau, mit judäischen Königen und Propheten (um 1230).

Zum Verständnis der Fenster

Die Felder der Fenster werden von links nach rechts und von unten nach oben (von der Erde zum Himmel) gelesen. Die Anzahl der Figuren oder Zeichen trägt symbolische Bedeutung: Die Drei versinnbildlicht die Göttlichkeit, Quadrate und die Vier die materielle Welt oder die vier Elemente. Kreise bedeuten ewiges Leben.

Maria mit Kind in der Mandorla (um 1150)

Zwei Engel in Verneigung vor dem himmlischen Thron

Einzug Jesu in Jerusalem am Palmsonntag

Fenster der Menschwerdung Jesu

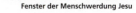

Südliche Rosette
Sie zeigt Jesus als Weltenrichter (um 1225).

NICHT VERSÄUMEN

★ Blaue Jungfrau

★ Westliche Rosette

★ Wurzel Jesse

★ Blaue Jungfrau
Das Fenster zeigt Szenen von der Hochzeit von Kana, bei der Jesus Wasser in Wein verwandelt hat.

Zentrum von Orléans

Cathédrale Sainte-Croix ④
Hôtel Groslot ②
Maison de
 Jeanne d'Arc ①
Musée des
 Beaux-Arts ③

0 Meter   250

Zeichenerklärung *siehe hintere Umschlagklappe*

Cathédrale Sainte-Croix

Orléans ㉕

Loiret. ⬛ 115000. ✈ 🚆 🚌
ℹ 2, place de l'Étape (02 38 24
05 05). ⬛ Di–So.
www.tourisme-orleans.com

Die neue Brücke über die
 Loire symbolisiert die
wachsende Bedeutung von
Orléans im Herzen Frank-
reichs und Europas. Besu-
chern fällt die enge Beziehung zu Jeanne d'Arc auf. Die
Jungfrau von Orléans *(siehe
S. 300)*, die hier 1429 Frank-

reich von den Engländern befreite, ist seit ihrem Märtyrertod 1431 in Rouen in der
Stadt allgegenwärtig. Alljährlich erinnern am 29. April
sowie am 1., 7. und 8. Mai
Festspiele und Gottesdienste
in der Kathedrale an die Befreiung der Stadt.

Durch das im Zweiten Weltkrieg schwer beschädigte,
großteils wiederaufgebaute
historische Zentrum Vieil Orléans weht ein Hauch vergan-
gener Größe. Es wird be-
grenzt von der Kathedrale,
der Loire und der **Place du
Martroi**, auf der sich eine
Reiterstatue der hl. Johanna
befindet. Audiovisuelle Medi-
en berichten im nahen, 1961
rekonstruierten Fachwerkhaus
Maison de Jeanne d'Arc vom
Leben Johannas.

Von der Place du Martroi
führt die Rue d'Escures an
Renaissance-Häusern vorbei
zur Kathedrale. Im größten
Gebäude, dem aus rotem
Backstein erbauten **Hôtel
Groslot** (16. Jh.), wohnten die
Könige Charles IX, Henri III
und Henri IV. Hier starb 1560
im Alter von 17 Jahren Fran-
çois II, nachdem er mit seiner
Kindbraut Mary (der späteren
Königin von Schottland) einer

Versammlung der États Généraux beigewohnt hatte. Das
Gebäude diente von 1790 bis
1982 als Rathaus der Stadt. Es
beherbergt Erinnerungsstücke
an Jeanne d'Arc und wird für
Hochzeiten und offizielle Veranstaltungen genutzt.

Fast genau gegenüber dem
Hôtel Groslot und neben dem
neuen Rathaus versammelt
das **Musée des Beaux-Arts**
französische Kunstwerke aus
dem 16. bis 20. Jahrhundert.
Der Bau der nahen imposanten **Cathédrale Sainte-Croix**
wurde in den späten 13. Jahrhundert begonnen: 1568 wurde
sie von Hugenotten zerstört
und zwischen dem 17. und
19. Jahrhundert im neogotischen Stil wiederaufgebaut.

🏨 **Hôtel Groslot**
Place de l'Étape. 📞 02 38 79 22
30. ⬛ tägl. ⬤ sporadisch.

🏛 **Musée des Beaux-Arts**
Place Ste-Croix. 📞 02 38 79 21 55.
⬛ Di–Sa u. So nachmittags.
⬤ 1. Jan, 1. u. 8. Mai, 1. Nov,
25. Dez. 🎫 1. So im Monat frei. ♿

🏛 **Maison de Jeanne d'Arc**
3, place du Général de Gaulle.
📞 02 38 52 99 89. ⬛ Di–So.
⬤ 1. Jan, 1. u. 8. Mai, 1. Nov,
25. Dez, Nov–Apr: vormittags. 🎫
⬤ 2. So im Monat frei.

Hotels und Restaurants im Loire-Tal *siehe Seiten 568–572 und 620–625*

Jeanne-d'Arc-Bleiglasfenster der Cathédrale Sainte-Croix

St-Benoît-sur-Loire ㉖

Loiret. 👥 2000. 🚌 🛈 44, rue Orléannaise (02 38 35 79 00).
www.saint-benoit-sur-loire.fr

A m Ufer der Loire zwischen Orléans und Gien steht in St-Benoît-sur-Loire eine der schönsten romanischen Abteikirchen Frankreichs. Die zwischen 1067 und 1108 erbaute Kirche ist der einzige Überrest eines 650 n. Chr. gegründeten Klosters. Ihr Name erinnert an den hl. Benedikt, dessen Reliquien Ende des 7. Jahrhunderts hierher überführt wurden.

Kapitelle mit biblischen Szenen schmücken die Vorhalle des Glockenturms. Sehenswert sind das hohe, luftige Schiff und das Muster des italienischen Marmors auf dem Chorboden. Bei den Messen erklingen gregorianische Gesänge.

Bourges ㉗

Cher. 🏛 80.000. 🚌 🚆 🛈 21, rue Victor Hugo (02 48 23 02 60).
📧 Di–So. **www**.ville-bourges.fr

V on der gallo-römischen Siedlung haben nur die Mauern überlebt. Bourges erinnert vor allem an Jacques Cœur. Dieser wohl bedeutendste Händler des Mittelalters war ein Selfmademan par excellence. Doch in erster Linie war er erfolgreicher Waffenhändler – eine Tradition, die sich vier Jahrhunderte lang fortsetzte. Sogar Napoléon III ließ seine Kanonen 1862 in Bourges herstellen. Das über gallo-römischen Mauern errichtete **Palais Jacques Cœur**, ein 1453 vollendetes gotisches Juwel, zieren Cœurs Wappen (Jakobsmuscheln und Herzen) sowie – ein Wortspiel mit seinem Familiennamen – das Motto: »A vaillan cœur, rien impossible.« (»Dem Tüchtigen ist nichts unmöglich.«) Eine 45-minütige Führung stellt die Galerie mit Tonnengewölbe, die ausgemalte Kapelle und den Raum mit türkischen Bädern vor.

Bourges ist eine lebhafte Universitätsstadt und ein kulturelles Mekka. Bekannt ist das Frühlingsfestival mit Musikveranstaltungen.

Die Rue Bourbonnoux führt zu **St-Étienne**, Frankreichs geräumigster gotischer Kathedrale, die der Pariser Notre-Dame sehr ähnlich. Das mitt-

Bleiglasfenster in der Cathédrale St-Étienne

lere ihrer fünf Westportale zeigt eine bewegende Darstellung des Jüngsten Gerichts. Die Zünfte spendeten die Bleiglasfenster (13. Jh.) im Chor. In der Krypta liegt der Duc de Berry begraben, der Auftraggeber der illustrierten Handschrift *Les Très Riches Heures (siehe S. 204f)*. Vom Nordturm schweift der Blick über das schön restaurierte mittelalterliche Viertel hin zur malerischen Marschlandschaft. Neben der Kathedrale beeindrucken eine Zehntscheune und Reste der gallo-römischen Befestigungen. Am südlichen Yèvre-Ufer liegt der **Jardin des Prés Fichaux** mit Teichen und Freilichtbühne. Der **Marais de Bourges** erstreckt sich am Nordrand der Stadt und kann am besten per Boot erkundet werden.

Statue von Jacques Cœur

⚜ **Palais Jacques Cœur**
Rue Jacques Cœur. 📞 02 48 24 79 42. 🕐 tägl. 🔴 1. Jan, 1. Mai, 1. u. 11. Nov, 25. Dez. 🎫 📷

Umgebung: 35 Kilometer südlich von Bourges erhebt sich in der Region Berry die **Abbaye de Noirlac** (1136), eines der am besten erhaltenen Zisterzienserklöster Frankreichs.

Statue im Jardin des Prés Fichaux

Mehr über das Loire-Tal? Vis-à-Vis Loire-Tal ISBN 978-3-8310-1217-6

Zentralfrankreich und Alpen

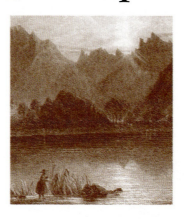

Zentralfrankreich und Alpen im Überblick

Geologische Gegensätze bewirken den Facettenreichtum der Region, die von Lyon bis zum weitgehend agrarischen Burgund reicht. Die Berge des Massif Central und die Alpen bieten fantastische Möglichkeiten für Wintersport, Wandern und andere Outdoor-Aktivitäten. Wir stellen Ihnen die landschaftlichen und architektonischen Hauptsehenswürdigkeiten dieses überaus lohnenden Reiseziels vor.

Zur Orientierung

Die Basilique Ste-Madeleine, *eine berühmte Pilgerstätte, krönt das Bergdorf Vézelay. Das Dekor von Tympanon und Kapitellen zeichnet dieses Meisterwerk burgundischer Romanik aus* (siehe S. 336f).

MASSIF CENTRAL
Seiten 352–371

Die Abbaye de Ste-Foy *in Conques* (siehe S. 368f) *ist eine der großen Wallfahrtskirchen Frankreichs. Sie quillt über von Goldreliquien aus Mittelalter und Renaissance.*

Abbaye de Ste-Foy, Conques

Die Gorges du Tarn *bieten einige der außergewöhnlichsten Szenerien Frankreichs. Die dem tiefen Flusslauf des Tarn folgende Straße gewährt aufregende Blicke in die Schlucht und über die* causses *aus Kalkstein* (siehe S. 370f).

◁ **Radfahrer der Tour de France, im Hintergrund die Alpen**

Die Abbaye de Fontenay
wurde vom hl. Bernhard im
frühen 12. Jahrhundert ge-
gründet und ist Frankreichs
ältestes Zisterzienserkloster
(siehe S. 332f). *Die gut erhal-*
tene romanische Abtei setzt
der Frömmigkeit der Zister-
zienser ein Denkmal.

adeleine,
zelay

Abbaye de Fontenay

Palais des Ducs, Dijon

Théâtre Romain, Autun

BURGUND UND
FRANCHE-COMTÉ
Seiten 326–351

Abteikirche von Brou,
Bourg-en-Bresse

Mont Blanc

RHÔNE-TAL UND
FRANZÖSISCHE ALPEN
Seiten 372–391

Temple d'Auguste
et Livie, Vienne

Palais Idéal du Facteur
Cheval, Hauterives

Le Puy

0 Kilometer   50

Gorges du Tarn

Regionale Spezialitäten

Die gastronomische Tradition Lyons und die Küche und Weine Burgunds machen aus dieser Region ein Gourmet-Paradies. Küchenchefs können aus einer riesigen Produktpalette wählen: Bresse-Hühner, Charolais-Rind und Schinken aus dem Morvan, Wildgeflügel und Frösche aus den Dombe-Sümpfen, Fisch aus Saône und Rhône sowie Schnecken, die als »Austern von Burgund« bekannt sind. Franche-Comté und Jura bereichern die Küche mit Wurst, Bergkäse, Walnussöl und Fisch aus von Schmelzwasser gespeisten Seen. Das Massif Central bietet Herzhaftes: Speck, Schweinefleisch, Cantal, grüne Le-Puy-Linsen und Wildpilze.

Pfifferlinge

Ein Bergbauer zeigt seinen mit Salz gereiften Schinken

Burgund und Franche-Comté

Burgund gehört zu den Top-Weinregionen, folglich spielt Wein auch in der Küche eine wichtige Rolle, etwa beim bekannten *bœuf bourguignon*. Dafür wird Charolais-Rind mariniert und anschließend mit Schalotten, Schinken und Pilzen in Burgunder geschmort. Zu den weiteren Spezialitäten gehöre *coq au vin* und *œufs en meurette*. Der berühmte Dijon-Senf wird meist zu Steaks gereicht oder ist Teil der Sauce beim *moutarde au lapin* (Kaninchen in Senfsauce). Burgund und Franche-Comté produzieren bekannte Käse: Époisses, einen Käse aus Kuhmilch mit *marc de Bourgogne*, den Mönchskäse Cîteaux und den Vacherin-Mont d'Or, einen »Winterkäse«, den man am besten gleich aus seiner hölzernen Verpackung heraus isst. Schwarze Johannisbeeren finden sich oft bei Desserts. Sie sind auch Bestandteil von Kir: Weißwein mit Cassis (Johannisbeerlikör).

Massif Central

Die bäuerlich geprägte Küche der Auvergne ist wegen der vielen Pariser Cafés, die von Auvergnern betrieben werden, recht be-

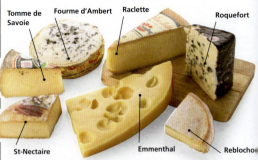

Tomme de Savoie   **Fourme d'Ambert**   **Raclette**   **Roquefort**

St-Nectaire   **Emmenthal**   **Reblochon**

Auswahl an Käsesorten in Zentralfrankreich

Typische Gerichte

Die Küche Zentralfrankreichs bereichert Gerichte gern mit Saucen aus Wein, Butter und Sahne: etwa Schnecken mit Butter-Knoblauch-Sauce, Kartoffeln mit Käse-Sahne-Sauce, Rind-, Lamm- und Hühnerfleisch mit Weinsaucen, die langsam reduziert und zum Schluss noch mit Sahne oder Butter ergänzt werden. Pilze gibt es ebenfalls in Sahnesauce. Fisch wird oft mit Sahne gratiniert. Aus den Alpen kommt das Fondue, bei dem verschiedene Käsesorten geschmolzen und zusammen mit Kirsch und Wein in einem Fonduetopf warm gehalten werden. Dann werden auf Fonduegabeln aufgespießte Brotstücke hineingetaucht. Fondue ist ein traditionelles Gemeinschaftsessen; jeder, der sein Brot im Topf verliert, muss alle am Tisch küssen.

Zwiebelzopf

Œufs en meurette *ist ein Gericht aus pochierten Eiern in Rotweinsauce mit Zwiebeln, Pilzen und Speck (Burgund).*

Traditionelle *charcuterie* auf einem Markt in Lyon

kannt. Sie servieren regionale Gerichte wie mit Kohl gefüllten Schweinebraten oder *aligot*. Le-Puy-Linsen, die auf vulkanischer Erde im Becken von Puy-en-Velay gedeihen, schmecken hervorragend zu Würsten oder als *petit salé*. Sie werden auch kalt als Linsensalat serviert. Exzellentes Rindfleisch kommt aus der Auvergne oder dem Limousin, wo es auch viel Wild gibt. Im Herbst werden Pilze gesammelt. Der bekannteste Käse ist der Cantal, danach folgt gleich der Roquefort, der in den Kalksteinhöhlen von Lozère reift.

Rhône-Tal und Französische Alpen

Lyon ist für seine *bouchons* (kleine Bistros) bekannt, wo oft Frauen (die *mères*) herzhafte traditionelle Ge-

richte zubereiten, etwa Zwiebelsuppe, Lyoner und andere *charcuterie*. Auch die Märkte der Stadt sind berühmt. Hier findet sich eine große Obstpalette, vor allem Aprikosen, Pfirsiche und saftige Beeren. Angebaut werden außerdem

Rote Johannisbeeren und Brombeeren auf einem Markt

Zwiebeln, Mangold und andere Blattgemüse sowie – in Nyons – die nördlichsten Oliven. Die Region Bresse ist für Qualitätshühner bekannt.

Die Seen im Dombes-Gebiet und in den Alpen bereichern die Küche mit Fisch, darunter (Lachs-)Forelle und Flussbarsch. Letzterer wird meist in Form von *quenelles de brochet* gegessen, Fischklößchen in Sahnesauce. Aus den Alpen stammt eine Palette von Bergkäse. Man isst ihn zu Brot, oft auch geschmolzen in Form von Raclette oder Fondue. Geriebener Käse wird zum Gratinieren verwendet, etwa für die »Königin des Kartoffelgratins«, das *gratin dauphinois*.

Auf der Speisekarte

Chou farci: Kohlrouladen mit Schweinehack und Kräutern.

Gigot Brayaude: Lammkeule, auf Kartoffelscheiben und Schinken geschmort.

Gougère: Kohlpastete mit Käse in Ringform.

Jambon persillé: Schinken mit Petersilie in Aspik.

Pochouse: Süßwasserfisch (Karpfen, Hecht, Aal und Forelle) in Weißweinsauce.

Potée savoyarde: Eintopf aus Gemüse, Huhn, Schinken und Würsten.

Salade auvergnate: Salat mit Schinken aus der Auvergne, Cantal und Walnüssen.

Petit salé, *ein Gericht der Auvergne, ist gepökeltes Schweinefleisch mit zarten grünen Le-Puy-Linsen.*

Aligot *wird aus Cantal-Scheiben und Kartoffelbrei (mit Knoblauch) hergestellt und cremig geschlagen.*

Clafoutis *ist ein Nachtisch aus (meist) Kirschen in Rührteig – mit einem Schuss Kirschlikör.*

Weinregion Burgund

Korb für die Weinlese

Burgunderweine genießen schon seit Jahrhunderten einen exzellenten Ruf. Er verbreitete sich im 14. Jahrhundert unter den burgundischen Herzögen des Hauses Valois europaweit. Ab 1935 entwickelte sich eine Vielzahl von manchmal verwirrenden *appellations*. Bis heute ist das Qualifizierungssystem für Laien kaum durchschaubar. Doch für »ernsthafte« Weinliebhaber ist die Region mit ihrer großen Weintradition und den erstklassigen *grands crus*, darunter die teuersten Rotweine der Welt, ein unverzichtbares Reiseziel.

Zur Orientierung

☐ *Weinregion Burgund*

Clos de Vougeot, Côte de Nuits

Weinbaugebiete

Zwischen Chablis, Côte Chalonnaise und Mâconnais erstreckt sich die Côte d'Or (mit der Côte de Nuits und Côte de Beaune). Das Beaujolais-Gebiet *(siehe S. 377)* liegt südlich von Mâcon.

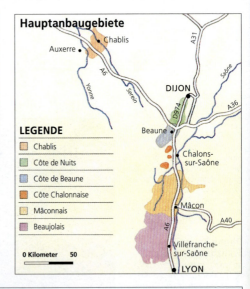

Hauptanbaugebiete

Chablis
Auxerre
A31
DIJON
Saône
A6
Yonne
Serein
D974
A36

LEGENDE

☐ Chablis
☐ Côte de Nuits
☐ Côte de Beaune
☐ Côte Chalonnaise
☐ Mâconnais
☐ Beaujolais

Beaune
Chalons-sur-Saône
Mâcon
A40
A6
Villefranche-sur-Saône
LYON

0 Kilometer   50

Burgunderweine im Überblick

Lage und Klima
Das Wetter (raue Winter, heiße Sommer) kann sehr wechselhaft sein und ist hier entscheidend für die Qualität eines Jahrgangs. Die besten Weingüter liegen im Süden und Osten.

Rebsorten
Zur Palette der burgundischen Rebsorten gehören der **Pinot Noir**, eine Traube mit süßem Himbeer-, Kirsch- oder Erdbeeraroma. Sie liefert roten Burgunder. Aus der Traube **Gamay** stammen roter Mâcon und Beaujolais. **Chardonnay** ist die bevorzugte Rebsorte für Chablis und Weißburgunder. In kleineren Mengen werden die weißen Trauben **Aligoté** und **Pinot Blanc** angebaut und in St-Bris auch **Sauvignon**.

Erzeuger
Weißer Burgunder: Jean-Marie Raveneau, René Dauvissat, La Chablisienne, Comtes Lafon, Guy Roulot, Étienne Sauzet, Pierre Moret, Louis Carillon, Jean-Marc Boillot, André Ramonet, Hubert Lamy, Jean-Marie Guffens-Heynen, Olivier Merlin, Louis Latour, Louis Jadot, Olivier Leflaive.
Roter Burgunder: Denis Bachelet, Daniel Rion, Domaine Dujac, Armand Rousseau, Joseph Roty, De Montille, Domaine de la Pousse d'Or, Domaine de l'Arlot, Jean-Jacques Confuron, Robert Chevillon, Georges Roumier, Leroy, Drouhin.

Gute Jahrgänge
(Rot) 2005, 2002, 1999, 1996.
(Weiß) 2005, 2001, 1996, 1995.

DIJON

Appellations, *also Herkunftsbe-zeichnungen der Weine, sind so differenziert, dass sogar einzel-ne Weingüter eigene besitzen.*

CLOS LA ROCHE
1986
DOMAINE DUJAC

• Marsannay-la-Côte

• Fixin

Grand cru *ist das Prä-dikat für Spitzenwei-ne. Sie kommen meist von Weinbergen an den oberen Hängen der Côte d'Or.*

BOUCHARD PÈRE & FILS
RICHEBOURG
1988

Gevrey-Chambertin •

Morey-St-Denis •
Chambolle-Musigny •

• Vougeot

Vosne-Romanée •

Nuits-St-Georges •

0 Kilometer   5

Pernand-Vergelesses •

• La Doix

Aloxe-Corton •

• Serrigny

Savigny-lès-Beaune •

• Chorey

NUITS·S·GEORGES
SES GRANDS VINS
SA CONFRERIE des CHEVALIERS du TASTEVIN

Diese »Bruderschaft« verkostet jährlich die besten Weine der Region.

BEAUNE •

Pommard •

Volnay •

LEGENDE

• Orte mit *appellations*

Côte de Nuits-Villages

Hautes-Côtes de Nuits

Hautes-Côtes de Beaune

Côte de Beaune-Villages

Monthelie •

Auxey-Duresses •   • Meursault

Blagny •

St-Aubin •

• Puligny-Montrachet

• Chassagne-Montrachet

Vins de Bourgogne
Puligny-Montrachet
Champ-Canet

Burgundische Dörfer *haben oft den Namen ihres berühmtes-ten Weinguts angenommen. Alle Weine des Dorfs Puligny etwa profitieren vom Namen Le Montrachet.*

Dezize-les-Maranges
• Santenay
Sampigny-les-Maranges • Chagny

• Cheilly-les-Maranges
• Bouzeron

Côte d'Or

Côte de Nuits und Côte de Beaune bilden zusammen die »goldene« Côte d'Or *(siehe S. 346)*. Zwischen den Wein-baugebieten liegt Beaune, wo jährlich die berühmteste Weinauktion der Welt stattfin-det *(siehe S. 344)*. Weine der Qualitätsbezeichnungen *hautes côtes* und *villages* kommen von Winzern, die keine *appellation* haben.

Weinlese in der Weinregion von Nuits-St-Georges

Französische Alpen

Die Alpen präsentieren sich zu jeder Jahreszeit als eine der spannendsten Landschaften Frankreichs. Mit Europas höchstem Berg, dem Mont Blanc (4810 m), ziehen sie sich vom Süden des Genfer Sees bis fast ans Mittelmeer. Ihr Gebiet umschließt die historischen Landschaften Dauphiné und Savoie, das einst abgelegene und unabhängige, erst 1860 Frankreich eingegliederte Savoyen. Mit dem Siegeszug des Wintersports sind die Bewohner zu Wohlstand gelangt, ohne den Stolz auf ihre besondere Identität verloren zu haben.

Kinder in Savoyer Tracht

Winterliche Alpenlandschaft: Chalets und Skifahrer an den Hängen von Courchevel

Winter

Die Skisaison dauert in der Regel von kurz vor Weihnachten bis Ende April. Die meisten Ferienorte bieten Loipen und Pisten, viele

Seilbahn bei Courchevel, Teil des Komplexes Les Trois Vallées

Pisten verbinden mehrere Skigebiete. Weniger Sportliche können von einigen der weltweit höchstgelegenen Seilbahnen aus die Szenerie genießen. Zu den meistbesuchten der rund 100 französischen Urlaubsorte zählen: **Chamonix-Mont Blanc**, historische Hochburg des Alpinskis und 1924 Schauplatz der ersten Olympischen Winterspiele; **Megève** mit einer der besten Skischulen Europas; das ganzjährig angenehme **Morzine**; das autofreie **Avoriaz**; das moderne **Albertville**, Austragungsort der Olympischen Winterspiele 1992; **Les Trois Vallées** mit den glitzernden Orten **Courchevel** und **Méribel** sowie

Skifahrer bei Val d'Isère

dem unbekannteren **Val Thorens/Les Ménuires**; das rund ums Jahr besuchte **Tignes**; **Les Arcs** und **La Plagne** (beides Urlaubsorte aus der Retorte) – und **Val d'Isère**, Tummelplatz der Reichen und Berühmten.

Alpenblumen

Im Frühling und Frühsommer bedeckt die Weiden der Französischen Alpen ein Blumenmeer, darunter Enzian, Glockenblumen, Lilien, Steinbrech sowie verschiedene Orchideenarten. Da die Bergwiesen nicht intensiv bewirtschaftet und auch keine Pestizide verwendet werden, gedeihen die Wildblumen in voller Pracht.

Blauer Enzian *(gentiana verna)*

Türkenbundlilie *(lilium martagon)*

Die Französischen Alpen im Frühling: blumenübersäte Wiesen und glitzernd weiße Gipfel

Frühjahr und Sommer

In den Alpen dauert die Sommersaison von Ende Juni bis Anfang September. Restaurants und Hotels vieler Urlaubsorte

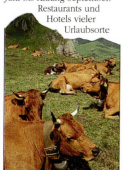

Milchkühe mit charakteristischen Glocken auf einer alpinen Weide

schließen im Oktober und November. Nach der Schneeschmelze machen bunt blühende Wiesen, von Schmelzwasser gespeiste Bergseen und zahllose markierte Pfade die Region zu einem Wanderparadies. Allein bei Chamonix findet man mehr als 310 Kilometer Wanderwege. Der bekannteste Fernwanderweg, die **Tour du Mont Blanc**, führt in zehn Tagen durch Frankreich, Italien und die Schweiz. Die **GR5** überquert – durch den **Parc National de la Vanoise** und den **Parc Régional du Queyras** *(siehe S. 387)* südwärts – die gesamten Alpen. Mit *téléphériques* erreicht man mühelos höhere Wanderwege mit

noch eindrucksvolleren Aussichten. Viele Ferienorte haben ihr Sommerangebot ausgeweitet: Golf, Tennis, Mountainbiking, Reiten, Paragliding, Wildwasser-Rafting, Skifahren auf Gletschern und Bergsteigen sind einige der Aktivitäten, die von Veranstaltern und Clubs angeboten werden.

Bergsteiger auf einem der Gipfel im Mont-Blanc-Gebiet

Geologie des Massif Central

D as über 250 Millionen Jahre alte Massif Central bedeckt nahezu ein Fünftel der Fläche Frankreichs. Die meisten seiner Gipfel erodierten zu einem weiten, von Tälern durchzogenen Plateau. Der Kern des Massivs besteht aus harten Magmatiten wie Granit mit weicherem Gestein wie Kalkstein an den Rändern. Verschiedene Gesteinsarten prägen Landschaft und Bauten: In den Gorges du Tarn sieht man Häuser aus rostfarbenem Kalkstein, im Limousin Bauernhöfe aus Granit und in Le Puy-en-Velay mächtige Basaltsäulen.

Zur Orientierung

▨ Bereich des Massif Central

Basalt, *ein dunkler, feinkörniger Magmatit, ist ein gebräuchliches Baumaterial in der Auvergne. Oft wird Basalt in Blöcke gebauen und mit hellerem Mörtel abgesetzt. In der mittelalterlichen Stadt Salers (siehe S. 363) verwandte man Basalt für fast alle Bauten, so auch für dieses Haus an der Grande Place.*

Dieses Granitportal *öffnet sich in der romanischen Kirche von Moutier-d'Ahun (siehe S. 356). Granit kommt als Tiefengestein in weiten Teilen des Massif Central vor.*

Montluçon

Moutier-d'Ahun ●

Limoges ●

Clermont-Ferrand

Dordogne

Salers ●

Schiefer *deckt die Dächer dieser Häuser in Argentat. Schiefer ist ein kristallines Gestein, das leicht in dünne Platten bricht. Er kommt vor allem am Rand des Massif Central vor.*

Argentat

Cère

Lot

Mill

Kalksteinmauern *prägen die Häuser in Espalion (siehe S. 366). Der weiche Kalkstein ist einfacher zu bearbeiten als andere Gesteine des Massif Central. Er bricht leicht und lässt sich mit der Handsäge in Blöcke teilen. Wie Granit besitzt er je nach Region eine andere Farbe.*

Tarn

0 Kilometer 50

Auskristallisierte Lava *wie diese Wand in Prades entstand, als flüssiger Basalt durch das Umgebungsgestein sickerte und sich zu riesigen Gesteinsmassen verfestigte.*

LEGENDE

- ⬜ Sedimentgestein
- ⬜ Vulkanite
- 🟧 Granite
- 🟩 Metamorphes Gestein

Nevers

Loire

Saône

● Lyon

● St-Étienne

● Le-Puy-en-Velay

Rhône

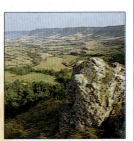

Kalksteinplateaus, *sogenannte causses, kennzeichnen das Massif Central. Auch die von Flüssen ins Gestein gegrabenen Schluchten prägen das Gebiet.*

Die ursprüngliche Landschaft *des Mont Aigoual bildet den höchsten Punkt der Cevennen (siehe S. 367). Das Gebirge ist die Wasserscheide zwischen Atlantik und Mittelmeer.*

Gesteinsarten

Es gibt drei Arten: Vulkanisch entstandene Magmatite erstarren an der Oberfläche (z. B. Granit) oder in größeren Tiefen (z. B. Basalt). Sedimentgestein (Schichtgestein) wird durch Ablagerungen gebildet. Metamorphite entstehen durch die Umwandlung anderer Arten (u. a. durch Druck).

Sedimentgestein

Kalkstein *enthält oft Fossilien und geringe Quarzanteile.*

Vulkanit (1)

Basalt, *der oft dichte Lagen bildet, ist einer der häufigsten Magmatite.*

Vulkanit (2)

Rosafarbener Granit *ist grobkörnig und bildet sich tief in der Erdkruste.*

Metamorphit

Glimmerschiefer *ist ein Gestein mit hohem Quarz- und Glimmergehalt.*

Burgund
und Franche-Comté

Yonne · Nièvre · Côte d'Or · Saône-et-Loire
Haute-Saône · Doubs · Jura

Burgund ist eine blühende Region mit weltbekannten Weinen, bodenständiger Küche und architektonischen Juwelen. Sie betrachtet sich selbst als das Herz Frankreichs. Östlich davon vereint die Franche-Comté Agrarland und Hochgebirgswälder.

Burgund war unter den Herzögen von Valois der mächtigste Gegner Frankreichs – damals war Burgund wesentlich größer als heute. Die Franche-Comté, einst ein Teil von Burgund, kämpfte um Unabhängigkeit von der französischen Krone und wurde Provinz des Heiligen Römischen Reichs, bis Louis XIV sie 1674 annektierte.

Burgund, eine heute wie in der Vergangenheit wohlhabende Region, war im Mittelalter ein christliches Zentrum. Grandiose romanische Sakralbauten entstanden in Vézelay, Fontenay und Cluny. In Dijon kann man die prächtigen Palais der alten burgundischen Aristokratie sowie, im Musée des Beaux-Arts, kostbare Gemälde und Skulpturen entdecken. Die Weingüter der Côte d'Or, Côte de Beaune und des Chablis erzeugen einige der berühmtesten Weine der Welt. Andere Gebiete – von den Wäldern des Morvan bis hin zum fruchtbaren Agrarland des Brionnais – beliefern das Land mit Schnecken, Bresse-Hühnern und Charolais-Rindern.

Hinter diesem Überfluss steht die Franche-Comté zurück. Doch ihre Hauptstadt Besançon ist ein altes Uhrmacherzentrum und pflegt noch die Tradition des 17. Jahrhunderts. Die Franche-Comté zeigt zwei topografische Gesichter: das sanft hügelige Nutzland des Saône-Tals und die Alpen im Osten. Aus dieser Waldlandschaft, in deren Gebirgsbächen sich Forellen tummeln, kommen berühmte Käse wie Vacherin und Comté sowie der *vin jaune* von Arbois.

Die prähistorische Stätte der Roche de Solutré, nahe Mâcon

◁ Weinberge bei Santenay in der Weinregion Côte de Beaune im südlichen Teil der Côte d'Or *(siehe S. 344)*

Überblick: Burgund und Franche-Comté

Burgund ist wohl Frankreichs reichste Provinz – in Bezug auf Geschichte, Kultur, Gastronomie und Wirtschaft. Hier, im Kernland einer einstigen Großmacht, sammeln sich Perlen romanischer Architektur, z.B. in Fontenay und Vézelay. Die Weine Burgunds genießen Weltruhm. Nach Dijon pilgern Freunde der Kunst und der guten Küche. Für Ferien auf dem Land empfiehlt sich die Franche-Comté mit unberührter Landschaft und kristallklaren Flüssen.

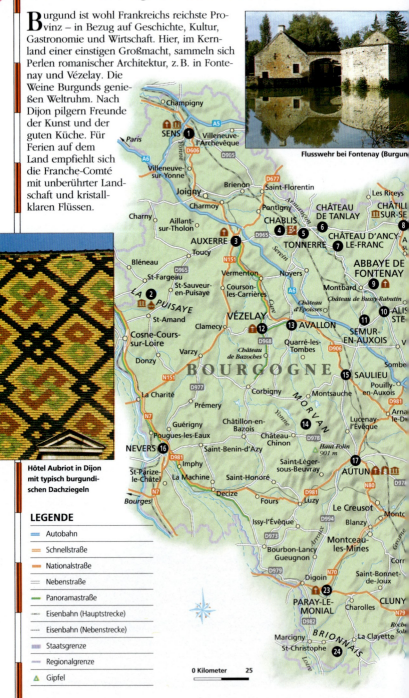

Flusswehr bei Fontenay (Burgun

Hôtel Aubriot in Dijon mit typisch burgundischen Dachziegeln

LEGENDE

▬▬	Autobahn
▬▬	Schnellstraße
▬▬	Nationalstraße
═══	Nebenstraße
▬▬	Panoramastraße
┅┅	Eisenbahn (Hauptstrecke)
----	Eisenbahn (Nebenstrecke)
▪▪▪	Staatsgrenze
▬▬	Regionalgrenze
△	Gipfel

0 Kilometer   25

Weitere Zeichenerklärungen *siehe hintere Umschlagklappe*

Champigny
Paris
SENS ❶
Villeneuve-l'Archevêque
Villeneuve-sur-Yonne
Joigny
Charmoy
Charny
Aillant-sur-Tholon
AUXERRE ❸
Toucy
Bléneau
St-Fargeau
St-Sauveur-en-Puisaye
LA PUISAYE ❷
St-Amand
Cosne-Cours-sur-Loire
Clamecy
Donzy
Varzy
La Charité
Prémery
Guérigny
Pougues-les-Eaux
NEVERS ❶⑥
Imphy
St-Parize-le-Châtel
La Machine
Decize
Fours
Issy-l'Évêque
Brienon
Saint-Florentin
Pontigny
CHABLIS ❹
CHÂTEAU DE TANLAY ❻
Les Riceys
CHÂTI...SUR-SE ❽
CHÂTEAU D'ANCY-LE-FRANC ❼
TONNERRE ❺
ABBAYE DE FONTENAY ❾
Vermenton
Courson-les-Carrières
Noyers
Montbard
Château de Bussy-Rabutin
VÉZELAY ⓬
AVALLON ⓭
SEMUR-EN-AUXOIS ⓫
ALIS...STE ⓯
Château d'Époisses
Quarré-les-Tombes
BOURGOGNE
Château de Bazoches
Corbigny
Montsauche
SAULIEU ⓯
Pouilly-en-Auxois
Lucenay-l'Évêque
Arna...le-D
Châtillon-en-Bazois
Château-Chinon ⓮
MORVAN
Haut-Folin 901 m
AUTUN ⓱
Saint-Benin-d'Azy
Saint-Honoré
Saint-Léger-sous-Beuvray
Luzy
Le Creusot
Blanzy
Montceau-les-Mines
Bourbon-Lancy
Gueugnon
Digoin
Saint-Bonnet-de-Joux
Bourges
PARAY-LE-MONIAL ㉓
Charolles
CLUNY
Marcigny
St-Christophe ㉔
BRIONNAIS
La Clayette

Sehenswürdigkeiten auf einen Blick

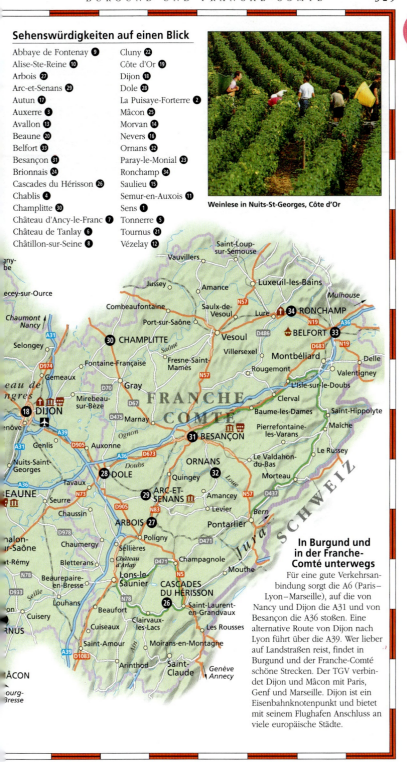

Weinlese in Nuits-St-Georges, Côte d'Or

In Burgund und in der Franche-Comté unterwegs

Für eine gute Verkehrsanbindung sorgt die A6 (Paris–Lyon–Marseille), auf die von Nancy und Dijon die A31 und von Besançon die A36 stoßen. Eine alternative Route von Dijon nach Lyon führt über die A39. Wer lieber auf Landstraßen reist, findet in Burgund und der Franche-Comté schöne Strecken. Der TGV verbindet Dijon und Mâcon mit Paris, Genf und Marseille. Dijon ist ein Eisenbahnknotenpunkt und bietet mit seinem Flughafen Anschluss an viele europäische Städte.

La Sainte Chásse (11. Jh.), Reliquie des Domschatzes von Sens

Sens ❶

Yonne. 🏛 *28000.* 🚉 🚌 🛈 *Place Jean-Jaurès (03 86 65 19 49).* 🛒 *Mo u. Fr.* www.office-de-tourisme-sens.com

Schon als Cäsar nach Gallien vordrang, besaß das Städtchen Sens Bedeutung. Von hier kamen die Senonen, deren hinterlistigen Anschlag auf Roms Kapitol eine Gänseschar vereitelte.

Die 1140 erbaute **Cathédrale St-Étienne**, die älteste der großen gotischen Kathedralen, ist der Stolz der Stadt. Ihre schlichte Noblesse beeinflusste den Bau vieler anderer Kirchen. Louis IX *(siehe S. 51)* ließ sich in St-Étienne trauen.

Die kostbaren Bleiglasfenster aus dem 12. bis 16. Jahrhundert zeigen biblische Szenen, die Wurzel Jesse sowie Thomas Becket (Erzbischof von Canterbury), der hier im Exil lebte. Seine liturgischen Gewänder sind in den **Musées de Sens** zu sehen. Zu den Exponaten der exquisiten Sammlung zählt ein herrlicher byzantinischer Schrein aus dem 11. Jahrhundert.

La Puisaye-Forterre ❷

Yonne, Nièvre. 🚉 *Auxerre, Clamecy, Bonny-sur-Loire, Cosne-Cours-sur-Loire.* 🚌 *St-Fargeau, St-Sauveur-en-Puisaye.* 🛈 *Charny (03 86 63 65 51).*

Colette (1873–1954) hat das Waldgebiet von La Puisaye-Forterre dichterisch verewigt. Sie kam in **St-Sauveur** zur Welt – »in einem Haus, das nur auf der Gartenseite lächelte«. Das **Musée Colette** ist im Schloss der Stadt (17. Jh.) untergebracht.

Die Region erkundet man am besten zu Fuß oder mit dem Rad. Schön ist auch eine Zugfahrt mit dem *Transpoyaudin*, der die 27 Kilometer von St-Sauveur nach Villiers St-Benoît zurücklegt.

Einen Ausflug lohnt das **Château de Guédelon**. In 25 Jahren wurde hier eine mittelalterliche Burg mit alten Handwerksmethoden nachgebaut. Das **Château de Ratilly** (13. Jh.) bei St-Sauveur bietet Töpferwerkstatt, Kunstausstellungen, Konzerte und Workshops. Aus dem Töpferzentrum **St-Amand** kommen die Puisaye-Steingutwaren, die im Ofen von Moutiers (18. Jh.) gebrannt werden. Das Steingut und die Fresken in den Kirchen von **Moutiers** und **La Ferté-Loupière** sind aus heimischem Ocker. Hinter den rosaroten Backsteinmauern

Colette um 1880 in St-Sauveur

des **Château de St-Fargeau** fand die Grande Mademoiselle einst Asyl *(siehe S. 57).*

Auxerre ❸

Yonne. 🏛 *40000.* 🚉 🛈 *1–2, quai de la République (03 86 52 06 19).* 🛒 *Di u. Fr.* www.ot-auxerre.fr

Das schön oberhalb der Yonne gelegene Auxerre ist zu Recht stolz auf seine herausragenden Kirchen und die Fußgängerzone rund um die Place Charles-Surugue.

Etwa um 1560 war die gotische **Cathédrale St-Étienne** fertiggestellt – nach 300 Jahren Bauzeit. Berühmt sind ihre aufwendigen Bleiglasfenster (13. Jh.). Gotische Schwerelosigkeit und Eleganz verkörpert der Chor mit seinen schlanken Pfeilern und kleinen Säulen. Durch die Kriege und die Witterung hat das im Flamboyant-Stil gehaltene Skulpturendekor der Westportale leider arg gelitten.

Die romanische Krypta schmücken einzigartige Fresken (11.–13. Jh.), darunter eine Szene mit Christus auf einem Schimmel. Aus der geplünderten Schatzkammer hat eine faszinierende Sammlung schön illuminierter Handschriften überlebt.

In der ehemaligen Abteikirche **St-Germain** wurde der hl. Germanus, Ratgeber des hl. Patrick und im 5. Jahrhun-

Das in der Region Puisaye-Forterre gelegene Château de St-Fargeau

dert Bischof von Auxerre, beigesetzt. Als Gründung von Königin Chlothilde, der Gemahlin des ersten christlichen Frankenkönigs Chlodwig *(siehe S. 48f)*, besitzt die Abtei einen hohen historischen Wert. Die Krypta stammt teilweise noch aus karolingischer Zeit und birgt Grabstätten und Fresken aus dem 11. bis 13. Jahrhundert.

Die Abtei beherbergt heute das **Musée St-Germain** mit einer sehenswerten Ausstellung gallo-römischer Funde aus der Region.

🏛 **Musée St-Germain**
2, pl St-Germain. 📞 03 86 18 05 50. 🕒 Mi–Mo. ⬤ Feiertage. 📷

Mittelalterliches Fresko in der Cathédrale St-Étienne, Auxerre

Chablis ❹

Yonne. 🏘 2700. 🚉 🛈 1, rue du Maréchal de Lattre de Tassigny (03 86 42 80 80). 🚌 So. www.chablis.net

Chablis schmeckt nirgendwo besser als in Chablis. In den schmalen Straßen des berühmten Weindorfs kann man gut bummeln. Zu Ehren von St-Vincent, dem Schutzpatron der Winzer, finden im Februar im nahe gelegenen Fyé Prozessionen statt, an denen die Weinbruderschaft »Piliers Chablisiens« teilnimmt.

Fosse Dionne – auch heute noch gibt Tonnerres Quelle Rätsel auf

Tonnerre ❺

Yonne. 🏘 6200. 🚉 🚌 🛈 Pl Marguerite de Bourgogne (03 86 55 14 48). 🚌 Sa u. Mi. www.tonnerre.fr

Die rätselhafte grünliche Quelle **Fosse Dionne** ist ein Grund, Tonnerre zu besuchen. Sie ergießt große Mengen trüben Wassers in einen Waschplatz (18. Jh.). Tiefe und Wasserdruck haben ihre Erforschung behindert, sodass sich die Sage von einer dort lebenden Schlange hält.

Tonnerres **Hôtel-Dieu** ist 150 Jahre älter als das Hôtel-Dieu von Beaune *(siehe S. 346f)*. Margarethe von Burgund stiftete es 1293 zur Pflege der Armen. Das Ziegeldach wurde Opfer der Französischen Revolution, doch das Tonnengewölbe aus Eichenholz blieb erhalten.

🏥 **Hôtel-Dieu & Musée**
Rue du Prieuré. 📞 03 86 55 14 48. 🕒 Apr–Okt: tägl.; Nov–März: Mo–Sa. 📷 ♿ 📷

Château de Tanlay ❻

Tanlay. 📞 03 86 75 70 61. 🕒 Apr–Okt: Mi–Mo. 📷 📷 obligatorisch.

Das von Wassergräben umgebene Château de Tanlay (Mitte 16. Jh.) ist ein bezauberndes Beispiel französischer Renaissance. In der Grande Galerie überrascht ein Trompe-l'Œil. Im Eckturm fasziniert ein Deckengemälde der Schule von Fontainebleau: Es zeigt Persönlichkeiten des 16. Jahrhunderts als antike Gottheiten, etwa Diane de Poitiers als Venus.

Renaissance-Fassade und Cour d'Honneur des Château de Tanlay

Abbaye de Fontenay ❾

Der hl. Bernhard gründete die Abtei 1118. Frankreichs ältestes erhaltenes Zisterzienserkloster vermittelt einen seltenen Einblick in das mönchische Leben dieses Ordens. Dessen Ideale finden im erhabenen Ernst der romanischen Klosterkirche und dem schlichten, eleganten frühgotischen Kapitelsaal Ausdruck. Das Kloster liegt tief im Wald, in jener Abgeschiedenheit, nach der die Zisterzienser suchten. Mit Unterstützung der lokalen Aristokratie konnte das Kloster gedeihen. Es bestand bis zur Französischen Revolution. Danach wurde es in eine Papierfabrik umgewandelt, wechselte 1906 erneut den Besitzer und wurde schließlich originalgetreu restauriert.

Taubenturm
Der mächtige runde Taubenturm wurde im 13. Jahrhundert als Nachbar des Zwingers errichtet, in dem die wertvollen Jagdhunde der Herzöge von Burgund von Wärtern gehütet wurden.

Die Abtsunterkunft wurde im 17. Jahrhundert angelegt, als der König die Äbte ernannte.

Von der Bäckerei blieben nur der Ofen und Kamin (13. Jh.) erhalten.

Im Gästehaus boten die Mönche erschöpften Wanderern und Pilgern Kost und Logis.

★ Kreuzgang
Im 12. Jahrhundert wandelten die Mönche meditativ durch den Kreuzgang, der vor Wind und Wetter schützte.

Wärmeraum

In der Schmiede stellten die Mönche Werkzeuge und Eisenwaren her.

»Gefängnis«
Das im 15. Jahrhundert erbaute Gefängnis war möglicherweise nicht für Straftäter gedacht, sondern für das Archiv des Abts.

Skriptorium
Im Schreibsaal fertigten die Mönche Abschriften von Manuskripten an.

★ Abteikirche

Die Kirche (um 1140) verzichtet bewusst auf Schmuck. Die klare Formgebung, die warme Tönung des Steins und diffuses Licht verleihen ihr eine besondere Würde.

INFOBOX

Marmagne. ☎ 03 80 92 15 00.
🚉 Montbard. ◷ Mitte Apr–Okt: tägl. 10–18 Uhr; Nov–Mitte Apr: 10–12, 14–17 Uhr. 🗺 ♿ 📷
www.abbayedefontenay.com

Dormitorium

In dem unbeheizten Saal betteten die Mönche sich auf Strohmatten zur Ruhe. Der Dachstuhl stammt aus dem späten 15. Jahrhundert.

Im Kräutergarten kultivierten die Mönche Heilpflanzen, die sie für Arzneien verwandten.

NICHT VERSÄUMEN

★ Abteikirche
_____

★ Kreuzgang

Krankenhaus

Kapitelsaal

Einmal täglich versammelten sich hier die Mönche, um interne Angelegenheiten zu erörtern. In dem Raum bestechen vor allem die eleganten Pfeiler und das Rippengewölbe aus dem 12. Jahrhundert.

Der hl. Bernhard und die Zisterzienser

1112 trat Bernhard von Clairvaux, ein Sprössling des burgundischen Adels, den Zisterziensern bei. Der Orden war erst 14 Jahre zuvor von Mönchen gegründet worden, die sich gegen den üppigen Lebensstil der Cluniazenser *(siehe S. 48f)* wandten. Die Mönche wollten dem Weltlichen entsagen und fromm für sich leben. Unter Bernhard stiegen die Zisterzienser zu einem der größten und namhaftesten Orden der Zeit auf. Dies war auch der Persönlichkeit Bernhards zu verdanken, der als Schriftsteller, Theologe und Staatsmann wirkte. Er verstärkte das Gebot der Armut und wandte sich gegen jeden Prunk. 1174, nur 21 Jahre nach seinem Tod, wurde er heiliggesprochen.

Die hl. Jungfrau schützt den Zisterzienserorden (J. Bellegambe)

Château d'Ancy-le-Franc ❼

Ancy-le-Franc. 📞 03 86 75 14 63.
⬜ Apr–Mitte Nov: Di–So. 📷
✓ obligatorisch.
www.chateau-ancy.com

Die Fassade des Château d'Ancy-le-Franc, eines Renaissance-Schlosses, wirkt schlicht, doch im Innenhof überrascht reiches Schmuckwerk. Der Italiener Sebastiano Serlio erbaute das Schloss um 1540 für den Herzog von Clermont-Tonnerre. Die Innendekoration stammt von Primaticcio und einigen anderen Künstlern der Schule von Fontainebleau *(siehe S. 180f)*. In der Chambre de Judith et Holophernes zeigt ein Porträt Diane de Poitiers, die Schwägerin des Herzogs und Mätresse von Henri II. Im Schloss gibt es regelmäßig Konzerte sowie Kochkurse.

Bronzekrug von Vix im Musée du Châtillonnais, Châtillon-sur-Seine

Châtillon-sur-Seine ❽

Côte d'Or. 🏠 5800. 🚌 🚉 ℹ️ *Rue du Bourg (03 80 91 13 19)*. 🛍️ *Sa*.

Der Zweite Weltkrieg ließ Châtillon in Schutt und Asche zurück. Die Vergangenheit des wiederaufgebauten Städtchens lebt im **Musée du Châtillonnais** weiter: Dort ist u. a. der Schatz von Vix zu sehen, der 1953 nahe Vix am Mont Lassois aus dem Grab einer keltischen Prinzessin (6. Jh. v. Chr.) geborgen wurde. Neben Kunsthandwerk griechischer Herkunft beeindruckt auch ein 208 Kilogramm schwerer Bronzekrug. In der romanischen **Église St-Vorles** sind die Skulpturen der *Grablegung* (1527) eine Besichtigung wert. Einen längeren Besuch lohnt zudem die Grotte an der Quelle der Douix, die in die Seine mündet.

🏛 **Musée du Châtillonnais**
Rue de la Libération. 📞 03 80 91 24 67. ⬜ Mi–Mo (Juli/Aug: tägl.). ⬤ 1. Jan, 1. Mai, 25. Dez. 📷 ✓

Abbaye de Fontenay ❾

Siehe S. 332f.

Alise-Ste-Reine ❿

Côte d'Or. 🏠 3300. ℹ️ *Place Bingerbrück (03 80 96 89 13)*.
www.alesia-tourisme.net

Am Mont Auxois, oberhalb des Dorfs Alise-Ste-Reine, besiegte 52 v.Chr. Cäsar nach sechswöchiger Belagerung

Ohne spielerische Effekte: Fassade des Château d'Ancy-le-Franc

den heldenhaften Keltenfürsten Vercingétorix *(siehe S. 46)*. Die Mitte des 19. Jahrhunderts begonnenen Ausgrabungen brachten die Überreste einer gallo-römischen Siedlung mit Theater, Forum und Straßennetz zutage. Die Anlage bildet den **MuséoParc Alésia**. Im neuen Infozentrum sind Ausgrabungsfunde zu sehen. Es werden unterschiedliche Führungen angeboten. Nahebei steht auch Aimé Millets riesige Statue des schnurrbärtigen Vercingétorix, die 1865 zum Gedenken an die ersten Ausgrabungen aufgestellt wurde.

🏛 **MuséoParc Alésia**
Rue de l'Hôpital. 📞 03 80 96 96 23. ⬜ tägl. 10–17 Uhr (im Sommer länger). ⬤ Ausgrabungsgelände im Winter. 📷 ✓

Umgebung: In der Nachbarschaft liegt das **Château de Bussy-Rabutin**. Roger de Bussy-Rabutin, ein wegen seiner scharfen Zunge vom Hof Louis' XIV hierher verbannter

Reste der gallo-römischen Siedlung im MuséoParc Alésia

Leutnant, gestaltete es recht eigenwillig: Einen Raum schmückte er mit den Porträts seiner Mätressen – wohl auch einiger fiktiver.

⌂ **Château de Bussy-Rabutin**
Bussy-le-Grand. 📞 *03 80 96 00 03.*
◻ *Di – So.* ● *1. Jan, 1. u. 11. Nov,
25. Dez.* 🗺

Semur-en-Auxois ⓫

Côte d'Or. 🏠 *5000.* 🚉 🛈 *2, place
Gaveau (03 80 97 05 96).* 🚌 *So.*
www.ville-semur-en-auxois.fr

S emur-en-Auxois bietet einen überraschenden Anblick, wenn man sich von Westen auf der ansonsten abwechslungsarmen Straße nähert. Unvermittelt ragen über dem Pont Joly und dem stillen Fluss Armançon die massigen runden Wachtürme (14. Jh.) auf. Einer der Türme weist einen tiefen Riss auf.

Die **Église Notre-Dame** (13./14. Jh.) wurde der Kathedrale von Auxerre nachempfunden. Die Fassade wurde im 15. und 19. Jahrhundert restauriert. Die Kirche besitzt bedeutende Kunstwerke: Von der Legende des ungläubigen Thomas berichtet das Tympanonrelief des Nordportals. Antoine le Moituriers Grablegungsgruppe stammt aus dem 15. Jahrhundert. Die Bleiglasfenster illustrieren das Leben der hl. Barbara und die Arbeit der Zünfte.

Umgebung: Ein Graben umgibt das **Château d'Époisses** (11.–18. Jh.). Es vereint mittelalterliche Türme und Renaissance-Elemente. Der Taubenturm stammt aus dem 15. Jahrhundert. In Époisses wird der gleichnamige Käse hergestellt, den man in einer *fromagerie* kosten kann.

**Bleiglasfenster der Église
Notre-Dame, Semur-en-Auxois**

Semur-en-Auxois am Fluss Armançon

⌂ **Château d'Époisses**
Époisses. 📞 *03 80 96 40 56.*
◻ *Juli/Aug: Mi–Mo (Park ganzjährig).* 🗺 🚫 ♿ *nur Erdgeschoss.*

Vézelay ⓬

Siehe S. 336f.

Avallon ⓭

Yonne. 🏠 *9000.* 🚉 🚌
🛈 *6, rue Bocquillot (03 86 34 14
19).* 🚌 *Do u. Sa.*
www.avallonnais-tourisme.com

D ie befestigte Stadt liegt auf einem Granitvorsprung über dem Cousin. Sie wirkt zunächst abweisend wehrhaft. Jahrhundertelang wurde sie von Sarazenen, Normannen, Engländern und Franzosen angegriffen. Erst auf den zweiten Blick enthüllt die stille Stadt eine Fülle hübscher Details. Ein Spaziergang an den Wehranlagen eröffnet schöne Ausblicke auf das Tal des Cousin.

An der **Église St-Lazare** (12. Jh.) fallen zwei Portale ins Auge. Tierkreiszeichen, Monatsbilder und apokalyptische Gestalten zieren die Reliefs des größeren Portals.

Im Kirchenschiff gibt es Akanthuskapitelle und farbige Skulpturen. Das **Musée de l'Avallonnais** zeigt u. a. ein Venusmosaik (2. Jh. n.Chr.) und den berühmten expressionistischen Zyklus *Miserere*, eine Serie von Radierungen von Georges Rouault (1871–1958).

🏛 **Musée de l'Avallonnais**
5, rue du College. 📞 *03 86 34 03
19.* ◻ *Mai–Okt: Mi–Mo nachmittags; Nov–Apr: Sa, So nachmittags.*
🗺 🛈

Umgebung: Südwestlich von Avallon liegt Château de Bazoches (12. Jh.), das Louis XIV 1675 an Maréchal de Vauban übergab. Dieser wandelte es in einen Festungsbau um.

**Aus Georges Rouaults Zyklus
Miserere, Musée de l'Avallonnais**

Vézelay ⑫

Verziertes Kapitell

Goldgelb und schon von fern sichtbar schimmert die romanische Basilique Ste-Madeleine auf dem Hügel über dem Städtchen Vézelay. Besucher treten hier in die Fußstapfen mittelalterlicher Pilger und steigen über die schmale Straße zur einstigen Klosterkirche hinauf. Sie galt im 12. Jahrhundert als Hüterin der Reliquien Maria Magdalenas und war ein wichtiger Treffpunkt für Pilger auf dem Weg nach Santiago de Compostela *(siehe S. 400f)*. Sehenswert sind das schöne Dekor und der gotische Chor.

Blick auf Vézelay
Die Abtei, die einst die geistlichen und weltlichen Geschicke der Umgebung bestimmte, beherrscht noch heute das Bild von Vézelay.

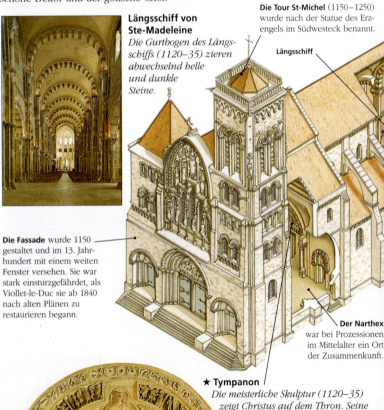

Längsschiff von Ste-Madeleine
Die Gurtbogen des Längsschiffs (1120–35) zieren abwechselnd helle und dunkle Steine.

Die Tour St-Michel (1150–1250) wurde nach der Statue des Erzengels im Südwesteck benannt.

Längsschiff

Die Fassade wurde 1150 gestaltet und im 13. Jahrhundert mit einem weiten Fenster versehen. Sie war stark einsturzgefährdet, als Viollet-le-Duc sie ab 1840 nach alten Plänen zu restaurieren begann.

Der Narthex war bei Prozessionen im Mittelalter ein Ort der Zusammenkunft.

★ Tympanon
Die meisterliche Skulptur (1120–35) zeigt Christus auf dem Thron. Seine ausgestreckten Hände senden Lichtstrahlen zu den Aposteln.

NICHT VERSÄUMEN

★ Kapitelle

★ Tympanon

Die Tour St-Antoine wurde wie der Chor im späten 12. Jahrhundert erbaut, ihr Gegenstück an der Nordseite aber nie vollendet.

INFOBOX

Basilique Ste-Madeleine, Vézelay. 03 86 33 39 50. Sermizelles. tägl. 7–20 Uhr (Winter 7 Uhr–Dämmerung). Di–Fr 7, 12.30, 18, Sa 8, 12.30, 18, So 8, 11, 18 Uhr. www.vezelay.cef.fr

Kapitelsaal und Kreuzgang sind Überreste der Klosteranlagen aus dem 12. Jahrhundert. Viollet-le-Duc baute einen Teil des Kreuzgangs wieder auf und restaurierte den mit Rippengewölbe versehenen Kapitelsaal, in dem früher die Mönche ihre Versammlungen abhielten.

Krypta von Ste-Madeleine
In der romanischen Krypta werden Reliquien aufbewahrt, die Maria Magdalena zugeschrieben werden.

★ Kapitelle
Ein unbekannter Meister verzierte die Kapitelle von Schiff und Narthex mit bewundernswerten Reliefs, die Motive aus der antiken Mythologie und aus der Bibel aufgreifen.

Chor von Ste-Madeleine
Der Chor, der gegen Ende des 12. Jahrhunderts erbaut wurde, zeigt sich im gotischen Stil der Île de France.

Die Wälder und Flüsse des Morvan bieten Gelegenheit zum Angeln und zu anderen Outdoor-Aktivitäten

Morvan ⑭

Yonne, Côte d'Or, Nièvre, Saône-et-Loire. ✈ Dijon. 🚉 Autun, Mombard. 🚌 Château-Chinon, Saulieu, Avallon. 🛈 2, pl St-Christophe, Château-Chinon (03 86 85 06 58); Maison du Parc, St-Brisson (03 86 78 79 57). **www**.morvan-tourisme.org

Das keltische *morvan* bedeutet »schwarzer Berg« – eine treffende Beschreibung des Anblicks, den die weite, dünn besiedelte Gegend aus der Ferne bietet. Sie ragt im Herzen der burgundischen Hügel und Felder unversehens als waldbestandenes Granitplateau auf, das von Nord nach Süd ansteigt und beim **Haut-Folin** (901 m) die größte Höhe erreicht.

Die beiden natürlichen Ressourcen des Morvan sind Wasser im Überfluss sowie dichte Eichen-, Buchen- und Nadelwälder. Früher flößte man Holz über die Yonne nach Paris, heute transportieren es Lastwagen. Die Flüsse Yonne, Cousin und Cure dienen der Energiegewinnung.

Die Bevölkerung geht zurück, denn der Morvan gilt schon immer als armer, abgelegener Winkel. Die größten Orte – Château-Chinon im Zentrum und Saulieu am Rand – verzeichnen kaum mehr als 5000 Einwohner.

Im Zweiten Weltkrieg war der Morvan eine Bastion der Résistance. Heute ist hier ein regionaler Naturpark eingerichtet, dessen Reiz in seiner Unberührtheit besteht. Über Outdoor-Aktivitäten – Vogelbeobachtung, Reitausflüge,

Rad-, Kanu- oder Skifahren – informiert die **Maison du Parc** in St-Brisson. Dort verdient außerdem das **Musée de la Résistance** einen Besuch.

Den Morvan durchziehen viele kurze, aber auch zwei längere Wanderwege: GR13 (Vézelay–Autun) und Tour du Morvan par les Grands Lacs.

🏛 **Musée de la Résistance**
Maison du Parc, St-Brisson. ☎ 03 86 78 79 06. ◯ Ostern – Mitte Nov: Mi–Mo (Juli/Aug: tägl.). 🗓 ✦ 🔲 ♿

Saulieu ⑮

Côte d'Or. 🗠 3000. 🚉 🚌 🛈 24, rue d'Argentine (03 80 64 00 21). 🛒 Do u. Sa. **www**.saulieu.fr

Saulieu liegt am Rand des Morvan und war schon im 17. Jahrhundert Hort burgundischer Kochkunst. Damals hielten hier, an der Strecke Paris–Lyon, die Postkutschen. Die gastronomische Tradition wird im weltberühmten Restaurant **Le Relais Bernard Loiseau** *(siehe S. 628)* gepflegt.

Doch Saulieu lockt nicht allein mit *ris de veau de lait braisé* oder *poularde truffée à la vapeur* Gäste an. In der romanischen **Basilique St-Andoche** (frühes 12. Jh.) beeindrucken Kapitelle mit Reliefszenen. Eine stellt z. B. die Flucht

Fayencevase aus Nevers

nach Ägypten dar, eine andere, heitere Szene den Propheten Bilaam mit Esel.

Nevers ⑯

Nièvre. 🗠 39.000. 🚉 🚌 🛈 Palais Ducal, rue Sabatier (03 86 68 46 00). 🛒 Sa. **www**.nevers-tourisme.com

Wie alle burgundischen Loire-Städte entfaltet Nevers seine Glanzseite, wenn man sich vom Westufer des Flusses nähert. Obwohl die Stadt nie von herausragendem historischem Rang war, bietet sie viele Sehenswürdigkeiten. Das **Palais Ducal** mit seiner schönen Renaissance-Fassade gilt als ältestes Schloss an der Loire. In der romanischen **Église St-Étienne** (11. Jh.) fallen grazile monolithische Säulen und ein Kranz von Kapellen auf.

Die Krypta der gotischen **Cathédrale St-Cyr** birgt eine schön gestaltete Grablegungsgruppe. Auch die zeitgenössischen Bleiglasfenster verdienen Beachtung. Nach einem Bombenangriff 1944 wurden hier die Fundamente einer Taufkapelle (6. Jh.) entdeckt.

Im 16. Jahrhundert geriet Nevers unter die Herrschaft der Familie Gonzaga. Diese ließ italienische Künstler einreisen, die die Email- und Glasbläserkunst einführten. Das Kunsthandwerk wird in Nevers noch heute gepflegt. Die Arbeiten in Blau, Weiß, Gelb und Grün sind am kleinen grünen, arabesken Knoten *(nœud vert)* zu erkennen. Im **Musée Municipal Frédéric Blandin** kann man schöne Exponate sehen, in der **Faïencerie Montagnon** (17. Jh.) Stücke erwerben.

🏛 **Musée Municipal Frédéric Blandin**
Promenade des Remparts. 📞 *03 86 71 67 90.* 🔲 *Mai–Sep: Mi–Mo 10–18.30 Uhr; Okt–Apr: tägl. 13–17.30 Uhr.* 📷

Umgebung: Im Süden von Nevers führt der **Pont du Guetin** (19. Jh.) den Loire-Kanal majestätisch über den Fluss Allier. In der Kirche in **St-Parize-le-Châtel** tummelt sich an den Kapitellen der Krypta eine Stein gewordene burgundische Tierwelt.

Die Versuchung Evas, **Autun**

Autun ❶⑦

Saône-et-Loire. 🚶 *18000.* 🚉 🚌 ℹ️ *13, rue Général Demetz (03 85 86 80 38).* 🚐 *Mi u. Fr.* **www.**autun-tourisme.com

A ugustodunum, die »Stadt des Augustus« (spätes 1. Jh. v. Chr.), war eine be-

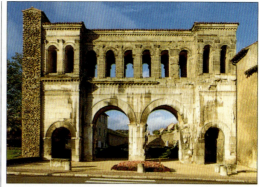

Autuns mächtige Porte St-André war Teil der römischen Stadtmauer

rühmte Bildungsstätte und zählte viermal so viele Einwohner wie das heutige Autun. Das römische Theater (1. Jh. n. Chr.) bot 20 000 Sitzplätze.

Die Erkundung der Stadt bereitet großes Vergnügen. Die Wallfahrtskirche **Cathédrale St-Lazare** (12. Jh.) besticht vor allem durch ihre Skulpturen. Die meisten schuf Gislebertus, der geniale Bildhauer des 12. Jahrhunderts. Er fertigte die Kapitellreliefs im Inneren sowie das berühmte *Jüngste Gericht* im Tympanon über dem Hauptportal. Ein glücklicher Zufall rettete das Meisterwerk – André Malraux pries es als »romanischen Cézanne« – vor den Zerstörungen der Revolution: Man hatte es im 18. Jahrhundert zugegipst. Nicht übersehen sollte man die Skulptur des Pierre Jeannin und seiner Frau. Jeannin war Präsident

des Dijon-Parlaments. Er hatte das Übergreifen der Massaker der Bartholomäusnacht *(siehe S. 54f)* auf Burgund verhindert und dabei den unvergesslichen Ausspruch geprägt: »Den Befehlen sehr zorniger Monarchen sollte man nur sehr langsam gehorchen.«

Die glanzvolle Sammlung mittelalterlicher Kunst im **Musée Rolin** umfasst das zarte Flachrelief *Die Versuchung Evas* von Gislebertus, die bemalte steinerne Madonna von Autun (15. Jh.) und die *Geburt Christi* (um 1480) des Meisters von Moulins – mit dem Stifter Erzbischof Jean Rolin. An Autuns römische Vergangenheit erinnern die wuchtige **Porte St-André**, die **Porte d'Arroux** sowie die Ruinen des **Théâtre Romain** und des **Temple de Janus**.

🏛 **Musée Rolin**
3, rue des Bancs. 📞 *03 85 52 09 76.* 🔲 *Mi–Mo.* ⬤ *Feiertage.* 📷 ✓

Ruinen des römischen Theaters (1. Jh. n. Chr.) von Autun

Im Detail: Dijon ⑱

Dijons Stadtkern ist eine architektonische Perle – ein Erbstück der Herzöge von Burgund *(siehe S. 343)*. Wohlhabende Parlamentsmitglieder ließen im 17. und 18. Jahrhundert elegante *hôtels particuliers* errichten. Die Hauptstadt von Burgund besitzt eine lebhafte Kulturszene und eine namhafte Universität. Die kostbarsten Kunstschätze hütet das Palais des Ducs. Das einst an der Gewürzstraße gelegene Dijon – der berühmte Senf *(siehe S. 318)* und das *pain d'épice* (Pfefferkuchen) erinnern daran – war im 19. Jahrhundert ein wichtiger Bahnknotenpunkt und besitzt heute einen TGV-Anschluss an Paris.

Hôtel de Vogüé
Hugues Sambin verzierte das elegante Stadthaus (17. Jh.) mit burgundischen Motiven wie Kohl und Obstgirlanden.

★ Notre-Dame
Eine Fassade mit Wasserspeiern, Säulen und der Jacquemart-Glocke schmückt die großartige gotische Kirche (13. Jh.). Die chouette *(Eule) soll dem, der sie berührt, Glück bringen.*

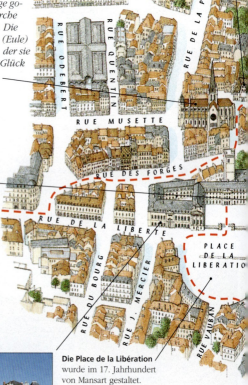

Musée des Beaux-Arts
Das Triptychon (14. Jh.) von Jacques de Baerze und Melchior Broederlam gehört zur Sammlung flämischer Meister.

Die Place de la Libération
wurde im 17. Jahrhundert von Mansart gestaltet.

★ Palais des Ducs
Hier hielten die Herzöge von Burgund Hof. Der größte Teil des Palais wurde erst im 17. Jahrhundert erbaut. Heute ist hier das Musée des Beaux-Arts untergebracht.

Hotels und Restaurants in Burgund und in der Franche-Comté siehe Seiten 572–575 und 625–629

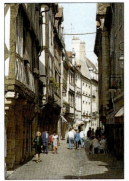

Rue Verrerie

Mittelalterliche Fachwerkhäuser säumen die kopfsteingepflasterte Straße im alten Kaufmannsviertel. Manche Häuser, so Nr. 8, 10 und 12, besitzen kunstvolle Holzschnitzereien.

INFOBOX

Côte d'Or. 🏛 153 000. ✈ 5 km südöstlich von Dijon. 🚉 🚌 Cours de la Gare. 🛈 15, cours de la Gare; 11, rue de Forges (08 92 70 05 58). 🎪 Di, Fr u. Sa. 🎭 Festival Art Dance (Jan), Festival de Musique (Juni), Fêtes de la Vigne (Sep). **Hôtel de Vogüé** nur Innenhof. **Musée Magnin**
⬤ Di–So (03 80 67 11 10).
⬤ 1. Jan, 25. Dez. 📷
www.dijon-tourism.com

★ St-Michel

Die Fassade der im 15. Jahrhundert begonnenen und im 17. Jahrhundert vollendeten Kirche vereint gotischen Flamboyant-Stil mit Renaissance-Elementen. Beim üppigen Portaldekor vermischen sich biblische und mythologische Motive.

Musée Magnin

Bilder französischer und ausländischer Maler (16.–19. Jh.) hängen in dem Stadthaus aus dem 17. Jahrhundert aus.

Die Église St-Étienne geht auf das 11. Jahrhundert zurück, wurde allerdings oft umgebaut. Ihr Turmaufsatz stammt von 1686.

RUE VERRERIE

RUE PROUDHON

RUE J. J.

RUE CHAUDRONNERIE

RUE ROUSSEAU

RUE VANNERIE

RUE JEANNIN

RUE LA MONNOYE

PL STE-CHAPELLE

RUE VAILLANT

PLACE DU THÉÂTRE

PLACE ST-MICHEL

RUE CHABOT CHARNY

RUE BUFFON

RUE DU VIEUX COLLÈGE

RUE LE GOUZ GERLAND

NICHT VERSÄUMEN

★ Notre-Dame

★ Palais des Ducs

★ St-Michel

LEGENDE

– – – Routenempfehlung

0 Meter   100

Mosesbrunnen von Claus Sluter, Chartreuse de Champmol

Überblick: Dijon

Dijons von kleinen Straßen durchzogenes Zentrum kann man gut zu Fuß erkunden. Die Rue des Forges hinter dem Palais des Ducs ist nach den Juwelieren und Goldschmieden benannt, die hier ihre Läden und Werkstätten hatten. Das Tourismusbüro liegt im Hôtel Chambellan (Nr. 34), einem Bau im gotischen Flamboyant-Stil mit steinerner Wendeltreppe und Holzgalerien. Hugues Sambin schuf 1560 die Steinfassade der Maison Maillard (Nr. 38).

In der Rue Chaudronnerie fesselt die Maison des Cariatides (Nr. 28). Zehn imposante Steinkaryatiden umrahmen ihre Fenster. Um die Place Darcy drängen sich Hotels

und Restaurants. Der Jardin Darcy ist der richtige Ort für eine Ruhepause.

🏛 Musée des Beaux-Arts

Palais des États de Bourgogne, Cour de Bar. 📞 *03 80 74 52 70.* ⭘ *Mi–Mo.* ⬤ *1. Jan, 1. u. 8. Mai, 14. Juli, 1. u. 11. Nov, 25. Dez.* 📷 🖥 *teilweise.* 🖥

Das frühere Palais des Ducs *(siehe S. 340)* beherbergt Dijons exquisite Kunstsammlung. Die Salle des Gardes im ersten Stock wird von den mächtigen Grabmälern der Herzöge mit Skulpturen Claus Sluters (um 1345–1405) beherrscht. Auch vergoldete flämische Altarbilder und ein Porträt Philippes le Bon von Rogier van der Weyden sind zu sehen. Die Kunstsammlung zeigt Werke niederländischer und flämischer Meister sowie Skulpturen von Sluter und François Rude. Ebenso sind frühe deutsche und Schweizer Meister vertreten. Der Donation Granville verdankt das Museum französische Kunst des 19. und 20. Jahrhunderts. Auch sehenswert: die Küchen mit ihren sechs gewaltigen Herdstellen.

🔒 Cathédrale St-Bénigne

Place St-Bénigne. 📞 *03 80 30 39 33.* ⭘ *tägl.* 🖥 ♿

Von der dem hl. Benignus geweihten Benediktinerabtei (11. Jh.) blieb wenig übrig. Unter der gotischen Kirche liegt eine romanische Krypta mit einer von drei Säulenreihen umringten Rotunde.

🏛 Musée Archéologique

5, rue du Docteur Maret. 📞 *03 80 30 88 54.* ⭘ *Mi–Mo.* ⬤ *Feiertage.*

Das Museum befindet sich im einstigen Dormitorium des Benediktinerklosters von St-Bénigne. Im Domkapitel (11. Jh.), dessen Säulen ein Tonnengewölbe stützen, sind gallo-römische Plastiken zu sehen. Das Erdgeschoss mit seinem schmucken Fächergewölbe bewahrt u. a. Claus Sluters Christuskopf, einst Zierde des *Mosesbrunnens.*

⛪ Chartreuse de Champmol

1, bd Chanoine Kir. ⭘ *nach Vereinbarung (08 92 70 05 58).*

Die als Familiengrab von Philippe le Hardi gegründete Nekropole und Kartause fiel bis auf ein Kapellenportal und Claus Sluters berühmten *Mosesbrunnen* der Revolution zum Opfer. Die Stätte, östlich des Bahnhofs auf dem Gelände einer psychiatrischen Klinik, ist nicht leicht zu finden. Trotz ihres Namens ist sie kein Brunnen, sondern eine monumentale Plastik, um deren Sockel einst Wasser floss. Der für seine tief skulptierten Arbeiten berühmte Sluter schuf hier sechs außergewöhnlich lebensechte Prophetenfiguren.

Grabmal von Philippe le Hardi von Claus Sluter, heute in der Salle des Gardes des Musée des Beaux-Arts

Hotels und Restaurants in Burgund und in der Franche-Comté *siehe Seiten 572–575 und 625–629*

Goldenes Zeitalter von Burgund

Während die französische Kapetingerdynastie in den Hundertjährigen Krieg *(siehe S. 52f)* verstrickt war, bauten die Herzöge von Burgund eines der mächtigsten Reiche Europas auf. Mit der Regierungszeit Philippes le Hardi (1342–1404) entwickelte sich der herzogliche Hof zu einer treibenden kulturellen Kraft. Er förderte viele Künstler, etwa Maler wie Rogier van der Weyden und die Brüder van Eyck oder Bildhauer wie Claus Sluter. Nach dem Tod von Charles le Hardi 1477 zerfiel das Herzogtum.

Das Grab von Philippe le Hardi *in Dijon fertigte der flämische Bildhauer Claus Sluter, einer der größten burgundischen Künstler. Die ergreifend realistische Darstellung der Trauernden zählt zu den auffälligsten Merkmalen des prächtigen, zu Lebzeiten des Herzogs begonnenen Grabmals.*

Burgund im Jahr 1477

 Ausdehnung des Herzogtums

Die Hochzeit von Philippe le Bon
Philippe le Bon, 1419–67 Herzog von Burgund, heiratete 1430 Isabella von Portugal. Diese Kopie (17. Jh.) eines Gemäldes von van Eyck zeigt das Hochzeitsfest, bei dem der Ritterorden vom Goldenen Vlies gegründet wurde.

Die Herzöge umgaben sich mit Luxus wie erlesenen Gold- und Silberwaren.

Isabella von Portugal

Die Herzogin von Bedford, Philippes Schwester

Windhunde waren am burgundischen Hof geschätzte Jagdhunde.

Philippe le Bon trägt ein weißes Festgewand.

Burgundische Kunst, *etwa dieses franko-flämische Stundenbuch, lässt die Vorliebe der Herzöge für flämische Künstler erkennen.*

Dijons Palais des Ducs *wurde unter Philippe le Bon 1450 errichtet. Nach dem Tod von Charles le Hardi verlor die Hochburg der Künste, Ritterherrlichkeit und großen Feste an Bedeutung. Im 17. Jahrhundert wurde sie umgestaltet.*

Lese in den zur Côte d'Or zählenden Weinbergen von Nuits-St-Georges

Côte d'Or ⑲

Côte d'Or. ✈ Dijon. 🚆 🚌 Dijon,
Nuits-St-Georges, Beaune, Santenay.
ℹ Dijon (08 92 70 05 58).
www.cotedor-tourisme.com

Die Côte d'Or umschließt die Côte de Beaune und die Côte de Nuits. Sie reicht von Dijon bis Santenay und ist fast ausschließlich Weinbaugebiet. Die schmale, etwa 50 Kilometer lange Hügelkette wirkt wie eingeklemmt zwischen der Saône-Ebene im Südosten und dem zerklüfteten Waldplateau im Nordwesten. Die Reben der berühmten Burgunder Weingüter gedeihen auf dem rotgoldenen (daher der Name »Côte d'Or«) Boden ihrer Hänge.

Die Bodenbeschaffenheit ist wesentlicher Faktor des Qualifikationssystems der Weine. Laien mag die Faustregel genügen, dass 95 Prozent der

Schmale Straße in Beaunes historischem Kern

Spitzenweine aus Lagen an den oberen Hängen der N74 kommen *(siehe S. 320f)*. Schilder verkünden Namen, die Weinkennern in aller Welt geläufig sind: Gevrey-Chambertin, Vougeot, Chambolle-Musigny, Vosne-Romanée, Nuits-St-Georges, Aloxe-Corton, Meursault und Chassagne-Montrachet.

Typischer Weinlesekorb im Musée du Vin de Bourgogne, Beaune

Beaune ⑳

Côte d'Or. 🚶 23 000. 🚆 🚌
ℹ 6, bd Perpeuil (03 80 26 21 30).
🗓 Mi u. Sa. 🎵 Barockmusik (Juli).
www.ot-beaune.fr

Die Altstadt von Beaune liegt zwischen Befestigungsmauern und einem Ring von Boulevards. Sie lässt sich bequem zu Fuß durchstreifen. Unbestrittenes Prunkstück ist das **Hôtel-Dieu** *(siehe S. 346f)*. Hinter der Flamboyant-Fassade das Hôtel des Ducs de Bourgogne (14.–16. Jh.) stellt heute das **Musée du Vin de Bourgogne** die traditionellen Gerätschaften der Winzer aus.

Die **Collégiale Notre-Dame** (12. Jh.) liegt etwas weiter nördlich. In der vorwiegend romanischen Stiftskirche hängen fünf wertvolle Wandteppiche (15. Jh.). Sie wurden im frühen Renaissance-Stil aus

Wolle und Seide gefertigt. Zu sehen sind 19 Szenen aus dem Leben der Jungfrau.

🏛 **Musée du Vin de Bourgogne**
Rue d'Enfer. 📞 03 80 22 08 19.
🕐 Apr–Nov: tägl.; Dez–März: Mi–Mo. 🚫

Tournus ㉑

Saône-et-Loire. 🚶 6500. 🚆 🚌
ℹ Place de l'Abbaye (03 85 27 00 20). 🗓 Sa. www.tournugeois.fr

In Tournus steht eine der ältesten und größten Kirchen Burgunds, die **Abbaye de St-Philibert**. Im 9. Jahrhundert flohen Mönche von der Insel Noirmoutier mit den Reliquien ihres Schutzheiligen Philibert (heute im Chor) vor den Normannen. Der zartrosa Stein kontrastiert mit dem wehrhaften Charakter des im 10. bis 12. Jahrhundert neu errichteten Kirchenbaus.

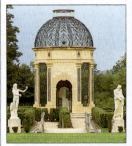

Taubenpavillon im Park des Château Cormatin, Mâconnais

Mittelschiff von St-Philibert

Die Räume des Hôtel-Dieu (17. Jh.) sind noch im Originalzustand. Es gibt Möbel, Gebrauchsgegenstände und Arzneimittel zu sehen. Das **Musée Greuze** widmet sich dem Künstler Jean-Baptiste Greuze (1725–1805).

Umgebung: Südwestlich von Tournus erstreckt sich das Mâconnais, eine von Hügeln, Weingärten, Obsthainen, Bauernhöfen und romanischen Kirchen geprägte Landschaft. Für Abstecher bieten sich das Dorf **Brancion**, die Kirche (11. Jh.) in **Chapaize** und das Renaissance-Schloss von **Cormatin** an.

Das Dorf Taizé ist Zentrum einer weltbekannten ökumenischen Gemeinschaft. Im nördlich gelegenen Chalon-sur-Saône befasst sich das Musée Niépce mit dem Erfinder der Fotografie.

Cluny ㉒

Saône-et-Loire. 👥 4800. 🚌
ℹ 6, rue Mercière (03 85 59 05 34).
📅 Sa. **www**.cluny-tourisme.com

Die Kleinstadt Cluny steht im Schatten der Ruinen ihrer großen **Ancienne Abbaye de Cluny**, einst eines der mächtigsten Klöster Europas (*siehe S. 48f*).

Wilhelm von Aquitanien gründete die Abtei im Jahr 910. Binnen 200 Jahren stieg Cluny zum Zentrum eines wichtigen Reformordens mit Klöstern in ganz Europa auf. Seine Äbte besaßen kaum weniger Einfluss als Monar-

chen und Päpste – vier von ihnen werden als Heilige verehrt. Ab dem 14. Jahrhundert sank jedoch die Bedeutung des Ordens. 1790 wurde die Abtei geschlossen, die Kirche wenig später abgetragen.

Bei einer Führung kann man die Überreste des Klosters sehen, insbesondere den Clocher de l'Eau Bénite (Weihwasserturm). Zu besichtigen sind auch das **Musée d'Art** im ehemaligen Palais des Abts und die figürlichen Kapitelle in einem Getreidespeicher aus dem 13. Jahrhundert.

In der Stadt sollte man die **Église St-Marcel** besuchen. Die Kapelle von **Berzé-la-Ville** südwestlich der Stadt besitzt Fresken (12. Jh.), die denen von Cluny ähneln.

🔒 **Ancienne Abbaye de Cluny**
📞 03 85 59 15 93. 🕐 tägl. 🈲 ✔

🏛 **Musée d'Art**
Palais Jean de Bourbon. 📞 03 85 59 15 93. 🕐 tägl. ⬤ 1. Jan, 1. Mai, 1. u. 11. Nov, 25. Dez. 🈲 ♿

Paray-le-Monial ㉓

Saône-et-Loire. 👥 10 000. 🚌 🚌
ℹ 25, av Jean-Paul II (03 85 81 10 92). 📅 Fr. **www**.paraylemonial.fr

Die dem Herzen Jesu geweihte **Basilique du Sacré-Cœur** machte Paray-le-Monial zu einer der bedeutendsten Pilgerstätten des modernen Frankreich. Marguerite-Marie Alacoque wurde 1647 hier geboren – auf ihre Visionen geht die Herz-Jesu-Verehrung zurück. Der Kult breitete sich im 19. Jahrhundert im ganzen Land aus. Die Kirche, eine verkleinerte Ausgabe der zerstörten Abteikirche von Cluny, besticht durch harmonische Romanik.

Das **Musée Paul de Charnoz** bietet Einblicke in die industrielle Produktion kunstvoller Fliesen vom 19. Jahrhundert bis heute. Auf der Place Guignaud befindet sich das reich verzierte **Maison Jayet** (16. Jh.), in der heute das Rathaus untergebracht ist.

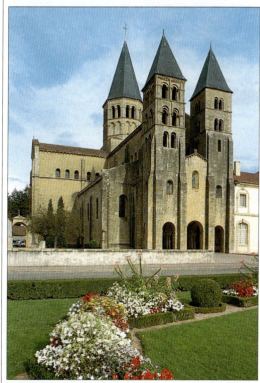

Basilique du Sacré-Cœur in Paray-le-Monial

Beaune: Hôtel-Dieu

Christ-de-Pitié

Nach dem Hundertjährigen Krieg litten viele Einwohner Beaunes unter Armut und Hunger. Deshalb gründeten Kanzler Nicolas Rolin und seine Frau, inspiriert vom Aufbau nordfranzösischer Hospitäler, 1443 ein Hospital. Mit einer jährlichen Unterstützung und Einnahmen aus dem Weinbau und der Salzgewinnung sicherten die Rolins das Hospital ab. Das mit farbigen burgundischen Ziegeln bedeckte Gebäude wird heute als mittelalterliches Juwel betrachtet. Es birgt zwei Meisterwerke sakraler Kunst: die Holzfigur *Christ-de-Pitié (Christus im Elend)* und Rogier van der Weydens Flügelaltar.

★ Armensaal
Der Krankensaal weist eine beschnitzte und bemalte Decke auf. Die 28 Himmelbetten mussten sich mehrere Kranke teilen. Das Essen wurde auf Tischen in der Mitte serviert.

Hommage an Rolins Frau
Ein Ziermotiv – zusammengesetzt aus den Buchstaben »N« und »G«, Vögeln, Sternen und dem Wort »Seulle« (»einzig«) – huldigt Rolins Frau.

In der Salle St-Hugues
zeigt ein Gemälde den Heiligen bei der Heilung zweier Kinder. Issac Moillons Fresken stellen Wunder dar.

Eingang

Die Salle Ste-Anne ziert ein Wandteppich. Ein Gemälde zeigt Nonnen bei der Arbeit im einstigen Wäscheraum.

Versteigerung der Hospitalweine

Die jährliche karitative Weinversteigerung steht am dritten Novembersonntag im Mittelpunkt des dreitägigen Fests »Les Trois Glorieuses«. Am Samstag findet im Château Clos-de-Vougeot das Bankett Confrérie des Chevaliers du Tastevin statt, am Sonntag die Auktion von Weinen, die aus Weingütern umliegender Hospitäler kommen. Die Preise sind Richtschnur für den Wert aller Weine des Jahrgangs. Am Montag steigt La Paulée des Meursault, zu der die Winzer ihre besten Jahrgangsweine beisteuern.

Ein Wein der berühmten Auktion

NICHT VERSÄUMEN

★ Armensaal

★ *Das Jüngste Gericht* von Rogier van der Weyden

Küche

Blickfang der Küche ist ein gotischer Kamin mit Doppelherd und mechanisch betriebenem Spieß, den ein hölzerner »Roboter« von 1698 bewegte.

INFOBOX

Rue de L'Hôtel-Dieu, Beaune.
📞 03 80 24 45 00. ☐ Apr–Mitte Nov: tägl. 9–18.30 Uhr; Mitte Nov–März: tägl. 9–11.30, 14–17.30 Uhr. 🏷🅿🎫 **Weinauktion** 3. So im Nov: Les Halles de Beaune (03 80 24 45 00).
www.hospices-de-beaune.com

Cour d'Honneur

Die Bauten des Hôtel-Dieu gruppieren sich um einen prächtigen Innenhof. Diesen umläuft eine Holzgalerie, über der hohe, von Wetterfahnen gekrönte Mansardenfenster aufragen. Der Brunnen im Hof zeigt schöne gotische Schmiedekunst.

Glasierte Dachziegel sind das prägnanteste Merkmal des Hôtel-Dieu.

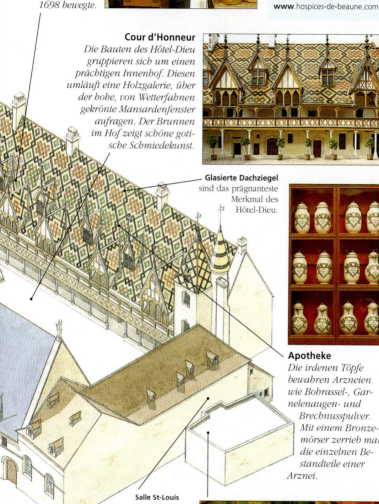

Apotheke

Die irdenen Töpfe bewahren Arzneien wie Bohrassel-, Garnelenaugen- und Brechnusspulver. Mit einem Bronzemörser zerrieb man die einzelnen Bestandteile einer Arznei.

Salle St-Louis

★ Das Jüngste Gericht

Im 19. Jahrhundert waren für kurze Zeit die Blößen der Figuren auf Rogier van der Weydens Flügelaltar bedeckt. Zur selben Zeit teilte man das Altarbild entzwei, um Außen- und Innentafeln besser präsentieren zu können.

Château de Pierreclos in der Region Mâconnais

Brionnais 24

Saône-et-Loire. ✈ Mâcon.
🚃 Paray-le-Monial, Roanne.
🚌 Paray-le-Monial.
ℹ Marcigny (03 85 25 39 06).

Die Region Brionnais liegt zwischen der Loire und den Ausläufern der Beaujolais-Hügel im Süden Burgunds. Viehzucht ist ein Standbein der Landwirtschaft – allerorten grast hier das weiße Charolais-Rind. Seine Bedeutung führt der Rindermarkt (donnerstagnachmittags) in **St-Christophe** lebhaft vor Augen.

Das Brionnais ist reich an romanischen, zumeist aus hiesigem ockerfarbenem Stein erbauten Kirchen. Mit majestätischem dreistöckigem Achteckturm und schönen Kapitel-

Kapitell in St-Julien-de-Jonzy

len wartet die Kirche (11. Jh.) von **Anzy-le-Duc** auf. Die Kirche von **Semur-en-Brionnais**, Geburtsort des berühmten Cluny-Abts Hugues, zeigt Einflüsse des Cluny-Klosters. An der Kirche von **St-Julien-de-Jonzy** fesselt ein äußerst fein gearbeitetes Tympanon.

Zierde des Städtchens **La Clayette** am Fluss Genette ist ein Wasserschloss. Es ist, anders als sein Oldtimer-Museum, nicht zu besichtigen. Im Sommer findet hier eine *Son-et-lumière*-Show statt.

Über 700 Meter ragt südöstlich von La Clayette die **Montagne de Dun** auf. Sie eröffnet ein Panorama über die Hügel des Brionnais. Verträumte Winkel und Seitenwege machen diese Landschaft zu einer der schönsten Picknickgegenden Burgunds.

Mâcon 25

Saône-et-Loire. 🏙 36000. ✈
🚃 🚌 ℹ 1, pl St-Pierre (03 85 21 07 07). 🛒 Sa.
www.macon-tourism.com

Mâcon, Industriestadt und Weinhandelszentrum, liegt an der Saône an der Grenze zwischen Burgund und Südfrankreich. Die Französische Revolution vernichtete hier 14 Kirchen. In einem ehemaligen Nonnenkloster (17. Jh.) widmet sich das **Musée des Ursulines** französischer und flämischer Malerei sowie der prähistorischen Stätte Solutré. An der Place aux Herbes findet der Markt statt. Hier steht auch die von bizarren Schnitzereien bedeckte **Maison de Bois** aus dem 15. Jahrhundert.

🏛 Musée des Ursulines
Allée de Matisco. 📞 03 85 39 90 38. ◻ Di–Sa u. So nachmittags. ● 1. Jan, 1. Mai, 14. Juli, 1. Nov, 25. Dez. ◻

Umgebung: Die sich über Weinberge für den Pouilly-Fuissé *(siehe S. 345)* erhebenden **Roche de Solutré** ist imposant. Sie ist zudem eine archäologische Stätte mit Funden aus der Steinzeit. Das Mâconnais ist die Heimat Lamartines (1790–1869). Der romantische Dichter wurde in Mâcon geboren, verbrachte seine Kindheit in Milly-Lamartine und lebte später im Château de St-Point. Zu seinem Gedicht *Jocelyn* inspirierte ihn das **Château de Pierreclos**.

Auf den sanften Hügeln des Brionnais weiden Charolais-Rinder

Hotels und Restaurants in Burgund und in der Franche-Comté *siehe Seiten 572–575 und 625–629*

Franche-Comté

Die wald- und wasserreiche Franche-Comté erweist sich als Naturschönheit und ist ideal für Kanuten, Wanderer und Skifahrer. Hier locken, trotz einiger sehenswerter Städte, vor allem Outdoor-Aktivitäten. Grotten und Wasserfälle begleiten den Weg durch die Vallée du Doubs. Weiter südlich bezaubern die Quellen von Lison und Loue. Die Reculées sind eine ungewöhnliche zerklüftete Landschaft mit Wasserfällen, ebenso wie Baume-les-Messieurs. In der Région des Lacs liegen Seen, umgeben von Gipfeln und unberührten Wäldern.

Natur in Reinkultur: die Source du Lison in der Franche-Comté

Cascades du Hérisson 26

Pays-des-Lacs. ℹ️ *Clairvaux-les-Lacs (03 84 25 27 47).* 🚌 *Mi.*

Vom Dorf Doucier zu Füßen des Pic de l'Aigle gelangt man zum Flusstal des Hérisson, einer der schönsten Szenerien des Jura. Parken Sie bei der Moulin Jacquand, um über den Pfad zum 65 Meter hinabstürzenden Wasserfall Cascade de l'Éventail hinauf und weiter zur kaum minder eindrucksvollen Cascade du Grand Saut zu wandern. Der zuweilen steile, doch nie gefährliche Weg dauert hin und zurück etwa zwei Stunden und erfordert festes Schuhwerk.

Arbois 27

Jura. 🏠 *3600.* 🚆 🚌 ℹ️ *10, rue de l'Hôtel de Ville (03 84 66 55 50).* 🚌 *Fr.* www.arbois.com

Das Winzerstädtchen an den von Weinbergen gesäumten Ufern der Cuisance ist berühmt für den sherryähnlichen *vin jaune* (gelben Wein). Im Norden der Stadt liegt die **Maison de Pasteur**, das vollständig erhaltene Wohnhaus und Labor des Chemikers Louis Pasteur (1822–1895), der erstmals erfolgreich Impfstoffe an Menschen erprobte.

Dole 28

Jura. 🏠 *28000.* 🚆 🚌 ℹ️ *6, place Grévy (03 84 72 11 22).* 🚌 *Di, Do u. Sa.* www.tourisme-paysdedole.fr

Bei der Stadt Dole (früher: Dôle) fließen Doubs und Rhein-Rhône-Kanal zusammen. Die alte Hauptstadt der Comté galt stets als ein Symbol des hiesigen Widerstands gegen die Franzosen. Die Region genoss relative Unabhängigkeit, sowohl unter burgundischen Herzögen als auch als Teil des Heiligen Römischen Reichs. Den Einwohnern, obwohl stets französischsprachig, gefiel der französische Absolutismus nicht. Sie nahmen 1636 eine lange Belagerung auf sich. Erst 1668 und erneut 1674 ergab sich die Stadt Louis XIV.

Gassen mit Häusern aus dem 15. Jahrhundert und stillen Innenhöfen winden sich durch das historische Zentrum. Die Place aux Fleurs bietet einen schönen Blick auf die Altstadt und die **Église Notre-Dame** (16. Jh.) mit ihrem hohen Glockenturm.

Umgebung: Südöstlich von Dole liegt das **Château d'Arlay** (18. Jh.) mit einem makellos gepflegten Garten.

Madonna mit Kind am Nordportal der Église Notre-Dame, Dole

Die Saline Royale in Arc-et-Senans

Arc-et-Senans ㉙

Doubs. 🚆 *1400.* 🚉 🛈 *Ancienne Saline Royale (03 81 57 43 21).*
www.ot-arcetsenans.fr

Seit dem Jahr 1982 ist die Saline Royale in Arc-et-Senans UNESCO-Welterbe. Entworfen wurde sie von Claude-Nicolas Ledoux (1736–1806). Von den Hauptbauten aus sollte sie in konzentrischen Ringen wachsen. Von dieser Idee wurden »nur« die Salinengebäude (1775) verwirklicht. Doch sie lassen ahnen, welches Vorhaben Ledoux beflügelte: Salzwasser sollte aus den nahen Salins-les-Bains herbeigeleitet und das Salz mit Brennholz aus dem Wald von Chaux gewonnen werden. Doch der finanzielle Erfolg blieb aus. 1895 schloss man die Saline.

Im **Musée Ledoux Lieu du Sel** vermitteln die Modelle der Salinenstadt und vieler weiterer Projekte den Weitblick und die Vorstellungskraft des Baumeisters.

🏛 **Musée Ledoux Lieu du Sel**
Saline Royale. 📞 *03 81 54 45 45.*
⬜ *tägl.* ⬛ *Jan, 25. Dez.* 📷 📹 ▮
♿ *Erdgeschoss.*

Champlitte ㉚

Haute Saône. 🚆 *1900.* 🚉 🛈 *33B, rue de la République (03 84 67 67 19).*

Das **Musée des Arts et Traditions Populaires** des Orts wurde von einem Schäfer gegründet, der regionale Gebrauchsgegenstände sammelte. Sie sind in einem Renaissance-Schloss ausgestellt. Eine Dokumentation erinnert daran, dass 400 der Einwohner im 19. Jahrhundert nach Mexiko emigrierten.

🏛 **Musée des Arts et Traditions Populaires**
Place de l'Église. 📞 *03 84 67 82 00.* ⬜ *Apr–Juni, Sep: Mi–Fr (Sa, So nur nachmittags); Juli, Aug: Mo–Fr (Sa, So nur nachmittags); Okt–März: Mi–Mo nachmittags.* ⬛ *1. Jan, 1. Nov, 25. Dez.* 📷 📹 ▮

Besançon ㉛

Doubs. 🚆 *120000.* 🚉 🚉
🛈 *2, place de la Première Armée Française (03 81 80 92 55).*
🛒 *Di–Sa, So vormittags.*
www.besancon-tourisme.com

Besançon, das im 17. Jahrhundert Dole als Hauptstadt der Franche-Comté ablöste, hat sich vom kirchlichen zum industriellen Zentrum entwickelt – mit einem Schwerpunkt auf Präzisionsmessinstrumenten. Die mit Schmiedeeisen verzierten Gebäude der Altstadt stammen aus dem 17. Jahrhundert.

Hinter der Renaissance-Fassade des Palais Granvelle in der Grande Rue liegt das neue **Musée du Temps**. Die Sammlung von Chronometern jeder Art ist eine Hommage an Besançon als Uhrmacherzentrum. Eine interaktive Ausstellung im dritten Stock zeigt die Subjektivität der Zeitwahrnehmung. In derselben Straße trifft man auf die berühmten Söhne der Stadt: Haus Nr. 140 ist das Geburtshaus Victor Hugos (1802–1885), an der Place Victor-Hugo steht das Haus der Brüder Lumière (*siehe S. 63*).

Hinter dem römischen Torbogen **Porte Noire** stößt man auf die Cathédrale St-Jean (12. Jh.). Am Glockenturm zeigt die **Horloge Astronomique** zu bestimmten Stunden ein Figurenspiel.

Das **Musée des Beaux-Arts et d'Archéologie** am alten Getreidemarkt bietet edle alte und neue Meister. In der von Vauban erbauten Zitadelle über dem Doubs liegen das **Musée Comtois** (Kunsthandwerk) und ein Zoo für Kinder.

🏛 **Musée du Temps**
Palais Granvelle, 96, Grande Rue.
📞 *03 81 87 81 50.* ⬜ *Di–So.*
⬛ *1. Jan, 1. Mai, 11. Nov, 25. Dez.*
📷 📹 ♿

⏰ **Horloge Astronomique**
Rue de la Convention. 📞 *03 81 81 12 76.* ⬜ *Apr–Sep: Mi–Mo (im Winter Do–Mo).* ⬛ *Jan, 1. Mai, 1. u. 11. Nov, 25. Dez.* 📷 📹

🏛 **Musée des Beaux-Arts et d'Archéologie**
1, place de la Révolution. 📞 *03 81 87 80 49.* ⬜ *Mi–Mo.* 📷 *So frei.*
📷 ♿

🏛 **Musée Comtois**
La Citadelle, rue des Fusillés de la Résistance. 📞 *03 81 87 83 83.*
⬜ *Apr–Sep: tägl.; Okt–März: Mi–Mo.* ⬛ *Di im Winter, 1. Jan, 25. Dez.* 📷 📹 📷 📷

Besançons fantasievoll gestaltete astronomische Uhr (1857–60)

Ornans ㉜

Doubs. 🚆 *4300.* 🚉 🛈 *7, rue Pierre Vernier (03 81 62 21 50).*
🛒 *3. Di im Monat.*

In Ornans kam 1819 der Maler Gustave Courbet zur Welt. Der Vertreter des Realismus bannte alle erdenklichen Ansichten der Stadt auf die Leinwand. Zu den aufsehenerregendsten Gemälden des

Ungewöhnlicher Anblick: Le Corbusiers Chapelle Notre-Dame-du-Haut in Ronchamp

19. Jahrhunderts zählt sein *Begräbnis in Ornans*. Das reizvolle Städtchen am Fluss zeigt in Courbets Geburtshaus, dem heutigen **Musée Courbet**, die Bilder des Meisters.

🏛 **Musée Courbet**
Place Robert Fernier. 📞 *03 81 62 23 30.* ⬤ *wg. Renovierung bis Mitte 2011 geschlossen.* 📷 📷
www.*musees-franchecomte.com*

Umgebung: Die **Vallée de la Loue**, ein Tal im Jura, ist ein Kanutenparadies. Die D67 folgt dem Fluss von Ornans ostwärts bis Ouhans. Dort führt ein 15-minütiger Fußweg zur Quelle, die einen einzigartigen Ausblick bietet.
Südwestlich von Ornans beeindruckt der Anblick der **Source du Lison** *(siehe S. 349)*, die von Nans-sous-Ste-Anne aus in 20 Minuten zu Fuß erreichbar ist.

Belfort ③

Territoire de Belfort. 🏘 *52 000.* 🚆 🚌 ℹ *2 bis, rue Clemenceau (03 84 55 90 90).* ⬤ *Mi.–So.* **www**.*ot-belfort.fr*

D er Schöpfer der New Yorker Freiheitsstatue, Frédéric Bartholdi (1834–1904), errichtete Belforts Wahrzeichen,

einen gewaltigen Löwen aus rosarotem Sandstein, der eher einem Bauwerk denn einer Skulptur gleicht.
Ein wahres Bollwerk ist Belforts **Zitadelle**, die von Vauban unter Louis XIV entworfen wurde. Die Feste trotzte drei Belagerungen – 1814, 1815 und 1870. Heute laden die Mauern zu Spaziergängen mit guter Aussicht ein.
Das **Musée d'Art et d'Histoire** erläutert anhand von Modellen die Festungsanlage und zeigt Kunst und Kunsthandwerk der Region (dienstags geschlossen).

Ronchamp ③

Haute Saône. 🏘 *3000.* 🚌 ℹ *14, place du 14 juillet (03 84 63 50 82).* ⬤ *Sa.* **www**.*ot-ronchamp.fr*

L e Corbusiers kühne **Chapelle Notre-Dame-du-Haut** beherrscht das einstige Bergwerksstädtchen. Der bauchige, fast skulpturale Betonbau wurde 1955 vollendet. Innen finden Licht, Form und Raum in spielerischer Harmonie zusammen. Der frühere Alltag der Bergarbeiter wird im **Musée de la Mine** wieder lebendig.

Der Spiegel von Ornans, zu sehen im Musée Courbet, Ornans

Massif Central

Allier • Aveyron • Cantal • Corrèze • Creuse
Haute-Loire • Haute-Vienne • Lozère • Puy de Dôme

*D*as Massif Central (Zentralmassiv) ist eine Region voll wild-
romantischer Schönheit. Abseits von Clermont-Ferrand, Vichy und Limoges sowie der vielen kleinen Kurorte gibt es
noch recht wenig Fremdenverkehr, sodass sich das Herz Frankreichs
in mancher Hinsicht seine Ursprünglichkeit bewahren konnte.

Das Massif Central, das riesige Zentralplateau aus ur-
altem Granit und anderen
kristallinen Steinen, um-
fasst die beeindruckenden
Regionen Auvergne, Limousin,
Aveyron und Lozère. Einst
befand sich hier ein Knotenpunkt von Pilgerwegen. Heute
stößt man in dieser mit Vulkanen
durchsetzten Landschaft auf einige
Kleinode: von der faszinierenden
Stadt Le Puy-en-Velay zu den einzigartigen Schätzen von Conques.

Mit ihren Kraterseen und heißen
Quellen bildet die Auvergne den vul-
kanischen Kern des Massif Central –
ein Outdoor-Paradies für Wanderer
im Sommer und Skiläufer im Winter.
Die Region bietet auch einige von
Frankreichs schönsten romanischen
Kirchen, mittelalterlichen Burgen und
Renaissance-Schlössern.

Im Osten erheben sich die
Berge von Forez, Livardois
und Velay, im Westen die
Ketten der Vulkanriesen
Monts Dômes, Monts Dore
und Monts du Cantal. Das
Limousin am Nordwest-
rand des Massivs mutet mit
seinen grünen Weiden (und
den meist angenehm leeren Straßen) sanfter an.

Das Aveyron erstreckt sich von
den Aubrac-Bergen nach Südwesten.
Hier fließen Lot, Aveyron und Tarn
durch Schluchten und Täler mit pittoresken Dörfern.

In Lozère im Osten liegen die
Grands Causses, das abgeschiedene
Hochland der Cevennen. Das kahle
Plateau ernährt seine Bauern nur
schlecht. Hier kommen seit Jahrhun-
derten die Pilger auf dem Weg nach
Santiago de Compostela vorbei.

La Bourboule, ein Kurort in den Monts Dore

◁ Der Gipfel des Puy Mary (1787 m), von dem aus sich Wanderern ein faszinierender Ausblick bietet *(siehe S. 364)*

Überblick: Massif Central

Die vulkanischen Bergzüge und wilden Schluchten des Massif Central sind überwältigend. Das weite, oft unberührt wirkende Gebiet ermöglicht großartige Erkundungen und nahezu jede Art sportlicher Aktivitäten wie Rafting, Paragliding, Kanufahren und Wandern. Hunderte von Kirchen, Schlössern und Museen begeistern Liebhaber von Geschichte, Architektur und Kunst. Die herzhafte Küche und die exzellenten Weine verstärken das sinnliche Erlebnis.

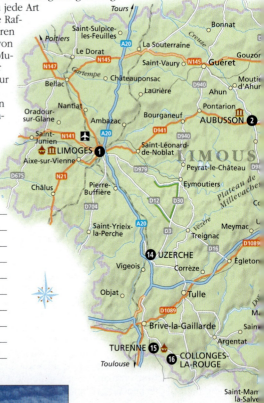

0 Kilometer   25

LEGENDE

═══	Autobahn
═══	Schnellstraße
━━━	Nationalstraße
┈┈┈	Nebenstraße
━━━	Panoramastraße
┅┅┅	Eisenbahn (Hauptstrecke)
────	Eisenbahn (Nebenstrecke)
╍╍╍	Regionalgrenze
△	Gipfel

Kalksteinfelsen in den Gorges du Tarn

Im Massif Central unterwegs

Die großen Städte Limoges, Clermont-Ferrand und Vichy verfügen über gute Flug- und Bahnverbindungen nach Paris. Innerhalb der Region sind die meisten interessanten Orte am besten per Auto zu erreichen. Der Großteil der Nebenstraßen ist in gutem Zustand, in den Bergen aber nur langsam befahrbar. Zu den schwindelerregenden Straßen zählt der Weg auf den Gipfel des Puy Mary. Die A71/A75 durch die Auvergne bietet herrliche Ansichten (und kostet keine Maut).

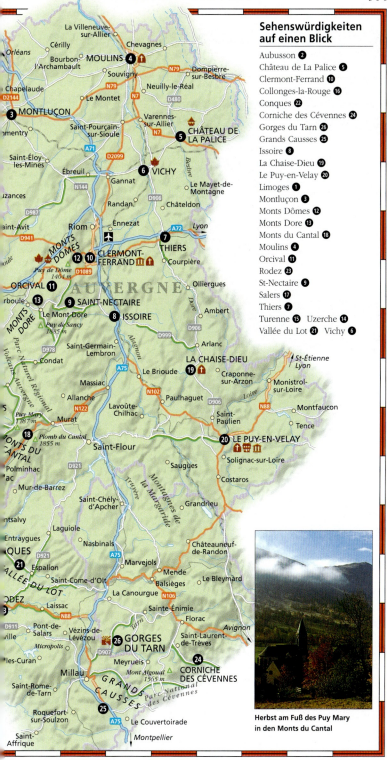

Herbst am Fuß des Puy Mary in den Monts du Cantal

Der schlechte Hirte, Emailtafel aus Limoges

Limoges ❶

Haute-Vienne. 🚗 140.000. ✈
🚉 🚌 🅸 12, bd de Fleurus
(05 55 34 46 87). 🚢 tägl.
www.limoges-tourisme.com

In Limoges, der Hauptstadt des Limousin, schlagen zwei Herzen: das der alten Cité, die um die Kathedrale auf einem den Fluss Vienne überblickenden Plateau heranwuchs, und jenes des kommerziellen Zentrums der Neustadt, das um das Château auf dem Nachbarhügel entstand. Die Cité mit ihren Fachwerkhäusern wurde während des Hundertjährigen Kriegs 1370 vom Schwarzen Prinzen geplündert.

Seit 1770, als man Kaolinvorräte entdeckte, wird in Limoges Porzellan produziert. Das **Musée National Adrien-Dubouché** zeigt mit 10 000 Exponaten die Porzellanherstellung. Das **Musée Municipal de l'Évêché** präsentiert Emailarbeiten des Limousin sowie Werke der Impressionisten Renoir, der hier geboren wurde. Die Region war im Zweiten Weltkrieg ein wichti-

ges Zentrum der Résistance. Das **Musée de la Résistance et de la Déportation** informiert darüber.

🏛 Musée National Adrien-Dubouché

Place Winston Churchill. 📞 05 55 33 08 50. 🕐 Mi–Mo. ● 1. Jan, 1. Mai, 25. Dez. 🎫 ♿
www.musee-adriendubouche.fr

🏛 Musée Municipal de l'Évêché, Musée de l'Émail

Place de la Cathédrale. 📞 05 55 45 98 10) 🕐 Juli–Sep: tägl.; Okt–Juni: Mi–Mo.

🏛 Musée de la Résistance et de la Déportation

Rue de la règle, Jardin de l'Évêché. 📞 05 55 45 98 23. 🕐 Mi–Mo.

Umgebung: Die Résistance im Limousin wurde von der SS grausam bestraft. Am 10. Juni 1944 verbrannte die SS alle 650 Bewohner des Dorfs **Oradour-sur-Glane** (25 km nordwestlich von Limoges) bei lebendigem Leib. Die Ruinen blieben als Mahnmal, daneben entstand ein neues Dorf.

In St-Junien werden seit dem Mittelalter Handschuhe hergestellt. Hier kann man luxuriöse Lederartikel kaufen.

Aubusson ❷

Creuse. 🚗 5000. 🚌 🅸 Rue Vieille (05 55 66 32 12). 🚢 Sa.
www.ot-aubusson.fr

Aubusson verdankt seinen Ruf dem reinen Wasser des Flusses Creuse, das für die Farben von Wandteppichen und Brücken verwendet wurde. Die Herstellung von Tapisserien erreichte im 16. und 17. Jahrhundert ihren Höhepunkt. Ende des 18. Jahrhunderts machten die Revolution und gemusterte Tapeten dieser Kunst den Garaus.

Nach 1940 erfuhr das Kunsthandwerk in Aubusson eine Wiederbelebung – insbesondere durch Jean Lurçat, der andere Künstler zu Entwürfen bewegte. Das **Musée Départemental de la Tapisserie** stellt diese modernen Werke aus.

In allen 30 Werkstätten der **Manufacture St-Jean** sind Besucher willkommen. Hier kann man zusehen, wie die schönen Einzelstücke von Hand gefertigt werden.

🏛 Musée Départemental de la Tapisserie

Av des Lissiers. 📞 05 55 83 08 30. 🕐 Mi–Mo (Juli/Aug: Di nachmittags). ● 1 Woche im Apr, 1 Woche im Nov. 🎫 ♿

🏛 Manufacture St-Jean

3, rue St Jean. 📞 05 55 66 10 08. 🕐 Mo–Fr. 🎫 ♿

Umgebung: Das Dorf **Moutier d'Ahun** besteht lediglich aus einer Straße mit Häusern aus

Restaurierung von Gobelins in der Manufacture St-Jean, Aubusson

Die romanische Kirche von Moutier d'Ahun bei Aubusson

dem 15. Jahrhundert und einer romanischen Brücke. Es liegt versteckt im üppigen Creuse-Tal. Bei der teils romanischen, teils gotischen Kirche mit schönem Steinportal liegen die Überreste einer Benediktinerabtei. Das hölzerne Chorgestühl zeigt meisterliche Schnitzarbeiten (17. Jh.) mit fantastischen Tier- und Pflanzenmotiven, die Gut und Böse versinnbildlichen. Wo sich einst das Kirchenschiff befand, ist heute ein Garten.

Montluçon ❸

Allier. 🏛 42 000. 🚆 🚌 🛈 67 ter, bd de Courtais (04 70 05 11 44).
🍴 Mi, Sa, So.
www.montlucontourisme.com

Montluçon ist das wirtschaftliche Zentrum der Region mit einem schönen mittelalterlichen Stadtkern.

Das bourbonische Schloss im Zentrum beherbergt Ausstellungen zeitgenössischer Kunst. Der **Jardin Wilson** ist eine hübsche Gartenanlage im französischen Stil, die sich im mittelalterlichen Viertel auf den Stadtwällen findet. Diese Wälle wurden im 18. Jahrhundert großteils zerstört. Die Gartenanlage mit restauriertem Rosengarten und grandiosen Blumenbeeten ist einen Besuch wert. Die **Église de St-Pierre** (12. Jh.) überrascht mit ihren mächtigen Steinsäulen und einem weit gespannten Deckengewölbe.

Moulins ❹

Allier. 🏛 21 000. 🚆 🚌 🛈 Rue François Péron (04 70 44 14 14).
🍴 Di u. Fr.
www.pays-bourbon.com

Moulins ist das Regionalzentrum von Bourbonnais und seit dem 10. Jahr-

hundert Sitz der bourbonischen Herzöge. Es erlebte seine Blütezeit während der Renaissance. Die bekannteste Sehenswürdigkeit ist die **Cathédrale Notre-Dame** im Flamboyant-Stil. Auf ihren Bleiglasfenstern (15./16. Jh.) tauchen zwischen den Heiligen auch Mitglieder des Bourbonenhofs auf. Die Schatzkammer enthält ein Maria-mit-dem-Kind-Triptychon (1498) des Meisters von Moulins. Die Mitteltafel zeigt die Spender Herzog Pierre II und seine Frau Anne de Beaujeu – geschmückt mit Stickereien und Juwelen.

Der Bergfried und der einzige erhaltene Flügel des bourbonischen **Vieux Château** beherbergen eine erlesene Sammlung von Skulpturen und Gemälden (12.–16. Jh.). In den früheren Ställen ist nun eine Kollektion mit rund 10 000 Theaterkostümen.

🏛 **Cathédrale Notre-Dame**
Place de la Déportation. 📞 04 70 20 89 65. **Schatzkammer** ⏰ tägl.
🍴 Di u. So vormittags. ♿

Bleiglasfenster in der Cathédrale Notre-Dame in Moulins

Château de La Palice ❺

Allier. ☎ 04 70 99 37 58.
🕐 Ostern–Okt.: tägl. 📷 ✔

Anfang des 16. Jahrhunderts heuerte Jacques II de Chabannes, Marschall von Frankreich, Florentiner Architekten für den Umbau des Schlosses an. So entstand ein edles Renaissance-Schloss, das seither die Nachkommen des Bauherrn bewohnen.

Den *salon doré* schmücken eine Balkendecke mit vergoldeten Fächern und zwei flämische Gobelins (15. Jh.), die den Kreuzritter Godefroy de Bouillon und den antiken Krieger Hektor zeigen – zwei der neun Helden der klassischen Rittersagen.

Umgebung: Vom Schloss aus führt die D480 durch das schöne Besbre-Tal, vorbei an kleinen, gut erhaltenen Schlössern, darunter das **Château de Thoury**.

⚜ **Château de Thoury**
Dompierre. ☎ 04 70 42 00 41.
Hof und Außenbereich 🕐 Apr–Mai: Sa, So, Feiertage (nur nachmittags); Juni–Nov: tägl.

**Deckenvergoldung,
Château de La Palice**

Vichy ❻

Allier. 👥 27 000. 🚄 🚌 🛈 5, rue du Casino (04 70 98 71 94). 🚢 Mi.
www.vichytourisme.com

Die kleine Stadt am Fluss Allier ist seit Langem für ihre heißen und kalten Quellen sowie für Kuren gegen Rheumatismus, Arthritis und Verdauungsprobleme bekannt. Auch die Briefschreiberin Madame de Sévigné und die Töchter von Louis XV kamen im späten 17. und 18. Jahrhundert hierher. De Sévigné nannte die Güsse

Innenausstattung des alten Thermalbads in Vichy

eine »Generalprobe für das Fegefeuer«. Nach 1860 brachten die Besuche Napoléons III Vichy auf die Landkarte und Wasserkuren in aller Munde. Die Kleinstadt wurde herausgeputzt und wuchs dem französischen Adel und wohlhabenden Mittelstand aus aller Welt ans Herz.

Inzwischen wurde die große (1900 erbaute) Thermalanlage in eine Einkaufsgalerie

**Werbeplakat (um 1930) von
Badia-Vilato**

verwandelt. Die modernen Bäder dienen rein medizinischen Zwecken. Alle Behandlungen erfordern ärztliche Verschreibung sowie 30 Tage Anmeldefrist.

Vichys Geschick wandelte sich erneut in den 1960er Jahren, als durch die Stauung des Allier ein riesiger See inmitten der Stadt entstand, der zum Sportzentrum wurde. Gegen geringe Gebühr kann man hier Sportarten von Aikido bis Wasserski betreiben oder sich auf dem künstlichen, drei Kilometer langen Fluss im Paddeln üben.

Vichys wahres Zentrum ist der **Parc des Sources** mit seinem Musikpavillon von 1900 (während der Saison finden hier Nachmittagskonzerte statt), den glasüberdachten Einkaufsgalerien aus der Belle Époque, dem Grand Casino (jeden Nachmittag Glücksspiel) und dem Opernhaus.

Auch die bronzenen Wasserhähne der **Source Célestin** kann man bestaunen – in einem Park am Fluss mit den Überresten eines gleichnamigen Konvents. Wenn man sich die Stadt in Wochenschau-Schwarz-Weiß vorstellt, wird man unwillkürlich an die unglückselige Vichy-Regierung erinnert, die hier während des Kriegs von 1940–44 stationiert war *(siehe S. 65)*.

🌺 **Source Célestin**
Boulevard du Président Kennedy.
◻ *tägl.* ⬤ *Dez.–Jan.* ♿

Thiers ❼

Puy de Dôme. 🏚 *13 500.* 🚌 🚂
ℹ *Place du Pirou (04 73 80 65 65).*
🛍 *Do u. Sa.* **www**.ville-thiers.fr

Der Schriftsteller La Bruyère meinte, Thiers scheine »an die Hänge der Hügel hingemalt zu sein«. Tatsächlich liegt der Ort hoch über einer scharfen Kehre des Flusses Durolle. Die Stadt ist seit dem Mittelalter für ihre Messer bekannt. Der Überlieferung zufolge brachten Kreuzfahrer die Schmiedekunst aus dem Nahen Osten mit. Dutzende Wasserfälle am gegenüberliegenden Flussufer trieben die Schleifsteine an und schärften die Messer oder auch die Guillotine-Fallbeile. Noch heute ist die Herstellung von Besteck ein wichtiger Produktionsfaktor in Thiers. Das **Musée de la Coutellerie** erläutert mit entsprechenden Exponaten die Geschichte des Handwerks.

In der Altstadt entdeckt man geheimnisvolle Viertel, die »Schicksalsecke« und »Höllenloch« heißen, aber auch schön restaurierte Häuser (14.–17. Jh.), viele davon mit Holzfassaden, die schmucke Schnitzereien aufweisen – so die Maison du Pirou (Place Pirou). Von der Wallterrasse

bietet sich häufig ein faszinierender Blick auf die Monts Dômes und Monts Dore im Westen.

🏛 **Musée de la Coutellerie**
58, rue de la Coutellerie. ☎ *04 73 80 58 86.* ◻ *Juli/Aug: tägl.; Okt–Juni: Di–So.* ⬤ *Jan–Mitte Feb, 1. Mai, 1. Nov, 25. Dez. u. Jan.* 📷 📹
www.musee-coutellerie-thiers.com

Issoire ❽

Puy de Dôme. 🏚 *15 000.* 🚌 🚂
ℹ *9, pl Saint-Paul (04 73 89 15 90).*
🛍 *Sa.* **www**.sejours-issoire.com

Der überwiegende Teil des alten Issoire wurde in den Religionskriegen im 16. Jahrhundert zerstört. Die neuzeitliche Stadt ist seit dem Zweiten Weltkrieg ein wichti-

Wallfahrten und Prozessionen

Die Kirchengemeinden in der Auvergne und im Limousin sind bekannt für ihre Heiligen-Prozessionen. In der Nacht vor dem Himmelfahrtstag wird die Jungfrau von Orcival auf die Anhöhe hinter dem Dorf getragen, im Gefolge von Zigeunern mit ihren zu taufenden Kindern. Alle sieben Jahre hält eine Reihe von Dörfern im Limousin solche Prozessionen ab. Diese *ostensions* beginnen am Sonntag nach Ostern und dauern bis Juni. Nächster Termin für das Ereignis, das alle sieben Jahre stattfindet, ist 2016.

Die Jungfrau von Orcival in der Prozession oberhalb des Dorfs (1903)

ges Industriezentrum. Issoire rühmt sich nicht nur seiner Luftfahrttradition, es ist dank der kräftigen Aufwinde auch ein Mekka für Segelflieger.

Die farbenfrohe Abteikirche **St-Austremoine** (12. Jh.) ist eine der bedeutenden romanischen Kirchen der Region. Die Kapitelle zeigen Dämonen und Bestien, aber auch Szenen aus dem Leben Jesu (mit einem eingeschlafenen Apostel beim *Letzten Abendmahl*). Auf dem Fresko des *Jüngsten Gerichts* (15. Jh.) werden im Stil von Hieronymus Bosch Sünder in ein Drachenmaul geworfen, ein Mägdelein wird in einem Handkorb zur Hölle befördert. Der nahe Uhrturm zeigt Darstellungen historischer Ereignisse.

Thiers (Blick von Süden) erstreckt sich an den Hängen oberhalb des Flusses Durolle

St-Nectaire ➒

Puy de Dôme. 👥 *750.* 🚌 🚉 *Les Grands Thermes (04 73 88 50 86).* 🎪 *Juli/Aug: So vormittags.* **www**.ville-saint-nectaire.fr

Die Auvergne ist für ihre romanischen Kirchen bekannt. Die **Église St-Nectaire** im oberen Ortsteil St-Nectaire-le-Haut gehört in ihrer Eleganz und den ausgewogenen Proportionen zu den schönsten. Die 103 Steinkapitelle (darunter 22 mehrfarbige) zeigen imposante Steinmetzarbeiten. Zum Kirchenschatz zählt eine Goldbüste des hl. Baudime (12. Jh.). Der untere Ortsteil, St-Nectaire-le-Bas, ist ein Kurort mit über 40 heißen und kalten Quellen.

Umgebung: In der nach der Französischen Revolution verfallenen Zitadelle **Château de Murol** (12. Jh.) erläutern kostümierte Führer mittelalterliches Leben und präsentieren Ritterkämpfe – vor allem für Kinder ein Vergnügen.

🏛 Château de Murol
16, av Grevenmacher, Murol. 📞 *04 73 26 02 00.* 🕐 *Apr–Sep: tägl.; Okt–März: Sa, So, Ferien.* 🚫 🈲 📷 **www**.chateaudemurol.fr

Fontaine d'Amboise (1515) in Clermont-Ferrand

Clermont-Ferrand ➓

Puy de Dôme. 👥 *141 000.* ✈ 🚉 🚌 🚉 *Place de la Victoire (04 73 98 65 00).* 🎪 *Mo–Sa.* **www**.ot-clermont-ferrand.fr

Das trotz seiner Industrie charmant wirkende Clermont-Ferrand bestand ursprünglich aus zwei (1630 vereinten) Städten. Clermont ist eine aufstrebende Wirtschafts- und Universitätsstadt mit guter Gastronomie. Vor den Römern siedelten hier die Kelten. Die erste Kathedrale entstand im 5. Jahrhundert. 1095 war die Stadt schon so bedeutsam, dass der Papst hier zum ersten Kreuzzug aufrief. Die Grafen der Auvergne forderten die bischöfliche Macht von Clermont heraus und setzten sich im heutigen Montferrand fest (eine kurze Fahrt vom Zentrum Clermonts aus). In diesem Ort mit seinen ruhigen Straßen und Renaissance-Häusern scheint die Zeit stillzustehen.

Clermonts Geschichte ist im **Musée Bargoin** dokumentiert. Die bemerkenswerte Sammlung präsentiert romanische Gebrauchsobjekte der Region (montags geschlossen).

Die Place St-Pierre ist Clermonts Hauptmarktplatz mit einem täglichen, samstags besonders üppigen Lebensmittelmarkt. Die von kleinen Läden gesäumte Fußgängerzone Rue du Port führt von der **Fontaine d'Amboise** (1515) steil hinab zur **Basilique Notre-Dame-du-Port**, einer der bedeutendsten romanischen Kirchen der Region. Der ebenmäßige Innenbau besitzt einen erhöhten Chor und reich geschmückte Kapitele. Hier kämpft etwa die »Barmherzigkeit« mit dem »Geiz«, personifiziert durch zwei Ritter. 2008 wurde die Kirche aufwendig restauriert.

Hochchor in der Basilique Notre-Dame-du-Port

Hotels und Restaurants im Massif Central *siehe Seiten 575–577 und 629–631*

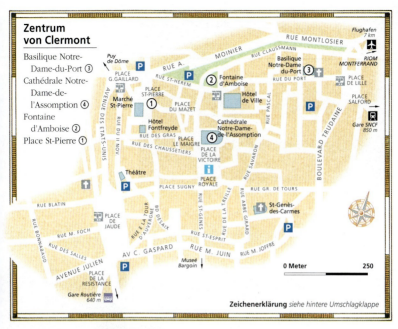

Zentrum von Clermont

Basilique Notre-Dame-du-Port ③
Cathédrale Notre-Dame-de-l'Assomption ④
Fontaine d'Amboise ②
Place St-Pierre ①

Zeichenerklärung siehe hintere Umschlagklappe

Die **Cathédrale Notre-Dame-de-l'Assomption** aus schwarzem Lavagestein bietet hierzu einen überraschenden Kontrast: dort nüchterne Romanik (12. Jh.), hier hochfliegende Gotik (13. Jh.). Das harte Gestein der Region ermöglichte die anmutige Innengestaltung: So ließen sich die Pfeiler dünner, die Gesamtstruktur graziler gestalten. Der Hintergrund aus dunklem Vulkanstein betont die Bleiglasfenster (15. Jh.), die angeblich aus derselben Werkstatt stammen wie jene der Pariser Sainte-Chapelle *(siehe S. 84f).*

Michelinmännchen, Plakat um 1910

Die Altstadt Montferrands hatte ihre Blüte vom 13. bis zum 17. Jahrhundert. Viele Stadtresidenzen – die *hôtels particuliers* – blieben erhalten. Einige der besten (mit Loggia, Sprossenfenstern und malerischen Höfen) liegen entlang der **Rue Kléber**. Zwischen Clermont und Montferrand liegt eine dritte »Stadt«, die 1830 gegründete Michelin-Reifenfabrik.

Umgebung: Einst konkurrierte Clermont-Ferrand mit **Riom**, einer Provinzstadt mit Häusern aus schwarzem Stein, um die Vorrangstellung in der Auvergne. Das Château (14. Jh.) des Herzogs Jean de Berry riss man im 19. Jahrhundert zugunsten des Palais de Justice ab. Erhalten blieb jedoch die Sainte-Chapelle mit Bleiglasfenstern (15. Jh.). Rioms Highlight ist eine anmutige Madonna mit Kind, das einen kleinen Vogel in der Hand hält. Die Statue steht in der Église de Notre-Dame-du-Marthuret (14. Jh.).

Chor der Cathédrale Notre-Dame-de-l'Assomption

Orcival ⓫

Puy de Dôme. 300.
Le Bourg (04 73 65 89 77).

Orcival ist voller Hotels und im Sommer recht überlaufen. Dennoch lohnt sich ein Besuch: Die **Basilique d'Orcival** gilt vielen als die bedeutendste romanische Kirche der gesamten Region. Sie wurde zu Beginn des 12. Jahrhunderts im typischen Auvergne-Stil vollendet. Mächtige Strebepfeiler und starke Bogen stützen die Seitenwände. Im Inneren sitzt in steifer, vorwärtsblickender »Majestäts«-Haltung die reich verzierte, silberne und zinnoberrote *Jungfrau mit Kind* rätselhaft in ihrem Stuhl.

Allein die üppige, für romanische Bauten ungewöhnliche Gestaltung der Kirche mit einer großen Krypta und 14 Fenstern lohnt einen Abstecher.

Jungfrau mit Kind in der **Basilique d'Orcival**

Gipfel des Puy de Dôme in den Monts Dômes

Monts Dômes ⑫

Puy de Dôme. 🚂 🚐 🚌 *Clermont-Ferrand.* 🛈 *am Fuß des Puy de Dôme (04 73 62 21 45: Apr–Mitte Nov); Montlosier (04 73 65 64 00).* www.parc-volcans-auvergne.com

Die Monts Dômes (auch Chaîne des Puys) sind mit ca. 4000 Jahren der jüngste Bergzug der Auvergne. Sie umfassen 112 erloschene Vulkane in einer 30 Kilometer langen Kette westlich von Clermont-Ferrand. In der Mitte erhebt sich der **Puy de Dôme** auf einem Hochplateau. Eine Abzweigung der N922 schraubt sich mit zwölf Prozent Steigung hinauf. Den Zickzackpfad aus der Römerzeit benutzen heute Wanderer. Auf dem Gipfel liegen neben dem Fernmeldeturm und der Wetterstation Ruinen eines römischen Merkurtempels. An klaren Tagen ist die Sicht über die Vulkanlandschaft atemberaubend.

Der neue **Parc Européen du Volcanisme, Vulcania** simuliert

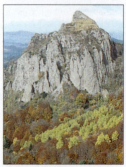

Roche Tuilière unterhalb des Col de Guéry in den Monts Dore

auf einer zwei Hektar großen, unterirdischen Fläche mit der neuesten Technologie vulkanische Aktivität.

Im Südwesten der Monts Dômes liegt das **Château de Cordès**, ein Herrenhaus (15. Jh.) in Privatbesitz. Der große Garten wurde von Le Nôtre *(siehe S. 179)* angelegt.

🌿 **Vulcania**
D941B, Saint-Ours-les-Roches. 📞 *0820 82 78 28.* 🕐 *Mitte März–Aug: tägl.; Sep–Mitte Nov: Mi–So.* 🅿 ♿ 🍴 📷 🛒 Dokumentationszentrum www.vulcania.com

🏛 **Château de Cordès**
Orcival. 📞 *04 73 65 81 34.* 🕐 *Ostern–Okt: tägl. (tel. Buchung erforderlich).* 📷 🛒 ✓

Monts Dore ⑬

Puy de Dôme. 🚂 *Clermont-Ferrand.* 🚐 🚌 *Le Mont-Dore.* 🛈 *Montlosier, Aydat (04 73 65 64 00).*

Die Monts Dore bestehen aus drei mächtigen Vulkanen – Puy de Sancy, Banne d'Ordanche und Puy de l'Aiguiller – und deren Nebenkegeln. Sie sind ein dicht bewaldetes Bergareal, durchzogen von Flüssen und Seen sowie mit Sommer- und Winterferienorten. Hier kann man Ski fahren, wandern, paddeln, segeln und paragliden.

Der **Puy de Sancy** (1885 m) ist Zentralfrankreichs höchste Erhebung. Man erreicht den Gipfel, indem man von der Stadt Le Mont-Dore den Shuttlebus zur Seilbahn nimmt und dann über offenes Gelände aufsteigt. Von Le Mont-

Dore führt eine atemberaubend schöne Strecke auf der D36 zum **Couze-Chambon-Tal**, einem idyllischen, von Wasserfällen durchschnittenen Hochmoor.

Es gibt zwei beliebte Kurbäder: Das sonnige **La Bourboule** mit **Grand Casino** ist auf Kinderkuren spezialisiert. In Le Mont-Dore fasziniert das **Établissement Thermal** durch seine Ausstattung im Stil von 1900.

Unterhalb des Col de Guéry (an der D983) erheben sich die **Roche Sanadoire** und die **Roche Tuilière**. Von ihren Spitzen blickt man weit über den Cirque de Chausse.

Erhabene Kirche in La Bourboule, Monts Dore

Uzerche ⑭

Corrèze. ⛪ 3500. 🚐 🚌 🛈 *Place de la Libération (05 55 73 15 71).* 🛒 *jeden 20. im Monat.*

Der Anblick von Uzerche beeindruckt: Graue Schieferdächer, Türmchen und Glockentürme ragen auf einem Hügel oberhalb des Flusses Vézère auf. Die reiche Stadt kapitulierte während der Kämpfe im Mittelalter nie. Sie trotzte einer siebenjährigen Belagerung durch die Mauren (732). Die Stadt sandte den Feinden einen Festschmaus – ihre letzte Nahrung. Die Mauren sahen dies als Zeichen üppiger Vorräte an und zogen ab. Die romanische **Église St-Pierre** liegt oberhalb der Stadt. Hinter Uzerche fließt die Vézère durch die grünen Schluchten von Saillant.

Cantal – Käse vom Salers-Rind

In der Auvergne kennt man noch den Almauftrieb. Das hier heimische Salers-Rind verbringt den Winter in den Ställen im Tal und wird im Sommer auf die Bergweiden getrieben. Die kräftigen Weidegräser und -blumen (Enzian, Immergrün, Anemonen) garantieren eine gute Milch – das Ausgangsmaterial für den Cantal, den berühmten Käse der Region. Die geronnene Milch wurde traditionell von Hand gerührt und zweimal abgepresst. Heute herrscht moderne Technik vor. Cantal ist Hauptbestandteil von *aligot*, dem nach Knoblauch duftenden Käse-Kartoffel-Püree, der Spezialität der Auvergne.

Salers-Rinder, eine alte französische Rasse

Turenne ⑮

Corrèze. 🏛 750. 🚉 🚌 🛈 *Le Bourg (05 55 85 94 38).*

Turenne ist eine der anziehendsten mittelalterlichen Städte im Corrèze. Die halbmondförmig angelegte Stadt, die sich an die Felsen drängt, war eines der letzten feudalen Lehen in Frankreich und stand bis 1738 unter der Herrschaft der Familie La Tour d'Auvergne. Deren bekanntestes Mitglied, Henri de la Tour d'Auvergne, war unter Louis XIV Marschall. Er gilt als einer der größten Heerführer der Neuzeit.

Heute gibt es vom **Château de Turenne** nur noch den Uhrturm (Ende 13. Jh.) und den Cäsar-Turm (11. Jh.), der einen Rundumblick über die Cantal-Berge und ins Tal der Dordogne ermöglicht. In der Nähe befinden sich eine Stiftskirche aus dem 16. und die **Chapelle des Capucins** aus dem 18. Jahrhundert.

⛪ **Château de Turenne**
📞 *05 55 85 90 66.* ⏰ *Apr–Okt: tägl.; Nov–März: So nachmittags.*
🌐 www.chateau-turenne.com

Collonges-la-Rouge ⑯

Corrèze. 🏛 400. 🚉 *Brive, dann Bus nach Collonges.* 🛈 *Av de l'Auvitrie (05 55 25 32 25).*

Von Collonges geht etwas Beunruhigendes aus: Die Architektur aus karminrotem Sandstein ist bei einzelnen Gebäuden zwar attraktiv, doch als Masse wirken die Häuser eher streng.

Das im 8. Jahrhundert gegründete Collonges geriet unter die Herrschaft von Turenne, dessen Bürger die türmchenverzierten Häuser in den umgebenden Weinbergen errichteten. Sehenswert: der Gemeindebackofen auf dem Marktplatz und die Kirche (11. Jh.) mit dem Wehrturm. Das Kalkstein-Tympanon zeigt unter den lebensecht wirkenden Figuren einen Mann, der einen Bären treibt.

Salers ⑰

Cantal. 🏛 400. 🚉 *nur im Sommer.* 🛈 *Place Tyssandier d'Escous (04 71 40 70 68).* 🛒 *Mi.*

Salers ist eine hübsche Kleinstadt mit Häusern aus grauem Lavagestein und einem Schutzwall (15. Jh.). Sie liegt auf einer steilen Anhöhe am Rand der Cantal-Berge und zählt zu den wenigen gut erhaltenen Orten der Region aus der Renaissance.

Die Kirche besitzt eine wundervolle mehrfarbige Grablegung von 1495 und fünf feine Aubusson-Gobelins (17. Jh.). Vom Brunnen führen Straßen zu den Felsklippen hinauf. Von dort hat man einen großartigen Blick auf die umliegenden Täler. Das Städtchen ist im Sommer zwar überlaufen, doch ein guter Ausgangspunkt für Ausflüge zum Puy Mary *(siehe S. 364)*, zum großen Staudamm von Bort-les-Orgues, zum nahen Château de Val und ins schöne Cère-Tal im Süden.

Das mittelalterliche Château de Val bei Bort-les-Orgues, nahe Salers

Gipfel des Puy Mary in den vulkanischen Monts du Cantal

An den Außenwänden des Chors zeigt das Wandgemälde einen *Totentanz*, in dem der Tod als Skelett Reiche und Arme zum selben Ziel führt. Im »Echoraum« hinter dem Kreuzgang können sich zwei Personen, die in entgegengesetzten Ecken flüstern, verstehen. Das alljährlich von Mitte August bis September stattfindende Barockmusikfestival zieht viele Besucher an.

Monts du Cantal ⑱

Cantal. ✈ *Aurillac.* 🚌 🚃 *Lioran.*
ℹ *Aurillac (04 71 48 46 58).*

Die Cantal-Berge waren ursprünglich ein einziger gigantischer Vulkan – der älteste (Tertiär) und größte Europas. Nebenkegelkrater und tiefe Flusstäler umgeben die höchsten Gipfel **Plomb du Cantal** (1855 m) und **Puy Mary** (1783 m). Bei der schwindelerregenden Fahrt über die engen, steilen Straßen gibt es nach jeder Kehre großartige Ausblicke. Zwischen Gipfeln und Schluchten bieten saftige Weiden Futter für die rotbraunen Salers-Rinder *(siehe S. 363).* Vom **Pas de Peyrol**, Frankreichs höchstem Pass (1589 m), führt ein 25-minütiger Fußweg zum Gipfel des Puy Mary.

Umgebung: Louis II d'Anjony, ein Gefolgsmann von Jeanne d'Arc *(siehe S. 300f)*, ließ das **Château d'Anjony**, eines der schönsten Schlösser der Auvergne, bauen. Zu den Highlights zählen die Fresken aus dem 16. Jahrhundert: Lebens- und Leidensszenen Christi in der Kapelle sowie eine bestechende Folge der neun Helden der Rittersage in der Salle des Preux (Rittersaal) im oberen Stock. Die kleine Marktstadt **Aurillac** im Süden des Areals ist ein guter Ausgangspunkt für Erkundungen der Cantal-Region.

⌂ **Château d'Anjony**
Tournemire. 📞 *04 71 47 61 67.*
🕐 *Juli–Aug: tägl.; Mitte Feb–Mitte Nov: tägl. nachmittags.* 🚫 🎟 *obligatorisch.*

La Chaise-Dieu ⑲

Haute-Loire. 🚶 *700.* 🚌 ℹ *Place de la Mairie (04 71 00 01 16).* 🛒 *Do.*
www.la-chaise-dieu.info

Die düstere, massive Abteikirche **St-Robert** (14. Jh.), ein Stilmix aus Romanik und Gotik, ist Hauptgrund für einen Besuch des Dorfs La Chaise-Dieu. Im Chor faszinieren 144 Eichenstühle, deren geschnitzte Figuren Tugenden und Laster darstellen. Über ihnen, die Wand nahezu verhüllend, hängen einige der reizvollsten Wandteppiche Frankreichs. Sie wurden im frühen 16. Jahrhundert in Brüssel und Arras hergestellt und illustrieren detailreich Szenen aus dem Alten und dem Neuen Testament.

Le Puy-en-Velay ⑳

Haute-Loire. 🚶 *20.000.* ✈ 🚃 🚌
ℹ *2, pl de Clauzel (04 71 09 38 41).* 🛒 *Sa.* 🎉 *Sep.*
www.ot-lepuyenvelay.fr

Le Puy liegt in einem Vulkankrater auf einer Reihe von Felsen und Basaltpfeilern. Die Stadt scheint auf drei Hügel gebaut – jeder von einer Kirche oder Statue gekrönt, aus der Ferne betrachtet ein schöner Anblick.

Hauptattraktion des Industrie- und Fremdenverkehrsorts Le Puy ist die mittelalterliche **Heilige Stadt**. Sie wurde ein Pilgerzentrum, nachdem Gotescalk, Bischof von Le Puy, 962 von hier zu einer der ersten Wallfahrten nach Santiago de Compostela aufgebrochen war und nach seiner Rückkehr die **Chapelle St-Michel d'Aiguilhe** errichtet hatte. Pilger aus Ost-

Statue der Notre-Dame-de-France in Le Puy

Ausschnitt aus dem *Totentanz* in der Kirche St-Robert, La Chaise-Dieu

Hotels und Restaurants im Massif Central *siehe Seiten 575–577 und 629–631*

Schwarze Madonnen in der Auvergne

Die Vielzahl von Madonnenstatuen dokumentiert, dass der Marienkult in der Auvergne stark ausgeprägt war. Die meist aus dunklem Walnussoder Zedernholz geschnitzten, mit der Zeit nachgedunkelten Madonnen verdanken sich wohl dem byzantinischen Einfluss, den die Kreuzfahrer mit nach Hause brachten. Die berühmteste Statue (in Le Puyen-Velay) ist eine Kopie (17. Jh.) des Originals. Sie gehörte im Mittelalter Louis IX.

Die Schwarze Madonna von Louis IX

frankreich und Deutschland sammelten sich vor der Weiterreise nach Santiago bei der **Cathédrale de Notre-Dame** mit der berühmten Schwarzen Madonna und dem »Fieberstein«, einem in eine Mauer eingelassenen Druidenstein, dem Heilkräfte zugeschrieben wurden.

Die auf vorchristlichen Anlagen errichtete Kathedrale geriet zum groß angelegten romanischen Bau. Vielförmige Bogen, in Stein gehauene Palmen- und Blattmuster sowie eine Schachbrettfassade zeugen vom Einfluss des maurischen Spanien und zugleich von dem regen kulturellen Austausch mit Südfrankreich im 11. und 12. Jahrhundert. Im Querschiff entdeckt man romanische Fresken, insbesondere einen großflächigen hl. Michael (11./12. Jh.). Zum Sakristeischatz gehört die handschriftliche Bibel des Theodolphus aus der Zeit Karls des Großen. Die Kathedrale ist Herzstück der die Oberstadt beherrschenden Heiligen Stadt. Ihr sind Taufkapelle, Kreuzgang, Haus des Priors und Bußkapelle angeschlossen.

1860 stellte man auf dem Rocher Corneille die Statue der **Notre-Dame-de-France** auf, die aus 213 im Krimkrieg bei Sewastopol erbeuteten Kanonen gegossen wurde. Ein steiler Pfad führt zur Statue, die sich innen über eine Eisenleiter erklimmen lässt.

Die Chapelle St-Michel zeigt wie die Kathedrale maurische Einflüsse beim Kleeblattdekor und den Farbmosaiken des Rundbogens über dem Eingang. Die Kirche scheint wie der Finger einer Riesenhand aus dem Lavafelsen zu wachsen und ist über insgesamt 268 Stufen zu erreichen. Sie wurde vermutlich über einem römischen Merkurtempel errichtet. Ihr Kern wurde im 10. Jahrhundert, der überwiegende Teil des Anwesens ein

Jahrhundert später erbaut. Der Boden folgt der Felsbeschaffenheit. Das Innere zieren verblichene Wandmalereien (10. Jh.) und Bleiglasfenster (20. Jh.).

In der Unterstadt führen enge Straßen (15./16. Jh.) zum Vinay-Garten und zum **Musée Crozatier** mit einer Sammlung von Spitze (16. Jh. bis heute). Im Museum gibt es zudem mittelalterliches Kunsthandwerk und Gemälde (15. Jh.) zu bewundern (wg. Renovierung geschlossen; Infos unter 04 71 06 62 44).

Mitte September, beim Festival »Roi de l'Oiseau«, kostümiert sich Le Puy für einen Renaissance-Karneval – eine Tradition zu Ehren der besten Bogenschützen (siehe S. 38).

**Chapelle
St-Michel d'Aiguilhe**
Aiguilhe. 04 71 09 50 03.
Mitte März–Mitte Nov: tägl.; Weihnachten–Mitte März: nur nachmittags. 1. Jan, 25. Dez.

Notre-Dame-de-France
Rocher Corneille. 04 71 05 45 52. tägl. Mitte Nov–Jan (außer Weihnachtsferien).

Musée Crozatier
Jardin Henri Vinay. 04 71 06 62 40. wg. Renovierung geschlossen (Öffnungszeiten tel. erfragen).

Die auf einem Lavafinger thronende Chapelle St-Michel d'Aiguilhe

Die Ruinen des Château Calmont d'Olt bei Espalion im Lot-Tal

Vallée du Lot ㉑

Aveyron. ✈ *Aurillac, Rodez.* 🚆 *Rodez, Séverac-le-Château.* 🚌 *Espalion, Rodez.* 🛈 *Espalion (05 65 44 10 63).* **www.valleedulot.com**

Der Fluss Lot (oder Olt) bahnt sich von Mende und dem alten Binnenhafen La Canourgue seinen Weg bis Conques durch ein fruchtbares Tal, vorbei an Obstgärten, Weinbergen und Pinienwäldern. Nahe den Aubrac-Bergen liegt das Dorf **St-Côme d'Olt** mit Häusern aus Mittelalter und Renaissance sowie einer Kirche aus dem 15. Jahrhundert. In **Espalion** spiegeln sich pastellfarbene Steinhäuser und ein Château (16. Jh.) im Fluss, der unter einer steinernen Bogenbrücke (13. Jh.) hindurchfließt. Freitagvormittags findet hier einer der interessantesten Märkte der Region statt. Außerhalb der Stadt liegt eine Kirche aus dem 11. Jahrhundert. Ihre skulptierten Kapitele zeigen Ritter und Fantasievögel, die aus einem Kelch nippen.

Das Dorf **Estaing** (13. Jh.), einst das Lehen einer der wichtigsten Familien von Rouergue, drängt sich unterhalb des Château (Mai–Sep geöffnet). Auf dem Weg nach **Entraygues** («zwischen den Wassern») mit seinem sehenswerten alten Viertel und der gotischen Brücke (13. Jh.) führt die Straße durch die Lot-Schlucht. Hinter Entraygues verbreitert sich der Fluss und mündet in die Garonne.

Conques ㉒

Siehe S. 368f.

Rodez ㉓

Aveyron. 👤 *26 000.* ✈ 🚆 🚌 🛈 *Place Foch (05 65 75 76 77).* 🏪 *Mi, Fr u. Sa.* **www.ot-rodez.fr**

Rodez war wie viele mittelalterliche französische Städte politisch gespalten: die ladengesäumte **Place du Bourg** auf der einen, die **Place de la Cité** nahe der Kathedrale auf der anderen Seite der Stadt – dazwischen lag ein Graben an weltlichem und kirchlichem Interessenwiderspruch. Heute ist das Geschäftszentrum, das größte der Region, Hauptanziehungspunkt. Auch die **Cathédrale Notre-Dame** mit ihrer festungsartigen Westfassade aus rosafarbenem Stein (1277) und einem prächtigen Glockenturm ist sehenswert. Das gotische Innere prägen hohe Säulenreihen und eine Orgel, auf deren langen silbernen Pfeifen hölzerne Engel sitzen. Seltsame Kreaturen umrahmen das Chorgestühl (15. Jh.).

Umgebung: 45 Kilometer südlich liegt das Dorf Saint Léons, Geburtsort des Insektenforschers Jean-Henri Fabre. **Micropolis**, teils interaktives Museum, teils Themenpark, widmet sich den Insekten. Sehenswert ist der Film *Micropolis*.

Grablegung in der Kathedrale von Rodez

Robert Louis Stevenson

Robert Louis Stevenson (1850–1894) machten vor allem seine Romane *Die Schatzinsel*, *Entführt* sowie *Dr. Jekyll und Mr. Hyde* berühmt. Er war allerdings auch ein gebildeter Reiseschriftsteller. 1878 brach er in Gesellschaft des kleinen Esels Modestine zu einer Tour in die abgelegenen Berge der Cevennen auf. Sein Bericht über diese ereignisreiche Erkundung *(Cevennen-Reise mit Esel)* erschien im Jahr darauf.

Robert Louis Stevenson

Eindrucksvolle Szenerie im Nationalpark Corniche des Cévennes

Corniche des Cévennes ㉔

Lozère, Gard. ✈ *Nîmes.* 🚌 *Alès.*
🚌 *St-Jean-du-Gard.* ℹ *St-Jean-du-Gard (04 66 85 32 11).*
www.cevennes-parcnational.fr

Die Armee Louis' XIV legte während der Verfolgung der Kamisarden im frühen 18. Jahrhundert die Straße von Florac am Tarn bis St-Jean-du-Gard an. Die Kamisarden (aufständische Hugenotten der Cevennen) besaßen keine Uniformen und kämpften in Hemden (*camiso* in der *langue d'oc*) – daher ihr Name. Die Fahrt auf der D983 ist grandios. Robert L. Stevenson fesselte die Geschichte der Kamisarden so sehr, dass er mit dem Esel Modestine einen Marsch in die Cevennen unternahm (*Cevennen-Reise mit Esel*).

Bei St-Laurent-de-Trèves gibt es Fossilienfunde, auch von Dinosauriern. Hier bietet sich ein hinreißender Blick auf die Grands Causses und die Gipfel von Lozère und Aigoual. Die Corniche endet in St-Jean-du-Gard. In einem ehemaligen Gasthof (17. Jh.) liegt das **Musée des Vallées Cévenoles**. Es zeigt das bäuerliche Leben der Region.

> 🏛 **Musée des Vallées Cévenoles**
> 95, Grand'Rue, St-Jean-du-Gard.
> 📞 *04 66 85 10 48.* ⏰ *Juli, Aug: tägl. 10–19 Uhr; Apr–Juni, Sep–Okt: tägl. 10–12.30, 14–19 Uhr; Nov–März: Di, Do u. So nachmittags.* ⬤ *1. Jan, 25. Dez.* ♿ *Erdgeschoss.*
> **www.**museedescevennes.com

Grands Causses ㉕

Aveyron. ✈ *Rodez-Marcillac.* 🚌 *Millau.* ℹ *Millau (05 65 60 02 42).* ✉ *Mi u. Fr.* **www.**ot-millau.fr

Die Causses sind weite, trockene Kalksteinplateaus, durchfurcht von überraschend grünen, fruchtbaren Schluchten. Manchmal ist ein kreisender Raubvogel das einzige Anzeichen von Leben. Vereinzelt gibt es steinerne Bauernhäuser oder Schäferhütten. Wer die Einsamkeit liebt, sollte hier wandern.

Die vier Grands Causses – Sauveterre, Méjean, Noir und Larzac – erstrecken sich östlich von Millau (mit der längsten Schrägseilbrücke der Welt) und von Mende im Norden zum südlichen Vis-Tal.

Zu den Attraktionen der Causses zählen die *chaos*, bizarre Felsgebilde, die Ruinenstädten ähneln und entsprechende Namen tragen: **Montpellier-le-Vieux**, **Nîmes-le-Vieux** und **Roquesalts**. **Aven Armand** und **Dargilan** sind unterirdische Grotten.

Windgeschützt auf den Höhen von Causse du Larzac liegt das aus grob behauenem Stein errichtete Dorf **La Couvertoirade**, das im 12. Jahrhundert als Zitadelle des Templerordens gegründet wurde. Die ungepflasterten Straßen und mittelalterlichen Häuser erinnern an die dunkle Seite jener Zeit. Der Eintritt zum Museumsdorf ist frei, nur für den Schutzwall muss man eine Gebühr entrichten.

Roquefort-sur-Soulzon ist wohl der bekannteste Ort von Causse du Larzac. Die kleine, graue Stadt liegt terrassenartig auf einem brüchigen Kalksteinfelsen. Von hier stammt der Roquefort-Käse. Er wird aus roher Schafsmilch hergestellt und mit auf Brotlaiben gezogenem Blauschimmel geimpft. Danach reift er im Labyrinth der feuchten Höhlen oberhalb der Stadt.

Blick über Méjean, eines der vier Plateaus der Grands Causses

Conques ㉒

Conques liegt um die Abbaye de Ste-Foy, die sich an einen zerklüfteten Hang schmiegt. Die hl. Foy wurde schon als junges Mädchen zur Märtyrerin. Ihre Gebeine ruhten zunächst in einem rivalisierenden Kloster in Agen. Im 9. Jahrhundert stahl ein Mönch der Abtei von Conques die Reliquien, die fortan Pilger anlockten und Conques zur Station auf dem Weg nach Santiago de Compostela *(siehe S. 400f)* machten. Die Schatzkammer hütet Westeuropas bedeutendste Sammlung von Goldarbeiten aus Mittelalter und Renaissance. Einige wurden im 9. Jahrhundert in den Werkstätten der Abtei gefertigt. Die romanische Abteikirche besitzt schöne Bleiglasfenster von Pierre Soulages (1994). Das Tympanon zählt zu den Highlights mittelalterlicher Bildhauerei.

Reliquienschrein (12. Jh.)

Blick vom Dorf auf die Kirche

Die breiten Querschiffe dienten der Aufnahme der Pilgerströme.

Kirchenschiff
Die elegant-küble romanische Innengestaltung stammt von 1050–1135. Das kurze Mittelschiff strebt mit den drei von 250 verzierten Steinkapitellen gekrönten Bogengalerien 22 Meter in die Höhe.

Tympanon
Die Skulptur (Anfang 12. Jh.) zeigt das Jüngste Gericht mit dem Teufel in der Hölle (Abbildung) im unteren Bereich und Jesus im Himmel im Zentrum des Türbogenfelds.

Die Schatzkammer von Conques

Die Sammlung (9.–19. Jh.) ist wegen ihrer Schönheit und Einmaligkeit weithin bekannt. Die goldbeschlagene Reliquienummantelung der hl. Fides (Sainte-Foy) ist mit Edelsteinen und Bergkristallen besetzt und trägt ein Intaglio des römischen Kaisers Caracalla. Der Körper (9. Jh.) ist möglicherweise jünger als der Kopf (vermutlich 5. Jh.). Weitere Sehenswürdigkeiten sind der angeblich von Karl dem Großen gestiftete Reliquienschrein und ein Prozessionskreuz (spätes 16. Jh.).

Die kostbare Reliquie der Ste-Foy

INFOBOX

Aveyron. 🚶 1600. 🚌 🚂 von Rodez. 🛈 Place de l'Église (08 20 82 08 03). **Schatzkammer/Museum** ◯ Apr–Sep: tägl. 9.30–12.30, 14–18.30 Uhr; Okt–März: 10–12, 14–18 Uhr. 🎫 ✝ Sep–Juni: 8 Uhr; Juli, Aug: Mo–Sa 11, So 7.45, 11 Uhr. 📷 ♿ teilweise. 🖥 www.conques.fr

Romanische Kapellen

Den dreistöckigen Ostteil der Kirche schließen die blinde Arkade des Chors und der Glockenturm ab. Drei Kapellen umgeben die östliche Apsis, die zusätzliche Altäre für Messfeiern enthalten.

Schatzkammer

Während der Französischen Revolution versteckten die Stadtbewohner die wertvolle Sammlung. Bei der Rückgabe fehlte kein Stück.

Eingang zur Schatzkammer

Der Kreuzgang besteht aus einer rekonstruierten Säulenplatte und zwei Abschnitten der ursprünglichen Arkaden (12. Jh.). Im Refektorium und im Musée Fau sind jedoch 30 der originalen Kapitelle ausgestellt.

Gorges du Tarn ㉖

Nahe seiner Quelle durchfließt der Tarn einige der wildesten Schluchten Europas. Im Lauf von Jahrmillionen haben er und sein Nebenfluss Jonte ihren Weg durch die Kalkstein-Hochplateaus der Cevennen gegraben und dabei ein Tal von etwa 25 Kilometer Länge und annähernd 400 Meter Tiefe geschaffen. Straßen mit schwindelerregenden Kurven und faszinierenden Ausblicken erklimmen die felsigen Steilhänge am Saum der Schluchten, die ein beliebtes Feriengebiet der Franzosen sind. Die umliegenden Plateaus (*causses*) wirken ganz anders: eine offene, schnörkellose Landschaft – trocken im Sommer, schneebedeckt im Winter –, verlassen bis auf ein paar weidende Schafe und einige einsame Bauernhöfe.

Point Sublime
Oberhalb von 800 Metern eröffnet sich ein schöner Ausblick auf eine weite Schleife der Tarn-Schlucht und die Causse Méjean in der Ferne.

Outdoor-Aktivitäten
Tarn-Schlucht und Jonte-Schlucht ziehen Kanu- und Rafting-Fans an. Die im Sommer ruhigen Flüsse können durch die Schneeschmelze im Frühjahr gefährlich anschwellen.

Pas de Souci
Unmittelbar flussaufwärts ab Les Vignes flankiert der Pas de Souci eine enge Schlucht, von wo aus der Tarn nach Norden fließt.

0 Kilometer   5

Chaos de Montpellier-le-Vieux
Am Rand der Causse Noir (nahe der D110) sieht man ungewöhnliche Formationen – bizarre, durch Erosion entstandene Kalksteinfelsen.

Hotels und Restaurants im Massif Central *siehe Seiten 575–577 und 629–631*

La Malène

Der Ort zwischen Causse Sauveterre und der Causse Méjean mit seinem burgartigen Herrenhaus (16. Jh.) bietet sich als Ausgangspunkt für Bootsfahrten an.

INFOBOX

Lozère. ✈ Rodez-Marcillac. 🚆 Banassac, Mende, Séverac-le-Château. 🚌 Millau. ℹ Le Rozier (05 65 62 60 89); Ste-Énimie (04 66 48 53 44).
www.ot-gorgesdutarn.com

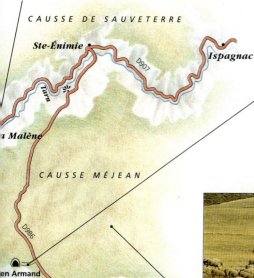

CAUSSE DE SAUVETERRE

Ste-Énimie •

Ispagnac

Tarn

D907

La Malène

CAUSSE MÉJEAN

D986

en Armand

D996

Jonte

Grotte de Dargilan · Meyrueis

D39

Caves Aven Armand

Auf der Méjean-Hochebene wurden viele Höhlenstalaktiten von Mineralien gefärbt, die sich mit dem Tropfwasser ablagerten.

Causse Méjean

Die Hochebenen (causses) sind mit über 900 Arten von Wildblumen (darunter Orchideen) ein Paradies für Botaniker.

Wilde Cevennen

Die Cevennen, eines der bevölkerungsärmsten Gebiete Frankreichs, sind für ihre Wildblumen und Greifvögel bekannt. Weißkopfgeier waren hier einst zahlreich. Die riesigen, aber harmlosen Aasfresser wurden durch die Jagd fast ausgerottet. Ein Ansiedlungsprogramm führte dazu, dass die Vögel nun wieder in den Gorges de la Jonte brüten.

Durchwachsenblättriger Bitterling

Wundklee

Kleines Knabenkraut

Zu den Wildblumen, *die in diesem Gebiet vorkommen, zählen alpine Gattungen.*

Der Weißkopfgeier *der Cevennen erreicht eine Flügelspannweite von über 2,5 Metern.*

Rhône-Tal und Französische Alpen

Loire · Rhône · Ain · Isère · Drôme
Ardèche · Haute-Savoie · Savoie · Hautes-Alpes

Die Rhône und die Französischen Alpen prägen den Charakter dieser Region. Den Osten dominieren schneebedeckte Gipfel, während die Rhône als lebenswichtige Verbindungsader zwischen Norden und Süden fungiert.

Vor mehr als 2000 Jahren gründeten die Römer das strategisch günstig liegende Lyon. Heute ist die Stadt mit ihren großartigen Museen und Renaissance-Bauten die zweitwichtigste Stadt Frankreichs. Sie zählt zu den wirtschaftlichen und kulturellen Zentren des Landes und gilt als französisches Schlaraffenland. Nördlich liegen die Sumpfgebiete der Dombes und die fruchtbare Bresse-Ebene. Hier gibt es auch Beaujolais-Weinberge, die mit denjenigen entlang der Rhône die Gegend zur wichtigen Weinregion machen.

Die Französischen Alpen gehören das ganze Jahr über zu den beliebtesten Erholungsgebieten. International bekannte Skiorte wie Chamonix, Mégève und Courchevel sowie historische Städte wie Chambéry, das vor dem Anschluss an Frankreich die Hauptstadt von Savoyen war, gehören zu den Anziehungspunkten.

Elegante Kurorte reihen sich am Ufer des Genfer Sees. Grenoble, eine lebendige Universitätsstadt und ein Hightech-Zentrum, liegt inmitten der beiden Naturschutzgebiete Vercors und Chartreuse.

Im Süden gehen die Obstgärten und Sonnenblumenfelder in leuchtende Lavendelfelder über, die von Weinbergen und Olivenhainen aufgelockert werden. Berge und alte Kurorte prägen die zerklüftete Ardèche, deren Schluchten zu Frankreichs wildesten Landschaften gehören.

Die restaurierte Ferme de la Forêt von St-Trivier-de-Courtes, nördlich von Bourg-en-Bresse

◁ Das mittelalterliche Viertel von Annecy *(siehe S.390f)*

Überblick: Rhône-Tal und Französische Alpen

Lyon ist die größte Stadt der Region und berühmt für ihre historischen Bauten und gastronomische Tradition. Weinliebhaber können zwischen edlen Tropfen aus dem Beaujolais, dem Rhône-Tal und dem Drôme-Gebiet (im Süden) wählen. Im Westen lockt die Ardèche mit wilder Landschaft – ein Paradies für Kanuten und Kletterer. Wellness-Fans zieht es nach Évian-les-Bains und Aix-les-Bains, Sportler in die Alpen *(siehe S. 322f)*.

Sehenswürdigkeiten auf einen Blick

Aix-les-Bains **22**
Annecy **23**
Ardèche **11**
Bourg-en-Bresse **1**
Briançon **16**
Chambéry **21**
Chartreuse **20**
Dombes **2**
Grenoble **18**
Grignan **14**
Lac Léman (Genfer See) **24**
Le Bourg d'Oisans **17**
Lyon **4**
Montélimar **13**
Nyons **15**
Palais Idéal du Facteur Cheval **8**
Pérouges **3**
St-Étienne **7**
St-Romain-en-Gal **6**
Tournon-sur-Rhône **9**
Valence **10**
Vals-les-Bains **12**
Vercors **19**
Vienne **5**

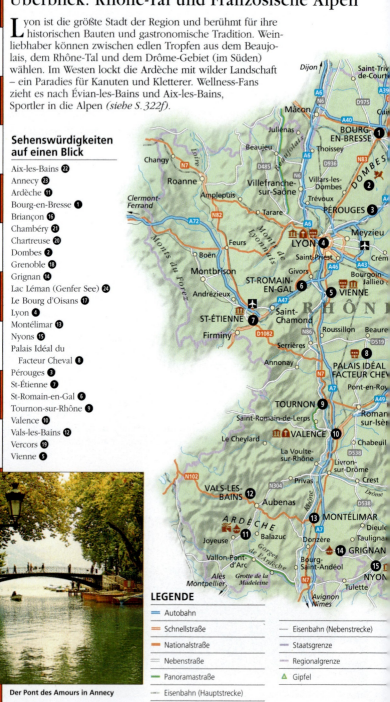

Der Pont des Amours in Annecy

LEGENDE

— Autobahn
— Schnellstraße
— Nationalstraße
═ Nebenstraße
— Panoramastraße
═ Eisenbahn (Hauptstrecke)
--- Eisenbahn (Nebenstrecke)
-·- Staatsgrenze
-·- Regionalgrenze
△ Gipfel

Weitere Zeichenerklärungen *siehe hintere Umschlagklappe*

SCHWEIZ

Lac Léman
24 (Genfer See)
N5
Gex
Évian-les-Bains
Oyonnax
Douvaine
Thonon-les-Bains
Genève (Genf)
Morzine
Nantua
D902
Saint-Julien-en-Genevois
D907
Les La Cluses
Bellegarde-sur-Le Valserine
Bonneville
A40
Chamonix-Mont-Blanc
Sallanches
Seyssel
D1508
Rumilly
Megève
N206
Mont Blanc
4810 m
23 ANNECY
Alby
Lac
d'Annecy
N508
Les Contamines-Montjoie
Lac du
Bourget
A41
Favergas
Ugine
Beaufort
LES-BAINS **22**
Albertville
Col-du-Petit-Saint-Bernard
21-45 m
N516
Le Bourget-du-Lac
A41
D902
Moûtiers
La Plagne
Val d'Isère
N6
D1090
Montmélian
Courchevel
21 CHAMBERY
Méribel
Grande Casse
3855 m
Col de l'Iseran
2770 m
Saint-Pierre-de-Chartreuse
Massif de
la Vanoise
Lanslebourg-Mont-Cenis
20
Saint-Jean-de-Maurienne
A43
Modane
18 GRENOBLE
Grandes
Rousses
3468 m
Valloire
D902
Pic du Thabor
3204 m
LE BOURG
D'OISANS **17**
L'Alpe-d'Huez
N91
Monêtier-les-Bains
Névache
9
A51
Monestier-de-Clermont
N91
Barre
des Écrins
4102 m
16 BRIANÇON
La Mure
Parc National
des Écrins
N94
Parc Régional
du Queyras
Corps
Col de la
Croix Haute
1177 m
Saint-Véran
N85
Orcières
D902
Saint-Bonnet
Châteauroux
en-Diois
Gap
N94
Savines-le-Lac
D93
D994
Chorges
Veynes
Tallard
Lac de
Serre Ponçon
Serres
D994
D1075
osans
Laragne
Aix-en-Provence

ITALIEN

0 Kilometer   25

Pont-en-Royans im Vercors

Im Rhône-Tal und in den Französischen Alpen unterwegs

Lyon und Genf sind die Transitweichen der Region. Lille ist die Umsteigestation vom Eurostar auf den TGV. Mit Bussen und Zügen kommt man oft nur langsam vorwärts. Die wichtigsten Autobahnen sind die A7, die Lyon mit Valence und dem Süden verbindet, sowie die A40 und die A43/41, die in die Alpen führen. Die den Alpen nächstgelegenen internationalen Flughäfen sind Genf-Cointrin (Schweiz), St-Éxupéry bei Lyon und Grenoble-Isère. Die hoch gelegenen Alpenpässe sind zwischen November und Mai/Juni geschlossen.

Hof bei Le Poët Laval, nahe Montélimar

Bourg-en-Bresse ❶

Ain. 🚶 43 000. 🚌 🚉 ℹ️ *Centre Culturel Albert Camus, 6, av Alsace-Lorraine (04 74 22 49 40).* 🛒 *Mi u. Sa.* **www**.bourgenbresse.fr

Bourg-en-Bresse ist eine geschäftige Marktstadt mit renovierten Fachwerkhäusern. Bekanntestes Baudenkmal ist die **Église de Brou** im Südosten der Stadt, bekannteste Delikatesse *Poulet de Bresse* – Bresse-Hühnchen mit der Qualitätsbezeichnung *appellation contrôlée (siehe S. 319).*

Die Abteikirche ist eine der bekanntesten Sehenswürdigkeiten Frankreichs. Margarete von Österreich ließ sie nach dem Tod (1504) ihres Gatten Philibert, des Herzogs von Savoyen, 1505–36 im Flamboyant-Stil errichten. Im Chor sind die aus Carrara-Marmor fein skulpierten Grabstätten des Paars sowie das Grab der Marguerite de Bourbon, Philiberts Mutter (gest. 1483), zu sehen. Beachtung verdienen auch die prächtigen Schnitzereien des Chorgestühls, die Bleiglasfenster und der Lettner mit seinen schwungvollen Korbhenkelbogen. Der Kreuzgang beherbergt ein Museum mit einer exklusiven Sammlung von Werken holländischer und flämischer Meister (16./17. Jh.) sowie zeitgenössischer regionaler Künstler.

Umgebung: Das **Ferme-Musée de la Forêt** entführt einen in das bäuerliche Leben der Region, wie es im 17. Jahrhundert stattfand. Das Museum, ein Fachwerkbau mit Lehmflechtfüllung, liegt ungefähr 24 Kilometer nördlich von Bourg-en-Bresse bei St-Trivier-de-Courtes. Im Inneren befindet sich ein »Sarazenen-Kamin« mit Ziegelhaube (ähnlich wie die Kamine in Sizilien und Portugal), zudem gibt es eine Sammlung landwirtschaftlicher Geräte.

Grab der Margarete von Österreich in der Église de Brou

🏛 **Ferme-Musée de la Forêt**
☎ *04 74 30 71 89.* ⏰ *Juli–Sep: tägl.; Apr–Juni, Okt: Sa, So u. Feiertage.* ● *Mo vormittags.* ♿

Dombes ❷

Ain. 🚂 *Lyon.* 🚌 *Lyon, Villars-les-Dombes, Bourg-en-Bresse.* 🚌 *Villars-les-Dombes (von Bourg-en-Bresse).* ℹ️ *3, place de Hôtel de Ville, Villars-les-Dombes (04 74 98 06 29).*

Kleine Hügel und ungefähr 1000 Seen und Sümpfe – ein wahres Paradies für Angler und Vogelliebhaber – sprenkeln die Hochebene südlich von Bourg-en-Bresse. Im Zentrum der Landschaft, bei **Villars-les-Dombes**, kann man im ornithologischen **Parc des Oiseaux** über 400 einheimische und exotische Vogelarten, darunter auch Geier, Emus, Flamingos und Strauße, sehen.

Bresse-Hühner

🦅 **Parc des Oiseaux**
Route Nationale 83, Villars-les-Dombes. ☎ *04 74 98 05 54.* ⏰ *tägl.* ● *Dez–Feb.* ♿

Pérouges ❸

Ain. 🚶 *900.* 🚉 *Meximieux-Pérouges.* 🚌 ℹ️ *04 74 46 70 84.* **www**.perouges.org

Auf einer Hügelkuppe liegen, mauerumwehrt, die mittelalterlichen Häuser von Pérouges. Ursprünglich war der Ort eine Kolonie von Emigranten aus Perugia, in seiner besten Zeit (13. Jh.) ein Zentrum der Leinenweberei. Doch infolge der industriellen Fertigung im 19. Jahrhundert schrumpfte die Einwohnerzahl von 1500 auf 900.

Die Restaurierung der historischen Gebäude und die Wiederbelebung des Handwerks haben den Ort wiedererweckt. Pérouges diente als Filmkulisse für historische Streifen wie *Die drei Musketiere* und *Monsieur Vincent.* Eine mächtige, 1792 zu Ehren der Revolution gepflanzte Linde beschattet den Hauptplatz, die Place de la Halle.

Tour durch das Beaujolais

Das Beaujolais ist ein Paradies für Weinkenner. Der Süden produziert den Großteil des Beaujolais Primeur, der am dritten Novemberdonnerstag frisch ausgeschenkt wird. Der Norden kann mit zehn edlen *crus* aufwarten (Juliénas, St-Amour, Moulin-à-Vent, Chénas, Fleurie, Chiroubles, Morgon, Regnié, Brouilly

Côte de Brouilly

und Côte de Brouilly), übrigens alle im Verlauf einer Tagestour zu verkosten. Bei den exquisiten *maisons du pays* sind die Unterkünfte über dem Weinkeller errichtet. Jeder Ort besitzt seine *caves*, die Weinproben anbieten, aber auch die regionale Weintradition erläutern.

Moulin-à-Vent ②
Von der Windmühle (17. Jh.) eröffnen sich Ausblicke auf das Saône-Tal. Proben der ältesten *crus* gibt es in den *caves* nebenan.

Juliénas ①
In dem für seinen *coq au vin* bekannten Ort lagert der Wein in der Kirche, im Château du Bois de la Salle und in privaten Kellern.

Anbau von Gamay-Reben

Chiroubles ⑦
Eine Büste auf dem Dorfplatz ehrt Victor Pulliat, der in den 1880er Jahren durch Einfuhr amerikanischer Reben die Weinberge vor der Reblaus schützte.

Fleurie ③
Die Madonnenkapelle (1875) wacht über die Weinberge. Die Gasthäuser servieren *andouillettes au Fleurie*.

Villié-Morgon ④
Weinproben finden im Keller des Château Fontcrenne (18. Jh.) im Ortskern statt.

Beaujeu ⑥
Die frühere Hauptstadt der Region bietet Weinproben in den Hospices de Beaujeu (17. Jh.) an. Das Renaissance-Gebäude hat ein Informationszentrum, einen Laden und ein Museum.

Brouilly ⑤
Die Kapelle Notre-Dame du Raisin (19. Jh.) steht auf einem Hügel, auf dem jährlich ein Beaujolais-Weinfest veranstaltet wird.

LEGENDE

— Routenempfehlung
— Andere Straße
☀ Aussichtspunkt

0 Kilometer   2

Juliénas ①
MACON →
D26
D68
Chénas
D32
D206
Moulin-à-Vent ②
Fleurie ③
Romanèche-Thorins
⑦ Chiroubles
D18
D68
④ Villié-Morgon
D26
⑥ Beaujeu
D9
D68
Régnié-Durette
D37
Cercié
⑤ Brouilly
VILLEFRANCHE-SUR-SAÔNE

Im Detail: Lyon ❹

Am Westufer der Saône bietet die restaurierte Altstadt Vieux Lyon ein dichtes Gewirr aus *traboules* (überdachten Passagen), Kopfsteinpflasterstraßen, Renaissance-Palais, erstklassigen Restaurants, *bouchons* (Bistros) und schicken Boutiquen. Hier lag die römische Stadt Lugdunum, das 43 v. Chr. gegründete militärische und wirtschaftliche Zentrum Galliens. Artefakte der wohlhabenden Stadt sehen Sie im gallo-römischen Museum auf dem Fourvière-Hügel. In zwei freigelegten römischen Theatern finden Vorstellungen statt – von Opern bis zu Rockkonzerten. Am Fuß des Hügels stehen die elegantesten Renaissance-Stadthäuser Frankreichs. Das 2009 eröffnete Musée des Confluences gibt spektakuläre Einblicke in die Wissenschaft.

★ Théâtres Romains
Lyon besitzt zwei Römertheater: Das Grand Théâtre mit 30 000 Plätzen ist Frankreichs ältestes Theater (15 v. Chr.) und dient zeitgenössischen Darbietungen. Das kleinere Odéon fällt durch seinen geometrischen Fliesenboden auf.

★ Musée de la Civilisation Gallo-Romaine
Das unterirdische Museum besitzt eine reiche Sammlung an Statuen, Mosaiken, Münzen und Inschriften aus Lyons römischer Vergangenheit.

Eingang zur Zahnradbahn

NICHT VERSÄUMEN

- ★ Basilique Notre-Dame de Fourvière
- ★ Musée de la Civilisation Gallo-Romaine
- ★ Théâtres Romains

Cathédrale St-Jean
Die Kathedrale (spätes 12. Jh.) besitzt eine astronomische Uhr (14. Jh.), die religiöse Feiertage bis zum Jahr 2019 anzeigt.

★ Basilique Notre-Dame de Fourvière

Die prunkvolle, pseudo-byzantinische Kirche mit Türmchen und Zacken, Marmor und Mosaiken wurde im späten 19. Jahrhundert errichtet und zählt zu Lyons Wahrzeichen.

Eingang zur Zahnradbahn

Der Chemin du Rosaire führt von Notre-Dame de Fourvière zur Stadt hinab und bietet großartige Blicke auf das Areal am Fluss.

Die Tour Métallique (1893) dient heute als Fernsehturm.

INFOBOX

Rhône. 🏛 *475 000.* ✈ *25 km östl. von Lyon.* 🚉 *Perrache, Part-Dieu (SNCF 🔲 3635).* 🚌 *Perrache (SNCF 🔲 3635).* ℹ️ *Place Bellecour (04 72 77 69 69).* 🛍 *tägl.* 🎭 *Biennale Internationale d'Art Contemporain (Sep–Jan), Biennale Internationale de la Danse (Sep).*

Musée de la Civilisation Gallo-Romaine 📞 *04 72 38 49 30.* ⭕ *Di–So.* 🚫 📶 *www.musees-gallo-romains.com*

Hôtel Gadagne 📞 *04 78 42 03 61.* ⭕ *Mi–So.* 📶 *www.lyonfrance.com*

In der Rue Juiverie sollten Sie auf Renaissance-Gebäude wie das Hôtel Paterin (Nr. 4) und das Hôtel Bullioud (Nr. 8) achten.

PL DE FOURVIERE

NTEE SAINT - BARTHELEMY

MASSAC

RUE DU BŒUF

RUE JUIVERIE

RUE DE LA BOMBARDE

RUE SAINT-JEAN

R DES TROIS MARIES

R DE LA BALEINE

ROLLAND

OMAIN

UF

SON

0 Meter   100

In der Rue St-Jean und der **Rue du Bœuf** befinden sich die Renaissance-Häuser früherer Bankiers und Seidenhändler.

Das Hôtel Gadagne (15. Jh.) beherbergt zwei Museen: das **Musée Historique de Lyon** und das bezaubernde **Musée de la Marionnette** mit den berühmten Lyoner Puppen.

LEGENDE

– – – Routenempfehlung

Überblick: Lyon

Frankreichs zweitwichtigste Stadt liegt eindrucksvoll an den Ufern von Rhône und Saône. Sie stellt seit der Antike die Grenze zwischen Nord und Süd dar. Schon bei der Ankunft verspürt man den *brin du sud*, den Hauch des Südens. Die Menschen bewegen sich weniger hastig als in Paris, die Sonne scheint häufiger und stärker als im Norden. Trotz Lyons Bedeutung als Banken-, Textil- und pharmazeutisches Zentrum assoziieren die meisten Franzosen mit der Stadt Gaumenfreuden: Lyon ist voller Speiselokale – von den einfachen *bouchons* (Bistros) bis zu erlesenen Gourmet-Tempeln.

Rue St-Jean in Vieux Lyon

Die Presqu'île

Die Presqu'île ist das Herz Lyons – eine schmale Halbinsel zwischen Rhône und Saône, unmittelbar nördlich von deren Zusammenfluss. Die Fußgängerzone Rue de la République verbindet die Zwillingspole des urbanen Lebens: die weite **Place Bellecour** (mit der Reiterstatue Louis' XIV in der Mitte) und die **Place des Terreaux**. Letztere wird beherrscht vom Hôtel de Ville (17. Jh.) und dem Palais St-Pierre, einem früheren Benediktinerkon-

vent, heute Sitz des **Musée des Beaux-Arts**. Die Platzmitte nimmt die imposante Brunnen (19. Jh.) ein, ein Werk Bartholdis, des Schöpfers der New Yorker Freiheitsstatue.

Hinter dem Rathaus liegt die futuristische **Opéra de Lyon** von Jean Nouvel, ein schwarzes Tonnengewölbe aus Stahl und Glas in einer Art klassizistischer Kapsel. Seit der Wiedereröffnung 1993 wird sie heftig kritisiert.

Nicht weit südlich davon zeigt das **Musée de l'Imprimerie** Lyons Beitrag zur Entwicklung des Druckgewerbes im späten 15. Jahrhundert. Zwei weitere Museen auf der Presqu'île lohnen einen Besuch: das **Musée Historique des Tissus** mit seinen außergewöhnlichen Seiden- und Gobelinsammlungen aus fast 2000 Jahren sowie das **Musée des Arts Décoratifs**, das Möbel, Porzellan, Gobelins und *objets d'art* ausstellt.

Ganz in der Nähe liegt die **Abbaye St-Martin d'Ainay**, eine karolingische Kirche (1107).

Zentrum von Lyon

0 Meter   250

LEGENDE

☐ Detailkarte S. 378f

Zeichenerklärung *siehe hintere Umschlagklappe*

Auf dem Markt Quai St-Antoine

La Croix-Rousse

Das Arbeiterviertel nördlich
der Presqu'île entwickelte sich
im 15. Jahrhundert zum Mittelpunkt der Seidenweberei.
Die überdachten Passagen
(*traboules*) schützten die Produkte beim Transport. Betreten Sie die Passage an der
Place des Terreaux Nr. 6. Folgen Sie ihr bis zur **Église
St-Polycarpe**. Von dort ist es
nicht weit zu den Ruinen des
Amphithéâtre des Trois Gaules
(19 v. Chr.) und der **Maison
des Canuts**, in der Sie die
Arbeit am Seidenwebstuhl
beobachten können.

La Part-Dieu

Im Geschäftsviertel
Lyons am Ostufer der
Rhône liegen der
TGV-Bahnhof mit
Einkaufszentrum,
Bibliothek sowie
dem Kulturzentrum
**Auditorium Maurice
Ravel** für wichtige Veranstaltungen.

🏛 **Musée de l'Imprimerie**
13, rue de la Poulaillerie. 📞 *04 78
37 65 98.* 🕐 *Mi–So.* ⬤ *Feiertage.*
📷 ✏

🏛 **Musée des Tissus**
34, rue de la Charité. 📞 *04 78 38
42 00.* 🕐 *Di–So.* ⬤ *Feiertage.* 📷

🏛 **Musée des Arts Décoratifs**
30, rue de la Charité. 📞 *04 78 38
42 00.* 🕐 *Di–So.* ⬤ *Feiertage.* 📷

🏛 **Maison des Canuts**
10–12, rue de l'Ivry. 📞 *04 78 28
62 04.* 🕐 *Di–Sa.* ⬤ *Feiertage.*
📷 ✏ ♿

Umgebung: Bourgoin-Jallieu
südöstlich von Lyon stellt immer noch Seide her. Sehenswert: das **Musée du Textile**.

Musée des Beaux-Arts

L yons Musée des Beaux-Arts ist nach dem Louvre
das größte und wichtigste Kunstmuseum Frankreichs. Es ist im Palais St-Pierre (17. Jh.) untergebracht,
einem früheren Benediktinerkonvent für Adelstöchter.
Das Musée d'Art Contemporain (bislang ebenfalls im
Palais St-Pierre) befindet sich nun am Quai Charles-de-
Gaulle Nr. 81 (nördlich des Parc Tête d'Or) in einem
von Renzo Piano entworfenen Gebäude. Hier werden
vor allem Werke nach 1850 ausgestellt.

Antiquitäten

Z ur umfangreichen Sammlung gehören archäologische Funde aus Ägypten,
etruskische Statuetten und
4000 Jahre alte Keramik aus
Zypern. Die Abteilung belegt
das Erdgeschoss des Museums, wo auch Sonderausstellungen zu sehen sind.

Skulpturen und Objets d'art

I m ersten Stock
sind Skulpturen
der französischen
Romanik, der italienischen Renaissance
sowie des späten
19. und des frühen 20. Jahrhunderts zu
sehen. Vertreten sind u.a.
Rodin und
Bourdelle
(auch im Hof
stehen einige
ihrer Statuen),
Maillol, Despiau
und Pompon.
Die große Sammlung von *objets d'art* (im gleichen Stock)
schließt mittelalterliche
Elfenbeinarbeiten, Bronzen,
Keramiken, Münzen, Medaillen, Waffen, Schmuck, Möbel
und Gobelins mit ein.

Odalisque (1841)
von James Pradier

Gemälde und Zeichnungen

D ie exzellente Gemäldesammlung (erster und
zweiter Stock) umfasst alle
Epochen, darunter spanische
und holländische Meister,
französische Schulen des 17.
bis 19. Jahrhunderts, Impressionisten und moderne Werke

Fleurs des Champs (1845) von Louis
Janmot, Schule von Lyon

sowie Arbeiten der Schule
von Lyon, deren feine Blumenmalereien die Designer
der Seidenstoffe über Generationen inspirierten. Im Cabinet d'Arts Graphiques (erster
Stock, nach Absprache) sind
über 4000 Zeichnungen und
Radierungen von Delacroix,
Poussin, Géricault, Degas,
Rodin u.a. zu bewundern.

🏛 **Musée des Beaux-Arts**
Palais St-Pierre, 20, pl des Terreaux.
📞 *04 72 10 17 40.* 🕐 *Mi–Mo 10–
18 Uhr (Fr ab 10.30 Uhr.* ⬤ *Feiertage.* 📷 ✏ ♿ **www.mba-lyon.fr**

La Méduse (1923) von Alexeï von
Jawlensky

Châtiment de Lycurgue im Musée Archéologique, St-Romain-en-Gal

Zu Viennes frühesten christlichen Kirchen zählen die **Église St-André-le-Bas** (12. Jh.) mit Kreuzgang und reich verzierten Kapitellen sowie die teils aus dem 5. und 6. Jahrhundert stammende **Église St-Pierre**. Letztere beherbergt das **Musée Lapidaire**, ein Steinmetzmuseum mit einer interessanten Sammlung von Flachreliefs und gallo-römischen Statuen.

🏛 **Musée des Beaux-Arts et d'Archéologie**
Pl de Miremont. 📞 04 74 85 50 42. ⏰ Apr–Okt: Di–So; Nov–März: Di–Fr, Sa, So nachmittags. ⬛ 1. Jan, 1. Mai, 1. u. 11. Nov, 25. Dez. ♿

🏛 **Musée Lapidaire**
Pl St-Pierre. 📞 04 74 85 20 35. ⏰ Di–So. ⬛ Nov–März: Sa/So vormittags, 1. Jan, 1. Mai, 1. u. 11. Nov, 25. Dez. ♿ ♿

Vienne ❺

Isère. 🏠 30 000. 🚉 🚌 🛈 *Cours Brillier (04 74 80 30).* 🗓 *Sa.* 🎷 *Internationales Jazzfestival (Ende Juni–Mitte Juli).*
www.vienne-tourisme.com

Keine andere Stadt des Rhône-Tals bietet so viel Architekturgeschichte wie Vienne. Bereits die Römer schätzten die strategischen Vorzüge des in einem Becken zwischen Fluss und Hügeln gelegenen Orts. Nach ihrer Besetzung des Gebiets (1. Jh. v. Chr.) bauten sie das bestehende Dorf weitflächig aus. Das Zentrum der römischen Siedlung bildete der **Temple d'Auguste et Livie** (10 v. Chr.) auf der Place du Palais mit ihrer stilvollen Anlage korin-

Temple d'Auguste et Livie (1. Jh. v. Chr.) in Vienne

thischer Säulen. Unweit der Place de Miremont liegen die Ruinen des **Théâtre de Cybèle**, eines Tempels der Göttin Kybele.

Das **Théâtre Romain** am Fuß des Mont Pipet (abseits der Rue du Cirque) zählte mit 13 000 Plätzen zu den größten des römischen Gallien. Das 1938 restaurierte Theater dient verschiedenen Anlässen, so dem internationalen Jazzfestival. Besucher auf den höchsten Plätzen kommen in den Genuss der Aussicht über Stadt und Fluss.

Zu den weiteren sehenswerten römischen Überbleibseln gehören ein Stück Straße im Park und die **Pyramide du Cirque** im Süden der Stadt – ein seltsamer, etwa 20 Meter hoher Bau in der Mitte der einstigen Bahn für die Streitwagenrennen. Das **Musée des Beaux-Arts et d'Archéologie** besitzt eine Sammlung gallorömischen Kunsthandwerks sowie französische Fayencen aus dem 18. Jahrhundert.

Die **Cathédrale de St-Maurice** gilt als wichtigstes mittelalterliches Monument der Stadt. Sie wurde zwischen dem 12. und 16. Jahrhundert in einem romanisch-gotischen Mischstil erbaut. Die Kathedrale besitzt kein Querschiff, dafür aber drei Seitenschiffe und birgt wertvolle romanische Skulpturen (wegen Renovierung können Teile nicht zugänglich sein).

Cathédrale de St-Maurice, Vienne

St-Romain-en-Gal ❻

Rhône. 🏠 1300. 🚉 *Vienne.* 🛈 *Vienne (04 74 53 80 30).*

Bauarbeiten brachten 1967 in dem gegenüber von Vienne, auf der anderen Seite der Rhône, gelegenen Ort weitläufige Ruinen einer offenbar sehr bedeutenden römischen Siedlung aus dem 1. bis 3. Jahrhundert zutage. Man legte u. a. die Überreste von Villen, öffentlichen Bädern, Läden und Warenhäusern frei. Einen ganz besonderen Fund stellt das Haus der Meeresgötter dar, in dem ein Bodenmosaik den bärtigen Neptun sowie andere Götter und mythologische Figuren zeigt. Viele der Funde

Hotels und Restaurants im Rhône-Tal und in den Französischen Alpen *siehe Seiten 577–580 und 632–634*

sind in dem bei der Ausgrabungsstätte liegenden **Musée Archéologique** zu sehen, darunter auch Haushaltsgegenstände, Wandbilder sowie Mosaike.

🏛 **Musée Archéologique**
📞 04 74 53 74 01. ◯ Di–So.
⬤ Feiertage. 📷 🔲 ⬤ teilweise.
🔲 🚹 **www**.musees-gallo-romains.com

St-Étienne 🕖

Loire. 🖼 177 000. 🚹 🚆 🚍
ℹ 16, avenue de la Libération (04 77 49 39 00). 📨 tägl.
www.tourisme-st-etienne.com

S einen Ruf als Zentrum von Rüstungsindustrie und Kohlebergbau wird St-Étienne langsam los. Es wird in zunehmendem Maß saniert. Die Innenstadt um die Place du Peuple wirkt lebendig, und das nahe, von Jean-Michel Wilmotte neu gestaltete **Musée d'Art et d'Industrie** wird alle Technikfans begeistern. Es dokumentiert die Industriegeschichte, u. a. die Entwicklung der revolutionären Jacquard-Webmaschine und für die Bortenherstellung verwendeten Maschinen.

Das **Musée d'Art Moderne** im Norden zeigt Kunst des 20. Jahrhunderts, etwa Arbeiten von Andy Warhol und Frank Stella.

Detail des bizarren Palais Idéal du Facteur Cheval, Hauterives

🏛 **Musée d'Art et d'Industrie**
2, place Louis Comte. 📞 04 77 49 73 00. ◯ Mi–Mo. ⬤ Feiertage.
📷 ♿ 🔲

🏛 **Musée d'Art Moderne**
La Terrasse. 📞 04 77 79 52 52.
◯ Mi–Mo. ⬤ Feiertage; bei Ausstellungswechsel. 📷 ♿

Palais Idéal du Facteur Cheval 🕗

Hauterives, Drôme. 🚉 Romans-sur-Isère. 📞 04 75 68 81 19. ◯ tägl. (mit Mittagspause). ⬤ 1., 15.–31. Jan, 25. Dez. 📷 📷 🔲 ♿ teilweise. **www**.facteurcheval.com

B ei Hauterives, 25 Kilometer nördlich von Romans-sur-Isère an der D538, steht eine absolute Skurrilität: ein »Palast« aus Feldsteinen mit ägyptischer, römischer, aztekischer und siamesischer Architektur. Er wurde ganz allein von dem örtlichen Postboten Ferdinand Cheval erbaut, der die Steine beim täglichen Austragen sammelte. Das von Nachbarn für verrückt erklärte Projekt zog die bewundernde Aufmerksamkeit von Picasso, André Breton und anderen Künstlern auf sich.

Im Inneren fallen Inschriften Chevals auf. Die ergreifendste belegt, wie er sich plagte, um seinen Traum zu verwirklichen: »1879–1912: 10 000 Tage, 93 000 Stunden, 33 Jahre Mühsal.«

Rhône-Brücken

Die Rhône spielte in der Geschichte Frankreichs eine entscheidende Rolle: Sie hat Armeen und Handelsschiffe von Nord nach Süd (und umgekehrt) transportiert. Jahrhundertelang forderte sie Bootsbauer und Schiffer heraus. 1825 erbaute der wagemutige Ingenieur Marc Seguin die erste Hängebrücke aus Stahlseilen. Ihr folgten 20 weitere auf der gesamten Länge der Rhône, die so eine dauerhafte Verbindung zwischen der Ost- und Westseite schufen.

Hängebrücke bei Tournon-sur-Rhône

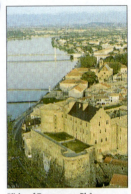

Blick auf Tournon-sur-Rhône

Tournon-sur-Rhône ❾

Ardèche. 🕿 10 000. 🚌 🚇 *Hôtel de la Tourette (04 75 08 10 23).* 🚢 *Mi u. Sa.* **www.ville-tournon.com**

T ournon liegt am Fuß einiger Granitfelsen. Es ist ein hübsches Städtchen mit freundlichen, baumbestandenen Promenaden. Reizvolle Blicke auf Stadt und Fluss bieten sich von den Terrassen des stattlichen **Château** (15. Jh.), in dem ein Heimatmuseum untergebracht ist.

Die nahe Stiftskirche **Collégiale St-Julien** mit viereckigem Glockenturm und schöner Fassade ist ein Beispiel für den Einfluss italienischer Architektur im 14. Jahrhundert. Innen besticht die kraftvolle *Auferstehung* (1576) des Raffael-Schülers Capassin.

Der **Lycée Gabriel-Faure** am Quai Charles-de-Gaulle ist Frankreichs älteste (1536)

höhere Schule. Jenseits der Rhône, genau gegenüber von Tournon, steigen die Weinberge von **Tain l'Hermitage** steil an. Dort erzeugt man den Rot- und Weißwein Hermitage, den besten (und einen der teuersten) aller Côtes-du-Rhône-Weine.

Umgebung: Von Tournons Hauptplatz, der Place Jean-Jaurès, führt die gewundene **Route Panoramique** über Plats und St-Romain-de-Lerps nach St-Péray. Die ausgeschilderte Strecke eröffnet bei jeder Kurve atemberaubende Aussichten – bei St-Romain gibt es sogar einen Panoramablick über 13 Départements.

Valence ❿

Drôme. 🕿 66 000. 🚌 🚇 🚆 *11, bd Bancel (08 92 70 70 99).* 🚢 *Do u. Sa.* 🎵 *Sommer-Musikfest (Juli).* **www.valencetourisme.com**

A m Ostufer der Rhône liegt die Marktstadt Valence. Hauptsehenswürdigkeit der Stadt ist die romanische **Cathédrale St-Apollinaire** (erbaut 1095, Wiederaufbau 17. Jh.) an der Place des Clercs. Neben der Kathedrale stellt das kleine **Musée des Beaux-Arts** im früheren Bischofspalais Kreidezeichnungen des Malers Hubert Robert (spätes 18. Jh.) aus.

Ein kurzer Fußweg führt zu zwei prächtigen Renaissance-Häusern. Die **Maison des Têtes** (1532) in der Grande Rue 57 präsentiert Köpfe und Büsten antiker Griechen –

darunter Berühmtheiten wie Aristoteles, Homer und Hippokrates. Bei der **Maison Dupré-Latour**, Rue Pérollerie, fallen die Reliefarbeiten von Portal und Treppenaufgang ins Auge.

Der **Parc Jouvet** südlich der Avenue Gambetta bietet auf einer Fläche von sechs Hektar Teiche und Gärten sowie schöne Blicke über den Fluss auf das zerstörte **Château de Crussol**.

🏛 **Musée des Beaux-Arts**
4, place des Ormeaux. 🕿 04 75 79 20 80. ⬛ *wg. Renovierung.* 📷

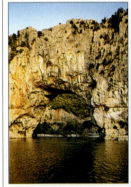

Der Pont d'Arc aus Kalkstein

Ardèche ⓫

Ardèche. ✈ Avignon. 🚆 *Montélimar.* 🚌 *Montélimar, Vallon-Pont-d'Arc.* 🚇 *Vallon-Pont-d'Arc (04 75 88 04 01).* **www.vallon-pont-darc.com**

W ind und Wasser formten in vielen Jahrtausenden die wilde, zerfurchte Landschaft dieser Region im Süden

---

Côtes du Rhône

Die mächtige Rhône entspringt in den Schweizer Alpen und fließt südwärts zum Mittelmeer. Dabei durchströmt sie ausgedehnte Weinbaugebiete. Die Hierarchie von *appellations* kennt drei Qualitätsstufen: Côtes du Rhône bezeichnet die Masse der einfachen Rhône-Weine. Côtes-du-Rhône-Villages-Weine kommen aus einer Vielzahl malerischer Weinorte. Die Spitzenklasse schließlich umfasst 13 verschiedene Lagen. Die bekanntesten dieser *appellations* stammen von den steilen Hängen der Hermitage und Côte Rôtie (nördliches Rhône-Tal) sowie aus der historischen Region Châteauneuf-du-Pape *(siehe S. 502f)* im Süden. Den Löwenanteil der Produktion stellen Rotweine auf Basis der Syrah-Traube, sie sind trocken, robust und haben viel Körper.

Bei der Weinlese

Hotels und Restaurants im Rhône-Tal und in den Französischen Alpen *siehe Seiten 577–580 und 632–634*

Zentralfrankreichs, die man eher im amerikanischen Südwesten als im grünen ländlichen Frankreich vermuten würde. Das augenfällige Schauspiel setzt sich unter der Erde fort: Höhlen mit bizarren Stalagmiten und Stalaktiten durchlöchern die Ardèche. Besonders beeindruckend sind z. B. die Höhlen **Aven d'Orgnac** (*aven* bedeutet Hohlraum) im Süden von Vallon-Pont-d'Arc und die **Grotte de la Madeleine**, zu erreichen über eine markierte Abzweigung von der D290.

Wer lieber über der Erde bleiben will, entdeckt die fesselndsten Szenerien in den **Gorges de l'Ardèche**. Man kann sie am besten von der D290 aus bewundern. An der zweispurigen, über 32 Kilometer dem tief eingeschnittenen Flussbett folgenden Straße liegen viele Aussichtspunkte. Nahe dem westlichen Schluchtende überquert der **Pont d'Arc**, eine durch Erosion entstandene Kalkstein-»Brücke«, den Fluss.

Hier sind Kanufahren und Wildwasser-Rafting die beliebtesten Sportarten, Ausrüstung kann man vor Ort leihen. Veranstalter vermieten in Vallon-Pont-d'Arc und andernorts Zweierkanus mit Rücktransport ab St-Martin-d'Ardèche (32 km flussabwärts). Vor allem Anfänger sollten beachten, dass die Ardèche einer der reißendsten Flüsse Frankreichs ist. Ihre Wasser sind im Mai und Juni am sichersten, im Herbst oft unberechenbar.

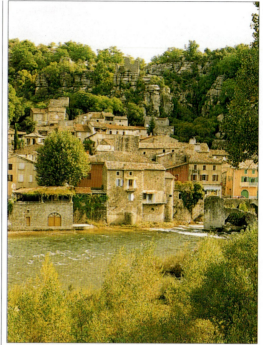

Das Dorf Vogüé am Ufer der Ardèche

Alte, malerische Dörfer, ansprechende Kurorte, Weingüter und Edelkastanienplantagen (eine Maronenköstlichkeit ist *marron glacé*) kennzeichnen die Region.

Auf das 12. Jahrhundert geht **Balazuc**, ein typisches Dorf, etwa 13 Kilometer östlich von Aubenas, zurück. Seine Steinhäuser überblicken hoch auf einem Felsen eine abgeschiedene Schlucht der Ardèche. Herrliche Panoramablicke bieten sich auch an der D294, die zum Dorf führt.

Das benachbarte Dorf **Vogüé** schmiegt sich zwischen Ardèche und die Kalksteinfelsen. Wahrzeichen des winzigen, stimmungsvollen Nests ist das **Château de Vogüé** (12. Jh., im 17. Jh. wiederaufgebaut), einst Sitz der Barone von Languedoc. Im Schloss informiert ein sehenswertes Museum über die Region.

⚓ **Château de Vogüé**
📞 04 75 37 01 95. ⬜ Ostern–
Juni, Mitte Sep–Mitte Nov: Mi–So;
Juli–Mitte Sep: tägl. 🖼 📷
www.chateaudevogue.net

Vals-les-Bains ⑫

Ardèche. 🏘 3700. 🚌 Montélimar.
🅸 Rue Jean-Jaurès (04 75 37 49 27).
🏪 Do u. So (im Sommer auch Di).

D as beliebte kleine Kurbad bezaubert durch seinen altmodischen Touch. Hier, im Volane-Tal, sprudeln gut 150 Quellen, darunter zwei warme. Das Natriumbikarbonat und andere Mineralien enthaltende Wasser soll Verdauungsbeschwerden, Rheumatismus und Diabetes mellitus lindern.

Vals-les-Bains wurde erst um 1600 »entdeckt«, zählt also zu den wenigen Bädern Südfrankreichs, die von den Römern »übersehen« wurden. Ende des 19. Jahrhunderts erreichte es den Gipfel der Popularität. Parks und Bauten zeigen sich im Belle-Époque-Stil. Mit seinen guten Hotels und Restaurants ist Vals Ausgangspunkt für Ausflüge in die Ardèche-Region.

Umgebung: Etwa acht Kilometer östlich liegt die romanische Kirche **St-Julien du Serre**.

Gorges de l'Ardèche zwischen Vallon-Pont-d'Arc und Pont St-Esprit

Bauernhof nahe Le Poët Laval, östlich von Montélimar

Montélimar ⑬

Drôme. 🚶 35 000. 🚉 🚌 🛈 *Allées Provençales (04 75 01 00 20).* 🚲 *Mi, Sa.* **www**.montelimar-tourisme.com

Insbesondere Leckermäuler wird Montélimar zu einem Abstecher verführt: Der mittelalterliche Kern des Marktstädtchens quillt über von Läden, die Nougat anbieten. Die Mandelnascherei wird hier schon seit Beginn des 17. Jahrhunderts zubereitet, als der Mandelbaum von Asien nach Frankreich kam.

Auf einem hohen Hügel im Osten überragt das **Château des Adhémar** (12.–16. Jh.) die Stadt. Das Schloss ist ein regelrechter Stilmix.

⌂ **Château des Adhémar**
📞 *04 75 00 62 30.* ☐ *Apr–Okt: tägl.; Nov–März: Mi–Mo (nur bei Ausstellungen).* ● *1. Jan, 25. Dez.*
🚫 ♿

Umgebung: Die Gegend östlich von Montélimar ist reich an malerischen, mittelalterlichen Dörfern und landschaftlich reizvollen Strecken. Auf einem Hügel thront die befestigte Altstadt des blühenden kleinen Ferienzentrums **La Bégude-de-Mazenc**. Weiter östlich betten sich im winzigen mittelalterlichen Dorf **Le Poët Laval** honigfarbene Steinhäuser in die Alpenausläufer. **Dieulefit**, der Hauptort dieser bezaubernden Region, bietet einige kleinere Hotels sowie Restaurants, zudem Tennis-, Bade- und Angelmöglichkeiten. Spezialität des befestigten Dorfs **Taulignan** sind Speisen mit Trüffeln.

Grignan ⑭

Drôme. 🚶 1360. 🚌 🛈 *Pl du Jeu de Ballon (04 75 46 56 75).* 🚲 *Di.* **www**.tourisme-paysdegrignan.com

Der Weiler liegt inmitten von Lavendelfeldern auf einem Felshügel. Madame de Sévigné *(siehe S. 91)* machte den Ort bekannt. Sie verfasste hier – während eines Aufenthalts mit ihrer Tochter im **Château de Grignan** – viele Briefe. Das im 15. und 16. Jahrhundert erbaute Schloss zählt wohl zu den schönsten Renaissance-Bauten in diesem Teil Frankreichs. Erlesene Louis-XII-Möbel gehören zum Interieur. Von der Schlossterrasse reicht der Blick bis zu den Vivarais-Bergen des Départements Ardèche. Unterhalb der Terrasse birgt die in den 1530er Jahren erbaute **Église de St-Sauveur** das Grab von Madame de Sévigné. Sie starb 1696 im Alter von 69 Jahren im Schloss.

⌂ **Château de Grignan**
📞 *04 75 91 83 50.* ☐ *Apr–Okt: tägl.; Nov–März: Mi–Mo.* ● *1. Jan, 25. Dez.* 🚫 📷 *obligatorisch.*

Nyons ⑮

Drôme. 🚶 7000. 🚌 🛈 *Place de la Libération (04 75 26 10 35).* 🚲 *Do.* **www**.paysdenyons.com

Nyons steht in Frankreich für Oliven. Die Region ist ein Zentrum der Olivenverarbeitung. Am Donnerstagmorgen bietet der bunte Markt alle nur erdenklichen Olivenprodukte feil – von Seife bis zur im Süden beliebten Olivenpaste *tapenade*.

Nyons ältestes Viertel, das **Quartier des Forts**, ist ein Netzwerk schmaler Straßen und in Stufen ansteigender Gassen. Die überdachte Rue des Grands Forts ist besonders charmant. Eine Brücke aus dem 13. Jahrhundert überspannt graziös die Aygues. An der Stadtseite des Flusses sind in den nun zu Läden umgewandelten alten Mühlen noch die mächtigen, früher benutzten Olivenpressen zu sehen. Im **Musée de l'Olivier** erfährt man alles über Oliven.

Der Aussichtsplatz über der Stadt gewährt einen Blick über die Umgebung von Nyons, das im Schutz von Bergen nahezu südländisches Klima genießt. Hier gedeihen von der Riviera bekannte Bäume und Pflanzen.

🏛 **Musée de l'Olivier**
Av des Tilleuls. 📞 *04 75 26 12 12.* ☐ *Öffnungszeiten bitte tel. erfragen.* 🚫 📷 ♿

Umgebung: Von Nyons führt die D94 westlich nach **Suze-la-Rousse**, im Mittelalter die bedeutendste Stadt der Gegend. Heute ist das hübsche Weindorf für seine »Weinuniversität« bekannt. Das **Château de Suze-la-Rousse**

Das Bergdorf Grignan und sein Renaissance-Schloss

Olivenhaine vor den Toren von Nyons

(14. Jh.) war einst Jagdschloss der Fürsten von Orange. Heute beherbergt es das Önologiezentrum. Der Innenhof ist ein Glanzstück der Renaissance, einige der Räume besitzen noch die originale Bemalung und Stuckverzierung.

♠ Château de Suze-la-Rousse
C 04 75 04 81 44. ⬜ tägl. ● 1. Jan, 25. Dez. 📷🚫📷📷

Boules-Spiel in Nyons

Briançon ⑯

Hautes-Alpes. 🏙 12 000. 🚉 🚌
ℹ 1, place du Temple (04 92 21 08 50). ⬤ Mi. 🎵 Klassikkonzerte (Aug). www.ot-briancon.com

Briançon, Europas zweithöchstgelegene Stadt (1326 m) nach Davos, war schon in vorrömischer Zeit ein wichtiger Stützpunkt an der Straße zum Col de Montgenèvre, einem der ältesten Pässe nach Italien. Zu Beginn des 18. Jahrhunderts befestigte Vauban, der Militärarchitekt Louis' XIV, die Stadt mit Wällen und Toren.

Autofahrer sollten auf dem Champs-de-Mars parken und die Altstadt (Fußgängerzone) durch die **Porte de Pignerol** betreten. Diese führt zur steilen **Grande Rue**. Ein Bach plätschert in der Mitte der schmalen, von schmucken Bauten gesäumten Straße vor sich hin. Die nahe, befestigte **Église de Notre-Dame** wurde 1718 ebenfalls von Vauban angelegt. Das örtliche Tourismusbüro bietet Führungen für die **Citadelle** von Vauban an.

Heute zieht Briançon vor allem Sportbegeisterte an – im Winter zum Skifahren, im Sommer für Wildwasser-Rafting, Radfahren und *parapente (siehe S. 660f)*.

Umgebung: Westlich von Briançon erstreckt sich der **Parc National des Ecrins**, Frankreichs größter Nationalpark, mit Gletschern und artenreicher Alpenflora. Zum **Parc Régional du Queyras** gelangt man über den zerklüfteten Col de l'Izoard. Eine Wand aus 3000 Meter hohen Gipfeln trennt den aufregend schönen Nationalpark vom benachbarten Italien.

Le Bourg d'Oisans ⑰

Isère. 🏙 3500. 🚌 nach Grenoble. 🚌 nach Le Bourg d'Oisans. **ℹ** Quai Girard (04 76 80 03 25). ⬤ Sa. www.oisans.com

Le Bourg d'Oisans ist ein idealer Ausgangspunkt für Erkundungen des Romanche-Tals. In schöner Umgebung kann man klettern, Rad und Ski fahren, etwa im nahen Wintersportort **L'Alpe d'Huez**.

Seit dem Mittelalter werden in der Region Silber und andere Erze abgebaut. Wissenschaftlern ist die Stadt als Geologie- und Mineralogiezentrum ein Begriff. Das **Musée des Minéraux et de la Faune des Alpes** besitzt eine weltberühmte Sammlung von Kristallen und Edelsteinen.

血 Musée des Minéraux et de la Faune des Alpes
Pl de l'Église. **C** 04 76 80 27 54. ⬤ Mi-Mo 14–18 Uhr (Juli, Aug: 11–19 Uhr). ● 1. Jan, März, Nov, Dez. 📷🚫

Leben im Gebirge

Der Alpensteinbock, ein seltener Bewohner der Französischen Alpen, lebt – mit Ausnahme der kältesten Jahreszeit – oberhalb der Baumgrenze. Vor Einrichtung des Parc National de la Vanoise *(siehe S. 323)* war er in Frankreich fast ausgestorben. Dank rigoroser Schutzmaßnahmen gibt es heute wieder ca. 500 Steinböcke. Beide Geschlechter tragen Hörner, die bei den Männchen bis zu einem Meter lang werden.

Steinbock im Parc National de la Vanoise

Zentrum von Grenoble

Ancien Palais du Parlement du Dauphiné ③
Collégiale St-André ④
Église Saint-Laurent et Musée Archéologique ⑥
Fort de la Bastille ①
Musée Dauphinois ②
Musée de Grenoble ⑤

Zeichenerklärung
siehe hintere Umschlagklappe

0 Meter 250

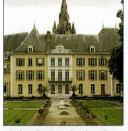

Hôtel Lesdiguières, das ehemalige Rathaus von Grenoble

Grenoble ⑱

Isère. 160 000.
14, rue de la République
(04 76 42 41 41). Di–So.
www.grenoble-isere.info

G renoble, einst Hauptstadt der historischen Landschaft Dauphiné und 1968 Austragungsort der Olympischen Winterspiele, ist eine lebhafte Stadt. Die Universitätsstadt ist Zentrum chemischer und elektronischer Industrie und der Nuklearforschung. Sie liegt attraktiv am Zusammenfluss von Drac und Isère, im Westen und Norden umragt von den Bergen des Vercors und der Chartreuse.

Vom Quai Stéphane Jay führt eine Seilbahn zum **Fort de la Bastille** (19. Jh.) mit einzigartiger Sicht auf die Stadt- und die Bergkulisse. Pfade führen durch den Parc Guy Pape und den Jardin des Dauphins zum **Musée Dauphinois** hinab. Das Regionalmuseum in einem Kloster (17. Jh.) präsentiert regionale Geschichte und Kunsthandwerk. Ganz in der Nähe zeigen **Église Saint-Laurent et Musée Archéologique** religiöse Kunst sowie mittelalterliche Artefakte.

Das Zentrum liegt am linken Ufer der Isère in der Fußgängerzone um die Place Grenette. Kern der mittelalterlichen Stadt ist die nahe Place St-André, auf die Grenobles älteste Bauten, darunter die **Collégiale St-André** (13. Jh.) und das **Ancien Palais du Parlement du Dauphiné** (16. Jh.), herabblicken.

An der Place de Lavalette zeigt das **Musée de Grenoble** Kunst aus allen Epochen, u. a. eine Sammlung moderner Kunst mit Werken von Chagall, Picasso und Matisse. Das nahe **Musée de l'Ancien Évêché** widmet sich der Geschichte der Isère und besitzt eine interessante Taufkapelle (4. Jh.). In der Rue Hébert dokumentiert das **Musée de la Résistance et de la Déportation** den französischen Widerstand im Zweiten Weltkrieg. Ausstellungen bietet **Le Magasin** (Centre National d'Art Contemporain) am Cours Berriat. Im **MC2** (Maison de la Culture) gibt es u. a. Filmfestivals und Konzerte.

Musée Dauphinois
30, rue Maurice Gignoux.
04 57 58 89 01. Mi–Mo.
1. Jan, 1. Mai, 25. Dez.

Église Saint-Laurent et Musée Archéologique
Place St-Laurent. 04 76 44 78 68.
wg. Renovierung (Öffnungszeiten bitte tel. erfragen).

Grenobles Seilbahn

🏛 **Musée de Grenoble**
5, pl de Lavalette. 📞 04 76 63 44
44. 🕐 Mi–Mo. ⬤ 1. Jan, 1. Mai,
25. Dez. 📷 ♿ 🖼 🛍 🛍

🏛 **Musée de l'Ancien Évêché**
2, rue Très Cloîtres. 📞 04 76 03 15
25. 🕐 tägl. ⬤ Di vormittags. ♿

🏛 **Musée de la Résistance**
14, rue Hébert. 📞 04 76 42 38 53.
🕐 tägl. ⬤ Di nachmittags, 1. Jan,
1. Mai, 25. Dez. 📷 ♿

🏛 **Le Magasin (CNAC)**
155, Cours Berriat. 📞 04 76 21
95 84. 🕐 Di–So nachmittags (bei
Ausstellungen). ♿

🏛 **MC2**
4, rue Paul Claudel. 📞 04 76 00
79 00. 🕐 Di–Fr, Sa nachmittags
sowie bei Abendevents. ♿ ♿
www.mc2grenoble.fr

Vercors ⑲

Isère u. Drôme. ✈ Grenoble.
🚉 Romans-sur-Isère, St-Marcellin,
Grenoble. 🚌 Pont-en-Royans,
Romans-sur-Isère. 🛈 Maison du Parc,
Lans-en-Vercors (04 76 94 38 26).
http://parc-du-vercors-fr

Im Süden und Westen von
Grenoble erstreckt sich
einer der imposantesten Re-
gionalparks Frankreichs – der
Vercors, eine wilde Land-
schaft mit Wasserfällen, Höhlen und Schluchten. Die D531
durchquert nach Verlassen
Grenobles **Villard-de-Lans** –
ideal für Ausflüge in die Umgebung – und führt westlich
zu den dunklen **Gorges de la
Bournes**. Acht Kilometer weiter westlich liegt über einer
Kalksteinschlucht der Weiler
Pont-en-Royans. Seine Steinhäuser klammern sich an die
Felsen über der Bourne.
   Südlich von Pont-en-Royans
führt die D76 zur **Route de
Combe Laval**. Diese windet
sich an jäh abfallenden Felsen
entlang, in der Tiefe rauscht
der Fluss. 6,5 Kilometer östlich beeindrucken die **Grands
Goulets**, eine tiefe, schmale
Klamm. Bekanntester Berg
der Gegend ist der **Mont
Aiguille** (2086 m).
   Der Vercors war im Zweiten
Weltkrieg ein Stützpunkt des
französischen Widerstands.
Im Juli 1944 machte ein Luft-
angriff mehrere Dörfer dem
Erdboden gleich. In Vassieux
präsentiert ein Museum die
Geschichte der Résistance.

Weidende Kühe in der Chartreuse

Chartreuse ⑳

Isère u. Savoie. ✈ Grenoble, Cham-
béry. 🚉 Grenoble, Voiron. 🚌 St-
Pierre-de-Chartreuse. 🛈 St-Pierre-de-
Chartreuse (04 76 88 62 08).

Von Grenoble führt die
D512 nördlich Richtung
Chambéry in die Chartreuse.

In der majestätischen Gebirgs-
und Waldlandschaft wurde im
späten 19. Jahrhundert das
erste Wasserkraftwerk erbaut.
Hauptanziehungspunkt ist das
**Monastère de la Grande Char-
treuse**, westlicher Nachbar
von St-Pierre-de-Chartreuse
an der D520-B.
   Das vom hl. Bruno 1084
gegründete Kloster erlangte
durch die Chartreuse-Liköre,
die die Mönche 1605 erstmals
herstellten, auch weltlichen
Ruhm. Bei dem geheim gehaltenen Rezept soll es sich um
ein Elixier aus 130 Kräutern
handeln. Heute werden die
Liköre in Voiron produziert.
Im Kloster wohnen noch etwa
40 Mönche. Es ist nicht öffentlich zugänglich, doch das
Musée de la Correrie vermittelt einen Einblick in den
Klosteralltag der Kartäuser.

🏛 **Musée de la Correrie**
St-Pierre-de-Chartreuse. 📞 04 76
88 60 45. 🕐 Feb–Nov: tägl. nachmittags. 📷

Bauernhof in den kieferbestandenen Bergen des Chartreuse-Massivs

Chambéry ㉑

Savoie. ▩ 60000. ☒ ▨ ▨
▯ 24, bd de la Colonne
(04 79 33 42 47). ▨ Di u. Sa.
www.chambery-tourisme.com

Die einstige Hauptstadt Savoyens verströmt aristokratisches und unverkennbar italienisches Flair. Ihr bezauberndstes Baudenkmal, die extravagante **Fontaine des Éléphants** in der Rue de Boigne, wurde 1838 zu Ehren des hier gebürtigen Comte de Boigne aufgestellt, der seiner Heimatstadt einen Teil seines in Indien angesammelten Vermögens vermacht hatte.

Das **Château des Ducs de Savoie** (14. Jh.) am anderen Ende der Rue de Boigne dient heute als Sitz der Préfecture. Nur Teile des Anwesens sind zu besichtigen, etwa die spätgotische Ste-Chapelle.

In **Les Charmettes** (17. Jh.), einem Landhaus im Südosten, lebte 1732–42 der Philosoph Rousseau mit seiner Mätresse Madame de Warens. Die malerischen Gärten mit Weinlaub und das kleine Rousseau-Museum sind sehenswert.

♣ **Les Charmettes**
892, chemin des Charmettes. ▮ 04 79 33 39 44. ◯ Mi–Mo.
◯ Feiertage. ▮

Römische Skulptur im Tempel der Diana

Lac du Bourget bei Aix-les-Bains

Aix-les-Bains ㉒

Savoie. ▩ 28000. ☒ ▨ ▯ Place Maurice Mollard (04 79 88 68 00).
▨ Mi u. Sa vormittags. ▨ Rockmusik (Juli). **www**.aixlesbains.com

Der romantische Dichter Lamartine beschrieb die Schönheit des Lac du Bourget, an dessen Ufer sich der Kurort Aix-les-Bains ausbreitet. Im Zentrum liegen die **Thermes Nationaux** (19. Jh.), deren Vorläufer bereits die Römer zu schätzen wussten – im Untergeschoss sind Überreste der römischen Bäder. Die Anlage ist derzeit aus Sicherheitsgründen geschlossen (Öffnungszeiten bitte tel.

erfragen). Gegenüber hütet der **Tempel der Diana** eine Sammlung gallo-römischer Handwerkskunst. Ein Juwel ist das **Musée Faure**, das u. a. Werke von Degas, Sisley und Rodin besitzt.

▥ **Thermes Nationaux**
Pl Maurice Mollard. ▮ 04 79 35 38 50. ◯ Öffnungszeiten bitte tel. erfragen oder der Website entnehmen.
www.thermaix.com

▣ **Musée Faure**
Villa des Chimères, 10, bd des Côtes. ▮ 04 79 61 06 57.
◯ Mi–Mo (Mitte Nov–Feb: Mi–So).
◯ 18. Dez–2. Jan, Feiertage. ▨
▮

Umgebung: Vom Grand Port in Aix-les-Bains fahren Boote über den Lac du Bourget zur **Abbaye d'Hautecombe**, der Benediktinerabtei mit dem Mausoleum der Savoyer Dynastie. Das Städtchen **Le Revard** östlich von Aix an der D913 bietet eine herrliche Aussicht über den See und auf den Mont Blanc.

Annecy ㉓

Haute Savoie. ▩ 52000. ☒ ▨
▨ ▯ 1, rue Jean Jaurès (04 50 45 00 33). ▨ Di, Fr–So. ▨ Fête du Lac (mit Feuerwerk, 1. Sa im Aug).
www.lac-annecy.com

Annecy gehört zu den anziehendsten Städten in den Französischen Alpen. Es

Annecy: Palais de l'Isle (12. Jh.) mit dem Thiou-Kanal im Vordergrund

Hotels und Restaurants im Rhône-Tal und in den Französischen Alpen *siehe Seiten 577–580 und 632–634*

Am Ufer des Genfer Sees kann man gemütlich Rad fahren

liegt am Nordende des Lac d'Annecy, umgeben von schneebedeckten Bergen. Blumengeschmückte Brücken und Straßen mit Laubengängen prägen das kleine mittelalterliche Viertel. Hier kann man, vor allem an Markttagen, schön bummeln. Die Sehenswürdigkeiten sollte man dennoch nicht versäumen: das **Palais de l'Isle**, ein ehemaliges Gefängnis auf einer Insel im Fluss Thiou, und das mit Türmchen bestückte **Château d'Annecy**, von dessen Hügel aus man über Vieil Annecy und den See blickt.

Der beste Platz für Wassersport liegt nahe dem Hotel Imperial Palace am Ostende der Avenue d'Albigny. Vom Quai Napoléon III fahren Ausflugsboote ab.

Umgebung: Am besten genießt man die Landschaft bei einer Bootsfahrt von Annecy nach **Talloires**. Das winzige Dorf am Ufer des Sees besitzt schöne Lokale. Gegenüber, an der schmalsten Stelle des Sees, erhebt sich das – nicht öffentlich zugängliche – **Château de Duingt** (15. Jh.).

Am Westufer des Sees eröffnen der Berg Semnoz und sein Gipfel **Crêt de Châtillon** ein einzigartiges Panorama auf den Mont Blanc und die Alpengipfel (*siehe S. 322f*).

Lac Léman (Genfer See) ㉔

Haute-Savoie u. Schweiz. ✈ Genève. 🚗 🚆 Genf, Thonon-les-Bains, Évian-les-Bains. ℹ Thonon-les-Bains (04 50 71 55 55).

Die prächtige Landschaftskulisse und das milde Klima haben das französische Ufer des Genfer Sees zu einer beliebten Urlaubsregion gemacht. 1839 wurden in Évian-les-Bains die ersten Kuranlagen erbaut.

Als Startpunkt für Erkundungen eignet sich **Yvoire**. Eine Burg (14. Jh.) bewacht den mittelalterlichen Fischerhafen mit seinen dicht gedrängten Häusern.

Weiter östlich gelangt man nach **Thonon-les-Bains**. Auf einer Klippe überblickt das kleine, blühende Kurbad den See. Eine Standseilbahn bringt Sie hinab nach Rives, einem kleinen Hafen zu Füßen der Klippen. Dort kann man Segelboote mieten. Auch Ausflugsschiffe nach Genf und Lausanne legen hier ab. Das **Château de Ripaille** (15. Jh.) vor den Toren der Stadt ist wegen seines früheren Bewohners, des Herzogs Amadeus VIII. von Savoyen, dem späteren Gegenpapst Felix V., bekannt.

Trotz Modernisierungen und des renommierten Quellwassers, das **Évian-les-Bains** seinen Namen eingetragen hat, verströmt der Ort noch den Charme eines *vie en rose*. Die baumgesäumte Uferpromenade wimmelt von Spaziergängern. Tatendurstige nehmen das überaus breite Sportangebot in Anspruch: Tennis, Golf, Reiten, Segeln, im Winter Skifahren. Hier erhält man Kurbehandlungen aller Art. Im Casino wird Blackjack, Roulette u. a. gespielt.

Von Évian fahren täglich Fähren über den Genfer See nach Lausanne. Busse ermöglichen Ausflüge in die Berge der Umgebung.

Hôtel Royal Palace in Évian-les-Bains (*siehe S. 578*)

Südwest-
frankreich

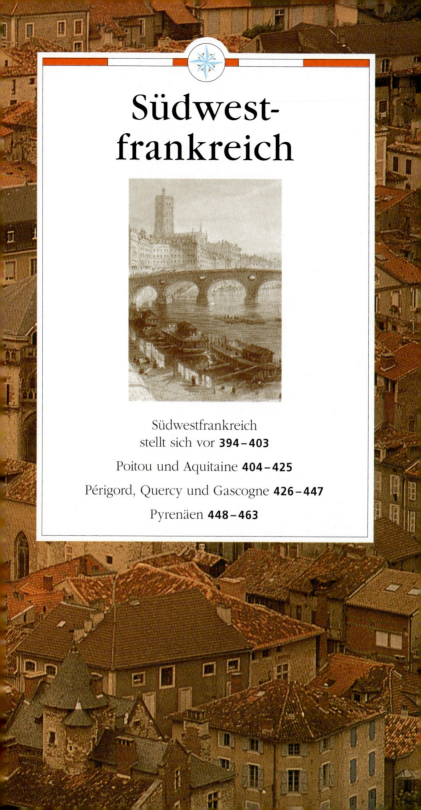

Südwestfrankreich im Überblick

Frankreichs Südwesten mutet ländlich grün an. Die agrarischen Produkte der Region reichen von Sonnenblumen bis *foie gras*, von Nutzholz bis zu den Weinen und Cognacs von Bordeaux. Moderne Industriezweige, darunter Raumfahrttechnik, haben sich in den beiden größten Städten Bordeaux und Toulouse angesiedelt. Besucher zieht es an die breiten Atlantikstrände, in die Pyrenäen und in die ländliche Stille der Dordogne. Zu den Hauptsehenswürdigkeiten der beliebten Urlaubsregion zählen einige der berühmtesten romanischen Bauten Frankreichs. Auf der Karte finden Sie einige Reiseziele.

La Rochelle

Römische Ruinen, Saintes

Der Hafen von La Rochelle *ist heute Ankerplatz von Yachten, aber auch ein wichtiger Handelsplatz (siehe S. 416). Die Tour de la Chaîne und die Tour St-Nicolas bewachen den alten Hafen. Von Kaufmannshäusern gesäumte Kopfsteinpflasterstraßen durchziehen das historische Stadtzentrum.*

Grand Théâtre, B

POITOU UND AQUITANI
Seiten 404 – 425

PYRENÄEN
Seiten 448 – 463

Bordeaux *empfängt Besucher mit prächtigen Denkmälern und Bauten, etwa dem Theater. Das mit Bronzestatuen und Brunnen geschmückte Monument aux Girondins erhebt sich an der Esplanade des Quinconces (siehe S. 420–422).*

0 Kilometer   50

◁ Blick auf die Kathedrale und die Altstadt von Cahors *(siehe S.438f)*

Notre-Dame-la-Grande, *die Königin der Kirchen von Poitiers (siehe S. 412f.) besitzt schöne Bleiglasfenster und eine einzigartige, im poitevinischen Stil geschmückte romanische Fassade.*

Zur Orientierung

PÉRIGORD, QUERCY
UND GASCOGNE
Seiten 426 – 447

Rocamadour *ist Wallfahrtsort frommer wie touristischer Pilger. Seine Kapellen und Schreine schmiegen sich an den Rand des Felshügels (siehe S. 436f.). Ziel der Wallfahrer ist u. a. die Schwarze Madonna mit Kind.*

Lascaux

Rocamadour

Moissac

*Kathedrale
von Albi*

St-Sernin, Toulouse

Cirque de Gavarnie

Die Abtei von Moissac *ist Südwestfrankreichs bedeutendstes mittelalterliches Kloster (siehe S. 442f.). Das Tympanon mit Apokalypse und die Kapitelle des Kreuzgangs sind Meisterwerke der Romanik.*

Regionale Spezialitäten

Henri IV sagte über die Gascogne: »Große Küche und große Weine machen sie zum Paradies auf Erden.« In der Tat kann der französische Südwesten alle Ansprüche befriedigen. Aus dem Atlantik kommt exzellentes Seafood. Bordeaux bringt einige der besten französischen Weine hervor. Gänse- und Entenschmalz prägen die Küche – die Tiere liefern auch die berühmte *foie gras*. Hinzu kommen Delikatessen wie Trüffel und Waldpilze. Aus den Pyrenäen stammen Rind- und Lammfleisch, Käse und *charcuterie*. Das Baskenland würzt Gerichte mit scharfem Chili oder süßt sie mit edler Schokolade.

Scharfe Chilischoten

In Südwestfrankreich gibt es Walnüsse in Hülle und Fülle

Poitou und Aquitaine

Von der Küste stammt nicht nur das Fischangebot – es gibt hier auch Austernzucht. Die Austern von Marennes-Oleron werden besonders geschätzt. Die Blaualgen, von denen sie sich ernähren, verleihen ihnen die charakteristische grüne Färbung. Austern isst man gern roh mit etwas Zitronensaft oder einer Zwiebelvinaigrette – in Bordeaux gibt es Saucen dazu. Auch Muscheln werden hier gezogen. Das Meer bietet eine breite Palette an Fisch. An der Gironde-Mündung werden Aal, Neunauge und Stör gefangen.

Poitou-Charentes ist Ziegen-Land. Von hier kommen würzige Käse wie der kleine runde *chabichou de Poitou*.

Périgord, Quercy und Gascogne

Enten, Gänse und Geflügel sind hier Qualitätsprodukte. Gänse- oder Entenschmalz gehört zu vielen Gerichten dazu – von den einfachen *pommes sarladaises* (Kartoffeln in Gänseschmalz) bis zum *confit*, bei dem der Entenschlegel im eigenen Fett konserviert werden.

Wild-schwein-schinken

Wurst mit Knoblauch

Chorizo

Getrüffelte Wurst

Wildschwein-wurst

Bayonne Schinken

Heidelbeerwurst

Auswahl an südwestfranzösischer *charcuterie*

Typische Gerichte

Frischer Knoblauch

Entengerichte in allen Variationen sind äußerst beliebt. *Magret* ist die Entenbrust – die besten Stücke kommen von Enten aus der Produktion für *foie gras*. Meist wird Entenbrust rosa gebraten *(rose)* serviert, begleitet von unterschiedlichen Saucen, je nach Saison auch mit *cèpes* (Pilzen). Ente wird auch als *confit* angeboten. *Confit* wird oft aus Entenschlegeln hergestellt (im eigenen Fett gekocht und eingeweckt). Auch Geflügelmägen werden so konserviert. *Foie gras* ist das teuerste (und umstrittenste) Produkt. Dabei werden Gänse und Enten »gestopft«, um eine entsprechende Fettleber zu erhalten. *Foie gras* kann man kalt oder warm essen. Warme Varianten werden meist mit Sauce oder Früchten bzw. auf Toast oder Brioche serviert. Dazu genießt man einen guten Weißwein, etwa einen Sauternes.

Omelette aux truffes *ist ein Trüffel-Omelett. Verwendet werden die schwarzen Trüffeln der Region.*

Gänsemast bei Toulouse zur Herstellung von *foie gras*

Das ultimative Gericht heißt jedoch *cassoulet*, ein Ragout mit Enten- oder Gänsefleisch, Würsten, Schweinefleisch und weißen Bohnen – obenauf werden *croûtons* gestreut. Die Küchenchefs der Region wetteifern um das beste *cassoulet*.

Hinzu kommt purer Luxus: Salate enthalten Walnussöl, Trüffelscheiben bereichern Saucen und Omeletts. Die Waldpilze, die im Herbst gesammelt werden, sind köstlich und werden meist nur mit Knoblauch und Zwiebeln geschmort. Knoblauch gehört zu den Hauptprodukten der Region: Er taucht in vielen Würsten auf – oder auch als Gericht in Form einer ganzen Knolle. Beliebt sind *reines-claudes* und die Pflaumen von Agen, die als Dörrobst Kaninchen- oder Wildgerichte begleiten.

Pyrenäen

Die Bergweiden versorgen die Region mit hochwertigem Rind- und Lammfleisch, etwa vom Barèges-Schaf. Ebenfalls lecker: die Bachforellen und das breite

Delikatessen bei einem regionalen Fest: Fischer öffnen Austern

Angebot an Wurstwaren. Die würzigen Schafs- und Ziegenkäse werden bisweilen mit Trauben-Kirschen-Marmelade (aus Itxassou) serviert. Beliebt ist *garbure*, ein Eintopfgericht mit Kohl, Speck und Enten- oder Gänse-*confit*.

Im Baskenland wird gern mit Chili gewürzt, etwa bei Chorizo, *piperade* oder *chipirones* (Baby-Calamari in der Tinte). Die Schweine für Bayonner Schinken werden mit Eicheln und Kastanien gefüttert. In Bayonne ließen sich im 17. Jahrhundert Chocolatiers nieder – vor der Inquisition geflohene Juden. Die Stadt ist für ihre hochwertige dunkle Schokolade bekannt.

Auf der Speisekarte

Cagouilles à la charentaise: Schnecken und Würste in Kräuter-Wein-Sauce.

Entrecôte à la bordelaise: Rindfleisch in Rotweinsauce mit Zwiebeln und Knochenmark.

Farçi poitevin: Kohl mit Speck, Schweinefleisch, Sauerampfer.

Gasconnade: Lammhaxe mit Knoblauch und Anchovis.

Mouclade: Muscheln in einer Currysauce vom Gewürzhafen in La Rochelle.

Salade landaise: Salat aus *foie gras*, Mägen und *confit*.

Ttoro: Baskischer Eintopf mit Fisch und Schaltieren, Kartoffeln, Tomaten und Zwiebeln.

Cassoulet *ist ein Ragout mit weißen Bohnen, diversen Wurstsorten und Fleischstücken (z. B. Ente, Schwein).*

Piperade *besteht aus Rühreiern mit Paprika, Zwiebeln, Tomaten, Knoblauch und Bayonner Schinken.*

Croustade *ist ein Apfelkuchen, der mit geschmolzener Butter, Armagnac und Vanille verfeinert wird.*

Weinregion Bordeaux

Fassbinder

Die Weinregion Bordeaux (franz.: Borde-lais) ist die weltweit größte und bekann-teste Anbauregion von Spitzenrotwei-nen. Die Heirat Henrys II mit Éléonore d'Aquitaine leitete den höfischen Han-del mit England ein: Roter Bordeaux fehlte an keiner vornehmen Tafel im Ausland. Im 19. Jahrhundert schlugen gewitzte Händler Kapital aus dem Ruhm und machten erhebliche Gewinne. Die 1855 eingeführte Klassifizierung der be-rühmten Médocs, die die Lagen verschiedener Wein-güter auszeichnete, besitzt bis heute Bedeutung.

Zur Orientierung

Weinregion Bordeaux

Lese roter Merlot-Trauben beim Château Palmer

Cos d'Estournel *verweist wie alle Châteaux-Weine, die 1855 als crus classés eingestuft wurden, auf dem Etikett stolz auf die Auszeichnung.*

Weinbaugebiete

Die Gebiete der Bordeaux-Weine liegen beiderseits zweier großer Flüsse. Das Areal zwischen den Flüssen (»Entre-Deux-Mers«) erbringt weniger und vor-rangig Weißweine. Die Flussschifffahrt und der Binnenhafen Bordeaux waren für den Weinhandel vorteilhaft. Einige der hübschesten Weingüter liegen ver-kehrsgünstig am Flussufer.

Bordeaux-Weine im Überblick

Lage und Klima

Die Klimaverhält-nisse schwanken im Jahresverlauf und auch innerhalb der Re-gion. Zudem ist der Boden unterschiedlich. Médoc und Graves haben Kiesböden, im rechten Teil gibt es Lehmböden.

Rebsorten
Die fünf bedeu-tendsten Sorten sind **Cabernet Franc**, **Cabernet Sauvignon**, **Merlot**, **Petit Verdot** und **Malbec**. Cabernet-Sauvig-non-Reben überwiegen am Westufer der Gironde, Mer-lot-Reben im Osten. Die meisten roten Bordeaux-Weine sind Verschnitte von Rebsorten. Für Weißweine werden oft **Sauvignon Blanc** und **Sémillon** genommen.

Erzeuger
Rotweine: Latour, Margaux, Haut-Brion, Léoville Las Cases, Cos d'Estournel, Léoville Bar-ton, Lascombes, Pichon Longueville, Pichon La-lande, Lynch-Bages, Palmer, Rausan-Ségla, Duhart Milon, d'Anglude, Léoville Poyferré, Branaire Ducru, Ducru Beaucaillou, Ma-lescot St-Exupéry, Cante-merle, Phélan-Ségur, Chasse-Spleen, Poujeaux, Domaine de Chevalier, Pape Clément, Cheval Blanc, Canon, Pavie, l'Angelus, Troplong Mon-dot, La Conseillante, La-fleur, Trotanoy.

Gute Jahrgänge
(Rot) 2006/05/03, 2000, 1998, 1996.

Haut-Brion *ist eine der klassifizierten Bor-deaux-Spitzenlagen. Es ist das einzige Graves-château der Médoc-Weingüter.*

Diese Aufschrift *garan-tiert eine Château-Abfüllung in Bordeaux und beugt minderwer-tigen Produkten vor.*

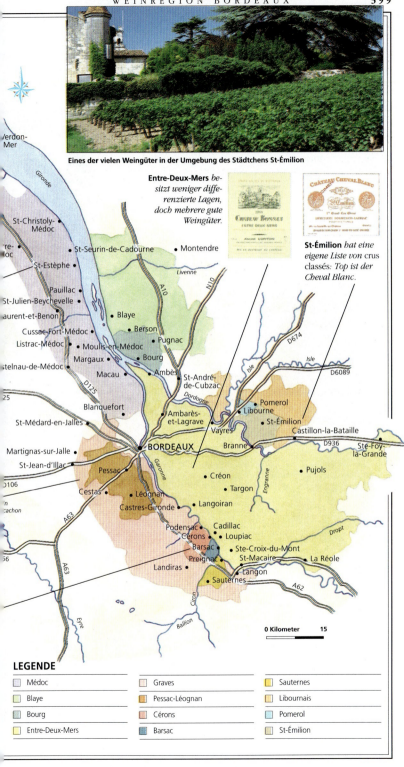

Eines der vielen Weingüter in der Umgebung des Städtchens St-Émilion

Entre-Deux-Mers be-
sitzt weniger diffe-
renzierte Lagen,
doch mehrere gute
Weingüter.

St-Émilion hat eine
eigene Liste von crus
classés*: Top ist der*
Cheval Blanc.

LEGENDE

Médoc	Graves	Sauternes
Blaye	Pessac-Léognan	Libournais
Bourg	Cérons	Pomerol
Entre-Deux-Mers	Barsac	St-Émilion

Pilgerweg nach Santiago de Compostela

**Symbol
Jakobsmuschel**

Im Mittelalter pilgerten Millionen Christen nach Santiago de Compostela in Spanien, um das Grab des Apostels Jakobus d. Ä. zu besuchen. Auf dem Weg durch Frankreich rasteten sie in Klöstern oder schlichten Unterkünften. Mit der symbolischen Jakobsmuschel kehrten sie zurück. Die meisten Pilger trieb die Hoffnung auf Erlösung an – oft waren sie Jahre unterwegs. 1140 beschrieb ein Mönch namens Picaud in einem der ersten »Reiseführer« die Pilgerfahrt. Wer heute dieser Pilgerroute folgt, gelangt durch alte Städte und Dörfer mit herrlichen Schreinen und Kirchen.

Ausländische Pilger sammelten sich in Häfen wie St-Malo.

Den ersten Kathedralenbau *von Santiago de Compostela ließ Alfonso II 813 über dem Grab des Jakobus errichten. 1075 begann man mit dem Bau der großartigen romanischen Kirche. Zu den späteren Ergänzungen zählt die prächtige Barockfassade (17./18. Jh.).*

Die Pilgerwege trafen sich bei Santiago de Compostela.

Die meisten Pilger überquerten bei Roncesvalles die Pyrenäen.

Jakobus d. Ä., *einer der Apostel, kam nach Spanien, um das Evangelium zu verbreiten. Bei seiner Rückkehr nach Judäa ließ Herodes ihn hinrichten. Man brachte seine Gebeine nach Spanien, wo sie unentdeckt 800 Jahre lang ruhten.*

Das mächtige Kloster von Cluny *in Burgund (siehe S. 48f) und seine Ableger förderten die Pilgerreise maßgeblich. Sie errichteten Unterkünfte sowie Kirchen und Reliquienschreine, um die Wallfahrer auf ihrem Weg anzuspornen.*

Pilgerroute

Paris, Vézelay *(siehe S. 336f)*, Le Puy *(siehe S. 364f)* und Arles sind Sammelpunkte auf den vier »offiziellen« Routen durch Frankreich. Diese überqueren die Pyrenäen bei Roncesvalles und Somport und vereinen sich in Puente la Reina zu einem Weg in Richtung galizische Küste.

Conques entwendete aus Geltungsbedürfnis Reliquien.

Le Puy war eine Hauptstation der Pilger.

Sehenswürdigkeiten

Für die zahllosen Wallfahrer auf dem Weg nach Santiago wurden einige gewaltige romanische Kirchen – darunter etwa Ste-Madeleine in Vézelay *(S. 336)*, Ste-Foy in Conques *(S. 368f)* und St-Sernin in Toulouse *(S. 447)* – sowie etliche kleinere Kapellen erbaut.

Basilique Ste-Madeleine, Vézelay

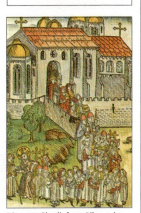

Die erste überlieferte Pilgerreise unternahm der Bischof von Le Puy 951. Vermutlich setzten Wallfahrten schon um 814 – nach Entdeckung des Grabs – ein.

Das Reliquiar *von Ste-Foy in Conques zog, wie viele kostbare Reliquienschreine, Ströme von Pilgern an. Den Reliquien von Heiligen wurden wundertätige Kräfte zugeschrieben.*

Santiago de Compostela *geht auf das lateinische campus stellae (Sternenfeld) zurück. Der Sage nach schienen unbekannte Sterne über einem Feld, als man am 25. Juli 814, dem Festtag von Jakobus, die Gebeine fand. Jüngste Forschungen erwiesen jedoch, dass die Gebeine nie in Compostela gewesen sind.*

Höhlenwelt des Südwestens

Südwestfrankreich ist bekannt für seine ungewöhnlichen Felsformationen. Sie entstanden durch die langsame Ablagerung gelöster mineralischer Partikel. Die Kalksteinhöhlen in den Ausläufern der Pyrenäen und in der Dordogne bieten nicht nur faszinierende Naturschauspiele, sondern auch fantastische Felsmalereien, die zum Teil aus der letzten Eiszeit datieren. Prähistorische Menschen begannen hier zu malen, zu ritzen und zu meißeln. Diese künstlerische Tradition hatte über 25 000 Jahre Bestand und erlangte ihren Höhepunkt vor etwa 17 000 Jahren. Einige höchst eindrucksvolle Höhlenmalereien kann man noch heute bewundern.

Höhlenmalerei in Lascaux

Höhlen der Dordogne

Im und beim Dordogne-Tal kann man verschiedene Höhlensysteme besichtigen. Die Region Périgord zählt zu den Arealen mit den weltweit meisten prähistorischen Stätten. Angesichts der Unbilden des Klimas erschienen den prähistorischen Menschen die von Höhlen und Grotten gesäumten Flüsse verlockend.

D6089

Gouffre de la Fage

Grotte de Lascaux

Grotte du Grand Roc

Les Eyzies · Sarlat

D704

D47

D820

Dordogne

D840

Célé

Gouffre de Padirac

Grottes de Lacave

Grottes de Cougnac

Gourdon

Rocamadour

D673

D704

A20

N21

D710

D673

Célé

D653

0 Kilometer 20

Fumel ·

D811

Lot

D820

Grotte du Pech-Merle

Lot

Cahors

Höhlenbildung

Kalkstein lagert sich in Schichten ab, durch deren Spalten Wasser unter die Oberfläche dringen kann. Es löst in Jahrtausenden den Fels auf, in dem es zunächst Hohlräume, dann größere Höhlen bildet. Stalaktiten entstehen, wo Wasser von Höhlendecken tropft. Stalagmiten wachsen vom Boden empor.

Grotte du Grand Roc im Vézère-Tal, Périgord

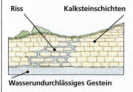

Riss   Kalksteinschichten

Wasserundurchlässiges Gestein

1 Wasser sickert durch Spalten und löst allmählich das umgebende Gestein auf.

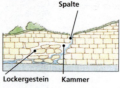

Spalte

Lockergestein   Kammer

2 Das Wasser schafft Hohlräume und zersetzt umgebendes Gestein, das langsam abbröckelt.

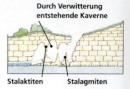

Durch Verwitterung entstehende Kaverne

Stalaktiten   Stalagmiten

3 Das Kalksinter ausscheidende Sickerwasser formt Stalaktiten und Stalagmiten.

Gouffre de Padirac

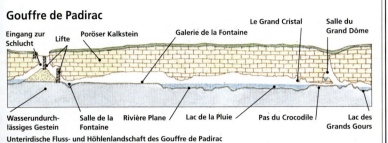

Eingang zur Schlucht · Lifte · Poröser Kalkstein · Galerie de la Fontaine · Le Grand Cristal · Salle du Grand Dôme

Wasserundurchlässiges Gestein · Salle de la Fontaine · Rivière Plane · Lac de la Pluie · Pas du Crocodile · Lac des Grands Gours

Unterirdische Fluss- und Höhlenlandschaft des Gouffre de Padirac

Prähistorische Höhlen, Les Eyzies

Höhlenbesichtigungen

Prähistorische Malereien in den Höhlengängen und -schächten *(gouffres)* von **Cougnac** zeigen auch menschliche Figuren. **Les Eyzies** *(siehe S. 434f)* beeindrucken die Höhlen **Les Combarelles** und **Font de Gaume**. Sie besitzen, ebenso wie das weitläufige Höhlennetz **Rouffignac**, grandiose prähistorische Zeichnungen und Gravuren. Kammern mit bizarren Stalaktiten und Stalagmiten durchziehen den **Grand Roc**. Nordöstlich von Les Eyzies besitzt **L'Abri du Cap Blanc** einen Fries mit Pferden und Bisons, der rund 14 000 Jahre alt ist.

Am Südufer der Dordogne, bei **Lacave**, finden sich ein unterirdischer Fluss und See mit seltenen Felsbildungen. Noch fantastischer wirkt das gigantische Höhlensystem von **Padirac** *(siehe S. 438)*. Die schönsten prähistorischen Malereien zieren die nun geschlossenen Höhlen von **Lascaux**. Mit originalgetreuen Kopien entschädigt **Lascaux II** *(siehe S. 434)*. Weiter südlich zeigen die Höhlen von **Pech-Merle** *(siehe S. 438)* bizarre Formationen. Auch **Niaux** am Fuß der Pyrenäen ist lohnend.

Entdeckung der Höhlenkunst

1879 wurden in Nordwestspanien die ersten prähistorischen Höhlenmalereien Europas entdeckt. Seither stieß man in Spanien und Frankreich, vor allem im Gebiet der Dordogne, auf über 200 verzierte Höhlen und Felsspalten. Allerlei Fingerzeige, von Steinleuchten bis zu auf rätselhafte Weise erhaltenen Fußabdrücken, gaben Forschern Aufschluss über die Techniken der Höhlenkünstler. Fast alle Darstellungen zeigen Tiere, selten Menschen. Viele befinden sich in unzugänglichen unterirdischen Kavernen. Zweifellos hatten die Bilder symbolische oder magische Bedeutung – vielleicht waren sie das Werk von Schamanen.

Verzierte Steinleuchte aus Lascaux

Zu den Techniken *der Künstler in der Eiszeit, die bei Licht arbeiteten, zählten Ritzungen (naturalistische Konturen) in weichen Fels. Für schwarze Linien und Schattierungen wurde Holzkohle, für Farbflächen wurden Pigmente von Mineralien wie Kaolin und Hämatit verwendet. Für Handsilhouetten wurden verflüssigte Mineralienpigmente eingesogen und durch Pflanzenhalme ausgeblasen. Die zurückbleibenden klaren Konturen muten heute unheimlich an.*

Kaolin

Holzkohle

Hämatit

Der große Stier im »Saal der Stiere« in der Höhle von Lascaux

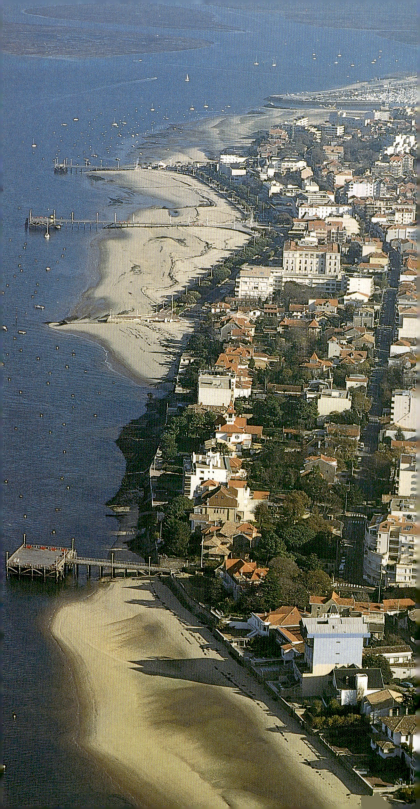

Poitou und Aquitaine

Deux-Sèvres · Vienne · Charente-Maritime
Charente · Gironde · Landes

üdwestfrankreich umfasst ein Viertel der windumtosten Atlantikküste Frankreichs und bietet ausgedehnte Sandstrände. Das weitläufige Gebiet reicht von den Sümpfen des Marais Poitevin bis zu den Kiefernwäldern der Region Landes. Im Zentrum liegt das Weinbaugebiet Bordeaux (Bordelais) mit seinen Schlössern.

Ein reiches architektonisches wie auch kulturelles Erbe erinnert an die bewegte Geschichte der jahrhundertelang umkämpften Regionen Poitou und Aquitaine. Triumphbogen und Amphitheater von Saintes zeugen vom römischen Einfluss. Im Mittelalter förderte der Pilgerweg nach Santiago de Compostela *(siehe S. 400f)* den Bau mächtiger romanischer Kirchen, etwa in Poitiers und Parthenay, aber auch kleinerer Kapellen mit anrührenden Fresken. Der Hundertjährige Krieg *(siehe S. 52f)* brachte für viele Menschen großes Unglück. Zu seinem architektonischen Nachlass zählen die von den englischen Plantagenet-Königen erbauten Wehrtürme. Die Religionskrie-

ge *(siehe S. 54f)* ließen viele Städte, Schlösser und Kirchen in Trümmern zurück.

Poitiers ist ein florierendes Handelszentrum. Im Westen liegen die historischen Hafenstädte La Rochelle und Rochefort. Weiter südlich tragen die berühmten Bordeaux-Weine und die Cognac-Produktion wesentlich zum Einkommen der Region bei. Die Stadt Bordeaux, blühend wie einst zur Römerzeit, lockt mit eleganter Architektur (18. Jh.) und einer dynamischen Kulturszene. Bordeaux-Weine munden zu den bekannten regionalen Spezialitäten, etwa zu Muscheln und Austern von der Küste sowie zu Lammbraten und Ziegenkäse von den Weiden des Hinterlands.

Häuser mit Fensterläden in St-Martin-de-Ré auf der Île de Ré (vor La Rochelle)

◁ Der Ferienort Arcachon an den Sanddünen des Bassin d'Arcachon *(siehe S. 424)*

Überblick: Poitou und Aquitaine

Die fast endlose Atlantikküste, schiffbare Wasserwege, köstliche Portweine sowie Weine und Weinbrände der Extraklasse machen die Region zu einem Erholungsparadies. Die meisten Sommerurlauber zieht es an die Strände. Dabei hat auch das üppige Binnenland viel zu bieten. Schöne mittelalterliche Bauten stehen entlang dem Pilgerweg nach Santiago de Compostela *(siehe S. 400f)*, Schlösser aller Stile und jeder Größe prägen die Weinbaugebiete um Bordeaux. In Bordeaux selbst, der einzigen bedeutenden Stadt der Region, stößt man auf elegante Gebäude aus dem 18. Jahrhundert und auf ein buntes Kulturleben. Das ausgedehnte, künstlich angelegte Waldgebiet von Les Landes trägt zum Charme dieses oft unterschätzten Winkels von Frankreich bei.

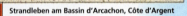
Strandleben am Bassin d'Arcachon, Côte d'Argent

In Poitou und Aquitaine unterwegs

Die A10, Hauptverkehrsader der Region, verbindet Paris und Poitiers mit Bordeaux (sowie auch mit Toulouse und Bayonne bzw. Spanien). Hier verkehrt der größte Teil des Schwerlastverkehrs. Bordeaux erreicht man u. a. mit dem TGV von Lille (Eurostar-Bahnhof) aus. Die TGV-Strecke Paris–Poitiers–Angoulême–Bordeaux hat die Fahrzeit halbiert (Paris–Bordeaux in 3:15 Std.). Bordeaux, Poitiers und La Rochelle haben internationale Flughäfen. In Bordeaux bieten Fernbusse Anschluss an nahezu alle Großstädte Europas. Von Poitiers aus fahren Busse verschiedene Städte der Umgebung an.

Einer der reizvollen Häfen der Île de Ré

Sehenswürdigkeiten auf einen Blick

Abbaye de Nouaillé-
 Maupertuis **8**
Angles-sur-l'Anglin **10**
Angoulême **24**
Aubeterre-sur-Dronne **25**
Aulnay **15**
Bassin d'Arcachon **30**
Bordeaux **26**
Brouage **19**
Charroux **14**
Chauvigny **9**
Cognac **23**
Confolens **13**
Côte d'Argent **29**
Dax **33**
Futuroscope **7**
Île d'Oléron **18**

La Rochelle **16**
Les Landes **31**
Marais Poitevin **3**
Melle **5**
Mont-de-Marsan **32**
Montmorillon **12**
Niort **4**
Parthenay **2**
Pauillac **28**
Poitiers **6**
Rochefort **17**
Royan **20**
Saintes **22**
St-Émilion **27**
St-Savin **11**
Talmont-sur-Gironde **21**
Thouars **1**

LEGENDE

Autobahn	
Schnellstraße	
Nationalstraße	
Nebenstraße	
Panoramastraße	
Eisenbahn (Hauptstrecke)	
Eisenbahn (Nebenstrecke)	
Regionalgrenze	

0 Kilometer 25

Idyllische Szenerie bei Coulon im Marais Poitevin

Mehr über Aquitaine? Vis-à-Vis Südwestfrankreich *ISBN 978-3-8310-0853-7*

Rosette von St-Médard

Thouars ❶

Deux-Sèvres. 🏠 10 500. 🚉🚌
🛈 3 bis, bd Pierre Curie (05 49 66
17 65). 🚌 Di u. Fr.
www.tourisme-pays-thouarsais.fr

Das auf einem Felsvorsprung vom Thouet um-
flossene Thouars liegt an der
Grenze zwischen Anjou und
Poitou. Die eine Hälfte der
Dächer des Orts sind mit nor-
dischem Schiefer gedeckt, die
andere mit südländischen
roten Ziegeln.

Die romanische Fassade der
Église St-Médard zeigt den
typischen poitevinischen Stil
(siehe S. 412). Die gotische
Fensterrose wurde nachträglich angebracht. Mittelalterliche Fachwerkhäuser säumen
die Rue du Château hinauf
zum Schloss (17. Jh.), das
heute eine Schule beherbergt.

Kunstausstellungen gibt es
im von Wällen umgebenen
Château d'Oiron, einer groß-
teils 1518–49 geschaffenen
Renaissance-Perle östlich von
Thouars.

🏛 **Château d'Oiron**
79100 Oiron. 📞 05 49 96 51 25.
◻ tägl. ● Feiertage. 🚫

Parthenay ❷

Deux-Sèvres. 🏠 11 000. 🚉🚌
🛈 8, rue de la Vau-St-Jacques
(05 49 94 90 05). 🚌 Mi.
www.cc-parthenay.fr

Parthenay, eine typische
Provinzstadt, erwacht
jeden Mittwochmorgen zum
Leben. Dann steigt hier Frankreichs zweitgrößter Vieh-
markt. Im Mittelalter war Par-

thenay eine wichtige Station
auf dem Pilgerweg nach Santiago de Compostela *(siehe
S. 400f)*. Die Brücke über den
Thouet bewacht die befestigte
Porte St-Jacques (13. Jh.). Von
hier aus führt die kopfsteingepflasterte Rue de la Vau-
St-Jacques steil zu den Festungsanlagen (13. Jh.) hoch.

Westlich von Parthenay
steht die Kirche **St-Pierre-de-
Parthenay-le-Vieux** (12. Jh.)
mit ihrer poitevinischen Fassade. Schmuckelemente zeigen Samson und den Löwen
sowie einen Ritter mit einem
Falken.

Marais Poitevin ❸

Charente-Maritime, Deux-Sèvres,
Vendée. ✈ La Rochelle. 🚉 Niort, La
Rochelle. 🚌 Coulon, Arçais, Marans.
🛈 2, rue de l'Église, Coulon (05 49
35 15 20).
www.parc-marais-poitevin.fr

Mit Kanälen, Deichen und
Schleusen wurden die
poitevinischen Sümpfe trockengelegt. Sie bedecken
zwischen Niort und der Küste
80 000 Hektar Fläche. Heute
sind sie als Regionalpark aus-
gewiesen, der zwei Gesichter
zeigt: Im Norden und Süden
der Sèvre-Mündung liegt der
fruchtbare Marais Désséché
(trockengelegter Sumpf), wo
Getreide angebaut wird.
Flussaufwärts Richtung Niort
erstreckt sich der Marais
Mouillé (feuchter Sumpf).

Landschaftlich reizvoller
sind die feuchten, auch Venise verte (grünes Venedig)
genannten Sümpfe. Durch sie
zieht sich ein Labyrinth grün
umwucherter Kanäle, an
denen Schwertlilien und Seerosen, Pappeln und Buchen
gedeihen. Sie bieten einer
Vielzahl von Vögeln und anderen Tieren einen idealen
Lebensraum. Niemand weiß
besser als die Bewohner, die
maraîchins, dass große Teile
der weiten, vom Wasser ein-
geschlossenen Wälder noch
unerforscht sind. Die weißen
Häuser der pittoresken Dörfer
sind alle erhöht angelegt. Flache Boote *(plattes)* bilden das
Hauptverkehrsmittel.

Coulon, St-Hilaire-la-Palud,
La Garette und Arçais sowie

Mittelalterliche Häuser in der Rue de la Vau-St-Jacques, Parthenay

Vertäute flache Boote in Coulon im Marais Poitevin

der Vater von Madame de Maintenon *(siehe S. 56)*, die aus Niort stammte. Heute ist der *donjon* ein Museum für Kunsthandwerk und archäologische Funde der Region. Das **Musée Agesci** präsentiert Keramiken, Skulpturen und Gemälde (16.–20. Jh.).

Umgebung: In der Abteikirche **St-Maixent-l'École** (auf halbem Weg nach Poitiers) spielen Licht und Raum zauberhaft zusammen. Mit dem gotischen Bau ersetzte François Le Duc 1670 das in den Religionskriegen zerstörte Vorgängergebäude. Westlich liegt der **Tumulus de Bougon** mit fünf Grabhügeln, der älteste stammt von 4500 v. Chr.

Melle ❺

Deux-Sèvres. 🚶 4000. 🚌 ℹ️ *Rue E. Traver (05 49 29 15 10).* 🅿️ *Fr.*

Eine römische Silbermine war Ausgangspunkt für die Entstehung von Melle, das im 9. Jahrhundert die einzige Münze Aquitaniens besaß. Später trug ihm der *baudet du Poitou* Bekanntheit ein, in der Gegend gezüchteter Maulesel. Heute fährt man wegen der Kirchen hierher. Mit poitevinischer Fassade erhebt sich **St-Hilaire** (12. Jh.) am Ufer. Die Reiterstatue über dem Nordportal soll Kaiser Konstantin darstellen.

Umgebung: Das maurische Portal der Kirche von **Celles-sur-Belle** kontrastiert mit dem Rest des Bauwerks, das im 17. Jahrhundert im gotischen Stil restauriert wurde.

Damvix und Maillezais in der Vendée eignen sich als Ausgangspunkte für Bootstouren durch die Sümpfe. Man kann Boote mit oder ohne Führer mieten (Insektenschutz nicht vergessen!).

Coulon ist das größte Dorf und bietet einen Bootsverleih. **La Maison des Marais Mouillés** in einem alten Zollhaus präsentiert die Geschichte sowie Flora und Fauna der Sümpfe.

Der *donjon* der Plantagenets in Niort, heute ein Heimatmuseum

Niort ❹

Deux-Sèvres. 🚶 60000. 🚌 🚌 ℹ️ *8, rue Blaise Pascal, Niort (05 49 24 18 79).* 🅿️ *Do u. Sa.* **www**.niortourisme.com

Niort war im Mittelalter ein bedeutender Hafen an der Sèvre. Nun konzentriert sich die Stadt auf Werkzeugbau, Elektronik, Chemie und Versicherungsgewerbe. Die lokalen Spezialitäten zeugen von der Nähe der Sümpfe: Schnecken, Aale und Engelwurz. Die in den Feuchtgebieten kultivierte Engelwurz wird für viele Produkte verwendet – vom Likör bis zur Eiscreme.

Nicht zu übersehen ist Niorts Attraktion: der gewaltige, den Vieux Pont überblickende *donjon*. Er wurde im 12. Jahrhundert von Henry II und Richard Löwenherz angelegt und spielte im Hundertjährigen Krieg eine Rolle. Später diente er als Gefängnis. Zu den Insassen zählte

Reiterstatue Konstantins über dem Nordportal von St-Hilaire in Melle

Kanal in Venise verte, den feuchten Sümpfen des Marais Poitevin ▷

Poitiers ⑥

Drei der größten Schlachten der französischen Geschichte wurden bei Poitiers geschlagen – die berühmteste im Jahr 732, als Karl Martell den Vormarsch der Araber stoppte. Nach zweimaliger englischer Herrschaft *(siehe S. 51)* erlebte Poitiers unter dem Kunstmäzen Jean de Berry (1369–1416) eine Blütezeit. Die 1431 gegründete Universität, an der auch Rabelais studierte, machte Poitiers zu einem der geistigen Zentren der Zeit. Dann stürzten die Religionskriege die Stadt ins Chaos. Erst Ende des 19. Jahrhunderts gab es wieder Licht am Horizont. Heute ist die Hauptstadt des Départements Vienne eine moderne Stadt mit historischem Kern und reichem architektonischem Erbe.

Fresko in der Église St-Hilaire-le-Grand

🔒 Notre-Dame-la-Grande
Die berühmte Pilgerkirche heißt zwar »la Grande«, ist aber in Wirklichkeit nicht sehr groß. Bekannt ist sie vor allem für ihre farbenfrohe Fassade (12. Jh.). Den Chor ziert ein romanisches Fresko von Christus und der Jungfrau Maria. Die meisten Kapellen wurden in der Renaissance hinzugefügt.

🏛 Palais de Justice
Place Alphonse Lepetit. 📞 05 49 50 22 00. ⏲ Mo–Fr.
Hinter der Renaissance-Fassade verbirgt sich das ehemalige Palais der Könige von Anjou, Henry II und Richard Löwenherz, in dessen Großem Saal 1429 Jeanne d'Arc vom geistlichen Gericht verhört worden sein soll.

🔒 Cathédrale St-Pierre
Das Chorgestühl (13. Jh.) ist das älteste Frankreichs. Das große Fenster mit der Kreuzigungsdarstellung lässt Licht in den geraden Chorabschluss.

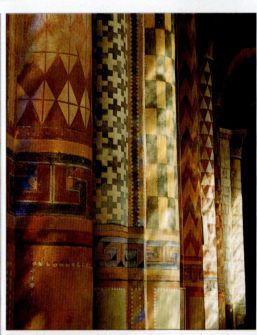

Säulen mit bunten geometrischen Mustern in Notre-Dame-la-Grande

Notre-Dame-la-Grande

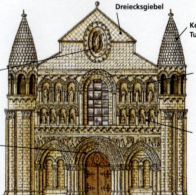

Dreiecksgiebel

Kegelförmige Turmspitzen

Die Maiestas Domini steht im Zentrum des Giebelfelds, umrahmt von den Symbolen der Evangelisten.

Blendarkaden sind ein typisches poitevinisches Stilelement.

Die Portale unter den mehrfach abgestuften Archivolten sind reich verziert und zeigen stellenweise deutlich maurischen Einfluss.

Die Zwölf Apostel sind zusammen mit dem ersten Bischof, dem hl. Hilarius, und dem hl. Martin in der Arkadenreihe dargestellt.

Unterhalb des Fensters sind die Stifter der Kirche, Henry II und Éléonore d'Aquitaine, zu sehen. Die Orgel (1787–91) wurde von François-Henri Cliquot erbaut und zählt zu den schönsten Europas.

🏛 Espace Mendès France

1, place de la Cathédrale. **📞** 05 49 50 33 08. ○ Di–Fr (Sa–Mo nur vormittags). 🖼

Das Museum umfasst ein hochmodern ausgestattetes Planetarium. Die Geheimnisse des Universums werden anhand von eindrucksvollen Lasershows erklärt.

🏛 Église St-Hilaire-le-Grand

Brände und Wiederaufbauten haben einen Stilmix hinterlassen. Der ursprüngliche Bau stammte aus dem 6., der Glockenturm ist noch aus dem 11. und das Mittelschiff aus dem 12. Jahrhundert.

🏛 Baptistère St-Jean

Rue Jean Jaurès. ○ Mi–Mo. 🖼
Die Taufkapelle (4. Jh.) mit ihrem polygonalen Narthex ist frühchristlich. Das Baptisterium ist eines der ältesten christlichen Bauwerke Frankreichs. Außer den romanischen Fresken (Christus und Kaiser Konstantin) birgt es ein Museum und Sarkophage aus der Merowingerzeit.

🏛 Musée Sainte-Croix

3 bis, rue Jean Jaurès. **📞** 05 49 41 07 53. ○ Di–Fr (Sa–Mo nur vormittags). ● Feiertage. 🖼

Das Museum präsentiert prähistorische Funde sowie gallo-römische und mittelalterliche Artefakte. Viele der Gemälde und der Skulpturen stammen aus dem 19. Jahrhundert. Unter den fünf Bronzen von Camille Claudel ist *La Valse*. Auch zu sehen: zeitgenössische Kunst.

🏛 Médiathèque François Mitterrand

4, rue de l'Université. **📞** 05 49 52 31 51. ○ Di–Sa. ● Feiertage.
Das moderne Gebäude im historischen Viertel beherbergt die **Maison du Moyen Âge** mit mittelalterlichen Handschriften, Landkarten und Stichen.

INFOBOX

Vienne. 🏃 90 000. ✈ 5 km westl. von Poitiers. 🚃 🚌
ℹ 45, pl Charles de Gaulle (05 49 41 21 24). ○ So, Di u. Do. 🎭 Concerts allumés (Ende Sep–Anfang Okt). www.ot-poitiers.fr

Futuristisch – das Futuroscope

Futuroscope ❼

Jaunay-Clan. 🚌 **📞** 05 49 49 30 80. ○ tägl. ● Jan–Mitte Feb. 🖼 🍴
🌐 www.futuroscope.com

Im Futuroscope, sieben Kilometer nördlich von Poitiers, werden in futuristischem Ambiente neueste Entwicklungen der visuellen Kommunikation gezeigt. Zu den Attraktionen zählen 3-D- und 360°-Screens, Simulatoren sowie der »fliegende Teppich«, ein Saal, in dem sich eine Leinwand auf dem Boden befindet und man zu fliegen glaubt. Das Kino hat eine Riesen-Leinwand.

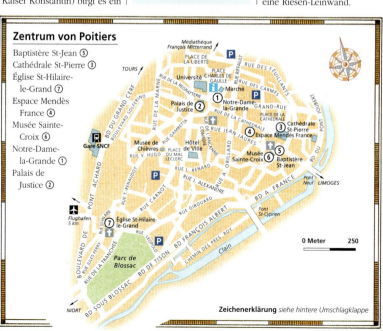

Zentrum von Poitiers

Médiathèque François Mitterrand

TOURS

PLACE DE LA LIBERTÉ

PLACE CHARLES DE GAULLE

Université

Marché

RUE DE LA REGRATTERIE

RUE DES FEUILLANTS

RUE RIFFAULT

RUE DES CARMES

Notre-Dame-la-Grande ①

GRAND-RUE

PLACE DE LA CATHÉDRALE

Palais de Justice ②

BD DU GRAND CERF

RUE DE LA MARNE

BOULEVARD SOLFERINO

RUE GAMBETTA

RUE DE L'INTENDANT LE NAIN

RUE DE LA CATHÉDRALE

Cathédrale St-Pierre ③

Espace Mendès France ④

RUE JEAN JAURÈS

COMTE D'IVOIRE

RUE ORILLARD

BD DU PONT JOUBERT

Musée de Chièvres

RUE V. HUGO

Hôtel de Ville

RUE DU MAL LECLERC

Gare SNCF

Musée Sainte-Croix ⑥

Baptistère St-Jean ⑤

BD DU PONT NEUF

RUE L. RENARD

Pont Neuf

LIMOGES

PONT ACHARD

RUE T. RENAUDOT

RUE CARNOT

RUE J. ALEXANDRE

RUE GIROUARD

BD A. FRANCE

Pont St-Cyprien

Flughafen 5 km

BOULEVARD DE RUE JULES FERRY

RUE DE LA TRANCHÉE

Église St-Hilaire-le-Grand ⑦

RUE LÉOPOLD

BD FRANÇOIS ALBERT

BD DE TISON

CHEMIN DES PRÉS ROY

Clain

0 Meter   250

Parc de Blossac

NIORT

BD SOUS BLOSSAC

Zeichenerklärung *siehe hintere Umschlagklappe*

Die Burgruine von Angles-sur-l'Anglin mit der alten Wassermühle im Vordergrund

Abbaye de Nou-aillé-Maupertuis ❽

Nouaillé-Maupertuis. ☎ 05 49 55 35 69. **Kirche** ◯ 9–18 Uhr (im Winter bis 17 Uhr). ♿ teilweise. 📷 nur im Sommer.

An den Ufern des Miosson liegt die Abbaye de Nou-aillé-Maupertuis. Das erstmals 780 erwähnte Kloster wurde 808 Benediktinerabtei. Für einen Besuch spricht nicht nur die landschaftliche Schönheit, sondern auch die im 11./12. Jahrhundert errichtete, mehrmals zerstörte und wiederaufgebaute Abteikirche. Hinter dem Altar steht der Sarkophag (10. Jh.) des hl. Junien, von drei majestätischen Wappenadlern geziert.

Sehenswert ist auch das geschichtsträchtige Schlachtfeld unweit der Abtei. Hier unterlagen die Franzosen 1356 dem Schwarzen Prinzen. Die Landschaft hat sich in den letzten 600 Jahren kaum verändert. Gué de l'Omme, das Zentrum des Geschehens, erreicht man entlang der rechts von der D142 abzweigenden Landstraße nach La Cardinerie. Auf dem Hügel steht ein Denkmal an der Stelle, an der König Jean le Bon gefangen genommen wurde. Er hatte sich nur mit einer Streitaxt bewaffnet, und sein kleiner Sohn Philippe sagte ihm, von wo der nächste englische Angreifer kam.

Chauvigny ❾

Vienne. 🚶 7000. 🚉 ℹ 5, rue St-Pierre (05 49 46 39 01). 🛒 Di, Do u. Sa. www.chauvigny.fr

Chauvigny liegt auf einem Felsvorsprung hoch über der Vienne. Hier stehen die Ruinen von nicht weniger als vier mittelalterlichen Burgen. Der nahe Steinbruch bot genügend Baumaterial, sodass niemand daran dachte, ältere Burgen abzureißen, um neue zu errichten.

Hauptattraktion ist die **Église St-Pierre** (11./12. Jh.) mit ihren verzierten Kapitellen – schön sind vor allem diejenigen des Chors, die biblische Szenen abbilden, aber auch Monster, Sphingen und Sirenen. Achten Sie auch auf

Wilde Bestien auf den Kapitellen der Église St-Pierre in Chauvigny

das Kapitell mit der Inschrift »Gofridus me fecit« (Gofridus schuf mich) mit einer sehr naturalistischen Darstellung der Anbetung der Könige.

Umgebung: Unweit des Orts liegt das **Château de Touffou**, ein Renaissance-Bau mit Terrassen und hängenden Gärten. Folgt man der Vienne in nördlicher Richtung, kommt man nach **Bonneuil-Matours**, dessen romanische Kirche ein prächtiges Chorgestühl besitzt.

🏯 **Château de Touffou**
Bonnes. ☎ 05 49 56 08 48. ◯ Mitte Juni–Mitte Sep: Mi–Sa, Mo; Mitte Sep–Mitte Juni: nur nach Voranmeldung. ♿

Angles-sur-l'Anglin ❿

Vienne. 🚶 400. ℹ 2, rue du Four Banal (05 49 48 86 87). 🛒 Sa u. So. www.anglessuranglin.com

Das malerische Dorf Angles liegt in schöner Flusslandschaft unterhalb einer Burgruine. Die Wassermühle am schilfgesäumten, von Seerosen bedeckten Anglin passt ins idyllische Bild. Das Dorf ist im Sommer leider meist überlaufen. Die Nachsaison ist ruhiger.

Angles ist für Stickarbeiten, die jours d'Angles, bekannt, eine noch heute gepflegte Tradition (Besichtigung von Werkstätten ist möglich).

St-Savin ⓫

Vienne. 🏛 *1000.* 🚂 🛈 *20, place de la Libération (05 49 48 30 00).* 📧 *Fr.* www.abbaye-saint-savin.fr

Hauptanziehungspunkt von St-Savin ist die Abteikirche aus dem 11. Jahrhundert mit ihrem gotischen Turm und dem gewaltigen Mittelschiff. Im Hundertjährigen Krieg wurde die einflussreiche Abtei niedergebrannt und während der Religionskriege mehrmals geplündert. Mönche restaurierten sie im 17. und 19. Jahrhundert.

Im Inneren befindet sich der schönste romanische Freskenzyklus (12. Jh.) Europas. Die Wandbilder zählen zu den bedeutendsten Kunstwerken Frankreichs und wurden 1836 zum *Monument Historique* erklärt. Einige wurden 1967–74 restauriert. Seit 1983 gehören sie zum Welterbe der UNESCO. Im Pariser Palais de Chaillot *(siehe S. 110f)* gibt es eine originalgetreue Replik der Wandbilder von St-Savin.

Das Museum in der Abtei erläutert die Technik und die Geschichte der Fresken.

Glockenturm von St-Savin

Montmorillon ⓬

Vienne. 🏛 *7000.* 🚂 🛈 *2, place du Maréchal Leclerc (05 49 91 11 96).* 📧 *Mi.*

Das beiderseits des Flusses Gartempe errichtete Montmorillon geht auf das 11. Jahrhundert zurück. Wie die meisten Orte der Region ist auch Montmorillon im Hundertjährigen Krieg und in den Religionskriegen großteils zerstört worden. Zu den erhaltenen Bauwerken zählt die **Église Notre-Dame** mit herrlichen Fresken in der Krypta (12. Jh.). Die Szenen schildern u. a. das Leben der hl. Katharina von Alexandria.

Umgebung: Südlich des Orts, etwa 30 Kilometer vom Pont de Chez Ragon entfernt, liegen die **Portes d'Enfer**, bizarre Felsen oberhalb der Stromschnellen des Flusses Gartempe.

Confolens ⓭

Charente. 🏛 *3000.* 🚂 🛈 *Place Henri Desaphie (05 45 84 22 22).* 📧 *Mi u. Sa.*

An der Grenze zum Limousin liegt Confolens, einst eine bedeutende Grenzstadt mit mehreren Kirchen. Heute wandern immer mehr Jugendliche ab. Hier findet jedes Jahr im August ein internationales Folklorefestival statt. Dann prägen Musik, Trachten und Kunsthandwerk aus aller Herren Länder das Stadtbild.

Von historischem Interesse ist u. a. die im frühen 18. Jahrhundert großteils restaurierte mittelalterliche Brücke über die Vienne.

Charroux ⓮

Vienne. 🏛 *1200.* 🛈 *2, route de Chatain (05 49 87 60 12).* 📧 *Do.*

Die **Abbaye St-Sauveur** (8. Jh.) in Charroux war einst eine der reichsten der Region. Heute sieht man nur noch eine Ruine. Das mit dieser Kirche verknüpfte historische Datum ist das Jahr 879, als auf dem Konzil von Charroux der »Gottesfriede« festgelegt wurde. Dabei handelte es sich um den ersten geschichtlich belegten Versuch einer Art Genfer Konvention. Darin hieß es beispielsweise, christliche Soldaten dürften auf ihren Feldzügen weder Kirchen plündern noch Geistliche angreifen noch den Bauern das Vieh stehlen.

Der imposante Turm und die im Museum ausgestellten Portalskulpturen lassen erahnen, wie grandios die Abtei in ihrer Blütezeit gewesen sein muss.

Die Fresken von St-Savin

Die Fresken schildern Szenen aus dem Alten Testament: von der Schöpfung bis zur Übergabe der Zehn Gebote. Der Zyklus beginnt links vom Eingang mit der Schöpfung der Sterne und der Erschaffung Evas. Es folgen die Arche Noah und der Turmbau zu Babel, die Geschichte Josephs und die Teilung des Roten Meers. Wegen der stilistischen Ähnlichkeiten geht man davon aus, dass alle Fresken von derselben Künstlergruppe stammen. Die Farben (Rot, Gelb, Ocker, Grün) sind mittlerweile allerdings verblasst.

Die Arche Noah, Wandbild (12. Jh.) in St-Savin

Aulnay ⑮

Charente-Maritime. 🏛 *1400.*
🚉 *290, avenue de l'Église (05 46
33 14 44).* 🕐 *Do u. So.*
www.en-charente-maritime.com

Erstaunlich an der **Église
St-Pierre** (12. Jh.) in Aulnay ist die Tatsache, dass der
gesamte Bau in einem fertiggestellt wurde. Die von Zypressen umstandene Kirche
ist seit der Zeit der großen
Wallfahrten dieselbe. Besondere Erwähnung verdient ihre
Verzierung, vor allem an der
Außenseite des südlichen
Querschiffs. St-Pierre ist eine
der wenigen Kirchen mit ein-
heitlicher romanischer Fassade. Am Südportal wechseln
sich Bestien mit anmutigen
Gestalten ab. Interessant ist
der Esel mit der Harfe. Im Inneren trägt eine mit Elefanten
verzierte Säule die Inschrift:
»Hier sollen Elefanten sein.«

Église St-Pierre, Aulnay

La Rochelle ⑯

Charente-Maritime. 🏛 *78 000.* 🚉
🚉 🚉 🚉 *Quai Georges Simenon, Le
Gabut (05 46 41 14 68).* 🕐 *tägl.*
www.larochelle-tourisme.com

La Rochelle ist seit dem
11. Jahrhundert ein be-
deutender Hafen und Waren-
umschlagplatz – doch es hat
immer die falsche Seite unterstützt, z. B. die Engländer und
die Calvinisten. Das führte
1628 zur grausamen Belagerung der Stadt unter Kardinal
Richelieu, bei der 23 000 Menschen verhungerten. La Rochelle wurde sämtlicher Privi-

Tour St-Nicolas in La Rochelle

legien enthoben, die Häuser
der Stadt dem Erdboden
gleichgemacht.

Hauptanziehungspunkt ist
der alte Hafen, heute der
größte Yachthafen an der
französischen Atlantikküste.
Beiderseits der Hafeneinfahrt
stehen die **Tour de la Chaîne**
und die **Tour St-Nicolas.** Früher war zum Schutz vor An-
greifern vom Meer her zwischen beiden Türmen eine
schwere Kette gespannt.

Die Kopfsteinpflasterstraßen
und Arkaden von La Rochelle
lassen sich bequem zu Fuß
erkunden – allerdings besser
nicht im Hochsommer. Einen
guten Überblick genießt man
von der **Tour de la Lanterne**
(15. Jh.) aus. In die Wände
ritzten Gefangene, ausländische Matrosen (17.–19. Jh.),
allerlei Bilder und Texte.

Das **Musée d'Histoire Naturelle** umfasst das Studierzim-
mer des Wissenschaftlers Clément Lafaille, ein Kabinett für
Naturgeschichte sowie ausge-
stopfte Tiere und afrikanische
Masken. Die Verbindung der
Stadt zur Neuen Welt ist Ge-
genstand des **Musée du Nouveau Monde.** Emigration,
Übersee- und Sklavenhandel
werden anhand alter Karten
sowie durch Gemälde und
Kunsthandwerk illustriert.
Sehenswert sind auch die
hintere Fassade des **Hôtel de
Ville** sowie die Flakonsamm-
lung im **Musée du Flacon à
Parfum** (in der Parfümerie der
Rue du Temple 33).

Am Vieux Port zeigt das
Aquarium über transparenten
Tunneln Meeresbiotope mit
ihren typischen Bewohnern,
darunter auch Haie.

🏛 Tour de la Lanterne
Rue de Murs, Le Port. ☎ *05 46 41
56 04.* 🕐 *Mai–Mitte Sep: tägl.;
Mitte Sep–Mai: Di–So.* ● *1. Jan,
1. Mai, 1. u. 11. Nov, 25. Dez.* 🏷

🏛 Musée d'Histoire Naturelle
28, rue Albert Premier. ☎ *05 46 41
18 25.* 🕐 *Di–So.* 🏷 ♿

🏛 Musée du Nouveau
Monde
10, rue Fleuriau. ☎ *05 46 41 46
50.* 🕐 *Mi–Mo.* ● *Sa (Okt–März),
So vormittags, 1. Jan, 1. Mai,
14. Juli, 1. u. 11. Nov, 25. Dez.* 🏷

🐟 Aquarium
Bassin des Grands Yachts, quai
Louis Prunier. ☎ *05 46 34 00 00.*
🕐 *tägl.* 🏷 ♿
www.aquarium-larochelle.com

Umgebung: Die Île de Ré,
auch »Weiße Insel« genannt,
ist ein Vogelparadies mit Kreidefelsen und Dünen. Seit
1988 ist sie durch eine drei
Kilometer lange Brücke mit
dem Festland verbunden.
Besuchen Sie **Ars-en-Ré** oder
den größten Ort der Insel
St-Martin-de-Ré. In den vielen
Fischlokalen werden Austern
serviert. Einige Salzpfannen
bedecken die Insel.

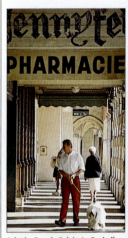
Arkade, Rue du Palais, La Rochelle

Rochefort ⑰

Charente-Maritime. 🏛 *27 000.*
🚉 🚉 🚉 *Av Sadi-Carnot (05 46
99 08 60).* 🕐 *Di, Do u. Sa.* **www.**
paysrochefortais-tourisme.com

Rochefort, die Rivalin von
La Rochelle, wurde im
17. Jahrhundert unter Colbert
(*siehe S. 56f*) als Standort für

Phare des Baleines an der Ostspitze der Île de Ré, gegenüber von La Rochelle

die größte Werft Frankreichs angelegt. Über 300 Segelschiffe liefen jährlich vom Stapel. An die maritime Vergangenheit erinnert die **Corderie Royale** (Königliche Seilerei) von 1670. Sie bietet einen Einblick in die Herstellung von Tauen. Im **Musée de national la Marine** stehen Modelle aller auf der Werft gebauten Schiffe. Rochefort ist zudem als Geburtsort von Pierre Loti (1850–1923) bekannt. Die extravagant eingerichtete **Maison de Pierre Loti** enthält zahllose Erinnerungsstücke an den Autor. Das **Musée d'Art et d'Histoire** im Hôtel Hèbre de Saint-Clément beherbergt eine völkerkundliche Sammlung und eine Karte der alten Werft.

La Corderie Royale
Centre International de la Mer, rue Audebert. 05 46 87 01 90.
tägl. 1., 7.–27. Jan, 25. Dez.

Musée national de la Marine
Place de la Galissonnière. 05 46 99 86 57. tägl. Jan, 1. Mai, 25. Dez.

Maison de Pierre Loti
141, rue P. Loti. 05 46 99 16 88.
Mi–Mo (Juli, Aug: tägl.).
1. Jan, 1. u. 11. Nov, 25. Dez.

Musée d'Art et d'Histoire
63, av Charles de Gaulle. 05 46 82 91 60. Di–So. 1. Jan, 1. Mai, 25. Dez, 2 Wo. im Nov.
obligatorisch.

Umgebung: Von Fouras kann man per Fähre zur **Île d'Aix** übersetzen. Hier war Napoléon Gefangener, bevor er

nach St. Helena gebracht wurde. An ihn erinnert das **Musée Napoléonien**. Das Kamel, das er in Ägypten ritt, steht ausgestopft im **Musée Africain**.

Musée Napoléonien
30, rue Napoléon. 05 46 84 66 40. Mi–Mo. 1. Mai.

Musée Africain
Rue Napoléon. 05 46 84 66 40.
Mi–Mo. 1. Mai.

Napoléon wurde 1814 auf der Île d'Aix gefangen gehalten

Île d'Oléron ⑱

Charente-Maritime. La Rochelle. Rochefort, La Rochelle, Saintes, dann Bus. von La Rochelle (nur im Sommer). Bourcefranc (05 46 85 65 23).

Oléron – vom Festland aus über eine Brücke erreichbar – ist nach Korsika die zweitgrößte französische Insel und ein beliebtes Ferienziel. Dünen, Kiefernwälder und Strände bei Vert Bois und Grande Plage, unweit

des Hafens La Cotinière, prägen die Südküste, die **Côte Sauvage**. Im Norden dominieren Landwirtschaft und Fischfang. Eine Bahn zuckelt von **St-Trojan** durch Dünen und Wälder zur Pointe de Maumusson (Ostern bis Oktober).

Brouage ⑲

Charente-Maritime. 580.
2, rue de Québec, Hiers-Brouage (05 46 85 19 16).

Kardinal Richelieus Festung bei Brouage, sein Sitz während der Belagerung von La Rochelle (1627/28), bot einst Ausblick auf einen florierenden Hafen. Wohlstand und Einwohnerzahl gingen jedoch im 18. Jahrhundert zurück, als der Hafen versandete. Kardinal Mazarin schickte 1659 seine Nichte Marie Mancini hierher. Er wollte so ihre Liaison mit Louis XIV beenden. Der König jedoch konnte Marie nicht vergessen und fuhr nach seiner Vermählung allein nach Brouage, um dort zu übernachten, wo einst seine große Liebe geweilt hatte. Heute kann man auf den **Wällen** schön spazieren gehen.

Umgebung: Es gibt zwei Gründe, um **Marennes** zu besuchen: die berühmten grünen Austern und der Ausblick von der Église St-Pierre-de-Sales. Im nahe gelegenen **Château de la Gataudière** kann man Pferdefuhrwerke und Kutschen besichtigen.

Einer der fünf beliebten Strände von Royan

Royan ⓴

Charente-Maritime. 🏠 *19000.* 🚉
🚌 ⛴ *nur nach Verdon.* 🛈 *1, bd de
la Grandière (05 46 05 04 71).* 🏠 *Di–
So.* **www**.royan-tourisme.com

Royan wurde Ende des
Zweiten Weltkriegs durch
das Flächenbombardement
der Alliierten großteils zerstört
und ist daher heute eine moderne Stadt, die sich deutlich
von den anderen Städten dieses Küstenstreifens abhebt.
Die fünf Sandstrände, die hier
conches heißen, machen den
Ort im Sommer zum beliebten
Ferienziel.

Die 1955–58 erbaute **Église
Notre-Dame** ist ein frühes Beispiel für die Verwendung von
Stahlbeton. Die bunten Fenster lassen großzügig Licht ins
Innere. Eine Abwechslung zur
modernen Architektur bietet
der **Phare de Cordouan** im
Renaissance-Stil. Verschiedene
Leuchttürme wurden seit dem
11. Jahrhundert an dieser Stelle errichtet. Der heutige, mit
einer Kapelle im Inneren,
wurde 1611 fertiggestellt.

Später verstärkte man die
Mauern und erhöhte den
Turm um 30 Meter. Seit 1789
ist der Leuchtturm unverändert. Von Royan aus werden
im Sommer Schiffsausflüge
zum Leuchtturm angeboten.

Talmont-
sur-Gironde ㉑

Charente-Maritime. 🏠 *83.*
🛈 *Rue de l'Église (05 46 90 16 25).*

Die winzige romanische
Église Ste-Radegonde
steht an exponierter Stelle
oberhalb der Gironde. Auffäl-
lig ist die 1094 in Form eines
Schiffsbugs gebaute Apsis –
angesichts des bereits in den
Mündungsarm gestürzten
Mittelschiffs wirkt dies sehr
passend. Die Fassade stammt
aus dem 15. Jahrhundert und
verkleidet die Überreste.
Innen gibt es aufwendig verzierte Kapitelle und eine Darstellung des hl. Georg.

Talmont ist ein bezaubern-
der Ort mit weißen Häusern
und Rosengärten.

Saintes ㉒

Charente-Maritime. 🏃 *27000.* 🚉
🚌 🛈 *Villa Musso, 62, cours National (05 46 74 23 82).* 🏠 *Di–So.*
www.ot-saintes.fr

Saintes, die Hauptstadt der
Saintonge, besitzt ein reiches architektonisches Erbe.
Jahrhundertelang befand sich
hier die einzige Brücke über
den Unterlauf der Charente,
die von zahllosen Pilgern auf
dem Weg nach Santiago de
Compostela benutzt wurde.
Die römische Brücke gibt es
nicht mehr, den **Arc de Germanicus** (19 v. Chr.), der einst
an der Brücke stand, kann
man noch bewundern.

Auf derselben Flussseite
steht die schlichte **Abbaye
aux Dames**. Die 1047 geweihte Kirche wurde im 12. Jahrhundert umgebaut. Später
(17./18. Jh.) war die Abtei ein
Mädchenpensionat. Sehens-
wert: die Skulpturen des Portals und das Haupt Christi
(12. Jh.) in der Apsis.

Am linken Charente-Ufer
liegen die Ruinen eines römischen **Amphitheaters** (1. Jh.).
Etwas weiter entfernt steht die
Église St-Eutrope. Im 15. Jahrhundert wurde Louis XI hier
auf wundersame Weise von
der Wassersucht geheilt und
bescherte den romanischen
Kirche aus Dankbarkeit einen
Stilbruch in Form gotischer
Elemente.

Arc de Germanicus in Saintes

Cognac ㉓

Charente. 🏃 *20000.* 🚉 🚌
🛈 *16, rue du 14 Juillet (05 45 82 10
71).* 🏠 *Di–So.*
www.tourism-cognac.com

Verräterischer schwarzer
Flechtenbewuchs an den
Hauswänden zeigt hier an,

Nekropole der in Fels gehauenen Église St-Jean, Aubeterre-sur-Dronne

dass im Inneren Alkohol verdunstet – also Cognac gelagert wird. Alle großen Kellereien des Orts bieten Führungen an, auch **Cognac Otard**, die in einem Schloss (15./16. Jh.), dem Geburtshaus François' I, untergebracht ist. Sie wurde 1795 von einem Schotten namens Otard gegründet. Ein großer Teil der Renaissance-Architektur ist erhalten und bietet eine schöne Kulisse für die Besichtigung der Kellerei.

Ausgangsprodukt des Cognacs ist der alkoholarme hiesige Weißwein. Dieser wird gebrannt und reift dann vier bis 40 Jahre lang in Eichenfässern. Ausschlaggebend für den Geschmack ist die Kunst des Verschneidens. Qualität ist daher vor allem eine Frage der Marke.

Traditioneller Cognacschwenker

🏠 **Cognac Otard**
Château de Cognac, 127, bd Denfert-Rochereau. 📞 05 45 36 88 86. ◻ Apr–Okt: tägl.; Nov–Dez: Mo–Fr. ● 1. Mai; Feiertage im Winter. 📷 obligatorisch. **www**.otard.com

Angoulême ㉔

Charente. 🚶 43 000. 🚃 🚌 🛈 Pl des Halles (05 45 95 16 84). ⬥ tägl. **www**.angouleme-tourisme.com

Die Industriestadt Angoulême steht im Zeichen ihrer berühmten **Cathédrale St-Pierre** (12. Jh.), der vierten an dieser Stelle. Besondere Beachtung verdienen ihre Fassadenskulpturen. Im 19. Jahrhundert wurde St-Pierre von dem Architekten Abadie exzessiv restauriert. In seinem Bestreben, alle nach dem 12. Jahrhundert hinzugefügten Details zu eliminieren, gelang ihm sogar die Zerstörung der Krypta aus dem 6. Jahrhundert. Leider ließ man ihn auch am alten Schloss arbeiten. Resultat war das neogotische **Hôtel de Ville** (Rathaus). Der Turm aus dem 15. Jahrhundert, in dem Marguerite d'Angoulême 1492 zur Welt kam, ist jedoch erhalten geblieben. Eine Statue im Garten erinnert an die kulturbeflissene Schwester von François I, die sechs Sprachen beherrschte, eine wichtige Rolle in der Außenpolitik spielte und die Erzählung *Heptaméron* schrieb.

Auf den Wällen findet Mitte September ein Oldtimer-Rennen statt.

Angoulême hat sich zur Hauptstadt des Comics (franz. »bande dessinée«) entwickelt und richtet das Festival de la Bande Dessinée (Januar/Februar) aus. Die **Cité Internationale de la Bande Dessinée et de l'Image** zeigt Comics und Zeichentrickfilme, die bis 1946 zurückreichen. Von der Cité aus führt eine Fußgängerbrücke zum Musée de la Bande Dessinée, in dem Geschichte, Techniken und Stile dieser Kunstform erläutert werden.

🏛 **Cité Internationale de la Bande Dessinée et de l'Image**
121, rue de Bordeaux. 📞 05 45 38 65 65. ◻ Di–So (Sa/So nur nachmittags). ● Jan, Feiertage. 📷 ♿ 🎬 *Kino*. **www**.cnbdi.fr

Aubeterre-sur-Dronne ㉕

Charente. 🚶 430. 🚌 🛈 Place du Château (05 45 98 57 18). ⬥ Do u. So.

Die Sehenswürdigkeit des hübschen weißen Dorfs ist die ungewöhnliche **Église St-Jean**. Dem weißen Kreidefelsen, in den sie gehauen wurde, verdankt der Ort seinen Namen (*alba terra =* weiße Erde). Der Bau geht teils auf das 6. Jahrhundert zurück. Bei Ausgrabungen legte man ein frühchristliches Taufbecken und einen Reliquienschrein frei. Sehenswert ist auch die romanische Kirche **St-Jacques** mit fein gearbeiteter Fassade.

Detail der romanischen Fassade der Cathédrale St-Pierre, Angoulême

Im Detail: Bordeaux **26**

Das an einer Biegung der Garonne errichtete Bordeaux war schon vor der Römerzeit ein bedeutender Hafen und später jahrhundertelang Knotenpunkt des europäischen Handels. Heute findet man in der neuntgrößten Stadt Frankreichs nur noch wenige Zeugnisse von Römern, Franken, Engländern oder aus den Religionskriegen. Dafür besitzt Bordeaux einen eleganten Stadtkern (18. Jh.). Die Uferpromenaden der wohlhabenden Weinmetropole säumen Bauten mit eleganten klassizistischen Fassaden, die ursprünglich den Blick auf die baufälligen mittelalterlichen Stadtviertel versperren sollten. Seit 2007 ist das Areal Porte de la Lune Welterbe der UNESCO.

Église Notre-Dame (1684–1707)

RUE CONDILLAC

COURS DE L'INTENDANCE

RUE MAUTREC

ALLÉES DE TOU

PLACE DE LA COMÉDIE

COURS DU 30

RUE STE-CATHERINE

RUE ST-REMI

COURS DU CHAPEAU ROUGE

RUE ESPRIT DES LOIS

ALLÉE D'ORLÉANS

PLACE DE LA BOURSE

★ Grand Théâtre
Das 1773–80 erbaute, von neun Musen gekrönte Theater ist ein Meisterwerk klassizistischer Baukunst.

NICHT VERSÄUMEN

- ★ Esplanade des Quinconces
- ★ Grand Théâtre
- ★ Place de la Bourse

LEGENDE

— — — Routenempfehlung

0 Meter   100

Die Quais laden zu einem Spaziergang vor der Kulisse eleganter Fassaden ein.

GARONNE

★ Place de la Bourse
Der harmonische Platz wird von zwei imposanten Bauwerken (18. Jh.) flankiert: dem Palais de la Bourse und dem Hôtel des Douanes.

Hotels und Restaurants in Poitou und Aquitaine *siehe Seiten 580–582 und 635–637*

★ Esplanade des Quinconces

Die große Anlage mit ihren Alleen, Statuen und Brunnen entstand 1827–58 an der Stelle des Château de Trompette (15. Jh.).

INFOBOX

Gironde. 🚶 235 000. ✈ 10 km westl. von Bordeaux. 🚉 Gare St-Jean, rue C. Domerq. 🚌 Allée de Chartres. 🛈 12, cours du 30 Juillet (05 56 00 66 00). 🚢 tägl. 🎉 Fête le Vin (Ende Juni, in geraden Jahren), Fête le Fleuve (Ende Juni, in ungeraden Jahren). **www**.bordeaux-tourisme.com

Im Quartier des Chartrons finden sich elegante Kaufmannshäuser (18. Jh.).

Das Monument aux Girondins ist ein Mahnmal (1804–1902) zur Erinnerung an die unter Robespierres Terrorregime (1793–95) enthaupteten Girondisten.

COURS DE TOURNON

RUE BOUDET

COURS DE GOURGUE

MICYCLE DES QUINCONCES

COURS DU MARECHAL FOCH

ALLEE DE CHARTRES

RUE VAUBAN

ESPLANADE DES QUINCONCES

ALLEE DE BRISTOL

RUE FERRERE

RUE FOY

AI LOUIS XVIII

CAPC Musée d'Art Contemporain
Das Kulturzentrum und Kunstmuseum befindet sich in einem Lagerhaus aus dem frühen 19. Jahrhundert.

Terrassen bieten einen schönen Blick auf den Fluss.

Verladen von Weinfässern in Bordeaux (19. Jh.)

Weinhandel in Bordeaux

Bordeaux ist nach Marseille der älteste Hafen Frankreichs. Seit der Antike gewährleistete der Weinexport einen gewissen Wohlstand, der unter englischer Herrschaft (1154–1453; *siehe S. 50–53*) dank der Monopolstellung der Stadt bei der Belieferung Englands noch zunahm. Nach der Entdeckung der Neuen Welt nutzte Bordeaux die günstige Lage zur Diversifizierung und Ausweitung des Weinhandels. Heute werden im Bordeaux-Weinbaugebiet (Bordelais) jährlich über 55 Millionen Kisten Wein produziert.

Grand Théâtre de Bordeaux

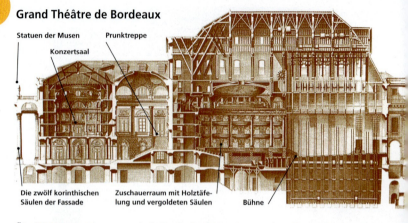

Statuen der Musen

Konzertsaal

Prunktreppe

Die zwölf korinthischen Säulen der Fassade

Zuschauerraum mit Holztäfelung und vergoldeten Säulen

Bühne

Überblick: Bordeaux

Ein Großteil des Stadtzentrums besteht aus Prachtstraßen und Häusern aus dem 18. Jahrhundert. Im vom Cours de l'Intendance und den Cours Clemenceau und den Allées de Tourny begrenzten Dreieck gibt es schicke Läden und Cafés. Um die Cathédrale St-André befinden sich viele Museen. Besuchen Sie die *quais* und das Chartrons-Viertel.

🎭 Grand Théâtre

Place de la Comédie. 📞 05 66 00 66 00. 🕐 nach Voranmeldung. 📷

Das vom Architekten Victor Louis errichtete Grand Théâtre (18. Jh.) zählt zu den schönsten klassizistischen Bauten Frankreichs. Der Zuschauerraum besitzt eine exzellente Akustik. Die Prunktreppe diente beim Bau der Pariser Oper *(siehe S. 96f)* als Vorbild.

🏛 Église St-Seurin

Die Kirche wirkt wie ein Flickwerk verschiedener Stilrichtungen aus dem 11. bis 18. Jahrhundert. Interessant sind die gallo-römischen Sarkophage (6. Jh.) in der Krypta und der Bischofsthron (14. Jh.).

🏛 Basilique St-Michel

200 Jahre dauerte die Fertigstellung der 1350 begonnenen Basilique St-Michel. Größter Stolz der restaurierten dreischiffigen Basilika ist die Statue der hl. Ursula mit ihren Jungfrauen in einer der Seitenkapellen. Der 1472–92 errichtete Glockenturm (114 m) ist der höchste Südfrankreichs.

🏛 Musée des Beaux-Arts

20, cours d'Albret. 📞 05 56 10 20 56. 🕐 Mi–Mo. 🔴 Feiertage. 📷 ♿

Das in zwei Flügeln des Hôtel de Ville untergebrachte Musée des Beaux-Arts (Renaissance bis Neuzeit) zeigt Werke von Tizian, Veronese, Rubens, Delacroix, Corot, Renoir, Matisse und Boudin.

🏛 Musée des Arts Décoratifs

39, rue Bouffard. 📞 05 56 10 14 00. 🕐 Mi–Mo. 🔴 Feiertage. 📷 ♿

Im Hôtel de Lalande aus dem 18. Jahrhundert befindet sich eine erlesene Sammlung von eleganten Möbeln und feinem Porzellan.

🏛 Musée d'Aquitaine

20, cours Pasteur. 📞 05 56 01 51 00. 🕐 Di–So. 🔴 Feiertage. ♿

Das Museum illustriert mit Handwerk, Möbeln und Gerätschaften der Weinbauern die Geschichte der Region von der Steinzeit bis in die Gegenwart. Zu den historisch interessantesten Ausstellungs-

Ruhige Straße in Bordeaux an der Porte de la Grosse-Cloche

stücken zählen die Funde von Tayac (2. Jh. v. Chr.), u.a. eine prächtige Goldkette, und von der Garonne, darunter über 4000 römische Münzen.

🏛 Cathédrale St-André

Das Mittelschiff der gewaltigen Kirche wurde im 11. Jahrhundert begonnen und etwa 200 Jahre später umgebaut. Der gotische Chor und die Querschiffe kamen im 14. und 15. Jahrhundert hinzu. An der Porte Royale sieht man mittelalterliche Szenen des Jüngsten Gerichts.

🏛 CAPC Musée d'Art Contemporain

Entrepôt Lainé, 7, rue Ferrère. 📞 05 56 00 81 50. 🕐 Di–So. 🔴 Feiertage. 📷 ♿ 🛍 ♿

Das ehemalige Lagerhaus aus dem 19. Jahrhundert beherbergt eine erstklassige Sammlung zeitgenössischer Kunst.

St-Émilion ㉗

Gironde. 🚂 2200. 🚌 🚕 ℹ Pl des Créneaux (05 57 55 28 28). 🛒 So. **www**.saint-emilion-tourisme.com

D ie Ursprünge der reizenden Kleinstadt im gleichnamigen Weinbaugebiet reichen bis ins 8. Jahrhundert zurück. Hier hatte sich der Eremit Émilion eine Höhle in den Fels gehauen, später entstand an der Stelle ein Kloster. Im Mittelalter war St-Émilion bereits zur Kleinstadt angewachsen. Noch heute säumen mittelalterliche Häuser die Straßen, auch die Befestigungsmauern (12. Jh.) sind teilweise erhalten. Zudem gibt es hier eine interessante Felsenkirche, die allerdings durch die nachträglich errichteten massiven Stützsäulen etwas entstellt wird.

Zu den berühmten Weingütern der Region zählen **Figeac**, **Cheval Blanc** und **Ausone**, bekannt für ihren *premier grand cru classé*.

Weingut unweit von Margaux im Médoc, westlich von Bordeaux

Pauillac ㉘

Gironde. 🚉 *5400.* 🚌 🚗 🛈 *La Verrerie (05 56 59 03 08).* 🛥 *Di u. Sa.* **www.pauillac-medoc.com**

Zu den berühmtesten Orten im Médoc *(siehe S. 398f)* gehört Pauillac. Drei der dortigen Weingüter produzieren einen *premier grand cru classé*. Das **Château Mou-**ton-Rothschild lässt seine Etiketten von berühmten Künstlern entwerfen und besitzt ein Museum mit Gemälden zum Thema Wein. Das **Château Lafite-Rothschild** besteht seit dem Mittelalter. Das **Château Latour** erkennt man sofort an seinem Türmchen. Besichtigungen sind möglich, müssen jedoch vereinbart werden (Infos beim Tourismusbüro). Das Städtchen Pauillac liegt am westlichen Ufer der Gironde. Im 19. Jahrhundert gingen hier die Überseedampfer vor Anker. Heute liegen fast nur Privatboote im Hafen. Genießen Sie nach einem Spaziergang an den Quais den hiesigen Wein in einem der vielen Cafés.

Bordeaux – Châteaux-Weine

Die *châteaux* des Bordelais, des größten Spitzenwein-Anbaugebiets der Welt, bürgen für Qualität. Ein *château* besteht aus dem Weinberg und einem Gebäude, das bescheiden bis protzig und historisch bis modern sein kann. Das *château* steht auch für eine traditionelle Klassifizierung, für die Qualität und den Geschmack eines Weins. Manche *châteaux* bieten Weinproben und Direktverkauf an. Jeder größere Weinort hat eine Maison du Vin, die Informationen zu Besichtigungen der *châteaux* erteilt.

Latour *(Pauillac) ist für seine schweren Weine bekannt. Markenzeichen ist das mittelalterliche Türmchen.*

Cheval Blanc *bei St-Émilion produziert einen vollmundigen, würzigen* premier grand cru.

Margaux, *1802 im palladianischen Stil erbaut, bietet einen klassischen, harmonischen* premier cru.

Palmer, *ein château von 1856 im Stil der Neorenaissance, stellt einen sehr guten Margaux troisième cru* her.

Gruaud-Larose, *ein cremefarbenes château mit klassizistischer Fassade, zeichnet sich durch seinen körperreichen St-Julien deuxième cru classé aus.*

Vieux Château Certan *befindet sich in belgischem Besitz. Hier werden die Pomerol-Weine produziert, die von jeher zu den besten der Region gehören – nur übertroffen von Pétrus.*

Mehr über Bordeaux? Vis-à-Vis Südwestfrankreich *ISBN 978-3-8310-0853-7*

Die drei Kilometer lange Dune du Pilat südlich des Bassin d'Arcachon

Côte d'Argent ❷❾

Gironde u. Landes. ✈ Bordeaux, Biarritz. 🚉 Soulac-sur-Mer, Arcachon, Labenne, Dax. 🚌 Lacanau, Arcachon, Mimizan. ℹ Lacanau (05 56 03 21 01), Mimizan-Plage (05 58 09 11 20), Capbreton (05 58 72 12 11).

Der Küstenstreifen zwischen Pointe de Grave an der Gironde-Mündung und Bayonne *(siehe S. 452)* heißt Côte d'Argent (Silberküste). Die Wanderdünen sind mittlerweile durch Pflanzungen gebremst worden.

Typische Badeorte sind **Soulac-sur-Mer**, gefolgt von größeren Orten wie **Lacanau-Océan** und **Mimizan-Plage**. Weiter südlich liegen **Hossegor** mit einem Salzsee und **Capbreton**.

Die Binnenseen sind bei Anglern und Freizeitkapitänen sehr beliebt. Sie sind untereinander und mit dem Meer zum Teil durch *courants* (kleine Flüsse wie dem **Courant d'Huchet** von Étang de Léon) verbunden. Das Naturschutzgebiet lässt sich gut mit dem Boot erkunden.

Bassin d'Arcachon ❸⓿

Gironde. 👥 11 500. 🚢 nach Cap Ferret. 🚉 🚌 ℹ Esplanade Georges Pompidou (05 57 52 97 97). ⛴ tägl. **www**.arcachon.com

Die sonst so gerade Küstenlinie der Côte d'Argent wird auf halber Höhe durch eine große Einbuchtung unterbrochen. Das für seinen landschaftlichen Reiz, seine schönen Strände und seine Austern berühmte Bassin d'Arcachon steht unter Naturschutz und ist ein wahres Ferienparadies, nicht nur für Segler und Austernliebhaber.

Rund um die mit Stränden gesäumte Bucht liegen Ferienorte und Fischerdörfer (mit Austernzucht). **Cap Ferret**, die Landzunge, die das Becken vor der steifen Atlantikbrise schützt, ist ein Erholungsgebiet für Wohlhabende, was man unschwer an den luxuriösen, von Kiefern abgeschirmten Villen erkennen kann. Hier gibt es eine Allee, die von Lège zu den wildromantischen Stränden von Grand-Crohot führt.

Im **Parc Ornithologique du Teich** zwischen Cap Ferret und Arcachon, unweit von Gujan-Mestras, werden kranke und verletzte Vögel gepflegt und seltene Arten geschützt. Vogelfreunden werden zwei gut markierte Wege mit Unterständen empfohlen, von denen aus man die Vögel beobachten kann.

Das Seebad **Arcachon** besteht seit 1845. Mit steigender Beliebtheit um die Jahrhundertwende wurden im Viertel Ville d'Hiver viele Villen gebaut. Im lebhaften Ortsteil Ville d'Été an der Lagune gibt es ein Casino und jede Menge Sportangebote.

Die gewaltige Dune du Pilat (3 km lang, 104 m hoch und 500 m breit) ist die größte Düne Europas. Abgesehen von dem herrlichen Panoramablick, den sie bietet, ist die Düne im Herbst ein guter Aussichtspunkt zur Beobachtung ganzer Schwärme von Zugvögeln auf ihrem Weg ins Schutzgebiet von Le Teich.

🦅 Parc Ornithologique du Teich
Le Teich. 📞 05 56 22 80 93. ⏰ tägl. ♿ 🅿 **www**. parc-ornithologique-du-teich.com

Parc Ornithologique du Teich, Vogelschutzgebiet des Bassin d'Arcachon

Die Wälder von Les Landes

Die Aufforstung des Gebiets im 19. Jahrhundert war ein ambitioniertes Projekt zur Nutzung eines aus Sandböden und Sümpfen bestehenden Areals. An der Küste wurden Kiefern gepflanzt und Wiesen angelegt, um die Wanderdünen zu bremsen. Auch im Hinterland »befestigte« man Dünen mit Kiefern, Schilf und Ginster. 1855 wurden die Sümpfe trockengelegt.

Kiefernwald in Les Landes

Les Landes ③①

Gironde u. Landes. ✈ Bordeaux, Biarritz. ▤ Morcenx, Dax, Mont-de-Marsan. ▣ Mont-de-Marsan. ℹ Mont-de-Marsan (05 58 05 87 37).

Die fast vollständig mit Kiefernwäldern bewachsenen Les Landes umfassen die Départements Gironde und Landes. Der Sandboden der Region verwandelte sich im Winter regelmäßig in einen Sumpf, da die poröse Kalktuffschicht das Brackwasser der Seen wie ein Schwamm aufsog. Wegen der Wanderdünen war es völlig aussichtslos, die Küste zu besiedeln. Zudem suchte sich der Adour in dem 32 Kilometer langen Küstenstreifen zwischen Capbreton und Vieux-Boucau ständig eine neue Mündung.

Im 16. Jahrhundert wurde er schließlich durch ein festes Flussbett bei Bayonne ins Meer geleitet. Dies war der Beginn der langsamen Eroberung von Les Landes. Mit zunehmender Anpflanzung von Kiefern und Korkeichen verschwanden allmählich die Schäfer mit ihren Herden. Auch heute ist das Hinter-

land relativ dünn besiedelt, dafür aber dank der Holzverarbeitung wohlhabend. Außerdem ziehen die Badeorte an der Küste jedes Jahr zahlreiche Gäste an.

Ein Teil des Waldgebiets wurde 1970 zum Naturpark erklärt. Im **Écomusée de la Grande Lande** in **Marqueze** kann eine wiederhergestellte *airial* (Lichtung), wie sie für das 19. Jahrhundert typisch war, besichtigt werden. Sie erinnert an die Zeit vor der Trockenlegung, als die Schäfer auf Stelzen gingen. Hier gibt es typische *auberges landaises* und Hühnerställe, die zum Schutz vor Füchsen auf Pfählen errichtet wurden. In **Luxey** erinnert ein Museum an die Harzgewinnung und -destillation. Ein typisches Dorf ist **Lévignacq** mit naiver Freskenmalerei in der befestigten Kirche (14. Jh.).

Mont-de-Marsan ③②

Landes. ▦ 32 000. ▤ ▣ ℹ 6, place du Général Leclerc (05 58 05 87 37). ▧ Di u. Sa. www.montdemarsan.fr

Das Dorado für Freunde des Stierkampfs zieht im Sommer die besten Matadore an. In Les Landes erfreut sich eine weniger blutige Variante des Stierkampfs, die sogenannte *course landaise*, großer Beliebtheit. Dabei muss man über Hörner und Rücken des angreifenden Stiers springen. Die Hauptstadt von Les Landes ist für ihr Hippodrom sowie für Geflügelzucht bekannt. Das **Musée Despiau-Wlérick** zeigt Skulpturen aus der ersten Hälfte des 20. Jahrhunderts.

Dax ③③

Landes. ▦ 22 000. ▤ ▣ ℹ Cours Foch (05 58 56 86 86). ▧ Sa vormittags u. So vormittags.

Dax ist nach Aix-les-Bains *(siehe S. 390)* der zweitgrößte Kurort Frankreichs. Die heißen Quellen (64 °C) und der Heilschlamm aus dem Adour haben seit der Zeit von Kaiser Augustus schon so manches Leiden gelindert. Die **Cathédrale Notre-Dame** (17. Jh.) des anheimelnden Orts hat außer ihrem Portal (13. Jh.) kaum architektonische Reize zu bieten. Lohnend sind dagegen ein Spaziergang an den Ufern des Adour und ein Besuch der weltberühmten Stierkampfarena.

La Force (1937) von Raoul Lamourdieu in der Stierkampf-Hochburg Mont-de-Marsan

Périgord, Quercy und Gascogne

Dordogne · Lot · Tarn · Haute-Garonne
Lot-et-Garonne · Tarn-et-Garonne · Gers

*D*er Südwesten Frankreichs ist ein Paradies für Archäologen, denn die Region war schon vor Zehntausenden von Jahren besiedelt – länger als jedes andere Gebiet Europas. Die Landschaft dieser geschichtsträchtigen Gegend ist geprägt vom harmonischen Miteinander von Mensch und Natur.

Die Höhlen von Les Eyzies und Lascaux bergen die ältesten Zeugnisse von Kunst, die bisher gefunden wurden. Die Schlösser, Bastiden *(siehe S. 445)* und Kirchen zwischen Périgueux und den Pyrenäen, zwischen der Biscaya und Toulouse und weiter bis zum Mittelmeer sind jüngeren Datums. Vom Beginn der christlichen Zeitrechnung bis Ende des 18. Jahrhunderts war die bezaubernde Region mit wenigen Unterbrechungen immer wieder Kriegsschauplatz. Hier verloren die Engländer den Hundertjährigen Krieg um Aquitanien (1337–1453). Es folgten die Religionskriege mit ihren blutigen Massakern zwischen Katholiken und Hugenotten *(siehe S. 52–55)*.

Von dieser bewegten Vergangenheit zeugen heute nur noch die Überreste von Befestigungsmauern, Wehrtürmen und Bastiden – ein kulturelles Erbe der Region, das jährlich Tausende von Besuchern anlockt. Man sollte sich jedoch stets vor Augen halten, dass all die grandiosen Sehenswürdigkeiten – von der Abteikirche in Moissac mit ihrem romanischen Portal aus dem 12. Jahrhundert bis zu dem in luftiger Höhe an den Felsen geschmiegten Ort Rocamadour – früher einmal hart umkämpft waren.

In den letzten 50 Jahren hat der Südwesten einen radikalen demografischen Wandel erlebt. Es gab immer weniger Menschen, die das Land kultivierten und bäuerliche Lebensweisen pflegten. Doch die Abwanderung junger Leute in die Städte wurde von einer Gegenbewegung aufgefangen: von Pendlern und Menschen, die hier ein entspannteres Leben suchen.

Périgord-Gänse – sie werden für die berühmte *foie gras* gemästet

◁ La Roque-Gageac im Tal der Dordogne *(siehe S. 435)*

Überblick: Périgord, Quercy und Gascogne

Die Marktflecken Périgueux, Cahors und Albi sind gute Startpunkte für Ausflüge und zugleich ruhigere Alternativen zu Toulouse, der einzigen Großstadt der Region. Wer das beschauliche Landleben liebt, kann die grünen Hügel und kleinen Dörfer der Gascogne und des Périgord (Dordogne) genießen. Die Region bietet außer Erholung und guter Küche auch einige der schönsten mittelalterlichen Bauten Frankreichs und die wichtigsten prähistorischen Höhlenmalereien Europas.

Das mittelalterliche, hügelige Cordes

In Périgord, Quercy und Gascogne unterwegs

Die von West nach Ost verlaufende Autoroute des Deux Mers (A62–A61), die Hauptverkehrsader der Region, verbindet Bordeaux und die Atlantikküste mit dem Mittelmeer. Die A20 von Montauban nach Limoges führt in die Dordogne und ins Quercy. Außerdem gibt es viele Bus- und Bahnverbindungen, darunter eine TGV-Linie von Bordeaux nach Marseille. Knotenpunkt ist Toulouse mit seinem Flughafen, der Direktverbindungen zu vielen europäischen Städten hat.

LEGENDE

▬▬	Autobahn
▬▬	Schnellstraße
▬▬	Nationalstraße
═══	Nebenstraße
▬▬	Panoramastraße
┅┅	Eisenbahn (Hauptstrecke)
┄┄	Eisenbahn (Nebenstrecke)
▬▬	Regionalgrenze

Weitere Zeichenerklärungen *siehe hintere Umschlagklappe*

Sehenswürdigkeiten auf einen Blick

Bourdeilles an der Dronne

St-Jean-de-Côle ❶

Dordogne. ⚑ *340*. ℹ *Place du Château (05 53 62 14 15).* 🎭 *Floralies (Apr–Mai).* **www.ville-saint-jean-de-cole.fr**

Den schönsten Blick auf den in sanfter Hügellandschaft liegenden Ort hat man von der mittelalterlichen Brücke, die sich in hohem Bogen über den Fluss spannt. Stein- und Fachwerkhäuser mit charakteristischen rotbraunen Dachschindeln säumen die Gassen um den Hauptplatz mit Markthalle, Schloss und Kirche (12. Jh.). Die Kuppel war einst die größte der Region – zu groß, denn zweimal, im 18. und 19. Jahrhundert, stürzte sie ein. Nach dem zweiten Einsturz gaben die Architekten auf. Seitdem hat die Kirche nur eine einfache Holzdecke.

Der idyllische Hauptplatz von St-Jean-de-Côle

Hautefort ❷

📞 *05 53 50 40 27.* **Château** 🕐 *Apr–Sep: tägl.; Okt: tägl. nachmittags; Feb, März, Nov: Sa, So u. Feiertage nachmittags.* ⬤ *Dez–Jan.* 🎟 *obligatorisch.* ♿ *teilweise.*

Hautefort schmiegt sich an einen Hügel, auf dessen Kuppe ein Château aus dem 17. Jahrhundert thront, eines der schönsten in Südwestfrankreich. Es wurde als Lustschloss für König Louis' XIII geheime Liebe, Marie, die Schwester des Marquis de Hautefort, errichtet und ist von Gartenterrassen umgeben. Von hier aus hat man einen herrlichen Blick auf die Landschaft des nordöstlichen Périgord. Das Hospiz im Ort aus derselben Epoche zeigt frühes medizinisches und zahnmedizinisches Gerät.

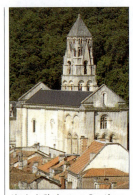
Abtei mit Glockenturm, Brantôme

Brantôme ❸

Dordogne. ⚑ *2100*. 🚌 ℹ *in der Abtei (05 53 05 80 63).* 🎭 *Fr.* **www.ville-brantome.fr**

Brantôme, das auch als Venedig des Périgord Vert bezeichnet wird, liegt auf einer Insel in der Dronne. Die mittelalterliche Abtei mit dem ältesten erhaltenen Glockenturm Frankreichs (11. Jh.) bildet zusammen mit den Felsen die imposante Kulisse für das Dorf.

Einer der Äbte war der junge Dichter Pierre de Bourdeille (1540–1614), zu dessen Mätressen auch Maria Stuart gezählt haben soll. Nach einem Sturz war er gelähmt und zog sich 1569 wieder in die Abtei zurück, um seine Memoiren zu schreiben. Im Klosterhof kann man einige Grotten bewundern, die in den Fels gehauen wurden (darunter eine mit einer im 16. Jahrhundert in den Stein gemeißelten Kreuzigung).

Zwölf Kilometer nordöstlich, nicht weit von Villars, stößt man auf das **Château de Puyguilhem**, die Abtei Boschaud und die **Grotte de Villars**. Die 1953 entdeckte Grotte erstreckt sich über mehrere Höhenniveaus. Neben den Gesteinsformationen beeindrucken bis zu 17 000 Jahre alte Höhlenmalereien.

⌂ Château de Puyguilhem
Villars. 📞 *05 53 54 82 18.* 🕐 *Apr–Sept: tägl. (andere Termine bitte tel. erfragen).* ⬤ *1. Jan, 25. Dez.* ♿

⛪ Grotte de Villars
Villars. 📞 *05 53 54 82 36.* 🕐 *Apr–Sep: tägl. Okt, Nov: nur nachmittags.* 🎟 *obligatorisch.* **www.grotte-villars.com**

Bourdeilles ❹

Dordogne. ⚑ *800.* ℹ *Place Tilleuls (05 53 03 42 96).*

Der kleine Ort hat viele Reize: eine schmale gotische Brücke auf Pfeilerköpfen, eine Mühle ein Stück flussaufwärts und ein **Château** (13.–16. Jh.). Die Burgherrin Jacquette de Montbron wollte die Burg im 16. Jahrhundert angesichts des bevorstehenden Besuchs Katharina von Medicis noch schnell ausbauen lassen. Da der Besuch abgesagt wurde, wurden auch die Bauarbeiten eingestellt. Glanzstück ist der vergoldete Salon im ersten Stock, den Ambroise le Noble in den 1560er Jahren ausstattete.

⌂ Château de Bourdeilles
📞 *05 53 03 73 36.* 🕐 *Juli, Aug: Mo–Sa nachmittags; Sep–Juni: nach Voranmeldung.* ⬤ *Jan.* 🎟 ♿

Das eindrucksvolle Château de Bourdeilles

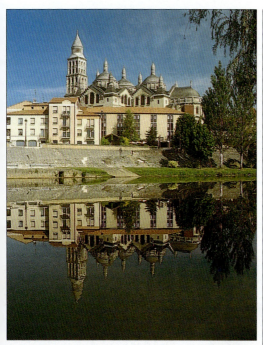

Die im 19. Jahrhundert restaurierte Cathédrale St-Front in Périgueux

Périgueux ❺

Dordogne. 🏠 30000. ✈ 🚉
🚌 🛈 26, place Francheville (05 53
53 10 63). 🚢 tägl.
www.tourisme-perigueux.fr

An einem Markttag bietet der mittelalterliche Stadtkern der altehrwürdigen Gastronomiehochburg Périgueux einen zusätzlichen Augenschmaus: die an allen Ständen ausliegenden einheimischen Spezialitäten, darunter Trüffeln, *charcuterie* (Fleisch- und Wurstwaren) und *pâtés de Périgueux*, die leckeren Pasteten.

Périgueux war lange Zeit der Knotenpunkt des Périgord und ist heute das Verwaltungszentrum der Dordogne.

La Cité mit den Ruinen der gallo-römischen Stadt Vesunna ist das älteste Viertel von Périgord. La Domus de Vesonne, ein gallo-römisches Museum, hat hier seit einiger Zeit seine Pforten ge-

öffnet und zeigt u. a. römische Mosaiken und Fayencen aus Vesunna. Von der Römerzeit bis zum Mittelalter war La Cité das Zentrum von Périgueux. Die meisten Bauten von Vesunna wurden im 3. Jahrhundert abgerissen, nur die Überreste eines Tempels, einer Arena und einer luxuriösen Villa sind erhalten. Die nahe **Église St-Étienne** stammt aus dem 12. Jahrhundert.

Der Weg von der Cité zur strahlend weißen Cathédrale St-Front führt durch belebte Straßen. Im Mittelalter verhalfen die Pilger, die nach Santiago de Compostela *(siehe S. 400f)* unterwegs waren, dem Viertel **Le Puy St-Front** zu Ruhm und Wohlstand, wodurch die Cité allmählich an Bedeutung verlor. Die alles überragende **Cathédrale St-Front**, die größte Kathedrale

**Bleiglasfenster (19. Jh.),
Cathédrale St-Front**

Südwestfrankreichs, wurde im 19. Jahrhundert restauriert (manche behaupten »zu Tode restauriert«). Der Architekt Paul Abadie fügte die exotischen Kuppeln und Türme hinzu. Später diente ihm St-Front als Vorbild für Sacré-Cœur in Paris *(siehe S. 134)*.

Mittelalterliche und Renaissance-Architektur sieht man bei der **Maison Estignard** (3, rue Limogeanne) sowie bei einigen Häusern in der Rue Aubergerie und der Rue de la Constitution.

Im Viertel um die Kathedrale liegt das **Musée d'Art et d'Archéologie du Périgord** mit einer der umfangreichsten prähistorischen Sammlungen Frankreichs. Zu den Highlights zählen über 70000 Jahre alte Gräberreste.

🏛 **Musée d'Art et d'Archéologie du Périgord**
22, cours Tourny. 📞 05 53 06 40
70. 🚪 Mi–Mo. ● Feiertage. 🈳

St-Amand-de-Coly ❻

Dordogne. 📞 Maison du Patrimoine
(05 53 51 04 56, nur im Sommer); La
Mairie (05 53 51 47 85). 🚪 tägl.

Die Abteikirche ist ein Musterbeispiel für Festungsarchitektur. Sie wurde im 12. und 13. Jahrhundert von Augustinermönchen zum Schutz ihres Klosters errichtet. Sowohl der steinerne Festungswall als auch der Turm der Kirche dienten der Verteidigung. Letzterer hatte früher Schießscharten. Das Kircheninnere ist schlicht: klare Linien, Kreuzrippengewölbe, Kuppel (12. Jh.), hohes Mittelschiff und ein zum Altar hin ansteigender Steinfußboden. Doch sogar das Innere wurde unter dem Aspekt der Verteidigung geplant – vom Umgang aus konnten Eindringlinge beschossen werden.

St-Amand wurde im Hundertjährigen Krieg stark beschädigt. 1575 hielt die Kirche einer Belagerung durch eine 2000 Mann starke Hugenottenarmee und einem sechstägigen Beschuss stand. Seit der Französischen Revolution steht das Gebäude leer.

Im Detail: Sarlat

Gänsefiguren in Sarlat

Nirgendwo in Frankreich sind Mittelalter, Renaissance und 17. Jahrhundert noch so präsent wie in Sarlat. Der Wohlstand der Stadt erklärt sich durch den privilegierten Status, den die französische Krone ihr als Dank für ihre Loyalität im Hundertjährigen Krieg eingeräumt hatte. Beiderseits der Rue de la République gibt es malerische schmale Gassen sowie alte, reich verzierte Steinhäuser, die seit 1962 unter Denkmalschutz stehen und heute ein riesiges Open-Air-Museum bilden. Zudem ist die Stadt für ihren schönen Markt berühmt.

Place de la Liberté
Im Renaissance-Viertel gibt es heute schicke Geschäfte und Cafés.

Die Rue des Consuls säumen Bauten aus dem 15., 16. und 17. Jahrhundert, in denen Kaufleute, Richter und klerikale Würdenträger wohnten.

Die Rue Jean-Jacques Rousseau war, bis sie im 19. Jahrhundert von der Rue de la République abgelöst wurde, die Hauptstraße Sarlats.

Walnüsse, ein einheimisches Spitzenprodukt

Markt in Sarlat

Mittwochs findet auf der Place de la Liberté der normale Wochenmarkt und samstags ein großer Markt statt, der mit seinem Angebot auch Besucher aus der Umgebung anlockt. Sarlat liegt im Herzen einer für *foie gras* und Walnüsse bekannten Region. Diesen beiden Produkten verdankt die Stadt – wie schon zu ihrer Blütezeit im 14. und 15. Jahrhundert – einen Großteil ihres Wohlstands. Weitere Spezialitäten sind die im November gesammelten schwarzen Trüffeln und Pilze. Ebenfalls verlockend: die diversen Käsesorten und das ganz unterschiedlich verarbeitete Schweinefleisch, das frisch, geräuchert, eingemacht, getrocknet, gepökelt, gebraten, gegrillt und gekocht angeboten wird.

Frischer Knoblauch auf dem Markt in Sarlat

Stadtmauer

LEGENDE

– – – Routenempfehlung

0 Meter   50

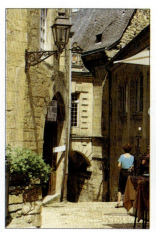

Rue de la Salamandre
Die Gasse wurde nach dem Salamander-Emblem von François I benannt, das an vielen Häusern aus dem 16. Jahrhundert prangt.

INFOBOX

Dordogne. 🚶 19 000.
🚉 Avenue de la Gare.
ℹ 3, rue Tourny (05 53 31 45
45). 🏛 Mi u. Sa. 🎭 Theater (Juli/
Aug), Film (Nov).
www.sarlat-tourisme.com

Lanterne des Morts
Der kegelförmige Friedhofsturm wurde zu Ehren des hl. Bernhard errichtet, der 1147 hier weilte.

Cathédrale St-Sacerdos
Die im 16. und 17. Jahrhundert errichtete Kathedrale ist heute vor allem für ihre Orgel aus dem 18. Jahrhundert bekannt.

Die Chapelle des Pénitents Bleus im romanischen Stil ist der Rest einer Abtei aus dem 12. Jahrhundert.

Im alten Bischofspalais mit den Überresten einer Loggia aus dem 16. Jahrhundert und Renaissance-Interieur ist heute die Besucherinformation untergebracht.

RUE FENELON

RUE DE PRESIDIAL

RUE D'ALBUSSE

RUE MONTAIGNE

RUE TOURNY

Cour des Fontaines
Eine Quelle veranlasste die Mönche im 9. Jahrhundert, hier die erste Abtei zu gründen.

Das Original – Stierzeichnung aus Lascaux I

Lascaux II ❼

Montignac. **C** 05 53 51 95 03.
*Feb–Mitte Nov: tägl.; Mitte
Nov–Feb: Di–So (Zeiten können sich
ändern).* Jan, 25. Dez.
www.semitour.com

Lascaux ist die berühmteste
prähistorische Stätte in der
Nähe des Zusammenflusses
von Vézère und Beune *(siehe
S. 402f)*. Vier Jungen entdeckten 1940 die Höhlen mit ihren
einzigartigen Malereien aus
dem Paläolithikum.

Seit 1963, als sich die Malereien zu zersetzen begannen,
sind die Höhlen nicht mehr
öffentlich zugänglich. Eine
Kopie aus den gleichen Materialien wurde im Lascaux II
genannten Museum ein Stück
weiter unten angelegt. Die
Replik zeigt Elche mit imposanten Geweihen, Bisons,
Stiere und stämmige Pferde –
in Herden oder Reihen, umrahmt von Pfeilen und Symbolen mit vermutlich ritueller
Bedeutung.

Bergerac ❽

Dordogne. 28000.
97, rue Neuve d'Argenson
(05 53 57 03 11). Mi u. Sa.
www.bergerac-tourisme.com

Die kleine Hafenstadt beiderseits der Dordogne
lebt vom Handel und vom
Tabakanbau. Die Hauptanzie-
hungspunkte sind das **Musée
du Tabac**, in dem alle möglichen Utensilien für Raucher
ausgestellt sind (darunter
auch indianische Friedens-

pfeifen), die gute Küche und
die ausgezeichneten Weine.
Der berühmteste Bergerac-
Wein ist der Monbazillac, ein
süßer Weißwein, den man zu
feierlichen Anlässen trinkt.

🏛 Musée du Tabac
Maison Peyrarède, pl du Feu. **C** 05
53 63 04 13. Di–So. So vormittags (Mitte Nov–Mitte März: Sa,
So) u. Feiertage.

Les Eyzies ❾

Dordogne. 900. 19, ave-
nue de la Préhistoire (05 53 06 97
05). Mo (Apr–Okt).
www.leseyzies.com

Vier bedeutende prähistorische Stätten und mehrere
kleine Höhlen sind in der
Umgebung des unscheinbaren
Dorfs Les Eyzies konzentriert.
Beginnen Sie mit einem Besuch des **Musée National de
Préhistoire**, das in einem
Museum am Fuß der Burg
(16. Jh.) untergebracht ist. Die
Zeittafeln und Ausstellungsstücke helfen Ihnen, die
Menge an prähistorischen Gemälden und Skulpturen richtig einzuordnen.

Die **Grotte de Font de
Gaume** nahe dem Museum
bietet sich als Erste an. Die
1901 entdeckte Höhle enthält
die wohl schönsten prähistorischen Malereien, die in Frankreich noch zugänglich sind.
Unweit davon liegt die **Grotte
des Combarelles** mit Ritzzeich-

Les Eyzies, Zentrum einer Gegend mit vielen prähistorischen Höhlen

nungen von Bisons, magischen Symbolen und menschlichen Figuren. Dann kommt man zum 1909 entdeckten Felsüberhang **Abri du Cap Blanc** mit einem lebensgroßen, in den Fels skulpierten Pferde-Bison-Fries. Auf der anderen Seite von Les Eyzies erstrecken sich die Höhlen von **Rouffignac** über acht Kilometer. Sie sind seit dem 15. Jahrhundert ein beliebter Ausflugsort. Eine elektrische Bahn bringt die Besucher 2,5 Kilometer weit ins Innere der Höhlen. Zu sehen gibt es Zeichnungen von Mammuts sowie ein Fries mit zwei kämpfenden Bisons.

Eintrittskarten sollten Sie rechtzeitig vorher bestellen.

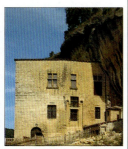

Das Musée National de Préhistoire

🏛 **Musée National de Préhistoire**
📞 05 53 06 45 45. 🕐 Juli/Aug: tägl.; Sep–Juni: Mi–Mo. ● 1. Jan, 25. Dez. 🖥 🅰 🗄 🎧
www.musee-prehistoire-eyzies.fr

🦌 **Grotte de Font de Gaume**
📞 05 53 06 86 00. 🕐 So–Fr nach Voranmeldung (zwei Monate vorher buchen). ● Feiertage.

🦌 **Grotte des Combarelles**
📞 05 53 06 86 00. 🕐 So–Fr nach Voranmeldung (14 Tage vorher buchen). ● Feiertage. 🖥

🦌 **Abri du Cap Blanc**
Marquay, Les Eyzies. 📞 05 53 06 86 00. 🕐 Apr–Okt: tägl. ● Feiertage. 🖥 🅰

🦌 **Grotte de Rouffignac**
📞 05 53 05 41 71. 🕐 Apr–Okt: tägl. 🖥 🅰

Dordogne ❿

Dordogne. ✈ Bergerac.
🚆 Bergerac, Le Buisson de Cadouin.
🚌 Beynac. 🅰 Le Buisson de Cadouin (05 53 22 06 09)

Blick von der mittelalterlichen Porte de la Combe auf Domme

K ein anderer französischer Fluss durchfließt eine so vielgestaltige Landschaft wie die Dordogne. Sie entspringt in einer Granitschluchten des Massif Central, durchquert dann unweit von Souillac die Kalksteinlandschaft der Causses und erreicht kurz vor dem Zusammenfluss mit der Garonne eine Breite von fast drei Kilometern.

Das Tal ist ein beliebtes Feriengebiet und ein Paradies für Wanderer. Viele kleine Dörfer bieten sich zur Rast an, z. B. Limeuil an der Gabelung von Dordogne und Vézère. Gleiches gilt für Beynac und La Roque-Gageac, wo man im Sommer *gabarres* (Kanus) mieten kann.

Hoch über dem Fluss liegt das **Château de Marqueyssac**. Sein Park (mit Formhecken) bietet Ausblicke über Domme bis Beynac und auf das Château de Castelnaud.

Sarlat ⓫

Siehe S. 432f.

Domme ⓬

Dordogne. 🏘 1000. 🚌 Place de la Halle (05 53 31 71 00). 🔄 Do.
www.ot-domme.com

H enry Miller schrieb einmal: »Selbst ein flüchtiger Blick auf den schwarzen, geheimnisvollen Fluss bei Domme ist etwas, für das man sein Leben lang dankbar sein muss.« Der Ort selbst ist eine hübsche Bastide *(siehe S. 445)* mit gelben Steinhäusern und mittelalterlichen Durchgängen. Was Besucher vor allem anzieht, sind die verwinkelten alten Gassen und der schöne Blick über das Tal von Beynac (im Westen) bis Montfort (im Osten).

Unter der alten Markthalle (17. Jh.) liegt der Eingang zu einer Tropfsteinhöhle, in die sich die Einwohner während der Religionskriege flüchteten. Domme galt lange als uneinnehmbar, dennoch gelang es 30 Hugenotten, in die Stadt einzudringen. Sie kamen nachts über die Felsen und öffneten dann die Stadttore.

Blick von Domme auf eine *cingle* (Schleife) der Dordogne

Rocamadour ⓭

Rocamadour ist einer der berühmtesten Wallfahrts-
orte. Ihm wurden verschiedene Wunder zugeschrieben, die, so heißt es, von der Glocke im
Gewölbe der Chapelle Notre-Dame durch
selbsttätiges Läuten kundgetan wurden. 1166
entdeckte man ein altes Grab mit einem
unverwesten Leichnam. Es soll der
eines frühchristlichen Eremiten,
des hl. Amadour, gewesen sein.
Der Ort litt im 17. und 18. Jahrhundert unter der rückläufigen
Zahl der Pilger, wurde aber im
19. Jahrhundert mit viel Aufwand
restauriert. Rocamadour zieht auch
aufgrund seiner reizvollen Lage über dem
Alzou-Tal viele Besucher an. Den schönsten
Ausblick hat man von den Wällen des Château, die vom Weiler L'Hospitalet erreichbar sind.

**Schwarze Ma-
donna mit Kind**

Das Château steht an der
Stelle, an der einst eine
Festung die Basilika vor
Angriffen schützte.

An die Kalksteinfelsen gebaut
*Rocamadour wirkt im frühmorgendlichen Son-
nenlicht am schönsten. Die eng zusammenste-
henden mittelalterlichen Häuser, Türme und
Zinnen scheinen aus dem Felsen zu wachsen.*

**Die Chapelle
St-Michel**
besitzt gut er-
haltene Fres-
ken (12. Jh.).

Das Grab des hl. Amadour barg
früher den Leichnam des Einsiedlers
namens *roc amator* (Felsliebhaber),
nach dem der Ort benannt ist.

Große Treppe
*Diese Treppe rutschten
einst die Pilger auf
Knien hinauf, wäh-
rend sie ihre Gebete
sprachen. Sie führt zu
dem Platz, um den
sich die wichtigsten
Wallfahrtskapellen
gruppieren.*

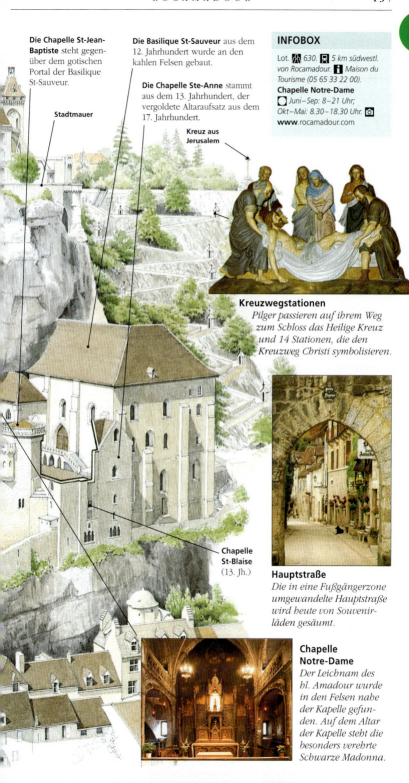

Die Chapelle St-Jean-Baptiste steht gegenüber dem gotischen Portal der Basilique St-Sauveur.

Stadtmauer

Die Basilique St-Sauveur aus dem 12. Jahrhundert wurde an den kahlen Felsen gebaut.

Die Chapelle Ste-Anne stammt aus dem 13. Jahrhundert, der vergoldete Altaraufsatz aus dem 17. Jahrhundert.

Kreuz aus Jerusalem

INFOBOX

Lot. 🚗 630. 🚉 5 km südwestl. von Rocamadour. 🛈 Maison du Tourisme (05 65 33 22 00).
Chapelle Notre-Dame
🕐 Juni–Sep: 8–21 Uhr; Okt–Mai: 8.30–18.30 Uhr. 📷
www.rocamadour.com

Kreuzwegstationen
Pilger passieren auf ihrem Weg zum Schloss das Heilige Kreuz und 14 Stationen, die den Kreuzweg Christi symbolisieren.

Chapelle St-Blaise (13. Jh.)

Hauptstraße
Die in eine Fußgängerzone umgewandelte Hauptstraße wird heute von Souvenirläden gesäumt.

Chapelle Notre-Dame
Der Leichnam des hl. Amadour wurde in den Felsen nahe der Kapelle gefunden. Auf dem Altar der Kapelle steht die besonders verehrte Schwarze Madonna.

Gouffre de Padirac ⑭

Lot. 📞 05 65 33 64 56. ⏰ Apr–
Nov: tägl. 🚫 📷
www.gouffre-de-padirac.com

Der Gouffre de Padirac
(35 m breit, 103 m tief)
ist ein durch Höhleneinsturz
entstandener Krater mit imposanten Kavernen (siehe
S. 403) und einem unterirdischen Fluss, der 1889 entdeckt wurde. Die Höhle Salle
du Grand Dôme stellt selbst
die größte Kathedrale in den
Schatten. Nehmen Sie eine
Jacke mit (13 °C).

Autoire ⑮

Lot. 🏘 350. ℹ️ Saint-Céré (05 65 38
11 85).

Autoire ist einer der schönsten Plätze im Quercy, der
fruchtbaren Gegend östlich
des Périgord. Hier gibt es

zwar keine großen historischen Attraktionen, dafür
aber wilde Szenerie oberhalb
einer Schlucht. Das **Château
de Limarque** am Hauptplatz
und das **Château de Busqui-
elle** etwas weiter oben tragen
die für die Gegend typischen
kleinen Türme und Türm-
chen. Überall stehen Tauben-
schläge auf den Feldern oder
direkt bei den Häusern.
 Außerhalb von Autoire führt
ein Pfad an einem 30 Meter
hohen Wasserfall vorbei zu
einem Felsenhalbrund.

**Blick über die Schlucht auf das
pittoreske Autoire**

Cahors ⑯

Lot. 🏘 21 000. 🚇 🚍 ℹ️ Place
François Mitterrand (05 65 53 20 65).
🛒 Mi u. Sa vormittags.
www.tourisme-cahors.com

Die Hauptstadt des Dépar-
tements Lot ist für ihren
tiefroten, schweren Wein bekannt, der schon zur Römerzeit gekeltert wurde. Sie ist
auch Geburtsort des Politikers
Léon Gambetta (1832–1882),
der Frankreich nach dem
Deutsch-Französischen Krieg
von 1870/71 aus der Krise
führte. Die Hauptstraße ist –
wie in vielen französischen
Orten – nach ihm benannt.
 Die **Cathédrale de St-Étienne** in der Altstadt besitzt
einige dekorative Details aus
dem Mittelalter. Achten Sie
auf das romanische Nordportal, die im Tympanon darge-
stellte Himmelfahrt Christi
und die Kuppel über dem
Mittelschiff (angeblich das
größten Frankreichs). Die Kup-

Zwei-Flüsse-Tour

Lot und Célé fließen zwischen grandiosen
Kalksteinfelsen und engen Schluchten hindurch, vorbei an mittelalterlichen Dörfern, Burgen und tosenden Wasserfällen. Wer beide
Täler (insgesamt 160 km) in aller Ruhe genießen möchte – und auch den kulinarischen Ge-
nüssen genügend Zeit widmen will –, sollte die
Tour auf zwei Tage verteilen. Von Cahors aus
folgt die Route zunächst dem Lot und mäandert
dann entlang dem malerischen Célé-Tal bis
nach Figeac, einem hübschen Städtchen mit
Cafés und Restaurants. Zurück geht es über das
Lot-Tal, das mehr Sehenswürdigkeiten bietet,
darunter das Dorf St-Cirq-Lapopie, das Sie unbedingt (zu Fuß) besichtigen sollten.

Grotte de Pech-Merle ①
Die 25 000 Jahre alte prähistorische
Stätte außerhalb von Cabrerets besitzt
Höhlenmalereien von Mammuts, Pfer-
den, Bisons und Menschen.

St-Cirq-Lapopie ⑥
Der hoch über dem Lot liegende
Ort mit Kirche (15. Jh.) und
Fachwerkhäusern zählt zu den
hübschesten Dörfern Frankreichs.

pel ist mit Fresken aus dem 14. Jahrhundert bedeckt, die die Steinigung von St-Étienne darstellen. Die aufwendigen Verzierungen im Renaissance-Kreuzgang sind leider etwas beschädigt.

In der Nähe der Kathedrale steht die verzierte **Maison de Roaldès** (16. Jh.), deren Nordfassade die für diese Region typischen Baum-, Sonnen- und Rosenornamente aufweist. Hier verbrachte Henri von Navarra (der spätere König Henri IV) nach seiner Eroberung von Cahors 1580 eine Nacht.

Wahrzeichen des Orts ist der **Pont Valentré**, eine bewehrte Brücke, die sich in sieben Spitzbogen und drei Türmen über den Lot spannt. Sie wurde 1308–60 errichtet und hat in der Vergangenheit vielen Belagerungen standgehalten. Die wahrlich atemberaubende Sehenswürdigkeit zählt zu den am häufigsten fotografierten Monumenten in

Der befestigte Pont Valentré überspannt den Lot bei Cahors

Frankreich. Einen nicht weniger beeindruckenden Blick auf die Brücke hat man vom Boot aus. Ausgangspunkt für eine 90-minütige Bootstour (Apr–Okt) ist der Kai neben der Brücke.

Umgebung: Cahors ist ein guter Ausgangspunkt für Sehenswürdigkeiten im Lot-Tal.

Das historische Städtchen Figeac war der Geburtsort von Jean-François Champollion, der als Erster die ägyptischen Hieroglyphen entzifferte. Die **Grotte de Pech-Merle** bietet farbige Steinzeitmalereien.

🜚 **Grotte de Pech-Merle**
Cabrerets. ☎ 05 65 31 27 05.
◯ Apr–Okt: tägl.

Marcilhac-sur-Célé ②
Marcilhac ist ein altes Dorf mit den Ruinen einer Benediktinerabtei (10. Jh.). Etwas außerhalb liegt die Grotte de Bellevue mit bizarren Felsformationen.

Éspagnac-Ste-Eulalie ③
Die Prioratskirche Notre-Dame-Ste-Eulalie (12. Jh.) hat einen sehenswerten Glockenturm.

③ **Éspagnac-Ste-Eulalie**
Célé
D802   **Figeac** ④
D822
D86
D19
D41
② **Marcilhac-sur-Célé**
D17
St-Pierre-Toirac
Cajarc ⑤
D127
D662
Lot
alvignac
D8

Figeac ④
Hier gibt es gute Hotels und Lokale sowie das Musée Champollion mit dem Rosetta-Stein.

0 Kilometer   5

Cajarc ⑤
Mittelalterliche Häuser und das Château de Cénevières im Renaissance-Stil erwarten den Besucher.

LEGENDE

━━━ Routenempfehlung

══ Andere Straße

Obst- und Weinanbau außerhalb von Agen

Agen ⑰

Lot-et-Garonne. 35 000. ✈ 🚉
🚉 ℹ️ 38, rue Garonne (05 53 47 36 09). 🗓️ Di–So. www.ot-agen.org

G roße Pflaumenhaine – sie sind Grundlage für den berühmten *pruneaux d'Agen* – prägen die Landschaft um die kleine Provinzstadt. Heimkehrende Kreuzritter brachten die Frucht im 11. Jahrhundert aus dem Nahen Osten mit. Die Mönche im nahen Lot-Tal produzierten daraus Dörrobst.

Agens **Musée Municipal des Beaux-Arts** beherbergt Gemälde von Goya, darunter *El Globo*, Sisleys *Septembermorgen* sowie *Der Teich von Avray*, eine von Corots schönsten Landschaften. Hinzu kommen Werke von Picabia und Caillebotte. Kleinod der Sammlung ist die *Vénus du mas*, eine 1876 in der Nähe entdeckte Marmorstatue (1. Jh. v. Chr.).

🏛 **Musée Municipal des Beaux-Arts**
Place du Docteur Esquirol. 📞 05 53 69 47 23. 🗓️ Mi–Mo. 🔒 1. Jan, 1. Mai, 1. Nov, 25. Dez. 🌐

Umgebung: Das befestigte Dorf Moirax, ungefähr acht Kilometer südlich von Agen, besitzt eine sehr schöne romanische Kirche (12. Jh.), die früher zu einem kluniazensischen Priorat gehörte. Daniel in der Löwengrube und die Erbsünde sind die Motive zweier aufwendig verzierter Kapitelle.

Die Bastide Villeneuve-sur-Lot – 34 Kilometer südlich von Agen – liegt am Unterlauf des Lot. Ihr hoher Turm aus dem 14. Jahrhundert fungierte einst als Torhaus. Die rot gedeckte römisch-byzantinische Kirche Ste-Catherine wurde zwar erst 1909 errichtet, enthält jedoch restaurierte Bleiglasfenster aus dem 15. Jahrhundert.

Gleich östlich von Villeneuve befindet sich das befestigte Bergdorf Penne-d'Agenais auf einem Felsensporn.

Larressingle ⑱

Gers. 150. 🚌 nach Condom.
ℹ️ Condom (05 62 28 00 80).

D as winzige Dorf mit seinen Befestigungswällen, dem *donjon* (Wehrturm) und einem Wehrtor liegt im Herzen der Gascogne. Es wurde im 13. Jahrhundert erbaut und zählt zu den wenigen Dörfern in dieser Gegend, die noch intakte Befestigungsmauern besitzen. Die Gebäude sind außergewöhnlich gut erhalten und vermitteln einen Eindruck davon, wie das Leben der von endlosen Kriegen heimgesuchten Dorfbewohner gewesen sein muss.

Condom ⑲

Gers. 7400. 🚉 ℹ️ Place Bossuet (05 62 28 00 80). 🗓️ Mi u. Sa vormittags.

D ie alte Hochburg der Armagnac-Herstellung ist ein kleiner Marktflecken, in dessen Mitte die spätgotische **Cathédrale St-Pierre** aufragt. Während des Religionskriege drohte die Hugenottenarmee 1569 mit der Zerstörung des Doms, was jedoch von den Einwohnern durch Zahlung eines enormen Lösegelds verhindert werden konnte.

Unter den Patrizierhäusern aus dem 17. und 18. Jahrhundert verdient vor allem das **Hôtel de Cugnac** in der Rue Jean-Jaurès mit seinem alten *chai* (Weinlager) und seiner Brennerei Erwähnung. Am Rand des Stadtzentrums liegt das **Musée de l'Armagnac**, in dem Besucher in aller Ruhe herausfinden können, was den Armagnac vom Cognac unterscheidet.

Armagnac

Armagnac ist einer der teuersten Weinbrände der Welt. Er ist zudem eines der Hauptprodukte Südwestfrankreichs: Rund sechs Millionen Flaschen werden hier jährlich produziert, 45 Prozent davon gehen ins Ausland. Das Armagnac-Anbaugebiet liegt an der Grenze zwischen den Départements Gers, Lot-et-Garonne und Landes. Der Armagnac ähnelt seinem Verwandten, dem Cognac, weist aber wegen der nur einmaligen Destillation eine individuellere Note auf. Zahlreiche kleinere Hersteller verkaufen ihren Armagnac auch direkt, was man an den oft halb versteckten Schildern mit der Aufschrift »Vente directe« erkennt.

Armagnac aus Tenarèze

🏛 **Musée de l'Armagnac**
2, rue Jules Ferry.
📞 05 62 28 47 17.
🗓️ Apr–Okt: Mi–Mo; Nov–März: Mi–So nachmittags. 🔒 Jan. Feiertage. 🌐
♿ Erdgeschoss.

D'Artagnan

Die Gascogner nennen ihr Land »Pays d'Artagnan« nach dem Helden aus Alexandre Dumas' Roman *Die drei Musketiere* (1844). Inspiration für die Figur d'Artagnans war Charles de Batz, ein Gascogner, dessen Ritterlichkeit, Leidenschaft und Temperament ihn zum idealen Musketier, einem königlichen Leibgardisten, machten. Sein Leben war so bewegt wie das des Romanhelden. Er vollbrachte das diplomatische Meisterstück, den wichtigsten Minister von Louis XIV zu verhaften, ohne jemanden zu brüskieren. Die Franzosen denken allerdings auch anders über die Gascogner: Für sie ist ein leeres Versprechen *une promesse de Gascon*.

Statue des Dumas-Musketiers d'Artagnan in Auch

chenväter und Apostel (insgesamt 360 Figuren in außergewöhnlichen Farben) sowie drei biblische Schlüsselszenen: Schöpfung, Kreuzigung, Auferstehung.

Im 18. Jahrhundert wurden die Allées d'Etigny mit dem grandiosen Hôtel de Ville und dem Palais de Justice angelegt. Einige hübsche Häuser aus dieser Zeit säumen auch die Rue Dessoles, heute eine Fußgängerzone. Die Restaurants der Stadt sind bekannt für ihre herzhafte Küche (z. B. für verschiedene Varianten von *foie gras de canard*) und werden zu den besten der Gascogne gezählt.

Auch ⑳

Gers. ⚐ 23 000. 🚉 🚌 ❓ *1, rue Dessoles (05 62 05 22 89).* 🛒 *Do u. Sa.* www.auch-tourisme.com

Die ehrwürdige Hauptstadt des Départements Gers war lange ein verschlafenes Nest, das nur an den Markttagen aufwachte. Das neue Auch (gesprochen »Ohsch«) um den Bahnhof ist nicht besonders einladend – ganz anders präsentiert sich

Medaillon in der Cathédrale Ste-Marie

jedoch die auf einem Felsplateau gelegene Altstadt. Wenn man die 234 Steinstufen vom Fluss hinaufsteigt, gelangt man zur 1489 begonnenen spätgotischen, jetzt restaurierten **Cathédrale Ste-Marie** mit prächtiger Innenausstattung. Glanzlichter sind die Schnitzereien des Chorgestühls mit über 1500 biblischen und mythologischen Figuren sowie die Arnaud de Moles zugeschriebenen Bleiglasfenster (15. Jh.). Sie zeigen verschiedene Propheten, Kir-

Auvillar ㉑

Tarn-et-Garonne. ⚐ 1000. ❓ *Place de la Halle (05 63 39 89 82).*

Das Dorf Auvillar wirkt wie ein Pendant zu Moissac (*siehe S. 442f*) und zählt zu den hübschesten Bergdörfern Frankreichs. Der Marktplatz wird von Arkaden gesäumt. Ein Spazierweg oberhalb der Garonne bietet einen herrlichen Blick auf die Landschaft. Hier gibt es auch mehrere Picknickplätze im Grünen. Auf einer Tafel ist die gesamte Umgebung eingezeichnet – außer den zum nahen Kernkraftwerk Golfech gehörenden Schloten.

Sonnenblumenkerne und Sonnenblumenöl gehören zu den typischen Erzeugnissen des Südwestens

Moissac ㉒

Abt Durand

Hauptattraktion des sich in die Weinberge schmiegenden Moissac ist die von einem Benediktinermönch im 7. Jahrhundert gegründete Abtei St-Pierre, eines der Meisterwerke der Romanik. Im Lauf der Jahrhunderte wurde sie von Arabern, Normannen und Ungarn geplündert. 1047 kam die Abtei zum Kloster von Cluny und erlebte unter Abt Durand de Bredon eine Blütezeit. Im 12. Jahrhundert war sie das bedeutendste Kloster im Südwesten Frankreichs. Das in dieser Zeit geschaffene Südportal ist ein Highlight romanischer Steinmetzkunst.

Abteikirche St-Pierre
Die Fassade der Kirche stammt aus zwei Stilperioden: Der Teil aus Stein ist romanisch, der aus Backstein gotisch.

Tympanon
Die untere Reihe des Tympanons zeigt die ausdrucksvollen »24 Ältesten mit Goldkronen« aus der Offenbarung des Johannes.

Maiestas Domini
Christus sitzt als Richter im Mittelpunkt des Geschehens. In der linken Hand hält er das Buch des Lebens, seine Rechte ist zur Segnung erhoben.

★ Südportal
Das Südportal (1100–30) ist eine Umsetzung der Offenbarung des Johannes (Kapitel 4 und 5). Die Evangelisten Matthäus, Markus, Lukas und Johannes erscheinen als »vier wilde Bestien voller Augen«. Die maurischen Details an den Türpfosten sind Ausdruck des künstlerischen Austauschs zwischen Frankreich und Spanien.

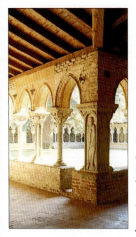

INFOBOX

Tarn-et-Garonne. 🏠 13 000. 🚉
🚌 🛈 6, place Durand de Bredon
(05 63 04 01 85).
Abtei ◯ beim Tourismusbüro erfragen. **Kreuzgang** ◯ Mo–Fr
10–12, 14–17 Uhr. 🛐 Mo–Fr
18.30, Sa 19, So 10.30 Uhr. 📷
http://tourisme.moissac.fr

★ Kreuzgang

*Der Kreuzgang (76 reich
verzierte Bogen) aus dem
späten 11. Jahrhundert
wird abwechselnd von Ein-
zel- und Doppelsäulen aus
weißem, rosa, grünem und
grauem Marmor gesäumt.*

Kirche und Kreuzgang

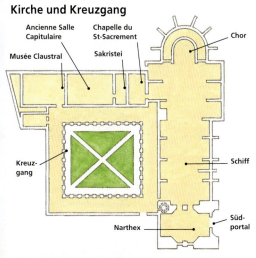

Ancienne Salle Capitulaire

Chapelle du St-Sacrement

Chor

Musée Claustral

Sakristei

Kreuzgang

Schiff

Narthex

Süd-portal

Kapitelle im Kreuzgang
*Blumen, wilde Tiere sowie
Szenen aus dem Alten und
Neuen Testament zieren die
fein skulptierten romani-
schen Kapitelle aus dem
11. Jahrhundert.*

NICHT VERSÄUMEN

★ Kreuzgang

★ Südportal

Montauban ㉓

Tarn-et-Garonne. 🏠 56 000.
🚉 🚌 🛈 4, rue du Collège (05 63
63 60 60). 🛒 Mi u. Sa.
www.montauban-tourisme.com

Montauban verdient mehr
Beachtung, als der klei-
nen »Schwester von Toulouse«
und einstigen Hauptstadt der
Protestantischen Republik
Südfrankreichs gemeinhin zu-
teilwird. Das **Musée Ingres**
präsentiert Gemälde und
rund 4000 Zeichnungen des 1780
hier geborenen Malers. Daneben gibt es Werke von van
Dyck, Tintoretto, Courbet
sowie des ebenfalls von hier
stammenden, zur Werkstatt
Rodins gehörigen Bildhauers
Émile Bourdelle.

Der Hauptplatz mit seinen
Arkaden, die Place Nationale
(17./18. Jh.), ist ein Einkaufs-
paradies. Einige Straßen weiter liegt die strahlend weiße
Cathédrale Notre-Dame, die
1692 auf Befehl Louis' XIV als
Gegenbastion zum Protestan-
tismus errichtet wurde.

🏛 **Musée Ingres**
Palais Épiscopal. 📞 05 63 22 12
91. ◯ Di–So (Juli, Aug: tägl.).
● 1. Jan, 1. Mai, 14. Juli, 1. u.
11. Nov, 25. Dez. ♿

Gorges de l'Aveyron ㉔

Tarn-et-Garonne. ✈ Toulouse. 🚉
Montauban, Lexos. 🚌 Montauban.
🛈 Montauban (05 63 63 31 40).

Bei den Gorges de l'Aveyron gehen die Ebenen
von Montauban plötzlich in
mit Kastanien bestandene
Hügel über. Die befestigten
Dörfer unterscheiden sich
deutlich von denen im Périgord und im Quercy. Das
Château von Bruniquel
(6. Jh.) steht direkt am Abgrund, der Aufstieg durch das
Dorf ist ziemlich steil. Auf der
D115 kommt man in das an
einem Abgrund gelegene
Dorf Penne. Hier wird die
Schlucht noch enger und
dunkler. Hinter dem an den
Felsen geschmiegten Ort
St-Antonin-Noble-Val verläuft
das Tal in südlicher Richtung
weiter nach Cordes.

Cordes ㉕

Tarn. 🏛 *1050*. 🚌 🚉 ℹ️ *Place Jeanne Ramel-Cals (05 63 56 00 52).* 🛒 *Sa.* www.tourisme-tarn.com/fr/cordes-sur-ciel.html

Das sehr hübsch gelegene Cordes am Steilufer des Cérou wird auch Cordes-sur-Ciel (*ciel* = Himmel) genannt – ein passender Name, denn es scheint tatsächlich am Himmel zu hängen. Während der Katharerkriege (13. Jh.) wurde die gesamte Stadt exkommuniziert. Später traten Pestepidemien auf. Anfang des 20. Jahrhunderts war die Stadt im Zustand des Verfalls.

In den 1940er Jahren wurde Cordes restauriert. Die Stadtmauern und Stadttore von 1222 waren noch gut erhalten. Das Gleiche gilt für gotische Häuser wie die **Maison du Grand Fauconnier**.

Heute umgibt Cordes noch immer ein Hauch von Morbidität. Die Stadt, von der Albert Camus einst schrieb: »Alles ist schön dort, selbst die Trauer«, ist auf Tourismus angewiesen. »Mittelalterliche« Handwerkskunst wird im **Musée d'Art et Contemporain** angeboten und erinnert an das einst blühende Stickereihandwerk. Es gibt aber auch moderne Kunst von Picasso und Miró zu sehen. Der **Jardin du Paradis** ist eine Insel der Ruhe voller Schönheit.

🏛 **Musée d'Art et Contemporain**
Maison du Grand Fauconnier. 📞 *05 63 56 14 79.* ⏰ *tägl.* ⏺ *Jan.* 📷 🚹

Toulouse-Lautrec

Graf Henri de Toulouse-Lautrec wurde 1864 in Albi geboren. Mit 15 Jahren wurde er infolge zweier Stürze zum Krüppel. 1882 ging er nach Paris und hielt das Leben in den Bordellen, Cabarets, bei Rennen und im Zirkus in seinen Werken fest. Seine Plakate machten die Lithografie zu einer anerkannten Kunstform. Er starb mit nur 36 Jahren an Syphillis und Alkoholmissbrauch.

Toulouse-Lautrecs *Modistin* (1900)

Die Cathédrale Ste-Cécile überragt Albi

Albi ㉖

Tarn. 🏛 *50 000*. 🚌 🚉 ℹ️ *Place Ste-Cécile (05 63 36 36 00).* 🛒 *Sa.* www.albi-tourisme.fr

Seit Mitte 2010 ist Albis Bischofsviertel Welterbe der UNESCO. Wie viele südliche Städte verwandelt sich auch Albi im Sommer in einen Backofen. Nachmittagsbesuche sind nicht empfehlenswert. Die Straßen und Märkte um die Kathedrale erkundet man am besten am frühen Morgen. Danach sollte man zum Palais de la Berbie gehen, um noch vor dem großen Andrang im **Musée Toulouse-Lautrec** die umfangreichste Toulouse-Lautrec-Sammlung der Welt zu betrachten, darunter auch seine berühmten Plakate für das Moulin Rouge. Ebenfalls zu sehen: Gemälde von Matisse, Duffy und Yves Brayer.

Nach einem Rundgang durch die terrassierten Gärten des Palais mit Blick auf den Tarn empfiehlt sich eine Besichtigung der aus Backsteinen errichteten **Cathédrale Ste-Cécile**, die nach dem Albigenserkreuzzug 1265 errichtet wurde. Sie sollte damals potenziellen Häretikern Ehrfurcht vor der Kirche einflößen. Aus der Entfernung sieht sie wie eine Festung aus. Jedes Element – vom Glockenturm bis hin zum Fresko vom Jüngsten Gericht – ist bewusst bombastisch gestaltet worden, um den Betrachter noch kleiner und unscheinbarer wirken zu lassen.

🏛 **Musée Toulouse-Lautrec**
Palais de la Berbie. 📞 *05 63 49 48 70.* ⏰ *Apr–Sep: tägl.; Okt–März: Mi–Mo (wg. Renovierung können Abteilungen geschlossen sein).* ⏺ *1. Jan, 1. Mai, 1. Nov, 25. Dez.* 📷🚹🔲🅿️
www.musee-toulouse-lautrec.com

Castres ㉗

Tarn. 🏛 *45 000*. ✈️ 🚌 🚉 ℹ️ *2, place de la République (05 63 62 63 62).* 🛒 *Di–Sa.* www.ville-castres.fr

Seit dem 14. Jahrhundert ist Castres eine Hochburg der Textilherstellung. Heute ist die Stadt außerdem Standort der größten Pharmakonzerne Frankreichs. Das **Musée Goya** birgt eine große Sammlung spanischer Kunst, darunter auch Werke von Goya (z.B. eine Serie aus dem Zyklus *Los Caprichos*). Die Gärten zwischen dem Rathaus und dem Agout wurden im 17. Jahrhundert vom Gartenarchitekten Le Nôtre (*siehe S. 179*) angelegt, der auch die Gärten von Vaux-le-Vicomte und Versailles entwarf.

🏛 **Musée Goya**
Hôtel de Ville. 📞 *05 63 71 59 30 oder 05 63 71 59 27.* ⏰ *Juli/Aug: tägl.; Sep–Juni: Di–So.* ⏺ *1. Jan, 1. Mai, 1. Nov, 25. Dez.* 🔲🅿️

Bastiden

$\mathbf{D}$ie Bastiden wurden im 13. Jahrhundert von den Engländern und Franzosen in kürzester Zeit gebaut, um vor Beginn des Hundertjährigen Kriegs Menschen in unbewohnten, aber militärisch wichtigen Gegenden anzusiedeln. Sie sind das mittelalterliche Pendant zu den heutigen »Satellitenstädten«. Es existieren noch über 300 Bastiden zwischen Périgord und den Pyrenäen.

Eine breite überdachte Geschäftszeile *wie hier in Montauban ist ein typisches Merkmal der meisten Bastiden.*

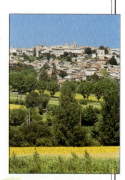

Lauzerte, *1241 vom Grafen von Toulouse gegründet, ist eine typische Bastide mit grauen Steinhäusern. Der langjährige Vorposten der Engländer liegt auf einer Hügelkuppe.*

Die Kirche diente als Festung, wenn die äußeren Befestigungsanlagen bereits durchbrochen waren.

Der Hauptplatz liegt inmitten gitternetzartig verlaufender Straßen. Das Straßenraster der Bastiden unterscheidet sich deutlich vom üblichen mittelalterlichen Straßengewirr.

Steinhäuser schützten den Außenbereich.

Monflanquin
Die Bastide wurde 1256 von den Franzosen an der strategisch wichtigen Nord-Süd-Route gebaut. Im Hundertjährigen Krieg wechselte sie öfter die Seiten.

Heute *sind die Bastiden im Südwesten Frankreichs an der sogenannten* route des bastides *konzentriert. Man besichtigt sie am besten an einem Markttag.*

Die Porte de la Jane *in Cordes ist typisch für eine Bastide. Die engen Tore konnte man leicht mit Fallgattern schließen.*

Toulouse 28

Toulouse ist die viertgrößte Stadt Frankreichs, Universitätsstadt und zudem ein berühmter Standort der Luftfahrtindustrie, wie die Cité de l'Espace am Rand der Stadt zeigt (Concorde, Airbus und die Trägerrakete Ariane wurden hier entwickelt). Toulouse erkundet man am besten zu Fuß. Man findet gute Restaurants, zwei interessante Kirchen, belebte Straßen und eine Altstadt mit Backsteinhäusern, die – wie die Franzosen sagen – »morgens rosa, mittags rot und abends violett erscheinen«.

Die Garonne – im Vordergrund der Pont Neuf

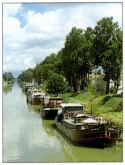

Vertäute Hausboote auf dem Canal du Midi

Überblick: Toulouse

Toulouse, die einstige Römerstadt am Ufer der Garonne, hat sich halbmondförmig ausgedehnt und erlebte bereits unter den Westgoten eine Blütezeit. In der Renaissance wurde Toulouse dank des Handels mit Getreide und blauem Farbpigment (pastel) zu einer wohlhabenden Stadt mit Backsteinpalais. Einige der schönsten haben sich an der Place du Capitole und in der Altstadt um das **Hôtel de Ville** (18. Jh.) erhalten. An der Place St-Georges und in der Rue Alsace-Lorraine findet man Läden, Bars und Straßencafés. Nicht zuletzt den vielen Studenten ist es zu verdanken, dass die Preise in vielen Cafés, Buchhandlungen sowie auf dem Flohmarkt (sonntags auf der Place St-Sernin) akzeptabel geblieben sind.

Ein Ring von Boulevards (18./19. Jh.) umschließt die Stadt. Die Autobahnen führen jenseits des Rings vorbei. Derzeit wird das linke Ufer der Garonne (St-Cyprien) saniert.

Die Vororte sind durch das ultramoderne Métro-Netz mit fahrerlosen Zügen sehr gut erreichbar.

Das ehemalige Schlachthaus wurde in ein Zentrum für zeitgenössische Kunst umgewandelt. Einer der Höhepunkte von **Les Abattoirs** (Mi–So) ist Picassos *La Dépouille du Minotaure en costume d'arlequin*.

🔒 Les Jacobins

Der Bau der Jakobinerkirche wurde 1216 begonnen. Im Lauf der folgenden zwei Jahrhunderte wurde sie fertiggestellt. Das erste Dominikanerkloster wurde zur Bekämpfung der Häretiker gegründet. Die Mönche veranlassten auch die Gründung der Universität. Die Backsteinkirche ist ein Meisterwerk gotischer Baukunst. Herausragendes Element ist das hohe Sternengewölbe. Die gotische Chapelle St-Antonin (1337) enthält Fresken mit der Darstellung der Apokalypse.

Sternengewölbe in der Apsis von Les Jacobins

🏛 Musée des Augustins

21, rue de Metz. 📞 *05 61 22 21 82.*
🕐 *tägl.* ⬤ *1. Jan, 1. Mai, 25. Dez.*
♿ 📷 **www**.augustins.org

Die Lage auf der Pilgerroute
nach Santiago de Compostela
(*siehe S. 400f*) machte Toulouse zur Hochburg romanischer Kunst. Das Museum
zeigt den Kreuzgang eines
Augustinerklosters (14. Jh.)
sowie Gemälde (16.–19. Jh.),
darunter auch Werke von
Ingres, Delacroix, Constant
und Laurens.

Fassade des Musée des Augustins

⚜ Fondation Bemberg

Hôtel d'Assézat, 7, place d'Assézat.
📞 *05 61 12 06 89.* 🕐 *Di–So.*
⬤ *1. Jan, 25. Dez.* ♿ 📷

Das Palais (16. Jh.) zeigt die
Sammlung des Kunstmäzens
Georges Bemberg, darunter
Renaissance-Malerei, *objects
d'art*, Statuen und franzö-
sische Gemälde (19./20. Jh.).

INFOBOX

Haute-Garonne. 445 000.
6 km nordwestl. von Toulouse.
Bd Pierre Semard (Züge:
Gare Matabiau). Donjon du Capitole (0 892 180 180). tägl.
Piano aux Jacobins (Sep).
www.toulouse-tourisme.com

🔒 Basilique St-Sernin

Place St-Sernin. 📞 *05 61 21 80 45.*
🕐 *tägl.*

Die größte romanische Basilika Europas (11./12. Jh.) wurde als Zwischenstation für die
Pilger nach Santiago de Compostela erbaut. Glanzpunkt ist
der spitz zulaufende achteckige Backsteinglockenturm
mit dekorativen Arkadenrei-
hen. Die Krypta birgt Bernard
Gilduins Marmorflachreliefs
(11. Jh.) mit Darstellungen
Christi und der Symbole der
Evangelisten.

🏛 Cité de l'Espace

Avenue Jean Gonord. 📞 *08 20 37
72 23.* 🕐 *Di–So.* ⬤ *Jan.* ♿
🍴 📷 **www**.cite-espace.com

Der »Weltraumpark« südöstlich des Zentrums bietet zwei
Planetarien, interaktive Exponate zur Erforschung des
Weltraums, ein IMAX-Kino
und das Terradome-»Film-
erlebnis« zur Geschichte der
Erde. Im originalgetreuen
Nachbau der Ariane 5 erfährt
man, wie Raketen und Satelli-
ten funktionieren – zumindest
theoretisch.

Zeichenerklärung
siehe hintere Umschlagklappe

0 Meter   250

Zentrum von Toulouse

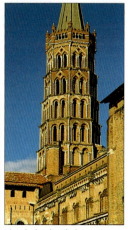

**Die Arkaden des Glockenturms
(12. Jh.) der Basilique de St-Sernin**

Pyrenäen

Pyrénées-Atlantiques · Hautes-Pyrénées · Ariège
Haute-Garonne

*D*ie Bergkette der Pyrenäen bildet im Südwesten Frankreichs
*die unübersehbare Grenze zu Spanien. Jahrhundertelang
hat diese Gegend zähe Bewohner hervorgebracht, viele davon spanische Emigranten oder Flüchtlinge. Heute sind die Pyrenäen
eine der letzten »wilden« Landschaften Südeuropas.*

Fährt man von der Atlantikküste in Richtung Osten,
kommt man zunächst zu
einer sanften Hügelland-
schaft. Je weiter man jedoch
in die Pyrenäen vordringt,
desto majestätischer werden
die Berge. Im Sommer stehen
Besuchern in den Pyrenäen
mehr als 1600 Kilometer Wanderwege sowie zahlreiche Camping-,
Angel- und Klettermöglichkeiten zur
Verfügung. Für Wintersportler gibt es
Loipen und Pisten in den grenznahen
Skiorten, in denen weitaus mehr
Leben herrscht als in ihren Pendants
auf der spanischen Seite.

Hier wurde Henri IV geboren, der
1593 die Religionskriege beendete
und Frankreich einte. Das Gebiet war
meist unter unabhängigen Lehnsherren aufgeteilt. Seine ältesten
Bewohner, die Basken
(siehe S. 455), haben ihre
eigene Sprache und Kultur
bis heute bewahrt. Zudem
wird Katalanisch und Gas-
kognisch gesprochen.

Die viel besuchten Küs-
tenorte Bayonne, Biarritz
und St-Jean-de-Luz sind Zentren des
Tourismus, doch auch im Hinterland
gelegene Orte wie Pau, Tarbes und
Foix leben von Besuchern sowie von
mittelständischen Industriebetrieben.
Nach Lourdes strömen jedes Jahr
rund vier Millionen Pilger.

Im restlichen Gebiet überwiegt die
Landwirtschaft, allerdings wandern
wegen der eingeschränkten Arbeits-
möglichkeiten immer mehr Bewohner in die Städte ab.

Landschaft um St-Lizier, im Herzen der Pyrenäen

◁ Barèges bei Luz-St-Sauveur, Wintersport- und Kurort in den Hautes-Pyrénées *(siehe S. 459)*

Überblick: Pyrenäen

Die majestätische Bergkette der Pyrenäen zieht sich durch Südwestfrankreich vom Atlantik bis zum Mittelmeer. Zu ihren Füßen befinden sich Sehenswürdigkeiten wie die Festung von Montségur, Lourdes, Pau in den Hügeln des Béarn und die baskische Hafenstadt Bayonne. Das Wander-, Angel- und Skiparadies, das den Parc National des Pyrénées einschließt, ist auf der französischen Seite grün, auf der spanischen trocken. Den Besucher erwarten angenehme Temperaturen und eine einmalig schöne Landschaft. Auch Geschichts- und Architekturliebhaber kommen auf ihre Kosten, so in St-Bertrand-de-Comminges und St-Jean-de-Luz mit den größten Sehenswürdigkeiten der Region.

Marzipan, eine Spezialität
Südwestfrankreichs

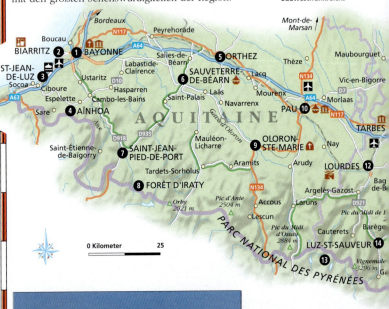

Kirche des baskischen Dorfs Espelette

In den Pyrenäen unterwegs

Über die A63/N10 gelangt man von Bordeaux zur baskischen Küste im Westen der Pyrenäen. Die A64 – mit vielen Abzweigungen ins Gebirge – führt von Bayonne nach Toulouse, über Orthez, Pau, Tarbes und St-Gaudens. Auf den schmalen Serpentinen der Pyrenäen sollten Sie längere Fahrzeiten einkalkulieren. Die reizvolle D918/D618 vom Atlantik durch die Pyrenäen bis zum Mittelmeer ist mit 18 Pässen anstrengend zu fahren. Flughäfen gibt es in Biarritz, Pau und Lourdes. Pau und Lourdes liegen zusammen mit Orthez und Tarbes an der Bahnlinie zwischen Bordeaux und Toulouse.

Sehenswürdigkeiten auf einen Blick

Wilde Pottock-Ponys auf den Feuchtwiesen der Forêt d'Iraty

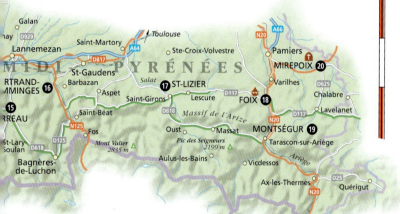

St-Jean-de-Luz, von Ciboure aus gesehen

LEGENDE

▬▬	Autobahn
▬▬	Schnellstraße
▬▬	Nationalstraße
═══	Nebenstraße
▬▬	Panoramastraße
┅┅	Eisenbahn (Hauptstrecke)
───	Eisenbahn (Nebenstrecke)
▓▓▓	Staatsgrenze
───	Regionalgrenze
△	Gipfel

Bayonne ❶

Pyrénées-Atlantiques. 🚶 45 000. 🚉
🚌 ℹ Place des Basques (08 20 42
64 64). 🚐 Mo–Sa (nur vormittags).
www.bayonne-tourisme.com

Bayonne, die Hauptstadt
des französischen Basken-
lands, liegt zwischen zwei
Flüssen: der Nive, die in den
Pyrenäen entspringt, und dem
breiteren Adour. Bayonne ist
wegen seiner Lage an einer
der wenigen leicht befahrba-
ren Übergänge nach Spanien
seit der Römerzeit eine strategisch wichtige Stadt. Unter
der Herrschaft der Engländer
(1154–1451) erlebte sie eine
Blütezeit. 14 Belagerungen
hat Bayonne standgehalten,
darunter eine besonders blutige 1813 durch Wellington.
Grand Bayonne, das Viertel
um die Kathedrale, erkundet
man am besten zu Fuß. Die
im 13. Jahrhundert entstandene **Cathédrale Ste-Marie**
wurde unter englischer Herrschaft begonnen, was den für
diese Region eher seltenen
gotischen Baustil erklärt. Sehenswert sind der Kreuzgang
und der Türklopfer (13. Jh.)
am Nordportal. Jedem Flücht-
ling, der ihn erreichte, wurde
Einlass gewährt. Das Viertel
um die Kathedrale (Fußgängerzone) eignet sich für einen
Shopping-Bummel, vor allem
die Rue du Port-Neuf. Dort
gibt es Cafés, in denen Sie
sich mit heißer Schokolade
verwöhnen lassen können –
eine Spezialität von Bayonne.

**Grand Bayonne mit der
zweitürmigen Kathedrale**

Leuchtturm bei Biarritz

Die Kunst der Schokoladen-
herstellung wurde Ende des
15. Jahrhunderts von spanischen Juden eingeführt. Berühmt ist auch der Bayonner
Schinken.

Petit Bayonne liegt am an-
deren Nive-Ufer. Das **Musée
Basque** vermittelt einen Ein-
blick in die Geschichte der
Basken. Das **Musée Bonnat**
besitzt eine außergewöhnliche
Gemäldegalerie. Nicht versäu-
men sollten Sie den ersten
Stock mit Zeichnungen von
Leonardo, van Dyck, Rem-
brandt und Rubens sowie
Gemälden von Corot, Goya,
Constable und Ingres.

🏛 **Musée Basque**
37, quai des Corsaires. ℂ 05 59 59
08 98. ⏰ Di–So. ● Feiertage. 🚫
🚻 ℹ www.musee-basque.com

🏛 **Musée Bonnat**
5, rue Jacques Lafitte. ℂ 05 59 59
08 52. ⏰ Mi–Mo. ● Feiertage. 🚫
🚻 www.musee-bonnat.com

Biarritz ❷

Pyrénées-Atlantiques. 🚶 27 000.
🚉 🚌 ℹ Javalquinto, square
d'Ixelles (05 59 22 37 10). 🚐 tägl.
www.ville-biarritz.fr

Biarritz, das westlich von
Bayonne liegt, dehnt sich
zwar mit Villenvororten entlang der Küste aus, hat aber
seinen alten Kern bewahrt.
Die Stadt lebte einst vom Wal-
fang, bevor sie im 19. Jahrhundert zum Tummelplatz der
Reichen wurde. Die Beliebtheit wuchs, als Kaiserin Eugénie, die Gattin Napoléons III.,
das milde Winterklima der
Stadt entdeckte.

Urlauber erwarten drei
schöne Strände, beste Surf-
möglichkeiten, zwei Casinos
und eines der letzten Grandhotels Frankreichs, das Palais
(siehe S. 586).

Das Aquarium des **Musée
de la Mer** im alten Hafen gibt
einen guten Überblick über
die Fischwelt der Biskaya.
Unterhalb führt ein schmaler
Weg zum Rocher de la Vierge
mit herrlichem Blick auf die
gesamte baskische Küste. Mit
einem Besuch im Musée de
Chocolat lässt sich ein Regen-
tag versüßen.

🏛 **Musée de la Mer**
Esplanade du Rocher-de-la-Vierge,
14, plateau de l'Atalaye. ℂ 05 59
22 33 34. ⏰ Apr–Okt: tägl.; Nov–
März: Di–So. ● 1. Jan, 2. u.
3. Woche im Jan, 25. Dez. 🚫 ♿
🚻 🅿 www.museedelamer.com

Altar in der Église St-Jean-Baptiste

St-Jean-de-Luz ❸

Pyrénées-Atlantiques. 🚶 14 000.
🚉 Biarritz. 🚌 ℹ 20, bd Victor
Hugo (05 59 26 03 16). 🚐 Di u. Fr.
www.saint-jean-de-luz.com

St-Jean, ein ruhiger Fischereihafen, verwandelt sich
in der Hochsaison in einen
mondänen Badeort und be-
sitzt Geschäfte, die denen der
Pariser Rue du Faubourg-St-
Honoré in nichts nachstehen.
Im 11. Jahrhundert wurden
die erlegten Wale in den
Hafen von St-Jean gebracht
und dort unter den Einwohnern aufgeteilt. Der Naturhafen macht es möglich, dass
man hier schwimmen kann.

Ein großes historisches Ereignis war die Hochzeit von
Louis XIV mit der Infantin

Das Fischerdorf St-Jean-de-Luz explodiert im Sommer vor Besuchern

Maria Teresa von Spanien im Jahr 1660, eine Verbindung, mit der die Allianz zwischen Frankreich und Spanien besiegelt werden sollte – und wegen der Frankreich später in den Spanischen Erbfolgekrieg hineingezogen wurde. Die Hochzeit fand in der **Église St-Jean-Baptiste** statt, noch heute die größte und schönste Kirche des Baskenlands, ein Kleinod mit dreigeschossiger Galerie und vergoldetem Retabel (17. Jh.). Das Portal, durch das der Sonnenkönig seine Braut führte, wurde danach zugemauert. Eine Gedenktafel kennzeichnet die Stelle. Sehenswert sind auch die Stilmöbel der **Maison Louis XIV**, in der der König 1660 wohnte.

Nicht versäumen sollten Sie das Treiben am Hafen und die in den dortigen Restaurants erhältliche hiesige Spezialität: *chipirons* (in eigener Tinte gekochte junge Tintenfische). Die Place Louis XIV ist ideal zum Ausruhen. Der Strand von St-Jean liegt in einer Bucht, sodass man hier gefahrlos schwimmen kann.

🏛 **Maison Louis XIV**
Place Louis XIV. 📞 05 59 26 01 56.
🕐 Juni–Sep: tägl. 🈹 🈸

Umgebung: Am anderen Nivelle-Ufer liegt **Ciboure**, der Geburtsort von Maurice Ravel. Charakteristisch sind die Häuser der Kaufleute (18. Jh.), die

engen Straßen und die Fischlokale. Geht man an der Küste entlang, kommt man nach etwa zwei Stunden ins Dorf **Socoa**. Der Leuchtturm hoch oben an der Steilküste bietet einen Blick bis Biarritz.

Die Baskenmütze gehört dazu

Aïnhoa ❹

Pyrénées-Atlantiques. 🏃 640. 🚌
ℹ️ La Mairie (05 59 29 92 60).

Der winzige Ort an der Straße zur spanischen Grenze wurde im 12. Jahrhundert gegründet und war von jeher Zwischenstation

der Santiago-Pilger *(siehe S. 400f)*. Aus dieser Zeit sind die Baskenhäuser (17. Jh.) an der Hauptstraße und die Kirche mit den charakteristischen Galerien (17. Jh.) erhalten.

Umgebung: Eine ähnliche Kirche wie in Aïnhoa steht im nahen **Espelette**. Die Galerien im Inneren erhöhten nicht nur die Zahl der Sitzplätze, sondern hatten außerdem noch den Vorteil, dass die Männer getrennt von den Frauen und Kindern sitzen konnten. In Espelette werden jedes Jahr Ende Januar die Pottocks, die hier heimischen Wildponys, verkauft. In der Umgebung baut man rote Chilischoten an, im Oktober findet ein Paprikafest statt.

Am Fuß des St-Ignace-Passes liegt das kleine Bergdorf **Sare**. Vom Pass aus kann man mit einer Zahnradbahn auf den Gipfel des La Rhune fahren, des besten Aussichtsbergs des Pays Basque. Der Fußmarsch hinab lohnt sich.

Château aus dem 11. Jahrhundert, Espelette

Sauveterre-de-Béarn mit den Überresten des Pont de la Légende über den Gave d'Oloron

Orthez ❺

Pyrénées-Atlantiques. 👥 *11 000*. 🚆 🚌 ℹ️ *Maison Jeanne d'Albret, rue Bourg-Vieux (05 59 38 32 84).* 🚌 *Di; Nov–März: Foie-gras-Markt (Sa).*

Orthez war dank seiner Brücke (13./14. Jh.) über den Gave du Pau bereits im Mittelalter ein strategisch wichtiger Ort. Von November bis März werden jeden Samstagvormittag auf dem Markt Delikatessen wie *foie gras*, geräucherter und luftgetrockneter Schinken, Geflügel und andere frische Erzeugnisse feilgeboten. Die Rue Bourg-Vieux zeichnet sich durch hübsche Häuser aus, vor allem das der Jeanne d'Albret, der Mutter von Henri IV an der Ecke Rue Roarie. Ihr protestantischer Glaube missfiel sowohl ihren Untertanen als auch Charles IX. Schließlich wurde die ganze Region in die Religionskriege (1562–93) hineingezogen.

Sauveterre-de-Béarn ❻

Pyrénées-Atlantiques. 👥 *1400*. 🚌 ℹ️ *Place Royale (05 59 38 50 17).* 🚌 *Sa.*

Der hübsche Marktflecken ist eine Übernachtung wert – schon allein wegen des herrlichen Blicks auf die Brücke, die sich im Süden in großem Bogen über den Gave d'Oloron spannt, sowie auf das **Château de Nays** (16. Jh.). Jedes Jahr werden hier von April bis Juli am Oloron die Lachsfang-Weltmeisterschaften ausgetragen.

Ebenfalls sehenswert ist das über die D27 erreichbare **Château de Laàs** (9 km außerhalb des Orts) mit einer Sammlung dekorativer Kunst sowie Möbeln (18. Jh.), darunter dem Bett, in dem Napoléon nach der Niederlage bei Waterloo geschlafen haben soll. Hübsch ist auch der Park.

⛪ **Château de Laàs**
📞 *05 59 38 91 53.* 🕐 *Apr–Okt: Mi–Mo (Apr: nur nachmittags; Juli, Aug: tägl.).* ♿

Das Château de Nays unweit von Sauveterre-de-Béarn

St-Jean-Pied-de-Port ❼

Pyrénées-Atlantiques. 👥 *1700*. 🚆 🚌 ℹ️ *14, place du Général de Gaulle (05 59 37 03 57).* 🚌 *Mo.* www.pyrenees-basques.com

Die alte Hauptstadt von Basse-Navarre liegt am Fuß des Passes von Roncesvalles. Hier überwältigten die Basken 778 die Armee Karls des Großen und töteten Roland, den Führer der Nachhut, der später im *Rolandslied* besungen wurde.

Im Mittelalter war der befestigte Ort mit den roten Sandsteinhäusern die letzte Pilgerstation vor der spanischen Grenze. Sobald die Bewohner Pilger *(siehe S. 400f)* ausmachten, läuteten sie die Kirchenglocken, um ihnen den Weg zu weisen. Die Pilger antworteten mit Gesang. Noch heute leben die Cafés, Restaurants und Hotels in St-Jean von Besuchern. Man betritt die Oberstadt durch die Porte d'Espagne und geht durch enge, steile Straßen hinauf zur Zitadelle, die einen Panoramablick bietet. Schon die Stadtmauern sind Entschädigung genug für die Anstrengung. Montags findet ein Kunsthandwerksmarkt statt. Im Sommer gibt es Bullenschauen. Zudem werden *Pelote*-Turniere veranstaltet.

Forêt d'Iraty 8

Pyrénées-Aquitaine. St-Jean-Pied-de-Port. St-Jean-Pied-de-Port (05 59 37 03 57), Larrau (05 59 28 62 80).

Die Hochebene Forêt d'Iraty ist für ihre Loipen und Wanderwege bekannt. Sie ist auch die Heimat der baskischen Wildponys (Pottocks), die heute noch so aussehen wie auf den prähistorischen Zeichnungen, die man in einigen Höhlen der Umgebung entdeckt hat. Wanderkarten sind im Tourismusbüro in St-Jean-Pied-de-Port erhältlich. Eine der schönsten Wanderungen beginnt am Parkplatz des Chalet Pedro, südlich des Sees auf der Iraty-Hochebene, und führt entlang der Markierung GR10 zu 3000 Jahre alten Menhiren an der Westflanke des Sommet d'Occabé.

Oloron-Ste-Marie 9

Pyrénées-Atlantiques. 11 400. Allées du Compte de Tréville (05 59 39 98 00). Fr.
www.tourisme-oloron.com

Die Stadt hat sich aus einer bereits vor der Römerzeit bestehenden keltisch-iberischen Siedlung entwickelt. Im Mai und September finden große Landwirtschaftsausstellungen statt. Hier werden auch die berühmten Baskenmützen hergestellt. Der Stolz der Stadt ist das Portal der romanischen **Cathédrale Ste-Marie** mit biblischen und pyrenäischen Szenen.

Oloron liegt am Fuß des Somport-Passes, des höchsten Gipfels des Aspe-Tals. Spanien beginnt gleich auf der anderen Seite. Der Einfluss spanischer Steinmetze zeigt sich in den maurischen Rundbogen der **Église Sainte-Croix**.

Umgebung: Von Oloron aus kann man einen Ausflug ins Aspe-Tal machen und den Schafskäse oder den halb aus Kuh-, halb aus Ziegenmilch hergestellten Käse probieren.

Eine Straße führt nach Lescun, ein um eine Kirche gruppiertes Dorf am Fuß der Berge – der höchste ist der **Pic d'Anie** (2504 m). Lescun ist eines der schönsten Fleckchen der Pyrenäen. Gegen den Bau des 2003 eröffneten Somport-Tunnels gab es hier massive Porteste. Sie bezogen sich auf die Zerstörung des letzten Lebensraums des Pyrenäen-Braunbären.

Baskische Lebensart

Das Baskenland gehört größtenteils zu Spanien, doch zehn Prozent des Territoriums liegen in Frankreich. Die Basken haben ihre eigene Sprache und Musik, Spiele und Traditionen. Die Separatismusbewegung ist auf französischer Seite weit weniger militant als auf spanischer, doch in beiden Landesteilen hält man eisern an der eigenen Lebensart fest.

Pelote, das traditionelle Ballspiel der Basken

Portal der Cathédrale Ste-Marie

Kahle Landschaft: Franzosen und Spanier fällten die Bäume oberhalb der Forêt d'Iraty für den Schiffsbau

Wandteppich im Château de Pau

Pau ⑩

Pyrénées-Atlantiques. 🏠 85 000. ✈
🚉 ▮ *Place Royale (05 59 27 27 08)*. 🚌 *Mo–Sa.*
www.pau-pyrenees.com

Die Hauptstadt des Béarn und interessanteste größere Stadt der Zentralpyrenäen ist eine Universitätsstadt mit Belle-Époque-Architektur und schattigen Parks. Das milde Klima im Herbst und Winter zieht seit dem frühen 19. Jahrhundert Urlauber an, vor allem Engländer.

Pau ist in erster Linie als Geburtsstadt Henris IV bekannt. Dessen Mutter, Jeanne d'Albret, nahm noch im achten Monat die 19-tägige Reise aus der Picardie in Kauf, nur um ihr Kind hier zur Welt zu bringen. Sie sang, als die Wehen einsetzten, weil sie glaubte, dass ihr Kind dann so unbeugsam und widerstandsfähig sein würde wie sie selbst. Gleich nach der Geburt wurden dem Säugling entsprechend der Tradition die Lippen mit Knoblauch und einheimischem Wein (Jurançon) eingerieben.

Hauptsehenswürdigkeit der Stadt ist das **Château de Pau**, das im 14. Jahrhundert für den Herrscher in Béarn, Gaston Phoebus *(siehe S. 463)*, errichtet und 400 Jahre später grundlegend umgebaut wurde. Hier wohnte im 16. Jahrhundert Marguerite d'Angoulême, die Schwester von François I. Sie machte Pau zu

einer Stadt der Künstler und Freidenker. Im Inneren des Schlosses verdienen die von flämischen Webern in Paris hergestellten Wandteppiche Beachtung. Die Maison Carré im 18 Kilometer entfernten Nay zeigt die Sammlung des früheren Musée Béarnais, das viel über Geschichte und Kultur des Béarn vermittelt.

Der Boulevard des Pyrénées bietet einen einmaligen Blick auf die unterhalb liegenden Gärten und auf einige der höchsten Pyrénäengipfel, die auch im Sommer oft schneebedeckt sind. Nahbei liegt das **Musée des Beaux-Arts**. Hier hängen Degas' *Baumwollkontor in New Orleans*, Rubens' *Jüngstes Gericht* und ein Werk von El Greco.

⚓ Château de Pau
2, rue du Château. 📞 *05 59 82 38 02*. ⬜ *tägl*. ⬤ *1. Jan, 1. Mai, 25. Dez.* 🎫 ♿ 🅿
www.musee-chateau-pau.fr

🏛 Musée des Beaux-Arts
Rue Mathieu Lalanne. 📞 *05 59 27 33 02*. ⬜ *Mi–Mo*. ⬤ *Feiertage*. 🎫 ♿ *teilweise*.

Tarbes ⑪

Hautes-Pyrénées. 🏠 47 000. ✈
🚉 ▮ *3, cours Gambetta (05 62 51 30 31)*. 🚌 *Do*. **www**.tarbes.com

Tarbes ist der Hauptort der ehemaligen Grafschaft Bigorre und bietet eine große Landwirtschaftsmesse. Der **Jardin Massey** im Zentrum wurde zu Beginn des 19. Jahrhunderts angelegt und zählt mit seinen Spazierwegen und seltenen Pflanzen (z. B. Sassafras) zu den schönsten Parks Südwestfrankreichs. Das Museum zeigt europäische Kunst (16.–20. Jh.).

Maison du Cheval und Haras National (Nationalgestüt) mit der Zuchtstation von Vollbluthengsten sind sehenswert.

🏛 La Maison du Cheval
Chemin du Mauhourat. 📞 *05 62 56 30 80*. ⬜ *nur in den Schulferien*. ⬤ *Feiertage*. 🎫 🎦

Lourdes ⑫

Hautes-Pyrénées. 🏠 16 000. ✈
🚉 ▮ *Place Peyramale (05 62 42 77 40)*. 🚌 *Mo–Sa*.
www.lourdes-infotourisme.com

Lourdes, das Zentrum der Marienverehrung, verdankt seine Berühmtheit Bernadette Soubirous, einem 14-jährigen Mädchen, dem 1858 mehrmals die Jungfrau

Im Château de Pau wurde 1553 Henri IV geboren

◁ **St-Lizier vor der Kulisse der schneebedeckten Pyrenäen** *(siehe S. 462)*

Maria erschienen sein soll. Fünf Millionen kranke Pilger begeben sich jährlich hoffnungsvoll zur **Grotte Massabielle** (Erscheinungshöhle) und in das Zimmer in der Rue des Petits-Fossés, wo Bernadette lebte. Das **Musée de Lourdes** informiert über ihr Leben.

Sehenswert sind auch die **Grottes de Bétharram** und das **Musée Pyrénéen** mit Exponaten der Bergpioniere.

🏛 **Musée de Lourdes**
Parking de l'Égalité. 📞 05 62 94 28 00. ⏰ Apr–Okt: tägl.; Nov–März: Mo–Fr. 📷 ♿

🦇 **Grottes de Bétharram**
St-Pé-de-Bigorre. 📞 05 62 41 80 04. ⏰ Feb–Ende März: Mo–Fr nachmittags; Ende März–Ende Okt: tägl. 📷 ♿

Bizarre Kalksteinformationen in den Grottes de Bétharram

Pilger bei einer Messe unter freiem Himmel in Lourdes

🏛 **Musée Pyrénéen**
Château Fort, rue du Fort. 📞 05 62 42 37 37. ⏰ tägl. 📷

Parc National des Pyrénées ⑬

Siehe S. 460f.

Luz-St-Sauveur ⑭

Hautes-Pyrénées. 🚶 *1200.* 🚉 *nach Lourdes.* 🚌 ℹ️ *Place du 8 Mai 1945 (05 62 92 30 30).* 🛍 *Mo vormittags.* **www.luz.org**

Luz-St-Sauveur ist ein hübscher Kurort mit einer ungewöhnlichen Kirche, die im 14. Jahrhundert von den Hospitaliers de Saint Jean de Jérusalem, den späteren Malteserrittern, errichtet wurde. Durch die Schießscharten der Kirche, die auch den Pilgern nach Santiago de Compostela Schutz bot, konnte man Stadt und Tal überblicken.

Umgebung: Der schicke Kurort **Cauterets** ist idealer Ausgangspunkt für Kletter-, Wander- und Skitouren in den Bergen der Umgebung. **Gavarnie** war früher Station auf der Pilgerroute nach Santiago de Compostela. Von hier führt ein von Zwei- und Vierbeinern frequentierter Trampelpfad hinauf zu einem Naturspektakel, dem **Cirque de Gavarnie**, einer der Hauptsehenswürdigkeiten der Pyrenäen. Hier stürzen die Wassermassen des längsten Wasserfalls Europas vor der Kulisse von elf Dreitausendern 240 Meter in die Tiefe.

Das **Observatoire Pic du Midi de Bigorre** erreicht man mit der Seilbahn von La Mongie, vom Col de Tourmalet in 30 Gehminuten oder auf einem Weg von unten in vier Stunden. Die Franzosen sind stolz auf ihr hoch gelegenes Observatorium, dem wir die deutlichsten Bilder der Venus und anderer Planeten des Sonnensystems verdanken, die je von der Erde aus gemacht wurden.

Mit einem Teleskop von einem Meter Durchmesser wurde vor den Apollo-Missionen für die NASA eine Karte der Mondoberfläche angelegt.

🏛 **Observatoire Pic du Midi de Bigorre**
📞 08 25 00 28 27. ⏰ Juni–Aug: tägl.; Jan–Mai, Dez: Mi–Mo. ⏰ Okt, Nov. 📷 🎥 🍴

Das Wunder von Lourdes

Der 14-jährigen Bernadette Soubirous soll 1858 insgesamt 18-mal die Jungfrau Maria in der Grotte Massabielle unweit der Stadt erschienen sein. Obwohl das Betreten der Höhle verboten war, ging das Mädchen hinein. Dort fand es eine Quelle mit angeblich wundersamen Heilkräften. Die katholische Kirche bestätigte die Erscheinungen in den 1860er Jahren als Wunder. Seitdem behaupten zahlreiche Pilger, von ihren Leiden geheilt worden zu sein. Rund um die Quelle entstanden Kirchen, Kapellen und Hospize – entsprechend boomt auch der Tourismus.

Bernadettes Vision

Parc National des Pyrénées ⓭

Pyrenäen-Steinbock

Der Nationalpark wurde 1967 gegründet. Er erstreckt sich über 100 Kilometer entlang der französisch-spanischen Grenze. Hier findet man einige der schönsten Szenerien Europas: von Bergwiesen mit bunten Schmetterlingen bis zu majestätischen Bergen, die auch im Sommer schneebedeckt sind. Den Höhen- und Klimaunterschieden verdankt der Park seine reiche Fauna und Flora, die man am besten zu Fuß auf den insgesamt 350 Kilometern gut markierter Wege erkundet.

Vallée d'Aspe
Zerklüftete Berge säumen das Vallée d'Aspe und den Cirque de Lescun. Eine Umgehungsstraße soll den neuen Tunnel unterstützen.

Pic d'Anie
Der 2504 Meter hohe Kalksteingipfel des Pic d'Anie versorgt die saftigen Bergwiesen an seinen Hängen mit Schmelzwasser. Im Frühjahr blühen hier Enzian- und Akeleiarten, die man nirgendwo anders findet.

OLORON-STE-MARIE ↑

PIC D'ANIE
2504 m

VALLÉE D'ASPE

N134

VALLÉE D'OSSAU

D934

PAU

Laru

PIC DE LA SAGETTE
2301 m

Col du Somport, die Somport-Passstraße (1632 m), führt nach Spanien. Seit 2003 gibt es auch einen Tunnel.

PIC DU MIDI D'OSSAU
2884 m

Pic du Midi d'Ossau
Ein Pfad führt vom Lac de Bious-Artigues (2288 m) hinauf zum Gipfel des Pic du Midi d'Ossau (2884 m) und um diesen herum.

Flora und Fauna

Die Pyrenäen sind Heimat vieler Tierarten, die zum Teil nur hier vorkommen. Steinböcke gibt es in der Vallée d'Ossau und der Vallée de Cauterets. Zu den Greifvögeln zählen Gänse-, Schmutz- und Bartgeier. Hier leben auch der Pyrenäen-Luchs, die Kleinfleck-Ginsterkatze, der Baummarder und das Hermelin. An Bächen trifft man auf den Pyrenäen-Gebirgsmolch, einen im Wasser lebenden Verwandten des Maulwurfs.

Die Pyrenäen-Fritillaria *blüht im Frühling und Frühsommer auf den Wiesen der Pyrenäen.*

Die Türkenbundlilie *zeigt ihre Blüten von Juni bis August an Felshängen bis 2000 Meter Höhe.*

èche de Roland
r Einschnitt in der Felswand
s Cirque de Gavarnie ist ein
türlicher Durchgang zwi-
en Frankreich und Spanien.

Tipps für Wanderer

Zahlreiche nummerierte, gut ausgeschilderte Wege mit Angabe der Länge führen durch den Park. Entlang den Routen gibt es Hütten, in denen man essen und übernachten kann (Wanderkarten und Infos u. a. in den Büros in Cauterets, Tel. 05 62 92 52 56, oder Luz-St-Sauveur, Tel. 05 62 92 38 38, sowie unter www. parc-pyrenees.com).

Bergwandern im Sommer

Der Pyrenäen-Wanderweg GR10 vom Atlantik zum Mittelmeer zählt zu den schönsten Routen Frankreichs.

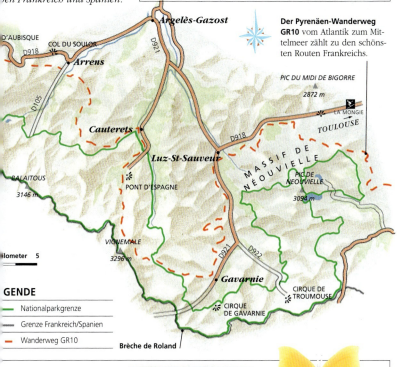

GENDE

— Nationalparkgrenze
— Grenze Frankreich/Spanien
— Wanderweg GR10

Brèche de Roland

mutzgeier ziehen überall in
Pyrenäen ihre Kreise, vor
m an steilen Felswänden.

Der Pyrenäen-Braunbär *kommt noch im Vallée d'Aspe und im Vallée d'Ossau vor.*

Kleopatra

Schwalben-schwanz

Diese Schmetterlinge *zählen zu den farbenprächtigsten, die man in großer Höhe findet.*

Arreau ⓯

Hautes-Pyrénées. 🏔 865. 🚌
ℹ️ *Château des Nestes (05 62 98 63
15).* 🚢 *Do.* www.vallee-aure.com

Arreau, eine belebte Kleinstadt mit Fachwerkhäu-
sern, Läden und Restaurants,
liegt am Zusammenfluss von
Aure und Louron. Hier be-
kommen Bergwanderer alles,
was sie an Zubehör oder Ausrüstung brauchen.

Beim Rathaus liegt eine
hübsche Markthalle. Nahebei
befindet sich auch die Maison
de Lys (16. Jh.), deren Fassade mit bourbonischen Lilien
verziert ist.

Umgebung: Der nahe Wintersportort St-Lary-Soulan ist im
Sommer ein guter Ausgangspunkt für die Erkundung des
Massif du Néouvielle. Sehenswert sind das Dorf Fabian
und die oberhalb gelegenen
Seen. Überall gibt es Wanderwege, etwa die Route GR10
(siehe S. 461). Hier sieht man
Steinadler oder Lämmergeier
ihre Kreise ziehen.

St-Bertrand-de-Comminges ⓰

Haute-Garonne. 🏔 300. 🚌 *Mon-
trejeau, dann Taxi.* 🚌 ℹ️ *Les Oli-
vetains, parvis de la Cathédrale (05
61 95 44 44).* 🎵 *Musikfestival (Mitte
Juli–Ende Aug).*

Das Bergstädtchen ist historisch und künstlerisch
gesehen der interessanteste
Ort in den Zentralpyrenäen.
Jeden Sommer findet hier ein
renommiertes Musikfestival

Kreuzgang der Cathédrale Ste-Marie in St-Bertrand-de-Comminges

(siehe S. 37) statt. Die schönsten Skulpturen der Region
zieren das Portal der **Cathédrale Ste-Marie**. Im angrenzenden romanischen und
gotischen Kreuzgang sind Sarkophage, skulptierte Kapitelle
und Statuen der vier Evangelisten zu sehen.

72 v. Chr. gründete der römische Staatsmann Pompeius
auf der etwas tiefer gelegenen
Ebene die Stadt. Sie bestand
aus Theater, Tempel, Markt,
einer christlichen Basilika und
zwei Thermen, wurde allerdings 585 von Gontran, dem
Enkel von Chlodwig *(siehe
S. 212),* zerstört. Danach ver-
gingen 600 Jahre, bis Bertrand
de l'Isle, der Bischof von
Comminges, eine neue
Kathedrale und ein Kloster erbauen ließ. Der unbedeuten-
de Ort entwickelte sich zum
religiösen Zentrum.

Im Inneren der Kathedrale
findet man 66 Chorstühle mit
schönen Schnitzereien und
eine Orgel aus dem 16. Jahrhundert. Das Grabmal des
Bertrand de l'Isle samt dem
Altar befindet sich am Chor-

abschluss. Daneben liegt eine
Marienkapelle mit dem Marmor-
grabmal von Hugues de Châtillon, einem Bischof aus der Region, der im 14. Jahrhundert Geld
für die Errichtung der Kathedrale
sammelte.

🔒 **Cathédrale Ste-Marie**
📞 *05 61 88 33 12.* ☐ *tägl.* ☐ *So vormittags.* 📷 🎟 *Kreuzgang.*

Fresko in der Cathédrale St-Lizier

St-Lizier ⓱

Ariège. 🏔 1900. 🚌 ℹ️ *Pl de
l'Église (05 61 96 77 77).*
www.ariege.com/st-lizier

St-Lizier liegt im Département Ariège, das für seine
schluchtenartigen Täler in wilder Berglandschaft bekannt
ist. Der Ort wurde zur Römerzeit gegründet, war im Mittelalter eine bedeutende religiöse Stätte und besitzt zwei
Kathedralen. Die schönere ist
die **Cathédrale St-Lizier** (12.–
14. Jh.) mit romanischen Fresken und einem Kreuzgang.
Den schöneren Blick hat man
jedoch, wenn man zur **Cathédrale de la Sède** hinaufgeht.

Die imposante Cathédrale Ste-Marie (12. Jh.) in St-Bertrand

Hotels und Restaurants in den Pyrenäen *siehe Seiten 585–588 und 640–643*

St-Lizier mit schneebedeckten Gipfeln im Hintergrund

Foix ⑱

Ariège. ₪ 10000. 🚆 🚌 🛈 29, *rue Delcassé* (05 61 65 12 12). 🚩 *Fr u. 1., 3. u. 5. jedes Monats.* **www**.tourisme-foix-varilhes.fr

Foix mit seinen Zinnen und Wehrtürmen liegt wie eine riesige Festung am Zusammenfluss von Ariège und Arget. Im Mittelalter regierten die Grafen von Foix das Béarn. Herausragend war Graf Gaston Phoebus (1331–1391), ein Dichter, der sich mit Troubadouren umgab. Er war aber auch ein skrupelloser Machtpolitiker, der Bruder und Sohn töten ließ.

Im Sommer finden anlässlich der Médiévales Gaston Phoebus Umzüge und Ritterturniere in Kostümen statt. Eine Besteigung des **Château de Foix** (15. Jh.) lohnt sich schon wegen der Aussicht. Die restaurierte **Église de St-Volusien** (14. Jh.) besticht durch ihre schlichte Würde.

♜ **Château de Foix**
📞 05 34 09 83 83. ☐ *Mi–Mo.* ⚫ *1. Jan, 25. Dez.*

Umgebung: Die Grotte de Niaux (15 km südlich von Foix) besitzt prähistorische Felszeichnungen (Besichtigung nur mit Führung).

⛰ **Grotte de Niaux**
📞 05 61 05 88 37. 🚫 ☐ *obligatorisch.*

Montségur ⑲

Ariège. ₪ 100. 🛈 05 61 03 03 03. 🚫 📷 *Burg (nur im Sommer).* **www**.montsegur.org

Montségur war die letzte Bastion der Katharer *(siehe S. 491)*. Vom Parkplatz am Fuß des Hügels führt ein Weg zur Burganlage, in der im 13. Jahrhundert die *faidits* (enteignete Adlige) lebten. Die Katharer wohnten außerhalb der Stadtmauern in Häusern, die direkt an den Felsen gebaut waren. Als Feinde der katholischen Kirche zogen sie 1243 nach Avignonnet und töteten dort Mitglieder der Inquisition. Die Katholiken belagerten Montségur daraufhin zehn Monate lang. Nach der Gefangennahme ließen sich 205 Katharer lieber verbrennen, als zum Katholizismus überzutreten.

Mirepoix ⑳

Ariège. ₪ 3300. 🚌 🛈 *Place Maréchal Leclerc (05 61 68 83 76).* 🚩 *Mo u. Do.* **www**.tourisme-mirepoix.com

Mirepoix ist eine typische Bastide *(siehe S. 445)* mit einem großen Hauptplatz (einem der schönsten in Südwestfrankreich), der von Fachwerkhäusern und Laubengängen aus dem 13. bis 15. Jahrhundert gesäumt wird. An Markttagen ist der Platz voller Stände, die diverse Spezialitäten verkaufen. An der **Kathedrale** (Baubeginn 1317) wurde bis 1867 gearbeitet. Sie besitzt das breiteste gotische Mittelschiff Frankreichs.

Der von Laubengängen gesäumte Hauptplatz von Mirepoix

Südfrankreich

Südfrankreich im Überblick

D er Süden, Frankreichs beliebteste Ferienregion, lockt jährlich Millionen von Urlaubern an die Riviera und in die Badeorte weiter im Westen. In dieser auch von der Landwirtschaft geprägten Region gibt es Obst und Wein in Hülle und Fülle. Die in Nizza und Montpellier angesiedelten Hightech-Firmen sind Ausdruck der zunehmenden Industrialisierung des Südens, während Korsika bis heute seine unberührte Naturlandschaft bewahrt hat. Die Karte zeigt einige der Hauptsehenswürdigkeiten in dieser sonnenüberfluteten Region.

Zur Orientierung

Der Pont du Gard *ist ein 2000 Jahre altes Meisterwerk römischer Baukunst* (siehe S. 495). *Die Brücke war Teil einer 17 Kilometer langen, teils unterirdisch verlaufenden Wasserleitung, die Nîmes mit Wasser aus einer Quelle bei Uzès versorgte.*

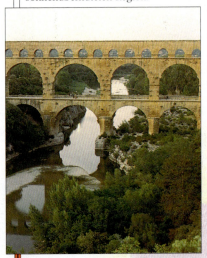

Pont du Gard

St-Guilhem-le-Désert

LANGUEDOC-ROUSSILLON
Seiten 476–497

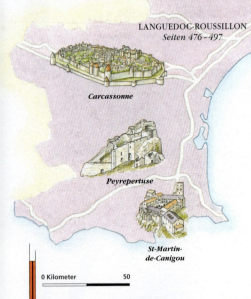

Carcassonne

Peyrepertuse

St-Martin-de-Canigou

Die Camargue, *das Sumpfgebiet des Rhône-Deltas, zeichnet sich durch eine reiche Fauna und Flora aus. Drei Besucherzentren vermitteln einen guten Eindruck dieses Biotops mit seinen rosa Flamingos und weißen Wildpferden (siehe S. 510f).*

0 Kilometer   50

◁ Herbstimpressionen in Südfrankreich

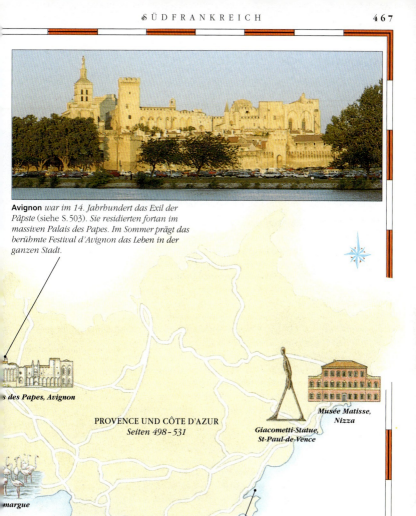

Avignon *war im 14. Jahrhundert das Exil der Päpste* (siehe S. 503). *Sie residierten fortan im massiven Palais des Papes. Im Sommer prägt das berühmte Festival d'Avignon das Leben in der ganzen Stadt.*

s des Papes, Avignon

PROVENCE UND CÔTE D'AZUR
Seiten 498–531

Giacometti-Statue,
St-Paul-de-Vence

Musée Matisse,
Nizza

margue

Die Côte d'Azur *ist seit den 1920er Jahren Tummelplatz der Sonnenhungrigen* (siehe S. 474f). *In einigen Orten gibt es Kunstsammlungen sowie internationale Veranstaltungen wie das Filmfestival in Cannes oder das Jazzfestival in Antibes.*

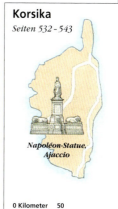

Korsika
Seiten 532–543

Napoléon-Statue,
Ajaccio

0 Kilometer 50

Regionale Spezialitäten

Die Küche des mediterranen Frankreich verwendet reife Früchte und wohlschmeckendes Gemüse, frisches Seafood und fettarmes Fleisch von Tieren auf den Bergweiden. Als Zutaten unerlässlich: Olivenöl, Knoblauch und Kräuter. Die bunten Märkte sind ein Genuss für Augen, Nase und Gaumen. Für ein Picknick am Strand kauft man einfach Schinken, Würste, Brot und Käse. Köstlich ist ein einfaches Essen wie Tomatensalat und gegrillter Fisch oder Lammbraten in einem Bistro auf dem Land. Erlesen ist die Haute Cuisine des Südens. Doch was auch immer Sie essen: Alle Zutaten sind nicht nur delikat, sie sind zudem gesund.

Oliven und Olivenöl

Anchovis – Sardellenfilets in Olivenöl, Languedoc-Roussillon

Languedoc-Roussillon

Die Gerichte dieser Region an der Grenze zu Spanien zeigen katalanischen Einfluss. Gewürze und Mandeln fügen ihnen noch einen Hauch Exotik hinzu. Auf der Ebene des Roussillon wächst jede Menge Obst und Gemüse. Kühe und Lämmer grasen auf den Almen der Pyrenäen. Fisch wird reichlich verwendet. Sète ist der größte französische Fischereihafen am Mittelmeer. In den Lagunen gibt es riesige Austern- und Muschelkulturen. Der kleine Fischereihafen Collioure ist für seine Sardellen (Anchovis) bekannt. Ein beliebtes Gericht ist *brandade de morue*, eine Spezialität aus Nîmes (Stockfisch wird mit Olivenöl und Milch zu einem Püree verrührt). Lecker sind die Pfirsiche und Aprikosen, die Kirschen von Ceret sind am frühesten reif. Für die Käseproduktion wird Ziegenmilch verwendet, z.B. für den runden Pélardon mit orangefarbener Rinde.

Provence

Die Provence ist das Land der Oliven und des grünen Olivenöls. Sie sind Bestandteil vieler Speisen, etwa von *aioli*, einer Mayonnaise aus Olivenöl und Knoblauch, serviert zu Gemüse oder zu

Hummer
Garnelen
Miesmuscheln
Seebarsch
Seeteufel
Tintenfisch
Venusmuscheln

Auswahl an südfranzösischem Seafood

Typische Gerichte

In der *cuisine du soleil* («Sonnenküche») gibt es einige Klassiker – am bekanntesten ist die *Bouillabaisse*. Die Zutaten dafür variieren, wobei Marseille das Originalrezept für sich beansprucht. Regionales Seafood (immer dabei: *rascasse* – Drachenkopf) wird mit Tomaten und Safran gekocht. Als erster Gang wird die Fischsuppe mit Croûtons und *rouille* (Mayonnaise aus Chili und Knoblauch) gereicht, dann wird der Fisch serviert. Einst war dies eine simple Fischermahlzeit, nun ist es ein Luxusgericht, das man eventuell 24 Stunden vorher bestellen muss. Die einfachere Version einer Fischsuppe heißt *bourride*. Eine weitere Spezialität sind *daubes*: Rotwein-Ragouts (meist mit Rindfleisch, aber auch mit Thunfisch oder Tintenfisch). Ebenfalls köstlich: *ratatouille* und *salade Niçoise*.

Frische Feigen

Artichauts à la barigoule *sind in Wein geschmorte kleine Artischocken, gefüllt mit Speck und Gemüse.*

Kräuter und Gewürze auf dem Markt in Nizza

Fisch. *Tapenade* ist eine Paste aus Oliven, Sardellen und Kapern. *Pissaladière* ist eine Art Pizza mit Zwiebeln, Oliven und Anchovis. Gemüse spielt eine wichtige Rolle: *courgettes* (Zucchini) oder Tomaten werden mit Fleisch, Reis und Kräutern gefüllt. Baby-Artischocken gibt es mit Speck sautiert oder mit aromatischem *pistou* (Basilikumsauce mit Tomaten). Letzteres ist auch eine Zutat für Bohnensuppe. Den köstlichen Mittelmeerfisch isst man am besten gegrillt. An Fleischgerichten kommen Rotwild, Kaninchen, Sisteron-Lamm (von den Bergweiden) und Stierfleisch aus der Camargue auf den Tisch, oft mit dem nussigen roten Reis der Region. Das Obstangebot umfasst u.a. Feigen, Cavaillon-Melonen und Limonen aus Menton.

Korsika

Korsische Küche ist eine herzhafte Variante der Mittelmeerküche. Kastanien waren hier einst Grundnahrungsmittel, Kastanienmehl ist noch heute in Gebrauch.

Reife Esskastanien in einem Wald auf Korsika

Die *charcuterie* umfasst saftige Schinken und Würste – traditionell geräuchert, gepökelt oder luftgetrocknet. Wildschwein wird mit Kastanien in Rotwein geschmort. Gänsebraten *(cabri roti)*, gespickt mit Knoblauchzehen und Rosmarin, ist ein Festtagsessen. Beliebt ist auch Wildfleisch, etwa Kaninchen, Wildtaube und Rebhuhn. Das Fischangebot der Küste besteht aus Seeteufel, Tintenfisch, See-Igeln und Sardinen. Die Letzteren werden gern mit Kräutern und Brocciu (eine Art Ricotta) verarbeitet. Hiesiger Honig schmeckt nach Bergkräutern. Die verschiedenen Marmeladen sind süße Sünden.

Auf der Speisekarte

Beignets des fleurs de courgette: Frittierte Zucchiniblüten.

Estoficada: Stockfisch mit Tomaten, Kartoffeln, Knoblauch und Oliven.

Fougasse: Flaches Brot mit Oliven, Zwiebeln und Gewürzen.

Ratatouille: Gemüseeintopf aus Auberginen, Tomaten, Zucchini und Paprika.

Salade Niçoise: Grüner Salat mit Eiern, Oliven, grünen Bohnen, Tomaten und Sardellen.

Socca: Kichererbsen-Pfannkuchen (Spezialität aus Nizza).

Tourte des blettes: Mangoldpastete mit Rosinen und Pinienkernen.

Brandade de morue *ist Stockfisch, der mit Olivenöl und Milch zu einem Püree verrührt wird.*

Bœuf en daube *ist in Rotwein mariniertes Rindfleisch, geschmort mit Zwiebeln, Knoblauch, Tomaten.*

Crème catalane *ist ein spanisches Dessert aus Eiern, das mit einer flambierten Zuckerkruste bedeckt ist.*

Weinregion Südfrankreich

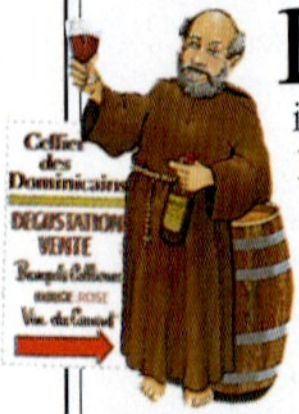

Cellier des Dominicains
DÉGUSTATION
VENTE
Hinweisschild auf Weinkeller, Banyuls

Die Weinbaugebiete am Mittelmeer ziehen sich in großem Bogen von Banyuls im äußersten Süden durch das Languedoc-Roussillon und die Provence bis nach Nice (Nizza), nahe der italienischen Grenze. Ein Jahrhundert lang wurde hier Massenware produziert, und auch heute noch wird ein großer Teil der Reben zu *vin de table* verarbeitet. Viele Winzer besinnen sich allerdings mittlerweile auf die Zeit zurück, als im sonnigen Süden noch erlesene vollmundige Weine produziert wurden, und versuchen mit moderner Technik, die traditionellen Rebsorten zu veredeln.

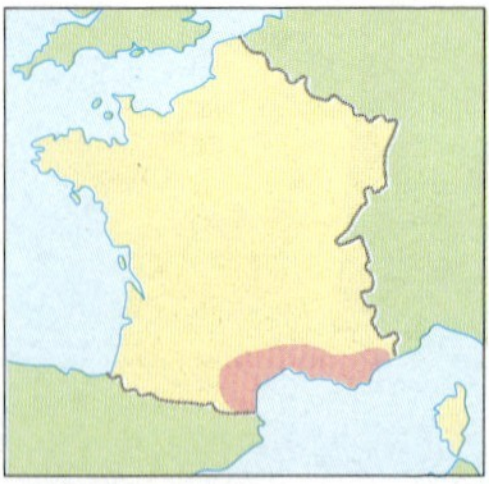

Zur Orientierung

Languedoc-Roussillon, Provence

N106
NÎMES
Pic St-Loup
Langlade
St-Christol
St-Drézéry
Vérargues
St-Saturnin
Montpeyroux
Lunel
N9
MONTPELLIER
St-Georges-d'Orques
Cabrières
Faugères
Berlou
Orb
Pézenas
Frontignan
St-Chinian
SÈTE
BÉZIERS
PINET
Caunes-Minervois
Minerve
Aude
A9
Lézignan-Corbières
NARBONNE
CARCASSONNE
A61
La Clape
Quatourze
Limoux
Tuchan
Fitou
Maury
Aude
Latour-de-France
Caramany
PERPIGNAN
Têt
N116
Rivesaltes
PORT-VENDRES
Banyuls
Tech
A9
0 Kilometer 25
TUCADE

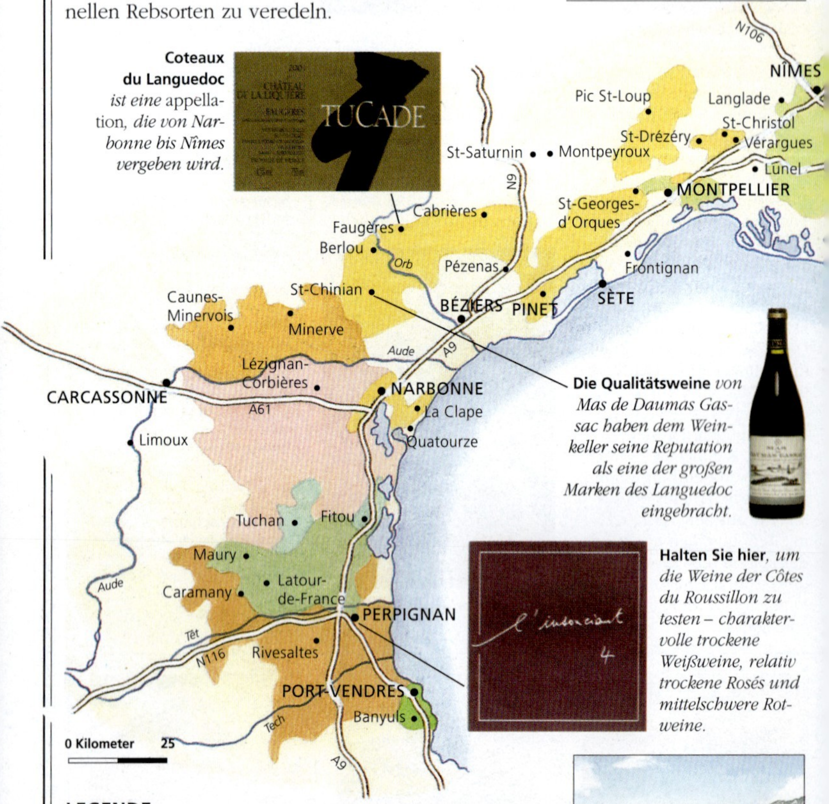

Coteaux du Languedoc *ist eine* appellation, *die von Narbonne bis Nîmes vergeben wird.*

Die Qualitätsweine *von Mas de Daumas Gassac haben dem Weinkeller seine Reputation als eine der großen Marken des Languedoc eingebracht.*

Halten Sie hier, *um die Weine der Côtes du Roussillon zu testen – charaktervolle trockene Weißweine, relativ trockene Rosés und mittelschwere Rotweine.*

LEGENDE

Collioure & Banyuls	Costières du Gard
Côtes de Roussillon	Coteaux d'Aix en Provence
Côtes du Roussillon Villages	Côtes de Provence
Fitou	Cassis
Corbières	Bandol & Côtes de Provence
Minervois	Coteaux Varois
Coteaux du Languedoc	Bellet

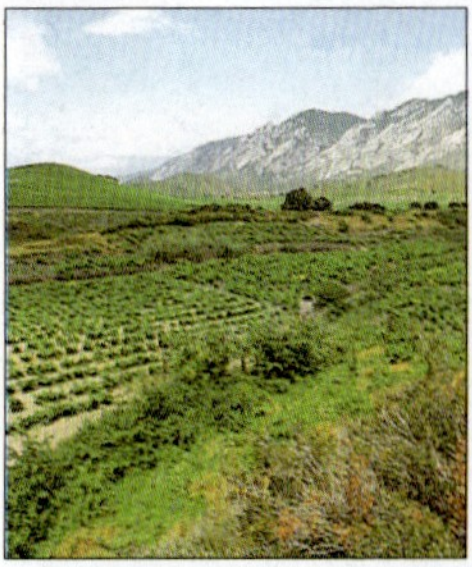

Weinbau bei Corbières

Weinlese für den roten Côtes de Provence

Weinbaugebiete

Sowohl in der Provence als auch im Languedoc-Roussillon kommen zu den bekannten *appellations* mittlerweile neue Qualitätsweine hinzu. Dazu gehört auch der Cabardès (nördlich von Carcassonne).

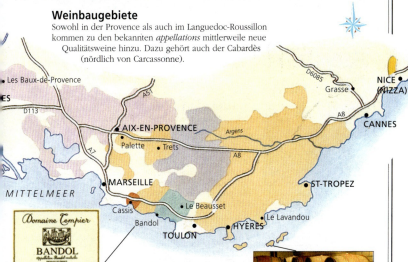

Bandol *ist eine kleine* appellation. *Verwendet werden traditionelle rote Rebsorten (Mourvèdre) für Qualitätsweine.*

La Domaine de la Courtade *ist eines von drei Weingütern auf der Île de Porquerolles vor der Küste der Provence. Vor allem Grenache und Syrah profitieren vom ungewöhnlichen Boden und Klima.*

Südfranzösische Weine im Überblick

Lage und Klima

Die Weine der warmen, sonnigen Region sind meist alkoholreich. Die größten Anbaugebiete liegen nahe der Küste, die besten an den Schiefer- und Kalksteinhängen im Hinterland.

Rebsorten

Sorten für die Massenproduktion wie **Carignan** und **Aramon** werden allmählich durch erlesenere Sorten wie **Syrah**, **Mourvèdre** und **Grenache** ersetzt. Aus **Cabernet Sauvignon**, **Merlot** und Syrah sowie den weißen **Chardonnay-**, **Sauvignon-Blanc-** und **Viognier-**Reben werden *vin de pays* gekeltert. Süße Weißweine stammen aus **Muscat-**Trauben.

Erzeuger

Corbières und *Minervois:* La Voulte Gasparets, Saint Auriol, Lastours, Villerambert-Julien. *Faugères:* Château des Estanilles, Château de la Liquiere. *St-Chinian:* Château Cazal-Viel, Domaine Navarre, Cave de Roquebrun. *Coteaux du Languedoc* und *vins de pays:* Mas Jullien, Château de Capitoul, Domaine de la Garance, Mas de Daumas Gassac, Pech-Celeyran. *Roussillon:* Domaine Gauby, Domaine Sarda Malet. *Provence:* Domaine Tempier, Château Pibarnon, Domaine de Trévallon, Mas de la Dame, Domaine Richeaume, La Courtade, Château Simone, Château Pradeaux, Château de Bellet.

Maler und Schriftsteller in Südfrankreich

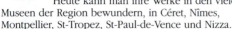

Maler und Schriftsteller haben viel zu unserem Bild von Südfrankreich beigetragen. Der Dichter Stephen Liégeard gab der Côte d'Azur 1887 ihren Namen. Viele Autoren, französische wie ausländische, haben im warmen Süden Frankreichs eine neue Heimat gefunden. Von Cézanne über Monet und van Gogh bis hin zu Picasso haben sich die Maler vom Licht und den intensiven Farben dieser einmaligen Landschaft bezaubern lassen. Heute kann man ihre Werke in den vielen Museen der Region bewundern, in Céret, Nîmes, Montpellier, St-Tropez, St-Paul-de-Vence und Nizza.

Monets Palette

Picasso und Françoise Gilot in Golfe-Juan (1948)

Paul Cézannes Atelier in Aix-en-Provence (siehe S. 511)

Licht des Südens

Die Impressionisten waren von den Lichteffekten fasziniert. Monet war vom »gleißend-festlichen Licht« des Südens verzaubert, ein Licht, das die Farben so kräftig erscheinen ließ, dass niemand sie für echt hielt, wenn man sie getreu wiedergab. Renoir begleitete ihn 1883 in den Süden und kam noch des Öfteren hierher, um seine sinnlichen Akte zu malen. Auch Bonnard ließ sich im Süden nieder. Seine Lieblingsmotive waren Palmen und rote Ziegeldächer. Maler wie van Gogh und Gauguin kamen 1888 hierher. Der 1839 in Aix geborene Cézanne beschäftigte sich mit Landschaften – vor allem mit denen der Provence – und mit dem von ihm so geliebten Mont-Ste-Victoire. Der Pointillist Paul Signac kam wegen des Meers nach St-Tropez.

Fauvisten

Die Fauvisten oder »Wilden«, so genannt wegen der von ihnen verwendeten grellen Farben, waren die ersten Avantgardisten des 20. Jahrhunderts. 1905 wurde die Stilrichtung von Matisse in Collioure *(siehe S. 29)* gegründet. Zu den Fauvisten zählten Derain, Vlaminck, Marquet, van Dongen und Dufy. Matisse besuchte 1898 Korsika, dann St-Tropez. Er ließ sich von der Sinnlichkeit der Provence inspirieren und schuf sein berühmtes Werk *Luxe, Calme et Volupté.* Schließlich zog er nach Nizza, wo er seine Odalisken-Serie malte. Er schrieb: »Was mich zum Bleiben bewog, waren die grandiosen Farben des Januars und das intensive Tageslicht.« In Vence schuf er eine einmalige blau-weiße Kapelle *(siehe S. 523).*

Vincent van Goghs *Sonnenblumen* (1888)

Pablo Picasso

Südfrankreich kann als Picasso-Land bezeichnet werden. Seine Nymphen und See-Igel, die über den Strand laufenden Frauen, Formen und Farben, Keramiken und Skulpturen – all das ist inspiriert von den grellen Farben und harten Schatten des Südens.

Pablo Picasso wurde 1881 in Málaga geboren, verbrachte jedoch einen großen Teil seines Lebens in Südfrankreich, wo er mit Braque in Céret den Kubismus weiterentwickelte. 1920 ging er nach Juan-les-Pins. Bei Kriegsausbruch 1939 hielt er sich in Antibes auf. Dort malte er *Nächtlicher Fischfang in Antibes*, eine lichtdurchflutete, nächtliche Meerlandschaft. 1946 überließ man ihm den Palast der Grimaldis als Atelier, heute ein Picasso-Museum *(siehe S. 521)*. Zeitweilig lebte er auch in Vallauris *(siehe S. 522)*.

Laufende Frauen am Strand (1922) von Pablo Picasso

Scott und Zelda Fitzgerald mit Tochter Scottie

Literatur

Ebenso wie F. Scott Fitzgeralds Romane ein Spiegelbild des »Jazz Age« waren, prägte der Autor mit *Zärtlich ist die Nacht* auch das Bild vom Leben an der Riviera. Er und seine Frau Zelda kamen 1924 hierher, angezogen vom warmen Klima und dem einfachen Leben. »Hier ist alles ungezwungener, und alles, was man macht, scheint etwas mit Kunst zu tun zu haben«, schrieb er. Nach ihnen bezog Ernest Hemingway ihre Villa. Auch andere Schriftsteller haben hier gelebt, unter ihnen Katherine Mansfield, D. H. Lawrence, Aldous Huxley, Friedrich Nietzsche, Lawrence Durrell und Graham Greene. Manche, z.B. Somerset Maugham, führten ein Leben im Luxus und umgaben sich mit schillernden Persönlichkeiten. Auch Colette zog es schon sehr früh nach St-Tropez. 1954 fing Françoise Sagan den Hedonismus der Zeit in *Bonjour Tristesse* ein.

Neorealismus

In den 1950er Jahren entstand in Nizza die Schule der Nouveaux Réalistes, zu denen u.a. Yves Klein, Arman, Martial Raysse, Tinguely, César, Niki de Saint Phalle und Daniel Spoerri *(siehe S. 526f)* zählten. Sie experimentierten mit Gegenständen des Alltags: Arman zersägte Violinen und verpackte Müll, Tinguely sprengte Fernseher und Autos. Dahinter verbarg sich eine einfache Philosophie: »Wir leben in einer Feriengegend, daher unser Hang zum Verrückten«, sagte Klein, der Bilder in seinem ganz speziellen Mittelmeer-Blauton schuf.

Schriftsteller der Provence

Die Provence und das Languedoc hatten schon früh ihre eigene Literatur – seit den Troubadouren (12./13. Jh.), die sich bei ihrer Liebeslyrik an die *langue d'oc*, eine aus dem Lateinischen hervorgegangene Sprache, hielten. Im letzten Jahrhundert ließen sich viele Autoren von Landschaft und Tradition inspirieren. Sie standen unter dem Einfluss der von Frédéric Mistral angeführten Schule der Dichter von Félibrige zur Wiederbelebung der *langue d'oc*. Manche, z.B. Daudet oder Marcel Pagnol, befassten sich vor allem mit provenzalischen Charakteren, andere widmeten sich der Beziehung zwischen Mensch und Natur.

Frédéric Mistral im *Petit Journal*

Strände in Südfrankreich

Die mondäne Mittelmeerküste ist die beliebteste Urlaubsgegend Frankreichs. Im Osten reihen sich die bekannten Badeorte der Riviera wie Menton, Nice (Nizza), Cannes und Monte-Carlo, westlich davon kleinere Orte wie St-Tropez und Cassis.

Logo des Carlton

Etwas weiter weg liegt die Camargue an der Rhône-Mündung. Westlich der Rhône erstrecken sich die langen Sandstrände des Languedoc-Roussillon. Hier wurden einige moderne oder den alten Fischerdörfern nachempfundene Badeorte angelegt. Im Osten gibt es überwiegend Kieselstrände. Der Sand wird hier importiert. Initiativen zur Strandsäuberung haben mittlerweile an den meisten Stränden – mit Ausnahme einiger weniger westlich von Marseille und in der Nähe von Nizza – eine deutliche Wirkung gezeigt. Die gut ausgestatteten Strände der Badeorte verlangen oft Eintrittsgebühren.

Das Bahn-Plakat von Domergue warb für die Côte d'Azur

Sète (*S. 492*) ist eine von vielen Kanälen durchzogene Hafenstadt. Der im Südwesten gelegene saubere Sandstrand (15 km) ist selbst in der Hochsaison nicht überfüllt.

Stes-Maries-de-la-Mer (*S. 510*) an der Küste der Camargue bietet Reitmöglichkeiten, Sandstrände und einen FKK-Strand, sechs Kilometer östlich des Orts.

Cap d'Agde (S. 487) *ist ein großes modernes Badeparadies mit langen goldenen Sandstränden, vielen Sportmöglichkeiten und der größten FKK-Anlage in Europa.*

La Grande-Motte (S. 495) *besteht eigentlich nur aus riesigen pyramidenartigen Bettenburgen, bietet aber jede Menge Sportanlagen.*

0 Kilometer   25

Im 19. Jahrhundert *war die Côte d'Azur bzw. Riviera Tummelplatz der Adligen und Reichen, die hier den Winter verbrachten und dem Glücksspiel frönten. Der Sommerurlaub kam erst in den 1920er Jahren in Mode. Heute ist hier ganzjährig Saison. Schöne Strände und das Nachtleben ziehen immer noch viele Besucher an.*

Menton
Monaco
Nizza • Cap Ferrat
Antibes
Cannes • Juan-
les-Pins
St-Raphaël
St-Tropez
Cassis
La Ciotat
Toulon
Hyères

Menton *(S. 529)* hat auch im Winter ein so warmes Klima, dass das ganze Jahr über Saison ist. Jenseits der Kiesstrände liegen schöne Villen.

Cannes *(S. 520f)* ist stolz auf seine äußerst sauberen Sandstrände, die meist in Privatbesitz sind und Eintritt kosten.

Cassis *(S. 513)* ist ein bezauberndes Fischerdorf mit einem Casino, einer schönen Felsküste und geschützten Buchten.

Cap Ferrat *(S. 528) ist eine bewaldete Halbinsel. Auf den Wegen (10 km) entlang der Klippen kann man elegante Villen und Privatstrände sehen.*

St-Tropez *(S. 516) wird von goldenen Sandstränden flankiert, hier liegen hauptsächlich teure «Clubs».*

Nizza *(S. 526f) besitzt zwar eine optisch ansprechende Küste. Die Strände sind jedoch meist steinig und liegen an einer stark befahrenen Straße.*

Languedoc-Roussillon

Aude · Gard · Hérault · Pyrénées-Orientales

*D*ie beiden Provinzen Languedoc und Roussillon erstrecken sich von den Ausläufern der Pyrenäen an der spanischen Grenze bis zum Rhône-Delta. Die Ferienorte an den kilometerlangen Sandstränden beherbergen jährlich Millionen von Urlaubern. Aus dem Hinterland kommen 50 Prozent des französischen Tafelweins sowie die ersten Pfirsiche und Kirschen der Saison.

Die Ferienregion blickt auf eine bewegte Vergangenheit zurück, die nicht zuletzt die Vereinigung beider Provinzen umfasst. Die Bewohner des einst unabhängigen Languedoc sprachen Okzitanisch, die Sprache der Troubadoure. Sie pflegen ihre Eigenständigkeit bis heute. Das Roussillon gehörte bis zum Pyrenäenfrieden 1659 zu Spanien. Das katalanische Erbe zeigt sich bis heute – von Straßenschildern bis hin zur Sardana (einem spanischen Tanz). Der spanische Einfluss spiegelt sich zudem in der Vorliebe für Stierkämpfe, Paella und farbige Fassaden wider.

Der Küstenstreifen war das erste von den Römern besiedelte Gebiet Galliens. Aus jener Zeit stammen u.a. das Amphitheater von Nîmes und der eindrucksvolle Pont du Gard. Die Klöster St-Martin-du-Canigou, St-Michel-de-Cuxa und St-Guilhem-le-Désert sind Meisterwerke der frühromanischen Baukunst. Die imposanten Katharerburgen und die gut erhaltene, im 19. Jahrhundert restaurierte Festungsstadt Carcassonne zeugen von den blutigen Auseinandersetzungen im Mittelalter.

In der Region gibt es noch urwüchsige Landschaften – von den Hochplateaus der Cerdagne bis zu den wildromantischen Bergen der Corbières oder dem Hochland des Haut-Languedoc. Hier liegen aber auch einige der fortschrittlichsten Städte Frankreichs wie die Universitätsstadt Montpellier oder Nîmes mit der *feria* und den Stierkämpfen. Die Region ist durch einen Mix von Alt und Neu – von römischen Tempeln, alten Abteien sowie postmoderner Architektur und Sonnenkraftwerken – geprägt.

Küste bei Cap d'Agde

◁ **Die Abtei Saint-Martin-du-Canigou auf dem Mont Canigou** *(siehe S. 481)*

Überblick: Languedoc-Roussillon

Das Languedoc-Roussillon kombiniert kilometer-
lange Strände und bergiges Hinterland. Die
Sandstrände sind ideal für Urlauber mit Kindern. Bei
der Übernachtung hat man die Wahl zwischen uri-
gen Fischerdörfern und hochmodernen Bettenburgen. Das Haut-Languedoc und die Cerdagne sind
Paradiese für Bergwanderer, während Corbières und
Minervois ganz im Zeichen des Weinbaus stehen.
Das reiche architektonische Erbe kontrastiert mit der
modernen Architektur der großen Städte.

Jeden Sommer wird in Sète das
Lanzenstechen auf Booten
ausgetragen

Sehenswürdigkeiten auf einen Blick

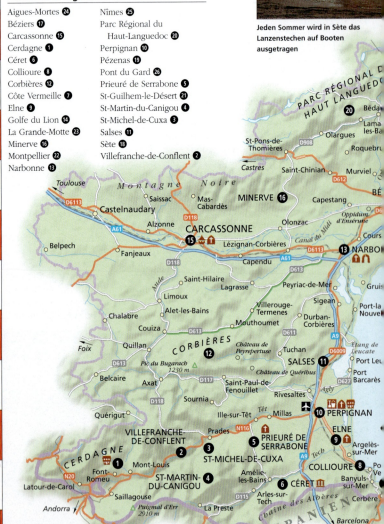

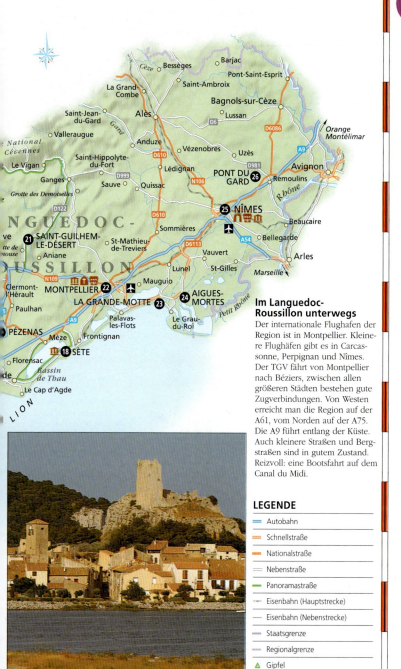

Bessèges
Barjac
Cèze
Pont-Saint-Esprit
Saint-Ambroix
La Grand-Combe
Bagnols-sur-Cèze
Saint-Jean-du-Gard
Alès
Lussan
D6
Vallerauge
Gard
Orange
Montélimar
*National
Cévennes*
Anduze
Vézénobres
Uzès
A9
Le Vigan
Saint-Hippolyte-du-Fort
D610
Avignon
Ganges
Lédignan
D981
PONT DU GARD
26
Rémoulins
Grotte des Demoiselles
D999
Sauve
Quissac
N106
Rhône
D122
D610
25 NÎMES
N G U E D O C -
Sommières
Beaucaire
21 SAINT-GUILHEM-LE-DÉSERT
St-Mathieu-de-Treviers
D6113
Vauvert
Bellegarde
A54
Arles
R O U S S I L L O N
Lunel
St-Gilles
Marseille
N109
Mauguio
N Montpellier **22**
AIGUES-MORTES **24**
Petit Rhône
Clermont-l'Hérault
LA GRANDE-MOTTE **23**
Paulhan
A9
Palavas-les-Flots
Le Grau-du-Roi
PÉZENAS
Mèze
Frontignan
Florensac
18 SÈTE
Bassin de Thau
Le Cap d'Agde
L I O N

Im Languedoc-Roussillon unterwegs

Der internationale Flughafen der Region ist in Montpellier. Kleinere Flughäfen gibt es in Carcassonne, Perpignan und Nîmes. Der TGV fährt von Montpellier nach Béziers, zwischen allen größeren Städten bestehen gute Zugverbindungen. Von Westen erreicht man die Region auf der A61, vom Norden auf der A75. Die A9 führt entlang der Küste. Auch kleinere Straßen und Bergstraßen sind in gutem Zustand. Reizvoll: eine Bootsfahrt auf dem Canal du Midi.

LEGENDE

▬▬	Autobahn
▬▬	Schnellstraße
▬▬	Nationalstraße
══	Nebenstraße
▬▬	Panoramastraße
┈┈	Eisenbahn (Hauptstrecke)
┉┉	Eisenbahn (Nebenstrecke)
▬▬	Staatsgrenze
▬▬	Regionalgrenze
△	Gipfel

Die Ruinen des Barbarossaturms bei Gruissan am Golfe du Lion

0 Kilometer   25

Cerdagne ❶

Pyrénées-Orientales. ✈ *Perpignan.*
🚌 🚋 *Mont-Louis, Bourg Madame.*
ℹ️ *Mont-Louis (04 68 04 21 97).*
www.mont-louis.net

Die abgelegene Region der Cerdagne, die im Mittelalter ein eigenständiger Staat war, gehört heute teils zu Frankreich, teils zu Spanien. Die Hochplateaus mit ihren Bergseen, Kiefern- und Kastanienwäldern sind ein Ski- und Wandergebiet, das man mit dem Zug bequem an einem Tag erkunden kann. Stationen sind **Mont-Louis** (die Befestigungsanlagen von Vauban, dem Militärarchitekten Louis' XIV, sind UNESCO-Welterbe), der Wintersportort **Font-Romeu, Latour-de-Carol** und weiter unten **Yravals.** Unweit von **Odeillo** befindet sich ein großes Solarkraftwerk (45 m hoch, 50 m breit) von 1969, mit seinen Rundspiegeln durchaus interessant anzusehen.

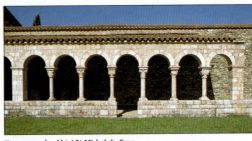

Kreuzgang der Abtei St-Michel-de-Cuxa

Villefranche-de-Conflent ❷

Pyrénées-Orientales. 🏛 *330.* 🚌 🚋
ℹ️ *Place de l'Église (04 68 96 22 96).*

Villefranche war im Mittelalter dank seiner Lage an der engsten Stelle des Têt-Tals eine leicht zu verteidigende Festungsstadt – und erster »Stolperstein« für die maurischen Invasoren. Heute sind noch Fragmente der Stadtmauer (11. Jh.) sowie die von Vauban angelegten Befesti-

gungswälle, Tore und das Fort Liberia (UNESCO-Welterbe) hoch über der Schlucht erhalten. In der **Église de St-Jacques** gibt es skulptierte Kapitelle von einem Meister aus St-Michel-de-Cuxa und bemalte Holzskulpturen, darunter eine Madonna mit Kind (14. Jh.). Das Eichenportal (13. Jh.) trägt schmiedeeiserne Verzierungen. Das Handwerk hat hier Tradition. Vom Ort

Statue in St-Jacques, Villefranche

kann man auf rosa Marmorstufen zu den **Grottes des Canalettes**, einer unterirdischen Kulisse für Konzerte, hinaufsteigen. Der Petit Train Jaune fährt zum imposanten Hochplateau der Cerdagne (Buchung unter: 0800 88 60 91).

St-Michel-de-Cuxa ❸

Prades, Pyrénées-Orientales. 📞 *04 68 96 15 35.* 🕐 *tägl.* ⬤ *So vormittags, religiöse Feiertage.* 📷

Prades, eine Kleinstadt im Tal der Têt, ist mit seinen rosa Marmorfassaden typisch für das Stadtbild der Gegend. Die **Église St-Pierre** hat einen gotischen Glockenturm mit schmiedeeiserner Verzierung und eine barocke Innenausstattung von einem katalanischen Künstler. Wahrzeichen der Stadt, in der der spanische Cellist Pablo Casals nach dem Spanischen Bürgerkrieg mehrere Jahre im Exil lebte, ist die frühromanische Abtei St-Michel-de-Cuxa, drei Kilometer talaufwärts. Ende Juli/Anfang August findet hier das Pablo-Casals-Festival statt.

Die bereits 878 von Benediktinermönchen gegründete Abtei St-Michel-de-Cuxa ist ein frühes Beispiel mönchischer Architektur. Sie war bald in ganz Frankreich und Spanien bekannt. Im maurischen Stil durchbrechen die massiven Mauern der 974 geweihten Abteikirche. Der Kreuzgang aus rosa Marmor mit seinen fantastisch verzierten Kapitellen wurde im 12. Jahrhundert angefügt.

Nach der Revolution stand die Abtei leer und wurde erbarmungslos in ihre Bestandteile zerlegt.

Petit Train Jaune

Wer einen guten Platz im Petit Train Jaune möchte, sollte früh da sein. Die Schmalspurbahn windet sich durch Schluchten und über Viadukte zur Cerdagne hinauf. Die Fahrt führt von Villefranche-de-Conflent über kleine Bergdörfer bis zur Endstation Latour-de-Carol. Die 1910 zur besseren Erschließung der Bergregion gebaute Bahn befördert heute überwiegend Besucher (0800 88 60 91).

Der Petit Train Jaune (»kleiner gelber Zug«) mit offenen Waggons

---

Hotels und Restaurants im Languedoc-Roussillon *siehe Seiten 588–590 und 643–646*

1913 entdeckte der amerikanische Künstler George Grey Bernard Teile davon in verschiedenen Häusern der Umgebung und verkaufte sie 1925 ans Metropolitan Museum of Art in New York. Sie bildeten die Grundlage von The Cloisters, der Nachbildung einer romanischen Abtei in der urbanen Umgebung von Manhattan.

St-Martin-du-Canigou ❹

Casteil. 📞 04 68 05 50 03.
🕐 Ostern–Sep: tägl.; Okt–Ostern: Di–So. ⬤ Jan. 🎫 🎫 Führungen obligatorisch (Dauer: 1 Std., unterschiedliche Zeiten je Saison).

Saint-Martin-du-Canigou liegt auf einem zerklüfteten Felsvorsprung im unteren Drittel des Pic du Canigou und ist nur mit dem Geländewagen (kann in Vernet-les-Bains gemietet werden) oder nach 40-minütigem Aufstieg von Casteil aus zu erreichen. Die Abtei wurde 1001–26 errichtet. Den Bau finanzierte Guifred, Graf von Cerdagne, der seine Familie 1035 verließ, um in das von ihm gestiftete Kloster einzutreten. Hier wurde er 14 Jahre später in einem bis heute erhaltenen Grab beigesetzt, das er selbst in den Felsen gehauen hatte.

Nonne in St-Martin

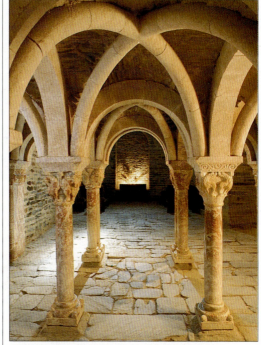

Säulen aus hiesigem Marmor in der Prioratskirche von Serrabone

Die frühromanische Kirche hat den Grundriss einer Basilika. Hier wurden buchstäblich zwei Kirchen übereinandergebaut, sodass die untere Kirche zur Krypta der oberen wurde.

Geht man noch ein Stück weiter nach oben, hat man einen sehr guten Blick auf die unregelmäßige Klosteranlage in eindrucksvoller Berglandschaft – ein Zeugnis der Schaffenskraft und Genialität ihrer Erbauer.

Prieuré de Serrabone ❺

Boule d'Amont. 📞 04 68 84 09 30 (Tourismusbüro). 🕐 tägl. ⬤ 1. Jan, 1. Mai, 1. Nov, 25. Dez. 🎫

Hoch oben an der Nordseite des Pic du Canigou, des heiligen Bergs der Katalanen, liegt das Priorat Serrabone. Nach einer letzten Haarnadelkurve der D618 erblickt man plötzlich am Hang den schlichten Turm und die Apsis der romanischen Abtei, die von einem botanischen Garten mit einheimischen Kräutern und Pflanzen umgeben ist.

Im Inneren des asketisch wirkenden Gebäudes aus dem 12. Jahrhundert befindet sich eine überraschend reich verzierte Sängerkanzel. Die Säulen und Arkaden aus rot geädertem Marmor stammen von einem anonymen Meister aus Cuxa, dessen Werke überall in der Region zu sehen sind. Auffallend sind die Skulpturen: Blumen-, Palmetten- und Tierfriese.

Kreuzgang (11. Jh.) von St-Martin-du-Canigou

Céret ⑥

Pyrénées-Orientales. 🏠 8000. 🏢
🛈 1, av Georges Clemenceau (04 68
87 00 53). 🛒 Sa (Juli, Aug auch Di
abends). 🎉 Fête des Cerises (Mai/
Juni). www.ot-ceret.fr

Céret ist die Stadt der Kirschen. Im Frühjahr stehen
in der Umgebung die Kirsch-
bäume in Blüte, an denen die
ersten Kirschen der Saison
reifen. Die Fassaden und Log-
gien erinnern an Spanien. Sowohl Picasso als auch Braque
und Matisse zog die Stadt an.
In einem modernen Gebäude
ist das **Musée d'Art Moderne**
untergebracht. Zur Sammlung
zählen Werke der katalanischen Künstler Tapiès und
Capdeville, 50 Werke von Picasso, darunter Schalen, die
er mit Stierkampfszenen bemalte, sowie Werke von Matisse, Chagall, Juan Gris und
Salvador Dalí.

Der katalanische Einfluss
zeigt sich in den regelmäßig
in der Arena stattfindenden
Stierkämpfen sowie dem Sar-
dana-Festival Ende Juli.

🏛 **Musée d'Art Moderne**
8, bd Maréchal Joffre. 📞 04 68 87
27 76. 🕐 Apr–Sep: tägl.; Okt–
März: Mi–Mo. 🔴 Feiertage. 📷 ♿
www.musee-ceret.com

Umgebung: Die D115 führt
von Céret durch das Tech-Tal

Skulptur von Maillol (Banyuls)

zum Kurort **Amélie-les-Bains**,
wo man Überreste römischer
Thermen entdeckt hat. Etwas
weiter liegt **Arles-sur-Tech**. Die
Église de Ste-Marie birgt Fresken aus dem 12. Jahrhundert
und einen Sarko-
phag, aus dem, so
sagen die Einhei-
mischen, Jahr für
Jahr tropfenweise
reines Wasser aus-
tritt.

Katalanische Flagge

Côte Vermeille ⑦

Pyrénées-Orientales. ✈ Perpignan.
🚉 Collioure, Cerbère. 🚌 Collioure,
Banyuls-sur-Mer. 🛈 Collioure (04 68
82 15 47), Cerbère (04 68 88 42 36).
www.collioure.com

Dort, wo die Pyrenäen ans
Mittelmeer grenzen, win-
det sich die Küstenstraße an
ruhigen Buchten mit Kies-
stränden und felsigen Ab-

schnitten entlang. Der schönste Küstenstreifen des Languedoc-Roussillon wurde nach
den zinnoberroten Felsen
(*vermeille* = leuchtend rot)
der Vorgebirge benannt. Die
Côte Vermeille reicht bis zur
Costa Brava. Der katalanische
Einschlag lässt das Ambiente
halb spanisch, halb französisch erscheinen.

Argelès-Plage mit dem
größten Campingplatz Europas hat drei Sandstrände und
eine Promenade. Der kleine
Ferienort **Cerbère**, der letzte
vor der spanischen Grenze,
hisst stolz die katalanische
Flagge zum Zeichen seiner
wahren Zugehörigkeit.

An der gesamten Küste
werden an den Hängen
des Vorgebirges schwe-
re Weine wie Banyuls
oder Muscat angebaut.
Die Weinlese gestaltet
sich wegen des Gelän-
des allerdings immer
etwas komplizierter.
Griechische Siedler bauten
hier schon im 7. Jahrhundert
v.Chr. Wein an. Banyuls verfügt über Weinkeller aus dem
Mittelalter.

Banyuls-sur-Mer ist der
Geburtsort des Bildhauers
Aristide Maillol (1861–1944),
der der Region zahlreiche
Werke hinterlassen hat. **Port-
Vendres** verdankt seine Befes-
tigungsanlagen Vauban, dem
Architekten Louis' XIV. Heute
lebt der Ort vom Fischfang.

Die bezaubernde Côte Vermeille – von der Straße südlich von Banyuls aus gesehen

Hotels und Restaurants im Languedoc-Roussillon *siehe Seiten 588–590 und 643–646*

Der Hafen von Collioure mit Strand und der Église Notre-Dame-des-Anges

Collioure ⑧

Pyrénées-Orientales. 🏠 3000. 🚉
🚌 🅸 Place du 18 Juin (04 68 82 15
47). 🛥 Mi u. So.
www.collioure.com

Die Farben von Collioure
lockten Matisse 1905 erstmals in die Stadt der hellen
Stuckhäuser, Zypressen und
farbenfroh bemalten Fischkut-
ter – das Ganze im intensiven
Licht des Südens vor der Kulisse des türkisblauen Meers.
Andere Maler, unter ihnen
André Derain, arbeiteten hier
im Bannkreis des großen
Meisters. Man nannte sie
wegen ihrer kühnen Farb-
experimente *fauves* (die
»Wilden«). Heute sind die
Kopfsteinpflastergassen von
Kunstgalerien und Souvenirläden gesäumt. Dennoch hat
sich das Fischerdorf seit damals wenig verändert. Auch
heute noch lebt man hier
hauptsächlich vom Sardinen-
fang. Drei Salzhäuser für die
Produktion von Anchovis
zeugen von dieser Tradition.
Drei Strände (Sand- und
Kiesstrände) befinden sich
rechts und links vom Hafen.
Er wird vom **Château Royal**,
das Teil der Hafenmauer ist,
beherrscht. Es wurde im
13. Jahrhundert von den Rit-
tern des Templerordens errichtet. Collioure wurde zum
Hafen von Perpignan und
blieb unter der Herrschaft
Aragóns, bis es 1659 an

Frankreich fiel. Die äußeren
Befestigungsanlagen wurden
zehn Jahre später von Vauban
verstärkt, der einen Großteil
des alten Orts abreißen ließ.
Man kann an einer Führung
teilnehmen oder sich eine der
Wechselausstellungen moderner Kunst ansehen.
Die an der Hafeneinfahrt
gelegene **Église Notre-Dame-
des-Anges** wurde im 17. Jahrhundert anstelle der von Vauban zerstörten alten Kirche
errichtet. Der Glockenturm ist
ein ehemaliger Leuchtturm.
Im Inneren stehen fünf Altäre,
die von katalanischen Künstlern gestaltet wurden.
Collioure ist im Sommer
völlig überlaufen, Staus sind
trotz einer neuen Trasse
(D86) jederzeit möglich.

⚓ **Château Royal**
📞 04 68 82 06 43. 🔲 tägl.
● 1. Jan, 1. Mai, 25. Dez. 📷

Elne ⑨

Pyrénées-Orientales. 🏠 6500. 🚉
🚌 🅸 Pl St-Jordi (04 68 22 05 07).
🛥 Mo, Mi, Fr, Sa. www.ot-elne.fr

Im Jahr 218 v. Chr. machte
Hannibal in dieser Stadt
Zwischenstation, als er mit
seinen Elefanten gen Rom
zog. Elne, bis zum 16. Jahrhundert eine der bedeutendsten Städte des Roussillon, ist
heute vor allem wegen der
**Cathédrale de Ste-Eulalie et
Ste-Julie** (11. Jh.) mit ihrem
Kreuzgang bekannt. Die Kapitelle aus blau geädertem
Marmor sind meisterhaft
skulptiert. Die an die Kathedrale angrenzende Seite des
Kreuzgangs entstand Anfang
des 12. Jahrhunderts, die
anderen drei im 13. und
14. Jahrhundert. Vom Vor-
platz blickt man auf Weinberge und Obstgärten.

Kapitell in der Cathédrale de Ste-Eulalie et Ste-Julie, Elne

Eingang zum Palais des Rois de Majorque, Perpignan

Perpignan ⑩

Pyrénées-Orientales. ⚞ *118 000.*
✈ 🚆 🚌 ℹ *Palais des Congrès
(04 68 66 30 30).* 🚏 *tägl.*
www.perpignantourisme.com

P erpignan besitzt eindeutig
südlich-katalanische Atmosphäre. Die Promenade entlang dem Fluss Têt ist von
Palmen gesäumt. Die Fassaden der Läden und Häuser
leuchten türkis oder rosa. Im
arabischen Viertel werden
Gewürze, Couscous und Paella angeboten.

Die pulsierende Hauptstadt
des Roussillon ist eine der
bedeutendsten Städte des
französischen Mittelmeer-
raums. Perpignans Blütezeit
lag im 13. und 14. Jahrhundert unter den Königen von
Mallorca und den Königen
von Aragón, die über große
Teile Spaniens und Südfrankreichs herrschten. Zeugnis jener Epoche ist das imposante

Palais des Rois de Majorque

im Süden der Stadt. Der katalanische Einfluss zeigt sich im
Sommer noch deutlicher.
Dann wird auf der Place de
la Loge zweimal wöchent-
lich Sardana ge-
tanzt, ein kata-
lanischer Tanz,
bei dem Jung und
Alt mitmachen und
sich mit erhobenen
Armen in konzentrischen
Kreisen zur Musik katalani-
scher Holzbläser bewegen.

Eines der schönsten Ge-
bäude der Stadt, die **Loge
de Mer**, liegt an diesem
Platz. Sie wurde 1397 als
Börse und Handelsgericht
errichtet. Nur der östliche
Flügel ist im ursprünglich
gotischen Stil erhalten. Der
Rest des Baus wurde 1540
im Renaissance-Stil mit
prächtigen Holzdecken
und skulptierten Fens-
terumrandungen er-
neuert. Manche Besucher stö-

**Das Kruzifix
Dévot Christ in
St-Jean**

ren sich zwar am Anblick des
Fast-Food-Lokals im Inneren,
doch gerade deshalb ist die
Loge de Mer auch heute noch
mehr als ein Museum. Sie ist
ein beliebter Treffpunkt,
nicht zuletzt
dank der ele-
ganten Cafés
in unmittelbarer
Nähe. Neben der
Loge de Mer steht das
Hôtel de Ville mit Kiesel-
steinfassade und schmie-
deeisernen Portalen. Im
Inneren befindet sich ein
Arkadenhof, der teilweise
auf das Jahr 1315 zurück-
geht. In der Mitte steht
Aristide Maillols allegorische Statue *Méditerranée*
(1905). Im Osten liegt das
labyrinthartige Straßengewirr
um die Cathédrale de St-
Jean. Hier sieht man
hübsche Häuser (14.
und 15. Jh.).

🔒 Cathédrale de St-Jean

Place de Gambetta. ⬜ *tägl.*
Die Kathedrale mit dem
schmiedeeisernen Glocken-
turm wurde 1324 begonnen
und 1509 fertiggestellt. Bau-
materialien waren Kiesel- und
Backsteine – ein weitverbrei-
teter Mix in dieser Region.

Das Innere wirkt eher düster: vergoldete Altaraufsätze
und bemalte Holzstatuen
reihen sich entlang dem Mittelschiff. Sehr schön ist das
präromanische Marmortauf-
becken. An die Kirche grenzen der von einem Kreuzgang
umgebene Friedhof und eine
Kapelle mit einem ergreifend
realistischen Holzkruzifix, dem
Dévot Christ. Die Kathedrale

Prozession der Confraternidad de la Sanch

Anlässlich der Karfreitags-
prozession der »La Sanch«
(der Bruderschaft des Heiligen Blutes) ist ganz Per-
pignan von einem katalanischen Ambiente erfüllt. Die
Mönche, die sich im 15. Jahrhundert um die verurteilten
Gefangenen kümmerten,
tragen auch heute blutrote
oder schwarze Kutten, wenn
sie die heiligen Reliquien und
das berühmte Kruzifix Dévot
Christ aus der Kapelle der
Cathédrale de St-Jean durch
die Stadt tragen.

---

ersetzte die Kirche St-Jean-le-Vieux (11. Jh.), deren romanisches Portal durch die Pforten links vom Haupteingang zu sehen ist. Achtung: Einige Areale können wegen Renovierung geschlossen sein.

⛪ Palais des Rois de Majorque
2, rue des Archers. ☎ 04 68 34 48 29. ○ tägl. ● Feiertage.

Der Zugang zum riesigen befestigten Palast (13. Jh.) der einstige Könige von Mallorca ist heute immer noch so verwirrend wie früher, als es darum ging, Eindringlinge aufzuhalten. Zahllose Treppen führen im Zickzack durch die Befestigungswälle aus Backstein, die im 15. Jahrhundert begonnen und im Lauf der folgenden zwei Jahrhunderte erweitert wurden. Schließlich kommt man durch die Tour de l'Hommage aber doch zu dem im Inneren verborgenen Palast mit seinen schönen Gartenanlagen. Genießen Sie den prachtvollen Blick über Stadt, Meer und Gebirge, der sich am Tor bietet.

Der Palast ist um einen Arkadenhof gebaut, an den die Salle de Majorque grenzt, ein großer Saal mit einem imposanten Kamin und riesigen gotischen Spitzbogenfenstern. Die zweistöckige Kapelle zeigt den besonderen gotischen Stil, der in dieser Region prägend war: Spitzbogen, Freskenfragmente und Gewölbekappen mit Sternenbesatz, die deutlich den maurischen Einfluss widerspiegeln. Das elegante rosa Marmorportal der oberen Kapelle ist ein typisches Beispiel für den romanischen Baustil

Innenhof des Hôtel de Ville

des Roussillon. Die skulptierten Kapitelle sind allerdings gotisch. Im Innenhof des Palasts finden auch Konzerte statt.

🏛 Musée d'Arts et Traditions Populaires du Roussillon
Le Castillet. ☎ 04 68 35 42 05. ○ Mi–Mo. ● 1. Jan, 1. Mai, 1. Nov.

Der rote Backsteinturm und der rosafarbene Glockenturm wurden 1368 als Wehrtor errichtet und zum Gefängnis ausgebaut. Sie sind die einzigen Reste der Stadtmauer und beherbergen ein Museum, das u. a. katalanisches Handwerk, landwirtschaftliche Geräte und Möbel zeigt. Zu sehen ist auch eine Kunstausstellung.

🏛 Musée Rigaud
16, rue de l'Ange. ☎ 04 68 35 43 40. ○ Mai–Sep: tägl. nachmittags. ● Feiertage.

Das Patrizierhaus aus dem 18. Jahrhundert birgt eine Gemäldesammlung, die von den Werken des in Perpignan geborenen Hyacinthe Rigaud

(1659–1743), des Hofmalers von Louis XIV und Louis XV, dominiert wird. Der erste Stock zeigt Porträts, auch von David, Greuze und Ingres. Es gibt Werke von Dufy, Picasso und Maillol sowie spanischen und katalanischen Künstlern (14.–16. Jh.). Sehenswert: das Gemälde *Retable de la Trinité* (1489) eines unbekannten Meisters aus Canapost.

Das 20. Jahrhundert ist mit Pierre Alechinsky und Karel Appel, dem katalanischen Künstler Pierre Daura sowie Brune, Terrus und Violet vertreten.

Turm des Châteaufort de Salses

Salses ⓫

Pyrénées-Orientales. 🏃 2500. 🚆 🚌 🛈 Place de la République (04 68 38 66 13). 🛒 Mi.

Wie eine riesige Sandburg sieht das **Châteaufort de Salses** aus, das an der alten französisch-spanischen Grenze vor dem Hintergrund der Weinberge der Corbières steht. Die Festung bewacht den Engpass zwischen den Bergen und dem Étang de Leucate. König Ferdinand von Aragón ließ sie 1497–1506 zur besseren Verteidigung des in spanischem Besitz befindlichen Roussillon errichten. Die massiven Mauern und Türme sind ein Paradebeispiel spanischer Festungsarchitektur: Sie konnten Kanonenkugeln standhalten. Im Inneren befanden sich Stallungen für 300 Pferde und ein Netz unterirdischer Gänge unter dem Innenhof. Heute genießt man vom Wehrturm aus den Blick über Lagunen und Küste.

Die Kiesel- und Backsteinfassade der Cathédrale de St-Jean in Perpignan

Weinanbau im Hügelland der Corbières

Corbières

Aude. ✈ Perpignan. 🚆 Narbonne,
Carcassonne, Lézignan-Corbières.
🚌 Narbonne, Carcassonne, Lézignan-Corbières. 🛈 Lézignan-Corbières
(04 68 27 05 42). www.lezignan-
corbieres.fr/tourisme

Die Corbières, eine der
urwüchsigsten Gegenden
Frankreichs mit wenigen Straßen und noch weniger Dör-
fern, sind vor allem für ihre
Weine und die Trutzburgen
der Katharer *(siehe S. 491)* bekannt. Das Landschaftsbild
wird von *garrigues* (Zwerg-
sträuchern) mit dem Geruch
von Geißblatt und Ginster geprägt. An Südhängen wird
Wein angebaut.

Im Süden liegen die mittelalterlichen Festungen **Peyrepertuse** und **Quéribus**. Quéribus war eine der letzten
Bastionen der Katharer. Die
Führungen in der Katharer-
burg von **Villerouge-Termenes**
erläutern die turbulente Vergangenheit. Im Westen liegt
die karge ehemalige Graf-
schaft Razès im oberen Aude-
Tal. Ein Geheimtipp ist **Alet-
les-Bains** mit gut erhaltenen
Fachwerkhäusern und den
Ruinen der Benediktinerabtei.

Narbonne

Aude. 🚶 52 000. 🚆 🚌 🛈 *Place
Roger Salengro (04 68 65 15 60).*
🛒 *Do u. So.*
www.mairie-narbonne.fr

Narbonne ist eine freundliche Stadt inmitten von
Weinbergen. Sie wird durch
den von Bäumen gesäumten
Canal de la Robine in zwei
Hälften geteilt. Im Norden
liegt das restaurierte mittelalterliche Stadtviertel mit schicken Läden, guten Restaurants
und einer der interessantesten
Sehenswürdigkeiten der Stadt,
dem **Horreum**. Der gewaltige
unterirdische Kornspeicher
stammt aus dem 1. Jahrhundert v. Chr., als Narbonne ein
wichtiger Hafen und Hauptstadt der größten römischen
Provinz Galliens war.

Der Stadt ging es bis zum
15. Jahrhundert sehr gut.
Dann versandete der Hafen,
die Aude suchte sich ein anderes Flussbett. Zu diesem
Zeitpunkt war Narbonne bereits ein bedeutendes Bistum.
Die Kirche hatte eine Kathedrale nach dem Vorbild der
großen gotischen Kathedralen
Nordfrankreichs in Auftrag
gegeben, die dann aber weni-

ger großartig als geplant aus-
fiel. Bei der heutigen **Cathédrale St-Just et St-Pasteur**
handelt es sich eigentlich um
den 1272 begonnenen Chor.

Dennoch ist die Kirche eindrucksvoll, nicht zuletzt dank
der Skulpturen (14. Jh.), der
Fenster und der prächtigen
Orgel (18. Jh.). Die Wände
sind mit Tapisserien aus Aubusson geschmückt. Die Chapelle de l'Annonciade birgt
einen sehenswerten Kirchenschatz. Dort, wo das Querschiff hätte sein sollen, ist
heute ein Hof. Südlich der
Kathedrale liegt ein Kreuzgang mit Gewölben aus dem
14. Jahrhundert. Im Südosten
schließt sich das **Palais des
Archevêques** (Palais der Erz-
bischöfe) an.

Der Komplex aus Kathedra-
le und Palais beherrscht das
Stadtbild Narbonnes. Zwi-
schen den massiven Türmen
(14. Jh.) des Palais des Archevêques liegt das Rathaus mit
einer neogotischen Fassade
(19. Jh.), erbaut von Viollet-
le-Duc *(siehe S. 200)*, der

**Chorgewölbe der Cathédrale
St-Just et St-Pasteur in Narbonne**

Canal du Midi

Der 240 Kilometer lange Canal du Midi verläuft von Sète aus vorbei an Platanen, Weinbergen und verschlafenen Dörfern bis nach
Toulouse. Viele Wehre, Aquädukte und Brücken wurden von Paul Riquet, dem Ingenieur
aus Béziers, angelegt. Der 1681 fertiggestellte
Kanal erleichterte den Handel im Languedoc
und verband (via Garonne) den Atlantik mit
dem Mittelmeer. Heute verkehren auf dem
Kanal Urlaubsboote (www.canal-du-midi.org).

Der Canal du Midi – eine ruhige Wasserstraße

Hotels und Restaurants im Languedoc-Roussillon *siehe Seiten 588–590 und 643–646*

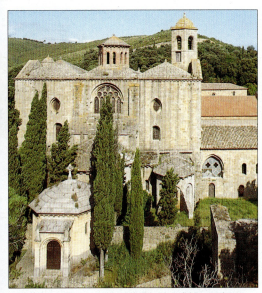

Die Zisterzienserabtei von Fontfroide (1093) südwestlich von Narbonne

viele mittelalterliche Bauten Frankreichs restaurierte. Das Palais selbst gliedert sich in das Palais Vieux und das Palais Neuf. Die größten Museen der Stadt sind im Palais Neuf untergebracht, links vom Eingangsportal, dem Passage de l'Ancre. Die Sammlung des **Musée d'Archéologie et de Préhistoire** umfasst Fragmente des römischen Erbes – von Meilensteinen über Teile der ursprünglichen Stadtmauer bis hin zu Gebrauchsgegenständen, Münzen, Werkzeugen und Glaswaren. Die mit Wandgemälden (14. Jh.) verzierte **Chapelle de la Madeleine** enthält eine Sammlung griechischer Vasen, Sarkophage und Mosaiken.

In den ehemaligen Gemächern des Erzbischofs liegt das **Musée d'Art et d'Histoire**, dessen luxuriöse Einrichtung und verzierte Decken genauso interessant sind wie die hier untergebrachte Kunstsammlung. Sie umfasst Werke von Canaletto, Brueghel, Boucher, Veronese u. a. sowie einheimische Töpferwaren.

Südlich des Canal de la Robine liegt eine Reihe hübscher Patrizierhäuser, darunter die **Maison des Trois Nourrices** an der Ecke der Rue des Trois-Nourrices und der Rue Edgar-Quinet. In der Nähe befinden sich auch das **Musée Lapidaire** mit architektonischen Fragmenten des gallo-römischen Narbonne und die gotische **Basilique St-Paul-Serge** (13. Jh.). Krypta und einige Sarkophage der früheren Kirche sind erhalten.

Horreum
Rue Rouget-de-l'Isle. 04 68 90 30 54. Apr–Sep: tägl.; Okt–März: Di–So. 1. Jan, 1. Mai, 1. u. 11. Nov, 25. Dez.

Musée d'Archéologie et de Préhistoire/Musée d'Art et d'Histoire
Palais des Archevêques. 04 68 90 30 54. Apr–Okt: tägl.; Nov–März: Di–So. 1. Jan, 1. Mai, 1. u. 11. Nov, 25. Dez.

Musée Lapidaire
Église Notre-Dame de Lamourguié. 04 68 90 30 54. Apr–Sep: tägl.; Okt–März: Di–So. 1. Jan, 1. Mai, 1. u. 11. Nov, 25. Dez.

Umgebung: In einem Tal, 13 Kilometer südwestlich von Narbonne, liegt das Zisterzienserkloster **Abbaye de Fontfroide** mit Kreuzgang. Die Anlage ist von Zypressen umgeben.

Golfe du Lion ⑭

Aude, Hérault. Montpellier. Sète. La Grande-Motte (04 67 56 42 00). www.ot-lagrandemotte.fr

Die Küstenregion des Languedoc-Roussillon besitzt fast ununterbrochen Sandstrände. Nur die felsige Bucht der Côte Vermeille am südlichen Ende macht eine Ausnahme. Neu errichtete Badeorte – manche im regionalen Baustil, manche auch mit Fantasie-Architektur – bieten ökologisch unbedenklichen, familienfreundlichen und bezahlbaren Urlaub.

La Grande-Motte präsentiert Stufenpyramiden-Architektur (siehe S. 495). In **Cap d'Agde** gibt es die größte FKK-Anlage Europas. **Agde** ist für seine schwarzen Basalthäuser und seine trutzige Kathedrale bekannt. **Port Leucate** und **Port Bacarès** sind ideal für Wassersportler. Als historische Stadt zeigt sich **Sète** (siehe S. 492). Die Küste des Languedoc besitzt große Lagunen, die nahe der Camargue auch Lebensraum vieler Watvögel sind.

Breiter Sandstrand am Cap d'Agde

Carcassonne ⓯

Der befestigte Teil von Carcassonne, eine Welterbestätte der UNESCO, liegt am Steilufer oberhalb der Aude und beherrscht mit seinen Zinnen die weiter unten gelegene Basse Ville. Die strategische Lage zwischen Atlantik und Mittelmeer, am Übergang der Iberischen Halbinsel zum restlichen Europa, führte zur ersten Besiedlung. Die Römer bauten die Stadt im 2. Jahrhundert v. Chr. weiter aus. Im Mittelalter stand Carcassonne im Fokus des Kriegsgeschehens. Zur Blütezeit unter den Trencavels wurden Château und Kathedrale errichtet. Die Neuerungen auf militärischem Gebiet und die neue Festlegung der französisch-spanischen Grenze beim Pyrenäenfrieden 1659 ließen Carcassonne an Bedeutung verlieren. Die Anlagen verfielen allmählich, bis sie Viollet-le-Duc *(siehe S. 200)* im 19. Jahrhundert restaurierte.

Restaurierte Oberstadt
Die Restaurierung ist umstritten. Die Anhänger romantischer Ruinen bemängeln, die Stadt sehe jetzt zu proper aus.

★ Château
Die Anlagen dieser Festung in der Festung umfassen einen Wehrgang, einen breiten Graben und fünf Türme.

Bischofsturm

Porte d'Aude

RUE PORTE D'

RUE ST-LOUIS

RUE DAME CARCAS

RUE TRENCAVEL

RUE DU

LICES HAUTES

Die Stadtmauer wurde im 13. Jahrhundert unter Louis VIII, Louis IX und Philipp dem Kühnen angelegt.

NICHT VERSÄUMEN

★ Basilique St-Nazaire

★ Château

★ Basilique St-Nazaire
Der »Belagerungsstein« in der romanisch-gotischen Kathedrale erinnert wohl an die Belagerung der Stadt 1209 durch Kreuzfahrer.

0 Meter   50

LEGENDE

- - - Routenempfehlung

Religiöse Verfolgung

Carcassonne stand wegen seiner besonderen Lage oft im Zentrum religiöser Konflikte. Den Katharern *(siehe S. 491)* gewährte Raymond-Roger Trencavel 1209 hier Unterschlupf, woraufhin die Stadt von der Armee des Simon de Montfort belagert wurde. Die Inquisition versuchte auch im 14. Jahrhundert, die Katharer auszurotten. Das Bild zeigt die in Carcassonne Gefangenen im Inquisitionsturm.

Les Emmurés de Carcassonne, J. P. Laurens

INFOBOX

Aude. 46 000. 4 km westl. von Carcassonne. Port du Canal du Midi (04 68 71 74 55). Boulevard de Varsovie. 28, rue Verdun (04 68 10 24 30). Di, Do u. Sa. Festival de Carcassonne (Juli), l'Embrasement de la Cité (14. Juli), Les Spectacles Médiévaux (Juli/Aug).

Château tägl. 1. Jan, 1. Mai, 1. u. 11. Nov, 25. Dez. www.carcassonne.org

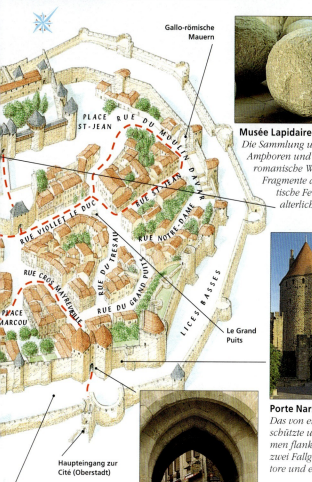

Gallo-römische Mauern

PLACE ST-JEAN
RUE DU MOULIN D'AVAR
RUE ST-JEAN
RUE VIOLLET LE DUC
RUE DU TRESAU
RUE NOTRE-DAME
RUE CROS-MAYREVEILLE
RUE DU GRAND PUITS
LICES BASSES
PLACE MARCOU

Le Grand Puits

Haupteingang zur Cité (Oberstadt)

Lices, die leicht zu verteidigenden Zwischenräume zwischen den beiden Befestigungswällen, wurden auch für Turniere, Armbrustschießen und als Lagerfläche genutzt.

Musée Lapidaire

Die Sammlung umfasst römische Amphoren und Terrakottagefäße, romanische Wandgemälde, Fragmente der Kathedrale, gotische Fenster und mittelalterliche Steingeschosse.

Porte Narbonnaise

Das von einem Graben geschützte und von zwei Türmen flankierte Wehrtor hat zwei Fallgatter, zwei Eisentore und eine Zugbrücke.

Tor zur Oberstadt

Mit Betreten der Oberstadt wird man in die Vergangenheit versetzt. Die Cité ist einer der meistbesuchten Orte Frankreichs.

Béziers mit mittelalterlicher Kathedrale, vom Pont Vieux aus gesehen

Minerve ⑯

Hérault. 👥 100. ℹ️ *Rue des Martyrs (04 68 91 81 43).*
www.minerve-tourisme.fr

Auf einem Felsen am Zusammenfluss von Cesse und Briant liegt Minerve inmitten der ausgedörrten Hügel des Minervois. Die Stadt besitzt einen achteckigen Wehrturm, die »Candela« (Kerze), das Einzige, was von der mittelalterlichen Burg übrig blieb. Im Jahr 1209 hielt Minerve sieben Wochen lang der Belagerung durch die Armee des Simon de Montfort, des Schreckens der Katharer, stand. 140 Katharer wurden schließlich auf Scheiterhaufen verbrannt.

Heute kommt man über eine sich hoch über die Schlucht spannende Brücke in die Stadt. Biegen Sie nach rechts ab, und fahren Sie an der romanischen Porte des Templiers vorbei bis zur **Église St-Étienne** (12. Jh.). Vor der Kirche sieht man eine eher grob skulptierte Taube, das Symbol der Katharer. Im Inneren steht ein weißer Altar aus dem 5. Jahrhundert, eines der ältesten Werke einheimischer Handwerker.

Ein Weg führt unterhalb der Stadt am Fluss entlang, der hier zwei Höhlen und zwei Brücken – Grand Pont und Petit Pont – in die weichen Kalkfelsen geschnitten hat.

Béziers ⑰

Hérault. 👥 73 000. ✈ 🚉 🚌 ℹ️ *Palais des Congrès, 29, av Saint-Saëns. (04 67 76 84 00).* 🎪 Fr.
www.beziers-tourisme.fr

Béziers ist für Stierkämpfe, Rugby und Wein bekannt, hat aber auch andere Attraktionen zu bieten. Die Stadt wirkt abgeschottet. Die Straßen führen hinauf zur massiven **Cathédrale St-Nazaire** (14. Jh.) mit Skulpturen und Fresken. 1209 wurden Tausende Einwohner beim Kreuzzug gegen die Katharer getötet. Auf die Frage ratloser Soldaten, wie man die Katholiken von den Katharern unterscheiden könne, folgte der Befehl: »Tötet alle, Gott wird die Seinen schon erkennen!«

Statue des Paul Riquet in den Allées Paul-Riquet, Béziers

Das **Musée du Biterrois** gibt Aufschluss über die Geschichte der Region, den Weinbau und den Canal du Midi, der im 17. Jahrhundert von Paul Riquet, dem berühmtesten Sohn der Stadt *(siehe S. 486)*, angelegt wurde. Seine Statue steht in den Allées Paul-Riquet, der breiten Promenade am Fuß der Anhöhe. Sie wird beiderseits von Platanenrehen und überdachten Restaurantterrassen gesäumt – eine Insel der Ruhe in der eher geschäftigen Stadt.

🏛 **Musée du Biterrois**
Caserne St-Jacques. 📞 *04 67 36 81 60.* ⏰ *Di–So.* ⛔ *1. Jan, Ostern, 1. Mai, 25. Dez.* 💳 ♿

Umgebung: Die Römerstätte Oppidum d'Ensérune blickt auf die Ebene von Béziers und auf die Berge im Norden. Das **Musée de l'Oppidum d'Ensérune** präsentiert eine archäologische Sammlung: von keltischen Vasen über Schmuck und Grabfragmente bis hin zu Waffen. Im **Château de Raissac** (zwischen Béziers und Lignan) befindet sich ein ungewöhnliches Fayence-Museum (19. Jh.), das freitags, samstags und montagnachmittags geöffnet hat.

🏛 **Musée de l'Oppidum d'Ensérune**
Nissan-lez-Ensérune. 📞 *04 67 37 01 23.* ⏰ *tägl. (Okt–Apr: Di–So).* ⛔ *Feiertage.* 💳 ♿ teilweise.

Die Katharer

Die Katharer (von griech. *katharos* = rein) sagten sich im 13. Jahrhundert von der ihrer Meinung nach korrupten katholischen Kirche los. Die Glaubensbewegung fand vor allem im unabhängigen Languedoc viele Anhänger, wurde aber bald zum Politikum.

Peter II. von Aragón wollte das Languedoc annektieren. Auch Philippe II von Frankreich verbündete sich 1209 mit dem Papst, um die Häretiker in einem von Simon de Montfort geführten »Kreuzzug« zu vernichten. Das Morden dauerte ein Jahrhundert lang.

Katharerburgen

Die Katharer verschanzten sich in Festungen in den Corbières und in Ariège. Eine der abgelegensten ist Peyrepertuse, eine lange, schmale Zitadelle auf einem 600 Meter hohen Felsen. Sie ist auch heute noch schwer zu erreichen.

Die Katharer *(oder Albigenser, nach dem südfranzösischen Albi) glaubten an die Dualität von Gut und Böse. Für sie war die materielle Welt böse. Um wirklich rein zu sein, entsagten sie der Gewalt, dem Verzehr von Fleisch und jeglichen sexuellen Gelüsten.*

Der Kreuzzug *gegen die Katharer war erbarmungslos. Der Papst hatte den Kreuzrittern den Landbesitz aller »Ketzer« versprochen. 1209 wurden 20 000 Einwohner von Béziers massakriert. 140 starben in Minerve auf dem Scheiterhaufen. 1244 kamen 225 Katharer bei der Verteidigung von Montségur ums Leben.*

Land der Katharer

Die teilweise sehr sehenswerten Katharerfestungen und -städte liegen überwiegend im Languedoc-Roussillon, wo im Mittelalter die meisten Katharer lebten.

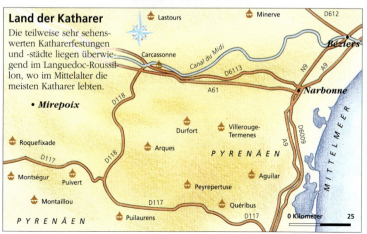

Lastours
Minerve
D612
Carcassonne
Canal du Midi
Béziers
D6113
N9
A9
A61
Narbonne
Mirepoix
D118
Durfort
Villerouge-Termenes
D6009
A9
Roquefixade
Arques
PYRENÄEN
MITTELMEER
D117
D118
Montségur
Puivert
Aguilar
Peyrepertuse
Montaillou
D117
Quéribus
Puilaurens
D117
PYRENÄEN
0 Kilometer 25

Das Grand Hôtel *(siehe S. 590)* am Quai de Tassigny in Sète

🏛 **Musée International des Arts Modestes**
23, quai Maréchal de Lattre de Tassigny. 📞 04 99 04 76 44. ⬜ Apr–Sep: tägl.; Okt–März: Di–So. ⬤ Feiertage. 🈲 ♿ **www**.miam.org

Pézenas ⑲

Hérault. 👥 8000. 🚉 🚌 ℹ️ Place des États du Languedoc (04 67 98 36 40). 🛒 Sa. **www**.pezenas-tourisme.fr

Pézenas ist eine bezaubernde Kleinstadt, deren Sehenswürdigkeiten sich dank der vielen Hinweisschilder gut zu Fuß erkunden lassen. Es sind Zeugnisse der Blütezeit im 16. und 17. Jahrhundert, als Pézenas Regierungssitz des Languedoc war. Musiker und Schauspieler gaben damals hier Gastspiele, unter ihnen auch Molière.

Schön sind Innenhöfe wie der des **Hôtel des Barons de Lacoste** (8, rue François-Oustrin) mit seiner hübschen Steintreppe oder der Hof der **Maison des Pauvres** (12, rue Alfred-Sabatier) mit drei Galerien und einer Treppe. Achten Sie auch auf das mittelalterliche Schaufenster in der Rue Triperie-Vieille. Durch die **Porte Faugères** (14. Jh.) gelangt man in die Gassen des mittelalterlichen Gettos, das beklemmend wirkt. Antiquitäten-, Secondhand- und Buchläden tragen zum Reiz der Stadt bei, die – so weit das Auge reicht – von Weinbergen umgeben ist.

Sète ⑱

Hérault. 👥 44 000. 🚉 🚌 ⛴ ℹ️ 60, Grand'Rue Mario Roustan (04 99 04 71 71). 🛒 Mi u. Fr. **www**.ot-sete.fr

Sète ist ein großer Fischerei- und Industriehafen. Hier ist mehr los als in den typischen Ferienorten des Mittelmeers. In den Läden werden

Cimetière Marin in Sète, letzte Ruhestätte von Paul Valéry

Schiffslaternen und -schrauben verkauft, in den Restaurants verschlingen hungrige Matrosen riesige Schüsseln voller Muscheln, Austern oder Meeresschnecken, die frisch vom Kutter kommen. Die meisten Restaurants der Stadt liegen am Grand Canal. Die Häuser erinnern an Italien: pastellfarbene Fassaden und schmiedeeiserne Balkone (mit Blick auf die Kanäle und Brücken der Stadt). Zum Gedenkfest für den Schutzpatron gehört das traditionsreiche Lanzenstechen *(siehe S. 38)*, das auf das Jahr 1666 zurückgeht.

Das **Musée International des Arts Modestes** zeigt in einem ehemaligen Lagerhaus Alltagsobjekte (darunter auch solche von bekannten Designern) in amüsantem Kontext.

Oberhalb der Stadt liegt der **Cimetière Marin**, auf dem der berühmteste Sohn der Stadt, der Schriftsteller Paul Valéry (1871–1945), begraben liegt. Ein kleines Museum erinnert an den Autor.

Die Steintreppe des Hôtel des Barons de Lacoste in Pézenas

Hotels und Restaurants im Languedoc-Roussillon *siehe Seiten 588–590 und 643–646*

Parc Régional du Haut-Languedoc ⑳

Hérault, Tarn. ☒ *Béziers.* ▤ *Béziers,
Bédarieux.* ▣ *St-Pons-de-Thomières,
Mazamet, Lamalou-les-Bains.* ⓘ *St-
Pons-de-Thomières (04 67 97 38 22).*
www.parc-haut-languedoc.fr

Die Hochebenen und be-
waldeten Hänge des
Haut-Languedoc sind eine
Welt für sich. Vom Montagne
Noire, einer Bergregion zwi-
schen Béziers und Castres, bis
zu den Cevennen prägen ab-
gelegene Bauernhöfe mit
Schafen, verwitterte Felsen
und tiefe Schluchten das
Landschaftsbild. Ein großer
Teil der Gegend ist zum Parc
Régional du Haut-Languedoc
erklärt worden. Er ist nach
Écrins der zweitgrößte Natio-
nalpark Frankreichs.

Der Eingang zum Park liegt
bei **St-Pons-de-Thomières**.
Von hier aus führen zahlrei-
che Wald- und Bergwege für
Wanderer und Reiter in den
Park. Zudem gibt es eine For-
schungsstation für Tiere wie
Mufflons (wilde Bergschafe),
Adler und Wildschweine, die
hier einst zahlreich waren.

Fährt man auf der D908
von St-Pons durch den Park,
kommt man an **Olargues** mit
einer Brücke über den Jaur
aus dem 12. Jahrhundert vorbei. Am Ostende des Parks
liegt **Lamalou-les-Bains**, ein
kleiner Kurort mit restauriertem Belle-Époque-Kurhaus
und Theater.

Im Nordosten grenzt eine
besondere Landschaft an den
Park: Beim **Cirque de Nava-
celles** teilt sich der Fluss Vis
ein kleines Stück weit. Auf
der dadurch entstandenen
Insel liegt das von der oberhalb verlaufenden Straße sehr
gut sichtbare Dörfchen Nava-
celles. Die **Grotte des Demoiselles** ist eine der faszinierendsten Höhlen der
Umgebung und eröffnet eine
bizarre Felswelt. Eine Zahnradbahn befördert die Besucher auf den Berggipfel.

Die **Grotte de Clamouse** ist
einmalig: Das von unterirdischen Flussläufen und Seen
reflektierte Licht scheint an
der Höhlendecke zu tanzen.
Die Stalagmiten und Stalaktiten erinnern an Kerzen.

🏛 **Grotte des Demoiselles**
St-Bauzille-de-Putois. 📞 *04 67 73
70 02.* ◯ *tägl.* ⬤ *Jan, 25. Dez.* 🈯
www.demoiselles.com

🏛 **Grotte de Clamouse**
Rte de St-Guilhem-le-Désert, St-
Jean-de-Fos. 📞 *04 67 57 71 05.*
◯ *Mitte Feb–Mitte Nov: tägl.* 🈯
www.clamouse.com

Apsis von St-Guilhem-le-Désert

St-Guilhem-le-Désert ㉑

Hérault. 🏠 *250.* ▣ ⓘ *Maison
Communale (04 67 57 44 33).*
www.saintguilhem-valleeherault.fr

Der in die Celette-Berge
eingebettete Ort ist nicht
mehr so abgelegen wie im
9. Jahrhundert, als sich Wilhelm von Aquitanien als Ein-
siedler hierher zurückzog.
Nachdem er in der Armee
Karls des Großen gedient
hatte, bekam er zum Dank
eine Kreuzpartikelreliquie
und gründete im felsigen Tal
des Hérault ein Kloster.

Man hat zwar Überreste der
Kirche aus dem 10. Jahrhun-
dert gefunden, der größte Teil
des Baus stammt jedoch aus
dem 11. und 12. Jahrhundert
und ist typisch romanisch.
Durch ein reich verziertes
Portal gelangt man auf den
Klosterhof. Das von einem
Tonnengewölbe bedeckte
Mittelschiff führt zur Haupt-
apsis. Vom Kreuzgang sind
nur zwei Flügel erhalten. Die
anderen beiden wurden mit
Teilen der Abtei St-Michel-de-
Cuxa (*siehe S. 480f*) für die
Konstruktion von The Cloi-
sters in New York verwendet.

Bizarre Kalksteinformationen in der Grotte de Clamouse

Zentrum von Montpellier

Cathédrale de St-Pierre ⑤
Château d'Eau ①
CORUM ⑫
Hôtel de Manse ⑧
Hôtel de Mirman ⑨
Hôtel des Trésoriers
   de la Bourse ⑥
Jardin des Plantes ③
Musée Fabre ⑩
Musée
   Languedocien ⑦
Notre-Dame
   des Tables ⑪
Place de
   la Comédie ⑬
Promenade de Peyrou ②
Tour de la Babote ⑭
Tour des Pins ④

0 Meter   250

Zeichenerklärung *siehe hintere Umschlagklappe*

Straßencafé an der Place de la Comédie, Montpellier

Montpellier ㉒

Hérault. 🔲 255 000. ✈ 🚆 🚌
ℹ 30, allée Jean de Lattre de Tassigny (04 67 60 60 60). ▣ *tägl.* 🎭 *Festival International Montpellier Danse (Juni/Juli).* **www.ot-montpellier.fr**

Montpellier gehört zu den dynamischsten Städten Südfrankreichs. Ein Viertel der Einwohner ist jünger als 25 Jahre. Im Sommersemester hat man an manchen Abenden den Eindruck, eher auf einem Rockfestival zu sein als in der Provinzhauptstadt des Languedoc-Roussillon. Mittelpunkt des Geschehens ist die ovale **Place de la Comédie**, auch »l'Œuf« (das Ei) genannt, mit ihrem von gut besuchten Cafés umgebenen Opernhaus aus dem 19. Jahrhundert. Vor der Oper steht die Fontaine des Trois Graces. Eine breite, von Platanen gesäumte Promenade führt zum **CORUM**, einem Opern- und Kongresshaus, das typisch für den neuen architektonischen Stil der Stadt ist. Das gelungenste Beispiel ist Ricardo Bofills postmoderner Wohnblock, genannt »Antigone«, der nach dem Vorbild des Petersdoms in Rom gestaltet ist.

Montpellier entstand im 10. Jahrhundert durch den Gewürzhandel mit dem Nahen Osten – und damit relativ spät für diese schon früh von den Römern besiedelte Region. Hier wurde 1220 die älteste Medizinschule Frankreichs gegründet, die noch heute zu den renommiertesten französischen Hochschulen zählt.

Große Teile Montpelliers wurden während der Religionskriege im 16. Jahrhundert zerstört. Von den Befestigungsanlagen aus dem 12. Jahrhundert sind lediglich die **Tour de la Babote** und die **Tour des Pins** erhalten.

Mit Ausnahme der **Cathédrale de St-Pierre** und **Notre-Dame des Tables** (18. Jh.) gibt es allerdings kaum sehenswerte Kirchen.

Im Zug des Wiederaufbaus im 17. Jahrhundert entstanden elegante Patrizierhäuser. Einige davon sind noch zugänglich, z. B. das **Hôtel de Manse** in der Rue Embouque-d'Or, das **Hôtel de Mirman** an der Place du Marché-aux-Fleurs und das **Hôtel des Trésoriers de la Bourse**. Das Hôtel des Lunaret beherbergt das **Musée Languedocien** mit einer Sammlung romanischer und prähistorischer Artefakte.

Pont du Gard   ← *Nach Uz...*

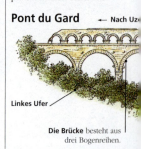

Linkes Ufer

Die Brücke besteht aus drei Bogenreihen.

Hotels und Restaurants im Languedoc-Roussillon *siehe Seiten 588 – 590 und 643 – 646*

Das **Musée Fabre** (Bau aus dem 17. Jh.) besitzt eine Gemäldesammlung mit Werken französischer Künstler. Glanzlichter sind Courbets *Bonjour M. Courbet*, Berthe Morisots *L'Été* sowie Landschaftsbilder von Raoul Dufy.

Von der **Promenade de Peyrou** (18. Jh.) nahe **Château d'Eau** und Aquädukt bietet sich ein schöner Überblick. Der **Jardin des Plantes** im Norden ist einer der ältesten botanischen Gärten (1593). Sehenswert ist das **Mare Nostrum**, das neue Aquarium im Vergnügungspark Odysseum, mit über 300 Spezies.

🏛 **Musée Languedocien**
7, rue Jacques Coeur. 📞 04 67 52 93 03. ○ Mo – Sa (nur nachmittags). ● Feiertage. 🅿

🏛 **Musée Fabre**
39, boulevard Bonne Nouvelle. 📞 04 67 14 83 00. ○ Di – So. 🅿
🅿 🍴 📷

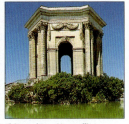

Château d'Eau, Montpellier

La Grande-Motte ㉓

Hérault. 🏘 6600. 🚉 🅸 *Place du 1er Octobre (04 67 56 42 00).* 🛒 *So (Mitte Juni–Mitte Sep auch Do).*

Die bizarren weißen Stufenpyramiden-Bauten des berühmten modernen Hafenstädtchens sind typisch für die Entwicklung der Küste des Languedoc-Roussillon. La

La Grande-Motte

Grande-Motte ist einer von vielen neuen Badeorten südlich von Montpellier mit Sandstränden und umfangreichem Freizeitangebot.

Im Osten liegen Le Grau-du-Roi, das früher ein winziges Fischerdorf war, und Port-Camargue mit einem großen Yachthafen.

Aigues-Mortes ㉔

Gard. 🏘 6200. 🚉 🚌 🅸 *Place St-Louis (04 66 53 73 00).* 🛒 *Mi u. So.* **www**.ot-aigues-mortes.fr

Am besten erreicht man die Stadt mit ihren völlig intakten Befestigungsmauern, wenn man durch die Salinen der Petite Camargue fährt. Dank der eindrucksvollen Befestigungsanlagen ist Aigues-Mortes («Ort der toten Wasser») ein beliebtes und sehenswertes Reiseziel.

Der Ort, der damals noch direkt am Mittelmeer lag, wurde im 13. Jahrhundert auf Befehl Louis' XI zur Konsolidierung seiner Macht gebaut. Die Straßen verlaufen streng rechtwinklig zueinander. Den

besten Überblick über die Stadt bekommt man beim Besuch des **Musée Archéologique**, das direkten Zugang zu einem Abschnitt der Stadtmauer hat.

Umgebung: Nordöstlich, auf der anderen Seite der Bucht, liegt **St-Gilles-du-Gard**, im Mittelalter ein bedeutender Hafen. Ein Abstecher lohnt sich wegen der großartigen Fassade der Abteikirche (12. Jh.), die von Mönchen aus Cluny als Stätte der Verehrung des hl. Gilles und als Station auf der Route nach Santiago de Compostela *(siehe S. 400f)* gegründet wurde.

Nîmes ㉕

Siehe S. 496f.

Pont du Gard ㉖

Gard. 🅸 *08 20 90 33 30.* 🚌 *von Nîmes.* **www**.pontdugard.fr

Der 2000 Jahre alte Pont du Gard gehört zu den Top-Sehenswürdigkeiten der Gegend. Schon die Römer betrachteten die 48 Meter hohe Brücke (die höchste, die sie je gebaut hatten) als ein Zeugnis der Größe ihres Imperiums.

Die Wasserleitung wurde aus riesigen Steinquadern errichtet, die Sklaven mit Flaschenzügen nach oben beförderten. Dicke Kalkablagerungen deuten darauf hin, dass der Aquädukt 400 bis 500 Jahre lang seinen Dienst tat und Nîmes mit Wasser aus der Quelle bei **Uzès** versorgte. Uzès ist eine hübsche Kleinstadt mit einem Marktplatz und mittelalterlichen Türmen.

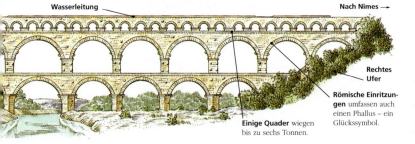

Wasserleitung

Nach Nîmes →

Rechtes Ufer

Römische Einritzungen umfassen auch einen Phallus – ein Glückssymbol.

Einige Quader wiegen bis zu sechs Tonnen.

Nîmes ㉕

An erster Stelle der Liste des Tourismusbüros, das die Attraktionen von Nîmes aufzählt, steht die Bushaltestelle von Philippe Starck, der auch mit der Verschönerung der Fußgängerzone von Nîmes beauftragt wurde. Die Stadt erfährt unter ihrem dynamischen Bürgermeister eine große bauliche Veränderung, die fantasievolle Wohnhäuser und futuristische Baukomplexe einschließt. Nîmes war einst ein wichtiger Knotenpunkt der Antike und ist deshalb vor allem für seine antiken Bauwerke bekannt, insbesondere für das Amphitheater, das besterhaltene seiner Art. Neben drei bekannten Festivals sowie Stierkämpfen *(feria)* lockt auch der Rest von Nîmes: Museen, archäologische Sammlungen und die Altstadt.

Arkaden des römischen Amphitheaters

Historisches Nîmes

Nîmes blickt auf eine bewegte Vergangenheit zurück. Die Stadt hat während der Religionskriege im 16. Jahrhundert besonders gelitten. Die romanische **Cathédrale Notre-Dame et St-Castor** wurde stark beschädigt. Im 17. und 18. Jahrhundert kam die Stadt durch Textilfabriken zu Wohlstand. Eines der gefragtesten Produkte war der Stoff für Jeans: Denim (von »de Nîmes«). Viele der Altstadthäuser aus dieser Zeit wurden restauriert, z.B. in der Rue de l'Aspic, in der Rue des Marchands und in der Rue de Chapitre. Außerhalb des Zentrums befindet sich das futuristische Apartmenthaus **Nemausus I**.

Die **Porte Auguste**, das 20 Jahre vor der **Maison**

Krug, Musée Archéologique

Carrée errichtete römische Stadttor, war einst Teil der längsten Stadtmauer Galliens. Die Bogen haben sich bis heute erhalten: zwei große für Pferdewagen und zwei kleinere für Fußgänger. Ein weiteres Relikt aus der Römerzeit ist das **Castellum**, in dem das Wasser aus Uzès *(siehe S. 495)* gesammelt wurde. Von hier aus wurde es durch dicke Rohre in alle Teile der Stadt geleitet.

♣ Jardin de la Fontaine

Quai de la Fontaine. ○ *tägl.* &
Als die Römer Nîmes erreichten, fanden sie eine Siedlung vor, die von den Galliern um

Jardin de la Fontaine

Zentrum von Nîmes

Carré d'Art/Musée d'Art Contemporain ⑥
Castellum ④
Cathédrale Notre-Dame et St-Castor ⑧
Jardin de la Fontaine ③
Les Arènes ⑩
Maison Carrée ⑤
Mont Cavalier ②
Musée Archéologique ⑨
Musée des Beaux-Arts ⑪
Porte Auguste ⑦
Tour Magne ①

Provence und Côte d'Azur

Bouches-du-Rhône · Vaucluse · Var
Alpes-de-Haute-Provence · Alpes-Maritimes

V on den nach Kräutern duftenden Hügeln bis zu den Yacht-
häfen – keine andere Region Frankreichs verzaubert ihre
Besucher derart. Das Licht des Südens zog Maler und Schriftsteller von van Gogh bis Scott Fitzgerald gleichermaßen an.

Die Provence hat natürli-
che Grenzen: im Westen
die Rhône, im Süden das
Mittelmeer, im Norden
das Ende der Olivenhaine
und im Osten die Alpen
sowie die Grenze zwischen
Frankreich und Italien, die
im Lauf der Jahrhunderte
mehrmals neu gezogen wurde. Dazwischen erstrecken sich zahlreiche
Schluchten, Salinen, Lavendelfelder
und Sonnenstrände.

Frühe Besiedlungen haben ihre
Spuren hinterlassen. In Orange und
Arles werden Römerbauten heute
noch genutzt. Befestigte Dörfer wie
Èze sollten vor den Sarazenen schüt-
zen, die im 6. Jahrhundert die Küste

bedrohten. Im 19. Jahrhundert
zog es reiche Nordeuro-
päer im rauen Winter an
die Riviera. Ab den 1920er
Jahren war für die High
Society ganzjährig Saison,
wovon die eleganten Villen
noch heute zeugen. Die
Sonne verleiht der Land-
schaft ihr »Aroma«: Erst die Kräuter
machen ein Fischgericht zur Bouillabaisse, der Krönung der provenzalischen Küche.

Das Bild der sonnigen Provence
trübt sich nur, wenn der Mistral über
das Land peitscht. Doch wie die Olivenbäume haben sich auch die Pro-
venzalen längst mit dem nur kurz an-
dauernden Fallwind arrangiert.

Cap Martin, von Roquebrune aus gesehen

◁ Lavendelfeld in der Nähe der Gorges du Verdon (siehe S. 514f)

Überblick: Provence und Côte d'Azur

Der sonnige Südosten ist Frankreichs beliebtestes Feriengebiet. Sonnenanbeter bevölkern im Sommer die Strände. An Unterhaltung bietet die Provence Opernaufführungen, Tanz- und Jazzfestivals, Stierkämpfe, Casinos und *boules*. Das Hinterland mit seinen einsamen Hochplateaus, Dörfern und wildromantischen Schluchten ist ein Paradies für Wanderer und Naturfreunde.

Promenade des Anglais, Nizza

[Kartendarstellung Südfrankreich mit Ortsmarkierungen:]

Valence, St-Étienne · Bollène · Mondragon · VAISON-LA-ROMAINE ❷ · Malaucène · MONT VENTOUX ❶ · ORANGE ❸ · CHÂTEAUNEUF-DU-PAPE ❹ · CARPENTRAS ❻ · Sault-de-Vaucluse · Saint-Étienne-les-Orgues · Sorgues · Pernes-les-Fontaines · Banon · Nîmes · AVIGNON ❺ · FONTAINE-DE-VAUCLUSE ❼ · Forcalqu... · Châteaurenard · GORDES ❽ · Roussillon · Apt · Cereste · Cavaillon · ST-RÉMY-DE-PROVENCE ❿ · Lacoste · Bonnieux · Manosque · Ménerbes · LUBERON ❾ · TARASCON ⓬ · LES BAUX-DE-PROVENCE ⓫ · Maussane · Cadenet · Ansouis · Gréoux-les-Bains · ARLES ⓭ · Eyguières · Pertuis · Montpellier · Salon-de-Provence · PROVENCE · Miramas · Peyrolles-en-Provence · Rians · Istres · Saint-Chamas · CAMARGUE ⓮ · Étang de Vaccarès · AIX-EN-PROVENCE ⓯ · Étang de Berre · Berre-l'Étang · CÔT... · Saintes-Maries-de-la-Mer · Martigues · Gardanne · Trets · Port-Saint-Louis-du-Rhône · Marignane · Roquevaire · Carro · Carry-le-Rouet · Aubagne · Gémenos · MARSEILLE ⓰ · CASSIS ⓱ · Le... · La Ciotat · Bandol · TOUL... · Cap Croisette · Six-Fours-les-Plage... · Cap Sicie · Petit Rhône · Grand Rhône

Sehenswürdigkeiten auf einen Blick

Weitere Zeichenerklärungen *siehe hintere Umschlagklappe*

In der Provence und an der Côte d'Azur unterwegs

Frankreichs zweitgrößter Flughafen ist Nizza. »Fly-&-Drive«-Angebote sind für Reisen ins Hinterland zu empfehlen. Die Bergstraßen sind kurvenreich, aber in gutem Zustand. In der Hochsaison sind die Küstenstraßen verstopft, man kann sie durch Benutzung der *autoroutes* vermeiden. Zwischen vielen Küstenstädten bestehen gute Bus- und Bahnverbindungen. An fast jedem Bahnhof kann man Fahrräder mieten. Der Chemin de Fer de Provence führt von Nizza nach Digne-les-Bains.

LEGENDE

═══	Autobahn
───	Schnellstraße
───	Nationalstraße
═══	Nebenstraße
───	Panoramastraße
┄┄┄	Eisenbahn (Hauptstrecke)
┄┄┄	Eisenbahn (Nebenstrecke)
▬▬▬	Staatsgrenze
───	Regionalgrenze
△	Gipfel

0 Kilometer 25

Landschaft bei Forcalquier

Mehr über die Provence und Côte d'Azur? Vis-à-Vis Provence & Côte d'Azur ISBN 978-3-8310-1538-2

Mont Ventoux ❶

Vaucluse. ☒ *Avignon.* ▢ *Avignon.*
▢ *Carpente.* ℹ *Av de la Promenade,
Sault-en-Provence (04 90 64 01 21).*

Seinen Namen »Windberg«
trägt der Mont Ventoux
(1912 m) zu Recht. An den
unteren Hängen findet man
eine vielgestaltige Fauna und
Flora, am Gipfel dagegen nur
noch Moose. Dort können die
Temperaturen im Winter bis
auf −27 °C fallen. Das Geröll
auf dem Gipfel lässt den Berg
selbst im Sommer schneebedeckt erscheinen. Der britische Radfahrer Tommy Simp-
son starb hier 1967 während
der Tour de France. Heute
führt eine Straße zum Gipfel.
Die Tour für den aufregenden Panoramablick empfiehlt
sich allerdings nur bei gutem
Wetter.

**Römisches Mosaik aus der Villa du
Paon in Vaison-la-Romaine**

Vaison-la-Romaine ❷

Vaucluse. ▦ *6000.* ▢ ℹ *Pl du Cha-
noine-Sautel (04 90 36 02 11).* ▣ *Di.*
www.vaison-en-provence.com

Der kleine Ort am Ufer der
Ouvèze besteht seit der
Bronzezeit. Der Name bezieht
sich auf die fünf Jahrhunder-
te, in denen hier eine reiche
Römerstadt war. Die von der
Burg (12. Jh.) dominierte
Oberstadt besitzt reizende
Straßen, Häuser und Brunnen.
Die Attraktionen liegen auf
der anderen Flussseite.
  Heute ist die **Römerstadt** in
zwei Bezirke gegliedert: Puy-
min und La Villasse. In Puy-
min wurden ein prunkvolles
Patrizierhaus, die Villa du
Paon, und ein römisches
Theater entdeckt. Als 1992 die
Ouvèze über die Ufer trat,
starben viele Menschen. Schä-

den an den Ruinen konnten
seither behoben werden. In
Vaison findet man auch die
romanische **Cathédrale Notre-
Dame-de-Nazareth** mit einem
mittelalterlichen Kreuzgang.

♘ Römerstadt
Fouilles de Puymin u. Musée Théo
Desplans, place du Chanoine-Sau-
tel. ☎ *04 90 36 02 11.* ◯ *tägl.*
● *Jan–Mitte Feb, 25. Dez.* ▨
♿ *teilweise.* ▣

Orange ❸

Vaucluse. ▦ *31 000.* ▢ ▢ ℹ *5,
cours Aristide Briand (04 90 34 70
88).* ▣ *Do.* www.otorange.fr

Orange liegt im Anbauge-
biet des Rhône-Tals. Auf
den Märkten werden Honig,
Trauben, Oliven und Trüffeln
angeboten. Sehenswert ist das
Viertel um das Hôtel de Ville
(17. Jh.), in dem hübsche
Straßen in schattige Plätze
münden. Orange besitzt
zudem zwei der bedeutendsten römischen Bauwerke
Europas.

♘ Théâtre Antique
Rue Madeleine-Roch, place de
Frères-Mounet. ☎ *04 90 51 17 60.*
◯ *tägl.* ▨ *Ticket gilt auch für
das Musée d'Orange.* ♿ *teilweise.*
▣ ▣
Das Theater (1. Jh. n. Chr.)
aus der Zeit Augustus' hat
eine exzellente Akustik. Heute finden hier Theateraufführungen und Konzerte statt.
Die rückwärtige Mauer ist
36 Meter hoch und 103 Meter
lang. Das bei einem Brand
zerstörte Dach wurde 2006
durch ein Glasdach ersetzt.

♘ Arc de Triomphe
Avenue de l'Arc de Triomphe.
Der mit Schlachtszenen und
Kriegstrophäen, Blumen und

**Statue des Kaisers Augustus im
Théâtre Antique von Orange**

Früchten verzierte dreifache
Triumphbogen wurde um
20 n. Chr. errichtet. Die Inschriften, die Tiberius preisen,
kamen später hinzu.

♙ Musée d'Orange
Rue Madeleine-Roch. ☎ *04 90 51
17 60.* ◯ *tägl.* ▨
Das Museum gibt Aufschluss
über die römische Geschichte.
Zu sehen ist u. a. eine Katas-
terplatte aus 400 Marmor-
fragmenten, in die seit der
Zeit von Kaiser Vespasian
(1. Jh. v. Chr.) Angaben über
Grundstücksbesitz eingeritzt
wurden.

Châteauneuf-du-Pape ❹

Vaucluse. ▦ *2100.* ▢ *Sorgues,
dann Taxi.* ℹ *Place du Portail
(04 90 83 71 08).* ▣ *Fr.*
www.paysprovence.fr

Im 14. Jahrhundert beschlos-
sen die Päpste in Avignon,
hier eine neue Burg (*château
neuf*) zu errichten und Wein

Blick auf das Weinbaugebiet des Châteauneuf-du-Pape

anzubauen, den Wein, der heute zu den besten der Côtes du Rhône zählt. Fast hinter jeder Pforte der hübschen Kleinstadt scheint sich der Keller eines *vigneron* (Weinbauern) zu verbergen.

Nach den Religionskriegen *(siehe S. 54f)* blieben von der Festung lediglich Mauerfragmente und der Wehrturm übrig. Sie bieten einen herrlichen Ausblick.

Weinfeste gibt es öfter im Jahr, z. B. die Fête de la Véraison im August *(siehe S. 38)*, wenn die Trauben zu reifen beginnen, und den Ban des Vendanges im September zu Beginn der Weinlese.

Avignon ❺

Vaucluse. 🏛 90 000. ✈ 🚉 🚌
🛈 *41, cours Jean Jaurès (04 32 74 32 74).* 🏪 *Do–So.* 🎭 *Festival d'Avignon (3 Wochen im Juli).*
www.ot-avignon.fr

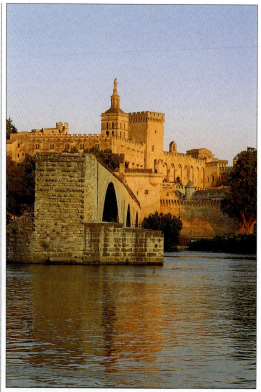

Pont St-Bénézet, Welterbe der UNESCO, und Palais des Papes in Avignon

M assive Mauern umgeben eine der faszinierendsten Städte Südfrankreichs. Wahrzeichen Avignons ist das **Palais des Papes** *(siehe S. 504f)*. Die Stadt bietet aber andere Schätze. Nördlich des Papstpalasts liegt das **Musée du Petit Palais**, der ehemalige Sitz des Erzbischofs. Hier weilten Cesare Borgia und Louis XIV. Heute beherbergt der Bau ein Museum mit romanischen und gotischen Skulpturen, mittelalterlichen Gemälden und Werken von Botticelli und Carpaccio.

Schöne Häuser (17./18. Jh.) stehen in der Rue Joseph-Vernet und der Rue du Roi-René. Sehenswerte Kirchen sind etwa die **Cathédrale de Notre-Dame-des-Doms** oder die **Église St-Didier** (14. Jh.).

Im **Musée Lapidaire** befinden sich Statuen und Mosaike aus vorrömischer Zeit. Das **Musée Calvet** zeigt herausragende Stücke, u. a. Schmiedekunst und römische Funde. Es gibt auch einen Überblick über 500 Jahre französischer Kunst mit Werken von Rodin, Utrillo und Dufy. **Musée Angladon** und **Collection Lambert** bereichern mit ihren Sammlungen moderner Kunst die Stadt – Ersteres hat Werke

von van Gogh, Cézanne und Modigliani, Letzteres konzentriert sich auf minimalistische und Konzeptkunst.

Mittelpunkt des Stadtlebens ist die Place de l'Horloge mit Cafés und einem alten Karussell (um 1900). Die Rue des Teinturiers gehört zu den schönsten Straßen. Bis ins 19. Jahrhundert wurde hier Baumwollstoff *(indienne)* in prächtigen Farben bedruckt.

Theateraufführung beim Festival d'Avignon

Darauf gehen viele der heutigen provenzalischen Muster zurück.

Der **Pont St-Bénézet** (12. Jh.) wurde 1668 durch Hochwasser weitgehend zerstört. Die Menschen tanzten früher auf einer kleinen Insel unter der Brücke. Im Lauf der Jahre ist im berühmten Lied »Sur le pont d'Avignon …« aus dem Wort »sous« (unter) »sur« (auf) geworden.

Das Festival von Avignon (Theater, Ballett, klassische Konzerte) gehört zu den größten Frankreichs.

🏛 **Musée du Petit Palais**
Place du Palais. 📞 *04 90 86 44 58.*
⭕ *Mi–Mo.* ⬤ *Feiertage.* 📷 🚻
⬤ **www**.petit-palais-org

🏛 **Musée Lapidaire**
27, rue de la République. 📞 *04 90 86 33 84.* ⭕ *Mi–Mo.* ⬤ *1. Jan, 1. Mai, 25. Dez.* 📷 ♿ *teilweise.*

🏛 **Musée Calvet**
65, rue Joseph-Vernet. 📞 *04 90 86 33 84.* ⭕ *Mi–Mo.* ⬤ *1. Jan, 1. Mai, 25. Dez.* 📷

Avignon: Palais des Papes

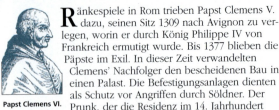

Papst Clemens VI.
(1342–52)

Ränkespiele in Rom trieben Papst Clemens V. dazu, seinen Sitz 1309 nach Avignon zu verlegen, worin er durch König Philippe IV von Frankreich ermutigt wurde. Bis 1377 blieben die Päpste im Exil. In dieser Zeit verwandelten Clemens' Nachfolger den bescheidenen Bau in einen Palast. Die Befestigungsanlagen dienten als Schutz vor Angriffen durch Söldner. Der Prunk, der die Residenz im 14. Jahrhundert kennzeichnete, fehlt heute. Sämtliche Einrichtungsgegenstände wurden im Lauf der Jahrhunderte zerstört oder gestohlen.

Der Kreuzgang Benedikts XII. umfasst Gäste- und Gesindeflügel sowie eine Kapelle.

Tour de Trouillas

Tour de la Campagne

Befestigungsarchitektur
Der Palast mit seinen zehn Türmen sollte eine uneinnehmbare Festung sein. Er erstreckt sich über 15 000 Quadratmeter.

Die Päpste von Avignon

Sieben Päpste residierten bis 1377 in Avignon. Ihnen folgten zwei »Gegenpäpste«, von denen der letzte, Benedikt XIII., 1403 flüchtete. Weder Päpste noch Gegenpäpste hatten etwas für Askese übrig. Clemens V. starb an pulverisierten Smaragden, die er gegen seine Verdauungsstörungen nahm; Clemens VI. (1342–52) hielt Luxus für die beste Art, Gott zu verehren. Petrarca war entsetzt über das »lasterhafte« Leben im Palast. 1367 kehrte Papst Urban V. vorübergehend nach Rom zurück, doch erst 1377 war Rom endgültig wieder Papstsitz.

Benedikt XII.
(1334–42)

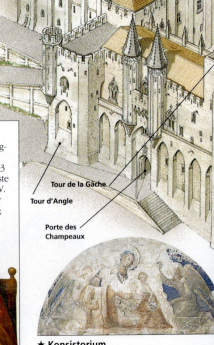

Tour de la Gâche

Tour d'Angle

Porte des Champeaux

★ Konsistorium
Simone Martinis Fresken (1340) stammen aus der Kathedrale und ersetzten 1413 die zerstörten Werke im Empfangssaal.

INFOBOX

Place du Palais, Avignon.
📞 04 90 27 50 00.
🕐 *tägl. (unterschiedl. Zeiten pro Monat – von 9 oder 10.30 bis 17.45 oder 21 Uhr).*
Letzter Einlass: 1 Std. vor Schließung.
www.palais-des-papes.com

Päpstliche Macht

Die Anlage ähnelt von außen eher einer Burg als einem Palast – ein Zeichen für das unsichere Klima, das im 14. Jahrhundert herrschte.

★ Chambre du Cerf

Hübsche Jagdfresken (14. Jh.) und Keramikfliesen schmücken das Arbeitszimmer von Clemens VI.

Tour des Anges

Schlafgemach des Papstes

Cour d'Honneur

Bau des Palasts

Der Papstpalast umfasst das einfachere Palais Vieux (1334– 42) von Papst Benedikt XII. und das Palais Neuf (1342–52) von Clemens VI. Zehn Türme in der Mauer, manche über 50 Meter hoch, dienten dem Schutz der vier Flügel.

Die Grande Chapelle ist 20 Meter hoch und nimmt eine Fläche von 780 Quadratmetern ein.

Die Grande Audience wird durch fünf Säulen mit Bestienkapitellen in zwei Hälften geteilt.

NICHT VERSÄUMEN

★ Chambre du Cerf

★ Konsistorium

LEGENDE

☐ Benedikt XII. (1334–42)

☐ Clemens VI. (1342–52)

Carpentras ❻

Vaucluse. 🚶 29.000. 🚉 👤 97, pl
du 25 Août 1944 (04 90 63 00 78).
📅 Fr. www.carpentras-ventoux.com

Carpentras war von 1320
bis 1791 Hauptstadt der
Grafschaft Venaissin. Moderne
Boulevards haben die Stadtmauer ersetzt, von der nur die
Porte d'Orange erhalten ist.
Seit dem Mittelalter gibt es
hier eine jüdische Gemeinde.
Die 1367 erbaute **Synagoge**
ist die älteste Frankreichs. Das
Sanktuarium wurde restau-
riert, andere Teile sind noch
unverändert. Juden wurden
von der katholischen Kirche
nicht offen verfolgt, dennoch
traten viele zum christlichen
Glauben über. Konvertierte
betraten die **Cathédrale St-
Siffrein** durch die Porte Juive
(Judentor).

Das Justizgebäude befindet
sich seit 1640 im einstigen
Bischofspalais. Im Gerichts-
saal gibt es Holzplaketten
(17. Jh.) der Städte, die der
Gerichtsbarkeit unterlagen.
Fayencen (18. Jh.) sind in der
Apotheke des Hôtel-Dieu zu
sehen. Das **Musée Sobirats**
vermittelt einen Eindruck von
der Geschichte der Region.

✴ **Synagoge**
Pl de la Mairie. 📞 04 90 63 39 97.
⭘ Mo–Fr. ⬤ Jüdische Feiertage.
🏛 **Musée Sobirats**
112, rue du Collège. 📞 04 90 63
04 92. ⭘ Mi–Mo. ⬤ Feiertage. 📷

Uferansicht mit Wassermühle in Fontaine-de-Vaucluse

Fontaine-de-Vaucluse ❼

Vaucluse. 🚶 600. 🚉 👤 Chemin
du Gouffre (04 90 20 32 22).

Hauptattraktion ist die
Quelle der Sorgue, die
gewaltigste Quelle Frank-
reichs. Bis zu 90.000 Liter
sprudeln pro Sekunde am Fuß
eines Felsens aus der Erde.
Das Wasser versorgt die Papierfabrik Moulin à Papier
Vallis Clausa. Hier wird – seit
dem 15. Jahrhundert – Papier
von Hand gefertigt. Karten,
Drucke und Lampenschirme
werden verkauft.

Im Ort gibt es mehrere Museen. Eines ist Petrarca gewidmet, der hier lebte und arbeitete, ein anderes beschäftigt
sich mit dem Widerstand im
Zweiten Weltkrieg.

Gordes ❽

Vaucluse. 🚶 2100. 👤 Place du
Château (04 90 72 27 85). 📅 Di.
www.gordes-provence.com

Dörfer, die sich an eine
Hügelkuppe schmiegen,
gibt es in der Region viele,
doch Gordes zieht die meisten Besucher an. Das vom
Château (16. Jh.) dominierte
Dorf bildet eine harmonische
Einheit – als sei es das Werk
eines Architekten, der mittelalterliche Arkadengässchen in
eine bezaubernde Hügellandschaft integrierte.

Im **Village des Bories** stößt
man auf bizarre Behausun-
gen. *Bories* sind bienenstock-
ähnliche Hütten aus Natursei-
nen, die wohl schon im
Neolithikum entstanden. Die
Hütten waren bis ins frühe
20. Jahrhundert bewohnt.

Die **Abbaye de Sénanque**
nördlich ist ein romanisches
Zisterzienserkloster.

⛪ **Château de Gordes**
📞 04 90 72 02 89. ⭘ tägl.
⬤ 1. Jan, 25. Dez. 📷
🏠 **Village des Bories**
Route de Gordes. 📞 04 90 72 03
48. ⭘ tägl. ⬤ 1. Jan, 25. u.
31. Dez. 📷

Luberon ❾

Vaucluse. ✈ Avignon. 🚉 Cavaillon,
Avignon. 🚌 Apt. 👤 20, av Philippe
de Girard, Apt (04 90 74 03 18).
www.cavaillon-luberon.fr

Die Montagne du Luberon,
ein weitläufiges Kalk-
steinmassiv, zählt zu den imposantesten Landschaften der

Das an eine Hügelkuppe geschmiegte Gordes

Provence. In den bis zu 1125 Meter hohen Bergen gibt es unberührte Areale und malerische Dörfer. Fast die ganze Gegend mit ihren Zedern- und Eichenwäldern sowie über 1000 verschiedenen Pflanzenarten wurde zum Naturpark erklärt. Die Fauna umfasst Adler, Geier, Schlangen, Biber, Wildschweine und die größten Eidechsen Europas. Der Hauptsitz der Parkleitung ist in **Apt**, der Hauptstadt des Luberon.

Die Ecke war einst als Räuberhochburg verschrien. Interessant sind heute: **Bonnieux** mit Kirche (12. Jh.) und Stadtmauer (13. Jh.), **Roussillon** mit roten Häusern, **Lacoste** mit den Ruinen des Schlosses des Marquis de Sade, **Ansouis** mit der Église St-Martin (14. Jh.) und mit Château (17. Jh.). In **Ménerbes** lebte Peter Mayle, dessen Erzählungen die Gegend berühmt machten.

Gewürzstand, St-Rémy-de-Provence

St-Rémy-de-Provence ❿

Bouches-du-Rhône. 🏠 11 000.
🚌 🛈 Place Jean-Jaurès (04 90 92 05 22). 🛒 Mi, Sa.
www.saintremy-de-provence.com

Zwei Berühmtheiten weilten in dem Städtchen mit seinen Boulevards, Brunnen und Gässchen. Vincent van Gogh, der 1889/90 im Hospital St-Paul-de-Mausole behandelt wurde und hier, neben 150 weiteren Werken, das *Kornfeld mit Zypressen* schuf. Zum anderen wurde 1503 in St-Rémy der durch seine

Prophezeiungen bekannte Astrologe Nostradamus geboren. 1921 gelangte die Stadt zu neuem Ruhm, als Archäologen bei **Glanum** römische Ruinen freilegten. Obwohl die Stadt 480 von den Goten geplündert wurde, ist die Stätte imposant: Um die Reste eines Bogens gibt es Fundamente eines Mausoleums, das mit Szenen wie dem Tod des Adonis geschmückt ist.

🏛 **Glanum**
📞 04 90 92 23 79. 🕐 *Apr–Aug: tägl.; Sep–März: Di–So.* ● *1. Jan, 1. Mai, 1. u. 11. Nov, 25. Dez.* 🅿 ♿ 🅿 🖥

Les Baux-de-Provence ⓫

Bouches-du-Rhône. 🏠 480.
🚌 Arles. 🛈 *La Maison du Roy (04 90 54 34 39).*
www.lesbauxdeprovence.com

Das Felsendorf Les Baux scheint aus einem riesigen Felsen herausgehauen zu sein. Burgruine und alte Häuser stehen oberhalb des Val d'Enfer (Höllental).

Im Mittelalter war Les Baux Sitz mächtiger Lehnsherren, die behaupteten, Nachfahren von König Balthazar zu sein. Es war der berühmteste der provenzalischen Cours d'Amour, wo Troubadoure ihre Angebeteten mit verklärender Lyrik priesen. Das Ideal der platonischen Liebe stand in Gegensatz zum kriegerischen Verhalten der Burgherren. Die Glanzzeit endete 1632, als Louis XIII die Zerstörung der Anlage befahl, die zu einer Bastion der Protestanten geworden war. Die Ruinen des **Château de Baux de Provence** erinnern daran.

Die Ruinen der mittelalterlichen Burg von Les Baux-de-Provence

Das Dorf zu Füßen der Ruinen besitzt einen hübschen kleinen Platz, die **Église St-Vincent** (12. Jh.) und die **Chapelle des Pénitentes Blancs**. Die Kapelle ist vom lokalen Künstler Yves Brayer ausgestaltet, seine Werke sind im **Musée Yves Brayer** zu sehen.

1821 wurde hier Bauxit entdeckt. Die stillgelegten Gruben bilden heute den Hintergrund für spektakuläre audiovisuelle Vorführungen, **Cathédrale d'Images** genannt.

Südwestlich liegen die Ruinen der **Abbaye de Montmajour** mit romanischer Kirche (12. Jh.) und runder Krypta.

Tarasque-Umzug (1850)

Tarascon ⓬

Bouches-du-Rhône. 🏠 13 000.
🚌 🚉 🛈 *Avenue de la République (04 90 91 03 52).* 🛒 *Di u. Fr.*
www.tarascon.org

Der Sage nach ist die Stadt nach dem Ungeheuer Tarasque – halb Drache, halb Fisch – benannt. Es soll von der hl. Marthe gezähmt worden sein, die in der nach ihr benannten Kirche beigesetzt wurde. Noch heute wird im Juni bei einem Umzug ein Drache durch die Stadt getragen *(siehe S. 37)*.

Wahrzeichen der Stadt ist das **Château du Roi René** (15. Jh.), eines der schönsten provenzalischen Beispiele gotischer Festungsarchitektur. Das Äußere lässt die Pracht im Inneren kaum vermuten: ein flämisch-gotischer Hof, eine Wendeltreppe und Deckenmalereien. Am anderen Ufer der Rhône liegt Beaucaire mit einer Burgruine.

🏰 **Château du Roi René**
Bd du Roi René. 📞 04 90 91 01 93.
🕐 *Apr–Aug: tägl.; Sep–März: Di–So.* ● *Feiertage.* 🅿 🖥

Im Detail: Arles ⑬

Nur wenige provenzalische Städte vereinen die vielen Facetten der Region auf so gelungene Weise wie Arles. Dank seiner Lage an der Rhône ist Arles von jeher das Tor zur Camargue *(siehe S. 510f)*. Neben römischen Bauwerken (viele davon UNESCO-Welterbe) wie der Arena oder den Thermen des Konstantin prägen ockerfarbene Hauswände und rote Ziegeldächer das Stadtbild. Die Museen der Kulturstadt zählen zu den interessantesten der Region. 1888/89 lebte Vincent van Gogh hier. Arles ist jedoch nicht mehr die Industriestadt, wie er sie malte, sondern lebt heute überwiegend vom Fremdenverkehr.

Kaiser Konstantin

Das Palais Constantine war einst ein prunkvoller kaiserlicher Bau, von dem allerdings nur noch die Thermen (4. Jh.) übrig geblieben sind. Sie sind außergewöhnlich gut erhalten und lassen den Komfort der Bäder erahnen.

Musée Réattu
Das Museum in der alten Komturei des Malteserordens besitzt Zeichnungen von Picasso, Gemälde von Jacques Réattu (1760–1833) und Skulpturen von Ossip Zadkine, darunter auch La Grande Odalisque *(1932, oben).*

Museon Arlaten
Der Dichter Frédéric Mistral stiftete 1904 die mit dem Nobelpreis verbundene Geldprämie für die Gründung des Museums, das sich der Kultur seiner Heimat widmet. Das Personal trägt Originaltrachten.

Hôtel de Ville und Eingang zu Cryptoportiques

Espace van Gogh, das Hospital, in dem van Gogh 1889 behandelt wurde, ist heute ein Kulturzentrum.

★ Église St-Trophime
Die Kirche hat eine romanische Fassade (12. Jh.) und einen romanisch-gotischen Kreuzgang. Das Hauptportal zieren Heiligenfiguren.

Information

0 Meter — 100

Les Alyscamps

Paul Gauguins *Les Alyscamps*

Eine Allee mit leeren mittelalterlichen Gräbern bildet den Mittelpunkt der »Elysischen Gefilde« im Südosten der Stadt. Hier war vom 4. bis 12. Jahrhundert eine christliche Totenstadt. Manche Sarkophage wurden an Museen verkauft, andere ließ man stehen. Der Ort inspirierte nicht nur den Dichter Dante, der ihn in seiner *Göttlichen Komödie* beschrieb, sondern auch van Gogh und Gauguin.

INFOBOX

Bouches-du-Rhône. 🏛 53 000.
✈ 25 km nordwestl. von Arles.
🚉 🚌 Avenue Paulin Talabot.
ℹ Bd des Lices (04 90 18 41 20).
🛒 Mi u. Sa. 🎭 Arles Festival
(Juli), Prémice du Riz (Sep). **Musée
Réattu** ◯ Di–So. **Museon
Arlaten** ◯ Juli–Sep: tägl.; Okt–
Juni: Di–So. ● 1. Jan, 1. Mai,
1. Nov, 25. Dez (beide Museen).
🌐 www.museonarlaten.fr

★ Antikes Amphitheater

Mit 21 000 Plätzen ist die Arena eines der besterhaltenen römischen Bauwerke der Provence. Im Sommer finden hier Stierkämpfe statt. Von oben hat man einen herrlichen Panoramablick.

Notre-Dame-de-la-Major ist die Kirche, in der die *gardians* der Camargue den Tag des hl. Georg, ihres Schutzheiligen, feiern. Viele Jahrhunderte vor dem Bau der Kirche (12.–17. Jh.) befand sich an derselben Stelle ein römischer Tempel.

Zum Bahnhof

NICHT VERSÄUMEN

★ Antikes
  Amphitheater

★ Église St-Trophime

★ Römisches Theater

LEGENDE

- - - Routenempfehlung

★ Römisches Theater

Die Steine wurden später für andere Gebäude verwendet. Heute findet hier das Arles Festival statt. Die beiden verbliebenen Säulen heißen die »zwei Witwen«.

Camargue ⑭

Sonnenuntergang in der Camargue

Das Delta zwischen den beiden Hauptmündungsarmen der Rhône umfasst mehr als 120 000 Hektar Sumpf, Wiesen, Marschland, Dünen und Salzfelder: die Camargue. Heute muss der Mensch dafür sorgen, dass das ökologische Gleichgewicht dieses atemberaubend schönen Biotops, der Heimat einer einzigartigen Fauna (u. a. Reiher und Ibisse) und Flora (u. a. Tamarisken und Narzissen), erhalten bleibt. Auf den Wiesen weiden Schafe, Rinder und die halbwilden weißen Araberpferde. Die Rinderhirten *(gardians)* leben in reetgedeckten Häusern *(cabanes)* und halten die Tradition der Camargue aufrecht.

Gardian der Camargue

Schwarze Stiere
Bei provenzalischen Stierkämpfen (courses) *muss eine rote Rosette zwischen den Hörnern des Stiers aufgespießt werden. Die Tiere werden nicht getötet.*

0 Kilometer 5

D572

D570

Mas du F de Roust

Le Petit Rhône

D37

Méjanes •

PLAINE DE LA CAMARGUE

Étang de Va

D570

PARC RÉGIONAL DE CAMARG

Centre de Ginès

• *Stes-Maries-de-la-Mer*

PETITE CAMARGUE

MITTELMEER

Saintes-Maries-de-la-Mer
Jedes Jahr am 24. Mai findet eine große Zigeunerwallfahrt zu Ehren von Marie Salomé, Marie Jakobé und Sarah statt. Die Statuen in der Kirche schildern die entsprechende Legende.

Flamingos
Die Camargue ist das Land der Flamingos – sie lassen sich am besten in der Umgebung von Ginès beobachten. Hier ist auch der Lebensraum anderer Vogelarten wie Fischreiher, Eisvögel, Eulen und Greifvögel.

LEGENDE

———	Naturparkgrenze
– – –	Wanderweg
– – –	Wander- und Fahrradweg

INFOBOX

Bouches-du-Rhône. ✈ *Mont-pellier-Méditerranée, 90 km östl.*
🚉 🚌 *Av Paulin Talabot, Arles.*
ℹ *5, av van Gogh, Saintes-Maries-de-la-Mer.* ☎ *04 90 97 82 55.* 🎭 *Les Pèlerinages (Ende Mai, Ende Okt), Festival du Cheval (14. Juli).*
Musée Baroncelli, rue Victor Hugo, Saintes-Maries-de-la-Mer.
☎ *04 90 97 87 60.*
◐ *Apr–Mitte Nov: unterschiedl. Zeiten (bitte tel. erfragen).*
● *Mitte Nov–März.* ♿
www.saintesmaries.com

Weiße Pferde
Die kleinen stämmigen Pferde wurden früher zum Dreschen eingesetzt. Das schwarze Fell der Fohlen wird nach fünf Jahren weiß.

Die Häuser der *gardians*
Die gardians *leben in traditionellen, reetgedeckten Häusern. Jedes Jahr im April stellen sie in der Arena von Arles ihre Reitkünste unter Beweis.*

Salzberge
Meersalz ist das Hauptprodukt der Camargue. Wasser verdunstet auf riesigen Salzfeldern. Salzkristalle türmen sich auf, sodass die camelles *bis zu acht Meter hoch werden.*

Aix-en-Provence ⑮

Bouches-du-Rhône. 👥 *145 000.*
🚉 🚌 ℹ *2, place du Général-de-Gaulle (04 42 16 11 61).* 🛍 *tägl.*
www.aixenprovencetourism.com

D ie 103 v. Chr. gegründete Römerstadt Aix wurde oft angegriffen – 477 von den Westgoten, später von den Langobarden, Franken und Sarazenen, was ihrem Wohlstand keinen Abbruch tat. Ende des 12. Jahrhunderts war Aix die Hauptstadt der Provence. Die Stadt der Künstler und Gelehrten erlebte im 15. Jahrhundert unter König René le Bon ihre Blütezeit. Der König ist in Nicolas Froments Triptychon *Der brennende Dornbusch* in der gotischen **Cathédrale de St-Sauveur** (13. Jh.) dargestellt.

Die Stadt ist immer noch ein herausragendes Kulturzentrum. Zu den zahlreichen Museen zählen das **Musée Granet** (Schöne Künste) und das **Musée des Tapisseries** (Wandteppiche) im Palais de l'Archevêché.

Aix wird auch »die Stadt der 1000 Brunnen« genannt. Drei der schönsten liegen am Cours Mirabeau, einer eleganten Straße, die auf einer Seite von Häusern aus dem 17. und 18. Jahrhundert gesäumt ist. Auf der anderen befinden sich die Cafés. Die Altstadt gruppiert sich um die Place de l'Hôtel de Ville mit dem Blumenmarkt. Im Nordwesten liegt der **Pavillon de Vendôme**. Er beherbergt Möbel und Kunstwerke von van Loo.

Der berühmteste Sohn der Stadt ist Paul Cézanne. Das **Atelier Cézanne** ist seit seinem Tod 1906 unverändert. Der Mont St-Victoire, eines seiner Lieblingsmotive, liegt 15 Kilometer östlich.

🏛 **Musée Granet**
Place St-Jean de Malte. ☎ *04 42 52 88 32.* ◐ *Di–So.*
🏛 **Musée des Tapisseries**
28, place des Martyrs de la Résistance. ☎ *04 42 23 09 91.*
◐ *Mi–Mo.* ● *Jan.* ♿ 📷
🏠 **Atelier Cézanne**
9, av Paul Cézanne. ☎ *04 42 21 06 53.* ◐ *tägl.* ● *Dez–Feb: So, Feiertage.* ♿ 📷
www.atelier-cezanne.com

Alter Hafen von Marseille mit Blick auf den Quai de Rive-Neuve

Marseille ⑯

Bouches-du-Rhône. 855000.
4, La Canebière
(08 26 50 05 00). tägl.
www.marseille-tourisme.com

Marseille, die im 7. Jahrhundert v. Chr. gegründete griechische Siedlung namens Massilia, wurde 49 v. Chr. von den Römern erobert. Die Stadt entwickelte sich für die orientalischen Händler zum »Tor nach Westen«. Frankreichs größter Hafen und zweitgrößte Stadt hat auch heute noch Verbindungen zum Nahen Osten und zu Nordafrika.

In Marseille kontrastieren enge Treppengassen, ruhige Plätze und schöne Häuser (18. Jh.) mit dem Trubel der Canebière oder der Cité Radieuse (eine von Le Corbusier geschaffene Wohnsiedlung). Der Vieux Port ist nun vor allem für seinen täglichen Fischmarkt bekannt. Feinschmecker schwören auf die *Bouillabaisse (siehe S. 468)*.

In der Hafengegend gibt es zahlreiche exzellente Museen. Dazu zählen das **Musée des Docks Romains**, das **Musée d'Histoire de Marseille**, das **Musée du Vieux Marseille** und das unschlagbare **Musée de la Mode**.

Das **Musée Cantini** im Süden zeigt Skulpturen von Jules Cantini und Werke der Surrealisten, Kubisten und Fauvisten. Auf der anderen Stadtseite ist in einem der schönsten Häuser das **Musée Grobet-Labadié**. Es stellt Möbel, Tapisserie, Gemälde und Musikinstrumente (17./18. Jh.) aus.

Marseilles Tramnetz ist hervorragend. Zudem kann man an diversen Stellen der Stadt Räder ausleihen und an anderer Stelle wieder abgeben.

🏛 Musée des Beaux-Arts

Palais Longchamp, place Aile Gauche. 04 91 14 59 30. wg. Renovierung bis 2013.
Das Museum im Palais Longchamp (19. Jh.) zeigt interessante Stadtansichten aus der Zeit der Pest (1721), die Entwürfe des Stadtplaners Pierre Puget sowie Wandbilder aus der Griechen- und Römerzeit.

⚓ Château d'If

04 91 59 02 30. Apr–Aug: tägl.; Sep–März: Di–So.
Das Château d'If liegt auf einer winzigen Insel, zwei Kilometer südwestlich des Hafens. Die gewaltige Festung wurde 1529 zu Verteidigungszwecken gebaut, aber nie militärisch, sondern als Gefängnis genutzt. Hier war, wenn man dem Roman Glauben schenken will, Alexandre Dumas' Graf von Monte Cristo Gefangener. Eine Zelle mit Loch ist zu besichtigen.

🛐 Notre-Dame-de-la-Garde

Wahrzeichen der Stadt ist die 1853–64 errichtete neobyzantinische Basilika. Der 46 Meter hohe Glockenturm wird von einer riesigen Marienstatue gekrönt. Marmor- und Mosaikverkleidungen schmücken das Innere.

🛐 Abbaye de St-Victor

Die Abtei wurde im 11. Jahrhundert nach der Zerstörung durch die Sarazenen wiederaufgebaut. Während der Französischen Revolution diente sie als Kaserne und Gefängnis. Faszinierend ist die Krypta mit Katakomben sowie einer Reihe von Sarkophagen.

Jedes Jahr am 2. Februar wird St-Victor zur Pilgerstätte. Verkauft werden Kuchen in Schiffsform zum Gedenken an das legendäre Schiff, das vor rund 2000 Jahren Maria Magdalena, Lazarus und die hl. Martha an die Küste brachte.

🛐 Cathédrale de la Major

Die im neobyzantinischen Stil errichtete Kirche ist mit einer Länge von 141 Metern und einer Höhe von 70 Metern die größte französische Kirche aus dem 19. Jahrhundert. In ihrer Gruft finden die Bischöfe von Marseille die letzte

Le Corbusiers moderne Cité Radieuse in Marseille

Fischmarkt in Marseille

Ruhe. Unweit davon steht die kleine, hübsche Ancienne Cathédrale de la Major.

Vieille Charité

Rue de la Charité. ☎ 04 91 14 58 80. ◯ Di–So. ● Feiertage. 🗓 ♿ ⏸

1640 ordnete der König die Errichtung eines Heims »für die Bedürftigen und Bettler« von Marseille an. 100 Jahre später wurden Pierre Pugets Hospital und Kirche eröffnet. Heute sind hier das Musée d'Archéologie Égyptienne und das Musée des Arts Africains untergebracht.

Cassis ⑰

Bouches-du-Rhône. 🏯 8000. 🚉 🚌
🛈 Quai Moulins, Le Port (08 92 25 98 92). ⏸ Mi u. Fr.

Viele Dörfer dieses Küstenstreifens haben unter der regen Bautätigkeit gelitten und ihren ursprünglichen Charme fast völlig verloren. Cassis ist aber auch heute noch zum größten Teil der malerische Fischerort, der Künstler wie Dufy, Signac und Derain so faszinierte. Hier kann man sich in den Cafés am Ufer niederlassen und bei einem Fischgericht und einer Flasche Weißwein den Fischern zuschauen.

Zwischen Marseille und Cassis bietet die Küste zerklüftete, bis zu 400 Meter hohe weiße Klippen und kleine fjordartige Einbuchtungen, die **Calanques**. Sie sind die Heimat vieler Seevogelarten, aber auch von Füchsen, Steinmardern, Fledermäusen, Schlangen und Eidechsen. Ebenso imposant ist die Flora mit mehr als 900 Pflanzenarten. Besonders schön sind die Calanques von En-Vau und Sormiou.

Toulon ⑱

Var. 🏯 167 000. ✈ 🚉 🚌 ⛴
🛈 12, place Louis Blanc (04 94 18 53 00). ⏸ Di–So.
www.toulontourisme.com

Der Marinehafen wurde 1793 von der englisch-spanischen Flotte erobert, doch kurze Zeit später von Napoléon Bonaparte zurückgewonnen. Das **Musée national de la Marine** präsentiert seine Geschichte. Das **Musée d'Art de Toulon** in einem Renaissance-Bau zeigt Werke der Fauvisten, Neorealisten und Minimalisten.

Der Turm des einstigen Rathauses ist alles, was vom Quai Cronstadt (heute Quai Stalingrad) übrig blieb. Auch in der Altstadt gibt es nur wenig Historisches. Der Fischmarkt ist einen Besuch wert.

🏛 **Musée national de la Marine**
Place Monsenergue. ☎ 04 94 02 02 01. ◯ tägl. ● Sep–Juni: Di, 1. Mai, 25. Dez. 🗓 ♿ ⏸
www.musee-marine.fr

🏛 **Musée d'Art de Toulon**
113, bd M. Leclerc. ☎ 04 94 36 81 00. ◯ Di–So. ● Feiertage. 🗓

Paul Signacs *Cap Canaille*, entstanden 1889 in Cassis

Gorges du Verdon

Die Verdon-Schlucht ist eine atemberaubende Landschaft. Tief unten schlängelt sich dunkelgrün der Verdon zwischen Bergkegeln mit bizarren Felsen hindurch. An manchen Stellen ist die Schlucht 700 Meter tief. Der Landstrich zwischen Moustiers-Ste-Marie und Castellane ist größtenteils unbewohnt. Zu den besten Aussichtspunkten gehören die Balcons de la Mescla (gleich hinter dem Pont de l'Artuby) und der Point Sublime. Das Musée de Préhistoire in Quinson, südwestlich von Moustiers, ist einen Abstecher wert.

Moustiers-Ste-Marie ④

Aiguines ③

D957 · D952 · D71 · CORNIC

Lac de Ste-Croix

In der Verdon-Schlucht bei Castellane

Aiguines ③

Das Dorf bietet außer dem Schloss mit seinen Türmchen aus dem 17. Jahrhundert einen herrlichen Blick auf den Stausee Lac de Ste-Croix.

Hyères ⑲

Var. 55 000.

2, avenue Ambroise Thomas (04 94 01 84 50). Di–So.

www.hyeres-tourisme.com

Gegen Ende des 18. Jahrhunderts war Hyères eines der ersten Kurbäder an der Côte d'Azur. Unter den vielen illustren Gästen, die im 19. Jahrhundert hierherkamen, waren u.a. Königin Victoria und der Schriftsteller Robert Louis Stevenson.

Die Hauptsehenswürdigkeiten liegen in der mittelalterlichen Vieille Ville, darunter die Place Massillon (Marktplatz) und eine Burgruine mit Blick auf die Küste. Der modernere Teil von Hyères zeichnet sich durch seinen Belle-Époque-Charme aus, der experimentelle Filmemacher so faszinierte. Hyères lockt mit Wassersportmöglichkeiten aller Art auch heute noch viele Badegäste an.

Angler auf Porquerolles, der größten der drei Îles d'Hyères

Hotels und Restaurants in der Provence und an der Côte d'Azur *siehe Seiten 590–594 und 646–650*

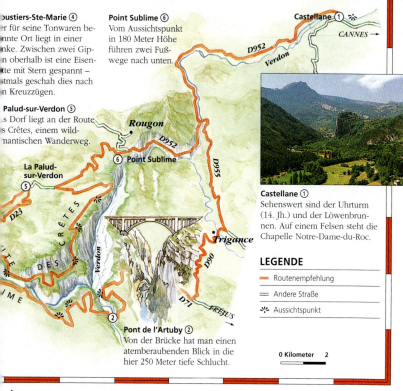

oustiers-Ste-Marie ④
er für seine Tonwaren be-
nnte Ort liegt in einer
nke. Zwischen zwei Gip-
n oberhalb ist eine Eisen-
te mit Stern gespannt –
stmals geschah dies nach
n Kreuzzügen.

Palud-sur-Verdon ⑤
s Dorf liegt an der Route
s Crêtes, einem wild-
mantischen Wanderweg.

La Palud-
sur-Verdon
⑤

D23

Point Sublime ⑥
Vom Aussichtspunkt
in 180 Meter Höhe
führen zwei Fuß-
wege nach unten.

Rougon

⑥ **Point Sublime**

Castellane ① ☀

CANNES →

D952

Verdon

D952

D955

Verdon

Trigance

D90

D71

FRÉJUS

②

Pont de l'Artuby ②
Von der Brücke hat man einen
atemberaubenden Blick in die
hier 250 Meter tiefe Schlucht.

Castellane ①
Sehenswert sind der Uhrturm
(14. Jh.) und der Löwenbrun-
nen. Auf einem Felsen steht die
Chapelle Notre-Dame-du-Roc.

LEGENDE

━━━ Routenempfehlung

═══ Andere Straße

☀ Aussichtspunkt

0 Kilometer 2

Îles d'Hyères ⓴

Var. ✈ Toulon-Hyères. 🚌 🚌 ⛴
Hyères. ℹ Hyères (04 94 01 84 50).
www.hyeres-tourisme.com

Die paradiesischen drei
Inseln – wegen ihrer
goldgelben Felsen auch Îles
d'Or genannt – kann man von
Hyères und Lavandou aus bequem per Schiff erreichen (im
Sommer auch von Cavalaire
und Port-de-Miramar).

Porquerolles, die größte
Insel, ist sieben Kilometer
lang und drei Kilometer breit.
Die üppige Vegetation wurde
teilweise aus anderen Ländern
eingeführt, z.B. die Bellom-
bra-Bäume aus Mexiko. Der
Hauptort der Insel, der auch
Porquerolles heißt, erinnert
an eine nordafrikanische Ko-
lonialsiedlung. Er wurde 1820
für die Veteranen der napoleonischen Armee angelegt.

Alle Strände liegen an der
Nordküste. Einer der schönsten Strände der Provence ist
die lange Plage Notre-Dame
in einer geschützten Bucht,
ungefähr 60 Gehminuten von
Porquerolles entfernt.

Ein Rundgang um die nur
2,5 Quadratkilometer große
Insel **Port-Cros** nimmt fast
einen Tag in Anspruch. Der
höchste Punkt (195 m) ist zugleich der höchste der ganzen
Inselgruppe. Port-Cros einschließlich der Küstengewäs-
ser ist wegen der einzigartigen Tier- und Pflanzenvielfalt
seit 1963 Nationalpark. Mit
Taucherbrille und Schnorchel
kann man auf einer 300 Meter
langen Route die Unterwas-
serwelt erkunden (für die
Route gibt es eine wasser-
feste Karte).

Von Port-Cros kann man zur
kahlen **Île du Levant** übersetzen. Hauptattraktion ist die
1931 gegründete Héliopolis,
die älteste FKK-Anlage Frankreichs. Die Osthälfte der Insel
ist Stützpunkt der französischen Marine und daher
militärisches Sperrgebiet.

Massif des Maures ⓴①

Var. ✈ Toulon-Hyères. 🚌 Hyères,
Toulon oder Fréjus. ⛴ Bormes-les-Mimosas. ⛴ Toulon. ℹ 1, place Gambetta, Bormes-les-Mimosas (04 94 01
38 38).

Dichte Kiefern-, Eichen-
und Kastanienwälder be-
decken das fast 65 Kilometer
lange Massif des Maures
(*maures* = düster), das sich
von Hyères bis Fréjus zieht.
Die D558 nördlich von Cogo-
lin führt mitten ins Bergmas-
siv. An der Route befindet
sich La Garde-Freinet, Zentrum der Korkenherstellung.

Nördlich von Cannet-des-
Maures liegt in völliger Abgeschiedenheit die romanische
Abbaye de Thoronet, die –
zusammen mit derjenigen von
Sénanque (im Département
Vaucluse) und der von Silva-
cane (Bouches-du-Rhône) –
als eine der »drei Schwestern«
der Provence bekannt ist.

Hafen von St-Tropez

St-Tropez ㉒

Var. 🏛 6000. 🚌 ℹ Quai Jean-Jaurès (04 94 97 45 21). 🛒 Di u. Sa. **www.ot-saint-tropez.com**

St-Tropez blieb dank seiner geografischen Lage an der Spitze einer Halbinsel von der anfänglichen Entwicklung an der Côte d'Azur unberührt. Der einzige nach Norden gerichtete Ort der Côte d'Azur sagte den Sonnenhungrigen als Winterquartier zunächst nicht zu. Der Maler Paul Signac erlag 1892 als einer der ersten dem Charme des unberührten Orts. Er zog Malerkollegen wie van Dongen, Matisse und Bonnard nach sich. In den 1920er Jahren ließ sich hier die Pariser Schriftstellerin Colette nieder.

Im Zweiten Weltkrieg landeten die Alliierten an den Stränden von St-Tropez, der Ort wurde massiv bombardiert. In den 1950er Jahren kam dann die wohlhabende Pariser Jeunesse doré. Auch Roger Vadims Film mit Brigitte Bardot in der Hauptrolle trug zum neuen Image bei. Das ausschweifende Leben und die Affären von Roger Vadim, Brigitte Bardot, Sacha Distel, Gunther Sachs u. a. wirkten wie ein Magnet. Der Massentourismus setzte ein. Die Leute kamen, um Promis zu sehen, und nicht, um sich das **Musée de l'Annonciade** mit Werken von Signac, Derain, Rouault, Bonnard u. a. anzuschauen. Die Bardot hatte eine Villa in La Madrague, die sie jedoch aufgab, als die ersten Besucher auf ihrem Privatgrund auftauchten.

Heute sind mehr Luxusyachten als Fischerboote im Hafen von St-Tropez vertäut. Die Hafencafés sind ideal zum Beobachten von Leuten und Schiffen. Viel zu sehen gibt es auf der Place des Lices: Harley-Davidson-Fahrer und den Markt.

Die winzige **Maison des Papillons** mit gut 20 000 Schmetterlingen entwickelt sich mehr und mehr zur Attraktion.

St-Tropez besitzt einen eigenen Strand. Schöner sind allerdings die Strände außerhalb des Orts, z. B. der Strand von Pampelonne mit zahlreichen Strandclubs und Restaurants. Hier heißt es sehen und gesehen werden. St-Tropez hat keinen Bahnhof. Autofahren und vor allem die Parkplatzsuche können in der Hochsaison zum Alptraum werden.

St-Tropez soll nach einem römischen Soldaten benannt worden sein, der als Christ unter Nero den Märtyrertod starb. Jeden Mai findet zum Gedenken an ihn die *bravade* statt, bei der eine Puppe des hl. Torpes unter Salutschüssen durch den Ort getragen wird.

In der Nähe liegen zwei reizvolle Orte: **Port-Grimaud** wurde zwar erst 1966 angelegt, wirkt jedoch dank der traditionellen Architektur älter. Viele Häuser haben ihren eigenen Anlegeplatz. In dem auf der Anhöhe gelegenen Ort **Ramatuelle** hat sich der dort ansässige Jetset mit Erfolg für die Restaurierung des Straßenbilds eingesetzt.

🏛 **Musée des Papillons**
9, rue Étienne Berny. 📞 04 94 97 63 43. 🕐 Apr–Okt, Weihnachtsferien: Mo–Sa.

🏛 **Musée de l'Annonciade**
Pl Grammont. 📞 04 94 17 84 10. 🕐 Dez–Okt: Mi–Mo. 🔴 1. Jan, 1. u. 17. Mai, Himmelfahrt, Nov, 25. Dez. 🗍 🚫 🛍

Typische Lösung für die Verkehrsprobleme in St-Tropez

Brigitte Bardot

Roger Vadim drehte 1956 mit seiner Ehefrau Brigitte Bardot in St-Tropez den Film *Und ewig lockt das Weib*. Damit läutete das Sexsymbol »BB« eine neue Epoche für das verschlafene Fischerdorf und letztlich die gesamte Côte d'Azur ein, die zum Aufenthaltsort des mondänen Filmstars wurde. 1974, an ihrem 40. Geburtstag, feierte BB am Strand von Pampelonne ihren Abschied vom Film. Seither engagiert sie sich als Tierschützerin.

Brigitte Bardot im Jahr 1956

Hotels und Restaurants in der Provence und an der Côte d'Azur siehe Seiten 590–594 und 646–650

Digne-les-Bains ㉓

Alpes-de-Haute-Provence.
🏛 *17500.* 🚉 🚌 **ℹ** *Place de Tampinet (04 92 36 62 62).* 🏪 *Mi u. Sa.*
www.ot-dignelesbains.fr

D er schöne Kurort am Fuß der Alpen kommt in Victor Hugos *Les Misérables* vor. Schöne Aussichten genießt man bei der Fahrt mit dem Train des Pignes von Nizza. Digne bietet ein Lavendelfest *(siehe S. 38)* und den **Jardin des Papillons**, Frankreichs einzigen Schmetterlingsgarten.

🦋 **Le Jardin des Papillons**
St-Benoît. **ℂ** *04 92 31 83 34 (Reservierung).* 🕐 *Apr–Sep (Zeiten bitte tel. erfragen).* 🔋 📷 🛒 *Sommer.*
🗲 **ℹ** www.proserpine.org

Fréjus ㉔

Var. 🏛 *53000.* 🚉 🚌 **ℹ** *249, rue Jean-Jaurès (04 94 51 83 83).* 🏪 *Di, Mi, Fr u. Sa.* www.frejus.fr

D er moderne Ort steht im Schatten zweier historischer Stätten: der Überreste des römischen Hafens und des 49 v. Chr. von Julius Cäsar gegründeten Forum Julii. Die römischen Bauten sind zwar nicht so gut erhalten wie die in Orange oder Arles, dafür gibt es viel zu besichtigen: ein riesiges **Amphithéâtre**, Fragmente eines Aquädukts, ein Theater und Teile eines Wehrtors. Der einstige Hafen ist heute nicht mehr erkennbar.

Die Kathedrale an der Place Formigé bildet das Tor zur **Cité Episcopale**. Der Komplex umfasst eine Taufkapelle aus dem 5. Jahrhundert, die Kathedrale, das Kloster und das Bischofspalais.

1959 brachen gewaltige Wassermassen über den Ort herein, als der Malpasset-Damm brach. Seine Ruinen sind noch heute zu sehen.

🎵 **Amphithéâtre**
Rue Henri Vadon. **ℂ** *04 94 51 34 31.* 🕐 *Di–So.* 🔴 *1. Jan, 1. Mai, 25. Dez.* 📷 🛒

🏛 **Cité Episcopale**
58, rue de Fleury. **ℂ** *04 94 51 26 30.* 🕐 *Juni–Sep: tägl.; Okt–Mai: Di–So* 🔴 *1. Jan, 1. Mai, 1. u. 11. Nov, 25. Dez.* 🔋 *Kreuzgang.*
🗲 **ℹ** 📷

Parfümherstellung

Die besten Parfüme entstehen aus einer Mischung von verschiedenen pflanzlichen Aroma-Ölen. Die Mischung unterliegt Fachleuten, die dafür eine »Nase« haben. Manche Parfüme bestehen aus bis zu 300 verschiedenen Ölen, die mittels verschiedener Methoden – Destillation, Extraktion mittels Kohlenwasserstoffen und *enfleurage* (bei empfindlichen Blüten, die bei der Destillation keine Aroma-Öle liefern) – aus Blüten und Pflanzenteilen gewonnen werden. Die Blüten werden mehrere Monate in Fett getränkt, bis dieses gesättigt ist, und dann mit Alkohol »ausgewaschen«. Wenn er verdunstet ist, bleibt die Parfümessenz übrig.

Lavendelwasser

Kräuterstrauß

St-Raphaël ㉕

Var. 🏛 *35000.* 🚉 🚌 **ℹ** *99, quai Albert 1er (04 94 19 52 52).*
www.saint-raphael.com

S t-Raphaël mit seiner palmengesäumten Uferpromenade und den Jugendstil-Häusern ist ein charmanter Ort. Außer dem Strand gibt es einen Hafen, ein Casino, römische Ruinen, eine romanische Kirche (12. Jh.) und ein Museum mit Artefakten aus einem römischen Schiffswrack (das Jacques Cousteau entdeckte). Hier landete Napoléon 1799 bei seiner Rückkehr aus Ägypten.

Grasse ㉖

Alpes-Maritimes. 🏛 *51000.* 🚌
ℹ *Palais des Congrès, 22, cours Honoré Cresp (04 93 36 66 66).*
www.grasse-riviera.com

V or der Kulisse des bergigen Hinterlands liegt die von Lavendel-, Jasmin- und Rosenfeldern umgebene Stadt Grasse, die seit dem 16. Jahrhundert internationale Hochburg der Parfümherstellung ist. Damals zeichnete Katharina von Medici für die Mode parfümierter Lederhandschuhe verantwortlich. Grasse war zu jener

Zeit auch Standort vieler Gerbereien. Die Gerbereien gibt es nicht mehr, doch die im 18. und 19. Jahrhundert gegründeten Parfümfabriken sind noch in Betrieb. Den besten Einblick in die Parfümherstellung bietet das **Musée International de la Parfumerie** mit einem Garten voll duftender Pflanzen.

Grasse ist Geburtsstadt des Malers Jean-Honoré Fragonard (1732–1806). Im **Villa-Musée Fragonard** sind Wandgemälde seines Sohns zu sehen. Das einzige religiöse Werk Fragonards findet man in der Altstadt in der **Cathédrale de Notre-Dame-du-Puy** zusammen mit zwei Gemälden von Rubens.

Die Place aux Aires mit schönen Renaissance-Häusern und die Place du Cours inmitten malerischer Straßen haben den Charme der Stadt bis heute bewahrt.

🏛 **Musée International de la Parfumerie**
2, bd de Jeu du Ballon.
ℂ *04 97 05 58 00.*
🕐 *Sommer: tägl.; Winter: Mi–Mo.* 🔴 *Nov, Feiertage.* 🔋 🛒 📷
www.museesdegrasse.com

🏛 **Villa-Musée Fragonard**
23, bd Fragonard.
ℂ *04 93 36 80 20.*
🕐 *wie oben.* 🔴 *Nov Feiertage.* 🔋 📷

Statue zu Ehren von Jean-Honoré Fragonard in Grasse

Lavendelfelder bei Puimoisson, Alpes-de-Haute-Provence ▷

Hochsaison am Strand von Cannes (im Hintergrund das Carlton)

Cannes ㉗

Alpes-Maritimes. 🚶 71 000. 🚉 🚌
🚌 ℹ️ *Palais des Festivals, 1, La Croisette (04 92 99 84 22).* 🏛️ *Di–So.*
www.palaisdesfestivals.com

Bei Cannes denken die meisten zunächst an das im Mai stattfindende internationale Filmfestival. Die Stadt hat jedoch weit mehr zu bieten als den alljährlichen Aufmarsch der Stars. Eigentlich

hat Lord Brougham, der britische Lordkanzler, Cannes berühmt gemacht. 1834 musste er seine Reise nach Nizza in Cannes abbrechen, weil in Nizza die Cholera ausgebrochen war. Lord Brougham war auf Anhieb von der Schönheit und dem milden Klima des Fischerdorfs angetan und ließ sich hier eine Villa bauen. Andere Ausländer taten es ihm gleich, und so wurde Cannes zu einem

der mondänsten Orte an der Côte d'Azur.

Die Altstadt liegt in dem am Hang des Mont Chevalier hochgezogenen Viertel Le Suquet. An der Place de la Castre ist noch ein Teil der alten Stadtmauer erhalten. Den Platz beherrscht die Kirche **Notre-Dame-de-l'Espérance** (16./17. Jh.) im Stil der provenzalischen Gotik. Eine weitere Sehenswürdigkeit des Viertels ist ein *donjon* (11. Jh.). Der Wehrturm der Burg beherbergt das **Musée de la Castre** mit den Funden von Baron Lycklama, einem holländischen Archäologen (19. Jh.).

Der berühmte **Boulevard de la Croisette** mit seinen Palmen und Grünflächen ist auf einer Seite von Luxusboutiquen und Hotels wie dem im Belle-Époque-Stil gebauten Carlton gesäumt. Dessen zwei Kuppeln wurden nach den Brüsten von »La Belle Otero« gestaltet, einer im 19. Jahrhundert berühmten Kurtisane. Auf der anderen Seite der Croisette erstreckt sich der bekannteste Sandstrand der Côte d'Azur. Im Sommer verschwindet dann die Durchgangsstraße im Dunst der Abgase.

🌊 Îles de Lérins

🚢 Abfahrt vom Quai des Îles.
ℹ️ *Horizon (04 92 98 71 36 für Île Ste-Marguerite), Planaria (04 92 98 71 38 für Île St-Honorat).*
Vor der Küste von Cannes liegen die Îles de Lérins. Auf der **Île Ste-Marguerite** wurde Ende des 17. Jahrhunderts der geheimnisumwitterte »Mann mit der eisernen Maske« ge-

---

Das Filmfestival von Cannes

Das erste Filmfestival fand 1946 statt. Fast 20 Jahre lang blieb es einem kleinen, erlesenen Kreis vorbehalten. Unter den Gästen waren die an der Côte d'Azur ansässigen Künstler und Berühmtheiten. Mit Brigitte Bardot wurde das Kunstereignis Mitte der 1950er Jahre zum Medienspektakel. Dennoch bleibt Cannes die Drehscheibe des internationalen Filmgeschehens, nicht zuletzt dank der Verleihung der »Palme d'Or« (Goldenen Palme) für den besten Film, die den Marktwert des Gewinners beträchtlich erhöht. Das Festival findet jedes Jahr u. a. in dem großzügigen, 1982 eröffneten Palais des Festivals statt.

Gérard Depardieu mit Familie beim Filmfestival

Hotels und Restaurants in der Provence und an der Côte d'Azur *siehe Seiten 590 – 594 und 646 – 650*

fangen gehalten, von dem behauptet wird, er sei der Halbbruder von König Louis XIV gewesen.

Auf der **Île Saint-Honorat** steht ein Turm aus dem 11. Jahrhundert, in den sich die Mönche vor den Überfällen der Sarazenen flüchteten. Darüber hinaus gibt es noch fünf alte Kapellen. Auf beiden Inseln kann man sehr schöne Waldspaziergänge machen, die Aussicht genießen oder in den ruhigen Buchten schwimmen.

Am Boulevard de la Croisette

Cap d'Antibes ㉘

Alpes-Maritimes. ✈ Nice. 🚉 🚌
Antibes. 🚢 Nizza. 🛈 11, pl du Général de Gaulle, Antibes (04 97 23 11 11). www.antibesjuanlespins.com

Seit den 1920er Jahren, als Scott Fitzgerald und der amerikanische Jetset hierherkamen, gilt die oft einfach nur als »das Kap« bezeichnete bewaldete Felsenhalbinsel mit ihren Prunkvillen in üppigen Gärten als Inbegriff des luxuriösen Lebens. Einer der Reichsten, Frank Jay Gould, investierte in den Urlaubsort Juan-les-Pins, der heute das Glanzlicht am Cap ist. Das alljährlich unter Mitwirkung internationaler Stars stattfindende Jazzfestival von Antibes *(siehe S. 37)* erinnert an das Goldene Zeitalter des Jazz.

An der höchsten Stelle der Halbinsel steht die Kapelle **La Garoupe** mit einer Votivgabensammlung und einer russischen Ikone (14. Jh.). Ganz in der Nähe liegt der 1856 mit tropischen Pflanzen angelegte

Jardin Thuret. Ein Großteil der exotischen Flora dieser Region stammt von hier.

🌿 **Jardin Thuret**
90, chemin Raymond. 📞 04 97 21 25 03. ⬤ Mo–Fr. ⬤ Feiertage.

Antibes ㉙

Alpes-Maritimes. 👥 76 000. 🚉 🚌
🚢 🛈 11, pl du Général de Gaulle (04 97 23 11 11). ⬤ Di–So.
www.antibesjuanlespins.com

Die Stadt geht auf die griechische Siedlung Antipolis zurück, welche später von den Römern erobert wurde. Antibes gehörte danach zu Savoyen, bis es Frankreich 1481 gelang, die Stadt zu annektieren. Damals entstanden das **Fort Carré** und der heutige Yachthafen.

Das Château Grimaldi, einst Residenz der Fürsten von Monaco, stammt aus dem 12. Jahrhundert. Heute ist hier das **Musée Picasso**. 1946 benutzte der Maler einen Teil des Schlosses als Atelier und stiftete aus Dankbarkeit die 150 hier entstandenen Werke, darunter *Die Ziege*. Die meis-

Die Ziege (1946) von Pablo Picasso

ten Bilder sind von seiner Liebe zum Meer geprägt, auch das Werk *Lebensfreude*.

Unter den Töpferwaren im **Musée d'Histoire et d'Archéologie** gibt es Funde aus Schiffswracks vom Mittelalter bis zum 18. Jahrhundert.

🏛 **Musée Picasso**
Château Grimaldi. 📞 04 92 90 54 20. ⬤ Di–So. ♿ 🚻 ⬤

🏛 **Musée d'Histoire et d'Archéologie**
1, Bastion St-André. 📞 04 92 90 56 87. ⬤ Di–So. ⬤ Feiertage. ♿ 🚻 ⬤

Segelboote im Hafen von Antibes

Vallauris 30

Alpes-Maritimes. 🅰 31 000. 🚇
🚌 ℹ Square 8 Mai 1945 (04 93 63
82 58). 🚌 Di – So.
www.vallauris-golfe-juan.fr

Vallauris verdankt seine
Bekanntheit Pablo Picasso, der sich für die Erhaltung
der Töpferwerkstätten einsetzte. 1951 bekam Picasso den
Auftrag, ein Wandbild in der
Kapelle neben der Festung zu
malen. Das Gemälde, *Krieg
und Frieden* (1952), ist das
wichtigste Ausstellungsstück
des **Musée National Picasso**.
Die Bronze *Mann mit Hammel* auf dem Hauptplatz
schenkte Picasso der Stadt.

🏛 **Musée National Picasso**
Pl de la Libération. 📞 04 93 64 71
83. 🕐 Mi–Mo. 🔴 1. Jan, 1. Mai,
1. u. 11. Nov, 25. Dez. 🈺
♿ nur Erdgeschoss. 📷
www.musee-picasso.vallauris.fr

Biot 31

Alpes-Maritimes. 🅰 8200. 🚌 🚇
ℹ 46, rue St-Sébastien (04 93 65
78 00). 🚌 Di. **www**.biot.fr

Das Bergdorf Biot zog von
jeher Handwerker und
Künstler an. Der bekannteste
war Fernand Léger, der hier
1949 seine Keramiken schuf.
Sie sind zusammen mit anderen Werken im **Musée Fernand Léger** ausgestellt. Die
Fassade ziert ein riesiges Mosaik des Künstlers.
  Zudem ist Biot für mundgeblasenes Glas bekannt.
Glaswaren kann man in der
Verrerie de Biot kaufen.

🏛 **Musée Fernand Léger**
255, chemin du Val-de-Pome. 📞 04
92 91 50 30. 🕐 Mi–Mo. 🔴 1. Jan,
1. Mai, 25. Dez. 🈺 ♿ 📷
📹 **La Verrerie de Biot**
5, chemin des Combes. 📞 04 93 65
03 00. 🕐 tägl. 🔴 1. Jan, 25. Dez.
♿ 📷 🍴

Renoirs Atelier im Musée Renoir, Les Collettes in Cagnes-sur-Mer

Cagnes-sur-Mer 32

Alpes-Maritimes. 🅰 51 000. 🚌 🚇
ℹ 6, bd Maréchal Juin (04 93 20 61
64). 🚌 Di – Fr.
www.cagnes-tourisme.com

Cagnes-sur-Mer ist in drei
Areale gegliedert. Der älteste und interessanteste ist
Haut-de-Cagnes mit steilen
Straßen, Laubengängen und
alten Häusern, darunter Renaissance-Arkadenhäuser.
Cagnes-Ville ist der moderne
Stadtteil mit vielen Hotels und
Läden, Cros-de-Cagnes das
Seebad mit Yachthafen und
Angelmöglichkeiten.

Das **Château Grimaldi**
(14. Jh.) in Haut-de-Cagnes
wurde im 17. Jahrhundert von
Henri Grimaldi umgebaut.
Jenseits der Mauern verbirgt
sich ein schattiger Innenhof.
Hinter den Säulen liegt ein
dem Ölbaum gewidmetes
Museum, in dem auch moderne Kunst aus dem Mittelmeerraum ausgestellt ist, darunter
Bilder, welche die Chanteuse
Suzy Solidor dem Museum
vermacht hat. Die 40 Werke,
Porträts der Sängerin, stammen u.a. von Marie Laurencin
und Jean Cocteau. Die Decke
des Festsaals ziert ein äußerst
suggestives Fresko, *Der Fall
des Phaeton*, das Carlone um
1620 geschaffen haben soll.
  Pierre Auguste Renoir verbrachte die letzten zwölf Lebensjahre im heutigen **Musée
Renoir, Les Collettes** in Cagnes. Das warme, trockene
Klima war gut für seine Arthritis. Das Haus im Olivenhain ist seit Renoirs Tod 1919

Fassade des Musée Fernand Léger in Biot mit einem Mosaik des Künstlers

Hotels und Restaurants in der Provence und an der Côte d'Azur *siehe Seiten 590 – 594 und 646 – 650*

fast unverändert und birgt zehn seiner Werke. Auch die Bronzestatue *Venus Victrix* steht hier.

⚓ **Château Grimaldi**
☎ 04 92 02 47 30. ⏰ *Dez–Mitte Nov: Mi–Mo.* ⚫ *1. Jan, 1. Mai, Mitte Nov–2. Dez, 25. Dez.* 🎫

🏛 **Musée Renoir, Les Collettes**
☎ 04 93 20 61 07. ⏰ *Mi–Mo.* ⚫ *Nov.* 🎫 📷

Renoirs *Bauernhaus in Les Collettes* (1915), Cagnes-sur-Mer

Gorges du Loup ㉝

Alpes-Maritimes. ✈ *Nizza.* 🚆 *Cagnes-sur-Mer.* 🚌 *Grasse.* 🚆 *Nizza.*
ℹ *Tourrettes-sur-Loup (04 93 59 30 11).* **www**.tourrettessurloup.com

Der Loup entspringt in den Pré-Alpes hinter Grasse und bahnt sich durch eine tiefe Schlucht seinen Weg zum Mittelmeer. Entlang der Route gibt es tosende Wasserfälle. Typisch für die wildromantische Landschaft sind die auf Hügelkuppen errichteten Dörfer. **Gourdon** verdankt seinen Reiz zum Großteil den alten Häusern, die sich um das **Château** (12. Jh.) gruppieren. Die Burg wurde an der Stelle einer Sarazenenfestung erbaut. Die terrassierten Gärten stammen von Le Nôtre *(siehe S. 179)*. Das Château, früher Museum, ist nicht mehr öffentlich zugänglich.

Die Befestigungsmauern von **Tourrettes-sur-Loup** bilden mit den äußeren Häusern eine Einheit. Rings um das Dorf gibt es Felder mit Veilchen, aus denen Parfüm und Pastillen hergestellt werden.

⚓ **Château de Gourdon**
☎ 04 93 09 68 02.
Gärten ⏰ *tägl. (Schloss nicht öffentlich zugänglich).* 🎫 ♿
www.chateau-gourdon.com

Vence ㉞

Alpes-Maritimes. 👥 *20 000.* 🚌
ℹ *Place du Grand Jardin (04 93 58 06 38).* 🛒 *Di u. Fr.* **www**.vence.fr

Vence ist für sein mildes Klima bekannt. Heute ist der einst im Mittelalter bedeutende religiöse Ort von Ferienvillen umgeben. Die **Cathédrale** wurde unter Antoine Godeau, dem berühmtesten Bischof der Stadt, restauriert. Als Altar dient ein römischer Sarkophag (5. Jh.). Die Wände werden von karolingischen Flachreliefs geschmückt. Sehenswert sind auch Chorgestühl (15. Jh.) und Bischofsgrab. Innerhalb der Stadtmauern und ihrer Tore (13./14. Jh.) liegt die Place du Peyra, eine ehemalige Arena mit einem Brunnen von 1822.

Die **Chapelle du Rosaire** (1947–51) wurde von Henri Matisse als Dank an die Nonnen, die ihn während seiner Krankheit gepflegt hatten, mit Fenstern und Wandmalereien

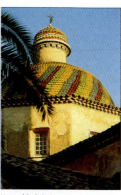

Kuppeldach in Vence

versehen. Die biblischen Szenen beschränken sich auf schwarze Linien auf weißem Untergrund. Die einzigen Farbakzente setzt das durch die blaugelben Bleiglasfenster einfallende Licht.

🔒 **Chapelle du Rosaire**
466, av Henri Matisse. ☎ 04 93 58 03 26. ⏰ *Mo–Do (in den Ferien Mo–Sa).* ⚫ *Mitte Nov–Mitte Dez, Feiertage.* 🎫 📷

Markt in der Altstadt von Vence

Im Detail: St-Paul-de-Vence ③⑤

Restaurantschild, St-Paul-de-Vence

St-Paul-de-Vence, einer der meistbesuchten Orte im hügeligen Hinterland von Nizza, lag einst an der Grenze zwischen Frankreich und Savoyen. Von den Befestigungsmauern (16. Jh.) blickt man auf Zypressen, Palmen und Villen. Das Dorf wurde großteils restauriert, die verwinkelten Straßen und mittelalterlichen Häuser sind jedoch authentisch. Im 20. Jahrhundert haben sich hier viele bekannte und unbekanntere Künstler niedergelassen. Zahlreiche Galerien und Ateliers zeugen davon.

Blick auf St-Paul-de-Vence
Die Landschaft ist ein beliebtes Motiv. Diese Ansicht von St-Paul schuf der Neoimpressionist Paul Signac (1863–1935).

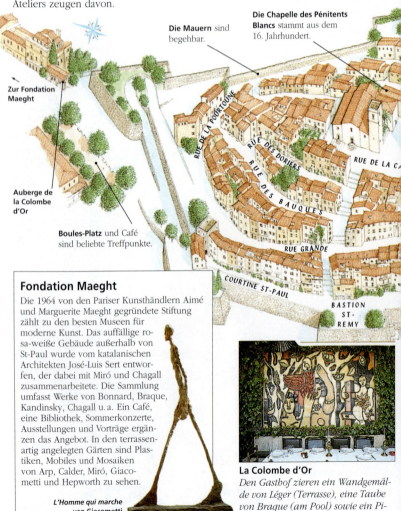

Die Mauern sind begehbar.

Die Chapelle des Pénitents Blancs stammt aus dem 16. Jahrhundert.

Zur Fondation Maeght

RUE DE LA POURTOUNE

RUE DES DORIERS

RUE DE LA CA

RUE DES BAUQUES

Auberge de la Colombe d'Or

Boules-Platz und Café sind beliebte Treffpunkte.

RUE GRANDE

COURTINE ST-PAUL

BASTION ST-REMY

Fondation Maeght

Die 1964 von den Pariser Kunsthändlern Aimé und Marguerite Maeght gegründete Stiftung zählt zu den besten Museen für moderne Kunst. Das auffällige rosa-weiße Gebäude außerhalb von St-Paul wurde vom katalanischen Architekten José-Luis Sert entworfen, der dabei mit Miró und Chagall zusammenarbeitete. Die Sammlung umfasst Werke von Bonnard, Braque, Kandinsky, Chagall u.a. Ein Café, eine Bibliothek, Sommerkonzerte, Ausstellungen und Vorträge ergänzen das Angebot. In den terrassenartig angelegten Gärten sind Plastiken, Mobiles und Mosaiken von Arp, Calder, Miró, Giacometti und Hepworth zu sehen.

*L'Homme qui marche
von Giacometti*

La Colombe d'Or
Den Gasthof zieren ein Wandgemälde von Léger (Terrasse), eine Taube von Braque (am Pool) sowie ein Picasso und ein Matisse im Speisesaal.

Hotels und Restaurants in der Provence und an der Côte d'Azur *siehe Seiten 590–594 und 646–650*

Église Collégiale
Die im 12. Jahrhundert begonnene Kirche birgt ein Tintoretto zugeschriebenes Gemälde der hl. Katharina.

Im Musée d'Histoire de Saint-Paul stellen Wachsfiguren die Geschichte des Orts nach.

Der *donjon*, ein düsterer mittelalterlicher Turm, war bis zum 19. Jahrhundert ein Gefängnis.

Brunnen
Auf dem bezaubernden Platz steht ein urnenförmiger Brunnen.

INFOBOX

Alpes-Maritimes. 🅟 2900.
🚌 840, av Émile Hugues, Vence
(04 93 58 37 60). 🛈 2, rue
Grande (04 93 22 86 95).
www.saint-pauldevence.com
Fondation Maeght ⬜ tägl. 🔲
www.fondation-maeght.com

Rue Grande
Die Türen der Häuser (16. und 17. Jh.) sind mit Wappen verziert.

DE DU HAUT FOUR

RUE DU PLUS BAS FOUR

LE PONTIS

RUE GRANDE

RUE GRANDE

PLACE DE L'HOSPICE

EMPARTS OUEST

Künstlerdorf
Der Gasthof La Colombe d'Or (Goldene Taube) zog in den 1920er Jahren viele der Maler und Schriftsteller an, die damals die Riviera entdeckten. Zu den ersten Gästen zählten Picasso, Soutine, Modigliani, Signac und Colette. Manche bezahlten für Essen und Übernachtung mit einem Gemälde, was die eindrucksvolle Sammlung erklärt, die die Gäste heute sehen können. Hier stritten sich eines Abends Zelda und Scott Fitzgerald erbittert über Isadora Duncan. Auf der Terrasse des Gasthofs heiratete Yves Montand Simone Signoret. Im Museum von St-Paul hängen Fotos aller Berühmtheiten, die je hierherkamen, unter ihnen Jean-Paul Sartre und Simone de Beauvoir, Greta Garbo, Sophia Loren, Burt Lancaster und Catherine Deneuve.

Marc Chagall (1887–1985) zog 1950 nach St-Paul-de-Vence

Nizza (Nice) ㊱

Schon Griechen und Römer siedelten hier. Das einsti-
ge Nikaia, heute fünftgrößte Stadt Frankreichs, ist
wegen der milden Winter und üppigen subtropischen
Vegetation schon seit langem ein Mekka für Urlauber.
Bis zum Zweiten Weltkrieg konnten sich jedoch nur die
Reichen den Aufenthalt leisten. 1856 kam die Witwe
von Zar Nikolaus I. hierher, 1895 Königin Victoria von
England. Dank seiner schillernden Vergangenheit ist
Nizza (Nice) heute die ungekrönte Hauptstadt der Côte
d'Azur. Besucher finden zahlreiche Museen, schöne
Strände und eine unvergleichliche Atmosphäre vor. Mit
zum Schönsten gehört der 18-tägige Karneval, der am
Fastnachtsdienstag mit einem riesigen Feuerwerk und
einer wahren Blumenschlacht endet *(siehe S. 39)*.

Altstadt von Nizza

Boote im Hafen von Nizza

Überblick: Nizza

Die Promenade des Anglais
entlang dem Hafen wurde in
den 1830er Jahren mit Gel-
dern der englischen Gemeinde erbaut. Heute ist sie eine
achtspurige, acht Kilometer
lange Uferstraße mit Galerien,
Geschäften und Luxushotels
wie **Le Negresco**.

Bis 1860 war Nizza italienisch – und so wirken die
pastellfarbenen Fassaden in
der Altstadt noch heute. Sie
liegt am Fuß des ehemaligen
Burgbergs und wurde groß-
teils schön restauriert. Die
schmalen Gebäude beherbergen Ateliers, Galerien, Boutiquen und Lokale. Der tägli-
che Blumenmarkt am Cours
Saleya ist eine Augenweide.

Der Stadtteil **Cimiez** liegt an
den Berghängen und ist seit
über 100 Jahren ein Villen-
viertel. Sehenswert ist das frühere Kloster Notre-Dame-de-
Cimiez, des Weiteren die
Überreste von Les Arènes,
einer römischen Siedlung mit
Thermen und Amphitheater.

Die Artefakte kann man im
Archäologischen Museum
(neben dem Musée Matisse)
bewundern. Am Fuß der
Hügel von Cimiez liegt das
Musée Chagall.

Besucher können auf einer
Tram-Tour Nizza bei Nacht
entdecken. Die Rundfahrt
führt an 14 Kunstwerken von
teilweise weltberühmten modernen Künstlern vorbei.
Tickets kann man beim
Tourismusbüro buchen.

🏛 Musée Matisse

164, av des Arènes de Cimiez.
📞 04 93 81 08 08. ◯ Mi–Mo.
● Feiertage. ▨▧ ♿ ▯
www.musee-matisse-nice.org
Henri Matisse verbrachte viele
Jahre in Nizza – das Licht
hatte es ihm angetan. Im Museum in und unterhalb der
Villa des Arènes sind Skizzen,
Gemälde, Skulpturen und
Grafiken zu besichtigen. Zu
den schönsten Stücken gehören *Stillleben mit Granatäp-
feln* und Matisse' letztes Werk
Blumen und Früchte.

🏛 Palais Lascaris

15, rue Droite. 📞 04 93 62 72 40.
◯ Mi–Mo. ● Feiertage.
Das prunkvolle Palais (17. Jh.)
mit Schnitzereien, flämischen
Gobelins und mythologischen
Fresken wird dem Genueser
Carlone zugeschrieben. Zu
der kleinen, aber sehens-
werten Sammlung gehört
auch die Nachbildung einer
Apotheke aus dem 18. Jahr-
hundert.

🏛 Musée d'Art Moderne et d'Art Contemporain

Promenade des Arts. 📞 04 97 13
42 01. ◯ Di–So. ● 1. Jan, Ostern,
1. Mai, 25. Dez. ♿ ▯
Das Museum mit den mar-
morverkleideten Türmen, die
durch gläserne Korridore miteinander verbunden sind,
beherbergt eine Sammlung
mit Werken des Neorealismus
und der Pop-Art, darunter von
Andy Warhol, Jean Tinguely
und Niki de Saint Phalle,
sowie von Künstlern der
Schule von Nizza, darunter
César, Arman und Yves Klein.

Blaue Nackte IV (1952) von Henri
Matisse

Hotels und Restaurants in der Provence und an der Côte d'Azur *siehe Seiten 590–594 und 646–650*

Azurblaue Aussicht – Entspannung auf der Promenade des Anglais

INFOBOX

Alpes-Maritimes. 350 000.
7 km südwestl. Av Thiers
(36 35). 5, bd Jean-Jaurès (04
93 85 61 81). Quai du
Commerce (04 93 89 50 85).
5, promenade des Anglais (08
92 70 74 07). Di–So. Kar-
neval. **www**.nicetourism.com

schichte Nizzas von etwa
1800 bis zu den 1930er Jahren
nach.

Cathédrale Ste-Réparate

Die barocke Kirche (17. Jh.)
wird von einer gefliesten
Kuppel gekrönt. Das Innere
ist mit Stuck und Marmor ausgestattet.

Musée Chagall

36, av du Docteur Ménard. 04
93 53 87 20. Mi–Mo. 1. Jan,
1. Mai, 25. Dez.
Das Museum besitzt die größ-
te Sammlung von Werken
Chagalls, darunter Gemälde,
Skizzen, Skulpturen, Blei-
glasarbeiten und Mosaiken.
Beeindruckend: 17 Teile der
Biblischen Botschaft.

Musée des Beaux-Arts

33, avenue des Baumettes. 04
92 15 28 28. Di–So. 1. Jan,
Ostern, 1. Mai, 25. Dez. Do.
teilweise.
Die Villa (19. Jh.) einer ukrai-
nischen Prinzessin zeigt
Werke, die Napoléon III nach
Nizza sandte, nachdem die
Italiener 1860 abzogen waren,
zudem Arbeiten von Dufy,
Monet, Renoir und Sisley.

Palais Masséna

65, rue de France. 04 93 91 19
10. Mi–Mo.
Die Villa im italienischen Stil
(19. Jh.) zeichnet die Ge-

Cathédrale Orthodoxe Russe St-Nicolas

Die 1912 vollendete Kathedrale wurde zum Gedenken
an einen Zarensohn errichtet,
der 1865 hier starb. Die Backsteinfassade ist mit grauem
Marmor und Mosaikarbeiten
versehen. Das Innere weist
Ikonen und Holzarbeiten auf.

Musée des Arts Asiatiques

405, promenade des Anglais. 04
92 29 37 00. Mi–Mo. 1. Jan,
1. Mai, 25. Dez.
Das Museum zeigt antike
Artefakte und zeitgenössische
Kunst aus Asien in Kenzo
Tanges weißem Marmor-Glas-
Bauwerk.

Zentrum von Nizza

0 Meter 250

Zeichenerklärung siehe hintere Umschlagklappe

Chapelle de St-Pierre, Villefranche

Villefranche-sur-Mer ③⑦

Alpes-Maritimes. 🏃 6700. 🚉 🚌
🛈 Jardin François Binon (04 93
01 73 68). 🗓 Sa u. So.
www.villefranche-sur-mer.com

Die Lage von Villefranche ist einmalig: Umschlossen von Bergen am Meer, gleicht das Städtchen einem riesigen Naturtheater, mit einem natürlichen tiefen Hafen auf einer Seite.

Von der Uferpromenade mit den italienischen Fassaden, den Cafés und Bars aus kann man die Fischer beobachten. Hier steht auch die **Chapelle de St-Pierre**, die 1957 restauriert und von Jean Cocteau neu gestaltet wurde. Seine Fresken zeigen sowohl nicht religiöse Motive wie auch das Leben des hl. Petrus.

In der sehenswerten **Citadelle St-Elme** (16. Jh.) sind das Rathaus und zwei Kunstgalerien untergebracht.

Die Straßen hinter dem Hafen sind eng und schmal und führen oft über Treppen und unter vorhängenden Gebäuden steil nach oben. Immer wieder erhascht man einen Blick auf den Hafen. Die Rue Obscure, eine überdachte Straße (13. Jh.), bot von den frühen Bombardierungen bis zum Zweiten Weltkrieg Schutz.

🏠 **Chapelle de St-Pierre**
Quai Amiral Courbet. 📞 04 93 76
90 70. 🕐 Mitte Dez–Mitte Nov:
Di–So. ● 25. Dez. 🈂

Cap Ferrat ③⑧

Alpes-Maritimes. 🏃 2000. 🚆 Nizza.
🚌 Nizza. 🚢 Beaulieu-sur-Mer. 🚌
🛈 59, av Denis Séméria (04 93 76
08 90). **www**.saintjeancapferrat.fr

Auf der Halbinsel Cap Ferrat stehen einige der prunkvollsten Villen der Riviera. Zu den berühmtesten gehört die Villa Mauresque von Somerset Maugham, der hier von 1926 bis zu seinem Tod lebte und illustre Gäste von Noël Coward bis Winston Churchill empfing. Die meisten Villen verstecken sich hinter schlanken Pinien und hohen Mauern, doch eine sehr schöne ist öffentlich zugänglich: die **Villa Ephrussi de Rothschild**, ein Bau aus Terrakotta und Marmor inmitten wundervoller Gärten. Die Baronin Ephrussi de Rothschild vermachte sie 1934 dem Institut de France. Alles wurde wie zu ihren Lebzeiten belassen: die unschätzbare Porzellansammlung, persönliche Dinge von Marie-Antoinette, Wandteppiche und eine einzigartige Gemäldesammlung von Fragonard.

Das malerische Hafenstädtchen **Beaulieu** mit seinen vornehmen Hotels bietet einen schönen Blick auf die Bucht von Fourmis. Attraktion ist die im griechischen Stil erbaute **Villa Kérylos**. Der Archäologe Théodore Reinach ließ sie 1902–08 errichten und mit Mosaiken, Fresken und schönem Mobiliar ausstatten.

🏛 **Villa Ephrussi de Rothschild**
Cap Ferrat. 📞 04 93 01 33 09.
🕐 Feb–Okt: tägl.; Nov–Jan: Mo–Fr
nachmittags, Sa, So, Schulferien u.
Feiertage. 🈂 🈶 🈸 🈺
www.villa-ephrussi.com

🏛 **Villa Kérylos**
Impasse Gustave Eiffel, Beaulieu.
📞 04 93 01 01 44. 🕐 wie oben.
🈂 🈶 🈸 **www**.villa-kerylos.com

Die Villa Kérylos im griechischen Stil in Beaulieu am Cap Ferrat

Hotels und Restaurants in der Provence und an der Côte d'Azur siehe Seiten 590–594 und 646–650

Louis-XV-Salon in der Villa Ephrussi de Rothschild, Cap Ferrat

Èze ❸❾

Alpes-Maritimes. 🏠 3100. 🚘 🚍
ℹ Pl du Général de Gaulle (04 93 41 26 00). www.eze-riviera.com

Der kleine Ort schmiegt sich an die Felsen hoch über dem Mittelmeer. Jedes Jahr strömen Tausende von Besuchern durch das Stadttor (14. Jh.) und die engen Gassen. Die blumengeschmückten Häuser beherbergen heute fast ausschließlich Läden oder Galerien. Über dem Ort thront die einstige Burg inmitten der reichen Pflanzenwelt des **Jardin Exotique**. Der Blick von hier oben ist unvergleichlich.

Entlang der oberen Corniche gelangt man zum römischen Siegerdenkmal **La Turbie** (siehe S. 46), das 6 v. Chr. erbaut wurde. Von oben blickt man auf Italien und das nahe Monaco.

♣ **Jardin Exotique**
Rue du Château. 📞 04 93 41 10 30. ⏰ tägl. ● 25. Dez. 📷

♫ **La Turbie**
⏰ Apr–Mitte Sep: tägl.; Mitte Sep–März: Di–So. ● Feiertage. 📷 📷

Roquebrune-Cap-Martin ❹❶

Alpes-Maritimes. 🏠 12 000. ✈ Nizza. 🚘 🚍 ℹ 218, av Aristide Briand (04 93 35 62 87). 🚍 Mi.
www.roquebrune-cap-martin.com

Der mittelalterliche Ort mit den Villen der Reichen und Berühmten liegt oberhalb des Kaps. Zu den Besuchern gehörten einst Coco Chanel und Greta Garbo. Doch nicht immer war das Kap den Gästen wohlgesonnen: Der Dichter W. B. Yeats starb hier 1939, der Architekt Le Corbusier ertrank 1965 vor der Küste.

Im August finden in Roquebrune Passionsspiele statt, denn ein solches soll im Jahr 1467 die Bewohner vor der Pest bewahrt haben.

Blick über Roquebrune

Alpes-Maritimes ❹❶

Alpes-Maritimes. ✈ Nizza. 🚘 Nizza. 🚍 Peille. 🚤 Nizza. ℹ La Mairie, Peille (04 93 91 71 71). www.peille.fr

Im Hinterland der Côte d'Azur findet man noch ruhige, untouristische Orte. Typisch sind die winzigen Zwillingsorte **Peille** und **Peillon**. Ihre Torbogen und steilen, treppenreichen Gässchen schmiegen sich hoch über dem Paillon in den Felsen. Peille ist etwas verschlafener und hat sogar seinen eigenen Dialekt bewahrt. Die Schönheit der Alpes-Maritimes mit Schluchten, Flüssen und Hochebenen ist noch weitgehend unberührt. Sehenswert sind prähistorische Felsmalereien in der **Vallée des Merveilles** und die Wildtiere im **Parc National du Mercantour**.

Menton ❹❷

Alpes-Maritimes. 🏠 30 000. 🚘 🚍
ℹ Palais de l'Europe, 8, av Boyer (04 92 41 76 76). 🚍 tägl.
www.menton.fr

Mentons Strände – mit den Alpen und den goldenen Gebäuden der Belle Époque im Hintergrund – locken Besucher an. Queen Victoria und bekannte Schriftsteller erkoren den Ort zum Urlaubsdomizil. Im warmen Klima gedeihen tropische Gärten und Zitrusfrüchte. Im milden Februar findet das Zitronenfest statt (siehe S. 39).

Die **Basilica St-Michel** ist ein Prachtexemplar barocker Baukunst aus gelbem und rosa Stein. Der Vorplatz ist mit dem Grimaldi-Wappen gepflastert.

Die **Salle des Mariages** im Hôtel de Ville wurde 1957 von Jean Cocteau ausgeschmückt. Zeichnungen, Gemälde, Keramiken und Bühnenbilder des Künstlers finden sich hingegen im **Musée Jean Cocteau** in einer Festung aus dem 17. Jahrhundert.

Im Palais Carnolès zeigt das **Musée des Beaux-Arts** Kunst vom Mittelalter bis zum 20. Jahrhundert.

🎭 **Salle des Mariages**
Hôtel de Ville. 📞 04 92 10 50 00. ⏰ Mo–Fr. ● Feiertage. 📷

🏛 **Musée Jean Cocteau**
Vieux Port. 📞 04 93 57 72 30. ⏰ Mi–Mo. ● Feiertage. 📷

🏛 **Musée des Beaux-Arts**
3, av de la Madone. 📞 04 93 35 49 71. ⏰ Mi–Mo. ● Feiertage.

Mosaik am Musée Jean Cocteau in Menton

Mehr über die Provence und Côte d'Azur? Vis-à-Vis Provence & Côte d'Azur ISBN 978-3-8310-1538-2

Monaco ㊸

Besucher, die mit dem Auto anreisen, tun gut daran, die untere Corniche entlang der malerischen Küste zu fahren, denn mit ihrer unvergleichlichen Aussicht auf das Mittelmeer gehört sie zu den schönsten Straßen der Welt. Beim Anblick der hohen Wolkenkratzer fällt es schwer, sich die alte und ehrwürdige Geschichte Monacos vorzustellen. Die einst griechische Siedlung wurde von den Römern erobert. 1297 kaufte ein Grimaldi sie der Seemacht Genua ab. Seine Nachfahren regieren trotz erbitterter Familienfehden (mit mindestens einem Mord) auch heute noch im ältesten Fürstentum der Welt. Es ist mit 1,9 Quadratkilometern kleiner als beispielsweise der Central Park in New York.

Luftaufnahme von Monaco

Casino de Monte-Carlo

Überblick: Monaco

Seinen Ruhm verdankt Monaco hauptsächlich dem von Charles III erbauten Casino. Der Regent wollte mit dem Glücksspiel den Staatssäckel auffüllen. Das 1878 eröffnete Casino stand auf einer kahlen Landzunge (später in Erinnerung an Charles in Monte-Carlo umbenannt) gegenüber dem alten Stadtkern. Charles' Geldbeschaffungsmaßnahme funktionierte so gut, dass er die meisten Steuern in seinem Land abschaffen konnte. Bis heute ist Monaco ein Steuerparadies. Seine Bewohner haben das höchste Pro-Kopf-Einkommen der Welt.

Das Grand-Prix-Rennen im Mai und die Rallye Monte-Carlo im Januar *(siehe S. 39)* locken viele Tausende an. Während der Opernsaison treten hier die besten Sänger auf. Im Juli und August findet ein Feuerwerksfestival statt, Ende Januar dann ein Zirkusfestival. Auch die Ballettaufführungen und Konzerte genießen Weltruf. So findet hier jeder Besucher etwas Sehenswertes, auch ohne die Bank sprengen zu müssen, z.B. das **Fort Antoine** und die neoromanische **Cathédrale**.

🎰 Casino de Monte-Carlo

Place du Casino. 📞 00 377 98 06 21 21. 🕐 tägl. ab 14 Uhr. ♿
www.montecarloresort.com
Der 1878 von Charles Garnier, dem Architekten der Pariser Oper *(siehe S. 96f)*, errichtete Bau inmitten einer Gartenanlage bietet einen herrlichen Blick auf Monaco. Die üppige Innenausstattung geht auf die Belle Époque zurück, als sich hier russische Großfürsten, englische Lords und Abenteurer tummelten. Heute kann jeder sein Glück an den einarmigen Banditen in der Salle Blanche und an den Rouletterädern im Salon Europe versuchen. Die Spielsäle sind gegen Gebühr zu besichtigen, die Tische sind für die Reichen reserviert.

⚓ Palais Princier

Place du Palais. 📞 00 377 93 25 18 31. 🕐 Apr–Nov: tägl. 📷
Der Sitz der Regierung, das Palais Princier (13. Jh.), steht in Monaco-Ville. Im Sommer finden Führungen durch den

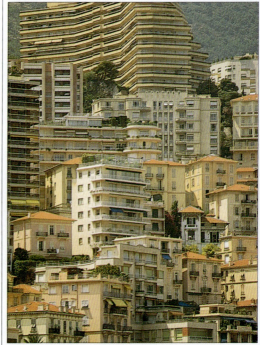

Wolkenkratzer und Apartmenthäuser im modernen Monte-Carlo

Monacos Fürstenfamilie

Albert II bestieg im Juli 2005 den Thron, drei Monate, nachdem sein 81-jähriger Vater nach 55 Regierungsjahren verstorben war. Fürst Rainier III war ein Nachkomme jenes Grimaldi, der 1297 die Festung Monaco bezwungen hatte. Die Fürstin, der frühere Filmstar Grace Kelly, starb 1982 bei einem Autounfall. Alberts Schwestern Caroline und Stephanie sorgten früher oft für Medienrummel.

Rainier III und Gracia Patricia mit Prinzessin Caroline

INFOBOX

Monaco. 🏙 33 000. ✈ 7 km südwestl. von Nizza. 🚉 Av Prince Pierre (SNCF: 36 35). 🚌 2a, bd des Moulins (00 377 92 16 61 16). 🛳 tägl. 🎪 Festival du Cirque (Jan/Feb), Feuerwerksfestival (Juli/Aug), Fête Nationale Monégasque (19. Nov).

www.visitmonaco.com

mit kostbarem Mobiliar, Teppichen und Fresken ausgestatteten Palast statt. Wachablösung ist jeden Tag um 11.55 Uhr.

🏛 **Musée des Souvenirs Napoléoniens et Archives Historiques du Palais**
Pl du Palais. 📞 00 377 93 25 18 31. ◻ Apr–Nov: tägl.; Dez–März: Di–So. ◼ 1. Jan, 1. Mai, Grand Prix, Nov, 25. Dez. 📷
Ein Stammbaum zeigt die Familienbande zwischen den Grimaldis und Bonapartes. Zu besichtigen sind

Wache vor dem Palais Princier

persönliche Gegenstände von Napoléon sowie Porträts von Napoléon und Joséphine.

🐚 **Musée Océanographique**
Av Saint-Martin. 📞 00 377 93 15 36 00.
◻ tägl. 📷 ♿ 🍴 🛍
Gegründet wurde das Museum 1910 von Prinz Albert I mit Einnahmen aus dem Casino. Im Aquarium finden sich seltene Pflanzen- und Tierarten. Hier befindet sich auch das Forschungszentrum von Jacques Cousteau.

🌵 **Jardin Exotique**
62, bd du Jardin Exotique.
📞 00 377 93 15 29 80. ◻ tägl.
◼ 19. Nov, 25. Dez. 📷 🛍 🍴
www.jardin-exotique.mc
Die Anlage zählt mit ihren tropischen und subtropischen Pflanzen zu den schönsten Europas. Im Musée d'Anthropologie findet man Beweise dafür, dass einst Mammuts, Bären und Flusspferde die Küste bewohnten.

🏛 **Nouveau Musée National de Monaco, Collection des Poupées Automates**
17, av Princesse Grace. 📞 00 377 98 98 91 26. ◻ tägl. ◼ 1. Jan, 1. Mai, Grand Prix, 19. Nov, 25. Dez.
📷 📹 🛍
Über 400 Puppen (18./19. Jh.) sind hier ausgestellt. Die ungewöhnlichen automatischen Puppen werden mehrmals täglich in Gang gesetzt.

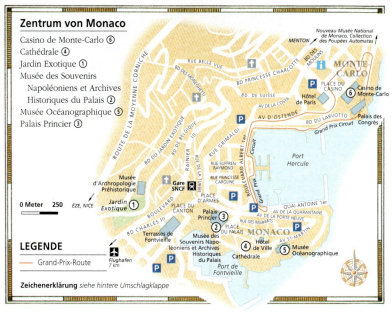

Zentrum von Monaco

Casino de Monte-Carlo ⑥
Cathédrale ④
Jardin Exotique ①
Musée des Souvenirs Napoléoniens et Archives Historiques du Palais ②
Musée Océanographique ⑤
Palais Princier ③

0 Meter   250   ÈZE, NICE

LEGENDE

— Grand-Prix-Route

Zeichenerklärung siehe hintere Umschlagklappe

Korsika

Haute-Corse · Corse-du-Sud

Die Insel, deren Bewohner immer noch ihre eigene Sprache pflegen, ist wie ein kleiner Kontinent. Hier trifft man auf Palmen, Weingärten, Oliven- und Orangenhaine, Kastanienwälder, Pinien, Bergseen und Gebirgsbäche voller Forellen. Am charakteristischsten für Korsika ist aber wohl das Dickicht der Macchie, deren herber Duft in der Luft liegt.

Korsika ist nach Sizilien, Sardinien und Zypern die viertgrößte Insel im Mittelmeer. Seit 1769, als Louis XV Korsika für 40 Millionen Franc von den Genuesern erwarb, hat sie Frankreich meist Probleme bereitet. Davor waren die Korsen unter Führung von Pasquale Paoli 14 Jahre lang unabhängig gewesen. Danach fühlten sie sich durch den »Handel« mit Frankreich verraten. Ihr Unmut darüber ist heute noch zu spüren.

Besuchern – im Juli und August gibt es hier sechsmal so viele Fremde wie Einheimische – sind die korsischfranzösischen Fehden eher egal. Es gibt jedoch eine ziemlich starke (manchmal auch gewaltsame) Separatistenbewegung, die einige doch abschreckt. Das Gute daran ist, dass die wilde Schönheit Korsikas in einem Maß erhalten blieb, die im Mittelmeerraum einzigartig ist.

Die Insel stand vom 11. bis zum 13. Jahrhundert unter der Herrschaft der toskanischen Republik Pisa, deren Kirchenbaumeister romanische Kirchen schufen. Sie sind – neben den Megalithen der Krieger von Filitosa – die interessantesten Kulturdenkmäler.

Ansonsten ist die Insel, auf der Napoléon geboren wurde, ein Ort zerklüfteter Küsten und hoher Felsen und eines der letzten unberührten Fleckchen Erde im ganzen Mittelmeerraum: relativ arm, wenig bevölkert, wunderschön, etwas altmodisch und recht verschlossen.

Das Dorf Oletta im Nebbio südlich von St-Florent

◁ Ein althergebrachtes Miteinander von Mensch und Tier: Fischer mit Katzen in Bastia *(siehe S. 536)*

Überblick: Korsika

Was Korsika so attraktiv macht, ist die wilde Schönheit seiner Landschaft mit ihren Bergen und Wäldern, mit der Macchie und ihrem unvergleichlichen Myrtenduft, mit endlos langen Sandstränden. Der späte Frühling, wenn die Wildblumen blühen, und der frühe Herbst sind die besten Reisezeiten. Die Temperatur ist angenehm, der Besucherandrang nicht so groß. Die Insel bietet gute Wanderwege, die im Winter teilweise als Langlaufpisten von Küste zu Küste genutzt werden. Im Februar und März ist auf den Bergen Abfahrtslauf möglich.

Calvis Hafen und die Zitadelle aus dem 15. Jahrhundert

LEGENDE

━━━ Schnellstraße

━━━ Nationalstraße

┄┄┄ Nebenstraße

━━━ Panoramastraße

△ Gipfel

Winde auf Korsika

Die beiden hier nicht eingezeichneten Winde sind der Mezzogiorno, der mittags bläst, und die Terrana, die um Mitternacht am stärksten ist.

Tramontane (kalter Nordwind)

Maestrale (kann sehr stark sein)

Grecale (bringt im Frühling und Herbst Regen)

Ponente (milder Westwind)

Levante (warm)

Libeccio (trocken im Sommer, bringt im Winter Regen)

Scirocco (heißer, staubiger Wind aus Afrika)

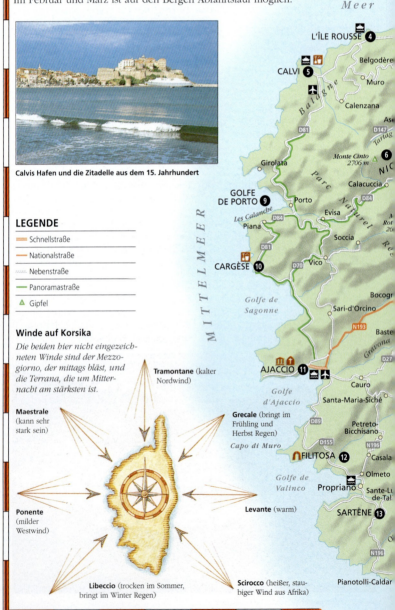

Ligurische Meer

L'ÎLE ROUSSE **4**

CALVI **5**

Belgodère

Muro

Calenzana

Balagne

As

Tartag

Monte Cinto 2706 m **6**

NIC

Girolata

Parc

Calacuccia

GOLFE DE PORTO **9**

Porto

Evisa

Les Calanche

Piana

Soccia

CARGÈSE **10**

Vico

Naturel Re

Rot 26

Bocogr

Sari-d'Orcino

Golfe de Sagonne

Baste

Gravona

AJACCIO **11**

Cauro

Golfe d'Ajaccio

Santa-Maria-Siché

Petreto-Bicchisano

Capo di Muro

FILITOSA **12**

Casala

Olmeto

Golfe de Valinco

Propriano

Sante-L de-Ta

SARTÈNE **13**

Pianotolli-Caldar

M I T T E L M E E R

CAP CORSE ❶
Centuri-Port
Rogliano
Macinaggio
Pino
Luri
Canari
D80
D80
Monte Stello 1307 m
Nonza
Erbalunga
Lavasina
Patrimonio
FLORENT ❸
Oletta
D81
Pietro-Tenda
D82
Murato
Casatorra
Borgo
Casamozza
nte-Nuovo
Golo
Vescovato
Ponte-Leccia
Morosaglia
N193
Francardo
CASTAGNICCIA ❽
Figareto
Piedicroce
Moriani-Plage
CORTE
D71
Cervione
Venaco
Prunete
Phare-d'Alistro
N200
Vezzani
Bravone
Vivario
Tavignano
ORIENTALE
zavona
D344
Aléria
Ghisonaccia
❶⑤
Mignataja
Travo
Solenzara
nte Incudine 2136 m
D268
N198
Zonza
Conca
CÔTE
Lecci
D368
Porto-Vecchio
BONIFACIO

Sehenswürdigkeiten auf einen Blick

Die Calanche-Felsen im Golfe de Porto

Auf Korsika unterwegs

Autofähren (bitte rechtzeitig Plätze buchen) verbinden Marseille, Nizza, Toulon, Sardinien sowie die italienischen Häfen Genua, Livorno und La Spezia mit Bastia, L'Île Rousse, Calvi, Ajaccio, Propriano und Porto-Vecchio. Kleinere Flughäfen gibt es in Ajaccio, Bastia, Calvi und Figari. Die Straßen auf der Insel sind schmal. Die Fahrt ist gelegentlich langsam, dafür aber oft mit herrlicher Aussicht. Da öffentliche Verkehrsmittel rar sind, ist ein Auto unabdingbar. Einen Ersatzkanister Benzin sollte man immer dabeihaben, denn Tankstellen liegen außerhalb der Städte weit auseinander.

0 Kilometer   20

Altstadt von Corte mit hoch gelegener Zitadelle

Cap Corse ❶

Haute-Corse. *Bastia.* *Bastia.* *Bastia.* *Place St-Nicolas (04 95 54 20 40).* **www**.corsica.net

Cap Corse ist die nördliche Landzunge der Insel – 40 Kilometer lang und selten mehr als zwölf Kilometer breit ragt sie wie ein Zeigefinger Richtung Genua.

Von Bastia führen zwei Straßen zum Kap: Die D81 führt über die Berge nach Westen und trifft nach dem Weinort Patrimonio auf die D80, die dann entlang der Ostküste durch **Erbalunga** und **Macinaggio** nach Norden verläuft. Beide Straßen sind eng und kurvenreich wie fast überall auf Korsika.

Vom Küstenstädtchen **Lavasina** geht die D54 ab nach Pozzo. Von dort bietet sich ein fünfstündiger Aufstieg auf den mit 1307 Metern höchsten Gipfel des Kaps an. Vom **Monte Stello** hat man eine hinreißende Rundumsicht – nach St-Florent im Westen, zu den Bergen im Süden und bis zur italienischen Insel Elba im Osten.

Weiter nördlich trifft man auf die **Tour de Losse**, einen der vielen Türme aus der Zeit der Genueser (16. Jh.). Sie waren Teil eines ausgeklügelten Verteidigungssystems, mit dem korsische Orte innerhalb von zwei Stunden vor dem nahenden Feind gewarnt werden konnten.

Der reizende Fischereihafen **Centuri** (18. Jh.) an der Westseite ist der ideale Ort für eine hervorragende Fischmahlzeit. In dem hübschen kleinen Dorf **Pino** etwas weiter südlich gibt es kein einziges Hotel, dafür aber eine Kirche, die der Jungfrau Maria geweiht ist. Ihr haben die Fischer zum Dank für den auf See gewährten Schutz viele kleine Schiffsmodelle dargebracht.

Fährt man weiter entlang der Küste nach Süden, sollte man nicht versäumen, einen kleinen Abstecher landeinwärts nach **Canari** zu machen. Hier locken die sehenswerte Kirche Santa Maria Assunta aus dem 12. Jahrhundert sowie ein gastliches Hotelrestaurant.

Praktisch jede Straße in der dicht bewaldeten Gegend scheint an einen interessanten Ort zu führen. Es gibt Dutzende von malerischen Dörfern. Weiter landeinwärts führt die Straße jedoch an alten Asbestbergwerken vorbei, bevor man an die schwarzen Sandstrände von **Nonza** gelangt.

Erbalunga an der Ostküste von Cap Corse

Bastia ❷

Haute-Corse. *44 000.* *Pl St-Nicolas (04 95 54 20 40).* *tägl.*
www.bastia-tourisme.com

Die umtriebige Hafenstadt und Hauptstadt des nördlichen Teils der Insel unterscheidet sich wesentlich von ihrer ruhigen Rivalin Ajaccio an der Westküste. Die Zitadelle und die italienischen Häuser aus dem 19. Jahrhundert um den alten Hafen sind für viele der erste Eindruck des mediterranen Lebensgefühls, an das man sich immer wieder erinnert.

Am lebhaftesten geht es auf der **Place St-Nicolas** zu. Von ihr blickt man direkt auf den Hafen mit den Fähren, die vom französischen Festland und von Italien einlaufen. Nach Süden gelangt man zur **Place de l'Hôtel-de-Ville**, auf der jeden Morgen Markt ist. Am Platz liegen die **Chapelle de l'Immaculée Conception** (frühes 17. Jh.) mit schöner Innenausstattung (18. Jh.) sowie die **Église de St-Jean-Baptiste** (Mitte 17. Jh.), die den alten Hafen beherrscht.

Von hier führt ein kurzer Fußweg zur alten Zitadelle mit ihren beiden Kirchen: Die im Stil des Rokoko erbaute **Chapelle Ste-Croix** birgt ein schwarzes Kruzifix, das 1428 aus dem Meer gefischt wurde. **Ste-Marie** (15. Jh.) kann eine Marienstatue vorweisen, die aus einer Tonne Silber gefertigt wurde.

Bastias Vieux Port, von der Jetée du Dragon aus gesehen

Hotels und Restaurants auf Korsika *siehe Seiten 594f und 650f*

St-Florent ❸

Haute-Corse. 🏛 1600. ⬜
ℹ Bâtiment Administratif (04 95
37 06 04). ⬜ 1. Mi im Monat.

St-Florent ist das St-Tropez
von Korsika – angesagt,
weltstädtisch und mit vielen
teuren Yachten im Hafen. Die
Zitadelle (Standort einer Foto-
sammlung) ist ein schönes
Beispiel der Genueser Militär-
architektur. In der Stadt selbst
kann man wunderbar flanie-
ren. Sehenswert ist vor allem
die **Cathédrale de Santa Maria
Assunta** im pisanischen Stil
(12. Jh.), die gleich an der
Straße Poggio–Oletta liegt.

Umgebung: Auf einer gemütlichen vierstündigen Autofahrt
durch die Region **Nebbio** lässt
sich einiges besichtigen: Nach
Santo-Pietro-di-Tenda erreicht
man **Murato** mit der **Église de
San Michele de Murato**, einem
pisanisch-romanischen Bau
aus weißem und grünem
Stein. Am Pass **San Stefano**
sieht man zu beiden Seiten
das Meer. In **Oletta** wird ein
spezieller Blauschimmelkäse
aus Schafsmilch hergestellt.
Nach dem Pass **Teghime**
kommt man in den Weinbau-
ort **Patrimonio** mit dem merk-
würdigen, großohrigen Menhir (9./8. Jh. v. Chr.)
An der Küste westlich von
St-Florent erstreckt sich das
unbewohnte Felsenchaos
Désert des Agriates. Wer die
zehn Kilometer von Saleccia
bis zum Strand zu Fuß, mit
Fahrrad oder Motorrad nicht
scheut, den erwarten die schönsten und einsamsten Strand
der ganzen Insel belohnt.

Église de San Michele de Murato

L'Île Rousse ❹

Haute-Corse. 🏛 3000. 🚉 ⬜ ⬜
ℹ Avenue Calizzi (04 95 60 04 35).
⬜ tägl. www.balagne-corsica.com

Der von Pasquale Paoli gegründete Ort ist heute
ein beliebtes Feriendomi-
zil mit vielen Fährverbin-
dungen. Das Zentrum
des einstigen Fischer-
dorfs bildet die von
Platanen gesäumte
Place Paoli mit der
Marmorstatue des
korsischen National-
helden. An der Nord-
seite liegt der überdachte
Marktplatz. Daran
schließt die Altstadt an.
    Während der Sommer-
monate tummeln sich
hier und an den Strän-
den unzählige Besu-
cher. Lohnenswert ist
deshalb die Fahrt an
der Küste entlang in das zehn
Kilometer entfernte **Lozari** mit
seinem schönen, fast unberührten Sandstrand.

Umgebung: Im Sommer gibt
es eine hübsche Möglichkeit
zur Erkundung der **Balagne** –
man fährt mit der Inselbahn
von L'Île Rousse nach Calvi
und zurück. Die Strecke verläuft mehr oder weniger an
der Küste entlang und führt
durch Algajola, Lumio und
andere malerische Orte, in
denen man eine Rast einlegen
kann.

Calvi ❺

Haute-Corse. 🏛 5500. ✈ 🚉
🚢 ℹ Port de Plaisance (04 95 65
16 67). ⬜ tägl.
www.balagne-corsica.com

Lord Nelson, so wird be-
richtet, hat in der Stadt,
die heute halb Militärgarni-
son, halb Ferienzentrum ist,
ein Auge verloren. Die Zitadelle (15. Jh.) beherbergt ein
Regiment der französischen
Fremdenlegion. Hinter dem
Hafen erstreckt sich ein
schier endloser Cam-
pingplatz.
    Die Stadt gibt vor, der
Geburtsort von Kolum-
bus zu sein. Ruhm ge-
bührt ihr allerdings
doch eher wegen ihrer
ausgezeichneten Küche,
die vielfältig und für korsische Verhältnisse keines-
wegs teuer ist. Ende Juni
findet hier alljährlich ein
Jazzfestival statt.
    Ein wenig außerhalb
der Stadt befindet sich
auf einer Anhöhe die
**Chapelle de Notre-Dame-de-
la-Serra**. Von hier aus kann
man einen herrlichen Rund-
blick genießen.

**Fremden-
legionär**

Chapelle de Notre-Dame-de-la-Serra, sechs Kilometer südwestlich von Calvi

Die Zitadelle von Corte in der Abenddämmerung

Niolo ❻

Haute-Corse. 🚌 *Corte*. 🛈 *Route de Cuccia (04 95 48 05 22).*

Das Gebiet, das sich von Corte bis zum Vergio-Pass und dem Golo-Becken und im Osten bis nach Scala di Santa Regina erstreckt, wird Niolo genannt. In ihm liegen auch der höchste Berg Korsikas, der **Monte Cinto** (2706 m), sowie der längste Fluss, **Golo**, der südlich von Bastia ins Meer fließt. Niolo ist die einzige Region mit kommerzieller Viehzucht. Der größte Ort ist **Calacuccia**, ein guter Ausgangspunkt für eine Besteigung des Monte Cinto. Ins nahe Skigebiet **Haut-Asco** gelangt man am besten über die D147 von **Asco** aus. Der Fußweg von Calacuccia aus ist in acht bis neun Stunden zu schaffen. Im Süden liegen die Wälder von **Valdu Niello**.

Corte ❼

Haute-Corse. 🏛 *6800.* 🚌 🚉
🛈 *La Citadelle (04 95 46 26 70).*
📅 *Fr.* www.centru-corsica.com

Nicht zuletzt weil die Stadt im Zentrum der Insel liegt, hatte Pasquale Paoli Corte 1755–69 zur Hauptstadt des unabhängigen Korsika gemacht. Auch die Universität wurde hier eingerichtet.

Die Zitadelle (15. Jh.) in der Altstadt ist Sitz des **Museu di a Corsica**. Die Exponate erzählen vom Leben der Korsen. Corte ist ideal für eine Erkundung der umliegenden Berge, zumal es auf halber Strecke der 220 Kilometer langen Route (GR20) von Calenzana nach Conca liegt.

🏛 **Museu di a Corsica**
La Citadelle. 🛈 *04 95 45 25 45.*
☐ *Apr–Mitte Juni, Okt: Di–So; Mitte Juni–Sep: tägl.; Nov–März: Di–Sa.* ⬤ *Feiertage.* 🖼🔖♿🎞🛈
www.musee-corse.com

Umgebung: Sollten Sie nur wenig Zeit zum Wandern haben, dann besuchen Sie die Wildwasserschlucht **Gorges de la Restonica**, die an der D623, etwa zwölf Kilometer außerhalb der Stadt, liegt. Bergsteiger können von hier aus auf einem gut ausgeschilderten Pfad zum hoch gelegenen Bergsee **Lac de Melo** klettern (60–90 Min.) oder zum **Lac de Capitello** (30 Min. länger), wo noch Anfang Juni Schnee liegt. Der Pfad (im Winter eine Loipe) folgt dem Fluss. Südlich von Corte liegt die **Forêt de Vizzavona**, Buchen- und Kiefernwälder, die von Flüsschen und Wanderwegen durchquert werden. Hier hat man Gelegenheit, die Inselbahn nach Ajaccio oder Bastia zu benutzen, die auch in Vizzavona hält.

Castagniccia ❽

Haute-Corse. ✈ *Bastia.* 🚌 *Corte, Ponte Leccia.* 🚌 *Piedicroce, La Porta, Valle-d'Alesani.* 🛈 *Folelli (04 95 35 82 54).* www.castagniccia.fr

Östlich von Corte erstreckt sich das Mittelgebirge Castagniccia – benannt nach den hier wachsenden Kastanien. Es ist in den Augen der meisten Korsen das Herz der Insel. Hier wurde 1725 Pasquale Paoli geboren, hier begannen 1729 die Aufstände gegen Genua und später gegen Frankreich. Heute sind jedoch viele Dörfer fast menschenleer. Ihre Bewohner haben sich dem Heer jener 800 000 Korsen (fast dreimal mehr als die derzeitige Bevölkerung auf der Insel) angeschlossen, die in Frankreich oder Italien arbeiten und leben. Man kann sich kaum vorstellen, dass diese schöne Gegend einst die wohlhabendste und am dichtesten bevölkerte Region von ganz Korsika war.

Die D71, die von Ponte Leccia (nördlich von Corte) an die Ostküste führt, windet sich mitten durch die Castagniccia. Wer genügend Zeit hat, sollte hier ruhig einen Tag (oder auch mehrere) zum Wandern einplanen. Nehmen Sie etwas zu essen und zu trinken mit, denn unterwegs gibt es nur wenig zu kaufen.

◁ **Die Kalkklippen von Bonifacio** *(siehe S. 543)*

Golfe de Porto ❾

Corse-du-Sud. ✈ 🚉 ⛴ *Ajaccio.*
🚌 *Porto.* ℹ *Porto (04 95 26 10 55).*
www.porto-tourisme.com

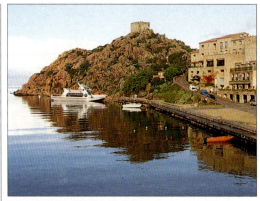

Hafen und Genueser Wachturm in Porto

Der Golf von Porto ist eine
der schönsten Buchten
im Mittelmeer und wurde von
der UNESCO in die Liste der
Welterbestätten aufgenom-
men. Traumhaft ist der Sonnenuntergang vom Genueser
Wachturm aus. Bootsausflüge
werden zwischen April und
Oktober nach Calanche, Scan-
dola und Girolata angeboten.

Die **Calanche**, eine einzigartige Felsenwelt, beginnt
etwa zwei Kilometer außerhalb von Porto in Richtung
Piana. Die 300 Meter hohen
roten Granitfelsen ragen steil
in den Himmel. Man kann sie
nur mit dem Boot oder zu
Fuß erreichen: Gut ausge-
schilderte Pfade gibt es ab
Tête du Chien und Pont de
Mezanu, Fahrkarten für die
Boote im Hôtel Le Cyrnée in
Porto.

Östlich von Porto befinden
sich die Gorges de la Spelun-
ca, erreichbar über Maulesel-
pfade und Brücken.

Südlich von Porto führt eine
spektakuläre Fahrt, teilweise
unter Granitbogen, in das
hübsche Dorf **Piana**. Es ist ein
guter Ausgangspunkt zur Erkundung der Umgebung. In-
formationen über Wander-
wege sind erhältlich. Nicht
versäumen sollte man auch
die kleine Bucht **Ficajola** in
der Nähe von Piana mit ihrem
schönen Strand.

Umgebung: Nimmt man die
Straße von Porto nach Calvi
über die Berge, sieht man
wenig von diesem Teil
Korsikas. Richtig schätzen
kann man die Schönheit
nur vom Meer aus (Fähren
gibt es von Porto und
Galéria aus). Der Weiler **Girolata** nördlich von Porto ist
nur vom Wasser aus oder
über einen Mauleselpfad zu
erreichen (vier Std. zu Fuß
hin und zurück; Ausgangs-
punkt ist ein gute markierte
Stelle, 23 km nördlich von
Porto an der D81).

An der breitesten Stelle des
Golfe de Girolata wurde 1975
die **Réserve Naturelle de Scan-
dola** eingerichtet, das erste
Land-Meer-Reservat in Frankreich. Die Artenvielfalt in dem
klaren Wasser ist ebenso
überwältigend wie die Vogelwelt an Land mit Papageitau-
chern und Falken.

Korsische Blumen

Für Pflanzenlieb-
haber ist Korsika
ein Paradies. Ein
Großteil der Insel
ist mit Macchie
bedeckt, einer
Mischung aus
Sträuchern, niedri-
gen Bäumen
und Kräutern, die
ab dem späten
Winter blühen.
Hier findet man
Zistrosen, nach
deren kurzer Blüte
der Boden mit
Blütenblättern übersät ist,
und leuchtend gelben
Ginster. An den Berghän-
gen wachsen Schopfige
Traubenhyazinthen und
Illyrische Trichternarzis-
sen, die so nur auf Kor-
sika und Sardinien vor-
kommen.

**Zist-
rose**

Das Dorf Piana mit der Calanche im Hintergrund

**Spanischer
Ginster**

**Illyrische
Trichternarzisse**

**Schopfige
Traubenhyazinthe**

Hotels und Restaurants auf Korsika *siehe Seiten 594f und 650f*

Griechische Kirche, Cargèse

Cargèse ⑩

Corse-du-Sud. 👥 1200. 🚌 ℹ️ *Rue du Docteur Dragacci (04 95 26 41 31).* www.cargese.net

Der Ort liegt auf einer Landzunge zwischen den beiden Meeresbuchten von Sagone und Pero und hat eine ganz eigene Geschichte: Die meisten Bewohner sind Nachfahren jener Griechen, die im 17. Jahrhundert auf der Flucht vor den Türken hier Zuflucht fanden.

Einige sprechen heute noch Griechisch. Die mit wertvollen Ikonen ausgestattete griechisch-orthodoxe Kirche steht der römisch-katholischen gegenüber. Doch die einstigen Feindseligkeiten sind längst begraben. Die beiden Pfarrer vertreten sich heute gegenseitig. In der Umgebung gibt es mehrere herrliche Strände, in der Nähe von **Pero** und **Chiuni** im Norden und **Ménasina** und **Stagnoli** im Süden.

Ajaccio ⑪

Corse-du-Sud. 👥 65 000. ✈️ 🚌 🚆 🚌 ℹ️ *3, bd du Roi Jérôme (04 95 51 53 03).* 🛒 *Di–So.* www.ajaccio-tourisme.com

Napoléon Bonaparte erblickte 1769 hier das Licht der Welt. Obwohl er nach seiner Krönung zum Kaiser nie nach Korsika zurückkehrte, feiert die Hauptstadt des Südens am 15. August den Geburtstag ihres berühmten Sohns.

Die **Cathédrale Notre-Dame-de-la-Miséricorde**, in der Napoléon 1771 getauft wurde, stammt aus dem 16. Jahrhundert und beherbergt das berühmte Gemälde *Jungfrau von Sacré-Cœur* von Delacroix. Unweit davon befindet sich die **Maison Bonaparte**, in der Napoléon geboren wurde und aufwuchs. Zu besichtigen sind Familienporträts, Möbel und Andenken.

Interessanter ist die Sammlung von Kunstwerken, der skrupellose Onkel Napoléons, Kardinal Fesch, mit Duldung seines Neffen durch Plünderung italienischer Kirchen, Palazzi und Museen »zusammengetragen« und nach Ajaccio gebracht hat. Das **Musée Palais Fesch** im Palais Fesch (19. Jh.) wird in seiner Sammlung italienischer Meister in Frankreich nur vom Louvre übertroffen. Zu den Meisterwerken zählen Arbeiten von Bellini, Botticelli, Tizian und Veronese sowie Bernini und Poussin. Neben an befindet sich die **Chapelle Impériale**, die 1855 von Napoléon III als Grabkapelle der Familie erbaut wurde. Von hier aus kann man am Hafen entlang zur Jetée de la Citadelle spazieren und dort den wunderbaren Blick auf Stadt, Hafen und die Bucht von Ajaccio genießen. Die **Zitadelle** (16. Jh.) wird heute von der Armee genutzt.

🏛 **Maison Bonaparte**
Rue St-Charles. 📞 *04 95 21 43 89.* 🕐 *Di–So.* 📷 🔌

🏛 **Musée Palais Fesch**
50, rue C. Fesch. 📞 *04 95 21 48 17.* 🕐 *Apr–Juni, Sep: Di–So; Juli, Aug: tägl.; Okt–März: Di–Fr, So.* 🔌 👥 www.musee-fesch.com

Umgebung: Vom Quai de la Citadelle fahren täglich Boote zu den **Îles Sanguinaires** im Golfe d'Ajaccio. In Vero, 21 Kilometer nordöstlich an der N193, liegt der Park **A Cupulatta** mit über 150 Schildkrötenarten (Apr–Okt).

Menhirstatue in Filitosa

Filitosa ⑫

Centre Préhistorique de Filitosa, Corse-du-Sud. 📞 *04 95 74 00 91.* 🕐 *Apr–Okt: tägl.* 📷 🔌 ℹ️ www.filitosa.fr

Die 4000 Jahre alten Steinkrieger von Filitosa sind Zeugen einer prähistorischen Kultur. An den phallusartigen Menhiren aus Granitstein, die erst 1946 entdeckt wurden, erkennt man die damalige Entwicklung von einfachen Steinblöcken bis hin zu Gestalten mit Gesichtern und Waffen. Die neuesten und differenziertesten Statuen (um 1500 v. Chr.) umringen einen 1000 Jahre alten Olivenbaum

Napoléon-Denkmal auf der Place Maréchal-Foch, Ajaccio

Hotels und Restaurants auf Korsika *siehe Seiten 594f und 650f*

Die befestigte Altstadt von Bonifacio mit dem Hafen im Vordergrund

unterhalb eines Grabhügels. Weitere Ausgrabungsfunde, z.B. Krieger mit Helm und Schwert, können im angeschlossenen archäologischen Museum besichtigt werden.

Sartène ⑬

Corse-du-Sud. 🚶 3100. 🚌
ℹ Cours Sœur Amélie (04 95 77 15 40). 🏛 Sommer: tägl.; Winter: Sa.

Sartène (korsisch Sartè) ist eine mittelalterliche, befestigte Stadt mit Kopfsteinpflasterstraßen und grauen Granithäusern, die sich über dem Rizzanese-Tal erhebt. Seit ihrer Gründung im 16. Jahrhundert hat sie nicht nur den Angriffen der Piraten, sondern auch den jahrhundertelangen blutigen Fehden der mächtigen Familien der Stadt widerstanden.

Gleichwohl hat Sartène den Ruf einer frommen Stadt, in der alljährlich am Karfreitag die Prozession des *catenacciu*, des geketteten Büßers, stattfindet. Ein rot gekleideter Mann trägt barfüßig und in Ketten ein Kreuz durch die Altstadt – in Erinnerung an den Leidensweg Christi.

Umgebung: Unweit des Stadtzentrums liegt das **Musée de la Préhistoire Corse**. Es beherbergt u.a. eine Sammlung von Artefakten aus der Jungsteinzeit, der Bronzezeit und der Eisenzeit.

🏛 **Musée de la Préhistoire Corse**
Rue Croce. 📞 04 95 77 01 09. ⚠ wg. Renovierung (Zeiten bitte tel. erfragen). ♿

Bonifacio ⑭

Corse-du-Sud. 🚶 2900. 🚌 🚢
ℹ 2, rue Fred Scamaroni (04 95 73 11 88). 🏛 Mi. www.bonifacio.fr

Auf einem Kalksteinfelsen ragt Bonifacio, die südlichste Stadt Korsikas, ins Wasser und bietet einen atemberaubenden Blick auf das Mittelmeer *(siehe S. 538f)*. Der schmucke Hafen am Fuß des Felsens ist der Mittelpunkt: Hier gibt es schicke Cafés, Lokale und Boutiquen zuhauf. Schiffe legen nach Sardinien und zu den unbewohnten Inseln Lavezzi und Cavallo ab. Vom Hafen aus gelangt man über Stufen in die befestigte Altstadt.

Die Genueser Zitadelle (Ende 12. Jh.) war lange Zeit die einzige Verteidigungsanlage der Stadt und beherbergte 1963–83 das Hauptquartier der französischen Fremdenlegion. Von hier aus bietet sich ein Spaziergang hinunter zu den drei alten Windmühlen und zur Ruine eines Franziskanerklosters an.

Côte Orientale ⑮

Haute-Corse u. Corse-du-Sud.
✈ Bastia. 🚌 Aléria, Solenzara, Porto-Vecchio. 🚢 Bastia, Porto-Vecchio.
ℹ Aléria (04 95 57 01 51), Porto-Vecchio (04 95 70 09 58).

Das flache Schwemmland zwischen Bastia und Solenzara wird seit 1945, seit es endgültig trockengelegt und malariafrei ist, als fruchtbares Ackerland genutzt. Inzwischen haben sich auch Feriendörfer und Hotelburgen entlang den breiten Sandstränden ausgebreitet.

Das Schönste an **Mariana**, das ansonsten unangenehm nah am Flughafen Bastia-Poretta liegt, ist die aus dem frühen 12. Jahrhundert stammende Kathedrale **La Canonica**. Nicht weit davon entfernt steht inmitten einer Wiese die etwas ältere **Église de San Parteo**.

Ungefähr auf halbem Weg zur Südspitze kommt man zum Hafen **Aléria**, ursprünglich eine griechische Kolonie, die 259 v.Chr. von den Römern erobert wurde. Der Ort ist reich an archäologischen Zeugnissen, die teilweise im Fort de Matra ausgestellt sind.

Noch weiter südlich befindet sich das von den Genueser Eroberern gegründete **Porto-Vecchio**, ein beliebter Ferienort an der Küste. Die natürliche Umgebung mit ihren Schirmkiefern und Korkeichenwäldern sowie die herrlichen weißen Sandstrände, vor allem in **Palombaggia** und **Pinarello**, machen die Côte Orientale zum idealen Ziel für einen Badeurlaub.

Fels und Meer: Golfe de Porto-Vecchio

Mehr über Korsika? Vis-à-Vis Korsika *ISBN 978-3-8310-1558-0*

Zu Gast
in Frankreich

Hotels

Die meisten der 22 000 offiziellen Hotels halten, was sie versprechen. Die folgenden Seiten liefern Informationen zu den verschiedenen Übernachtungsmöglichkeiten. Im Hotelverzeichnis *(siehe S. 550–595)* werden die besten Hotels des Landes jeder Klasse und Preiskategorie – vom Luxushotel bis zum Familienhotel – beschrieben. Es gibt des Weiteren *chambres d'hôtes* (Zimmer mit Frühstück), die auf dem Bauernhof, aber auch in Schlössern zu haben sind. Frankreich zählt zu den Ländern, in denen man am besten keine Pauschalreise bucht, sondern lieber auf eigene Faust loszieht. Informationen über Unterkunft auf dem Bauernhof oder in einer *gîte* sowie über Campingplätze finden Sie im Folgenden.

Das Hôtel Euzkadi in Espelette in den Pyrenäen *(siehe S. 586)*

Klassische Familienhotels

Wer aufs Geld achtet, ist mit den kinderfreundlichen, familiengeführten Hotels, die es in fast jedem Ort gibt, gut bedient. Vielleicht befindet sich das Hotel sogar mitten im Ort, und an der Bar und im Restaurant finden sich abends Einheimische ein. Die Atmosphäre ist ungezwungen, sodass sich auch Kinder, Hunde und Katzen wohlfühlen. Der eigene Charme der Gästezimmer wird Sie den vielleicht fehlenden Komfort und die möglicherweise dürftige Dusche sicher vergessen lassen.

Im Führer *Logis de France* findet man über 4000 dieser familiengeführten Häuser. Sie haben meist ein bis zwei Sterne und befinden sich in Kleinstädten und auf dem Land – nicht jedoch in Paris. Die meisten liegen an größeren Straßen. Doch wer kleine Umwege nicht scheut, findet auch Bauernhöfe und günstige Hotels am Meer. Trotz Führer sollten Sie sich auf die eigene Nase verlassen.

Schlosshotels

Viele ehemalige Schlösser und Herrenhäuser in Frankreich sind heute Luxushotels. So kann man, ganz nach Geschmack, im Renaissance-Schloss oder auf der mittelalterlichen Burg übernachten. Man findet sie überall in Frankreich, vor allem aber entlang der Loire, in Savoyen, in Haute-Savoie und am Rhône-Delta. Vorgestellt werden die Häuser im Führer **Relais et Châteaux**. Zimmer und Essen entsprechen in solchen Häusern meist hohen Ansprüchen, doch man findet alles, von der Suite bis zum einfachen Nachtlager, oft in umgebauten Gutshöfen.

Stadthotels

In jeder Stadt drängen sich zahlreiche Hotels im Bahnhofs- und Hafenviertel. Man findet hier billige Absteigen, aber meist auch ein oder zwei große Hotels. Die berühmtesten Stadthotels sind in Paris sowie an der Riviera in Nizza und Cannes. Zu beachten ist, dass diese Hotels kein Restaurant haben. Vor allem in einfacheren Häusern tut man immer gut daran, sich die Zimmer vorm Einchecken anzuschauen.

Moderne Hotelketten

Hier findet man auf der Reise durch Frankreich immer eine günstige Übernachtung. Viele Häuser liegen in den Randbezirken der Städte in der Nähe der Autobahnen und großen Straßen. Die billigste Ein-Stern-Hotelkette heißt **Formule 1**. Sie bietet Einzel- und Doppelzimmer. Zu den Zwei-Sterne-Hotelketten gehören **Ibis**, **Campanile**, **Hôtels Première Classe** und **Etap**. Zu den Drei-Sterne-Häusern gehören **Novotel** und **Mercure**. In beiden kann meist ein Kind kostenlos übernachten, sofern es mit der Familie im Zimmer schläft (in den Hotels der Novotel-Kette können zwei Kinder unter 16 Jahren kostenlos übernachten).

Le Negresco in Nizza *(siehe S. 593)*

◁ Schöne Fahrten über Land: eine Allee in Frankreich

Das Pariser Hotel Meurice in der Nähe der Tuilerien *(siehe S. 555)*

Restaurants mit Gästezimmern

Überall in Frankreich findet man gute Restaurants, die auch Zimmer anbieten. In der Regel ähneln sich Restaurant und Unterkunft in Qualität und Preis. Manchmal bieten allerdings auch erstklassige Restaurants einfache Zimmer an, was vor allem den Besuchern entgegenkommt, die das, was sie bei der Unterkunft sparen, fürs Essen ausgeben (Restaurants auf den Seiten 600–651.)

Ausstattung und Essen

In der Hochsaison vermieten viele Hotels nur mit Halbpension oder Vollpension. Obwohl diese Angebote meist günstig sind, ist die Auswahl der Speisen dabei begrenzt, sodass man meist nicht in den Genuss interessanter einheimischer Gerichte kommt. In kleineren Hotels gibt es am Sonntagabend kein Essen, an anderen Tagen oft nur bis 21 Uhr.

Wer ohne Voll- oder Halbpension bucht, muss das Frühstück meist extra bezahlen. Gehen Sie lieber ins nächste Café, denn dort ist es meist billiger und besser.

Die Zimmer verfügen meist über Doppelbetten. Wer ein einzelnes Bett oder zwei getrennte Betten haben möchte, muss dies bei der Buchung angeben. In den Hotels der Mittelklasse kann man zwischen Bad *(un bain)* und Dusche *(une douche)* wählen, wobei Zimmer mit Bad meist teurer sind. Zimmer mit *cabinet de toilette* verfügen über Waschbecken und Bidet, nicht jedoch über Badewanne, Dusche oder WC. Wem es nichts ausmacht, sich Bad oder Dusche mit anderen zu teilen, kann in vielen einfachen Hotels eine Menge Geld sparen.

Hôtel l'Abbaye in Talloires in den Alpen *(siehe S. 580)*

Hotelkategorien

Französische Hotels rangieren von einem bis zu fünf Sternen. An den Sternen kann man sich gut orientieren. Ein Ein-Stern-Hotel bietet einfachen, ein Zwei-Sterne-Hotel mittleren Komfort. Bei zwei und mehr Sternen muss das Hotel über einen Aufzug sowie ein Telefon in jedem Zimmer verfügen. Drei-Sterne-Hotels müssen Frühstück auf dem Zimmer anbieten, aber nur Vier- und Fünf-Sterne-Hotels (Luxushotel) müssen über Zimmerservice sowie klimatisierte Zimmer mit Bad verfügen.

Hotelpreise

Die Preise, einschließlich Steuer und Service, verstehen sich pro Zimmer (außer bei Halb- und Vollpension). In der Regel bezahlt man für eine dritte Person einen kleinen Aufpreis, für eine Einzelperson gibt es nur einen geringen Nachlass.

Ein Doppelzimmer in einem Ein-Stern-Hotel bekommt man schon ab 30 Euro. In einem Vier-Sterne-Hotel kostet es ab 90 Euro. Die Preise richten sich auch nach der Region. So findet man die günstigsten Hotels in der Bretagne. In beliebteren Gegenden wie der Dordogne oder der Provence muss man mit 20 Prozent mehr rechnen, in Paris mit weiteren 20 Prozent mehr. Die Preise an der Côte d'Azur hängen – wie auch in den Skigebieten – ganz von der Jahreszeit ab.

Reservierung

In Paris empfiehlt es sich, lange im Voraus zu buchen, in den Ferienorten für Juli und August. Da manche Hotels von Oktober bis März geschlossen haben, sollten Sie, falls Sie in dieser Zeit reisen, vorher anrufen. Reservierungen werden in der Regel in Verbindung mit einer Kreditkartennummer vorgenommen. Die Tourismusbüros in größeren Orten sind bei der Buchung vor Ort behilflich. Hier können Sie bis zu acht Tage vorher reservieren.

Speisesaal des Hôtel de la Cité, Carcassonne *(siehe S. 589)*

Privatunterkünfte

Französische *chambres d'hôtes* gibt es in allen Variationen, von Hütten über *fermes-auberges (siehe S. 597)* bis zu Schlössern. Wenn Sie in Privathäusern nächtigen, dürfen Sie keinen Hotelstandard erwarten. In einigen Häusern bekommen Sie eine Mahlzeit *(table d'hôte)*. Über 25 000 *chambres d'hôtes* sind von **Gîtes de France** getestet worden. Ihre gelb-grünen Schilder stehen unverkennbar am Straßenrand.

Dort finden sich auch Schilder für Unterkünfte, die nicht im Verzeichnis stehen. Weitere Infos gibt es in den örtlichen Tourismusbüros.

Logo von Gîtes de France

Ferienhäuser und -wohnungen

Die beliebten *gîtes* sind ländliche Ferienunterkünfte, die früher teilweise Bauernhäuser waren. *Gîtes*-Urlaube sind preiswert und gut, aber um die besten *gîtes* zu bekommen, muss man Monate im Voraus buchen.

Gîtes de France listet ungefähr 42 500 *gîtes*, alle mit Beschreibung. Die Ferienhäuser und -wohnungen werden je nach Standard eingestuft. Den Katalog für Ferienhäuser und Ferienwohnungen mit Selbstverpflegung gibt es kostenlos für einzelne Regionen Frankreichs. Die Hauptniederlassung, **Maison des Gîtes de France** in Paris, hat außerdem noch eine Reihe von *gîtes* verzeichnet für all diejenigen, die spezielle Ansprüche an ihre Unterkunft stellen, etwa Ferienhäuser oder -wohnungen in Skigebieten, *gîtes* mit Pferden, Bauernhäuser und Luxusunterkünfte.

Das ganze Land bietet überhaupt eine breite Palette an Ferienwohnungen: Von der Villa an der Riviera über das Chalet in den Bergen bis zum Stadtapartment kann man alles mieten.

Allo-Vacances bietet einen Buchungsservice online (www.allovacances.com). Die Broschüre *Allo-Vacances* mit Vermittlungsagenturen können Sie auch bei **Atout France** (http://de.franceguide.com) anfordern.

Camping

Es gibt 11 000 Campingplätze in Frankreich. Die **Fédération Française de Camping et de Caravaning (FFCC)** publiziert eine Campingplatzliste, die jährlich auf den neuesten Stand gebracht wird. Das Verzeichnis *Camping à la ferme* (Campingplätze auf Bauernhöfen) gibt es bei Gîtes de France.

Auch Campingplätze sind nach Sternen in Kategorien eingeteilt. Drei- und Vier-Sterne-Plätze sind in der Regel sehr geräumig und gut ausgestattet. Ein- bis Zwei-Sterne-Plätze verfügen über Toiletten, ein öffentliches Telefon und fließendes Wasser (manchmal nur kalt), bieten dafür aber oft umso mehr Charme.

Einige Campingplätze akzeptieren nur Besucher mit **Camping Carnet**. Die Carnets sind bei Automobilclubs bzw. bei den im Kasten aufgeführten Adressen erhältlich.

Jugendherbergen

Jugendherbergen sind ideal für Einzelpersonen, für zwei Personen allerdings manchmal genauso teuer wie einfache Hotels. Im Verzeichnis der **FUAJ** (Fédération Unie des Auberges de Jeunesse) sind 220 Jugendherbergen aufgeführt, die Gästen aller Altersgruppen zur Verfügung stehen. Sollten Sie in Ihrem Heimatland nicht Mitglied beim **Jugendherbergsverband** sein, müssen Sie in französi-

Gäste am Pool eines Campingplatzes in der Hochsaison

schen Jugendherbergen einen kleinen Aufpreis bezahlen.

UCRIF (Union des Centres de Rencontres Internationales de France) verfügt über 50 Zentren in ganz Frankreich. In allen Häusern gibt es Einzel- und Mehrbettunterkünfte und ein Restaurant.

Im Sommer können Sie auch in Räumen von Universitäten übernachten. Hierzu gibt **CROUS** (Centre Régional des Œuvres Universitaires et Scolaires) Auskunft.

Gîtes d'Étape sind in der Regel große Bauernhöfe mit Mehrbettzimmern, oft günstig in der Nähe von Wander-, Fahrrad- und Reitwegen gelegen. In *Gîtes d'Étape et de Séjour* sind rund 1600 solcher Unterkünfte verzeichnet.

Behinderte Reisende

Einige Organisationen veröffentlichen Infos über behindertengerechte Hotels in Frankreich: **Association des Paralysés de France (APF)**, **Groupement pour l'Insertion des Personnes Handicapées**

Das Carlton Inter-Continental in Cannes *(siehe S. 592)*

Physiques (GIHP) und Gîtes de France in *Accessibles*. APF veranstaltet Urlaubsreisen. **Les Compagnons du Voyage** gehört zu SNCF/RATP und kann Transporte mit und ohne Begleitung in allen öffentlichen Verkehrsmitteln organisieren (Adressen *siehe unten*).

Die Website www.guide-accessible.com listet regionale Firmen auf, die Rollstuhltransporte vornehmen.

Weitere Informationen

Von der französischen Zentrale für Tourismus (Atout France) bekommen Sie das ausführliche Verzeichnis *Logis de France* mit Adressen von Hotels und Restaurants. Vor allem auf deren Internet-Seite (http://de.franceguide.com) finden Sie so Hinweise auf weiteres Informationsmaterial.

Eine Reservierungszentrale in Deutschland (HIF−Hôtels Indépendants de France, Friedrichstr. 37, 60323 Frankfurt am Main, Tel. 069-72 76 33) vertritt 550 Häuser und tätigt Buchungen in ganz Frankreich sowohl für bestimmte Hotelketten als auch für einige unabhängige Häuser.

In Frankreich selbst bekommen Sie die besten und aktuellsten Informationen über Unterkunft und Verpflegung bei den zuständigen Tourismusbüros vor Ort (bzw. auf deren Websites).

Die Adressen der Vertretungen von Atout France in Österreich und der Schweiz finden Sie auf Seite 671.

AUF EINEN BLICK

Hotelketten

Campanile
☎ 08 25 00 30 03 in F.
www.campanile.fr

Etap
☎ 08 92 68 89 00 in F.
www.etaphotel.com

Formule 1
☎ 08 92 685 685 in F.
www.hotelformule1.com

Hôtel Première Classe
☎ 08 92 68 81 23 in F.
www.premiereclasse.com

Ibis
☎ 0892 686 686 in F.
www.ibishotel.com

Novotel
☎ 0825 012 011 in F.
www.accor.com

Relais et Châteaux
☎ 0825 32 32 32 in F.
www.relaischateaux.com

Ferienhäuser und -wohnungen

Gîtes de France
59, St-Lazare, 75009 Paris.
☎ 01 49 70 75 75 oder 08 91 16 22 22
(chambres d'hôtes).
www.gites-de-france.fr
Broschüren gibt es auch auf der Website von Atout France.

Camping

Fédération Française de Camping et de Caravaning (FFCC)
78, rue de Rivoli, 75004 Paris.
☎ 01 42 72 84 08.
www.ffcc.fr

Jugendherbergen

Deutsches Jugendherbergswerk
Leonardo-da-Vinci-Weg 1, D-32760 Detmold.
☎ (05231) 99 36-0.

FAX (05231) 99 36-66.
www.jugendherberge.de

CROUS
39, av G. Bernanos, 75231 Paris Cedex 05.
☎ 01 40 51 36 00.
www.crous-paris.fr

FUAJ (Fédération Unie des Auberges de Jeunesse)
27, rue Pajol, 75018 Paris.
☎ 01 44 89 87 27.
www.fuaj.fr

UCRIF
27, rue de Turbigo, 75002 Paris.
☎ 01 40 26 57 64.
www.ethic-etapes.fr

Behinderte Reisende

APF
17, bd August Blanqui, 75013 Paris.
☎ 01 40 78 69 00.
FAX 01 45 89 40 57.
www.apf.asso.fr

GIHP
10, rue Georges de Porto-Riche, 75014 Paris.
☎ 01 43 95 66 36.
FAX 01 45 40 40 26.
www.gihpnational.org

Les Compagnons du Voyage
34, rue Championnet, LAC CG 25, 75018 Paris.
☎ 01 58 76 08 33.
www.compagnons.com

Weitere Informationen

Atout France
http://de.franceguide.com
In Deutschland seit Anfang 2011 keine telefonische Auskunft mehr.

Office du Tourisme et des Congrès de Paris
25, rue des Pyramides, 75001 Paris
(tägl. 9–19 Uhr).
☎ 08 92 60 30 00.
www.parisinfo.com

Hotelauswahl

Nachfolgende Hotels sind gemäß ihrer Ausstattung und ihres Preis-Leistungs-Verhältnisses ausgewählt. Die meisten verfügen über Bad oder Dusche, TV und Klimaanlage und sind behindertengerecht (falls nicht anders vermerkt). Den Stadtplan zu Paris finden Sie auf den Seiten 154–169.

PREISKATEGORIEN

Die Preise gelten für ein Doppelzimmer pro Nacht, inkl. Service und Steuer (ohne Frühstück) in der Hochsaison:

€ unter 80 Euro
€€ 80–130 Euro
€€€ 130–180 Euro
€€€€ 180–250 Euro
€€€€€ über 250 Euro

Paris

BEAUBOURG UND LES HALLES Hôtel Britannique
€€€€

20, av Victoria, 75001 **☎** *01 42 33 74 59* **FAX** *01 42 33 83 65* **Zimmer** *40*　　　　**Stadtplan** *13 A3*

Das Britannique hat viele Stammgäste, die gern in das Haus nahe Châtelet zurückkommen. Hilfreiches Personal. Das Haus ist ein wahres *hôtel de charme*, mit schönen Zimmern und einem speziellen altmodischen Charme. **www.hotel-britannique.fr**

BEIM PALAIS DE CHAILLOT Hameau de Passy
€€€€

48, rue de Passy, 75016 **☎** *01 42 88 47 55* **FAX** *01 42 30 83 72* **Zimmer** *32*　　　　**Stadtplan** *5 B3*

Das Hameau liegt mitten in einem Wohnviertel, nur einen Steinwurf vom Eiffelturm und vom Trocadéro entfernt, in einer Privatstraße. Die Gästezimmer blicken auf den Garten. Falls Sie mögen, serviert man Ihnen das Frühstück auch gern aufs Zimmer. WLAN. **www.paris-hotel-hameaudepassy.com**

BEIM PALAIS DE CHAILLOT Hôtel du Bois
€€€€

11, rue du Dôme, 75016 **☎** *01 45 00 31 96* **FAX** *01 45 00 90 05* **Zimmer** *41*　　　　**Stadtplan** *2 D5*

Das Hôtel du Bois liegt zwei Minuten vom Arc de Triomphe und den Champs-Élysées entfernt – ideal für einen Haute-Couture-Bummel. Hinter der typischen Pariser Fassade findet man das Interieur des Designers Michel Jouannet von 2008: lichtdurchflutet und mit bunten Kunstwerken an den Wänden. **www.hoteldubois.com**

BEIM PALAIS DE CHAILLOT Concorde La Fayette
€€€€€

3, pl du Général Koenig, 75017 **☎** *01 40 68 50 68* **FAX** *01 40 68 50 43* **Zimmer** *1000*　　　**Stadtplan** *1 C2*

Das Concorde La Fayette, ein Hochhaus (eines der wenigen in Paris), ist komplett Hightech. Zu den Annehmlichkeiten des Hotels zählen ein Fitness-Center, eine Bar im 33. Stock, Restaurants und eine Einkaufsarkade. Von den Zimmern hat man einen fantastischen Blick über Paris und den Bois de Boulogne. **www.concorde-lafayette.com**

BEIM PALAIS DE CHAILLOT Costes K
€€€€€

81, av Kléber, 75016 **☎** *01 44 05 75 75* **FAX** *01 44 05 74 74* **Zimmer** *83*　　　　**Stadtplan** *2 D5*

Das Hotel (bitte nicht mit dem teureren Hôtel Costes verwechseln) liegt ganz in der Nähe des Eiffelturms. Es wurde von dem spanischen Architekten Ricardo Bofill entworfen und ausgestattet: Ahornholz, Stuck, Marmor und Stahl dominieren. Die Zimmer sind asiatisch inspiriert. **www.hotelcostesk.com**

BEIM PALAIS DE CHAILLOT Hôtel Elysées Regencia
€€€€€

41, av Marceau, 75016 **☎** *01 47 20 42 65* **FAX** *01 49 52 03 42* **Zimmer** *43*　　　　**Stadtplan** *2 E4*

Farbe – das ist das zentrale Thema des Hotels in der Nähe des Modeviertels. Wählen Sie Ihr Zimmer in ihrer Lieblingsfarbe: Blau, Fuchsia, Anis (ein leichtes Grün) oder Lavendel. In der Lounge steht ein Flügel. Es gibt eine holzgetäfelte Bar und einen Massageraum. **www.regencia.com**

BEIM PALAIS DE CHAILLOT Hôtel Keppler
€€€€€

10, rue Kepler, 75016 **☎** *01 47 20 65 05* **FAX** *01 47 23 02 29* **Zimmer** *39*　　　　**Stadtplan** *2 E5*

Nach umfassender Renovierung präsentiert sich das Vier-Sterne-Hotel in neuem Glanz – geräumig und komfortabel. Die hohen Zimmerdecken verstärken diesen Eindruck. Zu den Annehmlichkeiten gehören Satelliten-TV, Plasmabildschirme und Kissen für Allergiker. **www.hotelkeppler.com**

CHAMPS-ÉLYSÉES Royal Magda Étoile
€€€

7, rue Troyon, 75017 **☎** *01 47 64 10 19* **FAX** *01 47 64 02 12* **Zimmer** *37*　　　　**Stadtplan** *2 D3*

Das in einer ruhigen Kopfsteinpflasterstraße beim Étoile liegende Hotel wurde 2008 renoviert und mit cremefarbenen Tönen aufgepeppt. Die Zimmer sind etwas klein, dafür ist das Personal sehr freundlich und tut alles für das Wohlbefinden seiner Gäste, vor allem bei Familien. **www.paris-hotel-magda.com**

CHAMPS-ÉLYSÉES Claridge-Bellman
€€€€€

37, rue François 1er, 75008 **☎** *01 47 23 54 42* **FAX** *01 47 23 08 84* **Zimmer** *42*　　　　**Stadtplan** *2 F5*

Das Claridge-Bellman ist eine Miniaturausgabe des alten Hotels Claridge und wird auch von dessen alten Direktoren gemanagt. Das Haus strahlt ein traditionelles Flair aus. Es ist ruhig, sauber und wird effektiv geführt. Überall im Haus liegen Teppiche bzw. stehen Antiquitäten. **www.hotelclaridgebellman.com**

Zeichenerklärung *siehe hintere Umschlagklappe*

CHAMPS-ÉLYSÉES Four Seasons George V 🔊 P ⑪ ≋ ❖ 🎦 ▤　€€€€€

31, av George V, 75008 📞 *01 49 52 70 00* FAX *01 49 52 71 10* **Zimmer** *246*　　　**Stadtplan** *2 E5*

Das legendäre Hotel ist voller Salons, antiker Möbel und Kunst. Auch nach der Renovierung besitzt es noch seinen Charme. Es gibt nun mit Le Cinq ein Top-Restaurant, in dem der weltbeste Sommelier und ein preisgekrönter Küchenchef wirken. Das Haus hat einen großen Wellness-Bereich – der pure Luxus. www.fourseasons.com/paris

CHAMPS-ÉLYSÉES Hotel Chambiges 🔊 ❖ ▤　€€€€€

8, rue Chambiges, 75008 📞 *01 44 31 83 83* FAX *01 40 70 95 51* **Zimmer** *34*　　　**Stadtplan** *6 F1*

Das elegante, gemütliche Hotel ist nur fünf Gehminuten von den Champs-Élysées entfernt. Warme Farben und die typische Atmosphäre der französischen Metropole schaffen das ganz besondere Ambiente. Bei schönem Wetter wird das Frühstück im blumengeschmückten Innenhof serviert. www.hotelchambiges.com

CHAMPS-ÉLYSÉES Hôtel Vernet 🔊 P ⑪ ≋ ❖ 🎦 ▤　€€€€€

26, rue Vernet, 75008 📞 *01 44 31 98 00* FAX *01 44 31 85 69* **Zimmer** *50*　　　**Stadtplan** *2 E4*

Gustave Eiffel (Architekt des Eiffelturms) schuf das eindrucksvolle Glasdach des Speisesaals. In der Lobby liegen prachtvolle Perserbrücken. Darüber hinaus gibt es kostbare Holztäfelungen, Antiquitäten und Marmorböden. Die Zimmer sind sehr geräumig und ruhig. Sie haben Flachbildschirme und WLAN. www.hotelvernet.com

CHAMPS-ÉLYSÉES Le Bristol 🔊 P ⑪ ≋ ❖ 🎦 ▤　€€€€€

112, rue du Faubourg-St-Honoré, 75008 📞 *01 53 43 43 00* FAX *01 53 43 43 01* **Zimmer** *188*　　**Stadtplan** *3 A4*

Das Bristol ist eines der edelsten Pariser Hotels. Die Räume sind luxuriös mit Antiquitäten ausgestattet, alle haben schöne Marmorbäder. Im Speisesaal gibt es flämische Wandteppiche und Kristalllüster. Ende 2009 wurde ein neuer Flügel eröffnet. www.hotel-bristol.com

CHAMPS-ÉLYSÉES Plaza Athénée 🔊 P ⑪ ❖ 🎦 ▤　€€€€€

25, av Montaigne, 75008 📞 *01 53 67 66 65* FAX *01 53 67 66 66* **Zimmer** *191*　　　**Stadtplan** *6 F1*

Das legendäre Plaza Athénée ist bei Flitterwöchnern, Aristokraten und Haute-Couture-Shoppern angesagt. Das Restaurant von Alain Ducasse ist unglaublich romantisch, während die Bar du Plaza zu den heißesten Adressen für einen Cocktail gehört. www.plaza-athenee-paris.fr

CHAMPS-ÉLYSÉES San Régis 🔊 ⑪ ▤　€€€€€

12, rue Jean-Goujon, 75008 📞 *01 44 95 16 16* FAX *01 45 61 05 48* **Zimmer** *44*　　　**Stadtplan** *7 A1*

Der Jetset fühlt sich schon seit 1923, also seit der Eröffnung des San Régis, zu diesem ruhigen, zentral gelegenen Haus hingezogen. Das dezente Luxushotel steht voller Antiquitäten und überladener Sofas. Einige Zimmer bieten von den Balkonen aus einen herrlichen Blick über die Dächer von Paris. www.hotel-sanregis.com

INVALIDES UND EIFFELTURM Grand Hôtel Levêque 🔊 ▤　€€

29, rue Cler, 75007 📞 *01 47 05 49 15* FAX *01 45 50 49 36* **Zimmer** *50*　　　**Stadtplan** *6 F3*

Das Levêque liegt zwischen Eiffelturm und Invalidendom in einer Fußgängerzone (in der ein Obst- und Gemüsemarkt stattfindet). Doch die gute Lage ist nicht die einzige Attraktion des Hauses: Die Zimmer sind sehr gut ausgestattet. Internet-Zugang. www.hotel-leveque.com

INVALIDES UND EIFFELTURM Hôtel de Varenne 🔊 ▤　€€€

44, rue de Bourgogne, 75007 📞 *01 45 51 45 55* FAX *01 45 51 86 63* **Zimmer** *24*　　　**Stadtplan** *7 B2*

Hinter den strengen Fassade des Hauses versteckt sich ein kleiner Innenhofgarten, in dem im Sommer auch das Frühstück serviert wird. Die Zimmer sind neu möbliert, entweder im Louis-XVI-Stil oder im Empire-Stil. Das Hotel ist bei Regierungsmitgliedern beliebt. www.hoteldevarenneparis.com

INVALIDES UND EIFFELTURM Hôtel Bourgogne et Montana 🔊 ▤　€€€€

3, rue de Bourgogne, 75007 📞 *01 45 51 20 22* FAX *01 45 56 11 98* **Zimmer** *32*　　　**Stadtplan** *7 B2*

Das Hotel bei der Assemblée Nationale vermittelt einen etwas düsteren Eindruck. Im Inneren gibt es einen altmodischen Aufzug und eine weiße Rundhalle mit bunten Sofas. Die Zimmer wurden auf aristokratisch getrimmt. Fazit: sehr stylish. www.bourgogne-montana.com

INVALIDES UND EIFFELTURM Hôtel de Suède St-Germain 🔊 ▤　€€€€

31, rue Vaneau, 75007 📞 *01 47 05 00 08* FAX *01 47 05 69 27* **Zimmer** *39*　　　**Stadtplan** *7 B4*

Das Hotel liegt nahe Orsay und dem Rodin-Museum. Es bietet elegante Zimmer, die im Stil des späten 18. Jahrhunderts und sehr pastellfarben eingerichtet sind. Das Personal ist ausgesprochen freundlich. Die De-luxe-Zimmer blicken auf den Park. Es gibt einen hübschen Garten, in dem man frühstücken kann. www.hoteldesuede.com

INVALIDES UND EIFFELTURM Duc de St-Simon 🔊 ▤　€€€€€

14, rue de St-Simon, 75007 📞 *01 44 39 20 20* FAX *01 45 48 68 25* **Zimmer** *34*　　　**Stadtplan** *7 C3*

Das Hotel Duc de St-Simon auf der südlichen Seine-Seite gehört zu den wirklich gepflegten Häusern. Die charmante Stadtresidenz aus dem 18. Jahrhundert ist mit Antiquitäten bestückt – und der Service wird den aristokratischen Ambitionen durchaus gerecht. www.hoteldesaintsimon.com

LUXEMBOURG Hôtel du Globe 　€€

15 rue des Quatre-Vents, 75006 📞 *01 43 26 35 50* FAX *01 46 33 62 69* **Zimmer** *14*　　　**Stadtplan** *8 F4*

Das beliebte Hôtel du Globe liegt in einem Gebäude aus dem 17. Jahrhundert beim Jardin du Luxembourg und versorgt seine Gäste exzellent. Die kürzlich renovierten Zimmer sind mit Antiquitäten und bunten Stoffen ausgestattet. Frühstück gibt es auch aufs Zimmer. Rechtzeitige Reservierung empfehlenswert. www.hotelduglobeparis.com

Stadtplan Paris *siehe Seiten 154–169*

LUXEMBOURG Aviatic
🖥️ P 🚻 ☰   €€€

105, rue de Vaugirard, 75006 ☎ *01 53 63 25 50* FAX *01 53 63 25 55* **Zimmer** *43*   **Stadtplan** *8 E5*

Das altehrwürdige Hotel in Familienhand ist ausgesprochen beliebt. Es verbindet Boheme-Flair mit modernem Komfort. Alle Zimmer sind individuell eingerichtet – mit hübschen Stücken vom Flohmarkt und mit hellen Textilien. Gegen eine zusätzliche Gebühr kann man hier parken. Manchmal gibt es abends kostenlose Aperitifs. **www.aviatic.fr**

LUXEMBOURG Hôtel Louis II
🖥️ 🚻 ☰   €€€€

2, rue St-Sulpice, 75006 ☎ *01 46 33 13 80* FAX *01 46 33 17 29* **Zimmer** *22*   **Stadtplan** *8 E4*

Die charmanten lichtdurchfluteten Zimmer des Louis II sind individuell eingerichtet. Alle haben Deckenbalken und sind geschmackvoll ausgestattet. Die Zimmer blicken auf die Rue St-Sulpice oder die Rue de Condé. Die Suiten im Dachgeschoss sind besonders attraktiv. **www.hotel-louis2.com**

MARAIS Hôtel de la Bretonnerie
🖥️   €€

22, rue Ste-Croix de la Bretonnerie, 75004 ☎ *01 48 87 77 63* FAX *01 42 77 26 78* **Zimmer** *29*   **Stadtplan** *9 C3*

Skulpierte Steinwände und ein Speiseraum mit Gewölbedecke – das sind nur zwei der bemerkenswerten Details des Hôtel de la Bretonnerie, das in einem Gebäude aus dem 17. Jahrhundert residiert. Die großen Zimmer mit Holzbalken und Antiquitäten sind alle unterschiedlich eingerichtet. Freundlicher Service. **www.hotelbretonnerie.com**

MARAIS Hôtel Caron de Beaumarchais
🖥️ ☰   €€€

12, rue Vieille du Temple, 75004 ☎ *01 42 78 14 15* FAX *01 40 29 06 82* **Zimmer** *19*   **Stadtplan** *9 C3*

Das elegante Boutique-Hotel ist mit Stoffen im Stil des 18. Jahrhunderts und mit Kristalleuchtern ausgestattet. Die relativ großen Zimmer sind anheimelnd, haben Holzbalken und verströmen altmodischen Charme. Allerdings ist auch das 21. Jahrhundert vertreten: Es gibt Internet-Zugang und Klimaanlage. **www.carondebeaumarchais.com**

MARAIS Hôtel des Deux-Îles
🖥️ ☰   €€€€

59, rue St-Louis-en-l'Île, 75004 ☎ *01 43 26 13 35* FAX *01 43 29 60 25* **Zimmer** *17*   **Stadtplan** *9 C4*

Auf der Île St-Louis abzusteigen hat noch immer den Hauch eines Privilegs – und das Hotel in einem Gebäude aus dem 17. Jahrhundert kann einen nur darin bestärken. Die Atmosphäre ist beschaulich, die kleinen Zimmer sind attraktiv, und in der Lounge prasselt ein Kaminfeuer. **www.deuxiles-paris-hotel.com**

MARAIS Hôtel du Bourg Tibourg
🖥️ ☰   €€€€

19, rue du Bourg-Tibourg, 75004 ☎ *01 42 78 47 39* FAX *01 40 29 07 00* **Zimmer** *30*   **Stadtplan** *9 C3*

Die Stilikone wurde von Jacques Garcia eingerichtet und gilt bei Design-Jüngern als heiße Adresse. Die Zimmer sind üppig ausgestattet, die Badezimmer präsentieren sich in schwarzem Marmor. Der Innenhof ist wirklich entzückend. **www.hotelbourgtibourg.com**

MARAIS Hôtel Duo
🖥️ 🚻 📺 ☰ ♿   €€€€

11, rue du Temple, 75004 ☎ *01 42 72 72 22* FAX *01 42 72 03 53* **Zimmer** *58*   **Stadtplan** *9 B3*

Das seit drei Generationen familiengeführte Hotel, das frühere Axial Beaubourg, wurde 2006 komplett renoviert. Das stilvolle, zeitgenössische Dekor favorisiert Blaugrün und Braun. Es gibt ein Juwel von einer Bar und einen japanischen Garten. Das Haus liegt nur ein paar Schritte vom Centre Pompidou entfernt. **www.duoparis.com**

MARAIS St-Paul-le-Marais
🖥️ ☰   €€€

8, rue de Sévigné, 75004 ☎ *01 48 04 97 27* FAX *01 48 87 37 04* **Zimmer** *28*   **Stadtplan** *10 D3*

Das Hotel in der Nähe der Place des Vosges ist ein altes Steingemäuer mit Holzbalken und mit einfacher, gleichwohl moderner Einrichtung. Buchen Sie ein Zimmer zum Innenhof hin. Die Zimmer zur Rue de Sévigné sind doch recht laut. **www.hotelsaintpaullemarais.com**

MARAIS Murano Urban Resort
🖥️ P 🍴 🚻 📺 ☰ ♿   €€€€€

13, bd du Temple, 75003 ☎ *01 42 71 20 00* FAX *01 42 71 21 01* **Zimmer** *52*   **Stadtplan** *10 D1*

Das ultrahippe Murano ist das einzige Luxushotel im Marais. In den Zimmern hängen Werke der Pop-Art-Ikonen des 20. Jahrhunderts. Die Räume haben neueste Technologie sowie farbige Wechselbeleuchtung, die jeder Stimmung angepasst werden kann. Die coole Bar und das Restaurant runden den Glamour ab. **www.muranoresort.com**

MARAIS Pavillon de la Reine
🖥️ P ☰   €€€€€

28, pl des Vosges, 75003 ☎ *01 40 29 19 19* FAX *01 40 29 19 20* **Zimmer** *56*   **Stadtplan** *10 D3*

Das Pavillon de la Reine an der wundervollen Place des Vosges gilt als bestes Hotel im Marais. Das romantische Haus besitzt einen ruhigen Innenhof und bietet gut eingerichtete Zimmer, in denen stilvoll Antikmöbel platziert sind. **www.pavillon-de-la-reine.com**

MONTMARTRE Regyn's Montmartre
€€

18, pl des Abbesses, 75018 ☎ *01 42 54 45 21* FAX *01 42 23 76 69* **Zimmer** *22*   **Stadtplan** *4 E1*

Das günstige Hotel in der Nähe von Sacré-Cœur ist sehr gut in Schuss. Von den oberen Zimmern aus hat man einen herrlichen Blick auf den Eiffelturm. Um die Ecke liegt das Tabac des Deux Moulins (15, rue le Pic), wo Amélie in dem Film *Die fabelhafte Welt der Amélie* arbeitete. **www.paris-hotels-montmartre.com**

MONTMARTRE Relais Montmartre
🖥️ 🚻 ☰   €€€

6, rue Constance, 75018 ☎ *01 70 64 25 25* FAX *01 70 64 25 00* **Zimmer** *26*   **Stadtplan** *4 E1*

Mitten im Gewirr der steilen Straßen von Montmartre liegt dieses charmante Hotel. Hier ist alles weiblich sanft: florale Stoffe, antike Möbel und bemalte Deckenbalken. Ruhig, dezent und romantisch, doch ganz in der Nähe von den Restaurants des Stadtteils. **www.relaismontmartre.fr**

Preiskategorien *siehe S. 550* **Zeichenerklärung** *siehe hintere Umschlagklappe*

MONTMARTRE Terrass Hôtel 🖥️🍴🗒️ €€€€€

12–14, rue Joseph-de-Maistre, 75018 📞 *01 44 92 34 14* 📠 *01 42 52 29 11* **Zimmer** *98* **Stadtplan** *4 E1*

Montmartres luxuriösestes Hotel bietet komfortable Zimmer, die bemerkenswert möbliert sind. Einige wenige Räume besitzen noch die originale Art-déco-Täfelung. Fantastisch ist das Dachterrassen-Restaurant, wo sich die schicken Pariser im Sommer einen Weltklasse-Ausblick leisten. **www.terrass-hotel.com**

MONTPARNASSE Hôtel Apollon Montparnasse 🖥️🅿️🗒️ €€

91, rue Ouest, 75014 📞 *01 43 95 62 00* 📠 *01 43 95 62 10* **Zimmer** *39* **Stadtplan** *11 C3*

In der Nähe des Parc des Expositions an der Porte de Versailles residiert das Apollon Montparnasse – dekoriert mit griechischen Statuen und edlen Möbeln. Die Zimmer sind einfach, aber hübsch ausgestattet. Gegen eine zusätzliche Gebühr kann man hier parken. WLAN. **www.paris-hotel-paris.net**

MONTPARNASSE Hôtel Delambre Montparnasse 🖥️🗒️ €€€

35, rue Delambre, 75014 📞 *01 43 20 66 31* 📠 *01 45 38 91 76* **Zimmer** *30* **Stadtplan** *12 D2*

Nur ein paar Schritte vom Cimetière Montparnasse entfernt und in relativer Nähe zum Jardin de Luxembourg und zum Quartier Latin mischt dieses Hotel Modernes und Klassisches. Die Zimmer sind einfach möbliert, besitzen aber alle modernen Annehmlichkeiten. **www.delambre-paris-hotel.com**

MONTPARNASSE Hôtel Le Ste-Beuve 🖥️🗒️ €€€

9, rue Ste-Beuve, 75006 📞 *01 45 48 20 07* 📠 *01 45 48 67 52* **Zimmer** *22* **Stadtplan** *12 D1*

Das Ste-Beuve ist ein kleines, sorgfältig renoviertes Hotel für Ästheten – ideal für einen Bummel durch die Galerien am linken Seine-Ufer. In der Empfangshalle gibt es einen Kamin. Die Zimmer sind in Pastellfarben gehalten. Klassische und zeitgenössische Gemälde hängen an den Wänden. **www.hotel-sainte-beuve.fr**

MONTPARNASSE Le Saint-Grégoire 🖥️🅿️🗒️ €€€€€

43, rue de l'Abbé Grégoire, 75006 📞 *01 45 48 23 23* 📠 *01 45 48 33 95* **Zimmer** *20* **Stadtplan** *7 C5*

Le Saint-Grégoire ist ein angesagtes Hotel in einem Bürgerhaus. Die Zimmer sind mit Möbeln aus dem 19. Jahrhundert ausgestattet. Buchen können Sie auch ein Zimmer mit eigener Terrasse. Im Salon gibt es einen Kamin. Gegen eine zusätzliche Gebühr kann man hier parken. **www.hotelsaintgregoire.com**

MONTPARNASSE Villa des Artistes 🖥️🗒️ €€€

9, rue de la Grande Chaumière, 75006 📞 *01 43 26 60 86* 📠 *01 43 54 73 70* **Zimmer** *59* **Stadtplan** *12 D2*

Die Villa des Artistes versucht, an die große Zeit des Montparnasse anzuknüpfen, als sich Modigliani, Beckett und Scott Fitzgerald hier aufhielten. Die Zimmer sind sauber. Der große Innenhofgarten mit Brunnen ist ein echter Knüller. Hier kann man in himmlischer Ruhe frühstücken. **www.villa-artistes.com**

OPÉRA Ambassador 🖥️🍴📺🗒️ €€€€€

16, bd Haussmann, 75009 📞 *01 44 83 40 40* 📠 *01 42 46 19 84* **Zimmer** *294* **Stadtplan** *4 E4*

Das Ambassador, eines der schönsten Pariser Art-déco-Hotels, ist originalgetreu restauriert worden: dicke Teppiche, Antiquitäten, rosa Marmorsäulen im Erdgeschoss, Baccarat-Kristalllüster und Aubusson-Tapisserien. Das Restaurant 16 Haussmann ist eine Anlaufstelle für Pariser Gourmets. **www.ambassador.paris.radissonsas.com**

OPÉRA Édouard VII Hôtel 🖥️📺🎭🗒️ €€€€€

39 av de l'Opéra, 75002 📞 *01 42 61 56 90* 📠 *01 42 61 47 73* **Zimmer** *76* **Stadtplan** *4 E5*

Das einzige Hotel in der Avenue de l'Opéra liegt auf halber Strecke zwischen dem Louvre und der Opéra National de Paris Garnier – ein perfekter Ausgangspunkt für das Sightseeing. Wenn Sie ein Zimmer nach vorn nehmen, sehen Sie auf die Oper. **www.edouard7hotel.com**

OPÉRA Le Grand Hôtel Intercontinental 🖥️🅿️🍴📺🗒️ €€€€€

2, rue Scribe, 75009 📞 *01 40 07 32 32* 📠 *01 40 07 30 30* **Zimmer** *478* **Stadtplan** *4 D5*

Das Haus direkt neben der Opéra National de Paris Garnier ist ein Beispiel für guten Geschmack. In den Zimmern hängen Bilder, die alle ein musikalisches Thema zeigen (und damit die Lage des Hotels aufgreifen). Das Café de la Paix gehört zu den edlen Restaurants in dieser Gegend. **www.IHG.com**

QUARTIER LATIN Hôtel des Grandes Écoles 🖥️🅿️ €€

75, rue Cardinal Lemoine, 75005 📞 *01 43 26 79 23* 📠 *01 43 25 28 15* **Zimmer** *51* **Stadtplan** *9 B5*

Das Hotel besteht aus drei Gebäuden, die sich um einen schönen Garten gruppieren; bei gutem Wetter kann man hier frühstücken. Die Zimmer sind angenehm und mit Blumentapeten im Stil des 18. Jahrhunderts ausgestattet. Einige liegen zum Innenhof hin. Internet-Zugang und WLAN. **www.hotel-grandes-ecoles.com**

QUARTIER LATIN Hôtel des Grands Hommes 🖥️🎭🗒️ €€

17, pl du Panthéon, 75005 📞 *01 46 34 19 60* 📠 *01 43 26 67 32* **Zimmer** *31* **Stadtplan** *13 A1*

Lehrpersonal und Forscher der Sorbonne steigen gern in dem familiengeführten, beim Jardin du Luxembourg gelegenen Hotel ab. Von den Zimmern oben hat man eine schöne Sicht auf das Panthéon. Die Zimmer sind komfortabel eingerichtet. WLAN. **www.hoteldesgrandshommes.com**

QUARTIER LATIN Hôtel Esmeralda €€

4, rue St-Julien-le-Pauvre, 75005 📞 *01 43 54 19 20* 📠 *01 40 51 00 68* **Zimmer** *19* **Stadtplan** *9 A4*

Das bei der Boheme beliebte Hôtel Esmeralda liegt im Herzen des Quartier Latin. Die alten Steinwände mit den Balkendecken haben es schon Gästen wie Terence Stamp oder Serge Gainsbourg angetan. Die besten Zimmer bieten Aussicht auf Notre-Dame. Frühstück wird hier erst gar nicht angeboten.

Stadtplan Paris *siehe Seiten 154–169*

QUARTIER LATIN Hôtel les Degrès de Notre-Dame 🔢 €€
10, rue des Grands Degrès, 75005 📞 *01 55 42 88 88* FAX *01 40 46 95 34* **Zimmer** *10* — *Stadtplan 9 B4*

Ein freundlicher Platz zum Übernachten. Das Personal ist herzlich, und die Holztäfelung und Balkendecken tragen zum heimeligen Ambiente des Hauses bei. Hübsche Zimmer – auf Wunsch mit Internet-Zugang. Das Bar-Restaurant und der Teesalon bieten hervorragende Mahlzeiten zum angemessenen Preis. **www.lesdegreshotel.com**

QUARTIER LATIN Hôtel de Notre-Dame €€€
19, rue Maître Albert, 75006 📞 *01 43 26 79 00* FAX *01 46 33 50 11* **Zimmer** *34* — *Stadtplan 9 B5*

Das malerische Hôtel de Notre-Dame blickt auf die Kathedrale und die Seine auf der einen und auf das Panthéon auf der anderen Seite. Die Zimmer sind funktional, einige haben Balkendecken oder auch alte Steinwände. Hier zählt einfach die Lage. Das Hotel besitzt eine Sauna und bietet WLAN. **www.hotel-paris-notredame.com**

QUARTIER LATIN Hôtel du Panthéon €€€
19, pl du Panthéon, 75005 📞 *01 43 54 32 95* FAX *01 43 26 64 65* **Zimmer** *36* — *Stadtplan 13 A1*

Dieses Hotel und das Hôtel des Grands Hommes werden von derselben Familie geleitet: Der Service ist ähnlich herzlich, das Dekor ebenfalls klassisch. Zimmer Nr. 34 bietet mit einem Himmelbett den größten Luxus. WLAN im gesamten Hotel. **www.hoteldupantheon.com**

ST-GERMAIN-DES-PRÉS Hôtel du Quai Voltaire €€
19, quai Voltaire, 75007 📞 *01 42 61 50 91* FAX *01 42 61 62 26* **Zimmer** *33* — *Stadtplan 8 D2*

Das Hotel an der Seine war einst die Lieblingsabsteige von Blondin, Baudelaire und Pissarro und »spielte« schon in einigen Filmen mit. Die Zimmer zum Quai Voltaire hin sind ziemlich laut. Weiter oben wird es leiser – und die Aussicht wird vor allem besser. **www.quaivoltaire.fr**

ST-GERMAIN-DES-PRÉS Grand Hôtel des Balcons €€€
3, rue Casimir Delavigne, 75006 📞 *01 46 34 78 50* FAX *01 46 34 06 27* **Zimmer** *50* — *Stadtplan 8 F5*

Das Hotel mit Jugendstil-Ambiente hat eine wunderschöne Halle mit Bleiglasfenstern, Holztäfelung und edlen Leuchten im Stil des 19. Jahrhunderts. Die meisten der ruhigen und hübsch eingerichteten Zimmer haben einen Balkon. WLAN. **www.hotelgrandsbalcons.com**

ST-GERMAIN-DES-PRÉS Hôtel des Marronniers €€€
21, rue Jacob, 75006 📞 *01 43 25 30 60* FAX *01 40 46 83 56* **Zimmer** *37* — *Stadtplan 8 E3*

Das Hotel liegt zwischen einem Innenhof und einem Garten und bietet perfekte Ruhe. Die anheimelnden, relativ frisch renovierten Zimmer sind im Landhausstil eingerichtet. Die Zimmer im vierten Stock (Gartenseite) blicken auf die Pariser Dächerlandschaft und auf die Kirche St-Germain-des-Prés. **www.hotel-marronniers.com**

ST-GERMAIN-DES-PRÉS Hôtel des Sts-Pères €€€
65, rue des Sts-Pères, 75006 📞 *01 45 44 50 00* FAX *01 45 44 90 83* **Zimmer** *39* — *Stadtplan 8 E3*

Das Hotel liegt in einem der alten Patrizierhäuser von St-Germain-des-Prés. Die Zimmer sind groß und sehr ruhig. Das schönste Zimmer bietet ein fantastisches Fresko an der Decke. An der Lounge-Bar tummeln sich Autoren und Lektoren von den Verlagshäusern der Umgebung. **www.paris-hotel-saints-peres.com**

ST-GERMAIN-DES-PRÉS Hôtel d'Angleterre €€€
44, rue Jacob, 75006 📞 *01 42 60 34 72* FAX *01 42 60 16 93* **Zimmer** *27* — *Stadtplan 8 E3*

Früher war dies die Britische Botschaft – das Hôtel d'Angleterre hat einige der Originalteile übernommen, etwa die schöne alte Wendeltreppe, den exquisiten Garten und den Kaminsims des Salons. Die Zimmer sind individuell eingerichtet, einige haben Balkendecken und wunderbare Himmelbetten. **www.hotel-dangleterre.com**

ST-GERMAIN-DES-PRÉS Hôtel de l'Abbaye St-Germain €€€€
10, rue Cassette, 75006 📞 *01 45 44 38 11* FAX *01 45 48 07 86* **Zimmer** *44* — *Stadtplan 8 D5*

Das Hotel im Kloster aus dem 17. Jahrhundert liegt gleich beim Jardin du Luxembourg. Das charmante Haus war in der Vergangenheit ein Rückzugsort von Malern und Schriftstellern. Die schön möblierten Zimmer und Apartments wurden sanft modernisiert. Echte Highlights: die vier Duplex-Apartments. **www.hotelabbayeparis.com**

ST-GERMAIN-DES-PRÉS L'Hôtel €€€€€
13, rue des Beaux-Arts, 75006 📞 *01 44 41 99 00* FAX *01 43 25 64 81* **Zimmer** *20* — *Stadtplan 8 E3*

Luxus und Überfluss – das von Jacques Garcia entworfene Hotel ist der Gipfel an Dekadenz. Jedes Zimmer ist einzigartig. Am berühmtesten ist die Oscar-Wilde-Suite, in der der Autor starb und die mit Möbeln aus dieser Zeit eingerichtet ist. Der Wellness-Bereich ist ein Traum. Das Restaurant hat einen Michelin-Stern. **www.l-hotel.com**

ST-GERMAIN-DES-PRÉS Lutétia €€€€
45, bd Raspail, 75006 📞 *01 49 54 46 46* FAX *01 49 54 46 00* **Zimmer** *230* — *Stadtplan 8 D4*

Das Lutétia ist das glamouröseste Haus auf dem rechten Seine-Ufer. Das Gebäude ist zu einem Teil Jugendstil, zum anderen Art-déco-Stil. Es wurde komplett renoviert. Verleger und Fashion Victims kann man im Hotelrestaurant antreffen. Das Lutétia hat eine Spitzenlage. **www.lutetia-paris.com**

ST-GERMAIN-DES-PRÉS Relais Christine €€€€€
3, rue Christine, 75006 📞 *01 40 51 60 80* FAX *01 40 51 60 81* **Zimmer** *51* — *Stadtplan 8 F4*

Das Relais Christine ist ein *hôtel de charme* und immer ausgebucht. Das romantische Haus ist Teil des Kreuzgangs eines Klosters aus dem 16. Jahrhundert. Die Zimmer, vor allem die Luxuszimmer, sind hell und geräumig. WLAN. Frühzeitige Reservierung empfehlenswert. **www.relais-christine.com**

TUILERIES Brighton €€€

218, rue de Rivoli, 75001 01 47 03 61 61 FAX *01 42 60 41 78* **Zimmer** 65 **Stadtplan** 8 D1

Das Brighton ist etwas für Insider, eine nicht allzu teure Adresse in der Rue de Rivoli. Die Zimmer besitzen hohe Decken und große Fenster, die entweder auf den Jardin des Tuileries oder – zur anderen Seite hin – auf den Innenhof gehen. **www.esprit-de-france.com**

TUILERIES Hôtel Louvre Ste-Anne €€€

32, rue Ste-Anne, 75001 01 40 20 02 30 FAX *01 40 15 91 13* **Zimmer** 20 **Stadtplan** 8 E1

Das kleine Hotel liegt nur fünf Minuten vom Louvre und von der Opéra entfernt. Es wirkt etwas angestaubt, doch die Zimmer sind sauber, das Personal ist hilfreich. In der Lobby gibt es ein großes Trompe-l'Œil-Gemälde. Das Hotel ist bei Japanern beliebt, die gern in die nahen Sushi-Restaurants gehen. **www.paris-hotel-louvre.com**

TUILERIES Hôtel du Louvre €€€€

Place André Malraux, 75001 01 44 58 37 44 FAX *01 44 58 38 01* **Zimmer** 177 **Stadtplan** 8 E1

Frankreichs erstes Luxushotel wurde 1855 auf Anweisung von Napoléon III errichtet. Die überbordend eingerichteten Zimmer bieten spektakuläre Ausblicke: In der Pissarro Suite malte Pissarro den Blick auf die Place du Théâtre Français in Blau. Pariser besuchen gern die angesagte Brasserie zum Lunch. **www.hoteldulouvre.com**

TUILERIES Hôtel de Crillon €€€€€

10, pl de la Concorde, 75008 01 44 71 15 00 FAX *01 44 71 15 02* **Zimmer** 147 **Stadtplan** 7 C1

In herrlicher Lage an der Place de la Concorde bietet das Crillon unglaubliche Eleganz. Das Hotel hat eine Königssuite, eine Terrasse, einen exquisiten Speisesaal und eine Bar, die von der französischen Modeschöpferin Sonia Rykiel entworfen wurde. **www.crillon.com**

TUILERIES Meurice €€€€€

228, rue de Rivoli, 75001 01 44 58 10 10 FAX *01 44 58 10 15* **Zimmer** 150 **Stadtplan** 8 D1

Das Meurice wurde beispielhaft renoviert – mit originalgetreuen Nachbildungen der Stuckornamente und der Möblierung. Das Personal ist ausgesprochen hilfreich und bietet Shopping-Dienste und Begleitung bei Kunstkäufen an. Im exquisiten Wellness-Bereich kann man perfekt relaxen. **www.lemeurice.com**

TUILERIES Ritz €€€€€

15, pl Vendôme, 75001 01 43 16 30 70 FAX *01 43 16 45 38* **Zimmer** 162 **Stadtplan** 4 D5

Das legendäre Ritz lebt nicht nur von seinem alten Renommee; es kombiniert nach wie vor Eleganz mit Dekadenz. Die Louis-XVI-Möbel und die Lüster sind noch original. Die Blumenarrangements des Hauses sind kleine Kunstwerke. In der Hemingway-Bar trifft man auf die Schönen und Reichen. **www.ritzparis.com**

Île de France

BARBIZON Hostellerie La Dague €

5, grande rue, 77630 01 60 66 40 49 FAX *01 60 69 24 59* **Zimmer** 25

Das rustikale, efeubewachsene Gebäude liegt im Künstlerviertel mitten im Wald. Die romantische Szenerie ist bei Parisern sehr beliebt, weshalb man frühzeitig buchen sollte. Die hellen Zimmer sind hübsch möbliert. Es gibt zudem einen modernen Anbau. Das traditionelle Restaurant genießt einen guten Ruf. **www.ladague.com**

BELLEVILLE Mama Shelter €

109, rue de Bagnolet, 75020 01 43 48 48 48 FAX *01 43 48 49 49* **Zimmer** 172

Das Hotel wurde von Philippe Starck designt und bietet preisgünstige Zimmer bei fester Reservierung und garantierter Bezahlung – ansonsten verdoppeln sich die Preise. Auf den Zimmern gibt es iMacs, Satinkissen und Mikrowelle. Trendige Lounge-Bar und ein ansprechendes Restaurant. **www.mamashelter.com**

ENGHIEN-LES-BAINS Grand Hôtel Barrière €€€

85, rue Général de Gaulle, 95880 01 39 34 10 00 FAX *01 39 34 10 01* **Zimmer** 43

Das Grand Hôtel liegt im Zentrum des Kurorts an einem See. Die Zimmer sind vor Kurzem von Jacques Garcia neu gestaltet worden. Sie sind ausgesprochen luxuriös; einige sind im Louis-XV-Stil möbliert. Weitere Pluspunkte: das traditionsreiche Gourmet-Restaurant und das Casino. **www.lucienbarriere.com**

FONTAINEBLEAU Grand Hôtel de l'Aigle Noir €€€€

27, pl de Napoléon Bonaparte, 77300 01 60 74 60 00 FAX *01 60 74 60 01* **Zimmer** 18

Das altehrwürdige Herrenhaus blickt auf das Château und seinen großen Park. Die eleganten Zimmer sind à la Louis XIII bis Napoléon III eingerichtet. An der Rezeption kann man diverse Aktivitäten und Ausflüge in die Umgebung organisieren. Die Bar serviert den ganzen Tag über Snacks. **www.hotelaiglenoir.com**

MAFFLIERS Château de Maffliers €€

Allée des Marronniers, 95560 01 34 08 35 35 FAX *01 34 08 35 00* **Zimmer** 99

Das Schloss (19. Jh.) liegt im Waldgebiet von L'Isle d'Adam und ist von einem großen Privatpark umgeben. Die modernen Zimmer lassen keine Annehmlichkeit vermissen. Zudem gibt es ein paar Nichtraucher-Zimmer und einige behindertengerechte Räume. Räder für Fahrten durch das Waldgebiet werden gestellt. **www.novotel.com**

Stadtplan Paris *siehe Seiten 154–169*

ROISSY-CHARLES-DE-GAULLE Sheraton Paris Airport

Terminal 2, Roissy, 95716 📞 *01 49 19 70 70* FAX *01 49 19 70 71* **Zimmer** *247*

Das neue Sheraton wurde in den Terminal 2 gebaut. Alle, die früh einchecken müssen, können hier maximal lang ausschlafen. Die komfortablen Zimmer bieten viele Annehmlichkeiten sowie dreifach verglaste Fenster: Man kann die Landung von Flugzeugen beobachten, ohne den Lärm zu hören. **www.sheratonparisairport.fr**

ST-GERMAIN-EN-LAYE Pavillon Henri IV

19–21, rue Thiers, 78100 📞 *01 39 10 15 15* FAX *01 39 73 93 73* **Zimmer** *42*

Das Hotel ist in einer historischen Jagdhütte von Henri IV untergebracht. Hier wurde 1638 Louis XIV geboren. Später schrieb Dumas an diesem Ort *Die drei Musketiere*. Man genießt eine herrliche Panoramasicht auf Paris. Das Gourmet-Restaurant ist ausgezeichnet. Stilvoll eingerichtete Zimmer. **www.pavillon-henri-4.com**

ST-PRIX Hostellerie du Prieuré

74, rue Auguste Rey, 95390 📞 *01 34 27 51 51* FAX *01 39 59 21 21* **Zimmer** *8*

Das einstige Bistro liegt eine 15-minütige Zugfahrt von der Gare du Nord entfernt und bietet nun acht geräumige, individuell eingerichtete Zimmer. Das »Pompadour«-Zimmer ist besonders groß, in der Ferne sieht man Paris. Serviert wird ein grandioses Frühstück. Restaurants gibt es in der Nähe. Freundlicher Service. **www.hostelduprieure.com**

ST-SYMPHORIEN LE CHÂTEAU Château d'Esclimont

28700 📞 *02 37 31 15 15* FAX *02 37 31 57 91* **Zimmer** *53*

Das Märchenschloss aus dem 16. Jahrhundert besitzt einen Privatwald, Tennisplätze, einen Golfplatz und ein Fitness-Center. Das Gebäude mit seinen hübschen Türmchen bietet sehr gepflegte, komfortable Zimmer. Das Gourmet-Restaurant verwöhnt seine Gäste nach Strich und Faden. Hunde sind willkommen. **www.grandesetapes.fr**

VERSAILLES Hôtel de Clagny

6, impasse de Clagny, 78000 📞 *01 39 50 18 09* FAX *01 39 50 85 17* **Zimmer** *21*

Das ruhig gelegene Hotel in der Nähe des Bahnhofs von Versailles verströmt eine warmherzige Atmosphäre. Die Zimmer sind einfach, aber sauber. Im Umkreis des Hotels liegen zahlreiche Restaurants. Die Hotelbesitzer beraten Sie gern und geben Ihnen vielfältige Tipps.

VERSAILLES Trianon Palace

1, bd de la Reine, 78000 📞 *01 30 84 50 00* FAX *01 30 84 50 01* **Zimmer** *199*

Das Trianon ist zweifellos das glamouröseste Hotel der Gegend. Es ist im Regency-Stil erbaut und bietet grandiose Luxuszimmer. Sein Gourmet-Restaurant ist das Tüpfelchen auf dem i. Für Gäste gibt es zudem einen türkischen Hamam zur Entspannung. **www.trianonpalace.fr**

Norden und Picardie

AMIENS Hôtel de Normandie

1 bis, rue Lamartine, 80000 📞 *03 22 91 74 99* FAX *03 22 92 06 56* **Zimmer** *28*

Das angenehme Hotel mit der Ziegel-Stuck-Fassade liegt in einer ruhigen Straße in der Nähe der Kathedrale und des Bahnhofs. Die Zimmer sind geräumig und modern möbliert. Es gibt ein Arrangement mit Le T'Chiot Zinc, einem traditionellen Restaurant, in dem Gäste preiswert essen können. Parken kostet zusätzlich. **www.hotelnormandie-80.com**

AMIENS Victor Hugo

2, rue de l'Oratoire, 80000 📞 *03 22 91 57 91* FAX *03 22 92 74 02* **Zimmer** *10*

Das familienfreundliche Haus nahe der berühmten Kathedrale von Amiens ziert eine steinerne Bibel in der Fassade. Eine alte Holztreppe führt zu den Zimmern hinauf. Das Hotel ist ein idealer Ausgangspunkt, um die Stadt zu erkunden. Läden, Restaurants und Bars liegen in Gehweite. **www.hotel-a-amiens.com**

BERCK-SUR-MER Hôtel Neptune

Esplanade Parmentier, 62600 📞 *03 21 09 21 21* FAX *03 21 09 29 29* **Zimmer** *63*

Das exzellente, ultramoderne Hotel liegt fast direkt am Meer. Die Zimmer sind hell und luftig, viele bieten eine schöne Aussicht. Die Zimmer sind alle behindertengerecht. Das Restaurant mit schöner Aussicht serviert traditionelle regionale Küche, darunter auch Seafood-Spezialitäten. **www.hotelneptuneberck.com**

BOULOGNE-SUR-MER Hôtel Hamiot

1, rue Faidherbe, 62200 📞 *03 21 31 44 20* FAX *03 21 83 71 56* **Zimmer** *12*

Das lebhafte Hotelrestaurant am Hafen wurde aufgefrischt, besitzt aber dennoch einige altmodische Zimmer mit kahlen Wänden, bunten Tagesdecken und dunklen Möbeln. Das Grand Restaurant bietet ausgezeichnete französische Küche mit Ausblick. Die Terrasse der preiswerteren Brasserie ist immer voll. **www.hotelhamiot.com**

CALAIS Kyriad

Digue G. Berthe, 62100 📞 *03 21 34 64 64* FAX *03 21 34 35 39* **Zimmer** *44*

Das moderne Hotelrestaurant liegt direkt am Strand, hinter Reihen von altmodischen Badehütten. Die Zimmer sind für bis zu drei Gäste ausgelegt und behindertengerecht ausgestattet. Das Restaurant bietet wechselnde Menüs. **www.hotel-plage-calais.com**

CAMBRAI Château de la Motte Fénélon   🅿 🍽 📺   €

Square Château, 59400 📞 *03 27 83 61 38* 🆂 *03 27 83 71 61* **Zimmer** *40*

Das Château von 1850 liegt in einem hübschen Garten. Im Hauptgebäude gibt es große, sehr schöne Zimmer, in den Nebengebäuden sind die Räume bescheidener. Das Restaurant serviert in einem Gewölbekeller ausgezeichnete traditionelle französische Küche. **www.cambrai-chateau-motte-fenelon.com**

CHANTILLY-GOUVIEUX Château de la Tour   🅿 🍽 🏊 🏃 📺   €€€€

Chemin de la Chaussée, 60270 📞 *03 44 62 38 38* 🆂 *03 44 57 31 97* **Zimmer** *41*

Die imposante Fin-de-Siècle-Residenz liegt nur 20 Minuten vom Flughafen Charles de Gaulle entfernt. Das Luxusanwesen steht auf einem großen Privatgrundstück. Der Speisesaal hat hübsche Holzböden. Die Terrasse ist für Entspannung wie gemacht. Es gibt auch Zimmer für behinderte Gäste. **www.lechateaudelatour.fr**

DOUAI La Terrasse   🅿 🍽 ♿   €€

36, terrasse St-Pierre, 59500 📞 *03 22 85 04 43* 🆂 *03 22 8506 69* **Zimmer** *24*

Das charmante Hotel ist relativ unprätentiös. Die Leidenschaft des Besitzers für Malerei ist allerdings überall sichtbar. Das exzellente Restaurant bietet fangfrisches Seafood an. Der Keller ist mit einer Auswahl an edlen Weinen bestückt. **www.laterrasse.fr**

DUNKERQUE Hôtel La Reserve   🍽   €

82, quai des Hollandais, 59140 📞 *03 28 66 50 21* 🆂 *03 28 66 74 44* **Zimmer** *12*

Das kleine Hotel im Zentrum von Dünkirchen wurde 2007 von den neuen Besitzern renoviert. Die attraktiven Zimmer blicken auf den Yachthafen. Im Erdgeschoss gibt es ein beliebtes, preiswertes Restaurant, das eine große Auswahl an Fischgerichten serviert. **la.reserve@orange.fr**

FÈRE-EN-TARDENOIS Château de Fère   🅿 🍽 🏊 🏃 📺   €€€

Route de Fismes, 02130 📞 *03 23 82 21 13* 🆂 *03 23 82 37 81* **Zimmer** *19 (plus 7 Suiten)*

Im Hintergrund des Bauwerks aus dem 16. Jahrhundert liegen die Ruinen der mittelalterlichen Burg von Anne de Montmorency. Jedes der Zimmer ist einzigartig eingerichtet. Die beiden Speisesäle sind großartig – sie haben Zugriff auf einen sehr gut sortierten Weinkeller. Behindertengerechte Zimmer. **www.chateaudefere.com**

GOSNAY La Chartreuse du Val de St-Esprit   🔲 🅿 🍽 🏃 📺 📋   €€€

1, rue de Fouquières, 62199 📞 *03 21 62 80 00* 🆂 *03 21 62 42 50* **Zimmer** *63*

Das Hotel liegt außerhalb von Bethune in einem eleganten Schloss von 1764. Die großen Zimmer bieten alle Ausblick auf einen baumbestandenen Park. Es gibt drei Restaurants: das Chartreuse für Gourmets, das Robert II für traditionelle Küche und das Le Vasco für moderne, innovative Küche. **www.lachartreuse.com**

HARDELOT PLAGE Hôtel du Parc   🔲 🅿 🍽 🏊 🏃 ♿   €€

111, av François Ier, 62152 📞 *03 21 33 22 11* 🆂 *03 21 83 29 71* **Zimmer** *81*

Das lichtdurchflutete, moderne Hotel bietet Zimmer mit Balkon oder Terrasse, die auf die ausgedehnte Gartenanlage blicken. Das Haus liegt nur 30 Minuten vom angesagten Le Touquet entfernt. Auch die Küste und zwei Golfplätze liegen in der Nähe. Gutes Restaurant. **www.hotelduparc-hardelot.com**

LAON-VILLE HAUTE Hôtel La Bannière de France   🅿 🍽 ♿   €€

11, rue Franklin Roosevelt, 02000 📞 *03 23 23 21 44* 🆂 *03 23 23 31 56* **Zimmer** *18*

Das Hotel in einer Herberge von 1685 ist ein guter Ausgangspunkt, um die Altstadt von Laon zu besichtigen. Die Zimmer wurden kürzlich neu möbliert und sind sehr ansprechend. Der Speisesaal kombiniert klassische französische Küche mit dem Charme des alten Europa. **www.hoteldelabanrieredefrance.com**

LE TOUQUET Hôtel Blue Cottage   🅿 🍽   €€€

41, rue Jean Monnet, 62520 📞 *03 21 05 15 33* 🆂 *03 21 05 41 60* **Zimmer** *25*

Das moderne Hotel liegt im Ortszentrum unweit des Strands. In der Nähe befinden sich die Markthalle und die lebhafte Rue St-Jean. Die Zimmer sind geräumig und modern eingerichtet, es gibt Nichtraucher-Zimmer. Das Restaurant bietet wechselnde Menüs und abends ein Büfett. **www.blue-cottage.com**

LILLE Hôtel Kanai   📋   €€

10, rue de Béthune, 59000 📞 *03 20 57 14 78* 🆂 *03 20 57 06 01* **Zimmer** *31*

Elegante Arkaden markieren den Eingang zum Hotel, das in der Nähe des Weihnachtsmarkts liegt. Die preisgünstigen Zimmer sind modern ausgestattet. In der Bibliothek des Hauses gibt es Tageszeitungen. Kinder unter 13 Jahren übernachten kostenlos. **www.hotelkanai.com**

LILLE Alliance Couvent des Minimes   🔲 🅿 🍽 📋   €€€€

17, quai du Wault, 59000 📞 *03 20 30 62 62* 🆂 *03 20 42 94 25* **Zimmer** *80*

Das Hotel in einem ehemaligen Kloster aus dem 17. Jahrhundert verbindet alte und moderne Elemente. Traditionelle flämische Bogen umgeben den Speisesaal, der ein imposantes Dach besitzt. Die Zimmer sind in fabelhaftem modernem Design eingerichtet. Behinderte Gäste können voll versorgt werden. **www.alliance-lille.com**

LONGPONT Hôtel de l'Abbaye   🅿 🍽   €

8, rue des Tourelles, 02600 📞 *03 23 96 02 44* 🆂 *03 23 96 02 44* **Zimmer** *11*

Das Hotel zwischen Soissons und Villers-Cotterêts ist nach der nahen Abtei aus dem 12. Jahrhundert benannt – und es ist fast genauso alt. Die Zimmer sind altmodisch, aber komfortabel. Das beliebte Restaurant serviert *cuisine du terroir*, im Winter oft Grillgerichte und Wildgerichte. **www.hotel-abbaye-longpont.fr**

LUMBRES Moulin de Mombreux   `P` `11`   €€

Route de Beyenghem, 62380 `03 21 39 62 44` FAX *03 21 93 61 34* **Zimmer 24**

Dem Charme der romantischen, ehemaligen Mühle (18. Jh.), die versteckt auf eigenem Gelände am Ufer des Flusses Bléquin liegt, kann man sich kaum entziehen. Die Gäste schlafen zum Rauschen eines Wasserfalls ein. Das Restaurant mit seinen rustikalen Holzbalken ist mit Antiquitäten möbliert. **www.moulindemombreux.com**

MAUBEUGE Hôtel Shakespeare   `P` `11` `&`   €

3, rue du Commerce, 59600 `03 27 65 14 14` FAX *03 27 64 04 66* **Zimmer 35**

Das funktionale und gut geführte Hotel reißt kein Loch in die Reisekasse. Die Fassade macht einen etwas altmodischen Eindruck. Die Terrasse des Bistro-Restaurants, das eine Auswahl an Grillgerichten anbietet, ist überdacht. Das Personal ist freundlich. **www.shakespearehotelmaubeuge.fr**

MONTREUIL Le Darnétal   `11`   €

Place Poissonerie, 62170 `03 21 06 04 87` FAX *03 21 86 64 67* **Zimmer 4**

Das winzige Hotel mit altmodischen Zimmern liegt in der Oberstadt von Montreuil. Das Haus ist mit vielen Bildern, Krimskrams und Kupferteilen geschmückt. Es besitzt ein beliebtes Restaurant, das gute Fischgerichte serviert. Frühzeitige Reservierung empfehlenswert. **www.darnetal-montreuil.com**

MONTREUIL Château de Montreuil   `P` `11`   €€€€

4, chaussée des Capucins, 62170 `03 21 81 53 04` FAX *03 21 81 36 43* **Zimmer 18**

Dies ist das einzige Relais-et-Châteaux-Hotel in Nord-Pas-de-Calais. Der elegante Bau liegt innerhalb der Wälle des alten Montreuil, bevor das Land hier versandete und Montreuil sich landeinwärts verlagerte. Die Gartenanlage ist herrlich. Das exzellente Restaurant hat eine gute Weinkarte. **www.chateaudemontreuil.com**

REUILLY-SAUVIGNY L'Auberge le Relais   `P` `11`   €€

2, rue de Paris, 02850 `03 23 70 35 36` FAX *03 23 70 27 76* **Zimmer 7**

Das Hotelrestaurant ist ein guter Ausgangspunkt für einen Besuch der Kellereien der Champagne, auch derjenigen von Épernay und Reims. Die hübschen Zimmer sind bunt ausgestattet. Ein schöner Wintergarten geht direkt auf den Garten. Ebenfalls empfehlenswert: das Gourmet-Restaurant. **www.relaisreuilly.com**

SARS-POTERIE Hôtel du Marquais   `P`   €

65, rue Général de Gaulle, 59216 `03 27 61 62 72` FAX *03 27 57 47 35* **Zimmer 11**

Einst war es ein Bauernhof, nun ist es ein freundliches familiengeführtes Hotel. Die moderne Farbgebung der Zimmer passt gut zu den alten Möbeln und Fotografien. An Sonnentagen wird das Frühstück im Garten serviert. Es gibt auch einen privaten Tennisplatz. **www.hoteldumarquais.com**

ST-OMER Hôtel St-Louis   `P` `11`   €

25, rue d'Arras, 62500 `03 21 38 35 21` FAX *03 21 38 57 26* **Zimmer 30**

Bei der einstigen Herberge sind noch die Torbogen zu sehen, durch die Pferde und Kutschen zu den Ställen gebracht wurden. Das Hotel liegt ideal, um St-Omer zu erkunden. Es gibt behindertengerechte Zimmer. Die Zimmer im Anbau sind modern eingerichtet. Für das leibliche Wohlbefinden gibt es eine Brasserie. **www.hotel-saintlouis.com**

ST-QUENTIN Hôtel des Canonniers   `P`   €

15, rue des Canonniers, 02100 `03 23 62 87 87` FAX *03 23 62 87 86* **Zimmer 14**

Das alte Stadthaus wurde in ein komfortables Familienhotel umgewandelt. Obwohl es im Zentrum von St-Quentin liegt, ist es erstaunlich ruhig. Es gibt große Zimmer und einige Familiensuiten. An schönen Tagen wird das Frühstück im Garten des Innenhofs serviert. **www.hotel-canonniers.com**

VERVINS La Tour du Roy   `P` `11`   €€

45, rue du Général Leclerc, 02140 `03 23 98 00 11` FAX *03 23 98 00 72* **Zimmer 22**

Das prächtige, dreitürmige Schloss aus dem 17. Jahrhundert war 1870, 1914 und 1940 Hauptquartier des deutschen Heers. General de Gaulle hielt sich 1956 hier auf. Das Château bietet stattliche Zimmer. Im Hotelrestaurant kann man exzellent essen. **www.latourduroy.com**

WIMEREUX Hôtel St Jean   `P` `&`   €€

1, rue Georges Romain, 62930 `03 21 83 57 40` FAX *03 21 91 62 97* **Zimmer 24**

Das Hotel im Zentrum liegt in einem attraktiven alten Gebäude. Die hübschen Zimmer haben eine frische Farbgebung. Spa, Sauna und Golfplatz (3 km entfernt). Die Bar hat 24 Stunden lang geöffnet. Da Parkplätze begrenzt sind, sollte man rechtzeitig reservieren. **www.hotel-saint-jean.fr**

Champagne

BAZEILLES L'Auberge du Port   `P` `11`   €

Route de Remilly, 08140 `03 24 27 13 89` FAX *03 24 29 35 58* **Zimmer 20**

Das ruhig gelegene Landhotel befindet sich nur etwas außerhalb der Altstadt von Sedan. Es liegt in einem Garten in der Nähe der Meuse. Die Gartenblumen spiegeln sich im Dekor der renovierten Zimmer wider. Das Restaurant blickt auf den Fluss und besitzt eine hübsche Veranda. *Geschlossen: 2.–22. Aug.* **www.auberge-du-port.fr**

Preiskategorien *siehe S. 550* **Zeichenerklärung** *siehe hintere Umschlagklappe*

CHÂLONS-EN-CHAMPAGNE Hôtel du Pot d'Étain 🔲 P ©

18, pl de la République, 51000 📞 *03 26 68 09 09* FAX *03 26 68 58 18* **Zimmer 29**

Das Hotel liegt im Zentrum von Châlons-en-Champagne im Herzen der Weinberge der Champagne. Das attraktive Gebäude stammt aus dem 15. Jahrhundert. Die hübschen Zimmer sind mit Antiquitäten möbliert. Zum Frühstück gibt es hausgemachte Pasteten und Croissants. **www.hotel-lepotdetain.com**

CHAMPILLON Royal Champagne P ⅈ 夫 目 ᴋ ©©©©

Bellevue, 51160 📞 *03 26 52 87 11* FAX *03 26 52 89 69* **Zimmer 25**

Die ideale Absteige für Champagner-Liebhaber: Die einstige Herberge ist nun ein Relais-et-Châteaux-Haus und besitzt einen erstklassigen Ruf als Hotel und als Restaurant. Die elegant eingerichteten Zimmer haben Aussicht auf die Weinberge und das Marne-Tal. Die Weinkarte ist – natürlich – fantastisch. **www.royalchampagne.com**

CHARLEVILLE-MÉZIÈRES Hôtel de Paris P ©

24, av Georges Corneau, 08000 📞 *03 24 33 34 38* FAX *03 24 59 11 21* **Zimmer 27**

Das Hotel liegt nur etwa fünf Minuten vom Zentrum vom Hauptstadt der französischen Ardennen mit der Place Ducale entfernt. Es erstreckt sich über drei einzeln stehende Gebäude. Die modernen Zimmer haben Schallschutz. Ganz in der Nähe gibt es diverse Restaurants. **www.hoteldeparis08.fr**

COLOMBEY-LES-DEUX-ÉGLISES La Grange du Relais P ⅈ 🏊 ᴋ ©

26, route Nationale 19, 52330 📞 *03 25 02 03 89* FAX *03 25 01 51 81* **Zimmer 10**

Das hübsche Gästehaus auf dem Land liegt nur einen kurzen Spaziergang vom Heim Charles de Gaulles entfernt. Von hier aus kann man gut Clairvaux besuchen und die Champagnerkellerei Drappier (der von de Gaulle präferierte Champagner) in Urville. Die weiträumigen Zimmer liegen in den einstigen Ställen. **www.lagrangedurelais.fr**

COURCELLES-SUR-VESLE Château de Courcelles P ⅈ 🏊 夫 ⅿ 目 ©©©©

8, rue du Château, 02220 📞 *03 23 74 13 53* FAX *03 23 74 06 41* **Zimmer 18**

Das Louis-XIV-Schloss wurde um 1690 errichtet. Die Gebäude sind sorgfältig restauriert und beherbergen nun auch ein erstklassiges Restaurant (super Weinkarte). Es gibt 20 Hektar Park, gute Sportanlagen und Einrichtungen für Behinderte. Den Bäumen sieht man noch den Beschuss aus dem Ersten Weltkrieg an. **www.chateau-de-courcelles.fr**

ÉPERNAY Hôtel de la Cloche ⅈ ©

3, pl Mendès-France, 51200 📞 *03 26 55 15 15* FAX *03 26 55 64 88* **Zimmer 19**

Das Hôtel de la Cloche ist das preiswerteste Hotel in Épernay und liegt nur ein paar Meter von der Kirche Notre-Dame entfernt. Zur Avenue de Champagne, wo all die großen Champagner-Marken angesiedelt sind, ist es nur ein kurzer Spaziergang. Die hellen Zimmer des Hauses sind modern möbliert. **www.hotel-la-cloche.com**

ÉPERNAY Hôtel Villa Eugène 🔲 P 🏊 夫 目 ©©

82–84, av de Champagne, 51200 📞 *03 26 32 44 76* FAX *03 26 32 44 98* **Zimmer 15**

Die Residenz aus dem 19. Jahrhundert liegt gleich bei den großen Kellereien von Épernay. Das Hotel wurde liebevoll renoviert und bietet individuell eingerichtete, große Zimmer. Das Frühstück wird im lichtdurchfluteten Wintergarten serviert. **www.villa-eugene.com**

ÉTOGES Château d'Étoges P ⅈ 夫 目 ᴋ ©©©©

4, rue Richebourg, 51270 📞 *03 26 59 30 08* FAX *03 26 59 35 57* **Zimmer 27**

Die große Privatpension *(chambres d'hôtes)* liegt in einer mittelalterlichen Burg, die im 17. Jahrhundert zum Märchenschloss umgebaut wurde. Die Brunnen hat schon Louis XIV bewundert. Das *monument historique* hat zudem ein exzellentes Restaurant. Gäste können in einem Boot auf dem Wassergraben fahren. **www.etoges.com**

FAGNON Abbaye des Sept Fontaines P ⅈ 夫 ©©

Fagnon, 08090 📞 *03 24 37 38 24* FAX *03 24 37 58 75* **Zimmer 23**

Das Schlosshotel liegt in einem Kloster aus dem 12. Jahrhundert, das 1693 umgebaut wurde. Hier logierten bereits Marschall Foch, Kaiser Wilhelm II. und General de Gaulle. Es gibt eine riesige Rasenfläche mit Kinderspielplatz, einen 18-Loch-Golfplatz, ein Restaurant und eine Terrasse. **www.abbayeseptfontaines.fr**

GIVET Les Reflets Jaunes 🔲 P 夫 目 ©

2, rue Général de Gaulle, 08600 📞 *03 24 42 85 85* FAX *03 24 42 85 86* **Zimmer 17**

Les Reflets Jaunes wurde kürzlich renoviert und hat nun auch behindertengerechte Zimmer. Es liegt im Zentrum von Givet an der belgischen Grenze. Die Stadt wurde einst von Vauban befestigt, sie ist die Geburtsort von Édouard Méhul, dem Autor des Revolutionslieds *Le Chant du Départ*. Lokale gibt es in der Nähe. **www.les-reflets-jaunes.com**

HAYBES-SUR-MEUSE l'Ermitage Moulin Labotte P ⅈ ©

52, rue Edmond Dromart, 08170 📞 *03 24 41 13 44* FAX *03 24 40 46 72* **Zimmer 10**

Die einstige Mühle (18. Jh.) im Herzen der Ardennen beherbergt ein Hotel mit Restaurant. Die großen Mühlräder schmücken den Speisesaal. Die komfortablen Zimmer sind traditionell möbliert. Das Restaurant serviert regionale Küche. **www.moulin-labotte.com**

LANGRES Grand Hôtel de l'Europe P ⅈ ©©

23, rue Diderot, 52200 📞 *03 25 87 10 88* FAX *03 25 87 60 65* **Zimmer 26**

Das Hotel liegt im Gebäude einer ehemaligen Herberge in der Hauptstraße der attraktiven Bischofsstadt. Langres ist auch der Geburtsort von Denis Diderot. Das Hotel bietet einfach möblierte Zimmer, diejenigen, die nach hinten liegen, sind ruhiger. Das Restaurant serviert regionale Küche. **www.grand-hotel-europe-langres.federal-hotel.com**

MAGNANT Le Val Moret `P` `⑪` `⚒` `&` €

10110 `C` *03 25 29 85 12* `FAX` *03 25 29 70 81* **Zimmer** *42*

Das hübsche, grün bepflanzte moderne Motel an der A5 von Troyes nach Dijon liegt ideal, um die Champagner-Route in Aube und den Kinder-Themenpark in Nigloland anzusteuern. Sie können hier auch sicher parken. Im Restaurant wirkt ein bekannter Küchenchef, die Weinliste zeugt von hoher Qualität. **www.le-val-moret.com**

MESNIL-ST-PÈRE Auberge du Lac - Au Vieux Pressoir `P` `⑪` `▤` `&` €

5, rue du 28 Août 1944, 10140 `C` *03 25 41 27 16* `FAX` *03 25 41 57 59* **Zimmer** *21*

Das Hotel liegt in einem typischen Fachwerkhaus in einem Dorf an einer Ecke des Lac d'Orient, Europas größtem künstlichem See. Hier kann man ausgezeichnet Vögel beobachten, vor allem im April und September. Das Hotel hat auch behindertengerechte Zimmer – und zudem ein gutes Restaurant. **www.auberge-du-lac.fr**

MOUSSEY Domaine de la Creuse `P` €€

10800 `C` *03 25 41 74 01* `FAX` *03 25 73 13 87* **Zimmer** *5*

Hier gibt es ländliche *chambres d'hôtes* in einem modernisierten Bauernhof aus dem 18. Jahrhundert – typisch für diesen Teil von Aube-en-Champagne. Auch attraktiv: Man fährt nur zehn Minuten zum kürzlich mit einem Michelin-Stern gekrönten Restaurant La Parentale. Die Kombination ist kaum zu überbieten. **www.domainedelacreuse.com**

REIMS Hôtel Crystal `↑▾` `P` €

86, place Drouet d'Erlon, 51100 `C` *03 26 88 44 44* `FAX` *03 26 47 49 28* **Zimmer** *31*

Das Hotel aus den 1920er Jahren liegt zwar in einem lebhaften Teil von Reims, ist aber erstaunlich ruhig. Die Zimmer sind hübsch eingerichtet. Lobby und Aufzug sind noch im Art-déco-Stil. Im Sommer wird das Frühstück im Garten serviert. An der nahen Place Drouet d'Erlon gibt es einige Restaurants.. **www.hotel-crystal.fr**

REIMS Hôtel de la Paix `↑▾` `P` `≋` `⚒` `⑪` `▤` `&` €€€

9, rue de Buirette, 51100 `C` *03 26 40 04 08* `FAX` *03 26 09 57 07* **Zimmer** *169*

Das elegante Hotel im Zentrum liegt in Gehweite zur Kathedrale, den besten Restaurants und zum Bahnhof. Der Innenhof verbindet Architektur des 15. Jahrhunderts mit der Moderne – ideal für ein Frühstück bei schönem Wetter. Geräumige Lounge und Champagner-Bar. **www.bestwestern-lapaix-reims.com**

REIMS Château Les Crayères `↑▾` `P` `⑪` `⚒` `▤` `&` €€€€€

64, bd Henry Vasnier, 51100 `C` *03 26 82 80 80* `FAX` *03 26 82 65 52* **Zimmer** *20*

Das vornehme Château mit Luxusservice liegt in einer Art englischem Garten – ganz in der Nähe der *crayères*, der Weinkeller, die in der Champagne in den Kalkstein geschlagen wurden. Das Hotelrestaurant gehört mit zu den besten in Frankreich. **www.lescrayeres.com**

SEDAN Le Château Fort `↑▾` `P` `⑪` €€

Port des Princes, 08200 `C` *03 24 26 11 00* `FAX` *03 24 27 19 00* **Zimmer** *54*

Jahrelang wusste man nicht, was man mit Europas größter Festung anstellen sollte. Nun beherbergt sie ein außergewöhnliches Hotel unter dem Banner von France Patrimoine. Das *monument historique* wurde vorbildlich restauriert. Einige Zimmer sind behindertengerecht. Das Hotel hat auch ein gutes Restaurant. **www.hotelfp-sedan.com**

SEPT-SAULX Le Cheval Blanc `P` `⑪` €€

2, rue Moulin, 51400 `C` *03 26 03 90 27* `FAX` *03 26 03 97 09* **Zimmer** *24*

Das exzellente Hotel mit attraktiven Zimmern liegt zwischen Reims und Châlons-en-Champagne inmitten der Weinberge. Die Zimmer blicken auf die Gärten, die am Fluss Vesle liegen. Zum Restaurant gehört auch eine mit Blumen geschmückte Terrasse. *Geschlossen: Feb; Okt–Apr: Di.* **www.chevalblanc-sept-saulx.com**

ST-DIZIER Le Gambetta `↑▾` `P` `⑪` `&` €

62, rue Gambetta, 52100 `C` *03 25 56 52 10* `FAX` *03 25 56 39 47* **Zimmer** *63*

Das moderne Hotel im Zentrum von St-Dizier bietet ein gutes Preis-Leistungs-Verhältnis. Behinderte Gäste erhalten entsprechenden Service. Es gibt ein gutes Frühstücksbüfett, man kann auch in der Lounge oder der Bar entspannen. Unter den Gästen gibt es viele Vogelliebhaber, die sich vom nahen Lac du Der-Chantecoq angezogen fühlen.

TROYES Champs des Oiseaux `P` €€€

20, rue Linard Gonthier, 10000 `C` *03 25 80 58 50* `FAX` *03 25 80 98 34* **Zimmer** *12*

Das beste Hotel von Troyes liegt bei der Kathedrale im Stadtzentrum. Lassen Sie sich vom Charme der restaurierten Gebäude aus dem 15./16. Jahrhundert und vom unglaublichen Service des Hauses beeindrucken. Der begrünte Innenhof und die Fachwerkmauern sind reizend. Es werden Snacks serviert. **www.champdesoiseaux.com**

TROYES La Maison de Rhodes `P` `&` €€€

18, rue Linard Gonthier, 10000 `C` *03 25 43 11 11* `FAX` *03 25 43 10 43* **Zimmer** *11*

Das Schwesterhotel des Champs des Oiseaux in einem Fachwerkgebäude aus dem 16. Jahrhundert ist ähnlich beeindruckend. Es ist das neuere Hotel, doch ebenfalls schon sehr beliebt. Es gibt behindertengerechte Zimmer. Im Restaurant werden Besucher, die Halb- bzw. Vollpension gebucht haben, bedient. **www.maisonderhodes.com**

VIGNORY Le Relais Verdoyant `P` `⑪` `⚒` €

Quartier de la Gare, 52320 `C` *03 25 02 44 49* `FAX` *03 25 01 96 89* **Zimmer** *7*

Etwas außerhalb des Dorfs Vignory liegt in einem ruhigen Weiler dieser einstige Bauernhof, der nun Gäste beherbergt. Bis nach Colombey-les-Deux-Églises, wo das große Lothringer Kreuz zu Ehren von Général de Gaulle steht, sind es nur ein paar Kilometer. Das Restaurant ist ausgezeichnet – und preisgünstig. **www.le-relais-verdoyant.fr**

Preiskategorien *siehe S. 550* **Zeichenerklärung** *siehe hintere Umschlagklappe*

WILLIERS Chez Odette   P ⅱ   €€€

Rue Principale, 08110 📞 *03 24 55 49 55* FAX *03 24 55 49 59* **Zimmer** *9*

Das noch nicht lange eröffnete Hotel liegt nahe der belgischen Grenze und ist ein erstaunlich kontrastreiches Haus. Von außen sieht es aus wie ein Familienhotel auf dem Land – doch innen wird es sehr elegant mit ultramodernem Dekor und Möbeln. Es gibt ein Restaurant, ein Bistro und eine Bar. **www.chez-odette.com**

Elsass und Lothringen

COLMAR Hôtel St-Martin   🛏 🗐   €€

38, Grand'Rue, 68000 📞 *03 89 24 11 51* FAX *03 89 23 47 78* **Zimmer** *40*

Das Hotel in der Nähe des Schwendi-Brunnens mitten in der malerischsten Stadt des Elsass umfasst drei Gebäude aus dem 14. bis 17. Jahrhundert. Im Innenhof gibt es einen Treppenturm aus der Renaissance. Gleich um die Ecke liegen ein paar sehr gute Restaurants. **www.hotel-saint-martin.com**

COLMAR Hostellerie Le Maréchal   🛏 ⅱ 🗐   €€€

4, pl Six Montagnes Noires, 68000 📞 *03 89 41 60 32* FAX *03 89 24 59 40* **Zimmer** *30*

Das luxuriöse Haus (16./17. Jh.) steht in der Altstadt in Flussnähe. Einige Zimmer des Le Maréchal haben Himmelbetten und gehen zum Kanal hin. Auch das von Kerzen erleuchtete Restaurant À l'Échevin blickt auf den Kanal. **www.le-marechal.com**

DIEUE Hostellerie du Château des Monthairons   🛏 P ⅱ 🏃   €€

Monthairons, 55320 📞 *03 29 87 78 55* FAX *03 29 87 73 49* **Zimmer** *25*

Das befestigte Schloss (19. Jh.) südlich von Verdun liegt auf einem großen Grundstück. Es gibt noch zwei Kapellen, einen Reiherstand und einen Privatstrand an der Meuse. Die Zimmer im ersten Stock sind mit Antiquitäten möbliert, die anderen modern ausgestattet. Das Restaurant hat eine hübsche Aussichtsterrasse. **www.chateaudesmonthairons.com**

DRACHENBRONN Auberge du Moulin des 7 Fontaines   P ⅱ   €

1, sept Fontaines, 67160 📞 *03 88 94 50 90* FAX *03 88 94 54 57* **Zimmer** *12*

Die versteckt in einem Wald liegende Pension wird von Familie Finck nach Elsässer Tradition geführt. Die komfortablen Zimmer befinden sich in einer ehemaligen Mühle (18. Jh.). Im Sommer werden auf einer Terrasse preiswerte Mahlzeiten serviert. Das Haus ist bei Wanderern ausgesprochen beliebt. **www.auberge7fontaines.com**

EGUISHEIM Hostellerie du Pape   🛏 ⅱ   €€

10, Grand'Rue, 68420 📞 *03 89 41 41 21* FAX *03 89 41 41 31* **Zimmer** *33*

Das Hotel ist eine ehemalige *maison de vigneron*. An den Balkonen ranken sich Weinreben entlang. Seinen Namen trägt das Hotel zu Ehren von Papst Leo IX., der 1002 hier geboren wurde. Eine Statue des Papstes steht in der Nähe. Das Restaurant bietet traditionelle Elsässer Kost. **www.hostellerie-pape.com**

GÉRARDMER Le Grand Hôtel   🛏 P ⅱ 🏊 📺 ♿   €€

Place du Tilleul, 88400 📞 *03 29 63 06 31* FAX *03 29 63 46 81* **Zimmer** *75*

Das wohl älteste Hotel in Gérardmer strahlt dennoch modernes Flair aus. Das anheimelnde Dekor passt gut zum traditionellen Ambiente der Vogesen. Es gibt einen Garten, zwei Pools und drei Restaurants. Der See liegt in der Nähe, ebenso die Bergszenerie. Es gibt Langlauf-Loipen. **www.grandhotel-gerardmer.com**

GUNDERSHOFFEN Le Moulin   P ⅱ 🏃 🗐 ♿   €€

7, rue du Moulin, 67110 📞 *03 88 07 33 30* FAX *03 88 72 86 47* **Zimmer** *12*

Das charmante Hotel liegt in einer malerischen früheren Wassermühle am Nordende der Vogesen. Die Zimmer sind komfortabel. Das Haus bietet zudem das beliebte Restaurant Le Cygne (Michelin-Stern). Guter Ausgangspunkt zur Erkundung von Straßburg und der Maginotlinie. **www.hotellemoulin.com**

JUNGHOLZ Les Violettes   🛏 P ⅱ 🏊 🏃 📺 🗐 ♿   €€€

Route de Thierenbach, 68500 📞 *03 89 76 91 19* FAX *03 89 74 29 12* **Zimmer** *22*

Das Haus ist eine ansprechende Wiedererschaffung eines alten Elsässer Hotels. Es vermittelt entspannte Familienatmosphäre. Vom Wintergarten aus blickt man auf die Landschaft. Großer Wellness-Bereich mit Saunen, Hammams, zwei Pools und einem Whirlpool. Exzellentes Restaurant. **www.les-violettes.com**

KAYSERSBERG Hôtel Constantin   🛏 P   €

10, rue Père Kohlman, 68240 📞 *03 89 47 19 90* FAX *03 89 47 37 82* **Zimmer** *20*

Das wunderschön restaurierte Gebäude aus dem 17. Jahrhundert befindet sich mitten in der Altstadt. Sein Innenleben ist modern, die Zimmer haben Stil. Das Frühstück wird im Wintergarten serviert. Andere Mahlzeiten kann man im angrenzenden Relais du Château einnehmen, das derselben Familie gehört. **www.hotel-constantin.com**

LA PETITE PIERRE Aux Trois Roses   🛏 P ⅱ 🏊 🏃 📺   €€

19, rue Principale, 67290 📞 *03 88 89 89 00* FAX *03 88 70 41 28* **Zimmer** *40*

Das Hotel des kleinen Bergdorfs stammt aus dem 18. Jahrhundert. Einige der hübschen Zimmer haben Balkon. Die Lobby wartet mit einem offenen Kamin auf. Im Speisesaal werden traditionelle Gerichte der Vogesen serviert. Sehr gutes Preis-Leistungs-Verhältnis. Im Dorf befindet sich auch die Maison du Parc. **www.aux-trois-roses.com**

LAPOUTROIE Les Alisiers   🅿 🍴   €€
5, rue du Faudé, 68650 📞 *03 89 47 52 82* 📠 *03 89 47 22 38* **Zimmer** *16*

Das attraktive Hotel hat sich aus einem ehemaligen Bauernhof von 1819 entwickelt. Die Zimmer sind im Landhausstil eingerichtet. Von der Terrasse aus genießt man den Blick auf Berge und Täler. Im Speisesaal gibt es zur schönen Aussicht exzellentes Essen. **www.alisiers.com**

LUNÉVILLE Château d'Adoménil   🅿 🍴 ♨ 🏄 🗎   €€€
54300 📞 *03 83 74 04 81* 📠 *03 83 74 21 78* **Zimmer** *14*

Das imposante Schlosshotel liegt in einem Park am Fluss Meurthe – nicht allzu weit von den Sehenswürdigkeiten von Nancy entfernt. Die Zimmer des Relais-et-Châteaux-Hauses sind gut bürgerlich eingerichtet. In den hübschen Nebengebäuden dominiert provenzalischer Stil. Das Restaurant wird Gourmets entzücken. **www.adomenil.com**

METZ Grand Hôtel de Metz   🛏 🅿   €€
3, rue des Clercs, 57000 📞 *03 87 36 16 33* 📠 *03 87 74 17 04* **Zimmer** *62*

Das stilvolle Hotel befindet sich in einer Fußgängerzone im Zentrum von Metz. Es bietet eine interessante Kombination von barocker Eingangshalle und rustikal eingerichteten Zimmern. Zur Kathedrale und zur Markthalle kommt man von hier aus zu Fuß. In der Nähe liegen auch gute Restaurants. **www.hotel-metz.com**

NANCY Grand Hôtel de la Reine   🛏 🅿 🍴 🗎   €€€
2, pl Stanislas, 54000 📞 *03 83 35 03 01* 📠 *03 83 32 86 04* **Zimmer** *42*

Europas schönster klassizistischer Platz, die restaurierte Place Stanislas, weckt Erinnerungen an das Ancien Régime. Das Hotel liegt in einem Gebäude, das 1752 für den Leibdiener von Stanislas, Herzog von Lothringen und letzter polnischer König, erbaut wurde. Zu den berühmten Gästen zählte auch Zar Alexander I. **www.hoteldelareine.com**

OBERNAI Hôtel Restaurant des Vosges   🛏 🍴   €
5, pl de la Gare, 67210 📞 *03 88 95 53 78* 📠 *03 88 49 92 65* **Zimmer** *20*

Das hübsche, kleine Hotel liegt gleich beim Bahnhof. Es bietet eine Mischung aus alten und modernen Gebäudeteilen mit einer angenehm traditionellen Atmosphäre. Die Zimmer sind gut in Schuss. Das Restaurant serviert einen Mix aus traditioneller Elsässer Küche und Gerichten im Bistro-Stil. **www.hotel-obernai.com**

REMIREMONT Hôtel du Cheval de Bronze   🏃   €
59, rue Charles de Gaulle, 88200 📞 *03 29 62 52 24* 📠 *03 29 62 34 90* **Zimmer** *35*

Das Hotel in der ehemaligen Herberge liegt hinter den Arkaden (17. Jh.) von Remiremont, einem hübschen Städtchen an den Ausläufern der Vogesen. Das Landhotel ist ein guter Ausgangspunkt für die Erkundung des Berglands, etwa des Ballon d'Alsace oder des Hartmannswillerkopfs.

SAVERNE Chez Jean   🛏 🅿 🍴   €€
3, rue Gare, 67700 📞 *03 88 91 10 19* 📠 *03 88 91 27 45* **Zimmer** *25*

Das vierstöckige Elsässer Haus im Ortszentrum war einst ein Kloster. Die Zimmer sind geschmackvoll im Elsässer Stil eingerichtet. Man blickt auf die umliegenden Berge. Für Gäste gibt es eine Sauna. Weinstube und Restaurant s'Rosestiebel befinden sich im Erdgeschoss. **www.chez-jean.com**

SÉLESTAT Auberge des Alliés   🍴
39, rue des Chevaliers, 67600 📞 *03 88 92 09 34* 📠 *03 88 92 12 88* **Zimmer** *17*

Das Hotel mit Restaurant in der Altstadt besitzt einen Gebäudeteil von 1537. Die Zimmer sind klein, einfach und altmodisch. Sélestat besitzt eine der renommiertesten Schulen des Landes, in der Bibliothek befindet sich die *Cosmographiae Introductio*, eine Weltkarte von 1507, die zum ersten Mal Amerika verzeichnet. **www.auberge-des-allies.com**

SÉLESTAT Hostellerie Abbaye de la Pommeraie   🛏 🅿 🍴 🗎   €€€
8, av Maréchal Foch, 67600 📞 *03 88 92 07 84* 📠 *03 88 92 08 71* **Zimmer** *13*

Auch dieses Hotel in einem Gebäude aus dem 17. Jahrhundert befindet sich in der Altstadt von Sélestat: Es gehörte früher zum Kloster Baumgarten. Die Zimmer bieten alles, was man von einem Relais-et-Châteaux-Hotel erwarten kann. Zudem gibt es zwei sehr gute Restaurants. **www.pommeraie.fr**

STRASBOURG Au Cerf d'Or   🛏 🍴 ♨ 🏄 🗎   €€
6, pl de l'Hôpital, 67000 📞 *03 88 36 20 05* 📠 *03 88 36 68 67* **Zimmer** *43*

Das Fachwerkhaus-Hotel ist eine gute und preiswerte Wahl für einen Aufenthalt in Straßburg. Die Zimmer wurden alle modernisiert. Das Hauptgebäude besitzt die charmanteren Räume. Der Anbau hat einen kleinen Swimmingpool und eine Sauna. In der Nähe gibt es einige gute Restaurants. **www.cerf-dor.com**

STRASBOURG Hôtel Chut   🍴 ♿   €€
4, rue du Bain aux Plantes, 67000 📞 *03 88 32 05 06* 📠 *03 88 32 05 50* **Zimmer** *8*

Das Hotel belegt zwei Fachwerkhäuser (16. Jh.) in Petite-France-Viertel der Altstadt. Im Innern wechseln sich Alt und Neu ab und schaffen eine Art Zen-Ambiente. Gutes Restaurant. Parkplätze können beschafft werden. Eines der Zimmer ist behindertengerecht. **www.hote-strasbourg.fr**

VENTRON Les Buttes - L'Ermitage   🛏 🅿 🍴 ♨ 🏄 ♿   €€
L'Ermitage Frère Joseph, 88310 📞 *03 29 24 18 09* 📠 *03 29 24 21 96* **Zimmer** *62*

Zwei Hotels in einem: Sie liegen im Parc Naturel Régional des Ballons des Vosges, am Fuß der Berge. Les Buttes bietet ein Gastro-Restaurant, das L'Ermitage hingegen traditionelles Essen. Beide Hotels sind gute Ausgangspunkte für Skifahrer im Winter oder Bergwanderer im Sommer. **www.frerejo.com**

Preiskategorien *siehe S. 550* **Zeichenerklärung** *siehe hintere Umschlagklappe*

Normandie

AGNEAUX Château d'Agneaux
P ⑪   €€

Av Ste-Marie, 50180 ☎ 02 33 57 65 88 ℻ 02 33 56 59 21 *Zimmer 12*

Das Château liegt im ländlichen Vire-Tal. Die individuell gestalteten Zimmer konservieren den Charakter des Hauses mit Antikmöbeln, Parkett und Holztäfelung. In den mittelalterlichen Gehöften liegen zwei Restaurants. Etwa gleich weit entfernt vom Mont-St-Michel, der Halbinsel Cotentin und den Stränden. **www.chateau-agneaux.fr**

ALENÇON Hôtel le Chapeau Rouge
P ▤   €

3, bd Duchamp, 61000 ☎ 02 33 26 20 23 ℻ 02 33 26 54 05 *Zimmer 14*

Das moderne Hotel stammt aus den 1960er Jahren und liegt nur zehn Gehminuten vom Ortszentrum entfernt an einer Kreuzung. Die Zimmer haben allerdings Schallschutzfenster; sie sind klassisch und stilvoll eingerichtet und mit vielen Annehmlichkeiten ausgestattet. **www.lechapeaurouge.fr**

AUDRIEU Château d'Audrieu
P ⑪ ≌ ⻠   €€€€

Le Château, 14250 ☎ 02 31 80 21 52 ℻ 02 31 80 24 73 *Zimmer 29*

Das Château (18. Jh.) wurde 1976 in ein Luxushotel umgewandelt. Es liegt nicht weit von Bayeux in einem riesigen Park. Die beeindruckenden Zimmer sind elegant möbliert. Ein weiterer Pluspunkt: das ausgezeichnete Gourmet-Restaurant. *Geschlossen: Mitte Dez–Jan.* **www.chateaudaudrieu.com**

BAGNOLES-DE-L'ORNE Le Manoir du Lys
▥ P ⑪ ≌ ⻠ ▤ &   €€

Route de Juvigny, 61140 ☎ 02 33 37 80 69 ℻ 02 33 30 05 80 *Zimmer 30*

Das Familienhotel bietet ein Kinderfrühstück, Babysitter-Service und Transport zum und vom Bahnhof in Bagnoles-de-l'Orne. Aktivurlauber können hier Rad fahren, klettern und Tennis spielen. Für eher Geruhsame stehen Billard, Tischtennis, Golf, Kochkurse und ein Casino zur Verfügung. **www.manoir-du-lys.fr**

CABOURG Castel Fleuri
€€

4, av Alfred Piat, 14390 ☎ 02 31 91 27 57 ℻ 02 31 24 03 48 *Zimmer 22*

Freundliches unprätentiöses Hotel mit kleinen, aber hübschen Zimmern und einigen Familiensuiten. Das Hotel liegt im Zentrum des Seebads, nur etwa 200 Meter vom Strand entfernt. Weiterer Pluspunkt: der angenehme Garten. **www.castel-fleuri.com**

CAEN Best Western Le Dauphin
▥ P ⑪ ⻠ ▤ &   €€

29, rue Gémare, 14000 ☎ 02 31 86 22 26 ℻ 02 31 86 35 14 *Zimmer 37*

Die ehemalige Priorei in zentraler, aber dennoch ruhiger Lage wurde geschmackvoll restauriert. Die originalen Bogenfenster blieben erhalten. Die Räume sind komfortabel. Es gibt Nichtraucher-Zimmer und Zimmer für Familien. Frühstücksbüfett. Das Gourmet-Restaurant ist empfehlenswert. **www.le-dauphin-normandie.com**

CAEN Hôtel Mercure Porte de Plaisance
▥ P ⑪ ⻠ ▤   €€€

1, rue Courtonne, 14000 ☎ 02 31 47 24 24 ℻ 02 31 47 43 88 *Zimmer 129*

Hier herrscht eine Atmosphäre stiller Eleganz – und der Gast steht absolut im Mittelpunkt. Das Hotel liegt gegenüber dem Hafen. Die Zimmer sind geschmackvoll eingerichtet. Auch behinderte Gäste sind willkommen. Für den Parkplatz muss man keine Extragebühren berappen. **www.accor.com**

CAMBREMER Château les Bruyères
P ⑪ ≌ &   €€

Route du Cadran, 14340 ☎ 02 31 32 22 45 ℻ 02 31 32 22 58 *Zimmer 13*

Das schöne Château in einem baumbestandenen Park ist ein Musterbeispiel für Empire-Architektur. Die Zimmer – einige befinden sich in einem angrenzenden Gebäude (18. Jh.) – sind alle individuell eingerichtet. Marcel Proust stieg seinerzeit hier ab. Das exquisite Restaurant servierte Cidre-Spezialitäten. **www.chateaulesbruyeres.com**

CÉAUX Le Relais du Mont
P ⑪ ⻠   €€

La Buvette, 50220 ☎ 02 33 70 92 55 ℻ 02 33 70 94 57 *Zimmer 28*

Das Hotel liegt südlich von Avranches. Da es nach Westen ausgerichtet ist, kann man hier grandiose Sonnenuntergänge über der Bucht des Mont-St-Michel erleben. Das recht neue Haus ist mittelgroß, die Zimmer sind komfortabel. Es gibt verschiedene Annehmlichkeiten, Familienzimmer und ein exzellentes Restaurant. **www.relais-du-mont.fr**

CHERBOURG Hôtel Renaissance
P   €

4, rue de l'Église, 50100 ☎ 02 33 43 23 90 ℻ 02 33 43 96 10 *Zimmer 12*

Preisgünstiges, gut geführtes Haus mit attraktiven Zimmern, die alle Blumennamen tragen. Das Hotel blickt auf den Hafen und liegt günstig zu den Kanalfähren und zum Museum Cité de la Mer. Freundliches Personal. Einige wenige Parkplätze sind verfügbar. **www.hotel-renaissance-cherbourg.com**

CRÉPON La Ferme de la Rançonnière
▥ P ⑪ &   €

Route d'Arromanches, 14480 ☎ 02 31 22 21 73 ℻ 02 31 22 98 39 *Zimmer 35*

Ein befestigter Bauernhof (13. Jh.) mit typischem Innenhof und Toreingängen. Zimmer und Hotelrestaurant sind im entsprechenden historischen Stil gehalten. Das Haus liegt nur drei Kilometer vom Meer entfernt. In der Umgebung gibt es Golfplätze sowie Gelegenheiten zu segeln und Rad zu fahren. **www.ranconniere.com**

DEAUVILLE Hôtel Normandy Barrière   ⬚ 🅿 🍴 ≋ 🏊 🖥   €€€€€

38 rue J. Mermoz, 14800 📞 *02 31 98 66 22* 🆔 *02 31 98 66 23* **Zimmer** *290*

Das anglo-normannische Herrenhaus ist ein Wahrzeichen Deauvilles. Das luxuriöse Hotel bietet schöne, große Zimmer und ein Fitness-Center. Der riesige Belle-Époque-Speisesaal serviert traditionelle normannische Küche. Trotz aller Modernisierungen strahlt das Hotel noch den Charme der 1920er Jahre aus. **www.lucienbarriere.com**

DOUAINS-PACY-SUR-EURE Château de Brécourt   🅿 🍴 ≋   €€

Route de Vernon, 27120 📞 *02 32 52 40 50* 🆔 *02 32 52 69 65* **Zimmer** *30*

Zum Château (17. Jh.) im eigenen Park mit Kanälen gelangt man über eine schöne Allee. Das Hotel eignet sich sowohl für Geschäftsreisende als auch für Urlauber. Die Zimmer sind majestätisch. Im eleganten Restaurant wird ambitionierte Küche serviert. Tennis- und Golfplatz sowie Reitmöglichkeiten in der Nähe. **www.chateaudebrecourt.com**

ÉTRETAT Domaine St-Clair – Le Donjon   🅿 🍴 ≋ 🏊   €€

Chemin de St-Clair, 76790 📞 *02 35 27 08 23* 🆔 *02 35 29 92 24* **Zimmer** *21*

Das normannische Schlosshotel (19. Jh.) liegt wunderbar – mit Panoramablick auf das Dorf und die Klippen von Étretat. Die Zimmer sind komfortabel, einige haben Wellness-Badewannen. Alle Räume sind individuell mit alten Möbeln und mit Himmelbetten eingerichtet. **www.hoteletretat.com**

FÉCAMP Hôtel La Ferme de la Chapelle   🅿 🍴 ≋ ♿   €€

Route du Phare, 76400 📞 *02 35 10 12 12* 🆔 *02 35 10 12 13* **Zimmer** *22*

Das ungewöhnliche Hotel, das wegen Monet bekannt ist, liegt traumhaft auf den Klippen mit Blick aufs Meer und auf den Fischereihafen. Die alten Bauerngehöfte gehören zu einer früheren Priorei. Die historische Stadt ist mit Guillaume le Conquérant verknüpft. Gutes Restaurant. **www.fermedelachapelle.fr**

FONTENAI-SUR-ORNE Le Faisan Doré   🅿 🍴 🏊   €€

Route Paris, 61200 📞 *02 33 67 18 11* 🆔 *02 33 35 82 15* **Zimmer** *16*

Das mittelgroße Hotel liegt in der Suisse Normande nahe Argentan. Das Haus wurde neu renoviert, die ruhigeren Zimmer blicken auf einen hübschen Garten. Die gut bestückte Bar bietet über 140 Weine an. Mahlzeiten werden im hellen Restaurant serviert – im Sommer auch draußen. **www.lefaisandore.com**

GRANDCHAMP-MAISY Hôtel Duguesclin   🅿 🍴   €

4, quai Henri Crampon, 14450 📞 *02 31 22 64 22* 🆔 *02 31 22 34 79* **Zimmer** *25*

Freundliches, modernes Haus an der Promenade mit komfortablen Zimmern. Das gute Restaurant ist auf Seafood spezialisiert. Das bietet auch Parkplätze. Der Fischereihafen ist ein guter Ausgangspunkt, um die Strände bei Pointe du Hoc, dem Landungsplatz der Alliierten am D-Day, zu besuchen. **www.hotel-restaurant-leduguesclin.com**

GRANVILLE Hôtel Michelet   🅿   €

5, rue Jules Michelet, 50400 📞 *02 33 50 06 55* 🆔 *02 33 50 12 25* **Zimmer** *19*

Das Hotel liegt nahe den wichtigsten Läden, Restaurants und dem Casino der Hafenstadt. Das Gebäude im Kolonialstil wurde renoviert und bietet einfache, aber akkurate Zimmer, einige mit schöner Aussicht. Zum Strand und zum Thalasso-Zentrum kann man zu Fuß gehen. Parkplätze sind kostenlos. **www.hotel-michelet-granville.com**

HONFLEUR La Ferme Siméon   🅿 🍴 ≋ 🏊 🖥   €€€€€

Rue Adolphe Marais, 14600 📞 *02 31 81 78 00* 🆔 *02 31 89 48 48* **Zimmer** *34*

Der alte Gutshof war der Lieblingsort der Impressionisten aus der Schule von Honfleur. Nun residiert hier ein luxuriöses Hotel mit Restaurant und Wellness-Zentrum. Die schönen Zimmer sind geräumig und charmant möbliert. Das Restaurant besitzt eine Balkendecke und serviert hervorragendes Essen. **www.fermesaintsimeon.fr**

L'AIGLE Hôtel du Dauphin   🅿 🍴 🏊   €€

Place de la Halle, 61300 📞 *02 33 84 18 00* 🆔 *02 33 34 09 28* **Zimmer** *30*

Der Gasthof stammt von 1618. Die alten Ställe wurden 1944 bei der Bombardierung von L'Aigle zerstört. Das heutige Hotel mit Restaurant, einer Brasserie und einem Laden ist seit über 60 Jahren in der Hand einer Familie. Die Zimmer sind funktional, die Lobby ist anheimelnd. **www.hoteldudauphin.free.fr**

LE PETIT ANDELY La Chaîne d'Or   🅿 🍴 🏊   €€

27, rue Grande, 27700 📞 *02 32 54 00 31* 🆔 *02 32 54 05 58* **Zimmer** *11*

Die einstige Herberge (18. Jh.) war auch ein Zollhaus, das Zoll für die Überquerung der Seine einzog. Nun ist hier ein raffiniert-elegantes Hotel. Die komfortablen Zimmer sind in Pastelltönen dekoriert. Von den meisten Räumen aus sieht man auf die Seine. Das Restaurant bietet kreative Küche. **www.hotel-lachainedor.com**

MACE Hôtel Île de Sées   🅿 🍴 🏊   €

Vandel, 61500 📞 *02 33 27 98 65* 🆔 *02 33 28 41 22* **Zimmer** *16*

Das Landhotel in einem großen Park befindet sich im Herzen des normannischen Agrarlands. Das Fachwerkhaus einer früheren Molkerei ist nun ein freundliches Hotel mit angenehmen, in Pastellfarben gehaltenen Zimmern – ideal, um zu entspannen. Im gemütlichen Restaurant werden delikate Mahlzeiten serviert. **www.ile-sees.fr**

MESNIL-VAL Hostellerie de la Vieille Ferme   🅿 🍴 🏊   €

23, rue de la Mer, 76910 📞 *02 35 86 72 18* 🆔 *02 35 86 12 67* **Zimmer** *33*

Der einstige Bauernhof (18. Jh.) mit einigen attraktiven Nebengebäuden ist ein Hotelkomplex in einem Park in Strandnähe. Die romantischen Zimmer mit Holzbalken haben einen altmodischen Touch. Von einigen hat man großartige Aussicht. Das rustikale Restaurant serviert Fisch und Meeresfrüchte. **www.vielle-ferme.net**

Preiskategorien *siehe S. 550* **Zeichenerklärung** *siehe hintere Umschlagklappe*

MONT-ST-MICHEL Terrasses Poulard   🍽   €€

BP 18, 50170 📞 *02 33 89 02 02* FAX *02 33 60 37 31* **Zimmer 29**

Das alte Steinhaus auf dem Mont-St-Michel bietet eine herrliche Aussicht über Bucht, Abtei und die Gärten. Die kleinen Zimmer sind sauber und komfortabel. Das Hotel wird von den Betreibern des bekannten Omelett-Restaurants La Mère Poulard geführt. **www.terrasses-poulard.fr**

MORTAGNE-AU-PERCHE Le Tribunal   🧍   €€

4, pl Palais, 61400 📞 *02 33 25 04 77* FAX *02 33 83 60 83* **Zimmer 21**

Einige der Zimmer des hübschen Hotels stammen aus dem 13. Jahrhundert. Das gut geführte Haus bietet plüschige Zimmer mit großen Bädern – alles ist einfach, aber angenehm. Das Restaurant serviert regionale Küche, im Sommer auch auf der Terrasse.

MORTAIN Hôtel de la Poste   P 🍽 🧍   €€

1, pl des Arcades, 50140 📞 *02 33 59 00 05* FAX *02 33 69 53 89* **Zimmer 27**

Das Gebäude (19. Jh.) auf der spektakulären Halbinsel von Cherbourg blickt auf den Fluss von Mortain. Das freundliche, familiengeführte Hotel besitzt komfortable, ruhige Zimmer. Guter Service. Das Restaurant ist exzellent und hat eine herausragende Weinkarte. Behindertengerechte Zimmer und Privatgarage. **www.hoteldelaposte.fr**

OUISTREHAM Hôtel de la Plage   P   €

39–41, av Pasteur, 14150 📞 *02 31 96 85 16* FAX *02 31 97 37 46* **Zimmer 16**

Das angenehme Familienhotel wurde aufgemöbelt. Es liegt in Gehweite zum langen Strand. Die großen Zimmer sind ruhig. Hauseigene Sauna. Im Westen findet man Andenken an den D-Day wie die Pegasus Bridge. Im Osten gibt es Strände und Angebote für Drachenfliegen, Sand-Yachting und Segeln. **www.hotel-ouistreham.com**

PONT-AUDEMER Belle Isle sur Risle   P 🍽 🏊 🧍 🖥   €€€

112, route de Rouen, 27500 📞 *02 32 56 96 22* FAX *02 32 42 88 96* **Zimmer 20**

Das Hotel ist von einem großen Garten mit alten Bäumen und Rosensträuchern umgeben. Fitness-Center, Sauna, Schwimmbad und Außenpool. Die neu renovierten Zimmer sind elegant eingerichtet – ideal, um zu entspannen. In der Rotunde (19. Jh.) werden leckere Mahlzeiten serviert. *Geschlossen: Mitte Nov–Mitte März.* **www.bellile.com**

PONT DE L'ARCHE Hôtel de la Tour   P   €

41, quai Foch, 27340 📞 *02 35 23 00 99* FAX *02 35 23 46 22* **Zimmer 18**

Das attraktive normannische Gebäude (18. Jh.) liegt an einer Flussbiegung und schmiegt sich an die Befestigungsmauern des Orts. Auch das Innere ist mit Holz-Ziegel-Wänden typisch normannisch. Die gut geschnittenen Zimmer sind unterschiedlich eingerichtet. Patio-Garten. Restaurants gibt es ganz in der Nähe. **www.hoteldelatour.org**

ROUEN Le Vieux Carré   €

34, rue Ganterie, 76000 📞 *02 35 71 67 70* FAX *02 35 71 19 17* **Zimmer 13**

Zentral gelegenes Hotel in der Nähe des Musée des Beaux-Arts und der Kathedrale. Das Fachwerkhaus aus dem 18. Jahrhundert bietet im Inneren hübsch eingerichtete, kuschelige Zimmer. Anheimelnde Atmosphäre und aufmerksamer Service. Es gibt einen schattigen Innenhof und einen Teesalon. **www.vieux-carre.fr**

ROUEN Hôtel Notre-Dame   P   €€

4, rue de la Savonnerie, 76000 📞 *02 35 71 87 73* FAX *02 35 89 31 52* **Zimmer 28**

Hier wohnte einst Bischof Cauchon, der Ankläger von Jeanne d'Arc, bis er 1442 starb. Das Haus liegt zwischen Kathedrale und Seine-Ufer und bietet geräumige Zimmer in zeitgenössischem Dekor. Freundliches Personal. Das Frühstücksbüfett ist sehr gut. In der Nähe gibt es jede Menge Restaurants zur Auswahl. **www.hotelnotredame.com**

ST-LÔ Hôtel Mercure   📺 P 🍽 🧍   €€

5–7, av de Briovère, 50000 📞 *02 33 05 08 63* FAX *02 33 05 15 15* **Zimmer 67**

Das moderne Hotel gegenüber den Befestigungswällen bietet komfortable, gut geschnittene Zimmer. Sie wurden neu renoviert und sind ruhig. Das Restaurant Le Tocqueville hat einen großen Speisesaal mit hübschem Ausblick auf den Fluss Vire. Auf der Speisekarte stehen regionale Spezialitäten. Nette Bar. **www.mercure.com**

ST-PATERNE Château de St-Paterne   P 🍽 🏊 🧍   €€€

Le Château, 72610 📞 *02 33 27 54 71* FAX *02 33 29 16 71* **Zimmer 8**

Das einstige Liebesnest von Henri IV. (15. Jh.) liegt in einem Privatpark gleich außerhalb von Alençon. Es handelt sich eher um ein »Familien-Château« als um ein Hotel. Den Gästen wird im von Kerzen beleuchteten Speisezimmer ein Menü *en famille* serviert. Die Zimmer sind grandios eingerichtet. **www.chateau-saintpaterne.com**

ST-VAAST-LA-HOUGUE Hôtel de France et Fuchsias   P 🍽 🧍   €

20, rue de Maréchal Foch, 50550 📞 *02 33 54 42 26* FAX *02 33 43 46 79* **Zimmer 35**

Das Hotel im Landhausstil liegt nahe dem Fischereihafen von St-Vaast, der für seine Austern bekannt ist. Viele der behaglichen Zimmer blicken auf den exotischen Garten. Das Restaurant Les Fuchsias liegt im Wintergarten und serviert köstliche Austern-Spezialitäten. Gutes Frühstücksbüfett. *Geschlossen: Jan–Feb.* **www.france-fuchsias.com**

ST-VALERY-EN-CAUX Les Hêtres   P 🍽   €€

24, rue des Fleurs, 76460 📞 *02 35 57 09 30* FAX *02 35 57 09 31* **Zimmer 4**

Fachwerkhaus von 1627 im typischen normannischen Stil – auf dem Land zwischen Fécamp und Dieppe. Die luxuriösen Zimmer sind geräumig und unterschiedlich mit modernen Möbeln ausstaffiert. Die Zimmer im ersten Stock blicken auf den Garten. Im Restaurant werden innovative Gerichte serviert. **www.leshetres.com**

VERNON Hôtel d'Évreux   P 🚶 ♿   €

11, pl d'Évreux, 27200 ☎ *02 32 21 16 12* FAX *02 32 21 32 73* **Zimmer 12**

Das typisch normannische Gebäude mitten in Vernon hinter schönen Lindenbäumen war früher eine Herberge. Nun ist es ein renoviertes Hotel mit hellen sonnigen Zimmern, die altmodisch möbliert sind. Das Restaurant mit riesigem Kamin serviert traditionelle Gerichte. Parkplätze vorhanden. **www.hoteldevreux.fr**

Bretagne

AUDIERNE Hôtel de la Plage   🏊 🍴 ♿   €

21, bd Emmanuel Brusq, 29770 ☎ *02 98 70 01 07* FAX *02 98 75 04 69* **Zimmer 22**

Modernes preiswertes Familienhotel am Strand. Die Zimmer zeigen marines Dekor und bieten eine grandiose Aussicht auf die Bucht von Audierne. In der Bar kann man Billard spielen. Ausgezeichnetes Seafood-Restaurant. Guter Ausgangspunkt für eine Tour ins Finistère. **www.hotel-finistere.com**

BÉNODET Domaine de Kereven   P   €

Bénodet, 29950 ☎ *02 98 57 02 46* FAX *02 98 66 22 61* **Zimmer 12**

Traditionelle Unterkünfte auf dem Anwesen eines Cidre-Hofs (18. Jh.). Die hübsch möblierten Zimmer blicken auf das ausgedehnte Gelände. Das Haus liegt nur anderthalb Kilometer von den bekannten Stränden von Bénodet entfernt. Auch zur Kathedrale von Quimper ist es nicht weit. **www.kereven.com**

BREST Hôtel de la Corniche   P 🍴 🍽   €€

1, rue Amiral-Nicol, 29200 ☎ *02 98 45 12 42* FAX *02 98 49 01 53* **Zimmer 16**

Modernes Hotel im bretonischen Stil im Westen der Stadt in der Nähe der Marinebasis. Von hier aus kann man wunderbare Spaziergänge entlang der Küste unternehmen. Die Zimmer sind recht einfach möbliert. Das Restaurant bietet viermal pro Woche abends ein Festpreismenü, Reservierung erforderlich. **www.hotel-la-corniche.com**

CARNAC Hôtel Tumulus   🏊 P 🍴 🏊 ♿   €€

Route du Tumulus, 56340 ☎ *02 97 52 08 21* FAX *02 97 52 81 88* **Zimmer 23**

Das Hotel liegt nahe den weltberühmten prähistorischen Stätten von Carnac. In den eleganten Zimmern gibt es einen Mix aus Tradition und Orient. Schöne Sicht auf die Bucht von Quiberon. Weitere Pluspunkte: Swimmingpool, üppige Gartenanlage, Wellness-Center und Restaurant. **www.hotel-tumulus.com**

CHÂTEAUBOURG Moulin Ar Milin   🏊 P 🍴 ♿   €

30, rue due Paris, 35221 ☎ *02 99 00 30 91* FAX *02 99 00 37 56* **Zimmer 32**

Die alte Mühle wurde in ein *hôtel de charme* umgewandelt. Es gibt zwei Häuser: das Hôtel de Moulin (einstige Mühle) und das neuere Hôtel du Parc. Im Park, durch den ein Flüsschen strömt, finden sich über 100 Baumarten und ein Tennisplatz. Top-Restaurant mit bemerkenswerter Weinkarte. **www.armilin.com**

DINAN Moulin de la Fontaine des Eaux   P   €

Vallée de la Fontaine des Eaux, 22100 ☎ *02 96 87 92 09* FAX *02 96 87 92 09* **Zimmer 5**

Hier gibt es *chambres d'hôtes* in einer ehemaligen Mühle (18. Jh.). Sie liegt nur fünf Minuten vom Hafen von Dinan entfernt in einem bewaldeten Tal auf Privatgrund mit einem Privatsee. Es gibt kein Restaurant, nur Frühstück wird serviert. Die Zimmer sind einfach möbliert, dafür aber behindertengerecht. Privatparkplatz. **www.dinanbandb.com**

DINARD Hôtel de la Vallée   🏊 P 🍴 ♿   €€

6, av Georges V, 35801 ☎ *02 99 46 94 00* FAX *02 99 88 22 47* **Zimmer 24**

Das komplett modernisierte Hotel liegt am Hafen, allerdings etwas entfernt vom Trubel des Seebads. Nehmen Sie eines der vorderen Zimmer mit Aussicht. Das Restaurant ist ein aufgehender Stern an Dinards Küchenhimmel. Serviert wird exzellentes Seafood. **www.hoteldelavallee.com**

DOL-DE-BRETAGNE Domaine des Ormes   🏊 P 🍴 🏊 🚶 🍽 ▤   €€

35120 ☎ *02 99 73 53 00* FAX *02 99 73 53 55* **Zimmer 45**

Das Hotel ist Teil einer privaten Ferienanlage mit einem 18-Loch-Golfplatz, Meerespark, Reitschule und Abenteuergelände. Die Zimmer sind reizend – es gibt sogar acht schnuckelige Baumhäuser mit Zimmern, die man per Seilleiter erreicht. Das Restaurant bietet klassische französische Küche. **www.lesormes.com**

FOUESNANT Hôtel l'Orée du Bois   €

4, rue Kergoadig, 29170 ☎ *02 98 56 00 06* FAX *02 98 56 14 17* **Zimmer 15**

Einfache, gut möblierte Zimmer mit Dusche. Es gibt auch sehr günstige Zimmer nur mit Waschbecken. Das Frühstück wird in maritimem Dekor serviert, im Sommer auch auf der Terrasse. Das Haus liegt in Gehweite zum Strand von Cape Coz und den Wanderwegen entlang der Küste. **www.hotel-oreedubois.com**

ÎLE DE GROIX Hôtel de la Marine   🍴 🚶   €

7, rue du Général de Gaulle, 56590 ☎ *02 97 86 80 05* FAX *02 97 86 56 37* **Zimmer 22**

Sehr freundliches Hotel in der Mitte der Insel. Dieser Rückzugsort hat charmante Gästezimmer, die entweder Meerblick bieten oder zur Gartenterrasse hinausgehen. Im Restaurant wird auf die akkurate Zubereitung von Fischgerichten großer Wert gelegt. **www.hoteldelamarine.com**

Preiskategorien *siehe S. 550* **Zeichenerklärung** *siehe hintere Umschlagklappe*

LOCQUIREC Le Grand Hôtel des Bains

15, rue de l'Église, 29241 02 98 67 41 02 FAX 02 98 67 44 60 *Zimmer 36*

Das Belle-Époque-Kurhotel liegt in einem Garten, der zu einem Sandstrand führt. Die Lage ist ideal für eine Erkundung des Parc Naturel Régional Armorique. Die meisten der stilvoll eingerichteten Zimmer haben Balkon. Kuranwendungen und Schönheitsbehandlungen. Das Restaurant hat nur abends geöffnet. **www.grand-hotel-des-bains.com**

MORLAIX Hôtel de l'Europe

1, rue d'Aiguillon, 29600 02 98 62 11 99 FAX 02 98 88 83 38 *Zimmer 60*

Das Hotel im Empire-Stil im Stadtzentrum besitzt ein elegantes, reich dekoriertes Innenleben. Die Zimmer sind gut ausgestattet – wobei jedes unterschiedlich eingerichtet ist, von modern bis traditionell. Aufmerksamer Service. Frühstücksbüfett. Die Brasserie ist preiswert. **www.hotel-europe-com.fr**

PAIMPOL Repaire de Kerroc'h

29, quai Morand, 22500 02 96 20 50 13 FAX 02 96 22 07 46 *Zimmer 13*

Das frühere Domizil (18. Jh.) eines wohlhabenden Piraten liegt in Hafennähe. Die Zimmer sind anheimelnd, einige besitzen Parkettböden. Im Winter kann man seinen Drink am offenen Feuer genießen, im Sommer auf der hübschen Terrasse. Das Restaurant ist auf Seafood spezialisiert. **www.repaire-kerroch.com**

PÉNESTIN-SUR-MER Hôtel Loscolo

La Pointe de Loscolo, 56760 02 99 90 31 90 FAX 02 99 90 32 14 *Zimmer 13*

Das alte Gebäude mit Schieferdach befindet sich auf einem Kap, auf dem man zu beiden Seiten das Meer sehen und schöne Spaziergänge unternehmen kann. Komfortable Zimmer, einige mit Terrasse. Reichhaltiges Frühstück, preiswerte Halbpension. Das Restaurant serviert herzhafte Küche. *Geschlossen: Jan–Apr.* **www.hotelloscolo.com**

PLÉVEN Manoir du Vaumadeuc

Le Vaumadeuc, 22130 02 96 84 46 17 FAX 02 96 84 40 16 *Zimmer 13*

Das grandiose Herrenhaus aus dem 15. Jahrhundert liegt versteckt in der Fôret de la Hunaudaye. Im Inneren führt eine majestätische Granittreppe zu den Zimmern im ersten Stock. Der bewaldete Park um das Anwesen hat einen herrlichen Rosengarten und einen See. Hubschrauberlandeplatz und Parkplätze. **www.vaumadeuc.com**

PLOUGONVELIN Hostellerie de la Pointe de St-Mathieu

Pointe de St-Mathieu, 29217 02 98 89 00 19 FAX 02 98 89 15 68 *Zimmer 25*

Das moderne Hotel in der Nähe des Leuchtturms und alter Klosterruinen war einst ein traditioneller Hof. Das einstige Bauernhaus beherbergt nun ein Restaurant, das exzellentes Seafood serviert. Von hier aus kann man gut die Atlantikküste erkunden. **www.pointe-saint-mathieu.com**

QUIBERON Hôtel Bellevue

Rue de Tiviec, 56173 02 97 50 16 28 FAX 02 97 30 44 34 *Zimmer 38*

Das moderne Hotel zieht sich in Form eines L um einen Swimmingpool, es ist nicht weit zum Meer, Casino und Thalasso-Therapiezentrum. Die Zimmer sind komfortabel, das Hotelrestaurant ist hell und luftig. Am Pool gibt es ein Frühstücksbüfett. Normales Frühstück wird aufs Zimmer gebracht. Privatparkplatz. **www.bellevuequiberon.com**

QUIMPER Hôtel Gradlon

30, rue de Brest, 29000 02 98 95 04 39 FAX 02 98 95 61 25 *Zimmer 22*

Das Gradlon liegt nur zwei Gehminuten vom Stadtzentrum entfernt. In einigen der hübschen ruhigen Zimmer sieht man auf den Garten mit Brunnen. Einige Zimmer sind behindertengerecht. Frühstück wird auf der Veranda serviert. Die Salon-Bar besitzt einen offenen Kamin. **www.hotel-gradlon.com**

RENNES Le Coq-Gadby

156, rue d'Antrain, 35700 02 99 38 05 55 FAX 02 99 38 53 40 *Zimmer 11*

Nach fünf Minuten Fahrt gelangt man vom Stadtzentrum zu dem eleganten Gebäude aus dem 17. Jahrhundert. Die Zimmer sind klassisch eingerichtet, haben Parkett und verzierte Spiegel. Das »Olympe«, »Louis XV«, »Louis XVI« und »Anglaise« sind große elegante Zimmer. Sauna und Wellness-Bereich liegen um die Ecke. **www.lecoq-gadby.fr**

ROSCOFF Hôtel Bellevue

Bd Ste-Barbe, 29681 02 98 61 23 38 FAX 02 98 61 11 80 *Zimmer 18*

Das alte bretonische Gebäude (ein paar Minuten vom Fährhafen entfernt) bietet schöne Aussicht aufs Meer und den alten Hafen. Die Zimmer sind etwas vollgestellt, ansonsten aber hell und ruhig. Hinter dem Gebäude befindet sich ein hübscher Innenhofgarten, wo an warmen Tage das Frühstück serviert wird. **www.hotel-bellevue-roscoff.fr**

ST-MALO Hôtel Elizabeth

2, rue des Cordiers, 35400 02 99 56 24 98 FAX 02 99 56 39 24 *Zimmer 17*

Schon nach zwei Minuten Fahrt kommt man vom Fährhafen zum Elizabeth, das innerhalb der befestigten Altstadt liegt. Das Gebäude besitzt eine Steinfassade aus dem 16. Jahrhundert. Das Innere ist klassisch, manchmal ein wenig düster. Komfortabel ausgestattete Zimmer. Privatgarage. **www.hotel-elizabeth.fr**

ST-THÉGONNEC Ars Presbital Koz

18, rue de Gividic, 29410 02 98 79 45 62 FAX 02 98 79 48 47 *Zimmer 6*

Rustikale Frühstückspension in einem ehemaligen Presbyterium aus dem 18. Jahrhundert. Das Haus hat sechs geräumige Zimmer – ohne Fernseher. Mme Prigent, die Besitzerin, bereitet Ihnen für den Abend ein Drei-Gänge-Menü zu, falls Sie bis zum Mittag zusagen. Großer Garten und Parkplätze.

VANNES Villa Kerasy P 🗎 ♿ €€€

20, av Favrel et Lincy, 56000 📞 *02 97 68 36 83* FAX *02 97 68 36 84* **Zimmer** *15*

Die leicht exotische, asiatisch inspirierte Villa Kerasy nimmt sich den französischen Zweig der East India Company zum Vorbild. Jedes Zimmer repräsentiert einen anderen Hafen. Das Spa ist auf entspannende, revitalisierende Ayurveda-Anwendungen spezialisiert. **www.villakerasy.com**

Loire-Tal

AMBOISE Le Choiseul P 🍴 ⛲ 👫 🗎 €€€

36, quai Charles-Guinot, 37400 📞 *02 47 30 45 45* FAX *02 47 30 46 10* **Zimmer** *32*

Das efeuumrankte Herrenhaus aus dem 18. Jahrhundert liegt in schöner Umgebung mit Blick auf die Loire. Die angenehm großen Zimmer sind geschmackvoll eingerichtet. Im luftigen Hotelrestaurant gibt es erlesene Speisen. Hübsche blumengeschmückte Spazierwege und ein Tennisplatz. **www.le-choiseul.com**

ANGERS Hôtel Mail P €

8, rue des Ursules, 49100 📞 *02 41 25 05 25* FAX *02 41 86 91 20* **Zimmer** *26*

Das charmante Hotel (17. Jh.) in einer ruhigen Ecke des Stadtzentrums war einst Teil eines Klosters. Die Zimmer sind hübsch eingerichtet. Das sehr gute Frühstück wird im Speisesaal serviert. Es gibt aber auch einen schattigen Innenhof mit Tischen im Freien. Freundliche Besitzer. **www.hotel-du-mail.com**

ANGERS Hôtel Anjou 📺 P 🍴 👫 🗎 €€

1, bd de Maréchal Foch, 49100 📞 *02 41 21 12 11* FAX *02 41 87 22 21* **Zimmer** *53*

Im Inneren weist das zentrumsnahe Hotel ein eklektizistisches Dekor auf: Art-déco-Mosaike, Inventar aus dem 17. und 18. Jahrhundert, verzierte Decken und Bleiglasfenster. Die Zimmer sind geräumig und elegant möbliert. Das Restaurant Le Salamandre ist empfehlenswert. Parkmöglichkeiten vorhanden. **www.hoteldanjou.fr**

AZAY-LE-RIDEAU Le Grand Monarque P 🍴 €€

3, pl de la République, 37190 📞 *02 47 45 40 08* FAX *02 47 45 46 25* **Zimmer** *24*

Das Hotel mit zwei Gebäuden liegt in ruhiger Umgebung. Eines war früher Post, das andere ein *hôtel particulier*. Getrennt sind sie durch einen baumbestandenen Hof. Traditionell möblierte Zimmer. Es gibt einen rustikalen Speiseraum und eine Terrasse mit Blick auf den Park. Gutes Restaurant. **www.legrandmonarque.com**

AZAY-LE-RIDEAU Manoir de la Rémonière 🖥 P ⛲ 👫 🍴 €€

La Chapelle Ste-Blaise, 37190 📞 *02 47 45 24 88* FAX *06 84 84 23 22* **Zimmer** *6*

Das Herrenhaus (15. Jh.) steht bei den Resten einer römischen Villa am Fluss Indre nicht weit vom Château d'Azay-le-Rideau. Die Zimmer strahlen Alte-Welt-Flair aus. Man blickt auf die Anlage und die römischen Ruinen. Großer Swimmingpool und viele Sportangebote, darunter Bogenschießen und Angeln. **www.manoirdelaremoniere.com**

BEAUGENCY Hôtel de la Sologne P 👫 €

6, pl St-Firmin, 45190 📞 *02 38 44 50 27* FAX *02 38 44 90 19* **Zimmer** *16*

Das Hotel ist ein für die Sologne typischer Steinbau. Er steht auf dem Hauptplatz und blickt auf die Ruinen des Bergfrieds von St-Firmin. Die Zimmer sind klein, dafür hell und hübsch mit einfacher Möblierung. Es gibt einen schön begrünten Innenhof, wo man auch das Frühstück einnehmen kann. Privatparkplatz. **www.hoteldelasologne.com**

BOURGES Le Bourbon 📺 P 🍴 🗎 €€€

Bd République, 18000 📞 *02 48 70 70 00* FAX *02 48 70 21 22* **Zimmer** *62*

Die einstige Abtei (17. Jh.) im Zentrum von Bourges beherbergt nun ein angenehmes Hotel. Die hellen großen Zimmer sind elegant-modern möbliert. Beeindruckende Salon-Bar. Das Restaurant ist in der früheren St-Ambroix-Kapelle untergebracht. Parkplätze sind vorhanden. **www.alpha-hotellerie.com**

CHAMPIGNÉ Château des Briottières P 🍴 ⛲ 👫 €€€€

Route Marigné, 49330 📞 *02 41 42 00 02* FAX *02 41 42 01 55* **Zimmer** *14*

Das familiengeführte Schlosshotel (18. Jh.) thront in einem 50 Hektar großen englischen Garten. Die Zimmer sind luxuriös möbliert mit Baldachin-Betten und teuren Stoffen. Es gibt zudem ein charmantes Cottage mit familiengeeigneten Doppelzimmern. Im Angebot: romantische Abendessen und Kochkurse, Reservierung erforderlich. **www.briottieres.com**

CHARTRES Le Grand Monarque 📺 P 🍴 🗎 €€

22, place des Épars, 28005 📞 *02 37 18 15 15* FAX *02 37 36 34 18* **Zimmer** *55*

Die einstige Herberge (16. Jh.) mit massiven Steinwänden wird seit den 1960er Jahren von derselben Familie betreut, sie gehört zur Best-Western-Kette. Die Räume sind einfach ausgestattet. Es gibt ein nettes Bistro und das Restaurant Le Georges. **www.bw-grand-monarque.com**

CHÊNEHUTTE-LES-TUFFEAUX Le Prieuré P 🍴 ⛲ 👫 €€€

Le Prieuré, 49350 📞 *02 41 67 90 14* FAX *02 41 67 92 24* **Zimmer** *36*

Die ehemalige Priorei aus dem 12. Jahrhundert bietet eine wundervolle Aussicht auf die Loire-Landschaft. Die Zimmer haben romantisches Flair und sind edel ausgestattet, zwei mit Kamin. Das elegante Restaurant serviert Gourmet-Küche mit regionalen Produkten. Mehr Komfort bieten die Bungalows im Park. **www.prieure.com**

Preiskategorien *siehe S. 550* **Zeichenerklärung** *siehe hintere Umschlagklappe*

CHENONCEAUX Hostel du Roy   P ¶ ⚓   €

9, rue du Dr Bretonneau, 37150   ☏ 02 47 23 90 17   FAX 02 47 23 89 81   **Zimmer** 32

Das Hotel mit Restaurant besitzt einen Kamin aus dem 16. Jahrhundert und einen Speisesaal voller Jagdtrophäen. Die gut ausgestatteten Zimmer sind einfach, aber ansprechend. Überhaupt ist die Atmosphäre sehr entspannt. Garten und hübsche Terrasse. Das Restaurant serviert Klassiker, in der Saison auch Wildgerichte. www.hostelduroy.com

CHENONCEAUX Hôtel du Bon Laboureur   P ¶ ≋ ⚓ 目   €€

6, rue de Dr Bretonneau, 37150   ☏ 02 47 23 90 02   FAX 02 47 23 82 01   **Zimmer** 25

Das Gasthaus mit eigenem Park liegt in der Nähe des berühmten Schlosses. Die Zimmer befinden sich in Gebäuden aus dem 18. Jahrhundert. Sie sind klein, aber gut ausgestattet und haben Designer-Bäder. Einige sind behindertengerecht. Das Restaurant mit Eichenbalken ist recht gut. www.bonlaboureur.com

CHINON Hostellerie Gargantua   P ¶   €

73, rue Voltaire, 37500   ☏ 02 47 93 04 71   FAX 02 47 93 08 02   **Zimmer** 8

Das Hotel im früheren Palais du Boulliage mit Spitzdach und Türmchen ist ein Wahrzeichen der Gegend. Die Zimmer sind komfortabel, wenn auch überladen. Jedes steht unter einem anderen Thema – von Jeanne d'Arc über Richelieu bis Empire. Hübscher Speisesaal und Terrasse. Moderne wie klassische Küche. www.hotel-gargantua.com

CHINON Hôtel Diderot   P   €

4, rue Buffon, 37500   ☏ 02 47 93 18 87   FAX 02 47 93 37 10   **Zimmer** 26

Die Palmen und Olivenbäume, die beim Gebäude (18. Jh.) wachsen, zeugen vom milden Klima. Das elegante, von Kletterpflanzen überzogene Hotel in einer Seitenstraße ist ein echter Fund. Die Zimmer sind ruhig und einfach. Frühstück im rustikalen Speiseraum. Kostenlose öffentliche Parkplätze in der Nähe. www.hoteldiderot.com

CHINON Château de Marçay   ⛲ P ¶ ≋ ⚓ ⊞ 目   €€€

Le Château, 37500   ☏ 02 47 93 03 47   FAX 02 47 93 45 33   **Zimmer** 39

In der restaurierten Burg (15. Jh.) hat sich ein elegantes Hotel niedergelassen. Von den gut ausgestatteten Zimmern aus schweift der Blick über Parklandschaft und Weinberge. Es herrscht eine aristokratische Atmosphäre. Service und Küche sind unglaublich gut. *Geschlossen: Mitte Nov–Mitte März.* www.chateaudemarcay.com

COUR-CHEVERNY Hôtels des Trois Marchands   P ¶   €

Place de l'Église, 41700   ☏ 02 54 79 96 44   FAX 02 54 79 25 60   **Zimmer** 24

Die einstige Herberge mit Garten liegt etwa einen Kilometer vom Château entfernt. Seit 1865 ist sie in Familienhand. Die Zimmer sind rustikal möbliert. Frühstück gibt es in einem von drei Speiseräumen im Louis-XIII-Stil. Das Restaurant genießt einen hervorragenden Ruf. Parkplätze vorhanden. www.hoteldes3marchands.com

FONTEVRAUD-L'ABBAYE Le Prieuré St-Lazare   ⛲ P ¶ ⚓   €€

38, route St-Jean de l'Habit, 49590   ☏ 02 41 51 73 16   FAX 02 41 51 75 50   **Zimmer** 52

Dies ist eine spezielle Unterkunft: Sie liegt in der früheren Priorei von St-Lazare inmitten des berühmten Klosterkomplexes. Die elegant wirkenden Zimmer sind modern ausgestattet. Das Restaurant im alten Kreuzgang ist ein Muss für Gourmets. *Geschlossen: Mitte Nov–März.* www.hotelfp-fontevraud.com

GENNES Aux Naulets d'Anjou   P ¶ ≋ ⚓   €

18, rue Croix de la Mission, 49350   ☏ 02 41 51 81 88   FAX 02 41 38 00 78   **Zimmer** 19

Das ruhige, angenehme Hotel liegt am Ortsende auf einem Privatgrundstück. Der freundliche Service wiegt die Tatsache auf, dass das Haus kein architektonisches Highlight ist. Die hellen Zimmer sind einfach eingerichtet. Das Restaurant bietet gutbürgerliche Küche. Lesezimmer und Lounge. www.hotel-lesnauletsdanjou.com

GIEN La Poularde   ¶   €

13, quai de Nice, 45500   ☏ 02 38 67 36 05   FAX 02 38 38 18 78   **Zimmer** 9

Das Hotel am Ufer der Loire liegt nur ein paar Schritte vom Musée de la Faïencerie entfernt. Das funktionale Hotel in einem Gebäude aus dem 19. Jahrhundert bietet hübsche Zimmer, die mit Louis-Philippe-Möbeln eingerichtet sind. Das Restaurant ist empfehlenswert. www.lapoularde.fr

LA CHARTRE-SUR-LE-LOIR Hôtel de France   P ¶ ≋ ⚓   €

20, pl de la République, 72340   ☏ 02 43 44 40 16   FAX 02 43 79 62 20   **Zimmer** 24

Das efeubewachsene Hotel im Zentrum besitzt einen Garten, der bis zum Flussufer reicht. Die Standardzimmer sind preisgünstig. Bar und Brasserie sind guter Durchschnitt, der Speiseraum ist allerdings recht hübsch – und das Essen großzügig bemessen. Schöne Gartenterrasse. *Geschlossen: Jan–Mitte März.* hoteldefrance@worldonline.fr

LE CROISIC Fort de l'Océan   P ¶ ≋ ⚓ 目   €€€€

Pointe du Croisic, 44490   ☏ 02 40 15 77 77   FAX 02 40 15 77 80   **Zimmer** 9

Die einstige Festung (17. Jh.) von Vauban blickt immer noch wachsam aufs Meer. Doch von den Härten des Militärlebens ist nichts mehr zu spüren. Heute herrscht Komfort. Die Zimmer haben Stil und sind modern ausgestattet, einige davon sind behindertengerecht. Das Restaurant serviert Seafood-Spezialitäten. www.hotelfortocean.com

LE MANS Auberge de la Foresterie   ⛲ P ¶ ≋ ⚓ 目 ♿   €

Route de Laval, 72000   ☏ 02 43 51 25 12   FAX 02 43 28 54 58   **Zimmer** 41

Elegantes Hotel mit hübscher Gartenanlage und einer Terrasse am Pool, wo bei schönem Wetter die Mahlzeiten serviert werden. Mit der Tram kommt man schnell ins historische Zentrum von Le Mans und zur Kathedrale. Ein Kind unter 13 Jahren übernachtet im Zimmer der Eltern kostenlos. www.aubergedelaforesterie.com

LOCHES Hôtel de France   P ⑪ 目   €

6, rue Picois, 37600 [02 47 59 00 32 FAX 02 47 59 28 66 *Zimmer 19*

Die elegante einstige Herberge wurde aus einheimischem Tuffstein mit Schieferdach errichtet und liegt in der Nähe des mittelalterlichen Stadttors. Die Zimmer sind einfach möbliert, aber angenehm und sauber. Das Restaurant bietet gute traditionelle Küche, etwa hausgeräucherten Lachs. **http://h.france.loches.free.fr**

LUYNES Domaine de Beauvois   ⬚ P ⑪ ⌂ ⚓ 目   €€€

Route de Cléré-les-Pins, 37230 [02 47 55 50 11 FAX 02 47 55 59 62 *Zimmer 36*

Das Renaissance-Herrenhaus wurde an einen Turm (15. Jh.) angebaut, der über einem See aufragt. Der umliegende Park ist so groß, dass er ausgeschildert ist. Die komfortablen Zimmer sind sehr geräumig und haben luxuriöse Marmorbäder. Tipp: ein Candle-Light-Dinner im empfehlenswerten Restaurant. **www.beauvois.com**

MONTBAZON Château d'Artigny   ⬚ P ⑪ ⌂ ⚓ ⛵ 目   €€€€

Route de Monts, 37250 [02 47 34 30 30 FAX 02 47 34 30 39 *Zimmer 63*

Das Château aus dem 20. Jahrhundert liegt in einem Anwesen am Fluss Indre. Die Fassade ist klassizistisch, die Innenräume sind im Empire-Stil gehalten. Die Zimmer sind dagegen in üppigem Barockstil eingerichtet. Das Restaurant in der Rotunde erfreut mit regionalen Gourmet-Gerichten. Fantastische Weinkarte. **www.artigny.com**

MONTLOUIS-SUR-LOIRE Château de la Bourdaisière   ⬚ P ⚓ ⌂ ⛵   €€€

25, rue de la Bourdaisière, 37270 [02 47 45 16 31 FAX 02 47 45 09 11 *Zimmer 20*

Das majestätische Schloss ist in eine Luxusherberge umgewandelt worden. Gabrielle d'Estrées, Geliebte von Henri IV, wurde 1565 hier geboren. Einige der Luxuszimmer haben noch Möbel aus dieser Zeit. Auch im Pavillon kann man übernachten (sechs Zimmer). Die Gartenanlage ist öffentlich zugänglich. **www.chateaulabourdaisiere.com**

MONTREUIL-BELLAY Relais du Bellay   ⬚ P ⑪ ⚓ ⌂ ⛵   €

96, rue Nationale, 49260 [02 41 53 10 10 FAX 02 41 38 70 61 *Zimmer 42*

Zimmer gibt es sowohl im Hauptgebäude (17. Jh.) als auch im neuen Anbau. Die stilvoll eingerichteten Zimmer sind ruhig, einige sind behindertengerecht. Beheizter Swimmingpool, Sauna, Türkisches Bad, Jacuzzi und Fitness-Center. Das Hotel Splendid, das ebenfalls hier liegt, hat ein Restaurant. **www.splendid-hotel.fr**

MUIDES-SUR-LOIRE Château de Colliers   P ⚓ ⌂   €€€

41500 [02 54 87 50 75 FAX 02 54 87 03 64 *Zimmer 6*

Nicht sehr weit östlich von Blois stößt man auf das rustikale Schloss in einem Waldgebiet. Im 18. Jahrhundert gehörte es einem Gouverneur von Louisiana. Ganz oben im Haus gibt es ein traumhaft romantisches Zimmer mit Empire-Möbeln und einer Dachterrasse. Abendessen muss man reservieren. **www.chateau-colliers.com**

NANTES Amiral   ⬚   €

26 bis, rue Scribe, 44000 [02 40 69 20 21 FAX 02 40 73 98 13 *Zimmer 49*

Kinos, Theater, Restaurants und die Passage Pommeraye liegen quasi vor der Haustür des Hotels im Zentrum von Nantes. Trotz der Lage sind die Zimmer relativ ruhig. Das moderne, freundlich wirkende Haus bietet recht gut ausgestattete Zimmer. Üppiges Frühstück. **www.hotel-nantes.fr**

NANTES Jules Verne   ⬚ P 目   €

3, rue de Couëdic, 44000 [02 40 35 74 50 FAX 02 40 20 09 35 *Zimmer 65*

Das moderne Hotel der Best-Western-Gruppe ist nicht hyperattraktiv, aber funktional. Es befindet sich in einer Fußgängerzone im Zentrum, also ideal für die Sehenswürdigkeiten von Nantes. Die Standardzimmer haben Satelliten-TV, einige sind behindertengerecht. Gutes Frühstücksbüfett. Parken ist kostenlos. **hoteljulesverne@wanadoo.fr**

NANTES Hôtel La Pérouse   ⬚ P ⛵ 目   €€

3, allée Duquesne, 44000 [02 40 89 75 00 FAX 02 40 89 76 00 *Zimmer 46*

Das nach einem französischen Seefahrer benannte, schicke Hotel wurde 1993 eröffnet und strahlt Zen-Atmosphäre aus. Die Räume mit Holzböden haben flotte moderne Möbel. Die Stille ist erstaunlich. Gutes Frühstücksbüfett. Gäste können das nahe gelegene Fitness-Center kostenlos benützen. **www.hotel-laperouse.fr**

NEURY-EN-CHAMPAGNE Château de la Renaudière   P   €

72240 [02 43 20 71 09 FAX 02 43 20 75 56 *Zimmer 3*

Das anmutige Château der Familie des Marquis de Mascureau liegt eingebettet in Hügel, etwa in der Mitte zwischen Le Mans und Laval. Die Zimmer mit Bad sind mit antiken Möbeln eingerichtet. Die charmanten Besitzer bringen Besuchern gern die Vorzüge der Gegend nahe. *Geschlossen: Nov–Apr.* **www.bienvenueauchateau.com**

NOIRMOUTIER-EN-L'ÎLE Hotel Fleur de Sel   P ⑪ ⚓ ⌂ ⛵   €€

Rue des Saulniers, 85330 [02 51 39 09 07 FAX 02 51 39 09 76 *Zimmer 35*

Das Hotel liegt inmitten eines mediterran gestalteten Gartens mit Swimmingpool. Einige Zimmer sind in Kiefernholz gehalten und blicken auf den Pool, weitere Zimmer haben ein Seefahrerthema und eigene Terrassen. Der Küchenchef des Hauses serviert mit die besten Spezialitäten der Vendée. *Geschlossen: Nov–Mitte März.* **www.fleurdesel.fr**

ONZAIN Domaine des Hauts de Loire   P ⑪ ⚓ ⌂ ⛵ 目   €€€€

Route d'Herbault, 41150 [02 54 20 72 57 FAX 02 54 20 77 32 *Zimmer 32*

Die einstige Jagdhütte mit Grundbesitz wurde aufgemöbelt und strahlt nun wieder Grandezza aus. Die schön möblierten Zimmer sind hell. Der Küchenchef kreiert neue Gerichte, serviert aber auch klassische Küche – zusammen mit den hervorragenden Weinen der Region. Tennisplatz. *Geschlossen: Dez–Feb.* **www.domainehautsloire.com**

Preiskategorien *siehe S. 550* **Zeichenerklärung** *siehe hintere Umschlagklappe*

ORLÉANS Hôtel de l'Abeille €

64, rue Alsace Lorraine, 45000 **C** *02 38 53 54 87* **FAX** *02 38 62 65 84* **Zimmer** *31*

Das Hotel zu Ehren von Napoléon und seinem Bienenemblem wird seit den 1920er Jahren von derselben Familie geführt. Es ist eine Art Schrein für Jeanne d'Arc. Das klassizistische Gebäude beherbergt altmodische Zimmer und eine gute Bibliothek. Von der Terrasse sieht man auf die Kathedrale. Fahrräder erhältlich. **www.hoteldelabeille.com**

RESTIGNÉ Manoir de Restigné P ⏸ ⚏ €€€€

15, route de Tours, 37140 **C** *02 47 97 00 06* **FAX** *02 47 97 01 43* **Zimmer** *7*

Das restaurierte Herrenhaus (17. Jh.) in den Weinbergen bei Bourgueil bietet geräumige, elegant möblierte Zimmer, die nach Weinreben benannt sind. Essen wird im einstigen Weinkeller serviert. Es gibt eine hübsche Orangerie (18. Jh.). *Geschlossen: Jan–Feb.* **www.manoirderestigne.com**

ROCHECORBON Domaine des Hautes Roches ⛱ P ⏸ ⚏ ⚐ €€€

86, quai de la Loire, 37210 **C** *02 47 52 88 88* **FAX** *02 47 52 81 30* **Zimmer** *15*

In der Nähe von Tours, in den Vouvray-Weinbergen, liegt diese einstige Mönchsunterkunft mit nun modernem Komfort. Die unterirdischen Räume des »Troglodyten-Hotels«, die in den Kalkstein gehauen wurden, sind geräumig. Essen kann man im Château oder auf der Terrasse. *Geschlossen: Feb–März.* **www.leshautesroches.com**

ROMORANTIN-LANTHENAY Grand Hôtel du Lion d'Or ⛱ P ⏸ ▤ €€€

69, rue Georges Clemenceau, 41200 **C** *02 54 94 15 15* **FAX** *02 54 88 24 87* **Zimmer** *16*

Das einstige Herrenhaus aus der Renaissance ist nun ein Gastronomie-Treffpunkt. Von außen ist das Gebäude nicht sehr beeindruckend, doch das Innere begeistert sofort. Die luxuriösen Zimmer blicken auf einen gepflasterten Innenhof. Das Dekor stammt aus der Zeit von Napoléon III. Gartenanlage im Barockstil. **www.hotel-liondor.fr**

SALBRIS Domaine de Valaudran P ⏸ ⚏ ⚐ €€

Route de Romorantin, 41300 **C** *02 54 97 20 00* **FAX** *02 54 97 12 22* **Zimmer** *36*

Das große Haus im Herzen der Sologne hat eine zwei Hektar große Gartenanlage und ist nun ein hübsches Landhotel. Die modernen Zimmer kontrastieren mit dem massiven Äußeren. Es gibt einen Billardtisch. Das traditionelle Restaurant nimmt als Zutaten eigenes Gemüse. **www.hotelvalaudran.com**

SAUMUR La Croix de la Voulte P ⚏ €

Route de Boumois, 49400 **C** *02 41 38 46 66* **FAX** *02 41 38 46 66* **Zimmer** *4*

Das außerhalb von Saumur gelegene Herrenhaus stammt aus dem 15. Jahrhundert. Es wurde an einem *croix* errichtet, einer Kreuzung, die königlichen Jägern als Wendepunkt diente. Die Zimmer sind vollkommen verschieden, zwei besitzen originale Louis-XIV-Kamine. Das Frühstück wird bei schönem Wetter am Pool serviert. **www.lacroixdelavoulte.com**

SAUMUR Hôtel Anne d'Anjou ⛱ P ⚐ €€

32–34, quai Mayaud, 49400 **C** *02 41 67 30 30* **FAX** *02 41 67 51 00* **Zimmer** *44*

Das Dekor des eleganten Stadthauses zwischen Loire und Schloss ist erlesen und romantisch. Schon die Fassade ist beeindruckend, ebenso wie der Treppenaufgang und die Deckenmalereien. Die Zimmer sind im Empire-Stil oder aber modern eingerichtet. Frühstück gibt es bei schönem Wetter im Innenhof. **www.hotel-anneanjou.com**

SILLÉ-LE-GUILLAUME Relais des Étangs de Guibert P ⏸ €

Neufchâtel-en-Saosnois, 72600 **C** *02 43 97 15 38* **FAX** *02 43 33 22 99* **Zimmer** *15*

Das hübsche Landhaus nördlich von Le Mans liegt recht romantisch an einer Ecke des Waldgebiets. Es besitzt ein Türmchen, das sich über der blumenübersäten Gartenanlage und einem See erhebt. Die Zimmer haben eine warme Farbgebung, einige auch originale Balkendecken. Freundliche Atmosphäre. **www.lesetangsdeguibert.com**

SOUVIGNY-EN-SOLOGNE Ferme des Foucault P €€

Ménestreau-en-Villette, 45240 **C** *02 38 76 94 41* **FAX** *02 38 76 94 41* **Zimmer** *3*

Das attraktive Bauernhaus aus roten Ziegeln und Holzbalken liegt versteckt im Waldgebiet der Sologne. Die recht großen Zimmer sind anheimelnd und haben sehr schöne Bäder. Ein Zimmer besitzt einen Kamin. Die anderen sind mit Bildern der Tochter der Besitzer ausgestattet. Freundlich-entspannte Atmosphäre. **www.ferme-des-foucault.com**

ST-LAURENT-NOUAN Hôtel Le Verger P ⚐ €

14, rue du Port-Pichard, 41220 **C** *02 54 87 22 22* **FAX** *02 54 87 22 82* **Zimmer** *14*

Das Gebäude (19. Jh.) liegt acht Kilometer von Chambord entfernt und ist ein guter Ausgangspunkt für eine Besichtigung der berühmten Loire-Schlösser. Es gibt einen Innenhof mit Brunnen. Die Zimmer sind gepflegt, recht geräumig und ruhig. Der Park mit Waldbestand trägt zu einem erholsamen Aufenthalt bei. **www.hotel-le-verger.com**

ST-NAZAIRE Au Bon Acceuil ⏸ ⚐ €€

39, rue Marceau, 44600 **C** *02 40 22 07 05* **FAX** *02 40 19 01 58* **Zimmer** *17*

Das hübsche Hotel liegt zentral, aber ruhig. Es ist eines der wenigen Gebäude, die im Zweiten Weltkrieg nicht zerstört wurden. Die Zimmer sind einfach möbliert und funktional. Im etwas düsteren Speisesaal wird exzellentes Seafood serviert. Freundlich-angenehme Atmosphäre. *Geschlossen: 2 Wochen im Juli.* **www.au-bon-accueil44.com**

ST-PATRICE Château de Rochecotte ⛱ P ⏸ ⚏ ⚐ €€€

St-Patrice, Langeais, 37130 **C** *02 47 96 16 16* **FAX** *02 47 96 90 59* **Zimmer** *35*

Das einstige Schloss Talleyrands liegt etwas außerhalb von Langeais. Es wurde komplett renoviert und 1986 als Hotel wiedereröffnet. Um das Château erstreckt sich ein großer Park mit Wald. Die riesigen Zimmer bieten schöne Aussicht. Die gesamten Innenräume sind opulent dekoriert. *Geschlossen: Mitte Jan–Mitte Feb.* **www.chateaurochecotte.fr**

TOURS Hôtel L'Adresse €

12, rue de la Rôtisserie, 37000 **C** 02 47 20 85 76 **FAX** 02 47 05 74 87 *Zimmer 17*

Komplett modernisiertes Hotel hinter der eleganten Fassade eines Stadthauses aus dem 18. Jahrhundert. Die Zimmer sind ein Mix aus Minimalismus und alter Architektur. Die zentrale Lage ist ideal für Restaurants, Konferenzzentrum und Bahnhof. **www.hotel-ladresse.com**

VITRY-AUX-LOGES Château de Plessis-Beauregard P 📶 🏃 €€

Le Plessis, 45530 **C** 02 38 59 47 24 **FAX** 02 38 59 47 48 *Zimmer 3*

Das Türmchenschloss nahe der Forêt d'Orléans offeriert hübsche luftige Zimmer mit originalen Empire-Möbeln, alle blicken auf die Blumengärten. Die Besitzer betreuen die Gäste persönlich beim Frühstück. Man kann auch abends beim Kamin mit ihnen plaudern. Fahrräder werden gestellt. **www.chateaux-france.com/plessisbeauregard/**

VOUVRAY Château de Jallanges P 🍴 📶 🏃 €€€

9, Jallange, Vernou-sur-Brenne, 37210 **C** 02 47 52 06 66 **FAX** 02 47 52 11 18 *Zimmer 7*

Das beeindruckende Renaissance-Château ist nun das Heim einer Familie. Die komfortablen Zimmer sind stilvoll eingerichtet. Die Gäste erhalten zunächst eine Führung – von der Privatkapelle bis zu den Türmchen, die eine wunderbare Aussicht bieten. Ein sehr guter Ausgangspunkt, um die Touraine zu erkunden. **www.jallanges.com**

Burgund und Franche-Comté

ALOXE-CORTON Hôtel Villa Louise P 📶 🏃 €€

9, rue Franche, 21420 **C** 03 80 26 46 70 **FAX** 03 80 26 47 16 *Zimmer 11*

Die Weinberge von Corton-Charlemagne bilden die Kulisse für die einstige Kellerei (17. Jh.). Die angenehmen Zimmer haben gut ausgestattete Bäder. Das Interieur ist rustikal, das Empfangszimmer hat einen Kamin. Für Gäste gibt es Abende mit Weinproben. Türkisches Bad, Solarium und beheizter Pool. **www.hotel-villa-louise.fr**

ARC-ET-SENANS La Saline Royale P €€

Arc-et-Senans, 25610 **C** 03 81 54 45 00 *Zimmer 31*

Eine Übernachtung in dieser UNESCO-Welterbestätte (seit 1982) ist eine Erfahrung der ganz besonderen Art. Es gibt Pracht aus der Zeit Louis XVI zu günstigen Preisen. Die Salinen wurden im 18. Jahrhundert von Nicolas Ledoux angelegt und sind ein architektonisches Schmuckstück. Frühzeitige Buchung wird empfohlen. **www.salineroyale.com**

AUXERRE Le Parc des Maréchaux 📶 P 📶 🏃 🍴 €€

6, av Foch, 89000 **C** 03 86 51 43 77 **FAX** 03 86 51 31 72 *Zimmer 25*

Das elegante renovierte Gebäude aus der Zeit Napoleons III liegt zentral. Die hübschen Zimmer sind nach französischen Marschallen benannt und zeigen vergoldeten Empire-Stil. Das ruhigste Zimmer blickt auf den Park, der mit jahrhundertealten Bäumen bestanden ist. Anheimelnde Bar. **www.hotel-parcmarechaux.com**

BEAUNE Le Home P €€

138, route Dijon, 21200 **C** 03 80 22 16 43 **FAX** 03 80 24 90 74 *Zimmer 20*

Direkt außerhalb der Stadt und etwas zurückgesetzt von der Hauptstraße liegt dieses ansprechende Hotel. Das einstige Bauernhaus mit Garten wurde von Mme Jacquet und ihrer Tochter Mathilde mit englischem Touch eingerichtet. Es gibt anheimelnde Wohnzimmer und bequeme Schlafzimmer. Ausgezeichneter Weinkeller. **www.lehome.fr**

BEAUNE Hôtel Le Cep 📶 P 📺 📋 €€€

27, rue Maufoux, 21200 **C** 03 80 22 35 48 **FAX** 03 80 22 76 80 *Zimmer 62*

Das elegante Hotel im Herzen der Altstadt wurde im Renaissance-Stil renoviert. Angeblich soll Louis XIV lieber hier als im Hôtel-Dieu übernachtet haben. Die Zimmer, einige davon mit barockem Dekor, sind mit verschiedenen Antiquitäten eingerichtet. Jedes ist nach einem der hiesigen Weine benannt. **www.hotel-cep-beaune.com**

BESANÇON Hôtel Charles Quint P 📶 €€

3, rue du Chapitre, 25000 **C** 03 81 82 05 49 **FAX** 03 81 82 61 45 *Zimmer 9*

Charmantes Hotel (18. Jh.) im historischen Zentrum. Die eleganten Zimmer haben moderne Annehmlichkeiten. Die besten gehen auf eine kleine Terrasse mit Blick auf den Garten. Frühstück wird im getäfelten Salon serviert oder – bei schönem Wetter – im Freien. **www.hotel-charlesquint.com**

BOUILLAND Le Vieux Moulin P 🍴 📶 🏃 📺 €€

Le Village, 21420 **C** 03 80 21 51 16 **FAX** 03 80 21 59 90 *Zimmer 26*

Die renovierte alte Mühle liegt im Rhône-Tal in einem hübschen burgundischen Dorf. Die komfortablen Zimmer sind stilvoll mit modernen Möbeln eingerichtet und blicken auf die schöne Landschaft. Sauna, Jacuzzi und Fitness-Center. Bekanntes Restaurant. *Geschlossen: Jan – Mitte März.* **www.le-moulin-de-bouilland.com**

CHABLIS Hostellerie des Clos 📶 P 🍴 📺 📋 €€

Rue Jules-Rathier, 89800 **C** 03 86 42 10 63 **FAX** 03 86 42 17 11 *Zimmer 36*

Das renovierte, ehemalige Kloster steht mitten in dem berühmten Weinort. Moderne, helle Räume. Das Restaurant gehört zu den besten der Region (Michelin-Stern) und bietet eine Weinkarte zum Niederknien. Auf der Terrasse sieht man auf den Garten und die Weinberge. Drei behindertengerechte Zimmer. **www.hostellerie-des-clos.fr**

CHABLIS Le Bergerand's — P ⚹ — €€

4, rue des Moulins, 89800 📞 *03 86 18 96 08* FAX *03 86 18 96 09* **Zimmer** *18*

Das beliebte B&B am Fluss Serein ist ein idealer Stopp, um die regionalen Weine zu genießen. Die hellen Zimmer sind freundlich möbliert. Es gibt zudem eine komfortable Lounge-Bar, einen Teesalon, einen Hamam und einen Whirlpool. Frühstücksbüfett. Auf Wunsch werden Picknickkörbe bereitet. **bergerand-belleetoile@wanadoo.fr**

CHAGNY Lameloise — P ⚹ 🏊 ⎘ — €€€

36, pl d'Armes, 71150 📞 *03 85 87 65 65* FAX *03 85 87 03 57* **Zimmer** *16*

Das Luxushotel mit Gastro-Restaurant liegt in einem eleganten Haus, das seit über 100 Jahren am Hauptplatz steht. Die geräumigen Zimmer haben Top-Bäder. Das Gebäude besitzt Balkendecken und seine alte Möblierung. Exzellentes Restaurant. *Geschlossen: Mitte Dez–Ende Jan.* **www.lameloise.fr**

CHAILLY-SUR-ARMANÇON Château de Chailly — P 🏊 ⚹ 🍽 ⎘ — €€€€€

Rue Dessous, 21320 📞 *03 80 90 30 30* FAX *03 80 90 30 00* **Zimmer** *45*

Eine Fassade des schön renovierten Schlosses präsentiert sich im Renaissance-Stil, eine andere erinnert an das mittelalterliche Erbe des Baus. Dies ist eine Luxusunterkunft mit großzügigen, sehr gut ausgestatteten Zimmern. Zur Anlage gehören auch ein Golfplatz, Tennisplätze, Jacuzzi, türkisches Dampfbad und vier Restaurants. **www.chailly.com**

DIJON Le Jacquemart — €

32, rue Verrerie, 21000 📞 *03 80 60 09 60* FAX *03 80 60 09 69* **Zimmer** *31*

Hotel im Zentrum in der Nähe von Palais des Ducs, Musée des Beaux-Arts und »Glückseule«. Das schöne Bürgerhaus aus dem 18. Jahrhundert bietet mittelgroße Zimmer mit Möbeln im Antik-Stil. Das Dekor ist etwas düster, aber stilvoll, die Atmosphäre ruhig und angenehm. Üppiges Frühstück. **www.hotel-lejacquemart.fr**

DIJON Hostellerie du Chapeau Rouge — P ⚹ ⎘ — €€€

5, rue Michelet, 21000 📞 *03 80 50 88 88* FAX *03 80 50 88 89* **Zimmer** *30*

Charmantes Hotel (16. Jh.) im Herzen der Stadt. Die Holzböden und Kamine haben Jahrhunderte überstanden, die Einrichtung ist allerdings modern. Schicke Zimmer – von Barock bis zu Feng Shui. Im Speiseraum mit Glasdach wird kreative Küche serviert. **www.chapeau-rouge.fr**

DOLE La Chaumière — P ⚹ 🏊 — €€

346, av du Maréchal-Juin, 39100 📞 *03 84 70 72 40* FAX *03 84 79 25 60* **Zimmer** *19*

Das einstige Bauernhaus außerhalb des Zentrums der früheren Hauptstadt der Comté ist noch authentisch eingerichtet, was zum besonderen Flair beiträgt. Die komfortablen, sauber gehaltenen Zimmer garantieren einen guten und ungestörten Schlaf. Restaurant (Michelin-Stern) mit innovativer Küche. **www.la-chaumiere.info**

GEVREY-CHAMBERTIN Hôtel les Grands Crus — P ⎘ — €€

Route des Grands Crus, 21220 📞 *03 80 34 34 15* FAX *03 80 51 89 07* **Zimmer** *24*

Das großzügige, luftige Hotel bietet wundervolle Blicke auf die Weinberge der bekannten großen Marken. Es liegt im Herzen der Côte de Nuits in einem typisch burgundischen Landhaus. Die traditionell eingerichteten Zimmer blicken auf den Garten. Die komfortable Lobby besitzt einen offenen Kamin. **www.hoteldesgrandscrus.com**

JOIGNY La Côte St-Jacques — P ⚹ 🏊 ⚹ 🍽 ⎘ ♿ — €€€

14, faubourg de Paris, 89300 📞 *03 86 62 09 70* FAX *03 86 91 49 70* **Zimmer** *31*

Das hübsch renovierte Hotel beim Fluss Yonne besitzt einen schönen Garten, der zum Wasser führt. Sanfte Farben und zeitgemäße Möbel schaffen ein angenehmes Ambiente. Weitere Pluspunkte: Spa, Boot für Gäste, Winter-Lounge mit Kamin und Sommer-Lounge mit Terrasse. Herausragendes Restaurant. **www.cotesaintjacques.com**

LA BUSSIÈRE-SUR-OUCHE Abbaye de la Bussière — P ⚹ ♿ — €€€€

La Bussière-sur-Ouche, 21360 📞 *03 80 49 02 49* FAX *03 80 49 05 23* **Zimmer** *15*

Hotel in einer restaurierten Abtei (12. Jh.) in einem ruhigen Park. Jedes Zimmer blickt auf den Park, in dem es 52 Baumarten sowie einen schönen See gibt. In den beiden Restaurants (Michelin-Sterne) wirkt Chefkoch Olivier Elzer. Perfekt, um die burgundischen Weingüter zu besichtigen. **www.relaischateaux.com/bussiere**

LEVERNOIS Hostellerie de Levernois — P ⚹ 🏊 🍽 ⎘ ♿ — €€€

Rue du Golf, 21200 📞 *03 80 24 73 58* FAX *03 80 22 78 00* **Zimmer** *26*

Das Gutshaus (19. Jh.) liegt im Herzen von Burgund nahe Beaune. Es steht in einem Park mit einem kleinen Fluss und garantiert himmlische Ruhe. Die Zimmer enthalten noch Altes wie Parkett und burgundische Fliesen bei ansonsten modernem Komfort. Die einstige Scheune ist heute ein hübsches Bistro. **www.levernois.com**

MALBUISSON Hôtel Le Lac — P ⚹ 🏊 — €

31, Grand-Rue, 25160 📞 *03 81 69 34 80* FAX *03 81 69 35 44* **Zimmer** *54*

Das elegante Gebäude aus den 1930er Jahren liegt oberhalb des Sees von St-Point im Jura. Die hübsch eingerichteten Zimmer blicken zum Teil auf den See. Die Atmosphäre ist angenehm, obwohl der Service manchmal etwas ruppig ist (was aber allgemein für die Gegend gilt). Bemerkenswert gutes Frühstücksbüfett. **www.hotel-le-lac.fr**

MALBUISSON Le Bon Acceuil — P ⚹ — €

Rue de la Source, 25160 📞 *03 81 69 30 58* FAX *03 81 69 37 60* **Zimmer** *12*

Das Hotel liegt zwischen Wald und Ufer des Lac St-Point. Die geräumigen Zimmer sind mit Kiefernmöbeln und anheimelnden Stoffen eingerichtet. Das Restaurant serviert ausgezeichnete zeitgenössische Küche und vertraut dabei auf regionale Produkte. **www.le-bon-accueil.fr**

MARTAILLY-LES-BRANCION La Montagne de Brancion 🅿️ 🍴 ≋ €€

Col de Brancion, 71700 ☎ *03 85 51 12 40* ᶠᵃˣ *03 85 51 18 64* **Zimmer** *19*

Das östlich von Tournus gelegene Hotel schmiegt sich an die Hügel des mittelalterlichen Dorfs und gewährt schöne Ausblicke. Alle Zimmer blicken nach Osten auf die Weinberge des Mâconnais. Die Zimmer sind mit hübschen modernen Möbeln eingerichtet. Empfehlenswertes Restaurant. **www.brancion.com**

NANS-SOUS-STE-ANNE A l'Ombre du Château 🖪 🅿️ 🏃 €€

6, rue du Château, 25330 ☎ *03 81 86 54 72* ᶠᵃˣ *03 81 86 43 29* **Zimmer** *4*

Das Nebengebäude eines Château (18. Jh.) südwestlich von Ornans liegt in einem großen bewaldeten Park. Die Zimmer wurden liebevoll restauriert. Großzügiges Frühstück mit hausgemachten Pasteten. Die amerikanischen Eigentümer kümmern sich um ihre Gäste. *Geschlossen: Nov–Apr.* **www.frenchcountryretreat.com**

NANTOUX Domaine de la Combotte 🅿️ ≋ 🏃 €€

2, la Combotte, 21190 ☎ *03 80 26 02 66* ᶠᵃˣ *03 80 26 07 84* **Zimmer** *5*

Das familiengeführte Weingut in der Nähe von Beaune bietet *chambres d'hôtes* an. Von den fünf großen Zimmern ist eines behindertengerecht und eines für Familien geeignet. Alle sind modern eingerichtet und gut ausgestattet. Die Besitzer teilen ihre Leidenschaft für Wein und Trüffeln gern mit ihren Gästen. **www.lacombotte.com**

NEVERS Clos Ste-Marie 🅿️ €

25, rue du Petit-Mouësse, 58000 ☎ *03 86 71 94 50* ᶠᵃˣ *03 86 71 94 69* **Zimmer** *17*

Nach der Besichtigung von Nevers kann man sich in diesem attraktiven Hotel, das nur fünf Minuten von der Fußgängerzone entfernt liegt, zur Ruhe betten. Die gut geschnittenen Zimmer sind mit Antikmöbeln eingerichtet. Auf der schattigen Terrasse kann man das Frühstück und den Duft des Blumengartens genießen. **www.clos-sainte-marie.fr**

NITRY Auberge de la Beursaudière 🅿️ 🍴 ♿ €

5 & 7, rue Hyacinthe-Gautherin, 89310 ☎ *03 86 33 69 70* ᶠᵃˣ *03 86 33 69 60* **Zimmer** *11*

Zwischen Auxerre, Chablis und Vézelay liegt dieses Hotel in einer einstigen Priorei (12. Jh.). Die attraktiven Zimmer sind nach früheren Handwerkskünsten benannt: le Sabotier, la Dentellière, la Repasseuse. Die besten, le Vigneron und l'Écrivain, sind sehr elegant. Frühstücksbüfett gibt es im ehemaligen Weinkeller. **www.bersaudiere.com**

NUITS-ST-GEORGES Hôtel la Gentilhommière 🅿️ 🍴 ≋ 🎦 🗐 €€

13, vallée de la Serrée, 21700 ☎ *03 80 61 12 06* ᶠᵃˣ *03 80 61 30 33* **Zimmer** *41*

Die einstige Jagdhütte (16. Jh.) mit typisch burgundischem Ziegeldach beherbergt nun ein schönes Hotel und ein renommiertes Restaurant. Die Zimmer sind klassisch eingerichtet, die Suiten weisen verschiedene Stile auf – von Kolonialstil bis zu Zen-Ambiente. Die Küche ist meisterlich. Terrasse mit Blick auf den Fluss. **www.lagentilhommiere.fr**

POLIGNY Hostellerie des Monts de Vaux 🅿️ 🍴 🗐 €€€

Monts Vaux, 39800 ☎ *03 84 37 12 50* ᶠᵃˣ *03 84 37 09 07* **Zimmer** *10*

Das seit 1967 von der Familie Carrion geführte Hotel liegt in einer ehemaligen Herberge mit hübschem Garten am Rand von Poligny. Die Zimmer sind im burgundischen Stil mit Antiquitäten ausgestattet. Luxuriöse Atmosphäre. Das Restaurant bietet regionale Gerichte und die Weine des Jura. Tennisplatz. **www.hostellerie.com**

PONT-SUR-YONNE Hostellerie de L'Écu 🅿️ 🍴 🏃 €

3, rue Carnot, 89140 ☎ *03 86 67 01 00* ᶠᵃˣ *03 86 96 31 20* **Zimmer** *6*

Das Hotel und Restaurant liegt ein paar Kilometer nordwestlich von Sens in einem ehemaligen Gasthof, der noch rustikalen Charme ausstrahlt. Die Zimmer sind preiswert, aber ein bisschen altmodisch. Das Restaurant bietet burgundische Küche. **www.hostellerie-ecu.fr**

PORT-LESNEY Château de Germigney 🛁 🅿️ 🍴 ≋ 🗐 €€€€

Le Parc, 39600 ☎ *03 84 73 85 85* ᶠᵃˣ *03 84 73 88 88* **Zimmer** *20*

Das Hotel liegt sechs Kilometer von Arc-et-Senans entfernt am Fluss Loue. Das exquisite Château bietet stilvolle Zimmer mit modernen Annehmlichkeiten. Im Nebengebäude gibt es kleinere, preisgünstigere Zimmer. Ausgewöhnliches Restaurant und Naturschwimmbad. Entspannender Service. **www.chateaudegermigney.com**

SAULIEU Le Relais Bernard Loiseau 🅿️ 🍴 ≋ 🏃 🎦 🗐 €€€€€

2, rue d'Argentine, 21210 ☎ *03 80 90 53 53* ᶠᵃˣ *03 80 64 08 92* **Zimmer** *33*

Renommiertes Hotel und hochgelobtes Restaurant des verstorbenen Bernard Loiseau. Das komfortable Haus ist traditionell burgundisch ausgestattet mit Holztäfelungen und roten Bodenfliesen. Die Zimmer haben entweder Kamin oder Balkon, der auf den englischen Garten hinausgeht. Fantastischer Service. **www.bernard-loiseau.com**

ST-AMOUR-BELLEVUE L'Auberge du Paradis 🅿️ 🍴 ≋ 🗐 €€

Le Plâtre-Durand, 71570 ☎ *03 85 37 10 26* **Zimmer** *8*

Die Herberge wurde von einem jungen Paar geschmackvoll renoviert. Die Zimmer sind nach verschiedenen Gewürzen benannt und originell dekoriert. Schicke Ausstattung mit offenen Bädern. Einige der Zimmer haben Balkone, die auf den Garten gehen. Großzügiges Frühstück. Gutes Restaurant. **www.aubergeduparadis.fr**

ST-GERVAIS-EN-VALLIRE Moulin d'Hauterive 🅿️ 🍴 ≋ 🏃 🎦 🗐 €€

Hameau de Chaublanc, 71350 ☎ *03 85 91 55 56* ᶠᵃˣ *03 85 91 89 65* **Zimmer** *20*

Die einstige Mühle bei Beaune liegt versteckt am Ufer des Dheune. Die Mühle (12. Jh.) wurde von Mönchen des Klosters Cîteaux errichtet. Jedes der Zimmer ist individuell mit Antiquitäten eingerichtet. Der Besitzer, gleichzeitig Küchenchef, serviert gute Hausmannskost. Ein behindertengerechtes Zimmer. **www.moulinhauterive.com**

Preiskategorien *siehe S. 550* **Zeichenerklärung** *siehe hintere Umschlagklappe*

VALLÉE DE COUSIN Hostellerie du Moulins des Ruats   P ❚❙   €€

D427, 89200 📞 *03 86 34 97 00* FAX *03 86 31 65 47* **Zimmer** *25*

Die frühere Getreidemühle liegt ein paar Kilometer außerhalb von Avallon im Cousin-Tal. Das klassische Hotel mit Restaurant bietet komfortable Zimmer mit traditioneller Möblierung. Sie blicken auf Fluss oder Garten, einige haben Terrasse. Das Restaurant serviert klassische Küche. *Geschlossen: Mitte Nov–Mitte Feb.* **www.moulindesruats.com**

VÉZELAY L'Espérance   P ❚❙ ≋ 🐾 ❚   €€€€

St-Père-sous-Vézelay, 89450 📞 *03 86 33 39 10* FAX *03 86 33 26 15* **Zimmer** *27*

Die Zimmer verteilen sich auf drei Gebäude: klassisch möbliert im Hauptgebäude, rustikaler Charme im Moulin und moderne Ausstattung im Pré des Marguerites mit Terrassen zum Garten hin. Das Restaurant ist ein Traum, die Weine sind exzellent, allerdings auch teuer. Der Service ist unglaublich gut. **www.marc-meneau-esperance.com**

VILLENEUVE-SUR-YONNE La Lucerne aux Chouettes   ❚❙   €€

7, quai Bretoche, 89500 📞 *03 86 87 18 26* FAX *03 86 87 18 26* **Zimmer** *4*

Direkt am Fluss wurden vier typisch burgundische Häuser (17. Jh.) in dieses Haus mit *chambres d'hôtes* umgewandelt. Die individuell gestalteten Zimmer haben Holzbalken, Himmelbetten, Toile-de-Jouy-Stoffe, Antikmöbel und handbemalte Badezimmerfliesen. Hübscher Speisesaal und Terrasse. **www.lesliecaron-auberge.com**

VONNAS Georges Blanc   P ❚❙ ≋ 🐾 ❚   €€€€

Place Marché, 01540 📞 *04 74 50 90 90* FAX *04 74 50 08 80* **Zimmer** *41*

Das Hotel mit Restaurant liegt in einem früheren Herrenhaus inmitten eines Gartens. Die luxuriösen Räume wurden von Pierre Chaduc eingerichtet. Die Atmosphäre ist ein Mix aus edel und opulent, das Dekor reicht vom Louis-XIII-Stil bis zum rustikalen Ambiente. Die meisten Bäder haben Whirlpool. Wellness-Bereich mit Sauna. **www.georgesblanc.com**

Massif Central

BEAULIEU-SUR-DORDOGNE Manoir de Beaulieu   P ❚❙ 🐾   €€

4, pl Champ de Mars, 19120 📞 *05 55 91 01 34* FAX *05 55 91 23 57* **Zimmer** *25*

Das traditionelle Hotel am Hauptplatz des hübschen Dorfs wurde 1913 eröffnet. Die Zimmer wurden hübsch renoviert und sind unterschiedlich ausgestattet. Doch egal ob rustikal oder modern: Jedes ist gut geschnitten und hat ein ansprechendes Bad. In der Lounge-Bar kann man sich in Lederfauteuils lümmeln. **www.manoirdebeaulieu.com**

BELCASTEL Du Vieux Pont   P ❚❙ ❚   €€

Le Bourg, 12390 📞 *05 65 64 52 29* FAX *05 65 64 44 32* **Zimmer** *7*

In dem unprätentiösen Hotel wiegt einen des Rauschen des Flusses in den Schlaf. Die Zimmer sind geräumig, hell und luftig – und sie blicken alle auf den Fluss. Am anderen Ende der mittelalterlichen Brücke betreibt dieselbe Familie ein sehr gutes, dabei erschwingliches Restaurant. **www.hotelbelcastel.com**

BÉNÉVENT-L'ABBAYE Le Cèdre   P ❚❙ ≋ 📺 ♿   €

Rue de l'Oiseau, 23210 📞 *05 55 81 59 99* FAX *05 55 81 59 98* **Zimmer** *16*

Das Hotel mit Restaurant liegt nordwestlich von Aubusson. Hinter der dunklen Granitfassade (18. Jh.) verbirgt sich ein modernes Inneres. Die Stile der Zimmer variieren von romantisch (mit Himmelbett) bis zu einfach und unprätentiös. Der schöne Garten hat eine Terrasse, die von einer riesigen Zeder beschattet wird. *Geschlossen: Jan–Feb.*

CHAMALIÈRES Hôtel Radio   ❄ P ❚❙ ❚   €€

43, av Pierre et Marie Curie, 63400 📞 *04 73 30 87 83* FAX *04 73 36 42 44* **Zimmer** *26*

Das Art-déco-Hotel aus den 1930er Jahren liegt auf einem Hügel oberhalb von Clermont-Ferrand. Es besitzt noch seine originalen Mosaiken und Elemente aus Schmiedeeisen, ebenso die Memorabilien aus Rundfunkzeiten. Die geräumigen Zimmer sind im Stil der Zeit dekoriert, einige haben Balkon. Top-Restaurant und -Service. **www.hotel-radio.fr**

CONQUES Hôtel Ste-Foy   ❄ P ❚❙ 🐾 ❚   €€

Le Bourg, 12320 📞 *05 65 69 84 03* FAX *05 65 72 81 04* **Zimmer** *17*

Der einstige Gasthof blickt auf die bekannte Abtei. Seine alten Steinmauern, die niedrigen Decken mit Eichenbalken werden durch elegante Möbel und moderne Ausstattung ergänzt. Idyllischer Innenhof und schattige Terrasse. Das Restaurant ist empfehlenswert. *Geschlossen: Nov–Ostern.* **www.hotelsaintefoy.fr**

LAGUIOLE Michel Bras   ❄ P ❚❙ 🐾 ❚ ♿   €€€€€

Route de l'Aubrac, 12210 📞 *05 65 51 18 20* FAX *05 65 48 47 02* **Zimmer** *15*

Der futuristische Bau auf einem Hügel mit grandioser Aussicht auf die Häuser von Aubrac gehört zu Frankreichs besten Hotels mit Restaurant. Die großzügigen Zimmer mit Fenstern bis zum Boden sind minimalistisch-modern eingerichtet. Das Restaurant ist ein Gourmet-Paradies. *Geschlossen: Nov–Ostern.* **www.michel-bras.fr**

LIMOGES Domaine de Faugeras   ❄ P ❚❙ ≋ 📺 ❚ ♿   €€

Allée de Faugeras, 87000 📞 *05 55 34 66 22* FAX *05 55 34 1805* **Zimmer** *9*

Das Herrenhaus (18. Jh.) liegt in einem Park am Rand der Stadt und lädt zum Verweilen ein. Hier treffen Tradition und Moderne harmonisch aufeinander. Die Zimmer sind gut ausgestattet. Hübsche Lounge mit Kamin, Wellness-Bereich und Brasserie. **www.domainedefaugeras.fr**

LIMOGES Hôtel Jeanne d'Arc ⬘ P €€

17, av du Général-de-Gaulle, 87000 ☎ 05 55 77 67 77 FAX 05 55 79 86 75 **Zimmer 50**

Hotel mit viel Atmosphäre nahe dem Bahnhof in Limoges und in Gehweite zum Stadtzentrum. Das Gebäude wurde behutsam renoviert, sein 19.-Jahrhundert-Flair blieb erhalten. Die Zimmer sind stilvoll eingerichtet und bieten Drei-Sterne-Komfort. **www.hoteljeannedarc-limoges.fr**

MENDE Hôtel de France P ⫪ ⚎ ☰ ♿ €€

9, bd Lucien-Arnault, 48000 ☎ 04 66 65 00 04 FAX 04 66 49 30 47 **Zimmer 27**

Der komplett renovierte Gasthof von 1856 bietet angenehme stilvolle Zimmer, die ruhigsten gehen zum Garten hin. Im Winter kann man vor einem offenen Kamin entspannen, im Sommer das Frühstück auf der hübschen Terrasse genießen. Freundliches, familiengeführtes Haus. **www.hoteldefrance-mende.com**

MILLAU Château de Creissels P ⫪ €

Route de St-Afrique, 12100 ☎ 05 65 60 16 59 FAX 05 65 61 24 63 **Zimmer 30**

Das Hotel in einem Château (12. Jh.) liegt unweit von Millau und bietet tolle Aussichten über das Tarn-Tal und den Staudamm von Millau. Die Zimmer im Anbau von 1970 sind komfortabel und ruhig, die Balkone gehen zum Garten hin. Im Steingewölbe des Restaurants gibt es regionale Gerichte. *Geschlossen: Jan–Feb.* **www.chateau-de-creissels.com**

MONTSALVY Auberge Fleurie ⫪ €

Place du Barry, 15120 ☎ 04 71 49 20 02 FAX 04 71 49 29 65 **Zimmer 7**

Der efeubewachsene Dorfgasthof in der südlichen Auvergne ist sehr preisgünstig. Der rustikale Charme des Gebäudes wirkt durch die hübschen, in bunten Farben ausgestatteten Zimmer kontrastiert. Die größten Zimmer haben Himmelbetten. Kreatives Restaurant. *Geschlossen: Mitte Jan–Mitte Feb.* **www.auberge-fleurie.com**

MOUDEYRES Le Pré Bossu P ⫪ €€

43150 ☎ 04 71 05 10 70 FAX 04 71 05 10 21 **Zimmer 6**

Ein niedriger Steinbau mit Strohdach im Herzen der Auvergne. Die nach Vögeln benannten Zimmer sind modern und komfortabel und mit asiatischen Möbeln eingerichtet. Zum Frühstück gibt es hausgemachte Marmelade, zum Abendessen selbst angebautes Gemüse. *Geschlossen: Nov–Ostern.* **www.auberge-pre-bossu.com**

PAILHEROLS Auberge des Montagnes P ⫪ ⚎ ⚐ ⫙ €

Le Bourg, 15800 ☎ 04 71 47 57 01 FAX 04 71 49 63 83 **Zimmer 23**

Die heimelige Bergpension an den Hängen der Monts du Cantal ist eine gute Wahl. Im Winter prasselt das Holzfeuer im Kamin, im Sommer ist der Garten mit Kinderspielplatz attraktiv. Einheimische schätzen das Restaurant, das preiswerte Landküche serviert. Wellness-Bereich mit Behandlungsangeboten. **www.auberge-des-montagnes.com**

PÉRIGNAT-LÈS-SARLIÈVE Hostellerie St-Martin ⬘ P ⫪ ⚎ ⚐ ⫙ €€

Allée de Bonneval, 63170 ☎ 04 73 79 81 00 FAX 04 73 79 81 01 **Zimmer 32**

Die grandiose Zisterzienserabtei (14. Jh.) liegt ein paar Kilometer südlich von Clermont-Ferrand. Heute ist sie ein komfortables Hotel in einem ruhigen Park. Es gibt drei Arten von Zimmern: Standard (im modernen Anbau) sowie Superior und De-luxe (im alten Gebäude). **www.hostelleriestmartin.com**

PEYRELEAU Grand Hôtel de la Muse et du Rozier P ⫪ ⚎ ⚐ €€

Rue des Gorges du Tarn, 12720 ☎ 05 65 62 60 01 FAX 05 65 62 63 88 **Zimmer 38**

Das altehrwürdige Haus liegt idyllisch unter Bäumen am Wasser. Das düstere Äußere versteckt zeitgenössisches Innendesign: Naturmaterialien, weiße Wände und Licht schaffen eine puristische Atmosphäre. Alle Zimmer gehen zum Fluss. Mini-Strand am Fluss und gutes Restaurant. *Geschlossen: Mitte Nov–Apr.* **www.hotel-delamuse.fr**

PONTGIBAUD Hôtel Saluces P ⚐ €

Rue de la Martille, 15140 ☎ 04 71 40 70 82 FAX 04 71 40 71 74 **Zimmer 8**

Das Gebäude aus dem 15./16. Jahrhundert im Zentrum der schönen Renaissance-Stadt sieht aus wie ein Schlösschen. Das familiengeführte Hotel begrüßt seine Gäste warmherzig. Die großen Zimmer sind attraktiv eingerichtet, jedes hat entweder Bad oder Dusche. Es gibt eine Bar. Im Salon wird nachmittags Tee serviert. **www.hotel-salers.fr**

RODEZ La Ferme de Bourran ⬘ P ☰ ♿ €€

Quartier de Bourran, 12000 ☎ 05 65 73 62 62 FAX 05 65 72 14 15 **Zimmer 7**

Das kleine Hotel mit modernen Zimmern liegt in einem renovierten Bauernhaus, etwas versteckt auf einem Hügelchen bei Rodez. Die hellen Zimmer sind in Weiß, Grau und Elfenbein gehalten. Die Lounge besitzt einen offenen Kamin. Auf der großen Terrasse kann man im Sommer frühstücken. **www.fermedebourran.com**

SALERS Le Bailliage P ⫪ ⚎ ⚐ €

Rue Notre-Dame, 15410 ☎ 04 71 40 71 95 FAX 04 71 40 74 90 **Zimmer 27**

Das Bailliage besitzt drei Sterne und ist das hübscheste Hotel in der Bergstadt Salers. Im Anbau sind auch preiswertere Zimmer erhältlich, alle komfortabel, manche etwas »drollig«. Hübscher Garten. Im Restaurant gibt es auch Gerichte mit dem bekannten Käse der Region. *Geschlossen: Mitte Nov–Mitte März.* **www.salers-hotel-bailliage.com**

ST-ALBAN-SUR-LIMAGNOLE Relais St-Roch P ⚎ ☰ €€

Château de la Chastre, chemin du Carreirou, 48120 ☎ 04 66 31 55 48 FAX 04 66 31 53 26 **Zimmer 9**

Das rosa Granitgebäude kontrastiert mit dem üppigen Grün der Umgebung. Die Zimmer in dem einstigen Herrenhaus (18. Jh.) sind mit Antikmöbeln und Teppichen eingerichtet. Gemütliche Lounge-Bar mit über 300 Whiskysorten. In der Nähe liegt das gute Restaurant der Besitzer. *Geschlossen: Nov–Ostern.* **www.relais-saint-roch.fr**

ST-ARCONS-D'ALLIER Les Deux Abbesses
Le Château, 43300 04 71 74 03 08 FAX 04 71 74 05 30 *Zimmer 6*

Für das ungewöhnliche Hotel wurde ein ganzer Weiler restauriert. Vier Cottages beherbergen die Zimmer, Pflasterstraßen dienen als Korridore, das Château verbirgt Rezeption und Speisesaal. Grandiose Bäder mit alten Weinfässern als Wannen und Futtertrögen als Waschbecken. *Geschlossen: Nov–Ostern.* **www.lesdeuxabbesses.com**

ST-BONNET-LE-FROID Le Clos des Cimes
Le Bourg, 43290 04 71 59 93 72 FAX 04 71 59 93 40 *Zimmer 12*

Gourmet-Jünger schlagen sich um die Zimmer in dieser Auberge. Wer gewinnt, bekommt ein Luxuszimmer mit Aussicht, dekoriert mit originalen Kunstwerken. Die Familie Marcon führt das Etablissement mit Blick auf jedes Detail. Hier wird man nach Strich und Faden verwöhnt. Kochkurse. *Geschlossen: Jan–Ostern.* **www.regismarcon.fr**

ST-GERVAIS D'AUVERGNE Castel-Hôtel 1904
Rue de Castel, 63390 04 73 85 70 42 FAX 04 73 85 84 39 *Zimmer 15*

Die Zimmerpreise in dem Märchenschloss sind erstaunlicherweise erschwinglich. Die alten Möbel, Deckenbalken und polierten Böden vermitteln eine anheimelnde Atmosphäre. Die Zimmer gruppieren sich um einen schönen Innenhof. Es gibt zwei Restaurants: eines rustikal, das andere stilvoll. *Geschlossen: Nov–Ostern.* **www.castel-hotel-1904.com**

ST-MARTIN-VALMEROUX Hostellerie de la Maronne
Le Theil, 15140 04 71 69 20 33 FAX 04 71 69 28 22 *Zimmer 21*

Das Herrenhaus (19. Jh.) ist von den Vulkanen der Auvergne umschlossen und liegt nicht weit von Salers. Es beherbergt geschmackvoll renovierte, sonnige Zimmer. Man kann den Park anhand der ausgeschilderten Wege entdecken oder im Baumhaus Siesta halten. Das Restaurant gehört zu den besten der Region. **www.maronne.com**

ST-PRIEST-BRAMEFANT Château de Maulmont
Maulmont, 63310 04 70 59 14 95 FAX 04 70 59 11 88 *Zimmer 22*

Das prächtige Château (19. Jh.) ist von einem Park und Gärten umgeben. Die geräumigen, gut ausgestatteten Zimmer sind elegant-klassisch eingerichtet. Im eichengetäfelten Speisesaal wird leckere traditionelle Kost serviert. Golfplatz und Bootsverleih in der Nähe. *Geschlossen: Mitte Nov–Apr.* **www.château-maulmont.com**

VICHY Aletti Palace Hotel
3, pl Joseph-Aletti, 03200 04 70 30 20 20 FAX 04 70 98 13 82 *Zimmer 129*

Vichys Top-Hotel strahlt von der stattlichen Empfangshalle bis zu den Kristalllüstern Belle-Époque-Grandezza aus. Die modernisierten Zimmer sind gut geschnitten und ruhig gelegen. Edles Restaurant und Pool mit Terrasse. Während des Zweiten Weltkriegs residierte hier der Kriegsminister der Vichy-Regierung. **www.aletti.fr**

VITRAC Auberge de la Tomette
Le Bourg, 15220 04 71 64 70 94 FAX 04 71 64 77 11 *Zimmer 16*

Der reizende Landsitz liegt inmitten von Gärten, die auch ein Wildgehege für Kinder haben. Neueste Errungenschaften sind ein beheizter Swimmingpool, Sauna und Hamam. Die geräumigen Zimmer sind ruhig, sechs davon sind familiengeeignet. Das Essen ist großartig. *Geschlossen: Nov–Ostern.* **www.auberge-la-tomette.com**

YGRANDE Château d'Ygrande
Le Mont, 3320 04 70 66 33 11 FAX 04 70 66 33 63 *Zimmer 19*

Das renovierte Hotel liegt in einem grandiosen Gebäude (19. Jh.). Die hellen Zimmer sind elegant. Im großen Park kann man wandern, Rad fahren, ausreiten oder Bootsfahrten unternehmen. Hamam, Fitness-Center, Sauna und Billardraum. Gutes Restaurant, das lokale Produkte präferiert. *Geschlossen: Jan–März.* **www.chateauygrande.fr**

Rhône-Tal und Französische Alpen

ANNECY Hôtel Palais de l'Isle
13, rue Perrière, 74000 04 50 45 86 87 *Zimmer 33*

Das Hotel gegenüber dem Palais de l'Isle liegt wie ein venezianischer Palazzo an einem Thiou-Kanal. Die renovierten Zimmer des Hauses aus dem 18. Jahrhundert sind komfortabel und gut ausgestattet. Die besten Zimmer gehen auf den Kanal. **www.hoteldupalaisdelisle.com**

BAGNOLS Château de Bagnols
Le Bourg, 69620 04 74 71 40 00 FAX 04 74 71 40 49 *Zimmer 21*

1987 ließ Lady Hamlyn das Château nördlich von Lyon zum Luxushotel umbauen. Das von Beaujolais-Weinbergen umgebene Gebäude (13. Jh.) besitzt Türmchen und einen Wassergraben mit Zugbrücke. Die Zimmer strotzen vor Samt, Seide und Antiquitäten. Sterne-Restaurant. **www.chateaudebagnols.com**

BRIANÇON Hôtel Cristol
6, route d'Italie, 05100 04 92 20 20 11 FAX 04 92 21 02 58 *Zimmer 24*

Gut geführtes traditionelles Hotel. Die kürzlich neu gestalteten Zimmer sind modern, hell und luftig, einige haben Balkon mit Sicht auf die Befestigungsanlagen von Vauban. Freundlicher Service, der sich auch nett um Kinder kümmert. Hübscher Speisesaal, in dem Themen-Menüs serviert werden. **www.hotel-cristol-briancon.fr**

CHALMAZEL Château des Marcilly-Talaru 　　　　　　　　🔲 P 　　　€€

42920 📞 *04 77 24 88 09* FAX *04 77 24 87 07* **Zimmer** *5*

Das auf 900 Metern gelegene Chalmazel wird im Winter zum Skiort. Die Zimmer des Hotels spiegeln die Grandezza der mittelalterlichen Burg wider – mit Himmelbetten und klassischer Möblierung. Schöne Bäder. Frühstück eingeschlossen. *Table d'hôte* auf Wunsch. **www.chateaudechalmazel.com**

CHAMBÉRY Hôtel des Princes 　　　　　　　　🔳📱 　　　　€€

4, rue de Boigne, 73000 📞 *04 79 33 45 36* FAX *04 79 70 31 47* **Zimmer** *45*

Das charmant-altmodische Hotel liegt im schönsten Teil der Altstadt, nahe der Fontaine des Éléphants. Es bietet ruhige, komfortable, allerdings nicht allzu große Zimmer. Der Service ist zuvorkommend und freundlich. In der Nähe gibt es eine Anzahl von Restaurants, in denen man gut essen kann. **www.hoteldesprinces.eu**

CHAMBÉRY Château de Candie 　　　　　🔳 P 🍴 🏊 🏃 ♿ 　　€€€

Rue du Bois de Candie, 73000 📞 *04 79 96 63 00* FAX *04 79 96 63 10* **Zimmer** *35*

Das großartige Hotel mit Panoramablick auf die Berge dominiert das Tal von Chambéry. Es liegt in einem Gebäude aus dem 14. Jahrhundert, wurde schön renoviert und bietet nun großzügige Zimmer mit Raffinesse. Ein ruhiger Ort im eigenen Park. Das Restaurant serviert Gourmet-Küche. **www.chateaudecandie.com**

CHAMONIX-MONT-BLANC Le Hameau Albert 1er 　🔳 P 🍴 🌊 📺 📱 　€€€€

119, impasse du Montenvers, 74402 📞 *04 50 53 05 09* FAX *04 50 55 95 48* **Zimmer** *36*

Das traditionelle Albert 1er gehört zu einem Hotelkomplex – zusammen mit dem Chalet Soli und dem schicken La Ferme. Das große Chalet-Hotel bietet eine fantastische Aussicht auf den Mont Blanc. Die gut geschnittenen Zimmer sind mit Designermöbeln ausgestattet. Zwei Restaurants (eins mit Michelin-Stern). Sauna. **www.hameaualbert.fr**

CHANTEMERLE-LES-GRIGNAN Le Parfum Bleu 　　　　　P 🌊 　　€€

26230 📞 *04 75 98 54 21* FAX *04 75 98 54 21* **Zimmer** *5*

Zikadengesang und Lavendelduft – das gehört unabdingbar zur Region Drôme-Provençale. Das schön restaurierte Bauernhaus mit blauen Fensterläden bietet *chambres d'hôtes*, jedes mit eigenem Eingang. Sie haben originale Steinböden und einfache moderne Möbel. Frühstücksbüfett. *Table d'hôte* auf Wunsch. **www.parfum-bleu.com**

CHONAS-L'AMBALLAN Domaine de Clairefontaine 　　　　P 🍴 🏃 　€€

Chemin des Fontanettes, 38121 📞 *04 74 58 81 52* FAX *04 74 58 80 93* **Zimmer** *28*

Das einstige Herrenhaus liegt in einem Park mit 300 Jahre alten Bäumen in einem kleinen Dorf südlich von Vienne. Die Zimmer sind fantastisch gut eingerichtet. Der neue Anbau hat modernere Zimmer mit Balkon. Das Restaurant genießt einen guten Ruf, produziert aber unterschiedliche Qualität. **www.domaine-de-clairefontaine.fr**

CLIOUSCLAT La Treille Muscate 　　　　　　　　P 🍴 　　　　€

Le Village, 26270 📞 *04 75 63 13 10* **Zimmer** *12*

Der nette Gasthof liegt in einem Dorf, das für seine Keramik bekannt ist. Die Zimmer sind unterschiedlich gestaltet: baskisches Rot, Hellblau oder afrikanisch. Einige haben Südbalkone. Der Speisesaal mit Gewölbedecke serviert gute Landküche. An Sonnentagen wird das Frühstück im Garten serviert. **www.latreillemuscate.com**

CORDON Le Cordonant 　　　　　　　　P 🍴 📺 📱 　　　€€

Les Darbaillets, 74700 📞 *04 50 58 34 56* FAX *04 50 47 95 57* **Zimmer** *16*

Das familiengeführte Hotel liegt in einem Wintersportort westlich von Chamonix. Das Chalet besitzt auch einen Garten. Die komfortablen Zimmer zeigen rustikalen Schick, die besten bieten Aussicht auf den Mont Blanc. Das Restaurant serviert die herzhaften Gerichte der Alpenregion. Gutes Preis-Leistungs-Verhältnis. **www.lecordonant.fr**

DIVONNE-LES-BAINS Château de Divonne 　　　🔳 P 🍴 🌊 🏃 　€€€

115, rue des Bains, 01220 📞 *04 50 20 00 32* FAX *04 50 20 03 73* **Zimmer** *34*

Das Herrenhaus (19. Jh.) liegt in einem großen Park unweit von Genf und bietet Panoramablicke auf den Mont Blanc und den Genfer See. Innen gibt es einen beeindruckenden Treppenaufgang. Die Zimmer sind opulent eingerichtet. Zum Hotel gehören Tennisplätze, ein Golfplatz ist in der Nähe. Klassische Küche. **www.chateau-divonne.com**

ÉVIAN-LES-BAINS Hôtel Royal Palace 　　🔳 P 🍴 🌊 🏃 📱 　€€€€€

Rive Sud du Lac de Genève, 74500 📞 *04 50 26 85 00* FAX *04 50 75 38 40* **Zimmer** *144*

Das imposante Hotel liegt an einer Ecke des Genfer Sees. Angeboten werden vier Restaurants, Joggingwege, Kurbehandlungen, ein Privatgarten und ein Kinderclub. Zimmer und Suiten sind sorgfältig ausgestattet. Von den meisten hat man einen schönen Blick über den Lac Léman. **www.evianroyalresort.com**

GRENOBLE Splendid Hôtel 　　　　　　　🔳 P 🏃 📱 　　　€€

22, rue Thiers, 38000 📞 *04 76 46 33 12* FAX *04 76 46 35 24* **Zimmer** *45*

Nettes Hotel in zentraler, aber ruhiger Lage mit einem von einer Mauer umgebenen Garten. Die Zimmer sind entweder traditionell oder modern ausgestattet. Sehr effizienter Service. Die Frühstücksauswahl ist gigantisch. Das Frühstück kann man im Speiseraum oder auf der Gartenterrasse einnehmen. **www.splendid-hotel.com**

GRÉSY-SUR-ISÈRE La Tour de Pacoret 　　　　　　P 🍴 🌊 　　€€

Montailleur, 73460 📞 *04 79 37 91 59* FAX *04 79 37 93 84* **Zimmer** *11*

Der Turm steht schon seit 1283 hier, er war zum Schutz der Region Combe de Savoie errichtet worden. Daneben steht das Hotel mit stilvollen Zimmern. Sie sind nach Blumen benannt und in warmen Farben gehalten. Die Bergszenerie kann man von der Terrasse aus bewundern. Traditionelle Küche. **www.savoie-hotel-pacoret.com**

Preiskategorien *siehe S. 550* **Zeichenerklärung** *siehe hintere Umschlagklappe*

LE POËT LAVAL Les Hospitaliers

🅿️ 🍽️ ♨️ €€

Vieux Village, 26160 📞 *04 75 46 22 32* FAX *04 75 46 49 99* **Zimmer** 20

Das schön renovierte Hotel liegt im Zentrum des mittelalterlichen Bergdorfs östlich von Montélimar. Die elegant eingerichteten Zimmer in den Steingebäuden sind geräumig und ruhig. Das Restaurant bietet erstklassigen Service, ausgezeichnete Küche und eine große Anzahl superber Weine aus dem Rhône-Tal. **www.hotel-les-hospitaliers.com**

LES DEUX ALPES Chalet Hôtel Mounier

📺 🍽️ ♨️ 🏃 📺 ♿ €€

2, rue de la Chapelle, 38860 📞 *04 76 80 56 90* FAX *04 76 79 56 51* **Zimmer** 46

Der einstige Bergbauernhof ist heute in Hotel mit Charakter – modern und doch anheimelnd. Die Zimmer strahlen ein schickes Chalet-Flair aus. Die Annehmlichkeiten werden zudem ständig verbessert. In der Lounge gibt es einen offenen Kamin. Gutes Restaurant. *Geschlossen: Mai–Juni, Sep–Mitte Dez.* **www.chalet-mounier.com**

LYON Hôtel des Artistes

🔼 🗐 €€

8, rue Gaspard-André, 69002 📞 *04 78 42 04 88* FAX *04 78 42 93 76* **Zimmer** 45

Das ansprechende Hotel in der Nähe der Place Bellecour, der Saône und des Théâtre des Célestins wird von Schauspielern bevorzugt. Die Zimmer sind freundlich, hell und luftig. Das Frühstück wird in einem Raum serviert, der ein Wandbild im Stil von Jean Cocteau aufweist. **www.hoteldesartistes.fr**

LYON La Maison du Greillon

€€

12, Montée du Greillon, 69009 📞 *04 72 29 10 97* **Zimmer** 5

Das große Gebäude war einst Wohnhaus des Lyoner Bildhauers Joseph Chinard. Nun ist es ein kleines B & B mit Garten, Brunnen und Terrasse – und mit schöner Aussicht auf Croix-Rousse und Saône. Die hübschen Zimmer sind klassisch-elegant möbliert. Geräumiger Speisesaal und Küchenbenutzung für Gäste. **www.legreillon.com**

LYON Cour des Loges

🔼 🅿️ 🍽️ ♨️ 🗐 €€€€

6, rue du Bœuf, 69005 📞 *04 72 77 44 44* FAX *04 72 40 93 61* **Zimmer** 62

Das Luxushotel umfasst vier Renaissance-Herrenhäuser in Vieux Lyon, die sich um einen Innenhof mit Galerien gruppieren. Der Empfangsbereich hat ein erstaunliches Glasdach. In den Zimmern werden Renaissance-Stil und zeitgenössisches Dekor elegant kombiniert. Das Restaurant serviert französische Klassiker. **www.courdesloges.com**

MANIGOD Hôtel-Chalets de la Croix-Fry

🅿️ 🍽️ ♨️ 🏃 €€€€

Route du Col de la Croix-Fry, 74230 📞 *04 50 44 90 16* FAX *04 50 44 94 87* **Zimmer** 10

Das Chalet-Hotel liegt auf einem Bergpass östlich von Annecy und verbindet rustikalen Alpenstil mit einer freundlich-herzlichen Atmosphäre. Die hölzerne Innenausstattung hat Charme. Die Gästezimmer sind anheimelnd. *Geschlossen: Mai u. Okt–Nov.* **www.hotelchaletcroixfry.com**

MEGÈVE Les Fermes de Marie

📺 🅿️ 🍽️ ♨️ 🏃 📺 ♿ €€€€

163, chemin de Riante Colline, 74120 📞 *04 50 93 03 10* FAX *04 50 93 09 84* **Zimmer** 71

Hübsch renovierte Chalets mit Zimmern im Landhausstil. Sie verbinden Savoyer Charme mit rustikalen Möbeln und Dekor in Naturfarben. Professionelles, aber freundliches Ambiente. Pluspunkte: Spa, Sauna, Whirlpool, Friseur, Spielezimmer, Fitness-Center und gutes Restaurant. *Geschlossen: Mai–Juni.* **www.fermesdemarie.com**

MONTÉLIMAR Sphinx

🅿️ 🗐 €

19, bd Desmarais, 26200 📞 *04 75 01 86 64* FAX *04 75 52 34 21* **Zimmer** 24

In dem einstigen *hôtel particulier* (17. Jh.) erwartet die Gäste altmodischer Charme. Die Lage im historischen Zentrum ist erstaunlich ruhig. Schöner Innenhof und schattige Terrasse. Erwarten Sie nicht die neuesten Trends oder technischen Schnickschnack, sondern entspannen Sie einfach in der anheimelnden Atmosphäre. **www.sphinx-hotel.fr**

PÉROUGES Hostellerie du Vieux Pérouges

🅿️ 🍽️ €€€€

Place du Tilleul, 01800 📞 *04 74 61 00 88* FAX *04 74 34 77 90* **Zimmer** 28

Der historische Gasthof wirkt wie eine Filmkulisse. Es handelt sich um Gebäude aus dem 13. Jahrhundert in einem mittelalterlichen Bergdorf. Die vier alten Häuser sind um den Hauptplatz gruppiert. Jedes Gebäude hat ein anderes Dekor. Serviert werden bodenständige Gerichte der Region. **www.hostelleriedeperouges.com**

ROMANS-SUR-ISÈRE Hôtel l'Orée du Parc

🅿️ ♨️ 🏃 🗐 €€€

6, av Gambetta, 26100 📞 *04 75 70 26 12* FAX *04 75 05 08 23* **Zimmer** 10

Wenn man nach einem Besuch des Palais Idéal du Facteur Cheval 25 Kilometer südlich nach Romans fährt, stößt man auf dieses charmante Hotel. Das geschmackvoll renovierte Herrenhaus (20. Jh.) steht in einem Park. Alle Zimmer sind Nichtraucher-Zimmer, die mit modernen, eleganten Möbeln ausgestattet sind. **www.hotel-oreeparc.com**

SERVAS Le Nid à Bibi

🅿️ ♨️ 🏃 📺 €€

Lalleyriat, 1960 📞 *04 74 21 11 47* FAX *04 74 21 02 83* **Zimmer** 5

Bewundernswerte *chambres d'hôtes* in der Nähe von Bourg. Die kuscheligen Komfort-Zimmer haben alle Bad. Gäste werden integriert und können den Wohnbereich und den Garten mitbenutzen. Herzhaftes Frühstück mit hausgemachter Marmelade, Gebäck und Wurstwaren. *Table d'hôte* auf Wunsch. **lenidabibi@wanadoo.fr**

ST-CYR-AU-MONT-D'OR L'Ermitage Hôtel

🔼 🅿️ 🍽️ ♨️ 🗐 ♿ €€€

Chemin de l'Ermitage Mont Cindre, 69450 📞 *04 72 19 69 69* FAX *04 72 19 69 71* **Zimmer** 29

Das Design-Establissement, 15 Minuten vom Zentrum Lyons entfernt, verbindet erfolgreich verschiedene Materialien: Beton, Holz, Glas, Aluminium und Stein. Die Zimmer haben skurrile Accessoires, ultramoderne Ausstattung und blicken auf Fourvière. Im Terrassenrestaurant gibt es Lyoner Spezialitäten. **www.ermitage-college-hotel.com**

ST-ÉTIENNE Mercure Parc de l'Europe €€

Rue Wuppertal, 42000 ☎ 04 77 42 81 81 FAX 04 77 42 81 89 *Zimmer* **120**

Das große praktische Hotel strotzt nicht gerade vor Charme, liegt aber dafür zentral. Die hellen Zimmer sind gut ausgestattet und haben schöne Bäder. Sie haben Theater-Themen. Es gibt eine anheimelnde Bar. Das Restaurant bringt regionale Produkte auf den Tisch. www.accor.com

TALLOIRES Hôtel l'Abbaye €€€

Chemin des Moines, 74290 ☎ 04 50 60 77 33 FAX 04 50 60 78 81 *Zimmer* **33**

Das elegante Hotel liegt in einer ehemaligen Benediktinerabtei (17. Jh.) am Ufer des Lac d'Annecy. Cézanne pflegte hier regelmäßig abzusteigen. Die großen Räume haben wundervolle Deckenverzierungen und sind mit Antiquitäten möbliert. Hübscher Garten und gutes Restaurant. www.abbaye-talloires.com

VAL D'ISÈRE Christiania €€€€€

Chef Lieu, 73152 ☎ 04 79 06 08 25 FAX 04 79 41 11 10 *Zimmer* **70**

Das moderne Chalet-Hotel bietet herrliche Ausblicke auf die Skipisten des bekannten Wintersportorts. Die luxuriösen Zimmer sind mit allen Annehmlichkeiten ausgestattet. Alle haben Balkon und sind im Alpenstil eingerichtet. Genießen Sie Fitness-Center und Wellness-Bereich. Grandioses Frühstücksbüfett. www.hotel-christiania.com

VALLON-PONT-D'ARC Le Clos des Bruyères €

Route des Gorges, 07150 ☎ 04 75 37 18 85 FAX 04 75 37 14 89 *Zimmer* **32**

Das moderne Hotel im provenzalischen Stil befindet sich in den Gorges de l'Ardèche. Die Zimmer haben Balkon oder Terrasse und gehen auf den Swimmingpool (Familienzimmer vorhanden). Man kann auf dem Fluss Kanu fahren oder zu einem Picknick in die Umgebung aufbrechen. Das Restaurant zeigt maritimes Dekor. www.closdesbruyeres.net

Poitou und Aquitaine

ARCACHON Hôtel Le Dauphin €€

7, av Gounod, 33120 ☎ 05 56 83 02 89 FAX 05 56 54 84 90 *Zimmer* **50**

Das gut geführte Hotel mit rot-weißer Ziegelfassade stammt vom Ende des 19. Jahrhunderts. Es liegt in einem ruhigen Wohnviertel, nicht weit vom Meer entfernt. Die Zimmer wirken wie aus dem Ei gepellt, sie sind mit einfachen Kiefernmöbeln eingerichtet. www.dauphin-arcachon.com

BONNEUIL-MATOURS L'Olivier €

11, rue du petit Bornais, 86210 ☎ 05 49 02 73 53 *Zimmer* **3**

Ansprechendes B & B am Rand der Forêt de Moulière, in der Nähe von Futuroscope, Chauvigny, Châtellerault und Poitiers. Die drei Zimmer sind attraktiv. Eines ist ein Mansardenzimmer, zwei haben Himmelbetten. Wohn- und Esszimmer können mitbenutzt werden. Schöner Garten. www.vienne-hotes-lolivier.com

BORDEAUX La Maison du Lierre €€

57, rue Huguerie, 33000 ☎ 05 56 51 92 71 FAX 05 56 79 15 16 *Zimmer* **12**

Das kleine, hübsch renovierte Hotel liegt nicht weit vom »Goldenen Dreieck« in Bordeaux. Es wirkt eher wie ein Etablissement für *chambres d'hôtes*. Die Zimmer sind stilvoll hergerichtet. Bei gutem Wetter wird das großzügige Hausmacherfrühstück im Innenhof serviert. Frühzeitige Reservierung empfehlenswert. www.maisondulierre.com

BORDEAUX La Maison Bord'Eaux €€€€

113, rue Albert Barraud, 33000 ☎ 05 56 44 00 45 FAX 05 56 44 17 31 *Zimmer* **6**

Weinkenner werden das kleine Boutique-Hotel schätzen, hier gibt es eine große Auswahl an Weinen, die auch glasweise ausgeschenkt werden. Die Besitzer organisieren zudem Weinproben. Die Zimmer gehen zum Garten hin, in dem oft das Frühstück serviert wird. Weiterer Pluspunkt: Parkplätze. www.lamaisonbord-eaux.com

CAP FERRET La Maison du Bassin €€€

5, rue des Pionniers, 33950 ☎ 05 56 60 60 63 FAX 05 56 03 71 47 *Zimmer* **7** *(plus 4 Zimmer im Nebenbau)*

Eine exklusive und sehr nachgefragte Adresse an der Spitze der Halbinsel von Cap Ferret. Die auf Hochglanz polierte Holzausstattung, die Rattanmöbel und Kunstgegenstände verleihen dem Haus koloniales Flair. Als Aperitif kann man einen Drink auf Rumbasis nehmen. Nur telefonische Reservierung möglich. www.lamaisondubassin.com

CIERZAC Le Moulin de Cierzac €

Route de Cognac, 17520 ☎ 05 45 83 01 32 FAX 05 45 83 03 59 *Zimmer* **7**

Nach kurzer Fahrt erreicht man südlich von Cognac dieses Hotel mit Restaurant in einem Herrenhaus (17. Jh.). In den hübschen Zimmern – einige mit Blick auf den Fluss – sind die alten Holzbalken erhalten. Das Restaurant serviert regionale Spezialitäten. Für den Digestif steht eine Riesenauswahl an Cognac bereit. www.moulindecierzac.com

COGNAC Les Pigeons Blancs €€

110, rue Jules-Brisson, 16100 ☎ 05 45 82 16 36 FAX 05 45 82 29 29 *Zimmer* **6**

Im Herzen der Cognac-Weinberge stößt man auf die freundliche Pension in einem Gebäude aus dem 17. Jahrhundert. Die sechs Zimmer sind elegant eingerichtet. Es gibt zwei Nichtraucher-Zimmer. Zum Haus gehören ein ausgezeichnetes Restaurant und ein Garten. Babysitting wird angeboten. www.pigeonsblancs.com

COULON Le Central P ⏹ 🗐 €

4, rue d'Autremont, 79510 📞 *05 49 35 90 20* FAX *05 49 35 81 07* **Zimmer** *13*

Die Dorfpension in den geheimnisvollen Sümpfen des Marais Poitevin ist seit drei Generationen in Familienhand. Die großen Zimmer sind hell und sauber. Im Erdgeschoss gibt es ein beliebtes Restaurant. Frühzeitige Reservierung ist empfehlenswert. Zugang auch für Rollstuhlfahrer. **www.hotel-lecentral-coulon.com**

EUGÉNIE-LES-BAINS La Maison Rose P ⏹ ≋ 🗐 €€€

334, rue René Vielle, 40320 📞 *05 58 05 06 07* FAX *05 58 51 10 10* **Zimmer** *31*

Der Ruhm von Küchenchef Michel Guérard lockt zusätzlich Besucher nach Eugénie, das bereits seit dem 18. Jahrhundert als Kurort floriert. Die Maison Rose, das einfachste von fünf Hotels, verstrahlt Landhauscharme – vom Rosengarten bis zu den hübschen, blitzsauberen Zimmern. *Geschlossen: Dez–Jan.* **www.michelguerard.com**

EUGÉNIE-LES-BAINS Les Prés d'Eugénie P ⏹ ≋ 🗐 🗐 €€€€€

334, rue René Vielle, 40320 📞 *05 58 05 06 07* FAX *05 58 51 10 10* **Zimmer** *32*

Michel Guérards renommiertes Hotel besitzt neben den luxuriösen Einzelzimmern auch noch sechs grandiose Suiten. Das Hotel in einem Herrenhaus aus dem 19. Jahrhundert ist berühmt für seine Restaurants mit *cuisine minceur*. Sie bieten den Gästen an, bei edelster französischer Küche abzunehmen. **www.michelguerard.com**

GRENADE-SUR-L'ADOUR Pain Adour et Fantaisie ⏹ 🗐 €€

14–16, pl des Tilleuls, 40270 📞 *05 58 45 18 80* FAX *05 58 45 16 57* **Zimmer** *11*

Das elegante Hotel steht am Hauptplatz von Grenade. Auf der einen Seite sieht man die Arkaden des Platzes, auf der anderen den Fluss. Das Haus (17. Jh.) weist Eichenholztäfelungen, Parkett und Antikmöbel auf – und beherbergt eines der besten Restaurants der Gegend. Geräumige Zimmer. **www.chateauxhotels.com/fantaisie**

HOSSEGOR Les Hortensias du Lac P ≋ €€€

1578, av du Tour du Lac, 40150 📞 *05 58 43 99 00* FAX *05 58 43 42 81* **Zimmer** *24*

Ein Rückzugsort inmitten von Kiefernwäldern und in Meernähe: Die Villa aus den 1930er Jahren liegt direkt am Hossegor-See. Die Zimmer haben alle Balkon oder Terrasse, die Möbel harmonieren gut mit dem dunklen Holz. Zum Frühstück gibt es ein Büfett mit Champagner. *Geschlossen: Mitte Nov–Ostern.* **www.hortensias-du-lac.com**

LA ROCHELLE Les Brises 🗐 P €€

Chemin de la Digue-Richelieu, rue Philippe Vincent 17000 📞 *05 46 43 89 37* FAX *05 46 43 27 97* **Zimmer** *48*

Komfortables und beliebtes Hotel in Gehweite zum alten Hafen und zum Stadtzentrum. Die Zimmer zum Meer hin kosten mehr. Das lohnt sich allerdings: Sie sind größer und haben zudem einen Balkon, von dem aus man das Meer und die Inseln vor der Küste sehen kann. **www.hotellesbrises.eu**

LE BOIS-PLAGE-EN-RÉ Hôtel L'Océan P ⏹ ≋ €€

172, rue St-Martin, 17580 📞 *05 46 09 23 07* FAX *05 46 09 05 40* **Zimmer** *29*

Das Hotel liegt an der Südküste der Île de Ré und bietet Topfpalmen, riesige Sonnenschirme und ein ausgebleichtes Sonnendeck. Im Inneren dominieren Pastelltöne und maritime Motive. Kaum überraschend: Im Restaurant gibt es meist Gerichte aus fangfrischem Seafood. Massage- und Schönheitssalon. **www.re-hotel-ocean.com**

MAGESCQ Relais de la Poste P ⏹ ≋ 🗐 🗐 €€€€

24, av de Maremne, 40140 📞 *05 58 47 70 25* FAX *05 58 47 76 17* **Zimmer** *16*

Das kleine, unkomplizierte Hotel liegt in einer alten Herberge (19. Jh.) in einem Garten mit landschaftlich integrierten Swimmingpools. Es bietet Komfort, eine gefeierte Küche, edle Weine und eine lange Familientradition. Von hier aus ist es nicht weit zum Meer oder nach Bayonne und Biarritz. *Mitte Nov–Weihnachten.* **www.relaisposte.com**

MARGAUX Le Pavillon de Margaux P ⏹ ≋ €€

3, rue Georges-Mandel, 33460 📞 *05 57 88 77 54* FAX *05 57 88 77 73* **Zimmer** *14*

Das sehr angenehme Hotel im Zentrum von Margaux ist ein guter Ausgangspunkt für eine Besichtigung der Médoc-Weinregion. Die Zimmer, die von regionalen Weingütern »gesponsert« werden, sind alle individuell eingerichtet. Einige haben alte Möbel und Blumenmuster, andere Rattanmöbel und Blumenmuster. **www.pavillonmargaux.com**

MARTHON Château de la Couronne P ≋ €€€€€

Château de la Couronne, 16380 📞 *05 45 62 29 96* **Zimmer** *5*

Das Boutique-Hotel, das auch schon Film- und TV-Kulisse war, bietet fünf Suiten mit Kunstwerken. Alles dient hier der Erholung: Es gibt drei Salons, ein Kino, einen Billardraum, ein Musikzimmer und einen ausgedehnten Park. **www.chateaudelacouronne.com**

MONTBRON Hostellerie Château Ste-Catherine P ⏹ ≋ 🎿 €€

Route de Marthon, 16220 📞 *05 45 23 60 03* FAX *05 45 70 72 00* **Zimmer** *20*

Napoléons erste Frau Joséphine de Beauharnais lebte in dem in einem Park gelegenen Schloss aus dem 17. Jahrhundert. Die Innenräume sind monumental mit imposantem Treppenaufgang, eleganten Salons mit Spiegeln und Lüstern und riesigen Zimmern mit hohen Decken. **www.chateausaintecatherine.fr**

NIEUIL Château de Nieuil P ⏹ ≋ 🎿 🗐 €€€

16270 📞 *05 45 71 36 38* FAX *05 45 71 41 46 45* **Zimmer** *14*

König François I pflegte in dem Park, der das schöne Renaissance-Château mit seinen Türmchen und dem imposanten Treppenaufgang umgibt, zu jagen. In den eleganten, komfortablen Zimmern erwartet Sie ein geruhsamer Schlaf. Das exzellente Restaurant liegt in den einstigen Stallgebäuden. **www.chateaunieuilhotel.com**

POITIERS Château du Clos de la Ribaudière 🏠 ⛳ €€

Chasseneuil Centre, Chasseneuil du Poitou, 86360 **☎** *05 49 52 86 66* **FAX** *05 49 52 86 32* **Zimmer** *39*

Das prächtige Hotel mit Restaurant bei Poitiers liegt in einem Château aus dem 18. Jahrhundert. Die großen Zimmer sind ansprechend eingerichtet. Es gibt Spezialangebote für Paare, darunter eine Übernachtung, Mahlzeiten und entweder ein Golfspiel oder einen Besuch des nahen Futuroscope. **www.ribaudiere.com**

ROCHEFORT-SUR-MER La Corderie Royale 🅿️ 🏠 ⛳ 🖼️ 📖 €€€

Rue Audebert, 17300 **☎** *05 46 99 35 35* **FAX** *05 46 99 78 72* **Zimmer** *50*

Das Hotel mit Restaurant ist eine gute Wahl für Rochefort. Es steht am schattigen Ufer der Charente zwischen dem Yachthafen und der königlichen Seilerei (nach der das Hotel benannt ist). Das Restaurant ist ideal für ein Mittagessen. **www.corderieroyale.com**

ROYAN Domaine de St-Palais 🅿️ €€

50, rue du Logis, St-Palais-sur-Mer, 17420 **☎** *05 46 39 85 26* **FAX** *04 46 39 85 57* **Zimmer** *4*

Diese elegante Oase liegt etwas zurückgesetzt an der Küste bei Royan. Das große Gebäude stammt aus dem 18. Jahrhundert, Teile gehen allerdings auf frühere Zeiten zurück. Zwei der stilvollen Zimmer blicken zum Garten, die beiden anderen zum Wald. Außerdem: acht Apartments und eine Suite. **www.domainedesaintpalais.eu**

SABRES Auberge des Pins 🅿️ 🏠 🧍 €€€

Route de la Piscine, 40630 **☎** *05 58 08 30 00* **FAX** *05 58 07 56 74* **Zimmer** *25*

Wenn man das Bauernhaus, das versteckt in den Wäldern des Naturparks von Les Landes liegt, betritt, weiß man sofort, dass die Entscheidung richtig war. Hier gibt es Landleben pur: traditionelle Gastfreundschaft, anheimelnde Zimmer, Kaminfeuer im Winter und stille Ecken, in denen man ein Buch lesen kann. Gutes Restaurant. **www.aubergedespins.fr**

SEIGNOSSE La Villa de l'Étang Blanc 🅿️ 🏠 €€

2265, route de l'Étang Blanc, 40510 **☎** *05 58 72 80 15* **FAX** *05 58 72 83 67* **Zimmer** *10*

Das charmante Hotel liegt in einem Park mit direktem Zugang zum Étang Blanc. Die eleganten Zimmer haben romantisches Flair. Gutes Restaurant mit Blick auf den See. Serviert wird traditionelle, saisonal ausgerichtete Küche. *Geschlossen: Mitte Nov–Apr.* **www.letangblanc.com**

ST-ÉMILION Au Logis des Remparts 🅿️ ⛳ 📖 €€

18, rue Guadet, 33330 **☎** *05 57 24 70 43* **FAX** *05 57 74 47 44* **Zimmer** *17*

Außerhalb der Hochsaison, wenn die Preise wieder fallen, bietet das bescheidene Hotel viel für eine Übernachtung. Attraktiv sind der Garten mit Terrasse und der Swimmingpool. Die Zimmer sind unprätentiös, diejenigen auf der Rückseite bieten allerdings eine herrliche Aussicht auf die Weinberge. **www.logisdesremparts.com**

ST-ÉMILION Hostellerie de Plaisance 🖼️ 🅿️ 🏠 📖 €€€€€

Place du Clocher, 33330 **☎** *05 57 55 07 55* **FAX** *05 57 74 41 11* **Zimmer** *17 (plus 4 Suiten)*

Edles Hotel in außergewöhnlicher Lage: Von hier aus blickt man auf St-Émilion und seine berühmten Weinberge. Die luxuriösen Zimmer lassen keine Annehmlichkeit vermissen, die Bäder sind grandios. Einige Räume haben Terrasse. Der Service ist herausragend. Das Restaurant gehört zu den besten der Region. **www.hostelleriedeplaisance.com**

ST-LOUP-LAMAIRÉ Château de St-Loup 🅿️ €€€€

Château de St-Loup, 79600 **☎** *05 49 64 81 73* **FAX** *05 49 64 82 06* **Zimmer** *13*

Das mittelalterliche Château mit Wassergraben gehört einem Grafen. Im Bergfried gibt es B & B-Zimmer, viele davon mit Himmelbetten. Schön ist die Suite des Schwarzen Prinzen. Im Hauptbau, der tagsüber für Besucher geöffnet ist, gibt es weitere Zimmer. Weitläufiger Park und Orangerie. **www.chateaudesaint-loup.com**

ST-SEURIN-D'UZET Blue Sturgeon 🅿️ 🏠 ⛳ €€

3, rue de la Cave, 17120 **☎** *05 46 74 17 18* **Zimmer** *5*

Ruhiges, schickes B & B im Dorf St-Seurin-d'Uzet, wo in den 1920er Jahren erstmals in Europa Kaviar produziert worden sein soll (daher der Name des Etablissements). In der Nähe liegen gute Strände und die Weinberge des Médoc jenseits der Mündung der Gironde. Abendessen wird auf Anfrage serviert. **www.bluesturgeon.com**

TRIZAY Les Jardins du Lac 🅿️ 🏠 ⛳ 🧍 €€

Lac du Bois Fleuri, 17250 **☎** *05 46 82 03 56* **FAX** *05 46 82 03 55* **Zimmer** *8*

Gut geführtes Hotel am halbem Weg zwischen Rochefort und Saintes. Das moderne Gebäude wird von einem Landschaftsgarten mit Forellenteich und Wald umgeben. Die gepflegten Zimmer liegen alle zum See hin. Bei schönem Wetter werden die Mahlzeiten draußen serviert. Hübscher Ort, um zu entspannen. **www.jardins-du-lac.com**

Périgord, Quercy und Gascogne

AGEN Hôtel Château des Jacobins 🅿️ 📖 €€

1, pl des Jacobins, 47000 **☎** *05 53 47 03 31* **FAX** *05 53 47 02 80* **Zimmer** *15*

Das efeubewachsene Schlösschen (frühes 19. Jh.) liegt in einem ummauerten Garten und ist eine Oase der Ruhe im hektischen Stadtzentrum von Agen. Die eleganten Zimmer sind mit alten Möbeln und Lüstern ausgestattet. Parkplätze vorhanden. Diverse gute Restaurants liegen gleich um die Ecke. **www.chateau-des-jacobins.com**

ALBI La Regence George V €

27–29, av Maréchal Joffre, 81000 05 63 54 24 16 FAX *05 63 49 90 78* **Zimmer** 20

Das preiswerte Hotel beim Bahnhof und nahe dem Stadtzentrum bietet Standardzimmer und Junior-Suiten. Alle sind in hellen, warmen Farben gehalten. Terrasse und kleiner Garten. Es gibt nur Frühstück, doch in der Nähe liegen zahlreiche Lokale. **www.laregence-georgev.fr**

ALBI Hostellerie du Grand St-Antoine €€€€

17, rue St-Antoine, 81000 05 63 54 04 04 FAX *05 63 47 10 47* **Zimmer** 44

Das seit fünf Generationen familiengeführte Grand St-Antoine ist eines der ältesten Hotels in Frankreich. Für Gäste gibt es einen Swimmingpool und einen drei Kilometer entfernten Tennisplatz. Parkplätze kosten eine Extragebühr. Das Restaurant serviert traditionelle Küche des französischen Südwestens. **www.hotel-saint-antoine-albi.com**

BEYNAC-ET-CAZENAC Café de la Rivière €

Bourg, 24220 05 53 28 35 49 **Zimmer** 3

Das bekannte Restaurant oberhalb der Dordogne und bietet auch drei einfache Zimmer mit Frühstücksservice. Es gibt ein Doppelzimmer und zwei Zweibettzimmer, alle mit Holzboden, weißer Leinenbettwäsche und Bad. WLAN-Zugang. *Geschlossen: Mitte Nov–März.* **www.cafedelariviere.com**

BOURDEILLES Hostellerie Les Griffons €€

24310 05 53 45 45 35 FAX *05 53 45 45 20* **Zimmer** 10

Die Zimmer in dem einstigen Herrenhaus (16. Jh.) haben Deckenbalken und eine farbenfrohe Ausstattung. Einige liegen unter dem Dach, andere blicken auf den Fluss. Im Restaurant gibt es Abendessen, sonntags auch Mittagessen. *Geschlossen: Nov–März.* **www.griffons.fr**

BRANTÔME Le Moulin de l'Abbaye €€€€

1, route de Bourdeilles, 24310 05 53 05 80 22 FAX *05 53 05 75 27* **Zimmer** 19

Gönnen Sie sich eine luxuriöse Übernachtung in der romantischen einstigen Mühle an der Dronne. Zimmer gibt es in der Mühle selbst und in zwei alten Gebäuden daneben. Alle sind gleichermaßen edel eingerichtet. Frühstück wird im Garten auf der Terrasse oberhalb des Flusses serviert. *Geschlossen: Mitte Nov–Apr.* **www.moulinabbaye.com**

CHAMPAGNAC-DE-BELAIR Le Moulin du Roc €€€€

Av Eugène le Roy, 24530 05 53 02 86 00 FAX *05 53 54 21 31* **Zimmer** 13

Das luxuriöse Hotel liegt etwas versteckt in einer ehemaligen Mühle an der Dronne, gleich außerhalb von Brantôme. Das Haus inmitten einer grünen Wildnis weist opulent eingerichtete Zimmer auf. Es gibt zudem ein hervorragendes Restaurant, ein Schwimmbad und einen Tennisplatz. *Geschlossen: Okt–Mai.* **www.moulinduroc.com**

CHANCELADE Château des Reynats €€

Av des Reynats, 24650 05 53 03 53 59 FAX *05 53 03 44 84* **Zimmer** 50

Das charmante Château (19. Jh.) mit großem Grundbesitz liegt gleich westlich von Périgueux und ist gut für eine Übernachtung geeignet. Die Standardzimmer in der »Orangerie« (einem Anbau) sind hell, die Zimmer im Château haben natürlich mehr Atmosphäre. Das Restaurant ist erstklassig. **www.chateau-hotel-perigord.com**

COLY Manoir d'Hautegente €€€

Haute Gente, 24120 05 53 51 68 03 FAX *05 53 50 38 52* **Zimmer** 17

Das malerische Anwesen, einst Mühle und Schmiede eines Klosters, liegt unweit von Sarlat und den Höhlen von Lascaux. Nun ist es ein familiengeführtes Hotel mit Kamin, Fischgründen und gepflegten Gärten am Fluss. In der Hochsaison ist Halbpension obligatorisch. Exzellentes Essen. *Geschlossen: Nov–Feb.* **www.manoir-hautegente.com**

CONDOM Le Logis des Cordeliers €

Rue de la Paix, 32100 05 62 28 03 68 FAX *05 62 68 29 03* **Zimmer** 21

Das moderne Hotel bietet bescheidene, dafür preiswerte Zimmer im Zentrum von Condom. Die Räume sind hell, manche haben Balkon mit Blick zum Swimmingpool. Es gibt kein Restaurant im Haus, doch man kann im hochgelobten Table des Cordeliers essen, das gleich um die Ecke liegt. *Geschlossen: Jan.* **www.logisdescordeliers.com**

CORDES-SUR-CIEL Le Grand Écuyer €€€

Grand'Rue Raymond VII, 81170 05 63 53 79 50 FAX *05 63 53 79 51* **Zimmer** 13

Die einstige Jagdhütte der Grafen von Toulouse war bei Politikern wie Charles de Gaulle und François Mitterrand beliebt. Das Haus bietet gotische Reminiszenzen (skulptierte Fassadendetails, steinerne Flaggen), riesige Kamine, Antiquitäten und plüschige Polstermöbel. Renommiertes Restaurant. *Geschlossen: Nov–Ostern.* **www.legrandecuyer.com**

CUQ-TOULZA Cuq en Terrasses €€€€

Cuq le Château, 81470 05 63 82 54 00 FAX *05 63 82 54 11* **Zimmer** 7

Renoviertes Gebäude (18. Jh.) auf einem Hügel in der Region Cocagne, auf halbem Wegen zwischen Toulouse und Castres. Die Zimmer haben Holzbalken und Steinplattenböden. Im Garten gibt es einen einladenden Swimmingpool. Das Restaurant verwendet Produkte der Region. **www.cuqenterrasses.com**

DOMME L'Esplanade €€

Rue du Pont Carrel, 24250 05 53 28 31 41 FAX *05 53 28 49 92* **Zimmer** 15

Die besten Zimmer in dem eleganten Hotel auf einer Felsklippe ermöglichen Panoramablicke über das Dordogne-Tal. Einige der opulent ausgestatteten Zimmer haben Himmelbetten. Die weniger aufregenden, gleichwohl komfortablen Zimmer liegen auf der Straßenseite der Bastide. *Geschlossen: Mitte Nov–März.* **www.esplanade-perigord.com**

FIGEAC Château du Vigier du Roy   🅿 ¶ ≋   €€€€

52, rue Émile Zola, 46100 ☎ 05 65 50 05 05   FAX 05 65 50 06 06   **Zimmer** 9

Vor Jahrhunderten war dieses Herrenhaus mit Turm (14. Jh.) die Residenz eines Richters, des königlichen Repräsentanten in Figeac. Die Zimmer haben mittelalterliches Flair sowie Himmelbetten. Das Restaurant liegt im einstigen Wachhaus. **www.chateau-viguier-figeac.com**

GOUDOURVILLE Château de Goudourville   🅿 ≋   €€€

82400 ☎ 05 63 29 09 06   FAX 05 63 39 7 5 22   **Zimmer** 6

Das Château zwischen Agen und Moissac geht auf das 11. Jahrhundert zurück. Seine Zimmer atmen Geschichte. Die Räume – einige davon sind enorm groß – sind mit Möbeln aus dem 18. Jahrhundert ausgestattet. Sie blicken auf das Tal, das Dorf oder die Festungsanlagen. **www.chateau-goudourville.fr**

LACAVE Le Pont de l'Ouysse   🅿 ¶ ≋ ☰   €€€€

Le Pont de l'Ouysse, 46200 ☎ 05 65 37 87 04   FAX 05 65 32 77 41   **Zimmer** 13

Das schicke Restaurant mit Gästezimmern strahlt provenzalisches Flair aus. Es liegt in einer Gartenanlage beim Fluss, nicht weit von Rocamadour. Die ruhigen Zimmer und zwei Apartments sind cremefarben und ocker gestylt. Die Familie Chambon wirkt hier schon in vierter Generation. Gute Küche. **www.lepontdelouysse.fr**

LE BUGUE-SUR-VÉZÈRE Domaine de la Barde   🅿 ¶ ≋ 🅸 🅻   €€€€

Route de Périgueux, 24260 ☎ 05 53 07 16 54   FAX 05 53 54 76 19   **Zimmer** 18

Die eleganten Zimmer liegen in einem Herrenhaus aus dem 18. Jahrhundert (neun Zimmer), einer alten Mühle (acht Zimmer) und der Schmiede (ein Zimmer). Die Anlage hat Gärten und einen Jetstream-Pool. Wer lieber allein sein will, kann am Fluss oder auf den Wiesen spazieren gehen. **www.domainedelabarde.com**

LECTOURE Hôtel de Bastard   🅿 ¶ ≋   €

Rue Lagrange, 32700 ☎ 05 62 68 82 44   FAX 05 62 68 76 81   **Zimmer** 31

Trotz des Namens gehört das elegante Hotel zu den besten im Département Gers. Antike Möbel und moderne Annehmlichkeiten machen das Stadthaus (18. Jh.) zur guten Wahl. Kleiner Garten, Sonnendeck und Swimmingpool. Das Restaurant ist wegen der regionalen Gerichte beliebt. *Geschlossen: Jan.* **www.hotel-de-bastard.com**

LES EYZIES-DE-TAYAC Les Glycines   🅿 ¶ ≋ ☰   €€

24620 ☎ 05 53 06 97 07   FAX 05 53 06 92 19   **Zimmer** 24

Charmantes, luxuriöses Hotel im Périgord Noir, das sich vor allem für Besucher der Höhlen mit prähistorischen Malereien eignet. Die besten Zimmer (Junior-Suiten) haben eine Terrasse und direkten Zugang zum Garten. An der Rezeption kann man Picknickkörbe ordern. **www.les-glycines-dordogne.com**

MARTEL Relais Ste-Anne   🅿 ≋ ☰   €€

Rue du Pourtanel, 46600 ☎ 05 65 37 40 56   FAX 05 65 37 42 82   **Zimmer** 21

Hinter dem unscheinbaren Eingang versteckt sich ein hübsches altes Gebäude, einst eine Mädchenschule mit Kapelle. Es liegt auf einem großen Grundstück. Alles dient hier der Entspannung – von den schönen Zimmern (einige mit Terrasse) bis zum beheizten Pool. Herzhaftes Frühstück. *Geschlossen: Mitte Nov–März.* **www.relais-sainte-anne.com**

MAUROUX Hostellerie Le Vert   🅿 ¶ ≋   €€

46700 ☎ 05 65 36 51 36   FAX 05 65 36 56 84   **Zimmer** 6

Zedern beschatten die Umgebung des Hauses aus dem 17. Jahrhundert, einst Teil einer Weinkellerei in der Region Cahors. Die großen Zimmer haben charakteristische Steinwände. Das Abendessen kann man im Speiseraum oder auf der blumengeschmückten Terrasse einnehmen. *Geschlossen: Nov–März.* **www.hotellevert.com**

MERCUÈS Château de Mercuès   🅿 ¶ ≋ ♣ 🅼   €€€€

46090 ☎ 05 65 20 00 01   FAX 05 65 20 05 72   **Zimmer** 30

Im Türmchenschloss (13. Jh.) über dem Lot-Tal residierten einst die Bischöfe des nahen Cahors. Nun ist das Château ein luxuriöses Hotel, das entsprechende Zimmer, Gourmet-Mahlzeiten unter Lüstern oder im Innenhof, Tennisplätze und einen weitläufigen Park bietet. **www.chateaudemercues.com**

MOISSAC Le Moulin de Moissac   🅿 ¶ ☰   €€€

Esplanade du Moulin, 82200 ☎ 05 63 32 88 88   FAX 05 63 32 02 08   **Zimmer** 36

Nicht gerade das attraktivste Gebäude – doch das Hotel in einer früheren Mühle kompensiert dies durch seine ruhige Lage am Fluss, effizienten Service und gut ausgestattete Zimmer. Alle haben DVD/CD-Spieler, WLAN und Kaffeemaschinen. Ins Zentrum von Moissac führt ein kurzer Spaziergang. **www.lemoulindemoissac.com**

MONESTIÉS Le Manoir de Raynaudes   🅿 ¶ ≋   €€€€

81640 ☎ 05 63 36 91 90   FAX 05 63 36 92 09   **Zimmer** 5

In dem einstigen Herrenhaus (19. Jahrhundert) am Rand eines Weilers finden Besucher himmlische Ruhe. Die Zimmer im Haupthaus sind luxuriös. Wer es privater mag, findet Apartments in der umgewandelten Scheune. Gute Lage für die Erkundung von Cordes, Albi und der Region Tarn. **www.raynaudes.com**

MONTCUQ-EN-QUERCY Domaine de St-Géry   €€€€

46800 ☎ 05 65 31 82 51   FAX 05 65 22 92 89   **Zimmer** 5

In der gepflegten Umgebung des Hotels gibt es Trüffeln, die sich dann abends auf der Speisekarte wiederfinden. Alle Zimmer sind unterschiedlich, das ungewöhnlichste ist ein ehemaliger Gewölbekeller mit zwei Terrassen. Die anderen haben entweder Terrasse oder Zugang zum Garten. **www.saint-gery.com**

Preiskategorien *siehe S. 550*   **Zeichenerklärung** *siehe hintere Umschlagklappe*

NONTRON La Maison des Beaux-Arts P 🏊 €€

7, av du Général Leclerc, 24300 📞 *05 53 56 39 77* **Zimmer** *5*

Das »Haus der Schönen Künste« ist ein restauriertes Stadthaus (19. Jh.) im hübschen Nontron mit einem hellen Inneren und schönen Ausblicken. Bisweilen werden hier Zeichen- und Malkurse abgehalten. Es gibt ein Apartment für Selbstversorger. **www.la-maison-des-beaux-arts.com**

ROCAMADOUR Domaine de la Rhue P 🏊 €€

46500 📞 *05 65 33 71 50* 📠 *05 65 33 72 48* **Zimmer** *14*

Nicht weit von Rocamadour liegt dieses Hotel in einem umgebauten Stallgebäude aus dem 19. Jahrhundert. Die freigelegten Balken und das steinerne Mauerwerk verleihen den geräumigen Zimmern ihren Charme. Einige haben Terrasse, andere eine Küchenzeile. Die nächsten Restaurants sind in Rocamadour. **www.domainedelarhue.com**

SARLAT Le Moulin Pointu 🍽 🏊 €

Ste-Nathalène, 24200 📞 *05 53 28 15 54* 📠 *05 53 28 15 54* **Zimmer** *5*

Das B & B außerhalb von Sarlat bietet angenehme Zimmer mit Gartenzugang. Der Garten hat einen Teich sowie einen kleinen Fluss. Frühstück gibt es auf der Terrasse neben dem Swimmingpool. Das Abendessen (auf Anfrage) nimmt man zusammen mit der Familie und anderen Gästen ein. **www.moulinpointu.com**

SEGUENVILLE Château de Seguenville €€

Cabanac Seguenville, 31480 📞 *05 62 13 42 67* 📠 *05 62 13 42 68* **Zimmer** *5*

Das Château auf einem Hügel bei Toulouse bietet schöne Ausblicke. Ein monumentaler Treppenaufgang führt zu den Zimmern, die in warmen Farben gehalten sind. Einige haben alte Bäder und Waschbecken. Auf der Panoramaterrasse wird im Sommer sowohl das Frühstück als auch das Abendessen serviert. **www.chateau-de-seguenville.com**

ST-AFFRIQUE-LES-MONTAGNES Domaine de Rasigous P 🍽 🏊 €€

Domaine de Rasigous, 81290 📞 *05 63 73 30 50* **Zimmer** *8*

Das vornehme Anwesen liegt günstig, um Albi, Castres, Toulouse und Carcassonne zu besuchen. Drei der geräumigen Zimmer sind Suiten. Große Lounge mit Kamin. Der Park weist sehr alten Baumbestand auf. Fahrräder werden gestellt. *Geschlossen: Mitte Nov–Mitte März.* **www.domainederasigous.com**

ST-CIRQ-LAPOPIE Le Château de St-Cirq Lapopie 🏊 €€€

Le Bourg, 46330 📞 *05 65 31 27 48* **Zimmer** *5*

Liebevoll restauriertes Château in einem der schönsten Dörfer Frankreichs. Originell ist das beheizte Schwimmbad, das in den Felsen gebaut wurde, auf dem das Dorf steht. Schöne Zimmer. Es gibt keine Mahlzeiten. *Geschlossen: Okt–Mai.* **www.chateaudesaintcirqlapopie.com**

ST-VIVIEN Auberge du Moulin de Labique P 🍽 🏊 €€€

St-Eutrope de Born, Villeréal, 47210 📞 *05 53 01 63 90* 📠 *05 53 01 73 17* **Zimmer** *6*

Das einladende Landhaus (18. Jh.) weist Antikmöbel, Gemälde und gemusterte Tapeten auf. Das Frühstück oder ein Glas Wein kann man auf der Terrasse genießen, an der ein Mühlbach vorbeirauscht. Das exzellente Abendessen wird mit selbst angebauten und regionalen Produkten zubereitet. **www.moulin-de-labique.fr**

TEYSSODE Domaine d'en Naudet P 🏊 🍽 €€

81220 📞 *05 63 70 50 59* **Zimmer** *4*

Ein Zimmer befindet sich im einstigen Wachturm, die anderen liegen in den ehemaligen Stallungen und blicken auf den Garten und die nahe Römerstraße. Frühstück gibt es auf der oberen Terrasse mit Sicht über die Szenerie. Tennisplätze sowie Golfplatz in der Nähe. WLAN-Zugang. **www.domainenaudet.com**

TOULOUSE Les Loges de St-Sernin 📶 🗐 €€

12, rue St-Bernard, 31000 📞 *05 61 24 44 44* **Zimmer** *4*

Das renovierte Stadthaus mit Zimmern in den oberen Stockwerken bietet viel Komfort. Es liegt in der Nähe der Basilique St-Sernin und in Gehweite zum Hauptplatz von Toulouse. Die freundlichen Besitzer tun alles für das Wohl ihrer Gäste. **www.logessaintsernin.fr**

TOULOUSE Hôtel des Beaux-Arts 📶 P 🍽 🗐 €€€€

1, pl du Pont Neuf, 31000 📞 *05 34 45 42 42* 📠 *05 34 45 42 43* **Zimmer** *20*

Hinter der schönen Belle-Époque-Fassade verbirgt sich ein Hotel mit modernem Komfort, das gleich beim Pont Neuf liegt. Die preisgünstigeren Zimmer liegen auf der Schmalseite, die teureren sind größer und bieten Aussicht auf den Fluss. Zimmer Nr. 42 besitzt eine hübsche kleine Dachterrasse. **www.hoteldesbeauxarts.com**

Pyrenäen

AÏNHOA Ithurria P 🍽 🏊 🗐 €€€

Place du Fronton, 64250 📞 *05 59 29 92 11* 📠 *05 59 29 81 28* **Zimmer** *28*

Der baskische Gasthof (17. Jh.) war einst Zwischenstation auf dem Pilgerweg nach Santiago de Compostela. Gegenüber liegt der *Pelota*-Platz des Dorfs. Die komfortablen Zimmer sind hübsch eingerichtet. Der heimelige Speisesaal besitzt einen Kamin und Holzbalken. Regionale Küche. *Geschlossen: Dez–Mitte Apr.* **www.ithurria.com**

ANGLET Château de Brindos   `P ⍙ ≋ ▼ ▤`   €€€€€
1, allée du Château, 64600   **☎** *05 59 23 89 80* **FAX** *05 59 23 89 81*   **Zimmer** *29*

Das luxuriöse Landhaushotel liegt in einem ausgedehnten, bewaldeten Grundstück an einem See. Zum Haus gehören ein Fitness-Center (Gewichte), eine Sauna und ein Hamam. Der Strand und ein Golfplatz liegen etwas weiter weg. Das Frühstück kann man auch an der Anlegestelle am See einnehmen. **www.chateaudebrindos.com**

ARBONNE Laminak   `P ≋`   €€
Route de St-Pée, 64210   **☎** *05 59 41 95 40* **FAX** *05 59 41 87 65*   **Zimmer** *12*

Hotel in einem großen, schön möblierten baskischen Haus mit Blick auf die Berge. Drei Zimmer haben Terrasse. Großer Garten. Auf Anfrage wird ein leichtes Abendessen zubereitet. Das Hotel liegt in der Nähe von acht Golfplätzen. **www.hotel-laminak.com**

ARGELÈS-GAZOST Hôtel le Miramont   `⏚ P ⍙ ▤`   €€€
44, av des Pyrénées, 65400   **☎** *05 62 97 01 26* **FAX** *05 62 97 56 67*   **Zimmer** *27*

Das stilvolle Hotel aus den 1930er Jahren liegt inmitten von Gärten in einem schönen Kurort. Acht der Zimmer (mit Antiquitäten eingerichtet) befinden sich in einer separaten Villa, teilen sich aber die Einrichtungen mit dem Hauptgebäude. Küchenchef Pierre Pucheu serviert atlantisch-pyrenäische Delikatessen. **www.hotelmiramont.com**

ARREAU Hôtel d'Angleterre   `⏚ P ⍙ ≋ ⛄`   €€
Route Luchon, 65240   **☎** *05 62 98 63 30* **FAX** *05 62 98 69 66*   **Zimmer** *17*

Der Landgasthof (17. Jh.) steht in einem hübschen Dorf voll schiefergedeckter Häuser an den Ausläufern der Pyrenäen. Das Hotel bietet ein gutes Restaurant, einfach möblierte, angenehme Zimmer, einen Garten, einen Swimmingpool, eine Terrasse und einen Kinderspielplatz. Ideal für den Landaufenthalt. **www.hotel-angleterre-arreau.com**

AURIGNAC Le Moulin   `P`   €
Samouillan, 31420   **☎** *05 61 98 86 92*   **Zimmer** *2*

Restaurierte Mühle in einem Nebental der Garonne. Die zwei Zimmer sind thematisch möbliert: Zen oder französischer Landhausstil. Mindestaufenthalt: zwei Nächte, für längere Aufenthalte gibt es Rabatte. Hier werden oft Meditationskurse abgehalten. Der große Garten dient der Entspannung. **www.moulin-vert.net**

BEAUCENS Eth Berye Petit   `≋ P ⛄`   €
15, route de Vielle, 65400   **☎** *05 62 97 90 02*   **Zimmer** *3*

Chambres d'hôtes in einem Bauernhaus (18. Jh.) in einem ruhigen Weiler südlich von Lourdes. Zwei Zimmer sind Mansardenzimmer, das dritte ist größer und hat einen Balkon. *Table d'hôte* gibt es freitag- und samstagabends (nach Voranmeldung). **www.beryepetit.com**

BIARRITZ Villa Le Goëland   €€€€
12, plateau d'Atalaye, 64200   **☎** *05 59 24 25 76*   **Zimmer** *4*

Grandiose alte Villa nahe Stadtzentrum und Strand. Man blickt auf Port Vieux, Rocher de la Vierge und die spanische Küste in der Ferne. Eines der Zimmer besitzt eine große Terrasse. Es gibt keine Mahlzeiten, doch zu den Restaurants von Biarritz ist es nur ein kurzer Spaziergang. **www.villagoeland.com**

BIARRITZ Hôtel du Palais   `P ⍙ ≋ ⛄ ▼ ▤`   €€€€€
1, av de l'Impératrice, 64200   **☎** *05 59 41 64 00* **FAX** *05 59 41 67 99*   **Zimmer** *132*

Dies ist die Grande Dame unter den Hotels von Biarritz – noch mit dem Flair aus den Tagen der Belle Époque des Seebads. Neben den schönen Zimmern und den exzellenten Restaurants gibt es einen beheizten Meerwasserpool, direkten Zugang zum Strand, Golfplatz, Spielplatz und Kinderschwimmbad. **www.hotel-du-palais.com**

CAMON Château de Camon   `P ⍙ ≋`   €€€
Camon, 9500   **☎** *05 61 60 31 23*   **Zimmer** *7*

Die massive Abtei (10. Jh.) dominiert das hübsche befestigte Dorf nahe Mirepoix und Montségur. Die klassisch französischen Zimmer sind sehr geräumig. Das Restaurant (nur Abendessen) verwendet nur regionale und saisonale Zutaten. Im Sommer stehen Tische im Kreuzgang. *Geschlossen: Nov–Feb.* **www.chateaudecamon.com**

ESPELETTE Hôtel Euskadi   `P ⍙ ≋ ▼`   €
285, route Karrika Nagusia, 64250   **☎** *05 59 93 91 88* **FAX** *05 59 93 90 19*   **Zimmer** *27*

Das familiengeführte Hotel liegt ruhig auf dem Land, nicht weit von den Stränden des Atlantiks. Das Haus hat eine hübsche Terrasse, gepflegte Zimmer, einen großen Pool, Tennisplätze und Parkplätze. Das Restaurant der Besitzer Michèle und André Darriadou serviert Gerichte mit baskischem Einschlag. **www.hotel-restaurant-euskadi.com**

ISSOR Les 3 Baudets   `≋ P ≋`   €
64570   **☎** *05 59 34 41 98*   **Zimmer** *5*

Der einstige Bauernhof (18. Jh.) liegt in Wiesen und Wälder eingebettet nahe Arette und Oloron-Ste-Marie, ein idealer Ausgangspunkt, um die zentralen und westlichen Pyrenäen zu erkunden. Geräumige Zimmer. Das Restaurant im alten Schafstall serviert Grillgerichte und hausgemachte Desserts. **www.3baudets-pyrenees.com**

LASSEUBE Maison Rancésamy   `P ⍙`   €
Quartier Rey, 64290   **☎** *05 59 04 26 37*   **Zimmer** *5*

Ländlicher Rückzugsort in der hügeligen Landschaft nordwestlich von Oloron-Ste-Marie mit gastfreundlichen Besitzern. Hübsche Zimmer und gutes Essen (nur Abendessen). Hier kann man einfach entspannen oder zu Touren in die Pyrenäen aufbrechen. **www.missbrowne.free.fr**

LOUHOSSOA Domaine de Silencenia P ⅱ ≋ 🖿 €€

64250 📞 *05 59 93 35 60* **Zimmer** *5*

Das B & B liegt unweit der Straße zwischen St-Jean-Pied-de-Port und Cambo-les-Bains auf eigenem Gelände mit Swimmingpool und kleinem See. Die anheimelnden Zimmer haben Himmelbetten. Frühstück sowie exzellente *table d'hôte* (auf Anfrage). **www.domaine-silencenia.com**

LOURDES Grand Hôtel de la Grotte 📺 P ⅱ 🗐 €€

66, rue de la Grotte, 65100 📞 *05 62 94 58 87* FAX *05 62 93 20 50* **Zimmer** *83*

Eines der besten Hotels der Pilgerstadt Lourdes – ganz in der Nähe der berühmten Grotte und der Festung. Die großen Zimmer sind opulent im Louis-XVI-Stil möbliert, einige blicken auf die Kathedrale. Im Restaurant kann man zwischen einem Büfett oder Brasserie-Gerichten wählen. *Geschlossen: Nov–Mitte März.* **www.hotel-grotte.com**

MAUBOURGUET La Maison at Maubourguet 🗏 ≋ €

40, rue de l'Hotel de Ville, 65700 📞 *05 62 31 71 19* FAX *05 62 31 71 19* **Zimmer** *3*

Das kleine, von Engländern betriebene B & B nördlich von Tarbes ist ideal, um die westliche Gascogne zu erkunden. Die Zimmer sind charmant eingerichtet. Abgeschiedener Garten mit Swimmingpool. Parkplätze gibt es auf dem nahen Platz. **www.maisonatmaubourguet.com**

MIREPOIX La Maison des Consuls €€

6, pl Maréchal Leclerc, 09500 📞 *05 61 68 81 81* FAX *05 61 68 81 15* **Zimmer** *8*

Das Hotel residiert im einstigen Gerichtsgebäude (14. Jh.) an einem mittelalterlichen Platz im Herzen des malerischen Mirepoix. Die Zimmer sind mit einem Mix an Antiquitäten ausgestattet. Die Café-Bar serviert Frühstück und Snacks. **www.maisondesconsuls.com**

MONEIN Maison Canterou P ≋ €

Quartier Laquidée, 64360 📞 *05 59 21 41 38* **Zimmer** *5*

Traditionelles Bauernhaus mit Innenhof auf einem Weingut (Jurançon-Weine) in der Hügellandschaft des Béarn. Alle Zimmer sind hübsch dekoriert. Das geräumige »Palombière« liegt unter dem Dachvorsprung, das »Mansengou« bietet einen Balkon mit Blick auf die Pyrenäen. Das »Cupidon« ist für Romantiker. *Table d'hôte* auf Anfrage.

ORTHEZ Reine Jeanne P ⅱ ⚗ €

44, rue Bourg-Vieux, 64300 📞 *05 59 67 00 76* FAX *05 59 69 09 63* **Zimmer** *30*

Das angenehme Hotel liegt in einem Gebäude aus dem 18. Jahrhundert in Orthez am Gave de Pau. Die kleinen Zimmer gruppieren sich um einen überdachten Innenhof. Es gibt auch einen modernen Flügel mit größeren Räumen. Das Restaurant im Landhausstil serviert traditionelle Gerichte. **www.reine-jeanne.fr**

PAU Bristol P 🗐 €€

3, rue Gambetta, 64000 📞 *05 59 27 72 98* FAX *05 59 27 87 80* **Zimmer** *24*

Das altehrwürdige Hotel (1903) in zentraler Lage ist ideal, um Pau zu Fuß zu erkunden. Die geschmackvoll eingerichteten Zimmer haben entweder Balkon oder blicken auf die Pyrenäen. Die Bäder haben große Wannen und Duschen. Kostenloses WLAN. **www.hotelbristol-pau.com**

PAU Hôtel du Parc Beaumont P ⅱ ≋ 🗐 €€€€€

1, av Édouard VII, 64000 📞 *05 59 11 84 00* FAX *05 59 11 85 00* **Zimmer** *80*

Das moderne, luxuriöse Hotel ist Teil der Concorde-Gruppe. Es steht auf einem schönen Gelände in der Nähe des Casinos von Pau und des palmengesäumten Boulevards mit Aussicht auf die Pyrenäen. Die Zimmer sind üppig möbliert. Es gibt einen beheizten Pool, einen Whirlpool sowie Sauna und Hamam. **www.hotel-parc-beaumont.com**

SARE Ttakoinenborda 🗏 P ⅱ €

Maison Ttakoinenborda, 64310 📞 *05 59 47 51 42* **Zimmer** *4*

Das traditionelle Bauernhaus (17. Jh.) in der Nähe des schönen Sare ist von Feldern und Wald umgeben. Die *table d'hôte* bietet baskische Spezialitäten und hausgemachtes Brot. Von hier aus kommt man gut ins baskische Hinterland oder aber an die Küste – für einen Abstecher nach Spanien. **www.ttakoinenborda.ifrance.com**

SARE Hôtel Arraya P ⅱ €€

Place du Village, 64310 📞 *05 59 54 20 46* FAX *05 59 54 27 04* **Zimmer** *20*

Das Hotel in einem Fachwerkhaus an der Pilgerroute nach Santiago de Compostela kombiniert moderne Einrichtungen mit dem Flair der alten Zeit. Weiße Steinwände, rustikal möblierte Zimmer, in den baskischen Farben dekoriert, und ein Restaurant, das regionale Küche serviert. *Geschlossen: Nov–März.* **www.arraya.com**

SAUVETERRE-DE-BÉARN La Maison de Navarre P ⅱ ⚗ ≋ €

Quartier St-Marc, 64390 📞 *05 59 38 55 28* FAX *05 59 38 55 71* **Zimmer** *7*

Das rosafarbene Herrenhaus in dem hübschen, mittelalterlichen Dorf besitzt helle, ruhige Zimmer. Komfort, gutes Preis-Leistungs-Verhältnis und kinderfreundlich. Der Esel Zébulon gehört zum Haus und lebt im Garten. Die Strände der Atlantikküste liegen nicht weit weg. Exzellentes Restaurant. *Geschlossen: Nov.* **www.lamaisondenavarre.com**

ST-ÉTIENNE DE BAÏGORRY Hôtel Arcé P ⅱ ≋ 🖿 €€€

Route Col d'Ispéguy, 64430 📞 *05 59 37 40 14* FAX *05 59 37 40 27* **Zimmer** *20*

Der freundliche, baskische Gasthof liegt im Aldudes-Tal im Vorland der Pyrenäen – ideal, um das Baskenland zu erkunden. Der Swimmingpool und der Tennisplatz befinden sich auf der anderen Flussseite. Hübsche Restaurantterrasse. Renovierte Zimmer. *Geschlossen: Mitte Nov–Mitte März.* **www.hotel-arce.com**

ST-GIRONS Hôtel Eychenne   `P` `Ⅱ` `≋`   €€€

8, av Paul Laffont, 09200 `C` *05 61 04 04 50* FAX *05 61 96 07 20* **Zimmer** *35*

Die einstige Herberge liegt seit sieben Generationen in Familienhand. Die hellen und luftigen Zimmer und die anmutigen öffentlichen Bereiche sind voller Antiquitäten und Erbstücke. Die Ausstattung ist allerdings auf neuestem Stand. Es gibt einen hübschen Garten, wo man Mahlzeiten einnehmen kann. **www.ariege.com/hotel-eychenne/**

ST-JEAN-DE-LUZ La Devinière   `P`   €€€

5, rue Loquin, 64500 `C` *05 59 26 05 51* FAX *05 59 51 26 38* **Zimmer** *10*

Die Zimmer in dem charmanten Gebäude (18. Jh.) sind alle unterschiedlich, aber alle hübsch dekoriert und mit Antiquitäten, Kunst und Büchern ausgestattet. In der Lounge gibt es eine Bibliothek. Hinzu kommen ein offener Kamin, ein Flügel und ein Raum für Frühstück und Tee. Kleiner Garten. Kein Restaurant. **www.hotel-la-deviniere.com**

ST-JEAN-PIED-DE-PORT Hôtel les Pyrénées   `≋` `P` `Ⅱ` `≋` `✷` `♠` `ⅶ` `≣`   €€€

19, pl du Général-de-Gaulle, 64220 `C` *05 59 37 01 01* FAX *05 59 37 18 97* **Zimmer** *20*

Die alte Herberge (18. Jh.) steht auf französischer Seite des Roncesvalles-Passes, wo früher die Pilgerroute nach Santiago de Compostela über die Pyrenäen verlief. Sehr saubere Zimmer, Fitness-Center und beheizter Swimmingpool. Das Restaurant bietet sowohl Spezialitäten als auch preiswerte Menüs. **www.hotel-les-pyrenees.com**

ST-LIZIER Villa Belisama   `Ⅱ` `≋`   €€

Rue Notre-Dame, 09190 `C` *05 61 02 83 24* **Zimmer** *3*

Das charmante B&B liegt in einem restaurierten Haus (Teile aus dem 12. Jh.) in einem historischen Dorf oberhalb von St-Girons. Die Zimmer sind groß. Es gibt einen Garten, einen kleinen Pool und eine Bibliothek. Frühstück und *table d'hôte* gibt es auf Anfrage. **www.ariege.com/belisama**

Languedoc-Roussillon

AIGUES-MORTES Hôtel des Croisades   `P` `Ⅱ` `≣`   €

2, rue du Port, 30220 `C` *04 66 53 67 85* FAX *04 66 53 72 95* **Zimmer** *15*

Das ansprechende Hotel gleich außerhalb der Wallmauer am Kanal besitzt einen hübschen Garten und moderne, gut ausgestattete Zimmer. Freundliches Personal. Das historische Aigues-Mortes liegt nur einen kurzen Spaziergang weit entfernt. Die Sümpfe und Strände der Camargue sind in der Nähe. Parken gegen Gebühr. **www.lescroisades.fr**

AIGUES-MORTES Hôtel St-Louis   `P` `Ⅱ`   €€

10, rue Amiral Courbet, 30220 `C` *04 66 53 72 68* FAX *04 66 53 75 92* **Zimmer** *22*

Geräumige Zimmer, moderner Komfort und nahe dem berühmten Constant-Turm: Das freundliche Hotel in einem Gebäude aus dem 18. Jahrhundert gehört zu den besten in Aigues-Mortes. Gutes Restaurant, hübscher Innenhof und Garagenplätze gegen Gebühr. *Geschlossen: Mitte Okt–Ostern.* **www.lesaintlouis.fr**

BARJAC Hôtel Le Mas du Terme   `P` `Ⅱ` `≋` `✷` `≣`   €

Route de Bagnoles-sur-Cèze, 30430 `C` *04 66 24 56 31* FAX *04 66 24 58 54* **Zimmer** *23*

Das alte Bauernhaus liegt inmitten eigener Weinberge und Lavendelfelder. Das Hotel im Herzen der Ardèche-Region hat Stil, eine hübsche Umgebung, charmante Zimmer und öffentliche Bereiche sowie ein exzellentes Restaurant. Kinder können hier reiten sowie Tischtennis oder *boules* spielen. **www.masduterme.com**

BÉZIERS Hôtel le Champ-de-Mars   `P`   €

17, rue de Metz, 34500 `C` *04 67 28 35 53* FAX *04 67 28 61 42* **Zimmer** *10*

Das familiengeführte Etablissement bietet komfortable, gut geschnittene Zimmer. Es liegt in einer ruhigen Seitenstraße, in der Nähe der Sehenswürdigkeiten im historischen Viertel von Béziers. Die Vorderfront des Hauses zieren Geranien, die meisten Zimmer liegen zum kleinen rückwärtigen Blumengarten hin. **www.hotel-champdemars.com**

BÉZIERS Clos de Moussanne   `P` `≋`   €€

Route de Pézenas, 34500 `C` *04 67 39 31 81* **Zimmer** *4*

Der Eingang zu diesem Haus mit *chambres d'hôtes* wird am Ende einer Allee von zwei Platanen bewacht. Die Zimmer des einstigen Konvents haben Parkett, neue Möbel und moderne Bäder. Das interessanteste Zimmer hat eine Terrasse zum Pool. *Table d'hôte* auf Anfrage. **www.leclosdemoussanne.com**

BIZE-MINERVOIS La Bastide Cabezac   `P` `Ⅱ` `≋` `≣` `&`   €€

18–20, Hameau Cabezac, 11120 `C` *04 68 46 66 10* FAX *04 68 46 66 29* **Zimmer** *12*

Das charmante Haus liegt zwischen Olivenbäumen und Weinstöcken. Außen zeigt es die typischen ockerfarbenen Wände sowie Fensterläden. Innen erwarten den Gast moderne Zimmer in warmen Farben. Ausgezeichnetes Restaurant. Weinproben können organisiert werden. **www.la-bastide-cabezac.com**

BOUZIGUES La Côte Bleue   `P` `Ⅱ` `≋`   €€

Av Louis Tudesq, 34140 `C` *04 67 78 31 42* FAX *04 67 78 35 49* **Zimmer** *31*

Das moderne Hotel in der Nähe des Fischerdorfs Mèze, am inneren Ufer der Thau-Lagune, hat etwas langweilig anmutende Zimmer, die allerdings vom Balkon aus einen fantastischen Meerblick bieten. Das renommierte Restaurant ist auf Krustentiere spezialisiert. **www.lacotebleu.fr**

BRIGNAC La Missare 🖥️🅿️🏊🏛️♿ €

9, rue de Clermont, 34800 📞 *04 67 96 07 67* **Zimmer** *4*

Skulptierte Balkone und Wände stehen in Kontrast zu der einstigen Funktion als Bauernhof (19. Jh.). Die früheren Außengebäude beherbergen nun *chambres d'hôtes*. Jedes Zimmer ist individuell eingerichtet, etwa mit Betten im Louis-XV-Stil und diversen *objets d'art*, Sammlerstücke der Besitzer. **la.missare@free.fr**

CARCASSONNE Des Trois Couronnes 🖥️🅿️🍽️🏛️📋 €€

2, rue Trois Couronnes, 11000 📞 *04 68 25 36 10* FAX *04 68 25 92 92* **Zimmer** *68*

Das Hotel im Businesslook blickt über den Fluss Aude in Richtung der Festung. Das Restaurant im vierten Stock bietet eine unvergleichliche Sicht auf die von Flutlicht beleuchteten Wälle. Gutes Preis-Leistungs-Verhältnis und bessere Ausstattung als die meisten anderen Hotels dieser Preisklasse. **www.hotel-destroiscouronnes.com**

CARCASSONNE Hôtel de la Cité 🖥️🍽️🏛️📋 €€€€€

Place August-Pierre Pont, 11000 📞 *04 68 71 98 71* FAX *04 68 71 50 15* **Zimmer** *53*

Dies ist wohl das beste Hotel in der Region Languedoc-Roussillon mit gutem Service, opulent ausgestatteten Zimmern, einem grandiosen Swimmingpool, formalen Gärten, edlen Restaurants und unschlagbarer Lage in der Cité, der mittelalterlichen Stadt von Carcassonne. Naher Golfplatz. Kanu und Rafting möglich **www.hoteldelacite.com**

CASTILLON-DU-GARD Le Vieux Castillon 🖥️🅿️🍽️🏊🏛️📋 €€€

Rue Turion Sabatier, 30210 📞 *04 66 37 61 61* FAX *04 66 37 28 17* **Zimmer** *32*

Einige restaurierte Gebäude in dem mittelalterlichen Dorf sind in ein stilvolles, diskretes Hotel mit edler Ausstattung und gutem Essen umgewandelt worden. Le Vieux Castillon gehört zu Relais et Châteaux und muss hohe Standards erfüllen. Frühzeitige Buchung empfehlenswert. **www.vieuxcastillon.com**

CÉRET La Terrasse au Soleil 🅿️🍽️🏊🏋️🎬📋 €€€

1500, route de Fontfrede, 66400 📞 *04 68 87 01 94* FAX *04 68 87 39 24* **Zimmer** *41*

Das Hotel liegt an den Hängen oberhalb von Céret (wo einst Picasso lebte und arbeitete) und bietet großartige Ausblicke auf das Massif du Canigou und die Pyrenäen. Hübsche Zimmer. Das renommierte Restaurant serviert Gerichte der Region. Der Ort ist ideal für einen Familienurlaub. *Geschlossen: Dez–März.* **www.terrasse-au-soleil.com**

COLLIOURE Relais des Trois Mas 🅿️🍽️🏊📋 €€€

Route de Port-Vendres, 66190 📞 *04 68 82 05 07* FAX *04 68 82 38 08* **Zimmer** *23*

Das schöne Hotel umfasst einige restaurierte alte Gebäude in einem von Kiefern bestandenen Garten. Man sieht auf die Côte du Vermeille und den Hafen von Collioure. Die meisten Zimmer haben Terrasse oder Veranda, alle haben Meerblick. Das Restaurant La Balette serviert exzellente, traditionelle Gerichte. **www.relaisdestroismas.com**

FERRIÈRES-LES-VERRERIES Mas de Baumes 🅿️🍽️🏊♿ €

34190 📞 *04 66 80 88 80* FAX *04 66 80 88 82* **Zimmer** *7*

Die einstige Glaserei liegt isoliert. Die Zimmer sind thematisch eingerichtet – Barbara Cartland, orientalisch oder 18. Jahrhundert – und zeitgenössisch dekoriert, was sich gut mit dem alten Steinbau verträgt. Im Restaurant gibt es traditionelle Gerichte. *Geschlossen: Nov–Ostern.* **www.oustaldebaumes.com**

MOLITG-LES-BAINS Château de Riell 🖥️🅿️🍽️🏊🏋️🎬📋 €€€

66500 📞 *04 68 05 04 40* FAX *04 68 05 04 37* **Zimmer** *22*

Das brocke Château steht inmitten von Kiefern. Sein Innenleben ist eher zeitgemäß mit Steinböden, Ockertönen und einer exorbitanten Dschungel-Lounge. Stilvolle Zimmer, einige in Maisonettewohnungen im Park. Im Bodega-Restaurant wird kreative Küche serviert. *Geschlossen: Nov–Ostern.* **www.chateauderiell.com**

MONTPELLIER Hôtel du Palais 🖥️📋 €

3, rue Palais des Guilhem, 34000 📞 *04 67 60 47 38* FAX *04 67 60 40 23* **Zimmer** *26*

Das Hôtel du Palais ist ein attraktives Gebäude (um 1900) im Herzen der Altstadt von Montpellier. Die Zimmer sind nicht gerade groß, doch das aufmerksame Personal empfängt den Gast z. B. mit Blumen. Für einen Zwischenstopp ist das Etablissement eine gute Wahl. In der Nähe liegen viele Restaurants. **www.hoteldupalais-montpellier.fr**

MONTPELLIER New Hotel du Midi 🖥️🏋️📋 €€€

22, bd Victor Hugo, 34000 📞 *04 67 92 69 61* FAX *04 67 92 73 63* **Zimmer** *44*

Gebäude im Hausmann-Stil mit Belle-Époque-Elementen in der Nähe der Place de la Comédie. Die geräumigen, neu möblierten Zimmer bieten modernen Komfort. Sie sind in diversen Farben, etwa Schokolade, Karamell, Brombeere oder Pistazie, gehalten. In der Nähe gibt es viele Restaurants. **www.new-hotel.com**

NARBONNE Grand Hôtel du Languedoc 🖥️🅿️🍽️📋 €

22, bd Gambetta, 11100 📞 *04 68 65 14 74* FAX *04 68 65 81 48* **Zimmer** *40*

Das stilvolle Hotel in einem Gebäude aus dem 19. Jahrhundert liegt nur einen Spaziergang von der Kathedrale, dem Einkaufszentrum, den Märkten und Museen entfernt. Das beliebte Restaurant zeigt noch Spuren der Belle Époque. Die geräumigen Zimmer mit hohen Decken sind schallisoliert und klimatisiert. **www.hoteldulanguedoc.com**

NÎMES Imperator-Concorde 🖥️🅿️🍽️🏋️📋 €€€

Quai de la Fontaine, 30000 📞 *04 66 21 90 30* FAX *04 66 67 70 25* **Zimmer** *60*

Das Hotel von 1929 war die Absteige von Berühmtheiten, etwa von Ava Gardner und Hemingway. Die Zimmer sind gut in Schuss, einige im Dekor der 1930er Jahre, andere moderner. Einige blicken auf den bezaubernden Garten mit Zedern und Palmen. Das gute Restaurant serviert regionale Gerichte. **www.hotel-imperator.com**

NÎMES New Hôtel la Baume €€€

21, rue Nationale, 30000 04 66 76 28 42 FAX 04 66 76 28 45 **Zimmer** 34

Das Baume in einem eleganten Stadthaus (17. Jh.) gehört sicherlich zu den besten Hotels in Nîmes. Es liegt in der Nähe der Sehenswürdigkeiten und verbindet traditionellen Charme mit moderner Ausstattung. Einige Zimmer stehen sogar unter Denkmalschutz. Kein Restaurant, aber freundliche Café-Bar. **www.new-hotel.com**

PERPIGNAN Hôtel de la Loge €

1, rue des Fabriques d'en Nabot, 66000 04 68 34 41 02 FAX 04 68 34 25 13 **Zimmer** 22

Das erschwingliche Hotel im mittelalterlichen Viertel von Perpignan residiert innerhalb der Mauern eines katalanischen Herrenhauses (16. Jh.). Der Innenhof besitzt ein Mosaik und einen Brunnen. Komfortable Zimmer. Freundliche Atmosphäre – ideal für eine Übernachtung bei einem Zwischenstopp. **www.hoteldelaloge.fr**

PERPIGNAN Villa Duflot €€€

Rond point Albert Donnezan, 66000 04 68 56 67 67 FAX 04 68 56 54 05 **Zimmer** 25

Die italienische Villa in einem großen Park liegt am Rand der Stadt. Das elegante Innere wird von großen Erkerfenstern erhellt. Es gibt Art-déco-Elemente und moderne Skulpturen. Die gut geschnittenen renovierten Zimmer sind komfortabel. Das Restaurant öffnet sich auf einen Pool und serviert regionale Küche. **www.villa-duflot.com**

PRADES Castell Rose €€

Chemin de la Litera, 66500 04 68 96 07 57 **Zimmer** 5

Chambres d'hôtes im Hazienda-Stil. Das Haus liegt ideal, um die Abtei St-Martin-du-Canigou zu besichtigen. Das rosa Marmorgebäude besitzt eine große Arkadengalerie und einen Turm, der die spanischen Gärten und den Park überblickt. Hübsche, stilvoll eingerichtete Zimmer. **www.castellrose-prades.com**

QUILLAN Hôtel Cartier €€

31, bd Charles de Gaulle, 11500 04 68 20 05 14 FAX 04 68 20 22 57 **Zimmer** 28

Das familiengeführte, preisgünstige Hôtel Cartier liegt in einem Art-déco-Gebäude im Zentrum von Quillan. Die sauberen Zimmer sind einfach, bisweilen spartanisch möbliert. Im ebenfalls einfach gestalteten Restaurant halten sich genauso viele Einheimische auf wie Gäste. **www.hotelcartier.com**

SAILLAGOUSE L'Atalaya €€

Llo, 66800 04 68 04 70 04 FAX 04 68 04 01 29 **Zimmer** 13

Der hübsche Gasthof in der Cerdagne bietet Aussichten nach Spanien – am imposantesten von einer Ecke des Pools. Die komfortablen Zimmer sind alle unterschiedlich, aber geschmackvoll eingerichtet. Qualitätsstoffe und stilvolle Möbel versprühen einen Hauch von Luxus. *Geschlossen: Nov, Jan–März.* **www.atalaya66.com**

SÈTE Grand Hôtel €

17, quai de Tassigny, 34200 04 67 74 71 77 FAX 04 67 74 29 27 **Zimmer** 43

Das Hotel am berühmtem Kanal von Sète belegt ein Gebäude aus dem 19. Jahrhundert mit verblassender Grandeur. Das Wintergarten-Restaurant gehört zu den besten der Stadt. Die Räume sind neu ausgestattet und bieten diverse Annehmlichkeiten – die besten haben einen Balkon. Sehr professioneller Service. **www.legrandhotelsete.com**

SOMMIÈRES Hôtel de l'Orange €€

7, rue des Beaumes, 30250 04 66 77 79 94 **Zimmer** 7

Das charmante *hôtel particulier* in den Cevennen stammt aus dem 17. Jh. und steht auf Terrassen oberhalb des Dorfs. Die gut geschnittenen Zimmer variieren im Stil, von traditionell bis modern. In den gepflegten Gärten macht das Spazierengehen Spaß. **www.hotel.delorange.free.fr**

ST-CYPRIEN L'Île de La Lagune €€€

Bd de l'Almandin, Les Capellans, 66750 04 68 21 01 02 FAX 04 68 21 06 28 **Zimmer** 22

Eines der luxuriösesten Hotels der Region. Das Gebäude von 1990 liegt auf einer Insel in der Lagune. Der beeindruckende weiße Bau mit Anklängen an spanische Architektur beherbergt luftige moderne Zimmer mit Balkon. Das exzellente Restaurant hat eine hübsche Terrasse. Privatstrand. **www.hotel-ile-lagune.com**

UZÈS Hostellerie Provençale €

1–3, rue Grande Bourgade, 30700 04 66 22 11 06 FAX 04 66 75 01 03 **Zimmer** 9

Das kleine Hotel liegt ideal, um die hübsche alte Stadt zu entdecken, vor allen an Markttagen. Das alte Gebäude mit gefliesten Böden und rustikalen Möbeln evoziert die Vergangenheit, die Ausstattung die Gegenwart. Einige Zimmer haben Whirlpool. Zu essen gibt es provenzalische Küche. **www.hostellerieprovencale.com**

Provence und Côte d'Azur

AIX-EN-PROVENCE Hôtel St-Christophe €€

2, av Victor Hugo, 13100 04 42 26 01 24 FAX 04 42 38 53 17 **Zimmer** 60

Das superbe Hotel bietet Zimmer mit allen modernen Annehmlichkeiten (wenn Sie eines der Zimmer mit kleinem Balkon wollen, sollten Sie frühzeitig buchen). Das Erdgeschoss im Art-déco-Stil beherbergt eine sehr gute, altmodische Brasserie (auch mit Tischen im Freien). Zentrale Lage. **www.hotel-saintchristophe.com**

AIX-EN-PROVENCE Hôtel des Augustins

目🅿🚹 | €€€

3, rue de la Masse, 13100 ☎ *04 42 27 28 59* FAX *04 42 26 74 87* **Zimmer** *29*

Das Hotel liegt in einem ehemaligen Kloster (12. Jh.), die Rezeption des Hauses ist in der Kapelle (15. Jh.) untergebracht. Das Hôtel des Augustins ist eine Oase der Ruhe im lauten Aix. Die großen, komfortablen Zimmer sind im provenzalischen Stil ausgestattet. Kein Restaurant, doch es gibt sehr viele Lokale um die Ecke. **www.hotel-augustins.com**

ANTIBES L'Auberge Provençale

🍴🚹 | €€€

61, pl Nationale, 06600 ☎ *04 93 34 13 24* FAX *04 93 34 89 88* **Zimmer** *16*

Das große Stadthaus am lauten Hauptplatz von Antibes wird von Platanen beschattet. Die geräumigen, komfortablen Zimmer sind mit rustikalen provenzalischen Möbeln und Himmelbetten eingerichtet. Altmodisches Flair in einem der trendigsten Orte an der Riviera. **www.aubergeprovencale.com**

ANTIBES Mas Djoliba

🅿🍴≋目🚹 | €€€

29, av Provence, 06600 ☎ *04 93 34 02 48* FAX *04 93 34 05 81* **Zimmer** *13*

Großes, altmodisches Bauernhaus mitten im Grünen in Nähe der Strände und ideal für die Erkundung des historischen Antibes. Auf der Poolterrasse wachsen Palmen. Gut für ein romantisches Wochenende oder für einen längeren Aufenthalt (von Mai bis September nur Halbpension). *Geschlossen: Ende Okt – Anfang Feb.* **www.hotel-djoliba.com**

ARLES Hotel de Amphithéâtre

🚹目🅿 | €

5–7, rue Diderot, 16200 ☎ *04 90 96 10 30* FAX *04 90 93 98 69* **Zimmer** *28*

Preisgünstiges Hotel mit Charakter in der Nähe des Amphitheaters von Arles. Einige Zimmer sind etwas klein, machen dies aber durch das provenzalische Dekor wett. Angenehme öffentliche Bereiche, hilfreiches Personal sowie Parkplätze in der Nähe zum Sonderpreis. Gute Wahl für Familien. **www.hotelamphitheatre.fr**

ARLES Hôtel Calendal

🅿🚹目🍴 | €€€

5, rue Porte de Laure, 13200 ☎ *04 90 96 11 89* FAX *04 90 96 05 84* **Zimmer** *38*

Das unkomplizierte Hotel im historischen Zentrum von Arles, nahe der römischen Arena, bietet hübsch eingerichtete Zimmer mit Klimaanlage. Einige davon haben Balkon mit Aussicht auf die Arena oder das römische Theater. Das Frühstück wird im mit Palmen bestandenen Garten serviert. **www.lecalendal.com**

ARLES Hôtel d'Arlatan

🅿≋目🅿 | €€€

26, rue du Sauvage, 13200 ☎ *04 90 93 56 66* FAX *04 90 49 68 45* **Zimmer** *47*

Die frühere Stadtresidenz der Grafen von Arlatan (15. Jh.) ist eines der schönsten historischen Hotels der Region. Die Zimmer sind mit Antiquitäten ausgestattet. Durch den Glasboden im Salon kann man auf römische Fundamente (4. Jh.) sehen. Ummauerter Garten und Steinterrasse. **www.hotel-arlatan.fr**

BEAULIEU-SUR-MER La Réserve de Beaulieu

🅽🅿🍴≋🚹🍴目 | €€€€€

5, bd du Général Leclerc, 06310 ☎ *04 93 01 00 01* FAX *04 93 01 28 99* **Zimmer** *39*

Das Luxushotel liegt im Zentrum von Beaulieu und doch direkt am Meer, nahe dem Hafen. Die eleganten Zimmer sind in schönen Pastellfarben gehalten. Ein weiterer Pluspunkt ist der Pool. Das Restaurant des Hauses rühmt sich zweier Michelin-Sterne. **www.reservebeaulieu.com**

BIOT Hôtel des Arcades

🍴 | €€

16, pl des Arcades, 6410 ☎ *04 93 65 01 04* FAX *04 93 65 01 05* **Zimmer** *12*

Der Gasthof aus dem 15. Jahrhundert ist eine erquickende Oase der Ruhe. Die Zimmer sind klein, besitzen aber viel Atmosphäre. Einige Räume haben Terrasse mit Aussicht aufs Meer. Die Bar dient als Frühstücksraum und Restaurant, das die Gäste mit den hiesigen Bohemiens und deren Hunden teilen. **www.hotel-restaurant-des-arcades.com**

BORMES-LES-MIMOSAS Domaine du Mirage

🅽🅿🍴≋🚹目🅿 | €€€

38, rue de la Vue des Îles, 83230 ☎ *04 94 05 32 60* FAX *04 94 64 93 03* **Zimmer** *33*

Das Hotel im viktorianischen Stil liegt in der Bucht von Le Lavandou – nur zehn Minuten von einem der besten Strände der Riviera entfernt. Balkone mit Aussicht und schöner Pool. Beim Pool werden mittags leichte Gerichte serviert. Abends kann man saisonale Gerichte à la carte bestellen. Aufmerksamer Service. **www.domainedumirage.com**

CANNES La Villa Tosca

🅽目🅿 | €€

11, rue Hoche, 06400 ☎ *04 93 38 34 40* FAX *04 93 38 73 34* **Zimmer** *22*

Großes Hotel im Beaux-Art-Stil. Von hier ist es nicht weit zum Strand, zum Bahnhof und zum Palais des Festivals. Auf den Zimmern findet sich ein Mix aus Antiquitäten und Zeitgenössischem. Die Mehrkosten für die größeren Zimmer lohnen sich, einige von ihnen haben Balkon. **www.villa-tosca.com**

CANNES Hôtel Molière

🅽目 | €€€

5, rue Molière, 06400 ☎ *04 93 38 16 16* FAX *04 93 68 29 57* **Zimmer** *24*

Das Hotel liegt in einem Gebäude aus dem 19. Jahrhundert nahe der Croisette, Cannes' großer Promenade. Die Zimmer sind hell und komfortabel. Von den Balkonen sieht man auf einen hübschen Garten, in dem auch das Frühstück serviert wird. Gutes Preis-Leistungs-Verhältnis und stark nachgefragt (frühzeitig buchen). **www.hotel-moliere.com**

CANNES Hôtel Splendid

🅽目🚹🅿 | €€€

4, rue Felix Faure, 06400 ☎ *04 97 06 22 22* FAX *04 93 99 55 02* **Zimmer** *62*

Diese »Hochzeitstorte« von einem Hotel mit Belle-Époque-Fassade steht im Zentrum von Cannes. Vom Restaurant auf der Dachterrasse aus hat man einen fantastischen Blick auf den Yachthafen. Einige der Zimmer haben grandiose Balkone zum Meer hin. Sehr guter Service und freundliche Atmosphäre. **www.splendid-hotel-cannes.fr**

CANNES Eden Hôtel

133, rue d'Antibes, 06400 📞 04 93 68 78 00 FAX 04 93 68 78 01 **Zimmer** 115

Das neue Boutique-Hotel ist hell, farbig und trendy – mit einem Touch von Retro-Stil der 1960er Jahre. Es liegt ganz in der Nähe der Einkaufsmeilen der Stadt. Zu den Annehmlichkeiten zählen ein beheizter Pool, Whirlpool, Massageraum und Fitness-Center. **www.eden-hotel-cannes.com**

CANNES Carlton Inter-Continental

58, bd de la Croisette, 06400 📞 04 93 06 40 06 FAX 04 93 06 40 25 **Zimmer** 341

Das größte der Grandhotels: Hier wohnen Stars während des Filmfestivals, es gibt eine lange Warteliste für Reservierungen. Das Haus ist im Art-déco-Stil eingerichtet mit diskretem Luxus auf den Zimmern und in den öffentlichen Bereichen. Es gibt einen Privatstrand mit Sonnenliegen und Sonnenschirmen. **www.intercontinental.com/cannes**

CAP D'ANTIBES La Garoupe et Gardiole

60–74, chemin de la Garoupe, 06160 📞 04 93 93 33 33 FAX 04 92 67 61 87 **Zimmer** 37

Kiefern und Zypressen umstehen die rosa Gebäude aus den 1920er Jahren. Das erfreulich erschwingliche Hotel (zumindest nach den Standards von Cap d'Antibes) hat bäuerlich wirkende Fliesenböden, Balkendecken und weiß getünchte Wände. Die Zimmer sind luftig. Schattige Terrasse, hübscher Pool. **www.hotel-lagaroupe-gardiole.com**

CAP D'ANTIBES La Jabotte

13, av Max Maurey, 06160 📞 04 93 61 45 89 FAX 04 93 61 07 04 **Zimmer** 10

Das kleine Hotel wirkt wie ein B & B. Im Sommer ist es Wochen vorher ausgebucht. Die hübschen Zimmer vermitteln zu ausgesprochen günstigen Preisen Wohlgefühl. Abends wird im Innenhof der Aperitif des Hauses serviert. Zum Strand sind es nur ein paar Schritte. *Geschlossen: Nov.* **www.jabotte.com**

CAP D'ANTIBES Hôtel du Cap (Eden Roc)

Bd Kennedy, 06600 📞 04 93 61 39 01 FAX 04 93 67 76 04 **Zimmer** 120

Das Gebäude von 1870 ist ein Palast und der Rückzugsort der Reichen und Berühmten. Nur wenige Zimmer, dafür aber Luxus-Suiten und -Apartments. Es gibt Umkleidezelte am Strand und einen riesigen, beheizten Meerwasserpool. Fantastisches Essen, aufmerksamer Service und auch sonst Luxus pur. **www.hotel-du-cap-eden-roc.com**

CASSIS Les Jardins de Cassis

Rue Favier, 13260 📞 04 42 01 84 85 FAX 04 42 01 32 38 **Zimmer** 36

Hübscher Platz für einen Aufenthalt im malerischen Cassis. Das gut geführte Hotel ist gefragt, man sollte also frühzeitig buchen. Die Zimmer in mehreren pastellfarbenen Gebäuden sind klein, aber gut ausgestattet. Whirlpool und Pool im Garten mit Zitronenbäumen und Bougainvilleen. *Geschlossen: Dez.–März.* **www.lesjardinsdecassis.com**

CASTELLANE Nouvel Hôtel du Commerce

Place de l'Église, 04120 📞 04 92 83 61 00 FAX 04 92 83 72 82 **Zimmer** 35

Das Hotel in der malerischen Kleinstadt Castellane ist ein guter Ausgangspunkt für die Erkundung der Gegend. Die adretten, sauberen Zimmer blicken zum Marktplatz oder zur Felsenspitze, die Castellane überragt. Essen wird oft auf der hübschen Veranda des Speiseraums serviert. *Geschlossen: 15. Okt–1. März.* **www.hotel-fradet.com**

ÈZE Château Eza

Rue de la Pise, 06360 📞 04 93 41 12 24 FAX 04 93 41 16 64 **Zimmer** 10

Das bemerkenswerte Gebäude besteht aus einer Ansammlung mittelalterlicher Häuser, die sich auf dem Gipfel des »Adlernests« von Èze aneinanderdrängen. Das frühere Heim des Prinzen Wilhelm von Schweden ist nun ein kleines Juwel von Luxushotel mit eleganten Zimmern. Traumhafte Aussicht von der Terrasse. **www.chateaueza.com**

FONTVIEILLE Hôtel La Peiriero

36, av des Baux, 13990 📞 04 90 54 76 10 FAX 04 90 54 62 60 **Zimmer** 42

Das freundliche Familienhotel wurde in einem traditionellen provenzalischen Bauernhaus (*mas*) eingerichtet. Essen, Farben und Atmosphäre sind typisch. Im Sommer ist das Haus kühl, im Winter warm. Für Kinder gibt es einen Spielplatz. **www.hotel-peiriero.com**

JUAN-LES-PINS Hôtel des Mimosas

Rue Pauline, 06160 📞 04 93 61 04 16 FAX 04 92 93 06 46 **Zimmer** 34

Das anmutige Hotel, das um 1900 errichtet wurde, ist von Palmen umstanden. Es hat Charakter und Stil – und das zu akzeptablen Preisen. Die einfach möblierten Zimmer sind komfortabel und kühl. Die ruhigeren Zimmer liegen in Richtung Swimmingpool. **www.hotelmimosas.com**

LES ARCS-SUR-ARGENS Logis du Guetteur

Place du Château, 83460 📞 04 94 99 51 10 FAX 04 94 99 51 29 **Zimmer** 13

Das anheimelnde Hotel im Turm einer Burg (11. Jh.) – dem Wahrzeichen des kleinen Dorfs – ist sowohl im Sommer als auch im Winter für einen Aufenthalt geeignet. Es liegt auf halber Strecke zwischen den Stränden am Mittelmeer und den alpinen Skipisten. Der Ausblick von der Burgmauer ist traumhaft. **www.logisduguetteur.com**

LES BAUX-DE-PROVENCE L'Hostellerie de la Reine Jeanne

Grande rue, 13520 📞 04 90 54 32 06 FAX 04 90 54 32 33 **Zimmer** 10

Das alte Haus im Zentrum eines der schönsten und meistbesuchten provenzalischen Dörfer hat nur wenige Zimmer. Sie sind alle unterschiedlich, aber ansprechend dekoriert. Für Kleinkinder ist das Etablissement weniger geeignet. Ob man allerdings einen Parkplatz in der Nähe findet, ist Glückssache. **www.la-reinejeanne.com**

Preiskategorien *siehe S. 550* **Zeichenerklärung** *siehe hintere Umschlagklappe*

LES BAUX-DE-PROVENCE Auberge de la Benvengudo ▣P⑪≋⚴🍽📺🛗 €€€€

Vallon de l'Arcoule, 13520 📞 *04 90 54 32 54* FAX *04 90 54 42 58* **Zimmer 28**

Komfortable, üppig ausgestattete Zimmer, ein großer Garten und ein Tennisplatz – das Landhaus in der Nähe des Bergdorfs Les Baux ist eine einladende Unterkunft, um die Bouches du Rhône und die Umgebung zu erkunden. *Geschlossen: Nov–März.* **www.benvengudo.com**

MARSEILLE Sofitel Marseille Vieux Port 📺P⑪≋⚴🍽📺 €€€

36, bd Charles Livon, 13009 📞 *04 91 15 59 00* FAX *04 91 15 59 50* **Zimmer 134**

Das Luxushotel in minimalistischem Stil mit dunklem Holz und stromlinienförmigen Möbeln bietet eine schöne Aussicht auf den Vieux Port. Buchen Sie eines der 28 Zimmer mit Terrasse. Die Hauptsehenswürdigkeiten liegen alle in der Nähe. Das Restaurant im obersten Stock bietet Panoramaaussicht. **www.accorhotels.com**

MENTON Hôtel Aiglon 📺P⑪≋⚴📺≋ €€

7, av de la Madone, 06500 📞 *04 93 57 55 55* FAX *04 93 35 92 39* **Zimmer 28**

Das Aiglon in der Nähe der Küste bietet viel Komfort, etwa einen beheizten Swimmingpool und einen einladenden Garten. Das Hotel in einem hübschen Stadthaus (19. Jh.) ist hübsch ausgestattet und besitzt ein gutes Restaurant mit Tischen auf einer von Palmen beschatteten Terrasse. *Geschlossen: Nov–Jan.* **www.hotelaiglon.net**

MOUSTIERS-STE-MARIE La Bastide de Moustiers P⑪⚴≋≋🛗 €€€€€

Chemin de Quinson, 04360 📞 *04 92 70 47 47* FAX *04 92 70 47 48* **Zimmer 12**

La Bastide de Moustiers liegt in einem Bau aus dem 17. Jahrhundert außerhalb eines der schönsten Dörfer der Gegend und bietet neueste Ausstattung. Das Haus ist von einem schönen Garten umgeben und erlaubt Ausblicke auf die umliegende Bergkulisse. Gutes Restaurant. Ein behindertengerechtes Zimmer. **www.bastide-moustiers.com**

NIZZA Hôtel Suisse 📺⚴📺 €€€

15, quai Rauba Capeu, 06300 📞 *04 92 17 39 00* FAX *04 93 85 30 70* **Zimmer 42**

Was das Preis-Leistungs-Verhältnis in Nizza betrifft, ist das Hotel kaum zu schlagen. Es liegt nur wenige Schritte vom Markt des Cours Saleya entfernt. Kein Pool, doch um zum Strand zu kommen, muss man nur die Straße überqueren. Balkone mit Blick auf Baie des Anges. Freundliches Personal. **www.hotel-nice-suisse.com**

NIZZA Hôtel Windsor 📺⑪≋⚴📺≋ €€€

11, rue Dalpozzo, 06000 📞 *04 93 88 59 35* FAX *04 93 88 94 57* **Zimmer 57**

Das Windsor bietet viel Service und eine Reihe von Annehmlichkeiten, etwa einen Pool in einem exotischen Palmengarten, einen Kinderspielplatz, eine Sauna und ein Wellness-Beauty-Center, das u. a. Massagen anbietet. Einige Zimmer wurden von Künstlern der Gegend gestaltet. Snackbar und Restaurant. **www.hotelwindsornice.com**

NIZZA La Pérouse 📺P⑪≋⚴📺≋ €€€€

11, quai Rauba Capeu, 06300 📞 *04 93 62 34 63* FAX *04 93 62 59 41* **Zimmer 65**

La Pérouse bietet die schönste Aussicht in ganz Nizza. Es liegt am östlichen Ende der Baie des Anges auf den Klippen – zwischen der Promenade des Anglais und dem Hafen. Die Zimmer zum Meer hin haben kleine Terrassen. Es geht hier ruhig zu. Im Sommer stellt das Restaurant Tische unter die Zitronenbäume. **www.hotel-la-perouse.com**

NIZZA Le Negresco 📺P⑪≋⚴📺≋🛗 €€€€

37, promenade des Anglais, 06000 📞 *04 93 16 64 00* FAX *04 93 88 35 68* **Zimmer 150**

Das Negresco gehört zu den Grandes Dames der Riviera. Seit 1913 ist es ein Wahrzeichen an der Promenade des Anglais. Die Gästeliste liest sich wie das Who's who der Reichen und Berühmten. Prächtiges Dekor mit Kunstwerken. Diskreter Service und natürlich topmoderne Ausstattung. **www.hotel-negresco-nice.com**

SEILLANS Hôtel des Deux Rocs ⑪⚴ €€

Place Font d'Amont, 83440 📞 *04 94 76 87 32* FAX *04 94 76 88 68* **Zimmer 13**

Das provenzalische Herrenhaus (17. Jh.) am Dorfplatz strahlt Familienatmosphäre aus. Es ist mit Antiquitäten und traditionellen Stoffen ausstaffiert. Die Zimmer nach vorn sind am größten und hellsten. Im Sommer werden die mediterranen Mahlzeiten beim Brunnen auf dem Platz serviert. **www.hoteldeuxrocs.com**

ST-JEAN-CAP-FERRAT Hôtel Brise Marine ⚴≋P €€€€

58, av Jean Mermoz, 06230 📞 *04 93 76 04 36* FAX *04 93 76 11 49* **Zimmer 16**

Das kleine Hotel ist ein idealer Ort, um zu entspannen. Auf der einen Seite ist das Meer, auf der anderen sind die Alpes-Maritime. Grandioses Panorama. Der fehlende Swimmingpool verdankt sich dem Umstand, dass der Strand nur 50 Meter entfernt liegt. *Geschlossen: Nov–Feb.* **www.hotel-brisemarine.com**

ST-JEAN-CAP-FERRAT Royal Riviera 📺P⑪≋⚴📺≋ €€€€

3, av Jean Monnet, 06230 📞 *04 93 76 31 00* FAX *04 93 01 23 07* **Zimmer 97**

Das Luxushotel im glamourösen St-Jean-Cap-Ferrat bietet einen absoluten Pluspunkt: den privaten Sandstrand. Einige der Zimmer erscheinen angesichts der Preise etwas klein, doch der Service liest Gästen alles von den Lippen ab. In der Orangerie, einem kleinen Gebäude am Pool, gibt es noch 16 hübsche Zimmer. **www.royal-riviera.com**

ST-PAUL-DE-VENCE Hostellerie des Remparts ⑪⚴ €

72, rue grande, 06570 📞 *04 93 32 09 88* FAX *04 93 24 10 47* **Zimmer 9**

Die Pension im Herzen des malerischen Dorfs bietet modernen Komfort in mittelalterlichem Ambiente. Die Zimmer haben Antiquitäten und bieten eine fantastische Aussicht. Kleine Gartenterrasse. Das Dorf ist autofrei, man muss in einiger Entfernung parken. *Geschlossen: Mo außerhalb der Saison.* **hostellerie-lesremparts@orange.fr**

ST-PAUL-DE-VENCE La Colombe d'Or

P ⏏ ≋ ⚥ 目 ♿   €€€€€

Place de Gaulle, 06570 📞 04 93 32 80 02 FAX 04 93 32 77 78 **Zimmer** 25

Dies ist die luxuriöseste Absteige in St-Paul: Das einstige Bauernhaus in traumhafter Lage beherbergte seinerzeit die impressionistischen Maler. Seine Wände zieren Originale von Picasso und Matisse. Die Gästeliste ist noch immer beeindruckend, eine frühe Reservierung unabdingbar. Renommiertes Restaurant. **www.la-colombe-dor.com**

ST-TROPEZ Lou Cagnard

P 目   €€

Av Paul Roussel, 83990 📞 04 94 97 04 24 FAX 04 94 97 09 44 **Zimmer** 19

Das Hotel in einem Stadthaus liegt gleich um die Ecke von der Place des Lices, dem lebhaftesten Platz von St-Tropez. Einige Räume blicken auf den schattigen Garten mit Maulbeerbäumen. Es gibt keine Klimaanlage, die Zimmer nach vorn sind bei geöffnetem Fenster recht laut. **www.hotel-lou-cagnard.com**

ST-TROPEZ Pastis Hôtel St-Tropez

P ≋ ⏏ 目 ♿   €€€€

61, av du Général Leclerc, 83990 📞 04 98 12 56 50 FAX 04 94 96 99 92 **Zimmer** 9

In St-Tropez ist vieles eher Show denn echt, doch dieser Gasthof mit neun Zimmern – alle mit zeitgenössischer Kunst und einem Mix aus Neu und Alt ausgestattet – strahlt diskreten Charme aus. Der beheizte Pool ist von jahrhundertealten Palmen umstanden. Strikte »Kein-Dresscode«-Politik. **www.pastis-st-tropez.com**

ST-TROPEZ La Ponche

P ⏏ ⚥ 目   €€€€€

Port des Pêcheurs, 83990 📞 04 94 97 02 53 FAX 04 94 97 78 61 **Zimmer** 18

Für alle, die eine Art Boutique-Hotel in St-Tropez suchen – diese Ansammlung von einstigen Fischerunterkünften könnte das Richtige sein. Die Zimmer sind groß und schick, zwei davon sind auch für Familien geeignet. Berühmte Gäste waren Pablo Picasso und Romy Schneider. *Geschlossen: Nov–Mitte Feb.* **www.laponche.com**

VENCE Mas de Vence

🖥 P ⏏ ≋ ⚥ 目 ♿   €€

539, av Émile Hugues, 06140 📞 04 93 58 06 16 FAX 04 93 24 04 21 **Zimmer** 41

Das moderne Etablissement ist nichts für Leute, die etwas Besonderes suchen. Doch Architektur und Einrichtung sind im Einklang mit provenzalischer Tradition. Die Zimmer haben Klimaanlage und sind gut isoliert. Es gibt einen kleinen Garten und ein Terrassenrestaurant. **www.azurline.com**

VILLEFRANCHE-SUR-MER Hôtel La Flore

🖥 P ≋ ⚥ 目 ♿   €€€

5, bd Princess Grace de Monaco, 06230 📞 04 93 76 30 30 FAX 04 93 76 99 99 **Zimmer** 31

Das traditionelle Hotel vom Anfang des 20. Jahrhunderts wurde komplett im provenzalischen Stil renoviert. Die ruhigen Zimmer blicken aufs Meer und auf den berühmten Hafen von Villefranche. Die Zitadelle und zahllose unterschiedliche Restaurants liegen in Gehweite. **www.hotel-la-flore.fr**

VILLEFRANCHE-SUR-MER Hôtel Versailles

🖥 P ⏏ ≋ 目   €€€

7, bd Princesse Grace de Monaco, 06230 📞 04 93 76 52 52 FAX 04 93 01 97 48 **Zimmer** 46

Das moderne Hotel bietet alles für einen längeren Aufenthalt, darunter einen Pool, ein Restaurant, das auf provenzalische Küche spezialisiert ist, eine große Terrasse und Zimmer mit Aussicht. Der einzige Nachteil: Das Haus liegt an einer Durchgangsstraße. Parkplätze vorhanden. *Geschlossen: Nov–Mitte März.* **www.hotelversailles.com**

Korsika

AJACCIO Hôtel Kallisté

P 目 ♿   €€

51, cours Napoléon, 20000 📞 04 95 51 34 45 FAX 04 95 21 79 00 **Zimmer** 48

Das Hotel liegt in der Mitte des lebhaften Cours Napoléon – doch die Zimmer des gut geführten, sauberen Hauses sind erstaunlich ruhig. Die schmiedeeisernen Treppengeländer und die nackten Steinwände verleihen dem Gebäude (1864) einen rustikalen Touch. Zum (Bus-)Bahnhof sind es nur ein paar Minuten. **www.cyrnos.net**

AJACCIO Hôtel Les Mouettes

P ≋ ⚥ 目 ♿   €€€

9, cours Lucien Bonaparte, 20000 📞 04 95 50 40 40 FAX 04 95 21 71 80 **Zimmer** 28

Das Hotel (19. Jh.) in Zentrumsnähe ist seit 2007 unter neuer Leitung. Es hat einen eigenen Sandstrand und einen Pool. Die großen Zimmer sind klassisch eingerichtet. Kein Restaurant, doch es gibt ein herzhaftes Frühstück und gute Snacks. *Geschlossen: Mitte Nov–Mitte März.* **www.hotellesmouettes.fr**

BASTIA Hôtel Posta Vecchia

🖥 ⚥ 目   €€

Quai des Martyrs de la Libération, 20200 📞 04 95 32 32 38 FAX 04 95 32 14 05 **Zimmer** 50

Das gut besuchte Hotel liegt mitten in der Stadt in der Nähe des farbigen alten Hafens mit seinen lauten Restaurants. Man sollte hier ein Zimmer nach vorn nehmen: Dann kann man jeden Abend die Promenade auf dem baumbestandenen Kai beobachten. Öffentlicher Parkplatz vor dem Haus. **www.hotel-postavecchia.com**

BASTIA Hôtel Pietracap

P ≋ 目   €€€€

Route San Martino, San Martino di Lota, 20200 📞 04 95 31 64 63 FAX 04 95 31 39 00 **Zimmer** 39

Sehr komfortables Hotel in schöner Umgebung an der Küstenstraße von Bastia. Ein großer Park mit teils 100 Jahre alten Olivenbäumen liegt zwischen Hotel und Meer. Großer Swimmingpool, an dem Snacks serviert werden. Privatparkplatz. *Geschlossen: Dez–Apr.* **www.hotel-pietracap.com**

Preiskategorien *siehe S. 550* **Zeichenerklärung** *siehe hintere Umschlagklappe*

BONIFACIO Hôtel le Royal   `P` `H` `目`   €€

8, rue Fred Scamaroni, 20169 `C` *04 95 73 00 51* `FAX` *04 95 73 04 68* **Zimmer** *14*

Belebtes Hotel in der Altstadt mit Aussicht auf Klippen und Meer. Frisch gestrichene, pastellfarbene Zimmer. In ein paar Minuten ist man bei der Kathedrale. Stufen führen direkt zum Kai hinunter. Der kleine Touristenzug hält quasi vor der Haustür. Im Restaurant gibt es fast ausschließlich Gerichte der Region. **www.hotelleroyal.com**

BONIFACIO Hôtel Résidence du Centre Nautique   `P` `H` `大` `目`   €€

Port de Plaisanc, 20169 `C` *04 95 73 02 11* `FAX` *04 95 73 17 47* **Zimmer** *11*

Das Haus wurde renoviert und im Frühjahr 2009 wiedereröffnet. Es ist das einzige Hotel Bonifacios, das auf den Hafen blickt. Die Duplex-Zimmer – einige gehen zum Hafen – sind große. Exzellentes Restaurant, aber manchmal etwas ruppiger Service. Der Privatparkplatz ist ein Pluspunkt. *Geschlossen: Okt–März.* **www.centre-nautique.com**

CALVI Hostellerie l'Abbaye   `N` `P` `目`   €€€€

Route Santore, 20260 `C` *04 95 65 04 27* `FAX` *04 95 65 30 23* **Zimmer** *43*

Das freundliche, efeubewachsene Hotel wurde auf die Befestigung eines Klosters (16. Jh.) gebaut. Es liegt ideal an einem kleinen Hang, direkt über dem Hafen und zurückgesetzt zur Straße. Zum Haus gehört ein wunderschöner Garten. In fünf Minuten ist man im Stadtzentrum. *Geschlossen: im Winter.* **www.hostellerie-abbaye.com**

CORTE Hôtel Dominique Colonna   `P` `呈` `大` `目` `&`   €€

Vallée de la Restonica, 20250 `C` *04 95 45 25 65* `FAX` *04 95 61 03 91* **Zimmer** *29*

Traumhafte Lage in einem üppig grünen Tal mit kleinem Wasserfall. Die stilvollen Zimmer sind modern ausgestattet, der Service ist fantastisch. Nebenan gibt es ein sehr gutes Restaurant mit traditioneller Küche. Zu den Restaurants im Dorf gelangt man in 20 Minuten. **www.dominique-colonna.com**

L'ÎLE ROUSSE Hôtel Santa Maria   `P` `呈` `大` `目`   €€€

Route du Port, 20220 `C` *04 95 63 05 05* `FAX` *04 95 60 32 48* **Zimmer** *56*

Das charmante Hotel liegt sehr schön an der Straße zum Inselchen vor L'Île Rousse. Kleiner Privatstrand. Zum Hauptplatz mit Läden und Restaurants ist es nur ein Katzensprung. Alle Zimmer haben Terrasse – entweder mit Sicht aufs Meer oder auf die Berge. Im Juli und August hat das Restaurant auch mittags offen. **www.hotelsantamaria.com**

PIANA Les Roches Rouges   `P` `H` `大`   €€

Route Porto, 20115 `C` *04 95 27 81 81* `FAX` *04 95 27 81 76* **Zimmer** *30*

Das Hotel von 1912 strahlt noch das Flair seiner Entstehungszeit aus. Die großen, einfach möblierten Zimmer liegen zur Bucht von Porto hin, einer Bucht, welche die UNESCO zu den fünf schönsten der Welt zählt. Im Speiseraum mit Terrasse und im Garten wird exzellentes Essen serviert. *Geschlossen: Nov–März.* **www.lesrochesrouges.com**

PORTO Le Maquis   `P` `H`   €€

Porto, 20150 `C` *04 95 26 12 19* `FAX` *04 95 26 18 55* **Zimmer** *6*

Ruhiges, familiengeführtes Hotel am Stadtrand an der Küstenstraße nach Calvi. In dem charmanten Restaurant werden ausgesprochen edle Gerichte serviert. Man hat von hier einen fantastischen Blick auf die Berge. Komfortable Zimmer, hübscher Garten und Parkplätze. *Geschlossen: Dez–Jan.* **www.hotel-lemaquis.com**

PORTO-VECCHIO Chez Franca   `P` `目`   €€€€

Route de Bonifacio, 20137 `C` *04 95 70 15 56* `FAX` *04 95 72 18 41* **Zimmer** *14*

Das moderne Hotel liegt zwischen Hafen und Stadt. Die Zimmer des Hauses wurden sorgfältig renoviert. Die schönen Strände von Guilia und Palombaggia sind nur ein paar Kilometer weit entfernt. Das Hotel ist ein guter Ausgangspunkt, um Zonza und Bavella zu besichtigen. *Geschlossen: Dez.* **www.francahotel.com**

PROPRIANO Le Lido   `H` `目` `&`   €€€

Av Napoléon, 20110 `C` *04 95 76 06 37* `FAX` *04 95 76 31 18* **Zimmer** *11*

Le Lido liegt einzigartig auf einer Halbinsel mit Strand. Das einfache Dekor kann nicht mit dieser Lage konkurrieren, doch Terrakottakacheln, Mosaike und Holzbalken sind ganz charmant. Buchen Sie ein Zimmer zum Strand hin. Das sehr gute Restaurant ist auf Hummer spezialisiert. *Geschlossen: Nov–Mitte Apr.* **www.le-lido.com**

SARTÈNE Hôtel St-Damianu   `N` `P` `H` `呈` `大` `M` `目` `&`   €€

Quartier San Damien, 20100 `C` *04 95 70 55 41* `FAX` *04 95 70 55 78* **Zimmer** *28*

Das neue Hotel ist ein echter Gewinn. Die großen Zimmer haben alle eine Terrasse mit grandioser Aussicht auf den Golf von Valinco oder auf die Berge. Zum Hotel gehören ein Swimmingpool, ein Garten, ein Hamam, Parkplätze und ein ausgezeichnetes Restaurant. *Geschlossen: Nov–Apr.* **www.sandamianu.fr**

ST-FLORENT Hôtel Maxime   `P`   €€

Route La Cathédrale, 20217 `C` *04 95 37 05 30* `FAX` *04 95 37 13 07* **Zimmer** *19*

Die einstige Villa liegt etwas abseits der Straße, die zur Kathedrale (12. Jh.) Santa Maria Assunta führt, und ist eine wahre Oase der Ruhe. Ein fünfminütiger Spaziergang führt einen aber jederzeit zum Gewusel im schicken Hafen. Angenehm luftige Zimmer, von den oberen aus sieht man aufs Meer.

VIZZAVONA Hôtel du Monte d'Oro   `P` `H`   €€

Col de Vizzavona RN 193, 20219 `C` *04 95 47 21 06* `FAX` *04 95 47 22 05* **Zimmer** *24*

Wenn man das Hotel betritt, glaubt man, man sei in einem Agatha-Christie-Krimi. Das Gebäude wurde 1880 errichtet und liegt in einem Wald an der Straße zwischen Ajaccio und Bastia. Holzgetäfelte Gänge, großer Salon und eleganter Speiseraum. Man kann auch eine gîte (Ferienhaus) mieten. *Geschlossen: Nov–Apr.* **www.monte-oro.com**

Restaurants

Franzosen sind Genießer, was sich vor allem an ihrer Liebe zum guten Essen zeigt. Nirgendwo sonst findet man Menschen, die sich so für Küche und Wein interessieren, weshalb das Thema auch in der Presse und im Fernsehen seinen Platz einnimmt. Die Qualität frischer Lebensmittel und das Niveau der Restaurants ist hier wesentlich besser als in den meisten anderen europäischen Ländern. In dieser Einführung zu den Restaurants *(siehe S. 600–651)* erfahren Sie, welche verschiedenen Arten von Lokalen es gibt, wie man die Speisekarte liest, bestellt und sein Essen genießt. Am Anfang dieses Reiseführers finden Sie ein typisch französisches Menü sowie eine Einführung in die französischen Weine *(siehe S. 24–27)*. Die regionalen Spezialitäten und Weine der fünf Großregionen finden Sie jeweils zu Beginn der entsprechenden Kapitel.

Essgewohnheiten

Das große Mittagsmahl gibt es fast nur noch auf dem Land. In den Städten isst man heute ein Sandwich, einen Salat oder ein Steak und nimmt die Hauptmahlzeit abends ein. Das Mittagessen wird zwischen 12 und 14 Uhr, das Abendessen zwischen 20 und 22 Uhr verzehrt. Die letzte Bestellung kann man eine halbe Stunde vor Schließung aufgeben.

Einige Gaststätten sind am Wochenende geschlossen, weshalb es schwierig sein könnte, sonntags außerhalb des Hotels zu speisen. In Ferienorten sind viele Restaurants und Hotels nur während der Saison geöffnet.

Im Lauf der letzten 30 Jahre haben sich die Essgewohnheiten der Franzosen deutlich verändert. Der Beliebtheit der Küche ehemaliger französischer Kolonien ist es zu verdanken, dass heute neben chinesischen auch viele nordafrikanische und vietnamesische Restaurants zu finden sind. Auch Fast Food wird immer beliebter. Und da die Franzosen wie alle anderen Europäer das Schlankheitsideal hochhalten, gibt es zunehmend leichte Kost.

In den *hypermarchés* sieht man leider, dass weniger frische Produkte, stattdessen immer mehr Fertiggerichte auf den Tisch kommen.

Regionale Küche

Zu den größten Freuden einer Reise durch Frankreich gehören die regionalen

Typisches elegantes Terrassenrestaurant in der Provence

Spezialitäten. In jedem Département findet man auf den Speisekarten regionale Gerichte mit einheimischen Produkten. Es gibt in Frankreich eine gastronomische Trennlinie, die das Land in Butter- und Olivenregion unterteilt. Im Norden wird zum Kochen meist Butter, im Süden Olivenöl verwendet, im Südwesten dagegen Gänse- und Entenschmalz.

Jede Region ist stolz auf ihre Küche. Die bekanntesten Gerichte stammen aus vier Regionen: dem Elsass mit deutschem Einfluss, dem Südwesten mit dem *cassoulet* (Eintopf aus weißen Bohnen, Tomaten, Wurst und Ente), der Alpenregion mit dem Fondue und der Provence mit der *bouillabaisse*, einer Fischsuppe aus Marseille.

Als gastronomische Hauptstadt Frankreichs gilt allerdings Lyon mit vielen der besten Restaurants des Landes und zahlreichen ausgezeichneten Bistros, den *bouchons*.

Die Belle-Époque-Brasserie La Cigale in Nantes *(siehe S. 623)*

Restaurants

Die Restaurants, deren Köche jede nur erdenkliche Köstlichkeit zubereiten, reichen von winzigen Gaststuben mit durchgesessenen Stühlen bis zu vornehmen Speisesälen in Schlössern mit weltberühmten Köchen. Auch in den Hotels findet man gute Restaurants, die im Hotelverzeichnis *(siehe S. 550–595)* aufgeführt sind.

Die Preise sind, abgesehen von den Großstädten, für Restaurants gleicher Kategorie in ganz Frankreich ähnlich. Bezahlt wird die Qualität eines Restaurants, wobei man in den Top-Lokalen leicht über 150 Euro oder noch viel mehr ausgeben kann.

Man unterscheidet zwischen der Haute Cuisine, der traditionellen Küche, die den Geschmack der Speisen oft durch reichhaltige Saucen unterstreicht, der Nouvelle Cuisine, die wesentlich leichter ist und außergewöhnliche Kreationen bietet, der *cuisine bourgeoise*, der französischen Hausmacherkost, und der *cuisine des provinces*, die für die Zubereitung traditioneller Gerichte hochwertige Zutaten verwendet. Viele Küchenchefs favorisieren die *cuisine moderne*, die auf die Naturbelassenheit der Speisen Wert legt. Die *jeune cuisine française* ist der neueste Trend. Junge Köche rebellierten gegen die Klassifikationen der Michelin-Tester und bestanden auf ihrem eigenen Stil.

Das Restaurant L'Excelsior in Nancy *(siehe S. 614)*

Camembert

Bistros

Wenn Franzosen auswärts essen, tun sie dies meist in den Bistros, die alles sein können – vom eher formellen Restaurant über das Café bis zur einfachen Stehkneipe. Meist bekommt man hier preiswertes, gutes Essen, bestehend aus *entrée* bzw. *hors-d'oeuvre* (Vorspeise), *plats mijotés* (Gekochtes oder Geschmortes) und *grillades* (ge-

grillter Fisch oder Fleisch), gefolgt von Käse und Nachspeise.

Brasserien

Das Wort bedeutet eigentlich »Brauerei«. Die *brasseries* tauchten im Elsass auf, wo die Gaststube meist zu einer Brauerei gehörte. Heute findet man sie in allen Städten. Oft bieten sie frische Schaltiere an. Hier trinkt man Bier vom Fass oder *vin de la maison* (Hauswein). Es gibt aber auch edlere Weine. Die Speisekarte umfasst überwiegend einfache Fisch- und Fleischgerichte neben Elsässer Spezialitäten wie *choucroute garnie* (Sauerkraut mit Wurst und/oder Fleisch). Die Preise sind ähnlich wie in den Bistros. Brasserien haben wie Cafés in der Regel ganztägig offen, oft mit durchgängig warmer Küche.

Fermes-Auberges

In den Unterkünften auf dem Land bekommt man oft gute, preiswerte Gerichte, die aus frischen Zutaten vom eigenen Hof zubereitet werden. Gegessen wird im Kreis der Familie, auf diesen Bauernhof man auch übernachtet. Ausführlichere Informationen über »Urlaub auf dem Bauernhof« finden Sie unter der Überschrift *Privatunterkünfte* auf Seite 548.

Cafés

Cafés gehören zu Frankreich wie Käse und Wein. Man findet sie überall. In der Regel sind sie vom frühen Morgen bis 22 Uhr geöffnet. Hier bekommt man Alkoholisches genauso wie Kaffee, Tee, einfache, kleine Gerichte und oft ein billigeres Frühstück als im Hotel.

Doch man geht nicht nur ins Café, um zu essen und zu trinken, sondern auch um Neuigkeiten auszutauschen. Für Reisende bieten sie deshalb reichlich Gelegenheit, die Einheimischen zu beobachten und kennenzulernen.

Auf dem Land kommt im Lauf des Tages nicht selten das ganze Dorf irgendwann ins Café, während in der Stadt jedes Café seine Stammkundschaft hat, etwa Studenten oder Banker. Die berühmtesten Cafés von Paris waren einst der Treffpunkt von Intellektuellen und Künstlern *(siehe S. 152)*.

Auberge du XII Siècle in Saché im Loire-Tal *(siehe S. 624)*

Straßencafé in der Altstadt
von Nizza

Bistro-»Filialen«

Seit ein paar Jahren gibt es in größeren Städten, vor allem in Paris und Lyon, einen neuen Typ von Bistro. Dies sind die preisgünstigeren Schwesterlokale (Baby-Bistros) der berühmten, teureren Restaurants. Viele bieten eine *formule prix fixe* (edles Tagesmenü zum Festpreis) und damit die Möglichkeit, die Kreationen der berühmten Küchenchefs in entspannter Atmosphäre zu kosten.

Fast Food

Wer amerikanische Fast-Food-Ketten vermeiden will, sollte in Cafés oder *salons du thé* gehen, die auch leichte Mahlzeiten anbieten. In Einkaufszentren findet man manchmal Cafeterias mit preiswerten, guten Gerichten.

Reservierung

In größeren Städten empfiehlt es sich immer zu reservieren, vor allem in der Urlaubszeit von Mai bis September. Nicht reservieren muss man dagegen in Lokalen auf dem Land, in denen man jederzeit willkommen ist. Wenn Sie sich allerdings in abgeschiedene Gegenden begeben, sollten Sie sich vorher erkundigen, ob das Restaurant ganzjährig offen ist.

Wenn Sie reserviert haben und sich Ihre Pläne ändern, gebietet es schon die Höflichkeit, dies dem Restaurant mitzuteilen.

Speisekarte und Bestellung

Wenn man Ihnen die Speisekarte reicht, wird man Sie fragen, ob Sie einen Aperitif wünschen, beispielsweise einen leichten Portwein, Martini, Kir oder etwas Nichtalkoholisches.

Wenn Sie kein Tagesmenü, sondern à la carte bestellen, finden Sie auf der Speisekarte Folgendes: *les entrées* bzw. *hors-d'œuvres* (Vorspeisen) und *les plats* (Hauptgerichte). Die meisten Restaurants bieten ein *plat du jour*, ein an diesem Tag empfohlenes, oft saisonales oder regionales Gericht. Ein Beispiel für ein klassisches französisches Menü finden Sie auf Seite 24f.

Käse wird zwischen Hauptgang und Dessert serviert. Danach trinkt man Espresso (*café*), den man auch mit Milch (*crème*) haben kann.

Wein

Da Wein im Restaurant immer teurer ist als im Laden, sollten Sie Ihre Weinkenntnisse nicht unbedingt vertiefen, indem Sie im Restaurant Flaschenweine bestellen. Einheimische Weine werden oft in Karaffen serviert. Eine kleine Karaffe ist eine gute Möglichkeit, die regionalen Weine kennenzulernen.

Das Gesetz unterscheidet vier Kategorien von Weinen, angefangen vom Tafelwein (*vin de table*) über Landwein (*vin de pays*) und den Wein höherer Qualität (*vin délimité*

de qualité supérieure: VDQS) bis zum Wein mit Herkunftsbezeichnung (*appellation d'origine contrôlée: AOC*). Tafelweine findet man selten im Restaurant (für die Wahl eines regionalen Weins siehe die Weinseiten der Regionen). Eine Einführung finden Sie auf Seite 26f. Beim Hauswein liegen Sie immer richtig. Kein Restaurant setzt seinen guten Ruf aufs Spiel.

Wasser

Wasser (aus der Leitung) wird auf Wunsch kostenlos zur Verfügung gestellt. Die Franzosen sind auch stolz auf ihre große Auswahl an Mineralwässern. Zu den beliebtesten gehören Évian und Badoit.

Le Moulin de Mougins *(siehe S. 650)*

Bezahlung

Die gängigste Kreditkarte in Frankreich ist Visa/ Carte Bleue, weitverbreitet ist außerdem MasterCard. American Express und Diners Club werden manchmal nur in vornehmeren Restaurants akzeptiert.

Es empfiehlt sich allerdings, stets genügend Bargeld bei

La Tour d'Argent im Quartier Latin in Paris *(siehe S. 605)*

sich zu haben, vor allem auf dem Land, da teilweise keine Kreditkarten akzeptiert werden. Vergewissern Sie sich notfalls schon bei der Reservierung.

Bedienung und Trinkgeld

In Frankreich lässt man sich Zeit zum Essen – es ist nicht ungewöhnlich, dass eine Mahlzeit vier Stunden lang dauert. Wenn Sie nicht ganz so viel Zeit haben, gehen Sie lieber ins Café oder in eine Brasserie. Obwohl Steuer (für die Essen und nichtalkoholische Getränke seit 2009 nur noch 5,5 Prozent) und Service im Preis inbegriffen sind, gehört es zum guten Ton, im Café ein paar Cent Trinkgeld zu geben, im Restaurant etwa fünf Prozent, in Spitzenrestaurants bis zu zehn Prozent. In Toiletten legen Sie 30 Cent hin. Die Garderobiere erhält 50 bis 70 Cent.

Etikette

Da Franzosen selbst in Casual Wear schick wirken, sollten Besucher das Gleiche anstreben. Turnschuhe, kurze Hosen und Sportkleidung sind grundsätzlich nur am Strand und in unmittelbarer Nähe davon erlaubt. Dem Restaurantteil entnehmen Sie auch, welche Lokale Jackett und Krawatte für Herren vorschreiben *(siehe S. 600–651)*.

Mit Kindern essen

Kinder sind in Frankreich überall willkommen, so auch in Restaurants. Da sie schon von klein auf mitgenommen werden, wissen sie sich in der Regel auch entsprechend zu benehmen. Dennoch besitzen erst wenige Restaurants Hochstühle für Kinder o. Ä. Auch für Kinderwagen ist oft nicht genügend Platz vorhanden.

Haustiere

Hunde kann man normalerweise in ein Restaurant mitnehmen. Ausgenommen hiervon sind die Spitzenrestaurants.

Hotelrestaurant Eychenne in St-Girons in den Pyrenäen *(siehe S. 588)*

Rauchen

Die Betreiber von Gaststätten in Frankreich waren sehr kreativ bei der Umgehung der 1992 verhängten Vorschrift, dass eine öffentliche Gaststätte über Raucher- und Nichtraucherbereiche zu verfügen hat. So trug beispielsweise ein Pariser Wirt ein Nichtraucherschild um den Hals, das er an die Wand hängte, sobald ein Gast einen Nichtraucherplatz verlangte. Seit 2007 ist das Rauchen in öffentlichen Gebäuden, seit 2008 auch in Restaurants, Cafés, Bars, Discos und Casinos verboten.

Hôtel Royal Palace in Évian-les-Bains in den Alpen *(siehe S. 578)*

Behinderte Reisende

Nur die Restaurants neuerer Hotels sind in der Regel behindertengerecht. Sie sollten deshalb schon bei der Reservierung sicherstellen, dass Sie einen bequem zu erreichenden Tisch und notfalls Hilfe bekommen. Im Restaurantteil wird darauf hingewiesen, welche Lokale mit Rollstuhl zugänglich sind. Auf Seite 549 finden Sie Adressen von Organisationen, die behinderten Reisenden Auskunft erteilen.

Vegetarische Gerichte

Vegetarier haben es in Frankreich verhältnismäßig schwer, obwohl sich hier in den letzten Jahren sehr viel getan hat. In den meisten Restaurants besteht die Hauptmahlzeit aus Fisch oder Fleisch, die Sie jedoch umgehen können, indem Sie nur *entrées* bestellen. Der Koch eines kleineren Restaurants wird Ihnen, wenn Sie Ihre Bitte im Voraus äußern, sicherlich gern ein vegetarisches Gericht zubereiten. Rein vegetarische Restaurants findet man nur in den größeren Städten oder in Universitätsstädten. Ansonsten empfehlen sich für Vegetarier Cafés, Crêperien, italienische und asiatische Restaurants.

Picknick

Picknicken ist die beste und zudem sehr französische Möglichkeit, um die wunderbaren und vor allem frischen Produkte von Märkten und Lebensmittelgeschäften zu genießen (weitere Informationen auf Seite 652f). Ein Picknick ist preiswert, und man kann zugleich die schöne Landschaft genießen. Picknickplätze mit Tischen und Stühlen findet man entlang jeder größeren Straße, doch suchen Sie sich besser ein ruhigeres Plätzchen.

Restaurantauswahl

PREISKATEGORIEN
Die Preise gelten für ein Drei-Gänge-Menü mit einer halben Flasche Hauswein, inkl. Service und Steuer:

€ unter 30 Euro
€€ 30–45 Euro
€€€ 45–60 Euro
€€€€ 60–90 Euro
€€€€€ über 90 Euro

Die folgenden Restaurants wurden wegen der Qualität ihrer Küche, ihres guten Preis-Leistungs-Verhältnisses, ihrer ausgefallenen Gerichte sowie ihres interessanten Standorts aufgenommen. Sie sind nach Regionen geordnet, in der Reihenfolge des Reiseführers. Den Stadtplan zu Paris finden Sie auf den Seiten 154–169.

Paris

BASTILLE Bistrot du Peinture
116, ave Ledru Rollin, 75011 01 47 00 34 39 €€

Stadtplan 10 F5

Das gemütliche Bistro in einem Gebäude um 1900 mit Art-déco-Reminiszenzen ist bei Künstlern und Medienleuten beliebt, die wegen seiner Terrasse und natürlich wegen der günstigen Preise kommen. Einfache Gerichte wie Steak und diverse Fischgerichte, alle mit *frites* und Gemüse als Beilagen.

BASTILLE Le Bistrot Paul Bert
18, rue Paul Bert, 75011 01 43 72 24 01 €€

Populäres Bistro, dank der Kombination von Retro-Dekor – sogar mit Zinktresen – und klassischer Bistro-Küche. Das *steak-frites* gehört zu den besten der Stadt. Immer voll mit einer Mischung aus Parisern und internationalen Gästen. Außergewöhnliche Weinkarte. Freundliches Personal.

BASTILLE Le Repaire de Cartouche
8, bd Filles du Calvaire, 75011 01 47 00 25 86 €€

Stadtplan 10 D2

Rodolphe Paquin steht vielleicht nicht so oft in der Presse wie andere Küchenchefs, doch sein zweistöckiges Restaurant im Landhausstil bietet ein super Preis-Leistungs-Verhältnis. Mittags gibt es günstige Angebote. Auch auf der Karte steht Verführerisches wie *lièvre à la royale* (Kaninchen in Weinsauce) oder »knuspriger Schweinekopf«.

BEAUBOURG UND LES HALLES Aux Tonneaux des Halles
28, rue Montorgueil, 75001 01 42 33 36 19 €

Stadtplan 9 A1

Authentisches Pariser Bistro: Aux Tonneaux des Halles gehört zu den letzten Überbleibseln seiner Art mit verzinktem Tresen und der wohl kleinsten Küche von Paris. Der Service lässt sich nicht hetzen – doch wen kümmert es, wenn das Essen schmeckt! Die Preise auf der Weinkarte sind erschwinglich.

BEAUBOURG UND LES HALLES Au Pied du Cochon
6, rue Coquillière, 75004 01 40 13 77 00 €€

Stadtplan 8 F1

Die restaurierte, farbenfrohe Brasserie war mal beim Jetset beliebt. Die Gäste kamen, um die Arbeiter in den alten Markthallen zu beobachten und Zwiebelsuppe zu essen. Das große Etablissement ist etwas touristisch, macht aber Spaß. Die Karte bietet für jeden etwas (z. B. exzellente Schaltiere). Guter Platz nach einer durchzechten Nacht.

BEAUBOURG UND LES HALLES Café Beaubourg
43, rue Saint-Merri, 75004 01 48 87 63 96 €€

Stadtplan 9 B2

Das elegante Café Beaubourg hat zeitgemäßes Dekor und bietet Aussicht auf den belebten Platz mit den Museen. Das Essen ist einfach, aber gut, wenn auch leicht überteuert. Es gibt eine Auswahl an Tatar-Gerichten, gegrilltes Fleisch und Fisch. Die Karte bietet sogar einen leichten, leckeren Thai-Salat.

BEAUBOURG UND LES HALLES Le Hangar
12, impasse Berthaud, 75003 01 42 74 55 44 €€

Stadtplan 9 B2

Jeder, der das kleine, bei den Einheimischen beliebte Juwel gleich beim Puppenmuseum gefunden hat, kommt wegen der einfachen, aber verführerischen Küche sicher wieder. Spezialitäten des Hauses sind gebratene *foie gras* an Olivenpüree und die flüssige Schoko-Torte. Unprätentiös, aber gut.

BEAUBOURG UND LES HALLES Le Tambour
41, rue Montmartre, 75002 01 42 33 06 90 €€

Stadtplan 9 A1

Eine Institution von Les Halles: Das mit schrulligen Paris-Memorabilien dekorierte Etablissement serviert Essen bis 3.30 Uhr (So, Mo nur bis 1 Uhr). Hier findet man die Pariser Nighthawks. Die späte Stunde hat übrigens keinerlei Einfluss auf die Qualität der Küche, die herzhaftes Bistro-Essen à la *steak-frites* bietet.

BEAUBOURG UND LES HALLES Chez la Vieille
1, rue de Bailleul, 75001 01 42 60 15 78 €€€

Stadtplan 8 F2

Auch in Paris werden die Portionen kleiner, doch in diesem altmodischen Bistro erhalten die Gäste genügend Nachschub an Pasteten, Salat und Desserts wie Mousse au Chocolat und hausgemachte Tartes. Die Hauptgerichte sind herzhaft, etwa Kutteleintopf oder *blanquette de veau* (Kalbfleisch in weißer Sauce).

Zeichenerklärung *siehe hintere Umschlagklappe*

BEAUBOURG UND LES HALLES Georges

€€€€

19, rue Beaubourg, 75004 01 44 78 47 99

Stadtplan 9 B2

Ganz oben im Centre Pompidou residiert das Georges mit wunderbarer Aussicht auf die Stadt. Das angesagte Restaurant serviert leichte Küche, etwa *millefeuille* von Krebsen und Pilzen. Minimalistisches Dekor mit viel Stahl und Aluminium.

CHAILLOT UND PORTE MAILLOT Chez Géraud

€€€

31, rue Vital, 75016 01 45 20 33 00

Stadtplan 5 B3

Der joviale Besitzer Géraud Rongier ist ein Anhänger der *cuisine du marché* – alles, was frisch auf dem Markt zu haben ist, kommt auf den Tisch, etwa Lammkeule am Bratspieß, *Sabodet*-Wurst in Rotweinsauce, Rochen mit Senf oder Hähnchenbrust in Portweinsauce. Das Wandbild wurde eigens für das Restaurant geschaffen.

CHAILLOT UND PORTE MAILLOT Goupil le Bistro

€€€

4, rue Claude Debussy, 75017 01 45 74 83 25

Stadtplan 1 C1

Das Bistro im Retro-Stil am Rand des Stadtzentrums hat eine treue Stammkundschaft. Die Gäste kommen wegen des perfekten Entrecôte oder wegen Gerichten wie Seeteufel mit Artischocken und Waldpilzen. Der junge Küchenchef beobachtet die Szene von seiner offenen Küche aus.

CHAILLOT UND PORTE MAILLOT La Plage

€€€

Port Javel, 75015 01 40 59 41 00

Stadtplan 5 B5

Das Lokal hat eine gute Lage: Man sieht auf die Freiheitsstatue auf der Île aux Cignes. Die französisch-mediterrane Küche ist ebenso gut wie die Aussicht. Auf der großen Terrasse isst man zu Mittag, sie eignet sich aber auch im Sommer für ein Candle-Light-Dinner. Das Innere ist ein Mix aus Holz und Pastellfarben. Bisweilen langsame Bedienung.

CHAILLOT UND PORTE MAILLOT Oum El Banine

€€€

16 bis, rue Dufrenoy, 75016 01 45 04 91 22

Stadtplan 5 A1

Die Besitzerin des kleinen marokkanischen Restaurants in dem schicken Wohnviertel hat die Kochkunst bei ihrer Mutter gelernt. Gute *harira* (dicke, delikat gewürzte Suppe), leckere Tagines, *pastilla* (eine Art Blätterteig-Tarte) und *brik* (dreieckige Pasteten). *Couscous* wird mit verschiedenen Sorten *ragoût* angeboten.

CHAILLOT UND PORTE MAILLOT Le Timgad

€€€€

21, rue Brunel, 75017 01 45 74 23 70

Stadtplan 1 C3

Da dies das bekannteste und eleganteste maghrebinische Restaurant der Stadt ist, sollte man entsprechend vorher reservieren. Auf der Speisekarte stehen verschiedene *briks*, Tagines und Couscous-Gerichte, aber auch gebratene Taube, *pastilla* oder *méchoui* (ganzes gegrilltes Lamm) – was man natürlich vorbestellen muss.

CHAILLOT UND PORTE MAILLOT Zébra Square

€€€€

3, pl Clément Ader, 75016 01 44 14 91 91

Stadtplan 5 B4

Das Restaurant ist Teil des Hotelkomplexes des Square, ein modernes Gebäude mit stilvollem, minimalistischem Dekor, aufgelockert durch hier und da verteilte Zebrastreifendrucke. Hochmodern sind auch die Speisen: Krebskuchen, Auberginen-Carpaccio und Lachstatar. Sonntags gibt es Brunch. Das Lokal ist bei Mode- und Medienleuten angesagt.

CHAMPS-ÉLYSÉES Granterroirs

€

30, rue Miromesnil, 75008 01 47 42 18 18

Stadtplan 2 B4

In dieser Ecke ist es etwas überraschend, auf dieses »Gewürz«-Lokal zu stoßen, das wie eine Landküche dekoriert ist und lange Holztische hat. Über 800 Produkte stehen auf den Regalen. Viele davon kann man im Salat oder auf einem Sandwich testen. Täglich wird ein warmes Gericht angeboten. *Geöffnet: nur mittags.*

CHAMPS-ÉLYSÉES La Fermette Marbeuf 1900

€€€

5, rue Marbeuf, 75008 01 53 23 08 00

Stadtplan 2 F5

Fantastische Belle-Époque-Mosaike, Kacheln und Schmiedeeisen kann man in diesem Champs-Élysées-Bistro bewundern. Daneben bietet La Fermette Marbeuf auch gutes Essen im Bistro-Stil sowie empfehlenswerte Menüs zusammen mit einer guten Weinauswahl (*appellations contrôlées*).

CHAMPS-ÉLYSÉES Le Bœuf sur le Toit

€€€

34, rue du Colisée, 75008 01 53 93 65 55

Stadtplan 3 A4

Die Art-déco-Brasserie ist Teil der Flo-Gruppe, die verschiedene historische Bistros in Paris betreibt. Le Bœuf gehört für die Gegend um die Champs-Élysées zu den besseren. Neben dem klassischen *steak-frites*, Seezunge *meunière* und Seafood-Platten gibt es Exotischeres wie Kokosnuss-Mango-Suppe und *millefeuille* von der Ananas.

CHAMPS-ÉLYSÉES Savy

€€€

23, rue Bayard, 75008 01 47 23 46 98

Stadtplan 2 F1

Das Art-déco-Restaurant von 1923 mit Sitznischen im vorderen Teil widmet sich der herzhaften Küche aus dem Aveyron in Zentralfrankreich. Empfehlenswert: das marmorierte Rindfleisch oder die Lammschulter für zwei, serviert mit schnürsenkeldünnen *frites* – dazu einen exzellenten Wein, vielleicht einen Mercury aus Burgund.

CHAMPS-ÉLYSÉES La Païva

€€€€

25, av des Champs-Élysées, 75008 01 53 53 25 25

Stadtplan 3 A5

Das schicke Restaurant im Hôtel Païva (in einem der schönsten Häuser der Champs-Élysées) wurde von Jacques Garcia im Stil eines Boudoir (19. Jh.) eingerichtet. Die Hauptgerichte sind herzhaft, etwa das Lamm im Kräutermantel. Lecker ist der Zitronen-Meringue-Kuchen. Snacks werden den ganzen Tag über serviert.

Stadtplan Paris *siehe Seiten 154–169*

CHAMPS-ÉLYSÉES Sens   P ▤   €€€€
23, rue Ponthieu, 75008   01 42 25 95 00   **Stadtplan 3 A5**

Das neue Konzept-Restaurant, ganz in Hellgrau und Silber, setzt perfektes Licht-Design ein, um ein urbanes Flair zu erzeugen, das die Trendsetter in Scharen anzieht. Baumstämme aus Plastik peppen das Mezzanin auf. Die Speisekarte bietet asiatisch beeinflusste Gerichte wie Hühnchen mit Zitronengras und Kastanienpüree.

CHAMPS-ÉLYSÉES Lasserre   T   €€€€€
17, av Franklin Roosevelt, 75008   01 43 59 02 13   **Stadtplan 7 A1**

Das für die Weltausstellung von 1937 erbaute Sterne-Restaurant imitiert das Innere eines Luxusliners. Hier verkehrten einst Chagall und Dalí. Im opulenten Dekor gibt es exquisite Weine und raffinierte Gerichte von Küchenchef Jean-Louis Nomicos. Sie sind von Rezepten aus dem 19. Jahrhundert beeinflusst, etwa Makkaroni mit schwarzen Trüffeln.

CHAMPS-ÉLYSÉES Le Cinq   P ▤ ⴟ ▥ T T   €€€€€
31 av George V, 75008   01 49 52 70 00   **Stadtplan 2 E5**

Bei einem Anfall von Protzsucht sollten Sie dieses Restaurant aufsuchen. Die handwerklich einmaligen Gerichte sind zugleich zeitlos gut. Manchmal finden sich Zutaten wie Wasabi und Harissa. Das Mittagsmenü zum Festpreis von 85 Euro ist ein Schnäppchen.

CHAMPS-ÉLYSÉES Pavillon Ledoyen   P ⴟ ▤ ▥ T   €€€€€
1, av Dutuit, 75008   01 53 05 10 01   **Stadtplan 7 B1**

Die Küche im Pavillon Ledoyen ist erlesen: Steinbutt an Kartoffelpüree mit getrüffelter Butter oder *millefeuille de Krampouz croustillante avec crème de citron*. Der Speisesaal ist eine Kopie eines Grillrestaurants von 1950. Schön ist auch ein Platz auf der Terrasse.

ÎLE DE LA CITÉ UND ÎLE SAINT-LOUIS Isami   ▤   €€€
4, quai Orléans, 75004   01 40 46 06 97   **Stadtplan 9 C4**

Wenn Sie durch die Tür des kleinen Restaurants kommen, werden Sie als Erstes gewarnt, dass nur »roher Fisch« serviert wird. Das Lokal ist bei hier ansässigen Japanern beliebt, aber auch bei einheimischen Sushi-Fans – denn es bietet das wohl beste Sushi in ganz Paris. Auf den Sideboards steht japanisches Geschirr. Ruhiges Ambiente.

ÎLE DE LA CITÉ UND ÎLE SAINT-LOUIS Mon Vieil Ami   ⴟ   €€€
69, rue St-Louis-en-l'Île, 75004   01 40 46 01 35   **Stadtplan 9 B4**

Der Elsässer Starkoch Antoine Westermann betreibt dieses moderne Bistro mit Steinwänden, mattierten Glastrennwänden und einem langen Tisch auf einer Seite. Gemüse vom Gemüseanbauer Joël Thiébault wird hier zu kreativen Gerichten verarbeitet. Manchmal haben sie einen nordafrikanischen Einschlag.

INVALIDES UND EIFFELTURM La Villa Corse   ⴟ ▤ ▥ ▯   €€
164, bd de Grenelle, 75015   01 53 86 70 81   **Stadtplan 6 E5**

La Villa Corse liegt in schöner Umgebung und gehört zu den besten Restaurants der Stadt in Bezug auf frisch zubereitete, herzhafte korsisch-mediterrane Küche. Auf der Speisekarte stehen Wildschweinragout, Kalbfleisch mit Oliven, Brocciu-Käse und Kastanienbrot, eine Spezialität aus Bonifacio. Gute Auswahl an korsischen Weinen.

INVALIDES UND EIFFELTURM Le Troquet   P ⴟ ▥   €€
21, rue François Bonvin, 75015   01 45 66 89 00

Das Juwel von einem Lokal liegt in einem Wohnviertel, von wo aus man den Eiffelturm sieht. Einheimische kommen gern hierher – wegen der freundlichen Atmosphäre und der fantastischen Gerichte des baskischen Küchenchefs Christian Etchebest. Im Retro-Speisesaal sind die Tagesgerichte auf einer Tafel zu lesen.

INVALIDES UND EIFFELTURM Au Bon Accueil   ⴟ ▥   €€€
14, rue Monttessuy, 75007   01 47 05 46 11   **Stadtplan 6 E2**

Au Bon Accueil sieht von außen wie ein Bistro mit Terrasse und Blick auf den Eiffelturm aus, doch innen ist es aufgrund der Qualität des Essens und des schicken Dekors eher ein Haute-Cuisine-Restaurant. Wenn Sie nicht so viel Geld ausgeben wollen, sollten Sie die extrem günstigen Tagesmenüs (mittags und abends) testen.

INVALIDES UND EIFFELTURM L'Arpège   ⴟ ▤   €€€€€
84, rue de Varenne, 75007   01 47 05 09 06   **Stadtplan 7 B3**

Alain Passards Drei-Sterne-Restaurant beim Musée Rodin gehört zu den renommiertesten in Paris. Es hat ein imposantes Dekor aus hellem Holz, sehr junges Personal und exzellentes Essen. Klassiker sind Lende vom Lozère-Lamm mit Menton-Zitrone und Koriander oder Gnocchi d'Alice (mit Salbei). Lecker: Apfel-Tarte.

INVALIDES UND EIFFELTURM Le Jules Verne   ⴟ ▤ ▥ ▯   €€€€€
2. Plattform des Eiffelturms, 75007   01 45 55 61 44   **Stadtplan 6 D3**

Dies ist keine Touristenfalle: Reservierungen im auf der zweiten Plattform des Eiffelturms gelegenen Jules Verne sind wahnsinnig schwer zu bekommen. Das unprätentiöse, komplett schwarze Dekor passt sehr gut zum Turm, das Essen ist ein Genuss (falls man ins Lokal kommt).

JARDIN DES PLANTES Marty Restaurant   P ⴟ ⴞ ▥   €€€
20, av des Gobelins, 75005   01 43 31 39 51   **Stadtplan 13 B3**

Das Marty wurde 1913 von E. Marty gegründet und ist noch immer in Familienhand. Der Art-déco-Stil ist original, doch die Küche stiehlt dem Dekor die Schau. Die Speisekarte listet Herzhaftes auf, etwa Entenbraten oder Kaninchen-Kasserolle. Es gibt auch saisonale Speisen wie Gazpacho. Die *crème brûlée* ist vorzüglich.

Preiskategorien *siehe S. 600* **Zeichenerklärung** *siehe hintere Umschlagklappe*

MARAIS Chez Hannah

54, rue des Rosiers, 75004 **01 42 74 74 99**

€

Stadtplan 9 C3

Das As du Falafel ist zwar bekannter, doch Chez Hannah bietet Falafel-Sandwiches, die es mit jedem der jüdischen Delikatessenläden in der Rue des Rosiers aufnehmen können. Sie enthalten die Kichererbsenbällchen, Tahine, Auberginen und Chili. Man kann sie im Speiseraum essen oder einfach auf der Straße. Ein Renner des Viertels.

MARAIS Bistrot de L'Oulette

38, rue des Tournelles, 75004 **01 42 71 43 33**

€€

Stadtplan 10 E3

Winziges Restaurant mit gutem Essen zu vernünftigen Preisen. Dies gilt vor allem für das Tagesmenü. Die südwestfranzösisch inspirierte Küche bietet etwa Kaninchen-*confit*, Ochsenschwanz, Birnen in Madeira und Cassis und wohlschmeckendes, hausgemachtes Kastanienbrot.

MARAIS Chez Jenny

39, bd du Temple, 75003 **01 44 54 39 00**

€€

Stadtplan 10 D1

Die große Brasserie an der Place de la République ist seit über 60 Jahren eine Bastion der traditionellen Elsässer Küche. Das *choucroute* (Sauerkraut) *spéciale Jenny* ist herzhaft. Danach nimmt man ein Sorbet mit Fruchtlikör. Hier bedienen traditionell gekleidete Ober.

MARAIS Le 404

69, rue des Gravilliers, 75003 **01 42 74 57 81**

€€

Stadtplan 9 B1

In dem nordafrikanischen Restaurant mit niedrigen Tischen und Sitzkissen (im Mezzanin kann man auch normal sitzen) ist jeden Abend Party. Je später, je voller – und am Ende der Nacht ist der Bär los. Das Lokal serviert gutes Essen: Testen Sie die Tagines, etwa die Entenversion mit Äpfeln und Zimt.

MARAIS Le Colimaçon

44, rue Vieille du Temple, 75004 **01 48 87 12 01**

€€

Stadtplan 9 C3

Le Colimaçon (»Schnecke«) bezieht sich auf das Zentrum des Lokals: eine steile Wendeltreppe. Das denkmalgeschützte Haus stammt von 1732 und hat eine Holzbalkendecke. Auf der Speisekarte stehen auch Schnecken – zusammen mit Froschschenkeln in Petersilien-Tomaten-Sauce und *blanquette* (Kalbfleischragout), die Spezialität des Hauses.

MARAIS Les Philosophes

28, rue Vieille du Temple, 75003 **01 48 87 49 64**

€€

Stadtplan 9 C3

Unter den vielen Cafés von Xavier Denamur in dieser Straße ist das Les Philosophes wegen seiner überdurchschnittlichen Bistro-Kost am beliebtesten. Das *steak-frites* ist genauso, wie es sein sollte. Die *tarte tatin* aus Tomaten gehört zu den Spezialitäten. Terrasse, auf der man gut Leute beobachten kann. Beenden Sie Ihr Mahl mit Espresso-Torte.

MARAIS Le Gaigne

12, rue Pecquay, 75004 **01 44 59 86 72**

€€€

Stadtplan 9 C2

Bevor Küchenchef Mickaël Gaignon diesen elfenbein- und pflaumenfarbenen Speisetempel mit Lebensmittelbildern an den Wänden eröffnete, hat er ein langes Haute-Cuisine-Training durchlaufen. Seine kreative Küche wird durch höchste Produktqualität geprägt. Himmlisch: zitroniges Jakobsmuschel-Tatar mit rotem Chicorée.

MARAIS L'Ambroisie

9, pl des Vosges, 75004 **01 42 78 51 45**

€€€€€

Stadtplan 10 D3

Das ehemalige, von Küchenchef Bernard Pacaud restaurierte Schmuckgeschäft gehört zu der Handvoll Pariser Restaurants mit drei Michelin-Sternen. Köstlichst: Langusten-*feuillantine* mit Sesam oder Kalbsschnitzel mit Minze-Artischocken. Reservierungen mindestens einen Monat im Voraus.

MONTMARTRE Amour

8, rue de Navarin, 75009 **01 48 78 31 80**

€

Stadtplan 4 F2

Günstige Gerichte in einem etwas altmodisch eingerichteten Lokal mitten im 9. Arrondissement bietet das Amour. Neben französischen Speisen ist auch die britische Küche gut vertreten. Letztere umfasst u.a. Käsemakkaroni, Fish and Chips und Burger. Bei gutem Wetter isst man im Innenhof.

MONTMARTRE Au Grain de Folie

24, rue la Vieuville, 75018 **01 42 58 15 57**

€

Stadtplan 4 F1

In Paris gibt es nur wenige vegetarische Restaurants – in diesem kann man sich wohlfühlen. Die Hauptgerichte bestehen aus Salaten mit einer interessanten Kombination von Gemüse und Körnern (Bio-Produkte). Lassen Sie noch etwas Platz übrig für den hochgelobten Apfelstreuselkuchen des Au Grain de Folie.

MONTMARTRE La Famille

41, rue des Trois Frères, 75009 **01 42 52 11 12**

€€

Stadtplan 4 F1

La Famille bietet eine große Vielfalt an Speisen. Was Sie auch nehmen – die klassischen Gerichte sind hier genauso lecker wie die kreative Küche. Eine sehr gute Wahl ist der marinierte Lachs in Thymian- und Rosmarinkruste. Auffallend ist das minimalistische Dekor des Restaurants.

MONTMARTRE Le Ch'ti Catalan

4, rue Navarin, 75009 **01 44 63 04 33**

€€

Stadtplan 4 F2

Zwei Freunde, einer aus Nordfrankreich, der andere aus Nordspanien, betreiben das ockerfarbene Restaurant bei der Place Pigalle. Die Zutaten aus beiden Regionen treffen sich in Gerichten wie gratinierter Endiviensalat mit Manchego. Der freundliche, englischsprachige Mitbesitzer erklärt gern die Speisekarte.

Stadtplan Paris *siehe Seiten 154–169*

MONTMARTRE Le Wepler
14, pl de Clichy, 75018 📞 01 45 22 53 24 · *Stadtplan* 6 D1

Die Brasserie im Retro-Stil von 1892 ist auch noch spätnachts geöffnet. Ein geeigneter Ort für einen Nachmittagstee, einen Drink am frühen Abend und für Abendessen vor oder nach den Shows am Montmartre. Le Wepler serviert riesige Seafood-Platten, Sauerkraut-Gerichte, *andouillette* (Wurst aus Innereien) und *confit de canard* (Enten-*confit*).

MONTPARNASSE Port Manech
52, rue du Montparnasse, 75014 📞 01 43 21 96 98 · *Stadtplan* 12 D2

Port Manech ist ein Stück Bretagne in Paris. Versuchen Sie die leckeren Crêpes, etwa provenzalischer Art (mit Pilzen und Schneckenbutter). Das passende Getränk hierzu ist Cidre. Es gibt darüber hinaus eine große Auswahl an flambierten Nachspeisen.

MONTPARNASSE La Régalade
49, av Jean Moulin, 75014 📞 01 45 45 68 58 · *Stadtplan* 11 C5

In dem traditionellen Bistro bekommt man Gourmet-Gerichte zu fairen Preisen. Sehr gut sind etwa die Kasserolle von Enten-*foie-gras* oder gebratener Kabeljau mit Lauch-Vinaigrette. Die Spezialität des Hauses ist das Soufflé Grand Marnier. Die Speisekarte basiert auf der *cuisine du marché* (Verwendung marktfrischer Produkte). Reservierung erforderlich.

MONTPARNASSE Le Timbre
3, rue Sainte-Beuve, 75006 📞 01 45 49 10 40 · *Stadtplan* 12 D1

Chris Wright aus Manchester führt dieses absolut winzige Bistro mit offener Küche nahe dem Jardin du Luxembourg. Seine Angebote auf der Tafel sind jedoch strikt französisch mit modernen Anklängen wie Linsensalat mit Schweinsbäckchen oder Seebrasse mit Oliven. Nur der Käseteller mit britischem Käse trägt seiner Herkunft Rechnung.

MONTPARNASSE La Cagouille
10–12, pl Constantin Brancusi, 75014 📞 01 43 22 09 01 · *Stadtplan* 11 C3

Das große Lokal an der neu gestalteten Place Brancusi in Montparnasse gehört zu den besten Pariser Seafood-Restaurants. Fisch wird mit verschiedenen Saucen oder Beilagen serviert. Außergewöhnliche, saisonale Spezialitäten sind u. a. schwarze Kammmuscheln und *vendangeurs* (winzige Seebarben).

MONTPARNASSE La Coupole
102, bd du Montparnasse, 75014 📞 01 43 20 14 20 · *Stadtplan* 12 D2

Die berühmte Brasserie ist schon seit 1927 der Hangout von Modeleuten, Künstlern und Intellektuellen. Sie steht unter der gleichen Leitung wie die Brasserie Flo und weist eine ähnliche Speisekarte auf: Schaltiere, Räucherlachs und gute Desserts. Eine der Spezialitäten von La Coupole ist das Lamm-Curry. *Geöffnet: Frühstück bis 2 Uhr.*

MONTPARNASSE Restaurant l'Assiette
181, rue du Château, 75014 📞 01 43 22 64 86 · *Stadtplan* 11 C4

Das Bistro für Insider wurde lange vom Zigarrenraucher Lulu geführt und von sozialistischen Politikern frequentiert. 2008 wurde es von David Rathgeber, einem Schüler von Alain Ducasse, übernommen. Es gibt Bistro-Klassiker wie marinierte Heringe mit lauwarmem Kartoffelsalat und Crème Caramel. Hangout junger »Berühmtheiten«.

OPÉRA Chartier
7, rue du Faubourg-Montmartre, 75009 📞 01 47 70 86 29 · *Stadtplan* 4 F4

Trotz des originalen Dekors von 1900 ist das Chartier ein preiswertes Lokal und bedient viele Studenten und Besucher. Auch einige alte *habitués* (Stammgäste) kommen immer wieder auf die »Basics« hier zurück (Eier mit Mayonnaise, Hausmacher-Pastete, Brathühnchen und Pfeffersteak). Die Ober sind sehr beschäftigt – dies ist ein »Schnellrestaurant«.

OPÉRA La Bourse ou la Vie
12, rue Vivienne, 75002 📞 01 42 60 08 83 · *Stadtplan* 10 F5

Sie suchen die besten *steak-frites* in Paris? In diesem Restaurant mit dem rot-gelben Dekor der 1940erJahre nahe der Börse könnten Sie fündig werden. Das ganze Geheimnis ist die Top-Fleischqualität und das tierische Fett für die Zubereitung der *frites*. Bestellen Sie am besten mit hauseigener Pfeffersauce. Als Soundtrack laufen hier Chansons.

OPÉRA Willi's Wine Bar
13, rue des Petits-Champs, 75001 📞 01 42 61 05 09 · *Stadtplan* 8 F1

Alte Weinplakate bedecken die Wände der Weinbar, die eine riesige Auswahl an Jahrgangsweinen im hauseigenen Keller liegen hat. Die Speisekarte enthält Gerichte wie Zwiebel-Tarte mit Salat, Rinderfrikassee mit sautiertem Chicorée in Rosmarinsauce und »Willi's Ancestral«, eine Terrine von Bitterschokolade.

OPÉRA La Vaudeville
29, rue Vivienne, 75002 📞 01 40 20 04 62 · *Stadtplan* 4 F5

Eine der sieben Brasserien im Besitz des »Brasserie-Königs« Jean-Paul Bucher. Gute Meeresfrüchte, der berühmte Bucher-Räucherlachs, viele Seafood-Gerichte, aber ebenso Standards wie Schweinshaxe und *andouillette* (Wurst aus Innereien). Schnelle, freundliche Bedienung. Achtung: recht laut.

OPÉRA Un Jour à Peyrassol
13, rue Vivienne, 75002 📞 01 42 60 12 92 · *Stadtplan* 10 F5

Die Commanderie de Peyrassol, eines der besten Weingüter der Provence, betreibt dieses Restaurant, das Trüffeln, provenzalischem Wein und anderen Produkten der Region gewidmet ist. Die beiden Speiseräume in einer Mischung aus rustikal-modern haben Flair. Verstärkt wird dies durch das Aroma von Gerichten wie Rührei mit Trüffeln.

Preiskategorien *siehe S. 600* **Zeichenerklärung** *siehe hintere Umschlagklappe*

OPÉRA Drouant
`P` `☰` `🔁` `T` `Y` €€€€

16–18, pl Gaillon, 75002 ☎ *01 42 65 15 16* **Stadtplan 4 E5**

Die einstige Elsässer Brasserie von 1880 ist nun ein modernes Restaurant, geführt von Antoine Westermann (ihm gehört auch das Bistro Mon Vieil Ami, *siehe S. 602*). Man sollte wegen seiner generösen Horsd'œuvres, die den Tisch mit kleinen Schüsseln und Platten bedecken, à la carte bestellen. Im Obergeschoss gibt es Räume für Gruppen.

OPÉRA La Fontaine Gaillon
`P` `☆` `🔁` `☰` `Y` €€€€

1, rue de la Michodière, 75002 ☎ *01 47 42 63 22* **Stadtplan 4 E5**

La Fontaine Gaillon liegt in einem Gebäude aus dem 17. Jahrhundert, Mitbesitzer ist Schauspieler Gérard Depardieu. Das Menü wechselt täglich. Es gibt etwa *confit de canard* oder Lammkoteletts und Erdbeeren in Anjou-Wein. Die Einrichtung ist komfortabel. Gute Weinkarte.

QUARTIER LATIN Le Grenier de Notre-Dame
`P` `☆` `&` `🔁` `Y` €

18, rue de la Bûcherie, 75005 ☎ *01 43 29 98 29* **Stadtplan 9 A4**

Le Grenier de Notre-Dame wurde 1970 eröffnet und strahlt immer noch Hippie-Atmosphäre aus. Zubereitet werden Gerichte aus ökologischen Zutaten, etwa Fischgratin, vegetarische Kasserolle oder panierte vegetarische Schnitzel. Gute Auswahl an preisgünstigen Weinen, darunter edle Bordeaux-Weine.

QUARTIER LATIN Perraudin
`☆` €

157, rue St-Jacques, 75005 ☎ *01 46 33 15 75* **Stadtplan 12 F1**

Rot-weiße Tischdecken, verzinkter Tresen und die Küche – alles im Perraudin erinnert an ein Bistro von 1900. Auf der Karte stehen Magenfüller wie Lammkarree und *frites*, Rindfleisch-Carpaccio mit Parmesan und cremiger *riz au lait*. Reservierungen gibt es nur abends von 19 bis 20 Uhr – oder man wartet an der Bar (Tische leeren sich schnell.)

QUARTIER LATIN Le Balzar
`☆` `🔁` €€

49, rue des Écoles, 75005 ☎ *01 43 54 13 67* **Stadtplan 9 A5**

Le Balzar bietet gute Brasserie-Gerichte – was aber den Charme des Lokals ausmacht, ist die Rive-Gauche-Atmosphäre. Die traditionell gekleideten Ober bahnen sich ihren Weg durch die Menge und bedienen wahrlich »express«. Typisches Brasserie-Dekor mit großen Spiegeln und bequemen Lederstühlen.

QUARTIER LATIN Le Petit Pontoise
`☆` `☰` `🔁` `Y` €€

9, rue Pontoise, 75005 ☎ *01 43 29 25 20* **Stadtplan 9 B5**

Ein beliebtes Nachbarschafts-Lokal, in dem Kräuter und Gewürze innovativ eingesetzt werden. Ihr Menü könnte aus folgenden Gängen bestehen: *foie gras* mit Feigen, gefolgt von Wolfsbarsch mit Vanille und schließlich in Ingwer gebratene Ananas. Reservierung empfehlenswert.

QUARTIER LATIN Le Pré Verre
`☆` `Y` €€

19, rue du Sommerard, 75005 ☎ *01 43 54 59 47* **Stadtplan 9 A5**

Die Brüder Marc und Philippe Delacourcelle führen dieses Bistro, dessen Küche ausgiebig von asiatischen Zutaten Gebrauch macht. Eine Spezialität des Hauses ist Stockfisch mit Zimtrinde, serviert mit geräuchertem Kartoffelpüree. Weine aus allen Regionen. Immer gut gefüllter Speisesaal.

QUARTIER LATIN La Tour d'Argent
`P` `☆` `☰` `&` `T` `Y` €€€€€

15–17, quai de la Tournelle, 75005 ☎ *01 43 54 23 31* **Stadtplan 9 B5**

Das scheinbar »ewige« La Tour wurde 1582 gegründet und lag damals in einem Steinturm. Die jungen Köche, die Besitzer Claude Terrail engagiert hat, haben das klassische Menü etwas »verjüngt«. Doch sonst ist das luxuriöse Panorama-Lokal mit einem der besten Weinkeller gleich geblieben. Die Bar im Erdgeschoss ist auch eine Art Gastro-Museum.

SAINT-GERMAIN-DES-PRÉS Chez les Filles
€

64, rue du Cherche-Midi, 75006 ☎ *01 45 48 61 54* **Stadtplan 7 C5**

Zwei marokkanische Schwestern leiten das kleine Restaurant, das auch für einen exotischen Nachmittagstee ideal ist. Auf der Mittagskarte stehen u. a. Tagines, Salate und Couscous. Nachmittags gibt es Gebäck und Minztee. Das Interieur weist viel Schmiedeeisen auf, überall gibt es Kelims. *Geschlossen: So.*

SAINT-GERMAIN-DES-PRÉS La Crèmerie
`☆` `Y` €

9, rue des Quatre-Vents, 75006 ☎ *01 43 54 99 30* **Stadtplan 8 E4**

In dem einstigen Milchladen von 1880 gibt es seit den 1950er Jahren eine Weinbar. Die derzeitigen Besitzer, ein Architektenpaar, hat sich auf Bio-Weine spezialisiert, die mit Brot und Butter aus der Bretagne, spanischem Schinken, Ardèche-Würsten und Burrata-Käse aus dem italienischen Puglia serviert werden.

SAINT-GERMAIN-DES-PRÉS J'Go
`☆` `🔁` `☰` `Y` €€

Rue Clément, 75006 ☎ *01 43 26 19 02* **Stadtplan 8 E4**

Die Toulouser Weinbar ist zugleich eine Rôtisserie, die Quercy-Lamm, ganze Brathähnchen und Gerichte von Schwarzfußschweinen aus Bigorre serviert. Das Tagegericht – mit Pâté, großem Salat und köstlichem Lammfleisch mit weißen Bohnen – ist preiswert. Es gibt auch Tapas. Der Wein ist ausgezeichnet.

SAINT-GERMAIN-DES-PRÉS L'Épigramme
`☆` `🔁` €€

9, rue de l'Éperon, 75006 ☎ *01 44 41 00 09* **Stadtplan 8 F4**

Terrakottafliesen, Holzbalken und Fenster zum schattigen Innenhof – L'Épigramme verstrahlt den Charme der Rive Gauche. Die verglaste Küche produziert modernes Bistro-Essen, etwa baskischen Bauernschinken auf einem Bett aus weißen Rübchen. Saisonale Wildgerichte. Tadelloser Service.

Stadtplan Paris *siehe Seiten 154–169*

SAINT-GERMAIN-DES-PRÉS Polidor
🍽 🕍 ♿ €€

41, rue Monsieur le Prince, 75006 📞 01 43 26 95 34 **Stadtplan 8 F5**

In dieser Inkarnation des Boheme-Lebens verkehrten einst Verlaine und Rimbaud. Das Lokal hat immer noch einen guten Ruf und hält sich strikt an französische Klassiker zu vernünftigen Preisen: Steak, *daube de bœuf* (provenzalischer Rinderbraten), Kalbfleisch Marengo (mit Tomaten geschmortes Kalbfleisch) und diverse Tartes zum Dessert.

SAINT-GERMAIN-DES-PRÉS Joséphine Chez Dumonet
🍴 🍷 €€€

117, rue du Cherche-Midi, 75006 📞 01 45 48 52 40 **Stadtplan 11 C1**

Altmodische Bistros wie vor dem Zweiten Weltkrieg sind in Paris nur noch selten zu finden – das erklärt die Beliebtheit von Joséphine. Als Vorspeise empfehlen sich die marinierten Heringe, bevor man das Steak tartare oder aber ein leckeres Cassoulet genießt. Die Desserts sind Riesenportionen. Ausgiebige, allerdings teure Weinkarte.

SAINT-GERMAIN-DES-PRÉS Procope
🍷 €€€

13, rue de l'Ancienne Comédie, 75006 📞 01 40 46 79 00 **Stadtplan 8 F4**

Das älteste Pariser Café (1686) hat viele Literaten, Philosophen und Politiker gesehen, darunter Voltaire und Diderot. Auch heute noch zieht es die Intellektuellen an, die zusammen mit neugierigen Besuchern im historischen Ambiente sitzen. Spezialität des Hauses ist *coq au vin*. Es gibt aber auch z. B. Meeresfrüchte-Platten.

TUILERIES Le Fumoir
🕍 ▤ 🍴 €€

6, rue de l'Amiral Coligny, 75001 📞 01 42 92 00 24 **Stadtplan 4 F2**

Tagsüber ein Café und nachts eine ziemlich heiße Restaurant-Bar. Das Le Fumoir serviert bemerkenswert gutes Essen mit skandinavischem Einschlag, der sich oft in Beilagen wie Preiselbeeren oder Meerrettich zeigt. Gute Cocktails. Im Hinterzimmer gibt es eine Bibliothek mit großen Ledersesseln.

TUILERIES Café Marly
🕍 ▤ 🍴 €€€

93, rue de Rivoli, 75001 📞 01 49 26 06 60 **Stadtplan 8 E2**

Das Restaurant befindet sich in einem Flügel des Louvre und ist eine gute Wahl, wenn Ihnen nach einer Besichtigung des Museums so richtig der Magen knurrt. Ob Salat und Burger, moderne französische Küche oder Kaffee und Kuchen – den besten Blick hat man von der Terrasse.

TUILERIES Le Grand Véfour
🅿 🕍 ▤ ♿ 🍴 🍷 €€€€€

17, rue de Beaujolais, 75001 📞 01 42 96 56 27 **Stadtplan 12 F1**

Eines der besten Pariser Restaurants (bereits seit dem 18. Jh.). Küchenchef Guy Martin setzt die Tradition fort und besitzt seinen zweiten Michelin-Stern zu Recht – mit Kreationen wie Ravioli von *foie gras* mit Trüffelsauce oder Haselnüsse und Schokolade mit Karamelleis und Meersalz.

Île de France

BARBIZON Hôtellerie du Bas-bréau
🅿 🕍 ▤ ♿ 🍴 🍷 €€€€€

20, rue grande, 77630 📞 01 60 66 40 05

Der Autor Robert Louis Stevenson war seinerzeit in dem renommierten Hotelrestaurant zu Gast. Geboten wird eine Speisekarte mit Klassikern und eine umfangreiche Weinkarte. Unter den hochgelobten Gerichten finden sich u. a. Seezunge mit Kaviar, Wildschwein und saisonale Wildgerichte sowie – als Dessert – Soufflé Grand Marnier.

BOULOGNE-BILLANCOURT Boulogne sur Mer
🕍 ♿ 🍴 €€€

11 bis, av Jean-Baptiste-Clément, 92100 📞 01 46 04 12 87

Das Restaurant mit nur sieben Tischen gehört zu einem Fischladen gleichen Namens. Hier kommt nur frischestes Seafood auf den Tisch. Holzböden, weiße Tischdecken und Fenster mit Aussicht tragen zur freundlichen Atmosphäre bei. Hier kann man verschiedene Austern kosten, eine Seafood-Platte oder auch Seezunge *meunière*.

DAMPIERRE Auberge Saint-Pierre
♿ 🍷 €€

1, rue de Chevreuse, 78720 📞 01 30 52 53 53

Das Fachwerkgebäude gegenüber dem grandiosen Château de Dampierre besitzt einen rustikalen, gemütlichen Speiseraum. Die Gourmet-Karte bietet Delikates wie Kartoffel-Tatar mit *foie gras*, Kammmuschel-Salat mit weißem Rettich, Wachteln mit Linsenfüllung oder Hühnerschlegel mit Gänseleberfüllung.

FONTAINEBLEAU Le Caveau des Ducs
🕍 🍴 🍷 €€€

24, rue de Ferrare, 77300 📞 01 64 22 05 05

Das Restaurant beim Château de Fontainebleau besitzt eine schön gestaltete Treppe zum Keller (17. Jh.) mit dem Speisesaal. Es ist mit Wandteppichen und Lüstern ausgestattet. Klassische Küche, etwa Schnecken in Blätterteig. Gutes, preisgünstiges Mittagsmenü mit einem Glas Wein.

ISSY-LES-MOULINEAUX Les Symples de l'Os à Moelle
🕍 €€

18, av de la République, 92130 📞 01 41 08 02 52

Das Restaurant kopiert das Erfolgsrezept des La Cave de l'Os à Moelle, einem Anbau des Gourmet-Tempels L'Os à Moelle im 15. Pariser Arrondissement. Man sitzt an langen Tischen und bedient sich selbst mit Pâtés, Suppen und Salaten, auf die ein herzhafter Hauptgang sowie Käse- und Dessertbüfetts folgen ... alles für nur 25 Euro.

Preiskategorien *siehe S. 600* **Zeichenerklärung** *siehe hintere Umschlagklappe*

LE-PERREUX-SUR-MARNE Les Magnolias

⊟ ⃞ ⃞ €€€€

48, av de Bry, 94170 🄲 *01 48 72 47 43*

Nachdem der junge Küchenchef Jean Chauvel in diversen Haute-Cuisine-Restaurants gelernt hatte, eröffnete er sein Restaurant für »wilde« Küche in der kaum bekannten Pariser Vorstadt. Das Wagnis hat sich gelohnt: Gourmets kommen von weit her, um seine grafisch präsentierten Gerichte, jedes mit witziger Beschreibung, zu genießen.

MAISONS-LAFFITTE Les Jardins de la Vieille Fontaine

⃞ €€€

8, av Grétry, 78600 🄲 *01 39 62 01 78*

Das schöne weiße Herrenhaus liegt hübsch in der Nähe des Parks von Maisons-Laffitte. Hier gibt es unprätentiöse, saisonale Gastro-Küche. Die delikaten Speisen sind hübsch angerichtet, etwa *millefeuille* von Ziegenkäse mit Auberginen oder Kabeljau in Zimt-Zitronengras-Sauce. Unwiderstehliche Desserts. Vernünftige Weinpreise.

NEUILLY-SUR-SEINE Le Zinc Zinc

⃞ €€

209 ter, av du Général-de-Gaulle, 92200 🄲 *01 40 88 36 06*

Le Zinc Zinc hat das Bistro für das 21. Jahrhundert erfunden. Es gibt Frühstück, Mittagessen, Tapas und Abendessen mit einer großen Auswahl an unterschiedlichen Gerichten. Man sitzt am Tresen für ein einfaches *steak-frites* oder spanischen Schinken – oder aber man genießt im bordeaux- und cremefarbenen Speiseraum ein Drei-Gänge-Menü.

PROVINS Aux Vieux Remparts

⃞ ⃞ €€€

3, rue Couverte, 77160 🄲 *01 64 08 94 00*

Das Fachwerkgebäude im mittelalterlichen Teil der Stadt umfasst ein Hotel und zwei Restaurants. Das Petite Écu bietet traditionelle Gerichte, während das Aux Vieux Remparts feinere Speisen serviert, etwa Gambas mit Auberginenkaviar, Carpaccio von Seeteufel und Schokoladen-Tarte.

RAMBOUILLET Le Cheval Rouge

⊟ €

78, rue du Général de Gaulle, 78120 🄲 *01 30 88 80 61*

Das kleine Restaurant in der Nähe des Schlosses wird von einem gut gelaunten Koch geleitet. Seine Spezialitäten sind u. a. Terrine von roten Zwiebeln, Steak mit fünf Pfefferarten, Fasanen-*confit* mit Chicorée und gefüllte Wachtel *à la champenoise*. Mittags gibt es ein köstliches Büfett. Einige Tische stehen im Wintergarten.

RUEIL-MALMAISON Relais de St-Cucufa

⃞ ⃞ ⃞ €€€

114, rue Général-de-Miribel, 92500 🄲 *01 47 49 79 05*

Hier präsentiert der Koch Menus aus bretonischen und italienischen Einflüssen. Auf der Karte finden sich Morchelsuppe mit pochiertem Ei, Salat aus Hummer, Grapefruit und Avocado, Meeresfrüchte-Grillteller, Rinderfilet und Lammbraten. Genießen Sie das Mittagessen im Garten oder das Abendessen vor dem Kamin. Gute Weinauswahl.

ST-GERMAIN-EN-LAYE Ermitage des Loges

⃞ ⃞ ⃞ ⃞ €€€

11, av des Loges, 78100 🄲 *01 39 21 50 90*

Das Restaurant in Schlossnähe ist bei den Einheimischen beliebt. Der junge Küchenchef belebt klassische Gerichte wieder, etwa Entrecôte mit gegrillten Jerusalem-Artischocken, Gratin von Jakobsmuscheln mit Chicorée und Tomaten-*millefeuille* sowie Drachenkopf. Die Kindergerichte sind preiswert.

ST-OUEN Le Soleil

⃞ €€€

109, av Michelet, 93400 🄲 *01 40 10 08 08*

Nur wenige Schritte vom Flohmarkt in St-Ouen und vom Stade de France entfernt liegt dieses charmante Bistro mit vibrierendem Dekor. Genießen Sie hier Enten-*confit* mit Auberginen oder eher klassische Gerichte wie Entrecôte vom Charolais-Rind – und zum Nachtisch: Rum baba. Gute, etwas teure Weine. Reservierung empfehlenswert.

VERSAILLES La Terrasse

⃞ €€

11, rue St-Honoré, 78000 🄲 *01 39 50 76 00*

Das Restaurant ist auf die Küche des französischen Südwestens spezialisiert. An warmen Tagen drängt sich alles auf der großen, schattigen Terrasse. Innen ist es hell und etwas kitschig. Probieren Sie eine der *assiettes gourmandes*, eine große Platte mit Allerlei, etwa Entenbrust, *foie gras*, Gambas, Trüffeln und sautierten Kartoffeln.

VERSAILLES Le Valmont

⃞ ⊟ ⃞ ⃞ €€€€

20, rue au Pain, 78000 🄲 *01 39 51 39 00*

In dem gelb-blauen Bistro hinter der Markthalle gibt es raffinierte Küche. Küchenchef Philippe Mathieu präsentiert eine ehrgeizige Speisekarte mit Gerichten wie Schnitzel von *foie gras* mit Banyul-Essig, Petersfisch mit Lauch und Sternanissauce oder Kalbsragout in cremiger Champignonsauce. Gute Weine gibt es auch glasweise.

Norden und Picardie

AIRE-SUR-LA-LYS Hostellerie des Trois Mousquetaires

⃞ ⃞ ⃞ €€€

Château de la Redoute, route de Béthune, 62120 🄲 *03 21 39 01 11*

Das Lokal strahlt ländliche Ruhe und den Charme eines Herrenhauses aus dem 19. Jahrhundert aus. Es liegt auf einem großen Grundstück mit See. Innen kann man den Köchen bei der Arbeit zusehen, wie sie klassische Gerichte zubereiten. Es gibt auch regionale Spezialitäten. Man trifft hier auf viele Engländer. Reservierung erforderlich.

Stadtplan Paris *siehe Seiten 154–169*

AMIENS Le Pré Porus

P ⚐ ♿ 🏠   €€

95, rue de Voyelle, 80000 📞 03 22 46 25 03

Attraktives, beliebtes Restaurant am Ufer der Somme. Die umfangreiche Speisekarte listet alle Arten von Fisch- und Fleischgerichten, je nach Saison, auf, aber auch *foie gras* mit Mango. Guter Tipp für ein Mittagessen, nachdem man das nahe historische, von Kanälen durchzogene Obstanbaugebiet besichtigt hat.

AMIENS L'Aubergade

P ⚐ 🏠 🍷   €€€€

78, route Nationale, 80480 📞 03 22 89 51 41 FAX 03 22 95 44 05

Mediterranes Lokal von Eric Boutte. Der junge Küchenchef kann sich den ersten Stern anheften. Nachdem er jahrelang in namhaften Pariser Restaurants gearbeitet hatte, kehrte er nach Amiens zurück. Er hat eine Vorliebe für Entengerichte. Daneben gibt es etwa frittierte Kammmuscheln mit *foie gras* oder Limonen-Soufflé mit Pflaumen.

ARRAS La Faisanderie

⚐   €€€

45, grand'place, 62000 📞 03 21 48 20 76

Dieses Restaurant liegt an der Grand'Place, die von schönen Giebelfassaden umrahmt wird. Das Gebäude (17. Jh.) besitzt einen Speisesaal mit Gewölbedecke. Zu essen gibt es, was der Koch auf dem Markt frisch eingekauft hat. Dies ist mit Abstand das beste der Restaurants am Platz.

BERGUES Le Bruegel

⚐ 🏠   €

1, rue du Marché aux Fromages, 59380 📞 03 28 68 19 19 FAX 03 28 68 67 12

Das überraschende Bergues liegt gleich außerhalb von Dunkerque. Das bei Familien beliebte Lokal hat lange Tische, die Bedienungen tragen mittelalterliche Tracht. Das malerische Gebäude am Kanal stammt von 1597, als in Flandern die Spanier herrschten. Hier isst man Schweinebacken mit Linsen und andere flämische Gerichte – und trinkt Bier.

BOULOGNE-SUR-MER La Matelote

P ⚐ 🖹 ♿ 🍷   €€€

80, bd Ste-Beuve, 62200 📞 03 21 30 17 97 FAX 03 21 83 29 24

Das Seafood-Lokal an der Küste gegenüber den Anlagen der Marine gehört zu den aufstrebenden gastronomischen Stars. Das Innere ist schick mit maritimen Anklängen und rot-goldenen Louis-XVI-Motiven. Empfehlenswert: warmer Hummer mit Artischockenherzen und Basilikum oder Seeteufel in Parmesan.

CALAIS Histoire Ancienne

⚐ 🖹   €€

20, rue Royale, 62100 📞 03 21 34 11 20 FAX 03 21 96 19 58

Das modernisierte Restaurant hat es geschafft, das Image vom altmodischen Bistro zu erhalten. Es gibt einen Zinktresen und die klassische Bestuhlung. Das Lokal liegt gebenüber dem Parc Richelieu. Die Speisekarte ist nach Grillgerichten und nach traditionellen regionalen Gerichten unterteilt.

CALAIS Le Channel

⚐ 🖹 🍷   €€

3, bd de la Résistance, 62100 📞 03 21 34 42 30 FAX 03 21 97 42 43

Das Seafood-Restaurant liegt in der Nähe des Hafens, des Yachtclubs und des Bassin du Paradis. Man genießt eine schöne Aussicht und sieht die Boote kommen und gehen. Der Speisesaal ist lichtdurchflutet und mit hellem Holz ausgestattet. Le Channel hat eine hervorragende Weinkarte. Auch gut geeignet, um auf die Fähre zu warten.

CAMBRAI L'Eau à la bouche

P ⚐ ♿ 🏠   €

6, rue de Douai, 59400 📞 03 27 37 56 25

Der frühere Schuhmacherladen ist nun ein Café mit preisgünstigem leckerem Essen, das frisch hergestellt wird. Die Gerichte auf der Tafel umfassen etwa Kutteln, Eintöpfe und andere regionale Gerichte. Freundlicher Service. Im Sommer kann man draußen beim Fluss Escaut essen.

CASSEL Estaminet T'Kasteel Hof

⚐ 🏠   €

Rue St-Nicolas, 59670 📞 03 28 40 59 29

Von dem flämischen *estaminet* (Schankwirtschaft, Kneipe) hat man gute Aussicht auf die Landschaft. Hier werden regionale Gerichte (oft mit dem Käse der Region) serviert, dazu trinkt man Bier. Von hier aus ließ der Duke of York, Sohn von George III, seine 10 000 Mann auf den Hügel marschieren (wie in einem populären Lied besungen wird).

COMPIÈGNE Bistro des Arts

⚐ 🖹   €

35, cours Guynemer, 60200 📞 03 44 20 10 10 FAX 03 44 20 61 01

Gut besuchtes Bistro, das reelle Gerichte serviert. Es liegt im Stadtzentrum und strahlt ein gewisses künstlerisches Flair aus. Stühle und rote Lederbänke, aber keine Tischdecken. Das Tagesgericht orientiert sich an den Angeboten auf dem Markt. Traditionelle französische Küche, die täglich meist ein Fleisch- und ein Fischgericht anbietet.

COMPIÈGNE Alain Blot

P ⚐ ♿ 🏠 🍷   €€€

2, rue Maréchal Foch, Rethondes, 60153 📞 03 44 85 60 24 FAX 03 44 85 92 35

Das Motto des Besitzers lautet, dass Seafood einfach »ein Ausdruck des Meers« sein sollte. Das Sterne-Restaurant mit dem wundervollen Speisesaal und einer Veranda, die in den Garten hinausgeht, ist für seine Auswahl an Klassikern bekannt, darunter grillter Seebarsch mit karamellisierten Schalotten. Reservierung erforderlich.

DOUAI La Terrasse

P ⚐ 🖹 🏠 🍷   €€€

36, terrasse St-Pierre, 59500 📞 03 27 88 70 04 FAX 03 27 88 36 05

Das ausgezeichnete Hotelrestaurant liegt in einer Gasse nahe der Collégiale St-Pierre und bietet eine Weinkarte, die 1000 Einträge umfasst. Der opulent eingerichtete Speisesaal ist mit Gemälden dekoriert. Die Empfehlungen des Küchenchefs: mit Spargel gefüllter Räucherlachs und grillte Kammmuscheln mit Blutwurst.

Preiskategorien *siehe S. 600* **Zeichenerklärung** *siehe hintere Umschlagklappe*

DUNKERQUE Estaminet Flamand 🏃 €

6, rue des Fusiliers-Marins, 59140 📞 *03 28 66 98 35*

Dünkirchen hat sehr unter Kriegen gelitten und ist nicht gerade eine malerische Urlaubsdestination. Die Stadt hat jedoch zu ihrer kulinarischen Tradition zurückgefunden, was sich in diesem angenehmen *estaminet* (Kneipe) zeigt. Köstliche, authentische flämische Küche, einschließlich Markknochen, *Maroilles*-Käse sowie Bier- und Zucker-Tarte.

DUNKERQUE L'Estouffade 🏃🚐 €€

2, quai de la Citadelle, 80000 📞 *03 28 63 92 78* 📠 *03 28 63 92 78*

Das kleine, beliebte Restaurant mit Blick auf den Hafen ist auf Seafood spezialisiert. Im Sommer wird auch auf einer ruhigen Terrasse zum Quai, der sich entlang dem Hafenbecken zieht, serviert. Die hiesige Spezialität sind Steinbutt-Gerichte. Als Dessert gibt es Schokoladen- und Früchte-Kreationen.

DURY-LES-AMIENS La Bonne Auberge 🏃 €€

63, route Nationale, Dury, 80480 📞 *03 22 95 03 33*

Das helle, frisch wirkende Lokal ist im Sommer mit vielen Blumen dekoriert. Das preisgünstige Menü wechselt täglich, je nach dem frischen Angebot auf dem Markt und dem Einfallsreichtum des Kochs – wobei Fischgerichte ein regelmäßiger Bestandteil der Karte sind.

LILLE Au Bout des Doigts 🏃🍴♿ €

5, rue St-Joseph, 59000 📞 *03 20 74 55 95*

Ein neues Konzept für Essen im Restaurant. Die Mahlzeiten in diesem Lokal bestehen aus einer Auswahl von acht bis zehn kleinen Gerichten. Es gibt keine Messer, und man darf auch mit den Fingern essen. Die Küche basiert auf der Idee, dass man verschiedene Geschmacksrichtungen mischen sollte. Weine aus aller Welt.

LILLE La Ducasse 🏃🍴♿🚐 €

95, rue de Solférino, 59000 📞 *03 20 57 34 10*

Die traditionelle Brasserie im hübschen Marktviertel ist eine Art Institution. Highlights sind die regionale Küche und das von einer Brauerei vor Ort gebraute Bier. Es gibt eine Musikbox und einen Akkordeonspieler, der freitagabends für alle, die singen wollen, aufspielt. Bei schönem Wetter kann man auf der Terrasse essen.

LILLE Le Compostelle 🏃🍴 €€

4, rue Saint-Étienne, 59800 📞 *03 28 38 08 30* 📠 *03 28 38 08 39*

Die einstige Herberge (16. Jh.), gleich bei der Grand'Place, lag auf dem Pilgerweg zum Schrein von St-Jacques de Compostelle (Santiago de Compostela) in Spanien – daher der Name. Heute mischt das Lokal altmodischen Charme mit zeitgenössischer Einrichtung. Auch das Speiseangebot ist ein guter Mix aus regional und traditionell.

MONTREUIL-SUR-MER Auberge de la Grenouillère 🅿🏃🚐 €€€€€

Rue de la Grenouillère, La Madeleine-sous-Montreuil 📞 *03 21 06 07 22* 📠 *03 21 86 36 36*

Das Bauernhaus am Canche-Ufer (ca. drei Kilometer von Montreuil) ist traditionell möbliert mit Kupferarbeiten, alten Regalen und Wandbildern, auf denen Frösche ihr Mahl einnehmen. Die moderne Speisekarte wird von einer guten Weinkarte ergänzt. Im Angebot: Flusskrebse und Froschschenkel. Ein Michelin-Stern seit 2008.

POIX-DE-PICARDIE L'Auberge de la Forge 🅿🏃🚆 €€

14, rue du 49ème Régiment BCA, Caulières, 80290 📞 *03 22 38 00 91* 📠 *03 22 38 08 48*

Die ehemalige Herberge liegt auf dem Weg von Amiens nach Neufchâtel. Der Fachwerk-Gasthof serviert herzhafte Hausmacherkost. Der Koch bereitet Ente in allen Formen zu. Auch gut: *endives gratinées* (gratinierter Chicorée), Schinken mit Maroilles-Käse und Chicorée sowie die Jakobsmuscheln.

RECQUES-SUR-HEM Château de Cocove 🏃🚐🍴♥ €€€

Av de Cocove 📞 *03 21 82 68 29* 📠 *03 21 82 72 59*

Das schöne Schloss (18. Jh.) auf halbem Weg zwischen Calais und St-Omer ist eine ländliche Oase der Ruhe. Napoléon vertrieb sich hier die Zeit mit Festen, als er darauf wartete, gen England zu ziehen. Das Lokal liegt in sorgfältig restaurierten, ehemaligen Stallgebäuden. Bei Reservierung kann man im Voraus Meeresfrüchte auswählen.

RŒUX Le Grand Bleu 🅿🏃♿🚐♥ €€

41, rue Henri-Robert, 62118 📞 *03 21 55 41 74*

Das Holzchalet ist ein populäres Lokal, in dem Fischgerichte, etwa Steinbutt mit Auberginen-Chips, angeboten werden. Wein wird auch glasweise ausgeschenkt. An einem Fensterplatz können Sie auf den See sehen, der bei Sonne eine wunderbare Blaufärbung zeigt.

ROYE La Flamiche 🅿🏃🍴🚆♥ €€€€

20, pl de l'Hôtel de Ville, 80700 📞 *03 22 87 00 56* 📠 *03 22 78 46 77*

Das Restaurant ist das gastronomische Highlight (Michelin-Stern seit 1964) der Gegend. Madame Klopp führt es nun schon seit vielen Jahren – zum Erfolg. Lecker: frittierte Jakobsmuscheln, Tajine von Somme-Aalen oder regionale *flamiche* (eine Art Quiche) mit Lauch. Der Speisesaal ist voller Skulpturen und Gemälde.

SANGATTE Les Dunes 🅿🏃 €€

Route Nationale 48, Plage Blériot, 62231 📞 *03 21 34 54 30* 📠 *03 21 97 17 43*

Das Hotelrestaurant liegt an der Plage Blériot, an dem Strand, von wo aus 1909 ein wagemutiger Franzose als Erster den Ärmelkanal überflog – ein epochemachender Flug. Heute ist hier einiges los wegen des Kanaltunnels. Das Restaurant bietet großartige Seafood-Gerichte. Empfehlenswert: Eintopf mit Miesmuscheln.

SARS-POTERIES L'Auberge Fleurie
P ♿ 🍴 ⊞   €€€€

67, rue Général de Gaulle, 59216 ☎ *03 27 61 62 48* FAX *03 27 61 56 66*

Das große Bauernhaus mit hübschem Garten wurde in ein Restaurant umgewandelt, das erstklassige französische Küche bietet. Der Zander auf einem Speck-Kohl-Bett ist hervorragend, ebenso sind es die Schaltiere. Im Winter stehen Wildbret, Wildschwein und Rebhuhn auf der Speisekarte.

STEENVOORDE Auprès de mon Arbre
♿ ⊞   €€

932, route d'Ecke, 59114 ☎ *03 28 49 79 49*

Die Stadt ist für ihre riesigen Karnevalsfiguren bekannt und für die Kirche mit ihrem hohen Glockenturm. Eines ihrer renommierten Restaurants ist das Auprès de mon Arbre. Der Besitzer hatte ein Restaurant in Lille, bevor er sich Ende der 1990er Jahre hier niederließ. Klassische französische und traditionelle flämische Küche.

ST-QUENTIN Le Vert Gouteille
♿ ♿ ⊞   €€

80, rue d'Isle, 2100 ☎ *03 23 05 13 25*

Die beiden Teile des Restaurants im Bistro-Stil werden durch die Küche getrennt, sodass man bei der Zubereitung seines Essens zusehen kann. Serviert werden traditionelle Gerichte, bevorzugt Lyoner Spezialitäten, je nach Marktangebot. Ruhige, rückwärtige Terrasse.

WIMEREUX Hôtel Atlantique
P ♿ 🍴   €€

Digue de mer, 1. Stock, 62930 ☎ *03 21 32 41 01* FAX *03 21 87 46 17*

Das Lokal liegt direkt an der Uferpromenade mit Blick aufs Meer. Küchenchef Alain Delpierre wirkt in dem altmodischen Ambiente eher überraschend. Seebarbe auf Balsamico-Salat schmeckt ausgesprochen lecker. Wer übernachten will: Es gibt 18 neu eingerichtete Zimmer, fragen Sie nach einem mit Aussicht auf den Ärmelkanal.

Champagne

AIX-EN-OTHE Auberge de la Scierie
P ♿ ♿ ⊞ 🍴   €€

La Vove, 10160 ☎ *03 25 46 71 26* FAX *03 25 46 65 69*

Die Auberge de la Scierie wird von einem französisch-australischen Paar geführt, das zusammen im Savoy in London gearbeitet und insgesamt fünf Sprachen spricht. Das Lokal ist auf Meeresfrüchte – orientalische Art – spezialisiert. Das Haus mit Gästezimmern steht auf schönem Grund mit einem Pool und bietet auch Kochkurse an.

AMBONNAY Auberge Saint-Vincent
♿ 🍽 ♿   €€€

1, rue St-Vincent, 51150 ☎ *03 26 57 01 98* FAX *03 26 57 81 48*

Der attraktive Gasthof (17. Jh.) liegt in einem Dorf am Rand des sehr schönen Parc Naturel de la Montagne de Reims. Der Kamin im Speiseraum ist mit altem Küchengerät geschmückt. Hier wird zeitgenössische Küche angeboten. Es gibt auch Gästezimmer.

ARSONVAL Hostellerie de la Chaumière
P ♿ ♿ ⊞   €€

Arsonval, 10200 ☎ *03 25 27 91 02* FAX *03 25 27 90 26*

Seit vielen Jahren schon bewirtet das anglo-französische Paar Gäste in seinem Hotelrestaurant an der Aube. Das Haus liegt in der Nähe der Route de Champagne. Auf der Karte: hausgemachte *foie gras* und wirklich exzellente Bohnen mit Speck. Der rustikale Speiseraum hat freigelegte Holzbalken.

BAR-SUR-AUBE Le Cellier aux Moines
♿   €

Rue Général Vouillemont, 10200 ☎ *03 25 27 08 01* FAX *03 25 01 56 22*

Wie der Name schon verrät, wurde der große Keller aus dem 12. Jahrhundert im Stadtzentrum (einst an der Hauptroute in die Schweiz gelegen) in ein Weinrestaurant umgewandelt. Das Personal trägt folglich auch die Kleidung der *vignerons* (Weinbauern). Empfehlenswert: *andouillette* (Wurst aus Innereien) mit hiesigem Chaource-Käse.

BRÉVONNES Au Vieux Logis
P ♿ ♿ ⊞   €€

1, rue de Piney, 10220 ☎ *03 25 46 30 17*

Das Top-Restaurant ist Teil eines renovierten traditionellen Hotels. Auf der Karte finden sich klassische französische Gerichte, etwa Schnecken in Knoblauchbutter mit regionalem Chaource-Käse. Das Haus ist ein guter Ausgangspunkt für die nahen Stauseen und die Forêt d'Orient.

CHÂLONS-EN-CHAMPAGNE Les Temps Changent
P ♿ 🍽 ♿   €

1, rue Garinet, 51000 ☎ *03 26 66 41 09*

Das beliebte Bistro liegt im Hôtel d'Angleterre im Stadtzentrum. Täglich gibt es ein neues Menü, das auf saisonalen Produkten basiert. Probieren Sie beispielsweise Lammkeule mit Basilikum und das delikate Soufflé von Passionsfrüchten. Wein wird auch glasweise ausgeschenkt.

CHÂLONS-EN-CHAMPAGNE Au Carillon Gourmand
♿ 🍽 ⊞   €€

15 bis, pl Monseigneur Tissier, 51000 ☎ *03 26 64 45 07* FAX *03 26 21 06 09*

Das freundliche Restaurant liegt mitten in der Altstadt (im Notre-Dame-de-Vaux-Viertel) und besitzt eine hübsche Terrasse zur Straße hin. Das Tagesmenü (*plat du jour*) wird mit frischen Zutaten vom Markt zubereitet. Zwei Tipps: Lachs-Carpaccio und Entenpastete.

Preiskategorien *siehe S. 600* **Zeichenerklärung** *siehe hintere Umschlagklappe*

CHAUMONT Les Remparts P 🏃 🗐 ⟨ 🗺   €€

72, rue de Verdun, 52000 📞 *03 25 32 64 40*

Der komplett renovierte einstige Landgasthof bietet Restaurant, Brasserie und Hotel. Das Restaurant ist auf Gerichte mit Trüffeln und dem regionalen Langres-Käse spezialisiert. Preisgünstigeres Essen gibt es in der Brasserie 1-2-3. Beide Lokale gewähren eine schöne Aussicht.

COMBEAUFONTAINE Le Balcon P 🏃   €€€

1, pl 15 Juin 1940, 70120 📞 *03 84 92 11 13* FAX *03 84 92 15 89*

Der gute, altmodische Landgasthof (etwa eine halbe Stunde von Langres entfernt) verdient Beachtung. Vertrauen Sie den Empfehlungen des Küchenchefs – seinem *menu gourmand* –, und Sie werden weder geschmacklich noch preislich enttäuscht werden. Die Brasserie bietet unter der Woche gute Mittagsmahlzeiten. Es gibt auch Gästezimmer.

ÉPERNAY La Table Kobus 🏃 🗐   €€

3, rue Dr. Rousseau, 51200 📞 *03 26 51 53 53* FAX *03 26 58 42 68*

In der ausgezeichneten Brasserie in der Nähe des Stadtzentrums dreht sich alles um Champagner. Man darf hier seine eigene Flasche Champagner mitbringen und zur Mahlzeit trinken. Auf der Speisekarte finden sich klassische französische Gerichte. Sehr gut: *foie gras fait maison* (Hausmacherterrine).

FOUCHÈRES Auberge de la Seine P 🏃 🗺 🍷   €€

1, faubourg de Bourgogne, 10260 📞 *03 25 40 71 11* FAX *03 25 40 84 09*

Der Bilderbuch-Gasthof liegt auf halber Strecke zwischen der Côte des Bar und den Weinbergen der Champagne. Der Speisesaal im Louis-XIII-Stil öffnet sich auf eine hübsche Terrasse am Fluss hin. Der Küchenchef, der auch schon in anderen Sterne-Restaurants der Umgebung gekocht hat, zaubert wunderbare Hummergerichte.

JOINVILLE Le Soleil d'Or P 🏃 🗐 🗺 🍷   €€

9, rue Capucins, 52300 📞 *03 25 94 15 66* FAX *03 25 94 39 02*

Das Haus aus dem 17. Jahrhundert, einst das Heim einer Guisen-Familie, besitzt neben dem Restaurant auch elegante Gästezimmer. Der Speisesaal ist mit Statuen aus einem ehemaligen Kloster (14. Jh.) dekoriert. Es gibt eine überdachte Terrasse. Die originelle Speisekarte wechselt täglich.

LANGRES La Pignata 🏃   €

59, rue Diderot, 52200 📞 *03 25 87 63 70*

Das italienische Restaurant serviert Pizzas und andere italienische Gerichte, etwa Costoletta alla milanese oder Tagliatelle mit Seafood, dazu gibt es Hauswein. Das Lokal liegt im Zentrum der befestigten, historischen Stadt. Wenn Sie durch die Straßen spazieren, stoßen Sie auch auf die ersten Kasernen der Fremdenlegion von 1832.

LANGRES L'Auberge des Voiliers P 🏃 🗐 🗺   €€

Lac de la Liez, 52000 📞 *03 25 87 05 74*

Das Restaurant liegt etwas versteckt außerhalb von Langres und blickt auf einen See sowie die Stadtmauern. Im Hauptrestaurant wird modernisierte Traditionsküche geboten, etwa *foie gras* mit Rhabarber oder Hechtfilet an Brennnessel-Soufflé. In der Brasserie gibt es einfachere Gerichte.

LE MESNIL-SUR-OGER Le Mesnil 🏃 🗐 ⟨ 🍷   €€

2, rue Pasteur, 51190 📞 *03 26 57 95 57* FAX *03 26 57 78 57*

Das Gourmet-Restaurant liegt in einem ansehnlichen, alten Haus in dem hübschen Weindorf im Herzen der Champagne. Der Besitzer zeigt seinen Gästen gern die Weinkeller des Restaurants. In der Maison Launois von Le Mesnil befindet sich ein Weinmuseum.

L'ÉPINE Aux Armes de Champagne P 🏃 🗺 🍷   €€€€

31, av de Luxembourg, 51460 📞 *03 26 69 30 30* FAX *03 26 69 30 26*

Das erstklassige Hotel mit Restaurant liegt gleich bei der majestätischen Basilique Notre-Dame (15. Jh.). Die klassischen französischen Gerichte werden mit Gemüse aus dem Restaurantgarten zubereitet – etwa Spargel mit Trüffelsauce und Scheiben von *foie gras* oder Hummer mit Aprikosen. Gutes Angebot an vegetarischen Gerichten.

NOGENT-SUR-SEINE Au Beau Rivage P 🏃 ⟨ 🗺   €€€

20, rue Villiers-aux-Choux, 10400 📞 *03 25 39 84 22* FAX *03 25 39 18 32*

Das Hotel mit Restaurant an der Seine wird seit seiner Renovierung empfohlen. Der Speisesaal öffnet sich auf eine Terrasse mit Blick auf den Fluss. Auf der Karte steht traditionelle *cuisine gastronomique*, mit *foie gras* oder köstlichem Kaninchen.

REIMS La Brasserie Boulingrin 🏃 🗐 🗺 🍷   €€

48, rue Mars, 51100 📞 *03 26 40 96 22* FAX *03 26 40 03 92*

Die bekannte Brasserie ist ein beliebter Treffpunkt der Einheimischen. Sie besitzt noch ihre originalen Art-déco-Mosaike, die fröhliche Weinleser zeigen: *vendangeurs en Champagne*. In dem lebhaften Lokal bei der Markthalle kann man preiswert essen. Empfehlenswert sind die Austern und *steak tartare*. Große Auswahl an Champagnermarken.

REIMS Le Café du Palais 🏃 🗺 🍷   €€

14, pl Myron Herrick, 51100 📞 *03 26 47 52 54*

Die Sammlung an Gemälden und Fotos sowie das grandiose Art-déco-Bleiglasdach von Jacques Simon machen das Lokal von Jean-Louis Vogt zu einem Märchenort. Die beliebte Brasserie im Herzen Reims' gibt es schon seit 1930. Ausgezeichnete Hauptgerichte, traumhafte Desserts und eine feine Auswahl an Champagner.

REIMS L'Assiette Champenoise   🅿️🏃♿🚃🍽️🍷   €€€€

40, av Paul Vaillant-Couturier, Tinqueux, 51430 📞 *03 26 84 64 64* 📠 *03 26 04 15 69*

Ein aufstrebender Stern am Gastro-Himmel mit relativ preiswerten Hummer-, Tauben- oder Lammgerichten. Das Lokal liegt in einer eleganten *maison de maître*. Das Restaurant besitzt zwei Rosetten, das Hotel wurde erweitert und modernisiert. Weitere Attraktionen sind der wundervolle Blumengarten und die Terrasse.

ROCROI Hôtel-Restaurant le Commerce   🏃🚃   €

5, place d'Armes, 08230 📞 *03 24 54 11 15* 📠 *03 24 54 95 31*

Das hübsche, altmodische Restaurant ist preiswert. Es liegt am Hauptplatz einer gut erhaltenen, sternförmigen Festung, die von Vauban in1675 wiedererrichtet wurde. Es gibt regionale Gerichte wie *escargots*, *coq au vin* oder Kaninchen in Cidre. Köstlich Desserts, etwa *île flottante*, Mousse au Chocolat oder *profiteroles*.

SIGNY-LE-PETIT Au Lion d'Or   🅿️🏃♿   €€

Place de l'Église, 08380 📞 *03 24 53 51 76* 📠 *03 24 53 36 96*

Das Hotel mit Restaurant liegt hinter der Ziegelfassade eines Gebäudes aus dem 18. Jahrhundert in einer Gegend mit mehreren Kirchen. Das Restaurant im Louis-XIII-Stil serviert köstliche *foie gras* mit Wildrosenmarmelade. Sorgfältig zubereitete Fischgerichte sind ein weiteres Aushängeschild des gut geführten Lokals.

ST-IMOGES La Maison du Vigneron   🅿️🏃♿🚃🍷   €€€

Route Nationale 51, 51160 📞 *03 26 52 88 00* 📠 *03 26 52 86 03*

Das Dorf zwischen Reims und Épernay im Herzen des Parc Naturel de la Montagne de Reims ist die Heimat dieses Restaurants und Champagner-Hauses. Die regionalen Speisen werden mit viel Fantasie zubereitet. Dazu kann man – so man will – den Hauschampagner trinken.

STE-MÉNEHOULD Le Cheval Rouge   🏃♿🚃🍷   €€

1, rue Chanzy, 51800 📞 *03 26 60 81 04* 📠 *03 26 60 93 11*

Das Gebäude beherbergt gleich zwei Lokale: das Restaurant mit offenem Kamin und die wesentlich preiswertere Brasserie, deren Spezialität Schweinebacken sind. Monsieur Fourreau, der Besitzer beider Etablissements, verschickt seine Schweinebacken nach überall in Europa.

TROYES Au Jardin Gourmand   🏃🚃   €

31, rue Paillot de Montabert, 10000 📞 *03 25 73 36 13* 📠 *03 25 73 36 13*

Das freundliche Restaurant im Herzen der Altstadt mit ihren vielen Fachwerkhäusern ist recht beliebt. Spezialität des Hauses ist die hiesige *andouillette* (Wurst aus Innereien). Der kleine Speiseraum ist holzgetäfelt. Im Sommer isst man auf der entzückenden Terrasse. Nehmen Sie als Nachtisch das Lavendeleis.

TROYES Les Crieurs de Vin   🏃🍷   €

4, pl Jean Jaurès, 10000 📞 *03 25 40 01 01*

Preiswerte Weinbar, die von zwei Wein-Aficionados geführt wird. Vorn ist ein Laden, in dem Wein verkauft wird. Hinten wird Wein zu den Speisen im Bistro-Stil serviert. Freigelegte Holzbalken und blanke Holztische tragen zum Flair bei. Die traditionellen Gerichte sind auf eine Tafel geschrieben.

TROYES Tartines et Bulles   🏃   €

31, rue de la Cité, 10000 📞 *03 25 80 58 23*

Attraktiv aufgehübscht und unter neuem Namen verarbeitet das Restaurant lokale Produkte zu leckeren, günstigen Speisen. Empfehlenswert sind die *tartines gratinées* mit regionalem Chaource-Käse. Es gibt auch sehr gute Salate. Wein gibt es glasweise oder im Krug. Auch zwei Champagnermarken werden glasweise ausgeschenkt.

VILLEMOYENNE Parentèle   🅿️🏃📋♿🚃🍷   €€€

32, rue Marcelin Lévèque, 10260 📞 *03 25 43 68 68* 📠 *03 25 43 68 69*

Das Restaurant ist für seine Flusskrebse in Kokosnusssauce und die Ravioli *au foie gras* bekannt. In kürzester Zeit haben die beiden Söhne, die das Familiengeschäft übernahmen, ihren ersten Michelin-Stern gewonnen. Kenner bescheinigen der Champagner-Karte höchste Perfektion.

Elsass und Lothringen

BAERENTHAL L'Arnsbourg   🅿️🏃📋🍽️🍷   €€€€

18, Untermuhlthal, 57230 📞 *03 87 06 50 85* 📠 *03 87 06 57 67*

Eines der wenigen Drei-Rosetten-Restaurants in Frankreich. Es liegt versteckt auf einer Waldlichtung in den nördlichen Vogesen. Die Geschwister Jean-Georges und Cathy Klein bereiten leichte, fantasievolle Speisen zu, etwa *grillade de foie gras* (von der Ente) mit kristallisierter Limone. Dazu gibt es großartige Weine. Teuer, aber das Geld wert.

BITCHE Le Strasbourg   🅿️🏃📋🚃   €€

24, rue Col. Teyssier, 57230 📞 *03 87 96 00 44* 📠 *03 87 96 11 57*

Exzellentes Hotelrestaurant im Schatten von Vaubans faszinierender Zitadelle, die auch ein Denkmal zu Ehren der amerikanischen Infanterie enthält, die die Stadt befreite. Le Strasbourg besitzt einen großen, altehrwürdigen Speisesaal mit einem großen Kamin. Traditionelle Küche mit *foie gras* und einer Reihe Fischgerichte.

COLMAR La Table de Louise
目 & �‍ €€
2, rue Édouard-Richard, 68000 03 89 24 00 00

Das düster-schicke Dekor der attraktiven Brasserie bringt den Pariser Stil von 1900 ins gemütliche Colmar. Die umfangreiche traditionelle Speisekarte enthält etwa Gänsestopfleber-Terrine mit Kürbis-Chutney. Das Lokal liegt nur zwei Minuten vom Zentrum mit seinen schönen Fachwerkhäusern entfernt.

COLMAR Le Caveau de St Pierre
🚶 & 🚍 €€
24, rue de la Herse, 68000 03 89 41 99 33

1568 wurde das Gebäude in die mittelalterlichen Befestigungen eingebaut. Es steht im »Klein-Venedig-Viertel« von Colmar, man erreicht es auf dem Weg, der den Kanal entlangführt. Das Restaurant hat ein warmes Dekor mit bemalten Balken. Spezialitäten: Rinderfilet in Munster-Sauce, Fischgerichte und *choucroute* (Sauerkrautgerichte).

GIMBELHOF Restaurant au Gimbelhof
🚶 🚍 €
Route Forestière, 67510 03 88 94 43 58

Der Elsässer Bauernhof bei der deutschen Grenze liegt etwa zehn Kilometer nördlich von Lembach und eine einstündige Fahrt von Straßburg entfernt. Jenseits des Tals stehen die Ruinen des Château de Fleckenstein. Das günstige Lokal wird von Deutschen wie von Einheimischen besucht. Ausgezeichnete lokale Gerichte. Reservierung erforderlich.

ILLHAEUSERN L'Auberge de l'Ill
🚶 目 & 🚍 🍴 ♟ €€€€
2, rue de Collonges, 68970 03 89 71 89 00 FAX 03 89 71 82 83

Das Mekka der Elsässer Küche, in der Hand der Familie Haeberlin, hält seit 40 Jahren drei Rosetten! Das Restaurant liegt am Flussufer im Herzen des Dorfs, inmitten von Gärten und Storchennestern. Unter den vielen Top-Kreationen seien nur ein paar hervorgehoben: Hummer »Prince Vladimir«, Lachs-Soufflé, getrüffelte Gänseleber-Terrine.

KAYSERSBERG Restaurant Saint-Alexis
P 🚶 🚍 €
Restaurant Saint-Alexis, 68240 03 89 73 90 38

Der Bauernhof oberhalb der Weinberge von Kaysersberg und Riquewihr liegt in einem alten Obstgarten mit einer Kapelle, die teilweise auf das 5. Jahrhundert zurückgeht. Jedes Menü beginnt hier mit einer Suppe, gefolgt von Pastete oder einem Eintopf mit Hahn oder Wild und Omelett. Reservierung erforderlich.

KAYSERSBERG Au Lion d'Or
🚶 🚍 ♟ €€
66, rue Général de Gaulle, 68240 03 89 47 11 16 FAX 03 89 47 19 02

Diese Institution in der Altstadt ist von viel Historie umgeben. Das exzellente Lokal wurde 1521 erbaut und liegt seit 1724 in der Hand einer Familie. Über dem Eingang wacht ein Löwenkopf – daher der Name. Der charaktervolle Speiseraum hat einen großen Kamin. Es gibt traditionelle Gerichte wie Wildbret, *foie gras* und Sauerkraut.

LEMBACH Auberge du Cheval Blanc
P 目 🚍 ♟ €€€€
4, rue de Wissembourg, 67510 03 88 94 41 86 FAX 03 88 94 20 74

Das Restaurant in einem früheren Gasthof (18. Jh) in Lembach gehört zu den besten im nördlichen Elsass. Der Besitzer wurde vom Gault Millau als erfolgversprechendstes Talent 2009 gefeiert. Er serviert ausgezeichnete regionale Gerichte ebenso wie Haute Cuisine. Es gibt auch Menüs zum Festpreis.

LES THONS Le Couvent des Cordeliers
P 🚶 €
Les Thons, 88410 03 29 07 90 84

Einige Gebäude des einstigen Klosters (15. Jh.) nördlich des Renaissance-Schlosses Châtillon-sur-Saône beherbergen dieses Restaurant. Der Besitzer brät Speckstreifen über offenem Feuer. Das Lokal ist sehr beliebt. Reservieren Sie frühzeitig, und verlangen Sie einen Platz im Basement *(en bas)*. Es gibt hier auch ein kostenloses Museum.

MARLENHEIM Le Cerf
P 🚶 目 🚍 ♟ €€€€
30, rue Général de Gaulle, 67520 03 88 87 73 73 FAX 03 88 87 68 08

Die einstige Herberge am Nordende der Route des Vins wird seit 1930 von derselben Familie geführt. Hier wird eine modernisierte Variante der Elsässer Küche angeboten. Das Lokal hat den Ruf, großzügige Portionen zu servieren (inklusive Nachschlag). Grandios: *choucroute* mit Schweinefleisch und *foie gras*. Es gibt auch Gästezimmer.

METZ Le Bistrot des Sommeliers
🚶 目 🚍 ♟ €
10, rue Pasteur, 57000 03 87 63 40 20 FAX 03 87 63 54 46

Ein gastronomisches Erlebnis im Brasserie-Ambiente. Der Koch war früher in einem von Frankreichs Top-Restaurants beschäftigt. Die Weinkarte enthält 400 Marken, die alle Weinregionen des Landes abdecken. Die exzellenten Gerichte im Bistro-Stil ziehen viele Geschäftsleute an. Spezialität: Flusskrebse *vol au vent*.

METZ Restaurant des Roches
🚶 🚍 €€
29, rue Roches, 57000 03 87 74 06 51 FAX 03 87 75 40 04

Das Restaurant im Erdgeschoss eines Hauses aus dem 18. Jahrhundert steht gegenüber dem ältesten Theater Frankreichs. Es ist für seine Fischgerichte (Seebarsch, Brasse, Steinbutt) und seine Schaltier-Zubereitungen bekannt. Ihren Hummer dürfen Sie sich aus dem Aquarium aussuchen. Im Sommer sitzt man auf der Terrasse an der Mosel.

NANCY Chez Tanesy
🚶 目 & 🚍 ♟ €€
223, Grande Rue, 54000 03 83 35 51 94

Die bescheidene Fassade des Hauses (18. Jh.) versteckt das wohl beste Restaurant in Nancy – und das wohl preiswerteste. Es wurde nach dem wohlbekannten Besitzer benannt, der das Etablissement auch betreibt. Empfehlenswert: Jakobsmuscheln in Trüffelsauce. Das Lokal liegt in der Nähe der Place Stanislas.

NANCY L'Excelsior

50, rue Henri Poincaré, 54000 **03 83 35 24 57**

Die klassische Brasserie mit Belle-Époque-Dekor und Bleiglasfenstern ist ein berühmter Treffpunkt. Guter Service: Man kann seinen Tisch sogar via Internet reservieren (www.fra.webcity.fr/restaurants_nancy). L'Excelsior serviert traditionelle Gerichte wie *foie gras* und *choucroute garnie*.

OBERNAI La Cloche

90, rue Général Gouraud, 67210 **03 88 49 90 43**

Das Restaurant im Stil einer Taverne liegt in einem Haus aus dem 14. Jahrhundert mit Originaltäfelung und originalen Fenstern. Es befindet sich in der Altstadt und bietet traditionelle Elsässer Küche mit Munster-Käse als Bestandteil der Saucen. Meist gibt es abends zwei Fischgerichte und *tarte flambée*. Guter Service. Reservierung erforderlich.

RIEDISHEIM Restaurant de la Poste

7, rue Général de Gaulle, Riedisheim, 68400 **03 89 44 07 71** FAX *03 89 64 32 79*

Der Landgasthof von 1850 wird seit sechs Generationen von der Familie Kieny geführt. Das Restaurant besitzt einen eleganten Speisesaal. Serviert wird traditionelle Elsässer Küche mit herrlichen Schweinefleischgerichten. Tipp: Probieren Sie die Gerichte mit Schokolade.

RIQUEWIHR Le Sarment d'Or

4, rue du Cerf, 68340 **03 89 86 02 86** FAX *03 89 47 99 23*

In dem schönen Gebäude (16. Jh.), das etwas versteckt unter lauter Renaissance-Häusern im wunderbar erhaltenen Riquewihr liegt, befindet sich ein Restaurant mit elegantem Speiseraum. Die Küche vereint Altes und Neues. Für die Übernachtungsgäste gibt es zum Frühstück noch warmen Kougelhopf.

SAVERNE Taverne Katz

80, Grand'Rue, 67700 **03 88 71 16 56**

Die Taverne von 1605 liegt im Stadtzentrum gegenüber dem riesigen Château. Sie besitzt gut erhaltene Innenräume, eine blumengeschmückte Terrasse und eine schöne Holztäfelung im Speiseraum. Das klassische französische Essen hat ein paar regionale Einschläge, darunter Ente mit *foie gras* und Kaninchenmedaillons.

STRASBOURG Pâtisserie Winter

25, rue du 22 Novembre, 67000 **03 88 32 85 40** FAX *03 88 32 85 40*

Das ist der richtige Ort für Straßburg-Besucher, die nicht gerade das Budget eines Mitglieds des Europaparlaments zur Verfügung haben. In dem Etablissement im Stadtzentrum gibt es einfache Gerichte zu günstigen Preisen. Gute Salate und *pâtisseries* mit Bier oder Wein.

STRASBOURG Au Crocodile

10, rue Outre, 67000 **03 88 32 13 02** FAX *03 88 75 72 01*

Eines der besten Restaurants in der »europäischsten« Stadt Frankreichs. Grandiose Holztäfelung, elegantes Dekor und das berühmte Krokodil, das ein Elsässer Militär vom Feldzug in Ägypten mitbrachte. Erlesener Service und ebensolche Speisen der leichten Küche. Die Weinkarte bedenkt alle Winkel dieser Erde.

VERDUN Hostellerie le Coq Hardi

Av de la Victoire, 55100 **03 29 86 36 36** FAX *03 29 86 09 21*

Das traditionelle Landhotel mit Restaurant serviert gutes Essen. Es hat einen eleganten Speisesaal und eine superbe Weinkarte. Empfehlenswert: Langusten-Lasagne und Schnecken. Im Bistro gibt es preisgünstigeres Essen der schnellen Küche, etwa *steak-frites*. Hübsche Sommerterrasse.

WINDSTEIN Auberge de la Faveur

33, rue des Châteaux, 67110 **03 88 09 24 41**

Das ganz besondere Hotelrestaurant in einem Park zwischen den Ruinen zweier mittelalterlicher Burgen wird von zwei Bildhauern geleitet. Man erreicht es über die D53 zwischen Jaegerthal und Dambach. Renovierte Zimmer, gutes Essen und fantastischer Ausblick. *Geschlossen: Dez – Jan.*

WISSEMBOURG Daniel Rebert

7, pl du Marché aux Choux, 67100 **03 88 94 01 66** FAX *03 88 54 38 78*

Daniel Rebert gehört zu den besten Chocolatiers und Pâtissiers in Frankreich. Etwas im Schatten der Luxusproduktion von Torten und Schokolade steht sein diskreter *salon de thé*, der auch leichte Mahlzeiten offeriert. Anschließend kann man die Kuchen und schokoladigen Sünden auswählen, die man mit nach Hause nehmen will.

Normandie

ACQUIGNY Hostellerie d'Acquigny

1, rue d'Évreux, 27400 **02 32 50 20 05**

Die einstige Herberge ist nun ein charmantes Restaurant. Die Stammgäste präferieren die preisgünstigen Tagesgerichte, aber man kann auch *à la carte* wählen, etwa: Terrine von *foie gras* mit Mango-Chutney oder Kabeljau mit Sardinenbutter. Exquisite Weinkarte und zuvorkommender Service.

Preiskategorien *siehe S. 600* **Zeichenerklärung** *siehe hintere Umschlagklappe*

ALENÇON Le Bistrot

21, rue de Sarthe, 61000 02 33 26 51 69

Klassisches Bistro mit auffälliger grün gestrichener Fassade, rot-weiß karierten Tischdecken sowie Filmplakaten. Die regelmäßig wechselnde Karte bietet u. a. Blutwurst und Filet mignon vom Schwein. Gut bestückte Weinkarte mit Angeboten zu vernünftigen Preisen.

AUMALE La Villa des Houx

6, av Général de Gaulle, 76390 02 35 93 93 30 FAX 02 35 93 03 94

Die einstige *gendarmerie* ist der ideale Ort für einen Halt auf dem Weg von Rouen nach Amiens. Die Speisekarte offeriert verfeinerte Speisen der normannischen Küche. Lassen Sie sich im rustikalen Speiseraum sehr gutes Essen schmecken: als Vorspeise *foie gras* mit Aprikosen, dann etwa Wachtel in Salzkruste und abschließend ein Calvados-Soufflé.

BAYEUX La Coline d'Enzo

4, rue des Bouchers, 14400 02 31 92 03 01

Hier dreht sich alles um Fisch – mit der Hausspezialität Wolfsbarsch in Lehmkruste. Mittags sollte man das Angebot für *foie gras* beachten, das dann preisgünstig ist. Statt des Käsetellers empfiehlt sich auch der gebackene Ziegenkäse mit Tomaten. Modernes Ambiente mit hellem Dekor. Reservierung empfehlenswert.

BRIQUEVILLE-SUR-MER L'Auberge de la Maison Blanche

D20, 50290 02 33 61 65 62

Die Küstenlage des Restaurants nördlich von Granville macht sich auf der Speisekarte bemerkbar, die frischen Fisch und Meeresfrüchte auflistet. Spezialität des Hauses sind die hiesigen Wellhornschnecken. Der Koch bietet überraschende Kombinationen an, etwa Rochen mit Camembert. Auch die hiesigen Salzlämmer sind delikat.

CAEN Le Pressoir

3, av Henri-Chéron, 14000 02 31 73 32 71 FAX 02 31 26 76 64

Der preisgekrönte Ivan Vautier und seine Frau Sandrine führen das ausgezeichnete Restaurant, das nur die besten Zutaten für seine normannische Küche verwendet. Die Karte bietet eine große Auswahl an Gerichten, aber auch einige Festpreismenüs. *Geschlossen: Mo, Sa mittags, So abends, Schulferien im Feb, 23. Juli–21. Aug.*

CARTERET Marine

11, rue de Paris, 50270 02 33 53 83 31 FAX 02 33 53 39 60

In dem Restaurant in Hafennähe kreiert Küchenchef Laurent Cesne einfallsreiche Speisen, etwa Langusten-Pizza, Hummersuppe mit Kokosnussmilch oder Lamm in der Kräuterkruste. Moderner, komfortabler Speisesaal und professioneller, aufmerksamer Service. Die Weinkarte entspricht dem Niveau der Speisekarte.

CHERBOURG Le Faitout

25, rue Tour-Carrée, 50100 02 33 04 25 04 FAX 02 33 04 60 36

Le Faitout ist eine Bastion der Tradition in der Altstadt von Cherbourg. Das lebhafte Restaurant im Bistro-Stil serviert Hausmacherkost *par excellence*. Probieren Sie die köstlichen Rotbarben, die frischen Barfleur-Muscheln, Sardinen vom Grill oder die wunderbar knusprigen Entengerichte.

COSQUEVILLE Au Bouquet de Cosqueville

Hameau Remond, 50330 02 33 54 32 81 FAX 02 33 54 63 38

Das charmant-rusikale Restaurant in einem efeubedeckten Haus mitten im Dorf serviert große Portionen an Seafood, etwa Hummer in Cidre sowie Gerichte mit hiesigen Fischarten und Meeresfrüchten. Die Küche verwendet nur fangfrische Produkte. Zum Dessert gibt es Crêpes oder *crème brûlée*. Beeindruckende Weinkarte.

COURSEILLES-SUR-MER Paris

Place 6-Juin, 14470 02 31 37 45 07 FAX 02 31 37 51 63

Das Restaurant in dem ruhigen Küstenort nördlich von Caen an der Côte Nacre bietet ein gutes Preis-Leistungs-Verhältnis. Einfach möblierter Speiseraum, in dem sorgsam zubereitete Seafood- und Fleischgerichte serviert werden. Freundliches Personal. Terrasse und Veranda liegen windgeschützt.

DEAUVILLE Le Spinnaker

52 rue Mirabeau, 14800 02 31 88 24 40 FAX 02 31 88 43 58

Nach einem Bummel auf der Promenade kehrt man hier in einem der besten Seafood-Restaurants der Normandie ein. Der attraktive moderne Speisesaal serviert neben Seafood auch gegrillte Fleischgerichte. Lecker: Hummer in Cidre-Vinaigrette oder Steinbutt mit Schalotten. Aufmerksamer Service.

DIEPPE Bistrot de Pollet

23, rue Tête de Bœuf, 76200 02 35 84 68 57

Im alten Fischerviertel am Hafen liegt dieses Restaurant im Bistro-Stil. Es gibt Tagesgerichte, je nach dem frischen Angebot auf dem (Fisch-)Markt. Leckere Fischgerichte: Schellfisch-Salat, gegrillte Sardinen, pochierte Seezunge und Seebarsch. Kleine Weinauswahl. Das Lokal ist bei den Einheimischen beliebt – reservieren Sie rechtzeitig.

DOMFRONT Auberge Grand Gousier

1, pl Liberté, 61700 02 33 38 97 17 FAX 02 33 30 89 25

Domfront wurde 1944 glücklicherweise nicht bombardiert, deshalb ist diese familiengeführte Auberge mit einem großen Kamin im mittelalterlichen Zentrum noch sehr authentisch. Hier gibt es Seafood mit diversen Füllungen und Herzmuschel-Gratin. Generöse Portionen.

DOZULÉ Le Pavé d'Auge   ♿🚇🍷   €€€

Les Halles, Beuvron-en-Auge, 14430 ☎ *02 31 79 26 71* FAX *02 31 39 04 45*

Der Küchenchef bereitet die Speisen aus regionalen Produkten zu. Der charmante Speiseraum liegt in der renovierten, früheren Markthalle. Auf der Karte dominieren Fischgerichte, daneben gibt es ein oder zwei Fleischgerichte oder auch etwas mit Geflügel. Empfehlenswert: Austern aus Isigny, gegrillte Langusten oder *rascasse* (Drachenkopf).

DRUBEC La Haie Tondue   P♿▤♿🚇   €€€

La Haie Tondue RN175, 14130 ☎ *02 31 64 85 00*

Das alte, mit Wein bewachsene Restaurant auf dem Land bietet eine attraktive Terrasse und zeigt viel Holz und Fachwerk. Authentische regionale Küche: Flusskrebse mit Auberginenkaviar oder Kalbsbraten in Käsesauce. Gutes Preis-Leistungs-Verhältnis.

FALAISE l'Attache   P♿   €€€€

Rte de Caen, 14700 ☎ *02 31 90 05 38* FAX *02 31 90 57 19*

Für das Restaurant im Herzen des Calvados-Gebiets sollten Sie Plätze reservieren. Die schön renovierte, einstige Herberge besitzt einen ruhigen Speisesaal. Das klassische Repertoire hat hier noch ein paar Extras: Der Koch verwendet fast vergessenes Gemüse und kaum bekannte Kräuter für seine Speisen. Grandioser Service.

FOURGES Moulin de Fourges   P♿🚇🍷   €€€€

38, rue du Moulin, 27630 ☎ *02 32 52 12 12* FAX *02 32 52 92 56*

Die schön am Fluss gelegene alte Mühle hätte sicher auch Monet gefallen, der im nahen Giverny lebte. In der Küche werden regionale Produkte mit erstaunlichen Ergebnissen verarbeitet. In den Wintermonaten verwandelt sich das Lokal in ein Berg-Chalet, das hauptsächlich Fondue anbietet. Hübscher Speisebereich. Edle Weine.

GISORS Le Cappeville   ♿🍷   €€€

17, rue Cappeville, 27410 ☎ *02 32 55 11 08* FAX *02 32 55 93 92*

Rustikales Restaurant in der Altstadt, das traditionelle normannische Küche serviert. Küchenchef Pierre Potel verwendet lokale Produkte und macht daraus leckere Speisen. Besonders empfehlenswert: der saftige Kalbsbraten mit Chicorée-Kompott oder Seeteufel mit Roter Bete. Freundliche, entspannte Atmosphäre.

GRANVILLE La Citadelle   P♿▤♿🚇   €€

34, rue du Port, 50406 ☎ *02 33 50 34 10* FAX *02 33 50 15 36*

Das Lokal an der Bucht vor St-Michel ist aufgrund des guten Essens und des unvergleichlichen Blicks von der Terrasse auf den Hafen beliebt. Im eleganten, modernen Speiseraum kommen große Portionen auf den Tisch. Hier gibt es die frischeste Fischplatte, die größte Portion Seezunge und die leckersten Jakobsmuscheln der Gegend.

HONFLEUR La Terrace et l'Assiette   🚇🍷   €€€€

8, pl Sainte-Catherine, 14600 ☎ *02 31 89 31 33* FAX *02 31 89 90 17*

Attraktives, traditionelles Fachwerkhaus mit einer Terrasse gegenüber der Kirche. Es gibt wunderbar frische Meeresfrüchte, Hummer-Omelett, Seezunge und Steinbutt. Das Motto der Küche: unprätentiöse Zubereitung, aber frischeste Zutaten. Spitzenklasse: Austern-Gazpacho und die *dorade grise* (graue Seebrasse). Gute Weinauswahl.

HONFLEUR La Ferme St-Siméon   ♿🚇🍷🍷   €€€€€

Rue A. Marais, 14600 ☎ *02 31 81 78 00* FAX *02 31 89 48 48*

Luxuriöser Speiseort im attraktiven Fischereihafen. Das Restaurant des Wellness-Hotels serviert u. a. Langusten mit Gelee von Krustentieren in Blumenkohlsauce. Der elegante Speisesaal wirkt sehr alteuropäisch und besitzt eine schöne Balkendecke. Exzellente Weinkarte.

LA-FERRIÈRE-AUX-ÉTANGS Auberge de la Mine   P♿♿   €€€

Le Gué-Plat, 61450 ☎ *02 33 66 91 10* FAX *02 33 96 73 90*

Einst war dies die Kantine der Minenarbeiter. Nun gibt es hier traditionelle normannische Gerichte mit dem gewissen Etwas, darunter Kalbshaxe mit Blutwurstfüllung oder Seelachs in Kräutersauce. Man kann auch Klassiker bestellen, etwa Kartoffel-*galette* mit Livarot-Käse. Exzellente Käseteller und Desserts.

LES ANDELYS La Chaine d'Or   P♿♿🚇🍷   €€€€

27, rue Grande, 27700 ☎ *02 32 54 00 31* FAX *02 32 54 05 68*

Hier müssen Sie Plätze reservieren. Das Restaurant bietet Köstlichkeiten wie Austern in Champagner, Terrine von *foie gras* mit Pommeau, Steinbutt in Champagnerbutter, Langusten oder Lamm in der Kräuterkruste – das Ganze in romantischem Ambiente: Das Lokal liegt in einer ehemaligen Herberge (18. Jh.) am Ufer der Seine. Gästezimmer.

LOUVIERS Manoir de la Haye le Comte   P♿♿🚇   €€€

4, route de la Haye le Comte, 27400 ☎ *02 32 40 00 40*

Hotelrestaurant mit Charme in einem Landhaus (16. Jh.) in einem weitläufigen Park. Im Sommer gibt es eine Terrasse, im Winter prasselndes Kaminfeuer. Klassische französische Küche mit Abstechern in die Normandie. Testen Sie die Ententerrine oder die *foie gras au torchon*, die in einem Käsemantel zubereitet wird.

LYONS-LA-FORÊT Restaurant de la Halle   ♿♿🚇   €€

Place Benserade, 27480 ☎ *02 32 49 49 92*

Das attraktive Dorf ist von den größten Buchenwäldern Europas umgeben. Das hervorragende Restaurant liegt gegenüber der alten Markthalle. Das Essen ist einfach, aber köstlich, dies gilt insbesondere für die Lammgerichte, die mit Rosmarin zubereitet werden. Etwas steifer Service.

Preiskategorien *siehe S. 600* **Zeichenerklärung** *siehe hintere Umschlagklappe*

MONT-ST-MICHEL Auberge St-Pierre 🚶🏨 €€

Grande rue, 50170 📞 *02 33 60 14 03* 📠 *02 33 48 59 82*

Auf der Speisekarte des charmanten Fachwerkhauses (15. Jh.) findet man viele Gerichte vom hiesigen Salzwiesenlamm, vom *agneau pré-salé*. Auch Seafood-Gerichte gibt es natürlich, darunter Garnelen und Lachs. Die Küche verwendet überhaupt nur frische regionale Produkte.

MONT-ST-MICHEL La Mère Poulard 🏨🍽 €€€€

Grande rue, 50170 📞 *02 33 89 68 68*

Luxus-Brasserie auf dem berühmten Mont-St-Michel, wo Besucher aus aller Welt das ebenfalls berühmte Omelett Mère Poulard genießen, das in einer langstieligen Pfanne über offenem Feuer zubereitet wird. Ebenso köstlich sind die Gerichte vom Salzwiesenlamm *(agneau pré-salé)* und das am Spieß gebratene Schweinefleisch.

PONT-AUDEMER Belle Isle sur Risle 🅿🚶🏨 €€€€

112, route de Rouen, 27500 📞 *02 32 56 96 22*

Das anmutige Hotel mit Restaurant gehört zur Relais du Silence-Gruppe. Es liegt in einer eleganten, efeubewachsenen Residenz (19. Jh.). Gute Balance zwischen Fisch- und Fleischgerichten. Die Küche hat eine originelle Art, Gewürze einzusetzen. Sonntags und an Feiertagen spielt abends ein Pianist für die Gäste.

PONT-L'ÉVÊQUE Auberge de l'Aigle d'Or 🚶 €€€€

68, rue de Vaucelles, 14130 📞 *02 31 65 05 25* 📠 *02 31 65 12 03*

Dies ist eine gut erhaltene Herberge aus dem 16. Jahrhundert mit einem hübschen Innenhof. Genießen Sie die *escargots Pays d'Auge* und eines der glücklichen, frei laufenden Hühner, die etwa in Cidre zubereitet werden. Die Speisekarte ändert sich je nach Saison, doch die Gerichte sind immer aus besten frischen Zutaten. Aufmerksamer Service.

PONT-SAINT-PIERRE Hostellerie La Bonne Marmite 🚶 €€

10, rue René Raban 27300 📞 *02 32 49 70 24* 📠 *02 32 48 12 41*

Ein edles Logis de France, das in der Nähe von Rouen in einer einstigen Herberge liegt. Der Speisesaal ist genauso elegant wie das ganze Gebäude, er besitzt eine *Caisson*-Decke. Sehr lecker: *foie gras de canard à l'ancienne* und Hummer-Ravioli. Sie sind normannische Küche vom Feinsten. Im Weinkeller liegen einige edle alte Bordeaux.

PUTANGES-PONT-ÉCREPIN Hôtel du Lion Verd 🏨🚶 €€€

Place de l'Hôtel de Ville, 61210 📞 *02 33 35 01 86* 📠 *02 33 39 53 32*

Das freundliche Hotelrestaurant liegt am Ufer der Orne. Die Speisekarte bietet regionale normannische Gerichte, die oft fantasievoll interpretiert werden. Das Ergebnis wird Sie erfreuen: Kalbsbries in Camembert-Creme, *cochon de lait* (saftiges Spanferkel von Schweinen aus dem Auge-Tal). Gute, hausgemachte Nachtische.

ROUEN Le 37 €€

37, rue St-Étienne-des-Tonneliers, 76000 📞 *02 35 70 56 65*

Attraktives, zentral gelegenes Bistro im Zen-Stil. Hier werden Speisen zubereitet, die einen Hauch moderner sind als diejenigen im berühmten Mutter-Bistro Gill. Genießen Sie Gerichte wie Langusten-Hummus-Salat, Brathuhn mit Auberginen-Streusel und zum Nachtisch eine Karamell-Tarte. Reservierung empfehlenswert.

ROUEN La Couronne 🏨🍽 €€€

31, pl du Vieux-Marché, 76000 📞 *02 35 71 40 90* 📠 *02 35 71 05 78*

In der ältesten französischen Herberge (1345) wird Ihnen der begabte Küchenchef einige unvergessliche Gerichte der Gourmet-Küche vorsetzen, darunter etwa *foie gras mit citron confit*, getrocknete Äpfel mit Pommeau-Sirup, Hummer-Risotto oder Ente *à la Rouennaise*. Die normannischen Käsesorten sind ein Muss.

ROUEN Restaurant Gill 🏨⛶🍴🍽 €€€€

8–9, quai de la Bourse, 76000 📞 *02 35 71 16 14* 📠 *02 35 71 96 91*

Das renommierte Restaurant liegt am Seine-Kai. Seit gut 20 Jahren brilliert hier Küchenchef Gilles Tournadre mit seinen raffinierten Gerichten, die in einem eleganten Speisesaal serviert werden. Unter den Spezialitäten: Langusten mit Tomaten-Chutney, Täubchen *à la rouennaise* und Barschfilet mit Spargel. Bemerkenswerte Weinkarte.

ST-GERMAIN-DE-TALLEVENDE Auberge St-Germain 🅿🚶🏨 €€

Place de l'Église, 14500 📞 *02 31 68 24 13* 📠 *02 31 68 89 57*

Die altehrwürdige Auberge St-Germain liegt gleich bei der Dorfkirche in dem hübschen Flecken im Département Calvados. Im Inneren erwartet Sie ein heimeliger Speisesaal mit Balkendecke und Kamin. Das Lokal ist für Familien ideal: Hier gibt es regionale Hausmacherkost, die jeden Geschmack befriedigt. Freundliches Personal.

STE-CÉCILE Le Manoir de l'Acherie 🅿🚶⛶🍽 €€

Acherie, 50800 📞 *02 33 51 13 87* 📠 *02 33 51 33 69*

Das altmodische Herrenhaus bietet auch Zimmer in einer ehemaligen Kapelle an. Hier wird mit normannischen Produkten wie Sahne, Äpfeln, Calvados und Cidre gekocht, d.h.: Schinken oder Lamm werden entweder in Calvados geschmort oder mit Cidre-Sauce serviert. Auch der Apfelkuchen wird mit Calvados flambiert. Gute Käseauswahl.

TROUVILLE-SUR-MER Régence 🅿⛶ €€€

132, bd Fernand Moureaux, 14360 📞 *02 31 88 10 71* 📠 *02 31 88 10 71*

Das hübsche Innere mit Spiegeln und Holztäfelung (19. Jh.) wurde einst von hungrigen Impressionisten gestaltet. Der freundliche Service und das erlesene Ambiente verstärken den Eindruck von Eleganz und Wertigkeit. In dem küstennahen Lokal werden Fisch und Meeresfrüchte schön dekoriert serviert.

VEULES-LES-ROSES Les Galets · P · · € € €

3, rue Victor Hugo, 76980 · 02 35 97 61 33 FAX *02 35 57 06 23*

Das traditionelle Restaurant in einem Ziegelbau liegt in der Nähe eines Kiesstrands, wie er für die Côte d'Albâtre typisch ist. Innen gibt es einen komfortablen Speisesaal, außen eine nette Terrasse. Wenn Sie Fisch mögen, ist dies das richtige Lokal für Sie (frühzeitig reservieren!). Klassische, sorgfältig zubereitete Speisen.

VILLERS-BOCAGE Les Trois Rois · P · · € € €

2, place Jeanne d'Arc, 14310 · 02 31 77 00 32 FAX *02 31 77 93 25*

Charakteristisches, normannisches Restaurant, das von einem großen Garten und Gemüsebeeten umgeben ist. Im geräumigen, eleganten Speisesaal kommen große Portionen guter regionaler Gerichte auf den Tisch, darunter Kutteln und fangfrischer Fisch. Effizienter Service.

Bretagne

AUDIERNE Le Goyen · P · · · · € € €

Place Jean-Simon, 29770 · 02 98 70 08 88 FAX *02 98 70 18 77*

In dem Hotelrestaurant am Meer wird klassisches Seafood serviert. Die delikaten Austern und Meeresfrüchte-Platten sind ein gute Wahl. Auf der Speisekarte finden sich u. a. Seeteufel auf Spinatbett mit Wermutsauce oder *coquilles St-Jacques* (Jakobsmuscheln) mit Spargel.

AURAY La Table des Marées · · · · € €

16, rue du Jeu de Paume, 56400 · 02 97 56 63 60

Küchenchef Philippe Bogaty ist ein gastronomischer Missionar, der seinen Gästen regelmäßig »Klinikaufenthalte« in seiner Küche anbietet und auf seiner Website Rezepte zugänglich macht. Die Speisekarte mit Seafood ist erstaunlich kurz, dafür täglich neu und kreativ. Das Lokal liegt in Gehweite zum Golfe du Morbihan.

BELLE-ÎLE-EN-MER La Désirade · · · · € € €

Le Petit Cosquet, 56360 · 02 97 31 70 70

Das familiengeführte Hotel mit Restaurant befindet sich in einem alten Landhaus, wenige Gehminuten vom Strand entfernt. Frischer Fisch und Meeresfrüchte stehen auf der Speisekarte ganz oben. Wenn Sie einen ganztägigen Ausflug planen, wird Ihnen gern ein Lunchpaket zubereitet. *Geschlossen: Jan–Apr.*

BREST Da Vinci · · · €

6, rue Louis Pasteur, 29200 · 02 98 46 90 90

Der Italiener ist eine willkommene Abwechslung zu den vielen Seafood-Restaurants. Er wird in Zusammenarbeit mit einem italienischen Laden der Markthalle betrieben. Frisch zubereitete Pasta. Gut ist auch der Risotto. Auswahl an italienischen Weinen. Da das Lokal bei den Einheimischen beliebt ist, sollten Sie rechtzeitig reservieren.

BREST La Fleur de Sel · · € € € €

15 bis, rue de Lyon, 29200 · 02 98 44 38 65 FAX *02 98 44 38 53*

Das moderne, helle Restaurant im Stadtzentrum ist einfach, aber komfortabel eingerichtet. Die Speisen werden sorgfältig zubereitet. Lecker: Warme Austern in Cidre-Sabayone und die *crème glacée* aus Walnüssen. Gutes-Preis-Leistungs-Verhältnis, vor allem bei den Mittagsmenüs. Der Service ist bisweilen ein bisschen steif.

CARANTEC Restaurant Patrick Jeffroy · P · · · · € € € € €

20, rue Kélénn, 29660 · 02 98 67 00 47 FAX *02 98 67 08 25*

Das Hotelrestaurant in einem Herrenhaus von 1930 gewährt einen fantastischen Blick auf den Strand von Kélénn. Hier kann man alle Arten an Schaltieren essen. Perfekte Kombination von klassischer und moderner Küche. Sehr gut: Seezunge in Cidre-Butter, Gemüseragout mit Walnussöl und Feigen-*tatin* mit Mango-Sorbet. Exzellente Loire-Weine.

CARNAC La Calypso · · P · · € € €

158, route du Pô, 56340 · 02 97 52 06 14

Das beliebte Seafood-Restaurant unter Leitung eines Chefs mit Charakter blickt auf die Austernbänke der Anse du Pô. Spezialitäten des Hauses sind Hummer oder Steak, die über einem Holzfeuer gebraten werden. Ein Auswahl an Gerichten aus fangfrischem Fisch ist ebenso erhältlich wie die üblichen Seafood-Platten. Reservierung erforderlich.

CONCARNEAU Le Petit Chaperon Rouge · · · €

7, pl Duguesclin, 29900 · 02 98 60 53 32

In der Crêperie beim Hafen herrscht das Rotkäppchen-Motiv vor mit Weidenkörben und roten Tischdecken. Hier gibt es Crêpes mit herzhaften und süßen Füllungen, etwa La Blandette (mit Ziegenkäse, Spinat, Schinken und Sahne) oder Mère Grande (mit Bananen und Honig, flambiert mit Rum).

DINAN La Mère Pourcel · · · € €

3, pl des Merciers, 22100 · 02 96 39 03 80 FAX *02 96 39 49 91*

Das Restaurant in einem gotischen Gebäude gehört zu den Wahrzeichen von Dinan. Serviert werden generöse Portionen einer saisonal ausgerichteten Gourmet-Küche. Die Karte bietet Gerichte mit hiesigem Lammfleisch neben Kabeljau mit Trüffeln. Gute Weinauswahl. Auf der Kopfsteinpflasterstraße stehen ebenfalls Tische.

GUIMILIAU Ar Chupen

43, rue de Calvaire, 29400 📞 *02 98 68 73 63*

Wenn Sie die schöne Kirche des Orts bewundert haben, sollten Sie die Straße hinuntergehen. Dort treffen Sie dann auf dieses Lokal in einem renovierten bretonischen Bauernhaus. Hier gibt es traditionelle *galettes* und Crêpes nach Wunsch. Die Auswahl an Füllungen ist riesig. Ideal für Kinder und Vegetarier. Freundliche Bedienung.

HÉDÉ L'Hostellerie du Vieux Moulin

Ancienne route de St-Malo, 35630 📞 *02 99 45 45 70* FAX *02 99 45 44 86*

Im 19. Jahrhundert war das Gebäude Teil eines Wasserwerks. Das Restaurant gewährt Aussicht auf das Schloss von Hédé und die Ruinen der alten Mühle. Besonders preisgünstig sind die Mittagsmenüs, etwa panierte Jakobsmuscheln, Langusten und köstlicher Entenbraten. Es gibt auch Gästezimmer.

LE CONQUET Le Relais de Vieux Port

1, quai Drellach, 29217 📞 *02 98 89 15 91*

Bei der Wahl Ihrer Crêpe-Füllung können Sie hier fast Ihre Füße im Wasser baden. Zu den Spezialfüllungen gehören diejenigen mit Seafood, etwa Crêpe mit Kammmuscheln oder Gambas, dazu grüner Salat. Lassen Sie noch etwas Platz im Magen für ein Dessert, etwa für Bonne Maman mit karamellisierten Äpfeln und Schlagsahne.

LORIENT Le Néptune

15, av de la Perrière, 56100 📞 *02 97 37 04 56* FAX *02 97 87 07 54*

Der Fang im nahen Fischereihafen Keroman bestimmt die Tageskarte des Restaurants. Modernes Inneres mit einigen Tischen im Wintergarten im hinteren Teil des Speiseraums. Auf der Karte findet sich – je nach Fang – flambierter Hummer oder Frikassee vom Seeteufel. Große Portionen und freundlicher Service.

MORLAIX Brasserie de l'Europe

1, rue d'Aiguillon, 29600 📞 *02 98 88 81 15*

Authentische Brasserie im Stadtzentrum neben einem Hotel gleichen Namens. Von 8 Uhr bis 21.30 Uhr gibt es durchgängig Frühstück, Sandwiches und gekochte Speisen. Im Winter kann man im Wintergarten sitzen, im Sommer auf der schönen Terrasse.

NOYAL-SUR-VILAINE Auberge du Pont d'Acigné

Le Pont d'Acigné, 35530 📞 *02 99 62 52 55*

Das Gourmet-Restaurant liegt unweit von Rennes an der Vilaine bei einer attraktiven Wassermühle. Die kreative Speisekarte richtet sich nach saisonalen Produkten. Es gibt beispielsweise Paimpol-Hummer mit Seychellennüssen. Auch die Desserts sind eine Sünde wert.

PAIMPOL L'Islandais

19, quai Morand, 22500 📞 *02 96 20 93 80* FAX *02 96 20 72 68*

Beliebte Crêperie mit Blick auf den belebten Hafen von Paimpol. Der Koch bietet eine gute Auswahl traditioneller bretonischer *galettes*. Kinder lieben die Buchweizen-Crêpes, sie sind auch eine Option für Vegetarier. Daneben gibt es Füllungen mit Schaltieren (frische Austern, Muscheln, Hummer und Langusten). Für Seafood zahlt man mehr.

PERROS-GUIREC Le Gulf Stream

26, rue des Sept-Îles 22700 📞 *02 96 23 21 86* FAX *02 96 49 06 61*

Das exzellente Hotelrestaurant mit sehr gutem Preis-Leistungs-Verhältnis bietet seinen Gästen geradezu familiäre Atmosphäre. Vom Speiseraum aus hat man einen grandiosen Blick auf die Küste. Neben Fischgerichten und Meeresfrüchten werden auch viele saisonale französische Speisen serviert. Gute Weinkarte.

PLOUBALAY Le Gare

4, rue des Ormelets, 22650 📞 *02 96 27 25 16*

Thomas Mureau, der frühere Besitzer des Fleur de Sel in St-Malo, serviert in seinem rustikalen Restaurant unkomplizierte Gerichte. Lecker sind die *brochettes de St-Jacques* an Trüffel-Vinaigrette und die warme Roquefort-Apfel-Tarte. Von den besten Tischen aus blickt man auf den hübschen Garten.

QUIBERON Le Relax

27, bd Castéro, 56170 📞 *02 97 50 12 84*

Das Lokal mit schönem Meerblick und hübschem Garten garantiert Entspannung. Es bietet eine große – saisonale – Auswahl an Fischgerichten. Ebenso erhältlich: Muscheln, Langusten, Krebse und Austern. Lecker: Sauerkraut mit Seafood. Guter Weinkeller und ein Sommelier, der sein Handwerk versteht.

QUIMPER L'Ambroisie

49, rue Elie Fréron, 29000 📞 *02 98 95 00 02*

Das Restaurant liegt am Ende einer der winzigen Gassen im Zentrum von Quimper, gleich in der Nähe der Kathedrale. Gute Gerichte aus qualitativ hochwertigen Zutaten. Empfehlenswert: Austern in Artischocken-Bouillon, Räucherlachs mit Ei in einem Buchweizen-Omelett oder der knusprige Mandelkuchen mit Erdbeeren.

RENNES Léon le Cochon

1, rue du Maréchal Joffre, 35000 📞 *02 99 79 37 54*

Beliebtes Restaurant, das sich Gerichten vom Schwein verschrieben hat. Hier gibt es noch Wurst aus Morteau und Schweinebacken auf der Karte, doch man kann auch die in Jurançon marinierte Stopfleber-Terrine, Rindfleisch- und Entengerichte sowie Fischgerichte testen. Die meisten Gerichte sind übrigens auch zum Mitnehmen.

RENNES Le Tire-Bouchon
2, rue du Chapitre, 35000 **02 99 79 43 43**

Das freundliche Restaurant bietet unprätentiöse Hausmacherkost. Makrelenpastete, Rinderschmorbraten mit Karotten sowie Reispudding stehen auf der Karte. Die Weinauswahl des Besitzers zeigt seine Präferenz für *vins naturels*. Das Lokal liegt idealerweise gleich um die Ecke vom Tourismusbüro.

ROSCOFF Le Surcouf
14, rue Amiral Révellière, 29680 **02 98 69 71 89** FAX *02 98 69 71 89*

Das Restaurant im Brasserie-Stil nahe der Kirche serviert regionale Küche. Die Tagesmenüs bieten eine große Auswahl an Speisen mit regionalen Produkten. Vorspeisenauswahl: Muscheln, Meeresschnecken, Wellhornschnecken oder ein halbes Dutzend Austern. Hauptgerichte u. a.: Hummer oder die delikate Seafood-Kasserolle.

ROSCOFF Le Temps de Vivre
17–19, pl Lacaze-Douthiers, 29680 **02 98 61 27 28** FAX *02 98 61 19 46*

Der renommierte Küchenchef Jean-Yves Crenn veranstaltet mit Gemüse wunderbare Dinge. Gleichwohl: Spezialitäten in dem Restaurant mit Meerblick sind Gerichte mit Seafood, etwa Langusten mit Artischocken-*galette*. Auch lecker: *agneau de lait* (Milchlamm) von den Monts d'Arrée. Gute Weinauswahl. Freundliches Personal.

ST-BRIEUC Amadeus
22, rue de Gouët, 22000 **02 96 33 92 44** FAX *02 96 33 92 44*

Das elegante Restaurant in einem der ältesten Gebäude der Stadt konzentriert sich auf Fisch, etwa Seebarsch mit Trüffeln, Thunfisch-Ratatouille und Seezungenfilet. Große Auswahl an verführerischen Desserts, darunter ein Amaretto-Schokoladenkuchen und bretonische Butterbiskuits mit Obst.

ST-BRIEUC L'Air du Temps
4, rue du Gouët, 22000 **02 96 68 58 40**

Ein willkommener Neuzugang in der kulinarischen Szene: Das hübsche Restaurant im Bistro-Stil hat sich schnell einen guten Ruf erworben. Im Innenraum gibt es 200 Jahre alte Steinmauern mit modernem Dekor. Die Gerichte werden im gusseisernen Kochgeschirr von Staub serviert. *Coquilles St-Jacques* werden direkt am Tisch zubereitet.

ST-MALO La Corderie
9, chemin de la Corderie, 35400 **02 99 81 62 38**

Ein Fischlokal in einem schönen alten Haus. Die Karte richtet sich nach dem, was die Fischerboote anlanden. *Coquilles St-Jacques* werden in einer Algen-Sahne-Sauce serviert. Als Fleischgericht gibt es beispielsweise Entenbrust mit Honig. Ein ruhiger Ort mit Aussicht auf die vertäuten Boote und die Tour Solidor.

ST-MALO Le Chalut
8, rue de la Corne de Cerf, 35400 **02 99 56 71 58** FAX *02 99 56 71 58*

Le Chalut ist eines der besten Lokale von St-Malo. Der Küchenchef ist auf Seafood-Gerichte spezialisiert und verwendet nur ausgewählte Produkte. Zwei Beispiele der Delikatessen: Fischplatte an Orangen-Safran-Sauce und St-Pierre (Petersfisch) mit Koriander. Gute Käseauswahl.

VANNES Table des Gourmets
6, rue Alexandre-le-Pontois, 56000 **02 97 47 52 44**

Das Restaurant gegenüber der Stadtmauer serviert leckere Mahlzeiten zu vernünftigen Preisen. Der Koch produziert aus regionalen Zutaten originelle Gerichte. Empfehlenswert: Hummer mit Pfifferlingen oder Tauben-*croustillant* mit Duftreis. Auf der Weinkarte stehen auch Bio-Weine.

VITRÉ La Taverne de l'Écu
12, rue Baudairie, 35500 **02 99 75 11 09** FAX *02 99 75 82 97*

Das Fachwerkhaus aus der Renaissance bietet zwei Speiseräume mit historischem Flair. Die Speisekarte wechselt saisonal. Testen Sie Wild mit Kastanien-Flan, Fisch in Sauerampfersauce mit Zucchinistreuseln oder die Kaninchenkeule. Dazu gibt es hausgemachtes Brot.

Loire-Tal

AMBOISE Le Choiseul
36, quai C. Guinot, 37400 **02 47 30 45 45** FAX *02 47 30 46 10*

Das elegante Hotel (18. Jh.) besitzt einen hübschen Garten, vom Speisesaal des Restaurants sieht man auf die Loire. Die ansprechende Speisekarte wechselt je nach Saison. Im Frühling gibt es etwa Kaninchen und Aprikosen-Brioche, im Sommer Zander mit Lauch-Ravioli. Gute Weine aus der Tourraine und anderen Regionen.

ANGERS Ma Campagne
14, promenade de la Reculée, 49000 **02 41 48 38 06**

Traditioneller Gasthof im Landhausstil, nur einen kurzen Spaziergang vom Stadtzentrum am Fluss Maine entlang. Die Terrasse des Hauses geht auf den Fluss hinaus. Die preisgünstigen Menüs sind ein echtes Schnäppchen. Als Nachtisch unbedingt probieren: Birne im Schokoladenmantel.

Preiskategorien *siehe S. 600* **Zeichenerklärung** *siehe hintere Umschlagklappe*

ANGERS Le Lucullus
5, rue Hoche, 49000 📞 *02 41 87 00 44* 📠 *02 41 87 00 44*

Das hübsche Restaurant ist in den Tuffstein gehauen und besitzt zwei imposante Gewölbe-Speiseräume. Den klassischen und regionalen Gerichten verleiht der Koch das gewisse Etwas. Empfehlenswert: Jakobsmuscheln in Safransauce, Flusskrebs-Spießchen und das klassische Rinderfilet mit Morcheln.

BEAUGENCY Le P'tit Bateau
54, rue du Pont, 45190 📞 *02 38 44 56 38* 📠 *02 38 46 44 37*

Das P'tit Bateau in der Nähe des Schlosses ist das attraktivste Lokal der Stadt und bei den Einheimischen beliebt. Im rustikalen Speisesaal mit Holzbalken und Kamin kommt traditionelle Küche auf den Tisch: frischer Fisch sowie saisonale Wild- und Pilzgerichte. An sonnigen Tagen kann man auch im Innenhof sitzen.

BLOIS Hôtel Restaurant Coté Loire
2, pl de la Grève, 41000 📞 *02 54 78 07 86*

Gutes, altmodisches Hotel mit Restaurant (16. Jh.) an der Loire. Die einfache, aber preiswerte Speisekarte wechselt regelmäßig. Manchmal gibt es mittags ein extra Tagesmenü. Idealer Ort für eine Rast, wenn man das Château und die benachbarten Anwesen an der Loire besichtigt.

BLOIS L'Orangerie du Château
1, av Jean Laigret, 41000 📞 *02 54 78 05 36* 📠 *02 54 78 22 78*

Das Restaurant liegt im einstigen Wintergarten des Schlosses (15. Jh.) – ein erlesenes Ambiente für die guten Speisen und den guten Wein. Auf der Speisekarte stehen regionale Gerichte, traditionell zubereitet, Lammrücken in Kräuterkruste oder Hummer-Ravioli. Gute Weinkarte mit Weinen aus der Touraine.

BOUCHEMAINE La Terrasse
4, pl Rouzebouc, 49080 📞 *02 41 77 11 96* 📠 *02 41 77 25 71*

Das Restaurant im Weiler Bouchemaine am Zusammenfluss von Loire und Maine bietet eine tolle Aussicht. Auf der Speisekarte stehen Gerichte mit frisch gefangenem Aal, Zander, Lachs und anderen Süßwasserfischen. Sie sind nach klassischer Art exzellent zubereitet, etwa *sandre au beurre blanc* (Zander in Butter). Leider gibt es keine Terrasse.

BOURGES La Courcillière
Rue de Babylone, 18000 📞 *02 48 24 41 91*

Das Lokal im Marschland am Fluss Yèvre lohnt den 20-minütigen Spaziergang vom Ortszentrum aus. Denn hier gibt es wunderbare Gerichte mit Süßwasserfischen, etwa Zanderfilet, Aal in Rotweinsauce oder köstlichen frischen Lachs. Der Speisesaal ist hell und modern eingerichtet und hat eine hübsche Terrasse. Aufmerksame Bedienung.

BOURGES Le Piet à Terre
44, bd Latiholle, 18000 📞 *02 48 67 95 60*

Der einstige Metallarbeiter und jetzige Küchenchef Thierry Finet hat sein Restaurant von Châteaumeillant in dieses schön restaurierte Bürgerhaus (18. Jh.) mit fünf Gastzimmern verlegt. Finet ist Experte bei der Verwendung von Sirup und bereitet noch immer das Gemüse aus seinem alten Garten zu. Klassische französische Küche.

BOURGUEIL Le Moulin Bleu
7, rue du Moulin-Bleu, 37140 📞 *02 47 97 73 13* 📠 *02 47 97 79 66*

Das Gebäude am Fuß der hübschen blauen Mühle besitzt zwei Speiseräume mit Gewölbedecke. Serviert werden traditionelle Gerichte. Die Küche konzentriert sich auf die Region und bietet etwa Kalbsbraten (von Kälbern aus der Touraine) mit Vouvray-Buttersauce. Gute Bourgueil-Weine. *Geöffnet: außerhalb der Saison nur Fr und Sa abends.*

BRACIEUX Le Rendez-vous des Gourmets
20, rue Roger Brun, 41250 📞 *02 54 46 03 87*

Der Gasthof wurde von Didier Doreau, dem früheren Sous-Chef des nahen Luxus-Relais komplett renoviert. Angeboten werden traditionelle und regionale Gerichte zu akzeptablen Preisen. Da das Lokal mittlerweile sehr beliebt ist, sollten Sie rechtzeitig reservieren.

CHARTRES Le Grand Monarque – Le Georges
22, pl des Épars, 28000 📞 *02 37 18 15 15* 📠 *02 37 36 34 18*

In der schönen alten Herberge (17. Jh.) liegen zwei Lokale: das Gourmet-Restaurant Le Georges und eine Brasserie, die traditionelle Gerichte serviert. Die ambitionierte Küche bietet etwa Seebarbe, Aal aus der Loire in Vinaigrette oder Jakobsmuscheln aus Erquy *à la plancha*. Ausgezeichnete Desserts. Erstklassiger Weinkeller.

CHENONCEAUX Hôtel Restaurant la Roseraie
7, rue du Docteur Bretonneau, 37150 📞 *02 47 23 90 09*

Angenehmes *hôtel de charme* (18. Jh.) in der Nähe des Château. Das traditionelle Restaurant serviert klassische französische Küche. Das Menü für 25 Euro ist preisgünstig und umfasst Angebote wie etwa Fischterrine mit Gartengemüse, Lamm-Rissolé mit Pilzen sowie eine leckere *crème caramel*.

CHINON Les Années 30
78, rue Haute St-Maurice, 37500 📞 *02 47 93 37 18* 📠 *02 47 93 33 72*

Das elegante kleine Lokal auf dem Weg zum Schloss hat einen Küchenchef, der die Speisekarte glänzen lässt. Stéphane Charles präsentiert Gerichte wie Duo von Taube und Languste mit Trüffel-Vinaigrette und *crème brûlée* mit exotischen Früchten. Gute regionale Weine.

CLISSON La Bonne Auberge   €€€€

1, rue Olivier de Clisson, 44190   📞 *02 40 54 01 90*   FAX *02 40 54 08 48*

Das komfortable Lokal im Stadtzentrum mit drei attraktiven Speiseräumen liegt in einem ehemaligen Kreuzgang mit Blick auf den Garten. Spezialitäten des Hauses sind Hummer, Seebarsch, Jakobsmuscheln mit Trüffeln und Taubenbrust. Die Nachspeisen sind eine Sünde wert. Ausgezeichnete Muscadet-Auswahl.

CONTRES La Botte d'Asperges   €€

52, rue Pierre-Henri Mauger, 41700   📞 *02 54 79 50 49*   FAX *02 54 79 08 74*

Wenn Spargelzeit ist, nimmt der hiesige Spargel einen breiten Raum auf der Speisekarte ein. Hinter der rustikalen Atmosphäre des Lokals wirkt ein Koch, der fantasievolle Gerichte zubereitet, darunter Sellerie-Mousse mit Rotem Thunfisch und als Dessert Bananen-*feuillantine*. Kleine, aber feine Weinkarte. Essen gibt es auch zum Mitnehmen.

DOUE-LA-FONTAINE Auberge de la Bienvenue   €€€

104, route de Cholet, 49700   📞 *02 41 59 22 44*   FAX *02 41 59 93 49*

Hübscher Gasthof in der hübschen»Stadt der Rosen«. Die Speisekarte bietet erstaunlich erlesene Gerichte, etwa Kalbsleber in Portwein-Pfeffer-Sauce, Terrine von *foie gras* mit Coteaux-du-Layon oder Rücken vom Aveyron-Lamm. Andere Speisen setzen auf lokale Produkte wie Zander, Flusskrebse, Lamm und Pilze.

FONTEVRAUD-L'ABBAYE La Licorne   €€€€

Allée Sainte-Catherine, 49590   📞 *02 41 51 72 49*   FAX *02 41 51 70 40*

In der Nähe der berühmten Abtei liegt dieses beliebte Restaurant mit hübscher Terrasse und elegantem Speiseraum im Louis-XV-Stil. Auf der Speisekarte: Langusten-Ravioli in Morchelsauce. Als Dessert munden Erdbeeren mit Rosenduft. Gute Saumur-Weine. Bitte reservieren Sie frühzeitig.

GENNES Auberge du Moulin de Sarré   €

Route de Louerre, 49350   📞 *02 41 51 81 32*

Nach Besichtigung der Mühle aus dem 16. Jahrhundert (die einzige, die in dieser Region noch in Betrieb ist), sollten Sie sich der Speisekarte widmen: Es gibt *fouées* (warme Windbeutel vom Mehl aus der Mühle) mit diversen Füllungen (etwa Ziegenkäse oder Enten-*rillettes*) oder fangfrische Forelle (direkt hier gefischt). Reservierung empfehlenswert.

GIEN Restaurant la Poularde   €€€€

13, quai de Nice, 45500   📞 *02 38 67 36 05*   FAX *02 38 38 18 78*

Klassisches Restaurant am Ufer der Loire, das in einem eleganten Speisesaal auf Geschirr aus Gien Traditionelles serviert. Auf der Karte finden sich Taubenbrust von der Sologne-Taube in Chinon-Wein mit Pilzen, Wolfsbarsch-Carpaccio mit Zitronen-Vanille-Aromen und Mini-Omeletts mit Passionsfrucht. In der Jagdsaison gibt es Wildbret.

LA FERTÉ-IMBAULT Auberge à la Tête de Lard   €€

13, pl des Tilleuls, 41300   📞 *02 54 96 22 32*

Das aparte, komplett renovierte Landhotel im Herzen der Sologne beherbergt ein gutes Restaurant mit traditioneller Küche. Auf der Karte stehen Wildschwein und andere saisonale Gerichte. Idealer Stopp, wenn man die Loire-Schlösser besichtigt. *Geschlossen: So abends, Mo, Di mittags.*

LAMOTTE-BEUVRON Hôtel Tatin   €€€

5, av de Vierzon, 41600   📞 *02 54 88 00 03*   FAX *02 54 88 96 73*

Das elegante Hotelrestaurant serviert Traditionelles aus frischen Zutaten der Region. Empfehlenswert: *foie gras*, Salat mit hausgemachter Pastete und warmem Ziegenkäse, Zander, Taube, Steak und natürlich die berühmte *tarte tatin* (karamellisierter, gestürzter Apfelkuchen). Gute Auswahl an Sancerre- und Cheverny-Weinen.

LANGEAIS Au Coin des Halles   €

9, rue Gambetta, 37120   📞 *02 47 96 37 25*

Das Restaurant ist eine Neueröffnung von Pascal Bouvier, dem einstigen Chef des illustren Choiseul in Amboise. Im Zen-orientierten Inneren kommt exzellente, preiswerte Kost auf den Tisch, etwa Rote Meerbarbe und Hecht aus der Loire, Lammkeule, Ente, Sardinen aus der Bretagne und *foie gras*. In der Nähe des Château de Langeais.

LE MANS Le Bistrot du Mans   €

12, rue Hippolyte Lecornué, 72000   📞 *02 43 87 51 00*

Lebhafte, traditionelle Brasserie, die schön im Stil von 1900 dekoriert ist. Die umfangreiche Speisekarte bietet Klassiker wie Lachseintopf mit Schnecken und Pilzen, Blutwurst mit karamellisierten Schalotten oder Steak in Blauschimmelkäse-Sauce. Frühstück wird bis mittags serviert. Gutes Preis-Leistungs-Verhältnis.

LE MANS Le Nez Rouge   €€

107, grande rue, 72000   📞 *02 43 24 27 26*

Charmantes Restaurant in einem Fachwerkhaus im mittelalterlichen Teil von Le Mans. Der junge Küchenchef erhielt seine Ausbildung in einigen der besten Restaurants in Frankreich und verwendet nur frischeste Produkte bei Gerichten wie Hummer oder Kalbsbries. Netter Speisesaal, über der Straße gibt es eine Terrasse. Reservieren Sie frühzeitig.

LÉMERÉ L'Auberge de Jable   €€

Le Clos de Jable, 37120   📞 *02 47 95 47 95*

Angenehmes Landrestaurant in einem großen Bauernhaus (15. Jh.) inmitten von Feldern und Weinbergen. Das Anwesen wird von einem französisch-amerikanischen Paar geführt, das hier auch *chambres d'hôtes* plant. Schickes Dekor und elegantes Essen. Kalbsbries und *foie gras* werden im Sommer draußen serviert, im Winter beim Kamin.

Preiskategorien *siehe S. 600* **Zeichenerklärung** *siehe hintere Umschlagklappe*

LES SABLES-D'OLONNE L'Affiche

21, quai Giné, 85100 📞 *02 51 95 34 74*

In dem kleinen Fischrestaurant drängeln sich abends die Gäste: exzellentes Essen, abwechslungsreiche Speisekarte und gute Weine. Versichern Sie sich, dass Sie auf dem belebten Kai im richtigen Restaurant gelandet sind – es gibt mehrere, doch dieses hier serviert die beste Seafood-Platte. Reservierung erforderlich.

MALICORNE-SUR-SARTHE La Petite Auberge

5, pl du Guesclin, 72270 📞 *02 43 94 80 52* 📠 *02 43 94 31 37*

Im Sommer kann man auf der Terrasse am Fluss dinieren und die Boote beobachten, im Winter bietet der riesige mittelalterliche Kamin einen warmen Rückzugsort. Genießen Sie die klassische Küche mit innovativen Spitzenausschlägen, etwa Jakobsmuschel-Gratin mit Räucherlachs oder mürben Rinderbraten in Rotweinsauce (Bourgueil-Weine).

MONTBAZON La Chancelière Jeu de Cartes

1, pl des Marronniers, 37250 📞 *02 47 26 00 67* 📠 *02 47 73 14 82*

Hier gibt es moderne, kreative Gerichte, die sorgfältig zubereitet werden. Das Restaurant bietet delikate, gleichwohl unkomplizierte Speisen wie Racan-Taube, serviert mit Kohl-*confit* oder Rissolé von Gambas. Gute Weinkarte mit Vouvray- und Bourgueil-Weinen.

MONTOIRE-SUR-LE-LOIR Le Cheval Rouge

Place Foch, 41800 📞 *02 54 85 07 05* 📠 *02 54 85 17 42*

Nach der Besichtigung von Kapelle und Priorei, wo der Dichter Ronsard (16. Jh.) seine letzten Jahre verbracht hat, kann man in der ehemaligen Herberge klassisch speisen. Die regionalen, sorgfältig zubereiteten Gerichte werden sowohl im Speiseraum als auch auf der schattigen Terrasse unter der 100 Jahre alten Platane serviert.

MONTSOREAU Diane de Méridor

12, quai Philippe de Commines, 49730 📞 *02 41 51 71 76* 📠 *02 41 51 17 17*

Von den Tischen aus sieht man direkt aufs Schloss, das als Kulisse für die Verfilmung der *Dame de Montsoreau* von Alexandre Dumas diente. Das Lokal in dem Städtchen oberhalb der Loire ist in den Kalkstein gehauen. Das rustikale Innere besitzt freigelegte Balken und einen Kamin. Spezialität des Hauses sind Süßwasserfisch-Gerichte.

NANTES La Cigale

4, pl Graslin, 44000 📞 *02 51 84 94 94* 📠 *02 51 84 94 95*

Die reich ornamentierte Belle-Époque-Brasserie stammt von 1895, damals verkehrten hier berühmte Schriftsteller und die Hautevolee von Nantes. Die Qualität der Küche wird dem Interieur durchaus gerecht: Austern, Lachs-Carpaccio und Rindfleisch à *la plancha* (auf einer heißen Platte zubereitet). Immer geöffnet. Riesige Weinauswahl.

NANTES Le Pressoir

11, quai de Turenne, 44000 📞 *02 40 35 31 10*

Das neue Restaurant am Kai will mehr sein als nur ein Bistro. Der junge Koch gibt den Gerichten einen interessanten Touch. Es finden sich: *foie gras* und Ochsenschwarz-Terrine, *pot au feu* von der Gans oder Steak mit Morcheln. Die Weinkarte ist sehr umfangreich, viele Weine gibt es glasweise. Reservieren Sie frühzeitig.

NANTES Les Temps Changent

1, pl Aristide-Briand, 44000 📞 *02 51 72 18 01*

Der Küchenchef verwirklicht hier seine Vision der modernen Küche. Das einladende Lokal bietet französische Qualitätsgerichte mit klassischen Zutaten und kreativer Zubereitung. Auf der Speisekarte stehen Spezialitäten wie *foie gras à la plancha* mit jungem Gemüse oder Rote Meerbarbe mit Baby-Fenchel und Tapenade. Interessante Weine.

NANTES L'Océanide

2, rue Paul Bellamy, 44000 📞 *02 40 20 32 28*

Erstklassiges Seafood-Restaurant, eines der besten in Nantes. Es wurde im Zweiten Weltkrieg – als es nicht möglich war zu reisen – wie ein Ozeandampfer ausgestattet. Es liegt in der Nähe des Talensac-Markts mit 14 Fischhändlern, zehn Metzgern und 16 *charcutiers* – hat also täglich Zugang zu den frischesten Zutaten.

ONZAIN Domaine des Hauts de Loire

Route de Herbault, 41150 📞 *02 54 20 72 57* 📠 *02 54 20 77 32*

In der früheren Jagdhütte mit eigenem Park wird Spitzenküche serviert. Küchenchef Rémy Giraud präsentiert Gerichte mit erlesenen Zutaten, etwa Eierspeisen mit Kaviar d'Aquitaine, in Montlouis-Wein geschmorter Rinderbraten und Hummer mit Noirmoutier-Kartoffeln in Curry. Klassische Weinkarte.

ORLÉANS La Dariole

25, rue Étienne Dolet, 45000 📞 *02 38 77 26 67*

Erstaunliches kleines Restaurant mit Teesalon in einem Fachwerkhaus (15. Jh.) in den engen Straßen des Stadtzentrums. Auf der alle 14 Tage wechselnden Speisekarte stehen Fisch- und Fleischgerichte, darunter Jakobsmuschel-Spieße mit Rosmarin. Ausgesprochen preisgünstig. *Geschlossen: Fr mittags.*

ORLÉANS La Terrasse du Parc

Av du Parc Floral, 45100 📞 *02 38 25 92 24*

Als das prestigeträchtige Les Antiquaires wegen Baumaßnahmen der Stadt geschlossen wurde, eröffnete der Besitzer Philippe Bardau dieses elegante Etablissement im Park. Die supermoderne Wintergartenkonstruktion bietet Panoramafenster mit Blick auf den Park sowie eine Terrasse. Edle Speisen. Reservieren Sie 48 Stunden im Voraus.

ORLÉANS La Chancellerie

27, pl du Martroi, 45000 02 38 53 57 54

Das gut besuchte Brasserie-Restaurant liegt am Hauptplatz von Orléans. Im vom Herzog von Orléans 1754 errichteten Gebäude standen zunächst die Kutschen, später wurde daraus ein Busbahnhof. Im Inneren gibt es hohe Decken, eine Marmorbar und Lederbänke. Klassisches Essen und gute Weine. Snacks und Salate sind ebenfalls erhältlich.

ROCHECORBON Les Hautes Roches

86, quai Loire, 37210 02 47 52 88 88 FAX 02 47 52 81 30

Der Speisesaal des Schlosses ist zeitgenössisch eingerichtet und dient der modernen Küche als Kulisse. Der Küchenchef ist für seine unwiderstehlichen Speisen bekannt: u. a. Jakobsmuschel-Carpaccio und Charolais-Rind, Lamm mit Auberginenkaviar, Hummer-Büfett und Soufflé Grand Marnier. Der Weinkeller bietet wunderbare regionale Weine.

SACHÉ Auberge du XII Siècle

1, rue du Château, 37190 02 47 26 88 77 FAX 02 47 26 88 21

Der Speiseraum in dem historischen Gebäude, das nur einen Steinwurf vom Musée Balzac entfernt ist, strahlt eine rustikal-heimelige Atmosphäre aus. Die Auswahl an Tagesmenüs mit klassischen Gerichten ist recht groß, beispielsweise Rührei mit Flusskrebsen und Himbeer-*feuillantine*.

SANCERRE Auberge la Pomme d'Or

Pl de la Mairie, 18300 02 48 54 13 30 FAX 02 48 54 19 22

Das kleine Restaurant in einer alten Herberge serviert Klassiker. Die wohlschmeckenden Gerichte basieren auf saisonalen Produkten aus der Region. Genießen Sie Chavignol-Ziegenkäse, Perlhuhnbrust mit Spargel oder Hecht. Dazu trinkt man ein Glas Sancerre.

SAUMUR Auberge St-Pierre

6, pl St-Pierre, 49400 02 41 51 26 25 FAX 02 41 59 89 28

Das nette Spezialitätenrestaurant liegt in einem ehemaligen Kloster in der Nähe des Schlosses. Die Gerichte sind mit Sorgfalt zubereitet, darunter das Zanderfilet oder das Hühnchen in Loire-Wein. Lassen Sie sich den hiesigen Käse bei einem Glas vollmundigem Rotwein schmecken, etwa einem St-Nicolas de Bourgueil.

SOUVIGNY-EN-SOLOGNE Auberge de la Grange aux Oies

2, rue Gâtinais, 41600 02 54 88 40 08 FAX 02 54 88 40 08

Das Restaurant befindet sich in einem Holzhaus im Zentrum des Orts, direkt gegenüber der Kirche aus dem 12. Jahrhundert. Für die klassischen Gerichte mit modernen Anklängen werden lokale Produkte verwendet. Viele wohlschmeckende Speisen wie Hühnchen mit Cognac-Aroma stehen auf der Karte.

ST-OUEN-LES VIGNES L'Aubinière

29, rue Jules Gautier, 37530 02 47 30 15 29 FAX 02 47 30 02 44

Das kleine Lokal liegt nördlich von Amboise in einem hübschen Garten, der auf den Fluss hinunterführt. Küchenchef Jacques Arrayet serviert hervorragende Gerichte, darunter Schnecken-Ravioli, mit Steinpilzen gefüllte Kalbsfüße und Mango-Crumbles mit Kiwi-Sorbet.

THOUARCÉ Le Relais de Bonnezeaux

Route Angers, 49380 02 41 54 08 33 FAX 02 41 54 00 63

Der große, angenehme Speisesaal liegt in einem alten Bahnhof mit Blick auf die Weinberge, hier werden Süßweine produziert. Die Küche bietet Gerichte aus regionalen Produkten, Spezialitäten sind z. B. Taubengerichte und vor allem in Bonnezeaux-Wein gedünsteter Aal.

TOURS L'Atelier Gourmand

37, rue Étienne Marcel, 37000 02 47 38 59 87 FAX 02 47 50 14 23

Das kleine hübsche Restaurant befindet sich in einem Gebäude aus dem 15. Jahrhundert in der Altstadt von Tours. Koch Fabrice Bironneau bietet hier unschlagbar preisgünstige Gerichte an, darunter Lauch-*clafoutis* und *parmentier* vom Schwein. Warme, anheimelnde Atmosphäre. Gute Weinauswahl.

TOURS L'Odéon

10, pl de la Gare, 37000 02 47 20 12 65

Gleich in der Nähe des Bahnhofs von Tours stößt man auf dieses Restaurant im Art-déco-Stil. Es serviert gute regionale Küche mit Gerichten wie Räucherlachs, Hummer oder Taube sowie delikate *profiteroles* aus dunkler Schokolade. Die Weinkarte ist sehr umfangreich.

TOURS L'Arche de Meslay

14, rue Ailes in Parçay Meslay, 37210 02 47 29 00 07 FAX 02 47 29 04 04

Das Restaurant mit raffinierter Küche liegt etwa neun Kilometer vom Stadtzentrum entfernt und besitzt eine sonnige Terrasse. Man kann die gesamte Küche überblicken. Beobachten Sie also den Koch bei der Zubereitung von Hummer mit Gemüsestreifen, einer *bouillabaisse tourangelle* oder von Thunfisch mit Sesamkruste.

TOURS La Rive Gauche

23, rue du Commerce, 37000 02 47 05 71 21

Das renovierte und umbenannte Restaurant war die Gault-Millau-Entdeckung des Jahrs 2009. In weniger als zwölf Monaten hat das Lokal nationale Bekanntheit erlangt. Auf der Speisekarte: Schnecken, Flusskrebse und Sahnekohl. Vernünftige Preise, das mittägliche Überraschungsmenü kostet 25 Euro.

TOURS La Roche Le Roy
P 🕴 🗎 🅣 🕼 🍽   €€€€
55, route de St-Avertin, 37000 📞 *02 47 27 22 00* FAX *02 47 28 08 39*

Das Sterne-Restaurant in einem eleganten Herrenhaus (18. Jh.) liegt am Rand der Stadt. Es serviert hochwertige klassische Küche. Spezialitäten des Hauses sind u. a. Hecht in Ingwerbrotkruste und die Racan-Taubenbrust mit *foie gras*. Gute Auswahl an Loire- und Bordeaux-Weinen.

VALAIRE L'Herbe Rouge
P 🕴 🕼   €
Le Bourg, 41120 📞 *02 54 44 98 14*

Etwas versteckt im winzigen Valaire, einige Kilometer von Chaumont-sur-Loire, liegt dieses gute Land-Bistro. Das Interieur erinnert mit seinen Plastikstühlen etwas an die 1950er Jahre, doch die Terrasse ist schön. Es gibt einfache Gerichte: Hühnchenleberpastete, *paupiette de veau* (gefüllter Kalbsbraten) und *clafoutis*. Gute regionale Weine.

VENDÔME La Vallée
P 🕴 ♿ 🕼 🍽   €€
34, rue Barré-de-St-Venant, 41100 📞 *02 54 77 29 93*

Das Restaurant bietet traditionelle Gerichte von Küchenchef Marc Georget, die dieser sorgfältig aus Zutaten der Region zubereitet. Je nach Saison finden sich Spargel aus dem Loire-Tal, Fisch aus der Bretagne und Bio-Kalbfleisch. Klassischer, rustikaler Speisesaal. Gute regionale Weine.

VIGNOUX-SUR-BARANGEON Le Prieuré
P 🕴 ♿ 🕼   €€€
2, route de St-Laurent, 18500 📞 *02 48 51 58 80* FAX *02 48 54 56 01*

Das reizende Hotelrestaurant liegt in der Nähe von Vierzon in einem Gebäude von 1862 (einst das Pfarrhaus des Dorfs). Hier wird hochwertige Gourmet-Küche serviert – im eleganten Speisesaal oder auf der überdachten Terrasse am Swimmingpool. Lassen Sie sich Zander mit Berry-Linsen und *foie gras* schmecken.

VOUVRAY La Cave Martin
🕴 🕼 🍽   €
66, vallée Coquette, 37210 📞 *02 47 52 62 18*

Das Restaurant des Weindorfs ist in den Kalksteinfelsen gehauen. Die Karte bietet Rustikales wie *andouillette* (Wurst aus Innereien), Entenbrust und Enten-*confit* sowie eine bescheidene Auswahl an Salaten. Trinken Sie am Beginn Ihres Menüs einen fruchtigen Wein, und beenden Sie das Mahl mit einem süßen Vouvray. Reservierung erforderlich.

Burgund und Franche-Comté

ARBOIS Jean-Paul Jeanet
P 🗎 🕼 🅣 🍽   €€€€
9, rue de l'Hôtel de Ville, 39600 📞 *03 84 66 05 67*

Das Hotelrestaurant im Zentrum des malerischen Arbois liegt in einem früheren Konvent. Der elegant-rustikale Speiseraum besitzt auch eine Terrasse. Die Küche von Jean-Paul Jeanet entwickelt sich ständig weiter, doch seine Gerichte sind immer mit Leidenschaft zubereitet. Traumhafte Desserts. Aufmerksames Personal.

ARNAY-LE-DUC Chez Camille
P 🕴 ♿   €€€€
1, pl Édouard Herriot, 21230 📞 *03 80 90 01 38*

Die einstige Sommerresidenz eines französischen Marschalls besitzt einen modernen Speiseraum. Serviert werden traditionelle Gerichte aus Burgund, mit dem Fokus auf Wild. Herzhafte Gerichte mit zeitgenössischem Touch. Lecker: Fasanenpastete, Hirschbraten mit Grand-Veneur-Sauce und Wildschweineintopf mit Kastanien.

AUXERRE Le Jardin Gourmand
P 🕴 ♿ 🕼   €€€€
56, bd Vauban, 89000 📞 *03 86 51 53 52* FAX *03 86 52 33 82*

Im attraktiven Speisesaal des ehemaligen Winzerhauses kommen fantasievoll-wagemutige Gerichte auf den Tisch. Empfehlenswert: Zitronen-*confit*, hausgemachte Kuttelwurst mit grünen Oliven »Guéméné« oder Kalbfleischterrine. Saisonal wechselnde Karte. Wunderbare Käseauswahl. Netter Innenhof. Frühzeitig reservieren.

AVALLON Relais des Gourmets
P 🕴 ♿ 🕼   €€
45–47, rue de Paris, 89200 📞 *03 86 34 18 90*

Traditioneller Gasthof mit zwei Speiseräumen innerhalb der Festungsmauern von Avallon. In der Salle des Oliviers mit Glasdach wachsen sogar Olivenbäume. Auf der Tageskarte werden sowohl Fleisch- als auch Fischgerichte angeboten. Immer dabei: ein vegetarisches Gericht. Das Bistro, La Salle Bourguignonne, bietet Preiswerteres.

BEAUNE La Ciboulette
🕴 🗎 ♿ 🍽   €
69, rue Lorraine, 21200 📞 *03 80 24 70 72* FAX *03 80 22 79 71*

Hübsches kleines und bei den Einheimischen beliebtes Bistro – was immer ein gutes Zeichen ist. Das simple Interieur steht in Kontrast zum hohen Niveau der Gerichte. Herzhafte Speisen, etwa Steak mit Époisses-Käse. Wahrscheinlich das preiswerteste Lokal der Stadt. Weinhändler der Gegend kommen hierher, um die exzellente Weinkarte zu testen.

BEAUNE L'Écusson
🕴 🗎 ♿ 🕼 🍽   €€€
Place Malmédy, 21200 📞 *03 80 24 03 82*

Holzböden und Eichenbalken verleihen dem Restaurant seinen rustikalen Look. Die anspruchsvollen Gerichte sind von der Persönlichkeit des Küchenchefs geprägt. Tipp: Rindfleisch-Ravioli in Meerrettichsauce, Bresse-Huhn mit Muskat an Polenta. Auf der Weinkarte stehen diverse edle Burgunder.

BEAUNE Le Bistro de L'Hôtel

🔲🍽️🍷 €€€€

3, rue Samuel Legay, 21200 ☎ *03 80 25 94 10*

Das freundliche Restaurant und das angrenzende L'Hôtel de Beaune liegen innerhalb der Stadtmauer. Die hochwertigen Zutaten stammen von regionalen Lieferanten. Saisonal wechselnde Karte, auf der die meisten Gerichte allerdings italienisch beeinflusst sind. Exzellente Weinkarte und hübsche Terrasse. Kochkurse und Weinproben im Angebot.

BEAUNE Hostellerie de Levernois

🅿️🏃‍♂️🏢♿🍽️🍷 €€€€€

Route de Cobertault, Levernois, 21200 ☎ *03 80 24 73 58* FAX *03 80 22 78 00*

Das schöne alte Herrenhaus mit Barockgarten liegt in idyllischer Landschaft. Das klassische Restaurant serviert kompromisslose Gerichte wie Risotto mit Schnecken und Froschschenkeln, geräucherte Taubenbrust, Lammkeule *de sept heures* oder über Weinreben geräucherten Lachs. Umfangreiche Weinkarte. Tadelloser Service.

BELFORT Le Pot au Feu

🔲🔲 €€

27 bis, Grand'Rue, 90000 ☎ *03 84 28 57 84* FAX *03 84 58 17 65*

Das laut-fröhliche Restaurant liegt in einem Gewölbekeller (17. Jh.) und serviert herzhafte Hausmacherkost zusammen mit modernen, fantasievollen Gerichten. Sehr gut: *pot au feu* (mit Rindfleisch und Gemüse), Kalbsnieren mit Morcheln oder Lachs-Sushi mit Wasabi-Sauce.

BONLIEU La Poutre

🅿️🏃‍♂️♿🔲 €€€

25, Grande-Rue, 39130 ☎ *03 84 25 57 77*

Der rustikale Speisesaal mit Steinwänden und Holzbalken liegt in einem Bauernhaus von 1740. Entspannte Atmosphäre bei guter Hausmacherkost, die auf regionalen Spezialitäten basiert. Serviert wird u. a. gebratene *foie gras* mit Waldfrüchten. Idealer Ort für Besucher der Cascades du Hérisson.

CHABLIS La Cuisine au Vin

🏃‍♂️♿ €€

16, rue Auxerroise, 89800 ☎ *03 86 18 98 52*

Besitzer Daniel-Étienne Defaix, der für die Entwicklung von Chablis wichtig war, hat hier ein attraktives Restaurant eröffnet, das traditionelle Gerichte mit modernem Touch serviert. Auf der Speisekarte findet man eine interessante Auswahl an Speisen, darunter Knochenschinken und Petersilienschnecken.

CHAGNY Lameloise

🅿️♿🍽️🍷 €€€€€

36, pl d'Armes, 71150 ☎ *03 85 87 65 65* FAX *03 85 87 03 57*

Lameloise ist seit über 100 Jahren in Familienhand und für seine klassischen französischen Gerichte bekannt. Hier kann man burgundische Küche vom Feinsten genießen: Taube mit *Foie-gras*-Pasta, Frikassee vom Bresse-Huhn mit Morcheln und Vanillemakronen mit Pistaziencreme. Unverfälschter Geschmack – perfekte Harmonie.

CHAINTRÉ La Table de Chaintré

🏃‍♂️🔲♿🍷 €€€€

Le Bourg, 71570 ☎ *03 85 32 90 95* FAX *03 83 32 91 04*

Das renommierte Restaurant liegt nicht weit von Mâcon entfernt. Die Speisekarte wechselt wöchentlich. Ein guter Tipp ist das *menu découverte* mit vier Hauptgängen, Käseteller und Nachtisch. Sie können natürlich auch *à la carte* bestellen, etwa Wolfsbarsch mit Schwarzwurzeln und Trüffeln. Grandiose Desserts.

CHALON-SUR-SAÔNE L'Air du Temps

🔲 €€

7, rue de Strasbourg, 71100 ☎ *03 85 93 39 01* FAX *03 85 93 39 01*

Schlicht eingerichtetes Restaurant, doch mit Düften und Farben, die den Gaumen erfreuen. Die Speisekarte mit regionalen Gerichten wechselt alle zwei Wochen. Der Koch präferiert einfache, klassische Speisen, etwa Schnecken und Kalbsfilet. Freundlicher Service.

CHAROLLES Restaurant Frédéric Doucet

🅿️🏃‍♂️♿🔲 €€€€

2, av de la Libération, 71120 ☎ *03 85 24 11 32*

Wo könnte man besser Charolais-Rind essen als in Charolles? Dieses schöne Landrestaurant bei der Dorfkirche serviert moderne Küche mit traditionellen Anklängen. Der Küchenchef bewährt sich u. a. bei Heilbutt mit Spargel oder Brasse mit Brennnesseln. Auch der Nachtisch ist liebevoll zubereitet. Gute Mâcon-Weine.

CHASSAGNE-MONTRACHET Le Chassagne

🔲🍷 €€€€€

4, impasse Chenevottes, 21180 ☎ *03 80 21 94 94* FAX *03 80 21 97 77*

Im Restaurant Chassagne sollte man unbedingt auch ein Glas Chassagne trinken. Weitere Empfehlungen: der frische Hummer, Tintenfisch-Risotto, Seezunge mit Morcheln – dazu einen guten Chardonnay – oder mit Zucchini gefüllter Lammbraten mit einem guten roten Pinot. Die gebotene Qualität ist ihren Preis wert.

CHÂTEAUNEUF La Fontaine

🅿️ €€

Châteauneuf, 71740 ☎ *03 85 26 26 87* FAX *03 85 26 26 87*

Das Lokal liegt in einer ehemaligen Weberei am Ende des Orts. Es ist im Retro-Stil ausgestattet mit einem extravaganten Mosaik in Pink und Pistazie sowie einem hübschen Brunnen. Auf der Speisekarte stehen Neuinterpretationen traditioneller Gerichte. Preisgünstige Tagesmenüs.

DIJON D'Zenvies

🔲♿🔲 €€

12, rue Odebert, 21000 ☎ *03 80 50 09 26*

Modernes Bistro bei der Markthalle, das einfache, leckere Küche serviert. Der Küchenchef gehört zur neuen Generation derer, die auf Qualität und Unverfälschtheit setzen. Empfehlenswert: *foie gras* mit Chutney, Steak mit »echter« Sauce béarnaise, Kabeljau mit Kartoffelstampf und der massive Schokokuchen. Weine gibt es auch glasweise.

Preiskategorien *siehe S. 600* **Zeichenerklärung** *siehe hintere Umschlagklappe*

DIJON Le Bistrot des Halles
`P` `≡` `&` `⊞` `€€`

10, rue Bannelier, 21000 **[** 03 80 49 94 15

Das Bistro im Stil von 1900 brummt um die Mittagszeit. Da es in Marktnähe liegt, essen hier Händler und Geschäftsleute der Gegend. Auf der Karte: Pasteten, *jambon persillé* oder *bœuf bourguignon*. Der in Dijon bekannte Küchenchef Jean-Pierre Billoux, der im Stadtzentrum ein edleres Restaurant führt, betreibt auch dieses Bistro.

DIJON Le Chabrot
`≡` `⊞` `⬚` `€€`

36, rue Monge, 21000 **[** 03 80 30 69 61 FAX 03 80 50 02 35

Das hübsche Interieur, der gesprächige Besitzer und die regionalen Spezialitäten machen das Lokal sehr beliebt. Le Chabrot bietet traditionelle Gerichte mit Pfiff, etwa Eis aus *pain d'épices* (Ingwerbrot). Es gibt eine gute Auswahl an Burgundern, einige werden glasweise ausgeschenkt.

DIJON Hostellerie du Chapeau Rouge
`≡` `T` `⬚` `€€€€`

5, rue Michelet, 21000 **[** 03 80 50 88 88

Wohl das beste Lokal Dijons. Der Küchenchef bietet seinen Gästen eine kulinarische Weltreise an, indem er etwa das Traditionsgericht Barsch mit Sojasauce serviert. Viele Gerichte zeigen asiatischen Kick. Hier wird nur qualitativ hochwertiges Fleisch verwendet, etwa Schwarzfußschweine aus Bigorre oder Bresse-Hühner. Sinnliche Desserts.

DOLE La Chaumière
`P` `⬚` `⊞` `€€€€`

346, av du Maréchal Juin, 39100 **[** 03 84 70 72 40 FAX 03 84 79 25 60

Um die Küche dieses Restaurants zu genießen, müssen Sie offen und neugierig sein. Hier werden fantasievolle, unübliche Gerichte serviert, etwa Kalbsbraten mit Mandelsauce, gefüllte Datteln, Schalotten-*confit* mit Kartoffelbutter oder Roter Thunfisch mit Wasserkresse und Oliven-Sorbet. Probieren Sie es aus. Gästezimmer vorhanden.

FONTANGY Ferme-Auberge de la Morvandelle
`P` `⬚` `&` `€€`

Précy-sous-Thil, 21390 **[** 03 80 84 33 32

Der Bauernhof ist in Betrieb und öffnet nur am Wochenende seine Tore für Gäste. Der Speisesaal liegt in einer ehemaligen Scheune und garantiert die ultimative Landerfahrung. Der Hof liefert viele Zutaten für die servierte Hausmacherkost selbst, darunter Salat mit Hühnerleber, Perlhuhn und Obstkuchen. Reservieren Sie frühzeitig.

GEVREY-CHAMBERTIN Chez Guy
`≡` `⊞` `⬚` `€€€`

3, pl de la Mairie, 21220 **[** 03 80 58 51 51 FAX 03 80 58 50 39

Kleines, nettes Lokal mit Holzbalken und einer Terrasse. Die Küche bietet einfache Gerichte wie *coq au vin* und herzhafte *joue de bœuf*, beides langsam in Rotwein geschmort. Es gibt auch Moderneres, etwa in Balsamico marinierter Thunfisch mit *piment d'Espelette*. Gute, preisgünstige Weine. Freundlicher Service.

IGUERANDE La Colline du Colombier
`P` `⬚` `&` `⊞` `€€€`

Colombier, 71340 **[** 03 85 84 07 24

Michel und Marie-Pierre Troisgros haben das alte Bauernhaus, das auf das Dorf und die Landschaft blickt, hübsch renoviert. Die Küche konzentriert sich auf die regional gezüchteten Rinder sowie Bio-Produkte. Einfache, moderne Gerichte, die mit Sorgfalt zubereitet und ebenso liebevoll im charmant-rustikalen Speiseraum serviert werden.

LONS-LE-SAUNIER Le Relais des Salines
`⬚` `€`

26, rue des Salines, 39000 **[** 03 84 49 01 57

Die Brasserie im Herzen des Jura serviert regionale Küche in einem anheimelnden Speiseraum. Es gibt ausgesprochen sättigende Gerichte mit Fleisch, Käse und Kartoffeln. Gute Salatauswahl. Chardonnays, Poulsards und Savagnins werden glasweise oder in der Karaffe ausgeschenkt.

MAGNY-COURS Absolue Renaissance
`P` `⬚` `≡` `&` `⊞` `€€`

2, rue de Paris, 58470 **[** 03 86 58 10 40

Das Restaurant in einem großen Garten mit Gemüsebeeten liegt meilenweit vom Formel-1-Zirkus entfernt. Es gibt Klassiker mit zeitgenössischem Einschlag. Hier finden Sie wohlschmeckende Jerusalem-Artischocken *vol-au-vents*, Muscheln in Curry-Sauce oder *onglet de bœuf* (Steak vom Zwerchfellstück) mit roter Zwiebelbutter.

MALBUISSON Le Bon Acceuil
`P` `⬚` `€€`

Rue de la Source, 25160 **[** 03 81 69 30 58

Das farbenfrohe Restaurant weist eine der einfallsreichsten Küchen im Haut-Doubs auf – und das auch noch zu vernünftigen Preisen. Die Speisekarte wechselt saisonal und bietet etwa Hecht in Absinth-Sauce oder Rebhuhn mit Feigen. Die Sommelière empfiehlt gute Jura-Weine. Reservierung empfehlenswert.

MONTFAUCON La Cheminée
`P` `⬚` `&` `⊞` `€€`

3, rue de la Vue des Alpes, 25660 **[** 03 81 81 17 48

Wie die Adresse schon suggeriert, ist die Alpenszenerie um das Lokal spektakulär. Der Gasthof wenige Kilometer außerhalb von Besançon besitzt einen charmant-rustikalen Speiseraum. Für die herzhaften Gerichte werden regionale Zutaten verwendet. Lecker: Kalbsnierchen in Rotweinreduktion mit Kartoffelstampf.

NEVERS Jean-Michel Couron
`≡` `⬚` `€€€€`

21, rue St-Étienne, 58000 **[** 03 86 61 19 28 FAX 03 86 36 02 96

Gepflegtes, elegantes Restaurant mit aufmerksamem Service und bemerkenswerter Küche. Hier werden beste lokale Zutaten verkocht, was sich beim Geschmack der Gerichte auswirkt, etwa bei Kalbskotelett mit Zwiebelkonfitüre an Walnuss-Risotto. Kreative Desserts. Edle Weine gibt es auch glasweise.

NITRY Auberge de la Beursaudière   P 🚶 🍴 � 🍷   €€
Chemin de Ronde, 89310 📞 *03 86 33 69 69* 📠 *03 86 33 69 60*

Hier erlebt man die Folklore im Morvan, das Personal trägt bäuerliche Tracht. Die servierten Portionen machen so richtig satt. Auf der Speisekarte finden sich *andouillette de Clamecy* (Wurst aus Innereien), Kalbsfuß, *corniotte Morvandelle* (Käsepastete), *côte de bœuf* und Tournedos. Es gibt auch Gästezimmer.

NUITS-ST-GEORGES L'Alambic   P 🚶 🍴 ♿ 🚲 🍷   €€
Rue de Général de Gaulle, 21700 📞 *03 80 61 35 00*

Das Lokal im berühmten Weindorf bietet Spektakuläres: 450 verschiedene Weine, 75 davon aus Nuits-St-Georges. Das Essen ist weniger spektakulär, sondern klassisch-burgundisch. Serviert wird es in einem Zisterzienser-Gewölbe, etwa Schneckenfrikassee, *œuf en meurette* (poschiertes Ei in Burgundersauce) oder Perlhuhnbrust in Tarragon-Sauce.

PORT LESNEY Le Bistro Pontarlier   🚶 ♿ 🚲 🍷   €€
Port Lesney, 39600 📞 *03 84 37 83 27* 📠 *03 84 73 88 88*

Das Restaurant in einem alten Schulgebäude zählt zu den besten in der gesamten Region. Es wird von den Inhabern des Luxushotels Château de Germigny geleitet, das sich ebenfalls in dem Weinort befindet. Das Preis-Leistungs-Verhältnis des Restaurants ist gut, die Atmosphäre typisch für ein Bistro.

PULIGNY-MONTRACHET La Table d'Olivier Leflaive   🍴 🚶 ♿ 🚲 🍷   €€€
Place du Monument, 21190 📞 *03 80 21 37 65* 📠 *03 80 21 33 94*

Das rustikale Restaurant in dem berühmten Weindorf heißt nach seinem Gründer, der selbst Winzer ist. Das Lokal ist auf Mittagessen im Zusammenhang mit Weinproben spezialisiert, bei denen es kalte Wurst, Bresse-Huhn und burgundischen Käse zu Weinen wie St-Aubin, Bourgogne Blanc und Puligny-Montrachet gibt. Reservierung erforderlich.

QUARRÉ-LES-TOMBES Auberge de l'Âtre   P 🚶 ♿ 🚲   €€€€
Les Lavaults, 89630 📞 *03 86 32 20 79* 📠 *03 86 32 28 25*

Das prächtige Innenleben des Restaurants im Morvan steht im Gegensatz zum einfachen Gebäude. Der Speisesaal besitzt noch einen alten Kochherd, einen *âtre*. Es gibt auch eine hübsche Terrasse. Die Küche bietet Klassisches, etwa Lammbraten mit Rosmarin und Soufflé *marc de bourgogne*.

SAULIEU Le Relais Bernard Loiseau   🚶 🍴 ♿ 🚲 🍷   €€€€€
2, rue d'Argentine, 21210 📞 *03 80 90 53 53* 📠 *03 80 64 08 92*

Nach wie vor eines der besten französischen Restaurants. Der neue Küchenchef Patrick Bertron hat, unterstützt von Madame Loiseau, die Herausforderung angenommen. Es gibt fantasievolle Interpretationen klassischer französischer Küche, etwa Jakobsmuscheln mit Trüffel-*millefeuille*. Herrliche Desserts. Umfangreiche Weinkarte.

SENS La Madeleine   P 🍴 🍷   €€€€€
1, rue Alsace-Lorraine, 89100 📞 *03 86 65 09 31* 📠 *03 86 95 37 41*

Zwei Michelin-Sterne garantieren, dass Sie hier raffinierte Küche mit besten Zutaten vorfinden. Die je nach Saison wechselnde Speisekarte enthält u. a. *foie gras* mit Cassis, Seebarsch und eine grandiose *mousse au chocolat* mit Himbeersauce. Gute Chablis- und Irancy-Weine. Reservierung erforderlich.

ST-AMOUR BELLEVUE L'Auberge du Paradis   P 🚶 ♿ 🚲   €€€
Le Plâtre Durand, 71570 📞 *03 85 37 10 26*

Die einstige Bäckerei ist nun dank des enthusiastischen Küchenchefs ein dynamisches burgundisches Restaurant. Gewagte Gewürzkombinationen führen zu aufregenden Gerichten, etwa Spargel mit Koriander-Mango-Limonen-Knoblauch-Zitronengras-Dressing. Hübscher Speiseraum mit marrokanischen Teppichen.

ST-PÈRE-SOUS-VÉZELAY L'Espérance   P 🍴 ♿ 🚲 🍷 🍷   €€€€€
St-Père-sous-Vézelay, 89450 📞 *03 86 33 39 10* 📠 *03 86 33 26 15*

L'Espérance bietet wohl das großartigste Essen in Burgund. Der elegante Speisesaal öffnet sich zu einer Terrasse mit schönem Ausblick. Marc Meneau, eines der besten französischen Kochgenies, präsentiert u. a. Hummer mit Trüffelsauce, grünen Erbsen und Morchelsuppe sowie zartesten Lammbraten (vom Quercy-Lamm). Klassische Weinkarte.

ST-ROMAIN Les Roches   🚶 🚲   €€
Place de la Mairie, 21190 📞 *03 80 21 21 63*

Kleines Hotelrestaurant am Hauptplatz, das bei Weinkennern beliebt ist. Unprätentiöse Gerichte in einem unprätentiösen Ambiente. Entspannen Sie sich bei einem Glas St-Romain Blanc zu hausgemachten Appetizern, bevor Sie sich den herzhaften Hauptspeisen zuwenden, etwa *haché parmentier* (Hackfleisch-Kartoffel-Auflauf).

TOURNUS Le Restaurant Greuze   P 🚶 🍴 ♿ 🍷   €€€€
1, rue A. Thibaudet, 71700 📞 *03 85 51 13 52* 📠 *03 85 51 75 42*

Sehr klassisch, sehr traditionell – das Restaurant legt Zeugnis von einer vergangenen Zeit ab. Doch hier kann man mit das beste Essen in Frankreich genießen, etwa Schnecken-*tatin*, Bress-Huhn oder ein saftiges Steak mit Steinpilz-Sabayone. Gute Mâcon- und Beaujolais-Weine.

VENOY Le Moulin de la Coudre   P 🚶 ♿ 🚲   €€€
2, rue des Gravottes, La Coudre, 89290 📞 *03 86 40 23 79*

Die restaurierte Mühle, nun ein Hotel mit Restaurant, liegt in der Nähe von Auxerre im Herzen des Départements Yonne. Klassische, bisweilen originelle Küche. Die saisonal ausgerichtete Speisekarte wechselt wöchentlich. Im Winter kann man vor dem Kamin sitzen, im Sommer den Blumengarten genießen.

Preiskategorien *siehe S. 600* **Zeichenerklärung** *siehe hintere Umschlagklappe*

VERDUN-SUR-LE-DOUBS L'Hostellerie Bourguignonne – Didier Denis   P 🚻 🖩 🍴   €€€€

2, av Président Borgeot, 71350 📞 *03 85 91 51 45* FAX *03 85 91 53 81*

Das Restaurant inmitten schöner Landschaft am Flussufer serviert herzhaftes, geradliniges Essen mit regionalen Zutaten. Probieren Sie das Rinderfilet vom Charolais-Rind oder den Hecht mit Vanille-Aroma an Polenta mit Comté-Käse. Ausgezeichnete Weinkarte.

VILLENEUVE-SUR-YONNE Auberge La Lucarne aux Chouettes   🚻 ♿ 🖩   €€€€

7, quai Bretoche, 89500 📞 *03 86 87 18 26* FAX *03 86 87 22 63*

Den Gasthof aus dem 17. Jahrhundert in schöner Lage am Fluss Yonne ließ die Schauspielerin Leslie Caron renovieren. Im Sommer speist man wundervoll auf der Terrasse. Der Speisesaal mit seinen Holzbalken ist anheimelnd. Auf der Karte steht Traditionelles, etwa Schnecken oder Salat von Waldpilzen.

VILLERS-LE-LAC Le France   P 🚻 🍴   €€€€

8, pl Cupillard, 25130 📞 *03 81 68 00 06* FAX *03 81 68 09 22*

Die Küche des Lokals ist kreativ-raffiniert. Der Küchenchef zieht seine Kräuter selbst im Garten nebenan, zudem bringt er Gewürze von seinen Reisen mit. Der Speisesaal ist luftig und hell. Empfehlenswert: *foie gras* mit Tamarindenemulsion, Morteau-Wurst mit Wacholder oder Kaninchen mit Honig und Ingwer. Erfrischende Sorbets.

VINCELOTTE Auberge des Tilleuls   P 🚻 🖩 🍴   €€€

12, quai de l'Yonne, 82290 📞 *03 86 42 22 13*

Die attraktive Herberge am Fluss serviert aromatische Gerichte aus Burgund und anderen Regionen. Die Gerichte enthalten Knoblauch aus Arleux, Puy-Linsen und *andouille* (Wurst aus Innereien) aus Vire. Lecker: das mit Polenta und Kräutern der Provence gefüllte Lamm. Gute Auswahl an Burgundern, vor allem Irancy-Weinen.

VONNAS Georges Blanc   P 🚻 ▤ 🍴 🍴   €€€€€

Pl Marché, 01540 📞 *04 74 50 90 90* FAX *04 74 50 08 80*

Gourmet-Tempel mit unglaublichem Service und einem Speisesaal voller Antiquitäten. Das Ambiente liegt zwischen raffiniert und rustikal. Die innovativen Gerichte von Monsieur Blanc und seinen beiden Söhnen umfassen Hühnchen mit *foie gras* und Steinbutt mit Champagner-Sabayone. Exquisite Weine.

Massif Central

ALLEYRAS Le Haut Allier   P 🚻 ▤ 🖩 🍴   €€€€

Pont d'Alleyras, 43580 📞 *04 71 57 57 63* FAX *04 71 57 57 99*

Das Hotelrestaurant in der Allier-Schlucht ist wegen seiner kreativen Küche einen Besuch wert. Die traditionellen Gerichte mit regionalen Zutaten schmecken hervorragend, etwa Lammrücken oder – exotischer gewürzt –*foie gras* mit Zitronengras und Ingwer. Die Tagesmenüs sind preisgünstig.

AUMONT-AUBRAC Restaurant Prouhèze   P 🚻 🖩 🍴 🍴   €€€€

2, route du Languedoc, 48130 📞 *04 66 42 80 07* FAX *04 66 42 87 78*

Der preisgekrönte Küchenchef verwendet frischeste Zutaten für seine elegant-ungewöhnlichen Speisen. Highlights der Karte: *foie gras* mit Feigen und Äpfeln oder Filet vom Aubrac-Rind mit Morcheln. Gute Auswahl an Languedoc-Weinen. Das Schwester-Restaurant Le Compostelle bietet preisgünstigere Hausmacherkost an.

BELCASTEL Vieux Pont   P 🚻 ▤   €€€€

Le Bourg, 12390 📞 *05 65 64 52 29*

Das einfallsreiche Restaurant liegt am einen Ende einer alten Brücke: Die Luft ist frisch, und der Fluss plätschert am stilvollen Speisesaal entlang. Moderne, anspruchsvolle Küche. Mit hochwertigen Produkten werden Gerichte wie Mont-Royal-Taube mit Steinpilzen und Lammbries auf Rucola zubereitet. Reservierung empfehlenswert.

BOUDES La Vigne   🚻 ▤ 🖩   €€

Place de la Mairie, 63340 📞 *04 73 96 55 66*

Eines der kreativsten Restaurants der Region liegt am Hauptplatz des kleinen Weinorts. Der Küchenchef geht ständig mit neuen Ideen schwanger. Die Speisekarte wechselt regelmäßig und bietet Gerichte wie Kabeljau und Mousse von Jakobsmuscheln. Sehr gute Käse- und Dessertauswahl. Gleiches gilt für die Tagesmenüs.

BOUSSAC Le Relais Creusois   🚻 🍴   €€€

40, Maison Dieu, route de la Châtre, 23600 📞 *05 55 65 02 20* FAX *05 55 65 13 60*

Lassen Sie sich nicht vom Äußeren beeindrucken – denn hier gibt es preisgekrönte Küche. Der Küchenchef holt sich seine Inspiration von nah und fern, um Speisen wie etwa Gamba-Brochette mit Mangomarmelade zu servieren. An einigen Tischen sieht man auf das Petite-Creuse-Tal. Bitte reservieren. *Geschlossen: Jan – Mitte März.*

BRIVE-LA-GAILLARDE Chez Francis   🚻 ♿ 🍴   €€

61, av de Paris, 19100 📞 *05 55 74 41 72*

Diese Retro-Kneipe, Überbleibsel eines Bistros im Pariser Stil, ist eine Briver Institution. Die generös großen Gerichte sind wohlschmeckend. Empfehlenswert: Baby-Tintenfische, Jerusalem-Artischocken oder Kalbsbraten mit Pfifferlingen und *grosses frites*. Gute Auswahl an südfranzösischen Weinen. Reservierung empfehlenswert.

CLERMONT-FERRAND Le Caveau   目 🏠   €€

9, rue Philippe Marcombes, 63000 📞 *04 73 14 07 03*

Der Eingang ist wenig einladend, doch am Ende der Treppe befindet sich ein schöner Speiseraum mit Gewölbedecke. Das Essen ist traditionell-bodenständig. Es gibt riesige Portionen vom Salers- oder Aubrac-Rind und *coq au vin* – ein Paradies für Fleischesser. Glücklicherweise sind die Desserts nicht ganz so riesig. Reservierung empfehlenswert.

CLERMONT-FERRAND Goûts et Couleurs   ♿ 🏠   €€€

6, pl Champgil, 63000 📞 *04 73 19 37 82*

Des geometrische Dekor der 1980er Jahre wird durch die Gewölbedecke der früheren Spiegelmanufaktur etwas gemildert. Die moderne, einfallsreiche Küche basiert auf Qualitätsprodukten. Gute Auswahl an Fleisch- und Fischgerichten. Nehmen Sie unbedingt ein Dessert, etwa warme Zitronen-Madeleines mit Zitrussalat und Margarita-Sorbet.

CLERMONT-FERRAND Amphitryon Capucine   目   €€€€

50, rue Fontgiève, 63000 📞 *04 73 31 38 39*

In dem kleinen Restaurant mit Holzfront können sich die Gäste an besten saisonalen Produkten erfreuen. Der Speiseraum lockt mit Kamin und Eichenbalken. Einfach-raffinierte Gerichte, etwa Schnecken-Cannelloni und marinierter Schokoladenpudding. Gute Weine aus dem Languedoc und aus der Auvergne.

COLLONGES-LA-ROUGE Auberge Le Prieuré   P 🧒 ♿ 🏠   €€

Place de l'Église, 19500 📞 *05 55 25 41 00*

Typische Herberge (18. Jh.) aus dem roten Stein der Region mit einer hübschen Terrasse. Einfache, gut zubereitete Klassiker wie Terrine von *foie gras* oder Entenbrust mit Erdbeersauce. Falls Sie in Eile sind, nehmen Sie das Menü *casse croûte*, bei dem Vorspeise und Hauptgericht gleichzeitig serviert werden.

FLORAC La Source du Pêcher   🛏 P 🧒 🏠 🍷   €€€

Rue Remuret, 48400 📞 *04 66 45 03 01* FAX *04 66 45 28 82*

Hübsches, kleines Restaurant in einer einstigen Mühle, wo Ihnen der Fisch quasi auf den Teller springt. Der Stolz der Küche sind die regionalen Zutaten. Empfehlenswert je nach Saison: Ente mit Heidelbeeren, hiesiges Lamm, Lozère-Forelle und Kastanienblütenhonig. Exzellente Auswahl von Languedoc-Weinen. *Geschlossen: Nov–Ostern.*

LAGUIOLE Michel Bras   P 🧒 目 ♿ 🍷 🍷   €€€€€

Route de l'Aubrac, 12210 📞 *05 65 51 18 20* FAX *05 65 48 47 02*

Von dem Drei-Sterne-Restaurant auf einem Hügel sieht man durch eine Glasfront auf die Landschaft von Aubrac. Michel und Sebastien Bras sind für ihre Küchenzaubereien bekannt. Ihr *biscuit tiède de chocolat coulant*, gekrönt von geeister Sahne, ist zum Niederknien. *Geschlossen: Nov–Ostern.*

LE PUY-EN-VELAY Lapierre   🍷   €€

6, rue des Capucins, 43000 📞 *04 71 09 08 44*

Entzückendes kleines Restaurant, das kreative Gerichte aus regionalen Produkten serviert. Vorspeisen u.a.: Terrine von Puy-Linsen mit Rote-Bete-Vinaigrette und warmer Salat aus Bio-Ziegenkäse. Hauptspeisen u.a.: fangfrische Forelle mit Buttersauce und Kalbsbraten mit Velay-Honig und Limonensauce.

LE PUY-EN-VELAY François Gagnaire   P 目 ♿ 🍷 🍷   €€€€

4, av Clément Charbonnier, 43000 📞 *04 71 02 75 55*

Edles Restaurant des Hôtel du Parc. Der Speisesaal ist mit Farbdrucken von Raoul Dufy geschmückt. Der Chefkoch ist ein erfahrener Meisterkoch. Er bereitet regionale Produkte auf moderne Weise zu. Empfehlenswert: Gazpacho von Puy-Linsen und Velay-Lamm mit Orangenschalen und Koriander.

LE ROUGET Hôtel des Voyageurs   🏠   €€

20, av de 15 septembre 1945, 15290 📞 *04 71 46 10 14* FAX *04 71 46 93 89*

Das Hotelrestaurant im Cantal, 25 Kilometer südwestlich von Aurillac, serviert gute traditionelle Küche. Beim preisgünstigen *menu du terroir* gibt es beispielsweise warmen Ziegenkäsesalat mit Walnüssen und Entenbrust in Heidelbeersauce. Gute Auswahl an Weinen.

LIMOGES Chez Alphonse   目   €

5, pl de la Motte, 87000 📞 *05 55 34 34 14* FAX *05 55 34 34 14*

Das gut besuchte Bistro serviert regionale Küche mit frischen Zutaten, die der Koch täglich auf dem Markt ersteht. Die Limousin-Gerichte enthalten meist Fleisch oder Fisch. Tagesmenü für nur 20 Euro. Große Käseteller und gute *mousse au chocolat*. Reservierung empfehlenswert. *Geschlossen: 27. Juli–10. Aug, 29. Dez–12. Jan; So.*

LIMOGES Chez François   目 ♿   €

Place de la Motte, 87000 📞 *05 55 32 32 79* FAX *05 55 32 87 39*

Unschlagbar preiswert und mit geselliger Atmosphäre – das Lokal in der Markthalle von Limoges hat leider nur mittags auf. Man sollte frühzeitig hingehen, um einen Platz an den großen Tischen zu ergattern (oder sich darauf einstellen, Schlange zu stehen). Gute Hausmacherkost. Täglich wechselndes Drei-Gänge-Menü.

LIMOGES L'Amphitryon   🧒 🏠 🍷 🍷   €€€€

26, rue de la Boucherie, 87000 📞 *05 55 33 36 39* FAX *05 55 32 98 50*

Schickes Esslokal im Herzen des alten Limoges. Die Gerichte sind fantasievoll zubereitet und wohlschmeckend – und werden auf Limoges-Porzellan serviert. Fast immer auf der Speisekarte: Filet vom Limousin-Rind. Die Nachtische orientieren sich dagegen am saisonalen Obstangebot.

Preiskategorien *siehe S. 600* **Zeichenerklärung** *siehe hintere Umschlagklappe*

MILLAU La Braconne
7, pl Maréchal Foch, 12100 **(** *05 65 60 30 93*

Das freundliche Restaurant mit einer Gewölbedecke aus dem 13. Jahrhundert liegt unter den Arkaden eines malerischen Platzes. Auf der attraktiven Terrasse stehen komfortable Korbstühle. Klassische Küche mit Spezialitäten wie flambierter Lammkeule. Anheimelndes Flair.

MONTLUÇON Le Grenier à Sel
10, rue Ste-Anne, 03100 **(** *04 70 05 53 79* FAX *04 70 05 87 91*

Das efeubedeckte Herrenhaus aus dem 16. Jahrhundert hat riesige Kamine und einen eleganten, pastellfarbenen Speiseraum. Bei gutem Wetter werden die Mahlzeiten auf der zauberhaften Terrasse serviert. Sehr gut: Filet vom Charolais-Rind mit Morchelpastete. Preiswerte Tagesmenüs.

MONTSALVY L'Auberge Fleurie
Place du Barry, 15120 **(** *04 71 49 20 02*

Zauberhafter efeubedeckter Gasthof mit Eichenbalken, Kamin und rustikaler Atmosphäre. Der Küchenchef legt Wert auf die attraktive Präsentation seiner Gerichte. Die Speisekarte wechselt saisonal. Spezialitäten des Hauses sind Schnecken mit Kohl und Entenbrust in Haselnusskruste.

MOUDEYRES Le Pré Bossu
Le Bourg, 43150 **(** *04 71 05 10 70* FAX *04 71 05 10 21*

Das Restaurant mit Gästezimmern lohnt den Abstecher wegen der schönen Lage und der inspirierten Küche. Viele der Kräuter und Gemüsesorten – darunter ganz ungebräuchliche, altmodische – stammen aus dem Garten. Es gibt sogar eine eigene Karte für Vegetarier, fast unglaublich in dieser Ecke Frankreichs. Nur Abendessen. *Geschlossen: Nov–Apr.*

MOULINS Le Trait d'Union
16, rue Gambetta, 3000 **(** *04 70 34 24 61*

Edel-modernes Bistro im Zentrum. Die Küche vereint Tradition und Moderne. Der junge Chefkoch hat bei einigen der besten Köche des Landes gearbeitet, zollt aber seiner Heimat Respekt mit Gerichten wie gebratene Taube, Kastanien-Mousse mit Verveine und einer köstlichen Palette an regionalem Ziegenkäse.

MURAT Le Jarrousset
Route de Clermont-Ferrand, 15300 **(** *04 71 20 10 69* FAX *04 71 20 15 26*

Das diskrete Lokal liegt inmitten attraktiver Gärten, gleich östlich von Murat. Der Küchenchef lässt sich von Top-Zutaten inspirieren, die meisten davon stammen aus der Region. Die Speisekarte wechselt saisonal und bietet viele wunderbar kreative Gerichte.

RODEZ Le Saint-Amans
12, rue de la Madeleine, 12000 **(** *05 65 68 03 18*

Le Saint-Amans ist ein altehrwürdiges Restaurant in der Nähe der Cathédrale de St-Amans. Traditionelle, gleichwohl fantasievolle Küche: *aligot* (Püree aus Kartoffeln und Cantal-Käse) mit Roquefort-Sauce sowie Kalbsbries mit Orangen-aroma. Der bezaubernde Speiseraum wird Romantiker begeistern.

ST-BONNET-LE-FROID Auberge des Cimes
Le Bourg, 43290 **(** *04 71 59 93 72* FAX *04 71 59 93 40*

Das Restaurant im Hôtel Clos des Cimes hat kürzlich seinen dritten Michelin-Stern erhalten. Je nach Saison essen Sie hier: Lammbraten, Taubenbrust mit Verveine oder aromatische Pilze – raffiniert zubereitet. Als Dessert gibt es vielleicht Bananen-Brochette mit karamellisierten Kirschen. *Geschlossen: Jan–Mitte März.*

ST-JULIEN-CHAPTEUIL Vidal
Place du Marché, 43260 **(** *04 71 08 70 50* FAX *04 71 08 40 14*

St-Julien ist ein verschlafenes Dorf, das von Bergen umgeben ist. Hier führt die Familie Vidal ein entzückendes Restaurant, das mit Wandbildern vom Landleben dekoriert ist. Empfehlenswert: mit Kalbsbries gefüllter Kapaun mit Trüffeln oder *pot au feu* mit *foie gras*. *Geschlossen: Mitte Jan–Feb.*

UZERCHE Restaurant Jean Teyssier
Rue du Pont-Turgot, 19140 **(** *05 55 73 10 05* FAX *05 55 98 43 31*

Ein Hauch von Mittelmeer im Département Corrèze. Es gibt Risotto mit riesigen Gambas, Lammbraten mit Espelette-Pfeffer oder Mini-Jakobsmuscheln und Chorizo. Aus dem Panorama-Restaurant blickt man auf die Vezère. *Geschlossen: Mitte Feb–Mitte März.*

VICHY Brasserie du Casino
4, rue du Casino, 03200 **(** *04 70 98 23 06* FAX *04 70 98 53 17*

Das Restaurant gegenüber dem Grand Casino ist eine alte Vichy-Institution. Hier speisen Sie in stilvollem Art-déco-Ambiente – viel Holz, Spiegel und Stühle mit Lehnen – edlere Brasserie-Gerichte. Im Angebot sind auch die Klassiker lauwarme *foie gras* mit Balsamico und Himbeer-Charlotte.

VICHY Jacques Decoret
15, rue du Parc, 3200 **(** *04 70 97 65 06*

Das Restaurant wird immer besser. Die einfallsreichen Gerichte werden sorgfältig zubereitet. Einige der Speisen, die das Talent des Chefkochs zeigen, sind: *foie gras* mit *choucroute* (Sauerkraut), perfekte Seebrasse in Rivesaltes und mit Kakao aromatisierte Miéral-Taube.

Rhône-Tal und Französische Alpen

ANNECY Le Belvédère
7, chemin Belvédère, 74000 ☎ *04 50 45 04 90*

P | & | �︎ | 🍴 | 🍷   €€€€€

Der neu designte Speiseraum mit komfortablen Lederstühlen hat eine hübsche Terrasse und bietet eine schöne Aussicht auf den See. Moderne Speisen mit Finesse, etwa mit Kakao aromatisierte *foie gras* und Ganache aus dunkler Schokolade mit Roter-Bete- und Himbeer-Aromen – eine Geschmacksexplosion.

BOURG-EN-BRESSE Les Quatres Saisons
6, rue de le République, 1000 ☎ *04 74 22 01 86*

🏃 | 🍷   €€

Gastliches Restaurant, das traditionelle Küche mit modernem Einschlag bietet. Der Chefkoch, ein passionierter Liebhaber des Weins und frischer Produkte, kreiert schwungvolle Gerichte wie Froschschenkel mit Balsamico, Kastanien-Soufflé mit einem *coulis* von Pflaumen. Gute Auswahl an Côtes du Rhône und Burgundern.

CHAMBÉRY Château de Candie – L'Orangerie
Rue de Bois de Candie, Chambéry le Vieux, 73000 ☎ *04 79 96 63 00* FAX *04 79 96 63 10*

P | 🚻 | �︎ | 🍴 | 🍷   €€€€€

Das Château (14. Jh.) mit viel Grundbesitz bildet die Kulisse für dieses elegante Restaurant. Klassisches und Modernes findet sich in Gerichten wie getrüffeltes Tatar von Jakobsmuscheln, Wolfsbarsch-Sashimi oder *féra* (Felchen) *Lac Léman* mit Savoyer Schinken. *Geschlossen: 2 Wochen im Apr u. 2 Wochen im Nov.*

CHAMONIX L'Impossible
9 chemin du Cry, Rte des Pélerins, 74400 ☎ *04 50 53 20 36* FAX *04 50 53 58 91*

P | 🏃 | 📋   €

Das frühere Bauernhaus in den Savoyer Alpen serviert viele Gerichte mit Käse, darunter Fondues, Gratins und *tartiflette* (Kartoffeln, Zwiebeln und Speck mit Käse überbacken). Die traditionellen Fleischgerichte wie Entrecôte oder Tournedos werden oft auch über offenem Feuer gegrillt.

CHAMONIX Les Jardins du Mont Blanc
62, allée du Majestic, 74400 ☎ *04 50 55 35 42*

P | & | 🚫 | 🍴 | 🍷   €€

Das Berghotel bietet leckere moderne Alpenküche mit besten Zutaten der Region. Der Küchenchef besinnt sich auf alte Rezepte, etwa Stockfisch, die er subtil zubereitet. Herrliche Desserts. Wenn Besuchergruppen da sind, kann es laut werden. Preiswertes Mittagsmenü.

CHAMONIX Le Hameau Albert 1er
119, impasse Montenvers, 74402 ☎ *04 50 53 05 09* FAX *04 50 55 95 48*

P | 🏃 | & | 🚫 | 🍴 | 🍷   €€€€€

Luxuriöses savoyisches Hotelrestaurant in den Bergen – mit Blick auf italienisches Gebiet. Die raffinierten Gerichte von Pierre Carrier sind eine Gaumenfreude. Der Gemüsegarten nebenan inspiriert ihn für spezielle Zubereitungen wie Steak mit Spargel, serviert mit Butter *vin jaune*, oder zu einem Mangoldgratin. Gute Käseauswahl.

COLLONGES-AU-MONT-D'OR Paul Bocuse
40, quai de la Plage, 69660 ☎ *04 72 42 90 90* FAX *04 72 27 85 87*

P | 🏃 | 📋 | & | 🚫 | 🍷   €€€€€

Eines der Lokale des weltberühmten Paul Bocuse, der die Nouvelle Cuisine »erfand«. Absolute Spitzenklasse und Gemälde auf dem Teller: die Schwarze-Trüffel-Suppe mit Pastete oder der perfekte Steinbutt mit *beurre blanc* oder auch das legendäre Hummergratin. Die Weine sind auf entsprechendem Niveau. Frühzeitige Reservierung notwendig.

COURCHEVEL Le Chabichou
Quartier des Chenus, 73120 ☎ *04 79 08 00 55* FAX *04 79 08 33 58*

P | 🏃 | & | 🚫 | 🍴 | 🍷   €€€€€

Wenn Sie die Aussicht auf die Berge genießen wollen, sollten Sie einen Fensterplatz reservieren. Le Chabichou besitzt zwei Michelin-Sterne und bietet exotisch-kreative Küche. Es ist das beliebteste Lokal des Wintersportorts. Raffiniertes Ambiente und Klassiker der alten Schule wie *croque monsieur* (»Doppeldecker«-Sandwich) mit Hummer.

ÉVIAN-LES-BAINS Histoire de Goût
1, av Général Dupas, 74500 ☎ *04 50 70 09 98*

🏃 | 📋 | 🚫   €

Restaurant und Weinbar der edleren Art. Man kann am verzinkten Tresen sitzen und aus über 200 Weinen auswählen. Der Speiseraum besitzt eine Gewölbedecke und schmiedeeiserne Lüster. Unter den preisgünstigen Menüs sind auch vegetarische Optionen – das *menu découverte* ist eine Überraschung wert.

GRENOBLE La Glycine
168, Cours Berriat, 38000 ☎ *04 76 21 95 33*

🏃 | 🚫   €€

Der rustikale Speiseraum ist mit alten Tellern und Plakaten dekoriert. Im Sommer stehen Tische unter den berühmten Blauregenranken. Der Chefkoch lebt seine Passion für Lyoner und mediterrane Küche aus, etwa bei Ravioli mit Basilikumsauce und Kabeljaufilet mit Walnüssen und Cantal-Käse.

GRENOBLE À Ma Table
92, cours Jean-Jaurès, 38000 ☎ *04 76 96 77 04* FAX *04 76 96 77 04*

📋   €€€

In dem hübsch eingerichteten Lokal wechselt die Speisekarte des Öfteren – abhängig vom Angebot der saisonalen Produkte. Die Qualität der Küche zeigt sich in Gerichten wie Froschschenkeln in Minzblättern und in Desserts wie dem auf der Zunge zergehenden Schokoladen-Ganache. Reservierung erforderlich.

Preiskategorien *siehe S. 600* **Zeichenerklärung** *siehe hintere Umschlagklappe*

GRENOBLE Le Fantin Latour · P 🗐 ⬇ 🏠 🍴 🍷 · €€€€

1, rue Général Beylié, 38000 📞 *04 76 01 00 97*

Die Präsentation in diesem schicken Restaurant ist extravagant: Aperitifs kommen auf einem Wildpflanzenbett, Wasser in »historischen« Kelchen und Desserts auf Kieselstein. Die Küche überschreitet auch beim Gebrauch von Kräutern und Gewürzen die übliche Grenze. Engagiertes Personal. Teil eines schönen *hôtel particulier.*

LA CLUSAZ L'Écuelle de Chez Auguste · 🏃 ⬇ 🏠 · €

Route des Aravis, 74220 📞 *04 50 02 42 03*

Das Restaurant liegt im Zentrum des bekannten Wintersportorts. Der Besitzer und Chefkoch bereitet Menüs mit den Produkten des Sees und der Berge. Typische Gerichte sind Auberginenkaviar, Terrine von *foie gras* und Forelle Montremont mit Steinpilzen und Bergschinken.

LAMASTRE Restaurant Barattéro · P 🏃 🏠 · €€€€

Place Seignobos, 07270 📞 *04 75 06 41 50* 📠 *04 75 06 49 75*

Lamastre ist eine hübsche Stadt im Département Ardèche. Das elegante Restaurant des Hôtel Midi liegt in einem attraktiven Garten und bietet klassische französische Küche, beispielsweise Salat von *foie gras*, Flusskrebse und Soufflé von hiesigen Kastanien. Auf der Weinkarte dominieren Tropfen aus St-Joseph und St-Péray. Frühzeitig reservieren.

LARGENTIÈRE Le Chêne Vert · P 🏃 🏠 · €€

Rocher, 7110 📞 *04 75 88 34 02*

Traditionelles Hotelrestaurant auf dem Land nahe Aubenas. Sie haben die Wahl unter Klassikern wie *foie gras* mit Feigen-*confit* oder Kaninchenbraten mit Thymian an *tartiflette Ardéchoise*. Zum Abschluss gibt es eventuell einen Fruchtsalat mit gefrorener Vanillecreme.

LE BOURGET-LE-LAC Beaurivage · P 🏃 ⬇ 🏠 · €€€

Boulevard du Lac, 73370 📞

Der charakteristische Gasthof am Ufer des Sees bietet einen Speisesaal mit Terrasse, die von Platanen beschattet wird. Klassische savoyische Küche: Hummer mit Bouillabaisse-Risotto, fangfrischer Fisch aus dem See, Lavaret (Fischart, die im Lac du Bourget endemisch ist) am Mondeuse-*coulis*.

LE GRAND-BORNAND La Ferme de Lormay · P 🏃 🏠 · €€€

Lormay, 74450 📞 *04 50 02 24 29*

Die Einheimischen nennen das hübsche Chalet im alpinen Stil »Chez Albert«. Die leckeren, savoyischen Gerichte, die hier serviert werden, reichen von Gemüsesuppe mit geräuchertem Speck bis zu Huhn mit Flusskrebsen. Zum Käseteller mit Produkten der Region trinkt man ein Glas Mondeuse.

LYON 33 Cité · P 🗐 ⬇ 🏠 · €€

33, quai Charles de Gaulle, 69006 📞 *04 37 45 45 45*

Moderne Brasserie im Stadtzentrum gegenüber der Cité Internationale. In stilvollem Interieur wird eine zeitgenössische Variation klassischer Küche serviert, etwa Thunfisch-Baguette mit Wasabi und Ingwer, Schweinerippchen von regionalen Tieren und Kalbskotelett *en cocotte*. Wein wird auch glasweise ausgeschenkt.

LYON Brasserie Georges · 🗐 ⬇ 🏠 · €€

30, cour Verdun, 69002 📞 *04 72 56 54 54* 📠 *04 78 42 51 65*

Riesiges brummendes Bistro im Zentrum mit schnellem Service und funkelndem Art-déco-Interieur. Die ebenfalls riesige Speisekarte bietet Lyoner Spezialitäten wie *andouillette* (Wurst aus Innereien) und Kartoffeln *dauphinoise*, aber auch eine ganze Reihe von Seafood-Gerichten sowie Sauerkraut und Omeletts. Ideal für Kinder und für Vegetarier.

LYON La Gargotte d'Ivan · 🏃 ⬇ 🏠 · €€

15, rue Royale, 69001 📞 *04 78 28 79 20*

Nördlich des Grand Théâtre liegt »Ivans Kantine«, ein freundliches Restaurant mit Retro-Dekor, Vergoldungen und Spiegeln an den Wänden. Der talentierte junge Koch präsentiert Anspruchsvolles zu Bistro-Preisen und originell variierte Klassiker. Kleine Auswahl an guten Weinen zu vernünftigen Preisen.

LYON L'Alexandrin · 🗐 🍷 · €€€€

83, rue Moncey, 69003 📞 *04 72 61 15 69*

Hier präsentiert der Chefkoch Lyoner Küche auf Gourmet-Niveau. Zu den perfekt zubereiteten Gerichten gehören etwa Taube mit Chorizo oder Barsch in Gewürzkruste. Die gleiche Sorgfalt lässt der talentierte Küchenmeister vegetarischen Gerichten zukommen, darunter einer Gemüse-*cocotte* mit Kastanien.

LYON Nicolas le Bec · ⬇ 🏠 🍷 · €€€€€

14, rue Grolée, 69002 📞 *04 78 42 15 00* 📠 *04 72 40 98 97*

Die Küche von Nicolas le Bec zeigt Mut zu Ungewöhnlichem, etwa in Gerichten wie Aal an *foie gras*. Man speist in elegant-zeitgenössischem Ambiente. Gute Weinkarte mit exzellenten Burgundern, allerdings nicht ganz billig. *Geschlossen: 2 Wochen im Jan u. 2 Wochen im Aug.*

MEGÈVE La Petite Ravine · P 🏃 🏠 · €

743, chemin de la Ravine, Demi-Quartier, Combloux, 74120 📞 *04 50 21 38 67*

Typisches alpines Chalet-Restaurant mit einladendem Flair. Im Winter sieht man hier oft Skifahrer, im Sommer machen Bergwanderer oft einen Zwischenstopp. Begrenzte Auswahl an Gerichten, darunter aber regionale Leckereien wie Käsefondue, *croûte* von Beaufort-Käse und Salate. Ideal für Familien.

MEGÈVE La Taverne du Mont d'Arbois   P 🏠   €€€€

3001, route Edmond de Rothschild, 74120 🔌 *04 50 21 03 53*

Das Chalet, einst eine Taverne für die Einheimischen, zieht nun die Trendsetter von Megève an. In der Küche wird nach traditionellen Rezepten gekocht, allerdings mit einem Hauch von Neuem. Köstliche Kürbissuppe mit einer Emulsion von Abondance-Käse sowie im Genfer See heimischer Fisch mit Roggenbutter.

MORZINE La Chamade   🏠 ♿ 🏠   €€

Morzine, 74110 🔌 *04 50 79 13 91* FAX *04 50 79 27 48*

Das traditionelle, familiengeführte Restaurant bietet eine große Speisekarte: Pizzas aus dem Holzkohleofen, Käseteller und regionale Gerichte wie Spanferkel und *charcuterie* (kalte Wurstplatten). Gute Auswahl an Vorspeisen, darunter Reblochon-Salat, marinierter Lachs und Salat mit Entenbrust. Zum Nachtisch gibt es Schokoladiges.

ROANNE La Troisgros   P 🏠 🍴 ♿ 🍷 🏠   €€€€€

Place Jean Troisgros, 42300 🔌 *04 77 71 66 97* FAX *04 77 70 39 77*

Das elegante La Troisgros gehört zu den renommiertesten Lokalen Frankreichs. Der Speiseraum mit seinen klaren Linien vermittelt Zen-Atmosphäre. Gastro-Genuss pur, etwa bei Rotbarben mit Tamarinde. Es gibt eine kleine Bibliothek, die auf das Thema Essen spezialisierte ist.

ST-AGRÈVE Domaine de Rilhac   P 🏠 ♿   €€€€

Rilhac, 07320 🔌 *04 75 30 20 20* FAX *04 75 30 20 00*

Das renovierte Bauernhaus liegt in einer ruhigen Ecke der Ardèche-Region. Küchenchef Ludovic Sinz interpretiert Klassiker neu. Auf der Speisekarte finden sich Delikatessen wie *foie gras* mit Sahnekartoffeln und Walnüssen oder Lammrücken mit Auberginenkaviar. Zum Abschluss vielleicht ein Schokoladen-Sorbet mit Orangen-*coulis*.

ST-ÉTIENNE La Mandragore   🏠   €€

15, rue des Martyrs de Vingré, 42000 🔌 *04 77 38 50 70*

Das Lokal liegt in einem der ältesten Gebäude des Viertels St-Jacques. Der anheimelnde Speiseraum hat Steinwände mit zeitgenössischen Drucken. Der Koch produziert mediterran beeinflusste Gerichte im Bistro-Stil. Die Karte wechselt monatlich. Da das Lokal beliebt ist, sollte man reservieren.

ST-MARTIN-DE-BELLEVILLE La Bouitte   P 🏠 🏠 🍷   €€€€€

St-Marcel, 73440 🔌 *04 79 08 96 77* FAX *04 79 08 96 03*

Das Restaurant in einem hübschen alpinen Chalet bringt interessante Gerichte mit Alpenkräutern auf den Tisch. Sehr gut sind z. B. getrüffelte Wachteln mit Artischocken. Zudem gibt es eine große Auswahl an Käsesorten und Desserts. Es werden auch Kochkurse angeboten.

TAIN L'HERMITAGE Lycée Hotelier de l'Hermitage   P   €

Rue Jean Monnet, 26600 🔌 *04 75 07 57 14*

Die Ausbildungsstätte für Köche, Bedienungen und Sommeliers liegt außerhalb des bekannten Weinorts. Die Schüler betreiben zwei Restaurants, in denen Klassiker serviert werden. Ständig wechselnde Karte, die Donnerstagabende stehen immer unter einem Thema. Die Preise schließen Aperitif und Wein ein. *Geöffnet: während des Semesters.*

TALLOIRES La Villa des Fleurs   P 🏠 🏠   €€€

Route du Port, 74290 🔌 *04 50 60 71 14* FAX *04 50 60 74 06*

Die Küche des von einem großen Grundstück umgebenen Lokals konzentriert sich auf Fisch aus dem Lac d'Annecy, der nur einen Steinwurf entfernt liegt. Lecker: Felchen *(féra)* oder pochierte Forelle. Klassiker stehen auch auf der Karte. Bei schönem Wetter kann man draußen mit Seeblick essen. Freundlicher Service. Es gibt auch Gästezimmer.

TOURNON Le Tournesol   🏠 🏠 🍷   €€

44, av Maréchal Foch, 07300 🔌 *04 75 07 08 26* FAX *04 75 07 08 26*

Fesches Restaurant beim Flussufer mit Panoramablick auf die Hermitage-Weinberge. Das Innere ist schmuck und modern eingerichtet. Der junge Koch produziert originelle Gerichte wie *foie gras* mit Feigen-Chutney oder Seebarsch in Mandelöl. Hausgemachte Nachtische. Gute Weinauswahl.

URIAGE-LES-BAINS Les Terrasses d'Uriage   P 🍽 🍷 🏠   €€€€

Place de la Déesse-Hygie, 38410 🔌 *04 76 89 10 80*

Das Restaurant in dem typischen Kurort präsentiert innovative, leicht exzentrische Gerichte. Der elegante Speiseraum in einem Gebäude aus der Zeit von Napoléon III öffnet sich zu einem hübschen Park hin. Lecker: *confit* von Entenküken auf saftiger Polenta. Wunderbare Desserts und umfangreiche Auswahl an Weinen.

VALENCE Restaurant Pic   P 🏠 🍽 ♿ 🏠 🍷 🏠   €€€€

285, av Victor Hugo, 26000 🔌 *04 75 44 15 32* FAX *04 75 40 96 03*

Edles Restaurant mit innovativer Küche in einem Luxushotel. Genießen Sie Hummer an Obst und Beeren mit Sellerie und grünem Paprika. Das unkonventionelle Etablissement strebt stets nach Perfektion und genießt einen entsprechenden Ruf. Grandiose Weine von der Rhône. Kochkurse.

VIENNE La Pyramide   P 🍽 ♿ 🏠 🍷 🏠   €€€€

14, bd Fernand Point, 38200 🔌 *04 74 53 01 96*

Typisches französisches Hotelrestaurant mit Michelin-Stern. In Küche und Speisesaal herrschen höchste Professionalität. Die auf regionalen Produkten basierenden Gerichte umfassen etwa violette Artischocken mit Gemüseravioli, Taubenbrust mit Mangold oder Hummer. Gute Auswahl an Weinen von der Rhône.

Preiskategorien *siehe S. 600* **Zeichenerklärung** *siehe hintere Umschlagklappe*

Poitou und Aquitaine

ANGOULÊME Le Terminus

3, pl de la Gare, 16000 **C** *05 45 95 27 13* FAX *05 45 94 04 09*

Schickes, modernes Restaurant, in dem das gute Essen, der prompte Service und die preisgünstigen Menüs die etwas laute Lage an der Hauptstraße ausgleichen. Fangfrisches Seafood ist der Stolz des Lokals. Bemerkenswert gut: die gemischte Fischplatte und das Seeteufel-Frikassee. Auch die Desserts sind nicht zu verachten.

ARCACHON Chez Yvette

59, bd du Général Leclerc, 33120 **C** *05 56 83 05 11* FAX *05 56 22 51 62*

Das Lokal wird von früheren Austernzüchtern geführt – was garantiert, dass hier nur fangfrisches Seafood auf den Tisch kommt. Highlights der Karte sind Neunauge *à la bordelaise* und gebratener Steinbutt. Auch die Seafood-Platten sind fast unwiderstehlich. Reservieren Sie frühzeitig.

ARCINS Le Lion d'Or

11, route de Pauillac, 33460 **C** *05 56 58 96 79*

Kleine, freundliche Dorfherberge im Herzen der Weinberge des Médoc nördlich von Margaux. Hierher kommen die Einheimischen, um die traditionelle saisonale Küche zu genießen. Das Pauillac-Lamm gehört zu den Leckerbissen im Frühling, im Herbst liegt der Akzent auf Wildbret. Es gibt keine Menüs, doch die Preise sind akzeptabel.

BORDEAUX Bistrot d'Édouard

16, pl du Parlement, 33000 **C** *05 56 81 48 87* FAX *05 56 48 51 74*

Das unprätentiöse Bistro liegt an einem der hübschesten Plätze von Bordeaux und bietet eine große Auswahl an Tagesmenüs. Kein Gourmet-Restaurant, doch das Essen ist in Ordnung – von den Salaten über die Omeletts, die vegetarischen Gerichte, den Fisch bis hin zu den regionalen Speisen. Im Sommer kann man draußen sitzen.

BORDEAUX Le Café du Musée

Musée d'Art Contemporain, 7 rue Ferrère, 33000 **C** *05 56 44 71 61* FAX *05 57 95 81 70*

Im Café des Museums für moderne Kunst kann man schön zu Mittag essen. Das zeitgemäße Dekor bildet die Kulisse für die stilvoll angerichteten Speisen. Auf der Karte: *foie gras*, Austern, Frühlingsrollen mit Entenbrust und Sashimi. Das Sonntagsbüfett lockt die Szeneleute der Stadt an. Bis 18 Uhr gibt es Kaffee, Desserts und kleine Speisen.

BORDEAUX La Tupina

6, rue Porte de la Monnaie, 33800 **C** *05 56 91 56 37* FAX *05 56 31 92 11*

Mitten im Speisesaal von La Tupina liegt die offene Feuerstelle, über der Fleisch gegrillt wird bzw. im Winter ein großer Kessel mit Suppe blubbert. Hier kann man die Spezialitäten des Bordelais kennenlernen, etwa Neunauge in Weinsauce, gegrillte Alse oder Baby-Aale in Olivenöl, mit Knoblauch und Chili. Einfache, altmodische Desserts.

CELLES-SUR-BELLE Hostellerie de l'Abbaye

1, pl des Époux-Laurant, 79370 **C** *05 49 32 93 32* FAX *05 49 79 72 65*

Das Hotelrestaurant in dem mittelalterlichen Dorf liegt sehr schön. Attraktiv ist der Garten im Innenhof. Aus der Küche kommen ansprechende Gerichte wie *filet mignon* oder – die Spezialität der Gegend – Lammbraten mit Zucchini. Freundlicher, zuvorkommender Service.

COGNAC Les Pigeons Blancs

110, rue Jules-Brisson, 16100 **C** *05 45 82 16 36* FAX *05 45 82 29 29*

Die einstige Post ist seit dem 17. Jahrhundert in Familienbesitz. Das Lokal ist für seinen exzellenten Service und die hervorragenden Gerichte und Weine bekannt. Das bei den Gästen beliebte Tagesmenü wechselt wirklich jeden Tag. Köstlich: Kalbsbries mit roter Pineau-Sauce – dazu ein Gläschen Cognac VSOP. Fabelhafte Dessertauswahl.

COULON Le Central

4, rue d'Autremont, 79510 **C** *05 49 35 90 20* FAX *05 49 35 81 07*

Das verdientermaßen beliebte Hotelrestaurant liegt im Marais. Lassen Sie sich mit so originellen Gerichten wie Austern mit gekochten Brennnesseln oder Aalgratin verwöhnen. Traditionellere Speisen sind *foie gras* oder der Lammbraten mit Unmengen an Kräutern und Knoblauch – ein absoluter Klassiker. Großzügige Portionen. *Geschlossen: Feb.*

EUGÉNIE-LES-BAINS La Ferme aux Grives

111, rue Thermes, 40320 **C** *05 58 05 05 06* FAX *05 58 51 10 10*

Dies ist das eher bodenständige Restaurant von Michel Guérards renommierten Lokalen – gleichwohl werden auch hier erlesene Speisen serviert. Die herzhaften Gerichte des Südwestens erfahren eine Neuinterpretation und bereiten neue Gaumenfreuden, etwa Austern mit Ingwer und Koriander an »chantilly« von grünem Tee.

GRENADE-SUR-L'ADOUR Pain Adour et Fantaisie

14–16, pl des Tilleuls, 40270 **C** *05 58 45 18 80* FAX *05 58 45 16 57*

Das elegante Sterne-Restaurant wird von einem Schüler von Michel Guérard geführt. Markenzeichen des Hauses ist *foie gras* von der Ente mit hiesigem *Jurançon* (Wein) und Wacholder. Die Seafood-Gerichte wechseln je nach Saison. Preisgünstiges Mittagsmenü sowie eine romantische Terrasse am Fluss.

ÎLE D'OLORON L'Ecailler · 🚶 � · €€

65, rue du Port, La Cotinière, 17310 ☎ *05 46 47 10 31*

Das Hotelrestaurant an der Westküste der Insel blickt auf den Hafen von La Cotinière. Es serviert fantastische Meeresfrüchte, inklusive Hummer aus eigener Zucht. Des Weiteren gibt es diverse Fisch- und Fleischgerichte, beispielsweise Steak mit grobem Meersalz. Auf der Terrasse und im begrünten Innenhof kann man auch speisen.

JARNAC Restaurant du Château · P 🚶 🗏 ⅙ � 🍴 🍷 · €€€

15, pl du Château, 16200 ☎ *05 45 81 07 17* FAX *05 45 35 35 71*

Das Restaurant liegt in der Nähe des Château Courvoisier im Cognac-Gebiet und ist für seine qualitative Regionalküche bekannt. Unter den Highlights: Langusten-Tatar und Jakobsmuscheln mit Mango-Vinaigrette, mit Morcheln gefülltes Perlhuhn an Auberginenkaviar und Cognac-Soufflé. Ein Cognac als Digestif kann da nicht schaden.

LA ROCHELLE Le Boute en Train · 🚶 ⅙ � · €

7, rue des Bonnes Femmes, 17000 ☎ *05 46 41 73 74* FAX *05 46 45 90 76*

In dem freundlichen, immer vollen Bistro kommen die Zutaten zum Essen vom Markt um die Ecke. Deshalb gibt es eine große Anzahl an Tagesmenüs und saisonal wechselnde Speisekarten. Glücklicherweise gehört die *mousse au chocolat* zu den Standardgerichten. Reservieren Sie rechtzeitig.

LA ROCHELLE Le Comptoir des Voyages · 🗏 � 🍴 🍷 · €€

22 rue St-Jean du Perot, 17000 ☎ *05 46 50 62 60* FAX *05 46 41 90 80*

Ein Neuauftritt der Familie Coutanceau – diesmal ein Restaurant im Kolonialstil mit Topfpalmen, Rattanstühlen und Gerichten aus aller Welt. Vorschlag für ein Menü: Starten Sie mit Carpaccio vom Roten Thunfisch an Gemüse-Tatar, gefolgt von Lammrücken in Guinness-Sauce. Als Dessert gibt es eine Schokoladen-Pizza. Einfach himmlisch.

LANGON Claude Darroze · P 🚶 ⅙ � 🍴 🍷 · €€€€

95, cours du Général-Leclerc, 33210 ☎ *05 56 63 00 48* FAX *05 56 63 41 15*

In diesem Hotelrestaurant finden Sie ein wundervolles Dekor vor – nebst dem besten Essen und dem besten Wein der Gegend. Je nach Saison erhalten Sie hier etwa einen herzhaften Eintopf mit Neunauge, Aal und Lauch und ein ganz erstaunliches Soufflé Grand Marnier – so leicht wie Luft. Weinkarte mit über 600 Weinen.

MIMIZAN Hôtel Atlantique · 🚶 · €€

38, av de la Côte d'Argent, 40200 ☎ *05 58 09 09 42* FAX *05 58 82 42 63*

Das beliebte, preisgünstige Hotelrestaurant liegt am Nordende des Strands und bietet schöne Aussicht aufs Meer. Logischerweise gibt es hier Seafood, darunter eine gute *soupe de poissons* (Fischsuppe), aber auch regionale Gastro-Highlights wie *magret de canard, confit de canard* (Entenbrust, Enten-*confit*) und Wildschweinbraten mit Pflaumen.

MONT-DE-MARSAN Didier Garbage · P 🚶 🗏 ⅙ � 🍴 🍷 · €€€€

RN 134, Uchacq-et-Parentis, 40090 ☎ *05 58 75 33 66* FAX *05 58 75 22 77*

In dem freundlichen, durchaus bodenständigen Lokal bei Mont-de-Marsan wirkt einer von Frankreichs aufstrebenden Küchenchefs. Geboten werden Highlights der Küche von Les Landes, etwa Neunauge, Süßwasser-Aale und weitere fantastische Fischgerichte neben Fleischspeisen und üppigen Desserts. Es gibt auch ein preisgünstigeres Bistro.

MONTMORILLON Le Lucullus · 🚶 🗏 ⅙ · €€

4, bd de Strasbourg, 86500 ☎ *05 49 84 09 09* FAX *05 49 84 58 68*

Traditioneller Landgasthof, wo das Essen im Vordergrund steht. Das Angebot der Speisekarte wechselt häufig und deckt eine gewisse Bandbreite ab, inklusive vegetarischer Gerichte. Empfehlenswert: Krebse an Spargel-Flan oder Schweinebraten mit *Foie-gras*-Sauce. Die angeschlossene Brasserie bietet preisgünstigeres Essen.

NIORT La Table des Saveurs · 🚶 🗏 ⅙ · €€

9, rue Thiers, 79000 ☎ *05 49 77 44 35* FAX *05 49 16 06 29*

Trotz seiner zentralen Lage und der klassischen Küche bietet das beliebte Restaurant ein ausgezeichnetes Preis-Leistungs-Verhältnis. Auch das billigste Menü umfasst drei Gänge. Der Fokus liegt auf regionalen Gerichten, was eine Dominanz von Fischgerichten bedeutet, etwa Langusten-Crumble oder Duo von Hecht und Roter Meerbarbe.

PAULLIAC Château Cordeillan-Bages · P 🚶 🗏 ⅙ � 🍴 🍷 · €€€€€

61, rue Vignerons, 33250 ☎ *05 56 59 24 24* FAX *05 56 59 01 89*

Beliebtes Restaurant mitten in den Bordeaux-Weinbergen – mit Aussicht auf den dritten Michelin-Stern. Das Pauillac-Lamm gehört zu den Markenzeichen des Hauses. Die Molekularküche hingegen bietet heißes Austern-Soufflé und knuspriges Meerwasser. Eine Orgie wert.

POITIERS Les Bons Enfants · €

11 bis, rue Cloche-Perse, 86000 ☎ *05 49 41 49 82* FAX *05 49 46 05 38*

Charmantes Lokal, das mit Klassenzimmerutensilien und alten Schulfotos dekoriert ist. Die traditionelle Küche bietet etwa Kalbsbraten mit Pfifferlingen und Schalotten oder *mousse au chocolat*. Die Portionen sind groß, der Service sehr freundlich, doch die Tische stehen etwas sehr eng beieinander. Frühzeitig reservieren.

POITIERS Le Pince Oreille · 🍷 · €€

11, rue des trois rois, 8600 ☎ *05 49 60 25 99*

Die Live-Musik – Jazz, Blues und Swing – zieht die Gäste des zentralen »Café-Konzert-Restaurants« mindestens genauso an wie das Essen und Trinken. Die Karte konzentriert sich auf Bewährtes, darunter Fleisch-, Fisch- und Gemüse, das *à la plancha* knusprig gegrillt wird. Hier werden auch Weinproben veranstaltet.

Preiskategorien *siehe S. 600* **Zeichenerklärung** *siehe hintere Umschlagklappe*

ROCHEFORT La Belle Poule 👤🔁 €€€
Route de Royan, 17300 📞 *05 46 99 71 87* FAX *05 46 83 99 77*

Das moderne Gebäude wird durch die massive Feuerstelle und viel Grün aufgewertet. Der Koch liebt Kräuter und Gewürze, was den regional inspirierten Gerichten den ultimativen Kick gibt. Favoriten: Taube mit Kohlrouladen und gebratene, mit Vanille aromatisierte Jakobsmuscheln.

ROYAN La Jabotière 👤♿🔁🍷 €€
Esplanade de Pontaillac, 17200 📞 *05 46 39 91 29* FAX *05 46 38 39 93*

Moderne Küche in einem renovierten Restaurant mit Meerblick. Köstlich: Carpaccio von Jakobsmuscheln in Limonensaft an Orangen-*confit*, Kalbsbries-Frikassee mit Süßkartoffelgratin und Apfel-Aprikosen-Soufflé. Im Sommer ist die Terrasse voller Gäste, die sich hier das ausgezeichnete, preisgünstige Mittagsmenü schmecken lassen.

SABRES Auberge des Pins 🅿️👤♿🔁🍷 €€
Route de la Piscine, 40630 📞 *05 58 08 30 00* FAX *05 58 07 56 74*

Grandioses Bauernhaus, typisch für Les Landes. Das familiengeführte Lokal besitzt einen Speisesaal mit Eichenholz, die perfekte Kulisse für die Gerichte der Regionalküche – vom frischen Spargel über frischen Fisch bis zu den Entengerichten. Hervorragend: mit *foie gras* gefülltes Täubchen. Gute Auswahl an regionalen Weinen und Armagnac.

SAINTES Relais du Bois St-Georges 🅿️👤📋♿🔁🍷 €€€€€
Parc Atlantique, 132 Cours Genêt, 17100 📞 *05 46 93 50 99* FAX *05 46 93 34 93*

Zu dem Hotel außerhalb von Saintes gehören zwei erstklassige Restaurants. Das Anwesen liegt auf einem schönen Grundstück mit Grünflächen, Tennisplatz, Pool, See, Croquet-Rasen und Pianobar. Das Gourmet-Restaurant serviert ausgezeichnetes Seafood. Das Bistro namens Table du Bois ist wesentlich billiger und bietet Regionalküche.

ST-ÉMILION L'Envers du Décor 👤♿🔁🍷 €€
11, rue du Clocher, 33330 📞 *05 57 74 48 31* FAX *05 57 24 68 90*

In dem hübschen kleinen Bistro mit Weinbar sitzen Weinbauern und Besucher Schulter an Schulter. Auf der Karte findet sich das Übliche – von Salaten und Omeletts bis zu edleren, regionalen Spezialitäten. Auf der Tafel stehen die Tagesgerichte angeschrieben. Das Bistro hat für seine gute Weinkarte den ersten Preis (in seiner Klasse) gewonnen.

ST-MARTIN-DE-RÉ La Baleine Bleue 👤♿🔁🍷 €€
Quai Launay Razilly, Ilot du Port, 17410 📞 *05 46 09 03 30* FAX *05 56 09 30 86*

Das renommierte Restaurant am Hafen bietet allerfrischesten Fisch. Die Speisekarte wechselt täglich, sie richtet sich nach dem Fang des Tages. Normalerweise aber im Angebot: Carpaccio von Jakobsmuscheln, hausgemachter Räucherlachs und Kabeljau mit Limonen-*confit*. Dessert-Tipp: Feigen mit Gewürzeis. *Geschlossen: Jan.*

TALMONT L'Estuaire 🅿️👤🔁 €
1, av de l'Estuaire, 17120 📞 *05 46 90 43 85*

Das Restaurant an der Mündung der Gironde liegt in der Nähe des historischen Talmont und seiner sehenswerten Kirche auf einer Klippe. Auf der Speisekarte stehen traditionelle Seafood-Gerichte. Es gibt eine Bar, einen Teesalon und ein Hotel mit sieben Zimmern

Périgord, Quercy und Gascogne

AGEN Mariottat 🅿️👤📋♿🔁🍷 €€€€
25, rue Louis-Vivent, 47000 📞 *05 53 77 99 77* FAX *05 53 77 99 79*

Das elegante Restaurant liegt etwas versteckt in einer Nebenstraße. Erst im Inneren enthüllt das Bürgerhaus (19. Jh.) seinen Glanz mit Lüstern, die von hohen Decken hängen. Das Entengericht *assiette tout canard* gehört zu den Highlights des Lokals. Daneben gibt es Kreationen mit den berühmten Agen-Pflaumen und anderem Sommerobst.

ALBI Le Jardin des Quatre Saisons 🅿️👤📋♿🔁🍷 €€
19, bd de Strasbourg, 81000 📞 *05 63 60 77 76* FAX *05 63 60 77 76*

Ein Gourmet-Restaurant, das Sie nicht arm machen wird. Hier gibt es nur drei Menüs, jedes allerdings mit einer Auswahl an Gängen. Le Jardin des Quatre Saisons orientiert sich stark an den Angeboten der Saison, doch zu den Dauerbrennern zählen verschiedene Varianten von *foie gras*, gebratene Wildtaube und *pot au feu* von Seafood.

ALBI Le Vieil Alby 👤🔁 €€
23–25, rue Toulouse-Lautrec, 81000 📞 *05 63 38 28 23*

Das freundliche, preisgünstige Hotelrestaurant ist der richtige Ort, um die regionalen Spezialitäten zu testen, etwa Rettichsalat mit Schweineleber, *cassoulet* (Fleischragout mit weißen Bohnen) oder *tripes* (Kutteln) nach Albi-Art. Die Desserts sind hausgemacht. Bei warmem Wetter kann man im Innenhof speisen, er besitzt ein verschiebbares Dach.

AUCH Le Papillon 👤📋🔁 €€
Carrefour de l'Arçon »Au Petit Guilhem«, Montaut-les-Creneaux, 32810 📞 *05 52 65 51 29*

Von diesem Restaurant aus kann man schöne Verdauungsspaziergänge machen. Es liegt in einem kleinen Dorf nordöstlich von Auch. Sie können zwischen vier Tagesmenüs wählen oder à la carte bestellen. Empfehlenswert: *cassoulet* (Fleischragout mit weißen Bohnen), *foie gras* sowie das Seafood. Kleiner Garten mit Kinderschaukeln.

BERGERAC La Flambée

Route de Périgueux, 49, av Marceau-Fevry, 24100 05 53 57 52 23

Je nachdem, welches der drei Menüs Sie wählen, können Sie geräucherten Hering, Räucherlachs, Austern, *foie gras* oder Mango-Avocado-Salat als Vorspeise genießen. Ein empfehlenswertes Hauptgericht ist das Lamm-Curry. Unter den Desserts ist Apfelstreuselkuchen. Das Lokal liegt in einem Hotel mit Swimmingpool.

BRANTÔME Les Frères Charbonnel

57, rue Gambetta, 24310 05 53 05 70 15 FAX 05 53 05 71 85

Das Restaurant im Hôtel Chabrol genießt wegen seiner raffinierten Regionalküche und des exzellenten Service einen entsprechenden Ruf. Die schwarzen Périgord-Trüffeln veredeln jedes Omelett und auch die Spezialität des Hauses: *vol-au-vent* vom Zander (Zanderpastete). Es gibt eine Terrasse zum Fluss hin. *Geschlossen: Feb.*

BRANTÔME Le Moulin de l'Abbaye

1, route de Bourdeilles, 24310 05 53 05 80 22 FAX 05 53 05 75 27

Schlemmen wie Gott in Frankreich bei *foie gras* von der Ente, in Walnusslikör pochiert, oder gebratenem Täubchen mit Mandelöl und Jamaika-Pfeffer. Zum Dessert vielleicht ein Erdbeer-Gratin mit weißer Schokolade. Zauberhaftes Ambiente und unschlagbarer Service. *Geschlossen: Nov–Apr.*

CAHORS Auberge du Vieux Cahors

144, rue St-Urcisse, 46000 05 65 35 06 05

Der Gasthof (15. Jh.) im historischen Zentrum von Cahors setzt auf regionale Küche. Auf der Speisekarte: *foie gras* von der Ente, Rindfleisch-Carpaccio mit Trüffeln, Burgunder Schnecken sowie eine große Anzahl von Fischgerichten. Auf der Terrasse gibt es einige wenige Tische.

CAHORS Le Balandre

5, av Charles-de-Freycinet, 46000 05 65 53 32 00 FAX 05 65 53 32 26

Wenn Sie in Cahors gut essen gehen wollen, sollten Sie das Restaurant im Hôtel Terminus aufsuchen. Hier wird in einem Dekor aus den 1930er Jahren die edlere Küche des Quercy serviert, etwa Quercy-Lamm in Wacholderbeerensaft. Auch lecker: Enten-Cannelloni mit Walnuss-*rillette*. Gute Auswahl an hiesigen Weinen.

CASTRES Café du Pont

Les Salvages, 81100 05 63 35 08 21

Les Salvages liegt etwa sechs Kilometer nordöstlich von Castres – auf dem Weg zu den Felsformationen von Sidobre. Das Restaurant am Ufer des Flusses Agout hat eine schattige Terrasse. Saisonale und regionale Gerichte dominieren die Speisekarte. Im oberen Stockwerk gibt es fünf Zimmer.

CHAMPAGNAC-DE-BELAIR Le Moulin du Roc

Champagnac-de-Belair, 24530 05 53 02 86 00 FAX 05 53 54 21 31

Die beiden Vorzüge des Gourmet-Lokals: romantische Lage am Wasser und erstklassige Küche. Das Mittagsmenü (außer sonntags) bietet ein sehr gutes Preis-Leistungs-Verhältnis. Empfehlenswert: geeiste Gartenkräutersuppe und Perlhuhnbrust mit *foie gras* – um nur zwei der superben Gerichte zu nennen.

CONDOM La Table des Cordeliers

1, rue des Cordeliers, 32100 05 62 68 43 82 FAX 05 62 28 15 92

Moderne Küche, die Top-Produkte der Region verwendet. Das Restaurant liegt im Kreuzgang eines Konvents aus dem 13. Jahrhundert. Genießen Sie je nach Saison: Steinpilz-*tartelette*, wunderbare Entenbrust und Apfel an geeistem Nougat mit Pflaumen. Gute Auswahl an regionalen Weinen und Armagnacs.

CORDES-SUR-CIEL Bistrot Tonin'ty

Hostellerie du Vieux Cordes, Haut de la Cité, 81170 05 63 53 79 20

Eines von mehreren Hotelrestaurants im mittelalterlichen Cordes. Dieses wird vom Meister-Pâtissier Yves Thuriès betrieben. Es gibt einen zauberhaften Innenhof mit altem Glyzinenbewuchs. Im Sommer stehen auch Tische auf der Terrasse mit Blick über das Tal. Die Karte konzentriert sich auf Lachs- und Entengerichte.

DOMME L'Esplanade

Le Bourg, 24250 05 53 28 31 41 FAX 05 53 28 49 92

Das Hotelrestaurant lockt die Gäste mit freundlichem, effizientem Service, schön angerichteten Speisen und einer grandiosen Aussicht auf das Dordogne-Tal. Reservieren Sie einen Platz am Fenster oder auf der Terrasse. Spezialitäten des Hauses: Gänsebrust mit Ingwer und die delikate Schokoladen-Trilogie.

FIGEAC La Cuisine du Marché

15, rue Clermont, 46100 05 65 50 18 55 FAX 05 65 50 18 55

Das attraktive Restaurant in einem ehemaligen Weinkeller im mittelalterlichen Kern von Figeac ist stolz darauf, nur frischeste Zutaten zu verwenden. Allein die Fischgerichte sind sternverdächtig. Es gibt auch viele regionale Speisen sowie diverse Klassiker, die alle in der einsehbaren Küche zubereitet werden. Die Tagesmenüs sind preisgünstig.

FOURCES Château de Fources

32250 05 62 29 49 53

Fources ist eines der hübschesten Dörfer der Gascogne. Sein Renaissance-Château am Fluss ist nun ein Hotel mit Restaurant. In Letzterem speist man in einem schönen Speisesaal mit Steinwänden oder an schattigen Tischen im Freien. Das Hotel bietet feudale Zimmer, einige mit Himmelbetten.

Preiskategorien *siehe S. 600* **Zeichenerklärung** *siehe hintere Umschlagklappe*

FRANCESCAS Le Relais de la Hire 🏃🏠🍴♿ €€€€

11, rue Porte-Neuve, 47600 ☎ 05 53 65 41 59 FAX 05 53 65 86 42

Der Küchenchef des edlen Dorflokals in der Nähe von Nérac schöpft mit vollen Händen aus dem eigenen Kräutergarten. Seine Kreationen, die auch essbare Blumen enthalten, sind ein Fest für die Sinne. Himmlisch: Artischocken-Soufflé mit *foie gras* oder orientalisch aromatisierter Steinbutt mit karamellisierten Zwiebeln. Grandiose Desserts.

GAILLAC Les Sarments 🏃♿🍴 €€€

27, rue Cabrol, 81600 ☎ 05 63 57 62 61 FAX 05 63 57 62 61

Der einstige Weinkeller mit Gewölbe und Holzbalken (14. Jh.) liegt im Herzen des alten Gaillac und bietet die angemessene Kulisse für die schön angerichteten, fantasievoll-traditionellen Gerichte. Insbesondere die Nachspeisen sind köstlich. Übrigens: Hier werden die hiesigen Weine zu erschwinglichen Preisen ausgeschenkt.

ISSIGEAC La Brucelière 🏠 €€

Place de la Capelle, 24560 ☎ 05 53 73 89 61

Das traditionelle Lokal in dem charmanten Dorf (15 km von Bergerac) liegt in einer einstigen Poststation. Die Karte favorisiert regionale Produkte, mit Schwerpunkt auf Seafood wie Hummer und Langusten. Die Gerichte sind leicht exotisch, die Atmosphäre ist entspannt. Große beschattete Terrasse mit Blick auf den Garten.

LACAVE Le Pont de l'Ouysse 🏠🛏♿🏠🍴♿ €€€€€

Le Pont de l'Ouysse, 46200 ☎ 05 65 37 87 04 FAX 05 65 32 77 41

Das schicke Restaurant mit Gästezimmern ist nicht weit von Rocamadour entfernt. Es liegt am Fluss, unterhalb einem imposanten Felsen. Zu essen gibt es Variationen regionaler Gerichte, etwa *pot au feu* mit Entenleber und Paimpol-Bohnen. Die Mittagsmenüs sind preiswert – doch das Abendessen unter Bäumen ist einfach romantisch.

LES EYZIES-DE-TAYAC Le Vieux Moulin 🅿🏃🏠🍴♿ €€€

2, rue du Moulin-Bas, 24620 ☎ 05 53 06 94 33 FAX 05 53 06 98 06

Preiswerte Küche in einer alten Mühle aus dem 17. Jahrhundert. Man kann das Angebot des Hauses im rustikalen Innendekor des Speisesaals oder im Blumengarten am Fluss goutieren. Probierenswert: Schnitzel von *foie gras* in Trüffelsauce, Trüffel-Risotto, gefolgt von Tauben-Kasserolle. *Geschlossen: Nov–Apr.*

MANCIET La Bonne Auberge 🅿🏃🏠🍴♿ €€

Place du Pesquerot, 32370 ☎ 05 62 08 50 04 FAX 05 62 08 58 84

Das kleine Hotelrestaurant ist schon seit 40 Jahren in Familienhand und bietet kreative südwestfranzösische Küche. Empfehlenswert: die Platte mit regionalen Spezialitäten (sie ist eine gute Einführung in die Küche der Gascogne). Die Karte wechselt regelmäßig. Es gibt eine imposante Auswahl an Armagnacs – einige sind über 100 Jahre alt.

MARMANDE Le Moulin d'Ane 🅿🏃♿🏠 €€

Virazeil, 47200 ☎ 05 53 20 18 25

Die restaurierte Wassermühle (18. Jh.) in der Nähe von Marmande serviert beständig gute saisonale Küche. Die typisch südwestfranzösischen Gerichte umfassen saftige Braten vom Aquitaine-Rind, zarte Entenbrust und Apfel-Tarte mit Armagnac. Versuchen Sie unbedingt die saftigen Marmande-Tomaten.

MONBAZILLAC La Tour des Vents 🅿🏃🏠 €€€

Moulin de Malfourat, 24240 ☎ 05 53 58 30 10 FAX 05 53 58 89 55

Wenn Sie einen Platz am Fenster oder auf der Terrasse buchen, sehen Sie aufs Dordogne-Tal – bis nach Bergerac. Die Karte bietet Regionales, etwa *foie gras* und Entengerichte, aber auch Seafood. Es gibt zudem einige vegetarische Gerichte. Genießen Sie ein Glas des süßen Monbazillac zu *foie gras* oder zum Nachtisch. *Geschlossen: Jan.*

MONTAUBAN Au Fil de l'Eau €€€

14, quai de Dr. Lafforgue, 82000 ☎ 05 63 66 11 85 FAX 05 63 91 97 56

Das alte Gebäude am Fluss beherbergt ein modernes Restaurant. Auf der Speisekarte stehen traditionelle Gerichte wie gebratene *foie gras* mit Ingwerbrot, *omelette aux truffes* und junge Ente in Rotweinsauce. Gute Auswahl an regionalen Weinen.

PÉRIGUEUX Le Clos Saint-Front 🏠🛏🏠🍴 €€

5, rue de la Vertu, 24000 ☎ 05 53 46 78 58 FAX 05 53 46 78 20

Für das renommierte Restaurant nahe dem Prähistorischen Museum von Périgueux ist eine Reservierung erforderlich. Die preiswerte, kreative Küche kann man im ruhigen Innenhof genießen. Je nach Saison gibt es etwa Lammbraten mit Rosmarin oder Seezunge mit Zwiebel-Thymian-Zitronen-Kompott.

PÉRIGUEUX L'Essentiel 🏠🛏🏠🍴 €€

8, rue de la Clarté, 24000 ☎ 05 53 35 15 15 FAX 05 53 35 15 15

Auch in diesem Restaurant im Stadtzentrum sollte man besser reservieren. Die leuchtenden Farben des Speiseraums passen gut zur südwestfranzösischen Küche. Köstlich ist etwa *foie gras* mit Gnocchi. Zum Lokal gehört auch ein hübscher kleiner Garten. Die Weinkarte listet über 100 Weine auf.

PUJAUDRAN Le Puits St-Jacques 🅿🏃🛏🏠🍴♿ €€€

Place de la Mairie, 32600 ☎ 05 62 07 41 11 FAX 05 62 07 44 09

Das Sterne-Restaurant setzt Gourmet-Träume in Realität um: gebratene *foie gras* mit Ingwerbrot oder Braten vom Limousin-Rind mit Schalotten-*confit*. Wenn man sich an das Tagesmenü hält, ist das Lokal auch nicht überteuert. Die Anmutung ist eher rustikal-schick mit roten Ziegelwänden. Netter Innenhof.

PUJOLS La Toque Blanche   P 🏃 🗐 ♿ 🍴   €€€

Pujols, 47300 📞 05 53 49 00 30

Renommiertes Gourmet-Restaurant in einem mittelalterlichen Dorf zwischen Agen und Villeneuve-sur-Lot. Am schönsten speist man im klimatisierten Wintergarten mit Rundumaussicht. Die saisonal wechselnde Karte basiert auf regionalen Produkten. Zum Dessert gibt es selbst gemachtes Eis und Sorbets. Angeschlossenes Hotel.

PUYMIROL Les Loges de l'Aubergade   P 🏃 🗐 ♿ 🍴 🍷 🍴   €€€€€

52, rue Royale, 47270 📞 05 53 95 31 46 **FAX** 05 53 95 33 80

Das renommierte Restaurant liegt in einem mittelalterlichen Gebäude auf einem Hügel. Hier wirkt Michel Trama mit seiner Küchenkunst, etwa mit *foie gras* mit gerösteten Haselnüssen. Der Speisesaal mit seinen barocken Draperien und unbehauenen Steinwänden ist imposant. Traumhafter Innenhof im italienischen Stil.

ROCAMADOUR Sainte-Marie   🏃 🖩   €

Place des Senhals, 46500 📞 05 65 33 63 07

Von der Terrasse des Hotelrestaurants, das sich in Rocamadour an einen Felsen schmiegt, genießt man einen schönen Blick auf das Alzou-Tal. Quercy-Spezialitäten und die Küche des Südwestens prägen die Karte: *cassoulet* und *confit de canard* (Enten-*confit*). Es gibt auch Kindergerichte und mittags ein günstiges »Express-Menü«.

SARLAT La Couleuvrine   €

1, pl de la Bouquerie, 24200 📞 05 53 59 27 80

Das Hotelrestaurant liegt in einem Turm der alten Stadtbefestigungen. Vorspeisen u. a.: *foie gras* von der Ente und Kaninchenpastete. Hauptgerichte u. a.: Jakobsmuscheln, Seeteufel, gefüllte Pilze und Wildgerichte. Im Bistro gibt es ein preisgünstiges Tagesgericht und abends Live-Jazz.

SORGES Auberge de la Truffe   P 🏃 🗐 🖩   €€€€

Le Bourg, 24420 📞 05 53 05 02 05 **FAX** 05 53 05 39 27

Sorges betrachtet sich als »Trüffel-Hauptstadt« Frankreichs – und die Auberge ist ideal, um Périgords »schwarze Diamanten« kennenzulernen. Auf der Speisekarte enthält eigentlich jedes Gericht Trüffeln – was nicht ganz billig ist. Die Tagesmenüs sind preisgünstiger. Es gibt Angebote für Trüffelsuche am Wochenende.

ST-MÉDARD Le Gindreau   P 🏃 🗐 🖩 🍷 🍴   €€€€

Le Bourg, 46150 📞 05 65 36 22 27 **FAX** 05 65 36 24 54

In dem Weiler nordwestlich von Cahors hat Alexis Pélissou eines der besten Restaurants der Gegend etabliert. Die Top-Zutaten aus der Region werden für Traditionelles modern variiert. Serviert wird in einem ehemaligen Schulhaus oder auf der von Kastanien beschatteten Terrasse. Große Auswahl regionaler Weine. *Geschlossen: 16. März – 8. Apr.*

TOULOUSE Brasserie Flo Les Beaux-Arts   🏃 🗐 🖩   €€€

1, quai de la Daurade, 31000 📞 05 61 21 12 12 **FAX** 05 61 21 14 80

Die gut besuchte Brasserie bietet eine breite Palette an Gerichten – von Salaten und Seafood bis hin zu den Klassikern des französischen Südwestens. Als Vorspeise gibt es etwa Jakobsmuscheln mit Champignons, als Hauptspeise *pot-au-feu* mit Seafood und als Nachtisch Pflaumen-Armagnac-Eis. Regelmäßig wechselnde Karte.

TOULOUSE Les Jardins de l'Opéra   🏃 🗐 🍷 🍴   €€€€

1, pl du Capitole, 31000 📞 05 61 23 07 76 **FAX** 05 61 23 63 00

Im Restaurant des Grand Hôtel de l'Opéra kann man sich erlesenen Gourmet-Freuden hingeben. Die dezente Farbgebung und weit auseinanderstehende Tische bilden den Rahmen für die servierten Köstlichkeiten, darunter ein ganzer Hummer an Seetang oder in Banyuls-Wein gekochte Feigen mit Vanille-Eis. Unglaublich guter Service.

TURSAC La Source   🏃 🖩   €

Le Bourg, 24620 📞 05 53 06 98 00

Das freundliche kleine Dorflokal ist der richtige Zwischenstopp, wenn Sie das Vézère-Tal erkunden. Unter den einfachen, leckeren Gerichten finden sich Pilzsuppe und Walnussgebäck. Es gibt eine Speisekarte für Vegetarier mit frischen Zutaten aus dem Garten und einige internationale Gerichte. *Geschlossen: abends; Di, Mi u. Jan – März.*

VAREN Le Moulin de Varen   P 🏃 🗐 ♿   €€

Le Bourg, 82330 📞 05 63 65 45 10

Die frühere Mühle in der Aveyron-Schlucht liegt in der Nähe des hübschen Städtchens St-Antonin-de-Noble-Val. Das Lokal hat keine Speisekarte, sondern bietet einige wirklich preisgünstige Tagesmenüs an. Die servierten Speisen sind hübsch angerichtet, die Atmosphäre ist ungezwungen. *Geschlossen: So abends, Mo, Di u. Weihnachten.*

Pyrenäen

AÏNHOA La Maison Oppoca   🖩   €€€

Le Bourg, 64250 📞 05 59 29 90 72

Das Hotelrestaurant liegt im Zentrum eines der hübschesten Dörfer des Baskenlands. Auf der Karte: *foie gras* und saftige Gerichte aus Schweinefleisch und als Dessert – natürlich – *gâteau basque*. Im oberen Stock liegen zehn komfortable Gästezimmer mit großen Betten.

ASCAIN Atelier Gourmand

Place de Fronton, 64310 05 59 54 46 82

Das trendige Restaurant liegt unterhalb einer Kirche im malerischen Pyrenäendorf Ascain. Auf der Speisekarte finden sich baskische Spezialitäten. Genießen Sie die köstlichen Tapas, *pipérade* und *axoa* (ein herzhafter Eintopf) oder das Seebrassenfilet.

AUDRESSEIN L'Auberge d'Audressein

Castillon, 09800 05 61 96 11 80

Das Restaurant mit Gästezimmern in einer ehemaligen Schmiede bietet verschiedene Tagesmenüs, die nach den umliegenden Tälern benannt sind und auf Rezepten des Départements Ariège basieren. Die sieben Zimmer blicken auf Fluss, Tal oder das Dorf. Hier genießt man das einfache und ruhige Landleben.

AX-LES-THERMES L'Auzeraie

1, av Théophile Delcassé, 09110 05 61 64 20 70

Restaurant und Hotel mit 33 Zimmern. Die hübsche Kurstadt eignet sich als Zwischenstopp auf dem Weg von Ariège nach Andorra oder Spanien. Unter der Woche gibt es mittags ein preisgünstiges Menü mit *entrée du jour* und *plat du jour*. Auch für Kinderteller ist gesorgt.

BAGNÈRES-DE-LUCHON Les Caprices d'Etigny

30 bis, allées d'Etigny, 31110 05 61 94 31 05

Der Speiseraum im Stil eines Wintergartens bietet eine schöne Aussicht auf die Berge. Auf der Speisekarte stehen regionale Gerichte mit Lamm, über offenem Feuer gegrilltes Rindfleisch sowie Forellen aus dem nahen Lac d'Oo, die auf unterschiedliche Art zubereitet werden. Auf der Weinkarte finden sich die edleren Tropfen des Südwestens.

BARÈGES Auberge du Lienz (Chez Louisette)

Route Lienz, 65120 05 62 67 17 FAX 05 62 92 65 15

Gut geeignet für eine Mahlzeit *après-ski*. Das Lokal liegt am Fuß der hiesigen Pisten und bietet eine grandiose Aussicht auf den Pic du Midi de Bigorre. Empfehlenswert: Lammbraten mit Morchelfüllung, Forelle und die grandiosen Soufflés. Das *pièce de résistance* ist eine *garbure* (Gemüseeintopf) – in diesem Fall mit Speck, Schinken und Kohl.

BAYONNE Le Bayonnais

38, quai des Corsaires, 64100 05 59 25 61 19 FAX 05 59 59 00 64

Das kleine Restaurant mit einer Handvoll von Tischen auf der Terrasse serviert fantasievoll zubereitete Gerichte, etwa Milchlamm, Seezunge mit Linsen, Kastaniensuppe mit *foie gras* und Feigen-*pastille*. Die gut sortierte Weinkarte bietet sowohl regionale Weine als auch große französische Marken.

BAYONNE Auberge du Cheval Blanc

68, rue Bourgneuf, 64100 05 59 59 01 33 FAX 05 59 59 52 26

Das bekannte Hotelrestaurant liegt am Fluss im Petit-Bayonne-Viertel. Hier sollten Sie *à la carte* essen. Die Karte wechselt saisonal und bietet regionale Spezialitäten, etwa *xamano* (Schinken-Kartoffel-Püree), edles Seafood vom Atlantik, interessante Suppen und Kasserollen sowie tolle Nachspeisen. Respektable Weinkarte. *Geschlossen: Feb.*

BIARRITZ Chez Albert

Port des Pêcheurs, 64200 05 59 24 43 84 FAX 05 59 24 20 13

Von der Terrasse aus genießt man einen herrlichen Blick auf den malerischen Hafen von Biarritz sowie auf Klippen und Strände. Das Fischrestaurant ist sehr beliebt – man sollte also frühzeitig kommen. Zu essen gibt es gigantische Seafood-Platten, frischen Hummer, Seezunge, Seebrasse, Thunfisch und Sardinen. *Geschlossen: Jan.*

BIARRITZ Le Sissinou

5, av Maréchal Foch, 64200 05 59 22 51 50

Sissinou wird von Michel Cassou-Debat – dem Veteranen einiger französischer Top-Restaurants – betrieben und ist das angesagte Lokal in Biarritz. Minimalistische Eleganz bildet das Setting für die wundervollen Seafood-Gerichte wie Thunfisch-Carpaccio und Rindfleisch mit Karotten in Balsamico-Vinaigrette. Die Nachspeisen sind süße Sünden.

FOIX Le Sainte-Marthe

21, rue N. Peyrevidal, 09000 05 61 02 87 87

Ein kleines Gourmet-Paradies mit gutem Ruf: Le Sainte-Marthe ist bekannt für seine *cassoulets*, die Entenstopfleber und Trüffelgerichte. Altmodische, französische Landküche vom Feinsten. Hinzu kommen gute Weinkarte, freundlicher Service und grandiose Lage am Fuß der mittelalterlichen Burg. Terrasse. *Geschlossen: 2 Wochen im Jan.*

LARRAU Etchemaïté

Larrau, 64560 05 59 28 61 45 FAX 05 59 28 72 71

Der familiengeführte Berggasthof liegt spektakulär. Der anheimelnde Speiseraum mit einer großen offenen Feuerstelle gewährt grandiose Ausblicke. Auf der Karte stehen Lamm- und Entengerichte mit Äpfeln, Steinpilze und *foie gras*. Auch das Seafood aus dem Atlantik ist empfehlenswert. Abwechslungsreiche Weinkarte.

LOURDES Le Magret

10, rue des 4 Frères Soulas, 65100 05 62 94 20 55

Eines der besseren Esslokale im Zentrum von Lourdes. Die saisonal wechselnde Karte enthält: Gerichte vom Gascogne-Schwarzfußschwein und vom Pyrenäenlamm, *magret de canard* (Entenbrust) sowie Kalbfleischgerichte. Die regionalen Jurançon- und Madiran-Weine begleiten die Mahlzeiten. Es gibt auch vegetarische Gerichte.

MIREPOIX Les Remparts   ⛹   €€€

6, cours Louis Pons Tande, 09500 📞 *05 61 68 12 15*

Spezialität des Hauses ist Forelle in Hypocras, dem Dessertwein der Region. Das Restaurant besitzt zwei Speiseräume. Der eine liegt in einem ehemaligen Keller, den anderen schmücken eine Holzbalkendecke und bunte Wandmalereien. Bodenständige Klassiker der Region. Es gibt eine Speisekarte für Kinder.

MONTSÉGUR Costes   🖥   €

Le Village, 09300 📞 *05 61 01 10 24*

Café-Restaurant eines familiengeführten Hotels unterhalb des Felsens, auf dem die Ruinen der Burg thronen. Es gibt regionale Gerichte mit Bio-Produkten, die meist über offenem Feuer gegrillt werden, etwa Wildbret, Ente, Waldpilze, Schweinefleisch und – natürlich – *cassoulet*, ideal nach dem steilen Aufstieg (Winteröffnungszeiten tel. erfragen).

ORTHEZ Au Temps de la Reine Jeanne   P ⛹ ♿   €€€

44, rue Bourg-Vieux, 64300 📞 *05 59 67 00 76* FAX *05 59 69 09 63*

Das bodenständige Lokal gehört zu einem komfortablen Landgasthof. Die gleichfalls bodenständige Karte bietet Gerichte der Region, darunter herzhafte Fleischgerichte. Es finden sich Leber, Blutwurst, Schweinebraten, *foie gras*, *cassoulet* und Seeteufel. Gutes Preis-Leistungs-Verhältnis.

PAU Chez Pierre   P ⛹ 🖥 🍷   €€€

16, rue Louis Barthou, 64000 📞 *05 59 27 76 86* FAX *05 59 27 08 14*

Chez Pierre strahlt die Eleganz des 19. Jahrhunderts aus. Die altmodische Clubatmosphäre scheint noch der Blütezeit Paus entsprungen, als dies der Rückzugsort von Briten war. Serviert wird klassische französische Küche – mit einigen Überraschungen wie Kabeljau mit Paprika aus Espelette. Umfangreiche Weinkarte.

ST-BERTRAND-DE-COMMINGES L'Oppidum   P ⛹ ♿ 🖥   €

Rue de la Poste, 31510 📞 *05 61 88 33 50*

Das kleine freundliche Hotelrestaurant bei der berühmten Kathedrale von St-Bertrand serviert gutes unprätentiöses Essen, darunter Eintopfgerichte, *garbure*, *foie gras* und Forelle. Dazu gibt es regionale Weine. Im Oberschoss stehen 15 einfache Gästezimmer zur Verfügung.

ST-GAUDENS La Connivence   P ⛹ 🖥   €€

Chemin Ample, Valentine, 31800 📞 *05 61 95 29 31*

Hauptattraktion von La Connivence ist die Terrasse mit Aussicht. Speisekarte und Atmosphäre sind eher traditionell, doch die Beilagen sind generös. Die Weinkarte ist klein, aber fein. Freundlicher, schneller Service. Ein angenehmer Ort für ein Mittag- oder Abendessen. *Geschlossen: Sa u. So mittags.*

ST-JEAN-DE-LUZ Restaurant Petit Grill Basque   ⛹   €

2, rue St-Jacques, 64500 📞 *05 59 26 80 76* FAX *05 59 26 80 76*

Eines der preisgünstigsten Lokale im sonst nicht so preiswerten St-Jean-de-Luz. Hier gibt es einfache, aber gute baskische Hausmannskost mit frischen Zutaten. Die Fischsuppe ist ausgezeichnet. Gleiches gilt für den gegrillten Tintenfisch und die mit Kabeljau gefüllten Paprikaschoten. Auf der Weinkarte findet man erschwingliche Tropfen.

ST-JEAN-DE-LUZ Restaurant Txalupa   P ⛹ 🖥   €€€

Place Corsaires, 64500 📞 *05 59 51 23 34*

Das Txalupa ist ein beliebtes Restaurant. Hier wird der Fang aus dem Atlantik zubereitet. Empfehlenswert: Gambas in warmem Essigdressing, Sardinen in Tomaten-Salsa, Austern und jede Menge anderer Schaltiere, Thunfisch, Kabeljau und Seeteufel. Gute Weinkarte und fantastische Desserts. Reservieren Sie frühzeitig.

ST-JEAN-DE-PIED-DE-PORT Relais de la Nive   €

2, pl Charles de Gaulle, 64220 📞 *05 59 37 04 22*

Das auffälligste Establissement in St-Jean-de-Pied-de-Port – und folglich immer voller Pilger. Die Brasserie-Crêperie ragt zwischen alter und neuer Brücke über den Fluss. Hier gibt es preisgünstige Mahlzeiten und Snacks wie Crêpes, Sandwiches und auch Eis.

ST-LARY-SOULAN La Grange   P ⛹ 🖥   €€

13, route Autun, 65170 📞 *05 62 40 07 14*

Das altmodische Bauernhaus in St-Lary-Soulan in den Haute-Pyrénées ist ein hübscher Zwischenstopp für ein Mittagessen. Das gut geführte und attraktiv ausgestattete Restaurant verstrahlt rustikalen Charme. Die traditionelle Speisekarte enthält Gerichte mit Fleisch und mit Wildbret. Rind- und Lammfleisch werden über offenem Feuer gegrillt.

ST-LIZIER De la Tour   ⛹ 🖥   €€

Rue du Pont, 09190 📞 *05 61 66 38 01*

Ein Restaurant oberhalb des Flusses Salat. Von hier sieht man auf das historische Dorf St-Lizier. Auf der Karte stehen Forelle aus Couserans, Lamm, Ente und hausgemachte Pasteten und Terrinen. Unter der Woche gibt es mittags ein preisgünstiges Menü. Speisekarte für Kinder.

ST-SULPICE-SUR-LÈZE La Commanderie   ⛹ 🖥 🍷   €€€

Place de l'Hôtel de Ville, 31410 📞 *05 61 97 33 61* FAX *05 61 97 32 60*

In der für ihre mittelalterliche Architektur berühmten Bastide liegt ein einzigartiges Lokal. La Commanderie hat Fans in der ganzen Welt, die die innovativen Gerichte von Küchenchef Jean-Pierre Crouzet schätzen, etwa Gemüseragout mit Morcheln oder Täubchen mit Knoblauch und Wacholder. Hübscher Speiseraum. *Geschlossen: 2 Wochen im Feb.*

SARE Baratxartea 🏃 🔲 €

J.-B. Fagoaga, 64310 📞 *05 59 54 20 48*

Das Hotelrestaurant liegt in einem alten baskischen Haus im hübschen Sare. Auf der Speisekarte stehen viele Gerichte aus Eigenproduktion: Das Gemüse kommt aus dem Garten, die *charcuterie* wird im Winter hergestellt, Schinken reift in der Scheune heran, und auch die Marmeladen sind hausgemacht.

TARBES L'Ambroisie 🅿 🏃 🔲 🔲 🍷 €€€

48, rue Abbé Torné, 65000 📞 *05 62 93 09 34* 📠 *05 62 93 09 24*

Das Top-Restaurant in Tarbes lockt mit Speisen, die von der gebratenen Taube bis zu *foie gras* in Pfirsichkompott reichen. Das Lokal liegt in einer ehemaligen Kirche (19. Jh.) und bietet eine saisonal wechselnde Speisekarte, prompten Service und exzeptionelles Essen. Auf der Weinkarte stehen die großen Madiran-Weine. Reservieren Sie frühzeitig.

Languedoc-Roussillon

AIGUES-MORTES Le Café des Bouzigues 🏃 🔲 🔲 €€

7, rue Pasteur, 30220 📞 *04 66 53 93 95*

In dem traditionellen Bistro findet man meist noch einen Platz. Die Speisekarte ist stark mediterran mit sehr viel Seafood, provenzalischen Gerichten und erschwinglichen Weinen aus der Provence und dem Languedoc. Lecker: Lammbraten mit Thymian und Knoblauch und der Pfirsichsalat.

AIGUES-MORTES Marie Rosé 🏃 ♿ 🔲 €€

13, rue Pasteur, 30220 📞 *04 66 53 79 84*

Erfreuliches Restaurant in einem früheren Presbyterium mit Küchengarten. Es gibt delikat zubereitete, provenzalische Küche. Der Ehrgeiz des Kochs zeigt sich in Gerichten wie Veilchen-Flan, Seebrasse mit Tintenfisch *à la plancha* oder Milchlamm mit Artischocken. Kleine Auswahl an interessanten Weinen.

ANDUZE Auberge des Trois Barbus 🅿 🏃 🔲 €€

Route de Mialet, Générargues, 20140 📞 *04 66 61 72 12*

Das rustikale Hotelrestaurant in den Cevennen oberhalb des Tals der Camisards (der »Blusenmänner«) bietet eine spektakuläre Aussicht. Nach dem Mittagessen kann man im Pool entspannen. Traditionelle Küche der Cevennen und des Languedoc sowie einige Klassiker. Köstlich: *foie gras* und die Trüffel-Gerichte. *Geschlossen: Feb–Mitte März.*

ARLES-SUR-TECH Les Glycines 🅿 🏃 ♿ 🔲 €

Rue du Jeu de Paume, 66150 📞 *04 68 39 10 09* 📠 *04 68 39 83 02*

Arles-sur-Tech eignet sich gut für eine Pause, und dieses Hotelrestaurant ist der richtige Ort für ein Mittagsmahl. Das Essen ist ausgesprochen preisgünstig. Man kann auch im hübschen, mit Glyzinen bewachsenen Innenhof speisen. Auf der Karte stehen regionale Gerichte mit Schinken, Schweinefleisch und Würsten.

BÉZIERS Octopus 🏃 🔲 🍷 €€€€

12, rue Boiledieu, 34500 📞 *04 67 49 90 00* 📠 *04 67 28 06 73*

In Béziers gibt es viele gute Restaurants, doch das Octopus ragt aus der Menge hervor. Das schicke, frisch wirkende Ambiente des Lokals ist anziehend. Die moderne Speisekarte wird von einer guten Weinkarte ergänzt. Hier finden sich edle Tropfen aus den Weinbergen des Languedoc-Roussillon.

BIZE-MINERVOIS La Bastide Cabezac 🅿 🏃 🔲 ♿ 🔲 🍷 €€€

18–20, hameau Cabezac, 11120 📞 *04 68 46 66 10*

Der attraktive Gasthof (18. Jh.) ist nun ein elegantes Restaurant. Der dynamische Küchenchef bereitet außergewöhnliche Gerichte zu, darunter leckere Langusten-Tarte oder Seeteufel in Pinienkruste mit Curry-Aroma, Camargue-Reis und Zitronengrassauce.

CAP D'AGDE Le Brasero 🏃 🔲 🔲 €

Port Richelieu, rue Richelieu, 34300 📞 *04 67 26 24 75* 📠 *04 67 26 24 75*

Das Lokal blickt auf die Yachten und Fischerboote im Hafen. Es bietet gutes Seafood zu erschwinglichen Preisen, etwa großzügige, abwechslungsreiche Meeresfrüchte-Platten. Andere maritime Highlights sind gegrillte Fische aller Art, Anchovis, Tintenfisch, Thunfisch und Schwertfisch. Es gibt auch Fleischgerichte. Reservieren Sie frühzeitig.

CARCASSONNE Les Bergers d'Arcadie 🏃 ♿ 🔲 €

70, rue Trivalle, 11000 📞 *04 68 72 46 01*

Freundliches kleines Restaurant in der Nähe der Wälle. Die Küche arbeitet mit Produkten des Languedoc und verbindet dabei Alt und Neu. Spezialitäten des Hauses sind pochierte *foie gras* und mit karamellisiertem Honig glasiertes *cochon de lait* (Spanferkel), serviert mit Pilzen der Saison. Leckere Desserts.

CARCASSONNE Le Languedoc 🏃 🔲 🔲 €€

32, allée d'Iéna, 11000 📞 *04 68 25 22 17* 📠 *04 68 25 04 14*

Das Restaurant wird allen gefallen, die an der Tradition hängen. Die Karte listet alle regionalen Klassiker auf. Le Languedoc gehört zu den besten Restaurants, wenn man ein *cassoulet* genießen will, den herzhaften Schweinefleisch-Bohnen-Eintopf, der für das Languedoc typisch ist.

CARCASSONNE Le Parc Franck Putelat   P ▤ ♿ 🏠 ⛳ 🍷   €€€
80, chemin des Anglais, 11000 📞 *04 68 71 80 80*

Der Küchenchef und sein junges Team haben dem Gastro-Restaurant in kürzester Zeit ihren Stempel aufgedrückt. Hier wird modernes Essen in entspannt-edler Atmosphäre zelebriert. Grandiose Seafood-Gerichte, etwa mit Seespinne, Seeigel und Kaviar. Gourmet-Desserts. Preiswerte Tagesmenüs.

CASTELNAUDARY Au Petit Gazouillis   👫   €
5, rue de l'Arcade, 11400 📞 *04 68 23 08 18*

Typisches Bistro der Region mit einer begrenzten Auswahl regionaler Spezialitäten auf der Speisekarte, darunter natürlich auch ein sehr gutes *cassoulet*. Das beliebte Lokal serviert zudem hervorragende Entengerichte. Gute Auswahl an regionalen Weinen. Schlicht, aber empfehlenswert.

COLLIOURE La Balette   P 👫 ▤ 🏠   €€€
114, route de Port-Vendres, 66190 📞 *04 68 82 05 07* FAX *04 68 82 38 08*

Die Spezialitäten des freundlichen Restaurants (Teil der Relais-des-Trois-Mas-Gruppe) umfassen Collioure-Anchovis in Banyuls-Weinessig, Terrine von *foie gras* und Kastanien, Seebrasse mit Chicorée-Crumble oder Taube in Honig. Das Lokal liegt oberhalb der malerischen Bucht von Collioure. Im Sommer sollte man reservieren.

COLLIOURE Le 5e Péché   €€€
18, rue Fraternité, 66190 📞 *04 68 98 09 76*

Die besten Produkte Kataloniens im Verein mit dem handwerklichen Können des japanischen Küchenchefs machen dieses Restaurant so erfolgreich. Auf der Karte: japanisch inspirierte Gerichte wie Carpaccio von fangfrischem Fisch, Thunfisch in Banyuls-Weinsauce und *crème catalane* von karamellisierten Artischocken.

CUCUGNAN Auberge du Vigneron   🏠 ▤ 🏠 🍷   €€
2, rue Achille Mir, 11350 📞 *04 68 45 03 00* FAX *04 68 45 03 08*

Der Speiseraum des charmanten Gasthofs in einem Dorf mitten in den Corbières liegt in einem kühlen Weinkeller. Die Speisekarte zeigt katalanischen Einfluss. Es gibt frisches Seafood und verschiedene Entengerichte (teilweise mit Feigen oder Pfirsichen zubereitet). Die Weinkarte listet regionale Weine, darunter Corbières-Rotweine.

FONTJONCOUSE L'Auberge du Vieux Puits   P ▤ ♿ 🍷 🍷   €€€€€
Av St-Victor, 11360 📞 *04 68 44 07 37*

Das kleine Dorf Fontjoncouse in den Corbières ist vor allem wegen dieses Restaurants bekannt. Chefkoch Gilles Goujon ist hier kreativ. Auf der Speisekarte finden sich sowohl *salade Niçoise* als auch Hummer-Cannelloni. In der Jagdsaison gibt es Wildgerichte. Exzellente Weine.

GIGNAC Restaurant Matthieu de Lauzun   🏠 ▤ ♿ 🍷   €€€
3, bd de l'Esplanade, 34150 📞 *04 67 57 50 83*

Das Restaurant westlich von Montpellier zeigt seit seiner Übernahme durch einen jungen Chefkoch neuen Elan. Unter den sorgfältg zubereiteten, harmonischen Gerichten finden sich Gemüse mit Tempura von Gambas oder Gurken-Gazpacho. Kreative Desserts. Gute Weine von neuen Erzeugern.

LE BOULOU L'Hostalet de Vivès   🏠 🏠   €
Rue de la Mairie, 66490 📞 *04 68 83 05 52*

Die hübsche Herberge nahe dem Künstlerstädtchen Céret bietet authentische katalanische Küche. Sie ist bei den Einheimischen wegen des guten Essens zu vernünftigen Preisen beliebt – eine echte Rarität in dieser touristischen Ecke. Entdecken Sie katalanische Speisen wie *cargolade* (gebratene Schnecken) und Kaninchen mit Aioli.

MARAUSSAN Parfums de Garrigues   P 🏠 ▤ ♿ 🏠   €€€
37, rue de l'Ancienne Poste, 34370 📞 *04 67 90 33 76*

Komfortabler, sonniger Speisesaal mit einem hübschen schattigen Innenhof im Zentrum des verschlafenen Dorfs bei Béziers. Die raffinierte Küche verwendet die besten regionalen Zutaten und gibt die Aromen der Garrigue wieder. Auf der Karte: Ziegenmilchcreme mit Bouzigues-Austern und Kalbfleisch mit gegrilltem Gemüse.

MONTPELLIER Petit Jardin   🏠 🏠   €
20, rue Jean-Jacques Rousseau, 34000 📞 *04 67 60 78 78* FAX *04 67 66 16 79*

Die Speisekarte des hübschen Restaurants im historischen Viertel von Montpellier ist regional geprägt. Der »kleine Garten« liegt etwas abseits der Straße: Man kann auch im Garten inmitten von Blumen, Obstbäumen und Kräutertöpfen speisen – etwa Fischsuppe und Lammbraten mit Knoblauch und Rosmarin.

MONTPELLIER Chez Boris   ♿ 🏠   €€
20, rue de l'Aiguillerie, 34000 📞 *04 67 02 13 22*

Das angesagteste Bistro der Stadt – durchaus zurecht. Das Lokal mit entspanntem Flair liegt beim Musée Fabre im Stadtzentrum. Hier werden Klassiker neu erfunden: etwa *cochon au lait* (Spanferkel) mit deftigen Gewürzen. Große Portionen. Wein wird auch glasweise ausgeschenkt.

MONTPELLIER Prouhèze Saveurs   P 🏠 🏠   €€
728, av de la Pompignane, 34000 📞 *04 67 79 43 34*

Farbenfrohes, familiengeführtes Restaurant im Bistro-Stil im Osten der Stadt. Der Sohn des Hauses hat hier das Küchenregiment und fabriziert wohlschmeckende Gerichte wie Tintenfische à *la plancha*, Lammbries mit Pilzen und *parmentier* vom Aubrac-Rind. Gute Weine zu akzeptablen Preisen.

Preiskategorien *siehe S. 600* **Zeichenerklärung** *siehe hintere Umschlagklappe*

MONTPELLIER Jardin des Sens
P ★ 🗐 🕭 🚅 ♓   €€€€€
11, av St-Lazare, 34000 🕻 *04 99 58 38 38* ℻ *04 99 58 38 39*

Wohl das beste Restaurant der Stadt. Innovativ, mit modernen Abwandlungen regionaler Standards, darunter etwa Hummer-Terrine mit Mango und Melone oder Taubenbrust in Kakaosauce. Die Weinkarte listet die edleren Tropfen der Corbières auf sowie Erzeugerabfüllungen aus dem Languedoc.

NARBONNE Restaurant Le H
P ★ 🗐 🕭 🚅   €€
Route de Narbonne Plage, 11100 🕻 *04 68 45 28 50*

Wenn man vom Stadtzentrum Richtung Strand geht, trifft man auf dieses edle Restaurant. Gérard Bertrands Lokal ist von endlosen Reihen mit La Clape-Weinstöcken umgeben. Der Speisesaal weist Steinwände und Holzbalken auf. Hier sitzt man gemütlich und genießt Enten-Carpaccio oder Rinderbraten.

NARBONNE Le Table de St-Crescent
P 🚅 ♓   €€€
Domaine St-Crescent, 68, ave Général Leclerc, 11100 🕻 *04 68 41 37 37* ℻ *04 68 41 01 22*

Eindrucksvolles Lokal mit guter, saisonal wechselnder Speisekarte. Hier werden die besten Produkte des Mittelmeerraums mit denen des Languedoc-Hinterlands kombiniert, dazu gibt es passende Weine. Sehr gut: Ravioli von Leucate-Austern, Entenbraten mit Collioure-Anchovis und vieles mehr. Ideal für einen besonderen Abend.

NÎMES Le Cheval Blanc
🗐 🕭 🚅 ♓   €
1, pl des Arènes, 30000 🕻 *04 66 76 19 59*

Die belebte Weinbar im Brasserie-Stil mit Sitzkomfort und einigen Art-déco-Details liegt im historischen Zentrum von Nîmes. Umfangreiche Weinkarte mit bekannten und weniger bekannten Weinen des südlichen Rhône-Tals und des Languedoc. Typisch und gut: *brandade* (Fischpüree), Schweinshaxe und *côte de bœuf* (Hochrippe).

NÎMES Aux Plaisirs des Halles
★ 🗐 🚅 ♓   €€€€
4, rue Littré, 30000 🕻 *04 66 36 01 02* ℻ *04 66 36 08 00*

Das Lokal hat eine sehr gute Weinkarte mit Tropfen aus den Weinregionen Languedoc, Corbières, Minervois, Provence und Hérault. Es ist modern und klar ausgestattet. Die Gerichte von Küchenchef Sebastien Granier zeigen einen gewissen provenzalischen Einfluss. *Geschlossen: So, Mo; 2 Wochen im Okt u. Nov, 2 Wochen im Feb.*

NÎMES Le Lisita
★ 🗐 🚅 ♓   €€€€
2, bd des Arènes, 30000 🕻 *04 66 67 29 15* ℻ *04 66 67 25 32*

Le Lisita, eines der beliebtesten Restaurants in Nîmes, sollte man erlebt haben. Hier wird außergewöhnliches Essen serviert, dazu passen die erlesenen Weine. Attraktives Ambiente in modernem Design zwischen alten Steinwänden. Zwei Speiseräume und schöne Terrasse. *Geschlossen: So, Mo.*

PERPIGNAN Ail I Oli
★ 🗐 🕭   €
Allée des Chênes, Parc Ducup, 66000 🕻 *04 68 55 58 75*

Die katalanische Brasserie liegt am Stadtrand bei einem Park. Im heimeligen Ambiente des Speiseraums gibt es eine offene Feuerstelle und von der Decke hängende Schinken. Der Geruch von gebratenem Fleisch liegt in der Luft. Delikat: das gegrillte Lamm mit würzigem Aioli und die köstliche *crème catalan*.

PERPIGNAN Le Chap'
P ★ 🗐 ♓   €€€
18, bd Jean Bourrat, 66000 🕻 *04 68 35 14 14*

Gourmet-Restaurant in einem der edlen Hotels von Perpignan. Der Speiseraum zeigt zeitgenössisches Dekor, auch die Speisekarte gibt sich schick und modern. Handwerklich hervorragende Gerichte wie Risotto *à la chlorophyll* und Fisch-Crumble mit Ingwer und Zitronengras. Es gibt auch Klassiker für den durchschnittlicheren Geschmack.

PERPIGNAN La Galinette
★ 🗐 🕭 🍷 ♓   €€€€
23, rue Jean Payra, 66000 🕻 *04 68 35 00 90*

Der geräumige edle Speisesaal wirkt etwas formell. Im Gegensatz dazu ist der Küchenchef ausgesprochen unorthodox und wagemutig. Seine Spezialität sind Seafood-Gerichte: Gambas mit Koriander, Tarte von Roten Meerbarben oder Fischfilet *à la plancha*. Der Sommelier hilft Ihnen bei der Auswahl der regionalen Weine.

PÉZENAS L'Entre-Pots
🚅 ♓   €€
8, av Louis-Montagne, 34120 🕻 *04 67 30 00 00*

Das trendige Restaurant in einem früheren Weinlager vermittelt ein heiter-geselliges Flair und ist bei den Einheimischen beliebt. Die unprätentiöse Gourmet-Küche bedient sich regionaler Zutaten und der Gewürze der Garrigue. Kleine Weinkarte, allerdings mit den besten Weinen des Languedoc. Frühzeitig reservieren.

PORT-CAMARGUE Le Carré des Gourmets
P 🗐 🕭 🚅 ♓   €€€€
Pointe de la presqu'île, 30240 🕻 *04 66 53 36 37*

Das Gourmet-Restaurant ist Teil des Hotelkomplexes Le Spinaker. Der moderne Speiseraum hat eine Terrasse, die auf die Marina hinausgeht. Der Chefkoch verbindet die Küchen der Camargue und Kataloniens. Empfehlenswert: *pata negra* oder mit Pinienkernen gefüllte Taubenbrust. Großartige Weine aus dem Languedoc.

PORT-VENDRES La Côte Vermeille
🗐   €€€€
Quai Fanal, 66660 🕻 *04 68 82 05 71* ℻ *04 68 82 05 71*

Das erstklassige Seafood-Restaurant liegt sehr schön am Kai mit Blick auf den Fischereihafen und auf die Küste. Fischernetze, Hummerkörbe und präparierte Fische zieren die Wände. Die Zierden der Speisekarte: fangfrischer Fisch, Schaltiere, Tintenfisch und Hummer. *Geschlossen: Jan.*

PRADES Le Jardin d'Aymeric   🍽️ ♿   €€

3, av Général de Gaulle, 66500 📞 *04 68 96 53 38*

Raffinierte katalanische Küche, die frische regionale Zutaten und hiesige Bergkräuter verwendet. Auf der Karte stehen Varianten traditioneller Gerichte wie Lammrücken mit Thymian in Petersiliensauce sowie Gratin mit Früchten der Saison. Gute Auswahl an Roussillon-Weinen zu vernünftigen Preisen.

SAILLAGOUSE L'Atalaya   🧍🪑   €€€

Route Départementale 33, Llo, 66800 📞 *04 68 04 70 04* FAX *04 68 04 01 29*

Der hübsche Gasthof schmiegt sich oberhalb des attraktiven Dorfs an den Berg und liegt nur fünf Minuten von der spanischen Grenze entfernt. Die Küche ist klassisch-französisch. L'Atalaya befindet sich in der Nähe des Weilers Llo inmitten attraktiver Landschaft. *Geschlossen: Jan, März–Ostern.*

SÈTE La Palangrotte   🧍🍽️   €€€

Quai de la Marine, 34200 📞 *04 67 74 80 35* FAX *04 67 74 97 20*

Es gibt keinen besseren Ort in Sète, um die berühmten Austern und andere Schaltiere aus dem Étang de Thau zu testen. Das Restaurant mit maritimem Thema bietet das wohl beste Seafood an der Küste. Man isst hier übrigens besser zu Mittag als zu Abend. *Geschlossen: So abends, Mo (außer Juli, Aug).*

SOURNIA Auberge de Sournia   🧍🪑   €

4, route de Prades, 66730 📞 *04 68 97 72 82*

Der Gasthof im Herzen der Pyrénées-Orientales wird von einem dynamischen jungen Paar geführt. Das Essen ist regional beeinflusst, allerdings mit modernen Anklängen. Spezialität des Hauses ist Ente in jeder Zubereitungsform. Lecker: mit Ziegenkäse gefüllte Entenbrust. Auch zu haben: Jakobsmuscheln, Rote Meerbarben und Gambas.

ST-MARTIN-DE-LONDRES Les Muscardins   🅿️🧍🍽️🍷   €€€€

19, route Cévennes, 34380 📞 *04 67 55 75 90* FAX *04 67 55 70 28*

Es ist erstaunlich, eine solche Gastro-Erfahrung in einer Kleinstadt auf dem Land zu machen – doch Les Muscardins ist eine Expedition wert: etwa für Seeteufel an mit Yuccablüten aromatisiertem Risotto oder Carpaccio von geräuchertem Aubrac-Kalb. Elegantes Setting. Gute Auswahl an regionalen Weinen.

UZÈS Les Trois Salons   🧍🍷   €€€

18, rue de Dr. Blanchard, 30700 📞 *04 66 22 57 34*

Das Gourmet-Restaurant in einem *hôtel particulier* (17. Jh.) liegt in der Altstadt von Uzès und bietet drei elegante Räume. Einfache, aber wohlschmeckende Gerichte, darunter Kabeljau mit Basilikum-Püree, Seeteufel im Chorizo-Mantel oder Ananas-Carpaccio mit Himbeermakronen.

VILLEFRANCHE-DE-CONFLENT Auberge St-Paul   🧍♿🪑🍷   €€€€€

7, place Église, 66500 📞 *04 68 96 30 95* FAX *04 68 96 05 60 30*

Das Restaurant in einer Kapelle aus dem 13. Jahrhundert besitzt eine attraktive Terrasse und einen charmenten rustikalen Speiseraum. Die kosmopolitische Karte basiert auf frischen regionalen Produkten. Fantastische Weinkarte mit erlesenen Burgundern und Roussillon-Weinen. *Geschlossen: So abends, Mo, Di.*

VIVÈS Hostalet de Vivès   🍽️🪑   €€

Rue de la Mairie, 66940 📞 *04 68 83 05 52* FAX *04 68 83 51 91*

Das Restaurant in einem Gebäude aus dem 12. Jahrhundert liegt in einem winzigen katalanischen Dorf, sieben Kilometer von Céret entfernt. Aus frischen Produkten werden wunderbare Gerichte wie Civet vom Bullen mit Pilzen von den Bergen. Sie werden von kostümierten Bedienungen serviert. Lokale Weine. *Geschlossen: Mitte Jan–März.*

Provence und Côte d'Azur

AIX-EN-PROVENCE Brasserie Léopold   🧍🍽️♿🪑🍷   €€

2, av Victor Hugo, 13090 📞 *04 42 26 01 24* FAX *04 42 38 53 17*

Klassische französische Brasserie mit Dutzenden von Tischen und herumschwirrenden Bedienungen. Sie liegt im Erdgeschoss des komfortablen Hôtel Saint-Christophe im Zentrum von Aix. Ideal für ein Drei-Gänge-Menü, einen Snack oder auch nur einen Drink zu jeder Tageszeit im Jahr. Regionale Küche und traditionelles Brasserie-Essen.

AIX-EN-PROVENCE Mas d'Entremont   🅿️🧍🪑🍷   €€€€

Quartier des Platrières, 13090 📞 *04 42 17 42 42* FAX *04 42 21 15 83*

Hier gibt es fantasievolle Fleisch- und Fischgerichte sowie provenzalische Weine. Schön ist die Lage des Lokals in einem Park in Célony oberhalb von Aix. Im Sommer sitzt man auf der hübschen Terrasse mit Blick über die Gärten. Der Speisesaal hat große Fenster mit Blick auf den Park. *Geschlossen: So abends, Mo mittags, Nov–Apr.*

AIX-EN-PROVENCE Yamato   🅿️🍽️♿🪑🍷🍷   €€€€

21, av des Belges 📞 *04 42 38 00 20*

Das von Koji und Yuriko Somaya geführte Lokal ist der beste Japaner in Aix-en-Provence. Ob man im Zen-Garten oder im luftigen Speiseraum diniert – immer wird man von Frankreich direkt nach Asien entführt. Superbes Sushi. Gleiches gilt für Gerichte wie *chawanmushi* (gegrillter Aal). *Geschlossen: Mo, Di mittags.*

Preiskategorien *siehe S. 600* **Zeichenerklärung** *siehe hintere Umschlagklappe*

AIX-EN-PROVENCE Le Clos de la Violette

10, av Violette, 13100 04 42 23 30 71 FAX 04 42 21 93 03

Elegantes Lokal in einem schicken Gebäude mit Garten, ruhig, dezent und ideal für einen romantischen Abend. Die Gäste machen sich fein, um hier essen zu gehen. Die Weinkarte ist umfangreich (mit starker Dominanz von provenzalischen Weinen). Die Gerichte sind modern-provenzalisch. *Geschlossen: So, Mo, Aug.*

ARLES La Gueule du Loup

39, rue des Arènes, 13200 04 90 96 96 69 FAX 04 90 96 96 69

La Gueule du Loup (»Wolfsrachen«) ist freundlicher, als sein Name klingt. Die Speisekarte wechselt fast täglich und bietet rustikale provenzalische Küche in charmanter, bodenständiger Umgebung. Prompter Service und gute Weinauswahl. *Geschlossen: So, Mo mittags.*

ARLES Lou Marques

Bd des Lices, 13631 04 90 52 52 52 FAX 04 90 52 52 53

Lou Marques – das Restaurant des altehrwürdigen Hôtel Jules César – gehört zu den besten Lokalen in Arles. Es liegt zentral, hat eine hübsche Terrasse mit Tischen unter weißen Sonnenschirmen und bietet klassische provenzalische Küche. Elegantes Ambiente. *Geschlossen: Mo, Sa mittags, So abends.*

ARLES L'Atelier de Jean-Luc Rabanel

7, rue des Carmes, 13200 04 90 91 07 69

Kommen Sie mit großem Hunger in dieses kleine Restaurant im Zentrum, denn mittags gibt es mindestens sieben, abends 13 Gänge. Jean-Luc Rabanel arbeitet ausschließlich mit Bio-Produkten aus dem eigenen Garten. Jedes Gericht ist ein kleines Kunstwerk. Frühzeitig reservieren. Ersatzweise gibt es das Bistro nebenan. *Geschlossen: Mo, Di.*

AVIGNON La Fourchette

17, rue Racine, 84000 04 90 85 20 93 FAX 04 90 85 57 60

La Fourchette ist bei den Einheimischen beliebt. Das gut besuchte kleine Lokal hat alte Gabeln und Festivalplakate an den Wänden. Die Karte bietet traditionelle Speisen mit ein paar modernen Variationen, etwa Entenbrust mit Knoblauch und Gemüse-Crêpes. Gute Käseauswahl. Reservierung notwendig. *Geschlossen: Sa, So, Aug.*

AVIGNON Le Petit Bedon

70, rue Joseph-Vernet, 84000 04 90 82 33 98 FAX 04 90 85 58 64

Le Petit Bedon liegt innerhalb der alten Stadtmauern. Es genießt aufgrund seiner herzhaften Speisen einen guten Ruf. Lecker: Gemüse mit Tapenade und *pistou* oder *bourride de loup* (Ragout vom Seeteufel) mit Gurkenpüree und Knoblauch. Reizvolles Ambiente. Provenzalische Weine. *Geschlossen: So mittags (ganzjährig), Mo mittags Nov – Apr.*

AVIGNON Christian Étienne

10, rue Mons, 84000 04 90 86 16 50 FAX 04 90 86 67 09

Hervorragende Weinkarte mit edlen Tropfen aus der Provence und dem Rhône-Tal. Das Lokal befindet sich im mittelalterlichen Kern von Avignon nahe dem Palais des Papes – eine schwer zu überbietende Lage. Auch die Gerichte des renommierten Restaurants sind kaum zu übertreffen. *Geschlossen: So, Mo (außer Juli).*

AVIGNON La Mirande

4, pl de la Mirande, 84000 04 90 14 20 20 FAX 04 90 86 26 85

Hier kann man wahrscheinlich am schönsten speisen – die Tische stehen unter Olivenbäumen mit Aussicht auf den von Flutlicht angestrahlten Palais des Papes oder innen in einem grandiosen Speisesaal (früher das Kardinalspalais). Erstaunliche Speisekarte und umfassende Weinkarte. Reservieren Sie frühzeitig. *Geschlossen: Di, Mi.*

BIOT Les Terraillers

11, route Chemin Neuf, 06410 04 93 65 01 59

Edles Restaurant, das die Gerichte serviert, die mit Trüffeln und den Kräutern der umliegenden Berge veredelt werden. Das Schnitzel von *foie gras* sollte man unbedingt probieren, der Lammbraten ist ein kulinarischer Triumph. Auf der Weinkarte finden sich auch einer paar der besseren *vins de pays* der Provence. *Geschlossen: Mi, Do, Nov.*

BONNIEUX La Bastide de Capelongue – Restaurant Èdouard Loubet

84160 04 90 75 89 78 FAX 04 90 75 93 03

Mit seinen beiden Michelin-Sternen hebt sich das Restaurant deutlich von der Konkurrenz vor Ort ab. Reservierung erforderlich – vor allem während des Filmfestivals in Cannes, wenn sich die Stars ein Stelldichein geben. Die Speisekarte feiert die Produkte und Aromen des Luberon und des Mittelmeers, etwa mit Trüffeln *en-croûte* und Wildbret.

CAGNES Fleur de Sel

85, Montée de la Bourgade, 06800 04 93 20 33 33

Nettes, kleines Restaurant, das einfache Gerichte zu erschwinglichen Preisen anbietet – dies gilt insbesondere für die Tagesmenüs. Das Haus liegt mitten im Dorf Haut-de-Cagnes in der Nähe der mittelalterlichen Kirche. Auch die Weinauswahl lässt das Herz ob der günstigen Preise höherschlagen. *Geschlossen: Mi, Do mittags.*

CAGNES Le Cagnard

45, rue Sous Barri, Haut-de-Cagnes, 06800 04 93 20 73 21 FAX 04 93 22 06 39

Das unvergleichliche Cagnard bietet opulente Mahlzeiten mit Trüffeln, Tauben, Langusten etc. – elegant serviert in einem Herrenhaus aus dem 14. Jahrhundert. Begleitet wird das Essen von einigen der besten Weine der Provence und der Region Gard. *Geschlossen: Mo mittags, Di mittags, Do mittags.*

CANNES Le Pastis   目 🖼   €€

28, rue du Commandement André, 06400   📞 *04 92 98 95 40*

Das Interieur erinnert an einen Mix aus amerikanischem Diner und französischem Bistro, ein perfekter Ort für ein einfaches Mahl zu jeder Tageszeit. Es gibt mediterrane Gerichte wie *daube à la niçoise* (Rindfleischeintopf), aber auch Caesar-Salat und Steak tartare. In der nähe der Shopping-Meile und des Strands. *Geschlossen: Mo mittags.*

CANNES Ondine   🖼 🍷   €€€

15, bd de la Croisette, 06400   📞 *04 93 94 23 15*

Strandlokale sind gastronomisch oft eher bescheiden, doch das Ondine macht eine Ausnahme. Chefkoch Jean-Pierre Silva sucht sich täglich auf dem Markt die frischesten Produkte aus. Schwerpunkte der Karte sind Seafood-Gerichte wie Krabbensalat oder Steinbutt mit Frühlingsgemüse. Exzellente Weine. *Geschlossen: Mi, Mitte Nov–Mitte Dez.*

CANNES La Cave   目 🍷   €€€€

9, bd de la République, 06400   📞 *04 93 99 79 87*   FAX *04 93 68 91 19*

Einheimische wie Besucher der Stadt schätzen das mittlerweile seit zwei Jahrzehnten betriebene Restaurant. Das Angebot an provenzalischen Speisen ist groß. Die Weinkarte umfasst rund 350 Einträge, darunter viele Tropfen von Weingütern der Umgebung. *Geschlossen: Sa mittags, So.*

CANNES Le 38   🅿 目 🔥 🍷 🍷   €€€€

38, rue des Serbes, 06400   📞 *04 92 99 79 60*   FAX *04 93 99 26 10*

Im schicken Ambiente des Royal Gray kann man mit das beste Essen von Cannes erwarten – erstaunlicherweise zu erschwinglichen Preisen und hofiert von freundlichen Bedienungen. Der Fokus der Speisekarte liegt auf provenza-lischen Gewürzen und auf mediterranem Seafood. Große Weinkarte. *Geschlossen: So, Mo.*

CANNES La Palme d'Or   🅿 目 🍷 🍷 🔥   €€€€€

73, bd de la Croisette, 06400   📞 *04 92 98 74 14*   FAX *04 93 39 03 38*

In dem Sterne-Lokal werden Kinder nicht ausgeschlossen, man muss auch nicht unbedingt eine Krawatte tragen – wenn Sie allerdings underdressed sind, werden Sie sich hier unwohl fühlen. Das Essen ist erlesen mit wunderbar zu-bereitetem Seafood. Imposante Weinkarte mit edlen Tropfen. Reservierung. *Geschlossen: So, Mo, Jan–März.*

CARPENTRAS Chez Serge   🔥 🖼 🍷   €€€

90, rue Cottier, 84200   📞 *04 90 63 21 24*   FAX *04 90 60 30 71*

Chez Serge ist eine echte Entdeckung im verschlafenen Carpentras – eine Mischung aus Alt und Neu, was sich in Dekor und Speisekarte widerspiegelt. Es gibt Gerichte aus verschiedenen Ländern, darunter viele Fisch- und Pilz-gerichte. Sehr beliebt sind die Weinproben. *Geschlossen: So, Mo, Jan–Feb.*

CASTELLANE Auberge du Teillon   🚶   €€€€

Route Napoléon – la Garde, 04120   📞 *04 92 83 60 88*   FAX *04 92 83 74 08*

Hübscher Landgasthof, etwa sechs Kilometer vom touristischen Castellane entfernt. Die angebotenen Gerichte sind unprätentiös und wechseln je nach Saison. Der Tenor liegt auf traditionellen provenzalischen Speisen, etwa hausge-räuchertem Lachs. Es gibt auch Gästezimmer. *Geschlossen: So mittags, Mo (außer Juli, Aug), Nov–März.*

CAVAILLON Restaurant Prévôt   🚶 🔥 🍷   €€€€

353, av de Verdun, 84300   📞 *04 90 71 32 43*

Gastro-Tempel im Herzen der hübschen Marktstadt Cavaillon. Küchenchef Jean-Jacques Prévot liebt Melonen. Sein Restaurant ist damit dekoriert, und es gibt sogar ein Menü, das sich ausschließlich dieser Gemüsegattung widmet. Empfehlenswert: Jakobsmuscheln mit Melonen. Gute Weinauswahl. *Geschlossen: So, Mo.*

CHÂTEAU-ARNOUX La Bonne Étape   🅿 🚶 目 🔥 🍷   €€€€€

Chemin du Lac, 04160   📞 *04 92 64 00 09*   FAX *04 92 64 37 36*

Der charmante Gasthof in einem unbeschreiblich schönen Marktflecken bietet eine herausragende Auswahl an Ge-richten mit frischen, regionalen Produkten, insbesondere mit Lamm. Die Weinkarte listet Tropfen aus ganz Frankreich auf. Im Speisesaal hängen Gemälde und Wandteppiche. *Geschlossen: Mo, Di, Sep–Juni u. Jan.*

CHÂTEAUNEUF-DU-PAPE La Mère Germaine   🅿 🔥 🍷   €€

3, rue Commandant Lemaitre, 84230   📞 *04 90 83 54 37*   FAX *04 90 83 50 27*

Das Lokal inmitten von Weinbergen hat eine entsprechende Karte hervorragender lokaler Weine. Gekocht werden provenzalische Klassiker, die in großen Portionen auf den Tisch kommen. Gutes Preis-Leistungs-Verhältnis und freundlicher Service. Wenn Sie mittags kommen, können Sie die Aussicht genießen.

COLLOBRIÈRES La Petite Fontaine   🍷 🚶 目 🔥   €€

1, pl de la République, 83610   📞 *04 94 48 00 12*   FAX *04 94 48 03 03*

Das einfache Restaurant liegt im Zentrum von Collobrières, einem verschlafenen Bergnest im Herzen des Massif des Maures. Auf der Speisekarte: Hühnerfrikassee mit Knoblauch, Kaninchen mit frischen Kräutern und Ente mit Wald-pilzen. Dazu trinkt man die Weine der lokalen Kooperative. *Geschlossen: So mittags, Mo, 2. Hälfte Sep.*

DIGNE-LES-BAINS Villa Gaïa   🅿 🚶 🔥 🖼   €€

24, route de Nice, 04000   📞 *04 92 31 21 60*

Das Hotelrestaurant, einige Kilometer außerhalb von Digne, serviert leckere Hausmacherkost. Einige der Gerichte sind mit Gemüse aus dem Garten zubereitet. Achten Sie auf regionale Bestandteile des Essens wie Sisteron-Lamm, Wild und Banon-Käse, der in ein Kastanienblatt eingewickelt ist. *Geschlossen: mittags, Mi (außer Juli, Aug).*

Preiskategorien *siehe S. 600* **Zeichenerklärung** *siehe hintere Umschlagklappe*

DIGNE-LES-BAINS Le Grand Paris

P & 🖼 🍷   €€€€

19, bd Thiers, 04000 📞 *04 92 31 11 15* FAX *04 92 32 32 82*

Man könnte meinen, dies sei ein Grandhotel-Restaurant. Auf der Terrasse geht es entspannter zu. Klassische französische Küche, etwa *brandade* (eine Art Kartoffelbrei) mit Paprikaschoten, Lammbraten *mignonette* und Taube. Gute Rhône-Weine und Markenweine aus der Provence. *Geschlossen: Mo–Mi mittags, Dez–März.*

ÈZE Troubadour

🍷   €€€

4, rue du Brec, 06360 📞 *04 93 41 19 03*

Hübsches, traditionelles Lokal im Häuserlabyrinth von Èze. Man kommt nur zu Fuß hin. Es besitzt drei kleine Speiseräume, die an den mittelalterlichen Mauern kleben und Schutz vor der Sommersonne bieten. Tagesmenüs und Gerichte à la carte, beide mit dem Tenor auf provenzalischer Küche. *Geschlossen: So, Mo, Mitte Nov–Mitte Dez.*

FAYENCE Le Castellaras

🍴 🖼 🍷   €€€€

Route de Seillans, 83440 📞 *04 94 76 13 80* FAX *04 94 84 17 50*

Le Castellaras serviert traditionelle Gerichte mit zeitgenössischen Variationen: Lammfilet in Estragonsauce, in Olivenöl, Zitronensaft und Estragon marinierte Scampi oder Polenta mit Trüffelöl. Auf der Weinkarte findet man hauptsächlich Weine der Côtes de Provence. Frühzeitig reservieren. *Geschlossen: Jan.*

FAYENCE Le Moulin de la Camandoule

P 🍴 🖼   €€€€

Chemin de Notre-Dame des Cyprès, 83440 📞 *04 94 76 00 84* FAX *04 94 76 10 40*

Das Hotelrestaurant in einer alten Ölmühle profitiert von seiner idyllischen Lage. Küchenchef Philippe Choisy offeriert mehrere Menüs sowie Gerichte à la carte von hoher Qualität. Die Zutaten sind frisch und kommen aus der Provence. Mittagessen gibt es oft auf der Terrasse. *Geschlossen: Mi, Do.*

GIGONDAS Les Florets

P 🍴 🖼 🍷   €€€€

Route des Dentelles, 84190 📞 *04 90 65 85 01* FAX *04 90 65 83 80*

Die Terrasse des Hotelrestaurants bietet eine schöne Aussicht auf die Dentelles de Montmirail. Die sorgfältig zubereiteten, regionalen Gerichte werden durch edle Weine aus der Region Gigondas (südlich der Rhône) ergänzt. Da das Lokal beliebt ist, sollten Sie frühzeitig kommen oder reservieren. *Geschlossen: Mi, Jan–Mitte März.*

GRASSE Bastide St-Antoine

P 🍴 🖼 🍷 &   €€€€€

48, av H. Dunant, 06130 📞 *04 93 70 94 94* FAX *04 93 70 94 95*

Das Gourmet-Restaurant von Jacques Chibois gehört zu einem edlen Boutique-Hotel im St-Antoine-Viertel in Grasse. Die Karte wird Liebhaber der neuen, erfindungsreichen Küche entzücken: Gerichte mit Jungenten und Trüffeln sowie unglaublich kreative Gemüsezubereitungen. Exzellente Weinkarte mit dem Tenor auf provenzalischen Weinen.

JUAN-LES-PINS Les Pêcheurs

🍴 🖼 🍷   €€€€€

10, bd Maréchal Juin, Cap d'Antibes, 06160 📞 *04 92 93 13 30* FAX *04 92 93 15 04*

Das Hotel Juana hat kürzlich sein gefeiertes Dachterrassen-Restaurant gegen ein Strandlokal mit Hightech und einer riesigen Terrasse ausgetauscht. Küchenchef Francis Chauvau verwöhnt die Gäste mit köstlich-kreativen Speisen. Probieren Sie den gegrillten Seebarsch mit Zitrone und mariniertem Gemüse. *Geschlossen: Di, Mi (außer Juli, Aug).*

LA CADIÈRE-D'AZUR Hostellerie Bérard

P 🍴 🖼 🍷 &   €€€€€

Av Gabriel Péri, 83740 📞 *04 94 90 11 43* FAX *04 94 90 01 94*

Das renommierte Hotelrestaurant liegt in einem früheren Klostergebäude (11. Jh.) und bietet eine schöne Aussicht auf die Bandol-Weinberge. Die kochenden Besitzer René und Jean-François Bérard zaubern aus Seafood wundervolle Gerichte, etwa Muschelsuppe mit Safran. Hauptsächlich Bandol-Weine. *Geschlossen: Mo, Di, Jan.*

MARSEILLE Chez Madie (Les Galinettes)

🍴 🖼   €€

138, quai du Port, 13002 📞 *04 91 90 40 87* FAX *04 91 31 44 74*

Seit Generationen ist das Lokal eine Marseiller Institution (nun wird es von der Enkelin des Gründers geführt). Hier gibt es die legendäre *bouillabaisse*, ebenso eine *bourride* und andere Fischgerichte. Auch auf der Karte: Kutteln und Schweinebacken. Wahrlich kein Lokal für Vegetarier oder kleine Kinder. *Geschlossen: So.*

MARSEILLE Toinou

🍴 🖼 🖼   €€

3, cours Saint-Louis, 13001 📞 *04 91 33 14 94*

Hier ist der Ort für Seafood-Platten in Marseille. Das Toinou liegt an einem belebten Platz und wurde vor 40 Jahren als Takeaway eröffnet. Es gibt noch immer Essen zum Mitnehmen, doch die meisten Gäste bevorzugen nun den Speiseraum. Um die Vorzüge des Lokals am besten kennenzulernen, sollten Sie das Toinou Spécial für zwei ordern.

MARSEILLE Les Arcenaulx

🖼 & 🖼 🍷   €€€

25, cours d'Estienne d'Orves, 13000 📞 *04 91 59 80 30* FAX *04 91 54 76 33*

Das Restaurant im früheren Lagerhaus-Viertel nördlich des Vieux Port liegt in den Räumen eines Verlags aus dem 17. Jahrhundert – ideal für einen Barbummel durch die benachbarten Straßen. Delikat: Mascarpone-*velouté* mit Shrimps und Croûtons, Kabeljaufilet im Bananenblatt, Karamell-Schokoladen-Tarte mit Mandeln. *Geschlossen: So.*

MARSEILLE Restaurant Michel

🖼   €€€€€

6, rue des Catalans, 13007 📞 *04 91 52 30 63* FAX *04 91 54 76 33*

In der edlen, gut besuchten Brasserie dreht sich alles um *bouillabaisse*. Weitere Fischgerichte sind *bourride*, Sardinen und der »Fang des Tages« – superfrisch und meist einfach nur gegrillt. Das Establissement ist bei den Einheimischen sehr beliebt. Man sollte also frühzeitig herkommen. Auf der Weinkarte finden sich Weine aus Bandol und Cassis.

MARTIGUES Le Miroir

4, rue Marcel Galdy, 13500 📞 *04 42 80 50 45*

Das Fischrestaurant liegt gegenüber dem Hafen von Martigues mit seinen farbigen Holzbooten. Es gibt sehr viel Raum mit sechs Speisesälen und zwei Terrassen – am schönsten ist es natürlich draußen. Einfaches, aber leckeres Essen, beispielsweise Muscheln mit Fenchel und Safran. *Geschlossen: Sa mittags; So, Mo u. Mi abends.*

MENTON Le Mirazur

30, av Aristide Briand, 06500 📞 *04 92 41 86 86*

Der Argentinier Mauro Colagreco ist ein hoch talentierter Koch, dessen modernes Restaurant in einem tropischen Garten liegt. Wie ein Maler präsentiert er seine Teller mit Tupfern und Schnörkeln, wozu er Wildkräuter und Berg-blumen verwendet. Preisgünstiges Mittagsmenü für 35 Euro. *Geschlossen: Mo – Di.*

MONACO Maya Bay

24, av Princesse Grace, 98000 📞 *00 37 7 97 70 74 67*

Chefkochs Olivier Streiffs Punkfrisur und sein schwarzer Eyeliner sind ein Tribut an die Doors – auch sein Kochstil ist Rock 'n' Roll. Ein typisches Gericht ist etwa Jungente mit Bananen, Trockenfrüchten, Apfel-*confit* und Wacholder-beeren. Der Speisesaal ist luftig-tropisch, das Restaurant hat eine eigene Sushi-Bar. *Geschlossen: Mo, So, Nov.*

MOUGINS Le Moulin de Mougins

Notre-Dame-de-Vie, route départementale 3, 06250 📞 *04 93 75 78 24* FAX *04 93 90 18 55*

Alain Llorcas Sterne-Restaurant ist die Wahl für besondere Gelegenheiten. Die fantasievolle Küche experimentiert gern mit Seafood und kreiert völlig neue Speisenvarianten. Die Weinkarte enthält einige der edelsten Tropfen der Provence. Auf der Gartenterrasse stehen zeitgenössische Skulpturen. Reservierung unabdingbar.

MOUSTIERS La Treille Muscate

Place de l'Église, 04360 📞 *04 92 74 64 31* FAX *04 92 74 63 75*

In dem hübschen kleinen Bistro gibt es gutes Essen, etwa Gemüse-*pistou*. Sehr schöne Lage am Hauptplatz eines der hübschesten Dörfer der Region. Gutes Preis-Leistungs-Verhältnis. Es gibt einige Tagesmenüs und eine kleine Weinkarte. La Treille Muscate ist besonders angenehm für ein Mittagessen im Freien. *Geschlossen: Mi.*

NIZZA Bistrot d'Antoine

27, rue de la Préfecture, 06300 📞 *04 93 85 29 57*

Armand Crespo, einst im Lou Cigalon in Valbonne tätig, ist der Mann hinter diesem Bistro. Man sieht ihn oft auf dem Markt. Fleisch vom Grill ist hier das Hauptthema. Probieren Sie die Entenbrust oder die Kalbsnierchen, die aus jedem sofort einen Liebhaber von Innereien machen. Gut ausgewählte Weine. *Geschlossen: So, Mo, Aug.*

VENCE Le Pigeonnier

3, place du Peyra, 06140 📞 *04 93 58 03 00*

In dem traditionellen Restaurant findet man eine große Auswahl an Seafood- und Fleischgerichten. Im Sommer können Gäste auf der sonnigen Terrasse speisen, im Winter ist der Kamin im Speisesaal in Betrieb. *Geschlossen: Mo, So abends (außer Juli, Aug), Nov, Jan.*

VENCE Les Bacchanales

247, av de Provence 📞 *04 93 24 19 19*

Christophe Dufau erkochte sich in Tourrettes-sur-Loup einen Namen, bevor er sein Restaurant in der versteckt am Stadtrand liegenden Villa eröffnete. Seine Küche kommt ohne Schnörkel aus. Typisch für ihn ist eine Vorspeise wie karamellisierte Melone mit Ricotta-Crumble und herzhafter Sobressada-Sauce. *Geschlossen: Di, Mi.*

VILLEFRANCHE-SUR-MER L'Oursin Bleu

11, quai Courbet, 06230 📞 *04 93 01 90 12* FAX *04 93 01 80 45*

Das Aquarium im Foyer weist schon darauf hin, dass sich in dem kleinen Lokal das Meiste um Fisch dreht. L'Oursin Bleu liegt schön am Kai. Die Tische auf der Terrasse haben alle einen Sonnenschirm. Der Speisesaal ist maritim deko-riert. Idealer Platz für ein langes, faules Mittagessen im Sommer. *Geschlossen: Di, Nov–März, Jan.*

Korsika

AJACCIO Le 20123

2, rue du Roi de Rome, 20000 📞 *04 95 21 50 05*

Das nach der Postleitzahl des winzigen Orts Pila-Canale benannte Lokal will den Geschmack der Provinz in die Stadt tragen. Speisen kann man auf der von Laternen erleuchteten Terrasse, im mit Trödel ausstaffierten Speisesaal oder an langen Tischen im Keller. Lecker: die *charcuterie* und die herzhaften Fleischeintöpfe. *Geschlossen: mittags, Feb.*

AJACCIO Pampasgiolu

15, rue de la Porta, 20000 📞 *04 95 50 71 52.*

Für das beliebte Lokal sollten Sie Plätze reservieren. Es liegt in der Altstadt und besitzt einen hübschen rustikalen Speiseraum und eine kleine Terrasse. Empfehlenswert: *spuntini* (Teller mit Fischhäppchen), die regionalen Fleischgerichte oder Rindfleisch mit Oliven. Gute Desserts, darunter Kastanien-Fondant. *Geschlossen: mittags, So.*

Preiskategorien *siehe S. 600* **Zeichenerklärung** *siehe hintere Umschlagklappe*

BASTIA A Casarella 🛪 🗏 ♿ 🎏 €€

6, rue Ste-Croix, 20600 📞 *04 95 32 02 32*

Das Lokal liegt versteckt im Straßengewirr bei der Zitadelle. Korsische Küche mit Ausflügen ins Luxuriöse, etwa bei *brocciu* (dem regionalen Frischkäse) mit *foie gras*. Zu den Spezialitäten zählen gefüllte Sardinen, Kalbsbraten mit Kräutern und korsische *crème brûlée. Geschlossen: Sa mittags, So.*

BASTIA Au Café des Intimes 🗏 €€€

9, pl de l'Hôtel-de-Ville, 20200 📞 *04 95 31 87 23*

Das ungewöhnliche Lokal ist auf Gerichte des Nahen Ostens spezialisiert. Es liegt am Marktplatz. Hier gibt es frischen Fisch mit Tagines oder Couscous. Für sehr Hungrige ist das »Couscous royal« (mit Huhn, Lamm, Fleischbällchen und Gemüse) geeignet. Süße Schlemmerei: geeiste Karamellcreme mit heißer Schokoladensauce. *Geschlossen: Mo, So.*

BONIFACIO Le Goeland Beach 🅿 ♿ 🎏 €€

Plage de la Tonnara 📞 *04 95 73 02 51*

Das Restaurant liegt im Naturschutzgebiet am Tonnara-Strand. Spezialität ist der über Holzfeuer gegrillte Fisch (nach Gewicht), doch es gibt auch typische korsische Gerichte wie Auberginen in Tomatensauce. In der Snackbar gibt es den ganzen Tag über etwas zu essen. *Geschlossen: Dez–Mitte März.*

CALVI Le Bout du Monde ♿ 🗏 🎏 €€€

Plage du Calvi, 20260 📞 *04 95 65 15 41*

In dem freundlichen, erstklassigen Lokal am Strand kann man hervorragend essen. Wählen Sie zwischen Meeresfrüchte-Platten, Langusten-Ravioli, Jakobsmuscheln in Orangenbutter, gegrillten Spareribs oder riesigen Salaten. Zum Abschluss können Sie etwa karamellisierten Apfelkuchen oder Kastaniencreme probieren. *Geschlossen: im Winter.*

CORTE U Museu 🛪 🗏 🎏 €€

13, Quartier Quatre Fontaines, 20250 📞 *04 95 61 08 36*

Das riesige Restaurant in der Altstadt am Fuß der Zitadelle besitzt verschiedene Speisesäle sowie eine von Bäumen beschattete Terrasse. Auf der Karte: Pizza, Pasta und Salate sowie traditionelle Gerichte wie Lamm mit weißen Bohnen, Lasagne mit *brocciu* (korsischer Käse) und Fleischgerichte mit Kräutern vom Grill. *Geschlossen: Nov–Apr.*

L'ÎLE ROUSSE A Siesta 🛪 🗏 ♿ 🎏 �« €€€€

Promenade à Marinella, 20220 📞 *04 95 60 28 74* 📠 *04 95 60 27 03*

Der Stolz des angesagten Strandlokals ist das Seafood. In warmen Nächten werden die Tische direkt auf den Strand gestellt, sodass man unter Sternen diniert. Empfehlenswert: Spinnenkrabben, Hummer oder *bouillabaisse*. Daneben gibt es Seafood-Ravioli und Fisch-Carpaccio. Ausgezeichnete Desserts und Weine. *Geschlossen: Nov–März.*

PORTO-VECCHIO Le Bistro 🛪 ♿ 🎏 €€€

4, quai Pascale Paoli, Port de Plaisance, 20137 📞 *04 95 70 22 96*

Gut besuchtes Restaurant im Yachthafen in der Unterstadt mit hübschem Speisesaal und großer Terrasse. Hier gibt es frisches Seafood, etwa Seebarbe mit Anchovis und Tomaten, Goldbrasse oder gegrillten Hummer. Ausgezeichnet sind Rindfleischtatar und Wildschwein-*civet*. Es gibt eine neue Tapas-Bar und gute Crêpes. *Geschlossen: Feb.*

PORTO-VECCHIO Restaurant Le Tourisme 🗏 🎏 €€€

Cours Napoléon, 20137 📞 *04 95 70 06 45*

Beliebtes Lokal in der Oberstadt gegenüber der Kirche. Das freundliche Establissement ist im Brasserie-Stil dekoriert und serviert provenzalische und korsische Gerichte. Große Auswahl an Fleisch- und Fischgerichten, darunter korsisches Kalb und Wildbret.

PORTO-VECCHIO Casadelmar 🅿 🛪 🗏 ♿ 🎏 �« €€€€€

Rte de Palombaggia 📞 *04 95 72 34 34*

Das Restaurant des Luxushotels, das nur ein paar Minuten vom Zentrum entfernt liegt, macht üppigen Gebrauch von den hiesigen Kräutern. Die Gerichte haben italienischen Touch, etwa die Raviolini von Rindfleischtatar mit Pecorino und 25 Jahre altem Balsamico. Im Hotel gibt es noch ein weniger formelles Restaurant. *Geschlossen: Nov–Apr.*

PROPRIANO Chez Parenti €€€

10, av Napoléon 📞 *04 95 76 12 14*

Das seit seiner Gründung 1935 von der Parenti-Familie geführte Lokal war einst ein Fischerhütte. Die Fassade wirkt noch immer recht einfach, doch auf der Terrasse vergisst man das schnell. Im Fokus steht natürlich frisches Seafood, doch es gibt auch gute Fleischgerichte. Gute korsische Käse. *Geschlossen: Mo mittags, Nov–Apr.*

SARTÈNE Auberge Santa Barbara 🛪 ♿ 🎏 �« €€€€

Alzone (3 km außerhalb von Sartène, an der Straße nach Propriano), 20100 📞 *04 95 77 09 06* 📠 *04 95 77 09 09*

Bei Gisèle Lovichi, Korsikas bekannter Küchenchefin, kann man schön im Garten essen. Es gibt hausgemachte *charcuterie* (Wurstwaren), Landsuppe mit Gemüsesalat, gefüllte Lammkeule oder Lammrücken in Kräuterkruste. Beenden Sie Ihr Mahl mit *fiadone*, einer Nachspeise aus korsischem Käse, Zitronen und Eiern. *Geschlossen: Mo, Mitte Okt–März.*

ST-FLORENT La Rascasse 🛪 🗏 ♿ 🎏 €€€

Quai d'Honneur, 20217 📞 *04 95 37 06 99* 📠 *04 95 35 00 08*

In dem angesagten Fischlokal am Hafen wird fantasievoll gekocht. Machen Sie es sich auf der Terrasse bequem, und beobachten Sie die Yachten, während Sie auf Ihr Essen warten. Empfehlenswert: Fischsuppe, Seafood-Risotto und Tintenfisch. Serviert werden auch *bouillabaisse* und Hummer. Köstliche Desserts. *Geschlossen: Mi (außer Juli, Aug).*

Shopping

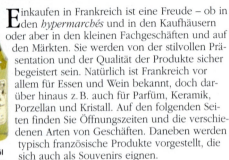

Einkaufen in Frankreich ist eine Freude – ob in den *hypermarchés* und in den Kaufhäusern oder aber in den kleinen Fachgeschäften und auf den Märkten. Sie werden von der stilvollen Präsentation und der Qualität der Produkte sicher begeistert sein. Natürlich ist Frankreich vor allem für Essen und Wein bekannt, doch darüber hinaus z. B. auch für Parfüm, Keramik, Porzellan und Kristall. Auf den folgenden Seiten finden Sie Öffnungszeiten und die verschiedenen Arten von Geschäften. Daneben werden typisch französische Produkte vorgestellt, die sich auch als Souvenirs eignen.

Olivenöl aus Baux

Französische Nektarinen und Melonen auf einem Marktstand

Öffnungszeiten

Delikatessenläden haben in der Regel am 7 oder 8 Uhr geöffnet, über Mittag schließen sie. Im Norden dauert die Mittagspause ca. zwei Stunden, im Süden drei bis vier Stunden (in Urlaubsorten ist sie kürzer). Danach öffnen die Läden wieder bis 19 Uhr oder später.

Bäckereien öffnen und schließen früh, obwohl einige bis 13 Uhr aufhaben, da sie auch Snacks für die Mittagspause verkaufen.

Supermärkte, Kaufhäuser und die meisten *hypermarchés* haben durchgehend geöffnet. Die Öffnungszeiten der meisten anderen Läden sind montags bis samstags von 9 bis 18 Uhr, viele davon haben über Mittag zu. In den Urlaubsgebieten haben die Läden üblicherweise jeden Tag geöffnet.

Sonntags ist meist der ruhigste Einkaufstag, obwohl die meisten Delikatessenläden (und Zeitungskioske) morgens geöffnet haben. Fast jedes Geschäft hat am Sonntagnachmittag geschlossen.

Hypermarchés und Kaufhäuser

Riesige Supermärkte, die *hypermarchés* oder *grandes surfaces*, findet man auf der grünen Wiese vor jeder etwas größeren Stadt: Schilder mit *centre commercial* weisen den Weg. *Hypermarchés* sind wesentlich größer als sonstige Supermärkte. Sie verkaufen meist Delikatessen, aber auch Kleidung, Haushaltswaren und elektronisches Zubehör. Hier gibt es in der Regel auch billigeres Benzin. Zu den größten Ketten in Frankreich gehören **Carrefour**, **Casino**, **Auchan** und **Leclerc**.

Kaufhäuser (*grands magasins*) wie **Monoprix**, **Intermarché** und **Franprix** findet man üblicherweise im Stadtzentrum – die edleren wie **Printemps** und **Galeries Lafayette** auch außerhalb.

Eine Bäckerei – hier gibt es oft auch Kuchen und Gebäck

Fachgeschäfte

Da französische Delikatessenläden trotz der Supermärkte und *hypermarchés* nach wie vor florieren, ist das Einkaufen immer noch ein besonderer Genuss. Die *boulangerie* (Bäckerei) ist häufig auch *pâtisserie*, d. h., sie verkauft außer Brot auch Gebäck und Kuchen. Ein *traiteur* (Hauslieferant) bietet verarbeitete Delikatessen an. *Fromagers* (Käsehändler) und andere Läden sind auf Milch-

produkte spezialisiert (*produits laitiers*). Die *boucherie* (Metzgerei) und die *charcuterie* (Wurstwaren) sind oft getrennte Läden. Eine große Auswahl aller möglicher Lebensmittel erhält man in einer *épicerie* oder *alimentation* – nicht zu verwechseln mit einer *épicerie fine*, die auf Feinkost spezialisiert ist.

Reinigungsmittel und Haushaltswaren gibt es in der *droguerie*. Nägel und Co. findet man in der *quincaillerie* (Eisenwarenhandlung). In der *papeterie* (Schreibwarenladen) gibt es normale und edlere Schreibwaren.

Märkte

In diesem Reiseführer sind die Markttage bei jedem Ort in den Regionenkapiteln aufgelistet. Um zu erfahren, wo der Markt stattfindet, fragen Sie Passanten nach *le marché*. Märkte machen morgens auf und schließen meist um die Mittagszeit.

Schauen Sie sich nach regionalen Anbietern um, insbesondere solchen, die nur ein oder zwei Produkte anbieten. Meist sind diese Waren preisgünstig und qualitativ besser als bei Ständen mit vielen Produkten. Es ist gesetzlich vorgeschrieben, dass Preisschilder auch den Herkunftsort der Ware tragen müssen: *pays* bedeutet regional. So tragen Bresse-Hühner ein rotweiß-blaues Zeichen mit dem Namen des Erzeugers.

Wenn Sie einen Markt besuchen, sollten Sie nach saisonalen Produkten Ausschau halten, etwa frisch geernteten Walnüssen, dem ersten Spargel, frühen Artischocken oder Walderdbeeren. Auf Märkten kann man auch Kräuter und Gewürze erstehen sowie einige andere Dinge (etwa Zierkürbisse), Schuhe und Kleidung.

In ganz Frankreich gibt es saisonale, regionale Märkte, die auf ganz bestimmte Dinge spezialisiert sind, etwa Trüffel, Schinken, Knoblauch, *foie gras* und Vieh. *Foires artisanales* können zur gleichen Zeit stattfinden. Auf ihnen wird regionales Kunsthandwerk verkauft.

Wurst und Käse – regionale Spezialitäten auf einem Markt in Lyon

Regionale Produkte

Regionale Spezialitäten gibt es auch außerhalb der Saison – doch natürlich sind sie besser, wenn man sie zur richtigen Zeit dort kauft, wo sie herkommen.

Die Provence ist für feinstes Olivenöl bekannt. Das beste kommt aus der ersten Kaltpressung. Falls Sie nicht zu einem der kleinen Erzeuger in der Provence vordringen, sollten Sie bei den landesweiten Filialen von **Oliviers et Co** vorbeischauen, die eine hervorragende Auswahl an Olivenöl (mit Verkostung) anbieten.

Im Norden wird Camembert aus Milch der Normandie hergestellt. Er muss mindestens drei Wochen reifen.

Einige der beliebtesten Spirituosen sind gleichfalls mit

Kräuter der Provence – für die Küche und auch für Tees

Pastis 51 wird gern im Süden getrunken

bestimmten Regionen assoziiert. Der Pastis (aus Anissamen) ist im Süden beliebt. Calvados aus normannischen Äpfeln wird mehr im Norden getrunken. Crème de Fruit de Dijon, eine Zutat vieler Cocktails und Desserts, wird in diversen Geschmacksrichtungen angeboten (von Pfirsich bis Walderdbeere). Daneben gibt es den bekannten **Crème de Cassis**. Kaufen Sie den dicken alkoholischen Sirup bei kleinen Erzeugern. Die Lage ist ein wichtiges Kriterium für die Güte regionaler Produkte. So hat beispielsweise die kulinarische Tradition von Lyon (*siehe S. 380f*), Frankreichs Gastro-Hauptstadt, viel mit der Qualität von Charolais-Rind, Bresse-Huhn, dem Schweinefleisch, Wild aus La Dombes und den edlen Weinen des Rhône-Tals zu tun.

Säckchen mit Kräutern der Provence, Zwiebel- oder Knoblauchzöpfe sollten Sie während der Saison kaufen, wie es auch alle guten Köche tun. Das richtige Meersalz kommt von der Île de Ré (*siehe S. 416*) oder Guérande. Wenn Sie diese Region besuchen, sollten Sie das Salz auf einem regionalen Markt kaufen. Fleur de Sel ist fein und delikat, Sel Marin ist ein grobkörnigeres Salz.

Kosmetikprodukte

Französische Frauen gelten als schön und gepflegt – und es gibt jede Menge an feinsten Kosmetikartikeln in Frankreich. Die größten Labels, etwa **Chanel** und **Guerlain**, kann man auch außerhalb Frankreichs kaufen, doch eingeschworene Kosmetikfans werden sich nach Spezialprodukten umschauen, die nur in Frankreich erhältlich sind.

In Paris sollten Schönheits-Junkies die Läden von Chanel (Rue Cambon) und Guerlain (Champs-Élysées) aufsuchen – wegen der Düfte, die nur hier zu erwerben sind. Im Rest des Landes sind Drogerie-Marken, etwa Evian, Eau Thermale d'Avène und Barbara Gould, sehr beliebt. Vor allem die Cold Cream von Eau Thermale d'Avène, die Reinigungsmilch von Barbara Gould und das Gesichtsgel von Evian finden sich in den Beautycases der Fashionistas. Pariser schwören auf *Huile Prodigieuse*, das kultige Körperöl von Nuxe, auf *Vinotherapary Cabernet*, das Peeling (mit Traubenextrakten) von Caudalie und auf die Anti-Cellulite-Creme von Elancyl.

Auf Bräunungskapseln von Oenobiol und Haarpflegeprodukte von Phytomer wollen die Sonnenanbeter am Strand von St-Tropez keinesfalls verzichten.

Eine etwas traditionellere Annäherung an die Schönheitsprodukte Frankreichs ist der Kauf von *savon de Marseilles* – traditionell hergestellte Seife mit viel Öl.

Feine Nasen müssen unbedingt nach Grasse (*siehe S. 517*), der Parfümhauptstadt der Welt. Die drei größten Hersteller von Parfüm – **Fragonard**, **Molinard** und **Galimard** – verkaufen dort auch ihre Düfte.

Accessoires

Französische Mode ist welt-berühmt. Doch außer den Angeboten der bekannten Couture-Namen *(siehe S. 142–144)* kann man in Frankreich viele, teils gar nicht so teure Accessoires erwerben, mit denen man schön Look *à la française* trimmen kann. Wie auch bei den kulinarischen, lokalen Spezialitäten gibt es Regionen, die spezielle Accessoires produzieren.

Ein handgefertigter Schirm aus Aurillac *(siehe S. 364)* schützt Sie zuverlässig vor einem Regentag-Blues. Die besten Hersteller sind **L'Ondée au Parapluie d'Aurillac**, **Piganiol** und **Delos**. Sie produzieren auch Schirme mit einem von Ihnen ausgewählten Foto, um nasse Tage und Regenstürme gut zu überstehen.

Hübsch behandschuhte Hände erhalten Sie dank des traditionellen Handwerks der Handschuhfertigung in Millau. Besuchen Sie einmal **L'Atelier Gantier**. Hier können Sie sich ein Paar handgenähte Leder-handschuhe aussuchen – in allen leuchtenden Farben des Regenbogens.

Etwas bodenständiger sind die bunten Weidenkörbe, die man auf Landesmärkten und in Läden findet. Mit einem solchen Korb versehen, erhält Ihr normales Urlaubs-Outfit gleich einen Boheme-Touch. Strandboutiquen sind gut geeignet, um stilvolle Sarongs, Tücher und Ketten aufzutun, die genau richtig für den Ausflug *à la plage* sind. Die Kult-Sandalen von **K Jacques** aus St-Tropez sind ein Muss für Fashionistas.

Wenn Sie nicht an den Strand wollen, sondern lieber in die Berge, sollten Sie sich nach französischen Sportarti-kelmarken umsehen (etwa Rossignol). Bei den Saison-schlussverkäufen kann man hier Schnäppchen machen. In der Hochsaison sind die Waren in den Sportartikel-läden der Winterferienorte recht teuer. Doch sobald der Schnee zu schmelzen beginnt, werden etwa Ski und Skate-boards billiger, während Ski-anzüge, Mützen und Après-Ski-Zubehör meist radikal günstig werden.

Haushaltsprodukte

Die besten Läden für Haus-haltswaren und allerlei Dekor sind **Ikea**, **Alinea** und **Habitat**. **Truffaut** verkauft Gartenmöbel. **Leroy Merlin** ist der *hypermarché* von DIY und verkauft alles an Heim-werkerzubehör.

In den entsprechenden Fachgeschäften sieht man selten die ganze Palette an Küchenzubehör. Sinnvoller ist es, die entsprechenden Ab-teilungen von Kaufhäusern aufzusuchen. In einigen Spe-zialgeschäften gibt es nur Eisenpfannen und -töpfe. Auch weißes Porzellan wird in Spezialläden verkauft.

Wer durch die Normandie reist, kann einige wunderbare Dinge erwerben – nicht zu-letzt die *crème de chantilly*. Fans von Tischtüchern und Co. oder Dessous-Liebhabern wird das hiesige Spitzenhand-werk besondere Freude berei-ten. Die Spitze von **Alençon** ist extrem teuer und wird meist in der Haute Couture

verwendet oder in Pariser Fachgeschäften verkauft. Die Läden in Argentan, Chantilly *(siehe S. 204f)* und Bayeux *(siehe S. 252f)* sind auch nicht gerade billig, im Vergleich zu Paris aber noch erschwing-lich. Es lohnt sich also, sich nach preisgünstiger Spitze umzuschauen, denn Spitze hat in der Mode immer wie-der ein Comeback – und eine zarte Blume auf einer Tasche oder Bluse lässt Ihr Outfit gleich *à la mode* erscheinen.

In vielen Orten werden hübsche Spitzenvorhänge und mit Spitze verzierte Tisch-wäsche angeboten. Am ein-fachsten ist es, wenn Sie die »Spitzen-Route« abklappern, die zu den Museen und Ge-schäften in Alençon, Argen-tan, Caen *(siehe S. 253f)*, Courseulles, Villedieu-les-Poêles und La Perrière führt.

Auf ein hübsches, spitzen-verziertes Tischtuch gehört unbedingt Kristall, etwa Kris-tallgläser, aus denen Sie den französischen Wein genießen können. Der berühmteste französische Kristallhersteller ist **Baccarat**. Er besitzt auch ein Museum, in dem man ei-nige der schönsten Kreatio-nen bewundern kann, und einen Laden, in dem man ein kleines Baccarat-Teil für zu Hause erwerben kann. Auch elegant, allerdings billiger und für den alltäglichen Ge-brauch geeignet, sind Produk-te von **Cristal d'Arques**. Man kann das kleine Fabrikmuse-um besichtigen und im Fabrik-laden preisgünstige Ware zweiter Wahl erstehen.

Keramik gibt es zu recht erschwinglichen Preisen, vor allem in der Nähe von Pro-duktionsstätten wie Quimper *(siehe S. 274)* in der Bretagne, Aubagne nahe Marseille und Vallauris *(siehe S. 522)* in der Nähe von Grasse.

Porzellan aus Limoges *(sie-he S. 356)* setzt jede Mahlzeit wunderbar in Szene. Ein Ser-vice aus dem Fabrikverkauf von **Royal Limoges** kann eine gute Investition sein.

Ähnlich verhält es sich mit Wandteppichen aus **Aubus-son**, die sehr teuer sind und die man sich nicht impulsiv im Urlaub kauft. Wenn Sie al-lerdings sowieso ein Fan von

---

Kleidergrößen in Frankreich

In Frankreich gelten die übli-chen mitteleuropäischen Klei-der- und Schuhgrößen. Aller-dings kann Damenkleidung etwas kleiner ausfallen, als Sie es gewohnt sind. Was etwa in Deutschland als Größe 38 klassifiziert ist, entspricht in Frankreich oft der Größe 40. Probieren Sie die Kleidung besser an – dies gilt vor allem für Prêt-à-porter-Kleidung, die von »Modelmaßen« ausgeht.

(Hier finden Sie dann auch Größe 32.) Zudem können sich Größen im Norden des Landes von denen im Süden Frankreichs unterscheiden, was Taillen-, Brust- und Hüft-umfang betrifft.

Die Größen bei Herren-bekleidung entsprechen im Prinzip dem deutschen Klassifi-zierungen. Gleiches gilt für Schuhe – sowohl für Männer als auch für Frauen.

Inneneinrichtung sind, sollten Sie schon mal erkunden, ob es nicht einen Gelegenheitskauf in Aubusson *(siehe S. 356f)* für Sie gibt.

Einige andere Produkte ersteht man am besten auf Märkten, etwa Leinentaschentücher oder Seafood-Zubehör wie Hummerzangen und -scheren oder Austerngabeln. Die Provence ist ein Paradies für billige, bunte Kochutensilien, etwa Tagines, Terrakottaschalen und bemalte Platten, Gefäße und Teller aller Art.

Wein

Um Wein direkt von Erzeugern oder Kooperativen zu kaufen, folgen Sie einfach den Weinproben-Schildern *(dégustation)* der Weingüter *(domaines)*. Es wird von Ihnen erwartet, dass Sie zumindest eine Flasche erwerben, außer wenn die Weinprobe sowieso schon etwas kostet. Die Wein-Kooperativen produzieren und verkaufen den Wein von kleineren Erzeugern. Hier kann man Wein in Fünf- oder Zehn-Liter-Containern *(en tonneau)* erwerben, aber natürlich auch in Flaschen. **Nicolas** ist Frankreichs größte Weinhandlung mit vielen Filialen.

Factory Outlets

Der französische Einzelhandel ist relativ streng reglementiert *(siehe S. 140)*, doch davon sollten sich Schnäppchenjäger nicht beeindrucken lassen, denn auch in Frankreich gibt es das Phänomen des Fabrikverkaufs. Die größten Factory Outlets finden sich in und um Troyes in »Shopping Malls« wie **Marques Avenue**, **Marques City** und **Mc Arthur Glen**, ein amerikanisches Outlet. Hier gibt es Yves-Saint-Laurent-Klamotten, Werkzeug von Black & Decker, Silberwaren von Cristofle und Babykleidung von Bonpoint. Dies ist natürlich eine ganz andere Erfahrung, als über französische Märkte zu bummeln – doch hier gibt es wirklich Schnäppchen. Und wenn eine neue Garderobe dabei herauskommt, hat sich der Trip auf jeden Fall gelohnt.

AUF EINEN BLICK

Hypermarchés und Kaufhäuser

Die Adressen entnehmen Sie bitte den jeweiligen Websites.

Auchan
www.auchan.fr

Carrefour
www.carrefour.fr

Casino
www.supercasino.fr

Franprix
www.franprix.fr

Galeries Lafayette
www.galerieslafayette.com

Intermarché
www.intermarche.com

Leclerc
www.e-leclerc.com

Monoprix
www.monoprix.fr

Printemps
www.printemps.com

Regionale Produkte

Crème de Cassis
Gabriel Boudier
14, rue de Cluj,
21007 Dijon.
℃ 03 08 74 33 33.

Oliviers et Co
Adressen finden Sie unter
www.oliviers-co.com

Kosmetikprodukte

Chanel
31, rue Cambon, 75008 Paris. ℃ 01 42 86 26 00.
www.chanel.com

Fragonard
20, bd Fragonard,
06130 Grasse.
℃ 04 93 36 44 65.
www.fragonard.com

Galimard
73, route de Cannes,
06130 Grasse.
℃ 04 93 09 20 00.
www.galimard.com

Guerlain
68, av des Champs-Élysées, 75008 Paris.
℃ 01 45 62 52 57.
www.guerlain.fr

Molinard
60, bd Victor Hugo,
06130 Grasse.
℃ 04 93 36 01 62.
www.molinard. com

Accessoires

L'Atelier Gantier
21, rue Droite,
12100 Millau.
℃ 05 65 60 81 50.

Delos
14, rue Rocher,
15000 Aurillac.
℃ 04 71 48 86 85.
www.delos-france.com

K Jacques
25, rue Allard, 83990 St-Tropez. ℃ 04 94 97 41 50. www. lestropeziennes.com

L'Ondée au Parapluie d'Aurillac
27, rue Victor Hugo,
15000 Aurillac.
℃ 04 71 48 29 53.

Piganiol
9, rue Ampère, 15000 Aurillac. ℃ 04 71 63 42 60.

Haushalts-produkte

Alençon – Spitzenmuseum
Cour carrée de la Dentelle,
61000 Alençon.
℃ 03 33 32 40 07.

Alinea
www.alinea.fr

Aubusson
Manufacture Saint-Jean,
3, rue Saint-Jean,
23200 Aubusson.
℃ 05 55 66 10 09.

Baccarat
20, rue des Cristalleries,
54120 Baccarat.
℃ 03 83 76 60 06.
www.baccarat.com

Cristal d'Arques
Zone industrielle,
62510 Arques.
℃ 03 21 95 46 47.

Habitat
www.habitat.net

Ikea
www.ikea.com

Leroy Merlin
www.leroymerlin.fr

Royal Limoges
28, rue Donzelot, Zugang beim Quai du Port du Naveix, 87000 Limoges.
℃ 05 55 33 27 37.
www.royallimoges.fr

Truffaut
www.truffaut.com

Wein

Nicolas
www.nicolas.com

Factory Outlets

Marques Avenue
Avenue de la Maille,
10800 St-Julien-les-Villas.
℃ 03 25 82 80 80.
www.marquesavenue. com

Marques City
35, rue Danton,
10150 Pont Sainte-Marie.
℃ 03 25 46 37 48.

McArthur Glen
Zone industrielle des magasins d'usines du Nord,
10150 Pont Sainte-Marie.
℃ 03 25 70 47 10.

Unterhaltung

Paris gehört zu den Weltmetropolen auf dem Gebiet der Unterhaltung, doch auch in den anderen Teilen von Frankreich gibt es jede Menge Kultur. Ob Sie eher Theater- oder Kinofan sind, lieber zeitgenössischen Tanz sehen, Jazz hören oder aber zu Techno abtanzen wollen – Sie werden sicher fündig. Hinweise auf Veranstaltungen gibt es in den Kapiteln der jeweiligen Regionen dieses Buchs. Die folgenden Seiten bieten einen Überblick über Events. Für große Festivals (z. B. Avignon und Cannes) sollten Sie frühzeitig buchen. Bei kleineren Festivals bieten die Websites der Tourismusbüros Last-Minute-Infos.

Spektakuläre nächtliche Kulisse: das Theater von Avignon

Theater

Ein Theaterbesuch in Frankreich kann so formell oder zwanglos ausfallen, wie Sie wollen. Um in ein bekanntes großes Theater zu gehen, sollte man den Dresscode befolgen, eventuell ein *souper* (spätes Abendessen) in einem auf Theaterbesucher spezialisierten Restaurant buchen und sich in der Pause ein Gläschen Champagner gönnen. In einem kleinen Theater können Sie relativ zwanglos gekleidet auftauchen. Die Karten sind meist günstig.

In den letzten Jahren zog es zunehmend Filmschauspieler wieder auf die Theaterbühne, etwa Gérard Depardieu und Fanny Ardant, was ein Licht auf die Beliebtheit von Theater wirft. Egal ob es sich um eine der beliebten Komödien handelt oder um eine spektakuläre Festivalaufführung –

die Franzosen verbringen gern einen Abend *au théâtre*.

Das größte französische Theaterfestival findet im Zeitraum von drei Wochen im Juli in **Avignon** *(siehe S. 503)* statt und ist großteils Open-Air-Theater. Es gibt aber auch Tanz und Konzerte klassischer Musik. Viele Theateraufführungen finden im Sommer auch im Freien statt, oft kostenlos. Fragen Sie im Tourismusbüro nach.

Auch Zirkusvorstellungen sind populär. Im Sommer hört man in kleineren Städten oft die Werbung des gastierenden Zirkus. Aus den Lautsprechern eines herumfahrenden Autos ertönt die Einladung für die Vorstellungen.

Großveranstaltungen oder Shows sind ebenfalls beliebt, etwa Musicals oder die *Son-et-lumière*-Spektakel. Auch das Marionettentheater besitzt in Frankreich einen guten Ruf. Die Vorstellungen gehen über das Niveau des sonstigen Figurentheaters hinaus.

Film

Die siebte Kunst *(la septième art)* genießt in Frankreich hohes Ansehen. Seit die Brüder Lumière das Kino miterfanden über die Innovationen der *Nouvelle Vague* bis zu zeitgenössischen Erfolgen ist Frankreich Kinoland. Die Franzosen gehen auch ins Kino, um sich lokale, unabhängige Produktionen anzusehen. Kleinere Städte fördern die Lichtspielhäuser und sind stolz auf sie. Wenn Ihnen nach einem Kinobesuch zumute ist, sollten Sie die Multiplexe von UGC und

Gaumont umgehen und eine kleine *salle de cinéma* aufsuchen. Wenn Ihr Französisch nicht ausreicht, um die spritzigen Dialoge zu verstehen – es gibt genügend Vorführungen ausländischer Filme in Originalsprache, bezeichnet mit V.O. *(version originale)*. V.F. *(version française)* bedeutet, dass der Film französisch synchronisiert wurde.

Des Weiteren sollte man die Einstellung der Franzosen gegenüber Snacks beachten. »Mampfen im Kino« wird nur bei Kindern akzeptiert und auch nur in einem bestimmten Zeitrahmen nach der Schule. Es gibt in den Kinos zwar Popcorn- und Süßigkeitenverkauf – doch man hört nur ausländische Besucher bei leisen Filmstellen kauen. Andererseits besitzen viele französische Kinos eine Bar bzw. ein angeschlossenes Restaurant, sodass die Besucher bei einem guten Mahl in aller Ruhe den Film Revue passieren lassen können.

Viele Kinos präsentieren oft ganze Reihen, die einem Regisseur gewidmet sind (quasi als Mini-Festival), sodass Filmfans und Interessierte einen entsprechenden Überblick gewinnen können.

Wie der Ruhm des Filmfestivals von **Cannes** *(siehe S. 520)* zeigt, nehmen Franzosen den Film als Kunstform ernst. Nun ist zwar Cannes auch Medienhype, Glamour alter Schule und lockender Ruhm, doch es ist auch eine einzigartige Erfahrung – wenn Sie sich Tickets verschaffen können, was allerdings aus-

Werbeplakat für das internationale Filmfestival von La Rochelle

Roter Teppich und »Starauftrieb« beim Filmfestival in Cannes

gesprochen schwierig ist. Wesentlich einfacher ist dies beim American Filmfestival in **Deauville** *(siehe S. 255)*. Dies ist eine Plattform für den Verkauf unabhängiger amerikanischer Filme an europäische Verleiher, zieht aber gleichfalls Filmstars und Kult-Regisseure an. Im Wettbewerb laufen jedes Jahr zehn Filme. Das hübsche Deauville ist zudem klein und überschaubar. Man kann hier durchaus mit einem Filmstar zusammenstoßen.

Das Filmfestival in **La Rochelle** *(siehe S. 416)* ist das zweitgrößte in Frankreich. Hier gibt es keinen Starauflauf wie bei einem A-Festival, doch Filmfans wird die breite Palette an Filmen sicherlich nicht enttäuschen.

Ein besonderes Filmvergnügen sind die Open-Air-Filmfestivals in Frankreich, die über das ganze Land verstreut stattfinden. Infos gibt es bei den örtlichen Tourismusbüros. Falls Sie gerade in **Arles** *(siehe S. 508f)* sind, können Sie sich die historischen »Römerschinken« anschauen, die auf die Wand des herrlichen römischen Amphitheaters projiziert werden. Weitere Informationen gibt es bei **Théâtre Antique**.

Tanz

Tanz ist Teil des französischen Lebensstils – vom meist noch absolvierten Tanzkurs bis zu spontanen Ausbrüchen von Lebenslust auf dem Dorfplatz. Musik und Tanz gehören bei allen Festen dazu. Viele Besucher stoßen zuerst in einem Nachtclub auf dieses Phänomen und sind oft etwas erstaunt darüber, wenn sie – auch in edlen Nachtclubs – schicke 20-Jährige Rock 'n' Roll tanzen sehen. Schon französische Teenager lernen *le rock*, bevor sie in der Partyszene auftauchen. Und um als akzeptabler Tänzer zu gelten, muss man schon einige der Standardfiguren entsprechend gut beherrschen.

Die Loveaffair mit Standardtänzen beginnt in Frankreich schon früh und hält meist ein Leben lang an – Tanztee steht auf dem Terminkalender der meisten älteren Menschen. Gemeindezentren, Sporthallen, Restaurants und auch schicke Nachtclubs veranstalten *Thé Dansants*, oft am späten Nachmittag oder am frühen Abend.

Eine weitere Möglichkeit, die Tanzbegeisterung der Franzosen zu erleben, ist der Besuch einer *guingette*, eines vertäuten Partyschiffs mit anheimelnder, altmodischer Atmosphäre. Die Leute tanzen die *quadrille* oder die *musette* zu den Klängen von Akkordeonmusik am Ufer. Die *guingettes* konzentrieren sich an der Marne. Wenn Sie in dieser Region unterwegs sind, sollten Sie danach Ausschau halten.

Im Allgemeinen findet man Tanzveranstaltungen eher in der Nähe von Wasser. Wenn Sie nach Südfrankreich reisen, insbesondere in die Gegend von Bordeaux und Marseille, sollten Sie Ihre Tanzschuhe einpacken. An den Kais ist einiges los.

Ein großes nationales »Tanzevent« findet am 13. bzw. 14. Juli statt, wenn es überall im Land die *Bals des Pompiers* gibt. Der »Ball der Feuerwehrleute« hat eine lange Tradition. Franzosen jeden Alters zieht es zu »ihrer« Feuerwache, um den Nationalfeiertag entsprechend zu begehen. Bis in die Morgenstunden wird zu Chansons von Edith Piaf oder zur Musik von Hip-Hop-Bands getanzt.

Wenn Sie lieber zuschauen, als selbst das Tanzbein zu schwingen, können Sie die Tanzfestivals besuchen, die die Traditionen verschiedener Regionen zum Thema haben. Das Festival von **Gannat** in der Auvergne *(siehe S. 353)* ist beispielhaft für den regionalen Tanz-Rausch. Gleiches gilt für das **Festival Interceltique de Lorient** *(siehe S. 38)* mit keltischer Musik und Tanz. Internationale Tanzfestivals gibt es in **Montpellier** *(siehe S. 494f)* und **Lyon** *(siehe S. 378–381)*. Hier kann man große Tanzkompanien und junge Talente aus aller Welt bewundern.

Szene auf dem Tanzfestival in Montpellier

Musik

Die französische Musikszene kennt noch ein bisschen mehr als die Musik von Johnny Hallyday, wiewohl der alternde Rockstar noch jede Menge CDs und – bis vor Kurzem – Konzerttickets verkauft. Eigentlich ist er ja Belgier, doch die Franzosen haben ihn ins Herz geschlossen. Auch Bob Sinclair, Daft Punk, Air und »Le French Touch« decken nicht alle Musikaspekte ab. Die Tatsache, dass es in den französischen Charts eine glückliche Koexistenz von Tanzmusik bis Rock gibt, ist ein Zeichen für die Vielfalt und Lebendigkeit der hiesigen Szene, die alle Arten von Musik zulässt. Das Chanson hatte in den letzten Jahren ein großes Comeback, wie der Erfolg von Benjamin Biolay zeigt. Die neue französische Chansonszene wird zwar von Biolay dominiert, doch es gibt auch andere bekannte Interpreten, etwa Vincent Delerm und Bénabar.

Die Frauen mischen ebenfalls mit, etwa Lara Fabian oder Reality-TV-Star Chimène Badi.

Ein weiterer musikalischer Trend entstand mit dem Erfolgsfilm *Les Choristes (Die Kinder des Monsieur Mathieu, 2004)*, dessen Soundtrack unzählige Male verkauft wurde. Man kann darüber spekulieren, was für einen Eindruck er beim Besuch einer Abendandacht hinterlassen würde.

Das Ereignis, das das französische Musikverständnis eindrücklich dokumentiert, ist die *Fête de la Musique*. Jedes Jahr am 21. Juni klingt ganz Frankreich von den Melodien dieses nationalen Musikfestivals wider. Laien und Profis bauen in Städten und Dörfern ihre Bühnen auf und legen los. Am besten wandert man von einer Bühne zur nächsten, um so viele unterschiedliche »Konzerte« wie möglich zu hören – wobei man natürlich auch auf einige Möchtegern-Rockstars trifft, die hier ihre Chance sehen, ob sie sie nun singen können oder nicht. Abgesehen von der ganz unterschiedlichen Qualität, ist die *Fête de la Musique* deshalb so beeindruckend, weil man nur ein paar Straßen weit gehen muss, um komplett unterschiedliche Musikstile zu hören. Ob großes Orchester oder One-Man-Band – hier wird von Akkordeonmusik über Dudelsack-Ensembles, Chansons, Hip-Hop und Elektro alles angeboten.

Natürlich gibt es auch spezialisierte Festivals, etwa Kammermusik- oder Jazzfestivals. Die im Juli stattfindenden **Francofolies** in La Rochelle *(siehe S. 416)* bringen Musikfans aus der ganzen Welt nach Frankreich. Gleiches gilt für **Jazz in Antibes**, das Top-Musiker in den schicken Ort *(siehe S. 521)* zieht.

Chorégies d'Orange ist Frankreichs ältestes Opernfestival, das im Juli und August im gut erhaltenen und akustisch perfekten Amphitheater von Orange stattfindet. Das Orgelfestival in **Aubusson** *(siehe S. 356f)* konzentriert sich auf die wunderbare Orgel in der Kirche Sainte-Croix. Das Pianofestival von **La Roque-d'Anthéron** stellt die Klavierliebhaber zufrieden. Das Klassikfestival von **Colmar** *(siehe S. 227)* ist wirklich ein Muss für Fans, ebenso wie jenes von **Aix-en-Provence** *(siehe S. 511)*. Das **Festival de Radio France et Montpellier** *(siehe S. 494f)* deckt alle Musikrichtungen von der Oper bis zu elektronischer Musik ab und hat sich zu einem bedeutenden Musiksommertreff entwickelt.

Clubs

Coole Clubs und tolle Partys gibt es auch außerhalb der Hauptstadt (obwohl das Pariser ungern hören). Bars, Clubs und Discos verteilen sich über das ganze Land. Nachteulen werden mit Sicherheit fündig. Dabei können sich gerade kleinere Etablissements als grandios entpuppen. Auch die Open-Air-Events von Kleinstädten und Dörfern kann man durchaus besuchen.

Allgemein gilt: Nachtclubs öffnen spät (auch in Kleinstädten) und sind erst ab Mitternacht voll. Franzosen nehmen gern ein paar Drinks zu sich, finanzieren aber im Allgemeinen keine Runden. Wein trinkt man gewöhnlich zum Essen – nicht in Clubs oder Discos, wobei Champagner eine Ausnahme macht. Es ist üblich, das man mit Freunden zum Clubbing geht und sich eine Flasche Alkohol teilt. Nachtclubs bieten unzählige Drinks an, meist hat man hier auch einen separaten Tisch. Tische sind sonst oft für Leute reserviert, die eine ganze Flasche (etwa Whisky) geordert haben. Singles mit einem Gin Tonic werden ungern allein am Tisch gesehen. Das erscheint zunächst merkwürdig, doch es ist einfach auch billiger, eine Flasche für eine Gruppe zu ordern als etwa vier oder mehr Einzeldrinks.

Was die Kleidungsfrage anbelangt: Sportkleidung ist tabu. Man könnte sagen: je schicker, desto besser. Der Dresscode bei House- oder Hip-Hop-Clubs ist entspannter. In traditionelleren *boites de nuit* (Nachtclubs) sollte man etwas glamouröser auftreten. Clubs mit »harter Tür« können oft durch den Wunsch nach einem Abendessen »aufgeweicht« werden. Wenn Sie also Zweifel haben, irgendwo reinzukommen, sollten Sie anrufen und Plätze fürs Abendessen reservieren. Alternativ kann man im Designer-Outfit erscheinen.

Zu den angesagtesten Clubs gehört **Les Planches**, ein ultraschicker Platz außerhalb von Deauville *(siehe S. 255)*. Abgesehen vom Swimmingpool, in dem sich Starlets um 3 Uhr morgens tummeln, und den Oldtimern, die prahlerisch durch die Stadt touren, strahlt Les Planches eine freundliche, lustige Atmosphäre aus.

Le Privilège in der Bergwelt von Chamonix *(siehe S. 322)* und **Le Loft** in Méribel sind schicke alpine Party-Locations.

Die Côte d'Azur *(siehe S. 499–531)* ist für ihr Nachtleben berühmt. **Les Caves du Roy** im Hotel Byblos und **Nikki Beach** in St-Tropez *(siehe S. 516)* sind Jetset-Zone. Im **Jimmy'z** in Monaco *(siehe S. 530f)* hängt man mit Inline-Skatern ab.

Sport-Events

Für Sportenthusiasten gibt es in Frankreich viel zu sehen. Wenn Sie das Finale der **Tour de France** in Paris nicht abwarten wollen, können Sie etwa eine Etappe in der Bretagne *(siehe S. 268–285)* verfolgen. Man kann die Radrennfahrer gut von kleinen Dörfern an der Route aus beobachten – eine grandiose Erfahrung. (Achtung Autofahrer: die Tour hat absoluten Vorrang, die Straßen können sehr lang gesperrt sein.)

Fußballfans sollten versuchen, Tickets für die Stadien von **Olympique Lyonnais** und **Olympique de Marseille** zu

bekommen. Dort sieht man bekannte Teams in Aktion.

Surfer dürften sich bei den Wettbewerben in Biarritz *(siehe S. 452)*, Lacanau *(siehe S. 424)* und Hossegor *(siehe S. 424)* wohlfühlen. Ski-Aficionados können den European Cup in Les Trois Vallées *(siehe S. 322)* verfolgen.

Golfer sind bei der **PGA Open** richtig, die außerhalb von Paris stattfindet, oder bei der **LPGA** in Évian-les-Bains, einem der wichtigsten Turniere nach der US Open.

Pferdeliebhaber wird es zu einem der nationalen Gestüte von **Haras National de Pompadour** ziehen. Hier gibt es das ganze Jahr über Dressurvor-

führungen, Springreiten und andere Wettbewerbe. Pferdewettrennen finden in der berühmten Rennsportmetropole **Chantilly** statt.

Das 24-Stunden-Rennen von **Le Mans** ist in der Autowelt eine Institution, genauso wie der berühmte **Grand Prix** in Monaco *(siehe S. 530f)*. Der **Grand Prix de France** von Magny-Cours, südlich von Nevers *(siehe S. 338f)*, ist ebenfalls eine Reise wert.

Kein Frankreich-Besucher sollte im Sommer den beliebtesten »Sport« der Nation versäumen, der auf jedem Dorfplatz stattfindet: *petanque* bei den Basken bzw. *boules* bei den Franzosen.

AUF EINEN BLICK

Theater

Theaterfestival von Avignon
☎ 04 90 14 14 14.
www.festival-avignon.com

Film

Filmfestival von Cannes
www.festival-cannes.fr

Filmfestival von Deauville
www.festival-deauville.com

Filmfestival von La Rochelle
www.festival-larochelle.org

Théâtre Antique d'Arles
Association Peplum.
☎ 04 90 93 19 55.
www.festivalpeplum-arles.com

Musik

Festival von Aix-en-Provence
☎ 04 42 17 34 34.
www.festival-aix.com

Festival von Aubusson
☎ 05 55 66 32 12.
www.orgue-aubusson.org

Chorégies d'Orange
☎ 04 90 34 24 24.
www.choregies.asso.fr

Klassikfestival von Colmar
☎ 03 89 20 68 97.
www.festival-colmar.com

Francofolies de La Rochelle
☎ 05 46 50 55 77.
www.francofolies.fr

Jazz in Antibes
☎ 04 92 90 53 00.
www.antibesjuanlespins.com

Festival de Radio France et Montpellier
☎ 04 67 02 02 01.
www.festivalradiofrancemontpellier.com

Festival von La Roque-d'Anthéron
☎ 04 42 50 51 15.
www.festival-piano.com

Tanz

Festival Interceltique de Lorient
☎ 02 97 21 24 29.
www.festival-interceltique.com

Festival von Gannat
☎ 08 25 80 07 50.
www.gannat.com

Festival von Lyon
☎ 04 72 07 41 41.
www.biennale-de-lyon.org

Festival von Montpellier
☎ 08 00 60 07 40.

www.montpellierdanse.com

Clubs

Jimmy'z
Le Sporting Club, Av Princesse Grace, Monte-Carlo.
☎ 00 377 98 06 73 73.

Le Loft
Parc Olympique, La Chaudanne, 73550 Méribel.
☎ 04 50 53 19 10.
www.leloftmeribel.com

Le Privilège
Rue des Moulins, 74400 Chamonix.
☎ 04 50 53 29 10.
www.barleprivilege.com

Les Caves du Roy
Av Paul Signac, 3990 St-Tropez. ☎ 04 94 56 68 00. www.byblos.com

Les Planches
Les Longs Champs, 14910 Blonville-sur-Mer.
☎ 02 31 87 58 09.

Nikki Beach
Route de l'Epi, Ramatuelle, 83350 St-Tropez.
☎ 04 94 79 82 04.
www.nikkibeach.com

Sport-Events

Grand Prix de France
Magny-Cours, 58170.
☎ 03 86 21 80 00.
www.fia.com

Grand Prix von Monaco
Automobile Club de Monaco.
☎ 00 377 93 15 26 00.
www.fia.com

Haras National de Pompadour
☎ 08 11 90 21 31.
www.haras-nationaux.fr

Hippodrome Chantilly
Rue Plaine des Aigles, Chantilly, Oise
☎ 03 44 62 44 00.

LPGA in Évian-les-Bains
www.evianmasters.com

24-Stunden-Rennen von Le Mans
www.lemans.org
☎ 02 43 40 24 24.

Olympique Lyonnais
350, av Jean Jaurès, 69007 Lyon.
☎ 04 72 76 76 04.
www.olweb.fr

Olympique de Marseille
3, bd Michelet, 13008 Marseille.
☎ 04 91 33 20 01.
www.om.net

PGA Open
www.pgafrance.net

Tour de France
www.letour.fr

Themenferien und Aktivurlaub

Frankreich bietet eine Vielfalt an Freizeit- und Sportvergnügen. Hier kann man zudem wunderbar Themenferien verbringen. *L'art de vivre* – dies schätzen Franzosen nicht nur in Bezug auf Essen und Trinken, sondern auch was Hobbys betrifft. Unterhaltung, Sport-Events, Festivals und Feste finden Sie im Kapitel *Das Jahr in Frankreich* auf den Seiten 36–39. Infos zu jeder Region gibt es in den Tourismusbüros vor Ort, die bei jedem Eintrag in diesem Reiseführer aufgeführt sind. Die folgenden Seiten bieten eine Übersicht über beliebte und eher ungewöhnliche Aktivitäten.

Kochkurs für Gäste in der Hostellerie Bérard

Themenferien

Die französischen Tourismusbüros *(siehe S. 668)* bieten zahlreiche Informationen über Unternehmen, die Spezialferien im Programm haben, und können Ihnen auch Auflistungen zuschicken.

Wenn Sie Ihr Französisch verbessern wollen, können Sie an Sprachkursen teilnehmen. Diese sind oft mit anderen Aktivitäten, etwa Kochen oder Malen, kombiniert. Infos finden Sie bei den *Cours de français pour étudiants étrangers*, erhältlich in jedem Institut Français.

Junge Menschen können ihre Sprachkenntnisse ausbauen und gleichzeitig an der Restaurierung historischer Stätten mitarbeiten – dies ist ein Angebot von **Union REMPART** *(Union pour la Réhabilitation et Entretien des Monuments et du Patrimoine Artistique)*.

Kochkurse gibt es in großer Anzahl – Einführungen in die klassische französische Küche oder in eine der regionalen Küchen des Landes, etwa bei **Hostellerie Bérard**. Für erfahrene Köche gibt es Fortschrittenenkurse. Auch Kurse zur Vertiefung von Weinkenntnissen sind beliebt.

Überall im Land werden Kunsthandwerkskurse abgehalten – für Anfänger bis hin zu Künstlern.

Naturfreunde kommen in den Nationalparks *(parcs nationaux)* auf ihre Kosten. Dort gibt es geführte Vogelbeobachtungen und pflanzenkundliche Wanderungen (u. a. in der Camargue, in den Cevennen und auf Korsika).

Le Guide des Jardins en France von Actes Sud ist ein nützlicher Führer, wenn man

Reizvoll – Sprachferien in Kombination mit einem Malkurs

die vielen schönen Gartenanlagen und Parks in Frankreich erkunden will.

Golf

Golfplätze gibt es überall in Frankreich – schöne vor allem an der Nord- und Südküste sowie in Aquitaine. Spieler müssen minimale Standards nachweisen, sie erhalten dann eine Spielerlaubnis. Bringen Sie also den Nachweis Ihres Handicaps mit. Top-Plätze bieten fürs Wochenende oder auch länger Kurse für alle Levels an. Bei der **Fédération Française de Golf** gibt es eine Liste mit allen Golfplätzen Frankreichs.

Spezielle Golfferien mit Unterkunft im Luxushotel können sowohl für passionierte Spieler als auch für ihre nicht spielenden Partner von Interesse sein. Das spektakuläre Hôtel Royal und sein berühmter Golfplatz (für die **Evian Masters**) sind ein exklusiver Ort, an dem man nach Strich und Faden verwöhnt wird. Der 18-Loch-Platz wird Fans entzücken. Zudem gibt es einen Wellness-Bereich und fünf Swimmingpools, um zu entspannen. Wer es aktiver mag, kann sich der Kletterwand sowie den Squash- und Tennisplätzen zuwenden.

Im Süden befindet sich die **American Golf School**, deren Team Kindern, Anfängern und Fortgeschrittenen die Basics und die Tricks in Kursen oder in Privatstunden beibringt. Die Sommer- und Fortgeschrittenenkurse sind früh ausgebucht.

Das **Hôtel de Mougins** mit der hübschen Adresse »Avenue du Golf« liegt in der Nähe von zehn renommierten Golfplätzen. Hierzu zählen der Golf Country Club Cannes, der Royal Mougins Golf Club und Golf d'Opio-Valbonne. Das Hotel organisiert Spielmöglichkeiten auf verschiedenen Plätzen und bietet Paket-Arrangements mit Extras, z.B. Mittagessen im Club.

Das **Golf Hotel Grenoble Charmeil** arrangiert Spielmöglichkeiten auf drei Golfplätzen, darunter dem Grenoble

International Course. Der **St-Malo Golf and Country Club** in der Bretagne bietet das Ambiente eines Herrenhauses (19. Jh.) und einen 27-Loch-Platz im Wald von Mesnil.

Tennis

Tennis ist bei den Franzosen sehr beliebt. In jeder Stadt kann man stundenweise Plätze mieten. Am besten bringt man Schläger und Bälle mit – manchmal gibt es keinen Verleih.

Wandern

Über 60 000 Kilometer gut ausgeschilderte Fernwanderwege – *Grandes Randonnées* (GR) – durchziehen das Land. Auch 80 000 Kilometer der kürzeren *Petites Randonnées* (PR) kann man sich erwandern.

Die Routen sind unterschiedlich schwierig. Sie umfassen zudem Pilgerrouten, Alpenüberquerungen und Wege in Nationalparks. Einige *Grandes* und *Petites Randonnées* stehen auch Mountainbikern und Reitern offen.

Topo Guides von der **Fédération Française de la Randonnée Pédestre** beschreibt die Routen und informiert über Proviant, Transport, Übernachtung und Läden am Weg. *Promenades et Randonnées* ist eine Informationsreihe für Familien.

Radfahren

Für Informationen über Radfahren in Frankreich kontaktieren Sie am besten

Auf dem Mountainbike durch Frankreich

Ausritt ins Waldgebiet von Fontainebleau *(siehe S. 180f)*

die **Fédération Française de Cyclisme**. Leidenschaftliche Radfahrer können ihre Träume ausleben, indem sie auf eine Etappe der Tour de France nachfahren – das Team *Étape du Tour* von **Velo Echappe** macht es möglich. Es gibt zwei Tourtypen: eine geführte Tour und eine nicht geführte. Der gesamte Registrierungs-Papierkram wird von Velo Echappe erledigt. Die Teilnehmer des geführten Programms werden in einem Hotel in der Nähe des Etappenendes untergebracht. Für dieses Abenteuer muss man nicht nur heftig trainieren, auch die Anträge müssen bis Ende März vorliegen, um auf Etappen der Tour de France fahren zu dürfen.

Doch die Genuss-Radfahrer sollen nicht vergessen werden. Für sie gibt es etwa Radtouren durch die Weinberge. In freier Fahrt auf der Route des Grands Crus in Burgund entlangradeln, das ist für viele sicherlich ein erholsamer Urlaub.

Duvine Adventures organisiert Touren durch berühmte Weinregionen, etwa La Tache, Romanée-Conti und Nuits-St-Georges. Die Touren umfassen sowohl ebene Strecken als auch Hügel. Es gibt Pausen mit ausgezeichnetem Mittagessen.

Die regionalen Tourismusbüros informieren über Radwege. *Gîtes de France (siehe S. 549)* bietet Schlafsäle im Umkreis bekannter Routen.

Reiten

Reitferien stehen hoch im Kurs. Es gibt Angebote von einzelnen Reitstunden, über einzelne Ausritte bis hin zu Reitferien fürs Wochenende oder für mehrere Wochen. Am besten überlegen Sie zunächst, welche Art von Landschaft Sie gern vom Sattel aus sehen möchten.

Im Umkreis des Mont-St-Michel *(siehe S. 256–261)* und der Strände der Bretagne bietet **À La Carte Sportive** Reiterhöfe an, deren Pferde für Anfänger und für Fortgeschrittene geeignet sind. Erfahrene Reiter können Teile der Camargue oder auch Landstriche der Provence auf Schusters Rappen erkunden *(siehe S. 510f)*. **Ride in France** organisiert Touren durch herrliche

Wanderer an den Gorges du Verdon in der Provence *(siehe S. 514f)*

Landschaften (etwa Weinanbaugebiete) und malerische Dörfer. Den Teilnehmern werden auch die Flora und die Fauna der Gegend erläutert. Pferdeliebhaber mit einem Faible für Geschichte und/oder Luxus können sich das Angebot von **Cheval et Châteaux** durch den Kopf gehen lassen: Ausritte im Umkreis der Loire-Schlösser – samt Übernachtung in einem Château. Was gibt es Schöneres, als seiner Leidenschaft zu frönen und sich nebenbei auch noch ein klein wenig wie Schlossherr oder Schlossherrin zu fühlen?

Bergsport

Die französischen Berge, vor allem die Französischen Alpen und die Pyrenäen, bieten eine breite Palette an Sportmöglichkeiten. Abgesehen von winterlichem Ski alpin und *ski de fond* (Skilanglauf) ziehen die Berge im Sommer Bergsteiger und Bergwanderer an. Skifahrer, die den Winter nicht erwarten können, dürfen hier auch im Sommer auf einigen der besten europäischen Gletschern ihrer Passion frönen.

Bergsteiger kontaktieren am besten die **Fédération Française de la Montagne et de l'Escalade**. Sie bietet Infos zu den besten Klettergebieten und gibt gute Tipps.

Jeden Winter ziehen die Berge Scharen begeisterter Skifahrer und Snowboarder an. Sie bieten für alle Wintersportarten und für jedes Level das geeignete Terrain – für die kleinen Anfänger im Kinderclub, für todesmutige Athleten jenseits der Pisten, für die Adrenalin-Junkies unter den Snowboardern, für Drachenflieger und für »normale« Skifahrer, die am liebsten auf blauen Pisten fahren und anschließend in den Restaurants am Fuß der Berge gut essen gehen.

Ski fahren

Frankreich besitzt einige der besten Wintersportgebiete der Welt. Schon das bloße Ausmaß einiger Regionen kann entmutigen – wenn man nur eine Woche Zeit hat und doch so viele Pisten wie möglich ausprobieren möchte. Das Skigebiet von Trois Vallées (*siehe S. 322*) umfasst drei Täler mit den Wintersportorten Courchevel, Méribel, Val-Thorens und Les Ménuires. Zusammen bieten sie über 600 Kilometer an Pisten.

Trois Vallées ist ein gutes Beispiel, wie sehr sich französische Skigebiete voneinander unterscheiden. Ultraschicke Resorts wie Courchevel und Méribel ziehen eine internationale Klientel an, die nach der allerneuesten Skimode gekleidet ist und ausschließ-

lich Hightech-Equipment benutzt. Die Hotels – vor allem solche, die als »in« gelten – sind teuer. Das Essen in den Lokalen für die Promis reißt ein beträchtliches Loch in die Brieftasche eines »normalen« Urlaubers. Andere Wintersportorte, die weniger glamourös sind – etwa Val-Thorens und Les Ménuires –, erfordern keine Designer-Kleidung oder die Überziehung des Kreditrahmens.

Hauptkriterium bei der Auswahl eines Wintersportgebiets sollte das Terrain sein. Es muss zu Ihren Fähigkeiten passen. Beispielsweise werden Anfänger in einem Gebiet für Fortgeschrittene nicht glücklich werden, wenn es dort nur wenige wenige grüne Pisten gibt. Analog werden Skifahrer mit Erfahrung enttäuscht sein, wenn sie in einem Areal mit sanften Hügeln landen, das von Anfängern überlaufen ist.

Eine weitere Überlegung ist, ob der Ort malerisch sein sollte. Viele Wintersportler stört eine Betonarchitektur wie in Flaine nicht sonderlich. Menschen mit Blick für ihre Umgebung sollten sich nach architektonisch ansprechende Orte aussuchen, etwa La Clusaz oder Megève (*siehe S. 322*).

Die Nähe der Unterkunft zu den Pisten ist gleichfalls nicht unwichtig. Viele Leute zahlen gern etwas mehr, um nicht nach einem anstrengenden Abfahrtstag in schweren Skistiefeln und mit Skiern auf der Schulter in ein entfernter liegendes Billighotel stapfen zu müssen.

Abgesehen von verschiedenen Präferenzen in Bezug auf Nachtleben, Kinderbetreuung und Liftbetrieb kann es auch sinnvoll sein, sich die Schneeberichte der letzten Jahre für den Zeitraum des geplanten Urlaubs anzusehen. Das Wetter ist nicht vorhersehbar – obwohl die Resorts natürlich auch mit Kunstschnee arbeiten. Wenn Sie diese Details bedenken, werden Sie den richtigen Wintersportort finden. Noch ein Tipp: Jeder denkt erst mal an die Alpen, doch auch die Pyrenäen bieten gute Skigebiete.

Flugsport

In Frankreich gibt es preisgünstigen Flugunterricht. Auskunft über die verschiedenen Flugschulen erteilt die **Fédération Nationale Aéronautique**. Des Weiteren kann man auch verschiedene Gleitflugsportarten wie Paragliding und Hanggliding erlernen. Informationen dazu gibt es bei der **Fédération Française de Vol Libre**.

Wer nicht gleich ein Flugzeug steuern will, kann auch eine Ballonfahrt unternehmen. Frankreich hat seit 1783 eine illustre Geschichte der Ballonfahrt zu bieten – seit den Anfängen dieser Fortbewegungsart mit den Brüdern Montgolfier. **Aéroparis** bietet ein solches Abenteuer in Paris an. Hier fliegt man über den **Parc André Citroën**. Man kann auch frei über die Landschaft schweben. Ballonfahrten dieser Art werden von mehreren regionalen Firmen angeboten. **France Balloons** organisiert den »himmlischen Ausflug« über Fontainebleau (*siehe S. 180f*) außerhalb von Paris oder über die Weinberge von Burgund. Eine weitere Möglichkeit ist ein spektakulärer Flug über die Loire-Schlösser. In der Provence kann man mit **Hot Air Balloon Provence** über malerische Dörfer, Getreidefelder und die Weinberge des Luberon (*siehe S. 506f*) dahingleiten.

Wassersport

Rafting, Kajak- und Kanufahrten werden auf vielen französischen Flüssen angeboten, vor allem im Massif Central. Informationen zu diesen Sportarten und zu den besten Plätzen erhält man bei der **Fédération Française de Canoë-Kayak**.

Die Atlantikküste bei Biarritz (*siehe S. 452*) ist ein Dorado für Surfer und Windsurfer. Auch die Bretagne bietet gute Plätze für Windsurfing, vor allem bei **Wissant**. Das charmante Fischerdorf sollte auf keiner Windsurfer-Tour fehlen.

Surfer finden in **Hossegor** (*siehe S. 424*) außerhalb von Biarritz fantastische Wellen vor – ein Ort von Weltklasse und für Anfänger nicht unbedingt geeignet. Allerdings ist das Treiben nach dem Surfen ausgesprochen lustig, auch für diejenigen, die einfach nur am Strand liegen oder in Ufernähe entlangpaddeln, statt scharf durch das Wasser zu schneiden.

Daneben ist die Stadt Lacanau *(siehe S. 424)*, die internationale Surf-Wettbewerbe ausrichtet, ein Anlaufpunkt für Wellenreiter aus der ganzen Welt.

Die Franzosen lieben das Segeln und den Wasserskisport. Genauere Auskünfte erteilt die **Fédération Française de Voile**. Segelschulen und Equipment findet man entlang der Küste und an den Seen.

Auch wenn Sie Kapitän spielen wollen, werden Sie fündig. Es gibt beispielsweise eine **Sunsail**-Bootstour an der Côte d'Azur entlang, wobei Sie hier ein bestimmtes Level an Erfahrung vorweisen müssen. Ebenfalls im Angebot: Touren mit Skipper entlang der wunderbaren Küste.

Überall im Land gibt es Möglichkeiten zu schwimmen. Die Strände in Südfrankreich sind in der Hauptsaison allerdings schnell überfüllt *(siehe S. 474f)*.

Jagen und Fischen

Die Jagd ist in Frankreich populär. Man braucht dazu allerdings ein *permis de chasse* (gebührenpflichtig). Hierfür benötigen Sie wiederum eine Kopie des Jagdscheins Ihres Landes. Zudem müssen Ausländer in Frankreich eine zusätzliche Prüfung ablegen. Die Saison kann von Region zu Region variieren, abhängig von der Art der Jagd. Seit in Großbritannien Jagdverbote bestehen, trifft man in Frankreich auf viele englische Jäger.

In Frankreich kann man allen Arten des Angelns nachgehen. Ob man Süßwasser- oder Meeresfische fangen will, hängt lediglich davon ab, in welcher Region man sich befindet. Läden für Fischereibedarf verkaufen die *carte de pêche* mit allen Infos.

FKK

Es gibt etwa 90 FFK-Zentren in Frankreich, die meisten liegen im Süden und Südwesten sowie auf Korsika. Informationen erhält man von der französischen Tourismuszentrale *(siehe S. 668)* oder von der **Fédération Française de Naturisme**.

Öffentliche Veranstaltungen

Schließen Sie sich einfach den Freizeitvergnügungen der Franzosen an, indem Sie sich über lokale Fußball- oder Handballspiele, über Radrennen und sonstige Sportereignisse kundig machen.

Spezielle saisonale Märkte und örtliche *fêtes* haben oft auch einen Antikmarkt dabei. Bisweilen gibt es *Boules*-Wettbewerbe mit Rock- oder Popkonzerten – ein ganztägiges Vergnügen.

Wellness

Frankreich ist für Thalasso-Therapie bekannt. Viele Gesundheitszentren und Hotels bieten sie an. Kurorte und Küstenstädte sind für die Anwendungen aus dem Meer natürlich besonders geeignet. Entlang der Küste gibt es folglich eine Konzentration von Spas.

Das hübsche Deauville *(siehe S. 255)* beherbergt das **Algotherm Thalassotherapy Spa** betuchte Wellness-Gäste. Gleiches gilt für das **Sofitel Thalassa** in Quiberon *(siehe S. 278)*, das erstklassige Meerwasserbehandlungen anbietet. Wasserbehandlungen gibt es auch bei den Quellen von Vichy *(siehe S. 358f)* im Kurhotel **Sofitel Thalassa Vichy Les Célestins** sowie im **Evian Royal Resort** *(siehe S. 391)*.

Da Wein in Frankreich mindestens so wichtig ist wie Wasser, ist es nicht verwunderlich, dass es auch Weintherapien gibt. Im Kurhotel **Les Sources de Caudalie** in den Weinbergen bei Bordeaux . kann man sich Schönheitsbehandlungen mit Trauben bzw. Wein hingeben.

Wenn Sie auf Markenprodukte stehen, ist möglicherweise das **Le Mas Candille** der richtige Ort für Sie. Es war das erste Shiseido-Spa in Europa. Die verwendeten Produkte sind erstklassig. Die Anwendungen sind asiatisch bzw. orientalisch beeinflusst.

Wenn Sie sich mal zwischendurch etwas Wellness gönnen wollen, können Sie beispielsweise das **Four Seasons Provence** in der Provence aufsuchen. Das Halbtagesangebot umfasst ein Salz-Öl-Peeling, eine Aromatherapie-Massage, Gesichtsakupressur und eine orientalische Kopfmassage. Wenn Sie die Behandlungen einzeln zusammenstellen wollen, können Sie im Four Seasons auf eine große Anzahl von Therapien zurückgreifen, etwa Augenlifting, Körpermassagen aller Art oder eine Oshadi-Lehm-Packung.

Auch in den Städten gibt es Tages-Spas, mitten in Paris etwa das **Caudalie** im Hôtel Meurice und das **Four Seasons** im George V. Sie sind entspannende Rückzugsorte aus der Hektik der Großstadt.

Yoga

Die landschaftliche Schönheit Frankreichs bietet die perfekte Kulisse für Yoga-Ferien. Das **Manolaya Yoga Centre** bietet entspannende Hatha-Yoga-Ferien in der Provence und im Hauptzentrum in Avignon. Fans von Ashtanga-Yoga sollten das **The Shala** an den schönen Ausläufern der Cevennen testen.

Einen angenehmen Aufenthalt bietet auch die **Domaine de la Grausse** am Fuß der Pyrenäen. Hier gehören Spaziergänge zu den Wasserfällen der Gegend, zu Châteaux, mittelalterlichen Dörfern und Höhlen mit Felsenmalereien mit zum Programm. Wenn Sie noch Energie übrig haben, können Sie auch Rad fahren, reiten, Golf spielen oder angeln.

Anfänger und fortgeschrittene Yoga-Fans sind im **Europe Yoga Centre** gleichermaßen willkommen. Das Zentrum ist auf Hatha- und Ashtanga-Yoga spezialisiert. Es gibt sowohl Einzel- als auch Gruppenunterricht.

Gourmet-Ferien

Für Gourmets, die die fantastischen Gerichte, die sie in französischen Restaurants genossen haben, nachkochen wollen, gibt es jede Menge Kochkurse. Auch Weinliebhaber, die ihr Wissen erweitern und ihren Weinkeller auffüllen wollen, können im Land Gourmet-Ferien machen. Um den richtigen Kurs zu finden, sollten Sie sich über Ihre bisherigen Kochkünste im Klaren sein und auch darüber, was Sie wirklich erfahren wollen. Angeboten wird alles: von Grundkursen bis zu den Gaumenfreuden der Haute Cuisine.

Zwei Tipps für Anfänger: Die »Kochferien« **Cook in France** legen Wert darauf, dass der Küchenunterricht auch Spaß macht. In Rosa Jacksons Kochschule **Les Petits Farcis** in Nizza *(siehe S. 526f)* lernt man nicht nur, wie man mit Artischocken umgeht. Die Teilnehmer gehen auch auf den Markt und bekommen dort erläutert, wie man beispielsweise die besten und frischesten Melonen findet. Das Cook-in-France-Team bietet neben den Standard-Kochkursen auch spezielle Kurse an (etwa

zum Thema »Welcher Wein passt zu welchem Gericht?«). In der Kochschule von Rosa Jackson kann man auch ein »Marktmenü« kreieren, also Gerichte, deren Zutaten an diesem Tag auf dem Markt besonders frisch oder günstig angeboten werden.

Fans der großen Küchenchefs können bei den Schülern der Meister lernen, etwa in **La Bastide de Moustiers**, dem provenzalischen Gasthof von Alain Ducasse in Moustiers-Sainte-Marie *(siehe S. 514f)*. Der Unterricht findet von November bis März in der Hotelküche unter Aufsicht des Küchenchefs und desssen Team (alle waren einst Schüler von Ducasse) statt. Die Kurse konzentrieren sich auf provenzalische Küche mit Zutaten aus regionaler Produktion – direkt aus dem Garten oder vom Markt.

Önologisch Interessierten werden die Angebote von **French Wine Explorers** gefallen: Touren zu den Weinbergen. Auch die französischen Tourismusbüros bieten Weinkurse mit Weinproben an, die vonm der französischen Tourismuszentrale getestet wurden. **Wine Travel Guides** hat eine gute Website mit vielen Empfehlungen.

(Kunst-)Handwerk

Frankreich ist für kreative Menschen, die sich in wunderschöner Umgebung künstlerisch ausdrücken wollen, das richtige Land. Ob Sie nur (gänzlich unorganisiert) einfach an einem Flussufer sitzen und Ideen zu Papier bringen wollen oder ob Sie lieber in einer Meisterklasse dem Geheimnis der Pastelltechnik näherkommen wollen – alles ist in Frankreich möglich.

Mas Saurine offeriert Malkurse in den Pyrenäen, etwa 30 Minuten von Perpignan entfernt. Künstler aus der Umgebung unterrichten Interessierte, die je nach Können und Erfahrung in Gruppen eingeteilt werden.

Kurse für Steinbildhauerei und Bronzeskulpturen gibt es in der Nähe von Honfleur in der Normandie bei der erfahrenen Bildhauerin **Sally Hersh**. Einige Werke der Künstlerin sind auch zu erwerben.

Für Leute, die das Leben am liebsten durch die Linse einer Kamera betrachten, bietet **Les Vignes** in Noailles, das eine Autostunde von Toulouse entfernt liegt, Fotokurse für alle Niveaus.

Darüber hinaus gibt es Kurse für allerlei Kunsthandwerk.

AUF EINEN BLICK

Themenferien

Institut Français de Berlin
Kurfürstendamm 211,
10719 Berlin.
☎ 030 885 90 20.
www.kultur-frankreich.de
(Adressen in anderen Städten: siehe Website.)

Union REMPART
1, rue des Guillemites,
75004 Paris.
☎ 01 42 71 96 55.
www.rempart.com

Golf

American Golf School
Av du Château,
64200 Biarritz
☎ 05 59 43 81 21.
www.americangolfschool.com

Fédération Française de Golf
68, rue Anatole France,
92300 Levallois-Perret.
☎ 0141 49 77 00.
www.ffgolf.org

Golf Hotel Grenoble Charmeil
38210 Saint-Quentin-sur-Isère. ☎ 04 76 93 67 28.
www.golfhotelgrenoble.com

Hôtel de Mougins
205, av Golf,
06250 Mougins.
☎ 04 92 92 17 07.
www.hotel-de-mougins.com

Hôtel Royal und Evian Masters
74500 Évian-les-Bains.
☎ 04 50 26 85 00.
www.evianroyalresort.com

Saint-Malo Golf and Country Club
Domaine de St-Yvieux,
35540 Le Tronchet.
☎ 02 99 58 98 99.
www.saintmalogolf.com

Wandern

Fédération Française de la Randonnée Pédestre
64, rue du Dessous des Berges, 75013 Paris.
☎ 01 44 89 93 90.
www.ffrandonnee.fr

Radfahren

ADFC – Allgemeiner Deutscher Fahrrad-Club e.V.
Grünenstr. 120,
28199 Bremen.
☎ 04 21 34 62 90.
www.adfc.de

Fédération Française de Cyclisme
5, rue de Rome,
93561 Rosny-sous-Bois.
☎ 01 49 35 69 00.
www.ffc.fr

Velo Echappe
P.O. Box 159,
Denison Iowa 51442.
☎ 40 23 45 74 45.
www.veloechappe.com
oder www.letour.fr

Reiten

À La Carte Sportive
☎ 02 33 48 52 36.
www.carte-sportive.com.
iowners.net

Cheval et Châteaux
www.cheval-et-chateaux.com

Ride in France
www.rideinfrance.com

AUF EINEN BLICK

Bergsport

Fédération Française de la Montagne et de l'Escalade
8–10, quai de la Marne, 75019 Paris.
📞 01 40 18 75 50.
www.ffme.fr

Ski fahren

Informationen zu den verschiedenen französischen Wintersportorten finden Sie auf den folgenden Websites:

www.courchevrl.com
www.flaine.com
www.laclusaz.com
www.lesmenuires.com
www.les3vallees.com
www.megeve.com
www.meribel.net
www.valthorens.com

Flugsport

Aéroparis
Parc André Citroën, 75015 Paris.
📞 01 44 26 20 00.
www.aeroparis.com

France Balloons
📞 08 10 60 01 53.
www.franceballoons.com

Fédération Française de Vol Libre
4, rue de Suisse, 06000 Nice (Nizza).
📞 04 97 03 82 82.
www.federation.ffvl.fr

Fédération Nationale Aéronautique
155, av Wagram, 75017 Paris.
📞 01 44 29 92 00.
www.fna.asso.fr

Hot Air Balloon Provence
www.montgolfiere-provence-ballooning.com

Wassersport

Fédération Française de Canoë-Kayak
87, quai de la Marne, 94340 Joinville-le-Pont.
📞 01 45 11 08 50.
www.ffcanoe.asso.fr

Fédération Française de Voile
17, rue Henri Bocquillon, 75015 Paris.
📞 01 40 60 37 00.
www.ffvoile.nrz

Hossegor (Tourismusbüro)
Pl des Halles – B.P. 6, 40150 Hossegor.
📞 05 58 41 79 00.
www.hossegor.fr

Lacanau (Tourismusbüro)
Place de L'Europe, 33680 Lacanau.
📞 05 56 03 21 01.
www.medococean.com/fr

Sunsail
www.sunsail.com

Wissant (Tourismusbüro)
Pl de la Mairie, 62179 Wissant. 📞 08 20 20 76 00.
www.ville-wissant.fr

FKK

Fédération Française de Naturisme
65, rue Régnault, 93500 Pantin.
📞 08 92 69 32 82.
www.ffn-naturisme.com

Wellness

Algotherm
61, rue Alexander Fleming, 14200 Hérouville-Saint-Clair. 📞 02 31 06 16 26.
www.algotherm.fr

Evian Royal Resort
Rive Sud du Lac de Genève, 74501 Évian-les-Bains.
📞 04 50 26 85 00.
www.evianroyalresort.com

Four Seasons Hotel George V
31, av George V, 75008 Paris. 📞 01 49 52 70 00.
www.fourseasons.com

Four Seasons Provence
Domaine de Terre Blanche, 83440 Tourrettes. Region Var.
📞 04 94 39 90 00.
www.fourseasons.com

Hôtel Meurice
228, rue de Rivoli, 75001 Paris.
📞 01 44 58 10 10.
www.meuricehotel.com

Le Mas Candille
Bd Clément, Rebuffel 06250.
📞 04 92 28 43 43.
www.lemascandille.com

Les Sources de Caudalie
Chemin de Smith Haut-Lafitte, 33650 Bordeaux-Martillac.
📞 05 57 83 83 83.
www.sources-caudalie.com

Sofitel Thalassa Quiberon
Pointe de Goulvars, BP 10802 Quiberon Cedex, 56178 Quiberon.
📞 02 97 50 20 00.
www.sofitel.com

Sofitel Thalassa Vichy Les Célestins
111, bd des États-Unis, 03200 Vichy.
📞 04 70 30 82 00.
www.sofitel.com

Yoga

Domaine de la Grausse
09420 Clermont. Region Pyrenäen.
📞 05 61 66 30 53.
www.yoga-in-france.com

Europe Yoga Centre
46800 St-Matre. Region Lot.
📞 05 65 21 76 20.
www.nawajyoti.com

Manolaya Yoga Centre
39, rue de la Bronneterie, 84000 Avignon.
📞 06 13 80 75 64.
www.manolaya.org

The Shala
Les Pauses, St-André de Majencoules, 30570 Gard.
www.theshala.co.uk

Gourmet-Ferien

La Bastide de Moustiers
Chemin de Quinson, 04360 Moustiers-Sainte-Marie.
📞 04 92 70 47 47.
www.bastide-moustiers.com

Cook in France
📞 05 53 30 24 05.
www.cookinfrance.com

French Wine Explorers
www.wine-tours-france.com

Hostellerie Bérard
83740 La Cadière-d'Azur.
📞 04 94 90 11 43.
www.hotel-berard.com

Les Petits Farcis
7, rue du Jésus, 06300 Nice (Nizza).
📞 06 81 67 41 22.
www.petitsfarcis.com

Wine Travel Guides
www.winetravelguides.com

Informationen und Angebote finden Sie auch auf den folgenden Websites:

www.chateauberne.com
www.elfe-paris.com
www.relaischateaux.com
www.vinvac.com

(Kunst-)Handwerk

Les Vignes
Le Bourg, 81110 Noailles.
📞 05 63 40 59 22.
www.photohols.com

Mas Saurine
Comi de l'Estrada, 66320 Joch.
📞 04 68 05 85 66.
www.mas-saurine.net

Sally Hersh
📞 01798 861 248.
www.sallyhersh.com

Grund-
informationen

Praktische Hinweise

Frankreich ist zu Recht stolz auf seine vielen Sehenswürdigkeiten, die touristisch gut erschlossen sind. Informationsbüros im Ausland als auch vor Ort stehen mit Auskünften zur Verfügung. In den meisten Städten und in den größeren Orten gibt es eigene Tourismusbüros. Deren Adressen und Telefonnummern sind in diesem

Logo der Touristeninfo

Reiseführer jeweils erwähnt. Die Franzosen selbst machen meist zwischen Mitte Juli und Ende August Urlaub. Das ist die Hauptsaison in Frankreich. Doch auch wenn die Straßen dann etwas voller sind als sonst, wird es Ihnen mit ein wenig Planung gelingen, einen schönen und erholsamen Urlaub in Frankreich zu erleben.

Einreise

Seitdem mit dem Schengener Abkommen die Grenzkontrollen weggefallen sind, brauchen Bürger der EU beim Grenzübertritt nicht einmal mehr einen Ausweis vorzuzeigen. Dennoch muss man – für eventuelle Kontrollen – einen Pass oder Personalausweis mit sich führen.

Wer als EU-Bürger in Frankreich arbeiten will, kann dies tun. Er muss dazu in Frankreich lediglich eine Aufenthaltserlaubnis beantragen. Schweizer, die in Frankreich arbeiten wollen, sollten sich in ihrem Heimatland bei der Französischen Botschaft nach den zurzeit geltenden Bestimmungen erkundigen.

Zoll

Für Deutsche und Österreicher gibt es keine Zollgrenzen mehr. Alle nachweislich zum Privatkonsum erworbenen Waren dürfen ein- und ausgeführt werden. Staatsangehörige der Schweiz können sich im Bedarfsfall bei der Zollauskunftsstelle **(Centre de Renseignements des Douanes)** in Straßburg und in Paris erkundigen.

Etikette

Franzosen nehmen einige der Höflichkeitsregeln genauer, als dies in manchen anderen europäischen Ländern üblich ist. Die grundlegenden Gepflogenheiten sind für Fremde ganz leicht zu erlernen. In Geschäften sollten Sie zur Begrüßung »Bonjour Monsieur/Madame« sagen, »Merci«, wenn Sie Ihr Wechsel-

geld bekommen, »Merci« und »Au revoir« zum Abschied. In kleinen Dörfern ist es üblich, sogar Wildfremde mit »Bonjour Monsieur/Madame« zu grüßen.

Einige hilfreiche französische Ausdrücke finden Sie im Sprachführer *(siehe S. 719f).*

Ein Office de Tourisme in der Region Vence

Information

Tourismusbüros *(offices de tourisme)* und -vereine *(syndicats d'initiative)* findet man in jeder französischen Stadt. Dort erhält man Infos, Stadtpläne, Broschüren, Führer zu Wander- oder Radrouten und Auskünfte über Radverleih, Gastronomie, lokale Märkte und mehr. Einige Büros der *régions* und *départements* bieten auch Zimmervermittlung und ganze Pauschalurlaube an. Viele Städte locken mit geführten Touren oder Themenrouten.

Sie können auch in Ihrem Heimatland bei der **Französischen Zentrale für Tourismus** *(Atout France)* oder den fran-

zösischen Kulturinstituten Broschüren etc. erhalten – bei Atout France am besten online (http://de.franceguide.com). Für weitergehende Infos zu den Regionen eignen sich die Websites der regionalen Tourismusämter *(Comité Régional du Tourisme)* oder der Tourismusämter der Départements *(Comités Départementaux du Tourisme).* Links zu entsprechenden Websites finden Sie auf der offiziellen Tourismus-Website für Frankreich (http://de.franceguide.com).

Eintritt

In den meisten Museen in Frankreich bezahlt man zwischen zwei und zehn Euro Eintritt. Oft ist der Eintritt für unter 18-Jährige frei, Ermäßigungen gibt es für 18- bis 25-Jährige und für Familien.

Es gibt zudem verschiedene preisgünstige Kombi-Tickets, wenn Sie den Besuch mehrerer Sehenswürdigkeiten planen. Ein Beispiel ist der Pariser Museumspass, der für 60 Museen und Sehenswürdigkeiten in und um Paris zwei, vier oder sechs Tage lang gültig ist. Er kann im Voraus erworben werden (www.parismuseumpass.com). Ähnliche Pässe, oft mit kostenloser Benutzung des Nahverkehrs, gibt es in anderen Orten (Infos auf den Websites der Regionen).

Colonne de la Grande Armée

Wegweiser für kulturelle Denkmäler

◁ **Menton an der Côte d'Azur vor der Kulisse der Alpen** *(siehe S. 529)*

Arc de Triomphe du Carrousel und Musée du Louvre in Paris

Öffnungszeiten

Dieser Reiseführer listet die Öffnungszeiten bei den jeweiligen Einträgen auf. Nationalmuseen und Monumente sind meist dienstags geschlossen (einige wenige auch montags). Größere Museen haben in der Regel von 9 oder 10 Uhr bis 18 Uhr geöffnet, an einem Tag (meist donnerstags) oft länger. Kleine Museen und Kirchen können eine Mittagspause haben.

Öffnungszeiten variieren auch saisonal, vor allem bei Châteaux und Gärten. Viele sind in der Hochsaison im Juli und August durchgehend geöffnet, schließen aber von November bis März oder sind nur noch am Wochenende offen. Auch an Weihnachten und Neujahr haben die meisten Sehenswürdigkeiten zu.

Auf Seite 652 finden Sie die Öffnungszeiten für Läden, auf Seite 674 für Banken und auf Seite 596f für Restaurants.

Steuern und Trinkgeld

Die bisherige Mehrwertsteuer in der Gastronomie wurde 2009 infolge der Finanzkrise drastisch auf 5,5 Prozent gesenkt. Die Wirte sind angehalten, dies weiterzugeben. Bei den Rechnungen ist die Steuer schon im Endbetrag enthalten.

Das übliche Trinkgeld beträgt fünf bis zehn Prozent. Auch in Cafés lässt man etwas Geld liegen. Taxifahrer erhalten zehn Prozent Trinkgeld, Hotelportiers einen Euro.

Behinderte Reisende

Frankreich verbessert kontinuierlich den Service für Behinderte. In vielen Straßen und auf allen öffentlichen Parkplätzen gibt es Behindertenparkplätze. Mit einem Europäischen Parkausweis für Behinderte ist die Benutzung kostenlos. Die staatliche französische Eisenbahngesellschaft SNCF hat das *Accès-Plus*-System eingeführt. Damit können Rollstuhlfahrer im Voraus Plätze und auch Assistenz reservieren (Infos auf www.sncf.fr; *siehe auch S. 682*).

In Paris sind mehrere Buslinien, einige RER-Linien und die Métro-Linie 14 behindertengerecht *(siehe S. 688f)*. Taxifahrer müssen Rollstuhlfahrer ohne Extragebühren transportieren *(siehe S. 688)*.

Während es bei den großen Museen und Sehenswürdigkeiten heute zumindest teilweisen Zugang für Rollstuhlfahrer gibt, ist dies bei vielen Châteaux leider nicht der Fall. Das blaue *Tourisme & Handicap*-Zeichen zeigt, welche Sehenswürdigkeiten, Hotels, Restaurants etc. den Vorschriften genügen. Viele Hotels und *chambres d'hôtes* (B & Bs) bieten mittlerweile barrierefreie Zimmer. Große Agenturen wie *Logis de France* oder *Gîtes de France* haben entsprechende Verzeichnisse auf ihren Websites.

Die beste Informationsquelle für behinderte Besucher ist die **Association des Paralysés de France (APF)**, die die jährli-

che Urlaubsbroschüre *Guide Vacances* veröffentlicht. Die Website von **Infomobi** informiert ausführlich über Transportmöglichkeiten und -dienste in und um Paris. Beide Seiten sind allerdings nur auf Französisch.

Weitere Informationen auf Deutsch gibt es auch auf der Website von FranceGuide.

Mit Kindern reisen

Familien, die Frankreich besuchen, profitieren von einer ganzen Reihe von Rabatten einschließlich des reduzierten oder kostenlosen Eintritts zu Sehenswürdigkeiten für Kinder. Kinder unter vier Jahren können den öffentlichen Nahverkehr kostenlos benutzen, Kinder von vier bis zu elf Jahren (bis zu neun Jahren in Paris) fahren für die Hälfte.

Einige große Hotelketten (insbesondere Novotel) haben sich geradezu auf Familien spezialisiert. Kleine Landhotels und *chambres d'hôtes* bieten preiswerte Zimmer *(chambres familiales)*. Wenn man zwei Tage oder länger an einem Ort bleibt, kann eine *gîte* für Selbstversorger mit mehreren Zimmern und Küche recht preisgünstig sein *(siehe S. 548f)*.

In allen Lokalen sind Kinder willkommen, viele haben Kinderteller *(menu d'enfants)* für fünf bis acht Euro.

Die FranceGuide-Website bietet allgemeine Infos, die regionalen Seiten spezifische Familien-Infos. Auch viele Reiseagenturen bieten die Rubrik »Familienurlaub« an.

Das Château de Versailles ist behindertengerecht ausgestattet

Senioren

Ältere Frankreich-Reisende
erhalten für Nationalmu-
seen und Monumente leider
keine Eintrittsermäßigung.
Hingegen bieten dies einige
private Châteaus und Sehenswürdigkeiten an. Eine Ermäßigung beim öffentlichen
Nahverkehr gibt es nur im
Rahmen von Mehr-Tages-Päs-
sen in einigen Städten. Die
SNCF hat die *Carte Senior* für
über 60-Jährige *(siehe S. 682)*
im Angebot. Sie ist allerdings
für Kurztrips weniger geeignet. Bahnpässe *(siehe S. 682)*,
die man vor der Reise und
außerhalb von Frankreich erwirbt, können diesbezüglich
preisgünstiger sein.

Studenten

Studenten unter 26 Jahren
erhalten mit einem gültigen
ISIC-Ausweis viele verschiedene Ermäßigungen – ebenso
natürlich die Rabatte, die in
Frankreich für unter 25-Jähri-
ge gelten. Das Centre d'Information et de Documentation
Jeunesse bietet weitere Infos
(www.cidj.com).

Schwule und Lesben

Frankreichs Schwulen- und
Lesbengemeinde wird
immer stärker Teil des »normalen« Lebens. Der Marais in
Paris ist wohl das prominen-
teste »schwule Dorf«, doch
Clubs und Servicestellen für
Homosexuelle sind über die
ganze Stadt verteilt. Auch in
vielen anderen Städten Frankreichs gibt es eine Schwulen-
szene, insbesondere in Toulouse, Nantes, Montpellier
und Nizza. FranceGuide, die
offizielle Informationsseite
über Tourismus in Frankreich,
bietet eine Rubrik für schwule
Reisende mit Links zu diversen schwulenfreundlichen
Informationsstellen und Reisebüros sowie Hotel- und Zim-
meragenturen.

Preisbewusst reisen

Das Budget für einen
Frankreich-Urlaub hängt
sehr davon ab, was Sie unternehmen wollen. Allgemein
gilt: Ein Urlaub für zwei Personen in einem einfachen
Hotel (für etwa 60 Euro im
Doppelzimmer) mit Mittag-
und Abendessen in Restau-
rants, mit dem Besuch einiger
Sehenswürdigkeiten und der
Benutzung des öffentlichen
Nahverkehrs dürfte etwa
160 Euro pro Tag kosten –
zumindest in den meisten
Regionen.

Der Aufenthalt in Paris, an
der Côte d'Azur oder in angesagten Resorts ist teurer, doch
in weniger besuchten ländlichen Regionen, etwa in der

Der City Pass von Lille – gültig für
ein, zwei oder drei Tage

Normandie, im Hinterland der
Bretagne und in Lothringen,
ist ein Urlaub um einiges
günstiger. In der Hochsaison
(Juli bis Mitte September) ist
es in den beliebten Feriengebie-
ten natürlich teuer, vor
allem was die Hotelpreise betrifft. Auch Dezember und
März, die Saison für Wintersport, kann teuer sein, vor
allem im Alpengebiet. In der
Nachsaison sind die Hotelpreise dagegen oft erstaunlich
günstig. Eine Ausnahme bilden hier städtische Hotels, die
wiederum im Juli und August,
wenn die Franzosen Urlaub
auf dem Land machen, die
Preise senken.

Der Aufenthalt in einem
chambre d'hôtes (B&B) ist oft
eine gute Alternative zum
Hotel. Diese Zimmer gab es
früher meist nur auf dem
Land, doch mittlerweile haben
sie sich auch in den Städten
verbreitet. Der Durchschnitts-
preis für ein komfortables
Doppelzimmer liegt bei
40 Euro, inklusive Frühstück.

Wartende Urlauber in der Gare St-Charles in Marseille

Ein weitere Möglichkeit ist ein *gîte*, eine Ferienunterkunft mit Küche für Selbstversorger. Hier wird allerdings oft ein Mindestaufenthalt von einem Wochenende oder einer Woche verlangt.

Was das Essen anbelangt: Die Auswahl à la carte ist auf jeden Fall teurer als das meist angebotene Tagesmenü. Wenn Ihre Hauptmahlzeit das Mittagessen ist, fahren Sie mit den angebotenen Mitttagsmenüs am besten. Geringere Kosten beim Sightseeing hat man mit einem City Pass, der neben dem Eintritt zu den lokalen Sehenswürdigkeiten oft noch die kostenlose Benutzung des Nahverkehrs beeinhaltet (*siehe S. 689*).

Es ist zudem günstiger, schon von zu Hause aus per Internet ein Auto zu mieten.

Schlangestehen vor dem Eiffelturm

Zeit

In Frankreich gilt wie in fast allen europäischen Ländern die Mitteleuropäische Zeit (MEZ) und in den Sommermonaten die Mitteleuropäische Sommerzeit (MESZ).

Strom

Überall in Frankreich steht Besuchern Wechselstrom mit 230 Volt und 50 Hz zur Verfügung – so wie in ganz Europa. Der Euro-Normstecker mit zwei Pins ist daher passend.

Umweltbewusst reisen

Wie in vielen anderen Ländern gibt es auch in Frankreich ein wachsendes Umweltbewusstsein. **Echoway** gehört zu den führenden französischen Organisationen für Öko-Tourismus. Sie versucht, ein Bewusstsein für verantwortliches Reisen zu schaffen. **Mountain Riders** fördern nachhaltigen Wintertourismus in den Alpen. Sie bieten Infos, wie man mit öffentlichen Verkehrsmitteln in die Berge gelangt, und stellen Gruppenwanderungen zusammen, darunter auch Gruppen, die im Frühjahr die Pisten säubern.

Frankreich bietet schon seit langer Zeit ein ländliches Tourismusnetzwerk mit Übernachtungen auf Bauernhöfen: Zuständig ist die zentrale Agentur Gîtes de France (*siehe S. 549*). Es gibt allerdings auch kleinere, stärker ökologisch orientierte Organisationen wie **Accueil Paysan**, ein Netzwerk von kleineren Höfen, die Wert auf nachhaltige Landwirtschaft legen.

Eine weitere Alternative zum Hotelaufenthalt ist Camping. In Frankreich stehen über 9000 voll ausgestattete Campingplätze zur Auswahl (*siehe S. 548*).

Informationen zum »grünen« Tourismus (*tourisme vert* oder *éco*), zu Initiativen und Aktivitäten können Sie bei den Tourismusbüros vor Ort erhalten. In vielen Orten gibt es Wochenmärkte, die allein traditionelle Waren oder Bio-Produkte anbieten – oft heißen sie *marché bio*. Die jeweiligen Markttage sind in diesem Führer im Infoblock angegeben.

AUF EINEN BLICK

Botschaften

Französische Botschaften

Pariser Platz 5,
D–10117 Berlin.
☎ 030 590 03 90 00.
FAX 030 590 03 91 67.
www.botschaft-frankreich.de

Technikerstr. 2, A–1040 Wien. ☎ 01 502 75-0.
FAX 01 502 75-168.
http://ambafrance-at.org

Schosshaldenstr. 46,
CH–3006 Bern.
☎ 031 359 21 11.
FAX 031 359 21 91.
www.ambafrance-ch.org

Deutsche Botschaft
13/15, av Franklin D. Roosevelt, F-75008 Paris.
☎ 01 53 83 45 00.
FAX 01 53 83 45 02.
www.paris.diplo.de

Österreichische Botschaft

6, rue Fabert, F-75007 Paris. ☎ 01 40 63 30 63.
FAX 01 45 55 63 65.
www.aussenministerium.at/paris

Schweizer Botschaft
142, rue de Grenelle, F-75007 Paris.
☎ 01 49 55 67 00.
FAX 01 49 55 67 67.
www.eda.admin.ch/paris

Tourismusinfo

Atout France
Zeppelinallee 37, D-60325 Frankfurt a. M.
www.franceguide.com
Lugeck 1–2, A-1010 Wien.
http://at.franceguide.com
☎ 01 50 32 892-13.
Rennweg 42, CH-8021 Zürich. ☎ 044 217 46 00.
http://ch-de.franceguide.com

Office du Tourisme et des Congrès de Paris

25, rue des Pyramides, 75001 Paris.
Stadtplan 8 E1.
www.parisinfo.com

Behinderte Reisende

APF
www.apf.asso.fr

Infomobi
www.infomobi.com

Tourisme & Handicaps
www.tourisme-handicaps.org

Studenten

Internationaler Studentenausweis (ISIC)
www.isic.org

CIDJ

101, quai Branly, 75015 Paris. **Stadtplan** 6 E2.
☎ 08 25 09 06 30.
www.cidj.com

Umweltbewusst reisen

Accueil Paysan
☎ 04 76 43 44 83
www.accueil-paysan.com

Echoway
www.echoway.org

FranceGuide
www.franceguide.com

Mountain Riders
www.mountain-riders.org

Zoll

Direction Générales des Douanes
☎ 08 11 20 44 44.
www.douane.gouv.fr

Stadtplan Paris *siehe Seiten 154–169*

Sicherheit und Notfälle

Wenn Sie in Frankreich Urlaub machen, sind Sie so sicher wie zu Hause, sofern Sie nicht grob fahrlässig handeln. In Metropolen wie Paris gelten die in jeder europäischen Großstadt üblichen Verhaltensregeln. Wenn Sie unerwartet krank werden, finden Sie erste Hilfe in Apotheken. Im Notfall können Sie sich auch an Ihre Botschaft wenden *(siehe S. 671)*. Bei ernsthaften Erkrankungen rufen Sie am besten die Notfalldienste an, deren Nummern Sie unten finden.

Apothekenzeichen

Gendarmen

Polizei

Kriminalität ist in Frankreich kein großes Problem – außer in Paris, wo Sie einige Stadtviertel meiden sollten, insbesondere nachts. Ansonsten gibt es meist Diebstahlsdelikte. Falls Sie Opfer eines Verbrechens geworden sind, sollten Sie sich an das nächste *commissariat de police* wenden. In Notfällen wählen Sie die 17 oder den Euro-Notruf 112.

In kleinen Städten oder in Dörfern muss der Vorfall der *gendarmerie*, der ländlichen Polizei, gemeldet werden. Auch in der *mairie*, dem Rathaus, kann man gegebenenfalls anklopfen. Allerdings hat es nur während der Bürozeiten offen.

Auf allen Polizeistationen müssen Sie eine Aussage machen, genannt *PV* oder *procès verbal*, bei der Sie gestohlene oder verlorene Dinge auflisten. Sie brauchen Pass oder Personalausweis und – etwa bei einem Unfall – die Kfz-Papiere. Die Kopie des Polizeiprotokolls benötigen Sie für Ihre Versicherung.

Persönliche Sicherheit

Die Möglichkeit, bestohlen zu werden, können Sie durch ein paar einfache Maßnahmen verringern.

Zunächst sollten Sie eine entsprechende Versicherung vor dem Urlaub abschließen. In Frankreich sollten Sie bestimmte Viertel in einigen Städten meiden und generell auf Taschendiebe achten – speziell in der Pariser Métro während der Stoßzeiten, wenn sich die Türen schließen. Wenn Sie in einem Straßencafé sitzen, sollten Sie Ihre Handtasche im Auge behalten. Stellen Sie sie nicht auf dem Boden ab, und hängen Sie sie nicht über die Stuhllehne.

Lassen Sie Ihr Gepäck am Bahnhof oder an anderen Reisestellen niemals unbewacht. Tragen Sie Wertsachen nicht offen zur Schau. Auch sollten Sie nur das entsprechende Bargeld für den Tagesbedarf dabeihaben.

Ist Ihnen etwas abhandengekommen oder gestohlen worden, lohnt es sich, zu der Polizeistation zurückzukehren, wo Sie den Vorfall angezeigt haben.

Alle französischen Rathäuser haben zudem ein *Bureau d'Objets Trouvés* (Fundbüro), wobei diese Büros allerdings etwas ineffizient sind. Fundbüros gibt es auch in größeren Bahnhöfen. Sie haben zu Bürozeiten geöffnet.

Wenn Ihnen Ihr Pass abhandengekommen ist, wenden Sie sich an Ihre Botschaft *(siehe S.671)*.

Auch den Verlust oder Diebstahl Ihrer Kreditkarte sollten Sie sofort Ihrer Bank melden (Notrufnummern *siehe S.674)*.

Versicherungen

Der Abschluss einer Reiseversicherung, die Diebstahl und andere Unwägbarkeiten abdeckt, kann sinnvoll sein. Die Europäische Krankenversicherungskarte (EHIC) für gesetzlich versicherte Bürger der EU-Staaten und der Schweiz deckt die notwendigen medizinischen Behandlungen ab. Einige Leistungen, darunter auch der Krankenrücktransport in die Heimat, sind jedoch nicht mitversichert. Eine Zusatzversicherung ist beispielsweise für Wintersportler oder Wanderer interessant. Eine Bergrettung, etwa per Helikopter, ist nicht gerade billig.

Medizinische Versorgung

Die Euro-Notrufnummer für Polizei, Feuerwehr und Rettungsdienst ist 112, doch manchmal ist es sinnvoller, die Notdienste unter ihren traditionellen zweistelligen Nummern anzuwählen. Bei einem medizinischen Notfall rufen Sie den **Service d'Aide Médicale Urgence** (SAMU) an. Er schickt einen Krankenwagen vorbei. Manchmal sind allerdings die **Sapeurs Pompiers**

AUF EINEN BLICK

Notruf

Euro-Notruf
☏ 112.

Ambulanz (SAMU)
☏ 15.

Feuerwehr
☏ 18.

Polizei und Gendarmerie
☏ 17.

(Feuerwehr) schneller, die gleichfalls einen Rettungsdienst anbieten und Sie zum nächsten Krankenhaus bringen. Dies gilt vor allem auf dem Land, wo es mehr Feuerwehren als Ambulanzdienste gibt.

Die Mitarbeiter des nichtärztlichen Rettungsdienstes heißen *secouristes*.

Krankenhäuser und Apothken

In Frankreich muss man für ärztliche Behandlungen zunächst privat bezahlen. Mit der EHIC erfolgt dann die Erstattung nach den Sätzen der heimatlichen gesetzlichen Versicherung. Bewahren Sie daher alle Rechnungen *(fiche)* von Ärzten, Kliniken und Apotheken auf. Im Schnitt werden 80 Prozent der Kosten erstattet. Wer eine private Versicherung oder eine zusätzliche Auslandsreise-Krankenversicherung hat, bei dem sind es meist 100 Prozent.

Wichtig: Die medizinische Hilfeleistung darf nicht verweigert werden, auch wenn ein Versicherungsnachweis (noch) nicht vorliegt.

Überall in Frankreich findet man gut ausgestattete Krankenhäuser. In größeren Städten und auch in Kleinstädten gibt es Krankenhäuser mit Notaufnahme (*urgences* oder *service des urgences*), die sich um Notfallpatienten kümmern. Normalerweise kann Ihnen das Hotel das nächste Krankenhaus nennen, falls nicht, sollten Sie die Notrufnummern wählen. Wenn Sie einen deutschsprachigen Arzt konsultieren wollen, kann Ihnen die Botschaft oder das zuständige Konsulat mit Adressen weiterhelfen.

Bei kleineren Beschwerden sind Sie in der Apotheke am richtigen Ort. Apotheken erkennt man an dem grünen (meist blinkenden) Kreuz über der Tür. Im Fenster steht immer die Adresse der nächsten Apotheke, die nachts oder am Wochenende geöffnet hat (*pharmacie de garde*). Apotheker haben umfassende medizinische Kenntnisse, selbst mit Waldpilzen kennen sie sich aus. Wenn Sie sich bei gesammelten Pilzen in Bezug auf die Essbarkeit unsicher sind, fragen Sie einfach den Apotheker.

In Teilen des Landes (Rheinebene, Elsass) kann es zu bestimmten Jahreszeiten (vorwiegend April bis Oktober) zur Übertragung von FSME durch Zeckenbisse kommen.

Für die Mittelmeerküste und für Korsika wird eine Hepatitis-A-Impfung empfohlen.

Gefahren im Freien

Waldbrände sind – vor allem im Süden – leider recht häufig. Durch starke Winde können sich Feuer schnell ausbreiten. Achten Sie darauf, dass Sie nicht selbst durch Lagerfeuer oder Zigaretten einen Waldbrand verursachen. Leere Glasflaschen dürfen nie im Wald liegen bleiben, da sie wie Brenngläser wirken können. Auf fahrlässigen Umgang mit Feuer stehen in Frankreich hohe Strafen.

Bevor Sie einen der sieben Nationalparks oder einen der vielen Naturparks (*parcs naturels*) erkunden, sollten Sie sich mit den Regeln und Verboten vertraut machen.

Bergsteiger oder Segler sollten vor Aufbruch jemanden über ihre Route und Ihre Rückkehr informieren.

Wandern Sie in abgelegenen Bergregionen oder im

Polizeiauto

Feuerwehrauto

Krankenwagen

sumpfigen Marschland nicht ohne einen erfahrenen Führer – oder trotz lokaler Warnungen.

Meiden Sie in der Jagdsaison (September bis Februar) vor allem sonntags Gebiete, die für Jagden markiert sind (*siehe S. 663*). Tragen Sie beim Wandern farbenfrohe, gut sichtbare Kleidung.

Sicherheit an Stränden

Es gibt in Frankreich viele Strände, die familiengeeignet sind und wo das Baden relativ ungefährlich ist. Viele der Strände werden im Sommer von Rettungsschwimmern (*sauveteurs*) überwacht – folgen Sie deren Anweisungen, und schwimmen Sie nur in sicheren Bereichen. Beachten Sie zudem die farbigen Fahnen, die Gefahrenzonen anzeigen. Grün bedeutet »sicheres Baden«. Orange bedeutet »mögliche Gefahr« und dass nur der markierte Strandbereich überwacht wird. Schwimmen Sie deshalb nicht außerhalb des Bereichs. Rot steht für »Gefahr« (hohe Wellen, Sandbewegungen, starke Strömungen). Hier ist Baden verboten.

An manchen Stränden sieht man auch blaue Flaggen, sie sind das EU-Zeichen für sauberes Wasser.

Vorsicht, Brandgefahr!

Banken und Währung

Frankreich hat keine Devisenbeschränkungen, weder bei der Ein- noch Ausreise. Allerdings muss jeder Betrag über 7500 Euro (gleich ob bar oder Scheck) deklariert werden. Kreditkarten sind die sicherste und bequemste Art der Bezahlung. In Wechselstuben, die man in Flughäfen, Bahnhöfen sowie Hotels und Geschäften findet, kann man Geld wechseln und Reiseschecks einlösen. Allerdings bieten Banken meist die besseren Konditionen.

Mehrsprachiger Geldautomat

Banken

Im Zeitalter des Euro entfällt für viele Europäer der Geldumtausch. Gleichwohl kann man in den meisten französischen Banken Geld wechseln und Schecks einlösen, allerdings gegen Gebühr.

Viele Banken haben Geldautomaten, an denen man mit Kreditkarten oder Debitkarten (mit Maestro- oder Cirrus-Zeichen) unter Eingabe der PIN Geld abheben kann. Welche Karten akzeptiert werden, sehen Sie an den Logos. Achten Sie vor allem in Paris auf Ihre Umgebung, wenn Sie Geld aus Automaten im Freien ziehen. Leider gibt es hier immer wieder Überfälle.

Öffnungszeiten

Mit leichten Abweichungen haben die Banken im Norden Frankreichs montags bis freitags von 9 oder 10 Uhr bis 17 Uhr geöffnet, manche Banken schließen auch schon um 12 Uhr, vor allem an den Werktagen vor einem Feiertag.

In Südfrankreich sind die Banken dienstags bis samstags von 8 bis 12 Uhr und von 13.30 bis 16.30 Uhr offen. In Wochen mit einem Feiertag haben viele Banken von freitags bis dienstags geschlossen.

Bureaux de change

Außerhalb von Paris gibt es nur wenige Wechselstuben (*bureaux de change*), außer in größeren Bahnhöfen und Ferienorten. Bei privaten Wechselstuben können die Kurse zwar durchaus günstig, die Gebühren bisweilen jedoch horrend sein.

Kreditkarten

Wegen der hohen Gebühren werden Kreditkarten von **American Express** nicht überall angenommen. Die größte Akzeptanz genießen **Visa** (in Frankreich **Carte Bleue** genannt) und natürlich **MasterCard**.

In Frankreich ausgestellte Kreditkarten werden *smart cards* genannt. Sie besitzen zusätzlich zum Magnetstreifen einen Mikrochip (*puce*), auf dem die Daten gespeichert werden. Viele Läden akzeptieren beide Kartentypen.

Wer mit seiner Kreditkarte oder der EC-Karte (mit Maestro- oder Cirrus-Zeichen) in Hotels, Restaurants oder Läden bezahlen will, muss entweder nur einen Beleg unterschreiben oder aber seine Geheimnummer (*code confidentiel*) auf einer Tastatur eintippen und mit der grünen Taste (*validez*) bestätigen. Kreditkarten werden in Frankreich fast überall akzeptiert, wo höhere Beträge fällig werden. Falls Ihnen Ihre Kreditkarte abhandenkommt, müssen Sie sie unverzüglich sperren lassen (*Notrufnummern siehe Kasten*).

Bei Kreditkartenzahlung müssen Sie bisweilen Ihre PIN eingeben

Stadtplan Paris *siehe Seiten 154–169*

AUF EINEN BLICK

Bureaux de change

Paris
125, av du Champs-Élysées, 75008 Paris. ☎ *01 47 20 25 14*.
www.travelex.com.
Lille
Gare de Lille Flandres, 59800 Lille.
Lyon
Gare de Lyon, Part-Dieu, bd Vivier Merle, 69003 Lyon.
Nizza
13, avenue Thiers, 06000 Nice.

Banken in Paris

American Express
11, rue Scribe, 75009 Paris.
Stadtplan 4 D5.
☎ *01 47 77 00 00*.
www.home.americanexpress.com

Deutsche Bank
3, avenue de Friedland, 75008 Paris. **Stadtplan** 2 E3.
☎ *01 44 95 64 00*.
www.db.com

HSBC
23, rue de Rivoli, 75004 Paris.
Stadtplan 3 C5. ☎ *08 10 81 58 19*. www.hsbc.com

Kreditkartenverlust

Allgemeine Notrufnummer
☎ *0049 116 116*.
www.116116.eu

American Express
☎ *01 47 77 00 00 oder 0049 69 97 97-2000*.

Diners Club
☎ *08 10 31 41 59*.

MasterCard
☎ *0800 90 13 87*.

Visa (Carte Bleue)
☎ *0800 90 11 79*.

Maestro-/EC-Karte
☎ *0049 69 740 987*.

Währung

Die europäische Gemeinschaftswährung Euro (€) gilt zurzeit in 17 EU-Mitgliedsstaaten: Belgien, Deutschland, Estland, Finnland, Frankreich, Griechenland, Irland, Italien, Luxemburg, Malta, Niederlande, Österreich, Portugal, Slowakei, Slowenien, Spanien und in der Republik Zypern.

Alte Francs-Scheine sind ungültig, können jedoch bis zum 17.02.2012 bei der Banque de France umgetauscht werden (www.banque-france.fr). Alle Euroscheine sind einheitlich gestaltet, bei den Münzen prägt jedes Land unterschiedliche Rückseiten. Seit 2004 kann jeder Euro-Staat einmal im Jahr eine Zwei-Euro-Gedenkmünze bedeutender Ereignisse herausgeben. Alle diese Münzen gelten in jedem Staat der Eurozone.

Euro-Banknoten

Euro-Banknoten gibt es in sieben Werten (5, 10, 20, 50, 100, 200 und 500 €). Die unterschiedlich großen Scheine wurden vom Österreicher Robert Kalina entworfen und zeigen Architekturelemente und Baustile verschiedener Epochen, eine Europakarte und die EU-Flagge mit den zwölf Sternen.

5-Euro-Schein (Baustil: Klassik)

10-Euro-Schein (Baustil: Romanik)

20-Euro-Schein (Baustil: Gotik)

50-Euro-Schein (Baustil: Renaissance)

100-Euro-Schein (Baustil: Barock & Rokoko)

200-Euro-Schein (Eisen- und Glasarchitektur)

500-Euro-Schein (Moderne Architektur des 20. Jahrhunderts)

2-Euro-Münze

1-Euro-Münze

50-Cent-Münze

20-Cent-Münze

10-Cent-Münze

Euro-Münzen

Münzen gibt es in acht Werten (2 €, 1 € sowie 50, 20, 10, 5, 2 und 1 Cent). Die einheitlichen Vorderseiten entwarf der Belgier Luc Luycx, die Rückseiten sind in jedem Land anders gestaltet. Auch San Marino, Vatikanstaat und Monaco prägen eigene Münzen.

5-Cent-Münze

2-Cent-Münze

1-Cent-Münze

Kommunikation und Medien

D as französische Fernmeldewesen ist exzellent ausgebaut. Für Telekommunikation ist hauptsächlich die France Télécom verantwortlich, für Briefe und Pakete »La Poste« (früher P. T. T.). Telefonzellen gibt es in den Städten an jeder Ecke. Für den Anruf aus einer Telefonzelle brauchen Sie eine Telefonkarte *(télécarte)*. Postämter *(bureaux des postes)* erkennt man am blau-gelben Logo.

Ausländische Zeitungen gibt es in allen größeren Städten. Fremdsprachige Fernseh- und Radioprogramme sind nicht nur im Kabelnetz vorhanden, viele Hotels bieten auch Satelliten-TV.

Gelber Briefkasten in Frankreich

Telefonnummern

F ranzösische Telefonnummern bestehen aus zehn Ziffern. Die ersten zwei Ziffern bezeichnen die Region: 01 steht für Paris und die Île de France, 02 für den Nordwesten, 03 für den Nordosten, 04 für den Südosten (mit Korsika) und 05 für den Südwesten. Nummern von Mobiltelefonen beginnen mit 06 und 08. Die 0800-Nummern sind kostenlos. (Nummern, die mit 08 beginnen, können nicht vom Ausland aus angewählt werden.)

Der Billigtarif gilt montags bis freitags von 19 bis 8 Uhr, samstags, sonntags und an Feiertagen ganztägig. Anrufe von Hotelzimmern aus sind relativ teuer.

Um vom Ausland aus nach Frankreich zu telefonieren, muss man die 0033 vorwählen. Die 0 der zehnstelligen französischen Nummer wird dann *nicht* mitgewählt. Vorwahlnummern von Frankreich ins Ausland: 0049 (Deutschland), 0043 (Österreich) und 0041 (Schweiz).

Telefon der France Télécom

Mobiltelefone

D as französische Mobilfunknetz ist – bis auf einige wenige Bergregionen – flächendeckend. Alle in Europa gängigen GSM-Handys funktionieren problemlos.

Was die Tarife für Roaming betrifft, so gilt: Die EU begrenzt seit 2007 die Roaming-Gebühren in den Mitgliedsstaaten. 2011 beträgt der Minutenpreis für ein abgehendes Telefonat 0,35 Euro. Ein ankommendes Gespräch kostet 0,11 Euro pro Minute, eine SMS 0,11 Euro. Datenübertragungen schlagen pro MB mit 0,50 Euro zu Buche. Stichtag für die vorgegebenen Tarife der EU ist immer der 1. Juli (alle Preise zuzüglich Mehrwertsteuer).

Man kann auch ein Handy mit einer französischen Prepaid-Karte mieten, etwa von **Orange France**, **Bouygues Télécom** oder **SFR**, oder eventuell eine französische SIM-Karte im eigenen Handy benutzen.

Öffentliche Telefone

M an kann in Frankreich nur noch in wenigen Telefonzellen *(cabine téléphonique)* mit Münzgeld telefonieren. Für die meisten braucht man eine Telefonkarte *(télécarte)*, die bei Postämtern, Bahnhöfen, Tabakläden und an Zeitungskiosken zu 50 oder 120 Einheiten erhältlich ist. Auf dem Display eines Telefons steht zunächst *»Decrochez«*. Wenn Sie den Hörer abheben, folgt die Aufforderung *»Introduisez votre carte«* (Schieben Sie die Karte ein).

Anschließend lesen Sie *»Patientez SVP«* (Warten Sie bitte), gefolgt von *»Numérotez«* (Wählen Sie). Bei regionalen Gesprächen kann eine Einheit bis zu sechs Minuten dauern. Nach Beendigung eines Anrufs sollten Sie die Karte nicht vergessen.

Viele Telefonzellen akzeptieren auch Kreditkarten (mit PIN). Die *bureaux de change* von Travelex *(siehe S. 674)* verkaufen eine preiswerte Internationale Karte, die in mehreren Ländern benutzt werden kann.

Alte Münztelefone findet man manchmal noch in Cafés vor. Einige Bahnhöfe und Postämter haben *cabines* – hier bezahlt man erst nach dem Anruf. Für manche Auslandsgespräche kann dies bisweilen eine preisgünstige Option sein.

Internet

D as Internet hat natürlich auch Frankreich erobert. Erstaunlicherweise gibt es jedoch recht wenige Internet-Cafés im Vergleich zum übrigen Europa – man findet sie noch zahlreich in Paris, in größeren Städten und Urlaubszentren, doch im ländlichen Bereich und in Kleinstädten wird man sich schwertun. Um auf dem Land online zu gehen, sollte man einen Laptop dabeihaben. In Paris gibt es WLAN-Hotspots in vielen Métro-Stationen, öffentlichen Bibliotheken und an anderen Orten. Auch in anderen größeren Städten sind sie im Kommen. Viele Hotels und sogar *chambres d'hôtes* bieten WLAN-Komfort

– allerdings meist nicht kostenlos. Viele Hotels haben Provider wie Orange France und **Meteor**, für die man bezahlen muss, um den Zugangscode zu erhalten. Genauere Infos finden Sie auf den Websites der Provider.

Post

Der Postdienst in Frankreich funktioniert schnell und reibungslos. Postämter haben in der Regel montags bis freitags von 9 bis 17 Uhr (oft mit Mittagspause) und samstags von 9 bis 12 Uhr geöffnet. Vor allem in größeren Städten gibt es am frühen Vormittag oft Warteschlangen.

Postämter, aber auch *tabacs* (Tabakläden) verkaufen Briefmarken *(timbres)* einzeln oder in *carnets* zu sieben und zehn Stück. Man kann hier zudem Telefonkarten *(télécartes)* kaufen, Geldanweisungen *(mandats)* ausstellen, Geld in Empfang nehmen und ins Ausland telefonieren.

Gegen eine kleine Gebühr ist es möglich, sich seine Post postlagernd *(poste restante)* schicken zu lassen. Der Brief muss mit Name und Vorname des Empfängers, Postleitzahl und Ort des Postamts sowie dem Vermerk »Poste Restante« versehen sein. Wenn nicht anders angegeben, geht der Brief ans Hauptpostamt *(recette principale)*. Briefe wirft man in die gelben Postkästen, die oft zwei Einwurfschlitze haben: einen für den Ort bzw. das Département, einen zweiten für alle anderen Ziele *(autres destinations)*.

Für Sendungen ins Ausland gibt es acht verschiedene Preiszonen, wobei die Länder der Europäischen Union am billigsten sind (Infos auf der Website von **La Poste**).

Zeitungen und Zeitschriften

Zeitungen und Zeitschriften kaufen Sie im Zeitungsladen *(maison de la presse)* oder am Kiosk *(kiosque)*.

Täglich erscheinende Blätter sind *Le Figaro*, das Boulevardblatt *France Soir*, die linksliberalen Zeitungen *Libération* und *Le Monde* sowie die kommunistische Tageszeitung *L'Humanité*.

In den Großstädten gibt es ausländische Zeitungen wie die *Süddeutsche Zeitung* oder *Frankfurter Allgemeine* sowie *Neue Zürcher Zeitung* – und *Bild*. Von den deutschen Zeitschriften sind *Spiegel* und *Focus* fast immer verfügbar.

Die Wochenmagazine *Pariscope* (donnerstags) und *L'Officiel des Spectacles* (mittwochs) geben einen Überblick über Veranstaltungen in Paris. *Les Inrockuptibles* informiert über Musik, Film und andere Künste in ganz Frankreich. Viele Orte haben ihre eigenen, oft kostenlosen Magazine, die es auch in den Tourismusbüros vor Ort gibt.

Radio und Fernsehen

Die größten überregionalen Fernsehprogramme sind *TF1* und *France 2*. *France 3* geht als regionaler Sender auf die Ereignisse in einzelnen Landesteilen ein. *France 5* (»La Cinquième«) und der deutsch-französische Kultursender *Arte* teilen sich einen Kanal. *Canal Plus* (oder *Canal+*) ist ein Abo-Sender, der in den meisten Hotels empfangen werden kann. Ausländische Filme in Originalfassung sind mit V.O. *(version originale)* gekennzeichnet, Synchronfassungen mit V.F. *(version française)*. Weitere gebührenpflichtige Kabel- und Satellitenkanäle sind die englischsprachigen Sender *MTV*, *CNN*, *Sky* und *BBC World*.

Auch deutschsprachige Radiosender können empfangen werden, etwa *Deutschlandradio*, *Deutschlandfunk*, *WDR* und der *Saarländische Rundfunk*.

Radio France International (738 MW) bringt täglich von 18 bis 19 Uhr Nachrichten in deutscher Sprache.

Französische Zeitungen

AUF EINEN BLICK

Telefon und Internet

Bouygues Télécom
☎ 06 60 61 46 14.
www.bouyguestelecom.fr

Meteor
☎ 0811 638 367.
www.meteor-wifi.com

Orange France
☎ 0800 364 775.
www.orange.fr
www.orange-wifi.com

SFR
☎ 1026 (aus dem Festnetz in Frankreich). www.sfr.fr

Post

La Poste
www.laposte.fr

Wichtige Nummern

- **Auskunft**
  118 712.
- **Internationale Auskunft**
  118 700.
- **Deutschland Direkt**
  0800 99 00 49.
- **France Télécom**
  0800 36 47 75.
- **Kostenlose bzw. preisgünstige Nummern**
  0800, 0810, 0820, 0825, 0890, 0891, 0892.
- **Notruf**
  17 oder 112.

Logo der französischen Post

Reiseinformationen

Frankreich verfügt über sehr gut ausgebaute Luft-, Straßen- und Eisenbahnverbindungen. In Paris landen Flugzeuge aus allen Kontinenten. Paris ist Knotenpunkt des europäischen Eisenbahnnetzes mit dem Eurostar nach London, Thalys nach Brüssel bzw. Köln und dem TGV nach Genf. Per Autobahn kann man alle umliegenden Länder erreichen. Frankreichs Fähren überqueren den Ärmelkanal und verkehren im Mittelmeerraum.

Air France, die französische Fluglinie

Mit dem Flugzeug

Fast alle großen internationalen Luftfahrtgesellschaften fliegen Paris an, vor allem ist es der Stützpunkt der **Air France**, der größten französischen Fluggesellschaft. Von den meisten Flughäfen in Deutschland, Österreich und der Schweiz bestehen mehrmals am Tag Direktverbindungen nach Paris und auch in andere französische Städte. Paris erreicht man von Berlin aus in zweieinhalb Stunden, von Frankfurt aus in ungefähr einer Stunde. Von Wien aus dauert der Flug zwei Stunden, von Zürich aus ungefähr 70 Minuten.

Pariser Flughäfen

Der internationale Pariser Flughafen Charles-de-Gaulle (CDG) liegt 30 Kilometer außerhalb der Stadt. Er ist der Hauptflughafen Frankreichs. Von Terminal 2 fährt die RER-Linie B ins Zentrum (40 Min. zum Gare du Nord, 45 Min. nach Châtelet-Les Halles). Busse fahren regelmäßig in verschiedene Teile von Paris und nach Disneyland Paris. Air-France-Busse fahren zum Arc de Triomphe, in den Westen und nach Montparnasse (Fahrzeit jeweils 45 Min.). RATP-Busse (Roissybus) steuern alle 20 Minuten L'Opéra an (Fahrzeit ca. 50 Min.). Taxis ins Zentrum kosten 30 bis 45 Euro (Fahrzeit bis zu 60 Minuten je nach Verkehr).

Orly, der zweite Flughafen, liegt im Süden der Stadt. Von hier gehen viele Inlandsflüge und kürzere internationale Flüge ab. Shuttlebusse verbinden Orly mit der RER-Linie C am Pont de Rungis. Der Orlyval, ein automatischer Zug, fährt zur RER-Linie B bei Antony. Von dort verkehrt alle vier bis acht Minuten ein Zug nach Châtelet-Les Halles (Fahrzeit 35 Min.). Die Air-France-Busse fahren ins Zentrum (Fahrzeit ca. 30 Min.). RATP-Busse fahren nach Denfert-Rochereau, Jetbusse nach Châtelet-Les Halles (alle 15 bis 20 Min.). Taxis brauchen 25 bis 45 Minuten ins Zentrum und kosten ca. 25 Euro.

Mit dem Zug

Die sechs großen Pariser Bahnhöfe bilden das Zentrum des französischen Eisenbahnnetzes. Züge aus Norddeutschland, Belgien und Holland kommen an der Gare du Nord an, Züge aus Süddeutschland, Österreich und der Schweiz an der Gare de l'Est. Einige Züge aus der Schweiz und aus Italien enden in der Gare de Lyon. Züge aus Spanien steuern die Gare d'Austerlitz an. Große Bahnknotenpunkte sind auch Lille, Tours, Bordeaux und Lyon (weitere Infos *siehe S. 680–682*).

Nach England gibt es rund 20 **Eurostar**-Verbindungen pro Tag zwischen der Gare du Nord in Paris und London St Pancras (Fahrzeit: 2:15 Std.). Einige Züge halten auch in Disneyland Paris.

Mit Auto oder Bus

Wer mit dem Auto nach Frankreich fährt, findet ein gut ausgebautes Straßennetz an (mautpflichtigen) Au-

Fähre von SNCM Ferryterranée im Mittelmeer

tobahnen, Nationalstraßen und Départementstraßen vor (weitere Informationen *siehe S.684f*). Autofahrer aus Großbritannien kommen entweder per Autofähre nach Frankreich oder mit **Eurotunnel**-Shuttlezügen durch den Kanaltunnel. Die Züge fahren viermal pro Tag in beide Richtungen (Fahrzeit: 35 Min.).

Eurotunnel-Logo

Die Fahrt mit dem Bus ist die preiswerteste Möglichkeit, nach Frankreich zu reisen. Die Busse von **Deutsche Touring GmbH** (Partner von **Eurolines**) fahren von zahlreichen deutschen Städten regelmäßig viele französische Destinationen an. Der Vorteil einer Anreise mit dem Bus ist, dass man meist mitten in der Stadt ankommt. Daneben gibt es zahlreiche Pauschalangebote für Busreisen.

Fähren

Zusätzlich zum Eurotunnel-Shuttlezug gibt es Fähren für die Kanalüberquerung zwischen Frankreich und Großbritannien. **P&O Ferries** befährt regelmäßig die Strecke zwischen Calais und Dover (ca. 90 Min.). Auch **Seafrance** bietet mehrere Fahrten pro Tag. **Norfolkline** fährt in etwa zwei Stunden von Dover nach Dunkerque und ist preisgünstig. Die französischen **Transmanche Ferries/LD Lines** kreuzen zwischen Newhaven und Dieppe (ca. 4 Std.), Portsmouth und Le Havre (8 Std. über Nacht) sowie wöchentlich zwischen Le Havre und Rosslare in Irland (20 Std.). Auch die Strecke Dover–Boulogne (75 Min.) wird bedient. **Brittany Ferries** fahren u.a. von Portsmouth nach Caen (7 Std. über Nacht) und St-Malo (10 Std. über Nacht).

Autofähren verkehren von Marseille, Nizza und Toulon nach Korsika. Sie werden von **SNCM Ferryterranée**, **CTN** und **Corsica Ferries** unterhalten. In der Hauptsaison fährt SNCM wöchentlich von Marseille und Toulon nach Sardinien. SNCM sowie CTN verbinden Marseille mit Tunis, Oran, Skikda und Bejaia.

Fähren fahren zudem von Bastia, Calvi, Ajaccio, L'Île Rousse, Porto-Vecchio und Propriano nach Genua, Livorno, Elba und Sardinien.

Umweltbewusst reisen

Nachhaltiger Tourismus heißt für Frankreich, das Land zu bereisen, ohne dabei Flugzeug oder Auto zu nutzen. Dank der hohen Qualität des öffentlichen Transportsystems, vor allem dank des Eisenbahnnetzes der SNCF, ist diese Form des Urlaubs in Frankreich gut durchführbar. Es gibt täglich Zugverbindungen nach ganz Europa sowie Fähren nach England, Irland und Destinationen am Mittelmeer.

Die französische Regierung fördert »écomobilité«. Damit wird es einfacher, etwa vom Zug auf regionale Busse umzusteigen bzw. Fahrräder oder andere Transportmittel zu mieten. Mit Vélib' gibt es ein kostenloses Fahrrad-Programm in Paris und in anderen Städten (*siehe S.689*). Viele Regionen haben **Voies Vertes** eingerichtet, längere Wege, speziell für Radfahrer und Wanderer, etwa entlang der Loire von Orléans nach St-Nazaire.

AUF EINEN BLICK

Fluglinien

Air France
119, av de l'Opéra, 75001 Paris.
Zeil 5, 60313 Frankfurt a. M. ☎ 01 80 58 30 830 *(Infos und Reservierungen in Deutschland)*.
☎ 36 54 *(in Frankreich)*.
www.airfrance.com

Lufthansa
☎ 0180-LUFTHANSA oder 0180 58 38 42 67 *(in Deutschland; Infos und Reservierungen, 24-Stunden-Infoline)*.
☎ 0892 23 16 90 *(in Paris)*.
www.lufthansa.com

Swiss (Lufthansa)
☎ 08 48 85 20 00 *(in der Schweiz)*.
☎ 01 80 30 00 337 *(Infos und Reservierungen in Deutschland)*.

☎ 08 20 04 05 06 *(in Paris)*. www.swiss.com

Austrian Airlines
Kärntner Ring 18, 1010 Wien.
☎ 05 17 89.
☎ 0820 816 816 *(in Paris)*. www.aua.com

Flughäfen

Paris-Charles-de-Gaulle
☎ 39 50 *(Information)*.
☎ 01 48 62 12 34 *(Fundbüro CDG1)* bzw. 01 48 16 63 83 *(Fundbüro CDG2)*.
www.aeroportsdeparis.fr

Paris-Orly
☎ 39 50 *(Information)*.
☎ 01 49 75 34 10 *(Fundbüro Orly Sud)* bzw. 01 49 75 42 34 *(Fundbüro Orly Ouest)*.
www.aeroportsdeparis.fr

Züge

Siehe vor allem S. 682.

Eurostar
☎ 00 44 1233 617 575 *(in Frankreich)*.
www.eurostar.com

Fähren

Brittany Ferries
www.brittany-ferries.com

Corsica Ferries
www.corsicaferries.com

Norfolkline
www.norfolkline.com

P&O Ferries
www.poferries.com

Seafrance
www.seafrance.com

SNCM Ferryterranée, Corsica Marittima, CTN und CMN
www.sncm.fr

Transmanche Ferries/LD Lines
www.transmanche ferries.com

Auto, Bus

Eurolines
☎ 0892 899 091 *(in Frankreich)*.
www.eurolines.com

Eurotunnel
☎ 0810 630 304 *(in Frankreich)*.
www.eurotunnel.com

Umweltbewusst reisen

Train+Bicycle Travel
www.velo.sncf.com

Voies Vertes
www.voiesvertes.com

Mit dem Zug unterwegs

SNCF-Logo

Die französische Eisenbahngesellschaft Société Nationale des Chemins de Fer (**SNCF**) verfügt mit über das beste Schienennetz Europas. Zu den Zügen gehören neben TGVs auch Schlafwagen, Motorail und Nahverkehrsbahnen, die jeden Winkel des Landes erreichen. Auf stillgelegten Routen bietet die SNCF Busverbindungen an, die für Reisende mit Bahnpass zur Verfügung stehen. Abseits der Hauptstrecken kommt man manchmal etwas langsamer voran als über Paris.

In Frankreich unterwegs

Frankreichs Züge sind zuverlässig und schnell. Es macht Spaß, in diesem Land mit dem Zug zu fahren. Die Hochgeschwindigkeitsstrecken des TGV sind der ganze Stolz der französischen Eisenbahngesellschaft SNCF. Reisezeiten verkürzen sich mit ihnen von Lille nach Lyon und von Paris nach Marseille auf drei Stunden. Zusätzlich zu den komfortablen TGV-Verbindungen verkehren Schnellzüge zwischen den größeren Städten. Nahverkehrszüge verbinden die kleineren Städte und Orte miteinander. Manche dieser Strecken, vor allem diejenigen durch die Berge, sind landschaftlich reizvoll. SNCF ist auch das größte Busunternehmen Frankreichs. Wo keine Züge verkehren, gibt es überall gute Busverbindungen.

Schlafwaggons sind eine bequeme Möglichkeit, nachts zu reisen. Autofahrer können Autoreisezüge wie **AutoTrain** oder **Motorail** nutzen. Viele der Langstreckenzüge führen ein Zugrestaurant mit.

Weitere Informationen finden Sie auf der Website der SNCF *(siehe S. 682)*, wo man auch Reservierungen vornehmen kann (www.voyages-sncf.com). **Rail Europe** bietet gleichfalls Infos und einen Buchungsservice für Reisen in Europa. Nützliche Infos zu Pässen finden Sie zudem auf den Websites von **DB**, **ÖBB** oder **SBB** (www.db.de, www.oebb.at und www.sbb.ch).

Panoramastrecken

Einige private Eisenbahngesellschaften bieten ebenfalls Fahrten in Frankreich an. Auf Korsika verkehrt die Schmalspurbahn **Chemins de Fer de la Corse** zwischen Calvi, Bastia und Ajaccio. Landschaftlich besonders schön ist die Strecke an der Nordwestküste zwischen L'Île Rousse und Calvi. Im Sommer fahren hier altmodische *trains touristiques*.

In der Provence betreiben die **Chemins de Fer de Pro**vence den *Train des Pignes* über eine schöne, 150 Kilometer lange Bergroute von Nizza nach Digne-les-Bains. Auch die SNCF lässt viele *trains touristiques* auf landschaftlich schönen Strecken fahren. Diese führen im Winter oft in die Berge, im Sommer an die Küste oder einfach durch die Landschaft. Der *Gentiane Bleu* fährt im Winter von Dijon ins Schneegebiet des Jura. Der *Train des Merveilles* führt von Nizza in die Alpen bei Tende (Routenübersicht auf www.trains-touristiques.sncf.com).

Einige private oder kommunale Bahnlinien werden von Eisenbahnfans betrieben, die zu bestimmten Zeiten im Jahr Fahrten anbieten, oft mit Dampfloks. Der *Chemin de Fer de la Baie de la Somme* verkehrt im Sommer in der Bucht von Somme in der Picardie. Der *Chemin de Fer Touristique du Tarn* operiert in den Schluchten des Tarn in der Nähe von Albi. Fast alle diese Bahngesellschaften sind Mitglieder der **UNECTO**.

Logo der Pariser Nahverkehrszüge

Zugarten

Die SNCF besitzt verschiedene Züge. Der TGV (*Train à Grande Vitesse*) ist das Flaggschiff. Er verkehrt auf eigens errichteten Schnellfahrstrecken mit 300 km/h. Es gibt vier TGV-Hauptstrecken: von Paris aus nach Norden, Westen, Osten und Südosten, mit Knotenpunkten in Lille, Lyon, Bordeaux und Marseille. Manche der TGV-Bahnhöfe liegen außerhalb der Stadtzentren. Die Züge haben Wagen erster und zweiter Klasse, doch auch die Letzteren bieten einen hohen Komfort. Für alle TGVs muss man Plätze reservieren. Tickets kann man bis kurz vor Abfahrt am Bahnhof kaufen oder im Voraus online buchen.

Die Geschwisterzüge des TGV verkehren auch im Ausland: Der Eurostar verbindet Frankreich mit Großbritanni-

Die Bahnverbindung nach Le Montenvers ist landschaftlich schön

en, der Thalys fährt nach Belgien, Niederlande und Deutschland, der Lyria in die Schweiz und der Artesia nach Turin und Mailand. Konventionelle Züge fahren von Paris nach Rom. Nicht-TGV-Züge, etwa der Nachtzug Elipsos, verbinden Paris mit Madrid und Barcelona.

Corail-Züge sind normale Schnellzüge mit modernen Wagen, die auf Langstrecken verkehren. Corail-Téoz-Züge fahren tagsüber, Corail-Lunéa-Züge haben Schlafwaggons und verkehren nachts. Corail-Intercités-Züge sind etwas schneller und machen weniger oft halt. Für alle Corail-Züge ist eine Reservierung erforderlich.

Motorail-Züge sind Autoreisezüge, die nachts fahren. Neben Personen werden in speziellen Autotransportwagen auch die Fahrzeuge trans-

Der TGV mit seiner charakteristischen »Nase«

portiert. Sie fahren von Calais nach Nizza via Avignon und von Calais nach Narbonne. AutoTrains verkehren von Paris aus nach Nizza, Narbonne und Bordeaux (Reservierungen erforderlich).

TER-Züge sind Regionalexpresszüge, die meist an jedem Bahnhof halten. Eine Reservierung ist nicht erforderlich.

Die Fahrkarten kann man vorab kaufen. Routen und Informationen erhält man in den Bahnhöfen oder auf der Website von TER *(siehe S. 682)*. Transilien sind Vorortzüge, die im Gebiet der Île de France um Paris verkehren und sowohl mit den RER-Linien als auch mit Pariser Métro-Stationen verbunden sind.

TGV-Netz

Die Franzosen sind stolz auf die *Trains à Grande Vitesse*. Sie befahren mit rund 300 km/h vier große Strecken: TGV Nord von der Pariser Gare du Nord, TGV Atlantique von der Gare Montparnasse, TGV Sud-Est von der Gare de Lyon und TGV Est von der Gare de l'Est.

LEGENDE
- Nord
- Atlantique
- Sud-Est
- Est

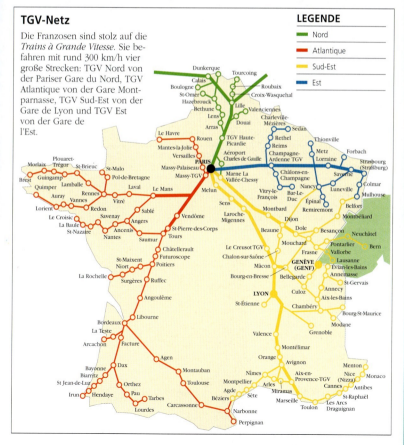

Fahrkartenautomaten in der Gare de Lyon in Paris

Preise und Pässe

Die Preise für Fahrkarten variieren je nach Zugtyp. Für alle Züge, die man online buchen kann (TGV, Corail, Motorail), gibt es zwei bis drei Grundpreise für jede Klasse. Die billigsten Tickets heißen »Prem«, sie müssen relativ lange Zeit im Voraus erworben werden und sind nach Bezahlung nicht mehr variierbar.

Die meisten TER-Züge und einige Corail-Züge sind jenseits der Spitzenzeiten *(périodes bleues)* billiger. Spitzenzeiten *(périodes blanches)* sind montags von 5 bis 10 Uhr, freitags von 15 bis 20 Uhr sowie sonntags.

SNCF bietet Zugpässe an, mit denen man 50 Prozent Ermäßigung erhält. Beispiele sind die *Carte 12–25* für junge Leute, die *Carte Senior* für über 60-Jährige, die *Carte Escapades* für Vielreisende und die *Carte Enfant+* für Eltern mit kleinen Kindern (weitere Infos auf der Website von SNCF).

Für Besucher, die Frankreich per Zug erkunden wollen, ist der **France Railpass** gedacht, mit dem man drei bis sieben Tage lang durchs Land reisen und der nur außerhalb Frankreichs erworben werden kann. Der **InterRail Global Pass** gilt für 32 europäische Länder und unterschiedlich lange Zeitspannen, der **Inter-Rail One Country Pass** nur für ein bestimmtes Land.

Bitte beachten Sie, dass einige Züge, darunter der TGV, Reservierungen und auch einen Preisaufschlag erfordern, der vor Fahrtantritt beglichen werden muss (weitere Infos gibt es auf http://deutsch.interrailnet.com).

Buchung

Zugfahrkarten kann man in jedem SNCF-Bahnhof, telefonisch oder online buchen bzw. erwerben. Die meisten Bahnhöfe haben Schalter und Fahrkartenautomaten *(billetterie automatique)*. Letztere akzeptieren Bar- oder Kreditkartenzahlung und haben auch ein Menü auf Englisch. Karten für Züge, die eine Reservierung erfordern (TGV, Corail, Motorail) können bis zu 90 Tagen im Voraus oder bis zu fünf Minuten vor Abfahrt gekauft werden. Vorab gekaufte Fahrkarten können am Bahnhof abgeholt oder aber an Ihre Adresse geschickt werden.

Bei der SNCF (www.voyages-sncf.com) und bei der Deutschen Bahn können Sie auch außerhalb Frankreichs Fahrkarten buchen. Behinderte Reisende können über *Accès Plus* Transporte arrangieren. Infos gibt es auf der Website von FranceGuide *(siehe S. 668–671)*.

Vor Antritt einer Zugfahrt müssen Sie das Ticket in einem *composteur* entwerten.

Fahrpläne

Zugfahrpläne in Frankreich ändern sich zweimal pro Jahr, im Mai und September. Es gibt sie auch online. In den Bahnhöfen kann man den *Ville-à-Ville*-Fahrplan von SNCF mit den wichtigsten Verbindungen kaufen. TER-Fahrpläne sind kostenlos. Infobroschüren gibt es zu Themen wie Reisen mit Kindern, Fahrpreisermäßigungen, behinderte Reisende und zum TGV-Streckennetz.

AUF EINEN BLICK

Zuginformation

AutoTrain
www.raileurope.com

Corail
www.coraillunea.com
www.corailteoz.com

Deutsche Bahn
www.db.de

InterRail
www.interailnet.com

Motorail
www.raileurope.com

Rail Europe
www.raileurope.com

SNCF
www.sncf.com

TER
www.ter-sncf.com

Private Bahnen

Chemins de Fer de la Corse
www.train-corse.com

Chemins de Fer de Provence
www.trainprovence.com

UNECTO
www.trains-fr.org

Entwerter

Die gelben Entwerter (composteurs) findet man in Bahnhofshallen und am Ende von Bahngleisen. Schieben Sie Ticket und Reservierungskarte in den Schlitz (bedruckte Seite nach oben). Im Entwerter werden Zeit und Datum aufgedruckt. Wer mit nicht entwerteter Karte fährt, muss mit einer Strafe rechnen.

Mit dem Boot unterwegs

Frankreichs Küsten am Mittelmeer und am Atlantik bieten exzellente Möglichkeiten für Segler. Im Inland existiert ein ausgedehntes Netz an Flüssen, Kanälen und anderen Wasserwegen. Wenn man gemächlich auf ihnen entlangschippert, kann man ganz andere Facetten des Landes entdecken. Regelmäßige Fährdienste verbinden das französische Festland mit Korsika und anderen Orten am Mittelmeer ebenso wie mit den britischen Kanalinseln vor der Normandie.

Boote am Canal du Midi, Roussillon

Fähren

Autofähren nach Koriska fahren von Marseille, Nizza und Toulon ab. Hauptanbieter sind **SNCM**, **La Méridionale** und **Corsica Ferries**. Es gibt auch Routen zwischen Korsika und Sardinien. **Moby Lines** verbindet Korsika mit Livorno und Genua in Italien. **LD Lines** und **Grimaldi Ferries** verkehren zwischen Frankreich und Italien. Zudem gibt es einen regelmäßigen Fährverkehr von SNCM nach Algerien und Tunesien. **Comanav** bietet eine Luxusfahrt von Sète nach Marokko.

Manche-Îles Express und **Compagnie Corsaire** verkehren ab St-Malo und den normannischen Häfen Granville, Barneville-Carteret und Diélette zu den Kanalinseln (einen Überblick über alle Fährdienste finden Sie auf www.ferrylines.com).

Segeln

Frankreich ist ein Traumland für Segler. Überall an der Küste gibt es Marinas. An der Atlantikküste gehören Honfleur und St-Vaast-la-Hougue in der Normandie, St-Malo und Pleneuf-Val-André in der Bretagne sowie La Rochelle und Arcachon an der Westküste zu den gut ausgerüsteten Häfen. Die besten Häfen am Mittelmeer sind St-Cyprien nahe der spanischen Grenze, Antibes an der Côte d'Azur und die kleinen korsischen Häfen. In den meisten Häfen kann man Boote chartern. Infos zu Segelscheinen etc. erteilt das **Ministère de l'Écologie**. Die **Fédération Française de Voile** informiert über neueste Vorschriften.

Bootsfahrten auf Kanälen und Flüssen

Ob kurze oder längere Bootsfahrten – Frankreichs Wasserwege bieten viele Möglichkeiten (Infos im Führer von **Voies Navigables de France**). Zu den besten Anbietern gehören **En Péniche**, die mit *péniches* (kastenförmige Kanalkähne) fahren, **Locaboat** und **Crown Blue Line**. Für Bootsfahrten auf dem Canal du Midi ist u. a. **Minervois Cruisers** zuständig.

Beliebt sind kurze Exkursionen im Marais Poitevin zwischen La Rochelle und Poitiers oder auf dem Canal de Bourgogne von Dijon aus. **Les Caminades** bieten Touren auf der Dordogne in traditionellen flachen *gabarres*. In Paris gibt es Bootsfahrten auf der Seine (*siehe S. 689*).

(*siehe S. 689*)

AUF EINEN BLICK

Fähren

Comanav
04 67 46 68 00.

Compagnie Corsaire
0825 138 100.
www.compagniecorsaire.com

Corsica Ferries
04 95 32 95 95.
www.corsica-ferries.fr

Grimaldi Ferries
04 94 87 11 45 (in Frankreich). www.grimaldi-lines.com

La Méridionale
0810 201 320.
www.lameridionale.fr

LD Lines
0800 650 100 (in Frankreich).
www.transmancheferries.com

Manche-Îles Express
0825 133 050 (in Frankreich),
01418 7013 (in Jersey).
www.manche-iles-express.com

Moby Lines
00 49 0611 14020.
www.mobylines.com

SNCM
3260 (24-Stunden-Dienst für alle Häfen). www.sncm.fr

Segeln

Ministère de l'Écologie
www.mer.gouv.fr

Fédération Française de Voile
www.ffvoile.net

Bootsfahrten auf Kanälen und Flüssen

Voies Navigables de France
www.vnf.fr

Les Caminades
05 53 29 40 95.
www.best-of-perigord.tm.fr

Crown Blue Line
04 68 94 52 72
www.leboat.com

En Péniche
04 67 13 19 62.
www.en-peniche.com

Locaboat
03 86 91 72 72.
www.locaboat.com

Minervois Cruisers
www.minervoiscruisers.com

Mit dem Auto unterwegs

Frankreich verfügt über ein gut ausgebautes Straßennetz. Auf den mautpflichtigen Autobahnen (*autoroutes*) kommt man schnell vorwärts. Wer mehr Zeit hat und Geld sparen will, sollte die Nationalstraßen (*routes nationales*) oder Landstraßen (*routes départementales*) nehmen. Im Folgenden erfahren Sie auch, wie Sie an einer Autobahnzahlstelle (*péage*) bezahlen, eine Parkuhr (*horodateur*) betätigen, wo Sie am besten tanken, wo Sie den Wetter- und Straßenzustandsbericht abfragen können, wo Sie am besten ein Auto mieten und wo Sie die besten Straßenkarten bekommen.

Autobahn (blau) und Hauptstraße (grün)

Anreise mit dem Auto

Führerschein und Zulassungspapiere müssen Sie bei sich führen. Sinnvoll ist auch die grüne Versicherungskarte (Sie bekommen sie kostenlos bei Ihrer Versicherung) und das Europäische Unfallprotokoll (EUP, von Ihrer Versicherung).

In Frankreich ist es Vorschrift, ein Warndreieck, eine reflektierende Warnweste und einen Verbandskasten mitzuführen, außerdem einen Feuerlöscher und Ersatzbirnen für Scheinwerfer. Falls Sie ohne erwischt werden, drohen Bußgelder. Pflicht ist nach wie vor das Nationalitätskennzeichen, falls es nicht auf Ihrem EU-Nummernschild integriert ist.

Fahren Sie mit einem Auto, das nicht auf Ihren Namen zugelassen ist, müssen Sie eine Vollmacht des Eigentümers vorweisen können. Umgekehrt dürfen Sie in Frankreich niemanden, der dort seinen Wohnsitz hat, mit Ihrem Fahrzeug fahren lassen.

Fahranfänger, die den Führerschein nicht länger als zwei Jahre haben, dürfen außerhalb eines Orts 80 km/h, auf Schnellstraßen 100 km/h und auf Autobahnen 110 km/h nicht überschreiten.

Benzin

Alle Tankstellen führen Diesel (*gazole, auch gas-oil*), viele auch Flüssiggas LPG (*GPL*). Am billigsten tankt man an den großen *hypermarchés*, die allerdings sonntags geschlossen sind.

Achtung: Frankreich-Urlauber müssen beim Betanken von Fahrzeugen mit Benzinmotor aufpassen. Aus vielen Zapfsäulen fließt seit April 2009 der neue Bio-Kraftstoff E10. Er führt bei zahlreichen Autos zu Motorschäden, weshalb ihre Besitzer Super Plus (*benzine sans plomb 98*) tanken müssen (Infos, welche Modelle E10 vertragen, gibt es unter www.adac.de/aktuelle_nachrichten).

Verkehrsregeln

Gurte auf Vorder- und Rücksitz sind Pflicht. Für Kinder unter zehn Jahren sind Kindersitze Vorschrift. Zudem müssen sie auf dem Rücksitz Platz nehmen. Telefonieren mit Handy ohne Freisprechanlage ist verboten. Seit 2004 soll das Abblendlicht außerorts auch tagsüber benutzt werden. Für Motorradfahrer besteht Abblendlichtpflicht tagsüber sowie Helmpflicht. Die Alkoholgrenze liegt bei 0,5 Promille.

Ansonsten gelten meist die gleichen Verkehrsregeln wie in Deutschland. In geschlossenen Ortschaften ist Hupen nur als Warnsignal erlaubt. Nachts erfüllt die Lichthupe diese Funktion.

Geschwindigkeitsbeschränkungen

In Frankreich gelten die folgenden Begrenzungen:
• Auf Autobahnen: 130 km/h, bei Regen 110 km/h.
• Auf zweispurigen Schnellstraßen: 110 km/h, bei Regen 90–100 km/h.
• Auf allen anderen Straßen außerhalb geschlossener Ortschaften: 90 km/h, bei Regen 80 km/h.
• In geschlossenen Ortschaften: 50 km/h, in einigen Fällen auch weniger.

Wer Verkehrs- und Parkregeln nicht beachtet, wird – vor allem als Ausländer – kräftig und unverzüglich bar (!) zur Kasse gebeten.

Autobahnen

Autobahnen sind in Frankreich mautpflichtig (*autoroutes à péage*). Auf der Website der **Société d'Autoroutes** (siehe S. 687) sind Gebühren für Streckenabschnitte aufgelistet. Einige Abschnitte sind gebührenfrei, z.B. auf den Autobahnen um Paris (A3 und A86) und Lille oder auf der A84 von Caen nach Rennes

Schild für *GPL* (LPG) und *gazole* (Diesel)

Panoramastraße beim Stausee am Col du Mont Cenis

und der A75 südlich von Clermont-Ferrand.

Alle zehn bis 20 Kilometer gibt es Park- und Rastplätze, alle 40 Kilometer Tankstellen. Notrufsäulen stehen alle zwei Kilometer.

Andere Straßen

Die Straßen RN *(route nationale)* und die landschaftlich oft schönen D *(route départementale)* sind ausgezeichnete Alternativen zu den teuren Autobahnen. Die staatliche Organisation Bis/Bison Futé (Schlauer Büffel) gibt durch grüngelbe Hinweisschilder nützliche Tipps zur Umgehung von Staus.

Sonntags ist das Fahren am angenehmsten, da dann weniger Lastwagen unterwegs sind. Vermeiden sollten Sie nach Möglichkeit Wochenenden Mitte Juli und die Ferienstoßzeiten Anfang August und Anfang September.

Das Schild *Centre Ville* führt ins Stadtzentrum. *Toutes Directions* (alle Richtungen) führt wieder heraus, bis Sie das gewünschte Richtungsschild finden. Falls Ihr Ziel nicht als Schild existiert, folgen Sie am besten *Autres Directions*.

Panoramastraßen

Frankreichs *routes nationales* und *départementales* führen durch einige der schönsten Landschaften. Die beeindruckendsten Straßen finden sich im Bergland, etwa die Route zum Col du Galibier über die Alpen östlich von Grenoble (N91, dann D902). Einige der Küstenstraßen sind spektakulär, etwa entlang der Côte d'Azur oder den zerklüfteten Küsten der Bretagne und Normandie. Infos zu *routes touristiques* erhalten Sie bei den Tourismusbüros *(siehe S. 668)*.

Straßenzustandsbericht und Wetter

Die Website von Bison Futé *(siehe S. 687)* informiert über die Fahrkonditionen in Frankreich, etwa über Wetter, Winterausrüstung oder Straßenbauarbeiten. Infos zu Autobahnen kann man auf www.autoroutes.fr abrufen.

Automobilclubs wie der **ADAC** oder ÖAMTC bieten Routenplaner und deutschsprachige Telefonnotdienste *(siehe S. 687)*.

Autobahngebühren

Nehmen Sie beim Auffahren auf die Autobahn ein Ticket aus dem Automaten. Die Gebühr, die sich nach der gefahrenen Strecke und nach Fahrzeugtyp richtet, zahlen Sie erst, wenn Sie wieder von der Autobahn abfahren.

Gare de Péage de Fresnes
2000 m

Hinweisschild
Dieses Schild zeigt die Entfernung zur nächsten Zahlstelle an. Auf einigen Schildern stehen die Gebühreneinheiten für Pkw, Caravan, Motorrad und Lkw.

Bemannte Zahlstelle
Wenn Sie der Person an der Zahlstelle Ihr Ticket reichen, wird der Betrag, den Sie zu entrichten haben, automatisch angezeigt. Sie können die Gebühr bar oder mit Kreditkarte bezahlen. Auf Wunsch wird Ihnen eine Quittung ausgestellt.

Automatische Zahlstelle
Wenn Sie Ihr Ticket in den Schlitz des Automaten schieben, wird die Gebühr angezeigt. Bezahlt werden kann entweder mit Bargeld oder mit Kreditkarte. Der Automat gibt Restgeld zurück und kann eine Quittung auswerfen.

Parkuhren (Horodateurs)

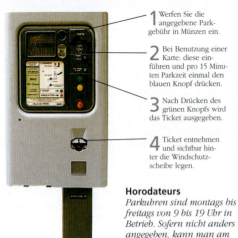

1 Werfen Sie die angegebene Parkgebühr in Münzen ein.

2 Bei Benutzung einer Karte: diese einführen und pro 15 Minuten Parkzeit einmal den blauen Knopf drücken.

3 Nach Drücken des grünen Knopfs wird das Ticket ausgegeben.

4 Ticket entnehmen und sichtbar hinter die Windschutzscheibe legen.

Horodateurs

Parkuhren sind montags bis freitags von 9 bis 19 Uhr in Betrieb. Sofern nicht anders angegeben, kann man am Sonntag, an Feiertagen und im August kostenlos parken.

Parken

Es gibt keine allgemein gültigen Parkvorschriften. Fast überall findet man die oben dargestellten Parkuhren. Einige von ihnen akzeptieren Parkkarten, die in Tabakwarenläden erhältlich sind. In kleineren Städten kann man oft von 12 bis 13.30 Uhr kostenlos parken. Die Parkzeit ist meist auf zwei Stunden beschränkt. In kleineren Städten darf in der Regel nur auf einer Straßenseite geparkt werden. Auf welcher Seite wann geparkt werden darf, sehen Sie auf Hinweisschildern.

In größeren Städten, vor allem in Paris, ist Parken ein Dauerproblem. Vielerorts sind Parkscheiben vorgeschrieben, Sie erhalten sie in der Touristeninformation.

Mietwagen

In Frankreich findet man alle internationalen Autovermietungen, ebenso französische Firmen wie **ADA** und **Rentacar**, die oft günstigere Preise bieten. Informieren Sie sich jedoch schon vor Ihrer Abreise über die Preise, da es häufig günstiger ist, einen Mietwagen außerhalb Frankreichs zu buchen, etwa über das Internet bei **Autos Abroad** oder anderen Firmen. Um ein

Auto zu mieten, müssen Sie 21 Jahre alt sein und mindestens ein Jahr lang den Führerschein haben. Für den Vertragsabschluss brauchen Sie Führerschein, Ausweis und eine Kreditkarte.

Der Preis sollte alle Steuern und Versicherungen abdecken sowie keine Kilometerbeschränkung beinhalten. Einige Firmen bieten Zusatzversicherungen an. Extras wie Schneeketten sollten bei der Buchung angesprochen werden.

Bevor Sie losfahren, sollten Sie den Zustand des Wagens inspizieren und sich versichern, dass es Ersatzbirnen, Warndreieck und Warnweste gibt – sie sind in Frankreich vorgeschrieben *(siehe S. 684).*

Straßenkarten

In diesem Reiseführer finden Sie zu Beginn jedes Kapitels eine Karte der Region mit allen Sehenswürdigkeiten und nützlichen Hinweisen. Möchten Sie Frankreich mit dem Auto erkunden, kann der Straßenatlas von **Michelin** im Maßstab 1:200 000 hilfreich sein. Die bei der Französischen Zentrale für Tourismus *(siehe S. 668)* erhältliche Karte von Bison Futé ist ebenfalls gut. Auch der **ADAC** hält (für Mitglieder kostenlose) Straßenkarten bereit.

Wenn Sie nur kurze Strecken fahren oder mit dem Fahrrad unterwegs sind, empfiehlt es sich, die kleineren, unbefahreneren, mit D gekennzeichneten Straßen *(routes départementales)* zu nehmen, die auf Karten von Michelin entweder gelb oder weiß eingezeichnet sind. Die roten Michelin-Karten (Maßstab 1:1 000 000) sind hier besonders hilfreich.

Sehr gute Karten gibt auch das Französische Geografische Institut – **IGN** (Institut Géographique National) – heraus. Besonders nützlich sind die *Cartes de Randonnée* (Maßstab 1:25 000) mit Wanderwegen.

In Frankreich führen Zeitungskioske und Tankstellen Karten. Die meisten Tourismusbüros geben zudem kostenlose Karten aus.

Busreisen

Da das französische Eisenbahnnetz sehr gut ausgebaut ist, gibt es weniger Bedarf an Reisebussen. Sie operieren meist in Gegenden mit wenig Schienenverkehr.

Eurolines bietet eine große Palette an Busreisen, von denen viele auch nach Frankreich führen. Reisebüros befinden sich am Busbahnhof Porte de Bagnolet in Paris (Métro Gallieni).

Die Busse von **Ze Bus** wenden sich an Rucksackurlauber. Die Routen führen von Paris in die Normandie, Bretagne, entlang der Atlantikküste nach Spanien und durch das Loire-Tal.

Regionale Busse sind das Verkehrsmittel im ländlichen Raum. Sie verbinden die Dörfer und starten von der *gare routière* (Busbahnhof), die sich meist beim SNCF-Bahnhof der größten Stadt eines Départements oder einer Region befindet. Die Busse fahren zur Rushhour, um Menschen zur Arbeit bzw. Schule und zurück zu befördern.

Taxis

Taxis gibt es überall in Frankreich, wobei man in ländlichen Gegenden oft ein Taxi telefonisch bestellen

Mountainbiker in den Alpen

muss. Hotels, Bars und Lokale kennen die Nummern der Taxis. In Städten gibt es Taxistände *(station de taxi)* vor den Bahnhöfen, Flughäfen oder im Zentrum.

Alle Taxis müssen ein Taxameter *(compteur)* installiert haben, wobei die Preise von Region zu Region variieren. Generell liegt die Grundgebühr bei zwei Euro, der Kilometer kostet ab 50 Cent. Bei längeren Fahrten kann man den Preis aushandeln (Stadttaxis *siehe S. 688f).*

Radfahren

Radfahren ist in Frankreich mittlerweile sehr populär. Die Infrastruktur wird im Rahmen von Nachhaltigkeitsprogrammen *(siehe S. 679)* weiterentwickelt. Die **Voies Vertes** sind ausgebaute grüne Routen, auf denen man radwandern kann. Jedes Tourismusbüro hat Karten über *véloroutes* in der Umgebung vorrätig. Viele Regionen haben ihr eigenes Radwegenetz entwickelt, etwa entlang

den Loire-Schlössern *(La Loire à Vélo).* Genauere Infos gibt es bei den Tourismusbüros oder auf den Websites der Départements.

In fast allen **SNCF**-Zügen kann man Räder mitnehmen. Auf einigen Strecken kann man beim Kartenkauf auch ein Mietfahrrad reservieren, das dann am Zielbahnhof auf einen wartet. In jedem Ort gibt es Fahrradläden, die Standardräder oder Mountainbikes *(VTT)* zu vernünftigen Preisen vermieten. Die Tourismusbüros haben Listen der lokalen Anbieter.

Mehr Infos erhält man auf der Website von Atout France und bei der **Fédération Française de Cyclisme**. Auch viele Städte habe ein Radwegenetz *(siehe S. 689).*

Mitfahrzentrale

Frankreich ist kein ideales Land für Tramper – man sollte davon absehen. Es gibt jedoch eine sichere Mitfahrmöglichkeit *(covoiturage)* bei **Allostop**. Die Mitfahrzentrale hat viele Filialen in verschiedenen Orten und vermittelt Mitfahrgelegenheiten zu moderaten Preisen.

AUF EINEN BLICK

Information

ADAC
📞 0825 800 822 (Notruf). www.adac.de

Automobile Club de l'Île de France
www.automobile-club.org

Bison Futé
📞 08 26 02 20 22.
www.bisonfute.equipement.gouv.fr

Société d'Autoroutes
www.autoroutes.fr

Zagaz
www.zagaz.com *(für Benzinpreise).*

Mietwagen

ADA
📞 0825 169 169.
www.ada.fr

Autos Abroad
www.autosabroad.com

Avis
📞 0820 050 505 (Frankreich). www.avis.com

Budget
📞 0825 003 564 (Frankreich). www.budget.com

Europcar
📞 0825 358 358 (Frankreich).
www.europcar.com

Hertz
📞 0825 861 861 (Frankreich).
www.hertz.com

National/Citer
📞 0800 131 211 (Frankreich).
www.citer.fr

Rentacar
📞 0891 700 200.
www.rentacar.fr

Straßenkarten

IGN (Institut Géographique National)
107, rue la Boétie, 75008 Paris.
Stadtplan 2 F5.
📞 08 20 20 73 74.
www.ign.fr

Michelin
Espace Opéra, 32, av de l'Opéra, 75002 Paris.
Stadtplan 4 E5.
📞 01 42 68 05 20.
www.michelin.com

Busreisen

Deutsche Touring GmbH
Am Römerhof 17, 60486 Frankfurt am Main.
📞 069 7903-501 (Service-Hotline).
www.touring.de

Eurolines
📞 0892 899 091.
www.eurolines.fr

Ze Bus
📞 05 59 85 26 60.
www.ze-bus.com

Radfahren

Fédération Française de Cyclisme
📞 01 49 35 69 00.
www.ffc.fr

SNCF
www.velo.sncf.com
(Bahnreisen mit Rad – nur in Frankreich).

Voies Vertes
www.voiesvertes.com

Mitfahrzentrale

Allostop
📞 01 53 20 42 42.
www.allostop.net

Stadtplan Paris *siehe Seiten 154–169*

In den Städten unterwegs

Die Zentren französischer Städte erkundet man am besten zu Fuß. Wenn Sie jedoch größere Strecken am Tag zurücklegen, können Sie auch den meist exzellenten öffentlichen Nahverkehr nutzen. Paris und viele andere Städte haben Métro- oder Tramlinien, die mit Bussen und regionalen Zügen verbunden sind. Die Fahrkartensysteme sind großteils benutzerfreundlich. Frankreich ist zudem Vorreiter, was Radwegenetze und Mietträder bzw. kostenlose Radbenutzung betrifft. In jeder Stadt stellt das lokale Touristenbüro entsprechende Infos, darunter kostenlose Karten, bereit.

Straßenbahn in Marseille auf dem Boulevard Longchamp

Pariser Métro und RER

Der Pariser Verkehrsverbund **RATP** betreibt die 14 Métro-Linien der Stadt. Die Métro ist die angenehmste Art, in Paris herumzufahren – man ist niemals weit von einer Station entfernt. Jede Linie hat eine Nummer und eine zugeordnete Farbe. Die Richtung ist am Stationsnamen erkennbar, der vorn auf dem Zug steht. Es ist immer die letzte Station der Linie, nachzusehen auf dem Métro-Streckenplan. Die Züge fahren täglich in kurzen Abständen zwischen 5.20–1.20 Uhr, samstags bis 2.20 Uhr.

Die neueren RER-Linien ergänzen das Métro-System. Sie führen durch Paris und weiter in die Vororte. Es gibt fünf Linien (A bis E), jede mit Verzweigungen. Für Urlauber ist die Linie B3 interessant, die vom Flughafen Charles-de-Gaulle abgeht. Die A4 führt nach Disneyland Paris und die C5 nach Versailles. Innerhalb von Paris sind RER-Züge – je nach Strecke – schneller als die Métro, da sie weniger Stopps haben.

Andere Métros und Trams

Lyon, Marseille, Toulouse, Lille und Rennes haben ebenfalls Métro-Systeme. Die Métro von Lille bedient das ganze Areal, das als Lille-Métropole bekannt ist, inklusive Städten wie Roubaix und Tourcoing. Alle Métros treffen an SNCF-Hauptbahnhöfen auf die Eisenbahn.

Die beiden Métro-Linien von Rouen sind oberirdische Trams (Light Rails), die Stadt und Vororte verbinden. In 22 anderen Städten gibt es Trams und Busse. Auch Paris hat Trams im Stadtrandgebiet, die auf Métro- und RER-Linien stoßen.

Busse

In jeder Stadt fahren Busse. In Paris sind manche der RATP-Busse auch gute Sightseeing-Optionen. In ganz Frankreich fahren Busse meist von etwa 6 Uhr bis Mitternacht, Strecken und Zeiten sind an den Bushaltestellen ersichtlich. Einige Städte betreiben auch Nachtbusse. In

Paris und der Île de France gibt es 42 Noctilien-Busrouten. Die Busse verkehren die ganze Nacht und halten an den großen Bahnhöfen. Immer mehr Fahrzeuge sind übrigens Niederflurbusse. Bei allen Stadtbussen müssen Sie vorn einsteigen. Der Ausstieg befindet sich an der mittleren oder hinteren Tür. Tickets gibt es beim Fahrer oder auch vorab zu kaufen. Letzteres spart beim Einsteigen Zeit.

Regionalzüge

Regionale TER-Linien *(siehe S. 681)* werden von der SNCF betrieben und sind in den sonstigen Nahverkehr integriert. In einigen Fällen gelten für sie auch die normalen Tickets. In Paris bilden die Transilien-Züge ein drittes System neben Métro und RER.

Taxis

In Paris und in den meisten Städten haben Taxis eine Leuchte auf dem Wagen. Sie ist weiß, wenn das Taxi frei ist, und orange (oder auch ausgeschaltet), wenn es besetzt ist. Taxipreise in Paris sind montags bis samstags zwischen 5 und 22 Uhr und sonn- und feiertags den ganzen Tag über höher. Auch Fahrten über die Stadtgrenze (markiert von der Périphérique) sind kostspieliger. Viele Taxis akzeptieren Kreditkarten, doch meist erst ab Beträgen von 15 Euro. Während der Rushhour findet man Taxis am ehesten an Ständen *(station de taxis)*, die mit einem blauen T-Zeichen gekennzeichnet sind. Taxis stehen auch an großen Straßenkreuzungen und vor Bahnhöfen. Mittlerweile gibt es eine einheitliche Nummer, um ein Pariser Taxi zu rufen. Alle französischen Taxis müssen Rollstuhlfahrer ohne Aufpreis befördern. In Paris und Umgebung bieten die **Taxis G7** einen speziellen Service für Menschen mit Behinderungen.

In anderen Städten findet man Taxistände an Flughäfen, Bahnhöfen und im Zentrum. Ansonsten helfen Tourismusbüros und Hotels weiter.

Vélib'-Stand in Paris – Mietfahrräder zur Selbstbedienung

Radfahren

In Frankreich bemühen sich Stadtverwaltungen darum, dass Menschen alltägliche oder kurze Wege umweltfreundlich und bewegungsaktiv zurücklegen können. Sonntags sind einige Straßen für den Autoverkehr gesperrt und offen für Radfahrer und Rollerblader. Paris will bis 2013 ein Radwegesystem von 600 Kilometern schaffen. Zentraler Punkt ist das **Vélib'**-Programm – Mietfahrräder, die man an einem von Hunderten Ständen nehmen und an einem anderen wieder abgeben kann. Hierfür braucht es eine Vélib'-Karte für einen Tag (1 €) oder eine Woche, die es an Automaten bei den Ständen zu kaufen gibt – oder ein Jahresabo. Andere Städte haben ähnliche Programme (**Vélo'V** in Lyon, **Ch'ti Vélo** in Lille, **Le Vélo** in Marseille). Die Tourismusbüros informieren Sie gern über Details.

Fahrkarten

In Paris sind die T-Tickets der RATP für Busse, Métro und RER-Züge gültig. Es gibt Einzelkarten oder preisgünstige *carnets* mit zehn Karten. Man kann sie in Métro- und RER-Stationen, am Flughafen, in Tourismusbüros und *tabacs* kaufen. Einzelkarten kann man auch beim Busfahrer kaufen, allerdings sind sie nicht für andere Transportmittel gültig. Vergessen Sie nicht, Ihr Ticket zu entwerten.

Die Paris-Visite-Karte ist auf Besucher zugeschnitten. Sie ist für alle Systeme entweder ein, zwei, drei oder fünf Tage gültig und gewährt bei Sehenswürdigkeiten Rabatt. Sie ist in Métro-, RER-Stationen, Bahnhöfen, Tourismusbüros oder online erhältlich.

Fast alle größeren Städte bieten ähnlich preisgünstige Besucherpässe an. Fragen Sie im lokalen Tourismusbüro danach.

Ausflugsschiffe auf der Seine in Paris

Seine-Bootsfahrten

Eine Bootsfahrt auf der Seine gehört zu den Klassikern in Paris. Die altbewährten **Bateaux Mouches**, **Bateaux Parisiens** und **Vedettes du Pont-Neuf** bieten Rundfahrten in mehreren Sprachen an. Der **Batobus** ist eine flexiblere Alternative. Hier können Sie einen Tag lang beliebig oft ein- und aussteigen. Die stilleren Ecken von Paris kann man gut bei einer Bootsfahrt auf dem Canal St-Martin erkunden. Die Tourismusbüros informieren Sie über alle Fahrtmöglichkeiten.

AUF EINEN BLICK

Öffentlicher Nahverkehr

Lille – Transpole
www.transpole.fr

Lyon – TCL
0820 427 000. www.tcl.fr

Marseille – Le Pilote/RTM
04 91 91 92 10.
www.lepilote.com

Paris – RATP
32 46. www.ratp.fr

Rennes – STAR
0811 555 535.
www.star.fr

Rouen – TCAR
02 35 52 52 52.
www.tcar.fr

Toulouse – Tisséo
05 61 41 70 70.
www.tisseo.fr

Taxis

Paris Taxis
01 45 30 30 30.

Taxis G7
01 47 39 47 39; *spezielle Taxis:* 01 47 39 00 91 oder 3607.
www.taxisg7.fr

Radfahren

Ch'ti Vélo (Lille)
03 28 53 07 49.
www.chti-velo.fr

Le Vélo (Marseille)
0800 801 225.
www.levelo-mpm.fr

Vélib' (Paris)
01 30 79 79 30.
www.velib.paris.fr

Vélo'V (Lyon)
0800 083 568.
www.velov.grandlyon.com

Seine-Bootsfahrten

Bateaux Mouches
01 42 25 96 10.
www.bateaux-mouches.fr

Bateaux Parisiens
0825 010 101.
www.bateauxparisiens.com

Batobus
0825 050 101.
www.batobus.com

Vedettes du Pont-Neuf
01 46 33 98 38.
www.vedettesdupontneuf.com

Textregister

Danksagung und Bildnachweis

Dorling Kindersley bedankt sich bei allen Personen, die bei der Herstellung dieses Buchs mitgewirkt haben.

Hauptautoren

John Ardagh, Rosemary Bailey, Judith Fayard, Lisa Gerard-Sharp, Robert Harneis, Alister Kershaw, Alec Lobrano, Anthony Roberts, Alan Tillier, Nigel Tisdall.

Autoren und Berater

John Ardagh ist Schriftsteller, Rundfunkjournalist und Autor zahlreicher Bücher über Frankreich, darunter *France Today* und *Writers' France.*

Rosemary Bailey hat verschiedene Bücher über die französischen Regionen geschrieben und herausgegeben, darunter Bücher über *Burgund, Loire* und *Côte d'Azur.*

Alexandra Boyle ist Schriftstellerin und Redakteurin und arbeitet seit 20 Jahren in England und Frankreich.

Elsie Burch Donald ist Schriftstellerin und Redakteurin. Sie ist Autorin von *The French Farmhouse.*

David Burnie hat bisher über 30 naturwissenschaftliche Bücher herausgegeben, darunter *How Nature Works.*

Judith Fayard, in Paris lebende Amerikanerin, war zehn Jahre Leiterin des Pariser Büros von *Life* und ist nun Herausgeberin von *Town & Country* für Europa. Sie verfasste viele Artikel, u. a. im *Wall Street Journal.*

Lisa Gerard-Sharp ist Schriftstellerin und Rundfunkjournalistin und hat viele Bücher über die Regionen Frankreichs und Italiens geschrieben.

Robert Harneis ist Korrespondent der englischsprachigen Zeitung *French News.*

Colin Jones ist Professor für Geschichte an der Exeter University. Er hat u. a. *The Longman Companion to the French Revolution* und *The Cambridge Illustrated History of France* herausgegeben.

Alister Kershaw, ein australischer Schriftsteller und Journalist, lebt seit 30 Jahren im Loire-Tal.

Alec Lobrano ist ein amerikanischer Schriftsteller mit Sitz in Paris. Er gibt das Magazin *departures* heraus und schreibt für *International Herald Tribune, Los Angeles Times* und *The Independent.*

Anthony Roberts, Schriftsteller und Übersetzer, lebt seit 15 Jahren in der Gascogne und schreibt Beiträge für *The Times, World of Interiors* und *Architectural Digest.*

Anthony Rose ist Weinexperte bei *The Independent* und Mitautor von *The Grapevine.*

Jane Sigal schrieb zwei Bücher über die französische Küche, *Normandy Gastronomique* und *Backroom Bistros, Farmhouse Fare.*

Alan Tillier ist der Hauptautor des *Vis-à-Vis Paris.* Er lebt seit 20 Jahren in Paris und ist Korrespondent für verschiedene Zeitungen, darunter *International Herald Tribune, Newsweek* und *The Times.*

Nigel Tisdall ist Reiseschriftsteller und Autor von Reiseführern über die Bretagne und Normandie.

Patricia Wells ist Restaurantkritikerin für die *International Herald Tribune* und Autorin von *Food Lovers Guide to Paris* und *Food Lovers Guide to France.*

Weitere Autoren

Nathalie Boyer, Caroline Bugler, Ann Cremin, Jan Dodd, Bill Echikson, Robin Gauldie, Adrian Gilbert, Peter Graham, Marion Kaplan, Jim Keeble, Alexandra Kennedy, Rolli Lucarotti, Fred Mawer, Lyn Parry, Andrew Sanger, Katherine Spenley, Clive Unger-Hamilton, Roger Williams.

Ergänzende Fotografie

Jo Craig, Andy Crawford, Michael Crockett, Mike Dunning, Philip Enticknap, Philippe Giraud, Steve Gorton, Alison Harris, John Heseltine, Roger Hilton, Andrew Holligan, Paul Kenwood, Oliver Knight, Eric Meacher, Neil Mersh, Roger Moss, Robert O'Dea, Ian O'Leary, Tony Souter, Alan Williams, Peter Wilson.

Ergänzende Illustrationen

Dinwiddie Maclaren, John Fox, Nick Gibbard, Paul Guest, Stephen Gyapay, Kevin Jones Associates, Chris Orr, Robbie Polley, Sue Sharples.

Ergänzende Kartografie

Colourmap Scanning Limited; Contour Publishing; Cosmographics; European Map Graphics; Meteo-France. Kartenteil: ERAMaptec Ltd (Dublin), Überarbeitung der Originalvorlagen mit freundlicher Genehmigung von Shobunsha (Japan).

Kartografische Dokumentation

Jennifer Skelley, Rachel Hawtin (Lovell Johns); James Mills-Hicks, Peter Winfield, Claudine Zarte (Dorling Kindersley Cartography).

Grafik- und Redaktionsassistenz

Peter Adams, Azeem Alam, Elizabeth Ayre, Laetitia Benloulou, Steve Bere, Sonal Bhatt, Uma Bhattacharya, Hilary Bird, Anna Brooke, Arwen Burnett, Cate Craker, Maggie Crowley, Allison Culliford, Lisa Davidson, Simon Davis, Helen Foulkes, Fay Franklin, Tom Fraser, Anna Freiberger, Rhiannon Furbear, Catherine Gauthier, Eric Gibory, Emily Green, Vinod Harish, Robert Harneis, Elaine Harries, Victoria Heyworth-Dunne, Paul Hines, Nicholas Inman, Sarah Jackson-Lambert, Laura Jones, Nancy Jones, Delphine Lawrance, Jude Ledger, Siri Lowe, Francesca Machiavelli, Carly Madden, Lesley McCave, Ella Milroy, Malcolm Parchment, Lyn Parry, Helen Partington, Shirin Patel, Alice Peebles, Alice Pennington-Mellor, Marianne Petrou, Pollyanna Poulter, Pete Quinlan, Salim Qurashi, Marisa Renzullo, Philippa Richmond, Nick Rider, Baishakhee Sengupta, Shailesh Sharma, Kunal Singh, Shruti Singhi, Andrew Szudek, Helen Townsend, Dora Whitaker, Fiona Wild, Nicholas Wood, Irina Zarb.

Weitere Assistenz
Mme Jassinger, Französische Botschaft, Presseabteilung; Peter Mills, Christine Lagardère, SNCF (Société Nationale des Chemins de Fer).

Fotonachweis
Altitude, Paris; Sea and See, Paris; Éditions Combier, Maçon; Thomas d'Hoste, Paris.

Fotografier-Erlaubnis
Dorling Kindersley bedankt sich bei folgenden Institutionen für die freundlich gewährte Erlaubnis zum Fotografieren: Caisse Nationale des Monuments Historiques et des Sites; M. A. Leonetti, Abtei von Mont St-Michel; Kathedrale von Chartres; M. Voisin, Château de Chenonceau; M. P. Mistral, Cité de Carcassonne, M. D. Vingtain, Palais des Papes, Avignon; Château de Fontainebleau; Kathedrale von Amiens; den Abteien von Conques, Fontenay, Moissac und Vézelay, Kathedrale von Reims, ferner bei allen anderen, aufgrund der großen Anzahl nicht namentlich erwähnten Kirchen, Museen, Hotels, Restaurants, Läden, Sammlungen und Sehenswürdigkeiten.

Bildnachweis

o = oben; ol = oben links; om = oben Mitte; or = oben rechts; mlo = Mitte links oben; mo = Mitte oben; mro = Mitte rechts oben; ml = Mitte links; m = Mitte; mr = Mitte rechts; mlu = Mitte links unten; mu = Mitte unten; mru = Mitte rechts unten; ul = unten links; u = unten; um = unten Mitte; ur = unten rechts; (d) = Detail.

Kunstwerke wurden mit freundlicher Genehmigung folgender Copyright-Inhaber reproduziert: ©ADAGP, Paris und DACS, London 2006: 29m, 29mru, 30ul, 63ol, 64–65, 65ol (d), 90o, 93mro, 93mu, 93ul, 99u, 99o, 213u, 351o, 335ur, 482o, 508mo, 522u, 524um, 524ur, 529ur; ©ARS, NY und DACS, London 2006: 92m; ©DACS, London 2006: 93o, 381ur, 422o; © Erben von H. Matisse/ DACS, London 2006: 29ul, 92ul, 526ur; © Erben von Picasso/DACS, London 2006: 88ml, 90u, 473o, 521o.

Fotos, die dank der Hilfe von EPPV und CSI entstanden: 136/137; Foto von Euro Disneyland® Park und Euro Disneyland Paris® 178mr. Figuren, Architektur und Warenzeichen sind Besitz der Walt Disney Company – alle Rechte vorbehalten; mit Erlaubnis der Maison Victor Hugo, Ville de Paris: 91o; Musée National des Châteaux de Malmaison et Bois-Preau: 173u; Musée de Montmartre, Paris: 133o; Musée National de la Légion d'Honneur: 60o; © Sundancer: 142ul.

Dorling Kindersley dankt folgenden Personen, Institutionen und Bildarchiven für die freundliche Genehmigung zur Reproduktion ihrer Fotografien: AIR FRANCE/D. TOULORGE: 678ol; ALAMY IMAGES: Andy Arthur 420um, Sébastien Baussais 674or, Directphoto.org 669ur, David R. Frazier Photolibra-

ry, Inc 672ml, Glenn Harper 96ol, Philippe Hays 675mu, Neil Juggins 682ol, Michael Juno 239m, Justin Kase Zfivez 671or, à la poste 676or, 670u, Jack Sullivan 673mr, vario images GmbH & Co.KG/ Rainer Unkel 676ul; ALPINE GARDEN SOCIETY/ CHRISTOPHER GREY-WILSON: 460ul, 460ur; AGENCE PHOTO AQUITAINE: D. Lelann 421ol; ANCIENT ART AND ARCHITECTURE COLLECTION: 47 mru, 50m, 50mu, 52ur, 57ul, 252/253u, 335ul, 382o, 434o, 438u; PHOTO AKG, BERLIN: 45mro, 46ul, 58um, 55mru, 402o, 403u; ARCHIVES PHOTOGRAPHIQUES, PARIS/DACS: 422o; mit freundlicher Genehmigung von WWW.ARTINSWFRANCE.COM: 660u; ATELIER BRANCUSI/CENTRE GEORGES POMPIDOU, PARIS: Bernard Prerost 93ur; ATELIER DU REGARD/A. ALLEMAND: 442ml, 442mr, 442u.
HOSTELLERIE BÉRARD: 660ml; BIBLIOTHÈQUE NATIONALE, DIJON: 49mu; F. BLACKBURN: 461ul; GÉRARDBOULLAY/PHOTOLA: 87ul, 87mro; BRIDGEMAN ART LIBRARY: Albright Knox Art Gallery, Buffalo, New York 275ur, Anthony Crane Collection 211ur, Bibliothèque Nationale, Paris 50mr–51ml, 52o, 53mr, 69ul, British Library, London 52ul, 68ur, 292m, 293ur, 293ol, Bonhams, London 59om, 62ol, Château de Versailles, Frankreich 69or, Christies, London 29m, 513u, Giraudon 28or, 28ol, 56mr–57ml, 57ol, 59ol, 69um, 181u, 334m, 343m, 365o, Guildhall Library, Corporation of London 417u, Eremitage, St. Petersburg 29ul, Index 472u, Kress Collection, Washington, DC 293ul, Lauros-Giraudon 426o, 69ur, Musée des Beaux-Arts, Quimper 243m, Musée Condé, Chantilly 50ol, 57or, 68ul, 69om, 69olm, 69mu, 204o, 293m, Musée d'Orsay, Paris 28mu, Musée du Quai Branly, Paris 112mu, Paul Bremen Collection 255o, Sotheby's New York 55ol, V&A Museum, London 338u, Walters Art Gallery, Baltimore, Maryland 356o; JOHN BRUNTON: 514u; MICHAEL BUSSELLE: 182f.
CAMPAGNE, CAMPAGNE: 350o, C. Guy 325o, Lara 191mr, B. Lichtstein 217u, 324ml, Pyszel 190ul, CNMHS, PARIS/DACS: Longchamps Delehaye 213ol; CASTELET/GROTTE DE CLAMOUSE: 493u; COLLECTION CDT GARD: 325ul; CDT LOT: 439u; CEPHAS: Stuart Boreham 260f, Hervé Champollion 322or, 334o, 350u, Mick Rock 38m, 398ol, 398ml, 471o, 518/519; JEAN-LOUP CHARMET: 47u, 50ur, 52mlu, 58o, 62ml, 62mlu, 63ol, 63om, 64ul, 64ur, 65mru, 214u, 243u, 265ur, 269u, 274o, 281u, 300ur, 343ur, 358u, 359o, 361m, 401mr, 401ur, 421u, 475o, 507o; CHÂTEAU DE LA LIQUIERE: 470mo; CITÉ DES SCIENCES ET L'INDUSTRIE: Michel Lamoureux 136mo, 137ur, 137m, Pascal Prieur 136or, Michel Viard 136mu; BRUCE COLEMAN: Udo Hirsch 371ur, Flip de Nooyer 387ur, Hans Reinhard 323ol, 323or; PHOTOS ÉDITIONS COMBIER, MÂCON: 203o; CORBIS: Gary Braasch 469m, Michael Busselle 13ml, Ray Juno 10ml, Patrice Latron 684ur, Reuters 657ol, Robert Harding World Imagery/Charles Bowman 685ol; JOE CORNISH: 116, 234/235, 370ur, 448.
DANSMUSEET, STOCKHOLM/PETER STENWALL: 64mr–65ml; DOHERTY: 245om; E. Donard: 35or, 35m, 35ml, 35um; ÉDITIONS D'ART DANIEL DERVEAUX: 400mr–401ml; PHOTO DASPET, AVIGNON: 504ul, DOHERTY: 245om; DOMAINE DE LA COURTADE: 471mr; DOMAINE SARDA MALET: 470mu; DOMAINE TEMPIER: 471ml.
ET ARCHIVE: 300ul; Domschatzkammer Aachen 4o, 48ml, Musée Carnavalet, Paris 61ol, Musée de

Beaux-Arts, Lausanne 55ur, Musée d'Orsay, Paris 61mro, Musée de Versailles 56u, 299ul, National Gallery, Scotland 58ur, Victoria und Albert Museum, London 53ol, 343ul; EUROPÄISCHE KOMMISSION: 672; MARY EVANS PICTURE LIBRARY: 9m, 46ur, 50ul, 51m, 53u, 54ol, 56mlo, 58m, 62u, 63mr, 63ur, 65ur, 113ml, 177u, 183m, 191o, 197u, 235m, 279o, 291u, 293or, 301ul, 315m, 366u, 393m, 455o, 465m, 473u, 508o, 545m, 667m, Explorer 31u, 54mlu. FESTIVAL D'AVIGNON: Marc Chaumeil 656ml; FESTIVAL INTERNATIONAL DU FILM DE LA ROCHELLE: 656ur; PHOTO FLANDRE, AMIENS: 193u; FNOTSI: 668om.
GETTY IMAGES: AXIOM PHOTOGRAPHIC AGENCY/IAN CUMMING 283OL, AFP/JEAN AYISSI 689OL, DE AGOSTINI PICTURE LIBRARY 484O, MANFRED MEHLIG 680ul, NATIONAL GEOGRAPHIC/ED GEORGE 683, PANORAMIC IMAGES 151ur, SERGIO PITAMITZ 689ul, PETER SCHOLEY 669ol, WIREIMAGE/TONY BARSON 67um; GIRAUDON, PARIS: 8/9, 15o, 29mro, 29ur, 46mo, 48ol, 48mlu, 49ol, 50ml, 52mr–53ml, 56ol, 56mlu, 58ml, 60ml, 60mr–61ml, 333ur, 347ur, 369u, 491mu MS Nero EII pt.2 fol. 20V0; Lauros-Giraudon 44ul, 44um, 45o, 45mru, 45mu, 45ur, 47om, 49or, 51mru, 55mr, 60mlu, 60ur, 351u, 491ml; Musée d'Art Moderne, Paris 29or; Musée de Beaux-Arts, Quimper 28ml; Gîtes de France: 548mu; RONALD GRANT ARCHIVE: 21u, 66mlu.
LA HALLE SAINT-PIERRE: Ohne Titel Stavroula Feleggakis 133ur; SONIA HALLIDAY PHOTOGRAPHS: Laura Lushington 309or; ROBERT HARDING PICTURE LIBRARY: 30ul, 37or, 39or, 39ml, 43u, 112ur, 240ol, 243or, 322ul, 322ur, 323ur, 349o, 400mlo, 437mr, 461or, 489u, C. Bowman 452o, Explorer, Paris 39mr, 67ur, 101ur, 179u, 362o, 371or, 460mu, 461ol, 484u, 497ur, 660u, 669u, 688u, R. Francis 86mlu, 676m; D. Hughes 392/393, W. Rawlings 49ur, 67ol, 237ol, 256u; A. Wolfitt 26or, 170; HEMISPHERES IMAGES: Hervé Hughes 259ur; JOHN HESELTINE: 139m; MUSÉE BOUDIN, HONFLEUR: 262u; DAVID HUGHES: 367o, 367u; THE HULTON DEUTSCH COLLECTION: 191ur, 301ur, 473m, 516u, F.J. Mortimer 190ol.
THE IMAGE BANK: Peter Miller 372; IMAGES: 323m, 460ml, 460or; JACANA: F. Gohier 460ol; J.M. Labat 461um; TREVOR JONES: 204u.
MAGNUM PHOTOS LTD: Bruno Barbey 20u, 31or, 36ul, R. Capa 472or, P. Halsman 525u; THE MANSELL COLLECTION: 31ul, 282o, 295u, 459u, 504ol; Mas Daumas Gassac: 470mr; JOHN MILLER: 224u, 336or, 407u; MONTPELLIER DANSE FESTIVAL: 657ur; MUSÉE DE L'ANNONCIADE, ST-TROPEZ: 524or; MUSÉE D'ART MODERNE ET CONTEMPORAIN DE STRASBOURG: Edith Rodeghiero 231o; MUSÉE DES BEAUX-ARTS, CARCASSONNE: 489ol; MUSÉE DES BEAUX-ARTS, DIJON: 343ol; MUSÉE DES BEAUX-ARTS DE LYON: 381or, 381ul, 381ur; MUSÉE DE LA CIVILISATION GALLO-ROMAINE, LYON: 47mr, 378ml; MUSÉE DÉPARTMENTAL BRETON, QUIMPER: 274ul; MUSÉE FLAUBERT, ROUEN: 265ul; MUSEUM NATIONAL D'HISTOIRE NATURELLE, PARIS: 138m; mit freundlicher Genehmigung des MUSÉE MATISSE, NICE (NIZZA): 526u; MUSÉE NATIONAL D'ART MODERNE, PARIS: 92mlu, 93o, 93mr, 93mu, 335ur, Erben Henri Matisse 92ul; MUSÉE RÉATTU, ARLES: M. Lacanaud 508mo; CLICHÉ MUSÉE DE SENS/J.P. ELIE: 330ol; MUSÉE TOULOUSE-LAUTREC, ALBI: 444u.

NETWORK PHOTOGRAPHERS: Barry Lewis 338o; Rapho/Mark Buscail 661ol, Rapho/De Sazo 661or; OFFICE DE TOURISME DE LILLE: 670or; OFFICE DE TOURISME DE VENCE: 668m; ORIENT-EXPRESS HOTELS TRAINS & CRUISES: 548ol; PHOTOLIBRARY: Duncan Maxwell 2/3, Jean-Marc Romain 671mru, Widmann Widmann/F1 Online 674ul; PICTURES COLOUR LIBRARY: 402u, 426, 544, 666/667; MICHEL LE POER TRENCH: 30ur; CENTRE GEORGES POMPIDOU: Bernard Prerost 93u; POPPERFOTO: 251m; La Poste: 677ul; PYRÉNÉES MAGAZINE/DR: 400ul.
REDFERNS: William Gottlieb: 64mlu; RETROGRAPH ARCHIVE: M. Breese 474ol, 474or; RÉUNION DES MUSÉES NATIONAUX: Le Duo (1937) von Georges Braque, Collections du Centre Pompidou, Musées Nationaux d'Art Moderne, 93or; Musée d'Archéologie Nationale 403m, Musée Guimet 111o, Musée du Louvre 57mo, 101ul, 102o, 102ul, 102ur, 103ol, 103m, 103u, Musée Picasso 88ml, 90u, 473o, Musée de Versailles 179o; R. F. REYNOLDS: 245um; M. REYNARD 674u; REX FEATURES: Sipa 22o; ROCAMADOUR: 437o; ROGER-VIOLLET: 113om; FOUNDATION ROYAUMONT: J. Johnson 172o; .
SIPA PRESS: 132ul; PHOTO SNCM/SOUTHERN FERRIES: 680u; SNCF – SERVICE PRESSE VOYAGES FRANCE EUROPE: 664um; SNCF – Société National des Chemins de Fer: 682ol, Fabro & Leveque 683or; SPECTRUM COLOUR LIBRARY: P. Thompson 249ul; FRANK SPOONER PICTURES: Bolcina 37u, Uzan 66ur, Simon 67mo, Gamma Press 39u, 67mru; JEAN-MARIE STEINLEN: 404; TONY STONE IMAGES: 322m, 326; SYGMA: 531o, C. de Bare 36o, Walter Carone 150o, P. Forestier 314/315, Frederic de la Fosse 520u, D. Goldberg 21m, L'Illustration 108ol, T. Prat 436m, L. de Raemy 67ul.
ÉDITIONS TALLANDIER: 42, 44mu, 47ol, 48ur, 48u–49ul, 51o, 51u, 52ml, 53or, 54ur, 58mlu, 58ul, 58mr–59ml, 59mru, 59ul, 61or, 61mru, 61ur, 63ul, 63umc, 64mlo, 64mru, 65om, 65or; TELARCI 49mr; TOURISMUSBÜRO SÉMUR-EN-AUXOIS: 335o; COLLECTION L. TREILLARD: ©Man Ray Trust/ADAGP, Paris und DACS, London 2006 65ol(d).
JEAN VERTUT: 44ur–45ul; VISUAL ARTS LIBRARY: 28u; VIEW PICTURES: Paul Rafferty 135u.
WORLD PICTURES: 323ul.
ZEFA: 178m, 351o; O. ZIMMERMAN/MUSÉE D'UNTERLINDEN, COLMAR: 227o.

Vordere Umschlaginnenseiten: Spezialfotos außer THE IMAGE BANK rmu; PICTURES COLOUR LIBRARY lmr; JEAN MARIE STEINLEN lml; TONY STONE IMAGES rmo.
Hintere Umschlaginnenseiten: Spezialfotos außer JOE CORNISH lul.

Umschlag
Vorn: CORBIS: Robert Harding World Imagery.
Hinten: DORLING KINDERSLEY: May Alexander mlu; John Hesletine ul; Rough Guides/David Abram mlo; GETTY IMAGES: Taxi/Shaun Egan ol.
Buchrücken: CORBIS: Robert Harding World Imagery o.

Alle anderen Bilder © Dorling Kindersley.
Weitere Informationen finden Sie unter:
www.dkimages.com

Sprachführer Französisch

Notfälle

Hilfe!	Au secours!	[o sə'ku:r]
Stopp!	Arrêtez!	[arɛ'te]
Rufen Sie einen Arzt!	Appelez un médecin!	[a'ple œ̃ med'sɛ̃]
Rufen Sie einen Krankenwagen!	Appelez une ambulance!	[a'ple yn ãby'lã:s]
Rufen Sie die Polizei!	Appelez la police!	[a'ple la pɔ'lis]
Rufen Sie die Feuerwehr!	Appelez les pompiers!	[a'ple le pɔ̃'pje]
Wo ist das nächste Telefon?	Où est le téléphone le plus proche?	[u e lə tele'fɔn lə ply prɔʃ]
Wo ist das nächste Krankenhaus?	Où est l'hôpital le plus proche?	[u e lɔpi'tal lə ply prɔʃ]

Grundwortschatz

Ja	Oui	[wi]
Nein	Non	[nɔ̃]
Bitte	S'il vous plaît	[sil vu plɛ]
Danke	Merci	[mɛr'si]
Entschuldigung	Excusez-moi	[ɛksky'se mwa]
Guten Tag	Bonjour	[bɔ̃'ʒu:r]
Auf Wiedersehen	Au revoir	[o rə'vwa:r]
Guten Abend	Bonsoir	[bɔ̃'swa:r]
Vormittag	le matin	[lə ma'tɛ̃]
Nachmittag	l'après-midi	[laprɛmi'di]
Abend	le soir	[lə swa:r]
gestern	hier	[jɛːr]
heute	aujourd'hui	[oʒur'dɥi]
morgen	demain	[də'mɛ̃]
hier	ici	[i'si]
dort	là	[la]
Was?	Quoi?	[kwa]
Wann?	Quand?	[kã]
Warum?	Pourquoi?	[pur'kwa]
Wo?	Où?	[u]

Nützliche Redewendungen

Wie geht es Ihnen?	Comment allez-vous?	[kɔmã-t ale vu]
Danke, sehr gut.	Très bien, merci.	[trɛ bjɛ̃ mɛr'si]
Ich freue mich, Sie kennenzulernen.	Enchanté de faire votre connaissance.	[ãʃã'te də fɛr votrə kɔnɛ'sã:s]
Bis bald.	À bientôt.	[a bjɛ̃'to]
Das ist gut.	C'est bien.	[sɛ bjɛ̃]
Wo ist/sind ...?	Où est/sont ...?	[u ɛ/sɔ̃ ...]
Wie weit ist es nach ...?	Combien de mètres/kilomètres y-a-t-il d'ici à ...?	[kɔ̃bjɛ̃ də 'mɛː trə/kilo'mɛː trə ja'til di'si a ...]
Welches ist die Richtung/der Weg nach ...?	Quelle est la direction pour ...?	[kɛl ɛ la dirɛk'sjɔ̃: pu:r]
Sprechen Sie Deutsch?	Parlez-vous allemand?	[par'le vu al'mã]
Ich verstehe nicht.	Je ne comprends pas.	[ʒə nə kɔ̃'prã pa]
Könnten Sie etwas langsamer sprechen, bitte?	Pouvez-vous parler moins vite, s'il vous plaît?	['puve vu par'le mwɛ̃ vit sil vu plɛ]
Tut mir leid.	Excusez-moi.	[ɛksky'ze mwa]

Nützliche Wörter

groß	grand	[grã]
klein	petit	[pə'ti]
heiß	chaud	[ʃo]
kalt	froid	[frwa]
gut (Adjektiv)	bon, bonne	[bɔ̃, bɔn]
gut (Adverb)	bien	[bjɛ̃]
schlecht	mauvais	[mo'vɛ]
genug	assez	[a'se]
geöffnet	ouvert	[u've:r]
geschlossen	fermé	[fɛr'me]
links	gauche	[goːʃ]
rechts	droite	[drwat]
geradeaus	tout droit	[tu drwa]
nah	près	[prɛ]
weit	loin	[lwɛ̃]

früh	de bonne heure	[də bɔnœr]
spät	en retard	[ã rə'ta:r]
Eingang	l'entrée	[lã'tre]
Ausgang	la sortie	[la sɔr'ti]
Toilette	les toilettes, les WC	[le twa'lɛt] [dubləve se]
mehr	plus	[ply]
weniger	mois	[mwɛ]
frei (nicht besetzt)	libre	['librə]
frei (gratis)	gratuit	[gra'tɥi]

Telefonieren

Ich möchte ein Ferngespräch führen.	Je voudrais faire un interurbain.	[ʒə wu'drɛ fɛːr œ̃n ɛ̃tɛryr'bɛ̃]
Ich versuche es später noch einmal.	Je rappelerai plus tard.	[jə raple're ply ta:r]
Kann ich eine Nachricht hinterlassen?	Est-ce que je peux laisser un message?	['ɛskə jə pœ lɛ'se œ̃ mɛ'sa:ʒ]
Bitte warten Sie.	Ne quittez pas, s'il vous plaît.	[nə ki'te pa sil vu plɛ]
Können Sie bitte etwas lauter sprechen?	Pouvez-vous parler un peu plus fort?	['puve vu par'le œ̃ pœ ply fɔːr]
Ortsgespräch	communication locale	[kɔmynika'sjɔ̃ lɔ'kal]

Shopping

Wie viel kostet das?	C'est combien, s'il vous plaît?	[sɛ kɔ̃bjɛ̃ sil vu plɛ]
Haben Sie ...?	Est-ce que vous avez ...?	['ɛskə vuz a've:]
Ich schaue mich nur um, danke.	Je regarde seulement, merci.	[ʒə rə'ga:rd sœl'mã mɛr'si]
Akzeptieren Sie Kreditkarten?	Est-ce que vous acceptez les cartes de crédit?	['ɛskə vuz aksɛp'te le kart də kre'di]
Wann öffnen/schließen Sie?	A quelle heure ouvre-ferme le magasin?	[a kɛl œr uvrə/ fɛrm lə maga'zɛ̃]
teuer	cher	[ʃɛːr]
billig	pas cher, bon marché	[pa ʃɛːr bɔ̃ mar'ʃe]
Größe (Kleidung)	la taille	[la taːj]
Größe (Schuhe)	la pointure	[la pwɛ̃'ty:r]
weiß	blanc	[blã]
schwarz	noir	[nwa:r]
rot	rouge	[ru:ʒ]
gelb	jaune	[ʒoːn]
grün	vert	[vɛːr]
blau	bleu	[blø]
braun	brun	[brœ̃]

Läden

Antiquitätenladen	le magasin d'antiquités	[lə maga'zɛ̃ dãtiki'te]
Apotheke	la pharmacie	[la farma'si]
Bäckerei	la boulangerie	[la bulãʒə'ri]
Bank	la banque	[la bãːk]
Buchhandlung	la librairie	[la librɛ'ri]
Fischgeschäft	la poissonerie	[la pwasɔn'ri]
Friseur	le coiffeur	[lə kwa'fœːr]
Gemüseladen	le marchand de légumes	[lə marʃã də le'gym]
Konditorei	la pâtisserie	[la patise'ri]
Lebensmittelgeschäft	l'alimentation, l'épicerie	[lalimãta'sjɔ̃ lepis'ri]
Markt	le marché	[lə mar'ʃe]
Metzgerei (Fleisch)	la boucherie	[la buʃri]
Metzgerei (Wurst)	la charcuterie	[la ʃarky'tri]
Postamt	la poste	[la pɔst]
Reisebüro	l'agence de voyages	[la'ʒã:s də vwaja:ʒ]
Schuhgeschäft	le magasin de chaussures	[lə maga'zɛ̃ də ʃo'sy:r]
Supermarkt	le supermarché	[lə sypɛrmar'ʃe]
Tabakladen	le tabac	[lə ta'ba]
Zeitungskiosk	le magasin de journaux	[lə maga'zɛ̃ də ʒur'no]

Sightseeing

Bahnhof	la gare SNCF	[la ga:r ɛs ɛn se ɛf]
Bibliothek	la bibliothèque	[la bibliɔ'tɛk]
Busbahnhof	la gare routière	[la ga:r ru'tjɛ:r]
Fremdenverkehrsamt/ Tourismusbüro	l'office du tourisme	[ɔ'fis dy tu'rismə]
Garten	le jardin	[lə ʒar'dɛ̃]
Kathedrale	la cathédrale	[la kate'dral]
Kirche	l'église	[le'gli:z]
Kloster, Abtei	l'abbaye	[labe'i]
Kunstgalerie	le galerie d'art	[lə gale'ri da:r]
Museum	le musée	[lə my'se]
Rathaus	l'hôtel de ville	[lo'tɛl də vil]
Wegen Ferien geschlossen	fermeture jour férié	[fɛrmə'ty:r ʒu:r fe'rje]

Im Hotel

Haben Sie ein freies Zimmer?	Est-ce que vous avez une chambre libre?	['ɛskə vuz a've yn 'ʃɑ̃brə 'librə]
Doppel-/Einzel- zimmer	la chambre à deux/a une personne(s)	[la 'ʃɑ̃brə a dø/a yn pɛr'sɔn]
mit Doppelbett	avec un grand lit	[a'vɛk œ̃ grɑ̃ li]
mit zwei Betten	à deux lits	[a dø li]
Zimmer mit Bad	la chambre avec salle de bain	[la 'ʃɑ̃brə a'vɛk sal də bɛ̃]
Dusche	la douche	[la duʃ]
Schlüssel	la clef	[la kle]
Ich habe reserviert.	J'ai fait une réservation.	[ʒɛ fɛ yn rezɛrva'sjɔ̃]

Im Restaurant

Haben Sie einen Tisch für …?	Avez-vous un table pour …?	['ave vuz yn 'tablə pu:r …]
Ich möchte einen Tisch reservieren.	Je voudrais réserver une table.	[ʒə vu'drɛ rezɛr've yn 'tablə]
Die Rechnung, bitte.	L'addition, s'il vous plaît.	[ladi'sjɔ̃ sil vu plɛ]
Ich bin Vegetarier/in.	Je suis végétarien/ végétarienne.	[ʒə sɥi veʒeta'rjɛ̃ veʒeta'rjɛn]
Kellnerin	Madame, Mademoiselle	[ma'dam madmwa'zɛl]
Kellner	Monsieur	[mə'sjø]
Speisekarte	la carte	[la kart]
Tagesmenü	le menu à prix fixe	[lə mə'ny a pri fiks]
Weinkarte	la carte des vins	[la kart də vɛ̃]
Gedeck	le couvert	[lə ku'vɛr]
Glas	le verre	[lə vɛ:r]
Flasche	la bouteille	[la bu'tɛj]
Messer	le couteau	[lə ku'to]
Gabel	la fourchette	[la fur'ʃɛt]
Löffel	la cuillère	[la kɥi'jɛ:r]
Frühstück	le petit déjeuner	[lə pə'ti deʒœ'ne]
Mittagessen	le déjeuner	[lə deʒœ'ne]
Abendessen	le dîner	[lə di'ne]
Hauptgericht	le plat principal	[lə pla prɛ̃si'pal]
Vorspeise	l'entrée, le hors d'œuvre	[lɑ̃'tre, lə ɔr'dœ:vrə]
Tagesgericht	le plat du jour	[lə pla dy ʒu:r]
blutig	saignant	[sɛ'ɲɑ̃]
medium	à point	[a pwɛ̃]
durchgebraten	bien cuit	[bjɛ̃ kɥi]

Speisekarte

(siehe auch S. 24f)

l'agneau	[a'ɲo]	Lamm
l'ail	[aj]	Knoblauch
la banane	[ba'nan]	Banane
le beurre	[bœ:r]	Butter
la bière	[bjɛ:r]	Bier
(à la pression)	a la prɛ'sjɔ̃	vom Fass
le bifteck, le steak	[bif'tɛk, stɛk]	Steak
le bœuf	[bœf]	Rindfleisch
bouilli	[bu'ji]	gekocht
le café	[ka'fe]	Kaffee
le canard	[ka'na:r]	Ente
le chocolat	[ʃɔkɔ'la]	Schokolade
le citron	[si'trɔ̃]	Zitrone
le citron pressé	[si'trɔ̃ prɛ'se]	Zitronensaft
les crevettes	[krə'vɛt]	Garnelen

le dessert	[de'sɛr]	Nachspeise
l'eau minérale	[o mine'ral]	Mineralwasser
les escargots	[ɛskar'go]	Schnecken
les frites	[frit]	Pommes frites
le fromage	[frɔ'ma:ʒ]	Käse
les fruits frais	[frɥi frɛ]	frisches Obst
les fruits de mer	[frɥi də mɛ:r]	Meeresfrüchte
le gâteau	[ga'to]	Kuchen
la glace	[glas]	Eiscreme
grillé	[gri'je]	gegrillt
le homard	[ɔ'ma:r]	Hummer
l'huile	[ɥil]	Öl
le jambon	[ʒɑ̃'bɔ̃]	Schinken
le lait	[lɛ]	Milch
les légumes	[le'gym]	Gemüse
la moutarde	[mu'tard]	Senf
l'œuf	[œf]	Ei
les oignons	[ɔ'ɲɔ̃]	Zwiebeln
les olives	[ɔ'li:v]	Oliven
le pain	[pɛ̃]	Brot
le petit pain	[pə'ti pɛ̃]	Brötchen
le poisson	[pwa'sɔ̃]	Fisch
le poivre	['pwa:vrə]	Pfeffer
la pomme	[pɔm]	Apfel
les pommes de terre	[pɔm də tɛr]	Kartoffeln
le porc	[pɔ:r]	Schweinefleisch
le potage	[pɔ'ta:ʒ]	Suppe
le poulet	[pu'lɛ]	Hühnchen
le riz	[ri]	Reis
rôti	[ro'ti]	gebraten
la saucisse	[so'sis]	Würstchen
sec	[sɛk]	trocken
le sel	[sɛl]	Salz
le sucre	['sykrə]	Zucker
le thé	[te]	Tee
la viande	[vjɑ̃:d]	Fleisch
le vin blanc / rouge	[vɛ̃ blɑ̃/ru:ʒ]	Weiß-/Rotwein
le vinaigre	[vi'nɛgrə]	Essig

Zahlen

0	zéro	[ze'ro]
1	un, une	[œ̃, yn]
2	deux	[dø]
3	trois	[trwa]
4	quatre	['katrə]
5	cinq	[sɛ̃k]
6	six	[sis]
7	sept	[sɛt]
8	huit	[ɥit]
9	neuf	[nœf]
10	dix	[dis]
11	onze	[ɔ̃:z]
12	douze	[du:z]
13	treize	[trɛ:z]
14	quatorze	[ka'tɔrz]
15	quinze	[kɛ̃:z]
16	seize	[sɛ̃:z]
17	dix-sept	[di'sɛt]
18	dix-huit	[di'zɥit]
19	dix-neuf	[diz'nœf]
20	vingt	[vɛ̃]
30	trente	[trɑ̃:t]
40	quarante	[ka'rɑ̃:t]
50	cinquante	[sɛ̃'kɑ̃:t]
60	soixante	[swa'sɑ̃:t]
70	soixante-dix	[swasɑ̃t'dis]
80	quatre-vingts	[katrə'vɛ̃]
90	quatre-vingts-dix	[katrəvɛ̃'dis]
100	cent	[sɑ̃]
1000	mille	[mil]

Zeit

eine Minute	une minute	[yn mi'nyt]
eine Stunde	une heure	[yn œr]
halbe Stunde	une demi-heure	[yn dəmi'œ:r]
ein Tag	un jour	[œ̃ ʒu:r]
eine Woche	une semaine	[yn sə'mɛn]
ein Monat	un mois	[œ̃ mwa]
Montag	lundi	[lœ̃'di]
Dienstag	mardi	[mar'di]
Mittwoch	mercredi	[mɛrkrə'di]
Donnerstag	jeudi	[ʒø'di]
Freitag	vendredi	[vɑ̃drə'di]
Samstag	samedi	[sam'di]
Sonntag	dimanche	[di'mɑ̃:ʃ]

Vis-à-Vis-Reiseführer

Ägypten Alaska Amsterdam Apulien Argentinien Australien Bali & Lombok Baltikum Barcelona & Katalonien Beijing & Shanghai Belgien & Luxemburg Berlin Bologna & Emilia-Romagna Brasilien Bretagne Brüssel Budapest Bulgarien Chicago China Costa Rica Dänemark Danzig & Ostpommern Delhi, Agra & Jaipur Deutschland Dresden Dublin Florenz & Toskana Florida Frankreich Genua & Ligurien Griechenland Griechische Inseln Großbritannien Hamburg Hawaii Indien Irland Istanbul Italien Japan Jerusalem Kalifornien Kanada Kanarische Inseln Karibik Kenia Korsika Krakau Kroatien Kuba Las Vegas Lissabon Loire-Tal London Madrid Mailand Malaysia & Singapur Mallorca, Menorca & Ibiza Marokko Mexiko Moskau München & Südbayern Neapel Neuengland Neuseeland New Orleans New York Niederlande Nordspanien Norwegen Österreich Paris Peru Polen Portugal Prag Provence & Côte d'Azur Rom San Francisco St. Petersburg Sardinien Schottland Schweden Schweiz Sevilla & Andalusien Sizilien Spanien Stockholm Südafrika Südtirol & Trentino Südwestfrankreich Thailand Tokyo Tschechien & Slowakei Türkei Ungarn USA USA Nordwesten & Vancouver USA Südwesten & Las Vegas Venedig & Veneto Vietnam & Angkor Washington, DC Wien

DORLING KINDERSLEY
www.traveldk.com

Zentrum von Paris

Arc de Triomphe · PL CHARLES DE GAULLE

AVENUE MAC-MAHON · AVENUE CARNOT · AVENUE DE LA GRANDE ARMÉE · AVENUE DE WAGRAM · AVENUE HOCHE · RUE DU FAUBOURG · RUE LA

BD HAUSSMANN

AV DE FRIEDLAND · RUE WASHINGTON · RUE DE COURCELLES · RUE DE BERRI · RUE DE BERRYMENIL · RUE LA BOETIE · T HONORE

AVENUE FOCH · AVENUE DES CHAMPS-ELYSEES · AV F D ROOSEVELT

AV BUGEAUD · AVENUE VICTOR HUGO · PLACE VICTOR HUGO · RUE COPERNIC · AVENUE D'IENA · AVENUE KLEBER · AVENUE MARCEAU · RUE DE SERBIE · RUE DE SERRANCOIS · PREM

ROND POINT DES CHAMPS ELYSEES

RUE TRONCE · RUE ROYALE · RUE DE R · PLACE DE LA CONCORDE

AVENUE RAYMOND · RUE BOISSIERE · PLACE AMIRAL DE GRASSE · RUE PIERRE · AVENUE GEORGE V · RUE FRANCOIS PREMIER · PLACE FRANÇOIS PREMIER

CHAILLOT

AVENUE DEVLAU · AVENUE G. MANDEL · AVENUE DU PRES. WILSON · AVENUE DE NEW YORK · COURS LA REINE

QUAI DES TUILE · JAR DE

CIMETIERE DE PASSY · PLACE DU TROCADERO ET DU 11 NOVEMBRE · JARDINS DU TROCADERO

Seine

QUAI D'ORSAY · QUAI DE ANA · QUAI DE L'UNIVER

RUE B. FRANKLIN · QUAI BRANLY · AVENUE DE LA BOURDONNAIS · L'UNIVERSITE · RUE SAINT-DOMINIQUE

INVALIDES

BD RASPAI · BOULEVARD

Eiffel- turm · Pont de Bir-Hakeim · AVENUE DE LA RUE RAPP · RUE SAINT-DOMINIQUE · RUE DE GRENELLE · AVE DU MARECHAL GALLIENI · PLACE DES INVALIDES · RUE SAINT-DOMINIQUE · RUE DE BELLECHASSE · RUE DE GRENELLE

PARC DU CHAMP DE MARS · RUE BOSQUET · AVENUE DE LA MOTTE-PICQUET · BD DE LA TOUR MAUBOURG · RUE DE VARENNE · RUE VANEAU

PLACE JOFFRE · AVENUE DE LA · AV DE TOURVILLE · JARDIN DE L'INTENDANT · BOULEVARD DES INVALIDES · PRESIDENCE DU CONSEIL

AVENUE DE SUFFREN · AVENUE DE LOWENDAL · PLACE DE FONTENOY · AVENUE DE SEGUR · RUE DE BABYLONE

Champs-Élysées und Invalides
Seiten 104–115
Stadtplan 1–3, 6, 7

Rive Gauche
Seiten 116–127
Stadtplan 7–9, 12, 13